HEYNE <

Dr. Anna Maria Sigmund, geboren in Niederösterreich, studierte Geschichte und Kunstgeschichte in Wien. 1982 promovierte sie zum Dr. phil. mit einem Thema zur Geschichte des Mittelalters. Sie ist Mitglied des Instituts für Österreichische Geschichtsforschung der Universität Wien und Autorin zahlreicher erfolgreicher Bücher.

ANNA MARIA SIGMUND

Die Frauen der Nazis

Die drei Bestseller vollständig
aktualisiert in einem Band

WILHELM HEYNE VERLAG
MÜNCHEN

Umwelthinweis:
Dieses Buch wurde auf chlor- und säurefreiem Papier gedruckt.

Aktualisierte Taschenbuch-Gesamtausgabe 05/2005

www.heyne.de

Printed in Germany 2005
Umschlagkonzept und -gestaltung: Hauptmann und Kampa Werbeagentur, München – Zürich, unter Verwendung folgender Fotos:
oben links: Leni Riefenstahl (Bildarchiv der Österreichischen Nationalbibliothek), Mitte links: Gerda Bormann (Bayerische Staatsbibliothek, München), unten links: Zarah Leander (akg-images, Berlin), unten rechts: Eva Braun (Bildarchiv der Bayerischen Staatsbibliothek), Mitte rechts: Unity V. Mitford (akg-images, Berlin), oben rechts: Emmy Göring (Bildarchiv der Österreichischen Nationalbibliothek)

Satz: C. Schaber Datentechnik, Wels
Druck und Bindung: GGP Media GmbH, Pößneck

ISBN 3-453-60016-9

Inhalt

Vorwort 7

Die Frauen der Nazis Band 1 9

Die Frauen der Nazis Band 2 353

Die Frauen der Nazis Band 3 669

Ausgewählte Literatur 1059

Bildnachweis 1069

Vorwort

Als »Die Frauen der Nazis« von 1998 ab in insgesamt drei Bänden erschienen, stießen sie auf großes internationales Interesse. Inzwischen werden die Bücher in fast 30 Sprachen verbreitet. Sie werden in Europa und den USA ebenso gelesen wie in China und Südamerika.

Zahlreiche Nachfolgewerke und Dokumentationen nahmen sich des Themas an und weiteten es aus. Seminare beleuchteten die Rolle der weiblichen Elite im Dritten Reich, Schüler(innen) schrieben darüber Hausarbeiten, Student(innen)en erwarben mit der Problematik der NS-Frauen Diplome. Seit Erscheinen der ersten Auflagen haben sich viele Zeitzeugen mit wichtigen Informationen bei mir gemeldet: Sie gaben ergänzende Auskünfte, klärten Unbekanntes auf und berichtigten Fehler. Auch die Forschung ist nicht stehen geblieben, neue Quellen tauchten auf, etwa über die künstliche Befruchtung der Emmy Göring und Interessantes zu Hitlers früher Münchner Zeit. Und der seit kurzem zur Verfügung stehende Nachlass des Emil Maurice wirft ein ganz neues, spektakuläres – und verblüffend logisches – Licht auf das Verhältnis Hitlers zu Geli Raubal.

Die vorliegende Fassung von »Die Frauen der Nazis I--III« berücksichtigt die neuen Erkenntnisse und vereint sie in einem einzigen Buch.

Wien, Jänner 2005 *Anna Maria Sigmund*

Die Frauen der Nazis

BAND 1

Die Arbeit an dieser Publikation wurde vom
Wissenschaftsrat der Magistratsabteilung 18
der Stadt Wien unterstützt.

Inhalt

Vorwort 13

Hitler und die »deutsche Frau« 15

CARIN GÖRING
Nordisches Idol und Kultfigur 35

EMMY GÖRING
Die »Hohe Frau« 73

MAGDA GOEBBELS
Die Erste Dame des Dritten Reichs 111

LENI RIEFENSTAHL
Die Amazonenkönigin 151

GERTRUD SCHOLTZ-KLINK
Die Genossin 179

GELI RAUBAL
Onkel Adolfs Nichte 195

EVA BRAUN
Die verborgene Geliebte 235

Henriette von Schirach
Schülerin des »Führers« 285

Anmerkungen und Quellenhinweise 325

Danksagung 351

Vorwort

»Sie haben keine Sehnsucht nach dem Büro und dem Parlament. Ein trautes Heim, ein lieber Mann und eine Schar glücklicher Kinder steht ihrem Herzen näher.« So formulierte es Adolf Hitler. Die Parteiideologen ergänzten das anachronistische Bild des »Führers« und schufen das NS-Ideal der Weiblichkeit: die hochgewachsene, arbeitsame, nordisch-blonde Frohnatur inmitten vieler Nachkommen am häuslichen Herd.

Dass nur wenige der Gattinnen, Lebensgefährtinnen und Geliebten der NS-Bonzen diesen hehren Vorstellungen entsprachen, verbarg man den Zeitgenossen.

Dafür sorgte die effiziente und rigorose Zensur des Dr. Joseph Goebbels, die alle unerwünschten Blicke in die Privatsphäre der Machthaber verhinderte. So gab es nur spärliche, geheime, unter Lebensgefahr verbreitete Gerüchte – Hitlers Hofstaat bildete eine hermetisch abgeschlossene, exklusive Gesellschaft. Kaum etwas drang nach außen und die oft ungewöhnlichen, ja dramatischen Schicksale der weiblichen Mitspieler des Regimes blieben Spekulation.

Wie aber lebten die Frauen im Dunstkreis der NS-Elite? Welche Rolle spielten sie offiziell, welche hinter den Kulissen? Wer waren jene Künstlerinnen, weiblichen Mäzene und Politikerinnen, die Hitler zu seinen »Paradefrauen« zählte?

Sofort nach dem Ende des Zweiten Weltkriegs hat die Presse ausführlich über die zu Justizfällen gewordene weibliche Prominenz des NS-Staates geschrieben. Viele der damaligen sensationellen Enthüllungen und ihre leidenschaftlichen autobiografischen Gegendarstellungen haben jedoch einer späteren Überprüfung nicht standgehalten.

Erst die Distanz zu den Ereignissen, der gegenwärtige Stand der historischen Forschung zur Geschichte des Dritten Reichs, die Öffnung verschlossener Archive sowie der Vergleich zahlreicher subjektiver und objektiver Quellen haben die ausgewählten Biografien jener Frauen, die einst in der nationalsozialistischen Gesellschaft Bedeutung hatten, ermöglicht.

Wien, Sommer 1998 A. M. S.

Hitler und die »deutsche Frau«

Am 3. April 1923 schrieb die SPD-Zeitung »Münchner Post« von den »in Hitler verschossenen Weibern« und charakterisierte voll Spott die zahlreichen Gönnerinnen und Verehrerinnen, die mit vor Verzücken feuchten Augen ergriffen seinen Reden lauschten, ihren Schmuck verpfän-

deten und Darlehen gaben. Als Revanche für diese und ähnliche Berichte ließ Hitler am 8. November 1923 die Redaktionsräume der Zeitung demolieren.[1]

Tatsächlich waren Frauen von der ersten Stunde an Hitlers treue Helferinnen. Sie bahnten ihm den Weg, knüpften Kontakte und finanzierten ihn. 1926 stand die NSDAP vor dem Konkurs und Hitler drohte mit Selbstmord – »Bankrott nicht hinnehmen, lieber Kugel durch den Kopf«. »Da kam«, wie er später erzählte, »im letzten Moment unsere liebe Frau Bruckmann zu Hilfe. Sie brachte mich mit Emil Kirdorf [Großindustrieller] zusammen, mit dem ich eine vierstündige Besprechung hatte – Kirdorf bezahlte alle Schulden und machte die Partei wieder flott.«[2] Elsa Bruckmann, geb. Prinzessin Cantacuccene, führte in München einen berühmten Salon, wo sie Hitler allen jenen, die Rang, Namen und Einfluss hatten, vorstellte. Auf die Bitte seiner Frau hin zahlte der reiche Verleger Hugo Bruckmann Hitlers Miete und überließ ihm sein Palais als Gästehaus. Dort lauschte Elsa Bruckmann mit gefalteten Händen – wie in Hypnose – den Reden Hitlers.[3] Ihre Hilfsbereitschaft kannte keine Grenzen:

»Lieber Herr Hitler! Ich habe beiliegende Armbanduhr übrig. Wollen Sie sie nicht benützen ... wollen Sie morgen oder Donnerstag kommen, um das eventuell für Sie Verwendbare anzuschauen an Möbeln etc.«[4]

Hitler genierte sich nicht. Er nahm alles. Wie er die Wertgegenstände seiner Verehrerinnen verwendete, ist belegt: »Als Sicherheit für ein Darlehen ... hinterlegt Herr Adolf Hitler ... einen Smaragdanhänger mit Platin und Brillanten ... einen Brillantring (Solitaire) ... eine venezianische Relief-Spitze ... eine rotseidene Spanische Flügeldecke ...«[5]

Helene Bechstein, die Gattin des Klavierfabrikanten Bechstein, führte Hitler in die exklusive Berliner Gesellschaft ein. Sie kaufte ihrem Idol auch eine Luxuslimousine. »›Wolf [Hitlers Pseudonym], Sie müssen den schönsten Wagen haben, den es gibt. Sie verdienen ihn.‹ Sie dachte an einen Maybach«, erinnerte sich Hitler. Er bevorzugte und bekam dann einen Mercedes um die horrende Summe von 26 000 Mark.[6] Frau Bechstein besaß ein Anwesen auf dem Obersalzberg und trug wesentlich dazu bei, dass Hitler dort sein Haus »Wachenfeld« erwerben konnte. Als Dank bekam Helene Bechstein vorerst das goldene Parteiabzeichen verliehen, das sie jedoch – als Bormann auf dem Obersalzberg Platz für das Sommerdomizil des »Führers« brauchte – keinesfalls vor rücksichtsloser Enteignung schützte.

»Diese Frauen waren die besten Propagandisten der Partei; sie überredeten ihre Männer zum Anschluss an Hitler, opferten ihre freie Zeit ihrer politischen Begeisterung ... weihten sich selbstlos der Sache der Parteiinteressen«, schrieb der Parteifotograf Heinrich Hoffmann in seinen Erinnerungen. So veranstalteten in Bamberg »treudeutsche« Frauen Teeabende, um ihre Schwärmereien für Hitler und seinen Anhang zu pflegen.[7]

Hitler wusste die Sympathien seiner weiblichen Anhänger raffiniert zu nutzen. Während die primitive Parteibasis Straßenschlachten inszenierte und Gegner mittels brutalem Terror eliminierte, spielte der »Führer« in den – von Frauen dominierten – kulturbeflissenen Salons den österreichischen Charmeur, verteilte Handküsse und erschloss der NSDAP eine neue, vor allem aber finanzkräftige Mitgliederschicht. Manche der einfacheren Genossen konnten die Aktivitäten ihres Vorsitzenden allerdings nicht richtig beurteilen. Parteiintern wurde Hitler sogar getadelt, weil er »die Gesellschaft schöner Frauen über seine Pflichten als Parteiführer stellte«.[8]

Zu den »mütterlichen Freundinnen« des Herrn Wolf, wie sich Hitler in koketter Weise bezeichnete, gehörte auch seine große Gönnerin und Wandergefährtin, Baronin Lily von Abegg, die nicht nur Geld und Kunstgegenstände spendete, sondern, wie die »Münchner Post« am 3. April 1923 berichtete, gleich ihr Haus der Partei überließ.

Neben der gesellschaftlichen und überaus großzügigen materiellen Unterstützung profitierte der politische Agitator am meisten von dem Personenkult, den die weiblichen Anhänger mit ihm betrieben. »Auch das Wort ›Mein Führer‹ haben, glaube ich, Frauen geprägt«, äußerte sich Hitler zufrieden.[9] Wie die Männer, so konnte Hitler auch die Frauen meisterhaft und individuell manipulieren und gezielt benutzen. Dem »Führer« mit Haut und Haaren verfallen zu sein war eine Grundbedingung für die Aufnahme in den Kreis der weiblichen NS-Elite. Die Ausstrahlung Hitlers ließ das in der Parteienlandschaft Deutschlands einzigartige frauenverachtende Programm der NSDAP vergessen.

Frauen waren als gewöhnliche, zahlende Mitglieder sehr willkommen, aber: »Über eines jedoch muss Klarheit bestehen: Richter, Soldat und Staatslenker muss der Mann sein und bleiben«, verkündete der NS-Theoretiker Rosenberg.[10] »Emanzipation der Frauen von der Frauenemanzipation« war eine Grunddoktrin der nationalsozialistischen Bewegung. Die deutsche Erhebung galt als ein »männliches Ereignis«.[11] Bereits 1921 legte die Mitgliederversammlung einstimmig fest, dass »eine Frau ... nie in die Führung der

Partei und in den leitenden Ausschuss« aufgenommen werden könne. Galt es doch, Volk, Rasse und Kultur vor dem Untergang zu bewahren. Und eben das traute man den Frauen nicht zu.

Hitler drückte es einfacher aus: »Ein Frauenzimmer, das sich in politische Sachen einmischt, ist mir ein Greuel. 1924 tauchten bei mir die politischen Weiber auf: die Frau von Treuenfels, die Mathilde von Kemnitz [verheiratete Ludendorff], sie wollten Reichstagsmitglieder werden! Völlig unerträglich wird es, wenn es sich um militärische Dinge handelt! In keiner Ortsgruppe der Partei durfte eine Frau auch nur die kleinste Stelle haben ... ich sage, neunundneunzig Prozent aller Beratungsgegenstände sind Männerdinge, die sie nicht beurteilen können ...«[12] Dabei wusste Hitler, dass viele NS-Anhänger – wie der Präsidentschaftskandidat der NSDAP, General Erich Ludendorff – erst unter dem Einfluss ihrer Frauen zu radikalen Politikern wurden. So verfasste die Ärztin Mathilde Ludendorff Hetzschriften und blieb in ihrer Ehe der tonangebende Partner.[13]

Hitler verdankte es der politischen Tätigkeit der Viktoria von Dirksen, der Frau des späteren Botschafters in London, dass er im Berliner Nationalen Club bereits 1922 einen Vortrag vor zahlreich erschienenem, höchst illustrem Publikum halten konnte. Frau Dirksen und die Repräsentanten des Klubs waren es auch, die Hitler dann die ersten entscheidenden Kontakte zu den nationalen Kreisen Norddeutschlands vermittelten. Der politische Salon der Viktoria von Dirksen in Berlin, mit seiner Klientel von ausländischen Diplomaten, Adeligen und Großindustriellen, blieb dem NS-Regime auch weiterhin ein sehr wichtiges Forum. 1935 wollte Hitler, der eine überaus simple Vorstellung von der Funktionsweise der englischen Demokratie hatte, über eine englische Aristokratin Einfluss auf die Politik Großbritanniens nehmen. Er hegte nämlich lange Zeit die Hoffnung auf ein deutsch-englisches Bündnis. Unity Valkyrie Mitford, eine der sechs Töchter des exzentrischen Lords Redesdale, interessierte sich wie ihre Schwestern für Politik. Während Diana mit den englischen Faschisten sympathisierte und Jessica zu den Kommunisten tendierte, schwärmte Unity für Hitler. Sie zog 1934 nach München, nahm an den Parteitagen teil und sprach ihr Idol schließlich an. Bald zählte Unity zu Hitlers Begleitung, trug die britische Faschistenuniform, montierte auf ihrem Auto Hakenkreuzflaggen und warb in England für das NS-Regime. Hitler hoffte jedoch vergeblich, über Unity direkte Kontakte zu Churchill herstellen zu können.

Unity Mitfords Schicksal war tragisch. »Ich habe zwei Vaterländer«, meinte sie, und als eines dem anderen den Krieg erklärte, schoss sie sich am 3. September 1939 auf einer Parkbank im Englischen Garten in München in die Schläfe. Sie überlebte den Selbstmordversuch, obwohl die Kugel im Kopf stecken blieb. Kein deutscher Chirurg wagte die Operation, und Unity Mitford wurde in ihre Heimat zurückgeschickt. Dort lebte sie noch zehn Jahre.[14]

Lange blieben die Vorstellungen der Nazis von idealer Weiblichkeit nur Wunschbilder, die stark mit den Strömungen und Idealen der Zeit nach dem Ersten Weltkrieg kontrastierten. Bei den Sozialdemokraten und Kommunisten bekleideten Politikerinnen wichtige Positionen. In der Weimarer Republik hatten Frauen erstmals das Wahlrecht ausgeübt. Die Schlagworte der Emanzipationsbewegungen begannen zu greifen. Vor allem der Mittelstand achtete auf die Ausbildung seiner Töchter, denn in der Berufstätigkeit sah man die Zukunft der modernen Frau.

NS-Schlagworte wie »Mann und Frau sind von Anbeginn der Welt zwei verschiedene Wesen, mit ebenso getrennten Funktionen« und »Die Welt der Frau ist klein, verglichen mit der des Mannes« riefen in großen Teilen Deutschlands Empörung hervor. Selbst in den höchsten Parteikreisen musste das unzeitgemäße und unpopuläre NS-Frauenbild verteidigt werden. Goebbels notierte in seinem Tagebuch: »... heftige Debatte über die Frau und ihre Aufgabe. Ich bin da ganz reaktionär. Das Kinderkriegen und -großziehen ist doch eine ganze Lebensaufgabe. Meine Mutter ist die Frau, vor der ich die größte Hochachtung habe. Und sie ist so weit entfernt vom Intellekt, und so nah am Leben. Heute reden die Frauen in allem mit, sie wollen nur keine Kinder mehr gebären. Das nennt sich dann Emanzipation. Nein, da habe ich schon den Mut, mich gegen den Terror der öffentlichen Meinung zur Wehr zu setzen. Es ging hart bis nachts 2 Uhr ...«[15]

Solange die Stimmen der Wählerinnen gebraucht wurden, sah sich die NSDAP zur Modifizierung ihrer radikalen Ansichten gezwungen. Hitler reagierte prompt.

»Führer entwickelt ganz neue Gedanken zur Stellung der Frau. Die sind für den nächsten Wahlkampf von eminenter Bedeutung, denn gerade auf diesem Gebiet sind wir bei der 1. Wahl angegriffen worden. Die Frau ist Geschlechts- und Arbeitsgenossin des Mannes. Sie ist es immer gewesen und wird es immer bleiben. Auch bei den heutigen wirtschaftlichen Verhältnissen muss sie das sein.

Ehedem auf dem Feld, heute auf dem Büro. Der Mann ist der Organisator des Lebens, die Frau seine Hilfe und sein Ausführungsorgan! Diese Auffassungen sind modern und heben uns turmhoch über alles deutschvölkische Ressentiment«, schrieb Goebbels am 23. März 1932 voll Begeisterung über die Wendigkeit seines Chefs ins Tagebuch.

Erst als die NSDAP an der Macht war, konnte Dr. Goebbels mit scheinheiligem Pathos verkünden: »Nicht, weil wir die Frauen nicht achteten, sondern weil wir sie zu hoch achteten, haben wir sie aus dem parlamentarisch-demokratischen Ränkespiel, das die Politik ... in Deutschland bestimmte, fern gehalten!«[16]

Noch 1928 hatte Goebbels in seinem Tagebuch notiert: »Ich verblöde ganz ohne Umgang mit Frauen!« Ein Jahr später stand dann für ihn unverrückbar fest: »Die Frau hat die Aufgabe schön zu sein und Kinder zur Welt zu bringen. Das ist gar nicht so roh und unmodern, wie es sich anhört. Die Vogelfrau putzt sich für den Mann und brütet für ihn die Eier aus. Dafür sorgt der Mann für die Nahrung. Sonst steht er auf der Wacht und wehrt den Feind ab.«[17]

Das im totalitären Staat nutzlose Wahlrecht blieb den Frauen auch nach 1933 erhalten. Ansonsten begann man sie rigoros aus allen Bereichen des öffentlichen Lebens zu verdrängen. Zu diesem Zweck wurde schon am 25. April 1933 das »Reichsgesetz gegen die Überfüllung von Schulen und Hochschulen« erlassen, das eine Quotenregelung für Juden und Frauen vorsah – nur 1,5 Prozent der Studenten durften Juden und nur 10 Prozent Frauen sein.

Das NS-Frauenbild geht auf den Sozialdarwinismus des 19. Jahrhunderts zurück, der in den Schriften der maßgeblichen völkischen und nationalsozialistischen Theoretiker neu belebt wurde. An der Spitze stehen Adolf Hitlers »Mein Kampf« und Alfred Rosenbergs »Mythos des 20. Jahrhunderts«. Auch Walther Darré, der »Blut-und-Boden-Mystiker der Partei«, leistete mit seinem »Bauerntum als Lebensquell der nordischen Rasse« sowie »Neuadel aus Blut und Boden« seinen Beitrag.

Eine eigene Frauenideologie hat der NS-Staat nie entwickelt. Das »Bild der deutschen Frau« ist auf Grund der nationalsozialistischen Weltanschauung und machtpolitischen Zweckerwägungen quasi von selbst entstanden. Parolen wie »die Frau als Hüterin der Rasse, häuslicher Tugend und Sitte« maskierten die nüchternen Ziele, welche hießen: Beseitigung der Arbeitslosigkeit, Vermehrung der Bevölkerung für Krieg und Siedlung im Osten.

Hitler hat es für seine Anhänger schlicht zu formulieren gewusst: »Wenn früher die liberalen intellektualistischen Frauenbewegungen ... vom Geist ausgingen, dann enthält unser Programm nur einen einzigen Punkt: das Kind.«[18] Ein verständlicher Standpunkt für einen Diktator, der glaubte, dass »wenn man dem deutschen Volk etwas Gutes wünschen will, dann ... alle 15–20 Jahre einen Krieg«.[19]

In dem 1936 erschienenen »ABC des Nationalismus« wurde das nationalsozialistische Frauenbild romantisch verbrämt: »Wir wollen wieder Frauen haben, nicht Spielzeug ausgeschmückt mit Tand ... Die deutsche Frau ist edler Wein. Liebt sie, so blüht die Erde. Die deutsche Frau ist Sonnenschein am heimatlichen Herde. Verehrungswürdig sollt ihr bleiben, nicht fremder Rassen Lust und Spiel. Das Volk soll rein und sauber bleiben, das ist des Führers hohes Ziel.«[20] Frauen dieser Art waren schwer zu finden,

Begeisterung bei der Ankunft Hitlers in Klagenfurt

sodass ein Parteigenosse folgende Anzeige in die »Münchner Neuesten Nachrichten« gab.

»52-jähriger, rein arischer Arzt, Tannenbergkämpfer, mit Siedlungsabsicht, wünscht männliche Nachkommenschaft durch standesamtliche Ehe mit gesundem, altarisch, jungfräulich jungem, anspruchslosem, auch für grobe Arbeit geeignetem, wirtschaftlichem Weibe mit breiten Absätzen, ohne Ohrringe, möglichst ohne Vermögen. Vermittler abgelehnt, Verschwiegenheit zugesichert.«[21]

Die weibliche Emanzipation war in Deutschland schon weit fortgeschritten und tief im Bewusstsein der Öffentlichkeit verankert. Sie konnte nicht mehr kurzfristig gestoppt und ins Gegenteil verkehrt werden. Die »politisierende Frau« war keine, wie die Nationalsozialisten glaubten, bloße »Nachkriegserscheinung«. Frauen waren in allen Berufen tätig und pflegten ihr von der mondänen Oberschicht der zwanziger Jahre geformtes Image. So gab es Damenautorennen, Veranstaltungen der Sportfliegerinnen und Wettbewerbe der Fallschirmspringerinnen – die »moderne Frau« war nicht nur ein gängiges Schlagwort. Allerdings wusste jener neue Frauentyp, wie er sich in der promovierten Physikerin und Fliegerin, Dipl.-Ing. Melitta Schiller (verh. Gräfin Stauffenberg) manifestierte, mit dem NS-Frauenideal am »Spinnrad und Webstuhl« nichts anzufangen. Flugkapitän Schiller hat in rund 1500 lebensgefährlichen Sturzflügen den Einsatz wichtiger Fluginstrumente getestet. Sie gewann auch den »Zuverlässigkeitsflug der Sportfliegerinnen«. Den zweiten Platz jedoch belegte eine nicht minder interessante Persönlichkeit – Beate Köstlin. Sie war später, im Zweiten Weltkrieg, zuerst Einfliegerin in einem Flugzeugwerk. 1943 wurde sie im Rang eines Hauptmannes der Luftwaffe dem Überführungsgeschwader zugeteilt, wo sie die ersten Düsenjäger der Welt (ME 262) an die Front überstellte. Verheiratet war sie mit ihrem Fluglehrer Hans Uhse, der 1944 bei einem Einsatz als Staffelkapitän den Tod fand. Seiner Witwe gelang samt Sohn und Kindermädchen Ende April 1945 der Flug aus dem eingeschlossenen Berlin. Nach dem Krieg zog Beate Uhse einen Postversand für Sexualartikel auf. Ihre Ideen und Aktivitäten hatten einen dominierenden Einfluss auf die Enttabuisierung der Sexualität im Klima der sechziger Jahre.

Hitlers eigenes Frauenbild scheint ambivalent. Er gab markige Sprüche von sich – wie z. B. »Wenn eine Frau in Sachen des Daseins zu denken beginnt, das ist schlimm« –, förderte jedoch gleichzeitig weibliche Karrieren. So wählte er die Architektin Gerdy Troost, die Besitzerin eines großen Bau- und Architekturbüros, für die Ausgestaltung der Bauten auf dem Obersalzberg und ließ die Parteitagsfilme von der Regisseurin Leni Riefenstahl drehen.

Hanna Reitsch, die berühmte Testpilotin

Auch Hanna Reitsch (1912–1979) drang mühelos in eine Männerdomäne ein und wurde zur gefeiertsten Testpilotin des Dritten Reichs. Hitler überreichte ihr 1937 persönlich das Dekret, mit dem sie zum ersten weiblichen Flugkapitän der Welt ernannt wurde. Im selben Jahr flog sie – wiederum als Erste – Hubschrauber. 1938 führte sie auf Focke-Hubschraubern in der Deutschlandhalle den ersten Hallenflug der Welt durch und wurde dafür mit dem Militärfliegerabzeichen ausgezeichnet. Am 5. November 1942 verlieh ihr Hitler für »den steten Einsatz ihres Lebens im Dienste der Entwicklung des deutschen Fluggerätes« das Eiserne Kreuz erster Klasse, einen der höchsten deutschen Militärorden.[22] 1943 flog sie Raketenflugzeuge, 1944 saß sie als Erste am Steuer eines Jets und am 26. April 1945 flog sie durch russisches Sperrfeuer zu Hitler in das eingekesselte Berlin.[23]

Während Hitler Frauen öffentlich geistig Zurückgebliebenen gleichsetzte, meinte er im privaten Kreis: »Die

Frauen, sagt man, seien nicht schöpferisch. Es hat aber eine große Frau gegeben und es ärgert mich, dass die Männer da nicht gerecht sind. Die Angelika Kauffmann war einer der größten Maler ...«[24] Ebenso resümierte er: »Was wäre Siegfried Wagner geworden, wenn er nicht ... Mutter Cosima sowie seine ebenso bedeutende Lebensgefährtin Winifred bei sich gehabt hätte?«[25] Nichts!, muss die schlichte Antwort lauten, denn Siegfried führte neben seiner Frau ein Schattendasein. Nach seinem Tod residierte Witwe Winifred, übrigens eine gebürtige Engländerin, wie eine ungekrönte Herrscherin im Haus »Wahnfried«, zog vier Kinder auf und managte im Alleingang die international berühmten Festspiele von Bayreuth. Hitler zählte sie zu seinen »Paradefrauen«: »Die Frau Wagner hat Bayreuth – das ist ihr großes historisches Verdienst – mit dem Nationalsozialismus zusammengebracht!«[26]

»Damen« waren im Dritten Reich bei den Empfängen in der Reichskanzlei und im Hofstaat Hitlers eine willkommene Zierde. Ansonsten war vom »Weib auf der Scholle und am Spinnrad« die Rede. Slogans, die die Frauen im Dunstkreis der NS-Elite nicht auf sich bezogen. Auch »Der Kochlöffel ist die Waffe der Frau« prallte ab, da die meisten diese Beschäftigung ihren Angestellten überließen. Tatsächlich hat dem NS-Frauenideal niemand weniger entsprochen als die Frauen, Gefährtinnen und Freundinnen der führenden Nazis. Eva Braun dachte nicht daran, auf Haute-Couture-Kleidung oder Schminke zu verzichten, betrieb Bodybuilding und filmte. Margarete Himmler, die ehemalige Krankenschwester, verachtete ihren Mann zu sehr, um seine Ideen ernst zu nehmen. Emmy Göring hatte als Schauspielerin ihren Weg gemacht und Carin Göring

Hitler mit Winifred Wagner und Wieland Wagner in Bayreuth
(hinten links: Wolfgang Wagner)

war das Musterbeispiel einer politischen Agitatorin. Henriette von Schirach trat für die Aktivierung des Wiener Kulturlebens ein und auch die weniger berühmten, aber rastlos tätigen NS-Frauenführerinnen standen selten am häuslichen Herd.

Selbst eine nationalsozialistische Galionsfigur wie Magda Goebbels trat abseits der offiziellen Linie vehement für die Rechte der Frauen ein. Über Frauenthemen wurde bei den Goebbels häufig und erbittert gestritten. »Zum Schluss erregte Debatte über die Frau bzw. ihre Fähigkeit. Magda wird in Wut ausfällig gegen mich. Wir scheiden im Krach...«, notierte Goebbels am 15. August 1931 in seinem Tagebuch. Einmal mischte sich auch Hitler in die Diskussion. »Gibt mir aber Recht: Frauen haben in der Öffentlichkeit nichts zu suchen.« Magda gab sich jedoch noch nicht geschlagen. Nachdem sich das Paar vom »Führer« verabschiedete, flammte der Streit im Hotel erneut auf. »Aber in Prinzipien gibt's kein Pardon«, schrieb Goebbels triumphierend am 22. Juli 1933.

In der NS-Elite gab es auch kaum den geforderten Kinderreichtum. Nur die Familien Bormann und Goebbels erfüllten das Plansoll. Und Gerda Bormann, die Frau des mächtigen Parteisekretärs, war die Einzige im Kreis der Prominenten, die in allen Punkten den neuen Vorstellungen von Weiblichkeit entsprach. Die hünenhafte Tochter des Altparteigenossen Walter Buch feierte 1929 mit dem wegen Beihilfe zum Mord verurteilten Martin Bormann eine typische Hakenkreuzhochzeit, bekam neun Kinder und hing mit naiv-fanatischem Glauben an Mann und »Führer«. Für die »Sache« fand sie sich zu jedem Opfer bereit. Sie vollführte nationalsozialistische Andachtsübungen und arbeitete ein System aus, nach dem sie mit den zahlreichen Freundinnen ihres Mannes unter einem Dach leben würde. »... alle Kinder im Haus am See zusammentun und zusammenleben, und die Frau, die gerade kein Kind hat, wird immer in der Lage sein, bei Dir zu sein.«[27]

Die Institution der Ehe wurde von den Nationalsozialisten anfangs hochgehalten. Es ist interessant, wie oft Hitler glaubte, seine Ehelosigkeit erklären zu müssen. Schon im Oktober 1920 schrieb er einem Jugendfreund: »Was meine Familie betrifft, so besteht sie zunächst nur aus einem wundervollen deutschen Schäferhund. Zu Höherem hab ich's noch nicht gebracht. Der Rädelsführer von einst ist auch als Rädelsführer von heute für die zärtlichen Gebundenheiten des Lebens noch nicht genug zugeschliffen ...«[28] Auch 1928 meinte er: »... bei meinem unsteten Leben ... es ist dies ja der Grund, weshalb ich mich selbst nicht zu einer Heirat entschließen kann ...«[29]

Der Ehestand wurde nicht aus moralischen Erwägungen gefördert, sondern weil ihn die Nationalsozialisten als ideale »züchterische Institution« schätzten – so lange, bis man eine einfache Rechnung anstellte. »Wir haben leider zwei Millionen Frauen mehr als Männer. Das Ziel wird und muss sein, dass ein Mädel heiratet, aber bevor eines als alte Jungfer verkümmert, ist es besser, es hat so ein Kind. Die Natur will, dass die Frau ein Kind bekommt; manche Frauen werden krank, wenn sie keine Kinder kriegen. ... Ja: tausendmal besser, sie hat ein Kind und damit einen Lebensinhalt, als sie geht vergrämt von der Welt!«[30]

Einmal sprach Hitler im Hause Goebbels vor zahlreichen Gästen aus dem Künstlermilieu bis 3 Uhr früh über uneheliche Geburten: »... Führer ganz modern und ohne Scheuklappen. Magda vertritt einen absolut reaktionären Standpunkt. Weder klug noch taktvoll. Wir kriegen auch nach Weggang der Gäste prompt Krach ...«, schrieb Goebbels am 17. Dezember 1935 ins Tagebuch.

Als Folge der NS-Rassen- und -Frauenideologie entstand schließlich Himmlers Lebensborn, ein Aufzuchtprogramm von nordisch-deutschen Menschen. »Als ich den Lebensborn einrichtete, ging ich davon aus, zunächst einmal einem dringenden Bedürfnis abzuhelfen, um rassisch einwandfreien Frauen, die unehelich gebären, die Möglichkeit zu geben, kostenlos zu entbinden ... unter der Hand ließ ich durchsickern, dass sich jede unverheiratete Frau, die allein stehe, aber sich nach einem Kind sehne, vertrauensvoll an den Lebensborn wenden könne. Der Reichsführer SS nehme Patenstellung bei diesem Kinde an. Als Zeugungshelfer würden nur rassisch einwandfreie Männer empfohlen ...«, vertraute Heinrich Himmler seinem Arzt und Masseur an.[31]

Die Nationalsozialisten brüsteten sich, die Frauenfrage gelöst zu haben, denn sie waren überzeugt, die Wünsche der Frauen genau zu kennen: »Die deutschen Frauen wollen in der Hauptsache Gattin und Mutter, sie wollen nicht Genossin sein, wie die roten Volksbeglücker es sich und ihnen einzureden versuchen. Sie haben keine Sehnsucht nach der Fabrik, keine Sehnsucht nach dem Büro und auch keine Sehnsucht nach dem Parlament. Ein trautes Heim, ein lieber Mann und eine Schar glücklicher Kinder steht ihrem Herzen näher.«[32] Der Versuch, die Gegenwart und Zukunft mit reaktionären Methoden zu bewältigen, war jedoch zum Scheitern verurteilt.

Der Verzicht des NS-Staates auf das wirtschaftliche und geistige Potenzial seiner weiblichen Mitbürger rächte sich ebenso, wie die rückschrittliche Haltung des Dritten

Reichs in Bezug auf Forschung und Wissenschaft in erstaunlich kurzer Zeit unerwünschte Folgen nach sich zog.

Während die führenden Nazis ernsthafte Wissenschaftler behinderten oder nur halbherzig unterstützten und sich dafür an obskuren Theorien wie der Welteislehre des österreichischen Ingenieurs Hanns Hörbiger begeisterten, bereiteten die von ihnen vertriebenen Physiker den Atomkrieg vor. Genauso erwies sich die Idee vom »Heimchen am Herd« als ein Bumerang. Während die Deutschen einen kleinlichen Kampf gegen Lippenstift und Nagellack führten und den Frauen das Rauchen in der Öffentlichkeit untersagten, beschäftigte die alliierte Rüstungsindustrie vorwiegend weibliche Arbeitskräfte. Auch als sich im Zweiten Weltkrieg großer Arbeitskräftemangel bemerkbar machte, zögerte Hitler, als Gefangener der eigenen Ideologie, noch lange, weibliche Arbeitskräfte zwangsverpflichten zu lassen.

Der für die Wehrmachtsproduktion zuständige Minister Albert Speer beklagte dies: »Unschwer hätte Hitler Mitte 1941 eine doppelt so stark ausgerüstete Armee haben können ... sofern nur die gleichen Maßstäbe angesetzt worden wären, wie sie für die Frauenarbeit in England und den Vereinigten Staaten gültig waren. Rund fünf Millionen Frauen hätten dann für die Rüstungswirtschaft bereitgestanden; und Hitler hätte mit drei Millionen Soldaten zusätzlich zahlreiche Divisionen aufstellen lassen können ...«[33] Obwohl sich das postulierte NS-Frauenideal in der Praxis wenig bewährte, schmiedete man unbeirrt Pläne für die Zeit nach dem Krieg, die in ihrer Radikalität über den Lebensborn hinausgingen. Man hielt es daher für ratsam, sie der Bevölkerung bis zum »Endsieg« vorzuenthalten.

Gerda Bormann, die Fanatikerin unter der NS-Frauenelite, äußerte sich dazu begeistert: »Es wäre gut, wenn am Ende dieses Krieges ein Gesetz gemacht würde wie jenes am Ende des Dreißigjährigen Krieges, welches gesunden, wertvollen Männern das Recht auf zwei Frauen einräumt [Randnotiz von Martin Bormann: Der Führer hat ähnliche Gedanken].[34] So furchtbar wenig wertvolle Männer überleben diesen schicksalsvollen Kampf, so viele wertvolle Frauen sind zur Kinderlosigkeit verurteilt ... Wir brauchen Kinder auch von diesen Frauen!«

Martin Bormann, der mit Billigung seiner Frau neben seiner Hauptfreundin Manja Behrens noch andere Freundinnen hatte, konnte nur freudig zustimmen: »Absolut, für den bevorstehenden Kampf, der das nationale Schicksal entscheidet.«[35]

Die um 1943 tatsächlich erwogenen volksbiologischen Maßnahmen scheinen einem Gruselkabinett zu entstammen. Demnach sollten alle Frauen bis 35 Jahren verpflichtet werden, mit reinrassigen deutschen Männern vier Kinder zu zeugen. Sobald eine Familie die magische Zahl von vier Kindern erreicht hatte, mussten die Ehemänner für diese Aktion zur Verfügung stehen.[36]

Der Ausgang des Zweiten Weltkrieges verhinderte das NS-Aufzuchtprogramm samt den geplanten »Volksnotehen« sowie die Auflösung der Einehe durch die Einführung und rechtliche Gleichstellung von Nebenfrauen.

Carin Göring

Nordisches Idol und Kultfigur

21. Oktober 1888 – 17. Oktober 1931

Am 20. Juni 1934 fand im Rahmen eines Staatsaktes die feierliche Überführung des Leichnams der bereits 1931 verstorbenen Carin Göring von Schweden nach Deutschland statt. Es war ein einzigartiges Schauspiel, dessen Inszenierung der Propagandaminister Joseph Goebbels besorgte, während die Initiative dazu vom Witwer der Verstorbenen, dem preußischen Ministerpräsidenten Hermann Göring, ausging.

Die Bestattung der geliebten Gattin in der eigens für sie geschaffenen Gruft auf Görings Sommersitz Carinhall in der Schorfheide war dem Reichstagspräsidenten ein großes Anliegen, das er auf raffinierte Weise mit seinen politischen Plänen zu verbinden wusste. Und so war der dafür gewählte Zeitpunkt – zehn Tage vor dem »Röhmputsch«, bei dem allerdings niemand putschte, sondern die Führer der SA ermordet wurden – durchaus kein Zufall, sondern das Ergebnis eiskalter Berechnung. Göring und Goebbels benutzten das Staatsbegräbnis als geschicktes Manöver zur Ablenkung einer bereits misstrauisch gewordenen SA-Führung. Gleichzeitig lieferte die pietätvolle Bestattung der Carin Göring, die als Heldin des frühen Nationalsozialismus in deutscher Erde ruhen sollte, den plausiblen Grund für die Zusammenkunft der Akteure des Coups. Damit diente Carin Göring, die sich zu Lebzeiten für die NSDAP aufgeopfert hatte, selbst noch drei Jahre nach ihrem Tod der Partei.

Die Überführung ihrer in einen Zinnsarg gebetteten Leiche ging unter großem Prunk, jedoch ohne Mitwirkung von Geistlichen, vor sich und erinnerte an die bei der Bestattung eines Pharaos üblichen Zeremonien. Tatsächlich dürfte Joseph Goebbels, der alles mit gewohnter Präzision abwickelte, dafür Anleihen beim Totenkult der alten Ägypter genommen haben.

Zuerst demonstrierten eine deutsche Torpedobootsbesatzung und schwedische Nationalsozialisten ihre innige Verbundenheit am offenen Grab in Lovö bei Drottningholm. Dann stand ein speziell dekorierter Sonderzug bereit, der die sterblichen Überreste der Carin Göring in einem minutiös geplanten Trauerritual von Schweden nach Deutschland brachte. In allen Orten entlang der Strecke nach Eberswald, der Bahnstation nahe dem Zielort Carinhall, herrschte Staatstrauer, wehten die Fahnen auf halbmast und läuteten die Glocken. Hitlerjugend stand Spalier, als der Zug die einzelnen Stationen durchfuhr, und unzählige Menschen erwiesen Carin Göring die letzte Ehre. Das letzte Wegstück durch die Schorfheide wurde im offenen Wagen, auf dem schwarze, mit brennenden Opferflammen versehene Obelisken den Sarg flankierten, unter dem Ehrenschutz berittener Begleitung zurückgelegt. Das Zeremoniell in Carinhall begann Punkt zwölf Uhr mit Hitlers Erscheinen. Dann trug man den mit einer Hakenkreuzfahne bedeckten Zinnsarg unter den Klängen des Trauermarsches aus Wagners »Götterdämmerung« durch ein Spalier von Soldaten in das unterirdische Mausoleum. Carins Verwandte, ausländische Diplomaten und sämtliche hochrangige Politiker des NS-Regimes gaben das Geleit. Zum Schluss stiegen Hitler und Göring noch einmal in die Gruft hinab, um von der Toten Abschied zu nehmen.[1]

Die »Völkische Frauenzeitung« hat im Juni 1934 des Ereignisses gedacht: »Wo immer der Nationalsozialismus, das unter seinem Banner geeinte Deutschland, der Toten seiner Bewegung gedenkt, sei auch ein Kranz des Dankes und stillen Gelobens auf Carin Görings Grab gelegt. Ein Deutschland, für das solche Frauen leben, kämpfen und sterben, muss leben. Das Leben dieser nordischen Frau sei uns ein Vorbild! Ehrfürchtig still werden wir vor so viel selbstverständlicher Treue und innerer Größe einer wahren Frau ...«

Hermann Göring und seine erste Frau Carin, geborene Freiin Fock, geschiedene von Kantzow, galten als das klassische Liebespaar der NS-Ära, in der sie quasi als Widerpart zur »idealen Familie« des Dr. Goebbels eine große propagandistische Aufgabe erfüllten. Die Romanze der nordischen Göttin mit dem germanischen Fliegerhelden aus der frühen Phase der NSDAP, der so genannten »Kampfzeit«, wurde hochstilisiert zu dem dramatischen Epos zweier Liebender, die mit heroischem Einsatz der jungen Partei als Wegbereiter dienten. Der Leidensweg des Paares im Dienste der Bewegung umfasste Verwundung,

Flucht und Emigration und endete mit dem frühen Tod Carins im Jahre 1931, gerade als es »vorwärts und aufwärts ging«[2], schrieb ihre Schwester, Fanny Gräfin von Wilamowitz-Moellendorf. Sie, die sich als Deutsch-Schwedin bezeichnete, hatte bereits 1933 eine Biografie ihrer jüngeren Schwester veröffentlicht.

Das Buch über die begeisterte Nationalsozialistin der ersten Stunde wurde – neben Hitlers »Mein Kampf« – zum Bestseller und erlebte zahlreiche Auflagen. Obwohl als Markt nur Hitler-Deutschland in Frage kam, wurden bis 1943 mehr als 900 000 Exemplare verkauft. Es wurde begierig gelesen, denn das Sujet erlaubte, mit Billigung der goebbelschen Zensur (Dr. Joseph Goebbels war seit dem 13. März 1933 Minister für Volksaufklärung und Propaganda), einen seltenen Blick in das Privatleben von Hermann Göring, einem der erfolgreichsten Jagdflieger des Ersten Weltkriegs, der zum Reichsmarschall des Großdeutschen Reichs und Oberbefehlshaber der deutschen Luftwaffe aufgestiegen war. Fanny hat um das Leben ihrer Schwester nationalsozialistische Legenden gewoben. Doch was geschah wirklich?

Begonnen hat alles in Schweden. Ende Februar 1920 kehrte der schwedische Weltreisende Eric Graf von Rosen, der Schwager Carins, von seiner großen Expedition an den Gran Chaco nach Stockholm zurück. Dort musste er voll Unmut zur Kenntnis nehmen, dass extreme Wetterverhältnisse samt heulendem Schneesturm die Weiterreise nach seinem Wohnsitz Schloss Rockelstad verhinderten. Irritiert darüber, so knapp vor dem Ziel aufgehalten zu werden, wandte sich der reiche und exzentrische Graf an die private Fluglinie Svenska Lufttrafik A-B, um ein Flugtaxi zu chartern. Drei Piloten lehnten sein Ansinnen entrüstet ab – ein Flug unter den herrschenden Wetterbedingungen schien ihnen Selbstmord zu sein. Der Vierte jedoch, ein Deutscher, steckte in großen finanziellen Nöten, dachte nur kurz an seinen verpfändeten Wintermantel und sagte im Vertrauen auf seine großen Fähigkeiten zu.[3]

Dieser Hermann Göring hatte den höchsten Tapferkeitsorden Pour le Mérite erhalten und das legendäre Jagdgeschwader Manfred Freiherr von Richthofen kommandiert. Nach Kriegsende verlangten die Bestimmungen des Versailler Friedensvertrages von Deutschland die Auflösung der Luftwaffe[4], und da auch der private Flugverkehr strengen Restriktionen unterlag, herrschte kein Bedarf an Piloten. Somit wandte sich der im Rang eines Hauptmanns entlassene, arbeitslose Göring, der noch unter der gescheiterten Verlobung mit der Schauspielerin Käthe Dorsch – sie hatte ihn wegen des populären Schauspielers Harry Liedtke verlassen – litt, nach Skandinavien.[5] Er verdingte sich als Vertreter für Flugzubehör, bis ihn die Svenska Lufttrafik A-B, die Vorläuferin der SAS, als Chefpiloten einstellte. Außerdem betrieb er jenes Flugtaxi, mit dem er am 20. Februar 1920 Graf Rosen auf dessen etwa 100 km von Stockholm entferntes Schloss bringen sollte. Es war ein lebensgefährliches Abenteuer. Göring verlor im Unwetter die Orientierung. Später erzählte er oft, dass er den schrecklichsten Flug seines Lebens hinter sich hatte, als er die Maschine endlich auf dem Eis des Bavensee vor dem Schloss aufsetzen konnte. Mit seinen mächtigen Rundtürmen, den dicken Backsteinmauern und der ausgedehnten Parkanlage bietet Rockelstad heute einen wehrhaften, mittelalterlichen Eindruck. Tatsächlich stammt das Hauptgebäude aus dem

17. Jahrhundert. Erst gegen Ende des 19. Jahrhunderts hatte der Millionär Graf Eric Rosen seine romantischen Ritterträume verwirklicht und das Landschloss in eine Burg im Stil der Wasa-Zeit verwandelt. Die Anlage begeisterte Göring und rief bei ihm Erinnerungen an seine eigene Kindheit wach, die er auf den Burgen Veldenstein in der Nähe von Nürnberg und Mauterndorf in Salzburg verbracht hatte. Veldenstein und Mauterndorf gehörten damals dem Arzt und Geliebten der Mutter Görings, Baron Dr. Epenstein. 1938 ging Veldenstein in den Besitz Hermann Görings über. Auch die mit Waffen und Rüstungen dekorierte Jagdhütte von Rockelstad war ganz nach Görings Geschmack. Das schlichte Waldhaus beschäftigte lange Zeit seine Fantasie. Schließlich ließ er es – als Geld für ihn keine Rolle mehr spielte – in gigantischer Vergrößerung in der Schorndorfer Heide als »Carinhall« nachbauen.

Die Halle in Rockelstad, wo Hermann Göring und Carin von Kantzow, geb. Fock, einander zum ersten Mal begegneten

Als Göring am 20. Februar 1920 das Schloss betrat, brannte im offenen Kamin ein riesiges Feuer und der – später propagandistisch verwertete – Zufall wollte es, dass die schmiedeeisernen Eisenstangen, auf denen man die Holzscheite stapelte, Swastika-Symbole trugen. Mary von Rosen, die Gattin des Weltreisenden, und ihre gleichnamige Tochter kamen zur Begrüßung herbei und hießen auch Göring freundlich willkommen.[6] Während man plaudernd vor dem Kamin saß, erschien plötzlich eine junge Frau im Stiegenaufgang und schritt die breite Treppe zur Halle hinunter. Sie war groß und blond und verband nach den Berichten von Zeitzeugen eine »anmutige, edle Haltung mit einem bezaubernden Wesen«. Sie umarmte Graf von Rosen und lächelte dem Fremden zu. Göring, der überzeugt war, dass in Schweden das »reinste Germanentum zu Hause sei«, erschien sie wie eine nordisch-germanische Göttin.[7] Von ihren blauen Augen jedoch fühlte er sich – nach eigener Aussage – wie »vom Blitz getroffen«.

Die schöne Unbekannte hieß Carin von Kantzow und war Gast in Rockelstad, um ihrer Schwester Mary von Rosen Gesellschaft zu leisten. Zum Zeitpunkt ihrer ersten Begegnung war Carin 32 und Göring 27 Jahre alt.

Ein emotionsgeladener, stimmungsschwüler Abend folgte. Hermann Göring gab Kriegserinnerungen zum Besten und erzählte, wie es ihn nach Schweden verschlagen hatte. Dann ergriff Graf Rosen, der nordische Heldensagas liebte und für Romantik schwärmte, seine Laute und sang patriotische Lieder. Die Unterhaltung dauerte bis zum Morgengrauen. Gast und Gastgeber waren konservativ-national, huldigten altmodischen Ritteridealen und schätzten »nordisch-germanisches Kulturgut«. Sie diskutierten, politisierten und stellten eine Seelenverwandtschaft fest. An diesem Abend begründeten Göring und Graf Rosen ihre lebenslange Freundschaft.

Am Vormittag des 21. Februar 1920 unternahm Göring mit Carl-Gustav Rosen, dem flugbegeisterten Sohn seiner Gastgeber, der später die äthiopische Luftwaffe aufbaute und auf einer »mercy mission« im Auftrag des Roten Kreuzes ermordet wurde, einen kleinen Rundflug und trug sich ins Gästebuch ein: »21. 2. 1920 – Hermann Göring, Kommandeur, Jagdgeschwader Freiherr von Richthofen«. Carin führte ihn danach durch das Schloss und zeigte ihm auch die »Edelweißkapelle« ihrer Schwester. Dann nahm Göring Abschied. Mit Carin vereinbarte er jedoch ein Rendezvous, denn es gab keinen Zweifel, dass die verheiratete Frau und Mutter eines achtjährigen Sohnes[8] Görings Gefühle voll und ganz erwiderte.

Carin von Kantzow war im Februar 1920 für die glühende Romanze, die sich bald entspinnen sollte, mehr als bereit.[9] Nach zehnjähriger Ehe hegte die schöne Schwedin nämlich bereits große Zweifel an der Sinnhaftigkeit ihres Lebens an der Seite des Berufsoffiziers Nils Gustav Freiherr von Kantzow und sehnte sich nach einem Helden und Abenteuern. Gelangweilt verfolgte sie die wohlgeordnete Berufslaufbahn ihres Mannes, die nur eine monotone Zukunft mit Übersiedlung von einer Provinzgarnison zur anderen versprach und in Carins romantischer Gefühlswelt nur Leere auslöste.

Der Hang zur Schwärmerei stammte von Carins Mutter Huldine, geborene Beamish, die ihre Leidenschaft für religiös-romantisches Gedankengut auf ihre Töchter übertragen hat.

Carin Göring mit ihrem
Sohn Thomas aus erster Ehe

Carin war die vierte von fünf Töchtern des Obersten und späteren Regimentskommandeurs Carl Freiherr von Fock. Geboren wurde sie am 21. Oktober 1888 in Stockholm. Der Vater entstammte einem im 19. Jahrhundert nach Schweden ausgewanderten, verarmten westfälischen Adelsgeschlecht, die Mutter kam aus Irland. Da sie eine Schwedin zur Mutter hatte, kehrte sie mit ihrer Heirat in das Land ihrer mütterlichen Ahnen zurück.[10]

Die Frauen der Familie Fock waren alle dominierend und exzentrisch. Vor allem jedoch gaben sie sich romantisch und – dem Zeitgeist knapp vor der Jahrhundertwende entsprechend – seelenvoll und edel. Fotografien zeigen die Mädchen Mary, Fanny, Elsa, Carin und Lily mit leicht geneigtem Kopf in sentimental-verzückter Pose. Wie die Mutter, so mieden auch sie gerne die banale Realität. Erfreulicherweise gestattete ihnen eine solide finanzielle Basis die Abkehr vom Alltäglichen und die Hinwendung zu der bizarren Geisteswelt eines schon von der Großmutter gegründeten »Edelweißvereins«. In der eigenen Vereinskapelle fanden Meditation und Andachtsübungen, aber auch spiritistische Sitzungen statt. Die Begeisterung dafür war so groß, dass sich Mary nach ihrer Heirat mit dem Millionär Eric Graf von Rosen in einem Turmzimmer auf Schloss Rockelstad einen Altar aufstellen ließ und sich damit ihre eigene »Edelweißkapelle« schuf. Auch Carin, die als eines der schönsten Mädchen von Stockholm galt, hing dem privatreligiösen Familienverein ihr Leben lang an.

Kurz nach seiner Abreise aus Rockelstad schrieb Göring an Carin: »Ich möchte Ihnen aus ganzem Herzen für die schönen Augenblicke danken, die ich in der Edelweißkapelle verbringen durfte. Sie können sich nicht vorstellen, wie ich mich in dieser wunderbaren Atmosphäre gefühlt habe. Es war so ruhig und schön, dass ich allen irdischen Lärm vergaß, alle Sorgen fielen von mir ab ...«[11] Es waren genau die richtigen Worte, um Carin anzusprechen. Schon am 24. Februar kehrte sie nach Stockholm zurück, um Göring, der sie tief beeindruckt hatte, nahe zu sein.

Man traf sich häufig. »Er ist der Mann, von dem ich immer geträumt habe«, sagte sie ihrer Schwester Fanny.[12] Später gestand sie: »Wir sind wie Tristan und Isolde. Wir haben den Liebestrank gekostet und wir sind hilflos, ja ekstatisch hilflos unter seiner Wirkung.«[13] Bald wurde Carin die bestimmende Kraft in Hermann Görings Leben und in einer Beziehung, die elf Jahre dauern sollte.

Im Sommer 1920 war die Leidenschaft bereits so weit entbrannt, dass Carin ohne Rücksicht auf Ehemann, Sohn oder Familie mit ihrem Liebhaber nach München reiste, um dort Hermanns Mutter vorgestellt zu werden.

Die Witwe Franziska Göring konnte auf eine bewegte Vergangenheit zurückblicken, hatte sie doch jahrelang mit Ehemann und Liebhaber unter einem Dach, nämlich dem von Burg Veldenstein gewohnt – der Gatte im ersten, sie mit Baron Dr. Epenstein im zweiten Stock. Die Erinnerung an das eigene Schicksal hielt sie jedoch nicht davon ab, dem Sohn wegen seiner Affäre mit der verheirateten Schwedin heftigste Vorwürfe zu machen und das Ende dieser unmoralischen Beziehung zu fordern. Den mit der Ménage à trois seiner Eltern aufgewachsenen Hermann ließen die mütterlichen Ermahnungen allerdings kalt.

Das Paar reiste den ganzen Juni und Juli in Süddeutschland, Bayern und den österreichischen Alpen umher. Carin dachte nicht daran, ihr Verhältnis zu verbergen. Vielmehr hielt sie ihre besorgte Familie mit Briefen und Ansichtskarten auf dem Laufenden und sandte Fotoalben zur Illustration ihres aufregenden Abenteuers. Carin war eine zwanghafte Briefschreiberin, die in allen Lebenslagen heim nach Schweden berichtete. Vor allem ihre Mutter, der sie sehr verbunden war, ließ sie an den wechselvollen Stadien ihrer Affäre mit Göring teilhaben.[14]

In Hochkreuth bei Bayrisch-Zell, in den Bergen nahe der österreichischen Grenze, mietete sich das Paar von einem Bauern namens Huber ein idyllisches kleines Häuschen, das sie lyrisch ihr »Pfefferkuchenhaus« nannten. Das noch heute existierende Holzhaus diente den beiden in den Jahren 1920 bis 1923 häufig als Aufenthalt. Später, als die Górings aus dem Exil zurückkehrten, wohnten sie in Berlin und kamen nicht mehr in das bis 1930 gemietete Haus.

Carin kochte und korrespondierte mit ihrem Ehemann, der an der Militärakademie von St-Cyr in Frankreich einen Schulungskurs absolvierte. Ihre Abreise aus Schweden hat sie ihm mit der »für sie lebensnotwendigen, guten Luft« in Bayern plausibel gemacht. Bei einem Treffen im August

1920 versicherte ihm Carin, dass die Mutter, ihr Mann und ihr Sohn Thomas ihr einziger Lebensinhalt wären. Dann bezog sie mit Göring in Stockholm, Karlavagen Nr. 5, eine gemeinsame Wohnung und reiste anschließend mit ihrem Liebhaber zu den Schlössern Ludwigs II., da sich das Paar der Geisteswelt des bayrischen Königs verbunden fühlte.

Nach ihrer Rückkehr drängte Göring auf Scheidung. Aus Angst, ihren Sohn zu verlieren, hatte sich Carin anfangs geweigert. Carins Sohn Thomas traf Mutter und deren Freund des Öfteren heimlich nach der Schule, lauschte interessiert den Fliegergeschichten von Onkel Hermann und bewunderte ihn sehr. Nils von Kantzow jedoch hoffte noch immer auf eine Rettung seiner Ehe und arrangierte ein gemeinsames Mittagessen. Es wurde für alle Anwesenden jedoch nur peinlich.

Bald zog sich das Liebespaar in die bayrischen Berge zurück. Man hörte von Carin und Hermann erst wieder, als sich das Paar – von Geldsorgen geplagt – an den betrogenen Ehemann wandte. In dem irrigen Glauben, seine Frau wolle zu ihm nach Schweden zurückkehren, hat Nils von Kantzow prompt geholfen. Carin jedoch schützte eine medizinische Behandlung vor und blieb bei Hermann Göring. An die Eltern schrieb sie: »Bayern ist eine wunderschöne Gegend, so reich, so warm, ... so ganz anders als das übrige Deutschland. Ich bin hier sehr glücklich und fühle mich hier zu Hause. Wenn ich Heimweh nach Schweden habe, dann nur wegen meiner Sehnsucht nach Mama, Nils, dem kleinen Jungen und denen, die ich liebe. Aber gerade diese schmerzliche, krankhafte Sehnsucht bedeutet, dass ich fast immer traurig bin. Oh, meine liebe Mama, wenn es doch nur nicht diese mächtige Liebe für diesen Einen gäbe ...«[15]

Die Eltern versuchten daraufhin ihre Tochter zur Übersiedlung in das von ihr geliebte Sommerhaus der Familie in Engsholm bei Drottningholm zu überreden.

Carin jedoch reichte die Scheidung ein. Am 13. Dezember 1922 wurde sie rechtskräftig geschieden. Nils von Kantzow schrieb an seine Schwiegereltern: »Ich kann sie nur lieben.« Er erhielt die Vormundschaft für Thomas zugesprochen, blieb jedoch als gebrochener Mann zurück und verfiel in tiefe Depression.

1921 hatte Hermann Göring mehr aus Verlegenheit denn aus Neigung ein halbherziges Studium der Geschichte und Volkswirtschaft in München begonnen, wobei ihm vage eine Karriere in der Politik vorschwebte. Görings Schicksal – und das Carins – wurde jedoch schon im darauf folgenden Jahr – Ende 1922 – entschieden. Hermann Göring lernte Hitler kennen, der ihn mit Parolen von der Rettung des Vaterlands aus den Schandverträgen von Versailles und dem Kampf gegen Kommunisten und Juden sofort zu begeistern wusste. Hitler wiederum schien es opportun, den Pour-le-mérite-Träger aus Prestigegründen für die NSDAP zu rekrutieren, und übertrug ihm sogleich die Leitung einer von Emil Maurice 1921 gegründeten NS-Schlägertruppe, der Sturmabteilung (SA).[16]

»Vom ersten Augenblick, da ich ihn sah und hörte, war ich ihm verfallen mit Haut und Haar. Ich habe ihm meine Hand gegeben und gesagt: ›Ich verbinde mein Schicksal auf Gedeih und Verderb mit dem Ihren ... in guten und schlechten Zeiten, und ... ich nehme ... auch meinen Kopf nicht aus‹«, hat Göring 1946 vor dem internationalen Militärgerichtshof in Nürnberg sein Verhältnis zu Adolf Hitler geschildert.[17]

Carin Göring erging es nicht anders, sie drückte sich nur anders aus. Bei ihr war von »der Heiligkeit der Sache« die Rede, und 1923 nach dem missglückten Putsch Hitlers gegen die Reichsregierung und Reichspräsidenten Ebert schwärmte sie, dass »die Bewegung, die solche Helden schafft, niemals sterben kann«. Auch sie betonte, dass »Hermann und ich gern dafür [Hitler und die Partei] in den Tod gingen«.

Damit begann das leidenschaftliche Engagement von Carin und Hermann Göring für die NSDAP, das erst mit dem Tod enden sollte.

Hitler selbst hat sich über das deutsch-schwedische Paar recht nüchtern geäußert: »Die Männer der nordischen Länder sind derart schlapp, dass die schönsten Frauen dort weggehen, wenn sie einen Mann von uns kriegen. So war es beim Göring mit seiner Carin.«[18]

Die Vermählung von Carin und Hermann wurde am 25. Januar in Stockholm und am 3. Februar 1923 in Obermenzing, dem gemeinsamen Wohnsitz in München, in bescheidenem Rahmen gefeiert.[19] Hermann Görings Kameraden vom Richthofengeschwader stellten sich als Ehrengarde zur Verfügung und Carin erschien ganz in Weiß. Ebenfalls weiß waren die Rosen, die ihr Haar schmückten, während ihr Brautbukett in den grün-weißen Farben der Familie Fock gehalten war. Die Hochzeitsreise ging nach Italien und im Anschluss fuhr das Paar noch einige Tage nach Bayrisch-Zell, wo Carin an ihren Sohn schrieb.

Es war ein Versuch, dem mittlerweile Elfjährigen die Situation kindgerecht zu erklären, wobei die Mutter es dabei mit der Wahrheit nicht so genau genommen hat: »Lieber

Thomas! Tante Mary [Carins Schwester] hat dir ja erzählt, dass ich jetzt mit Captain Göring verheiratet bin, dass ich hier mit ihm in einer Villa wohne. Du weißt ja, dass meine Gesundheit das raue Klima Schwedens nicht vertragen kann, und du weißt, dass ich deshalb hier in den Bergen bleiben muss. Captain Göring kennen wir, wie du dich erinnerst, seit den Tagen in Stockholm und er war so nett und gut und hilfsbereit zu deiner Mutter, als sie allein in einem fremden Land war [Bayern], und so merkte ich, dass ich ihn so lieb hatte, dass ich ihn heiraten wollte ... Siehst du, Liebling, er hat deine Mutter glücklich gemacht und du musst nicht traurig sein. Und unsere Liebe füreinander darf es nicht verderben. Siehst du, über alles in der Welt liebe ich dich ...«[20] Über ihren neuen Ehemann sagte sie zu einer Freundin: »Mein Gott, wie schön ist es, einen Mann zu haben, der nicht zwei Tage braucht, um über einen Witz zu lachen.«[21]

Dem solchermaßen beschriebenen Exgatten blieb nichts übrig, als das Geld für den Kauf eines standesgemäßen Hauses samt Personal zur Verfügung zu stellen. Was er übrigens schon vor der Hochzeit getan hatte. So erwarben die Görings eine kleine neu erbaute Villa in der Döbereinerstraße 30 in Obermenzing, einem Münchner Vorort nahe Nymphenburg. Mit Bedacht wählte man eine Lage im Grünen, da Carins Gesundheitszustand keine längeren Aufenthalte in einer Stadt zuließen. Angina pectoris mit Atemnot, die sich bis zur Ohnmacht steigerte, Asthma, schwerer Rheumatismus, eine latente Darmerkrankung und Blutarmut waren nur einige der Leiden der damals 35-Jährigen. Die große Entfernung des neuen Hauses vom Zentrum der Stadt und die schwere Erreichbarkeit mit öffentlichen Verkehrsmitteln – vor Erbauung der Schnellbahn – spielten keine Rolle, weil Nils von Kantzow seiner immer noch geliebten Exfrau einen Mercedes samt Chauffeur bezahlte.

Das verwinkelte und teilweise mit Schindeln verzierte reizvolle Gebäude, in dem Carin die Verwirklichung ihres Ideals von einem trauten Heim fand, steht noch immer. Vollkommen unverändert hat es die Jahrzehnte überdauert und bietet heute mit dem ebenfalls erhaltenen kleinen Garten mit altem Baumbestand einen eigenartigen Kontrast zu den umliegenden nüchternen Bauten jüngeren Datums.

Carin hat die Ausstattung ihres Märchenheims sofort in Angriff genommen und das Resultat ihrer Bemühungen der Mutter detailliert beschrieben. Es gab rosenbemalte Fensterscheiben, in denen sich das Licht spiegelte. Die Möbel, darunter Carins weiße Orgel, stammten aus Schweden. Zartrosa Teppiche und weiße Felle bedeckten die Böden. Auch das Schreibzimmer enthielt einen rosa Smyrnateppich, der die Wirkung der antiken Mahagonimöbel unterstrich. Im Schlafzimmer ließ man weiße Seidentapeten anbringen und über dem Bett wölbte sich ein blauer Brokathimmel. Fauteuils, Toilettetisch sowie Vorhänge waren ebenfalls in Rosa gehalten. In Hermann Görings Arbeitszimmer standen schwere Eichenmöbel und die Bleiglasfenster zierten Szenen aus der Welt des Rittertums.

Durch eine Falltür im Boden des Esszimmers gelangte man in das eigentliche Zentrum des Hauses, einen gewölbten Kellerraum, wo ein offener Kamin, rustikales Mobiliar, Gobelins und Felle Görings Traum von einem eigenen Schloss vorläufig nur in bescheidenem Rahmen verwirklichten.[22] Diese unterirdischen, katakombengleichen Räume waren für die Zusammenkünfte der ersten nationalsozialistischen Getreuen der ideale Ort. Man nutzte sie gern, insbesondere als sich das neue Mitglied und seine Frau als überaus freundliche Gastgeber erwiesen. Carins Schwester Fanny, die damals ebenfalls in Bayern wohnte, hat dies lobend erwähnt: »... Wie manchen müden, abgehetzten und hungrigen Nationalsozialisten hat sie [Carin] ein selbstgekochtes Essen hingestellt! Wie gut haben ihre wohlschmeckenden, originellen Speisen dem Führer und den ihn aufsuchenden Persönlichkeiten nach den stundenlangen Beratungen getan!«[23]

Göring wiederum entfaltete beim Training der SA sein beträchtliches Organisationstalent und schuf aus »dem verlotterten Haufen« binnen kurzem eine schlagkräftige, jederzeit einsatzbereite Privatarmee. Als diese bereits am 15. April 1923 an Hitler vorbeidefilierte, glühte Carin vor Begeisterung. Sie schrieb an ihren Sohn Thomas: »Eines Tages wirst du stolz auf den geliebten Mann sein, der jetzt dein zweiter Vater ist. Heute ließ er seine Armee treuer, junger Deutscher an seinem Führer vorbeimarschieren und ich sah, wie sein Gesicht strahlte ... er hat schwer mit ihnen gearbeitet ... sodass der einstige Pöbelhaufen ... wirklich zu einer Armee des Lichts ... verwandelt worden ist, bereit, auf Befehl des Führers zu marschieren, um dieses unglückliche Land wieder frei zu machen ... Nachdem alles vorbei war, umarmte der Führer den geliebten Mann und erzählte mir, wenn er ihm das sagen würde, was er über dessen Leistung wirklich denke, würde ihm dies sicherlich zu Kopf steigen. Ich sagte ihm, ich selber würde bereits vor Stolz platzen, da küsste er mir die Hand und meinte, einer

Frau mit einem so hübschen Köpfchen könne das nicht passieren. Es war vielleicht nicht das eleganteste Kompliment, das ich je bekommen habe, aber es gefiel mir.«[24]

Während Carin und Hermann Göring nur mehr für die junge NSDAP lebten, traten bei Nils von Kantzow Symptome einer Geisteskrankheit auf. Mitte 1923 fiel er auf einer Dienstreise einen Kollegen an, weil dieser ihn bemitleidet und über Göring geschimpft hatte. Als er ihn würgte, schrie der Malträtierte um Hilfe, worauf Kantzow kurzerhand aus dem Fenster des fahrenden Zuges sprang.[25] Kantzow wurde noch im selben Jahr seiner Lehrtätigkeit enthoben. Allmählich verschlechterte sich sein Zustand und er verstarb in geistiger Umnachtung. Solange er jedoch konnte, spielte er den großzügigen Mäzen. Er finanzierte Carin und Hermann Göring eine luxuriöse Haushaltsführung, sorgte für den Unterhalt und schickte Lebensmittelpakete.

Am 15. Juli 1923 starb Görings Mutter. Carin wohnte dem Begräbnis trotz einer Erkältung bei und holte sich dabei eine schwere Lungenentzündung, an der sie monatelang laborierte. »Ich habe eine leichte Erkältung«, heißt es in einem Brief an Thomas in Stockholm, »schreibe dies im Bett, denn der Liebste hat darauf bestanden ... Er ist sehr beschäftigt und große Dinge sind im Werden ...«[26]

Tatsächlich waren Hitler und die anderen rechtsgerichteten paramilitärischen Verbände dabei, sich zu einem Kampfbund zusammenzuschließen, um nach dem Vorbild der italienischen Faschisten einen Putsch zu wagen. Am 8. November 1923 war es dann so weit. Carin lag krank im Bett. Ihre Schwester Fanny jedoch, die den Demonstrationszug begleitete, wurde Zeugin, wie sich am 9. November zu Mittag eine Kolonne aus SA- und Stoßtruppmännern in Bewegung setzte und unter den Jubelrufen der Zuschauer siegesbewusst zum Odeonsplatz marschierte. Hitler, General Ludendorff und Göring gingen in der ersten Reihe. Kurz vor der Feldherrenhalle eröffnete jedoch die bayrische Landespolizei das Feuer. Es gab Tote und Verletzte – der Putsch war gescheitert. Göring wurde von mehreren Schüssen in der Hüfte getroffen. SA-Leute schleppten den Hilflosen in das Haus der jüdischen Familie Ballin, der die Identität des Verwundeten bekannt war. Trotzdem zögerte man nicht, einen Arzt zu holen, sich rührend um Göring zu kümmern und ihm dadurch mit großer Wahrscheinlichkeit das Leben zu retten.[27]

Die NSDAP wurde nach dem Putsch verboten, konnte aber weiterhin auf die volle Sympathie ihrer Mitglieder zählen. Auch die Görings blieben ihrer Überzeugung treu und entzogen sich der politischen Verfolgung durch Flucht über die Grenze nach Österreich. Die Briefe Carins aus dem Exil sind ein beredtes Zeugnis für die aufgewühlte politische Stimmung jener Tage.[28]

Am 13. November 1923 schrieb sie an ihre Mutter: »... wir haben unerhört schwere Stunden durchgemacht, aber trotz allem – glückliche! Hermanns Bein ist zerschossen, die Kugel ging quer hindurch, einen halben Zentimeter von der Schlagader entfernt, eine Menge Steine und Schmutz sind in dem langen Kanal drin, den die Kugel bohrte. Der Schuss ist hoch oben (am rechten Schenkel) und grässlich entzündet dadurch, dass der ganze Schmutz usw. herauszukommen versucht und daher Eiterbildung und Fieber und starke Schmerzen verursacht ... Er hat so unendlich viel aushalten müssen, der gute liebe Hermann, denkt aber trotzdem in einem fort an mich. Von München nach Garmisch fuhren wir (mit seinem ersten Verband) im Auto zu guten Freunden, in deren Villa wir ein paar Tage wohnten, aber dann kam es heraus, dass er da war, Demonstrationen und Hurrarufe vor der Villa mit einer Menge Menschen, die dorthin zogen. Da fanden wir es das Beste, uns fortzubegeben, über die Grenze nach Österreich, wir fuhren im Auto dorthin, wurden an der Grenze verhaftet, Polizisten mit geladenen Revolvern fuhren mit und brachten uns nach Garmisch zurück, Volksmassen versammelten sich, ›Heil Göring‹ von allen Seiten, Spott und Pfuirufe für die Polizeioffiziere, die fast von diesen aufgeregten Massen gelyncht wurden. Während der ganzen Rückfahrt im Auto, die ja grässlich schwer für ihn gewesen sein muss, dachte er nur daran, dass ich nicht erschreckt und aufgeregt würde, und war so gütig trotz seiner seelischen und körperlichen Schmerzen. Seinen Pass nahm die Behörde ihm ab, wir kamen in ein Krankenhaus, das von Wächtern und Posten umringt wurde, und trotzdem wurde uns wie durch ein Wunderwerk geholfen. Hermann wurde hinausgetragen ... innerhalb von zwei Stunden mit falschem Pass über die Grenze gebracht ... Mama, du sollst nicht glauben, dass Hitlers Sache verloren ist, dass sie aufgegeben ist, o nein, im Gegenteil, die Energie ist stärker als je zuvor. Und er wird siegen, ich fühle es, ich weiß es, wir haben das Ende noch nicht gesehen ... und dass dieses erste Missglücken den schließlichen Sieg tiefer, reifer und ernster machen wird.«[29]

In Innsbruck bereiteten die zahlreichen Anhänger Hitlers dem SA-Führer Hermann Göring einen triumphalen Empfang. Nach seiner Einlieferung ins Krankenhaus erlebte der Verwundete einen Besucherstrom, der von morgens bis abends nicht endete. Telegramme, Blumen und Geldspenden trafen ein, Sammlungen wurden organisiert. Der Zustand des schwer verletzten Göring war ernst. Das Fieber stieg, Eiter quoll aus den verschmutzten Wunden. Operationen an der rechten Hüfte und am rechten Bein wurden notwendig. Zur Bekämpfung der unerträglichen Schmerzen verabreichten die Innsbrucker Ärzte dem Patienten häufig Morphium, woraus eine medikamentöse Morphiumsucht resultierte, die Göring bis an den Rest seines Lebens begleiten sollte. Erst knapp vor seinem Tod, bereits in amerikanischer Gefangenschaft, wurde er davon kuriert.

Carin wich kaum von seiner Seite. Und als sie auf dem Weg ins Krankenhaus Kommunisten mit Steinen bewarfen und ihr eine Zehe brachen, übersiedelte sie in das Krankenzimmer ihres Mannes. Zu Weihnachten 1923 war Göring so weit hergestellt, dass er das Krankenbett mit einer feudalen Suite im besten Innsbrucker Hotel, dem Tirolerhof, vertauschen konnte.

»Wir wohnen hier so schön in diesem Hotel, dem erstklassigsten in Innsbruck, der Inhaber ist ›Hitlermann‹ und lässt uns zum Selbstkostenpreis wohnen, wir haben ein großes Schlafzimmer mit Bad und sogar ein großes gemütliches Wohnzimmer. Das Essen ist sehr gut. Wir essen à la carte und auf alles, was wir bestellen, bekommen wir 30 Prozent Abzug. Die Kellner sind alle Sturmtruppenmänner und vergöttern Hermann! ... Man sagte, dass wir nicht ans Bezahlen denken sollten, bevor wir alles geordnet hätten, sie würden es als eine Beleidigung auffassen. Wenn wir niemals bezahlen könnten, würde es gar nichts schaden, es wäre dann nur ein kleines Opfer, das sie gern für Hermann brächten, und die ganze Summe, die Hermann hier zu bezahlen hat, schenkt das Hotel auf jeden Fall der Hitlerbewegung. Gib zu, dass so etwas großartig ist? ...« So schildert Carin die neuen Lebensumstände in einem Brief vom 20. Februar 1924 an die Mutter.

Am Heiligen Abend überreichten die Sturmtruppen von Innsbruck Göring und seiner Frau einen kleinen geschmückten Tannenbaum, dessen Kerzen sie symbolhaft mit schwarz-weiß-roten Bändern verziert hatten. Göring humpelte auf seinen Krücken und das Ehepaar verzichtete angesichts seiner Lage auf den Austausch von Geschenken. Zu Silvester lud die Direktion laut Aussage Carins »alle, die sich in einem ›Prosit‹ und ›Heil‹ auf Hitler und Göring vereinigen wollten«, in den Speisesaal und man feierte in bester Laune unter der deutschen Flagge.

Ansonsten gestaltete sich der Alltag eher grau. Carins Gesundheit ließ zu wünschen übrig. Sie war fast ständig krank, oft bettlägrig und eignete sich wenig für das Leben einer politischen Aktivistin auf der Flucht. Zeitweise wurde sie ohnmächtig und musste dann mit Kampferinjektionen ins Bewusstsein zurückgerufen werden. Nachdem drei Internisten ein unheilbares Herzleiden mit kurzer Lebenserwartung diagnostiziert hatten, gab sich Carin keinen Illusionen hin.

Damals verfasste sie auf der kleinen Reiseschreibmaschine, die sie von Göring zum Geburtstag erhalten hatte, Beschreibungen des winterlichen Innsbruck, das ihr »wie ein übervoller Teller von Schlagobers« erschien, und korrespondierte mit Nils von Kantzow. Sie sammelte ausländische Zeitungsberichte über die geheimen Aktivitäten der nunmehr illegalen NSDAP, die ihr Verwandte besorgten, und schickte sie an Hitler. Eine Rückkehr nach München lag in weiter Ferne. Sowohl Hermann als auch Carin waren steckbrieflich zur Fahndung ausgeschrieben, Suchanzeigen mit Fotos hingen überall und bei Überschreiten der Grenze drohte Verhaftung. Schließlich erwog Göring, sich freiwillig der Polizei zu stellen, und suchte über den zwischen Innsbruck und München pendelnden Advokaten der Partei, Dr. Roder, um die Erlaubnis des »Führers« an. Hitler lehnte ab. Auch die erhoffte Amnestie blieb aus.

»Unsere Münchner Villa ist beschlagnahmt, Konten gesperrt, das Auto [ein Mercedes] beschlagnahmt ... für mich ist jetzt auch ein Verhaftungsbefehl erteilt ...«, berichtet Carin ihrer Mutter. Entmutigt hat sie das aber nicht, denn sie fährt fort: »Und trotzdem fügt sich alles zum Besten für Hitler und seine Arbeit kommt vorwärts wie nie zuvor ...« Stolz meldete sie auch kleine Erfolge der Parteigenossen heim nach Schweden. Waren Rückschläge zu verzeichnen, dann tröstete sie ihre Familie, mit der sie sich in vollkommenem Einklang wusste. Bei der Schwester Fanny nahm die Anteilnahme derart hysterische Ausdrucksformen an, dass sogar Göring meinte: »Sie ist zu nationalsozialistisch für mich!« Aber auch Carin ließ das politische Engagement zeitweise ihre Leiden vergessen. Außer an Herzanfällen litt sie noch unter schwerem Rheuma.

Am 22. Februar 1924 erörterte Hermann Göring in einem Brief an seine Schwiegermutter die Lage und schmiedete Pläne für seine und Carins Zukunft: »Während der Dauer des Prozesses [gegen Hitler und die Anführer des Putsches, vom 26. 2. bis 1. 4. 1924] will ich noch hierbleiben, dann aber, wenn keine Aussicht vorhanden ist, vorläufig zurückkehren zu können, wollen wir via Italien per Schiff nach Schweden, da der Aufenthalt dort immer noch billiger und vor allem auch viel schöner ist als hier in Österreich ... vielleicht finde ich dort irgendeine Tätigkeit, bis die Verhältnisse eine Rückkehr nach Deutschland gestatten. Denn ich will nur in ein nationales Deutschland zurückkehren und nicht in diese Judenrepublik. Zum Kampf um die Freiheit meines Vaterlandes werde ich stets wieder bereit sein ...«[30]

Carin teilte Görings Antisemitismus. So erzählte sie in einem Brief an ihre Schwester Lily von der Situation ihres ehemaligen Chauffeurs Schellshorn: »Er ist jetzt ohne Arbeit, ohne einen Pfennig, es wurde ihm von einem Juden auf dessen Schloss ein Chauffeurplatz angeboten – er schlug es mit den Worten ab: ›Wer einmal die Ehre gehabt hat, Hitler oder Göring zu dienen, muss sich tödlich verletzt fühlen, von einem Semiten eine Arbeit zu bekommen. Tausendmal lieber vor Hunger sterben, als einem Juden zu dienen.‹ Kräftig, fanatisch, oder wie? Aber stolz, wunderbar von so einem armen Mann ... erzähle es Papa und Mama!«

Am 26. Februar 1924 begann der Prozess gegen Hitler in München und die Görings ließen sich von Dr. Roder genauestens informieren. Carin schreibt am selben Tag: »Bin unerhört aufgeregt, bin in Gedanken meist bei Hitler, möchte Gott ihm helfen, ich muss meiner Mutter schreiben, dies hilft mir die Unruhe besser zu ertragen ...« Carins Ängste erwiesen sich als unbegründet. Schon in der Sachverhaltsdarstellung unterschlug man den Banknotenraub und die vier Polizistenmorde, die die Nationalsozialisten im Verlauf des Putschversuches begangen hatten. Die bayrische Justiz ließ äußerste Milde walten und verurteilte Hitler zu fünf Jahren Festungshaft. Nur sechs Monate waren davon zu verbüßen, für den Rest gab es eine Bewährungsfrist. Die von Hitler, dem österreichischen Staatsbürger, gefürchtete Ausweisung unterblieb.[31]

Bald nach Verkündigung des Urteils fuhr Carin im April 1924 in Vertretung Görings nach München, um Geld aufzutreiben. General Ludendorff, an den sie sich zuerst wandte und um Hilfe für ihren Mann bat, der doch »so viel für sein Vaterland geopfert hätte«, meinte, dass das Vaterland Opfer ohne Bezahlung fordere. Anschließend suchte Carin Hitler in Landsberg auf. Geld erhielt sie auch von ihm keines, dafür beglückte er sie – wie viele seiner ca. 500 Besucher – mit seinem Foto, das ihn vor dem Eingang der Feste Landsberg zeigt und die eigenhändige Widmung trägt: »Der verehrten Gemahlin meines S.A.Komd. Frau Carin Göring zur Erinnerung an den Besuch in der Festung Landsberg am 15. April 1924«. Für Göring hatte Hitler einen Auftrag. Er möge nach Italien fahren, Kontakte zu Mussolini herstellen und ihn um Finanzhilfe für die NSDAP bitten.

Der Wunsch des Führers war den Görings Befehl und sie begaben sich gehorsam und unverzüglich mit den kärglichen Überresten ihres Vermögens – das Haus in München war verkauft worden – nach Italien. Mussolini hat jedoch weder Göring empfangen noch zur Rettung der NSDAP beigetragen. Nach dem Scheitern der Mission reiste das enttäuschte, erschöpfte und nun mittellose Ehepaar in Umgehung Deutschlands über Österreich, die Tschechoslowakei und Polen nach Schweden. Dort suchten die todkranke Carin und der morphiumsüchtige Hermann Hilfe im Hause Fock. Sie mieteten eine kleine Wohnung, Odengatan 23, und Göring machte sich auf Arbeitssuche. Seine Krankheit konnte jedoch, nachdem er sich vor den Augen seiner Schwiegereltern aus dem Fenster stürzen wollte, nicht mehr verheimlicht werden.

In dieser Situation wandte sich Göring an den orthopädischen Chirurgen Dr. Nils Silfverskiöld, einen angeheirateten Verwandten der Familie Rosen. Dieser erklärte, ihm nicht helfen zu können, gab ihm kein Morphium und schlug eine Entziehungskur vor.[32] Der Vater Carins, Oberst von Fock, übernahm die Kosten und Göring begab sich nacheinander in drei Anstalten, um von der Drogensucht kuriert zu werden. Im Sanatorium Aspuddens litt er jedoch derart unter Entzugserscheinungen, dass er den Medikamentenschrank aufbrach und das Personal bedrohte. Wie aus der Krankengeschichte ersichtlich, händigte man ihm dann Morphium aus, weil »sie [Carin] fürchtete, dass der Hauptmann in seiner Wut jemanden umbringen könne«.[33] Mit Zustimmung seiner Gattin wurde Göring, den man in eine Zwangsjacke gesteckt hatte, ins Katarina-Hospital und von dort aus in die Nervenklinik Langbro (Psykiatriska Kliniker) überstellt. Die Krankengeschichte charakterisiert ihn als »Judenhasser und brutalen Hysteriker mit schwachem Charakter, bösartig zu anderen, aber sentimental in Bezug auf seine eigene Familie«.[34] Am 7. Oktober 1925 wurde er als geheilt entlassen.[35] Göring wurde aber bald wieder rückfällig, konnte seine Sucht jedoch mit der diesem Krankheitsbild entsprechenden Schläue gut verbergen. Nur seine Frau Carin, deren Herzleiden sich rapide verschlechterte, konnte er nicht täuschen.

Als Göring 1927 alleine nach Deutschland zurückkehrte, um seine Kontakte zu Hitler zu erneuern und in der NSDAP – die ihn inzwischen aus der Mitgliederkartei gestrichen hatte – ein politisches Comeback zu versuchen, schrieb ihm seine in Stockholm zurückgebliebene Frau: »In solchen Fällen ist Wahrheit das einzig Richtige, und du hast ein Recht sie zu erfahren, denn du liebst mich und hast immer alles für mich getan. Deshalb musst du auch wissen, dass ich keine Angst vor dem Tode habe ... Ich will nur, dass sein Wille geschehe, denn ich weiß, dass sein Wille für jeden das Beste ist. Und Liebster, wenn es keinen Gott gibt, dann ist der Tod nur ein Ruhen, wie ein ewiger Schlaf – und alles ist vergessen. Aber ich glaube fest daran, dass wir uns dort oben wiedersehen werden. Natürlich möchte ich gerne leben, damit du keinen Kummer hast, und um Thomas willen, aber weil ich dich und Thomas über alles liebe, möchte ich – ja, ich möchte es schrecklich gern – bei euch beiden bleiben ... Die Gesundheit meines Liebsten ist meine größte Sorge. Sie ist in der Tat viel, viel gefährdeter als meine. Liebster, ich denke die ganze Zeit an dich. Du bist alles, was ich habe, und ich bitte dich, versuche mit allen Kräften, dich freizumachen, bevor es zu spät ist. Ich verstehe vollkommen, dass du nicht sofort aufhören kannst, nun, wo so vieles von dir abhängt und du von allen Seiten bedrängt und gehetzt wirst, aber halte es in Grenzen ... Mach so lange Pausen wie möglich. Du musst leiden, es muss dir unangenehm sein, aber tue es um meinetwillen, denn ich liebe dich grenzenlos ... Und Morphinist zu sein, heißt soviel wie Selbstmord verüben – jeden Tag geht ein kleiner Teil deines Körpers und deiner Seele verloren ... Du bist von einem bösen Geist und von einer bösen Macht beherrscht und der Körper siecht allmählich dahin ... Rette dich selbst und damit auch mich!«[36]

Fanny von Wilamowitz hat Görings Morphiumsucht in ihrer Biografie über Carin Göring selbstverständlich nicht erwähnt. Vielmehr lenkte sie das Augenmerk der Leser auf Carins Parteitreue, erzählte – erfundene – Anekdoten über Hitler und schilderte ausführlich Görings gelungenen Wiedereinstieg in die Partei und seine politischen Erfolge. Als Hitler seinen Kampfgenossen zum Spitzenkandidaten der NSDAP für die Reichstagswahlen vom Mai 1928 aufstellte, holte Göring seine kranke Frau nach Berlin. Sie sollte an seinem Triumph teilhaben. Carin nahm die Strapazen der langen Fahrt auf sich, traf drei Tage vor der Wahl ein und berichtete ihrer Mutter sogleich aus Görings kleiner Wohnung in der Berchtesgadener Straße 16: »Die Reise ging gut, war aber ermüdend ... In Berlin holte mich Hermann vom Bahnhof ab ... dann im Auto hierher, wo Hermann ein Riesenzimmer hat, ein Eckzimmer mit herrlich sonnigem Balkon und blühendem Flieder. Ich badete, ruhte mich eine Stunde aus ... darauf eine dreistündige Autofahrt, u.a. auf einer Rennbahn für Autos, wir fuhren 115 km in der Stunde! Ganz Berlin ist in Wahlstimmung, die Wahl findet am Sonntag statt. Sie haben schon angefangen einander totzuschießen, jeden Tag ziehen Kommunisten mit roten Fahnen und brennenden Bibeln darauf durch die Stadt und immer treffen sie Hitlerleute mit ebenso roten Fahnen mit dem Hakenkreuz darauf und dann gibt es Streit, Tote und

Verwundete ...«[37] Am 21. Mai sandte Carin ihrer Mutter ein Telegramm. »Hermann gestern gewählt. Mutter, du verstehst. Deine Carin.«[38]

Carin Göring wohnte der Eröffnung des neuen Reichstages bei, in den die NSDAP mit elf Abgeordneten einzog. Sie hatte 2,8 Prozent der gültigen Stimmen errungen. Damals fühlte sich Carin Göring schon als höchst etablierte Nationalsozialistin und registrierte die Stärke der Kommunisten – »einige vollkommene Verbrechertypen« – und dass viele Abgeordnete – außer in Hitlers Partei – offensichtlich Juden waren. Im Herbst 1928 flogen die Görings, deren finanzielle Sorgen jetzt der Vergangenheit angehörten, nach Zürich und mieteten nach ihrer Rückkehr eine große Wohnung in der Badenschen Straße 7.

Als sich Carin und Hermann Göring vom »Hoffotografen« der NSDAP, Heinrich Hoffmann, in München porträtieren ließen, wurden sie mit dessen Tochter Henriette bekannt und luden das junge Mädchen nach Berlin ein. Henriette erzählte von ihrem Besuch in der Badenschen Straße: »... und obwohl es doch eine kleine Etagenwohnung war, lud Göring häufig Gäste, Prinzen von Preußen und Prinzen von Hessen, Freunde aus Schweden ... Großindustrielle, die sich für den Reichstagsabgeordneten interessierten ... Carin war ungewöhnlich anziehend und Hermann ein geborener Gastgeber, er rührte die Mayonnaise und stellte die Bierflaschen kalt und ich durfte aufbleiben, bis der letzte Gast gegangen war, denn ich schlief auf der Couch ...«[39]

Obwohl schon sterbenskrank, wirkte Carin in der Berliner Gesellschaft als unermüdliche Propagandistin für die Anwerbung neuer Parteimitglieder. »... aber ich merke, dass es gut ist und dass der Kreis um uns sich immer mehr vergrößert und dass wir viele für Hitler und seine Sache gewonnen haben. August-Wilhelm [von Hohenzollern] führt uns wie auch Wieds [Fürsten zu Wied] mit einer großen Menge interessanter Menschen zusammen.«[40]

Manchmal kamen Verwandte aus Schweden, wie Elsa, Carins unverheiratete Schwester, die sich verblüfft über die NS-Atmosphäre äußerte. »Verstehst du, Carin und Hermann haben uns zu einer Veranstaltung im Sportpalast mitgenommen. Wir waren nur ein paar Schritte gegangen, als eine Menge junger Leute die Hände hoch streckte und wild schrie. Ich sah mich erstaunt um und fragte: ›Was geht hier vor? Wer kommt? Ist es eine königliche Person?‹ Und kannst du dir vorstellen, es war Hermann, dem sie huldigten. Er scheint da unten recht beliebt zu sein ...«[41]

Die einstige Beschlagnahme ihres Hauses in München war dem Ehepaar Göring noch in lebhafter Erinnerung. Auch musste der Abgeordnete Göring auf Grund seiner zahlreichen Gesetzesbrüche im Dienste der NSDAP ständig mit Prozessen und Schadensersatzklagen rechnen. Deswegen suchten der Hauptmann a. D. Hermann Göring und seine Ehefrau am 2. Oktober 1930 einen Notar auf und beantragten die »Verwaltung und Nutznießung des Mannes auszuschließen und dieses in das Güterrechtsregister einzutragen«.[42] Das eingebrachte Gut der Ehefrau wurde mittels Liste angeführt und umfasste das gesamte kostbare Inventar der aus Herrenzimmer, Salon, Ess-, Schlaf- und Gästezimmer sowie Mädchenkammer bestehenden Wohnung. Schon damals manifestierte sich Hermann Görings Sammelleidenschaft für persische und chinesische Teppiche, antike Möbel, Ölgemälde und Miniaturen. Auch

Carins Harmonium, Staubsauger und Aluminiumtöpfe wurden in der Inventarliste angeführt, um sie vor einem etwaigen Zugriff der Justiz zu schützen. Am 13. Oktober 1930 kam die kranke Carin abermals zur Eröffnung des Reichstages nach Berlin. Nun zogen bereits 107 NSDAP-Abgeordnete im Braunhemd ein.

Die Görings pflegten ein reges Gesellschaftsleben. Kronprinz Wilhelm, August Wilhelm von Hohenzollern (genannt Auwi) und sein Bruder Eitel-Friedrich, Viktor Fürst zu Wied und seine Gattin Marie Elisabeth, Frau von Dirksen und Fritz Thyssen zählten ebenso zu ihren Gästen wie die Spitzen der Partei. Carin Göring konnte sie meist nur auf einem Sofa liegend begrüßen. War die Hausfrau besonders krank, dann gab es, wie Carin in einem Brief vom 4. Januar 1931 an ihre Mutter schrieb, nur einfache, etwas derbe Gerichte wie Erbsensuppe mit Schweinefleisch und schwedischen Apfelkuchen mit Vanillesauce.

Zu Weihnachten 1930 verschlechterte sich Carins Zustand abermals und sie wusste um ihr nahes Ende: »... Ich wurde am Weihnachtsabend krank mit 39,5 Fieber. Der Tag verging damit, den Baum zu schmücken, die letzte Gedankenarbeit auszuführen, die Geschenke einzupacken, um 8 Uhr kam Goebbels hierher, um seinen Weihnachtsabend mit uns hier zu feiern. Er hatte reizende und so persönlich ausgedachte Pakete mit, für uns alle ... Der Tannenbaum brannte und die Geschenke wurden ausgeteilt. Dann brach bei mir ein Schüttelfrost aus, und zwar so stark, dass ich vom Sofa fiel ...«

Görings Morphiumsucht war damals bereits ein offenes Geheimnis. »Von Frau v. D. [Victoria von Dirksen] erfahre ich, dass G. wieder dem Laster des Morphiums verfallen ist.

Das ist ja furchtbar. Man kann ihm dann gar nicht mehr böse sein, denn all seine Unrast kommt ja daher. Ich werde etwas auf ihn aufpassen ...«, schrieb Goebbels am 4. Januar 1931 in sein Tagebuch.[43] Wenig später, am 20. Februar, klagte er: »... er [Göring] leidet an Größenwahn. Alles Folge seines Morphinismus ... ein hemmungsloser Opportunist ... man muss ihn vorerst in eine Heilanstalt bringen. So darf er nicht zugrunde gehen ...« Am 29. Januar 1931 hatte sich Goebbels bereits notiert: »... ich höre von Göring, dass seine Frau schwer erkrankt und im Sterben gelegen ist ...« Mitte Februar registrierte er, dass sich Carins Zustand gebessert hatte. »... zu Göring beim Kaffee – da liegt die schöne Carin noch immer zu Bett. Sie sieht wohl aus und freut sich inständig, dass ich da bin. Ich verehre sie sehr.«

Während Göring in der Folgezeit meist als Reichsredner im Dienste der Partei unterwegs war, frequentierte seine Frau Sanatorien, wie jenes in Kreuth in Bayern, wo sie stickte, bizarre Kostüme für Hermann entwarf und viel las. War Carin in Berlin, übte sie nach Aussagen von Zeitzeugen auf ihren Mann einen günstigen Einfluss aus. In ihrer Gegenwart gab er sich meist ruhig und verständig, wenn er auch zu harten Worten neigte.

Im Juli 1931 schenkte Hitler seinem treuen Paladin als Ersatz für den im November 1923 konfiszierten Mercedes einen neuen Wagen derselben Marke. Dieser »Beweis der Fürsorge und Güte des Führers« schmeichelte dem Ehepaar, das mit dem neuen Auto unverzüglich zu einer Urlaubs- und Besichtigungsreise aufbrach, die sie durch Deutschland und Österreich führte und Schweden zum Ziel hatte. Carin war damals bereits so schwach, dass sie, um Kräfte zu sparen, das Auto möglichst wenig verließ und

Die nordische Schönheit war Görings große Liebe

auch die Mahlzeiten im Wagen sitzend einnahm. Die Route führte über Dresden, wo man Hitler traf. Laut Fanny Wilamowitz hätte Carin bei seinem Anblick ausgerufen: »Wenn erst ganz Deutschland einsehen wird, was wir in Hitler haben, dann bricht eine neue Zeit heran!«

Sechs Tage nach ihrer Ankunft in Schweden, am 25. September 1931, starb Carins Mutter, Huldine von Fock, nach kurzer Krankheit völlig unerwartet. Diesen Schock hat Carin Göring nicht lange überlebt. In Abwesenheit ihres Mannes, der nach Deutschland zurückgekehrt war, erlag sie am 17. Oktober 1931 einem Herzanfall. Nach der Aufbahrung in der Edelweißkapelle fand das Begräbnis an ihrem 43. Geburtstag statt. Sie wurde auf dem kleinen Friedhof von Lovö bei Drottningholm, dem Sommersitz der Familie Fock, beigesetzt.

Goebbels schilderte den untröstlichen Witwer aus dem Blickwinkel des Parteigenossen: »Seine Züge haben sich versteinert, als ihm mitten im schwersten Kampf die geliebte Frau von der Seite gerissen wurde. Aber er hat nicht einen Augenblick geschwankt. Ernst und fest ist er seinen Weg weitergegangen, dem Führer ein unerschütterlicher Schildknappe. Dieser aufrechte Soldat mit dem Kinderherzen ...«[44]

Hermann Göring hat den Kontakt zu den schwedischen Verwandten seiner verstorbenen Frau nie abgebrochen. Zu allen Anlässen schickte er üppige Gestecke aus roten und weißen Blumen – stets in Form eines Hakenkreuzes. 1932 war er Gast bei der Hochzeit der Brigitta von Rosen und brachte einen Toast auf das neue Deutschland und die NSDAP aus.[45]

Nach der Machtübernahme der Nationalsozialisten wurde die Schwedin Carin, die Hermann Göring in ein fremdes Land gefolgt war, mit ihm seinen Enthusiasmus für Hitler und den Nationalsozialismus teilte, ihn anfeuerte und unterstützte, zur Kultfigur des Regimes. Eine offizielle Würdigung ihrer Rolle war vorgesehen und sollte in der für die Zeit nach dem Endsieg geplanten umfassenden Dokumentation zur Geschichte des Dritten Reichs erfolgen. Dazu kam es nicht und der nationalsozialistischen Leserschaft stand, abgesehen von den Erzählungen der Fanny Wilamowitz, nur noch das Elaborat von Görings Leibbiografen Erich Gritzbach zur Verfügung.[46]

Auch die große und effiziente Propagandamaschinerie der NS-Zeit hat sich der Liebesgeschichte zwischen dem deutschen Piloten und der schwedischen Adeligen bemächtigt. Sie lieferte jene heroisch-romantischen Elemente, die in der offiziellen, primär auf Hetze und Demagogik ausgerichteten Presse nicht berücksichtigt wurden. Die Romanze von Carin und Hermann Göring diente zur Begründung einer neuen Art von Hofberichterstattung, in der die NS-Elite den Platz der gekrönten Häupter vergangener Tage einnahm. Eine dieser vor Sentimentalität triefenden Publikationen hieß »Das Hohelied der Liebe: Deutsches Werden«[47] und sollte eine politisch desinteressierte Leserschicht auf Courts-Mahler-Niveau im Sinne der NSDAP motivieren und zugleich Ersatz für die verschwundene Boulevardpresse schaffen. Damit hat die Geschichte von Carin und Hermann eine Lücke im raffiniert gewobenen Netz der totalen Indoktrination der Bevölkerung geschlossen.

Carin Göring selbst hat den Nationalsozialismus als Ersatzreligion betrachtet, ähnlich dem »Edelweißverein« der

Großmutter. Für sie schien sich in dieser Bewegung alles Gute, Ideale und Edle zu vereinen. Hitler jedoch verehrte sie in ihrer überspannten, religiös-schwärmerischen Art wie einen Messias, der Deutschland aus dem Joch der Siegermächte erlösen und in eine glänzende Zukunft führen würde. »Und der Einzelne steht so machtlos vor allem diesem, das Einzige und der Einzige, worauf ich in diesem Falle wie in allen anderen meine ganze Hoffnung setze, ist Hitler, wenn er einmal das Steuer ergreift auf diesem sinkenden Schiff ...«, schrieb sie am 4. Januar 1931 an die Mutter.[48]

Hitler war für Carin ein »Genie voller Liebe zur Wahrheit«, sie bewunderte seinen »ritterlichen« Kampf und seine »Anständigkeit«. Trotz aller Rückschläge hat sie niemals am Sieg der Bewegung gezweifelt. Sie verkörperte den Typus jener »idealistischen« Nationalsozialisten, deren blinde Begeisterung jegliche Fähigkeit zum selbstständigen Denken auslöschte. Im Oktober 1933, während des Prozesses um den Reichstagsbrand, besuchte Göring das Grab seiner verstorbenen Frau in Schweden und legte ein Blumengebinde aus grünen Blättern in Form eines Hakenkreuzes nieder. Am 8. November hatten unbekannte Täter die Blumen zertrampelt und auf dem hakenkreuzgezierten Grabstein eine schwedische Inschrift angebracht: »Wir, einige Schweden, fühlen uns beleidigt durch die Grabschändung des Deutschen Göring. Ruhe seine ehemalige Gattin in Frieden, aber verschone er uns mit deutscher Propaganda auf ihrem Grabstein.«[49] Das war für Göring das Zeichen, auf seinem im Entstehen begriffenen pompösen Landsitz Carinhall in der idyllischen Wald-und-Seen-Landschaft der Schorfheide ein unterirdisches Mausoleum zu errichten und die Überführung der Verstorbenen zu veranlassen.

Carin Göring hat in der Gruft von Carinhall nicht ihre letzte Ruhestätte gefunden. Als im Frühjahr 1945 die Rote Armee immer näher an die Schorfheide heranrückte, befahl Göring die Sprengung seines Sommersitzes. Auch Carins Mausoleum wurde zerstört, nachdem man die Leiche Carins aus ihrem Zinnsarg geborgen und im nahe liegenden Wald vergraben hatte. Schon im Mai 1945 durchwühlten Soldaten der Roten Armee auf der Suche nach Görings verborgenen Schätzen das Gelände und schändeten Carins neues Grab. Der örtliche Förster barg und bestattete die Leiche und verständigte die Angehörigen der Toten. Inzwischen hatte sich jedoch in Ostdeutschland der Kommunismus etabliert und ein offizieller Antrag der Familie Fock auf Überführung der Leiche wäre von den kommunistischen Behörden Ostdeutschlands niemals genehmigt worden. In dieser Situation wandte sich Fanny Wilamowitz an den schwedischen Pastor in Berlin, Heribert Jansson, und bat ihn um Hilfe. Gemeinsam erstellte man einen Plan, der jedem Kriminalroman zur Ehre gereicht hätte. Zuerst bewog Jansson den Förster, das Grab heimlich zu öffnen, Carins sterbliche Überreste in einem Sack zu verstauen und sie auf Umwegen nach Berlin zu bringen. Dann trat Pastor Jansson selbst in Aktion und veranlasste die Einäscherung der Leiche unter falschem Namen und ebenso falschen Papieren am 3. Februar 1951 im Krematorium von Wilmersdorf.

Wenig später trat Jansson mit der Urne im Gepäck die Reise nach Schweden an. Als er nach einer kurzen Rast in Hamburg zu seinem Auto zurückkehrte, fand er es ausgeraubt vor. Sämtliche Habseligkeiten des hilfreichen Pastors waren verschwunden. Nur die für sie wertlose Urne hatten die Diebe zurückgelassen und sie konnte wenig später der Familie Fock – unter Vorweisung der Einäscherungsquittung – übergeben werden. Nach einer Gedenkfeier im Familienkreis hat man Carin Göring, geb. Fock, in ihrem ursprünglichen Grab auf dem Friedhof in Lovö beigesetzt. Es war ihre fünfte Beerdigung.[50]

Emmy Göring

Die »Hohe Frau«

24. März 1893 (?) – 8. Juni 1973

Foto: Ullstein

»Hohe Frau« lautete der dem mittelalterlichen Minnedienst entlehnte exaltierte Titel, den die zweite Frau des preußischen Ministerpräsidenten und späteren Reichsmarschalls Hermann Göring bald nach ihrer Heirat führte. Diese unzeitgemäße höfische Anrede wurde vor allem in jenen Künstlerkreisen, die Emmy Sonnemann noch als kleine Provinzschauspielerin gekannt hatten, mit Spott quittiert. So bemerkte die Wiener Opernsängerin Helene von Weinmann sarkastisch: »Mein Gott, Emmy, wie die angibt! Ich kannte sie schon, als sie noch nicht die große Frau war und für eine Tasse Kaffee und 2 Schilling 50 zu haben war.« Eine derartige Beleidigung von Görings Gattin hatte im NS-Regime schreckliche Folgen.

Auf Hinweis eines aufrechten Nationalsozialisten und Denunzianten wurde Frau Weinmann umgehend wegen Beleidigung der »Ersten Dame des Reichs« verhaftet und bei der Vernehmung schwer misshandelt. Man verurteilte sie zu drei Jahren Zuchthaus, die sie in der Gefängnisanstalt von Stadelheim zur Gänze verbüßte. 1943 wurde sie in todkrankem Zustand entlassen.[1]

Obwohl zahlreiche Schriftstücke, Gesuche und Briefe an die »Hohe Frau« existierten, gab Emmy Göring nach dem Ende des Dritten Reichs zu Protokoll, dass weder sie noch ihr Ehemann je diese Anrede wünschten und sie der Ansicht sei, dieser Titel wäre spontan im Volk entstanden.[2] Wer Emmy Göring den Titel wirklich gab, ist unklar. Erfunden wurde er jedoch von Heinrich Himmler, der spezielle NS-Schulen für »große, starke, erhabene, biologisch und intellektuell auserlesene Frauen« plante. Absolventinnen sollten den Titel »Hohe Frau« tragen.

Emma Johanna Henny (Emmy) Sonnemann wurde offiziell am 24. März 1894, tatsächlich wahrscheinlich 1893 oder früher, in Hamburg geboren, wo der Vater, ein erfolgreicher Kaufmann, eine gutgehende Schokoladenfabrik betrieb.[3] »Er war eine wahre Frohnatur und groß, blond, blauäugig; und vor allem voller Humor, echt norddeutschem! Ein kerngesunder Mann bis zu seinem Tod im 82. Lebensjahr!«, schrieb Emmy, die ihrem Vater recht ähnlich sah, in ihren Erinnerungen.[4]

Emmy, das fünfte Kind ihrer Eltern, wuchs behütet und sorglos auf und interessierte sich, nachdem sie im Alter von zwölf Jahren Shakespeares »Kaufmann von Venedig« gesehen hatte, brennend und ausschließlich fürs Theater. Die ehrgeizigen Bühnenpläne der Tochter stießen beim Vater jedoch auf heftigen Widerstand: »Heiraten sollst du und einen Mann glücklich machen!« Die Mutter aber, die in ihrer Jugend selbst gerne Schauspielerin geworden wäre und sich von der Tochter die Realisierung der eigenen Träume erhoffte, versprach ihre Unterstützung, knüpfte daran jedoch eine Bedingung: Zuerst sollte Emmy Haushaltsführung lernen! Durch Zufall las die Mutter dann im Frühjahr 1911 im »Hamburger Fremdenblatt«, dass der Regisseur des Hamburger Thalia-Theaters, Leopold Jessner, die Eröffnung einer Schauspielschule plane und er zwei Stipendien für außergewöhnlich Begabte vergebe. »Wenn du nun diese Freistelle bekämst, dann würde dir auch der Vater erlauben, Schauspielerin zu werden«, hat Emmy Göring später die Situation erklärt.[5] Das junge Mädchen lernte die Rolle des Gretchens aus Goethes »Faust«, sprach vor, gefiel und begann als Stipendiatin die ersehnte Schauspielausbildung. Mit 18 Jahren trat sie ihr erstes Engagement in der Provinz, am Stadttheater von Aussig, an. Auf ihrer nächsten Station in München lernte Emmy Karl Köstlin kennen, einen jungen Schauspielerkollegen, mit dem sie sich im Sommer 1915 verlobte. Mitten im Ersten Weltkrieg, am 13. Januar 1916, heiratete das Paar in Triest. Bei Kriegsende und in der Zeit nach dem Zusammenbruch der österreichisch-ungarischen Monarchie spielte Emmy an der Wiener Volksbühne. Danach hat sie Engagements in Stuttgart und Wiesbaden angenommen. Die in den Wirren des Krieges geschlossene Ehe bewährte sich jedoch in Friedenszeiten nicht und existierte bald nur mehr auf dem Papier. Beide Künstler verfolgten ihre eigenen Karrieren. Anfang der zwanziger Jahre ließ sich das getrennt lebende Paar scheiden.

1922 bewarb sich Emmy Sonnemann beim Generalintendanten des Deutschen Nationaltheaters in Weimar, Dr. Franz Ulbrich, um die Stelle einer »jugendlichen Heldin« und wurde zu einem Gastspiel als Thekla in Schillers »Piccolomini« eingeladen. Sie hatte Erfolg, erhielt einen langfristigen Vertrag und einer Übersiedlung nach Weimar stand nichts mehr im Wege. Die folgenden zehn Jahre lebte Emmy Sonnemann in der Stadt Goethes und Schillers und widmete sich ganz ihrem Metier. Man sah sie als Gretchen in »Faust«, als Königin in »Don Carlos«, als »Emilia Galotti« und »Agnes Bernauer«. Sie bekam die großen Frauenrollen des klassischen Repertoires, spielte jedoch auch in den Stücken von Hermann Bahr, Oscar Wilde und Henrik Ibsen. Ihr Leben verlief in ruhigen Bahnen nach einem geregelten Schema: Proben am Vormittag, Mittagessen im »Goldenen Anker«, ein gemütlicher Plausch mit Kollegen im »Kaisercafé« am Nachmittag und schließlich – als Höhepunkt des Tages – der abendliche Theaterauftritt.

Als sich die Schauspielerin dem 38. Lebensjahr näherte, war ihr bewusst, dass sie den Höhepunkt ihrer Karriere erreicht, wenn nicht schon überschritten hatte. Auf jeden Fall würde die Zukunft keine großen Überraschungen mehr für sie bereithalten.

Doch da irrte sie gewaltig. Weimar, die Hauptstadt Thüringens in den Jahren 1920 bis 1940, war damals nicht nur Theaterstadt, sondern auch ein Stützpunkt der nationalsozialistischen Bewegung, die 1926 in der Goethestadt ihren Parteitag abgehalten hatte. NS-Spitzenpolitiker konnten stets mit begeistertem Empfang rechnen, da die Weimarer Genossen schon früh zum Personenkult neigten. Sie kamen daher gerne und sie kamen oft.

So traf Emmy Sonnemann Anfang 1932 Hermann Göring, als dieser im Gefolge Hitlers, der stets Kontakte zu Künstlern suchte, im Anschluss an eine Parteiveranstaltung das »Kaisercafé«, den Treffpunkt der Theaterclique, aufsuchte. Obwohl er damals als der zweitmächtigste Mann in der NS-Hierarchie galt, schrieb Emmy in ihren Memoiren, sie hätte ihn anfänglich mit Goebbels verwechselt.

Schon im Frühjahr gab es ein weiteres zufälliges Wiedersehen in Weimar, bei dem man im Park Belvedere spazieren ging. Emmy, die kurz davor ihre Mutter verloren hatte, war beeindruckt von der liebevollen Art, in der Göring über seine 1931 verstorbene Frau sprach. Emmys Mitgefühl wiederum gefiel dem Witwer und er schenkte ihr voll Dankbarkeit ein Bild der Toten. Bei Gesprächen über Carin Göring – die Emmy einmal gesehen, aber nie gesprochen hatte – kam man sich schnell näher und Emmy erzählte einer Freundin: »Ich bin glücklich, nach Jahren in Hermann einen Mann kennen gelernt zu haben, der meinen Vorstellungen entspricht ...«[6] Als Göring wenig später eine Italienreise unternahm und Emmy Sonnemann in einem Telegramm aus Capri seine Zuneigung wissen ließ, waren die Weichen für die Zukunft gestellt. Anlässlich einer Parteiveranstaltung in Weimar, bei der Göring als Redner auftrat, fand zwischen dem nationalsozialistischen Politiker und der Schauspielerin ein klärendes Gespräch statt. »Den Nachhauseweg trat ich mit ihm allein an und auf dem kurzen Weg entschied sich mein künftiges Leben«, schrieb Emmy Göring in ihren Erinnerungen.[7]

Die häufigen Kontakte der Schauspielerin zu Göring, der nach den Wahlen vom 31. Juli 1932 zum Reichstagspräsidenten aufstieg, wurden das Tagesgespräch des provinziellen Weimar. Auch die zahlreichen Gegenbesuche von Emmy Sonnemann in Görings Berliner Wohnung blieben nicht unbemerkt. Görings Neigung zum Luxus trat damals schon offen zutage. So hatte er die zu Lebzeiten Carins gemütliche Wohnung in der Badenschen Straße bereits im August 1932 vollkommen umgestaltet. Aus den behaglichen fünf Zimmern war durch Umbau und Mauerdurchbrüche eine Luxuswohnung geworden, die sich über die ganze Etage erstreckte. In den riesigen Zimmern standen mannshohe gotische Leuchter, wertvolle Madonnen, antike Möbel. Im Wohnzimmer zeigte Göring seinen Besuchern häufig einen Gobelin, auf dem sich rot gestickte Burgen befanden, und erklärte dazu: »Das sind die Burgen und Schlösser meiner Vorfahren!«

Wie der Hang zur Prahlsucht blieb den Gästen – mit Ausnahme Emmy Sonnemanns – auch nicht verborgen, dass Göring morphiumsüchtig war.[8] Hielt sich Emmy in Carinhall, Görings Sommersitz, auf, dann stellte man sie den Gästen als Privatsekretärin vor. Diese Komödie der beiden fast Vierzigjährigen hat allerdings niemanden getäuscht.

Emmy Sonnemann war groß, blond und stattlich. Sie verkörperte damit für Göring – wie die verstorbene Carin – den Typus der »germanisch-nordischen Frau« und eignete sich damit ideal als Seelenfreundin und geduldige Trösterin des Witwers. Carins Schatten lag noch lange über der Beziehung und sollte das Paar auch in Zukunft begleiten. Schon bald war der Schauspielerin klar geworden, dass Görings Zuneigung nur langsam und auf dem Umweg über seine verstorbene Frau zu erringen sei. In kluger Weise hat sie sich nicht auf einen Kampf gegen die Tote eingelassen. Sie nahm es hin, dass Görings eifriger Kult um die tote Carin immer neue, skurrilere Blüten trieb.

So gab es in Görings neuer Berliner Wohnung am Kaiserdamm 34 ein Zimmer, das ausschließlich dem Gedenken an die Verstorbene diente, mit Carins Möbeln, ihrem weißen Harmonium und persönlichen Erinnerungsstücken. Nur Göring durfte dieses Heiligtum, in dem alles unverändert bleiben musste, betreten. Zahlreiche Bilder der Verstorbenen schmückten auch »Carinhall« und die im Bootshaus des nahe gelegenen Sees verankerten Jachten hießen Carin I und Carin II. Erst 1936 sollte ein bescheidenes Jagdhaus zu »Emmyhall« werden.[9]

Ende 1932 feierte Göring mit Emmy Weihnachten und fuhr anschließend mit ihrem Geschenk im Gepäck nach Schweden, um Silvester bei der Familie Rosen auf Schloss Rockelstad zu feiern. An Emmy schrieb er: »Dein Radio spielt gerade Lieder vom schwedischen Rundfunk ... welch eine Freude hast du mir damit gemacht ... man spricht hier reizend von dir und nun, mein Lieb, sag ich dir inniglich Dank für all deine Liebe, deine Opfer und alles, was du für mich getan hast. Möge das kommende Jahr uns weiter gut gesinnt sein.«[10]

Als Hitler am 30. Januar 1933 Reichskanzler wurde und Göring zum Dank für seine langjährigen Bemühungen als einer von drei Nationalsozialisten in die Koalitionsregierung einzog, eilte Emmy Sonnemann nach Berlin, um diesen Triumph mitzufeiern. Sie stand an einem Fenster von Hitlers Appartement im Hotel Kaiserhof und beobachtete den Fackelzug, mit dem die SA Hitlers Berufung feierte. Für die Schauspielerin war es, als ob sie der »Balkonszene des Neuen Deutschland« beiwohnte, als Göring auf dem direkt gegenüberliegenden Erker der Reichskanzlei Hitler als den »jungen Führer Deutschlands« vorstellte.[11] Für den Fall, dass noch in letzter Sekunde ein Störmanöver von

Kommunisten stattfinden sollte, hatte sie ihr Freund mit einem Revolver versorgt.

Am 27. Februar 1933 stand das Gebäude des Berliner Reichstages in Flammen. Göring, der bereits einen Schlag gegen die Kommunisten geplant hatte, diente dies als willkommener Anlass, um mit den politischen Gegnern sofort und in brutalster Weise abzurechnen. Lange Zeit wurde vermutet, dass der Reichstagspräsident Göring selbst den Brand habe legen lassen, um damit die Linksparteien, vor allem die Kommunisten, zu diskreditieren. Emmy Göring hat es nie für möglich gehalten und als Beweis ein Telefonat am Unglückstag ins Treffen geführt: »Die Familienbilder! Warum habe ich ausgerechnet die kostbarsten Dinge dort hingebracht, die mir so lieb sind!«, rief Göring damals in einem Telefongespräch mit seiner Freundin aus. Emmy wusste auf Grund ihrer Erfahrung, dass er die Fotos seiner verstorbenen Frau meinte, die er niemals geopfert hätte. Diese Argumente zur Entlastung Görings wirkten lächerlich und trivial, entsprachen jedoch vollkommen dem Charakter des skrupellosen Politikers, aber sentimentalen Familienmenschen. Neuere Forschungsergebnisse haben inzwischen Göring als Brandstifter ausgeschlossen.[12]

Am 11. April 1933 wurde Göring zum preußischen Ministerpräsidenten ernannt, was sich auf Emmys Karriere durchaus zum Vorteil auswirken sollte. Auf Intervention Görings wurde sie an das renommierte Berliner Schauspieltheater berufen, um die weibliche Hauptrolle in »Schlageter« zu übernehmen. Dieses 1933 eilfertig von Hanns Johst verfasste politische Drama diente der Verherrlichung von Albert Leo Schlageter, der als Anhänger der NSDAP-nahen Großdeutschen Partei wegen Beteiligung an

Sabotageakten gegen die Besatzungsmacht im Mai 1923 im Ruhrgebiet von den Franzosen hingerichtet worden war. Die Nazis hatten ihn zum Märtyrer erklärt und verehrten ihn als ersten »Blutzeugen deutscher Wiedergeburt«.

Niemand sah in Emmy Sonnemann eine begnadete Künstlerin. Aber sie verfügte zweifellos über Talent, hatte sie doch 20 Jahre lang – auch ohne Görings Protektion – erfolgreich Theater gespielt. Das Deutsche Nationaltheater in Weimar besaß als Staatstheater des Landes Thüringen und Schauplatz der Festspiele der Deutschen Goethegesellschaft einen sehr guten Ruf. Den Sprung von der Provinz nach Berlin hätte Emmy Sonnemann aber im Alter von 40 Jahren ohne die Hilfe ihres mächtigen Freundes nicht geschafft.

So jedoch erwartete sich die Schauspielerin nach ihrem Engagement in Berlin einen weiteren großen Karrieresprung, beauftragte – wie aus den Dokumenten der Reichskulturkammer ersichtlich – schon im September 1933 den Staatskommissar Hinkel[13] mit der Wahrung ihrer persönlichen Interessen gegenüber der Filmindustrie und spielte 1934 die Hedwig in der Verfilmung von Schillers »Wilhelm Tell«.

Im Februar 1935 schlug Hermann Göring während eines Wochenendes in Weimar Emmy Sonnemann vor, ihn zu heiraten: »Wollen wir zu Ostern heiraten? Der Führer wird unser Trauzeuge«, lautete der Antrag. Emmy stimmte begeistert zu. Am 15. März verkündete Göring dann im Rahmen einer kleinen Feier für vierzig Gäste, zu der er die Botschafter Frankreichs, Japans und Ungarns eingeladen hatte, seine Verlobung. Lady Phipps, der Gattin des englischen Botschafters, hat Göring die romantische Verbindung erklärt: »Ich heirate sie nur auf Wunsch des Führers. Er meint, es gibt zu viele Junggesellen unter uns hohen Tieren in der Partei.«[14]

Von Göring existiert aus dieser Zeit eine Beschreibung: »Er hat die üblichen Proportionen eines deutschen Tenors«, schrieb der amerikanische Sonderbotschafter William C. Bullitt. »Sein Hinterteil hat den Durchmesser von mindestens einem Yard ... um seine Schultern so breit zu machen wie seine Hüften, trägt er auf beiden Seiten zwei Zoll breite Polster ... offensichtlich hat er immer einen Kosmetiker bei sich, da seine Finger, die etwa so dick wie lang sind, spitze und sorgfältig emaillierte Nägel haben ... und sein Teint ... tägliche Pflege verrät.«[15] Schon Ende 1933 brachte Göring 140 Kilogramm auf die Waage und die Tendenz war steigend. Seine Eitelkeit und die groteske Privatkleidung – von der manches noch seine erste Frau entworfen hatte – sowie seine Prunk- und Prahlsucht charakterisierten ihn damals schon.

Göring galt bei den »Oberen Zehntausend«, den Millionären und Adeligen, als der führende Mann der NS-Bewegung. Er war aber auch der Mann, den Hitler wegen seines eiskalten Durchgreifens schätzte. Emmy Sonnemann war mit Göring schon ein Jahr lang bekannt, als dieser vor der Reichstagswahl am 5. März 1933 zur Aufnahme politischer Gegner zwei Konzentrationslager – Oranienburg-Sachsenhausen und Papenburg – einrichten ließ, die der strikten Kontrolle seines Ministeriums unterstanden. Emmy verteidigte Göring in ihren Erinnerungen: »Es gab schon damals Konzentrationslager in Deutschland ... es stimmt, dass Hermann Göring die ersten eingerichtet hat, als er noch

Chef der preußischen Polizei war. Sie waren aber nicht für Juden gedacht, sondern für kommunistische Staatsfeinde ... niemand weiß so gut wie ich, dass Hermanns Konzeption dieser Einrichtungen einem Umerziehungsplan entsprach. Als er erfuhr, dass ein inhaftierter Kommunist von den Aufsehern geprügelt und schwer verletzt worden war, geriet er außer sich vor Wut ...«[16] Tatsächlich wies Görings berüchtigter Schießbefehl vom 17. Februar 1933 die preußischen Polizeitruppen an, gegen politische Gegner mit allen Mitteln der Gewalt vorzugehen.

Es war auch Emmys Freund, der am 26. April 1933 das Geheime Staatspolizeiamt (Gestapo) gegründet hatte, das 1934 bei der Mord- und Verhaftungsaktion gegen die alte SA-Führung im Juni 1934 tätig wurde.[17] Görings wahre Gedankengänge hätte Emmy 1933 in ausländischen Zeitungen lesen können, denen ihr Geliebter sehr freizügige Interviews gab. So äußerte er sich in Schweden: »Ich denke nicht daran, die Polizei zur Schutztruppe für jüdische Kaufhäuser werden zu lassen. Die Polizei ist nicht da, um Schwindler, Schurken, Wucherer und Verräter zu schützen. Schreit nicht so viel um Gerechtigkeit [meinte er an die Adresse von Juden], es könnte sonst eine Gerechtigkeit kommen, die in den Sternen geschrieben ist und nicht in euren Paragraphen und es könnte das Ende für euch bedeuten.«[18]

Die zweite Hochzeit Görings unterschied sich recht deutlich von seiner ersten. So spielten an jenem 10. April 1935, als der 42-jährige Hermann Göring die offiziell 41-jährige Emmy Sonnemann heiratete, acht Musikkapellen vor seinem Ministerpräsidenten-Palais in Berlin. Der Tag war zum allgemeinen Feiertag erklärt worden und die Arbeit ruhte. Schon am Polterabend hatten 1000 geladene Gäste in der Staatsoper einer Galaaufführung der »Ägyptischen Helena« von Richard Strauss beigewohnt und sich anschließend an vier üppigen Champagnerbuffets delektiert. Am Hochzeitstag waren die Häuser beflaggt und 30 000 Soldaten bildeten ein Spalier entlang der Straßen, durch die das Brautpaar in einem offenen, mit Tulpen und Narzissen geschmückten Wagen durch eine jubelnde Menge in die Reichskanzlei fuhr. Hitler begrüßte die Braut mit weißen Orchideen und versicherte ihr, dass sie sich jederzeit mit ihren persönlichen Sorgen an ihn wenden könne. Außerdem stellte er ihr die Erfüllung eines Wunsches – und sei er noch so ungewöhnlich – in Aussicht. Die Ziviltrauung erfolgte im Rathaus. Dann fuhr man zum Dom, wobei eine Jagdstaffel mit Görings Fliegerfreunden am Himmel über die Anwesenden donnerte und Scherzbolde zwei Störche aufsteigen ließen.

Der damals anwesende Korrespondent der »Associated Press«, Louis Lochner, schrieb in einem Brief vom 20. April 1935: »... man hatte das Gefühl, als ob ein Kaiser heiratet.«[19] Diese Meinung teilte er mit dem britischen Botschafter Sir Eric Phipps: »Wer Berlin in diesen Tagen besuchte, konnte glauben, die Monarchie sei wiederhergestellt und man sei mitten in die Vorbereitungen für eine königliche Hochzeit hineingeraten.«[20]

Obwohl Emmy Sonnemann eine geschiedene Frau war, stellte eine kirchliche Trauung kein Problem dar. Zelebriert wurde sie vom evangelischen Reichsbischof Müller, der sich auch dem Wunsch des Bräutigams nach einer Predigt von höchstens fünf Minuten willig beugte. Zum Hochzeitsessen im feudalen Kaiserhof gegenüber der Reichskanzlei lud man 320 Verwandte und Freunde, darunter Prinz Philipp von Hessen, August Wilhelm von Preußen, Winifred Wagner, die Schauspielerin Käthe Dorsch, den schwedischen Grafen Eric Rosen, einen Schwager von Görings erster Frau, und Gesellschaftsjournalisten aus aller Welt. Die Braut trug kostbarsten Schmuck, wie sie es schon zur Opernaufführung am Abend vor der Trauung getan hatte. In ihren Erinnerungen schreibt sie darüber: »... Hermann beglückwünschte mich mit einer sehr schönen Zirkonen-Garnitur. Zu seiner tiefen Enttäuschung war ich aber darüber nicht so beglückt, wie er erhofft hatte. Im Gegensatz zu ihm habe ich mir nie viel aus Schmuck gemacht ...« Die Verteidigungsstrategie, dass jeglicher Luxus nur ihrem Ehemann zuliebe betrieben worden sei, hat Emmy Göring auch beim Spruchkammerverfahren am 20. Juli 1948 verfochten, wurde aber vom Staatsanwalt widerlegt, der sie an den Oktober 1940 erinnerte, als sie sich allein in Wien aufhielt: »... anlässlich des Besuchs einer Opernaufführung betrat die Betroffene die Wiener Staatsoper in einem weißen Hermelinmantel mit kostbarstem Schmuck und erregte das Ärgernis des Publikums.«

Am Tag nach der Hochzeit wurden der Presse – wie an Herrscherhöfen üblich – in zwei schwer bewachten Räumen des Ministerpräsidenten-Palais ungeniert die Hochzeitsgeschenke vorgeführt, die, wie Göring voll Bescheidenheit sagte, »mein Volk mir gegeben hat«. Direktoren der staatlichen Museen hatten – einem unmissverständlichen Wink folgend – ihre kostbarsten Bestände und Bürgermeister ihre Stadtkassen geplündert, deutsche Vereine und Institutionen ebenso großzügig Geschenke gemacht wie ausländische Potentaten. So hatte zum Beispiel der

Hamburger Senat ein Schiff aus massivem Silber spendiert, das Emmy schon als Kind in ihrer Geburtsstadt bewundert hatte und König Boris von Bulgarien hatte Frau Göring ein Saphirarmband zum Präsent gemacht.

Während man 1935 in Deutschlands geknebelter Presse naturgemäß ausschließlich positiv auf die Nachricht von der Hochzeit des preußischen Ministerpräsidenten mit der Schauspielerin Sonnemann reagierte, schrieb Klaus Mann, der 1933 emigrierte Sohn des »berüchtigten Schriftstellers und Halbjuden Thomas Mann«, einen offenen Brief an seine Künstlerkollegin: »... nun haben Sie sich ja freilich hoch erhoben über die Künstlerkreise, in denen so viel freundlicher Klatsch über Sie umging, Himmel, was haben Frau Landesmutter für eine Karriere gemacht ... Und was für Hochzeitsgäste Sie hatten: sämtliche alten Mitkämpfer, die Ihr flotter Gatte noch nicht hatte umbringen lassen, waren darunter: Mitkämpfer Kerrl und Mitkämpfer Streicher überboten sich in harmlosen Witzigkeiten. Das Tischgebet sprach der Müller, der seine Kollegen in ihren Pfarrhäusern verprügeln lässt. So viel zu lachen gab es nie in dem Provinztheater, wo ich nie die Gelegenheit Sie zu bewundern hatte ... treten hinter den üppigen Portieren nicht die Erschlagenen aus den Konzentrationslagern hervor, die zu Tode Geschundenen, die auf der Flucht Erschossenen, die Selbstmörder? Erscheint nicht ein blutiges Haupt? ...«[21]

Kurz nach der Eheschließung gab Emmy Göring auf Wunsch ihres Gatten ihren Beruf auf und verließ die Bühne, auf der sie 23 Jahre lang ohne Unterbrechung gewirkt hatte. Zuletzt war sie am Berliner Staatstheater engagiert gewesen und hatte unter Gustaf Gründgens gespielt. Als

Lessings »Minna von Barnhelm« verabschiedete sie sich für immer von der Bühne, um dafür in dem an theatralischen Effekten reichen Leben Görings eine tragende Rolle zu spielen.

Es war ein Schritt, den sie niemals bereut hat. Sie war zur »Ersten Dame« des Deutschen Reichs avanciert, hatte einen liebevollen, treuen Ehemann, der sich später als besorgter Familienvater herausstellte, führte eine glückliche Ehe und »übersah alles andere«, wie ihr der emigrierte Kollege Klaus Mann vorwarf. Die ehemalige Schauspielerin und nunmehrige »Erste Dame« führte den für Diplomaten und Politiker attraktivsten Salon von Berlin und nahm Hitler Repräsentationspflichten ab. Zu Hitler hatte Emmy Göring nicht das nahe Verhältnis, dessen sich andere Ehefrauen aus der NS-Führungsschicht rühmen konnten. Eva Braun lernte sie, obwohl die Görings ein Haus auf dem Obersalzberg hatten, nie persönlich kennen, da private Kontakte selten waren. Ihre Bewunderung für den »Führer« hielt sich in Grenzen. Die eher kühle Distanz ihrer Beziehung trat bei öffentlichen Anlässen hervor. Am 8. November 1935 wurde in Berlin zum Gedenken an den misslungenen Putsch von 1923 Goethes »Egmont« in Anwesenheit der gesamten Parteispitze aufgeführt. »Frau Göring wie eine Königin. Der Führer sitzt ganz bescheiden neben ihr. Erzählt nachher im Zug [Führerzug nach München], wie sehr er darunter leidet«, trägt Goebbels in sein Tagebuch ein.[22]

Interessanterweise gab es bald Gerüchte über Emmys »nicht ganz arische« Herkunft, die vor allem in Künstlerkreisen kursierten und nicht verstummen wollten. Schon im September 1935 hieß es in einem Rundschreiben des

Emmy Göring nahm 1935 als »Minna von Barnhelm« Abschied vom Berliner Staatstheater

Reichsjustizministeriums, dass in der Bevölkerung »gehässige Äußerungen über die Gattin des Ministerpräsidenten, insbesondere unwahre Behauptungen über ihre angebliche nichtarische Abstammung und eine angebliche frühere Heirat mit einem Nichtarier« verbreitet würden.[23] In diesem Zusammenhang ist – vermutlich als Vorsichtsmaßnahme – im NS-Gotha, der 1936 publizierten Ahnentafel berühmter Deutscher des Freiherrn von Dungern, auf eine Erwähnung von Emmy Görings erstem Mann verzichtet worden. Auch Klaus Mann hat in seinem offenen Brief darauf Bezug genommen: »Ihre verklatschten Kollegen von ehemals erzählen, dass Sie Nichtarierin sind ...«[24] Göring reagierte sofort, bat sich absoluten Respekt für seine Frau aus und drohte die rücksichtslose Verfolgung jeglicher »böswilligen Verleumdung« an. Ein angeblicher Verleumder Emmy Görings erhielt fünf Monate Gefängnis, was deren Ehemann zu dem empörten Ausruf veranlasste: »Fünf Jahre wären nach meiner Auffassung hier schuldentsprechend.« Als Göring sich nach Kriegsende vor dem Internationalen Militärgerichtshof in Nürnberg verantworten musste, wurde vorgeschlagen, »Göring durch Befragung zu den früheren intimen Beziehungen von Emmy zu einem jüdischen Schauspieler mürbe zu machen«.[25]

Man tuschelte jedoch auch über den schwergewichtigen Ministerpräsidenten selbst und Justizminister Gürtner vermutete, dass diese »unverantwortlichen Gerüchte über Görings Privat- und Familienleben auf die systematische Hetze staatsfeindlicher Kreise zurückzuführen seien«. Der britische Botschafter fasste die hinter vorgehaltener Hand geäußerten Vermutungen zusammen, als er 1936 nach London telegrafierte: »... ist er, wie ich gehört habe, nicht in der Lage Kinder zu zeugen.«[26]

Umso größer war das allgemeine Erstaunen, als Emmy Göring im Alter von – vermutlich – mehr als 44 Jahren schwanger wurde. Am 2. Juni 1938 kam die – wie man damals glaubte – nach Mussolinis Tochter benannte Edda zur Welt. Später hat Emmy angegeben, dass Edda den Namen einer Freundin erhalten hätte. Auf jeden Fall war der Reichsmarschall im Alter von 45 Jahren zum ersten Mal Vater geworden. Aus aller Welt trafen an die 628 000 Glückwunschtelegramme ein. Der Führer und Reichskanzler Adolf Hitler übernahm die Patenschaft und teilte sie mit der Luftwaffe, die in corpore dem Kind Schutz angedeihen lassen wollte. Im Rahmen eines großen Festaktes in Carinhall erhielt Edda am 4. November 1938 – zum Ärgernis der Parteispitze – eine christliche Taufe.

Hunderttausende Postkarten, die den stolzen Vater mit Klein Edda zeigten, wurden gedruckt und verteilt, konnten aber die im Volksmund kursierenden Witze nicht zum Verstummen bringen. Wofür, fragte man bösartig, steht Edda? Die Antwort darauf lautete: Ewiger Dank dem Adjutanten. Der Kabarettist Werner Finck spann das Thema weiter aus und meinte, das Kind müsse eigentlich Hamlet heißen: Sein oder nicht sein. Göring lachte nicht und ließ Finck in ein Konzentrationslager einliefern. Später, als das Kind heranwuchs und Göring recht ähnlich sah, verlor das Vaterschaftsthema allmählich seinen Reiz.

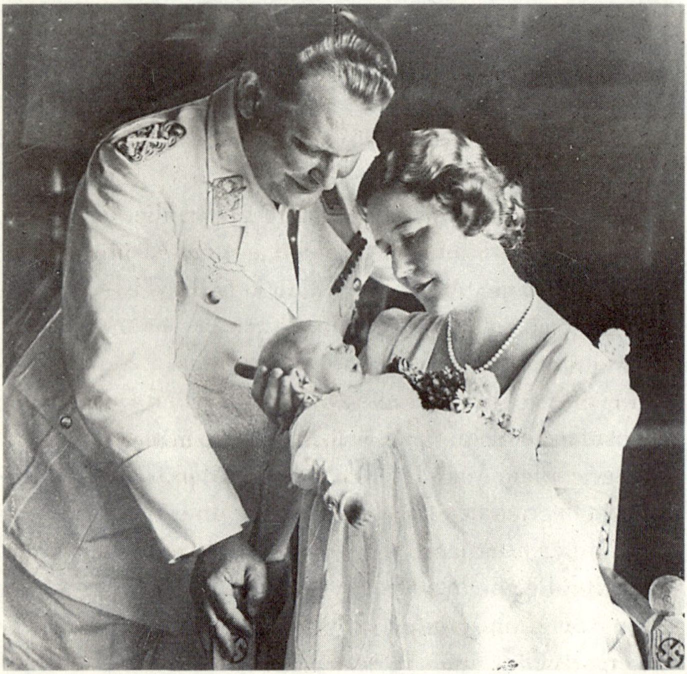

Das Ehepaar mit der am 2. Juni 1938 geborenen Tocher Edda

Tatsächlich verdankten die Görings ihr Kind dem medizinischen Fortschritt. Nach seiner schweren Leistenverwundung im November 1923 konnte Hermann Göring zwar Geschlechtsverkehr ausüben, zu einer natürlichen Zeugung war er jedoch nicht imstande. Professor Stuckrad, der Chefarzt der gynäkologischen Abteilung des »Gräfin Rittberg«-Krankenhauses in Berlin-Lichterfelde, nahm daher im September 1937 bei Emmy Göring eine künstliche Befruchtung mit dem Sperma Görings vor.

Zu Eddas Taufe trafen ganze Waggonladungen an Geschenken in Carinhall ein. Tausende von Offizieren und Soldaten der Luftwaffe spendeten Geld, das zur Errichtung des so genannten Edda-Hauses im Obstgarten von Carinhall verwendet wurde. Es hatte die Ausmaße eines kleinen Schlösschens und verfügte über einen Theatersaal, in dem das Kinderballett der Berliner Staatsoper vor dem Säugling tanzte. Der Magistrat der Stadt Köln jedoch überreichte dem Kind eilfertig das kostbarste Präsent: die »Madonna mit dem Kinde« des Lucas Cranach, ein weltberühmtes Gemälde aus dem Schatz des Kölner Wallraf-Richartz-Museums, um das nach 1945 ein erbitterter Rechtsstreit geführt werden sollte.[27]

Für die stolzen Eltern war Edda der »Sonnenschein ihres Lebens«. Sie umgaben ihre Tochter mit größter Fürsorge und allem erdenklichen Luxus und präsentierten sie an ihrem vierten Geburtstag auf der Terrasse ihres Puppenhauses, angetan mit einer roten Husarenuniform mit schwarzen Reitstiefeln.

Emmy Göring gab sich mit ihrem Mann dem Lebensstil regierender Fürsten des 18. Jahrhunderts hin. Dementsprechend hatte sich der »Sonnenkönig des Dritten Reichs«

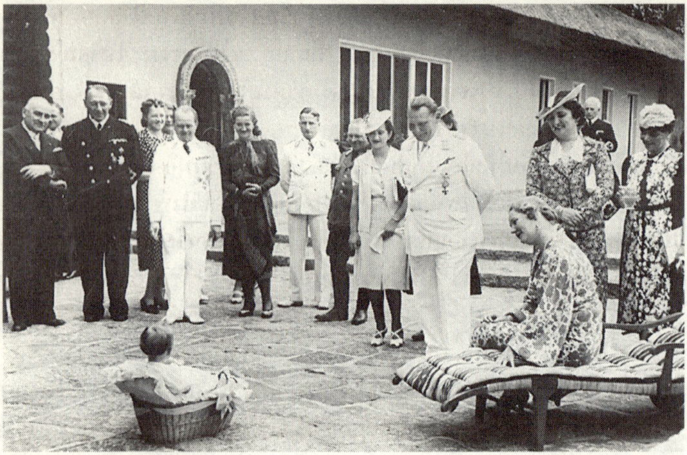

Besucher aus dem Ausland bewundern Klein Edda

nördlich von Berlin in der Schorfheide mit Millionenaufwand eine prunkvolle Residenz geschaffen. In Carinhall gab es ein Kino, einen Turnsaal, ein russisches Dampfbad und einen riesigen Empfangsraum mit kirchenschiffartigen Ausmaßen. Die ganze Anlage übertraf die Wohnsitze sämtlicher NS-Bonzen, die allesamt Luxus nicht verachteten. Hitler meinte verstimmt: »Mein Berghof, natürlich, kann sich damit nicht vergleichen. Vielleicht kann er als Gartenhaus dienen.«[28]

So erlebte Emmy Göring, wie ihr Mann als Reichsjägermeister im ledernen Jagdkostüm mit Pfeil und Bogen auftrat, sich mit seiner überdimensionalen elektrischen Eisenbahn beschäftigte oder zur Entspannung in seinem »Diamantenkorb« wühlte. Emmy Göring war die Gastgeberin unzähliger Feste, von denen das alljährliche Sommerfest im Palais des Ministerpräsidenten in Berlin sicherlich das glanzvollste darstellte. Zu diesem Anlass beleuchteten die auf den Dächern der Nachbarhäuser installierten Scheinwerfer den Park, in dem das Ballett der Berliner Oper tanzte. Das Schwimmbecken war mit blühenden weißen Wasserlilien bedeckt. Der Hausherr und seine Gemahlin – beide im reichen Schmuck ihrer Brillanten – begrüßten die Gäste in eigens für diese Gelegenheit kreierten bombastischen Renaissancekostümen. Serviert wurde an langen Tischen unter hohen Bäumen. Dann entfernte man eine hohe spanische Wand und enthüllte vor dem staunenden Publikum ein von Göring höchstpersönlich kreiertes Szenarium: eine Nachbildung des Wiener Wurstlpraters mit Rutschbahnen, Schießbuden, altmodischen Karussells und Grinzinger Heurigen, in denen junge Schauspielerinnen in Kostümen aus dem Film »Der Kongress tanzt« die Gäste willkommen hießen.

In Carinhall hat Emmy Göring unter anderen Prinz Paul von Jugoslawien, König Boris von Bulgarien, den schwedischen Erbprinzen Gustav Adolf, den ungarischen Reichsverweser Horthy, König Georg von Griechenland, den Herzog von Windsor, Charles Lindbergh und Sven Hedin willkommen geheißen.

Geld spielte bei den Görings überhaupt keine Rolle, da allein der Tabakkonzern Reemtsma jährlich eine Million RM (insgesamt 15 Millionen) überwies – offiziell für »kulturelle Zwecke, Naturschutz und Weidwerk« – inoffiziell aber für Görings Privatschatulle.[29] Die deutsche Autoindustrie wiederum stellte allein für die Motorjacht Carin II eineinhalb Millionen Mark zur Verfügung.

Emmys Leben an der Seite Görings gestaltete sich aufregend. Eine der Marotten ihres immer dicker werdenden

Mannes war die Haltung von Löwen an seinen Wohnsitzen. Der Berliner Zoo lieferte die Löwenbabys, die dann für ca. 1 ¼ Jahre im Haushalt der Görings Aufnahme fanden, wo die Raubkatzen frei herumliefen. Hatten sie eine gefährliche Größe erreicht, mussten sie in den Zoo zurück. Im Laufe der Jahre hat die Familie Göring sieben Löwen aufgezogen. Als anlässlich der Olympiade 1936 die »Elite« der italienischen Gesellschaft, darunter Mussolinis Söhne Vittorio und Bruno, in Carinhall zum Tee weilten, ging die Tür auf und ein Löwe schlenderte herein. Den angsterstarrten Gästen blieb die Sprache weg, bis Emmy Göring das Haustier verscheuchte. Sie selbst berichtet über die Löwenhaltung: »Einmal hatten wir für kurze Zeit das Palais des Reichstagspräsidenten bezogen, weil unser Haus am Leipziger Platz hergerichtet wurde. Wir hatten den Löwen mitgenommen und im Keller untergebracht. Plötzlich, des Nachts, wurden wir wach, weil sich die Tür unseres Schlafzimmers öffnete. Vor uns stand unser Löwe. Er hatte mit seinen Pfoten die Klinken von acht Türen niedergedrückt, die zwischen dem Keller und unserem Schlafzimmer lagen, und zu uns gefunden. Er war geradezu außer sich, als er uns entdeckte. Wir hätten es nicht übers Herz bringen können, ihn zurückzuschicken. Also behielten wir ihn die Nacht bei uns ...«[30]

Als größter Kunsträuber des 20. Jahrhunderts bereicherte sich Göring schamlos und raffte in ganz Europa Juwelen, Möbel und Bilder an sich. So notierte er sich Kunstgegenstände, die ihm gefielen, um sie dann zu konfiszieren: »Wandteppich im Reichstag prüfen, ob als Vorhang für Filmleinwand oder für Empfangshalle geeignet...«[31] Auch seine Frau konnte dabei nichts Unrechtes sehen.

Im Gegensatz zu Heinrich Himmler oder Joseph Goebbels war Hermann Göring populär. Auch Emmy Göring genoss die Sympathie weiter Kreise, die hauptsächlich darauf beruhte, dass sie nie mit politischen Ansprüchen in der Öffentlichkeit auftrat. Die jüdische Journalistin Bella Fromm, die sich über Görings Charakter keine Illusionen machte, fand Emmy sehr angenehm: »... sie ist keine Intrigantin. Sie ist eine mitfühlende, mütterliche Frau, Typ Walküre. Groß und kräftig, aber von sanfter Anmut. Ihr schönes blondes Haar umrahmt in breiter Flechte ihre Stirn. Ihre großen blauen Augen blicken sanft und heiter ... Emmy ist eine nette Person ...«[32] Die »nette Person« veranlasste auch die »Emmy-Göring-Stiftung« für bedürftige Künstlerinnen. Allerdings nur für solche »arischer« Abstammung.

Von ihren Verwandten wurde Emmy Göring ähnlich beurteilt. So meinte ihre Großnichte, dass »Tante Emmy naiv, gutmütig und gutgläubig« gewesen sei. Sie wollte niemandem schaden und glaubte von jedem Menschen das Beste.[33] Emmy Görings Wesen und Charakter traten in dem Kreuzverhör, das der stellvertretende Nürnberger Ankläger Dr. M. W. Kempner am 2. September 1948 mit ihr führte, deutlich zutage. Es ging um Paul »Pilli« Körner, Görings Staatssekretär bei der Verwaltung des Vierjahresplanes. Emmy Göring wollte ihn entlasten. »Ist es richtig, dass sich Ihr verstorbener Gatte ... auf Körner verlassen konnte oder musste er gucken, ob er richtige Sachen macht?«, fragte Kempner. – »Nein, das brauchte er nicht. Er war ein absolut zuverlässiger Mensch«, versicherte Emmy. – »Er war nicht ein Hampelmann, wie manche Leute ihn hinstellen wollen, ist das richtig?« – »Das war er ganz bestimmt nicht«, antwortete Emmy treuherzig. – »Und Sie würden auch nichts Schlechtes über Pilli Körner sagen?« – »Nein, bestimmt nicht. Ich kann gar nichts Schlechtes über Pilli Körner sagen.« Paul Körner wurde auf Grund dieses Verhörs zu einer Freiheitsstrafe im Ausmaß von fünfzehn Jahren verurteilt.[34]

Emmy Göring hat immer und besonders nach dem Ende der NS-Herrschaft betont, keine »politische Person« zu sein. Ihren Angaben zufolge hätte ihr Mann Politik nur ein einziges Mal im Gespräch erwähnt. Stattgefunden habe dieses Gespräch Anfang Januar 1941 – vor ihrer Abreise zur Kur nach Bad Gastein –, als Göring ihr entsetzt mitteilte, dass Hitler Russland anzugreifen gedenke.

1948 wurde Emmy Görings Rolle im Dritten Reich durchleuchtet: »... die Betroffene wurde 1938 in der Weise in die Partei aufgenommen«, heißt es in der Anklageschrift ihres Spruchkammerverfahrens, »dass Hitler ihr zu Weihnachten 1938 telefonisch mitteilte, es sei ihr die Mitgliedschaft verliehen worden.[35] Sie hatte die Parteinummer eines verstorbenen Genossen aus dem Jahre 1932 erhalten.[36] Die Betroffene war Mitglied der NS-Frauenschaft und der Reichstheaterkammer. Sie bestreitet nicht, sich als Ehefrau Görings stets mit der weltanschaulichen Einstellung [ihres Mannes] verbunden gefühlt zu haben, auch wenn sie nicht selbst politisch tätig war.«[37]

An Görings politischer Karriere war Emmy Göring in keiner Weise beteiligt. Sie erlebte ihn als Preußischen Ministerpräsidenten und Innenminister, Chef der Gestapo, Reichsluftfahrtminister und Oberbefehlshaber der deutschen Luftwaffe sowie Obersten Reichsjägermeister. Seine Rolle als Wirtschaftsboss – Göring war Beauftragter für die

Durchführung des Vierjahresplans – hat sie nur deswegen interessiert, weil damit Auslandsreisen im Range von Staatsbesuchen verbunden waren. So fuhren die Görings am 7. April 1939 nach Libyen, um Italo Balbo, dem Generalgouverneur dieser italienischen Kolonie, einen Besuch abzustatten. Sie wurden mit orientalischem Pomp empfangen, ritten auf Kamelen, besichtigten die römischen Ausgrabungen und erlebten prunkvolle Feste im Gouverneurspalast. Anschließend reiste man zum Staatsbesuch nach Italien, wo Mussolini das Paar persönlich in Rom am Bahnhof Termini willkommen hieß.

Nach dem Krieg behauptete Emmy Göring, dass weder sie noch ihr Mann je etwas von Vernichtungslagern für Juden oder Regimegegner gehört hätten: »... in meinen Augen galten diese Lager immer noch der politischen Umerziehung, wie sie Hermann von Anfang an vorgeschwebt hatte ... kann ich mir nicht vorstellen, dass er [Göring] über das Ausmaß der schrecklichen Vorkommnisse in einem Lager außerhalb Deutschlands bei Auschwitz – unterrichtet gewesen sei ...«[38]

Tatsächlich besaß Emmy Göring viele jüdische Freunde aus dem Künstlermilieu, mit denen sie auch nach ihrer Heirat geradezu demonstrativ verkehrte, sie, wie z. B. ihren alten Lehrer Jessner, besuchte oder zu sich nach Hause einlud. Viele, die durch ihre Intervention das NS-Regime überlebt hatten, stellten sich ihr 1948 als Entlastungszeugen zur Verfügung. Dass so viele Kollegen ihrer Hilfe bedurften, verschwanden oder emigrierten, gab Emmy nicht zu denken. Während sie Hitler mit ihrer dauernden »Judenretterei« verärgerte und er sich jede Erörterung des Themas verbat, fand Emmy zeitweise Unterstützung bei

Göring. Dieser hatte zwar als Beauftragter für den Vierjahresplan am 12. November 1938 eine »Verordnung zur Ausschaltung der Juden aus dem deutschen Wirtschaftsleben« erlassen und persönlich Pläne zu ihrer Deportation und Vernichtung in großem Stil ausgearbeitet, ließ aber in einzelnen Fällen mit sich reden. Im Spruchkammerverfahren gegen Emmy Göring hieß es dann: »... die Betroffene hat sich in einer Reihe von Fällen für frühere (jüdische) Kollegen eingesetzt, die sich in einer Notlage an sie wandten. Von antinationalsozialistischen Beweggründen kann jedoch nicht die Rede sein ...«

Schon beim Abschluss des »Münchener Abkommens« im September 1938 zeigte sich, dass Görings außenpolitische Hoffnungen zur Aufrechterhaltung des Friedens von Hitler nicht geteilt wurden, und 1939, bei der Besetzung Prags, war Göring nicht mehr am politischen Entscheidungsprozess beteiligt. Am 19. Juni 1940 stieg Emmy Göring zwar zur Frau des »Reichsmarschalls des Großdeutschen Reichs« auf, doch Görings Stern war bereits im Sinken. Nach dem Scheitern seines Wirtschaftskonzepts und dem Versagen der ihm unterstehenden Luftwaffe sowohl bei der Schlacht um England als auch bei Stalingrad schwanden Görings Macht und Einfluss zusehends. Das Ehepaar zog sich immer häufiger nach Carinhall oder Veldenstein zurück und erweckte den Anschein, als gingen es die dramatischen Ereignisse nichts mehr an. Im Laufe des Krieges wurden auch die glänzenden Feste allmählich eingestellt.

Ab Frühjahr 1943 wurde Göring, mit dem Hitler bis dahin alle Fragen der Luftwaffe und ihres Einsatzes besprochen hatte, in militärischen Angelegenheiten nicht mehr konsultiert.

Als gegen Kriegsende die Front immer näher an die Schorfheide und an Carinhall heranrückte, fuhr Emmy Göring mit Edda am 31. Januar 1945 nach Bayern. Ihr Ziel war der bis zu diesem Zeitpunkt von jeglichem Bombardement verschont gebliebene Obersalzberg. Dort besaßen die Görings in Hitlers Nähe ein Haus, das sich 1945 allmählich mit den zahlreichen weiblichen Verwandten Görings füllte, die gleich Emmy den Schrecken des Krieges entfliehen wollten. Im Februar 1945 verfasste Hermann Göring sein Testament.

Im April trafen die göringschen Kunstschätze im Wert von 200 Millionen RM aus Carinhall in Bayern ein. Die per Sonderzug transportierten 1000 Gemälde, 80 Skulpturen und 60 Gobelins hatte man nach Berchtesgaden geschickt, um sie in einem Stollen auf dem Untersberg zu verstecken. Göring selbst gratulierte Hitler noch am 20. April 1945 im Bunker der Reichskanzlei zum Geburtstag, ließ dann sein geliebtes Carinhall in die Luft sprengen und setzte sich anschließend mit großem Tross in Richtung Obersalzberg ab, um »dringendste Aufgaben zu erledigen«.

Obwohl er sich damals schon längst im politischen Abseits befand, lauerte Göring immer noch auf eine Chance zur Rückkehr an die Macht und ergriff diese, als sie sich – wie ihm schien – am 23. April 1945 bot. Auf die Falschmeldung hin, dass der »Führer zusammengebrochen sei«, schickte er einen Funkspruch in das Führerhauptquartier, in dem er anbot, die Nachfolge Hitlers anzutreten. Die Reaktion aus dem Bunker der Berliner Reichskanzlei kam prompt. Der »Führer« enthob ihn von der Führung der Luftwaffe. Göring wurde des Hochverrats bezichtigt, samt Familie von einem SS-Kommando verhaftet und in den Luftschutzräumen des Berghofs interniert.[39] »Vor dem Zusammenbruch sind mein Mann, das Kind und ich am 25. 4. 1945 von Adolf Hitler verhaftet und zum Tode verurteilt worden ...«, schrieb Emmy Göring über diese Zeit.[40] Als ein Adjutant versuchte, für Emmy und das Kind, die in Nachthemden arretiert worden waren und entsetzlich froren, eine Schlafgelegenheit zu besorgen, drohte ihnen ein SS-Posten mit dem sofortigen Erschießen. Während Bomber der Royal Air Force ihre Villa dem Erdboden gleichmachten, hielt man die Görings mehrere Tage lang in den finsteren und eiskalten Kalkschächten gefangen. Nach Hitlers Selbstmord wurden sie nach Schloss Mauterndorf, das Göring aus dem Besitz seines jüdischen Paten geerbt hatte, überstellt.

Am 7. Mai 1945 sah Emmy Göring ihren Mann anlässlich seiner Verhaftung durch die Amerikaner das letzte Mal in Freiheit. Sie selbst schlug sich samt Tochter, ihrer Zofe und Görings Krankenschwester nach der Burg Veldenstein bei Nürnberg durch. Dort fand man zwar Unterkunft, musste jedoch feststellen, dass Plünderer am Werk gewesen waren, die das gesamte Inventar in zwölf Möbelwagen abtransportiert hatten. Am 25. Oktober 1945 wurde auch Emmy Göring verhaftet und Edda zu Bauern in Obhut gegeben. Später kam die Siebenjährige zu ihrer Mutter in das Zuchthaus von Straubing.

Emmy Göring schildert diese Zeit: »Ich hatte fünf Monate Hausarrest [in Veldenstein], war fünf Monate mit meinem Kind im Zuchthaus in Straubing als Zeugin für den Nürnberger Prozess, wurde dann am 19. 2. 1946 aus dem Straubinger Zuchthaus entlassen ...«[41]

Während Göring im Militärgefängnis von Nürnberg inhaftiert war, wo er sich im Prozess gegen die Hauptkriegsverbrecher vor dem Internationalen Militärgerichtshof (14. November 1945 bis 1. Oktober 1946) verantworten musste, fand Emmy Göring samt Tochter in Sackdilling bei Neuhaus/Oberpfalz, ca. 30 km von Nürnberg entfernt, in einer Jagdhütte des Veldensteiner Besitzes Unterkunft. Ihr Anwalt, Dr. Erich Ebermayer, beschrieb es: »... lebte die Betroffene mit ihrer achtjährigen Tochter Edda den letzten Winter zu viert in zwei Zimmern, den Abort in der Küche, zwei Stunden entfernt von der nächsten Siedlung, ohne Wasser, fast ohne Heizung.«[42]

Aus Sackdilling richtete Emmy Göring an das Militärgericht in Nürnberg ein Ansuchen um Besuchserlaubnis: »... Ich habe [Göring] seit eineinviertel Jahren nicht gesehen und habe so schreckliche Sehnsucht nach ihm, dass ich keinen Ausweg weiß; wenn ich ihn nur ein paar Minuten sehen und seine Hand halten könnte ... Mein Mann macht sich große Sorgen um mein Kind und um mich, die wir ohne Schutz und Hilfe sind ...«[43]

Erst am 12. September 1946, in der Endphase des Prozesses gegen die Hauptkriegsverbrecher, bekam Emmy die Erlaubnis, ihren inhaftierten Mann zu sehen. Er versicherte ihr, dass er sich – nach der Ablehnung der Alliierten, ihn erschießen zu lassen – unter keinen Umständen durch den Strang hinrichten lassen werde. »Sie können ihn doch nicht hängen«, sagte sie anschließend zu Henriette von Schirach. »Denken Sie, Hermann an einem Galgen! Sicher werden wir getäuscht ...«[44]

In den letzten vierzehn Tagen vor der Urteilsverkündung gewährte man den Frauen der Angeklagten acht Tage lang – täglich eine halbe Stunde – Besuchszeit. Emma erschien mit Edda mehrmals in der kleinen Sprechzelle des

Nürnberger Gefängnisses. Den strengen Sicherheitsbestimmungen zufolge hatte man Göring an seinen Bewacher gekettet und das Ehepaar blieb durch eine Glaswand sowie ein engmaschiges Gitter getrennt. Die achtjährige Edda sagte kleine Gedichte auf und ihre Eltern unterhielten sich krampfhaft über Belangloses.

Am 7. Oktober 1946 nahm Emmy Göring von ihrem zum Tod durch den Strang verurteilten Mann Abschied. »Du darfst jetzt ruhig und reinen Gewissens sterben«, meinte sie auf seine Frage, ob sie wünsche, dass er ein Gnadengesuch einreiche. »Du hast hier in Nürnberg alles getan, was du tun konntest, für deine Kameraden und für Deutschland ... ich werde immer im Bewusstsein tragen, dass du für Deutschland gefallen bist.« Göring jedoch tröstete seine Frau: »Auf etwas kannst du dich felsenfest verlassen: Sie hängen mich nicht.«[45]

Die Bedeutung dieser Worte ist erst klar geworden, als Göring am 15. Oktober 1946, in der Nacht vor der geplanten Hinrichtung durch Erhängen, mittels Einnahme einer Giftkapsel Selbstmord beging. Wer die kleine Ampulle mit Zyankali in die Zelle des Verurteilten schmuggelte und wo Göring sie trotz ständiger Beobachtung versteckt gehalten hatte, konnte nie geklärt werden. Man vermutete auch, dass Göring das Gift von einem jungen amerikanischen Offizier des Bewachungspersonals erhielt[46], zählte aber auch Emmy Göring zum Kreis der verdächtigen Personen. Sie selbst gab freimütig an, sie habe gewusst, dass ihr Mann die Giftkapsel schon lange in seiner Zelle bei sich getragen hätte.[47] Um sich bei ihren Besuchen im Gefängnis zu vergewissern, ob Göring das Zyankali noch besitze, gebrauchte sie den Code: »Hast du noch den Kamm?«

Göring selbst erklärte in einem später gefundenen Brief, dass er die Giftkapsel seit seiner »Einlieferung in die Gefangenschaft« immer bei sich hatte. »Bei der Einlieferung hatte ich die Kapseln. Die erste ließ ich in meinen Kleidern, damit sie bei der Revision gefunden würde. Die zweite legte ich ... unter den Kleiderständer ... die dritte Kapsel befindet sich in meinem kleinen Toilettekoffer ... in der Creme ...«

Am 29. Mai 1947 erließ der Minister Dr. Loritz gegen die Witwe Görings, wie gegen alle Ehefrauen der in Nürnberg Verurteilten, einen Festnahmebefehl. Sie hätte erheblichen Nutzen aus der nationalsozialistischen Gewaltherrschaft gezogen und man wolle verhindern, dass sie sich einem Gerichtsverfahren durch Flucht in die englische Zone entziehe, lautete die Begründung. Emmy Göring kam in das Internierungs- und Arbeitslager Göggingen bei Augsburg, das aus fünf niedrigen Baracken bestand und insgesamt über 1000 Frauen beherbergte. Es stammte aus der Zeit des NS-Regimes und war als Lager für russische Fremdarbeiterinnen errichtet worden.

»... in Gefangenschaft sah sie aus wie eine der geraubten Germaninnen auf den Bildern in Schullesebüchern. Die blonden Zöpfe fest geflochten, Zorn im Gesicht«, schreibt die ebenfalls in Göggingen inhaftierte Henriette von Schirach.[48] Einer der beiden Anwälte Emmy Görings, Dr. Strobl, verglich die Inhaftierung seiner Mandantin mit den Hexenprozessen des Mittelalters, während der zweite, Dr. Ebermayer, bereits im Juni 1947 Haftbeschwerde einreichte.

Am 31. Oktober 1947 verfasste Emmy Göring selbst ein Schreiben an den zuständigen Minister: »Darf ich Ihnen meinen Fall vortragen und um Hilfe bitten? Ich wurde am 28. 5. 1947 auf Befehl des früheren Ministers Loritz in das

Frauenlager Göggingen gebracht. Ich lag daheim gerade an einem schweren Ischiasanfall mit Fieber und einer Venenentzündung im rechten Arm. Ich leide seit 35 Jahren an Ischiasanfällen. Ich war in der Behandlung eines Arztes, der Einspruch gegen meine Transportierung erhoben hat ... Trotzdem wurde ich in der Nacht um 12 Uhr auf eine Bahre gepackt und sieben Stunden hierher geführt, weil ich angeblich einen Fluchtversuch in die englische Zone gemacht haben soll ... ich bin nun hier seit fünf Monaten bettlägrig, unendliche Schmerzen ... Ich bin 54 Jahre und habe in den letzten Jahren unendlich viel durchgemacht ... Herr Minister, Sie kennen vielleicht meine Akten, ich war völlig unpolitisch, habe rassisch und politisch Verfolgten geholfen, wann und wo ich nur konnte, es liegen genug eidesstattliche Erklärungen dafür vor. Meine einzige Belastung ist, ich bin die Frau von Hermann Göring. Man kann doch unmöglich eine Frau dafür bestrafen, weil sie ihren Mann geliebt hat und mit ihm glücklich verheiratet war. – Ich bitte Sie aus tiefstem Herzen, Herr Minister, mir zu helfen, damit ich möglichst schnell meinen Spruchkammertermin [Gerichtsverfahren, in dem sich Belastete des NS-Regimes zu verantworten hatten] bekomme. Sollte das in allernächster Zeit nicht möglich sein, so bitte ich Sie bis zu diesem Termin um Haftentlassung. Sollten Sie dazu keine Haftbefugnisse haben, dann bitte ich um eine Haftunterbrechung [während] der kommenden ärgsten Wintermonate. Wenn ich im Winter in diesen Holzbaracken liegen muss, hole ich mir einen dauernden schweren Schaden und gehe gesundheitlich völlig zugrunde.«[49]

Nach Vernehmung zahlreicher Zeugen – 21 Aussagen wurden im Prozess vorgelegt – erhob der Staatsanwalt Julius

Herf am 20. Juli 1948 Anklage vor der Spruchkammer des Arbeits- und Internierungslagers in Garmisch-Partenkirchen. Gleichzeitig stellte er den Antrag, Emmy Göring als Hauptschuldige einzureihen. »Sie bestreitet nicht, sich als Ehefrau Görings stets mit der weltanschaulichen Einstellung [ihres Mannes] verbunden gefühlt zu haben, wenn auch nicht selbst politisch tätig. Wenn die Betroffene als überzeugte Anhängerin des Nationalsozialismus galt und aus der Verbindung mit der Gewaltherrschaft Nutzen gezogen hat, ist sie damit ... hauptschuldig ... Als Ehefrau Hermann Görings hat sie nicht nur an einer großen Zahl persönlicher Ehrungen, sondern auch an der überaus luxuriösen Lebensführung ihres Mannes teilgenommen, der den gewohnten Lebensstandard eines preußischen Ministerpräsidenten weit überschritt und jedes gewohnte Maß weit hinter sich ließ ... Die Betroffene bezog ›Ehrensold‹ seitens der NSDAP, den sie nach eigenen Angaben gemeinnützigen Zwecken zuführte ...«

Auch Emmy Görings Berliner Theaterengagement des Jahres 1933 kam zur Sprache: »Nach dem Gutachten der Kommission für Kulturschaffende ist die Berufung der Betroffenen an das Staatstheater Berlin unmittelbar nach der Machtübernahme lediglich auf ihre Beziehungen zu Göring zurückzuführen, da sie als Künstlerin nicht das Format aufzuweisen hatte, welches die Berufung rechtfertigen könnte. Sie erhielt im neuen Engagement das 2 ½-fache ihrer bisherigen Bezüge.[50] Derselben Ansicht ist der Präsident der Genossenschaft der deutschen Bühnenangehörigen, Emil Otto. Nur der Generalintendant der Preußischen Staatstheater, Gustaf Gründgens [der 1933 ihr Kollege war], vertrat die Ansicht, dass die Berufung keinerlei politische Hintergründe gehabt hätte.«[51]

Emmy Göring fand – abgesehen von ihren offiziellen Rechtsbeiständen – beredte Verteidiger. So sagten neben Gustaf Gründgens noch 15 weitere Entlastungszeugen für sie aus. Am entschiedensten jedoch trat der Berliner Standortpfarrer Jentsch für die Angeklagte ein. »Sie hat allen geholfen, viele jüdische und halbjüdische Mitglieder [der Pfarre] gedeckt.« Er nannte Emmy Göring eine »religiöse Kämpferin«.[52]

Das Urteil reihte Emmy Göring als Nutznießerin des NS-Regimes (Gruppe II) ein, bestimmte den Einzug von 30 Prozent ihres Vermögens, ein Jahr Arbeitslager, das als bereits verbüßt galt, sowie fünf Jahre Berufsverbot. Die Angeklagte wurde sofort auf freien Fuß gesetzt.

Das Gerichtsurteil hat ungeheures Aufsehen hervorgerufen und wurde erregt diskutiert. So schrieb der »Donaukurier« vom 27. Juli 1948 vom »Urteil der sterbenden Entnazifizierung«, während der »Südost-Kurier« vom 28. August 1948 die Aussagen der Emmy Göring mit »Das gute, ahnungslose Herz« kommentierte.

Am 28. Juli 1948 versammelten sich 300 Stuttgarter Frauen und protestierten auf das Entschiedenste gegen das von der Spruchkammer Garmisch-Partenkirchen gegen Emmy Göring erlassene Urteil. Es sei »ein Schlag in das Gesicht der deutschen Bevölkerung«. Die aufgebrachten Frauen forderten eine Revision des Urteils, die Einstufung in die Gruppe der Hauptbelasteten, eine höhere Freiheitsstrafe und die Einziehung des gesamten in Nutznießung ihrer Stellung im Dritten Reich erworbenen Vermögens.[53]

1949 führte Emmy Göring einen zähen Kampf um viele Wertgegenstände.[54] So erklärte sie vieles zum Eigentum der damals zehnjährigen Tochter Edda. Gegenüber dem

Generalanwalt Dr. Auerbach, der mit der Rückführung der zahllosen Kunstschätze betraut war, die dem Ehepaar mehr oder weniger freiwillig zum Geschenk gemacht worden waren, gab sie zu Protokoll: »Diese Sachen sind von meinem Mann, von Patentanten und -onkeln [Edda] geschenkt worden, ich weiß beim besten Willen nicht von wem.« Zu den »Sachen« zählten das Gemälde Cranachs »Madonna mit Kind« aus dem Jahre 1518, das die Stadt Köln aus Museumsbeständen dem Kind anlässlich seiner Geburt geschenkt hatte, sowie Cranachs weltberühmte »Ruhe auf der Flucht nach Ägypten«, süddeutsche Madonnen des 15. Jahrhunderts, goldene Bestecke, japanische Teppiche und Unzähliges mehr.

Zur Aussage Emmy Görings bemerkte der Generalanwalt rüde, dass das »›Produkt‹ [Edda] des Herrn Reichsmarschalls lediglich die Zuwendung und Geschenke hochstehender Potentaten erhielt, um sich bei ihrem erlauchten Vater in ein angenehmes Blickfeld zu rücken«.[55] Er beantragte ein Spruchkammerverfahren gegen die minderjährige Edda, um die Gegenstände dem Wiedergutmachungsfonds zu sichern.

Der Streit um Eddas Taufgeschenk zog sich jahrzehntelang hin, da neben der Stadt Köln die Bundesrepublik Deutschland, der Freistaat Bayern und schließlich Edda Göring selbst Rechte geltend machten. Das Kölner Landgericht entschied für die Stadt Köln und das Bild wäre an seinen ursprünglichen Ort zurückgekehrt, wenn nicht Edda Göring, die Rechtswissenschaften studierte, dagegen berufen hätte. Das Oberlandesgericht Köln, das sich nunmehr mit dem Taufpräsent zu beschäftigen hatte, wies die Eigentumsklage der Stadt Köln ab. Es war zu dem Schluss gekommen, dass ein Druck vonseiten Görings nicht erwiesen sei. Vielmehr habe der NS-Oberbürgermeister mit dem Cranach-Geschenk der Stadt Köln Vorteile verschaffen wollen. Sittenwidrige »verwerfliche Selbstsucht« könne dem prunksüchtigen Herrn von Carinhall zumindest in diesem Fall nicht nachgewiesen werden.

Eddas Sieg war ein kurzer. Eine oberstgerichtliche Entscheidung brachte das Bild nach Köln zurück. 1954 war der bayrische Staat dazu verurteilt worden, ihren beschlagnahmten Schmuck im Wert von 150 000 DM (nach Edda Görings Angaben wesentlich weniger), der dem Kleinkind während der Glanzzeit des Vaters dediziert worden war, zu übergeben.[56]

Nach ihrer Entlassung aus dem Frauenlager Göggingen wohnte Emmy Göring noch kurze Zeit mit ihrer Tochter in Sackdilling. Später übersiedelte sie mit Edda nach München, wo sie in einer kleinen gemeinsamen Wohnung zurückgezogen lebten. Edda Göring studierte zuerst Rechtswissenschaften, dann sattelte sie auf medizinisch-technische Assistentin um. Sie blieb unverheiratet und widmete sich neben ihrem Beruf der Betreuung ihrer Mutter.

1967, als das wahre Gesicht des Dritten Reichs schon längst zu Tage getreten war, das ganze Ausmaß der NS-Verbrechen offen lag und mehr als 50 Millionen Tote des Zweiten Weltkrieges anklagten, schrieb Emmy Göring ihre Erinnerungen, »An der Seite meines Mannes«. Ihr Rechtsberater, der Jurist und Schriftsteller Dr. Erich Ebermayer, und Alfred Muhr fungierten dabei als Ghostwriter; beide fanden jedoch nirgends im Buch Erwähnung.[57]

Das Motiv des Werkes ist in Emmy Görings Vorwort erwähnt: »Ich fühle mich verpflichtet, von meinem Mann, der nach dem Sturz des Regimes von so vielen Seiten angegriffen worden ist, aus genauester Kenntnis seines Wesens und Charakters das auszusagen, was nötig ist, um Unwahrheiten und Irrtümer richtig zu stellen.«

Göring tritt in dem Buch seiner Frau als Muster an Tugenden auf. »Er, der immer nur für andere da war ... nur aus sich hergab und verschenkte: Liebe, Güte, ... Freude, Hilfe ...« Seine Morphiumsucht wird in diesem »Weißbuch des Reichsmarschalls« ebenso verschwiegen wie seine Korruptheit, seine Brutalität und sein tausendfacher Kunstraub. Das Leben im nationalsozialistischen Deutschland erscheint als kaum verdeckte Idylle im Reigen herzensguter Menschen.

Im Bestreben, die einmal vorgegebene Linie als »unpolitische Frau« nicht zu verlassen, erklärt Emmy Göring, ihr Wissen über Politik erst nach dem Krieg in Gesprächen mit überlebenden Vertrauten ihres Mannes erworben zu haben. Dann jedoch erörtert sie auf naive Weise die Fehler der deutschen Kriegsführung, das Debakel bei Dünkirchen und die Schlacht um England, wobei Hermann Göring stets in günstigstem Licht erscheint.

Die Quintessenz ihres Lebens, wie Emmy Göring es sah, tritt in der Schlussfolgerung ihres Buches zutage: »Heute, wenn ich zurückblicke, ist es mir, als hätte ich nur in diesen Jahren, die im Frühjahr 1932 begannen und im Herbst 1946 endeten, wirklich gelebt ... vierzehn Jahre für ein ganzes Leben! Ich fühlte mich glücklich und erwartete, dass meine Mitmenschen mit mir fühlten ...«

Unter dem Titel »Zu viel Herz« hat das deutsche Nachrichtenmagazin »Der Spiegel« Emmy Görings Erinnerungen abgetan.[58] Im März 1973 berichtete die »Zeit«, dass die »Sozialrentnerin« Emmy Göring in dem Münchner »Vier Jahreszeiten« ihren 80. Geburtstag beging.[59] Thomas von Kantzow, der Sohn von Carin Göring, hat die Feier arrangiert.

Emmy Göring ist am 8. Juni 1973 in München verstorben.

Magda Goebbels

Die Erste Dame des Dritten Reichs

11. November 1901 – 1. Mai 1945

Magda Goebbels, geborene Behrend, adoptierte Friedländer, legitimierte Ritschel und geschiedene Quandt, die Erste Dame des Dritten Reichs, ist zweifellos die schillerndste Persönlichkeit unter den Frauen der Nazi-Elite. Ihr wechselhaftes Leben erinnert an eine griechische Tragödie. In die Geschichte eingegangen ist sie jedoch vor allem als »Gefährtin des Teufels«, nämlich als Gattin des berüchtigten nationalsozialistischen Propagandaministers Dr. Joseph Goebbels, dessen Leben sie 15 Jahre lang teilte und dessen Ideen sie mittrug.

Geboren wurde sie am 11. November 1901 als uneheliche Tochter des 22-jährigen Dienstmädchens Auguste Behrend in Berlin-Kreuzberg. Wenig später heiratete die Mutter den vermeintlichen Kindesvater, den reichen Bauunternehmer und Ingenieur Dr. Oskar Ritschel. Als Magda vier Jahre alt war, ließen sich die Eltern scheiden. 1906 ging die Mutter eine neue Ehe mit dem wohlhabenden Lederfabrikanten Richard Friedländer ein. Damit erhielt Magda, die später einen fanatischen Antisemiten zum Mann nahm, einen jüdischen Stiefvater, an dem sie mit großer Liebe hing. Vater und Stiefvater lernten einander kennen und schätzen. Sie wetteiferten in der Erziehung des Kindes.[1] Mit fünf Jahren übersiedelte Magda zu ihrem Vater, Dr. Ritschel, nach Brüssel, die Friedländers folgten. Ohne Geschwister und stets unter Erwachsenen, wurde Magda schnell zu einem Kind mit perfekten Manieren und altklugem Gehabe. Da ihre Mutter ganz im Brüsseler Gesellschaftsleben aufging und keine Zeit für die kleine Tochter hatte, kam Magda im Alter von fünf Jahren in das Ursulinenkloster nach Thild und dann nach Vilvoorde zur Erziehung. Acht Jahre verbrachte sie in der strengen Klosterwelt, die nur von den Ferien unterbrochen wurde. Dann jedoch überboten sich die beiden Väter in ihrer Fürsorge um das Mädchen. Sie reisten mit Magda, erfüllten ihr jeden Wunsch und verwöhnten sie.

1914 erlebte das 12-jährige Mädchen den Einmarsch der Deutschen in Belgien, die Abschiebung aus Brüssel und die Rückkehr nach Berlin, wo der Stiefvater als Geschäftsmann bald wieder Fuß fassen konnte. Das halbwüchsige Mädchen dankte ihm seine liebevolle Fürsorge und brachte dies – als sich ihre Mutter scheiden ließ – in schmeichelhafter Weise zum Ausdruck, indem sie seinen Namen annahm.

Während der vier Kriegsjahre ging Magda in das Kollmorgensche Gymnasium, wo sie sich eng mit Lisa Arlosoroff befreundete. Sie besuchte auch regelmäßig ihren Vater, der sich in seinem Heimatort Bad Godesberg niedergelassen hatte. Dr. Ritschel war stolz auf seine hübsche, blonde Tochter, ihre Intelligenz, Gewandtheit und rasche Auffassungsgabe. Bis zu seinem Tod im Jahre 1941 sollte er ihr zur Seite stehen.

Er sah in ihr einen ebenbürtigen Gesprächspartner, erzählte ihr vom Buddhismus und freute sich, mit welcher Leidenschaft sich Magda dieser Philosophie der extremen Gewaltlosigkeit zuwandte.[2] Wenig konnte er ahnen, wie groß das Spektrum der Begeisterungsfähigkeit seiner Tochter sein würde und mit welcher Leichtigkeit sie ihre Ideale den jeweiligen Verhältnissen anpassen sollte. Aus der Anhängerin des Buddhismus wurde nämlich eine glühende Zionistin, die sich bald darauf in eine fanatische Nationalsozialistin verwandelte.

Im März 1919 legte Magda die Reifeprüfung ab und trat anschließend in das exklusive und teure Mädchenpensionat Holzhausen in Goslar ein, wo sie die Gleichaltrigen durch Weltgewandtheit, hervorragende Bildung und blendendes Aussehen in den Schatten stellte. Schüchternheit oder Minderwertigkeitskomplexe waren ihr fremd. Schon damals besaß sie jenes selbstsichere Auftreten, mit dem Magda Goebbels später als »Dame von Welt« viele Nationalsozialisten beeindruckte.

Als die Schülerin im Jahre 1920 aus den Ferien ins Internat zurückkehrte, teilte sie das Bahnabteil mit einem 38-jährigen Mann von korrektem, distinguiertem Äußeren. Es war Dr. Günther Quandt, einer der reichsten Männer Deutschlands, Herr über ein Wirtschaftsimperium, der das Studium seiner Korrespondenz unterbrach, um sich dem 18-jährigen Mädchen zu widmen. Die anregenden Gespräche und das einfühlsame, schmeichelhafte Interesse Magdas für seine Arbeit genügten Quandt, der seit kurzem Witwer war, um sich in das attraktive Mädchen zu verlieben.

Alles verlief im Stil einer Illustriertenromanze, als sich der Multimillionär nach einigen Monaten mit der Schülerin verlobte. Dem Wunsch ihres zukünftigen Mannes entsprechend, trat Magda vom katholischen zum protestantischen Glauben über. Den Namen Friedländer vertauschte sie gegen den ihres wirklichen Vaters. Am 4. Januar 1921 wurde in Bad Godesberg geheiratet.

Die Probleme schienen vorprogrammiert. Die Braut war noch keine 19, der Bräutigam hingegen 39 Jahre alt. Es gab zwei minderjährige Söhne (Hellmuth und Herbert), nur wenig jünger als die Stiefmutter. Und im November 1921 kam Harald, das einzige Kind dieser Ehe, zur Welt. Der rasche Wechsel vom Pensionat an die Spitze eines großen Haushalts mit zahlreichem Personal war für die Zwanzigjährige kaum zu verkraften. Die Realität erwies sich als herbe Enttäuschung. Magdas Träume vom Leben an der Seite eines Millionärs gingen nicht in Erfüllung. Das von der emotionsgeladenen und geselligen jungen Frau erwartete Highlife mit rauschenden Festen, glanzvollen Diners, Cocktailpartys und stilvoller Repräsentation fand nicht statt. Auch die anfängliche Euphorie über die luxuriösen Wohnsitze der Familie Quandt, die Villa in Berlin-Charlottenburg, das Anwesen am Neu-Babelsberger Griebnitzsee sowie das Gut Severin bei Parchim in Mecklenburg, war bald verflogen.

Der konservative, humorlose und in Kleinigkeiten penible Millionär ging in seiner Arbeit auf. Er hatte wenig kulturelle Neigungen und noch weniger Freizeit, die er dann in einsamer Beschaulichkeit verbrachte. Magda verfügte bereits über zwei Vaterfiguren, eine dritte wollte sie nicht. Sie verachtete ihren kühlen Ehemann, weil er nach einem starren Tagesplan lebte, und empfand es als Zumutung, dass er sie erziehen wollte. So gab er ihr ein Schulheft, in dem sie ihr bescheidenes Taschengeld abrechnen musste.

Es war ein arbeitsreiches Leben im goldenen Käfig. Quandt hatte nämlich die drei Kinder eines verunglückten Geschäftsfreundes in sein Haus genommen und somit seiner jungen Frau die Verantwortung für insgesamt sechs Kinder übertragen. Dazu kam noch die eisige Ablehnung durch die erzkonservative Familie Quandt. Man empfand die rasche Wiederverheiratung Günther Quandts – knapp nach Ablauf des Trauerjahres – als pietätlos, hielt die Erinnerung an die erste Gattin lebendig und zog bei jeder Gelegenheit Vergleiche, die stets zuungunsten Magdas ausfielen. Nur die gleichaltrige Schwägerin Eleonore Quandt, »Ello«, wurde zur Freundin und blieb 25 Jahre lang Magdas engste Vertraute in allen Lebenslagen.[3]

Günther Quandt und seine junge Frau aber trennten Welten. Da der Millionär jedoch mit Magda auf seinen großen Geschäftsreisen in die USA und nach Südamerika Staat machen konnte, blieb die Ehe dem Schein nach bestehen.

1927 brillierte Magda mit Charme und Eleganz in den Salons der exklusiven New Yorker Gesellschaft; bald deklarierte sich z.B. Mr Hoover, der Neffe des amerikanischen Präsidenten und einer der reichsten Männer in den USA, als ihr ergebener Verehrer.

Nach der Rückkehr und mit dem Wegfall des Zwanges zur Harmonie in der Öffentlichkeit traten die Gegensätze der Ehepartner in voller Schärfe zutage. Magda stürzte sich in eine Liebschaft mit einem Freund, den sie von einem Studentenball her kannte und mit dem sie losen Kontakt gepflegt hatte.

Aus dem Blickwinkel ihres weiteren Lebens nahm sich diese Affäre derart unglaublich aus, dass in den ersten Biografien über Joseph Goebbels die wahre Identität des Liebhabers seiner späteren Gattin vertuscht wurde – man verbarg ihn unter dem Pseudonym eines »Studenten Hans«.

Der Hang zum Extremismus, der ihr Leben bestimmte, hatte Magda nämlich zu dem Zionisten Chaim Vitaly Arlosoroff geführt, dessen Schwester sie gut kannte. Curt Riess, einer der Biografen von Joseph Goebbels, hat ihn persönlich gekannt: »... Liaison Magdas mit einem Studenten, übrigens ein Jude, den ich – solche Zufälle gibt es – gekannt habe, denn er ging in meine Schule ...«[4]

Chaim Vitaly Arlosoroff (1899–1933) war von Geburt Russe, Sohn jüdischer Eltern und väterlicherseits Enkel eines Rabbiners. 1905 war die Familie vor einer Welle antisemitischer Pogrome nach Deutschland geflüchtet. In Berlin besuchte Chaim – gemeinsam mit Riess – das Werner-von-Siemens-Gymnasium. Nach dem Abitur studierte er Volkswirtschaft und Philosophie. Als überzeugter Anhänger der Lehren von Theodor Herzl und glühender Zionist ging er 1923 nach Palästina und widmete sich dort als enger Mitarbeiter des späteren Staatspräsidenten Weizmann dem Aufbau der Mapai-Partei.[5]

Spätere Reisen im Auftrag der zionistischen Weltorganisation führten ihn nach Berlin zurück, wo Chaim Vitaly seine flüchtige Bekanntschaft mit der nunmehrigen Magda Quandt erneuerte. Die gelangweilte Millionärsgattin entpuppte sich als interessierte Zuhörerin seiner Visionen eines Staates Israel. Bald resultierten die Gespräche über die Zukunft der

Juden in Palästina in einem heftigen Liebesverhältnis, das vermutlich Ende 1928 begann, mindestens bis zum Frühjahr 1932 andauerte und schließlich gewaltsam endete.

Der viel ältere Quandt hatte Magda wahrscheinlich nur auf Grund seiner Millionen und der damit verbundenen Stellung als Industriemagnat gereizt. In den jungen und fanatischen Arlosoroff mit der großen persönlichen Ausstrahlung war sie jedoch verliebt.

Die Journalistin Bella Fromm hat Überlegungen angestellt, welchen Verlauf das Leben Magdas – mit der sie gut bekannt war – ohne Goebbels möglicherweise genommen hätte. Sie sieht sie »... in einem Kibbuz in Palästina Wache stehen, Gewehr geschultert und eine Losung aus dem Alten Testament auf den Lippen«.[6]

Arlosoroff vertrat die außenpolitischen Interessen der jüdischen Kommune und stand an der Spitze der Delegation beim Zionistischen Weltkongress in London. Seine Ermordung in Tel Aviv im Juni 1933 – vermutlich von einem Anhänger der mit den Sozialdemokraten verfeindeten Revisionisten – machten ihn zu einer Identifikationsgestalt der Juden im damaligen Palästina. Er gilt als einer der Gründungsväter Israels.[7]

Für Magda bedeutete die Affäre mit Arlosoroff das abrupte Ende ihrer Ehe. Wutentbrannt setzte sie der betrogene Ehemann nach neunjährigem Zusammenleben auf die Straße, nachdem er ihr kaum Zeit zum Kofferpacken gelassen hatte. Das Personal jedoch wies er an, seine Frau an einer etwaigen Rückkehr ins Haus zu hindern. Magda zog zu ihrer Mutter und schmiedete Pläne. Ihre Lage war ungünstig, da sie auf Grund ihres Ehebruchs als schuldiger Teil galt.

Mittels einiger alter Liebesbriefe aus Günther Quandts

Jugend, die sie in einem Schreibtisch des Babelsberger Hauses entdeckt hatte, löste Magda schließlich das Problem von Unterhalt und Abfindung. Die Familie Quandt fürchtete einen Skandal und Günther Quandt zahlte anstandslos: 50 000 Mark für eine neue Wohnung, 4000 Mark monatliche Apanage, 20 000 Mark für etwaige Krankheitsfälle. Der Sohn Harald wurde der Mutter zugesprochen.

Magda Quandt, nunmehr wohlhabend und frei, mietete eine schöne 7-Zimmer-Wohnung in Berlin am Reichskanzlerplatz 2. Als Mr Hoover, der amerikanische Multimillionär und Bewunderer, von der Trennung der Ehepartner erfuhr, überquerte er den Atlantik, um der angebeteten Geschiedenen einen Heiratsantrag zu machen. Zu seinem großen Erstaunen wurde seine Werbung zurückgewiesen. Da Magda jedoch eine Vorliebe für melodramatische Szenen hatte, folgte ein Abend mit hitzigen Debatten in aufgewühlter Atmosphäre im Wannseer Golfclub. Auf der Rückfahrt nach Berlin ließ der erregte Hoover den Chauffeur schnell fahren. Das Auto überschlug sich und während der Amerikaner unverletzt dem Wrack entstieg, musste Magda mit einem Knochen- und zweifachem Schädelbruch in das Westend-Krankenhaus eingeliefert werden.

Der Wendepunkt in Magda Quandts Leben sollte früh kommen und radikal sein. Im Spätsommer 1930 schloss sich die Society-Lady, die sich bislang für Politik nicht hatte erwärmen können, aus Langeweile und Neugier jener aufgeregten Menge an, die zu tausenden in den Berliner Sportpalast strömte, um einer Parteiveranstaltung der NSDAP beizuwohnen. 15 000 Menschen fasste das Gebäude, in dem seit dem erfolgreichen Auftritt des Gauleiters von Berlin, Dr. Joseph Goebbels, im September

1928 häufig nationalsozialistische Kundgebungen stattfanden. Die Reichstagswahlen (September 1930), die der NSDAP in Berlin zum Durchbruch verhelfen sollten, standen vor der Tür. Die Stimmung war dementsprechend aufgeheizt.

Auch an diesem Abend hieß der Redner Dr. Goebbels. Unter dem frenetischen Jubel seiner Anhänger und durch ein Spalier von Braunhemden mit zum Hitlergruß gehobenen Armen, in schwarzer Lederjacke, Reithosen und hohen Stiefeln hinkte er zum Podium.

Der damals 33-jährige Dr. Joseph Goebbels war von kleiner Gestalt, mit schmächtigem Oberkörper und einem für den dünnen Körper zu großen Kopf. Er hatte schwarze Haare und braune Augen. Auf Grund einer Knochenmarksentzündung in der Kindheit hatte Goebbels einen Klumpfuß, der ihn zu einem schleifenden Gang zwang. Den verkümmerten Fuß musste er zeitlebens in einer orthopädischen Montur hinter sich herziehen. Sein Äußeres stand in krassem Widerspruch zu dem in seinen Reden postulierten Ideal eines großen, blonden und blauäugigen Germanenrecken, was ihm im Volksmund den Spottnamen »Schrumpfgermane« eintrug.

Doch der »Schrumpfgermane« war ein hochbegabter, gefürchteter Demagoge, der »auf der Straße Geschichte machte«.[8] Mit seiner ihm treu ergebenen kampfkräftigen Leibgarde inszenierte er Krawalle, Schießereien und Saalschlachten. Durch beispiellose Agitation und rohe Gewalt ist es Goebbels gelungen, innerhalb von drei Jahren die Stimmen der Berliner NSDAP von 100 auf 100000 zu erhöhen.[9] Nach Hitler galt Goebbels als die interessanteste Persönlichkeit der nationalsozialistischen Führung.

Der Mann, den Magda Quandt bald als ihren Gott bezeichnen sollte, war voll sentimentaler Schwärmerei, gleichzeitig jedoch zynisch, boshaft, rachsüchtig und unfähig zum Mitleid. Sein widersprüchlicher Charakter war facettenreich und vereinigte mühelos missionarisches Selbstbewusstsein, Minderwertigkeitskomplexe, Erlösungssehnsucht und Vernichtungswillen. Seine geschliffene Rhetorik wirkte mitreißend, seine Propagandaarbeit war genial.

Loyal war Goebbels nur Hitler gegenüber, den er abgöttisch verehrte. Auf viele wirkte er unheimlich, viele mieden ihn. Die Zeitgenossen bescheinigten Goebbels eine sowohl abstoßende als auch faszinierende Wirkung. Für Magda traf das Letztere zu. »Die nationalsozialistische Ideologie erfasste ihre Einbildungskraft wie nichts bisher, aber sie vermischte sich mit den Überresten der zionistischen Lehre, die ihr alter Freund Arlosoroff ihr eingeimpft hatte ...«, schrieb die Journalistin Bella Fromm in ihren Tagebüchern.

Die nationalsozialistische Berliner Szene voll Fanatismus, Brutalität und Hektik übte auf die kultivierte Magda die dumpfe Faszination einer Stierkampfarena aus. Hier war das »wirkliche Leben«, an dem es teilzunehmen galt. Und Magda stellte die Weichen für ihre Zukunft.

Unter dem Eindruck der Rede Goebbels' ließ sich Frau Quandt als Mitglied Nr. 297 442 in die NSDAP der Ortsgruppe Berlin-Westend einschreiben, wo man das Interesse dieser bekannten Dame der ersten Gesellschaft, die ein Zehntel ihres Einkommens der Partei spendete, geschmeichelt zur Kenntnis nahm. Man beriet sie auch im Hinblick auf Lektüre und Magda vertiefte sich daraufhin in Hitlers

»Mein Kampf« sowie Rosenbergs »Mythos des 20. Jahrhunderts«.

Bald wurde sie Leiterin der örtlichen NS-Frauenschaft. Der enge Kontakt mit den einfachen Leuten war jedoch nicht nach Magda Quandts Geschmack. Die Parteibasis sagte ihr nicht zu. Rasch erkannte sie, dass in diesem Metier ihre Fähigkeiten nicht gefragt waren. Magda kehrte den Nationalsozialisten jedoch nicht den Rücken, sondern versuchte es eine Stufe höher und meldete sich in der Hedemannstraße 10, dem damaligen Sitz der Parteileitung, zur freiwilligen Mitarbeit. Man teilte sie dem Sekretariat des stellvertretenden Gauleiters zu. Bald lernte sie Goebbels kennen und war am vorläufigen Ziel ihrer Wünsche angelangt.

Dieser schrieb am 7. November 1930 in sein Tagebuch: »Eine schöne Frau mit Namen Quandt macht mir ein neues Privatarchiv.«[10] Die sprachkundige Magda sammelte gewissenhaft alle in- und ausländischen Zeitungsberichte, die über Goebbels erschienen, und pflegte mit ihrem Chef viel versprechenden Gedankenaustausch. »Gestern nachmittag war die schöne Frau Quandt bei mir und hat mir beim Aussortieren geholfen ...«, lautet der Vermerk in Goebbels' Tagebuch, der alles – sein Gesellschaftsleben, die politischen Ereignisse, die Stationen seiner Karriere und seine zahlreichen Liebschaften – seinen Tagebüchern anvertraute.

Am 5. Dezember 1930 erlebte Magda Quandt ihren verehrten Chef in voller Aktion. Anlass dazu bot die viel beachtete Premiere des ergreifenden Antikriegsfilmes »Im Westen nichts Neues« nach dem Buch von Erich Maria Remarque, der das Tabu vom Heldentod brach und das sinnlose Sterben an der Front verurteilte. Stefan Zweig hat die Situation charakterisiert: »In Deutschland sind die Nationalisten am Verzweifeln. Das Buch von Remarque ... Auflage 600000 in zwölf Wochen, und es geht auf die Million zu – hat sie umgeworfen. Dieses schlichte und wahre Buch hat mehr ausgerichtet als alle pazifistische Propaganda in zehn Jahren ...« Remarque entlarvte das falsche Pathos der »Stahlgewitter«, gab es der Lächerlichkeit preis und wurde damit zum Todfeind der Nazis. »Nieder mit dem Sudelfilm«, schrieb Goebbels in der Zeitschrift »Angriff«. Dann bereitete er sich auf die Filmpremiere vor: Er kaufte Karten auf und sprengte – mittels Stinkbomben und weißen Mäusen – die Vorstellung und bedrohte die Zuschauer. Sechs Tage später wurde der Film »wegen Schädigung des deutschen Ansehens« vom Spielplan abgesetzt.

Vier Wochen später reiste Goebbels bereits in Begleitung Magda Quandts nach Weimar zu einer Parteiversammlung. Dort traf er auch seine erste große Liebe, die begeistert seiner mit antisemitischen Ausfällen gespickten Rede lauschte. Goebbels machte die Damen bekannt. Am 23. Januar schrieb er in sein Tagebuch: »Ich treffe Anka. Sie ist sehr traurig. Weg damit! Endlich! Endlich! Ich mag sie nicht mehr mit ihrer argen Disziplinlosigkeit ...« Anka Stahlherm kannte er seit Beginn seines Germanistikstudiums im Jahre 1918. Damals war er ihr, getreulich wie ein Schatten, von Universität zu Universität gefolgt. Nur um Anka nahe sein zu können, hat er große Entbehrungen auf sich genommen und seine Studien an fünf verschiedenen Hochschulen absolviert. Er schrieb ihr verliebt sentimentale Gedichte und ertrug klaglos ihre Launen. Anka wiederum nahm den Judenhass von Goebbels als unvermeidlichen Bestandteil seiner Rhetorik gelassen hin. Nach einem Zerwürfnis heiratete Anka schließlich doch einen anderen, man blieb herzlich befreundet und als sich das Paar scheiden ließ, hat Goebbels ihr dabei geholfen. »Und ich fühle, wie sehr ich diese Frau geliebt habe und noch liebe!«, vertraute er 1928 seinem Tagebuch an. Erst 1933, als Goebbels bereits Propagandaminister war, ging er etwas auf Distanz.[11]

Sinneswandel und Widersprüchlichkeit menschlichen Verhaltens zeigen sich in den Beziehungen sowohl der Magda Quandt als auch des Joseph Goebbels zum Judentum, in deren beider Leben Juden eine einschneidende Rolle gespielt haben. Beide hatten Partner jüdischer Herkunft. Als sie einander 1930 kennen lernten, bewunderte Magda Quandt Chaim Arlosoroff und war voll zionistischer Ideen. Joseph Goebbels traf noch immer Else Janke, die eine jüdische Mutter hatte und mit der er verlobt war. Elisabeth Maria Janke wurde 1897 in Duisburg geboren. Zwischen 1919–1933 wirkte sie als Handarbeitslehrerin an der Volksschule in Rheydt, wo sie auch Goebbels traf. Während seiner Arbeitslosigkeit ließ sie ihm aufopfernde Hilfe zuteil werden. Sie schenkte ihm auch ein Tagebuch, damit er sich »seine Bitterkeit vom Herzen schreiben kann«.

1932 fasste Goebbels seine Ideen in dem Aufsatz »Die Juden sind schuld!« zusammen und setzte für seine demagogische Hetze gegen das Judentum eine enorme Propagandamaschinerie in Bewegung. Bis 1933 lud er Else noch immer gelegentlich zum Tee, fand dabei aber, dass »diese Judenpest ausradiert werden müsse!«, wie er am 6. November im Tagebuch notierte. Magda wiederum hieß dies alles als »Teil der nationalsozialistischen Lehre« gut. Am 1. Februar 1931 trat Goebbels' Verhältnis zur Archivarin in eine neue Phase: »Gestern nachmittag war Frau Quandt zum Arbeiten da. Sie ist in der Tat eine fabelhafte Frau und ich wünschte schon, dass sie mich liebte.« Am 15. Februar 1931 war es dann so weit: »Abends kommt Magda Quandt. Und bleibt sehr lange. Und blüht auf in einer berückenden blonden Süßigkeit. Wie bist du meine Königin?«

Goebbels hat seine Liebesabenteuer buchhalterisch vermerkt und durchnummeriert. So bezifferte er dieses erste intime Zusammensein mit Magda Quandt mit (1), um sich dann Trivialem zuzuwenden. »... mit Onak durch den Zoo. Die scheußlichen Affen! Welch ein Weg von diesem Urvieh zum nordischen Menschen!«[12] Am 10. März erfolgt dann die Eintragung: »... spät geht sie (Magda) heim (2. 3.).« Schon fünf Tage später dachte der Frauenheld an Monogamie: »Ich werde nun die Frauengeschichten lassen und mich einer Einzigen ganz zuwenden ... sie hat einen klugen, aufs Reale eingestellten Lebenssinn und dabei ein großzügiges Denken und Handeln. Noch etwas Erziehung an mir und ihr und wir passen fabelhaft zusammen (4. 5.).« Am 26. März 1931 schrieb er: »Liebe, Krach, Liebe (8. 9.).«

Am 2. April 1931, als die SA gegen Goebbels rebellierte, ihn zu stürzen versuchte und die Berliner Gaugeschäftsstelle besetzte, fuhr Goebbels eilends und hilfesuchend zu Hitler nach München. Magda folgte nach. »Sie ist von Berlin gekommen und wartet auf mich im Hotel. Sie ist ganz erschüttert. Gut so! Sie steht treu und fest bei mir.« – Goebbels hatte seine kongeniale Mitstreiterin gefunden.

Magda jedoch zögerte noch lange, ob sie ihr gleichzeitiges intimes Verhältnis mit Arlosoroff aufgeben sollte. Weit davon entfernt, ihre Überlegungen vor Goebbels geheim zu halten, gab sie wohldosierte Einblicke in ihre Vergangenheit zum Besten und stachelte seine Eifersucht an. Auch die Identität seines Nebenbuhlers dürfte Goebbels, der als Gauleiter von Berlin über effiziente Möglichkeiten zur Beschattung von Personen verfügte, nicht verborgen geblieben sein. Am 12. April nahmen die Ereignisse eine dramatische Wendung. Goebbels schrieb: »Ich rufe heute morgen [an]. Nicht da. Dann endlich ruft sie: Der Mann, den sie vor mir liebte, hat sie mit der Kugel schwer verletzt, in ihrer Wohnung. Nun ist sie ganz dahin. Ich höre an ihrer Stimme, dass ich sie verlieren werde ...«

Diese pathetischen Zeilen charakterisieren zwar den schwülstig-emotionalen Ton, in dem die Liebenden miteinander verkehrten, entsprechen jedoch nicht der Wahrheit. Tatsächlich hatte Arlosoroff seine abtrünnige Geliebte aufgesucht, eine Erklärung verlangt und während des anschließenden heftigen Streits einen Schuss abgefeuert. Die Kugel blieb jedoch in einem Türstock stecken. Verletzt wurde niemand. Damit endete Magdas zionistisches Abenteuer, das noch lange Stoff für ein wohlkalkuliertes, prickelndes Melodram mit Streit und stürmischer Versöhnung geben sollte.

»Mit Magda kleiner Krach. Sie ist etwas herzlos, wenn sie von ihrer Vergangenheit erzählt. Sie hat damit noch nicht ganz gebrochen ...«, schrieb Goebbels am 23. Juli 1931. Und am 26. Juli: »Magda ist von bestrickender Wildheit. Sie liebt, wie nur eine große Frau lieben kann ...« Tags darauf bekannte er: »Mein Vertrauen zu ihr ist erschüttert. Sie hat zu viel geliebt und mir immer nur bruchstückweise davon erzählt. Und nun liege ich bis an den frühen Morgen und werde von der Peitsche der Eifersucht geschlagen ...«

Goebbels war in Magda verliebt, schätzte jedoch auch seine Freiheit – »der Eros spricht zu stark in mir«. Es kann daher angenommen werden, dass auch diese Affäre wie alle anderen davor nach einiger Zeit ausgeklungen wäre. Hitlers Eingreifen verhinderte dies.

Die prickelnde Situation, mit zwei Männern gleichzeitig liiert zu sein, hat auf Magda stets einen großen Reiz ausgeübt und derartige »doppelte Partnerschaften« ziehen sich wie ein roter Faden durch ihr Leben. Nach dem Verhältnis Quandt–Arlosoroff kam Arlosoroff–Goebbels, gefolgt von Goebbels–Hitler, wobei letztere Beziehung teilweise platonisch bleiben musste. Eine Zeit lang hat es auch Hanke–Goebbels–Hitler gegeben! Über die Rolle Hitlers im Leben Magdas geben jene Memoiren von Otto Wagener – er zählte zwischen 1929 und 1933 zum persönlichen Stab Hitlers – Auskunft, die er in englischer Kriegsgefangenschaft emsig mit blauer Tinte in 36 Schulhefte geschrieben hat.[13] Wagener zufolge kam Hitler schon bald zu der Überzeugung, dass Magda Quandt der NSDAP nützen könne. Von ihrem Auftreten an der Seite Goebbels' versprach er sich einen Prestigegewinn für die Partei. Die Manipulation von Joseph Goebbels war für Hitler stets ein Kinderspiel. Und auch die enthusiastische Kooperation der Magda Quandt erreichte er mit großem psychologischem Raffinement durch einen einfachen Trick. So hat er Dr. Wagener unter vier Augen mitgeteilt: »Diese Frau könnte in meinem Leben eine große Rolle spielen, auch ohne dass ich mit ihr verheiratet wäre. Sie könnte bei meiner Arbeit der Gegenpol gegen meine einseitig männlichen Instinkte spielen ... schade, dass sie nicht verheiratet ist.«[14] Wagener hat die vertraulichen Äußerungen seines »Führers« ebenso vertraulich an Magda weitergegeben.

In Frau Quandt entfesselte diese gezielte Indiskretion einen Sturm an Emotionen. Sie interpretierte die Botschaft Hitlers als Zeichen der uneingestandenen Liebe des »Führers« zu ihr, den die Politik an der offenen Deklaration seiner Gefühle hindere. Den Auftrag Hitlers jedoch nahm sie begeistert an und stellte ihr Leben – durch Goebbels als Mittelsmann – dem »Führer« zur Verfügung. Wenig später erfuhren die Parteigenossen, dass sich der Gauleiter verlobt hatte.

Magdas glühender, unkritischer Enthusiasmus für den Nationalsozialismus und ihr Hitlerkult sollten sogar den ihres Verlobten in den Schatten stellen. Dies besagt viel, denn Goebbels hatte bereits 1926 geschrieben: »Adolf Hitler, ich liebe dich, weil du groß und einfach zugleich bist ... ich beuge mich dem Größeren, dem politischen Genie ...!«

Der Wetteifer um die Nähe und Gunst des Idols war auch das Band, das Magda und Goebbels zusammenhielt. Jeder war Hitler auf seine Weise hörig. Und am bitteren Ende ging Magda eher für Hitler als für Goebbels in den Tod. Damals aber hatte Goebbels mit Freude in Magda ein geeignetes Medium zur Stärkung der eigenen Position beim »Führer« erkannt. Dr. Joseph Goebbels und Magda Quandt heirateten am 19. Dezember 1931. Dr. Wagener gewann dabei den Eindruck, dass drei Menschen glücklich wurden. Die Hochzeit fand auf dem Quandtschen Gut Severin statt. Niemand hielt es für notwendig, den abwesenden Besitzer zu informieren. Der nationalsozialistische Verwalter (Walter Granzow) organisierte das Fest, Hitler war Trauzeuge und der elfjährige Harald Quandt wohnte

Dr. Joseph Goebbels und Magda Quandt heiraten im Dezember 1931 (rechts: Harald, Magda Quandts Sohn aus erster Ehe, dahinter Adolf Hitler)

der Zeremonie in der Uniform der Hitlerjugend bei. Kurz danach wurde der Katholik Goebbels wegen seiner Heirat mit einer Protestantin ohne Dispens aus der katholischen Kirche ausgeschlossen. Den ebenfalls katholischen Trauzeugen Hitler hat man nur verwarnt.[15]

Die Schauspielerin und Regisseurin Leni Riefenstahl behauptet in ihren ein halbes Jahrhundert später entstandenen Memoiren, dass Magda Goebbels sie ganz vertraulich über ihre Eheschließung aufgeklärt hätte. »Da erhielt ich zu meiner Überraschung eine Einladung für einen Sonntagsausflug nach Heiligendamm ... Im ersten Wagen saß Hitler mit Goebbels, dem Fotografen Heinrich Hoffmann und Brückner [Adjutant Hitlers]. Im zweiten Frau Goebbels und ich. Nach dem Austausch von Trivialitäten erzählte Magda: ›Ich liebe auch meinen Gatten, aber meine Liebe zu Hitler ist stärker, für ihn wäre ich bereit, mein Leben zu lassen ... Erst als mir klar war, dass Hitler, außer Geli, seiner Nichte, deren Tod er nie überwinden wird, keine Frau mehr lieben kann, sondern, wie er immer sagt, nur Deutschland, habe ich in die Ehe mit Dr. Goebbels eingewilligt, weil ich nun dem Führer nahe sein kann.‹« Riefenstahl lässt Magda Goebbels sagen, dass sie sich für Hitler von Quandt habe scheiden lassen.[16]

Durch die neuerliche Eheschließung verlor Magda sowohl die Erziehungsberechtigung für den Sohn Harald als auch die großzügige Apanage. Harald übersiedelte zu seinem Vater, besuchte seine Mutter jedoch täglich, freundete sich rasch mit Goebbels an und war bald voll in die neue Familie seiner Mutter integriert. Auch der Wegfall der monatlichen Unterhaltszahlungen konnte leicht verschmerzt werden, da Hitler das Gehalt von Goebbels verdoppelte.

Schwer wog hingegen der Bruch mit den engsten Verwandten. Magdas jüdischer Stiefvater war zutiefst enttäuscht, lehnte jeden weiteren Kontakt ab und hat nie mehr mit seiner Adoptivtochter gesprochen. Auch der Vater äußerte sein Missfallen an dem Schwiegersohn und trennte sich im Streit, nachdem er von Goebbels einen groben Brief erhalten hatte. Nur die Mutter harrte an der Seite ihrer Tochter aus, obwohl Goebbels sie zwang, den Namen Friedländer abzulegen und ihren Mädchennamen Behrend zu führen. Sie wohnte im goebbelschen Haushalt und unterstützte Magda bei der Erziehung der rasch wachsenden Kinderschar.

Im Frühjahr 1932 gab Joseph Goebbels sein Junggesellendomizil in Steglitz auf und zog in Magdas großbürgerliche Wohnung am Reichskanzlerplatz, die zum privaten

Hauptquartier für Hitler wurde. So fanden die internen Besprechungen der Partei im Salon der Magda Goebbels statt. Nichts war der unermüdlichen und charmanten, dabei fast ständig schwangeren Gastgeberin zu viel. Sie kochte dem »Führer« seine vegetarischen Speisen und öffnete ihr Heim für Göring, Röhm, Himmler und andere Parteigrößen.

»Seit der Vergiftung Röhms [durch Speisen des Berliner Hotels Kaiserhof] war Hitler überzeugt, dass das Personal des Hotels mit Kommunisten durchsetzt war, und sofort hatte sich Magda Goebbels durch die Zubereitung kleiner, vegetarischer Speisen beliebt gemacht, die in Wärmebehältern bereits frühmorgens ins Hotel geschickt wurden ...«, schreibt der Auslandspressechef Hanfstaengl in seinen Erinnerungen.[17]

Er berichtet auch, wie die Goebbels Hitler hofierten: »Gewöhnlich wurde ich als ›Spielmann‹ [Hanfstaengl war ein ausgezeichneter Pianist] mitgenommen. Goebbels war eifersüchtig und ließ Tonaufnahmen von Hitlers Reden machen und zum Empfang abspielen ...« Hanfstaengl wurde auch Zeuge der »fortgesetzten Anstrengungen des Ehepaares Goebbels, dem Führer weibliche Gesellschaft zuzuführen«. Hitler besaß zwar im feudalen »Kaiserhof«, wo zu Bismarcks Zeiten der preußische Landadel den Winter verbrachte, ein luxuriöses Appartement, kam jedoch fast täglich in die goebbelsche Wohnung. Er brachte Freunde mit und dehnte als Abendmensch seine Besuche regelmäßig bis zum Morgengrauen aus. Auch das Wochenendhaus der Goebbels in Caputh am Schwielowsee frequentierte Hitler oft. »In Caputh – Magda freut sich – Hitler blieb bis Mitternacht ...«, schrieb Goebbels am 20. Juni 1932 ins Tagebuch.

Es besteht kein Zweifel, dass Magda die fieberhafte Hektik der »Kampfzeit« – wie die Nazis die Zeit vor der Machtergreifung nannten – an der Seite ihres Mannes überaus genoss. Sie reiste mit ihm von einer Stadt zur anderen, war Zeugin seiner Parteiversammlungen und berauschte sich an der spannungsgeladenen, gewalttätigen Atmosphäre, die in den überfüllten Sälen herrschte, wenn Goebbels sein demagogisches Redetalent – in eigenartig gekünstelter Sprache mit Betonung der Endsilben – entfaltete. »Gelsenkirchen vor 15 000 [Anhängern], Essen vor 15 000, Dortmund vor 30 000«, notierte sich Goebbels.

Anfang August lud der »Führer« das Ehepaar nach Bayern ein. »Fahrt von Berlin nach Tegernsee – Frau Hanfstaengl, Harald. Magda [hochschwanger] übergibt sich die ganze Nacht ...«, schrieb Goebbels ins Tagebuch. Trotzdem war Magda überglücklich, denn man fühlte sich »an den Toren der Macht« und diskutierte mit Hitler auf dem Obersalzberg nächtelang die »Probleme der Machtergreifung«, wobei das Ehepaar hauptsächlich an der Verteilung der Posten interessiert war. Goebbels sah sich bereits als preußischer Kultus- und Reichserziehungsminister.

1932 herrschte in Deutschland noch Pressefreiheit. Goebbels nützte dies weidlich für seine Hetzartikel aus, war aber äußerst empfindlich, wenn er selbst oder seine Frau angegriffen wurde. Er reagierte dann mit vielfach bewährten Nazi-Methoden: »Ein Redakteur ... hat in einem Boulevardblatt auf das infamste die Ehre meiner Frau angegriffen. Ein SS-Mann lässt sich bei ihm melden und verprügelt ihn so lange mit der Reitpeitsche, bis er blutüberströmt zu Boden sinkt; dann legt er seine Visitenkarte auf den Tisch und verlässt, von keinem der anwesenden

Presserептile daran gehindert, die Redaktion ...«, schilderte Goebbels den Vorfall.

Am 1. September 1932, zehn Monate nach der Hochzeit, kam Tochter Helga, das erste Kind des Paares, zur Welt.

Am 23. Dezember 1932 erlitt Magda eine Fehlgeburt und wurde in die Klinik ihres Frauenarztes Professor Dr. Stoeckel – der sie als überaus sympathische Patientin schätzte – eingeliefert. Goebbels und Sohn Harald aus Magdas erster Ehe besuchten die Patientin täglich und veranstalteten eine kleine Weihnachtsfeier im Krankenhaus. Hitler schickte ein Telegramm mit Genesungswünschen. Am 29. Dezember reiste Goebbels nach Berchtesgaden, Magda sollte zur obligaten Silvesterfeier auf dem Obersalzberg nachkommen. Als sich ihr Zustand rapide verschlechterte, kehrte Goebbels am Neujahrstag 1933 nach Berlin zurück: »O du Himmel, ich bitte dich, lass sie mir. Ich bin gar nichts mehr ohne sie ...«, schrieb er in sein Tagebuch.

Magda schwebte noch lange in Todesgefahr. Ihr Mann jedoch stürzte sich nach eigenen Angaben in die Arbeit, »um Vergessen zu suchen«, und entwickelte dabei für die bevorstehende Landtagswahl in Lippe, dem kleinsten Land des Deutschen Reichs, eine einfache, aber wirkungsvolle Strategie. Während die anderen Parteien dem lokalen Urnengang wenig Bedeutung schenkten, setzte die NSDAP ihre ganze Kraft ein. Goebbels schickte Kolonnen von Parteipropagandisten, um die Bevölkerung zu gewinnen. Bei den Wahlen am 15. Januar 1933 erreichte die NSDAP dann fast 40 Prozent aller Stimmen. Die Nationalsozialisten feierten dies als »Wunder von Lippe« und lenkten damit von den Verlusten der vorangegangenen Reichstagswahlen ab.

Magda Goebbels wurde am 1. Februar 1933 aus der Klinik entlassen. Am Tag davor ist Hitler zum Reichskanzler ernannt worden – Grund genug für ein Fest in kleinem Kreis. »Mit Epp, Esser, Amann, Frau Raubal. Hanfstaengl spielt ...«, notierte sich Goebbels. Hitler verlas um 10 Uhr seine Proklamation an die Bevölkerung, und »Dann ist er bei uns«, gab sich Goebbels enthusiastisch.

Als Gattin des Gau- und Propagandaleiters von Berlin entwickelte Magda Goebbels unerhörten politischen Ehrgeiz und es schmerzte sie daher sehr, dass im ersten Kabinett Hitlers kein Posten für ihren Mann vorgesehen war. »Magda ist sehr unglücklich. Weil ich nicht vorankomme. Man übergeht mich ... Magda weint noch immer«, schrieb Goebbels am 3. Februar in sein Tagebuch. Als er jedoch anlässlich der Reichstagswahl im März 1933 ein Meisterstück politischer Agitation lieferte, belohnte ihn Hitler und schuf speziell für Goebbels das Ministerium für Volksaufklärung und Propaganda. Überglücklich erklärte der neue Minister, dass er von nun an, da die Erziehung des deutschen Volkes in seine Hände gelegt worden sei, »die Menschen bearbeiten würde, bis sie dem Nationalsozialismus verfallen seien«.[18]

Für sich und seine Familie adoptierte Goebbels das von Karl Friedrich Schinkel am Wilhelmsplatz erbaute und inmitten eines herrlichen Parks gelegene »Leopolds-Palais«, wo er, da »große Repräsentationspflichten seiner harrten«, Umbauten in der Höhe von 3,2 Millionen Reichsmark vornahm. Die Innenausstattung kam größtenteils aus Museen und staatlichen Beständen. Das Arbeitszimmer war ganz in Rot gehalten. Die Hausfrau jedoch erhielt Kristall, Porzellan, Silber, Gläser und Wäsche für mehrere hundert Personen. Der Staat zahlte alles.

Das jugoslawische Prinzregentenpaar zu Gast im Hause Goebbels

Magda bekam in ihrer Ehe mit Goebbels sechs Kinder. Helga im September 1932, Hilde im April 1934, Helmuth im Oktober 1935, Holde im Februar 1937, Hedda im Mai 1938 und Heide im Oktober 1940. Außerdem hatte sie zwei Fehlgeburten. Alle ihre Kinder waren hübsch und gescheit, bis auf Helmut, der schwerfällig wirkte und in der Schule Lernschwierigkeiten hatte. Dass die Namen aller Kinder mit H begannen, ging auf eine Marotte der Mutter zurück. So hieß auch der Sohn aus der Ehe mit Quandt Harald. Magda hatte demnach sieben Kinder. Dazu kamen drei dokumentierte Fehlgeburten und mehrere zusätzliche, die nur vermutet werden – in 19 Jahren also mindestens zehn Schwangerschaften und sieben Geburten.

Für die große Kinderschar, die sie »dem Führer schenkte«, wurde Magda Goebbels 1938 zur ersten Trägerin des

»Ehrenkreuzes der Deutschen Mutter« auserkoren. Diese von Adolf Hitler gestiftete Auszeichnung fiel durch ihre Ähnlichkeit zu militärischen Orden auf. Voraussetzung für die Verleihung waren neben der entsprechenden Anzahl lebend geborener Kinder (4 für Bronze, 6 für Silber, 8 für Gold) die Erfüllung rassischer, politischer und gesundheitlicher Kriterien. Die Mütter hatten »deutschblütig, erbgesund und würdig« zu sein.[19]

Ganz im Sinne des Nationalsozialismus erfüllte Magda ihre Frauenposition, als Mutter an der Seite des Mannes »im Hause zu wirken«. Nur am ersten Muttertag der Diktatur, dem 14. Mai 1933, trat sie an die Öffentlichkeit und hielt eine Rede mit dem Thema: »Die deutsche Mutter«. »Heute spricht Magda im Radio ...«, notierte sich ihr Mann stolz. Danach wurde die »ideale Frau Deutschlands« von einer Journalistin der englischen Zeitung »Daily Mail« aufgesucht, um von ihr Näheres über den Status der Frauen im Nationalsozialismus zu erfahren. Frau Goebbels erklärte, dass die in England verbreiteten Berichte über die Verdrängung der Frauen aus ihren Berufen sehr übertrieben seien. Nur aus drei Berufen sei die deutsche Frau jetzt ausgeschlossen: dem militärischen – wie auf der ganzen Welt –, aus der Regierung und der Rechtspflege. Stehe das deutsche Mädchen vor der Wahl zwischen Heirat und Beruf, dann werde sie stets zur Heirat ermutigt werden, da dies zweifelsfrei das Beste für eine Frau sei. »Ich versuche«, so schloss Frau Goebbels das Interview in unerwarteter Weise, »die deutsche Frau schöner zu machen!«[20]

Magda selbst, gepflegt, elegant und geschminkt, in kleidsamen Hüten und bester Garderobe, ging mit gutem Beispiel voran. Es gelang ihr jedoch kaum, an der groben Kontur des nationalsozialistischen Frauenideals Korrekturen anzubringen. Mitte 1933 interessierte sich Magda Goebbels für das »Modeamt«, dessen Leitung sie übernehmen wollte. Ihr Mann jedoch war strikt dagegen. Am 20. Juli 1933 kam es deswegen zwischen dem Ehepaar zum Krach. Tags darauf weigerte sich Frau Goebbels, an der Fahrt nach Bayreuth zu einer Aufführung von Wagners »Meistersingern« teilzunehmen. »Ich fahre allein ... Wenn Magda sich nicht ändert, muss ich Konsequenzen ziehen ...«, schrieb ihr Mann wütend am nächsten Tag. Da griff der »Führer« ein. »Gestern: bei Hitler zu Mittag. Er ist entsetzt, dass Magda nicht mit ist. Ich erzähle ihm alles. Er lässt Magda in Berlin gleich mit dem Flugzeug holen. Sie will schon gerne ... Nach dem 1. Akt [der Meistersinger] kommt Magda an. Strahlend vor Schönheit ... sehr gedrückte Stimmung ... in der Nacht noch Kaffee. Er [Hitler] stiftet Frieden zwischen Magda und mir. Er ist ein wahrer Freund.«

Das Zusammenleben der Goebbels verlief anfangs recht gut. »Magda rief ›Engelchen‹ und herein kam der leibhaftige Teufel«, bemerkte Ernst Hanfstaengl, der zu Besuch war, sarkastisch. Nach Hanfstaengls Schilderung bekam Magda später die Komplexe ihres Mannes zu spüren. »Nach einer privaten Filmvorführung in seinem Hause rutschte Goebbels aus und wäre fast gestürzt. Magda konnte ihn gerade noch festhalten. Nach dem ersten Schrecken packte er sie am Nacken, zwang sie nieder und zischte mit einem Wahnsinnslachen: ›Das hätte dir ja gepasst, als meine Retterin dazustehen.‹«[21] Mit der Konsolidierung seiner Machtfülle als Propagandaminister wurde auch der private Lebensstil der Familie Goebbels recht feudal. 1936 übersiedelte man in eine prächtige Backsteinvilla aus enteignetem jüdischem Besitz auf der Wannseehalbinsel Schwanenwerder.[22] Von der Kaufsumme in der Höhe von 350 000 RM wurden 80 000 vom NS-Verleger Max Amann als Vorschuss auf die posthume Veröffentlichung von Goebbels' Tagebüchern, an denen dieser mit zunehmender Intensität schrieb, aufgebracht. 100 000 RM steuerte Magda Goebbels aus der Abfindungssumme bei, die sie von Quandt erhalten hatte, 70 000 RM gab Hitler für »die jahrelange Gastfreundschaft im Hause Goebbels« und 100 000 RM wurden als Hypothek aufgenommen. Später vergrößerte der Minister seinen Besitz, indem er einen weiteren jüdischen Nachbarn zum Verkauf zwang. Dort errichtete er sich seine »Burg«, die außer ihm niemand, auch Magda nicht, betreten durfte. Hier arbeitete er und hier hielt er auch seine Schäferstündchen ab. Sportwagen von Mercedes, Motorboote und eine Segeljacht entschädigten den Minister und seine Familie für die »vielen Dinge, auf die sie verzichten mussten«. »Kann in kein Restaurant, keine Bar, kein Varieté, kann nicht spazieren gehen und kann mich nicht meiner Familie widmen ...«, beklagte sich der Minister. Fand Goebbels jedoch Zeit, dann las er Magda und den Kindern gerne vor.

»Mit fremden Federn« hieß seine Lieblingslektüre, aus der er Anregungen bezog und die er fast auswendig lernte, da er sich mit Robert Neumanns satirischem Stil und ätzender Schärfe seelenverwandt fühlte. Dies hinderte den Propagandaminister jedoch keineswegs, die Werke des österreichischen Schriftstellers jüdischer Abstammung, der 1934 nach England emigrierte, auf den Index verbotener Bücher zu setzen und sie öffentlich verbrennen zu lassen.

1936 empfingen Magda und Joseph Goebbels anlässlich der Olympischen Spiele in Berlin über 3000 Gäste auf der

Pfaueninsel in der Havel. Der fantastische Ball war ein großer gesellschaftlicher Erfolg, dessen Eleganz und Vornehmheit nur von den Trinkexzessen der Parteigenossen aus der »Kampfzeit« gestört wurde.

Als Landhaus besaßen die Goebbels ein »schlichtes Blockhaus an einem stillen See« – das Schlossgut Lanke am Bogensee, einen altpreußischen Adelsbesitz aus dem Besitz der Kohlenindustriellen Friedländer-Fuld, entfernten Verwandten von Magdas Stiefvater. Die Stadt Berlin hatte den arisierten Besitz zu einem günstigen Preis erworben und dann auf sanften Druck hin dem Gauleiter und Ehrenbürger Dr. Goebbels geschenkt. Die Ausgestaltung des Landsitzes zu einem Anwesen mit fünf Gebäuden begann mit 500 000 RM, die Goebbels selbst aufbringen konnte. Schließlich kostete der Umbau jedoch über zwei Millionen und da der Bauherr auch Chef der verstaatlichten Filmindustrie war, bezahlte die UFA dafür, ebenso wie für die jährlichen Betriebskosten in der Höhe von 80 000 RM. Allein das Haupthaus hatte 21 Zimmer mit einem Saal für private Filmvorführungen – ganz wie auf dem Berghof des verehrten »Führers« –, eine moderne Klimaanlage, Heißluftheizung, zahlreiche Bäder und, ebenfalls wie in Hitlers Privatdomizil, elektrisch versenkbare Fenster.

Geburtstage wurden im Hause Goebbels stets mit großem Pomp gefeiert. Als Magda 35 Jahre alt geworden war, schrieb ihr Mann: »Magda reich zum Geburtstag beschenkt. Sie ist so wandelbar. Manchmal gut, manchmal böse ... Abends große Gesellschaft ... der Führer ist da.« Auch zum 39. Geburtstag ihres Mannes inszenierte Magda Goebbels ein großes Fest: »Mit Magda und den Kindern gefeiert. Das ist so nett und herzlich. Die Kinder sagen Gedichte auf. Dann

Foto: Ullstein

Die Familie Goebbels. Rechts Harald Quandt, Magdas Sohn aus erster Ehe

läuft ein Film von ihnen, allerliebst, ganz wie sie sind. Wir freuen uns alle sehr ... immer neue Gäste... Und dann kommt der Führer. Er ist ganz gerührt ... und dann redet er ganz lieb und vertraut mit mir ... zu Hause Essen ... Berge von Briefen, Blumen, und Geschenken ... und dann heraus zum Bogensee ... ich bin so gespannt [Magda ließ Umbauten vornehmen] ... das Haus ist wunderbar geworden ...«, schrieb Goebbels gerührt am 30. Oktober 1936 ins Tagebuch.

Vor allem jedoch genoss Magda Goebbels die Repräsentation an der Seite Hitlers. »Der Führer und Reichskanzler lässt bitten«, stand auf den Einladungen zu Empfängen und Diners, die in der von Albert Speer errichteten Neuen Berliner Reichskanzlei stattfanden. Magda Goebbels, die sich mit Emmy Göring die Rolle als Erste Dame des Dritten Reichs teilte, übte die Pflichten einer Hausherrin und Gastgeberin voll Begeisterung aus. Sie glänzte durch Gewandtheit und Eleganz an dem damaligen »premiere cour du monde«, wie der französische Botschafter François Poncet die Residenz des Diktators vor Ausbruch des Zweiten Weltkriegs nannte. Auch bei den kleinen Teeempfängen, die Hitler für ausgewählte Schauspieler und Künstler gab, war Magda Goebbels stets anwesend. Nur im Herbst 1935 vermisste man sie eine Zeit lang, da sie der »Führer« wegen ihrer hämischen Kritik an Eva Braun vorübergehend aus seiner Umgebung verbannt hatte.

Minister Goebbels ließ sein berufliches Engagement keinesfalls an der eigenen Haustür enden, vielmehr nutzte er häufig die private Sphäre als Propagandakulisse. So spielten das Ehepaar Goebbels und ihre wohlgeratenen Kinder den Deutschen das Leben einer Musterfamilie vor. »Onkel Führer« spielte mit und die illustrierten Blätter druckten rührende Bilder von Hitler als Kinderfreund. Doch die Idylle trog. Als Chef der 1933 gegründeten Reichskulturkammer beherrschte Goebbels das gesamte deutsche Kulturleben. Er dirigierte Theater, Film, Rundfunk und Presse, schuf und zerstörte Karrieren. Als »Bock von Babelsberg« nutzte er seine Stellung weidlich für amouröse Abenteuer aus.

Magda wusste alles und tolerierte viel – bis ihr Mann 1936 Lida Baarova kennen lernte und sich leidenschaftlich in sie verliebte. »Nachmittag größere Gesellschaft zum Tee: Ello [Quandt, die ein ständiger Gast war], Baarova, Fröhlich [Baarovas Verlobter] ...«, lautete die harmlose Eintragung in Goebbels' Tagebuch am 30. November 1936 und »Stunde der Versuchung« hieß der beziehungsreiche Film, durch den Goebbels auf die tschechische Schauspielerin aufmerksam wurde. Die erfolgreiche Schauspielerin Lida Baarova (eigentlich Ludmilla Babková) stammte aus Prag. Nach Deutschland war sie gekommen, um beim Film Karriere zu machen. Bald stand sie bei der UFA unter Vertrag. Schon ihr erster Film mit Gustav Fröhlich, »Barcarde«, wurde ein Erfolg. Sie verlobte sich mit Fröhlich und lebte mit ihm in einer Villa auf der Halbinsel Schwanenwerder ganz in der Nähe des Propagandaministers. Dieser umwarb sie mit allen ihm zur Verfügung stehenden Mitteln. Baarova erinnerte sich: »Goebbels begann um mich zu werben. Ich wollte anfangs nicht, doch er war so einfühlsam und einfallsreich. Ich erinnere mich an eine Reise in meine Heimatstadt Prag. Der Zug fuhr an, stoppte dann plötzlich. Ins Abteil stürmte ein Adjutant Goebbels' und übergab mir in dessen Namen einen Strauß roter Rosen.« Die Zweiundzwanzigjährige trennte sich von ihrem Verlobten und liierte sich mit dem mächtigen Minister. Im Vertrauen auf seine Stellung hielt Goebbels die Affäre keinesfalls geheim und sonnte sich mit Lida ungeniert im Rampenlicht. Damals sang der Kabarettist Werner Finck in der »Katakombe« sarkastisch: »Wer möchte nicht mal FRÖHLICH sein?«

1937 lehnte Baarova wegen Goebbels ein Angebot von Metro-Goldwyn-Mayer nach Hollywood ab – ein Fehler, den sie zeit ihres Lebens bereuen sollte. Goebbels versuchte eine Dreierbeziehung zu arrangieren, doch seine Frau, über die er jammerte: »Sie ist so hart, so böse«, drohte mit Scheidung.

Die Kompromisslosigkeit von Magda Goebbels beruhte auf der überlegenen Position, in der sie sich wähnte. Sie war nämlich eine Liebesaffäre mit Karl Hanke, dem Staatssekretär von Goebbels, eingegangen. In ihm hatte sie einen willigen Verbündeten gefunden, der nicht nur vehement für sie eintrat, sondern auch mittels gehorteter Dokumente grimmig entschlossen war, seinen Chef um Amt, Frau und Freundin zu bringen.[23] So konnte sich Magda in der Rolle der betrogenen und entrüsteten Ehefrau, versehen mit Beweismaterial – kopierten Liebesbriefen und einer Liste von Goebbels-Freundinnen –, am 20. Oktober 1938 recht spektakulär zu ihrem »Führer« auf den Berghof flüchten. Sie verkalkulierte sich jedoch. Ihr Erpressungsversuch, ähnlich dem, der einst bei Günther Quandt so gute Resultate gebracht hatte, blieb im NS-Milieu vollkommen wirkungslos.

Hitler tobte. Im Allgemeinen hat ihn der lockere Lebenswandel seiner Paladine, über den ihn Rivalen ohnehin stets auf dem Laufenden hielten, nicht gestört. Nun aber standen politische Interessen auf dem Spiel. Eine Scheidung des Propagandaministers von der bekanntesten Mutterkreuzträgerin des Reichs konnte nicht geduldet werden. Auch der Zeitpunkt der Affäre mit der Baarova war ungünstig. Ein Verhältnis mit einer Tschechin kam zu einer Zeit, wo Hitler die Okkupation ihrer Heimat plante, mehr als ungelegen. Darüber hinaus war die als skandalös empfundene Heirat des Reichskriegsministers, Generalfeldmarschall von Blomberg, mit einer ehemaligen Prostituierten noch in aller Munde.

Der »Führer« sprach ein Machtwort. Goebbels schrieb (am 24. 10. 1938) in sein Tagebuch: »Er (Hitler) gibt mir nochmals eine lange Darstellung des Falles. Er beharrt auf seiner Ansicht ... ich lege meinen Standpunkt dar ... bis dann der Führer an Solidarität, Staat und gemeinsame große Sache appelliert ... dann wird Magda hinzugerufen ... dann müssen wir uns beide unter den Wunsch des Führers bringen.« Hitler verbot jeglichen Kontakt zwischen Goebbels und der Baarova und ordnete das weitere friedliche Zusammenleben des Ehepaars an. Goebbels beugte sich: »Das Leben ist so hart und grausam.« Auch die Erste Dame des Reichs spürte die eiskalte Gewalt hinter der glänzenden Fassade des Dritten Reichs. Es kam ihr zu Bewusstsein, welch überlegener Macht sie sich ausgeliefert hatte. Die einmal von ihr gewählte Rolle galt es nun weiterzuspielen, ob sie wollte oder nicht. Ein Ausscheiden aus der NS-Hierarchie und ein Rückzug ins Privatleben – wie von Magda geplant – stand nicht zur Debatte, denn ein Gastspiel an führender Stelle konnte im Dritten Reich nicht nach Laune und Wunsch beendet werden.

Lida Baarova wurde nach Prag abgeschoben. Sie selbst hatte dies lange anders in Erinnerung: »Ich hatte die Nase voll und wollte weg aus Deutschland.«[24] Auf jeden Fall ging die große Karriere der bis dahin sehr erfolgreichen Schauspielerin abrupt zu Ende. Ein bewegtes Leben fing an. Nach Kriegsende sperrte man Lida Baarova in Prag wegen Kollaboration mit den Deutschen für eineinhalb Jahre ein. 1946 heiratete sie Jan Kopecky, den früheren Direktor der Prager Staatsoper, mit dem sie nach Österreich floh. Eine Zeit lang filmte sie in Italien (mit Fellini) und Spanien und trat auch an deutschen Bühnen auf. Nach der Scheidung von Kopecky ließ sie sich 1956 in Salzburg nieder, wo sie den österreichischen Gynäkologen Kurt Lundwall heiratete. Sie schrieb ihre ersten Memoiren (Uteky), in denen sie die Affäre mit dem Reichspropagandaminister verschwieg. Selbst im hohen Alter hat sie an dieser Version festgehalten: »Wir hatten kein Verhältnis.«[25] Im Alter von 86 Jahren ist Lida Baarova am 31. Oktober 2000 gestorben.

Kurz danach erschien ihre Biografie »Die süße Bitterkeit meines Lebens«. Darin gibt sie an: »Ich habe Goebbels geliebt. Nur der Preis, den ich dafür bezahlt habe, war zu hoch.«

1938 war Joseph Goebbels in Ungnade gefallen, kannte jedoch ein sicheres Mittel, um seinen Herrn wieder günstig zu stimmen. Am 9. November 1938 inszenierte er die so genannte »Reichskristallnacht« (Reichspogromnacht) mit von oben gelenkten Ausschreitungen gegen die Juden.

Im Laufe der kommenden Jahre nahm der Antisemitismus des Propagandaministers, der den »Judenstern« vorschrieb, womit er an die mittelalterliche Kennzeichnungspflicht der Juden anschloss, und den üblen Hetzfilm »Der ewige Jude« in Auftrag gab, immer radikalere Formen an. Auf die Frage ihrer besten Freundin, Ello Quandt, was sie dazu denke, antwortete Magda: »Joseph erklärt dies mit Gründen der Staatsraison. Das Dritte Reich ist nun einmal gegen die Juden und ihm fällt die Aufgabe zu, in der Presse und im Funk gegen sie vorzugehen. Der Führer will es so und Joseph muss gehorchen.«[26]

Als 1942 die »Endlösung der Judenfrage« auf dem Programm stand, klagte Magda ihrer Freundin: »Es ist grauenhaft, was er mir jetzt alles sagt. Ich ertrage es einfach nicht mehr ... Du kannst dir nicht vorstellen, mit welch schrecklichen Dingen er mich belastet und niemandem kann ich mein Herz ausschütten. Ich darf zu niemandem darüber sprechen. Ich habe es ihm versprochen ...«[27]

So, wie Goebbels in den Anfängen der NSDAP Saalschlachten inszenierte, schuf er das Szenarium des totalen

Kriegs. Im Gegensatz zum »Führer«, der im Verlauf des Kriegs immer seltener zu »seinem Volk« sprach, und der Parteispitze, die sich allmählich zurückzog, haben Goebbels und seine Gattin öffentliche Auftritte nie gescheut. Während der Propagandaminister Bombenschäden besichtigte, trug auch Magda dem Kriegsalltag werbewirksam Rechnung. Sie ließ sich kriegsverpflichten und fuhr mit der Straßenbahn zur Fabriksarbeit bei Telefunken. Zu Hause verlangte sie von ihren Gästen Lebensmittelmarken.

Mit Richard Friedländer, ihrem jüdischen Stiefvater, hatte sie damals schon längst gebrochen. Ihm blieb der Leidensweg der Juden in Deutschland nicht erspart. »... mein Großvater fasste den Gedanken, mit seinem Schwiegersohn zu reden«, erinnerte sich Friedländers Enkel (Michael Tutsch). Als er bis zu Goebbels vorgedrungen war, drehte sich der Minister zu seinem Adjutanten und meinte: »Fragen Sie den Juden Friedländer, was er hier will!« Magdas Stiefvater leistete dann Zwangsarbeit im Berliner Gaswerk. Später lieferte man ihn in das KZ Buchenwald ein, wo er umkam. Gegen Hinterlegung von 97 RM erhielt seine Witwe die Urne der sterblichen Reste ihres Mannes zugesandt.

Als der Niedergang immer greifbarer wurde und die anderen Paladine des Führers in der Sorge um ihr eigenes Leben Berlin verließen, bereiteten sich Joseph und Magda Goebbels auf die opernhafte Inszenierung des braunen Weltunterganges vor. Am 22. April 1945 erlaubte Hitler seinem Propagandaminister und »Reichsbeauftragten für den totalen Kriegseinsatz« die Übersiedlung in den Bunker der Reichskanzlei. Am selben Tag erließ der »Führer« seinen berüchtigten Aufruf an die Bevölkerung: »Merkt euch! Jeder, der Maßnahmen, die unsere Widerstandskraft schwächen, propagiert oder gar billigt, ist ein Verräter! Er ist augenblicklich zu erschießen oder zu erhängen!«[28]

Goebbels erklärte, dass der »Mongolensturm an den Mauern unserer Stadt gebrochen werden wird. Ich bleibe mit meinen Mitarbeitern selbstverständlich in Berlin, auch meine Frau und meine Kinder sind hier und bleiben hier.« Das war ein Gesinnungswandel, denn noch am 28. März hatte er in sein Tagebuch geschrieben, dass seine Frau die Evakuierung der Kinder nach Schwanenwerder vorbereite.

Magda kam mit ihren Kindern nach Berlin ins Führerhauptquartier und bezog vier Kammern im Vorbunker. Die Mahlzeiten wurden im breiten Gang der Anlage eingenommen. Goebbels selbst wohnte neben Hitler und Eva Braun im tiefer gelegenen Hauptbunker.[29] Während Goebbels wie besessen in sein Tagebuch schrieb, las seine Frau den Kindern vor, spielte mit ihnen und wirkte dabei auffallend ruhig. Der junge Hauptmann Gerhard Boldt, der im Bunker Dienst leistete, erinnerte sich: »Frau Goebbels hat bis zum Ende keine Todesfurcht gezeigt. Lebhaft und elegant, pflegte sie, meistens zwei Stufen auf einmal nehmend, die Wendeltreppe heraufzukommen. Sie hatte immer ein freundliches Lächeln für jedermann ... vielleicht war ihre bewunderungswürdige Charakterstärke durch ihren fanatischen Glauben an Hitler inspiriert.«[30]

Weder über ihr eigenes noch über das Schicksal ihrer Kinder konnte sie weinen. Als jedoch am 27. April Hitler sein goldenes Parteiabzeichen von seinem Rockaufschlag löste und es »der Ersten Dame des Reichs« anheftete, brach die derart Ausgezeichnete gerührt in Tränen aus. Sie schrieb: »Gestern Abend hat mir der Führer sein Goldenes Parteiabzeichen angeheftet. Ich bin stolz und glücklich. Gott gebe, dass mir die Kraft bleibt, um das Letzte, Schwerste zu tun. Wir haben nur noch ein Ziel: Treue bis in den Tod dem Führer. Dass wir zusammen das Leben mit ihm beenden können, ist eine Gnade des Schicksals, mit der wir niemals zu rechnen wagten.«

Am 28. April schrieb Magda an Harald Quandt, ihren Sohn aus erster Ehe, von dem sie nicht wusste, dass er in russische Kriegsgefangenschaft geraten war, einen Brief. Er ist das grauenvolle Dokument einer Fanatikerin, die sich entschlossen hat, ihre eigenen Kinder zu töten:

»Mein geliebter Sohn! Nun sind wir schon sechs Tage hier im Führerbunker, Papa, deine sechs kleinen Geschwister und ich, um unserem nationalsozialistischen Leben den einzig möglichen, ehrenvollen Abschluss zu geben. Ob du diesen Brief erhältst, weiß ich nicht ... Du sollst wissen, dass ich gegen den Willen Papas bei ihm geblieben bin, dass noch vorigen Sonntag der Führer mir helfen wollte, hier herauszukommen. Du kennst deine Mutter – wir haben dasselbe Blut, es gab für mich keine Überlegung. Unsere herrliche Idee geht zugrunde – und mit ihr alles, was ich Schönes, Bewundernswertes, Edles und Gutes in meinem Leben gekannt habe. Die Welt, die nach dem Führer und dem Nationalsozialismus kommt, ist nicht mehr wert, darin zu leben und deshalb habe ich auch die Kinder hierher mitgenommen. Sie sind zu schade für das nach uns kommende Leben und der gnädige Gott wird mich verstehen, wenn ich ihnen selbst die Erlösung geben werde. Du wirst weiterleben und ich habe die einzige Bitte an dich: Vergiss nicht, dass du ein Deutscher bist, tue nie etwas, was gegen die Ehre ist, und sorge dafür, dass durch dein Leben unser Tod nicht umsonst gewesen ist.

Die Kinder sind wunderbar. Ohne Hilfe helfen sie sich

selbst in diesen mehr als primitiven Verhältnissen. Ob sie auf dem Boden schlafen, ob sie sich waschen können, ob sie zu essen haben und was – niemals ein Wort der Klage oder Weinen. Die Einschläge erschüttern den Bunker. Die Größeren beschützen die noch Kleineren und ihre Anwesenheit hier ist schon dadurch ein Segen, dass sie dem Führer hin und wieder ein Lächeln abgewinnen ...«

Dann versorgt die Erste Dame des nationalsozialistischen Regimes ihren Sohn mit Ratschlägen: »Sei treu! Treu dir selbst, treu den Menschen und treu deinem Land gegenüber. In jeder und jeder Beziehung! ... Sei stolz auf uns und versuche, uns in stolzer, freudiger Erinnerung zu behalten. Einmal muss jeder Mensch sterben und ist es nicht schöner, ehrenvoll und tapfer kurz zu leben, als unter schmachvoller Bedingung ein langes Leben zu führen? Der Brief soll raus – Hanna Reitsch nimmt ihn mit. Sie fliegt nochmals raus! Ich umarme dich in innigster, herzlichster, mütterlichster Liebe! Mein geliebter Sohn, Lebe für Deutschland! Deine Mutter.«[31]

Auch Joseph Goebbels schrieb dem Stiefsohn, dass er ein »Beispiel der Treue« setzen würde. Harald könne stolz sein, einer solchen Familie anzugehören. Eines Tages würde die Stunde kommen, »in der wir sauber und unbefleckt wieder dastehen werden vor der Welt. So sauber und unbefleckt, wie unser Glaube und unser Ziel immer gewesen ist«.[32]

Dieses Vermächtnis wurde Hanna Reitsch übergeben, der es noch gelang, aus der eingekesselten Stadt auszufliegen.

Am 30. April 1945, als sich Hitler und Eva Braun, nunmehr verehelichte Hitler, verabschiedeten, um Selbstmord zu begehen, rief Magda Goebbels voll Entsetzen: »Mein Führer, verlassen Sie uns nicht, wir werden alle elend umkommen ohne Sie!« Traudl Junge, Hitlers Sekretärin, gab den Kindern von Goebbels gerade zu essen, als sie einen Schuss in Hitlers Arbeitszimmer hörte. Über Magda Goebbels' Absichten liegen unterschiedliche Berichte vor. Albert Speer glaubte, dass »... sie den Gedanken unerträglich fand, dass ihre Kinder getötet werden sollten, unterwarf sich aber, wie es schien, der Entscheidung ihres Mannes«.[33]

Dem widersprechen zwei enge Mitarbeiter des Propagandaministers, die gehört haben wollen, dass Goebbels seiner Frau vorgeschlagen hätte, mit den Kindern in den Westen zu flüchten, da sie von den Engländern nichts zu befürchten hätten.

Am 1. Mai 1945 war jedoch der Selbstmord des Ehepaars Goebbels beschlossene Sache. Vergeblich baten Hitlers Sekretärinnen und Liesl Ostertag, Eva Brauns Dienstmädchen, ihnen doch die Kinder anzuvertrauen. Sie würden den Jungen und die Mädchen nach Bayern bringen und dort verstecken, meinten sie. Die Goebbels lehnten ab. Rochus Misch, der Funker, beschreibt die gespenstische Szenerie: »Es gab ein Drama im Führerbunker, als es hieß: ›Die Kinder bleiben hier!‹ Frauen, Küchenpersonal und Büropersonal kamen alle und bettelten Frau Goebbels auf Knien um die Kinder an. Dann war da noch Hanna Reitsch, die Fliegerin. Die wollte die Kinder aus Berlin herausfliegen. Frau Goebbels lehnte ab. Dann kam der Tag, an dem Frau Goebbels in meinem Zimmer die Kinder für den Tod zurechtmachte. Sie steckte sie in weiße Kleider und kämmte ihnen die Haare. Goebbels war nicht anwesend. Doktor Stumpfegger ist dann zu ihnen gegangen und Doktor Naumann sagte zu mir: ›Die bekommen Bonbonwasser zu trinken und dann ist es zu Ende.‹«

Tatsächlich blieben die genauen Umstände des Todes von Helga, Holde, Hilde, Heide, Hedda und Helmuth ungeklärt. Die Aussagen der Zeitzeugen differieren beträchtlich. So gab SS-Untersturmführer Berthold Trost 1955 an: »Über den Todeszeitpunkt der 6 Kinder kann ich mit Bestimmtheit die Angabe machen, dass diese sämtlich am 1. 5. 1945 gegen 17 Uhr verstorben sind ... kam der Leibarzt von Hitler (Dr. Stumpfegger) aus dem Raum, in dem sich die fraglichen Kinder befanden, heraus. Er nickte Frau Goebbels mit dem Kopf zu, worauf diese körperlich zusammenbrach.«

Hitlers Adjutant, Otto Günsche, sagte 1956 unter Eid aus: »Das gleiche Gift (Blausäure) ist wohl auch bei den Goebbels-Kindern verwendet worden. Dr. Stumpfegger hat mir am 1. Mai 1945 erzählt, dass er die Kinder auf Drängen der Eltern vergiftet habe.«

Goebbels' Adjutant, SS-Hauptsturmführer Günther Schwägermann, jedoch hatte 1948 angegeben: »Frau Magda Goebbels nahm ihren 6 Kindern das Leben. Sie vollbrachte es unter Überwindung ihrer selbst in der ihr eigenen Größe ...«

Auf jeden Fall gab Goebbels am 1. Mai 1945 um ca. 19.30 Uhr den Auftrag, seinen Körper und den seiner Frau nach ihrem Tod zu verbrennen, davor aber noch durch einen Schuss den sicheren Tod zu gewährleisten. Um 20.30 Uhr verabschiedete sich das Paar.

Goebbels kleidete sich wie immer sorgfältig, mit Hut und Handschuhen reichte er seiner totenblassen Gattin den Arm und beide stiegen die Treppe hinauf. Lächelnd erklärte Goebbels, dass man dadurch den Hinterbliebenen das mühevolle Hinaustragen der Leichen ersparen würde.

Goebbels erschoss sich. Magda nahm Gift.

Leni Riefenstahl

Die Amazonenkönigin

22. August 1902 – 8. September 2003

»Triumph des Willens« hieß der von Leni Riefenstahl 1934 gedrehte Dokumentarfilm über den Reichsparteitag der NSDAP in Nürnberg, der die Regisseurin international bekannt machte. Ebenso gut hätte der Titel jedoch als Motto für ihr Leben dienen können. Schon als Kind zeichnete sich die am 22. August 1902 in Berlin als Tochter eines Geschäftsmanns geborene Leni Riefenstahl durch eisernen Willen, Zähigkeit, brennenden Ehrgeiz und vielfältigste Interessen aus. Lenis Vitalität stellte für die Nerven der Eltern eine Belastung dar. Ihre Wissbegierde und Redefreudigkeit waren dermaßen groß, dass Mitfahrer in der Straßenbahn die Eltern baten, ihr hysterisch plapperndes Kind zum Schweigen zu bringen. Schon als Vierjährige interessierte sie sich für Theater und Tanz. Auch ein starker Drang zur Selbstdarstellung zeigte sich bald. So gab sie im Berliner Tiergarten Kunststücke auf Rollschuhen zum Besten, die zahlreiches Publikum anzogen und erst mit dem Einschreiten der Polizei endeten.

Das Kollmorgensche Gymnasium in Berlin hat Leni mit ausgezeichnetem Erfolg absolviert. In Mathematik, Turnen und Zeichnen war sie Klassenbeste. Nur eine schlechte Betragensnote störte den Gesamteindruck. Sie resultierte – unter anderem – daraus, dass Leni einmal das Schuldach erklomm und in der Hoffnung auf einen schulfreien Tag die Nationalflagge hisste.

Die Forderung der willensstarken Tochter nach einer Ausbildung zur Tänzerin wurde vom ebenso willensstarken Vater auf das Entschiedenste abgelehnt. Gedeckt von der Mutter, nahm Leni ohne seine Zustimmung heimlich Tanzunterricht. Ihr Mitwirken in einer Aufführung der Tanzschule, von dem der Vater zufällig erfuhr, beschwor im Elternhaus der Elevin eine Ehekrise herauf, in deren Verlauf Alfred Riefenstahl seiner Frau mit Scheidung drohte. Später resignierte er und meldete seine Tochter, der er eine düstere Zukunft prophezeite, sogar selbst in der Ballettschule von Eugenie Eduardowa an. Diese ehemals berühmte russische Solotänzerin aus St. Petersburg hat Leni im Alter von neunzehn Jahren, statt wie üblich mit sechs, im klassischen Balletttanz unterrichtet. Leni wurde ihre beste und ehrgeizigste Schülerin, musste dafür jedoch einen hohen Preis bezahlen – kurz nacheinander brach sie sich dreimal die Knöchel. Entmutigt hat sie das nicht, genauso wie sie auch später Risiken, Entbehrungen und Gefahren nie scheute.

Am 23. Oktober 1923 fand in München das erste öffentliche Auftreten der Solotänzerin Leni Riefenstahl statt. Ihre Mutter entwarf und nähte die fantasievollen Kostüme, während die Tochter selbst das Programm zusammenstellte. Es umfasste zehn Nummern und forderte die Interpretin bis hin zur Erschöpfung. Die Kritiken waren enthusiastisch. Ein weiterer Abend in Berlin mit den Tänzen Eros – Feuer – Hingebung – Loslösung machte sie zum Star. Max Reinhardt engagierte sie an sein Deutsches Theater, Gastspiele in europäischen Hauptstädten schlossen an. Der Erfolg war groß, aber kurz. Bei einem Auftritt in Prag vor 3000 Personen zog sich Leni Riefenstahl 1925 eine Knieverletzung zu, die sie zur Absage der geplanten Tournee zwang. Alle Ärzte, die sie konsultierte, rieten zur Schonung, verschrieben Krücken und mahnten zur Geduld.

In diesem Zustand humpelte sie in ein Kino, sah sich zur Ablenkung »Berg des Schicksals« mit Luis Trenker an und war begeistert. Nach sechs weiteren Filmbesuchen und einem Lokalaugenschein an ihrem Schicksalsberg, der Guglia di Brenta, stand ihr Plan fest: Sie wollte als Schauspielerin in einem Gebirgsfilm mitwirken. Tatsächlich gelang es Leni Riefenstahl durch Vermittlung von Freunden, den Regisseur des Films persönlich kennen zu lernen und ihn restlos für sich einzunehmen. Dr. Arnold Fanck, von Beruf Geologe, war der Begründer der »Freiburger Berg- und Sportfilm-Gesellschaft«. Er galt als Pionier auf dem Gebiet des alpinen Dokumentarfilms und hat das Genre der so genannten »Bergfilme« geschaffen. Seine revolutionäre Kameraführung und raffinierte Schnitt-Technik erregten großes Aufsehen.[1]

Dr. Fanck ließ sich von der Schönheit, den Redekünsten sowie den tänzerischen Erfolgen seiner Gesprächspartnerin überzeugen und engagierte sie als Schauspielerin an der Seite des damals schon sehr bekannten Luis Trenker.

Dass Leni Riefenstahl einen »Silberblick« hatte, also leicht schielte, galt damals als romantisch und hat nicht weiter gestört. Der Spielfilm sollte der »Der Heilige Berg« heißen und auch Tanzeinlagen für Leni enthalten. Die Realisierung des Projekts stand allerdings in den Sternen, da Leni Riefenstahl kaum gehen, geschweige denn tanzen konnte – ein Meniskuseinriss mit Knorpelwucherung war festgestellt worden. Die Tänzerin entschied sich zur Operation. 1925 waren Eingriffe dieser Art keine Routineangelegenheit. Der Krankenhausaufenthalt dauerte drei Monate und das Risiko, ein versteiftes Gelenk davonzutragen, war groß. Doch Lenis unverwüstlicher Optimismus behielt schließlich Recht. Die Operation gelang und Arnold Fanck bereitete die Patientin noch im Krankenhaus auf ihre Rolle vor.[2]

Die Dreharbeiten fanden nicht im Atelier, sondern an Originalschauplätzen in den Schweizer Bergen, auf dem See auf der Lenzerheide sowie auf Helgoland statt. Für den Film musste Riefenstahl Schi fahren lernen, wobei sie sich erneut die Knöchel brach. Während die Hauptdarstellerin in Gips lag, schmolzen die teuren Naturkulissen – fünfzehn Meter hohe Eisbauten – dahin. Auch sonst folgte ein Desaster dem anderen. Zwei weitere Schauspieler und ein Kameramann erlitten Verletzungen und mussten nach Cortina ins Krankenhaus transportiert werden. »Der Heilige Berg« galt als gescheitert. Bedrückt reiste der Regisseur nach Berlin, um der UFA, die den Film finanzierte, Rechenschaft abzulegen.

In dieser Situation griff Leni zur Kamera, drehte auf eigene Initiative und Kosten 600 Meter Naturaufnahmen und rettete dadurch den Film. Die UFA machte weitere Geldmittel locker und das Team reiste nach Helgoland.

Dort tanzte Leni Riefenstahl auf glitschigen Felsen in der wilden Brandung, während ein Geiger auf der Felswand Motive aus Beethovens Fünfter Symphonie fiedelte.

Zwischen den Dreharbeiten hatte Dr. Fanck seine Hauptdarstellerin auch in die Geheimnisse der Filmregie eingeweiht. Bei ihm hat sie jene Techniken erworben, die sie schließlich zur Perfektion entwickeln sollte.

»Er lehrte mich, dass man alles gleich gut fotografieren müsse: Menschen, Tiere, Wolken, Wasser, Eis ... Bei jeder Aufnahme gehe es darum, das Mittelmaß zu überschreiten, von der Routine wegzukommen und alles möglichst mit einem neuen Blick zu sehen. Ich durfte durch die Kamera schauen, Bildausschnitte aussuchen, lernte Negativ- und Positivmaterial, das Arbeiten mit verschiedenen Brennweiten, die Wirkung der Objektive und Farbfilter kennen. Ich fühlte, dass der Film eine Aufgabe für mich sein könnte, ein neuer Inhalt. Zugleich wurde mir klar, dass beim Film der Einzelne nichts ist, dass hier alles nur in Gemeinschaftsarbeit entstehen konnte«, schrieb Leni Riefenstahl über ihre Zeit als Regielehrling.[3] In Freiburg arbeitete die Schauspielerin anschließend in einer Kopieranstalt, wo sie im Entwickeln, Kopieren und – vor allem – dem Schneiden des Filmmaterials unterwiesen wurde.

Am 14. Dezember 1926 fand die Premiere des Films im UFA-Filmpalast statt, bei der Leni Riefenstahl die »Unvollendete« von Franz Schubert tanzte. Ein Großteil der Presse lobte das romantische Liebesdrama im Alpenmilieu und seine Darsteller sehr. »Leni Riefenstahl tanzt in vollendeter Schönheit den Rhythmus des Meeres, beseelt in gleichbleibender Harmonie die lieblichen wie die furchtbaren Ereignisse«, hieß es in der »Neuen Preußischen Kreuzzeitung«

vom 16. Dezember 1926. »Alles an diesem Film ist gewaltig – die Natur, die Berge, die Menschen ... Nur innerlich junge, ganz herrlich naive Menschenkinder können sich das Leben und die Liebe und die Treue so vorstellen. In jedem Wort, in jedem Schritt das Gralsmotiv – in den Augen der Naturmenschen, in ihrem Denken, Fühlen ...«, schwärmte der »Berliner Lokalanzeiger« von dem Heimatfilm am 18. Dezember. Eine Zeitung jedoch bewertete den Film nach Kriterien, die eher dem heutigen Geschmack entsprechen. »Der Montag Morgen« vom 20. Dezember schrieb nämlich: »Wenn es nur zum Gähnen wäre, man nähme es gottergeben hin. Dieser Film ist aber nicht nur blöd, sondern verlogen, ... bombastischer Naturkult, unerträgliche Groß-Heucheleien – Gartenlaube.« Derartige Kritiken wurden von Bewunderern als Auswüchse einer Presse abgetan, die »im Banne der Profitwirtschaft steht und sich gegen die seelische Wiederbelebung des Volkes versündigt«.[4]

Dieser Film war der Start für Riefenstahls Karriere als Schauspielerin. Schon 1927 sah man sie in »Der Große Sprung«. 1928 verließ sie die Bergwelt, um in dem wenig erfolgreichen Streifen »Das Schicksal derer von Habsburg – Die Tragödie eines Kaiserreichs« als Mary Vetsera mit Kronprinz Rudolf zu sterben. Doch schon 1929 kehrte sie in »Die weiße Hölle von Piz Palü« zurück. Regie führte der berühmte Georg Wilhelm Papst, während sich Arnold Fanck auf die Naturaufnahmen beschränkte. 1930 nahm Leni Riefenstahl Sprechunterricht und bewältigte in »Stürme über dem Montblanc« den Übergang vom Stummfilm zum Tonfilm genauso spielerisch wie die im Drehbuch vorgeschriebene Überquerung einer tiefen Gletscherspalte auf einer wackeligen Leiter.[5]

1931 gründete Riefenstahl eine Filmproduktionsgesellschaft und ging an die Verwirklichung ihrer eigenen Vorstellungen. »Das blaue Licht – Eine Berglegende aus den Dolomiten« hieß der Film, in dem sie das Bauernmädchen Jutta spielte und auch Regie führte. Schon diese erste Probe vom Können der Regisseurin wurde auf der Biennale in Venedig im Jahre 1932 mit der Silbermedaille ausgezeichnet, lief in Paris 14 und in London 16 Monate.

Als Leni Riefenstahl ihr Werk im Rahmen einer Städtetournee in Deutschland persönlich vorstellte, fiel ihr (nach eigener Angabe) erstmals auf, welch große Rolle ein Politiker namens Hitler im Bewusstsein der Öffentlichkeit spielte. Um sich selbst ein Bild zu machen, wohnte die Künstlerin einem Auftritt Adolf Hitlers im Berliner Sportpalast bei. Er überwältigte sie dermaßen, dass sie ihm, obwohl gerade mit der intensiven Vorbereitung einer Grönlandreise beschäftigt, via Adresse »Braunes Haus, München« schrieb:

»Sehr geehrter Herr Hitler, vor kurzer Zeit habe ich zum ersten Mal in meinem Leben eine politische Versammlung besucht ... Ich muss gestehen, dass Sie und der Enthusiasmus der Zuhörer mich beeindruckt haben. Mein Wunsch wäre, Sie persönlich kennen zu lernen ...«[6]

Zu ihrer großen Verblüffung erhielt Riefenstahl umgehend Antwort. In dem Fischerdorf Horumsiel im Oldenburger Land, wo Hitler Wahlkampf betrieb, kam es zur ersten Begegnung zwischen dem NS-Politiker und der Künstlerin. Erstaunt bemerkte sie, wie sich der Privatmensch vom politischen Agitator unterschied, wie liebenswürdig und sympathisch sich Hitler gab und welch große Ausstrahlung er hatte. Bei dem romantischen Spaziergang am Nordseestrand erkundigte sich Hitler genau nach der Arbeit und den Plänen der Künstlerin.

Unmittelbar darauf brach Riefenstahl zu einer wissenschaftlich betreuten Expedition nach Grönland auf, wo auch der Film »SOS Eisberg« entstand. Die Schauspielerin mimte dabei die kühne Fliegerin Hella auf der Suche nach ihrem im Eis verschollenen Mann. Der berühmte Pilot Ernst Udet (später »des Teufels General«) sorgte für atemberaubende Spannung: »Er fliegt mit der Maschine durch Eistore, steigt an den Felswänden steil aufwärts, um sich gleich wieder jäh fallen zu lassen ... einmal geht mir dabei der Atem aus ... das ist, als er zwischen den steilen, in den Himmel ragenden Türmen eines Eisberges durchfliegen will, aber plötzlich merkt, dass die Spannweite seiner Tragflächen dafür zu breit ist. Da schießt er in letzter Sekunde mit schiefgestellter Maschine wie ein irrsinnig gewordener Blitz zwischen den Eistürmen hindurch und reißt die Maschine dann stark herum ... Nach dieser Aufnahme ... machen wir Schluss«, beschreibt Leni Riefenstahl die lebensgefährlichen Abenteuer in Grönland.[7] In ihren 1987 entstandenen Memoiren fügte sie zur Steigerung der Dramatik noch einen Ausstieg aus der brennenden Maschine Udets hinzu.

Ende 1932 kehrte sie nach Deutschland zurück. Vereinbarungsgemäß meldete sie sich bei Hitler, der sie im Berliner Hotel Kaiserhof zum Tee empfing. Von da an ist Leni Riefenstahl häufiger Gast bei Festen und Geselligkeiten im Kreis hoher NSDAP-Funktionäre. So nahm sie am Empfang Görings zu Ehren des italienischen Luftfahrtministers Balbo teil und unterhielt sich dabei ausgezeichnet. »Magda und L. Riefenstahl mit Balbo geschäkert«, notierte sich Goebbels damals in sein Tagebuch.[8] Während die gesellschaftlichen Aktivitäten der Künstlerin im Allgemeinen durch Zeugen und Dokumente belegbar sind, gibt es für einige ihrer Erlebnisse mit Hitler bloß die Aussage der Regisseurin selbst. Und nur sie beschreibt, wie sie am 8. Dezember 1932 in Berlin auf dem Heimweg von einem Konzert zufällig Brückner, Hitlers Adjutanten, getroffen hätte. Er brachte sie zu Hitler. »Er gab mir die Hand und ging dann im Zimmer auf und ab. Sein Gesicht war fahl, die Haare hingen ihm in die Stirn, die mit Schweißtropfen bedeckt war. Dann brach es aus ihm heraus: ›Diese Verräter, diese Feiglinge – und das kurz vor dem endgültigen Sieg –

Die Schauspielerin und Regisseurin mit Goebbels und Hitler
im Garten ihres Berliner Hauses

diese Narren – dreizehn Jahre haben wir gekämpft, geschuftet und alles gegeben ... und nun kurz vor dem Ziel, dieser Verrat!‹[9] Dann sah er mich an, hielt meine Hand und sagte: ›Ich danke Ihnen, dass Sie gekommen sind.‹ Ohne auch nur ein einziges Wort gesprochen zu haben, verließ ich das Zimmer.«[10]

Die Szene klingt nicht nur unecht – sie ist es auch. Hitler sprach mit Frauen kaum je über Politik. An dem erwähnten 8. Dezember 1932 hat er es auch nicht getan, weil er den ganzen Abend im Hause Goebbels verbrachte.[11] Auch viele andere Begegnungen mit Hitler, bei denen Riefenstahl den »Führer« mit kreuzverhörartigen, abrupten Bemerkungen wie »Glauben Sie an Gott?« oder »Sie haben doch Rassenvorurteile« provoziert haben will, wirken realitätsfremd.[12]

Hitler hatte bereits den ersten Film Leni Riefenstahls gesehen, da er ein Fan von Luis Trenker, Riefenstahls Partner in »Der Heilige Berg«, war.[13] »Das blaue Licht«, Riefenstahls Film aus eigener Produktion, gefiel Hitler vor allem wegen der darin enthaltenen Volksszenen. »Da macht es die Riefenstahl schon richtig, sie sucht sich ihre Bauerndarsteller aus den Dörfern selbst heraus«, meinte er anerkennend.[14] Die große Begabung der Regisseurin hatte er in ihrem Erstlingswerk erkannt und Überlegungen angestellt, wie ihr Talent für die Partei zu nützen wäre. Auch der Reichspropagandaleiter der NSDAP, Dr. Goebbels, streckte seine Fühler aus und sondierte die politische Einstellung der Künstlerin. »Vormittag Leni Riefenstahl. Sie erzählt von ihren Plänen. Ich mache ihr den Vorschlag eines Hitlerfilms. Sie ist begeistert«, notierte Goebbels am 17. Mai 1933 im Tagebuch. Zu dem Hitlerepos kam es allerdings nicht und die Frage, wie Leni Riefenstahl diese Aufgabe gelöst hätte, bleibt Spekulation. Tatsächlich verfolgten Hitler und Goebbels ganz andere Pläne. Am 26. Mai luden sie die Künstlerin zu einem Wochenende an die Ostsee. »Gestern tolle Fahrt nach Heiligendamm. Missglücktes Picknick. Herrliche See! Chef [Hitler] mit. Auch Leni Riefenstahl ... beim Chef noch bis in die Nacht«, lautet Goebbels' Eintragung noch in derselben Nacht. Anscheinend überzeugte das Auftreten der Regisseurin und man schlug ihr ein Filmprojekt vor. »Mit Frl. Riefenstahl neuen Film besprochen. Sie ist der Einzige von all den Stars, die uns versteht«, schrieb Goebbels am 12. Juni 1933.

Zwei Tage später war man sich einig. »Riefenstahl hat mit Hitler gesprochen. Sie fängt mit dem Film an.« Druck war auf die Künstlerin nicht ausgeübt worden. Die erste Auftragsarbeit für die NSDAP war der Film vom [5.] Reichsparteitag und hieß »Sieg des Glaubens«. Die Regisseurin bezeichnete ihn als »ein Spiegelbild von der Heerschau der Bewegung im Jahr des Sieges« und das Reichspropagandaministerium, Abteilung Film, war der Produzent. Am 1. Dezember 1933 wurde der Streifen unter großem Beifall aufgeführt.[15]

Leni Riefenstahl erwähnt in ihren Erinnerungen häufig und voll Bitterkeit, dass Goebbels sie gehasst, ihre Arbeit gestört und sie selbst sexuell belästigt hätte. Goebbels selbst scheint davon nichts geahnt zu haben und auch in den täglichen Aufzeichnungen des Propagandaministers findet sich keine Spur von Animosität. »Abends mit Magda und Leni Riefenstahl in ›Butterfly‹. Dann plaudern wir in der Traube«, heißt es in Joseph Goebbels' Tagebuch am 17. Mai 1933.

»Künstlerische Gestaltung des Nürnberger Reichsparteitages durch den Film«, lautete 1934 der Auftrag an Leni Riefenstahl

Bereits im nächsten Jahr trat die NSDAP wieder an Riefenstahl heran. »Künstlerische Gestaltung des Nürnberger Reichsparteitages [vom 4. – 10. September 1934] durch den Film, so lautete der Auftrag, den mir der Führer zum zweiten Male erteilte«, schrieb Leni Riefenstahl.[16]

Sie nannte ihre Filmgesellschaft ab nun »Reichsparteitagfilm« und machte sich an die Arbeit, denn »die innere Bereitschaft für diese Aufgabe überwindet alle Zweifel, alle Bedenken, alle Hemmnisse«.[17] Ein Dokumentarfilm ohne Handlung, der überdies zwei Stunden dauern sollte, stellte die Regisseurin vor Probleme, die nur mit neuen künstlerischen und technischen Ideen bewältigt werden konnten. Leni Riefenstahl, der vollkommene Gestaltungsfreiheit zugesagt worden war, entschied sich, dem Film einen Wochenschaucharakter zu geben und die Monotonie der endlos aufmarschierenden Formationen mit allen Mitteln aufzulockern. Die Arbeitsbedingungen waren nicht ideal, denn zur gesamten Vorbereitung der Dreharbeiten standen nur zwei Wochen zur Verfügung. Außerdem waren die Organisatoren des Parteitages nur widerwillig zur Kooperation bereit. Die Anwesenheit von Kameraleuten auf dem Nürnberger Luitpoldshain galt vielen Parteigenossen als Sakrileg und sie behinderten daher die Regisseurin und ihr Team, wo sie nur konnten. Auch die anwesenden vier Wochenschauteams – Alfa, Tobis-Melo, Fox und Paramount – hatten ihre eigenen Interessen im Auge und rivalisierten mit dem Reichsparteitagfilm.

Leni Riefenstahls Führungsstil und ihre absolute Kompromisslosigkeit in künstlerischen Belangen haben ihr viele Feinde geschaffen. Mit einer aus Hollywood eingeflogenen Kameraausrüstung triumphierte sie jedoch über alle Widersacher, entkräftete alle Anfeindungen und machte mit einem Team von 120 Mitarbeitern Filmgeschichte. Die kreativen Ideen und die technische Experimentierfreudigkeit der Regisseurin waren unerschöpflich und brachten revolutionäre Resultate. Generationen von Filmemachern haben von Riefenstahl Anregungen bezogen. Die von ihr ersonnenen Spezialeffekte zählen heute zum Standardrepertoire aller Dokumentarfilmer. So wurden auf den Fahnenstangen kleine Lifts montiert – einige in 38 Meter Höhe –, um Fahraufnahmen, die eine absolute Novität waren, zu ermöglichen. Die Kameraleute übten Rollschuhfahren, um mit den Handkameras gute Bewegungsbilder zu erhalten. Von Dächern aus wurde die Ankunft von Hitlers Flugzeug gefilmt. Für Schwenkaufnahmen im Halbkreis schoben sich die Kameraleute auf halsbrecherische Weise mittels Feuerwehrleitern von oben bis knapp an die Marschierenden heran. Um das Rednerpult waren Schienen verlegt. So konnte man durch verschiedene Kameraeinstellungen von der zweistündigen Rede Hitlers besondere optische Effekte erzielen und die monotone Abfolge der anschließenden Reden mildern. Alle Nebenschauplätze des Parteitages – die Stadt Nürnberg, die Zeltlager der Hitlerjugend und die Lagerfeuer der SA – wurden mit einbezogen.

Dann filmten die in Gruben kauernden Kameraleute fünf Stunden lang, ohne Unterlass, die hunderttausende, die im mechanischen Drill strenger Kolonnen über den Nürnberger Luitpoldshain zogen. Sie grüßten ihren »Führer«, der die Huldigungen in starrer Pose entgegennahm und wie ein Hohepriester pseudoreligiöse, wohlkalkulierte Zeremonien, wie die Weihe der Fahnen und Feldzeichen, durchführte. Es war eine gigantische Masseninszenierung à la Hollywood und Joseph Goebbels, der Organisator des Parteitages, konnte vollauf zufrieden sein. Auch die zahlreich erschienenen Diplomaten und Ehrengäste – sie füllten einen ganzen Extrazug – waren beeindruckt. Die Regisseurin verfasste über die Dreharbeiten eine Bilddokumentation in Form eines Tagebuchs, die im nationalsozialistischen Eher-Verlag erschien und in der sie den Film, aber auch sich selbst gebührend würdigte.[18] So gibt es in dieser Dokumentation 16 Fotos von Hitler, während es 37 von Riefenstahl gibt. Letztere zeigen die Regisseurin mit fanatischem Enthusiasmus bei der Arbeit und führen damit ihre späteren Aussagen, dass man sie mehr oder weniger zu dem Film gezwungen hätte, ad absurdum.

Das Resultat ihrer Bemühungen waren suggestiv beeindruckende Bilder, die Kommentare überflüssig machten: »Triumph des Willens« ist ein einzigartiges Zeitdokument, für das Hitler selbst den Titel wählte – eine Leistungsschau der NSDAP, die dem Dritten Reich als Visitenkarte und Propaganda diente und nicht nur in Deutschland Begeisterung auslöste. Leni Riefenstahl wurde international berühmt. Auf der Pariser Weltausstellung im Jahre 1937 würdigte man ihre Leistung und der französische Ministerpräsident Edouard Daladier überreichte ihr persönlich die Goldmedaille.

Interessanterweise wurde in dem Parteitagsfilm die in Nürnberg 1935 erstmals auftretende Deutsche Wehrmacht – »Das braune Heer marschiert« – ebenso wenig gezeigt wie die Delegationen der NS-Frauenverbände. Während die Frauen dies ohne Murren akzeptierten, protestierten die Generäle. Sie entkräftigten damit den Verdacht, dass die filmische Absenz des erst im Aufbau begriffenen, schlecht ausgerüsteten Heeres von der Parteileitung geplant gewesen sei. Riefenstahl musste das Versäumte nachholen. Noch 1935 drehte sie einen von der NSDAP produzierten Kurzfilm über die deutsche Armee. Er hieß »Tag der Freiheit«, entstand in nur zwei Tagen und enthielt Aufzeichnungen von Heeresübungen. Er wurde dann von der UFA als Beiprogramm für Spielfilme eingesetzt, bot eine Leistungsschau der Wehrmacht und diente als Propaganda. Die erste öffentliche Vorführung des Films erfolgte in Anwesenheit Hitlers, hoher Militärs und 200 geladener Gäste in der Berliner Reichskanzlei.

Wenig später trat das Organisationskomitee für die XI. Olympischen Sommerspiele, die vom 1. bis zum 16. August

1936 in Berlin stattfinden sollten, an Leni Riefenstahl heran. Man bat sie, einen Film über die Spiele zu drehen. Die Künstlerin zögerte, da ihr die Schwierigkeit dieser heiklen Aufgabe bekannt war. Wusste sie doch vom totalen Misserfolg des Streifens, den ihr Lehrer Fanck von den Olympischen Winterspielen 1928 in St. Moritz gedreht hatte. Sie überlegte lange, entwickelte und verwarf Ideen und kam zu dem Schluss, dass die bloße Aufzeichnung von 100 Wettkämpfen reizlos wäre. Stattdessen würde sie die Olympische Idee verfilmen.

»Plötzlich sah ich, wie die alten Ruinen der klassischen Olympia-Stätten langsam aus Nebelschwaden herausblenden und die griechischen Tempel und Plastiken vorbeiziehen, Achilles und Aphrodite, Medusa und Zeus, ... dann erschien der Diskuswerfer des Myron. Ich träumte, wie er sich in einen Menschen aus Fleisch und Blut verwandelt und in Zeitlupentempo beginnt, den Diskus zu schwingen – die Statuen verwandelten sich in griechische Tempeltänzerinnen, die sich in Flammen auflösen, das Olympische Feuer, an dem die Fackel entzündet und vom Zeustempel bis in das moderne Berlin von 1936 getragen wird – eine Brücke von der Antike bis zur Neuzeit«, schreibt Leni Riefenstahl über ihre Vision des Prologs zum Olympia-Film.

Ihre Ideen wurden begeistert aufgenommen. Nur die geplante Produktionsdauer von drei Jahren war für das Olympia-Komitee schwer zu akzeptieren. Man argumentierte, dass es sich um ein Thema handle, dessen Reiz in der Aktualität bestünde. Jahre nach den Spielen hätte niemand mehr Interesse daran und die Finanzierung des Projekts wäre demnach ein riskantes Unternehmen. Leni Riefenstahl überwand alle Widerstände. Noch 1935 ließ sie den Olympia-Film ins Handelsregister (Gesellschafter Leni Riefenstahl und Heinz) eintragen. Die Finanzierung des Projekts erfolgte über die Film-Kreditbank. Sie gehörte dem Reichspropagandaministerium, das auf diese Weise das gesamte Filmschaffen der NS-Zeit dirigierte und kontrollierte.

»Frl. Riefenstahl macht mir ihre Hysterien vor. Mit diesen wilden Frauen ist nicht zu arbeiten. Nun will sie für ihren Film $1/2$ Million mehr und zwei daraus machen. Dabei stinkt es in ihrem Laden wie noch nie. Ich bin kühl bis ans Herz hinan. Sie weint. Das ist die letzte Waffe der Frauen. Aber bei mir wirkt das nicht mehr. Sie soll arbeiten und Ordnung halten«, schrieb Propagandaminister Dr. Joseph Goebbels 1936 über eine der zahlreichen Kontroversen um Geld, die er während der Entstehung von »Olympia« mit der Regisseurin hatte.

Das zweiteilige Opus besteht aus »Fest der Völker« und »Fest der Schönheit«. Nach dem Ende der Dreharbeiten zog sich die Regisseurin zurück und kreierte in völliger Abgeschiedenheit mittels raffinierter Schnitttechnik aus dem 400 Kilometer langen Filmmaterial ein Kunstwerk. Am 24. November 1937 führte sie ihren Film im privaten Kreis vor. »Abends mit Magda und Frau von Arent bei Leni Riefenstahl. Olympiafilm z.T. angeschaut. Unbeschreiblich gut. Hinreißend fotografiert und dargestellt. Eine ganz große Leistung. In einzelnen Teilen tief ergreifend. Die Leni kann schon sehr viel. Ich bin begeistert. Und Leni sehr glücklich ... Mit den Damen noch lange geplauscht«, schrieb der von Riefenstahl als Feind bezeichnete Goebbels, der schon zwei Tage später seine Begeisterung dem »Führer« mitteilte.[19]

Die Regisseurin bei den Dreharbeiten für den Olympia-Film im Stadion, 1936

»Abends Diner beim Führer für die Ungarn. Ich erzähle dem Führer über den Olympiafilm von Leni Riefenstahl. Er freut sich sehr, dass er so gelungen ist. Wir wollen etwas tun, um der Leni eine kleine Ehrung zu bereiten. Sie hat es verdient. Hat so lange auf Ruhm und Anerkennung verzichtet.«[20]

Die Premiere des Olympia-Films kollidierte mit dem Einmarsch der deutschen Armee in Österreich. Die Geschichte der Terminverschiebung klingt bei Leni Riefenstahl so: »Meine Verzweiflung war so groß, dass ich auf die verrückte Idee kam, Hitler während seiner Fahrt durch Österreich an irgendeinem Ort zu treffen und ihn zu bitten, dass der Film doch noch im Frühjahr herauskommen könnte. Ich fuhr mit der Bahn nach Innsbruck. Was ich in Tirol erlebte, mag heute unglaubhaft klingen ... Die Innsbrucker befanden sich wie in einem Taumel. Wie in religiöser Ekstase streckten sich Arme und Hände Hitler entgegen ... lange stand ich vor der Absperrung des ›Tiroler Hofes‹ ...«[21]

Hitler befand sich damals auf einer groß angelegten Wahlkampfreise durch Österreich. Mit Parolen wie »Jedem Österreicher Arbeit und Brot, jeder Familie den eigenen Volksempfänger (Radio) und ihren eigenen Volkswagen« warb er für die Volksabstimmung am 10. April 1938. Leni Riefenstahl erzählt, dass Hitlers Adjutant sie zufällig vor dem »Tiroler Hof« stehen sah und sie zu Hitler gebracht wurde, mit dem sie dann einen neuen Premierentermin vereinbarte. Auf jeden Fall hat die Aufführung von »Olympia« dann am Geburtstag des »Führers«, am 20. April 1938, stattgefunden.

1939 bekam die Regisseurin für ihre Leistung vom Internationalen Olympischen Komitee die Goldmedaille verliehen. Bei der anschließenden Europatournee der »Götter des Stadions«, wie die fremdsprachige Version von »Olympia« hieß, eilte Leni Riefenstahl von einer Festpremiere zur anderen. Damals stand sie auf dem Höhepunkt ihrer Karriere. Eine private Reise in die USA im Jahre 1938 brachte nach dem Erfolgsrausch die Ernüchterung. Schon bei der Ankunft in New York als »Hitler-Mätresse« beschimpft, sah man in ihr eine Repräsentantin des NS-Regimes und konfrontierte sie mit den antisemitischen Ausschreitungen der so genannten »Kristallnacht«. Ihr gefeierter Olympia-Film wurde boykottiert und ehemalige Künstlerfreunde, die als Emigranten in Hollywood arbeiteten, wollten Riefenstahl nicht mehr kennen. Enttäuscht kehrte die Künstlerin nach Deutschland zurück, wo sie ihre Erlebnisse dem Initiator der »Kristallnacht« bei einem gemütlichen Abendessen schilderte. »Abends berichtet Riefenstahl von ihrer Amerikareise«, notierte sich Goebbels am 5. Februar 1939. »Sie gibt ein erschöpfendes Bild, das alles andere als erfreulich ist. Wir haben da nichts mehr zu bestellen. Die Juden herrschen mit Terror und Boykott. Aber wie lange noch?«

Der Ausbruch des Zweiten Weltkriegs stellt im Leben und Schaffen der Künstlerin eine Zäsur dar. Leni Riefenstahl suchte ein neues Betätigungsfeld und ließ sich mit Zustimmung Hitlers und des Oberkommandos der Wehrmacht mit einigen bewährten Kameraleuten als Berichterstatterin für den Fronteinsatz schulen. Die erste Konfrontation mit der schrecklichen Realität des Blitzkriegs in Polen, als vor ihren Augen am 12. September 1939 in Konskie als Vergeltungsmaßnahme Geiselerschießungen unter der Zivilbevölkerung durchgeführt wurden, genügte, um Riefenstahl – für immer – vom Kriegsschauplatz zu vertreiben.

Die Filmindustrie des Dritten Reichs erlebte im Krieg eine besondere Förderung. Propaganda- und Dokumentarfilme wurden in Massen produziert. Ebenso groß war der Bedarf an leichten Unterhaltungsfilmen zur Aufrechterhaltung der Moral der Bevölkerung. Auch die berühmte Dokumentarfilmerin sollte ihren Beitrag zu dem reichhaltigen Programm der Reichskulturkammer leisten. Man hat daher Riefenstahl vorgeschlagen, doch einen Film über die »Siegfriedlinie« zu drehen. Die abschlägige Antwort der Regisseurin wurde mit Befremden quittiert. Weitere Angebote kamen keine mehr. Die Künstlerin selbst wurde kaltgestellt. Es wurde still um Leni Riefenstahl. Nun begann sie mit den Vorbereitungen eines lang gehegten Projekts: »Tiefland«, nach dem Opernsujet von Eugene d'Albert. Von 1939 bis 1945 setzte sie dafür ihre ganze Energie ein. Das

Propagandaministerium duldete und kontrollierte die Regisseurin, ließ ihr jedoch keinerlei Unterstützung zuteil werden. »Leni Riefenstahl hat Schwierigkeiten mit ihrem neuen Film. Aber ich will mich in diese Angelegenheit nicht zu stark einmischen lassen«, bemerkte Goebbels im März 1940 im Tagebuch. Das Unternehmen stand von Anbeginn unter keinem guten Stern. Das Kriegsgeschehen erzwang eine Verlegung der Dreharbeiten von den Pyrenäen in die Karawanken. Die Rollen der Spanier wurden mit ca. 100 Sinti und Roma besetzt, die man aus den Lagern Maxglan bei Salzburg und Marzahn bei Berlin holte – und später dort wieder einlieferte. Die bäuerlichen Laiendarsteller rasierten in einem missverstandenen Verschönerungsbestreben ihre Bärte und der zahme Wolf, der im Film eine Hauptrolle übernommen hatte, verstarb. Offizielle Stellen behinderten die Arbeit an »Tiefland«, wo sie nur konnten. So wurde die in den Studios von Babelsberg mühsam nachgebaute Alhambra von Granada abgerissen, weil man angeblich Platz für einen wichtigen Film brauchte. Dieser hieß »Ohm Krüger« und wurde zur Unterhaltung und Manipulation der Frontsoldaten eingesetzt.

Riefenstahl arbeitete bereits ein Jahr an ihrem Film, als Deutschland in einem weiteren Blitzkrieg an der Westfront siegte und Frankreich kapitulieren musste. Die Regisseurin, für die Hitler seine Faszination keineswegs eingebüßt hatte, sandte ihm nach dem Einmarsch der Deutschen Wehrmacht in Paris ein persönliches Glückwunschtelegramm.

»Adolf Hitler – Führerhauptquartier. Mit unbeschreiblicher Freude, tief bewegt und erfüllt mit heißem Dank erleben wir Ihren, mein Führer, und der Deutschen größten

Sieg – den Einzug deutscher Truppen in Paris. Mehr als jede Vorstellungskraft menschlicher Fantasie vollbringen Sie Taten, die ohnegleichen in der Geschichte der Menschheit sind. Wie soll ich Ihnen nur danken? Glückwünsche auszusprechen, das ist viel zu wenig, um Ihnen die Gefühle zu zeigen, die mich bewegen. Leni Riefenstahl.«[22] Später erklärte die Regisseurin, dass sie damit ihre Freude über den kommenden Frieden ausdrücken wollte.

Am 21. März 1944 heiratete Leni Riefenstahl im Alter von 42 Jahren. Ihre vorangegangenen Liebesverhältnisse, von kürzerer oder längerer Dauer, hatten alle unglücklich geendet. Auch die vierjährige Verlobungszeit mit Peter Jacob, einem Hauptmann der Gebirgsjäger, hatte sich stürmisch gestaltet, denn Jacob zeichnete sich durch notorische Untreue aus. In periodischen Abständen verschwand er mit anderen Frauen. Leni Riefenstahl waren diese Schwächen keinesfalls verborgen geblieben und ihren Entschluss zur Ehe begleiteten schwere Zweifel. Im Anschluss an die Hochzeit in Kitzbühel empfing Hitler das Ehepaar auf dem Obersalzberg. Es war die letzte Begegnung der Künstlerin mit dem »Führer«.

Nach dem Ende des Dritten Reichs wurde Leni Riefenstahl verhaftet und musste in zahlreichen Verhören zu ihrer beruflichen Karriere im Dritten Reich Stellung nehmen. Man warf ihr Propaganda für Hitler und die NSDAP vor. Als Künstlerin der Bewegung hätte sie ihr beachtliches Können zur Verherrlichung der NS-Ideologie eingesetzt.

Das Protokoll der Vernehmung durch das Interrogation Center der 7. US-Armee am 30. Mai 1945 gibt dazu die Verteidigung der Regisseurin wieder:

»Wie die gesamte Weltpresse, so hätte auch sie die Olympischen Spiele als Symbol von Jugend, Kraft und Schönheit gesehen. Sie wies darauf hin, nie irgendwelche Direktiven erhalten zu haben. Die Wahl ihrer Mitarbeiter sei ihr freigestanden. Der Film sei unzensuriert geblieben und hätte keine Rasse oder Nation bevorzugt. Den schwarzen Amerikanern wäre die gebührende Hochachtung gezollt worden und Jesse Owens, der berühmte schwarze Läufer, sei in dem Begleitbuch zum Film besonders hervorgehoben. ›Wenn ihre Angaben der Wahrheit entsprechen‹, resümiert der Bericht, ›dann hat sie niemals begriffen und begreift auch jetzt nicht, dass ihre Kunst einem grausamen Regime Ausdruck verliehen hat und dass sie zu seiner Verherrlichung beitrug.‹«[23]

Auch später betonte Leni Riefenstahl immer wieder, sie habe damals nur gefilmt, »was da war«. Leni Riefenstahl musste Entnazifizierungs- und Spruchkammerverfahren durchlaufen. Ihr anfangs beträchtliches Vermögen wurde beschlagnahmt und in ihrer Berliner Villa quartierten sich fremde Leute ein. Die Künstlerin bezog eine kleine Dachwohnung in München und nahm ihre verwitwete Mutter, mit der sie zeitlebens ein herzliches Verhältnis verband, zu sich. Die problematische Ehe mit Peter Jacob überstand die Belastungen der Nachkriegszeit nicht und wurde geschieden.

Entgegen oft kolportierten Meldungen erhielt Leni Riefenstahl kein Berufsverbot. 1948 wurde sie in Villingen als »Mitläuferin« und »nicht betroffen« eingestuft, da sie weder der NSDAP noch einer ihrer Organisationen angehört hatte. Sie kam also mit einer milden Strafe davon, während ihr Berufskollege, der Fotograf des »Führers« und Reichsbildberichterstatter Heinrich Hoffmann, zu vier

Jahren Gefängnis und fünf Jahren Betätigungsverbot verurteilt wurde. Auch bei ihm ging es um die Frage, ob er nur Pressefotograf oder eifriger Propagandist gewesen sei.[24] Heinrich Hoffmann hat sein großes Archiv geordnet übergeben und ist nach Verbüßung der Haft nicht mehr in Erscheinung getreten.

Leni Riefenstahl jedoch plante im Vertrauen auf die Entscheidung des Spruchkammergerichts eine neue Karriere. Dabei hat sie allerdings nicht mit der öffentlichen Meinung gerechnet, die sie als Hitlers Geliebte, Freundin von Goebbels und Sympathisantin des NS-Regimes verurteilte. Luis Trenker, ihr einstiger Kollege, nützte die Stimmung und fälschte ein – bis zur Beschlagnahme weit verbreitetes – Tagebuch der Eva Braun, in dem von Orgien auf dem Obersalzberg und einer nackt vor Hitler tanzenden Leni Riefenstahl die Rede ist.[25]

In mehr als fünfzig Prozessen hat die Regisseurin um ihren Ruf und um die Rechte an ihren Filmen gekämpft, die hemmungslos als Raubkopien verwendet wurden.

Nach einer langen Odyssee erlebte »Tiefland« im Februar 1954 in Stuttgart seine Uraufführung. Der Film war unzeitgemäß und hatte keinen Erfolg. Als sich auch noch das Gerücht verbreitete, die darin vorkommenden Roma-Darsteller wären Insassen von Konzentrationslagern gewesen, verschwand der Film vom Spielplan.

Rückblickend steht damit fest, dass die Karriere Leni Riefenstahls als Regisseurin bereits mit ihrem großen Olympia-Film im Jahre 1938 beendet war. Leni Riefenstahl galt als verfemt. Sie spürte die allgemeine Ablehnung und wollte sie nicht zur Kenntnis nehmen. Sie arbeitete unermüdlich weiter, konnte jedoch von den elf Filmen, die sie zwischen 1950 und 1964 plante, kein einziges Projekt realisieren. Es war ein Leben zwischen »Ruhm und Schande«, wie sie es selbst bezeichnet hat. So gab man auf der Biennale von Venedig im Jahre 1959 eine akklamierte Retrospektive aller Riefenstahl-Filme, während sich für ihr aktuelles Filmschaffen kein Produzent finden ließ.

Im Alter von 60 Jahren setzte Leni Riefenstahl dann einen Neubeginn. Sie wandte sich der Fotografie zu und realisierte eine Bildserie über den damals weitgehend unbekannten Stamm der Nuba im Sudan. Als sie ganz allein eine Expedition vorbereitete, lernte sie einen jungen Kameramann kennen, der sich ihr anschloss. Die harmonische Freundschaft zu dem angenehmen Reisegefährten sollte bald in tiefe Zuneigung übergehen. Leni Riefenstahl fand in dem 40 Jahre jüngeren Horst Kettner nicht nur einen idealen Mitarbeiter, sondern vor allem einen Gefährten, mit dem sie alle Höhen und Tiefen ihres bewegten Lebens bis zu ihrem Tod teilte.

Riefenstahls grandiose Reportage über den Stamm der Nuba erschien in zwei Fotobänden und wurde ein sensationeller, weltweiter Erfolg.[26] Ihre Bildimpressionen wurden als »Augenfest von schier überwältigender Faszination« gepriesen. Man sah in den Masken, Ritualkämpfen und Liebestänzen das »wahrscheinlich letzte Zeugnis eines von der industriellen Zivilisation bedrohten Naturvölkerstammes«. Gleichzeitig sah man in den Aufnahmen vom Körperkult der schönen Nuba Parallelen zu den schönen Athletenkörpern der Olympischen Spiele von 1936. Die Diskussion um die Rolle der Leni Riefenstahl im NS-Regime flammte erneut auf. Stimmen wurden laut, dass sie mit der Nuba-Reportage die Künste ihrer NS-Zeit, nämlich die »Verherrlichung der Schönheit der Barbarei«, wiederbelebt hätte. Doch der Art Directors Club erklärte ihre Bildbände zur besten fotografischen Arbeit des Jahres 1975. Im Alter von 72 Jahren entdeckte Leni Riefenstahl abermals eine ganz neue Welt für sich. Sie begeisterte sich für Unterwassersport, lernte tauchen und schuf beeindruckende Fotos der Meeresfauna und -flora.[27]

Im Alter von 80 Jahren schien Leni Riefenstahl die Zeit reif für die Abfassung ihrer Memoiren. Fünf Jahre lang widmete sie sich dieser Aufgabe und füllte mit der aufregenden Geschichte ihres Lebens über 900 Seiten. Das Buch wurde ein in viele Sprachen übersetzter Bestseller. 1995 veranstaltete die Stadt Mailand auf Initiative von Alessandra Fürstin Borghese eine Retrospektive des Werkes von Leni Riefenstahl. 1997 entschloss sich auch Rom zur Würdigung der Künstlerin im renommierten Palazzo delle Esposizioni. Abgeschlossen wurde sie durch den dreistündigen kritischen Dokumentarfilm »Die Macht der Bilder«, einen Verschnitt von Dokumenten und Interviews der Riefenstahl, hergestellt von Ray Müller.[28] Leni Riefenstahl äußert sich darin freimütig zu ihrem Leben. Sie beschreibt, welch überwältigenden Eindruck Hitlers Persönlichkeit auf sie gehabt hatte und wie er sie gleichsam als Schirmherr vor den neidvollen Intrigen der Partei beschützt hatte. Sie erzählt von dem künstlerischen Einfluss des berühmten russischen Regisseurs Sergej Eisenstein auf ihr eigenes Werk. Sie sieht sich als unpolitische Person und gibt an, dass sie auch gern die Parteiveranstaltungen der Kommunisten gefilmt hätte, wenn man sie nur beauftragt hätte.

Welche Kontroversen es um Riefenstahl und ihr Werk

noch 1997 gab, zeigt das Für und Wider in den Reaktionen von Presse und Publikum beim Auftritt der Künstlerin in Rom. Die römischen Veranstalter betonten, dass es »unfair sei, eine so bedeutende Künstlerin für immer zu schmähen«. Der liberale »Corriere della Sera« hingegen schrieb, man hätte die »unheilvolle Vestalin des Dritten Reichs zu Hause lassen sollen« und schlug vor, sie möge das Ghetto besuchen, aus dem über tausend Juden deportiert wurden. Das linksliberale Wochenblatt »L'Espresso« bot daraufhin Videokassetten der Riefenstahl-Filme im Sonderangebot an.

1998 wurde ihr Parteitagsfilm als »bester Propagandafilm aller Zeiten« gepriesen und »Olympia« unter die zehn besten Filme der Welt gereiht. Mehr als hundert Dissertationen analysierten ihr künstlerisches Werk. Die Frauenbewegung hatte sie zur Kultfigur erkoren. Der Name Riefenstahl war – während die Künstlerin im Alter von 96 Jahren zusammen mit ihrem Lebensgefährten einen Unterwasserfilm drehte – bereits Legende. 1999 veranstaltete das Filmmuseum in Potsdam eine Retrospektive über Leben und Werk Leni Riefenstahls.

Zu diesem Zeitpunkt wurde die Künstlerin nochmals von ihrer Vergangenheit eingeholt. Eine Gruppe Überlebender klagte, nachdem Riefenstahl erklärt hatte, dass »alle und jeder« der bei »Tiefland« beschäftigten Sinti und Roma das NS-Regime ohne Schaden überstanden hätten. Im Oktober 2002 stellte die deutsche Justiz das Verfahren im Hinblick auf das hohe Alter der Beklagten ein.

Am 8. September 2003 starb Leni Riefenstahl im 101. Lebensjahr in ihrem Haus in Pöcking.

Gertrud Scholtz-Klink

Die Genossin

9. Februar 1902 – 24. März 1999

Die dünnen Haare zur Gretchenfrisur aufgesteckt, die weiße Bluse hochgeschlossen, dazu ein strenges, dunkles Kleid und ein sittsames Lächeln auf den zusammengepressten Lippen – so präsentierte sich die NS-Reichsfrauenführerin als NS-Musterfrau auf millionenfach gedruckten Postkarten. Scholtz-Klink entsprach genau dem von der NSDAP geforderten Ideal: Sie war die Mutter einer großen Familie, die nach außen hin ein Bild vollendeter Harmonie bot, und auch ihr Lebenslauf konnte jeder nationalsozialistischen Frau zum Vorbild gereichen.

Gertrud Emma Treusch wurde am 9. Februar 1902 als Tochter eines Beamten im badischen Adelsheim geboren. Sie besuchte das Gymnasium in Baden, verließ jedoch während des Ersten Weltkriegs die Schule, um sich, wie sie später angab, »ganz der Arbeit für den Krieg« zu widmen. Sie wurde dann im Bahnhofsdienst und im Haushalt von Offiziersfamilien tätig.[1] Im Alter von 19 Jahren heiratete sie

Eugen Klink, einen Schullehrer, der mit der NSDAP sympathisierte und seine Frau zur praktischen Sozialarbeit im Rahmen der Partei anhielt. Das hieß, Kochdienste in SA-Küchen übernehmen, Kinder berufstätiger Parteigenossinnen beaufsichtigen und in Nähstuben mitarbeiten. Über das Niveau dieser einfachen Hilfsdienste ist die von der Propaganda und der Aufbauarbeit der Nationalsozialisten begeisterte Gertrud Klink jedoch rasch hinausgewachsen. Hitler vermittelte ihr dermaßen »Selbstvertrauen, Glauben an eine Zukunft und den Mut zu diesem Glauben«,[2] dass sie am 1. März 1930 gemeinsam mit ihrem Mann der NSDAP beitrat. Bald fiel die neue Genossin durch ihr eifriges Anwerben von weiblichen Mitgliedern auf.[3]

Im selben Jahr erlag der zum Bezirksleiter avancierte Eugen Klink während einer Kundgebung der NSDAP einem Herzanfall. Gertrud füllte daraufhin als »Gaufrauenschaftsleiterin« von Baden »die Lücke«, wie sie sich selbst ausdrückte, und trat als Rednerin bei Parteiveranstaltungen auf. Vier kleine Kinder – ein fünftes war früh verstorben – konnten die Witwe, die in flammenden Reden ihren Geschlechtsgenossinnen zum Rückzug aus dem öffentlichen Leben riet, nicht von ihrem intensiven politischen Engagement abhalten. Unter Gertrud Klinks Leitung vollbrachte die badische NS-Frauenorganisation »sehr erfreuliche Leistungen für die Hinterbliebenen von Gefallenen der Bewegung, für Verwundete und mittellose Parteigenossen«, wie der Gauleiter von Baden, Robert Wagner, anerkennend bemerkte.[4]

1932 ging Gertrud Klink eine neue Ehe ein und heiratete den Landarzt Dr. Günther Scholtz. 1933 wurde die Frauenleiterin, die nun den Namen Scholtz-Klink führte,

Die Reichsfrauenführerin vor ausländischen Pressevertretern

von Gauleiter Wagner, in dem sie einen Gönner gefunden hatte, als »Referentin für Frauenverbände« ins Innenministerium gerufen. Sie nützte ihre Chance, löste alle konkurrierenden Frauenverbände auf und stellte mit beträchtlicher Raffinesse ihre ehrgeizigen Rivalinnen kalt. Mit einem Aufruf zur Unterstützung des Neuen Freiwilligen Arbeitsdienstes konnte sie nicht nur ihre Position stärken, sondern auch die Position einer »Leiterin des Frauenarbeitsdienstes« erringen. Der RADwJ (Reichsarbeitsdienst für die weibliche Jugend) bot Schulung im nationalsozialistischen Denken und erzog zum Dienst an der so genannten Volksgemeinschaft. Im Gegensatz zu den »Arbeitsmännern«, die zur »Arbeit mit der Faust« angehalten wurden, stand den »Arbeitsmaiden« die »Erziehung und Besinnung zur großen Aufgabe als Hausfrau und Mutter, gemeinsam mit einer Stählung des Körpers und der Seele« bevor.[5] Sie sollten Kenntnisse in Haus- und Landwirtschaft erwerben und außerdem in Rassenkunde und Erblehre geschult werden.

»Der deutsche Frauenarbeitsdienst hat somit die Umstellung der Frauenberufsarbeit in Deutschland auf die in der Familie und in der Scholle liegenden Aufgaben – vor allem die Siedlung – zu fördern«, tat Scholtz-Klink einen Blick in die Zukunft. Das Echo war gering und solange der Arbeitsdienst freiwillig war, stellten sich trotz zündender Parolen – »Arbeitsdienst ist Ehrendienst« – nur fünf Prozent der Mädchen zur Verfügung. Bald jedoch wurden alle jungen Deutschen zum Reichsarbeitsdienst im Ausmaß eines halben Jahres verpflichtet.

Am 24. Februar 1934 hatte Scholtz-Klink das Ziel ihrer Wünsche erreicht. Als Reichsfrauenführerin übernahm sie die oberste Leitung aller NS-Frauenorganisationen und erhob den Anspruch, für deutsche Frauen aller Altersstufen zuständig zu sein.

Ihr Titel klang nach Machtfülle und die NS-Propaganda präsentierte Scholtz-Klink vor allem im Ausland als wichtige Persönlichkeit der NS-Hierarchie. Laut Anordnung Hitlers stand sie jedoch nur im Rang eines Hauptamtsleiters, hatte in der Parteileitung keine direkte Vertretung und unterlag der strengen Kontrolle der NS-Wohlfahrt, deren Leitung dem Sozialpolitiker Erich Hilgenfeldt anvertraut war.

Ihre geringe politische Macht zeigte sich bei vielen Kompetenzstreitigkeiten, in denen die Reichsfrauenführerin immer den Kürzeren zog. So bestand der Leiter der Deutschen Arbeitsfront, Robert Ley, darauf, alle arbeitenden

Frauen zu organisieren, Walther Darré reklamierte die Bäuerinnen für seinen »Reichsnährstand« und Baldur von Schirach dachte nicht daran, den »Bund Deutscher Mädel« aus seiner Einflusssphäre zu entlassen.

Trotz vieler Widerstände ging die NS-Frauenführerin gleich nach Amtsantritt mit Feuereifer daran, die NS-Ideologie in die Praxis umzusetzen. Sie schuf ein für alle Schulabgängerinnen verpflichtendes »Haushaltsjahr«, das zusammen mit den bereits seit 1933 gewährten »Ehestandsdarlehen« die Frauen zum Rückzug aus der Berufswelt bewegen sollte. Das Haushaltsjahr war auch die Voraussetzung für ein Hochschulstudium. Man hoffte, die Mädchen im Laufe dieses Jahres mittels geschickter Propaganda von der Unsinnigkeit ihrer akademischen Wünsche zu überzeugen und sie von den Hochschulen fern zu halten. Aus diesem Grund predigte Scholtz-Klink in eindringlicher Weise die wissenschaftsfeindlichen Parolen der NSDAP. Sie lauteten: Theoretisierende, abstrakte und »trockene« Gehirnarbeit – wie sie in der Zeit vor der Machtübernahme herrschte – hätte etwas Totes, Lebensfremdes an sich, denke nicht vom Leben her, sondern vom Leben weg ins Begriffliche hinein. Im Übrigen sei Wissenschaft etwas spezifisch Männliches für »Arbeiter der Stirn« und Frauen sollten nur in Ausnahmefällen studieren. Dann nämlich, wenn sie »die Vererbung« dafür ausersehen und es ihrem Wesen »in die Wiege gelegt« hätte.

Eine Astronomin schien diese Kriterien zu erfüllen und Scholtz-Klink intervenierte für die bei einer Berufung übergangene junge Wissenschaftlerin bei Martin Bormann, dem Leiter der Reichskanzlei. »Der Fall von Fräulein Dr. G. ist bestimmt einmalig und ich setze mich deshalb so stark für sie ein, weil ich der Meinung bin, dass es nicht zu verantworten ist, wenn eine ausgesprochene vererbte künstlerische und wissenschaftliche Begabung keine Förderung erfährt, sondern gehemmt wird, weil es eine Frau ist, die diese Fähigkeit besitzt.«[6] Der Appell an die Fairness Bormanns verhallte jedoch ungehört.

Scholtz-Klink war eine treue Dienerin der Partei und verehrte Hitler wie einen Gott. »Mein Kampf« betrachtete sie als Evangelium und jedes Wort des »Führers« war ihr eine Offenbarung. »... und dann wollen wir als Menschen und Kameraden immer bessere Deutsche werden, die ihr vergängliches Leben in den Dienst unserer großen Zeit stellen, damit der Führer aus unserem Lebensgehorsam und unserer Treue ein ewiges Deutschland schaffen kann«, ist nur ein Beispiel ihres schwülstig-fanatischen Redestils.[7] Nach Ansicht der Reichsfrauenführerin war Hitler derjenige, der die »Rassenseele« des deutschen Volkes am besten kannte. Schon seine Person »verkörpere ein Versprechen«. Scholtz-Klink studierte den »Mythos des 20. Jahrhunderts« des NS-Chefideologen Alfred Rosenberg, mit dem sie auch korrespondierte. Ziele und Programme des NS-Staates nahm sie begierig auf. Ohne selbst kreativ zu werden, hat sie das frauenverachtende Gedankengut ihrer männlichen Parteigenossen einem Sprachrohr gleich an ihre Geschlechtsgenossinnen weitergegeben. Unermüdlich ermahnte sie zur Pflege deutscher Sitten und Gebräuche und wollte im sexuellen und gesellschaftlichen Bereich ein hohes moralisches Niveau gewahrt sehen. Ihre gläubig verkündete Parole hieß »Hebung des gesamten weiblichen Volksniveaus« durch »Dienst und Dienen am deutschen Volk«. Ihre Überzeugung, die sie auch den Frauen vermitteln wollte, war, dass Pflichterfüllung – still im Hintergrund und ohne Anspruch auf Anerkennung – ein wesentliches Merkmal der weiblichen Psyche sei.

»Denn für die Mutter gilt das Wort, dass sie durch Dienen zum Herrschen gelangt, zu einem sehr leisen, sehr stillen und unbetonten Herrschen, dessen Sinn immer und immer das Dienen bleibt.«[8]

Scholtz-Klink selbst diente nicht still, sondern reiste unablässig von einem Kongress zum anderen, hielt unzählige Vorträge und brachte ihre simplen Gedankengänge zu Papier. Als ihr Mann über ihre zahlreichen NS-Verpflichtungen klagte, ließ sie sich 1938 von ihm scheiden.

Die übrigen deutschen Frauen sollten jedoch nach dem Wunsch der Reichsfrauenführerin mit »anderen Waffen« und zu Hause kämpfen, denn in der parlamentarischen Mitarbeit sah sie ein »Übertreten der Geschlechtergrenzen«. »Dabei musste ihr [der deutschen Frau] doch ihr inneres Gefühl sagen, dass durch diesen Schritt ins Parlament ihr zwei Wege nur vorgezeichnet waren: entweder sie griff, um sich durchzusetzen, die Waffen der Männer auf und bot damit das Bild der parlamentarischen Frau, die dem Ansehen der Frau mehr schadete als nützte ... oder sie wahrte ihr Frauentum, saß still dabei und erreichte nicht um Haaresbreite mehr ...«[9] Die Quintessenz der Ausführungen war, dass Frauen in der Politik nichts verloren hätten, denn »wer einmal das Gekreisch der Kommunistinnen und Sozialdemokratinnen auf der Straße, im Parlament, ... gehört hat, der weiß, dass sich dazu eine wahrhaft deutsche Frau nicht hergibt«. Ebenso sinnlos und widernatürlich schien für Scholtz-Klink auch jeder Kampf um Gleichberechtigung zu sein.

Privatleben konnte im Dritten Reich nur im Verborgenen stattfinden, denn das Regime usurpierte selbst die Intimsphäre seiner Bürger. Es klang wie eine Drohung, wenn Scholtz-Klink mit gepflegter Stimme sagte: »Sie, meine lieben deutschen Frauen, werden also in Zukunft durch Presse und Radio ... erfahren, wie das Geld, das Sie zur Verwahrung haben, verwandt werden muss. Denn das Geld, das Ihre Männer oder Sie selbst verdienen, gehört nicht Ihnen allein, es gehört dem deutschen Volk.«[10]

Selbstverständlich hat die Frauenführerin die Kampagne der NSDAP gegen die Juden an vorderster Stelle mitgemacht. Sie warnte in ihren Reden vor »volklosem Menschheitsgerede«, forderte »rassische Reinheit« und warnte vor jeder Störung der »natürlichen Ordnung«. Dabei blieb es nicht. Auf den Plakaten der NS-Frauenschaft ging man zu praktischen Ratschlägen über: »14 Jahre lang habt ihr, Parteigenossinnen, Schulter an Schulter mit der Braunen Front gegen den Juden, den Todfeind des deutschen Volkes, gekämpft, habt jüdische Lüge aufgedeckt und jüdische Geschäfte gemieden. Keinen Groschen mehr an ein jüdisches Geschäft, keinen jüdischen Arzt, keinen jüdischen Rechtsanwalt für die deutsche Frau oder deutsche Familie! Frauen, unterschätzt nicht den furchtbaren Ernst dieses Entscheidungskampfes. Der Jude will ihn führen bis zur Vernichtung des deutschen Volkes. Wir führen ihn bis zur Vernichtung des Judentums.«[11]

Die Reichsfrauenführerin fehlte auf keinem Parteitag. Sie marschierte dann mit ihren Gauleiterinnen auf, die in ihrer strengen, bewusst unattraktiven Kleidung den deprimierenden Anblick von Internatszöglingen boten. Ihre Auf-

Gertrud Scholtz-Klink mit Untergauführerinnen des BdM

tritte nach denen des »Führers« wirkten wie Doppelconférencen eines Kabaretts, da sie als getreuliches Echo die Ausführungen Hitlers – wie er sie formuliert hatte – wiedergab.[12]

So meinte sie 1934 in Nürnberg: »Die deutsche Frau, wie wir sie uns denken, muss, wenn die Lage des Volkes es erfordert, verzichten können auf Luxus und Genuss, sie muss geistig und körperlich gesund sein, sie muss aus dem harten Leben, das wir heute zu führen gezwungen sind, ein schönes Leben machen …«

Am 13. September 1936 – mitten im Frieden – erfuhren die erstaunten deutschen Frauen aus einer Rede Hitlers: »Solange wir ein gesundes männliches Geschlecht besitzen – und dafür werden wir Nationalsozialisten sorgen –, wird in Deutschland keine weibliche Handgranatenwerferinnen-Abteilung gebildet und kein weibliches Scharfschützenkorps.«[13]

Dies bot einen Blick in die Zukunft, ebenso wie das Inkraftreten des »Vierjahresplanes« von 1936, der Deutschlands Wirtschaft auf Kriegsbedingungen umstellen sollte. Gertrud Scholtz-Klink leistete dazu ihren Beitrag: »Wenn der Führer sagt: ›Wir haben nicht die Devisen, um all das Fleisch einzuführen, das wir zusätzlich brauchen, dann könnten wir Hausfrauen einen Beweis unserer guten Berufserziehung ablegen, indem wir einfach sagten: Brot haben wir, an Kartoffeln haben wir auch genug, Milch und Zucker sind zur Genüge vorhanden. Ich sage Ihnen das nur, damit Sie einmal sehen, wie die deutsche Frau letzten Endes eigentlich der beste Wirtschaftsminister sein könnte...‹«[14]

Man zählte Scholtz-Klink, die im November 1936 das Goldene Ehrenzeichen der NSDAP erhielt, pro forma zum Kader der Partei, obwohl die Rolle der NS-Frauen bereits 1921 festgelegt worden war. Damals beschloss die Generalversammlung aller Mitglieder, Frauen weder in die Führung der NSDAP noch in leitende Ausschüsse aufzunehmen. Damit waren den Ambitionen der ehrgeizigen Frauenführerin enge Grenzen gesetzt. Sie selbst erscheint als Opfer der nationalsozialistischen Frauenfeindlichkeit, die Scholtz-Klink zwar voll Pathos predigte, aber für die eigene Person nicht gern zur Kenntnis nahm. Da half auch das Lob des verehrten »Führers« wenig. Dieser meinte in einem seiner Monologe im Führerhauptquartier: »Vier Paradefrauen habe ich gehabt: Frau Troost, Frau Wagner, Leni Riefenstahl und Frau Scholtz-Klink.«[15]

Während Hitler die Gesellschaft der anderen »Paradefrauen« jedoch suchte und mit ihnen gerne privat verkehrte, pflegte er die Reichsfrauenführerin tunlichst zu meiden. 1938, auf der Höhe ihrer bescheidenen Macht, klagte sie, dass »es mir bisher nicht gelungen ist, mit dem Führer einmal persönlich die Aufgabenbereiche der Frau durchzusprechen«.[16] Sie sollte nie bis zum verehrten »Führer« vordringen und auch die gesamte NS-Elite blieb zu ihr auf Distanz. Man ignorierte die Reichsfrauenführerin in ihrer biederen Aufmachung, lehnte jeden gesellschaftlichen Verkehr mit ihr ab und lud sie zu keinem einzigen der glanzvollen Empfänge und Feste des Dritten Reichs.

Kränkend für sie war auch der Umstand, dass selbst die Frauen von Parteifunktionären den Reden von Scholtz-Klink nichts abgewinnen konnten, in höchst undankbarer Weise fernblieben und ihre Publikationen nicht lasen. Dabei schrieb die Reichsfrauenführerin unablässig und produzierte zwischen 1933 und 1944 mehr als 50 Bücher und Broschüren.[17] Kränkend auch, dass man sie 1939 bei einem Besuch Englands als »perfect NS-Woman« verhöhnte.

Trotz aller Mühe und Propaganda belief sich der Anteil jener Frauen, die in Deutschland dem NS-Deutschen Frauenwerk als Einzelmitglieder beitraten, auf magere sechs Prozent. Die imposante Migliederzahl von vier Millionen stammte von Frauenverbänden, die man einfach – ohne langes Fragen – korporativ den NS-Verbänden eingegliedert hatte und aus denen ein Austreten mit unangenehmen Folgen verbunden war.

Die Zwangsmitglieder rebellierten still und die »neue deutsche Frau« blieb den Kursen mit »weltanschaulicher Schulung« fern, auch wenn diese noch so getarnt und versteckt geboten wurden. Im Gegensatz dazu herrschte für Säuglingspflege und Kochen großes Interesse. Die von Scholtz-Klink ins Leben gerufenen Mütterschulkurse wa-

Zu Besuch in Rom

ren sogar ein durchschlagender Erfolg und zwischen 1934 und 1937 besuchte über eine Million Frauen einen der 54 000 angebotenen Lehrgänge.

Bezeichnend für den in den NS-Frauengruppen herrschenden Ton ist das Telegramm, das Scholtz-Klink bereits am 14. März 1938, kurz nach dem Einmarsch der Deutschen Wehrmacht in Österreich, aus Wien erhielt: »Am Tag des Eintreffens des Führers in Wien begrüßen die deutsch fühlenden Frauen Österreichs, die seit Kriegsende die Heimkehr Österreichs zum Deutschen Reich ersehnten und dafür gearbeitet haben, die Reichsfrauenführerin aus ganzem Herzen und bitten Sie, die Frauen Österreichs bald zu besuchen.«[18] Scholtz-Klink kam dieser Aufforderung gern nach und unternahm eine große Vortragsreise durch die »Ostmark«, um auch dort den Aufbau des »Deutschen Frauenwerks« sowie der »NS-Frauenschaft« einzuleiten.

1940 ging Scholtz-Klink eine dritte Ehe mit dem SS-Obergruppenführer August Heißmeyer, dem Chef des SS-Hauptamtes, ein, der sechs Kinder aus erster Ehe mitbrachte. Die große Kinderschar des Ehepaares bot neidigen Parteigenossinnen einen Anlass, der unbeliebten Reichsfrauenführerin Vernachlässigung ihrer Amtspflichten vorzuwerfen. Andere wiederum kritisierten, dass sie kaum Zeit für ihre Familie erübrige.

Im Verlauf des Krieges verlor die absurde, irrationale Gedankenwelt des NS-Regimes zunehmend an Überzeugungskraft und die von der NS-Führerin so wortreich verkündeten Ideale fielen der Realität zum Opfer. Scholtz-Klink revidierte ihre Ansichten. Vergessen waren die »weiblichen Erwerbsberufe«, die »Ehe! Hausfrau im eigenen Haushalt!« als Ziel hatten. Das Heimchen am Herd hatte plötzlich ausgedient. Es gab keine Männer- und Frauenfrage mehr und keine »Rückkehr zur Scholle«. Vielmehr verkündete Scholtz-Klink: »Man hört von Frauenseite oft noch die verschiedensten Einwände gegen eine Arbeit im Rüstungsbetrieb. Die Frage, ob man diese Arbeit der oder jener Frau zumuten könne, ist heute wohl überholt.«[19] Damit übertraf die Reichsfrauenführerin selbst den verehrten »Führer«, der lange den zwangsweisen Einsatz von Frauen in Rüstungsbetrieben verbot. Als schließlich im Januar 1943 eine Dienstverpflichtung für 17- bis 45-jährige Frauen erlassen wurde, begrüßte dies Scholtz-Klink: »Die von der Frauenschaft erzogenen und für die Wehrmacht bereitgestellten Frauen sollen nicht nur tippen und arbeiten, sondern auch Soldaten des Führers sein.«[20]

1943 gab die NS-Führerin noch gute Ratschläge zur »Kriegsweihnacht«, 1944 appellierte sie: »Mütter, ihr tragt das Vaterland!«, und forderte sie zu »Geburtshöchstleistungen« auf. 1945 tauchte sie mit ihrem Mann nach kurzer Internierung in einem sowjetischen Kriegsgefangenenlager unter. Das Ehepaar führte einen falschen Namen. Als Heinrich und Maria Stuckebrock wurden sie entnazifiziert und lebten drei Jahre lang unerkannt in der amerikanischen Besatzungszone. Im Februar 1948 wurde die ehemalige Reichsfrauenführerin, die als Maria Stuckebrock bei der Fürstin zu Wied auf Schloss Bebenhausen Unterschlupf gefunden hatte, verhaftet und wegen Irreführung der Behörden zu 18 Monaten Gefängnis verurteilt. Ein anschließendes Spruchkammerverfahren hat Scholtz-Klink nur als »belastet« eingestuft. Auf Grund massiver Proteste kam es zu einem zweiten Verfahren und einer Anklage als »Hauptschuldige«. Die Richter sahen in der politischen Bedeutungslosigkeit der Reichsfrauenführerin einen Milderungsgrund. Die Tübinger Spruchkammer verhängte eine milde Haftstrafe von 18 Monaten, die als bereits verbüßt galt. 1950 stufte eine Revisionsinstanz Scholtz-Klink als »Hauptschuldige« ein und verurteilte sie zu 30 Monaten Arbeitslager. Die Politische Säuberungskommission der Bundesrepublik Deutschland untersagte ihr jede politische Betätigung und erließ ein Berufsverbot.[21]

Scholtz-Klink ist auch weiterhin eine überzeugte Nationalsozialistin geblieben. Noch 1974 vertrat sie den Standpunkt, dass ein Parlament der ungeeignetste Ort wäre, um die Wünsche und Meinungen eines Volkes zum Ausdruck zu bringen. »Wir [die nationalsozialistischen Frauen] waren einen Schritt weiter!«, meinte sie voll Stolz. 1978 schrieb Scholtz-Klink als Antwort auf kritische Artikel, die sich mit ihrer Rolle während der NS-Zeit auseinander setzten, das Buch »Die Frau im Dritten Reich« mit Reden und Beiträgen aus ihrer Glanzzeit.

Die ehemalige Reichsfrauenführerin präsentierte sich darin weit entfernt von jeder Reue oder Einsicht. Es ist ein Plädoyer für das Dritte Reich mit einer Apotheose des »Führers«: »Bis eines Tages der Name Adolf Hitler in unser Bewusstsein drang – eines Frontsoldaten, der unser Volk wachrüttelte, uns Licht zeigte, wo wir nur Dunkel sahen, der uns nicht mehr aus der Hand ließ ...«[22]

Gertrud Scholtz-Klink starb am 24. März 1999 in Bebenhausen, Tübingen, im 98. Lebensjahr.[23]

Geli Raubal

Onkel Adolfs Nichte

4. Juni 1908 – 18. September 1931

»... über eines müssen wir uns klar werden. Onkel Adolf verlangt, dass wir zwei Jahre warten. Bedenke, Emil, zwei volle Jahre, in denen wir uns nur hie und da küssen dürfen und immer unter der Obhut O. A. ...«, schrieb Angela »Geli« Raubal, die Nichte Adolf Hitlers, ihrem Liebhaber und heimlichen Verlobten, Emil Maurice.

Dieser Brief vom Heiligen Abend des Jahres 1927 ist im Jahre 1993 im renommierten Münchner Auktionshaus HERMANN HISTORICA versteigert worden.[1] Das hochinteressante Zeitdokument wirft erstmals näheres Licht auf die Beziehung zwischen Adolf Hitler und Geli Raubal, die mit dem Selbstmord des Mädchens endete.

Keine der Frauen im Dunstkreis der NS-Elite hat die Fantasie der Nachwelt so entzündet wie Hitlers Nichte. Unermüdlich deuten Historiker, Publizisten und Psychologen, unterstützt von den Memoiren vieler Parteigenossen und -genossinnen, den Fall Raubal. Die meisten Spekulationen sind eng mit Hitlers Sexualleben verknüpft. War Geli Hitlers Geliebte? War es Selbstmord? War es Mord?

Angela »Geli« Maria Raubal wurde am 4. Juni 1908 in Linz geboren, wenige Monate nachdem der 20-jährige Hitler nach Wien gezogen war, um sich auf eine Wiederholung der Aufnahmeprüfung an der Kunstakademie vorzubereiten. Ihre Mutter Angela Raubal, geb. Hitler, stammte aus der zweiten Ehe von Hitlers Vater mit der Wirtstochter Franziska Matzelsberger. Mit seiner um sechs Jahre älteren Halbschwester, der er in seiner Jugend selbst verfasste Theaterstücke zu diktieren pflegte, hat sich Adolf Hitler am besten von allen Familienangehörigen vertragen.[2]

Angela Hitler hatte am 14. September 1903 – zwei Jahre nach dem Tod des Vaters – geheiratet (Trauungsbuch XI, S. 41, Pfarre St. Joseph, Linz). Drei Kinder – Leo, Angela (»Geli«) und Elfriede – entstammten der Ehe mit dem Steueramtsoffizial Leo Raubal.[3] Doch der Beamte verstarb schon 1910 und hinterließ eine junge Witwe mit drei Kleinkindern, deren finanzielle Situation sich recht prekär gestaltete. Die 27-Jährige suchte und fand jedoch Hilfe im Familienkreis. Vor allem die Schwägerin Maria Raubal, eine unverheiratete Volksschullehrerin, sollte sich als wertvolle Stütze erweisen. Schon 1913 nahm sie Leo zu sich nach Peilstein, einem kleinen Ort in der Nähe von Linz, wo sie viele Jahre an der Volksschule tätig war. 1915 folgte auch Geli, die vor dem Schuleintritt stand. Sie besuchte dann gleich die von Maria Raubal geführte 1. Klasse der Peilsteiner Volksschule.

Ein Foto zeigt die Lehrerin Raubal als kleine, resolut wirkende Person in dem ländlichen Klassenraum samt

Angela Raubal (1. Reihe, 3. von rechts) im ersten Schuljahr.
Links vorne ihre Tante und Lehrerin Maria Raubal

ihrer großen Anzahl von Schützlingen, die alle mit brav verschränkten Armen in den Holzbänken sitzen. Ihre Nichte Geli, ein hübsches Kind mit feingeschnittenen Gesichtszügen, hat sie vorne in die erste Reihe platziert, wo jede Unaufmerksamkeit leicht zu bemerken ist.[4] Eine hochbetagte Mitschülerin erinnert sich noch an das Schuljahr 1915: »Sie war ein hübsches, lebenslustiges Mädchen. Bei einem Schulausflug zum Plöckensteiner See sprang Geli als Einzige ins Wasser und wir standen am Ufer und staunten sehr.«[5]

Während Geli in der Obhut der Tante ihre ersten Buchstaben malte, begab sich ihre Mutter auf Arbeitssuche nach Wien, wo sie Verwandte hatte. Im Oktober 1915 trat Angela Raubal eine Stelle in einem Lehrmädchenheim an, dessen Leitung sie bald übernahm. Mit dem Gehalt besserte sie ihre Witwenpension auf.[6] In der Hauptstadt der österreichisch-ungarischen Monarchie spürte man bereits die Auswirkungen des Ersten Weltkriegs. Verarmte und delogierte Menschen prägten das Straßenbild. Die Wohnungsnot war groß und Angela Raubal schätzte sich glücklich, als sie eine Mietwohnung im 1. Stock eines schönen Jugendstilhauses in der Gumpendorfer Straße im 6. Wiener Gemeindebezirk bezog.

Im Oktober 1917, als Streiks und Demonstrationen gegen die Hungersnot stattfanden und Ersatzstoffe den Speisezettel beherrschten, holte Angela Raubal ihre neunjährige Tochter Geli zu sich. Geli blieb fünf Jahre in Wien und erlebte das Ende des Kriegs, den Zerfall der Habsburgermonarchie, den Zusammenbruch der Wirtschaft und die Armut der von einer rasanten Inflation geprägten Nachkriegsjahre. Trotzdem haben sich Mutter und Tochter später stets günstig über die Stadt an der Donau geäußert.

Nach der fünf Klassen umfassenden Volksschule legte Geli, die nur eine mittelmäßige Schülerin war, die Aufnahmeprüfung für das Mariahilfer Mädchengymnasium in der Rahlgasse 4 ab. Die Anzahl der Mädchen an höheren Schulen war 1918 noch gering, galt doch der Besuch einer Mittelschule als Privileg jener Familien, die sich, unabhängig von Arm oder Reich, auf Grund von Herkunft, Lebensstil oder Umgangsformen zu den so genannten »Besseren« zählten.

Welch großen Wert die Familie Hitler-Raubal der Schulbildung beimaß, geht aus der Schulodyssee hervor, zu der man Geli nötigte. Angela Raubal entwickelte nämlich für ihre Tochter – später mit Unterstützung Hitlers – einen erstaunlichen Ehrgeiz, gepaart mit bemerkenswerter Zähigkeit. Geli hatte nämlich schon im 1. Gymnasialjahr schlechte Noten. Trotzdem wählte die Mutter für sie keinen leichteren Schultyp – etwa die Bürgerschule –, sondern ließ das Mädchen bereits vor Weihnachten 1919 die Schule wechseln. Im nächsten Realgymnasium in Wien 6, Amerlingstraße 6, musste das Mädchen auf Wunsch der Mutter freiwillig die 1. Klasse wiederholen. Dann quälte sich Geli bis zur 3. Klasse, in der mit »Nicht genügend« in Latein, Griechisch, Geografie und Mathematik ein »Sitzenbleiben« drohte. Die Mutter wartete das bevorstehende negative Klassenzeugnis jedoch gar nicht ab, sondern nahm Geli während des Jahres erneut aus der Schule.[7] Nach Beratungen im Familienkreis wurde eine Lösung gefunden. Tante Maria Raubal ließ sich nach 34 Dienstjahren pensionieren, übersiedelte nach Linz in ein winziges Einfamilienhaus in der Dinghoferstraße 43, nahm Geli zu sich und widmete sich ihr in rührender Weise. Zuerst galt es die Schulfrage zu lösen. Das in Linz schon seit 1889 bestehende Mädchenlyzeum genügte den Ansprüchen der ehrgeizigen Mutter nämlich nicht. So wandten sich Angela und Maria Raubal an das Akademische Gymnasium auf der Spittelwiese, die Linzer Schule mit dem größten Renommee und den höchsten Anforderungen. Dort stand ein Bruch mit der Tradition bevor – die erstmalige Zulassung von Mädchen wurde erwogen. Auf Grund der Hartnäckigkeit von Mutter und Tante hat die Direktion Geli trotz des negativen Zeugnisses aufgenommen.[8] Unter der gestrengen Aufsicht der Tante, die auch Gelis Bruder Leo betreute, besserten sich die Noten und das Schuljahr konnte positiv abgeschlossen werden. In der 4. Klasse kämpfte Geli erneut mit Altgriechisch und eine Wiederholungsprüfung wurde fällig. Das dafür notwendige lästige Lernen vergällte die großen Sommerferien und erwies sich als heilsamer Schock – danach gab es nur mehr geringe Schulprobleme, die durch Nachhilfestunden eines Mitschülers überwunden werden konnten.[9]

Geli litt unter dem Bildungsdruck, der in der Hitler-Raubal-Familie herrschte. Die Parallelen zur Schulzeit ihres Onkels sind unübersehbar. Wie seine Nichte hat auch Hitler die erste Klasse einer höheren Schule – bei ihm war es die Realschule – wiederholt, häufig die Lehranstalten gewechselt und Nachprüfungen abgelegt. Hitler beendete seine unrühmliche schulische Laufbahn mit dem Austritt ohne Abschluss im Alter von 16 Jahren. Seine Nichte hätte dies vermutlich auch gern getan. Sie beugte sich jedoch dem Wunsch von Mutter und Tante und harrte bis zur Reifeprüfung aus.

In den Linzer Jahren hat Geli ihre Mutter, die sowohl Stellung als auch Wohnung wechselte und ab 1919 als »Küchenleiterin« das jüdische Universitätsbuffet in Wien übernahm, nur mehr in den Ferien gesehen. Der jüdische Hochschulausschuss in Wien gab später bekannt: »Es ist uns sehr unangenehm, dass die Schwester Hitlers lange Zeit unsere Küche für jüdische Studenten geleitet hat. Wir haben diese Tatsache der Öffentlichkeit nie mitgeteilt, da wir Vorwürfe national-jüdischer Kreise befürchteten. Wir wissen bereits seit längerer Zeit, dass Frau Raubal dem nationalsozialistischen Führer politisch und verwandtschaftlich sehr nahe steht. Als sie engagiert wurde, hat sie uns natürlich nicht erzählt, dass sie Hitlers Schwester ist.« Ernst Hanfstaengl, der Auslandspressechef der NSDAP, will Hitlers Halbschwester nach 1923 in Wien aufgesucht haben: »…fand ich sie im dritten oder vierten Stock einer schmutzigen Zinskaserne. Auf mein Klingeln öffnete sie die Tür nur einen Spalt. Das genügte, um im Hintergrund des ärmlichen Zimmers auf dem Boden liegende Matratzen zu sehen.«[10]

Tatsächlich lebte Angela Raubal damals im bürgerlich-vornehmen Teil des 4. Wiener Gemeindebezirks, wo sie von 1920 bis 1927 die schönste 4-Zimmer-Balkon-Wohnung eines gepflegten Zinshauses gemietet hatte.[11] Anlässlich der Übersiedlung nach Bayern nahm sie sich dann – für gelegentliche Wienbesuche – im selben Haus eine kleinere Wohnung.[12] Am 10. Juni 1924 wurde Geli in Wien konfirmiert.

Hanfstaengl hat Geli auch als »derbes Bauernmädchen und üppige Blondine vom Typus des süßen Wiener Mädls« in Erinnerung behalten. Fotos zeigen die derart Beschriebene jedoch als schwarzhaariges, kräftiges Mädchen mit dickem Hals, schmalen Lippen, großen, dunklen Augen und wachsamem Blick. Julius Schaub, Hitlers Adjutant, hat sie folgendermaßen beschrieben: »... mit blühendem Aussehen, ca. 170 m groß, vollschlank, große braune Augen, dunkelhaarig, ungemein lebenslustig, selbstständiges und sicheres Auftreten, manchmal zu Starrköpfigkeit neigend, musikalisch mit einer schönen wohlklingenden Stimme mit österreichischem Akzent. Sie zeichnete gut und war kunstgewerblich interessiert. Da sie in der Schule immer mit Jungen zusammen gewesen ist, hatte sie keine Hemmungen ... immer zu Späßen aufgelegt. Man kann sagen, ein großes Kind, das man gern haben musste.« In Linz fiel Geli durch ihr »nettes Wesen« auf[13] und die Mitschüler liebten ihr couragiertes Auftreten. So meldete sie sich eines Tages beim Religionslehrer zu Wort, stand auf und sagte unter dem Gelächter der Klasse: »Herr Professor, Sie haben das Hosentürl offen!«[14]

Geli Raubal war eine Klassenkameradin Alfred Maletas, des späteren Präsidenten des österreichischen Nationalrats, der bereits in der Schule der Christlich-Sozialen Partei nahe stand und dem Christlich-Deutschen Studentenbund sowie der Burschenschaft »Nibelungia« angehörte. Geli hat er jahrelang auf dem gemeinsamen Schulweg begleitet. »Sehr devot lieferte ich sie bei ihrer gestrengen Mutter [tatsächlich Maria Raubal, die Tante] ab, die mich dabei stets sehr kritisch musterte«, berichtete Maleta, wobei der nüchterne Politiker bei der Erinnerung an Geli fast lyrisch wird.

»Es gab nicht nur gemeinsame Schulwege, sondern in der Ferienzeit gelegentlich auch gemeinsame Spaziergänge und Ausflüge. Sie [Geli] war keine wirklich große Jugendliebe, aber immerhin während einer geraumen Zeit ein sehr romantischer Schwarm von mir. Ja, romantisch ist wohl die richtige Bezeichnung für unsere Beziehung, von der unsere Schulkollegen keine Ahnung hatten. So wanderten wir eines Tages durch den Kürnberger Wald bei Linz. Tief unten liegt das Donautal, waldumbettet, fast so wie einst, als die Nibelungen ins Heunenland ritten, zu Rüdiger von Bechelaren, in ihren Reihen die schöne Kriemhild und der dunkle Hagen ... Da, plötzlich fernes Donnergrollen, graue Wolkenfetzen, erste Tropfen ... Wir rennen ... klatschnass halte ich sie schützend in den Armen.«[15] Geli begleitete Alfred auch zu den Kommersen der »Nibelungia« und eröffnete mit ihm als erstes Paar die Tanzfeste der Klasse im Redoutensaal des Linzer Vereinshauses.

Die nationalsozialistische Partei und Adolf Hitler waren auch in Linzer Gymnasiastenkreisen Begriffe. So lauschten die Mitschüler neugierig, wenn Geli erzählte, wie sie den nach seinem Putsch in der Feste Landsberg inhaftierten Onkel mit ihrem Bruder Leo am 24. Juli 1924 besucht hatte.[16] Als das Mädchen jedoch prahlte, dass ihr der

Onkel – dieser bewohnte damals ein kleines Untermietzimmer – eine Villa in München geschenkt hätte, kamen gelinde Zweifel auf. Geli Raubal war nämlich ab der 6. Klasse infolge Bedürftigkeit von der Zahlung des Schulgeldes befreit worden.[17]

Im Gegensatz zu ihrem Bruder Leo, der die Lehrerbildungsanstalt absolvierte und ein überzeugter Sozialdemokrat war und blieb, interessierte sich Geli überhaupt nicht für Politik und hatte zu Hitlers politischen Ambitionen keine eigene Meinung. Es störte sie auch in keiner Weise, wenn ihr Jugendfreund Maleta über die NSDAP schimpfte. »Groteskerweise war ich es, der ihr stundenlang Vorträge über Hitlers Theorien und seine politische Bewegung hielt; freilich in einer sehr diabolischen Dialektik ... Aber ich glaube, dass sie als apolitische Frau das überhaupt nicht mitbekam. Für sie war Hitler einfach nur der liebe Onkel und nur zufällig ein großer Politiker ...«[18]

Gelis Geschichtslehrer war Hermann Foppa, ein Politiker und Parteiobmann der »Großdeutschen Volkspartei«, die 1921 im Parlament mit 20 Abgeordneten vertreten war und für den Anschluss Österreichs an Deutschland plädierte.[19] Die »Großdeutschen« zählten zu Österreichs »nationalem Lager«, das nach einer schweren Niederlage überwiegend im Zeichen des Hakenkreuzes stand. Auch Foppa hat in Hitler den Mann der Zukunft gesehen und seine Schüler in diesem Sinne unterrichtet.

1927 lernten Geli Raubal und die 8A für die Reifeprüfung. Gleichzeitig planten sie als krönenden Abschluss der Gymnasialzeit eine Reise. Foppa dachte an Adolf Hitler und schlug eine Fahrt nach München vor. Man würde diesen interessanten Oberösterreicher kennen lernen und gleichzeitig

1927 legte Geli Raubal (links außen) am Akademischen Gymnasium in Linz die Reifeprüfung ab.
(In der 2. Reihe, 3. von links der spätere ÖVP-Politiker Alfred Maleta)

die Stadt besichtigen.[20] Ob Frl. Raubal wohl ein Treffen der 8A mit ihrem Onkel arrangieren könne? Professor Foppa bereitete seine Klasse mittels einschlägiger Literatur auf die Reise und die zu erwartenden Diskussionen vor. Maleta gibt an, »Mein Kampf«, den »Mythos des 20. Jahrhunderts«, aber auch die Ostara-Hefte des Lanz von Liebenfels gelesen zu haben. Dabei sollte – laut Maleta – das Phänomen ergründet werden, wieso der Nationalsozialismus, der damals in Österreich erst über wenige Anhänger verfügte, im Reich so großen Zulauf hatte.[21] Tatsächlich steckte die NSDAP damals in einer Krise und drohte in Bedeutungslosigkeit zu versinken. Hitler jedoch hatte bis zum März 1927 Redeverbot.[22]

Geli Raubal hat am 24. Juni 1927 als eines der ersten Mädchen am Linzer Akademischen Gymnasium die Reifeprüfung abgelegt. Von drei Themen, die ihr in Deutsch zur Auswahl standen, wählte sie: »Drei Gnaden gab uns Gott in dieser Welt der Not: Ideal, Liebe und Tod.«[23] Das Foto der Abschlussklasse zeigt, dass außer Geli nur ein weiteres Mädchen diesen Jahrgang besucht hatte.[24]

Nachdem Hitlers Zusage eingelangt war, fuhr die ganze Klasse mit dem Deutschlehrer Michael Watschinger und dem Geschichtslehrer Foppa für acht Tage nach München. Während die Mitschüler in diversen Pensionen einquartiert wurden, wohnten Geli und Maleta im feudalen Stadtpalais der Familie Bruckmann. In diesem luxuriösen Rahmen wurden die Schüler bei einem Nachmittagstee Hitler und seinen Mitarbeitern vorgestellt. Maleta berichtet, dass Hitler in voller NS-Montur in Braunhemd, Breeches-Hosen und Knobelbechern erschien. Die Klasse stand in Reih und Glied vor ihm und er begrüßte jeden Einzelnen mit festem Händedruck und stechendem Blick. Dann dozierte er mit dröhnender Stimme und die jungen Leute lauschten hingerissen. Beim Weggehen hat der Geschichtsprofessor – er wurde nach dem »Anschluss Österreichs« Gauschulinspektor – seinen Schülern prophezeit, dass dieser Mann auch ihre Zukunft nach seinen Vorstellungen gestalten werde, ob es ihnen passe oder nicht. Am Ende des Münchenaufenthalts hat Geli ihren Freund Maleta noch zu einem kurzen privaten Treffen mit dem Onkel in das Parteicafé »Heck« mitgenommen, ein mit Holzstühlen und Eisentischen einfach möbliertes Lokal, in dem der »Führer« mit seinen Kampfgefährten verkehrte.

Im Herbst 1927 übersiedelte Geli dann nach München, wo sie am 5. November 1927 Medizin inskribierte.[25] Geli betrieb das Studium jedoch nicht ernsthaft. Vielmehr diente es als Vorwand, dem Mann ihrer Wahl nahe zu sein.[26] Er hieß Emil Maurice und Geli kannte ihn als Begleiter ihres

Onkels seit ihrem Besuch in der Feste Landsberg. Im Sommer 1926 war aus der Freundschaft Liebe geworden. Damals notierte sich Goebbels: »Maurice ist da. Er erzählt mir von seiner unglücklichen Liebe.«[27]

Emil Maurice (1897–1979) stammte aus einer in Schleswig-Holstein ansässigen, ursprünglich aus Frankreich eingewanderten Familie. Der gelernte Uhrmacher hat die »Turn- und Sportabteilung«, die spätere SA, begründet und zählte zum innersten Kreis der NSDAP. Vor allem jedoch genoss »Maurizl«, wie Hitler ihn jovial zu nennen pflegte, die besondere Zuneigung seines großen Vorbilds, dem er wie ein Schatten folgte. Man duzte einander sogar, was bei der Distanziertheit des »Führers« als besonderes Privileg galt. Mit Recht konnte sich Emil Maurice in den zwanziger Jahren damit brüsten, Hitlers bester Freund zu

Picknick mit Hitler am Chiemsee.
Im Hintergrund Emil Maurice, Hitlers Chauffeur und Gelis große Liebe

sein. Nicht einmal das immer wieder aufkeimende und selbst in der Familie Maurice kursierende Gerücht, dass der dunkelhaarige »Maurizl« jüdische Ahnen hätte, konnte die Freundschaft trüben.[28] Als Chauffeur, Gründer der SA und Mitbegründer der SS hat Maurice Hitler zwischen 1921 und 1928 ständig begleitet. Für seine Teilnahme am »Hitler-Putsch« wurde er mit neun Monaten Festungshaft bestraft und blieb sogar länger als Hitler im Gefängnis. 1925 trat er der neu gegründeten Partei als Mitglied Nr. 39 bei und wurde von Hitler zum »Inspekteur der SS« eingesetzt.[29]

Der attraktive Maurice mit seinem kleinen Bärtchen und dem romantischen Blick war stets dabei gewesen, wenn der Onkel seine Nichte Geli zum Baden und Picknicken an den Chiemsee mitnahm. Er fuhr dann Hitlers großen offenen Mercedes. Geli saß dann mit Hitlers Sekretärin oder Henriette Hoffmann, der Tochter des Parteifotografen, auf den Rücksitzen. »Wir hatten karierte Wolldecken dabei. In geflochtenen, mit Deckeln versehenen Körben ... alles verpackt, was man zu einem Picknick brauchte ... Maurice holte seine Gitarre aus dem Kofferraum und sang irische Volkslieder ... wir Mädchen entfernten uns zu einem hinter Büschen versteckten Badeplatz ... wir schwammen nackt und ließen uns von der Sonne trocknen. Einmal setzte sich ein Schwarm von Schmetterlingen auf die nackte Geli ...«, schilderte Henriette die Idylle.[30]

Maurice verliebte sich in Hitlers Nichte und sie erwiderte die Gefühle des jungen und gut aussehenden Mannes, den sie so häufig in der Gesellschaft ihres Onkels antraf. Noch Jahre später hat Maurice von ihr geschwärmt: »Sie war eine Prinzessin, nach der sich die Leute auf der Straße umdrehten ... ihre großen Augen waren Gedichte ... sie hatte wunderschönes, schwarzes Haar, auf das sie sehr stolz war ...«[31]

Hitler, der von den Absichten des Maurice nichts ahnte, gefiel sich als Stifter von Ehen und verschonte auch »Maurizl« nicht mit Fragen, wann dieser sich endlich zu verheiraten gedenke, wobei er anfügte: »Ich komme jeden Tag zu euch zum Essen, wenn du heiratest.«[32] In der irrigen Annahme, dass er ermuntert werden sollte, handelte der treue Parteigenosse knapp vor Weihnachten 1927. »Ich folgte seinem Wunsch und bat Geli – nur sie kam für mich in Frage – meine Frau zu werden ... und sie nahm freudig an.«[33] Anlässlich der Hochzeit von Rudolf Heß am 20. Dezember 1927 ersuchte er den Onkel um die Hand seiner Nichte. Eine fürchterliche Szene folgte. Hitler überschüttete den verblüfften Maurice mit Vorwürfen und bedrohte ihn. Am Weihnachtsabend 1927 schrieb Geli ihrem Freund:

»Mein lieber Emil! Drei Briefe hat mir der Postbote von dir schon gebracht, aber noch nie habe ich mich so gefreut wie über den Letzten. Vielleicht ist darin der Grund zu sehen, dass wir in den letzten Tagen so viel Leid erlebt haben. Ich habe in diesen zwei Tagen so viel gelitten wie nie bisher. Aber es musste so kommen und es war bestimmt gut für uns beide. Ich habe jetzt das Gefühl, dass uns diese Tage verbunden haben für immer. Über eines müssen wir uns klar werden. Onkel Adolf verlangt, dass wir zwei Jahre warten. Bedenke Emil, zwei volle Jahre, in denen wir uns nur hie und da küssen dürfen und immer unter der Obhut O. A. Du musst arbeiten, um für uns beide eine Existenz zu schaffen, und dabei dürfen wir beide uns nur in Gegenwart

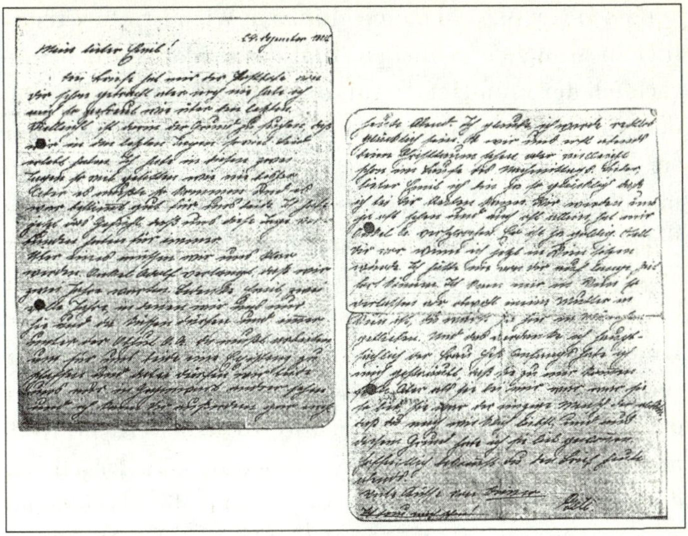

Geli Raubals Liebesbrief an Emil Maurice

anderer sehen und ich kann dir außerdem ...[34] kann dir nur meine Liebe geben und dir bedingungslos treu sein ... Ich hab dich ja so unendlich lieb! ... Onkel Adolf verlangt, ich solle weiterstudieren ... Onkel A. ist jetzt furchtbar nett. Ich möchte ihm gerne eine große Freude machen, weiß aber nicht womit ... Onkel A. sagt aber, unsere Liebe muss vollkommen geheim sein ... Ich glaube, ich werde restlos glücklich sein. Ob wir uns erst abends beim Christbaum sehen oder vielleicht schon im Laufe des Nachmittags. Lieber, lieber Emil, ich bin ja so glücklich, dass ich bei dir bleiben kann. Wir werden uns ja oft sehen und auch oft allein, hat mir Onkel A. versprochen. Er ist ja goldig. Stell dir nur vor, wenn ich jetzt in Wien sitzen würde. Ich hätte nie von dir auf lange Zeit fortkönnen. Ich kam mir in Wien so verlassen vor, obwohl meine Mutter in Wien ist. Du wärst ja hier in München geblieben. Und das verdanke ich hauptsächlich der Frau Heß.[35] Anfangs habe ich mich gesträubt, dass sie zu mir kommen soll. Aber als sie bei mir war, war sie so lieb, sie war der einzige Mensch, der glaubte, dass du mich wirklich liebst und aus diesem Grund habe ich sie liebgewonnen. Hoffentlich bekommst du den Brief heute abends. Viele Küsse von deiner Geli. Ich freu mich schon!«[36]

Der Brief gewährt interessante Einblicke in die Psyche Hitlers und revidiert das bestehende Klischee vom Liebesverhältnis zwischen Hitler und seiner Stiefnichte. Geli war demnach 1927 keineswegs in ihren Onkel verliebt. Vielmehr hoffte sie, Emil Maurice zu heiraten. Hitler jedoch, dem die Nichte anvertraut war, spielte die Rolle eines strengen Vormunds. Während die Mutter des Mädchens nicht in Erscheinung trat, bestimmte er in autoritärer Weise die Zukunft der 19-jährigen Studentin und ihres fast 30-jährigen Freundes. Die Idee, dem Diktat Hitlers zu trotzen und das Schicksal in die eigenen Hände zu nehmen, kam weder Geli noch Emil Maurice in den Sinn. Nach langen Auseinandersetzungen beugten sie sich dem Wunsch von O. A. und akzeptierten seine Bedingungen. Hitlers Persönlichkeit beherrschte und manipulierte seine Verwandten ebenso wie seine Parteianhänger.

So verhängte der Vormund bis zu Gelis Großjährigkeit eine zweijährige Wartefrist vor der Heirat, bestand darauf, dass sich der Parteifunktionär Maurice »eine Existenz« schaffe, und wünschte von der Nichte die Fortsetzung ihres Studiums. Er engagierte Frau Heß zur Verhinderung heimlicher Rendezvous, untersagte die Verlobung und überzeugte die jungen Leute, dass »die Liebe geheim gehalten«

werden müsse. In Gelis Augen war Onkel Adolf trotzdem »goldig«, weil er ihr erlaubte, in München – statt in Wien oder Linz – zu bleiben. Die Taktik des hinterhältigen Onkels zielte auf eine rasche Beendigung der unerwünschten Affäre. Ende 1927 kündigte er Emil Maurice als Chauffeur, entzog ihm alle Parteiämter und verbannte ihn aus seiner Umgebung. Im Sommer 1928 trennte sich Geli von Emil Maurice.

Zum Bruch zwischen Hitler und seiner Nichte kam es wegen Maurice nicht. Vielmehr avancierte Geli zur ständigen Begleiterin ihres Onkels. Sie besuchte mit ihm den abendlichen Stammtisch im Café Heck und wurde nicht – wie bei der NSDAP üblich – ausgeschlossen, wenn Hitler Parteiangelegenheiten erörterte. Besonders oft verkehrten Onkel und Nichte in dem Stammlokal der NS-Spitze, der Osteria Bavaria. Der Kreis um Hitler empfand Gelis österreichischen Dialekt als liebenswert und pries sie, die in keiner Weise dem Ideal der nordisch-germanischen Frau entsprach, als Schönheit.

»War Geli am Tisch, drehte sich alles um sie und Hitler versuchte niemals, das Gespräch an sich zu reißen. Geli war eine Zauberin. In ihrer natürlichen Art, die frei war von aller Koketterie, versetzte sie durch ihre bloße Anwesenheit die ganze Stammtischrunde in beste Stimmung. Alle schwärmten für sie«, erzählte Heinrich Hoffmann.[37] Auch Joseph Goebbels hat Geli kennen gelernt: »Noch in München, in der köstlichen Stadt. Gestern traf ich Hitler, er lud mich gleich zum Abendessen, eine liebliche junge Dame war dabei ...« Hitler verlor seine Nichte nicht gern aus den Augen. »Hitler begleitete Geli bei ihren Einkäufen. Er folgte ihr in einen Hutladen und sah geduldig zu, wie sie alle Hüte ausprobierte und sich dann für eine Baskenmütze entschied ...«, wunderte sich Gelis Freundin, die um fünf Jahre jüngere Henriette Hoffmann, später verehelichte von Schirach.[38]

Im Sommer 1928 fuhr Hitler mit Geli, Gelis Mutter, seiner Halbschwester, und Joseph Goebbels auf Urlaub nach Helgoland.[39] Von Emil Maurice ist zu diesem Zeitpunkt offiziell keine Rede mehr. Im Privaten war die Raubal-Maurice-Affäre jedoch noch nicht ausgestanden, die braune Gerüchtebörse florierte und Goebbels notierte sich im Anschluss an ein vertrauliches Gespräch mit dem Genossen und späteren Gauleiter Karl Kaufmann: »Er erzählt wahnwitzige Dinge vom Chef [Hitler]. Er und seine Nichte Geli und Maurice. Die Tragödie Frau. Soll man denn verzweifeln? Warum müssen wir alle so an der Frau leiden? Ich glaube fest an Hitler. Ich verstehe alles. Wahres und Unwahres.«[40]

Der als ruhig, aber energisch geschilderte Maurice war Hitlers Intrigen in keiner Weise gewachsen und resignierte schließlich. Seine fristlose Entlassung hat er jedoch nicht hingenommen. Vielmehr verklagte er seinen Arbeitgeber, die NSDAP, und erstritt sich vor dem Arbeitsgericht eine Abfindung.[41] Später machte sich der Uhrmacher selbstständig und handelte mit elektrischen Apparaten.

Danach schwiegen die Quellen, soweit sie Geli Raubal und Emil Maurice betreffen, für lange Zeit.

Zur Frage, warum Adolf Hitler die Heirat seiner Stiefnichte mit einem jungen Parteigenossen und geschätzten Duzfreund vereitelte, standen bis 2003 nur Zeitzeugen aus Hitlers Begleitung zur Verfügung. »Er wollte verhindern, dass sie einem Unwürdigen in die Hände fällt«, meinte

Heinrich Hoffmann.[42] »Es war etwas wie Vaterliebe«, bemerkte Anni Winter, Hitlers Haushälterin. Emil Maurice, der es am besten wusste, gab an: »Er liebte sie, aber es war eine seltsame, uneingestandene Liebe!«[43]

Die – eher banale – Wahrheit enthüllte sich erst, als der Nachlass von Emil Maurice vorlag. Er enthält auch das Vernehmungsprotokoll des CIC vom 5. Juni 1945. Darin gibt Maurice an: »Im Sommer 1928 kam dann unsere Entlobung zustande. Hitler hatte Geli gedroht, die finanzielle Unterstützung nicht nur ihr, sondern auch ihrer Mutter, ihrer Schwester und ihrem Bruder zu entziehen.«[44] Auch Hitlers Motive für sein Handeln werden klar. Wie die neuen Dokumente ergeben, waren sie politischer Natur. Demnach rief Hitler im Sommer 1928 Charles Maurice, den Vater von Emil, zu sich. In Anwesenheit des obersten Parteirichters wurde dann ein Dossier verlesen, aus dem einwandfrei hervorgeht, dass die Maurices jüdische Vorfahren hatten. Die Sachlage ist klar: Als Chef der antisemitischen NSDAP konnte sich Hitler die Heirat seiner Nichte mit dem jüdischstämmigen Maurice nicht leisten.[45]

1929, nach dem Abbruch des kurzen Medizinstudiums, entschloss sich Geli, ihre Stimme für die Bühne ausbilden zu lassen. Onkel Adolf engagierte daraufhin den Kapellmeister Adolf Vogel sowie Hans Streck, die dem Mädchen privaten Gesangsunterricht erteilten. Ansonsten überließ sich Geli dem Müßiggang. »... Friseur, Kleider, Tanzen und Theater kann sie von jeder ernsteren Beschäftigung abbringen. Nur Zeitschriften und Romane liest sie noch gerne. Und dabei kann Geli in zwölf Zeitschriften und Zeitungen gleichzeitig die Fortsetzungsromane lesen, alle Tage ein, zwei verschiedene Fortsetzungen, und sie weiß immer, was zusammengehört und merkt sogar, wenn einmal eine Fortsetzung fehlt«, gab Hitler zu den Lebensgewohnheiten seiner Nichte an.[46]

1928 lebte Hitler bereits in komfortablen Verhältnissen. »Mein Kampf« hatte sich zum Bestseller entwickelt und brachte hohe Tantiemen. In den Jahren 1925 bis 1929 betrug Hitlers Jahreseinkommen zwischen 11 000 RM und 15 900 RM und die Anhänger der NSDAP rissen sich darum, ihrem »Führer« jeden Wunsch zu erfüllen. Hitler verfügte über ein Auto samt Chauffeur, einen Privatsekretär und einen Leibwächter. Im Oktober 1929 verließ Hitler sein kleines Untermietzimmer in der Thierschstraße und übersiedelte mit finanzieller Hilfe eines Bewunderers, des reichen Verlegers Hugo Bruckmann, in eine großherrschaftliche, standesgemäße Wohnung. Sie lag im 2. Stock des repräsentativen Hauses Nr. 16 am Prinzregentenplatz und verfügte über zwei getrennte Zimmerfluchten mit insgesamt neun Räumen.[47] Das Personal bestand aus dem Haushälterehepaar Winter sowie Anna Kirmaier, einer »Zugeherin« für grobe Arbeiten. Es ist interessant, dass Hitler seine Vermieterin aus der Thierschstraße, Frau Reichert, samt Mutter in der neuen Wohnung als Untermieterin einquartierte.

Am 5. Oktober 1929 kündigte auch Geli ihr Zimmer in der Pension Klein in der Königinstraße 43 und zog zu ihrem Onkel, der sie als Untermieterin seiner Untermieterin anmeldete. Das schönste Eckzimmer der hitlerschen Wohnung wurde nach ihren Wünschen adaptiert und eingerichtet. Sie wählte antike Salzburger Bauernmöbel – bemalte Kästen, Truhen und Kommoden – und kombinierte sie mit hellgrünen Tapeten, um die Wirkung des Mobiliars zu erhöhen. An der Wand hing als Geschenk des Onkels ein Aquarell, das Adolf Hitler während des Ersten Weltkriegs in Belgien gemalt hatte.[48] Am 22. November kam Goebbels nach München. »Geli, ganz München. Bis nachts um 2 Uhr beim Chef. Er hat nun eine geräumige Wohnung. Geli, Else Müller und Hoffmann sind da. Wir erzählen und lachen. Mittags mit ihm und Geli zu Mittag«, schrieb Goebbels ins Tagebuch.[49]

1928 hatte sich Hitler – ebenfalls mit Hilfe von Gönnern, das Ehepaar Bechstein bezahlte die Miete – ein Landhaus mit dem Namen »Wachenfeld« auf dem bayrischen Obersalzberg gemietet, wo er schon seit 1923 mit Vorliebe seine Freizeit verbrachte. »Gleich habe ich meiner Schwester nach Wien telefoniert: Ich hab ein Haus gemietet, magst du mir die Wirtschaft führen?«[50] Das Angebot ging an Angela Raubal, Hitlers Halbschwester und Mutter Gelis.

Es war das Jahr, in dem die Weltwirtschaftskrise auch in Deutschland und Österreich spürbar wurde und die Arbeitslosenzahlen unaufhörlich stiegen. In dieser unsicheren Zeit kam der Witwe das Angebot ihres erfolgreichen Halbbruders sehr gelegen und sie sagte zu. Angela Raubal behielt eine Wohnung in der Schönburgstraße in Wien für gelegentliche Besuche und übersiedelte nach Bayern. Sie wurde als offizielle Mieterin des Hauses Wachenfeld angegeben und zog als Köchin und Haushälterin auf den Obersalzberg, wo sie bis 1935 blieb, obwohl sie das Klima nicht gut vertrug und sich nach Wien sehnte. Albert Speer hat Hitlers Landsitz beschrieben: »... ein kleines gemütliches Holzhaus mit weit überstehendem Dach und bescheidenen Räumen: ein Esszimmer, ein kleines Wohnzimmer, drei Schlafzimmer. Die bäuerlichen Möbel gaben der Wohnung das Gepräge behaglicher Kleinbürgerlichkeit ... ein vergoldeter Käfig mit einem Kanarienvogel, ein Kaktus ... verstärkten diesen Eindruck. Hakenkreuze fanden sich auf den Nippessachen ...«[51]

In Hitlers Refugium hat Geli viele Wochenenden verbracht und – wie zahlreiche Fotos zeigen – auch Weihnachten, z.B. 1928 mit Goebbels, und Geburtstage gefeiert. Im Juni 1929, an Gelis 21. Geburtstag, saß eine der in den bayrischen Bergen lebenden Dohlen auf dem festlichen Geburtstagstisch gleich neben der Torte mit den Kerzen. Die tierliebende Geli hatte den verletzten Vogel geborgen, gesund gepflegt und dressiert.

Geli hatte nun – zumindest in München – keine Gelegenheit mehr, unerwünschte Männerbekanntschaften zu schließen. Sie dürfte allerdings recht häufig nach Wien gefahren sein, wo sie Verwandte und Freundinnen hatte und sich der Einflusssphäre des Onkels entziehen konnte.

Hitler verwöhnte die Nichte, hielt sie jedoch von Gleichaltrigen fern. So durfte sie einen Ball im Deutschen Theater nur unter der Aufsicht zweier alter Parteigenossen (Max Amann und Heinrich Hoffmann) besuchen. »Sie ist das Kostbarste, was ich habe«, meinte Hitler zu Hoffmann, der leise Kritik wagte.[52]

Das eigenartige Onkel-Nichte-Verhältnis blieb nicht verborgen. »Geli Raubal, sagten die alten Gefährten, habe er immer geliebt«, wiederholte Albert Speer die um das ungleiche Paar kursierenden Gerüchte.[53] Onkel und Nichte besuchten in München jede Opernaufführung gemeinsam. »Der Chef ist da mit seiner schönen Nichte, in die man sich fast verlieben möchte. Bei ihm in ›Rheingold‹«, schwärmte Goebbels, der mit Geli und Hitler im Juli 1930 auch die

Geli feiert ihren 21. Geburtstag in »Onkel Adolfs« Haus auf dem Obersalzberg

Passionsspiele in Oberammergau besuchte. »Nach Murnau. In Seehausen Quartier. Chef, Geli, Frau Raubal und ich. Zuerst in großer Gesellschaft, dann ganz unter sich. Gang durch den stillen Abend. Chef erzählt vom Krieg. Früh zu Bett. Am Morgen um 6 Uhr heraus. Durch den strahlenden Morgen die Serpentinen nach Oberammergau hinauf. Um 8 Uhr beginnen die Passionsspiele ... Ich bin auf das Angenehmste enttäuscht. Eine natürliche Stilbühne. Farben, Kraft, Volksstimmen. Groß Christus und Magdalena; voll Liebreiz Johannes. Manchmal wohl Kitsch... Es wimmelt von Parteigenossen. In Starnberg Gewitter und Heimfahrt«, berichtete Goebbels am 21. Juli im Tagebuch.[54] Am 14. Januar 1931 kam Goebbels nach München, wo er im Münchner Bürgerbräu sprach. »Den Abend mit Hitler und Geli. Viel erzählt und gelacht.« Am nächsten Tag lud ihn das Paar zum Mittagessen. »Mit Hitler zum Mittag bei ihm. Geli, Heß und Frau. Es ist sehr gemütlich. Der Chef als Hausvater...«, registrierte der Chronist Goebbels.[55]

1931 war ein turbulentes Jahr für die NSDAP, deren politische Agitation einem Höhepunkt zustrebte. So wurden von den 4000 politischen Versammlungen in Hessen-Nassau allein 2000 von den Nationalsozialisten abgehalten. Hitler hastete von einem Termin zum anderen.

Auch am Freitag, dem 18. September 1931, brach er mit Heinrich Hoffmann und seinem Fahrer Julius Schreck knapp vor 15 Uhr zu einer Serie von Parteiveranstaltungen nach Norddeutschland auf. Ein Wetterwechsel stand bevor und es herrschte Föhn.[56] Sie fuhren an diesem Tag bis Nürnberg und übernachteten im »Deutschen Hof«. Am 19. September verließen Hitler und sein Gefolge die Stadt in Richtung Bayreuth, als ein Taxi sie mit einem aufgeregt gestikulierenden Hotelangestellten einholte. Hitler möge dringend in München anrufen. Es sei äußerst wichtig. Am Telefon erfuhr Hitler, dass seiner Nichte ein Unglück zugestoßen sei. Auf der Rückfahrt nach München wies Hitler seinen Chauffeur zu höchster Eile an.[57] In Ebenhausen, Bezirk Ingolstadt, fuhr der Wagen mit 55,5 Stundenkilometern doppelt so schnell als erlaubt durch die Ortschaft und geriet dabei in eine Polizeikontrolle, die Anzeige erstattete.[58]

Als Hitler am Nachmittag am Prinzregentenplatz eintraf, war seine Nichte tot.

Die Kriminaloberkommissäre Sauer und Forster wurden mit den Untersuchungen betraut und auch der Polizeiarzt Dr. Müller kam in Hitlers Wohnung, nachdem Georg Winter am 19. September um 10.15 Uhr »fernmündlich« die Polizei alarmiert hatte. Die Beamten fanden in der Wohnung folgende Personen vor: Georg Winter, Anna Winter, Marie Reichert, Anna Kirmair und Franz Xaver Schwarz, den Schatzmeister der NSDAP.

Die in der Wohnung Anwesenden gaben an:

1.) Georg Winter: »Ich bin bei Hitler als Hausverwalter angestellt. Heute früh um 9.30 Uhr verständigte mich meine Frau, dass mit Raubal etwas vorgefallen sein müsste, weil ihre Zimmertüre abgesperrt und die Pistole Hitlers, welche im Nebenzimmer in einem offenen Schranke verwahrt war, nicht mehr da wäre. Ich klopfte daher wiederholt an der Zimmertüre, bekam aber keine Antwort. Als mir die Sache verdächtig vorkam, öffnete ich um 10 Uhr mit einem Schraubenzieher gewaltsam die geschlossene zweiflügelige Türe. Diese war von innen verschlossen und der Schlüssel steckte noch im Schlüsselloch. Als ich die Tür aufmachte, waren meine Frau, Frau Reichert und Anna Kirmair zugegen. Als ich die Tür geöffnet hatte, trat ich in das Zimmer und fand Raubal am Boden liegend als Leiche vor. Sie hatte sich erschossen. Irgendeinen Grund, warum sie sich erschossen hat, kann ich nicht angeben.«

2.) Frau Maria Reichert: »Am 18. 9. 1931 gegen 15 Uhr hörte ich, wie die Tür der Raubal zugeschlossen wurde ... Kurze Zeit darauf vernahm ich aus dem Zimmer der Raubal einen kleinen Krach, als ob etwas umgestoßen worden wäre. Ich schenkte dem keine besondere Bedeutung. Gegen 22 Uhr wollte ich das Bett der Raubal herrichten, fand aber ihre Zimmertüre noch verschlossen vor. Auf Anklopfen erhielt ich keine Antwort und dachte, Raubal wäre ausgegangen ... aus welchem Grund sich Raubal das Leben genommen hat, kann ich nicht angeben.«

3.) Anna Winter: »Am 18. 9. 1931 gegen 15 Uhr sah ich, wie Raubal stark aufgeregt in das Zimmer Hitlers ging und dann wieder in ihr Zimmer zurückeilte. Dies kam mir wunderbar vor. Ich nehme nun an, dass sie sich damals die Pistole aus dem Zimmer Hitlers geholt hat ... warum sich Raubal das Leben genommen hat, weiß ich nicht.«

4.) Anna Kirmair: »... warum sich Raubal das Leben genommen hat, weiß ich nicht.«

Die Einmütigkeit, Ähnlichkeit und lapidare Kürze der Aussagen der – Jahre später – sehr gesprächigen Zeugen sind recht auffällig. Sie lassen die Vermutung zu, dass sie der Parteigenosse Schwarz vorher genau instruiert hat. Natürlich war das Personal über die Vorgänge im hitlerschen Haushalt informiert, bildete sich eine eigene Meinung, schwieg jedoch aus Loyalität zu dem verehrten Arbeitgeber. Frau Reichert hörte nicht einmal den Schuss.[59]

Weiter heißt es im Polizeibericht: »Die Leiche lag in dem Zimmer, das nur einen Eingang und Fenster auf den Prinzregentenplatz hat, mit dem Gesicht auf dem Boden vor dem Sofa, auf dem sich eine Waltherpistole 6,35 mm befand. Pol.Arzt Dr. Müller stellte fest, dass der Tod durch einen Lungenschuss, und zwar der Totenstarre nach schon vor mehreren Stunden [17–18] eingetreten war. Es handelte sich um einen Nahschuss, der im Ausschnitt des Kleides unmittelbar auf der Haut angesetzt und oberhalb des jedenfalls nicht getroffenen Herzens eingedrungen war; das Geschoss war nicht aus dem Körper ausgetreten, aber auf der linken Rückenseite etwas über Hüfthöhe unter der Haut fühlbar.«

Laut Dr. Müller hat Geli am 18. September um ca. 17 Uhr ihrem Leben ein Ende gesetzt. Ihr Tod muss, nachdem das Geschoss ihr Herz verfehlt hat, sehr schmerzhaft gewesen sein. Hilflos auf dem Gesicht liegend, ist sie langsam erstickt. Die Polizei fand im Zimmer keinen Abschiedsbrief. Laut Protokoll lag auf dem Schreibtisch nur ein angefangener Brief an eine Wiener Freundin, »in dem gar nichts von Lebensüberdruss enthalten war«.

Am 19. September gegen 15 Uhr ließ Hitler durch einen Boten im Dienstzimmer der Polizeidirektion ausrichten, dass er in seiner Wohnung zu sprechen sei. Zu Kriminaloberkommissär Sauer, der gegen 15.30 Uhr erschien, sagte er, »seine Nichte sei zuerst Studentin der Medizin gewesen, habe aber daran keinen Gefallen gefunden und sich dem Gesangsstudium zugewandt. Sie habe nun bald einmal auftreten sollen, sich aber dem nicht gewachsen gefühlt und deshalb bei einem Professor in Wien noch weitere Studien machen wollen. Er habe sich damit einverstanden erklärt unter der Voraussetzung, dass ihre in Berchtesgaden befindliche Mutter mit nach Wien ginge und als sie das nicht wollte, habe er sich gegen den Wiener Plan ausgesprochen. Sie sei darüber wohl ungehalten gewesen, habe sich aber nicht besonders aufgeregt gezeigt und sich auch bei seiner Abfahrt am Freitagnachmittag ganz ruhig von ihm verabschiedet. Sie habe früher einmal, nachdem sie in einer Gesellschaft an Tischrücken teilgenommen hatte, zu ihm geäußert, sie werde sicherlich keines natürlichen Todes sterben ...«[60]

Nach dem Befund des Polizeiarztes lag eindeutig ein Fall von Selbstmord vor.[61] Man legte die Leiche in einen Holzsarg und veranlasste den Transport auf den Ostfriedhof. Die gerichtliche Autopsie der Leiche wurde nicht beantragt und fand auch nicht statt.[62] Schon am Montag, dem 21. September 1931, gab die Staatsanwaltschaft München I die Leiche zur Bestattung frei.[63]

Ebenfalls am 21. September 1931 war im Lokalteil der »Münchner Neuesten Nachrichten« zu lesen: »Selbstmorde. –

Der Polizeibericht meldet: In einer Wohnung in Bogenhausen hat eine 23 Jahre alte Privatstudierende Selbstmord begangen. – Das unglückliche Mädchen – Angela Raubal – war die Tochter der Stiefschwester Adolf Hitlers ... über die Beweggründe ist vorerst keine volle Klarheit zu erlangen. Die eine Auslegung lautet, Frl. Raubal habe in Wien einen Sänger kennen gelernt, ihr Onkel habe ihr aber weitere Reisen dorthin versagt. Andere wollen wissen, die Unglückliche habe sich getötet, weil sie demnächst als Sängerin öffentlich auftreten sollte und sich dieser Aufgabe nicht gewachsen fühlte.«

Die den Nationalsozialisten feindlich gesinnte sozialdemokratische Zeitung »Münchner Post« wusste am 23. September mehr. Unter der Überschrift »Eine rätselhafte Affäre: Selbstmord von Hitlers Nichte« stand zu lesen: »... Am Freitag, dem 18. September, gab es wiederum einen heftigen Streit zwischen Herrn Hitler und seiner Nichte. Was war der Grund? Die lebhafte 23-jährige Musikstudentin Geli wollte nach Wien fahren. Sie wollte sich verloben. Hitler war strengstens dagegen. Die beiden hatten ständige Auseinandersetzungen darüber. Nach einer heftigen Szene verließ Hitler seine Wohnung ... Am Samstag wurde berichtet, dass Fräulein Geli erschossen in der Wohnung aufgefunden wurde. Sie hatte Hitlers Pistole in der Hand ... Die Nase der Toten war gebrochen ... und die Leiche wies andere schwere Verletzungen auf ...

Herren aus dem Braunen Haus [Parteizentrale der NSDAP, Palais Barlow] konferierten [nach Auffindung der Leiche], was über das Motiv der Tat publiziert werden sollte. Sie kamen überein, dass Gelis Tod als Resultat ihrer frustrierten künstlerischen Hoffnungen hingestellt werden sollte.«

Auf Grund der Berichterstattung der »Münchner Post« veranlasste die Staatsanwaltschaft Dr. Müller zur Präzisierung seines Befundes: »Im Gesicht, besonders an der Nase waren keine Verletzungen, verbunden mit irgendwelchen Blutungen feststellbar. Im Gesicht fanden sich lediglich ausgeprägte dunkel-livide Totenflecke, die davon herrührten, dass Raubal mit dem Gesicht zu Boden verschied und in dieser Lage 17–18 Stunden liegen blieb. Dass die Nasenspitze leicht plattgedrückt war, ist lediglich eine Folge des stundenlangen Aufliegens des Gesichts am Boden. Die intensive Verfärbung der Totenflecke im Gesicht ist wohl darauf zurückzuführen, dass durch den Lungenschuss der Tod vorwiegend durch Erstickung eintrat.«[64]

Auch die beiden städtischen Leichenfrauen machten protokollierte Aussagen. Maria Fischbauer sagte: »Ich habe am 19. 9. 1931 gegen 14 Uhr in der Wohnung ... die Leiche der Angela Raubal gewaschen, angekleidet ... außer der Einschussöffnung habe ich keine Verletzung wahrgenommen, insbesondere habe ich nicht bemerkt, dass das Nasenbein eingeschlagen ... war.« Rosina Zweckl gab an: »Ich habe am Sonntag, 20. 9. 1931, zwischen 11 und 12 Uhr im Ostfriedhof die Leiche der Angela Raubal ... in einen Zinksarg umgelegt. Dabei habe ich mir die Leiche genau angesehen, weil ich gehört hatte, dass die Verstorbene eine Nichte Hitlers war. Sie war im Gesicht sehr blau. ... ist mir an der Nase nichts Verdächtiges aufgefallen.«[65]

Hitler jedoch verlangte eine Richtigstellung gemäß Artikel 11 des Pressegesetzes, die von der »Münchner Post« auch anstandslos veröffentlicht wurde. Sie lautete:

»1. Es ist unwahr, dass ich mit meiner Nichte Angelika Raubal ›immer neuen Streit‹ bzw. ›eine heftige Auseinandersetzung‹ am Freitag, den 18. September 1931 oder vorher hatte. Wahr ist, dass ich mit meiner Nichte keinerlei Streit oder Auseinandersetzung hatte.

2. Es ist unwahr, dass ich ›entschieden dagegen war‹, dass meine Nichte nach Wien reise. Wahr ist, dass ich niemals gegen die geplante Reise meiner Nichte nach Wien war.

3. Es ist unwahr, dass sich meine Nichte in Wien verloben wollte oder ich gegen eine Verlobung meiner Nichte irgendetwas hatte. Wahr ist, dass meine Nichte, von der Sorge gequält, die zu einem öffentlichen Auftreten nötigen Anlagen doch nicht zu besitzen, nach Wien fahren wollte, um dort bei einem ersten Stimmpädagogen ihre Stimme neuerlich prüfen zu lassen.

4. Es ist unwahr, dass ich meine Wohnung am 18. September 1931 ›nach einem heftigen Auftritt‹ verließ. Wahr ist, dass keinerlei Auftritt gewesen war und keine Erregung herrschte, als ich meine Wohnung an diesem Tag verließ. München, 21. September 1931.«[66]

Obwohl die Polizei Fremdverschulden ausschloss, entstanden jene Klatschversionen, die an den Stammtischen, aber auch in Geschichtsbüchern immer wieder aufgewärmt wurden: Hitler als Mörder in einem Wutanfall; SS-Himmler als Mörder, der eine für die Partei brenzlige Situation bereinigte; Geli als Geschwängerte, wahlweise von Hitler, einem jüdischen Musiklehrer oder einem Linzer Kunstmaler; Geli als Verzweifelte – Variation eins: das Opfer hitlerscher Perversitäten, Variation zwei: vor Eifersucht auf Eva Braun rasend, Variation drei: Geli als Misshandelte mit zerbrochenem Nasenbein und schweren Verletzungen.[67]

All diese Gerüchte verbindet nur eines: der Mangel an

Beweisen. Nach den Aussagen von Zeitzeugen hätte jedoch sehr wohl Beweismaterial existiert. Es sei aber vernichtet worden.

Die Behauptungen schienen absurd: Der Abschlussbericht der Polizeiermittlung liegt vor. Wie aus den lückenlos erhaltenen Akten des gerichtsmedizinischen Instituts hervorgeht, wurde über Angela Raubal kein Sektionsprotokoll angelegt. Es konnte daher auch nicht heimlich entfernt werden.[68] Sogar jenes Strafmandat, das Hitler wegen Schnellfahrens bekam, als er zum Tatort raste, wurde aufgespürt. Es beweist, dass er sich am 19. September 1931 außerhalb Münchens befand.[69] Nun hat sich jedoch bei Recherchen im Selbstmörderbuch der Stadt München eine Aktenzahl gefunden,[70] die beweist, dass es tatsächlich eine Untersuchung der Münchner Staatsanwaltschaft gegeben hat, die aber sehr plötzlich, noch am 19. September 1931, eingestellt wurde. Unterlagen sind keine mehr vorhanden. Der hastige Abbruch der laufenden Ermittlungen dürfte eine vorbeugende Maßnahme des bayrischen Justizministers Franz Gürtner gewesen sein, der Hitlers Karriere mit allen Mitteln förderte.[71] So hatte Gürtner dafür gesorgt, dass Hitlers Prozess nach dem Putsch in München verhandelt wurde und nicht in Leipzig, wo den Putschisten die Todesstrafe gedroht hätte. 1927 hatte er dann ein Ermittlungsverfahren gegen Hitler einstellen lassen.[72]

Gürtners Einschreiten und die ungewöhnlich rasche Freigabe der Leiche erweckten 1931 – zu Recht oder Unrecht – den Eindruck, dass eine üble Vertuschungsaktion im Gange sei. Wie die Parteifreunde zu berichten wussten, zeigte Hitler nach Gelis Selbstmord »tiefe Betroffenheit«. In der Niederschrift von Kriminaloberkommissär Sauer stellt sich das anders dar: »Er äußerte sich, dass ihm ihr Ableben sehr nahe gehe, sei sie doch die einzige ihm nahe stehende Verwandte gewesen, die er um sich hatte und nun müsse das *ihm* passieren.« Demnach hat Hitler unmittelbar nach der Tragödie kein Mitleid mit der Toten gezeigt, sondern nur an sich und die möglichen Auswirkungen auf seine Karriere gedacht. Die propagandistische Verwertung des Selbstmordes der Nichte kam später.

Hitler zog sich nach Gelis Tod auch nicht »wochenlang« zurück, sondern verbrachte die drei Tage vom 19. bis zum 23. September im Haus eines Freundes, da er einerseits am Schauplatz der Tragödie nicht übernachten wollte. Anderseits entwarf er in der Abgeschiedenheit des Landhauses von Adolf Müller am Tegernsee eine Gegendarstellung – die »Münchner Post« hatte ihn fast des Mordes bezichtigt – für die Presse.

Auf Wunsch von Angela Raubal wurde die Leiche Gelis nach Wien übergeführt. Das Begräbnis fand am Nachmittag des 23. September 1931 auf dem Wiener Zentralfriedhof statt. Geli wurde in der Notgruft Linke Arkade Nr. 9 gegenüber der Karl-Lueger-Gedächtniskirche beigesetzt.[73] Eine Notgruft ist eine Grabstelle der Stadt Wien, die für die zwischenzeitliche Beisetzung von Verstorbenen auf bestimmte Zeit gemietet werden kann, falls das endgültige Grab noch nicht zur Verfügung steht.

Hitler nahm an Gelis Beerdigung nicht teil, weil er »dazu physisch und psychisch nicht in der Lage war«, lautete die Erklärung von Gelis Bruder Leo.[74] Tatsächlich wollte er keine Parteiveranstaltung absagen. Am Tag der Bestattung fuhr er nach Hamburg und fühlte sich tags darauf, am 24. September, physisch und psychisch in

der Lage, vor 10 000 Anhängern eine zündende Rede zu halten. Erst am 26. September 1931 fuhr er nach Wien.

Auch die Fama, dass Hitler aus Pietät ganz plötzlich Vegetarier geworden sei, ist falsch. Schon 1924 lebte er vorwiegend fleischlos und die Gründe dafür waren profaner Natur: »Ich habe, solange ich Fleisch gegessen habe, ungeheuer geschwitzt; in einer Versammlung habe ich vier Maß Bier getrunken, dabei aber neun Pfund abgenommen. Als ich Vegetarier geworden bin, brauchte ich nur ab und zu noch einen Schluck Wasser.«[75]

Gelis Zimmer blieb unverändert und unbenutzt. Dass es quasi zu einem Kult- und Sakralraum wurde, entspricht nicht den Tatsachen. So stellte Hitler Anfang 1932 Henriette von Schirach, als sie sich nach dem Hochzeitsessen in Hitlers Wohnung umkleiden wollte, Gelis Zimmer zur Verfügung. Die weit verbreitete Mär, dass sich der »Führer« jedes Jahr zu Weihnachten zurückzog, um im Zimmer der Verstorbenen auch seiner toten Mutter zu gedenken, beruht einzig auf den Memoiren des nicht sehr wahrheitsliebenden Dieners Krause.[76] Als Hitler, der zu seinem Personal stets die besten Beziehungen hatte, einmal über ihn sprach, meinte er: »... Krause hatte einen krankhaften Hang zum Märchenerzählen. Er war nicht geeignet als Diener. Er hat gelogen ohne Not ...«[77]

Die Möbel in Gelis Zimmer erwähnte Hitler in seinem privaten Testament vom 2. Mai 1938 ausdrücklich: »Die Einrichtung des Zimmers in meiner Münchner Wohnung, in dem meine Nichte Geli Raubal wohnte, ist meiner Schwester Angela zu übergeben.«

Nach Gelis Tragödie sandte Hitler ihrem Bruder Leo zu Weihnachten 1931 ein Geldgeschenk und schrieb dazu:

»Lieber Leo! Zum diesjährigen traurigen Weihnachtsfest dir und Tante Marie die herzlichsten Glückwünsche ... Dein Onkel Adolf Hitler.«[78]

Am ersten Jahrestag von Gelis Tod besuchte Hitler ihr Grab. »Der Führer ist nach Wien gefahren zu einem privaten Besuch. Niemand weiß davon, damit es keine Menschenaufläufe gibt«, schrieb Goebbels, der sich damals selbst auf dem Weg nach Wien befand, am Sonntag, dem 19. September 1932, in sein Tagebuch. Für die Einreise hatte Adolf Hitler, der seit Februar 1932 die deutsche Staatsbürgerschaft besaß, als nunmehriger – unerwünschter und gefährlicher – »Ausländer« die Zustimmung der österreichischen Behörden benötigt. Sie wurde ihm – unter strengen Auflagen – »ausnahmsweise« bewilligt.

Hitlers Adjutant Julius Schaub war in Begleitung von Angela Raubal vorausgefahren. Goebbels hat beide in Wien getroffen. »Schaub ist da unter dem Namen Huber. Er bereitet Quartier für den Chef vor, der Montag Gelis Grab besuchen will ... Frau Raubal ... die Gute besucht mich im Hotel und weint sich aus. Ich tröste sie, so gut ich kann. Die arme, gute Geli. Das ist jetzt gerade ein Jahr her... Hitler ist in Wien ...«, notierte Goebbels.

Der Bildhauer Ferdinand Liebermann wurde beauftragt, eine Büste von Geli anzufertigen, die dann in der Neuen Reichskanzlei aufgestellt wurde. Der von Hitler geschätzte naturalistische Maler Adolf Ziegler schuf von der Nichte des »Führers« ein Gemälde nach einer Fotografie, das – stets mit Blumen geschmückt – einen Ehrenplatz auf dem Berghof erhielt.

Nach der Machtergreifung durch die Nazis trat Emil Maurice wieder auf den Plan. Er bat um eine Aussprache mit Hitler, da er fürchtete, von Himmlers SS, die seine jüdischen Ahnen als Schandmal empfand, ermordet zu werden. Es kam zur Versöhnung. Von da an hielt Hitler seine schützende Hand über den neu gewonnenen Freund, den Mitbegründer der SS. Die tote Geli war kein Thema mehr. Maurice stellte dem »Führer« auch seine Freundin vor, die er – im Kostüm eines stolzen Spaniers – im Münchner Fasching kennen gelernt hatte. Auch zum Geburtstag des »Führers« am 20. April 1934 erschien das Paar mit Blumen zur Gratulation in Hitlers Wohnung. Hitler gab sich, wie Dr. Hedwig Maurice, die spätere Ehefrau, berichtet, herzlich, persönlich, interessiert und voll »österreichischem Charme«. Als er von den Heiratsplänen des »Maurizl« mit der angehenden Medizinerin hörte, sicherte er dem Paar spontan zu: »Die Hochzeit mache ich!« Das Fest fand jedoch, da Hitlers Wohnung gerade renoviert wurde, nicht am Prinzregentenplatz, sondern in dem Nobelrestaurant »Die Vier Jahreszeiten« statt und »ganz München schickte Geschenke«.[79] Später machte Hitler Emil Maurice zum »Ehrenarier der SS«.

Alle Welt erfuhr, wie Hitler um seine Nichte trauerte. Was die Verstorbene dem Onkel tatsächlich bedeutet hat, welche Wertschätzung er für die Tote empfunden hat, kann jedoch aus den nüchternen Tatsachen ersehen werden. Der »Führer und Reichskanzler« hielt es nämlich nicht für notwendig, die geliebte Geli pietätvoll zu bestatten, eine Grabstätte anzukaufen oder einen Grabstein errichten zu lassen.

So blieb der Sarg mit den sterblichen Überresten der Angela Raubal Jahr für Jahr in der Notgruft der Gemeinde Wien stehen. Anfänglich wurde noch das Entgelt für die

Benutzung des Provisoriums geschickt. Ab Januar 1938 wurde sogar das eingestellt.[80]

Von der Schuld an Gelis Tod hat die Familie Raubal Hitler freigesprochen. Leo Raubal, Gelis Bruder, hat sich in diesem Sinn geäußert[81] und auch die Mutter des Mädchens muss diese Ansicht geteilt haben. An dem guten Verhältnis Hitlers zu seiner Schwester hat sich nämlich durch Gelis Freitod nichts geändert – auch nach 1931 blieb sie in seiner Umgebung. »Bei Hitler und Frau Raubal gesessen«, lautet eine der häufigen Eintragungen in Goebbels' Tagebuch. Angela Raubal war auch dabei, als die Ernennung ihres Bruders zum Reichskanzler am 1. Februar 1933 im engsten Rahmen gefeiert wurde. Sie kam zur Hochzeit, als der »Reichsberichterstatter« und Hitlerfreund Heinrich Hoffmann zum zweiten Mal heiratete, und verkehrte oft im Hause des Propagandaministers Joseph Goebbels. Das Zerwürfnis mit Hitler fand erst statt, als Angela Raubal sich als Herrin von »Wachenfeld« gebärdete und Eva Braun, die Geliebte ihres Bruders, bei jeder Gelegenheit schikanierte. Hitler hat sie daraufhin vom Obersalzberg verbannt und ihre Stelle einem Dienerehepaar übertragen.

»Sie erzählt ihr ganzes Leid ... Es wäre schon gut, wenn sich der Führer ihrer wieder annähme ...«, schildert Goebbels die Vorgänge im November 1935.[82] Als Angela Raubal 1936 den Architekturprofessor Hammitzsch heiratete und nach Dresden zog, kam es zur Aussöhnung. Danach ließ sich Hitler wieder von seiner Schwester bei den familiären Anlässen der Waldviertler Verwandten vertreten. Dem »Führer« fehlte jegliches Interesse an den einfachen Bauern, die er nur selten besucht hatte (1905/06, 1908, 1917 und 1918). Seiner – in »Mein Kampf« oft betonten – Herkunft schämte er sich allerdings keineswegs, vielmehr fürchtete er, von den Verwandten um Gefälligkeiten gebeten zu werden. So war es auch Angela, die dem Begräbnis von Hitlers Tante Theresia Schmidt im August 1938 beiwohnte. Im Namen des »Führers«, der jeden persönlichen Kontakt mit den Cousins und der Cousine vermied, überreichte sie ein kleines Geldgeschenk, das schreckliche Folgen haben sollte.[83] 1945 verhaftete man nämlich die in der sowjetisch besetzten Zone des Waldviertels lebenden harmlosen Schmidts (und ihre angeheirateten Partner), warf ihnen ihre Abstammung vor und wertete den Bestattungszuschuss von 1938 als Indiz für ein Naheverhältnis zum »Führer«. Nur einer von Hitlers Waldviertler Verwandten sollte die russische Gefangenschaft überleben.

Das Schicksal von Gelis Bruder, einem Sozialdemokraten, blieb Hitler stets ein Anliegen. Leo geriet als Pionier-Leutnant nach dem Fall von Stalingrad in russische Kriegsgefangenschaft. Damals dachte Hitler daran, ihn gegen Stalins Sohn Jakob, der bereits 1941 in deutsche Gefangenschaft geraten war, auszutauschen. Stalin hat dies zwar erwogen, dann aber mit der Bemerkung »Krieg ist Krieg« abgelehnt.[84]

Im Dritten Reich galten Diskussionen über den Selbstmord der Nichte des »Führers« als unerwünscht. Auch die Wiener Friedhofsbehörde rührte nicht an dem Tabu der prominenten Toten, die noch immer vollkommen gesetzwidrig in der Notgruft ruhte. Hitler selbst aber wurde nicht müde, den tragischen Tod der Nichte voll Pathos auszuschlachten. Er ließ durchblicken, dass Geli die einzige Frau gewesen sei, die er geliebt hätte, und er sich nun mit Deutschland verheiratet fühle.

Als im Mai 1945 amerikanische Soldaten in Hitlers Wohnung am Prinzregentenplatz eindrangen, fanden sie das Zimmer Gelis so vor, wie man es im Jahre 1931 nach ihrem Freitod gelassen hatte.[85]

Am 11. März 1946 wurde Geli dann »bestimmungsgerecht« aus der Notgruft auf dem Wiener Zentralfriedhof exhumiert und in einem Reihengrab bestattet.[86] Ein Journalist auf »Geli-Raubal-Spurensuche« fand noch 1967 den – wahrscheinlich 1946 – errichteten Grabstein mit der Inschrift: »Hier schläft in ewiger Ruhe unser geliebtes Kind Geli. Sie war unser Sonnenschein. Geboren am 4. 6. 1908 – gestorben am 18. 9. 1931. Familie Raubal.«[87]

Die in der Nachkriegszeit wieder aufgenommene Debatte über Gelis Selbstmord hielt Jahrzehnte an und brachte keine Ergebnisse. 1985 lag dem Wiener Möbelrestaurator Hans Horvath derart viel an der Klärung des tragischen Falls, dass er zur Tat schritt. Auf eigene Kosten bestellte er gerichtsmedizinische Gutachten, erwarb ein Ersatzgrab samt Steinkreuz und Ehrentafel und beantragte die Exhumierung von Geli Raubal, »weil die Öffentlichkeit das Recht hat, geschichtliche Ereignisse lückenlos aufgeklärt zu wissen«. Das mit großem Engagement betriebene Vorhaben scheiterte jedoch an den Fakten behördlicher Bestimmungen: »Dieses Reihengrab [der Angela Raubal] war – wie alle anderen gemeinsamen Gräber [Schachtgräber] – nur für einen Bestand von zehn Jahren vorgesehen; die Gruppe wurde in der Zwischenzeit längst planiert und umgestaltet. Eine örtliche Eruierung der Grabstelle ist nicht mehr möglich.«[88]

Eva Braun

Die verborgene Geliebte

7. Februar 1912 – 30. April 1945

»Der Führer hat kein Privatleben« war die offizielle, von Propagandaminister Goebbels verbreitete Devise: »Tag und Nacht widmet er sich dem deutschen Volk.«

Hitler selbst errichtete um seine langjährige Lebensgefährtin eine Mauer des Schweigens. Nur ein sehr kleiner Kreis wusste von dem Verhältnis des »Führers« zu der blonden jungen Frau, die man als Privatsekretärin zum Personal des Berghofes auf dem Obersalzberg zählte. Unter dieser Bezeichnung ist sie den Behörden gemeldet worden. Ihr Gehalt bezog sie aus der Parteikasse.

Im Dritten Reich wurde zwar geflüstert, dass »Hitler auf dem Berghof mit einer Frau lebe«. Näheres wusste man jedoch nicht und den Namen der Unbekannten hat man erst zu Kriegsende erfahren. So effizient waren die Maßnahmen von Geheimhaltung und rigoroser Pressezensur, dass in all den Jahren der nationalsozialistischen Ära nur ein

Das einzige – irrtümlich freigegebene – offizielle Foto, das Hitler gemeinsam mit Eva Braun bei den Olympischen Winterspielen in Garmisch-Partenkirchen, Februar 1936 (mit ihrer Schwester Gretl in der 2. Reihe), zeigt

einziges Foto mit Eva Braun – irrtümlich – zur Veröffentlichung freigegeben wurde.

Es entstand 1936 bei den Olympischen Winterspielen in Garmisch-Partenkirchen. Hitler sitzt in der ersten Reihe, während seine Geliebte mit ihrer Schwester Gretl knapp hinter ihm Platz genommen hat.

Eva Braun wurde am 7. Februar 1912 als Tochter des Lehrers Friedrich Braun und seiner Gattin Franziska, geb. Kronberger, einer Schneiderin, in München, Isabellastraße 45, geboren.[1] Das Ehepaar hatte schon ein Mädchen, die damals vierjährige Ilse, und des Vaters insgeheime Hoffnung auf einen Sohn enthüllt sich ungewollt in der Geburtsanzeige: Eva Anna Paula Braun beehrt sich nämlich, seine glücklich erfolgte Ankunft auf dieser Erde bekannt zu geben.[2] Drei Jahre später sollte dann eine weitere Tochter, Margarete (Gretl), folgen. Die Mädchen wurden katholisch getauft und erzogen, gingen zur Erstkommunion und zur Firmung, ganz wie es der evangelische Vater bei seiner Trauung mit einer Katholikin hatte versprechen müssen. 1919 schlitterte das Ehepaar in eine Ehekrise und trennte sich. Man reichte die Scheidung ein (rechtskräftig am 3. April 1921), die Mutter erhielt das Sorgerecht für die minderjährigen Kinder. Drei Jahre nach der Trennung standen die Eltern von Eva Braun allerdings wieder vor dem Standesbeamten, um erneut zu heiraten (16. November 1922). In der harten Nachkriegszeit lebten die Brauns viel besser als der Durchschnitt der deutschen Bevölkerung. So bezogen sie 1925 eine große, komfortable Wohnung in der Hohenzollernstraße 93, verfügten über ein Dienstmädchen und leisteten sich mit dem Geld aus einer Erbschaft den für damalige Zeiten ungewöhnlichen Luxus eines eigenen Autos (BMW 3/15). Mit ihren konservativ-monarchistisch-nationalen Anschauungen waren Eva Brauns Eltern typische Vertreter des damaligen Kleinbürgertums, dem auch Hitler entstammte. Es ist bemerkenswert, dass er seine langjährige Gefährtin aus diesem ihm nahe stehenden und wohlvertrauten Milieu gewählt hat.

Die Schulbildung der drei Braun-Töchter erfolgte im Hinblick auf eine künftige Berufstätigkeit. Eva absolvierte zuerst (ab 1918) die Volksschule im ländlichen Beilngries, dann – 1919–1922 – eine Münchner Volksschule. 1922 trat sie in das Lyzeum in der Tengstraße in München ein. Sie war eine gute Schülerin, obwohl die Lehrer häufig über das »wilde, ungebärdige und faule« Kind klagten. Ihr Freundeskreis – allen voran Herta Ostermeier – sah das anders. Dort schätzte man die unternehmungslustige und stets zu Streichen aufgelegte Eva. Zeichen- und Musikstunden, wie sie der Vater für notwendig hielt, langweilten Eva. Sie zog Sport vor. Darin glich sie ihrer Mutter, die 1905 sogar eine Schimeisterschaft gewonnen hatte. Als engagiertes Mitglied im Schwabinger Turnverein betrieb Eva viele Jahre hindurch Leichtathletik und – nach heutigen Begriffen – Bodybuilding. Ihre bemerkenswerte Geschicklichkeit am Reck kann noch heute in einem um 1940 auf dem Obersalzberg gedrehten Amateurfilm bewundert werden.[3] Eva Brauns Lieblingslektüre waren die Romane von Karl May. Diese Vorliebe teilte sie mit Hitler, den allerdings »Winnetou, als Musterbeispiel eines Kompanieführers« interessierte.[4] Später, auf dem Berghof, las Eva die Werke des im Dritten Reich verbotenen Oscar Wilde. Vor allem jedoch schätzte sie Filmzeitschriften und sentimentale Groschenromane über Frauen, die sich für den geliebten Mann aufopferten – ganz wie es ihr eigenes Schicksal sein sollte. Mit Vorliebe hörte Eva amerikanischen Jazz und Musicals.

»Der Aufenthalt in einer Tanzbar sagte ihr mehr zu als Theaterbesuche«, berichtete ihr langjähriger Chef Heinrich Hoffmann.[5] Außerdem schwärmte sie, wie andere junge Mädchen auch, für Filmstars, sammelte Fotos von John Gilbert, dem Partner der Greta Garbo, und träumte von einer Karriere als Tänzerin oder Filmschauspielerin.

Die Eltern jedoch wählten für Eva – nach dem Lyzeum – das Institut der Englischen Fräulein in Simbach am Inn an der bayrisch-österreichischen Grenze als weitere Ausbildungs-

Eva Braun (rechts) mit ihren Eltern und den Schwestern Ilse und Gretl

stätte. Dort blieb Eva bis Juli 1929. Sie lernte dort ein Jahr lang Französisch, Maschineschreiben, Buchhaltung sowie Haushaltsführung. Am 22. Juli 1920 kehrte sie ins Elternhaus zurück und begab sich in München auf Arbeitssuche.

Durch Zufall las Vater Braun in der »Münchner Illustrierten Zeitung«, dass ein Fotogeschäft in der Amalienstraße 25 Mitarbeiter einstellte – große Aufträge von der NSDAP lägen vor. Eva bewarb sich im Laufe des Septembers 1929 im Atelier des Heinrich Hoffmann[6] und wurde als Fotolehrling, Verkäuferin und Mädchen für alles angestellt. In dieser Funktion blieb sie dann viele Jahre tätig.

Das Leben und geschäftige Treiben im Hause Hoffmann gefielen ihr und erinnerten sie, entfernt zwar, aber doch, in romantischer Weise an die Welt des Films. Den

Traum, einmal als Filmstar Triumphe zu feiern, spann Eva auch nach dem Teenageralter weiter und dieser Wunschtraum hat sie durch ihr ganzes Leben begleitet. Später, auf dem Obersalzberg, malte sie sich aus, wie sie – nach dem Endsieg des Nationalsozialismus – in einer großen Hollywoodproduktion die Hauptrolle spielen würde und die Welt auf diese Weise die Geschichte ihres Lebens mit Hitler erfahren könnte.[7] Doch im Jahr 1929 waren diese Träume noch Zukunft und Eva lernte fotografieren und Filme entwickeln. Bald wurde daraus ihr Hobby. Mit der Wahl ihrer Arbeitsstätte hat Eva Braun die Weichen für ihr Leben gestellt: Im Oktober 1929 traf sie dort Adolf Hitler.

»Ich war nach Feierabend im Geschäft geblieben, um einige Papiere einzuordnen, und stieg gerade auf eine Leiter, weil die Ordner oben auf dem Schrank standen. Da kommt der Chef herein und mit ihm ein Herr von gewissem Alter mit einem komischen Bart und einem hellen englischen Mantel, einen großen Filzhut in der Hand. Die beiden setzen sich in die andere Ecke des Zimmers, mir gegenüber. Ich schiele zu ihnen hinüber, ohne mich umzudrehen, und merke, dass der Mann auf meine Beine schaut. Ich hatte gerade an dem Tag meinen Rock kürzer gemacht und fühlte mich nicht ganz wohl, weil ich nicht sicher war, ob ich den Saum richtig hingekriegt hatte ... Ich steige herunter und Hoffmann stellt vor: ›Herr Wolf – unser braves, kleines Fräulein Braun und hol uns aus der Gastwirtschaft an der Ecke Bier und Leberkäs.‹«[8]

Nach Evas Rückkehr machte ihr Herr Wolf – Hitlers Pseudonym – Komplimente und beide plauderten über Musik und die letzte Aufführung im Münchner Staatstheater. Angeblich hat das erst kurz davor aus einer behüteten

Klosterschule entlassene Mädchen in »dem alten Herrn Wolf mit dem Schlapphut und der Peitsche« nicht den 40-jährigen Vorsitzenden der NSDAP erkannt, obwohl der Verkauf von Postkarten mit Hitlerporträts zu ihren Aufgaben gehörte.

Nur die Schwestern waren in das lange Zeit völlig harmlose Verhältnis zu Hitler eingeweiht. Dieser brachte Eva, wenn er zu Hoffmann kam, Blumen, gelegentlich eine Bonbonniere, küsste ihr galant die Hand und machte charmante Komplimente. Zu Weihnachten 1929 schenkte er ihr ein Foto mit eigener Widmung. Damals entstand die erste gemeinsame Aufnahme von einem lächelnden Hitler, der vor einer strahlenden Eva galant den Hut zieht. Sie klebte das Foto in ihr Album und beschriftete es mit einer Äußerung Hitlers: »... die kenne ich nämlich recht gut.«

Bei Foto Hoffmann drehte sich alles um Hitler und die NSDAP. Unermüdlich dokumentierte man sämtliche Aktivitäten der Partei, gab Bildbände der Reichsparteitage heraus und verfasste Broschüren wie »Deutschlands Erwachen in Wort und Bild«. Der Chef war »Leibfotograf« Hitlers und zugleich »Gebrauchsfotograf« der gesamten nationalsozialistischen Elite für deren offizielle und private Anlässe.

Im Hintertrakt der Schellingstraße Nr. 50 residierte die Reichsparteileitung der NSDAP und ganz in der Nähe, im Haus Nr. 41, befanden sich die Redaktion und Druckerei des »Völkischen Beobachters«, des Zentralorgans der Partei, mit Hitler als verantwortlichem Herausgeber. Die Parteiführer pflegten regelmäßig die »Osteria Bavaria«, ein Lokal an der Ecke Schellingstraße – Schraudolphstraße, zu besuchen, wo SS-Angehörige häufig Flugblätter verteilten.[9] Eva Braun kannte demnach schon bald die Führungsspitze der NSDAP und es gibt keine Hinweise darauf, dass ihr die Klientel des Chefs unangenehm gewesen wäre. Rasch fügte sie sich in den Personenkreis um Hoffmann und bald stammte ihr gesamter Freundeskreis aus dem Dunstkreis der NSDAP.

Wie kein anderer hat Heinrich Hoffmann, in dessen Haus Hitler schon seit Beginn der dreißiger Jahre privat verkehrte, die Affäre zwischen Hitler und Braun vom Anfang bis zum Ende miterlebt. Als Strohmann regelte der Fotograf alle größeren finanziellen Transaktionen, die Eva Braun betrafen. Wie seinen Aufzeichnungen unschwer zu entnehmen ist, hat er sie nicht besonders geschätzt: »... mit ihren blauen Augen konnte man sie durchaus als hübsch bezeichnen, auch wenn sie puppenhaft wirkte. Eine Allerweltsschönheit wie auf gängigen Reklamefotos ...«[10]

Später verwendete Hoffmann gerne Fotos des Paares, von denen er – weisungsgemäß – Eva Braun entfernte. So zeigte er in der Jugendbroschüre »Hitler in seinen Bergen« den einsamen »Führer« in ländlicher Idylle »Beim Gschwandnerbauern« – die neben ihm sitzende Eva Braun ist Hoffmanns Schere zum Opfer gefallen.[11]

Von Eva Brauns Arbeitsstätte, die sich im ersten Stock über dem »Café Stefanie«, an der Ecke Theresienstraße – Amalienstraße befand, lieferte der »Völkische Beobachter« eine genaue Beschreibung der Räumlichkeiten und schloss: »Auch das Hilfspersonal Hoffmanns besteht nur aus Fachleuten ...«[12] Ein Lohnnachweis aus dem Jahre 1932 führt unter 17 Angestellten auch die junge Eva Braun an, die hinter der Ladentheke die Kunden bediente. Baldur von Schirach, der Reichsjugendführer der NSDAP, hat ihre

Tätigkeit verfolgt: »Sie betreute Hoffmanns NS-Postkarten auch später, als sie die Geliebte des Reichskanzlers war. Hitler ließ sich von ihr regelmäßig berichten, welche Karten am meisten gefragt waren. Das war für ihn eine Art »Gallup-Poll«, mit dem er die Popularität seiner Mitarbeiter testete.«[13]

Auch als Berufstätige wohnte Eva Braun im Elternhaus unter der strengen Obhut des Vaters, der seine zwei Töchter – die dritte (Ilse) wohnte bei ihrem Freund – behütete und unterdrückte. Er kontrollierte Anrufe, las ihre Korrespondenz und behielt ihren Umgang im Auge. Um 10 Uhr abends drehte er ihnen das Licht ab. Dass für seine Tochter Eva tagsüber – und noch dazu am Arbeitsplatz – Gefahr in Form unerwünschter Männerbekanntschaften drohen könnte, ahnte er nicht.

Hitler lud Hoffmanns Angestellte in die Oper, ins Kino, in die »Osteria Bavaria« oder er fuhr mit ihr zum Picknick in die schöne Gegend um München. Die feudale Kolonne der Mercedes-Wagen, die devoten Chauffeure und Adjutanten, die jedem Wink Hitlers gehorchten, haben ihren Eindruck auf das junge Mädchen nicht verfehlt. Die Eltern erfuhren davon nichts. Für sie hat Eva die aufregenden Vergnügungsfahrten in langweilige Büroüberstunden verwandelt.

Schon nach kurzer Bekanntschaft hatte Hitler Erkundigungen über die Ahnen Eva Brauns einziehen lassen. Er, der in seiner Jugend in Wien nachweislich problemlos mit Juden verkehrte, wollte als Führer einer radikal antisemitisch geprägten Partei keinen Umgang mit einer »Nichtarierin«. Martin Bormann, der spätere Leiter der Parteikanzlei, kontrollierte bereits 1930 die Ahnen der Familie Braun im Hinblick auf jüdische Vorfahren.[14]

Eva Braun genoss die prominente Stellung ihres Verehrers, von dem Radio und Zeitungen berichteten. Das junge Mädchen war geschmeichelt, die Aufmerksamkeit dieses berühmten Mannes erregt zu haben. Und bald mussten die Eltern verblüfft zur Kenntnis nehmen, dass ihre Tochter, die bisher kein Wort über Politik verloren hatte, im Familienkreis heftige politische Debatten entfachte. Während Eva in der Mutter eine Gesinnungsgenossin fand, blieben der Vater anfangs und die Schwester Ilse für immer nationalsozialistischen Ideen gegenüber skeptisch bis ablehnend. Antisemitismus jedoch war allen Mitgliedern der Familie Braun fremd. Eva war damals mit einem jüdischen Medizinstudenten befreundet[15]. Ihre Schwester Ilse arbeitete jahrelang für den jüdischen Facharzt Dr. Martin Marx, mit dem sie ein Verhältnis hatte. Trotz massiver Kampagnen zur Diffamierung jüdischer Mitbürger blieb sie seine Sprechstundenhilfe. Die Beziehung endete erst, als Marx im Sommer 1938 nach Amerika emigrierte.

Überfälle von SA und SS auf Sozialdemokraten, Kommunisten, politische Gegner und Juden gehörten damals zum Alltag. Mitglieder der SA hinderten die Bevölkerung am Betreten jüdischer Geschäfte und schikanierten Personen, die jüdische Ärzte oder Rechtsanwälte aufsuchten. Eva sah dies täglich, empfand die Brutalitäten als Entgleisungen und nahm an, dass sie ohne Wissen Hitlers erfolgten, der im Umgang mit der Damenwelt die Höflichkeit selbst war.

1930 bewegte sich das Verhältnis Hitler–Braun noch immer im platonischen Rahmen, die Zusammenkünfte fanden stets tagsüber statt. Eva schrieb Hitler kleine Briefe und platzierte sie in den Taschen seines Trenchcoats, der oft in der Garderobe des hoffmannschen Fotoateliers hing.

Ihr Chef beobachtete die Bemühungen seiner Angestellten: »... weder ich noch sonst jemand merkten ihm [Hitler] intensiveres Interesse an ... Anders Eva ... sie erzählte ihren Freundinnen, Hitler sei in sie verliebt und es würde ihr bestimmt gelingen, ihn zur Heirat zu bringen ...«[16]

Anfang 1932 wurde Eva – Frau Winter, der Haushälterin, war es nicht entgangen – in Hitlers Wohnung am Prinzregentenplatz seine Geliebte.[17] Eva selbst hat dies ihrer Schwester gegenüber angedeutet: »Wenn der wüsste, welche Geschichte dieses Sofa hat!«, meinte sie kichernd, als sie ein Foto des englischen Premierministers Chamberlain beim Frühstück in Hitlers Wohnung zu Gesicht bekam.

Hitler diktierte von allem Anfang die Spielregeln des Verhältnisses, legte dessen geheimen Charakter fest und achtete auf größte Diskretion. Die Politik – und vieles andere – hatte absoluten Vorrang und die Stunden, die er für seine Geliebte aufwandte, waren sporadisch und karg bemessen. Konzipiert war ein anspruchsloses, zeitlich befristetes Verhältnis. »Und für die Liebe halte ich mir eben in München ein Mädchen«, meinte Hitler auf die Frage seines Adjutanten Fritz Wiedemann nach etwaigen Heiratsplänen.[18]

In Eva Braun, dem »Hascherl«, suchte Hitler keine Partnerin und keine politische Mitstreiterin. Vielmehr sagte er in ihrer Gegenwart: »Sehr intelligente Menschen sollen sich eine primitive und dumme Frau nehmen. Sehen Sie, wenn ich nun noch eine Frau hätte, die mir in meine Arbeit hereinredet! In meiner freien Zeit will ich meine Ruh haben ... heiraten könnt' ich nie!«[19]

Eva Braun verbrachte einen Großteil ihres Lebens mit

Warten auf Hitler. Sie wohnte auch 1932 noch im Elternhaus, teilte ihr Zimmer mit der Schwester Gretl und ging jeden Tag zur Arbeit bei Foto Hoffmann, um ihren Lebensunterhalt zu verdienen. Die finanziellen Vorteile aus ihrer Beziehung zu Hitler waren gering: ein bisschen Schmuck, gelegentlich ein Briefumschlag mit Geld für Kleidung und – ein eigenes Telefon (offiziell im Interesse der Firma). Läutete es, dann zog sich Eva in ihr Bett zurück und versteckte sich unter einer Decke. Nur so war ungestörtes Telefonieren möglich.

Aber Hitlers Anrufe kamen selten, denn zu dieser Zeit fanden in Deutschland dramatische Umwälzungen statt: Hitler reiste kreuz und quer durch Deutschland und sprach allein zwischen dem 15. und 30. Juli 1932 in 50 Städten. In hektischer und gewalttätiger Atmosphäre fanden in einem Jahr fünf Wahlen statt. In der letzten Phase des Wahlkampfes der für den 6. November 1932 anberaumten Reichstagswahlen war Hitler für das Mädchen in München nicht mehr zu sprechen.

Eva Braun ließ sich alles gefallen, nahm alles geduldig hin, wollte aber eher sterben, als eine Trennung von Hitler zu akzeptieren. Zermürbt durch das ewige Warten, schrieb sie ihm am 1. November 1932 einen Abschiedsbrief und schoss sich dann mit dem – stets geladenen – Armeerevolver ihres Vaters in den Hals. Die Kugel blieb nur knapp neben der Halsschlagader stecken. Trotz großen Blutverlusts konnte sie noch selbst einen Arzt rufen. Und diesen wählte sie mit Bedacht, denn Dr. Wilhelm Plate war der Schwager Heinrich Hoffmanns. Damit konnte Eva sicher sein, dass man Hitler rasch informieren würde. Der Arzt ließ das Mädchen in ein Krankenhaus bringen, wo man das Geschoss entfernte.

Eva Braun hatte richtig spekuliert. Hitler besuchte sie sofort nach Erhalt des Briefes und erkundigte sich, ob tatsächlich ein ernst zu nehmender Selbstmordversuch vorliege. »Sie hat auf ihr Herz gezielt«, versicherte der Arzt, »wir haben sie noch zur rechten Zeit retten können.«[20]

Den besorgten Eltern hat Eva die Angelegenheit als Unfall beim unvorsichtigen Hantieren mit der Waffe erklärt. Hitler jedoch schien von so viel Zuneigung geschmeichelt und gab etwaige Trennungsabsichten auf. So lud er Eva Braun am Abend des 1. Januar 1933 zu einer Aufführung der von Hans Knappertsbusch dirigierten Oper »Die Meistersinger« von Richard Wagner in das Münchner Nationaltheater. Zur tarnenden Gesellschaft zählten damals Heinrich Hoffmann und Erna Gröbke, mit der sich dieser nach dem Tod seiner ersten Frau verlobt hatte[21], Rudolf Heß und seine Frau Ilse sowie die Adjutanten Schaub und Brückner. Anschließend begab man sich zum »Kaffee-Kamin« in die Wohnung von Ernst (»Putzi«) Hanfstaengl, dem Auslandspressechef der NSDAP.[22] Eva Braun war an diesem Abend zum ersten Mal Gast in Hanfstaengls prächtiger Wohnung. Es war eine lustige Runde und man amüsierte sich, da Hitler, dessen Stimmung jeweils den Ton angab, noch von der Opernaufführung her bestens gelaunt war. »Putzi« spielte Wagnermelodien.

In seinen Memoiren schrieb Hanfstaengl über Eva Braun: »Ich sah sie damals nicht zum ersten Mal. Sie war ein nett anzusehendes, blondes Mädchen, gut gewachsen mit blauen Augen und einem bescheidenen, fast zaghaften Charme. Sie war mir in Hoffmanns Fotogeschäft einige Monate zuvor aufgefallen ...«[23]

Drei Tage nach dem gemütlichen Abend bei Hanfstaengl, am 4. Januar, fand jene geschichtsträchtige Zusammenkunft Hitlers mit Franz von Papen im Haus des Kölner Bankiers von Schroeder statt, bei der man den Sturz des amtierenden Reichskanzlers vorbereitete.

Die Berufung Hitlers zum Reichskanzler am 30. Januar 1933 erfüllte Eva Braun mit großer Sorge, da ihr Geliebter nun viel Zeit in Berlin, dem Revier ihrer verhassten intellektuellen Rivalin Magda Goebbels, verbringen würde. Sie selbst sollte erst 1935 nach Berlin eingeladen werden. Das Jahr 1934 wurde jedoch aus Evas Sicht ein erfolgreiches, denn Hitler kümmerte sich relativ oft um sie. Alle anderen Ereignisse – sein Aufstieg zum »Führer und Reichskanzler« sowie der »Röhm-Putsch« – haben sie nicht weiter berührt. Auch 1935 ging sie ihrer Tätigkeit als Verkäuferin nach und hatte selbst als Geliebte des mächtigen Reichskanzlers nur bescheidene Wünsche. So drängte sie z.B. Hitler, der kleine Hunde nicht mochte, »ihr doch ein Hunderl« zu schenken.

Damals weitete sich die Firma Hoffmann zu einem Konzern aus. Evas Chef leistete sich eine prächtige Villa und füllte sie derart mit Kunstschätzen, dass Goebbels von »einem kleinen Museum« sprach.[24] – Hitlers Geliebte neidete ihm nichts, obwohl sie selbst öfter Schulden machen musste: »Ich spare, schare. Allen geh ich schon auf die Nerven, weil ich jegliches verkaufen will. Angefangen vom Kostüm, Fotoapparat bis zum Theaterbillett ... na es wird schon wieder besser werden, so groß sind die Schulden nicht ...«[25]

Für Eva zählte nur, dass ihr Arbeitgeber einen direkten Draht zu Hitler hatte. Aus diesem Grund schloss sie sich dem hoffmannschen Haushalt eng an, ja drängte sich auf.

Ebenso bestürmte sie Frau Anni Winter, die Haushälterin in Hitlers Wohnung am Prinzregentenplatz, um Auskünfte, denn Hitler verheimlichte seine Reisepläne aus Sicherheitsgründen. Das Ehepaar Hoffmann befand sich in einer zwiespältigen Lage. Eva war einerseits die Geliebte ihres Idols, dem sie alles verdankten, andererseits jedoch auch ihre weisungsgebundene Angestellte. So schwankten sie Eva gegenüber zwischen gönnerhafter Zuneigung – »heute schenkte mir Frau Hoffmann eine Theaterkarte...« – und moralisierender Verachtung. Man ließ keine Gelegenheit aus, das Mädchen auf die prekäre Unsicherheit ihrer Lage aufmerksam zu machen. Während Heinrich Hoffmann zusammen mit Goebbels für Hitler geheime Treffen mit Damen arrangierte,[26] erging sich Erna Hoffmann, seine zweite Frau, in düsteren Andeutungen: »Wie mir Frau Hoffmann liebevoll und ebenso taktlos mitteilte, hat er jetzt einen Ersatz für mich ...«[27]

Das Mädchen harrte jedoch aus: »Ich bin bei Hoffmann wie auf glühenden Kohlen gesessen und dachte jeden Moment, jetzt müsste er kommen«, notierte Eva am 4. März 1935 und »Warum geht er nicht zu Hoffmanns zum Essen, da hätte ich ihn wenigstens ein paar Minuten für mich?« am 1. April.

Interessant sind dann die Eintragungen vom 28. Mai 1935. Eva, die nie Parteimitglied wurde, klassifizierte nämlich selbst die dramatischsten Ereignisse der Weltgeschichte nur danach, ob sie ihrem Liebhaber Freizeit ließen oder nicht. Keine politisch geschulte Nationalsozialistin hätte derart naive Äußerungen von sich gegeben: »Gut, er hat den Kopf voll gehabt in dieser Zeit mit politischen Problemen, aber ist jetzt nicht eine Entspannung da? Und wie war es im letzten Jahr? Hat ihm da nicht Röhm und Italien auch viel zu schaffen gemacht und trotzdem hat er Zeit für mich gefunden.« – Eva bezieht sich mit ihren Worten auf die dramatischen Ereignisse des so genannten Röhm-Putsches vom 30. Juni 1934, als ihr Liebhaber den Stabschef der SA, Ernst Röhm, »der ihm viel zu schaffen machte«, ermorden ließ.

Anfang 1935 bemühte sich Eva, Hitler zu einer Verbesserung ihrer Situation zu bewegen: »... dass er so wenig Einsicht hat und mich immer noch vor Fremden [im Geschäft] katzbuckeln lässt ...« Schon im Februar 1935 glaubte sie, am Ziel ihrer Wünsche zu sein. So schreibt sie am 18. des Monats voll hilfloser Abhängigkeit: »... das Schönste aber war, dass er sich mit dem Gedanken trägt, mich aus dem Geschäft zu nehmen ... und ich will mich aber lieber noch nicht so freuen, mir ein Häuschen zu schenken. Ich darf einfach nicht daran denken, so wunderschön wäre das. Ich müsste nicht mehr unseren ›ehrenwerten Kunden‹ die Tür öffnen und Ladenmädchen machen. Lieber Gott, gib, dass es wirklich wahr ist und in absehbarer Zeit Wirklichkeit wird ...«

Doch die Zeit verging und nichts geschah. Im März konnte sie, eingekeilt in eine riesige Menschenmenge, einen Blick auf Hitler werfen. »Drei Stunden habe ich vor dem Carlton gewartet und musste zusehen, wie er der Ondra [Anny Ondra, die Frau des Boxweltmeisters Max Schmeling] Blumen kaufte und sie zum Abendessen eingeladen hat ...« Am 10. Mai 1935 klingt es schon verzweifelt: »... schließlich könnte er mich doch so weit kennen, dass ich ihm nie etwas in den Weg legen würde, wenn er plötzlich sein Herz für eine andere entdeckt. Was aus mir wird, kann ihm ja gleich sein ...«

Am 28. Mai beschloss Eva Braun zum zweiten Mal, sich das Leben zu nehmen. Sie verfasste einen »entscheidenden« Brief an Hitler und kaufte sich, da keine Antwort kam, eine Schachtel Schlaftabletten (Phanodorm). Offensichtlich hatte niemand das Mädchen von Hitlers umfangreichem Programm in Kenntnis gesetzt. Dieser hatte nämlich am 19. Mai die Autobahn in Frankfurt am Main eröffnet, war dann nach Berlin gereist, nahm am 25. und 26. Mai am »Tag der Deutschen Seefahrt« in Hamburg teil und besuchte anschließend den »Gautag« in Mecklenburg, dem »Reichsleitertagungen« in München folgten.

»Lieber Gott hilf mir, dass ich ihn heute noch sprechen kann, morgen ist es zu spät. Ich habe mich für 35 Stück entschlossen es soll diesmal wirklich eine ›todsichere‹ Angelegenheit werden. Wenn er wenigstens anrufen lassen würde«, lautet die Eintragung, mit der Evas Tagebuch am 28. Mai endet.

Spät am Abend kam jedoch Ilse Braun, die ein für einen Tanzwettbewerb geliehenes Kleid zurückbringen wollte. Sie fand ihre Schwester in tiefer Bewusstlosigkeit, leistete erste Hilfe und holte einen Arzt. Wie sich herausstellte, hatte Eva 20 Schlaftabletten genommen. Neben ihr befand sich das offene Tagebuch. Ilse entfernte die beschriebenen Seiten mit den Eintragungen, die den Zeitraum vom 6. Februar bis zum 28. Mai 1935 umfassen, und verwahrte sie auf. Später hat sie die betreffenden 22 Seiten ihrer Schwester zurückgegeben, die sie mit auf den Obersalzberg nahm.

Dieses Fragment von nur 22 Seiten – die ausführlichen Tagebücher gingen alle verloren – ist trotz seiner Kürze ein Spiegel der Psyche der Eva Braun. Ohne Interpunktion, ungelenk im Ausdruck und mit der Diktion eines Teenagers erzählt die 23-Jährige von ihren kleinen trivialen Alltagssorgen, aber auch von ihrer großen Liebe zu Hitler. Es sind die Aufzeichnungen eines einfachen, naiven Mädchens, das voll Stolz bemerkt: »Ich, die Geliebte des größten Mannes Deutschlands und der Erde.« Ihre Klage »Er braucht mich nur für bestimmte Zwecke« hat jedoch die oft geäußerten Vermutungen beseitigt, nach denen Hitler zum Geschlechtsverkehr überhaupt nicht fähig gewesen wäre. Adolf Hitler und Eva Braun waren ganz offensichtlich Liebespartner. Dr. Morell, der Leibarzt des »Führers«, gab nach 1945 im Rahmen eines Verhörs durch US-Kommissionen zu Protokoll, dass Eva Braun ihn häufig bedrängt habe, das sexuelle Verlangen Hitlers, dessen Libido in den letzten Lebensjahren nachließ, durch Stimulantien zu fördern.[28]

Nach ihrem zweiten Selbstmordversuch überhäuften die Eltern ihre Tochter mit kränkenden Vorwürfen und machten ihr den weiteren Verbleib im Elternhaus unmöglich. Nicht Hitlers Politik störte den Vater, sondern die Tatsache, dass keine Aussicht auf Legitimierung des Verhältnisses bestand. Er quälte seine Tochter mit abfälligen Äußerungen über ihr »Kurtisanendasein«. Eva und ihre Schwester Gretl bezogen daraufhin im August 1935 eine eigene Wohnung in der Widenmayerstraße 42 in der Nähe von Hitlers Wohnung. Es war eine komfortable, modern ausgestattete Dreizimmerwohnung mit Zentralheizung. Wäsche und Geschirr steuerte die Mutter bei, die Miete und den Lohn für das ungarische Dienstmädchen ließ Hitler durch seinen Freund Hoffmann überweisen.

Evas Vater, Friedrich Braun, konnte die seiner Meinung nach bittere Schande, die seine Tochter über die Familie brachte, nicht tatenlos hinnehmen. Als seine Vorwürfe auf taube Ohren stießen und auch seine Frau Evas Partei ergriff, entschloss er sich zu einem direkten Appell an Hitler. Den Brief übergab er Hoffmann zur Weiterleitung. Dieser wiederum händigte ihn Eva Braun aus, die das Schreiben vernichtete. Im Konzept hat sich der pathetische Versuch des Vaters, der ganz zaghaft die Möglichkeit einer Eheschließung andeutet, jedoch erhalten.

»Sehr geehrter Herr Reichskanzler! Es ist mir sehr unangenehm, mit einer Privatangelegenheit Sie belästigen zu müssen, nämlich mit meinem Kummer als Familienvater. Sie, der Führer der deutschen Nation, haben ganz andere Sorgen, gewiss weit größere ... Meine Familie ist nun auseinander gerissen, weil meine beiden Töchter Eva und Gretl in eine von Ihnen zur Verfügung gestellte Wohnung gezogen sind und ich als Familienoberhaupt vor eine vollendete Tatsache gestellt worden bin. Natürlich habe ich Eva des öfteren Vorstellungen gemacht, wenn Sie wesentlich später als nach Dienstschluss nach Hause gekommen ist, denn ich glaube, dass ein junger Mensch, wenn er acht Stunden beruflich intensiv gearbeitet hat, dann eine nötige Entspannung im Familienkreis braucht, um gesund zu bleiben. Außerdem stehe ich auf dem vielleicht altmodischen Standpunkt in moralischer Hinsicht: Der Obhut der Eltern und dem gemeinsamen Heim werden die Kinder erst bei Heirat entzogen. Das ist mein Ehrbegriff. Ganz abgesehen davon, dass ich meine Kinder sehr vermisse. Für Ihr Verständnis hierfür wäre ich Ihnen, sehr geehrter Herr Reichskanzler, überaus verbunden und schließe daran die Bitte, den Freiheitsdrang meiner Tochter Eva, die ja volljährig ist, nicht zu unterstützen, sondern sie zu veranlassen, in die Familie zurückzukehren.«[29]

Im September 1935 gestattete Hitler seiner Geliebten die Teilnahme am 7. Reichsparteitag der NSDAP in Nürnberg. Er stand im Zeichen der Gesetze zum »Schutz des deutschen Blutes und der deutschen Ehre« (Nürnberger Gesetze), brachte das Eheverbot mit Juden und legte die »arische« Abstammung als Voraussetzung für Anstellungen im öffentlichen Dienst fest. Eva gehörte zu den Gästen des Führers und saß auf der Ehrentribüne.

Ernst Hanfstaengl berichtete darüber, als er sich mit der »unwürdigen Odaliskenrolle« der Eva Braun auseinander setzte: »Immerhin belohnte sie Hitler für ihre (Evas) ständige Gegenwart durch seinen Schutz. Sie kam unauffällig auf den Parteitag von 1935, trug jedoch einen teuren Pelz. Magda Goebbels aber, die sich für die einzige Frau hielt, der Hitler seine Aufmerksamkeit widmen dürfe, war unklug genug, über Eva herabsetzende Bemerkungen zu machen. Hitler hatte einen Wutanfall ...«[30]

Ende 1935 hörte Eva zu arbeiten auf und im März 1936 ging ihr großer Wunsch nach einem eigenen Haus in Erfüllung. Im Auftrag Hitlers suchte und fand Heinrich Hoffmann ein geeignetes Objekt. Es war keine Luxusbleibe und kein Liebesnest, sondern ein biederes, 1925 erbautes Einfamilienhaus – eines aus einem Komplex von sechs völlig gleichen – in der Wasserburger Straße 12 (heute Delpstraße 12) in Bogenhausen. Dieses Münchner Villenviertel lag damals fast am Stadtrand, hatte jedoch den Vorteil, dass Hitlers Wohnung am Prinzregentenplatz leicht zu Fuß erreicht werden konnte. Der Kaufpreis betrug 35 000 RM und der Kaufvertrag lautete auf den getreuen Hoffmann. Erst im September 1938 wurde der Besitz offiziell in das Eigentum der »Sekretärin« Eva Braun übertragen. Zum –

noch existierenden – Gebäude gehörte ursprünglich ein ca. 800 Quadratmeter großer ummauerter Garten.

Das Haus im Art-déco-Stil entspricht der nach dem Ersten Weltkrieg herrschenden Architekturvorstellung für einfache Privathäuser und ist recht kleinräumig. Im Erdgeschoss befanden sich ein winziger Vorraum mit Einbaukästen, eine ebenso kleine Küche und ein kombiniertes Wohn- und Esszimmer. Das über eine enge Treppe zu erreichende Stockwerk hatte zwei getrennte Schlafzimmer und ein Bad. Eine kleine Dachkammer diente als Gästezimmer und heimlicher »Rauchsalon«, da in Hitlers Anwesenheit nicht geraucht werden durfte. Die Einrichtung jedoch sprengte den Rahmen des Üblichen. Hitler selbst hat sich darum gekümmert. So war die Speisezimmergarnitur aus exotischen Hölzern für zwölf Personen ein Entwurf von Paul Ludwig Troost, dem Architekten des »Braunen Hauses«.[31]

Im Laufe der Zeit füllten sich die Räume mit Hitlers Geschenken. Es gab einen Aubusson-Gobelin, kostbare Teppiche, darunter einen alten Samarkand, schöne Möbel und viel Silbergerät – Rahmen, Besteck, Geschirr –, meist versehen mit Hitlers Monogramm. Zahlreiche, eher mittelmäßige Bilder schmückten die Wände. Auch seine eigenen Werke hat Hitler der Geliebten nicht vorenthalten. Es gab Architekturskizzen und Zeichnungen sowie Aquarelle von Stadtansichten, die er nach Postkartenvorlagen kopiert hatte. Hitlers auf diese Weise entstandenes »Asamkircherl« war Evas Lieblingsbild.

Neben Hitlers Originalen schmückten Ölgemälde mit Hitlerporträts die Wände. Das lebensgroße Uniformporträt von Heinrich Knirr dominierte. Es war 1933/34 entstanden und zeigt Hitler in martialischer Pose symbolhaft auf dem Gipfel eines Berges, mit wehendem Mantel, den starren Blick in die Ferne gerichtet.[32] Es diente als Vorlage für Kunstdrucke, die sich als Bestseller erwiesen und in millionenfacher Auflage billig in den Handel kamen, schließlich sollte jedermann ein Bild des »Führers« besitzen. Im Umgang mit dieser »Ikone des Volkes« war allerdings Vorsicht geboten. Jeder Missbrauch wurde »wegen Untergrabung des Vertrauens des Volkes zur politischen Führung«[33] streng bestraft. Schon 1936 fanden die ersten Prozesse statt. Personen, die Führerbildnisse zerstörten, sich strikt weigerten, diese anzubringen, oder bei ihrem Anblick schmähende Äußerungen taten, verurteilte man anfangs zu einigen Jahren Gefängnis, während des Krieges, als die Kritik am Regime zunahm, wurde dann die Einweisung in ein Konzentrationslager verfügt.[34]

Für Eva Braun war ihr »liebes Häuschen« ein Statussymbol gegenüber Eltern und Freunden. Es hob ihr Selbstbewusstsein und gab ihr Lebensfreude. Sie bewohnte es zusammen mit ihrer jüngeren Schwester Gretl. Die zwei Scotchterrier »Stasi« und »Negus«, Geschenke Hitlers, leisteten ihnen Gesellschaft, störten jedoch durch ihr Kläffen die Nachbarschaft, sodass eine Mauer um das Anwesen unumgänglich wurde. Ein weiteres Geschenk Hitlers war der Fernsehapparat. Mit diesem Gerät – einem der ersten in Deutschland – besaß Eva eine sensationelle technische Neuigkeit, denn das Medium steckte noch in den Kinderschuhen. Erst 1929 war mit der Ausstrahlung von Versuchssendungen begonnen worden und die ersten großen Übertragungen galten den Olympischen Spielen 1936 in Berlin. Und zu ihrem 27. Geburtstag bekam Eva Braun mit kleiner Verspätung ein Auto mit symbolhaftem Charakter und großem ideellen Wert: Es glich einem Maikäfer und seine Entwicklung war Hitler ein großes persönliches Anliegen gewesen. Es war der Prototyp des Volkswagens, den der Konstrukteur Ferdinand Porsche dem »Führer« zu seinem Geburtstag im Jahre 1938 übergeben hatte.[35] Sie hat ihn jedoch kaum benutzt, weil er zu auffällig war.

Um Eva Braun scharte sich – wie in ihren Amateurfilmen ersichtlich – ein lustiger Freundeskreis. Auch eine Reihe von Familienfesten fand in der Wasserburger Straße 12 statt, da sich Vater und Tochter nicht nur versöhnt hatten, sondern jetzt prächtig harmonierten. Dies lag daran, dass Friedrich Braun zum Bewunderer und Anhänger Hitlers mutiert war. 1937 trat er sogar der NSDAP bei. Am 8. November 1939 besuchte Friedrich Braun erstmals eine Parteiveranstaltung im Münchner Bürgerbräukeller. Im Gegensatz zu Hitler, der frühzeitig wegging, blieb er pflichtbewusst bis zum Ende. So traf ihn ein Splitter jener Bombe, die dem Freund seiner Tochter gegolten hatte. Er zählte zu den 63 Verletzten des Bombenattentats von Georg Elser und galt dann als »Alter Kämpfer«.

Nach Kriegsende verwandelten illustrierte Blätter die biederen Familienfeste in Evas Haus in Orgien und Exzesse, während man Hitlers Geliebte zur Sklavin machte: »Hermann Esser[36] erzählte mir von Eva Braun, die mit seiner zweiten Frau von der Schule her befreundet war. Nach ihren Eindrücken war Eva nichts weiter als ein Dekorationsstück in der Traumwelt, in die sich Hitler mehr und mehr einspann. Ohne Hitlers oder Bormanns Erlaubnis durfte sie München nicht verlassen. Bei Frau Esser brach sie eines Tages sogar in Tränen aus über ihr Sklavendasein.

›Ich bin weiter nichts als seine Gefangene‹, schluchzte sie. ›Als Frau habe ich von Hitler überhaupt nichts.‹«[37]

Derartige sensationsträchtige Erfindungen haben das Bild der Eva Braun total verfälscht. Sie entsprachen nicht den Tatsachen. Von Sklavendasein kann keine Rede sein. Eva speiste mit ihrer Freundin Herta Ostermeier häufig in Restaurants und war mit Mutter, Freundinnen und Freunden ständig unterwegs. Einmal besuchte sie – im Anschluss an einen Besuch Hitlers – noch um Mitternacht einen Ball der Stadt München. Man sah sie häufig im Kino oder Theater. Sie ging leidenschaftlich gern tanzen. Das vorhandene Filmmaterial bezeugt heitere Ausflüge zu den bayrischen Seen. Dabei garantierte ein eigener Mercedes samt Chauffeur die Mobilität der »Sklavin«. Eva Braun reiste gern und viel. Inkognito fuhr sie mit Hitler im März 1938 nach Wien und wohnte, von ihrem Geliebten durch ein Stockwerk getrennt, im Hotel Imperial. Franziska Braun hat ihre Tochter damals begleitet und wurde von Eva beim Bummel durch die Stadt gefilmt.

Anfang 1939 flog sie mit Mutter und Schwester in einer Privatmaschine Hitlers nach Hamburg und ging dort an Bord des Schiffes »Robert Ley«, um an einer Vergnügungsfahrt im Rahmen der Aktion »Kraft durch Freude« durch die Fjorde Norwegens teilzunehmen.[38] Private Fotos zeigen Eva Braun beim fröhlichen Tennisspiel auf Deck. Im August 1939 fuhr sie zu den Filmfestspielen nach Venedig, wie sie überhaupt jedes Jahr einige Wochen in Italien zubrachte. Als »Privatsekretärin des Führers« hatte sie sich unauffällig unter Hitlers Suite gemischt und auf diese Weise den Staatsbesuch in Italien vom 3. bis zum 9. Mai 1938 mitgemacht. Unbelastet von Protokollzwängen erforschte sie damals Rom, Capri, aber auch Ravenna und filmte dabei unermüdlich. Im Herbst führte sie ihre Filme stolz in der Halle des Berghofs vor. »Jetzt siehst du das richtige Italien«, meinte sie dabei zu Hitler.[39]

Die Beobachtung Hanfstaengls, dass Hitler seiner Geliebten in der Öffentlichkeit nie den geringsten Beweis seiner Zuneigung schenkte, stimmt jedoch. Eva ärgerte sich, wenn sie Hitlers Tiraden gegen die Ehe hörte, nahm dies aber als unvermeidliche Konsequenz seiner Rolle als Führer des deutschen Volkes hin. Sie tröstete sich mit der Hoffnung auf die Zukunft, wenn Hitler mit ihr in Linz leben würde. »Außer Fräulein Braun nehme ich niemanden mit; Fräulein Braun und meinen Hund ...«, erzählte er oft bei seinen nächtlichen Monologen.[40] In der Zwischenzeit genoss Eva ihren Status im kleinen, eingeweihten Zirkel, registrierte mit Freude die wachsende Zuneigung ihres Geliebten und bezeichnete sich selbst in aufgeräumter Stimmung als »Landesmutter«. Seit dem ersten Selbstmordversuch fühlte sich Hitler für sein »Hascherl« verantwortlich, nahm es vor den arroganten nationalsozialistischen Damen der Gesellschaft in Schutz und verhängte über Magda Goebbels zeitweise sogar Hausverbot.

Im Krieg wurde das Verhältnis enger. Die geselligen Zusammenkünfte mit jungen Künstlerinnen hörten auf und Hitler hat aus seinen Hauptquartieren in Frontnähe täglich – immer um 10 Uhr abends – mit Eva telefoniert.

Dass Eva Braun bereits 1938 ein fester Bestandteil seines Lebens war, kommt in Hitlers persönlichem Testament vom 2. Mai 1938 zum Ausdruck, das er nach dem Einmarsch in Österreich und vor seiner Abreise nach Rom eigenhändig schrieb und bei Minister Heinrich Lammers in der Reichskanzlei hinterlegte.[41] Demnach sollte sein gesamter Besitz an die Partei fallen und auch der Bestattungsmodus wurde geregelt. Anschließend nennt er an erster Stelle der Benefizienten Eva Braun. Ihr soll die Parteikasse eine monatliche Pension von 1000 RM auszahlen.[42] Dann erst folgen seine Schwester Paula, die Halbschwester Angela und die übrigen Verwandten in Spital in Niederösterreich.[43]

Ein weiteres Indiz der Wertschätzung Hitlers und ein Hinweis auf seine politischen Intentionen war der im Sommer 1938 vorgenommene Ausbau des Kellers im Hause seiner Geliebten zu einem mit allem Komfort ausgestatteten Luftschutzraum. Es gab Ventilatoren, eine Luftdruckpumpe und eine Panzertür, die auf einen unterirdischen Gang aus Eisenbeton führte, der im Garten endete. Die Pläne für die Anlage sind eigenhändige Entwürfe Hitlers.[44]

Bereits in der Wohnung in der Widenmayerstraße hatte das Erscheinen Hitlers stets einen Personenauflauf verursacht. Ähnliches wollte man im neuen Haus vermeiden und traf Vorkehrungen zur Wahrung von Eva Brauns Anonymität.[45] Auf jeden Fall traf sich das Paar lieber in der Wohnung am Prinzregentenplatz, wo Eva Braun erleben konnte, wie sich Hitler in seinem Schlafzimmer am Morgen bei offenem Fenster mit dem Expander ertüchtigte. Diese Gewohnheit, die er jahrelang beibehielt, war notwendig, um den rechten Arm stundenlang ausgestreckt und ohne Absetzen bei der Abnahme von Paraden präsentieren zu können.[46] Ein weiterer Treffpunkt des Paares war der Obersalzberg bei Berchtesgaden. Hitler liebte und frequentierte diese Gegend schon seit 1923, wo er schließlich das Haus »Wachenfeld« kaufte. Evas Besuche in dem Landhaus verliefen immer nach dem gleichen Schema. Albert Speer hat es beschrieben: »... nach einigen Stunden [Hitler fuhr voraus] folgte ein geschlossener Mercedes mit den beiden Sekretärinnen; in deren Begleitung befand sich ein einfaches Münchner Mädchen. Es war eher nett und frisch als schön und wirkte bescheiden. Nichts deutete darauf hin, dass sie die Geliebte eines Herrschers war: Eva Braun. Dieses geschlossene Auto durfte niemals in der offiziellen Wagenkolonne fahren ... die Sekretärinnen hatten gleichzeitig die Fahrt der Geliebten zu tarnen. Mich überraschte, dass Hitler und sie alles vermieden, was auf eine intime Freundschaft hinwies – um dann spät abends doch in die oberen Schlafräume zu gehen ...«[47]

Ab 1933 begann – zuerst durch Heß, dann durch Bormann und seine für diesen Zweck ins Leben gerufene »Adolf-Hitler-Spende der Industrie« der Aufkauf, aber auch die rigorose Enteignung des gesamten Obersalzbergs. Das Hochtal wurde durch doppelte Drahtzäune hermetisch abgeriegelt und zum »Führergebiet« erklärt, wo sich Göring, Bormann und Speer eigene Häuser errichten ließen. Außerdem entstanden Gästehäuser, Kasernen für die SS-Wachen, ein landwirtschaftlicher Betrieb zur Selbstversorgung, ein Krankenhaus, ein Theater sowie ein privates, nur mittels Aufzug im Felsen zu erreichendes Teehaus. »Wachenfeld« selbst verschwand inmitten großer Anbauten und wurde in »Berghof« umbenannt. Dieser verfügte über 30 Räume, darunter das bekannte Konferenzzimmer mit versenkbarem Riesenfenster, das einen grandiosen Blick auf das Panorama des Untersbergs bot und dem eine riesige Terrasse vorgelagert war. Beim Eingang an der großen Treppe hielten zwei SS-Männer mit Stahlhelm unbeweglich wie Steinfiguren Tag und Nacht Wache.[48] Der Obersalzberg war eine eigene Welt, in der Eva Braun zwischen 1936 und 1945 zwei Drittel ihrer Zeit verleben sollte. Sie galt als Hausherrin des Berghofs ohne näher umschriebenen Aufgabenbereich. Christa Schröder, die Privatsekretärin Hitlers, lernte Eva Braun in ihrer Domäne kennen. Sie schrieb darüber: »Sie war kein Mannequin aus einer Modezeitschrift. Ihre Eleganz spiegelte nicht Reichtum wider, sondern guten Geschmack. Ihre naturblonden Haare waren allerdings künstlich aufgehellt. Sie benutzte viel Schminke, aber ihr Make-up war geschickt und steigerte noch ihre Schönheit. Sie hatte einen graziösen Gang.«[49]

Eva Braun hat die Sekretärin bei ihrem ersten Besuch selbst durch das Haus geführt: »Von meinem Zimmer unter dem Dach des ehemaligen ›Haus Wachenfeld‹ ging es auf einer Wendeltreppe hinab in das verglaste Vorzimmer, das auf der einen Seite auf den Hof und auf der gegenüberliegenden Seite in einen riesigen Salon mit einem prachtvollen Fayence-Kamin führte. Dann folgte ich dem weiten Gang mit seinen großen Fenstern, durch die man den Untersberg sah ... das Speisezimmer war lang gestreckt und geräumig, in der Mitte stand der Tisch für 24 Personen ... die Haupthalle war sehr eindrucksvoll und ich bewunderte die Wandteppiche. Eva Braun, die immer den Eindruck erwecken wollte, dass sie künstlerisch gebildet war, sagte mir, dass es echte Gobelins d'Aubusson seien. Wenn man einen Film vorführen wollte, hoben sich diese Wandteppiche automatisch, eine Leinwand senkte sich herab und auf der gegenüberliegenden Seite gab die Täfelung die Öffnung für den Projektionsapparat frei. Die Halle war im gotischen Stil eingerichtet. Ich bewunderte die

Tische in Mosaikarbeit, die nach Evas Worten ein Geschenk Mussolinis waren ... Der erste Stock beherbergte weitere Zimmer.« Später hat Traudl Junge den privaten Teil des Gebäudes erkundet: »... aber ich brannte darauf, über die breite, samtbezogene Treppe in den zweiten Stock hinaufzugehen, wo der Führer wohnte ... im Korridor herrschte Totenstille. Man hatte mich gebeten, meine Schuhe auszuziehen. Vor einer Tür lagen zwei Scotchterrier wie versteinert ... Es waren ›Stasi‹ und ›Negus‹, die das Schlafzimmer ihrer Herrin Eva bewachten. Daneben befand sich der Schlafraum Hitlers. Zwischen den beiden Zimmern lag ein großes Badezimmer mit einem Becken aus Marmor und vergoldeten Wasserhähnen. Das Badezimmer besaß keine Tür zum Korridor. An das Schlafzimmer Hitlers schloss sich sein großes Arbeitszimmer an ... das kleine Zimmer von Evas Mädchen befand sich ganz in der Nähe der Treppe ...«[50]

Das »Türkenzimmer«, wie Eva Braun ihr eigenes Schlafzimmer wegen der Teppiche nannte, sah recht anspruchslos aus. Eva blieb auf dem Berghof nicht untätig. Sie entwarf Briefe an Hitler und Freunde und kopierte sie fein säuberlich in ein dafür vorgesehenes Buch. Außerdem gehörte das Anlegen einer »Garderobekartei« zu ihrem Hobby. »Ich war enttäuscht«, berichtete Henriette von Schirach, »eine Einrichtung wie aus einer mittleren Fremdenpension ... Wandschränke mit Enzian bemalt ... ganze Jahrgänge von Filmzeitschriften ... Aber was war in den vielen Ordnern auf dem Regal? Eva arbeitete wie ein Archivar. Über jedes Kleid, über jeden Mantel wurde eine Akte angelegt, wo es gekauft wurde, welchen Preis es hatte, dabei lag eine Skizze des Modells sowie eine Bemerkung über Schuhe, Tasche, Schmuck, die dazu getragen wurden ... eine unglaubliche, sinnlose Fleißarbeit...«[51]

Wer auf dem Berghof verkehrte, gehörte zu Hitlers »Hofstaat«, einer Clique, die mit der Führungsschicht im Dritten Reich nur teilweise identisch war. Dazu gehörten jedenfalls die ständig auf dem Obersalzberg wohnenden Familien von Albert Speer, Rudolf Heß und Martin Bormann, dem Leiter der Reichskanzlei, Verwalter und eigentlichen Herrn auf dem Obersalzberg. Hermann Göring war selten anwesend. Seine Frau Emmy beging einmal den Fauxpas, Eva Braun zusammen mit dem Personal des Berghofes zum Tee einzuladen. Hitler verbat sich dies und die Damen haben einander nie kennen gelernt. Häufige Gäste waren Joseph Goebbels und Heinrich Hoffmann. Stets anwesend und auch zur Gesellschaft zugezogen wurden die Leibärzte Hitlers, Dr. Brandt und Dr. Morell, die Adjutanten Brückner, Wiedemann und Schaub sowie alle Privatsekretärinnen Hitlers. Heinrich Himmler und Reinhard Heydrich kamen äußerst selten, hohe Militärs nur zu Lagebesprechungen. Man begrüßte Künstler und Filmschauspieler auf dem Berghof, jedoch niemals Wissenschaftler.

Eva Braun selbst lud gern ihre besten Freundinnen Herta Ostermeier, verh. Schneider (Hitlers erste Sekretärin), und Marion Theissen, verh. Schönemann, samt ihren Kindern ein. Vor allem jedoch ergriff die Familie Braun – wie es Augenzeugen neidvoll registrierten – förmlich Besitz vom Obersalzberg und nistete sich dort für lange Aufenthalte ein. Die Eltern störte der »unmoralische Lebenswandel« der Tochter nicht mehr. Schon längst war man stolz auf den »Quasi-Schwiegersohn«, der sie steif, aber respektvoll behandelte. Seit dem Attentat im Bürgerbräukeller galt Friedrich Braun als »hoffähig« und sonnte sich im Schatten der NS-Prominenz. Gretl Braun wiederum folgte ihrer Schwester Eva wie ein Schatten. Sie heiratete 1944 den viel begehrten SS-Gruppenführer Hermann Fegelein, Himmlers Stellvertreter. Nur Ilse Braun, die kurzfristig für Albert Speer als Sekretärin gearbeitet hatte, blieb auf Distanz.

Albert Speer hat die Szenerie der Hitlerresidenz in den bayrischen Bergen aus der Sicht eines Gastes geschildert: »Auf der Terrasse standen wir zwanglos herum, während die Damen auf den korbgeflochtenen Liegestühlen mit den dunkelrot gewürfelten Bauernpolstern lagen. Wie in einem Kurhotel sonnten sie sich, denn Braun war modern. Diener in Livree, aus der Leibstandarte Sepp Dietrichs ausgewählte SS-Leute, boten mit vollendeten, fast etwas zu vertraulich wirkenden Manieren Getränke an: Sekt, Vermouth-Soda oder Fruchtsäfte ... auf die Nachricht vom bevorstehenden Eintreffen Hitlers wurde der Gesprächslärm gedämpfter, das vereinzelte Gelächter verstummte ganz. Nur halb laut plauderten die Damen über Kleider und Reisen. Eva Braun holte ihre Filmkamera vom Liegestuhl, begleitet von ›Negus‹. Sie machte sich bereit, den Auftritt zu filmen ... alle Anwesenden sind angespannt ... dabei wünscht Hitler eine Art Ungezwungenheit, die nicht servil wirken darf, sondern betonen soll, dass man hier sein Gast ist, und die vergessen macht, dass die gleichen Personen in Berlin sofort wieder in unterwürfige Ergebenheit zurückfallen werden ... Es dauert noch eine halbe Stunde, dann wird zu Tisch gebeten; Hitler allein voraus. Bormann mit Eva Braun hinterdrein ...«[52]

Der Tag auf dem Berghof begann spät, da Hitler lange

schlief, der Tagesablauf war dann immer der Gleiche.[53] Nach dem einfachen Mittagessen, das ca. eine Stunde dauerte, ging man im Sommer spazieren und im Winter saß man um den Kamin. Gourmettempel war der Berghof keiner. So gab es laut Speisekarte am 9. August 1937, also noch in der Friedenszeit, Graupensuppe, Schweinswürste, Sauerkraut, Kartoffelbrei und grünen Salat. Hitler, der vegetarisch lebte, bekam Grießnudeln mit Ei. Am 7. Juni 1943 speiste man Orangensaft mit Leinsamenschleim, Reispudding mit Kräutertunke, Knäckebrot mit Butter sowie eine Nuxo-Paste.

Eva Braun wurde von den anwesenden Herren als »Gnädiges Fräulein« und von den Damen als »Fräulein Braun« angesprochen. Es fiel auf, dass Eva Braun ihren Geliebten in Gegenwart der Tafelrunde ungeniert kritisierte, wenn seine Krawatte nicht zum Anzug passte. Auch über seine Kopfbedeckung wagte sie zu scherzen: »Du mit deinen Briefträgermützen.«[54]

Wie alle anderen titulierte sie ihn mit »Mein Führer«, was in Verbindung zu dem vertrauten »Du« eine eigenartige Kombination ergab. Auch in seiner Abwesenheit blieb er für sie der »Chef« oder der »Führer«. Hitler nannte sie »Evchen« oder »Tschapperl«. Das Personal sprach von Eva Braun immer als der »Chefin« und vermied in der Öffentlichkeit jede Nennung ihres Namens. Therese Link, die Köchin des Gästehauses auf dem Obersalzberg, schrieb in ihren Erinnerungen: »Hitlers Freundin habe ich oft gesehen und ihr manchmal Zitronenlimonade gemacht. Sie war ein liebes, feines Mädchen ...«[55]

Nach dem Abendessen verließ Hitler seine Gäste und zog sich zu politischen und militärischen Beratungen zurück. Kam er wieder, zeigte man für gewöhnlich in Anwesenheit des gesamten Personals einen Spielfilm. Hitler saß dann in der ersten Reihe, neben ihm Eva Braun. Ihr oblag die Auswahl des Films, wobei sie Hitlers Vorliebe für leichte Unterhaltung in Form von Abenteuer- und Cowboyfilmen berücksichtigte. Sie selbst schwärmte für »Vom Winde verweht«. Die meisten Zuschauer zogen aber jene amerikanischen Filme vor, die Goebbels »als schädlich für das Volk« eingestuft und verboten hatte. Anschließend hörte man Schallplatten mit Musik von Johann Strauß, Franz Lehár und Richard Wagner und machte bei Sekt und Konfekt gedämpfte Konversation. Ergriff Hitler das Wort, dann stellten sich die Anwesenden auf Monologe ein, die bis zum Morgengrauen dauerten.

Das um sie stattfindende politische Treiben hat Eva nicht gekümmert. Sie war nie Mitglied der NSDAP, hasste politische Gespräche und Diskussionen und gab allen Freundschaften, die sie im nationalsozialistischen Milieu schloss, sofort einen persönlichen Anstrich. Auf diese Weise verkehrte sie mit Albert Speer, dem Architekten und späteren Reichsminister für Bewaffnung und Munition, mit Franz Xaver Schwartz, dem Reichsschatzmeister, und vielen anderen.

Als sich in späteren Jahren ihre Position etabliert hatte, erlosch Eva Brauns Interesse an Hitlers Redekunst und sie verriet ihrer Schwester Margarete, dass sie sich bei seinen Äußerungen furchtbar langweile. Auch die politischen Prätentionen der Anfangszeit hatte sie bald vergessen und sie gab sich keine Mühe, ihre Abscheu vor jeder politischen Diskussion zu verbergen. Die für Frauen bestimmten zeitgenössischen Publikationen, das N.S. Frauenbuch etwa oder die

N.S. Frauenwarthe, hat sie verachtet. Auch das allseits propagierte Rollenbild der deutschen Frau hat sie kalt gelassen. Nur einmal ergriff sie im Januar 1943 erregt das Wort, als sie von dem beabsichtigten Verbot der Dauerwellen sowie von der Einstellung der Kosmetikproduktion erfuhr.[56]

Eva Brauns politische Abstinenz war Eckpfeiler und Garant der Beziehung zu Hitler und sie hütete sich, im Umgang mit ihrem Geliebten die Grenzen ihrer Möglichkeiten zu erproben. Weder im Guten noch im Bösen nahm sie Einfluss. Wurde ihr ein tragischer Fall geschildert, um ihre Fürsprache zu erlangen, legte sie »wie der Erzengel den Finger auf die Lippen, um zu zeigen, dass sie nichts wissen wolle«.[57] Einmal warnte sie Ilse, die selbst auf dem Berghof nicht mit ihrer Kritik zurückhielt: »Wenn dich der Führer in ein Konzentrationslager steckt, werde ich dich nicht herausholen!«[58]

Im Laufe ihrer 16 Jahre mit Hitler hat Eva Braun nur ein einziges Mal interveniert. Dies geschah für den Linzer jüdischen Arzt Dr. Bloch, der Hitlers schwerkranke Mutter behandelt und bis zu ihrem Tod ärztlich betreut hatte. Er entging der Einweisung in ein Konzentrationslager. Hitler stellte die Tochter Blochs und ihre Familie unter seinen persönlichen Schutz. Der Arzt selbst wanderte in die USA aus.[59]

In Alltagsdingen schätzte Hitler den »gesunden Hausverstand« seiner Lebensgefährtin und hörte auf ihre Ratschläge. So riet ihm Eva zur Wahl seines Leibarztes und griff auf diesem Umweg nachhaltig in das Leben des hypochondrischen Diktators – und vielleicht den Gang der Weltgeschichte – ein. »Morell darf mir ewig dankbar sein...«, schrieb sie dazu in einem Brief 1937.

Der Modearzt Dr. Theo Morell hatte Heinrich Hoffmann von einem »gefährlichen Leiden« – Gonorrhöe, wie sich nach 1945 herausstellte – befreit[60] und auch Franziska Braun erfolgreich behandelt. Die Familie Braun war begeistert. Eva lud den Wunderarzt auf den Berghof und freundete sich mit seiner Frau an. Hitler jedoch, dem er eine Linderung seiner Darmbeschwerden verschaffte, wurde zum »Patienten A« in der Kartei des Dr. Morell und schenkte diesem bald sein ganzes Vertrauen. Der Arzt verordnete regelmäßige Injektionskuren und täglich eine Hand voll Tabletten. Hitler gewann den Eindruck, ein todkranker Mensch zu sein. Er glaubte für die Umsetzung seiner Pläne nur mehr wenig Zeit zu haben und richtete sich danach. Krause, sein Kammerdiener, hat die Situation geschildert: »Die vielen Spritzen, die er Hitler fast täglich verabreichte, müssen einen Menschen aufreiben! ... Hitler nahm Pillen geradezu in Massen ein ...«[61]

Eva Braun war eine gepflegte, elegante Erscheinung. Ihre Kostüme kamen von den ersten Schneidern in Berlin, Pelze und Kleider aus Paris und die Schuhe kaufte sie bei Ferragamo in Florenz. Sie hatte eine Vorliebe für kostbaren Schmuck, von dem sie schließlich eine große Kollektion besaß. Fotos zeigen sie stets mit einer kompletten Schmuckgarnitur und Brillantuhr. Mit ihrer Toilette trieb Hitlers Geliebte einen kulthaften Aufwand, wobei sie bis zu siebenmal täglich die Kleidung wechselte. Eva Braun verfügte über ein eigenes Dienstmädchen (Margarete Degenfelder) und eine Friseurin (Milla Schellmoser) und war immer perfekt frisiert. Sie benutzte nur die teuersten französischen Parfums und schminkte sich sorgfältig. Sie war eine starke Raucherin und verletzte damit »ihre Pflicht als deutsche Frau«, um eine Formulierung des Polizeipräsidenten von Erfurt zu gebrauchen, der in der Öffentlichkeit rauchende Frauen anhalten und ermahnen ließ. Auch Hitler wirkte an der nur gegen den weiblichen Teil der Bevölkerung gerichteten Antiraucherkampagne mit und warnte die Damen auf dem Berghof vor dem schädlichen Nikotin. Eva Braun hat dann ungerührt den Schlager »Smoke gets in your eyes« gepfiffen. Geraucht hat sie in Hitlers Gegenwart jedoch nie.

Bis zum Ausbruch des Krieges verbrachte Hitler viele Wochenenden auf dem Berghof, wobei die Anreise aus Berlin mittels Bahn oder Flugzeug am Freitagnachmittag und die Rückreise am Montag erfolgte. Karl Wilhelm Krause, der bei Hitler von 1934 bis 1939 und 1940 bis 1943 als Kammerdiener tätig war und diese Fahrten jedes Mal mitmachte, kannte Eva Braun natürlich sehr gut. In seinen Erinnerungen schreibt er: »Ich möchte kein Urteil über sie abgeben, denn dieses wäre zweifellos befangen. E. B. und ich verstanden uns nicht besser als – volkstümlich ausgesprochen – Hund und Katze. Wir hatten uns im Winter 1935 auf 1936 in einer persönlichen Angelegenheit einmal gehörig die Meinung gesagt und seitdem waren wir miteinander fertig und grüßten uns nur noch.«[62] Der »persönliche« Grund war nach Aussage der Familie Braun ein banaler. Angeblich hat die in Fragen der Garderobe heikle und versierte Eva Braun den Kammerdiener – einen gelernten Tischler und späteren Matrosen – gezwungen, Hitlers Hosen täglich aufzubügeln. Krause hat ihr das nie vergessen.

Über Hitlers Geliebte wusste Krause zu berichten: »... zu offiziellen Empfängen wurde Eva Braun nicht hinzugezogen ... Hitler betrachtete sie als seine Braut. Dabei war er nicht eifersüchtig. Nach dem Umbau des Berghofs bestand zwischen den beiden Schlafzimmern eine Verbindungstür. Zweifellos lebte Eva Braun von der persönlichen Unterstützung Hitlers.«[63]

»Zu offiziellen Empfängen nicht hinzugezogen« wurde derart rigoros gehandhabt, dass es an Zustände in einem orientalischen Harem erinnert. Bei politischen oder militärischen Besprechungen war Eva Braun der Aufenthalt in der großen Halle untersagt und wenn Besucher von Rang kamen, durfte sie ihr Zimmer nicht verlassen. Blieben die Gäste längere Zeit, musste sie sogar in das Haus von Martin Bormann übersiedeln. Auf diese Weise verliefen die Besuche von Expräsident Hoover, Admiral Horthy, Arthur Chamberlain, König Boris von Bulgarien, dem Aga Khan, Kardinal Pacelli, dem späteren Papst Pius XII. und vielen anderen. Besonders schmerzte Eva, dass sie dem Herzog und der Herzogin von Windsor, deren Liebesgeschichte sie sehr interessierte, nicht vorgestellt wurde. Am 22. Mai 1939 kam der italienische Außenminister und Schwiegersohn Mussolinis, der attraktive Graf Galeazzo Ciano, zur Unterzeichnung des »Stahlpakts«, dem Militärbündnis zwischen Deutschland und Italien, auf den Berghof. Eva Braun stand, wie üblich, unter Zimmerarrest, filmte seine Ankunft jedoch vom Fenster aus. Ciano bemerkte es und erkundigte sich sofort, wer denn das hübsche blonde Mädchen sei. Man gab ihm eine ausweichende Antwort und Hitler ordnete an, dass Eva ihr Fenster sofort zu schließen habe. Daraufhin setzte sie jedoch ihre Reportage mittels Teleobjektiv fort und beschriftete die Aufnahmen mit: »Order: Fenster zu! Und was man daraus machen kann.«

Eva Braun fotografierte und filmte leidenschaftlich

gern. Sie besaß eine teure Ausrüstung: mehrere Kameras, darunter eine Agfa und eine Leica sowie einen 16-mm-Filmapparat der Marke Siemens mit auswechselbaren Objektiven, dazu einen Vorführapparat Agfa Movector. Von den zahllosen Fotoalben, die Eva Braun stets auf den letzten Stand brachte und sorgfältig beschriftete, blieben 33 erhalten. Sie wurden bei Kriegsende vom amerikanischen Sicherheitsdienst aufgespürt und befinden sich nun in den National Archives in Washington. Evas Fotos von Hitler mit Kindern wirkten lebendiger als die von Hoffmann, der sie – auf sanften Druck hin – ankaufen musste. An dem brutalen Gesicht von Martin Bormann ist die Fotografin jedoch gescheitert – »Leider nicht zur Zufriedenheit ausgefallener Versuch« steht darunter. Brauns Filme vom Alltag auf dem Obersalzberg gehören zu den ersten in Deutschland gedrehten Farbfilmen und sind wichtige Zeitdokumente.

Seit Anfang 1939 verfügte Eva Braun über eine eigene Wohnung in der Berliner Reichskanzlei. Hitler hatte ihr das ehemalige Schlafzimmer Hindenburgs reserviert, das an seine eigenen Räume grenzte. Frei bewegen durfte sich Eva auch dort nicht. Sie hatte den Personaleingang zu benutzen und die Mahlzeiten aschenbrödelhaft allein auf dem Zimmer einzunehmen, während ihr Geliebter gleich nebenan die glänzendsten Empfänge im Stil der Bismarck-Ära gab. Sie flüchtete in ihr Hobby und schuf bei ihrem Aufenthalt Ende August 1939 hoch interessante Fotoreportagen – einzigartige Dokumente aus den Tagen vor dem Ausbruch des Zweiten Weltkriegs.

Ihre sensationelle Fotoserie hat sie mit »... und dann fuhr Ribbentrop nach Moskau« beschriftet. Sechs Fotos zeigen, im Gegensatz zu den gestellten Propagandabildern, wie Hitler im Kreis seiner Paladine nervös auf Nachrichten von Außenminister Ribbentrop aus Moskau wartet. Seine Erleichterung, als er am Telefon vom Abschluss des Nichtangriffspakts mit Stalin am 23. August 1939 erfährt, ist so groß, dass er Goebbels und Bormann umarmt. Vier weitere Fotos »... und der Führer hört den Bericht am Radio« geben die gelöste Atmosphäre bei der anschließenden Rundfunksendung wieder.

In den folgenden Tagen hörte und glaubte Eva Braun, dass der Führer den Krieg gegen Polen, der den Zweiten Weltkrieg auslösen sollte, mit »allen Mitteln« verhindern wollte. »Aber trotzdem, Polen will nicht verhandeln«, heißt der naive Text unter einem Foto, das Hitler bei seinen angeblichen Bemühungen zur Rettung des Friedens zeigt. Eva wohnte auch der Sitzung am 1. September 1939 im Reichstag bei, in der Hitler brüllend erklärte, dass »zurückgeschossen« werde, nachdem er selbst am Tag davor den Befehl zum Angriff gegeben hatte. Er kündigte auch an: »... dass das Ergebnis dieses Krieges die Vernichtung des Judentums sein wird. Zum ersten Mal wird diesmal das echt altjüdische Gesetz angewendet: Aug um Aug, Zahn um Zahn!« Der für Deutschland negative Kriegsverlauf bedeutete das Ende des idyllischen Lebens auf dem Obersalzberg. Ab 1942 wurde der Berghof zum Führerhauptquartier erklärt.

1944 befand sich der Zweite Weltkrieg bereits in einer für Deutschland hoffnungslosen Phase. Die Zeit der Blitzkriege und -siege gehörte der Vergangenheit an und das als Sommerfeldzug konzipierte »Unternehmen Barbarossa«, jener »Germanenzug gegen den Osten« zur Niederwerfung der Sowjetunion, war in einen verlustreichen Krieg ausgeartet. Von allen Fronten trafen Katastrophenmeldungen ein, die auch die nationalsozialistische Propaganda auf die Dauer nicht umfälschen konnte. Schon zu Beginn des Jahres 1944 hatten die Russen die ehemalige Ostgrenze Polens überschritten, ihren im Juni einsetzenden Angriffen konnten die deutschen Streitkräfte nicht standhalten, im Juli näherte sich die Rote Armee bereits Ostpreußen. Die Zivilbevölkerung, deren Verzweiflung und Entbehrung täglich zunahm, litt unter dem großflächigen Bombardement der deutschen Städte, Berlin unter Tagesluftangriffen. In dieser Situation detonierte am 20. Juli 1944 eine Bombe im Führerhauptquartier Wolfsschanze bei Rastenburg in Ostpreußen. Es war der verzweifelte Versuch deutscher Offiziere und Politiker, Hitler zu beseitigen, seine Diktatur zu stürzen und ein Ende des Zweiten Weltkriegs herbeizuführen. Das Attentat, ausgeführt von dem deutschen Offizier und Widerstandskämpfer Claus Graf Schenk von Stauffenberg, schlug jedoch fehl. Hitler erlitt zwar Verletzungen, konnte aber schon kurz danach den »Duce« empfangen.[64]

Kurz nach dem Anschlag schrieb Adolf Hitler an seine Geliebte:

»Mein liebes Tschapperl, es geht mir gut, mach dir keine Sorgen, vielleicht ein bisschen müde. Ich hoffe, bald heimzukommen und mich dann in deinen Armen ausruhen zu können. Ich habe ein großes Bedürfnis nach Ruhe, aber meine Pflicht gegen das deutsche Volk geht über alles andere ... Ich habe dir die Uniform des Unglückstages geschickt. Sie ist der Beweis, dass die Vorsehung mich beschützt und wir unsere Feinde nicht mehr zu fürchten haben. Von ganzem Herzen dein A. H.«[65]

Dem Brief lag eine Bleistiftskizze bei. Sie zeigt jene zerstörte Baracke in der Wolfsschanze, wo während einer Lagebesprechung der von Graf Stauffenberg in einer Aktentasche eingeschmuggelte Sprengkörper explodierte. Sein Überleben deutete Hitler als einen Wink des Schicksals zur Fortsetzung seiner Sendung[66] und die am 20. Juli 1944 getragene Uniform betrachtete er als historische Reliquie, die es für künftige Generationen zu bewahren galt. Er übermittelte daher das befleckte und zerrissene Kleidungsstück seiner Geliebten.[67]

Die Nachricht vom Attentat erreichte Eva während eines Badeausflugs, den sie mit ihrer Freundin Herta zum Königssee unternommen hatte.[68] Sie telefonierte, sobald die Verbindung hergestellt werden konnte, mit dem Führerhauptquartier und beantwortete auch Hitlers Schreiben umgehend:

»Geliebter, ich bin außer mir. Ich sterbe vor Angst, ich fühle mich dem Wahnsinn nahe. Hier ist das Wetter schön, alles erscheint so friedlich, dass ich mich schäme ... Du weißt, ich habe es dir immer gesagt, dass ich sterbe, wenn dir etwas zustößt. Von unserer ersten Begegnung an habe ich mir geschworen, dir überall hin zu folgen, auch in den Tod. Du weißt, dass ich nur lebe für deine Liebe, Deine Eva.«[69]

Hitlers Uniform hat Eva Braun weisungsgemäß sorgsam gehütet. Sie befand sich unter jenem Teil ihres Nachlasses, der von den Alliierten zu Kriegsende bei einem Souvenirjäger in Schladming in Österreich sichergestellt wurde.

Ab Mitte 1944 setzte auch ein intensives Bombardement der »Alpenfestung« ein, wobei das Anwesen des »Führers« lange verschont blieb. Wurde Fliegeralarm gegeben, dann hüllte man alle Gebäude in künstlichen Nebel und die Bewohner flüchteten über eine in den Fels geschlagene Treppe von 65 Stufen in den riesigen Luftschutzbunker. Eva hatte dort ein eigenes Zimmer mit Bad.

Im Jahre 1944 konnte niemand mehr an einen Sieg Hitlers glauben. Auch Eva Braun nicht, die sich, zum Schein bei Foto Hoffmann »kriegsverpflichtet«, wieder häufiger in München aufhielt. Ihre Heimatstadt lag nach dem folgenschweren Luftangriff in der Nacht vom 24. zum 25. April 1944 in Trümmern. 140 Tote und 4000 Verwundete beklagte man, 70 000 waren obdachlos geworden. Viel mehr jedoch litt Eva Braun darunter, dass sich bei ihrem Geliebten, mit dem sie sich auf Gedeih und Verderb verbunden fühlte, massive körperliche Verfallserscheinungen auftraten.

Die Perspektiven für die Zukunft schienen Eva Braun so düster, dass sie am 26. Oktober 1944 im Alter von 32 Jahren ihr Testament verfasste.[70] Dem Vater will sie ihr Mercedes-Kabriolett hinterlassen, der Mutter die Hälfte der Pelzmäntel, Teppiche, Bargeld und das große Führerbild von Knirr. An Ilse Braun, verh. Fucke-Michels, soll das Haus in der Wasserburger Straße mit Einrichtung gehen und ihr Volkswagen. Gretl Braun, verh. Fegelein, sollte ihren gesamten schriftlichen Nachlass erben. Penibel genau teilte Eva Braun ihren wertvollen Schmuck zwischen Schwestern und Freundinnen auf.

Am 9. Februar 1945 feierte Eva in ihrem Münchner Haus ein wegen der Fliegerangriffe verspätetes Geburtstagsfest, das gleichzeitig zur Abschiedsfeier für alle Verwandten und Bekannten wurde. Wenig später ließ sie ihren Wagen von der Firma Daimler-Benz mit einem dunkelgrünen Tarnanstrich versehen. Ende März machte sie sich, quer durch das zerstörte Deutschland, auf den Weg zu ihrem Geliebten nach Berlin.

Der Wilhelmsplatz war ein großes Trümmerfeld und von der Reichskanzlei stand nach einem Bombentreffer nur mehr die Fassade. Hitlers Hauptquartier befand sich im »Führerbunker« im Garten der Reichskanzlei.[71] Hier, sechzehn Meter unter der Erde, eingeschlossen von meterdicken Betonwänden, hat Eva Braun dann freiwillig ihre letzten Wochen verlebt. Hitler zeigte sich erfreut über ihr Kommen, obwohl er ihr befohlen hatte, den Berghof nicht zu verlassen.

Als die Ostfront täglich näher rückte und bereits Artilleriefeuer zu hören war, wurden verschiedene Rettungsaktionen erwogen und verworfen. Am 22. April entschied sich Hitler zum Verbleib in der Reichshauptstadt.[72] Eva Braun hatte sich bereits am 13. April bei dem im Bunker anwesenden Generalleutnant Gerhard Engel erkundigt, wie sie sich erschießen könne. Den zahlreichen Augenzeugenberichten nach nahm sie die Situation vollkommen gelassen hin. In einem Schreiben gab sie dem Personal des Berghofs frei: »Aber bitte nur auf beschränkte Zeit. Ich denke an 14 Tage oder so ...«

Eva Braun hätte sich leicht retten können, aber sie wollte Hitler nicht verlassen: »Ich bin sehr glücklich, gerade jetzt in seiner Nähe zu sein.«[73] Sie lehnte es ab, sich ausfliegen zu lassen, obwohl sich ein Großteil ihrer Familie auf dem Obersalzberg befand. So hielten sich im April 1945 Evas Mutter, Franziska Braun, die hochschwangere Schwester Gretl »Margerl« Fegelein, die Schwester Ilse und Evas beste Freundin Herta am Berghof auf.

Evas an die Schwestern und Freundinnen gerichteten

Briefe sind von einer seltsam entrückten Realitätsferne, im Angesicht des Todes erzählt sie in gespenstischer Weise von kleinen Problemen: »... stell dir vor, die Schneiderin will von mir 30 Mark für meine Bluse haben, sie ist total übergeschnappt, wie kann man wagen, für dieses Nichts 30 Mark zu verlangen ...«[74], und sie verschickt Fotos von Hitlers Schäferhündin Blondi, die Junge bekommen hat. Am 22. April nimmt sie von ihrer besten Freundin, Herta Ostermeier, Abschied: »... wir kämpfen hier bis zum Letzten, aber ich fürchte das Ende rückt bedrohlich näher und näher. Was ich persönlich um den Führer leide, kann ich dir nicht schildern ... Ich kann nicht verstehen, wie alles so kommen konnte, aber man glaubt an keinen Gott mehr ...«

Ihre Schwester Gretl, die Gattin von Hermann Fegelein, bekommt die letzten Aufträge: »Vernichte meine ganze Privatkorrespondenz und vor allem die geschäftlichen Sachen... vernichte auch ein Kuvert, das an den Führer adressiert ist und sich im Bunker im Safe (auf dem Berghof) befindet. Die Briefe des Führers und meine Antwortentwürfe (Blaues Lederbuch) bitte ich wasserdicht zu verpacken und eventuell zu vergraben. Bitte nicht vernichten!...« Mit der Versicherung, dass die schwangere Gretl ihren Mann Hermann bestimmt wiedersehen würde, endet das Schreiben.

Der Ordonnanzoffizier Gerhard Boldt lernte Eva Braun am 27. April 1945 kennen und schrieb über sie: »Sie saß mit Hitler und mehreren Männern seiner Umgebung am Tisch im Vorraum und unterhielt sich lebhaft. Hitler hörte zu. Sie hatte die Beine übereinander geschlagen und blickte jedem, mit dem sie sprach, offen ins Gesicht. Auf den ersten Blick fielen mir besonders ihr ovales Gesicht, zwei glänzende Augen, eine klassische Nase und blondes, schönes Haar auf. Sie trug ein eng anliegendes graues Kostüm, das die Linien einer sehr gut gewachsenen Frau erkennen ließ, geschmackvolle Schuhe und auf ihrem schlanken Handgelenk eine hübsche, mit Brillanten besetzte Armbanduhr. Zweifellos eine wirklich schöne Frau. In der Art sich zu geben, wirkte sie allerdings etwas affektiert und theatralisch.«[75]

Am 28. April, knapp vor Mitternacht, ging für Eva Braun dann der Wunsch ihres Lebens in Erfüllung – Adolf Hitler heiratet sie. Goebbels und Bormann fungieren als Trauzeugen. Eva trägt ein langes, hochgeschlossenes Kleid aus Seidentaft und hat ihren schönsten Schmuck angelegt. Beim Unterschreiben der Heiratsurkunde unterläuft Eva ein Irrtum. Sie beginnt mit B, streicht es durch und schreibt zum ersten und letzten Mal in ihrem Leben: Eva Hitler.

Die Hochzeitsfeier im Arbeitszimmer des Bunkers ist noch im Gang, als Hitler in den Morgenstunden des 29. April 1945 mit dem Diktat seines privaten Testaments beginnt: »Da ich in den Jahren des Kampfes glaubte, es nicht verantworten zu können, eine Ehe zu gründen, habe ich mich nunmehr vor Beendigung dieser irdischen Laufbahn entschlossen, jenes Mädchen zur Frau zu nehmen, das nach langen Jahren treuer Freundschaft aus freiem Willen in die schon fast belagerte Stadt hereinkam, um ihr Schicksal mit dem meinen zu teilen. Sie geht auf ihren Wunsch als meine Gattin mit mir in den Tod. Er wird ihr das ersetzen, was meine Arbeit im Dienste meines Volkes uns beiden raubte ... Ich selbst und meine Gattin wählen, um der Schande des Absetzens oder der Kapitulation zu entgehen, den Tod ...«[76]

Nach vier Uhr früh hat sich das Ehepaar zur Hochzeitsnacht zurückgezogen. Zu dieser Zeit findet ganz in der Nähe im Hof der zerstörten Reichskanzlei eine Exekution statt. Hitler lässt seinen Schwager Hermann Fegelein, den Mann von Evas hochschwangerer Schwester Gretl, wegen seines Fluchtversuches hinrichten. Eva weiß davon. Sie hat auch ihr jüngeres »Schwesterlein« sehr gern. Trotzdem nimmt sie Hitlers sinnlose letzte Grausamkeit ohne sichtbare Emotionen und Widerspruch hin. Die Kenntnis des eigenen Schicksals und der nahe Tod haben ihre Empfindungsfähigkeit ausgelöscht. Apathie hat ihr Mitgefühl erstickt.

Am Vormittag des 29. April gratuliert das Hausmädchen (Liesl Ostertag) zur Vermählung. »Du kannst mich ruhig Frau Hitler nennen«, sagt Eva Hitler. Später übergibt sie dem Mädchen ihren Ehering und das Kleid der Hochzeitsnacht mit dem Auftrag, beides der Freundin Herta Ostermeier als Andenken auszuhändigen.

Am frühen Nachmittag des 30. April 1945, als die Spitze der Roten Armee nur mehr 500 Meter vom Bunker der Reichskanzlei entfernt ist, begeht das Ehepaar Adolf und Eva Hitler Selbstmord. Der Kammerdiener Linge und ein SS-Mann tragen Hitlers in eine Decke gehüllte Leiche ins Freie. Martin Bormann folgt mit Eva Brauns unbedecktem Leichnam und übergibt ihn an Kempka, den Chauffeur Hitlers. Dieser sagte später aus, dass er keinerlei Blutspuren an ihrem Körper bemerkt hätte. Kempka und Hitlers Adjutant Otto Günsche überschütten die Leichen mit Benzin und zünden sie an.[77]

Die Bevölkerung erfährt, »dass unser Führer, Adolf Hitler, bis zum letzten Atemzug kämpfend« gestorben sei. Am

1. Mai 1945 verkündet der Sender Hamburg – wobei der Sprecher ungläubig zögert – die Nachricht, dass »Hitler und seine Frau« tot seien.

Das wirklich interessante Leben der Eva Braun begann jedoch nach ihrem Tod. Damals entstanden jene abenteuerlichen Gerüchte, die von jenen, die es besser wussten, unwidersprochen blieben. Die kurz davor noch im Rampenlicht stehenden Personen um Eva Braun bevorzugten nach Kriegsende die stille Anonymität. Eingestuft als »vom NS-Regime extrem belastet«, hat man sie entweder interniert oder angeklagt. Die Freunde mussten vor der Spruchkammer Entnazifizierungsverfahren durchlaufen, die ihre Zukunft bestimmten. Wer nicht log und leugnete, der schwieg.

So hatte der Fotograf Heinrich Hoffmann, der Eva Braun als Chef und Freund 16 Jahre gekannt hat, das meiste aus dieser Zeit schon 1945 vergessen.

Der Schauspieler, Regisseur und Liebhaber der Bergwelt, Luis Trenker, der zu Hitlers Hofstaat gehörte, zog sich bei Kriegsende nach Italien zurück. Dort fabrizierte er ein »Tagebuch der Eva Braun« und bürgte für die Authentizität des erstaunlichen Werkes. Eva Braun erzählt darin von grausigen tierquälerischen Schauspielen auf dem Obersalzberg. Man verweigerte Stieren lange jegliche Flüssigkeit und ließ sie dann zum Gaudium von Himmler und Hitler – die hinter geschützten Barrieren zusahen – trinken, bis sie platzten. Wo den Bergfex die eigene blühende Fantasie verließ, wurde er zum Plagiator. Die dubiosen Memoiren der Gräfin Larisch-Wallersee aus dem Jahre 1913, in denen sie über die Kaiserin Elisabeth berichtet, mussten ihm das Material liefern.

»Die Cremes, die er [Hitler] mir geschickt hat, scheinen

gut zu sein – zweimal wöchentlich eine Gesichtsauflage aus rohem Kalbfleisch und einmal wöchentlich ein Vollbad in warmem Olivenöl. Wie ungern habe ich mich zum Beispiel an die Lederwäsche gewöhnt, wie er [Hitler] sie haben wollte ...«, lässt er Eva Braun sagen.[78] Trenkers Tagebuch war in Frankreich und Italien ein sensationeller, aber kurzer Erfolg beschieden. Das aus 96 fotokopierten Seiten bestehende Manuskript, von dem Trenker behauptete, es von Eva Braun in Kitzbühel persönlich erhalten zu haben, enthielt allerdings keinerlei Hinweis auf Evas Urheberschaft. Das Gericht, bei dem die Familie Braun eine Verleumdungsklage anstrengte, entlarvte es als plumpe Fälschung. Die Verbreitung des »Tagebuches« wurde untersagt.[79] Luis Trenker selbst blieb Deutschland fünf Jahre fern, um dann mit dem Artikel »Mein Herz schlug immer für Tirol« wieder in Erscheinung zu treten.[80]

Mit dem Prozess war die »Causa Tagebuch« jedoch noch lange nicht zu Ende. Auch der Schriftsteller Hans Habe trat in Aktion. Nachdem er ein paar eigenhändige Briefe der Eva Braun gesehen hatte, fühlte er sich als Schriftexperte und bürgte sogar für das gefälschte Tagebuch. Phrasen wie »Adi kümmert sich nie um meine Kleidung« und »lässt die Aufmerksamkeit von Blumensendungen vermissen« schienen ihm ein Beweis für die Echtheit des Dokuments. Er war für eine rasche Veröffentlichung, denn »wer auch nur eine Seite liest, der weiß, wann Deutschlands tiefste Erniedrigung begann«.[81] 1954 drehte Habe dann die Sache um und spielte sich im »Wiener Samstag« als Entdecker der Fälschung auf: »... riet ich [1948] dringend von einer Publikation ab ... Der Vergleich dieser Briefe ... mit dem Manuskript bestärkte mich in der Annahme, dass es sich um eine Fälschung handle. Ich hielt es [damals] für meine Pflicht, den Schwindel aufzudecken.«[82]

Auch andere Skandalberichte konnten einer Überprüfung nicht standhalten. Dazu kamen noch viele Meldungen, dass Hitler und Eva Braun gar nicht tot seien. Ein Informant gab zu Protokoll, dass sie mit einem U-Boot Argentinien erreicht hätten und in einem Sanatorium lebten.[83]

Evas echtes Tagebuch überdauerte die Wirren der Zeit nach Kriegsende, obwohl sie ihre Schwester Gretl um Vernichtung des Manuskripts gebeten hatte. Die Familie Braun entsprach diesem Wunsch nicht, sondern deponierte das Schriftstück zu Kriegsende bei der Mutter von Hermann Fegelein, die es im Park des Schlosses Fischhorn in Zell am See versteckte. Offiziere des Geheimdienstes der Dritten US-Armee, die in prominente Familien des NS-Regimes eingeschleust wurden, stellten das Manuskript sicher. Es wurde beschlagnahmt und über Umwegen dem Nationalarchiv in Washington einverleibt.

Im September 1945 hat ein »undercover agent« (Walter Hirschfeld) Evas Schwester Gretl und Herta Ostermeier besucht und ihnen das Versteck von Evas Schmuck entlockt.[84] Briefe, Filme, Fotoalben, Handzeichnungen und Notizhefte von Hitler und Eva Braun wiederum fanden sich bei einem SS-Hauptsturmbannführer, der das Material nicht vernichtet hatte – wie der Befehl lautete –, sondern sie zusammen mit Hitlers Uniform vom 20. Juli 1944 als Andenken behalten und in Schladming verborgen hatte.[85]

Nach Kriegsende kämpfte die Familie Braun nicht nur um den Ruf Evas, sondern auch um ihr Erbe, dem die Beschlagnahme drohte. Am 31. Dezember 1947 wandte sich

Friedrich Braun an das Staatsministerium für Sonderaufgaben in München mit der Bitte, von einem Verfahren gegen seine verstorbene Tochter abzusehen. Da sie keinerlei politische Stellung innegehabt und nie »militaristisch« in Erscheinung getreten sei, beantragte er die Freigabe ihres Vermögens. Testament hätte sie keines geschrieben, meinte er, obwohl er es besser wusste.[86]

Die Forschung hat das Dunkel um die Person der Eva Braun allmählich gelichtet. Die Neugier der Öffentlichkeit konnte jedoch durch die wahre, unspektakuläre Lebensgeschichte von Hitlers Mätresse nicht befriedigt werden. Als aber auch die erwarteten Enthüllungen für die Wissenschaft ausblieben, meinte der Historiker Hugh Trevor-Roper: »Eva Braun ist eine Enttäuschung der Geschichte.«

Henriette von Schirach

Schülerin des »Führers«

2. Februar 1913 – 18. Januar 1992

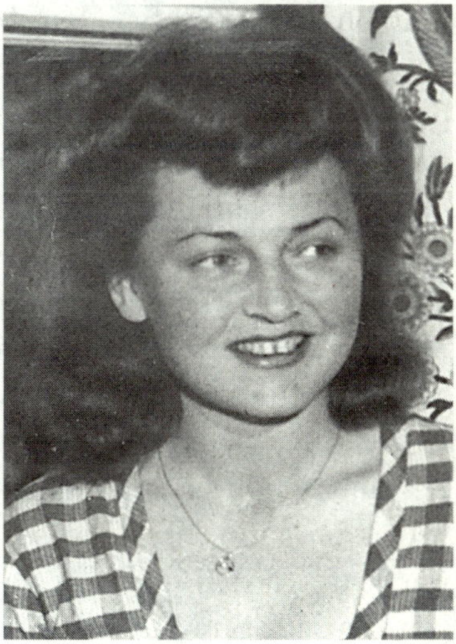
Foto: Ullstein

Als Henriette von Schirach im Jahre 1980 ihr Buch »Anekdoten um Hitler« veröffentlichte,[1] fand sie dafür wenig Anerkennung und kein Verständnis. Das Nachrichtenmagazin »Der Spiegel« berichtete dazu: »Der Führer, wie ihn keiner kennt. Ein sonderbares Buch, das soeben erschienen ist, will endlich einmal – Verlagstext – den anderen Hitler zeigen, den heiteren, den mitmenschlichen, den gemütlichen Österreicher, den trunkenen Künstler, den Geistreichen voller Einfälle.«

Frau von Schirach hätte in ihrem Nähkörbchen der Erinnerungen gekramt, meinte die Zeitschrift sarkastisch und ein Schatzkästlein für den braunen Hausfreund geschrieben. Und ein Verlag, der auf Reichskleinodien spezialisiert sei, hätte es publiziert.[2]

Im Gegensatz zu vielen Frauen aus dem Dunstkreis der NS-Elite hat Henriette von Schirach auch nach dem von ihr als »Preis der Herrlichkeit« charakterisierten Zusammenbruch des tausendjährigen Reichs die Öffentlichkeit nicht gescheut. Vielmehr versuchte sie unermüdlich und mit missionarischem Eifer, der Allgemeinheit ihr persönliches Hitlerbild nahe zu bringen – Hitler, der gütige Onkel, der Wohltäter ihrer Eltern.

Die Ursache dafür liegt wohl in der Tragödie ihrer Kindheit, in der Tatsache, dass Henriette von Schirach der einzige Mensch war, der von Kindesbeinen an von Hitler persönlich indoktriniert wurde. Damals hat sich ihr nationalsozialistisches Weltbild unverrückbar geprägt. Es überdeckte alle späteren Erkenntnisse und war weder durch Fakten noch durch logische Argumente zu erschüttern. Von wenigen Erkenntnissen und halbherzigen Konzessionen an den Zeitgeist abgesehen, hat sich Henriette von Schirach nie von Hitler distanziert. Er war und blieb für sie nicht der gefürchtete Diktator, sondern der väterliche Lehrmeister ihrer frühen Jahre. Henriette von Schirach wuchs im nationalsozialistischen Milieu auf. »Mein Vater war Fotograf und meine Mutter ein Engel«, hat Henriette von Schirach ihre Eltern beschrieben. Tatsächlich übte die Mutter den Beruf einer Schauspielerin aus und trat in Kabaretts auf, wo sie frivole Chansons zum Besten gab. Der Vater, Heinrich Hoffmann, war der Reichsbildberichterstatter des Dritten Reichs, Hitlers Leibfotograf, ein »schlauer, gefährlicher Parteigenosse der ersten Stunde«.[3]

Im Jahre 1911 zählte der Fotograf Hoffmann die bayrische Königsfamilie, den russischen Zaren und Künstler wie Roda Roda, Joachim Ringelnatz und Marcel Duchamp zu seinen Kunden. Vor allem die avantgardistischen Kreise schätzten seine künstlerischen Porträts, die braun schimmernden Gravüren ähnelten. Damals suchte auch die junge Therese »Nelly« Baumann sein Studio auf, um sich in großer Robe mit üppigem Blumenhut, den Blick demutsvoll gesenkt, ablichten zu lassen. Im Anschluss an die Sitzung lernte der Fotograf sein Modell näher kennen. Noch im selben Jahr wurde geheiratet.

Am 3. Februar 1913 kam die Tochter Henriette, genannt »Henny«, zur Welt, am 24. Oktober 1916 folgte der Sohn Heinrich. Die Familie wohnte im Münchner Stadtteil Schwabing, das Fotoatelier befand sich ab 1915 an der Adresse Schellingstraße 33 in der Maxvorstadt.[4] Hoffmann hatte es von Franz Marc, einem der beliebtesten Maler Deutschlands und Mitbegründer des »Blauen Reiters«, übernommen. Die kleine Henny begleitete den Vater oft zur Arbeit ins Atelier.

»Das winzige Haus war von großem Reiz. Im unteren Raum ein Kamin; eine Wand war von einem Gobelin bedeckt, er diente als Hintergrund, Delfter Krüge standen da und Mullgardinen gaben weiches Licht. Vaters Porträts zeigten den Dargestellten nicht in der Hast des Augenblicks, sondern enthüllten sein geistiges Gesicht ... eine Treppe führte hinauf zum »Labor« mit den großen flachen Schalen voll Entwickler und Fixierbad im roten Licht. Das kleine Haus lehnte sich an die unbebaute Wand eines hohen Mietshauses, die von oben bis unten mit wildem Wein bewachsen war ...«[5]

Hennys Kindheit verlief in ruhigen Bahnen, bis der Vater – sie war damals acht Jahre alt – einen neuen Bekannten, einen gewissen Adolf Hitler, mit nach Hause brachte.[6] Die erste Begegnung blieb dem Mädchen genau in Erinnerung: »Nach der Begrüßung fragte Hitler: ›Was liest du denn?‹ Da holte ich sofort meine Bücher herbei ... nur Ritter- und Heldengeschichten ... Da sagte er: ›Von den Griechen weißt du überhaupt nichts?‹«

Henriettes Elternhaus war ein Hort der frühen nationalsozialistischen Bewegung. Bereits 1919 gehörte Heinrich Hoffmann der rechtsgerichteten »Einwohnerwehr« an. Am 6. April 1920 trat der konservative, nationale und antisemitische Heinrich Hoffmann der DAP und später der NSDAP bei. Der untersetzte, rundliche Fotograf mit seiner roten Alkoholnase war bei den Parteigenossen bald ein gern gesehener Weggefährte.[7] Auch Hitler liebte die im Hause Hoffmann herrschende »bohemehafte« Atmosphäre sowie das künstlerische Ambiente und schätzte den jovialen, essfreudigen und trinkfesten Fotografen als »köstlichen Witzbold«, bei dem er »ein zweites Zuhause« gefunden hatte.

»Hitler kam jeden Nachmittag zu uns«, berichtete Henriette. »Mein Vater schlief, er musste sehr früh aufstehen, und ich musste im Zimmer nebenan Klavier üben. Hitler klingelte einmal und ich machte ihm auf. Er setzte sich an unseren riesigen Arbeitstisch und blätterte in Illustrierten... Ich übte derweil auf dem Klavier ... dann nahm er einen Hocker und spielte mir die Annenpolka vor. Er erzählte mir die Geschichte der Nibelungen, die Sage vom Schatz am Grund des Rheins und vom Zwergenkönig Alberich.«[8] Im Laufe der Jahre hat Hitler die geistige Entwicklung des Mädchens genau verfolgt und ihm viele Bücher geschenkt. Auf »Das Leben des Prinzen Eugen« folgten Schwabs »Die schönsten Sagen des klassischen Altertums« und Schliemanns Werk über die Entdeckung Trojas. Immer jedoch überprüfte der Wahlonkel, ob die Bücher tatsächlich gelesen wurden. Er kontrollierte Henriettes Schulaufgaben und gab ihr Zeichenunterricht. Als Dank dafür überreichte sie ihm jede Woche eine selbst gebastelte Zeitung aus ausgeschnittenen Bildern und Texten.

Heinrich Hoffmann, ein höchst begabter Fotograf, übte – nach seinem Vater und seinem Onkel – das Gewerbe bereits in zweiter Generation aus. Die Parteipropaganda verbreitete später, dass er aus einer »alten hessischen Fotografendynastie« stamme. Auf jeden Fall führte Hoffmanns Onkel den Titel »Königlich-Bayerischer Hofphotograph«.[9]

Das Privileg, Hitler zu fotografieren, blieb Hoffmann jahrelang verwehrt. Der in Nazi-Deutschland steckbrieflich gesuchte Politiker fürchtete, dass sein Porträt für Fahndungszwecke genutzt werden könnte. Gleichzeitig hoffte er, das allgemeine Interesse an seiner Person auf diese Weise steigern zu können, und vertröstete den Parteigenossen auf die Zukunft: »Dafür sollen Sie dann einmal der einzige Mann sein, der mich zu jeder Zeit fotografieren darf.«[10] Hoffmann beugte sich nolens volens dem Verbot seines »Führers« und sollte dafür reich belohnt werden.

Hitler usurpierte das Familienleben der Hoffmanns und Tochter Henriette merkte genau, in welch unterwürfige Rolle ihre Eltern verfielen, sobald der Führer der NSDAP das Haus betrat. Sie sah, dass die Wünsche dieses Mannes Befehlen glichen, denen unbedingt zu gehorchen war. Sie beobachtete auch die nibelungenhafte Treue seiner Begleiter.

Hitler kümmerte sich nicht nur um die geistige Erziehung des Mädchens. Auch die physische Entwicklung war ihm ein Anliegen. So turnte er dem Mädchen an den Ringen vor, die an einem Türstock des Korridors der hoffmannschen Wohnung befestigt waren. Und am Sonntag besuchten die beiden Kulturfilm-Matineen und Münchner Museen. Hitler sorgte dafür, dass Henriette ihre ersten Schi bekam und schenkte ihr zur Firmung einen Tennisschläger.[11] Mit zwölf Jahren durfte die Tochter des Fotografen an der Seite Hitlers den Opern Richard Wagners in Bayreuth lauschen.

Während vieler Jahre blieb der Herr Hitler – so lautete die trotz aller Vertraulichkeit gewünschte Anrede – im blauen Anzug mit hellem Trenchcoat und breitem Velourshut eine zentrale Bezugsperson des Mädchens.

»Hitler spielte mir gegenüber nie eine Vaterrolle. Er behandelte mich wie einen Kameraden, absolut gleichwertig und überhaupt nicht überheblich – nie mit erhobenem Zeigefinger. Er war ein guter Spielpartner für mich«, stellte Henriette im Rückblick fest.

Das Ehepaar Hoffmann war geschmeichelt, dass ihr Idol, dessen intellektuelle Überlegenheit es anerkannte und bewunderte, sich in so freundlicher Art der Tochter annahm. »Es gibt nichts Schöneres als einen Menschen zu erziehen«, war einer von Hitlers Stehsätzen.

Als Therese Hoffmann 1928 starb, übernahm es Hitler, die damals 15-jährige Henriette vom Tod der Mutter zu unterrichten: »Da schickte Hitler seinen Fahrer, um mich zu holen, und teilte mir das mit.« Er bereitete sie auch auf das Begräbnis vor: »Ich werde dich ganz fest an der Hand halten und du wirst nicht weinen.«[12] Danach kam Heinrich, Henriettes Bruder, ins Internat, sie selbst blieb unter der Obhut Hitlers. Die frühen Kindheitserlebnisse hinterließen unauslöschliche Spuren, formten das Weltbild des Mädchens und der späteren jungen Frau.

Henriette erlebte alle Stadien der hitlerschen Karriere:

»Besonders aber erinnere ich mich an das Zimmer in der Thierschstraße. Damals kamen wir nach einem Regensturm im offenen Wagen an. Das Auto durfte nie geschlossen werden und so nahm Hitler meinen Vater und mich hinauf in sein Zimmer. Er gab mir ein Handtuch, damit ich meine langen, nassen Haare trockenrubbeln konnte. An einer leeren Schreibtischecke bereitete er Tee. Er hatte eine alte, weißblaue Teekanne, Tassen aus verschiedenen Servicen. Es war alles sehr primitiv und doch wärmte er die Kanne an und benahm sich feierlich wie ein japanischer Teemeister ... ich durfte mir alle Bücher, die herumstanden, ansehen ... eines zeigte die Reste des Palastes von Knossos ...«[13]

Ab 1923 gestattete Hitler, dass ihn Hoffmann fotografierte. Von da an nutzte Henriettes Vater den »Bonus der Führernähe« weidlich aus. Er verband sich auf Gedeih und Verderb mit seinem Modell und begann mit der Vermarktung von Hitlers Privatsphäre. »Das persönliche Freundschaftsverhältnis zum Führer gibt ihm die Möglichkeit, Bilder zu schaffen, die dem deutschen Volk Einblick gewähren in die Seele seines herrlichen Führers ...«, schrieb der Vorsitzende des Reichsinnungsverbandes des Fotografenhandwerks, nachdem er zähneknirschend das Monopol der Firma Hoffmann zur Kenntnis nehmen musste.[14]

Im Gefolge seines »Führers« wurde Hoffmann schwerreich und übersiedelte mit seiner Familie in die Trogerstraße nach Bogenhausen, einen noblen Bezirk Münchens.

Schon der Türklopfer in Hennys Elternhaus war ein Kunstwerk und im Vorzimmer hing ein Gemälde von Breughel. Hoffmann, der Organisator der »Großen Deutschen Kunstausstellung« von 1937 und Kommissar zur Verwertung der beschlagnahmten Werke entarteter Kunst, liebte alte Meister. Den derben Humor des Hausherrn symbolisierte jedoch ein an der Toilettentür angebrachtes flämisches Bild, auf dem in gotischer Schrift zu lesen war: »Du sollst mich nicht umdrehen.« Tat man es doch, so glänzte einem ein nacktes Hinterteil entgegen.[15]

Henriette wurde in der prägsamsten Phase ihres Lebens mit NS-Parolen indoktriniert. Auch zu Parteiversammlungen ins Münchner Löwenbräu wurde sie mitgenommen: »Schon der Einmarsch der Fahnen und Standarten in den mit tausenden von Menschen angefüllten Saal war erschreckend und aufregend, schön und abenteuerlich, aber auch abscheulich ... nun stieg Hitler, der mit einmal nicht mehr der freundliche Herr Hitler war, auf das brettergezimmerte Podium und versuchte mit heiser österreichischer Stimme zu sprechen. Er genoss es, unterbrochen zu werden von einem Jubel, der aufstieg wie aus einem menschlichen Meer, das ihn anbetete und dem er befehlen konnte. Er hätte alles, was er sagte, auch leiser sagen können, aber er schrie; er schrie und gefiel.«[16]

Nationalsozialistisches Leben pulsierte auch in dem kleinen Haus mit Hintertrakt in der Schellingstraße 50, wohin der Vater ab 1925 seine Fotowerkstätten verlegt hatte. Obwohl die Räumlichkeiten beengt waren, trat der gefällige Hoffmann einen Teil davon an die Parteileitung ab, um damit einen »Ehrensaal« zu schaffen.[17] So erlebte und verfolgte Henriette aus nächster Nähe, wie sich die NSDAP von einer Splitterpartei zu einer Massenbewegung entwickelte. Interessiert beobachtete sie, wie der Vater im Hinterhof des Hauses die Mitglieder der SA samt Standarte fotografierte oder die Gauleiter im Ehrensaal für Gruppenaufnahmen posieren ließ. Heinrich Hoffmann hatte sich auch das lukrative Geschäft des Vertriebs von Hitlerbüsten in mannigfachen Größen gesichert.

Henriette kannte die Mächtigsten des Dritten Reichs aus der Zeit ihrer bescheidenen Anfänge. Den beflissenen, kleinäugigen Kaninchenzüchter Heinrich Himmler, der wie ein Bürovorsteher wirkte, den mageren Leutnant Rudolf Heß mit seinem fanatischen Lehramtskandidatengesicht, dessen Blick wie hypnotisiert an Hitler hing, den stiernackigen, dickköpfigen Gregor Strasser und Julius Streicher, den Unheimlichen, der als Maskottchen die Figur eines gehängten Rabbiners um den Hals trug. Einnehmend auf das Mädchen wirkte nur Hermann Göring, vielleicht weil er Henriette den Terrier »Wiski« schenkte und sie anlässlich eines Fototermins im Atelier Hoffmann nach Berlin einlud.

Dort erlebte die 17-Jährige, wie am 13. Oktober 1930 der Reichstag unter großen Tumulten eröffnet wurde und sich am gleichen Abend eine glänzende Gesellschaft bei den Görings versammelte. Hitler, Goebbels und Heß waren anwesend, dazu noch ein Dutzend Adelige. Henriette jedoch fungierte, wie einer der Anwesenden notierte, als Hitlers Sekretärin.[18]

In ihrem Elternhaus hat Henriette nicht nur die Parteifunktionäre, die sich als »Hofstaat« um Hitler scharten, kennen gelernt, sondern auch die beiden Frauen, die in Hitlers Leben eine dominierende Rolle spielten: Geli Raubal und Eva Braun. Für Geli, die unglückliche Nichte Hitlers, empfand sie Zuneigung und Sympathie. Für Eva Braun hingegen, die als Fotolehrling bei ihrem Vater arbeitete und gerne als Fotomodell posierte, hatte die sich gern intellektuell gebärdende Henny nur Verachtung übrig. Eva kam ihr dumm vor. Der tiefere Grund lag wahrscheinlich in einer uneingestandenen Rivalität um Hitlers Gunst. Das hinderte die beiden jedoch nicht, gemeinsam das Leben zu genießen. Sie betrieben Sport, gingen Eis laufen und Schi fahren und vergnügten sich auf Maskenbällen im Münchner Fasching.

Ob sich Henriette tatsächlich Hoffnungen auf den um 24 Jahre älteren Hitler gemacht hat, ist unklar. Auf jeden Fall erzählte sie noch oft von eingebildeten oder tatsächlichen Avancen des Politikers zu Beginn der dreißiger Jahre: »... klingelt es. Raus aus dem Bett und an die Tür ... Es ist Herr Hitler. Er steht auf dem kleinen Vorplatz, auf dem roten Teppich ... Herr Hitler trägt den englischen Trenchcoat und hält seinen grauen Velourhut in der Hand. Und nun sagt er etwas, das gar nicht zu ihm passt; und er sagt es ganz ernst: ›Wollen Sie mich küssen?‹ Er sagt ›Sie‹. Was für eine Vorstellung, Herrn Hitler zu küssen! ›Nein, wirklich nicht, Herr Hitler, es ist mir unmöglich!‹«

Der Vater des Mädchens hat diese Geschichte der blühenden Fantasie seiner Tochter zugeschrieben: »Du bildest dir wohl Schwachheiten ein. Und nun marsch ins Bett!«[19]

Auf jeden Fall wandte sich Hitler Eva Braun zu. Und Henriette erwählte Baldur von Schirach, den Führer des NS-Studentenbundes und Jüngsten aus Hitlers Gefolge, zum Gefährten. Zu diesem Zweck trat Henriette überraschend dem Nationalsozialistischen Deutschen Studentenbund bei, half bei der Verpackung der Studentenzeitschrift »Die Bewegung« und erledigte diverse Büroarbeiten. Es war ein Kreis, der ihr gefiel, in dem sie sich wohl fühlte. Wenn nicht gerade nationalsozialistische Flugblätter auf den Stufen der Universität zu verteilen waren, diskutierte man nächtelang über Literatur. Stefan George wurde vorgetragen und Ernst Jünger zitiert.

In Baldur von Schirach sollte Henriette einen Gesinnungspartner finden. Beide waren tief im nationalsozialistischen Milieu verwurzelt, beide waren Hitlerprotegés. Das beiderseitige Interesse für Kunst, Kultur und Literatur gab endlosen Gesprächsstoff. Der Studentenführer bekannte später, dass er sich schon am ersten gemeinsamen Abend in die quirlige, taten- und redefreudige Henriette verliebt hätte. Auch ihr gefiel der 23-Jährige mit den ungeprägten, weichen Zügen und der geschraubten, pathetischen Ausdrucksweise. Schirach kannte Hitlers »Mein Kampf« auswendig und hatte bereits sein ganzes Leben nach den Wünschen des »Führers« ausgerichtet. Die zahlreichen Huldigungsgedichte, die der Studentenführer als »Sänger der nationalsozialistischen Bewegung« seinem »Führer« gewidmet hatte, imponierten Henriette sehr. 1931 konnte Schirach bereits auf mehrere Lyrikbändchen verweisen. Darin las man z.B.: »Ich war ein Blatt im endenlosen Raum, nun bist Du Heimat mir und Baum ...«[20]

Der am 9. Mai 1907 in Berlin geborene Baldur von Schirach hatte seine Jugend in Weimar verbracht, wo sein Vater – ein ehemaliger Rittmeister des Preußischen Garde-Kürassierregiments – das Hoftheater leitete. Baldurs Mutter war Amerikanerin, sprach zeitlebens kaum Deutsch und erzog die vier Kinder in ihrer Muttersprache. Nach dem Ersten Weltkrieg verlor der Vater seine Stellung, ein Bruder Baldurs erschoss sich wegen des »Unglück Deutschlands« und Baldur selbst wurde unter dem Eindruck der politischen und gesellschaftlichen Zustände reif für die

Ideen des Nationalsozialismus. Der Unterricht in dem nach den Ideen des Reformpädagogen Hermann Lietz – seine These war Erziehungs- statt Unterrichtsschule – geführten Waldpädagogikum bei Bad Berka machte Baldur zum »anständigen Antisemiten« (Eigendefinition). Er lieferte ihm auch die Grundideen, nach denen er später die Hitlerjugend schulte. Hans Severus Ziegler, der spätere stellvertretende Gauleiter von Thüringen, wurde der erste nationalsozialistische Mentor Schirachs. Der zweite war jedoch Hitler. Er nahm den 15-Jährigen unter seine Fittiche.

Wie Baldur, der in München auf Hitlers Rat hin Anglistik, Kunstgeschichte und Ägyptologie studierte, inskribierte auch Henriette an der Universität Kunstgeschichte mit dem vagen Hintergedanken, vielleicht einmal auf Archäologie umzusteigen.[21]

Um die Jahreswende 1931/32 planten Henriette und Baldur ihre Hochzeit. Damals fiel ihnen durch Zufall der vom Reichsführer SS Heinrich Himmler erlassene Verlobungs- und Heiratsbefehl für SS-Angehörige in die Hände. Darin ist von »deutschen nordisch-bestimmten Männern« die Rede, von der »Auslese und Erhaltung des rassisch und erbgesundheitlich guten Blutes« sowie von einer Kontrolle der Ehewerber durch das Rassenamt der SS.[22] Dieser Erlass, der Vorbote der späteren zwangsweisen Euthanasie und des Völkermordes an »rassisch unreinen« Mitbürgern, schien zunächst selbst Parteigenossen absurd. Auch das Brautpaar Schirach – beide dunkelhaarig – stellte sich nach eigener Darstellung die Frage, ob es diesen Heiratstest hätte bestehen können. Schließlich merkten Baldur und Henriette, dass kein Einziger der ihnen bekannten SA-

Die Hochzeitsfeier des Paares Baldur und Henriette von Schirach am 31. März 1932 in Hitlers Wohnung

und SS-Führer dem Typus des nordischen Menschen entsprach. Später schrieb Baldur von Schirach in seinen Erinnerungen, dass sie das Ganze als kurzlebigen Silvesterscherz abgetan hätten.[23]

Geheiratet wurde am 31. März 1932 am altehrwürdigen Münchner Standesamt, dem »Alten Peter«. Adolf Hitler und der durch Schmisse gezeichnete narbengesichtige Ernst Röhm, der Stabschef der SA, fungierten als Trauzeugen. Letzterer entschuldigte sich bald nach der Zeremonie wegen »dringender Geschäfte«. Wie sich später herausstellte, war der homosexuelle Röhm damals in eine Erpresseraffäre verwickelt.[24]

Die übrige Gesellschaft begab sich jedoch in Hitlers Wohnung am Prinzregentenplatz zur arrangierten Hochzeitstafel. Hitler nahm nur Spaghetti mit Tomatensauce und einen Apfel zu sich. Unter den zahlreichen Geschenken für den Hausstand des jungen Paares befand sich auch ein Gästebuch mit einer höchst aktuellen ersten Eintragung: »In der Wende der Zeit! Adolf Hitler« – eine Anspielung auf jene elf Millionen Wähler, die ihm bei der Reichspräsidentenwahl am 13. März 1932 ihre Stimme gegeben hatten. Die Gespräche beim Essen wurden von Hitler monopolisiert. Der erste »Deutschlandflug« stand bevor und Hitler erzählte stundenlang von den gigantischen Vorbereitungen für den nächsten Wahlkampf. Als vollkommene Neuerung plante die NSDAP den Einsatz eines von der Lufthansa gecharterten dreimotorigen Flugzeugs, um damit täglich drei Massenveranstaltungen erreichen zu können. Auch die Befürchtungen, sein Magen würde die Fliegerei womöglich nicht vertragen, teilte Hitler den Frischvermählten ausführlich mit.

Der Brautvater Heinrich Hoffmann gehörte damals schon längst zur ständigen Begleitung Hitlers. Er war bei allen öffentlichen Auftritten und Wahlkampfreisen dabei. So nahm er 1932 auch an den ersten »Deutschlandflügen« teil. Später war er der Einzige, der die Ritualästhetik der Reichstage stören durfte, da ihm erlaubt worden war, sich dort frei zu bewegen und ungehindert und unzensuriert zu fotografieren.

Zum Abschluss der Hochzeitsfeier überreichte Hitler der frischgebackenen Ehefrau einen Zettel mit Instruktionen für seine zukünftigen Besuche bei den Schirachs: »Ich esse alles, was die Natur freiwillig hergibt: Obst, Gemüse, Pflanzenfett. Ich bitte, mir alles zu ersparen, was Tiere nur unfreiwillig hergeben: Fleisch, Milch und Käse. Vom Tier also nur Eier!«

Hitlers Hochzeitsgeschenk kam etwas später. Es war ein junger Schäferhund, der auf der Hundeschau in Berlin den ersten Preis gewonnen hatte. Auf Wunsch des Spenders hatte man ihn so scharf dressiert, dass er eine ernste Bedrohung darstellte, weil er Menschen anfiel. Später schickte Hitler dann alljährlich zu Weihnachten Orchideen.

Mit finanzieller Unterstützung von Eltern und Schwiegereltern mietete sich das junge Paar eine Wohnung in der Königinstraße 31, direkt am Englischen Garten. Sie war insofern eine Rarität, als sie nach den Plänen des Malers Franz von Defregger, der hier bis zu seinem Tode gelebt hatte, adaptiert worden war.[25] Mit Hennys Mitgift wurde in Urfeld nahe dem bayrischen Walchensee ein Forsthaus als Refugium angeschafft.

Baldur von Schirach hat reich geheiratet, denn mit dem Aufstieg der NSDAP war das Kleinunternehmen des Schwiegervaters zum Großverlag und Wirtschaftsimperium expandiert. Allein der Verlag beschäftigte 1943 über 300 Personen und setzte 15 Millionen RM um.[26] Nach den damaligen Verhältnissen kam die Verbindung zu Heinrich Hoffmann der Einheirat in ein Herrscherhaus gleich. Der Schwiegervater stand in der nationalsozialistischen Hierarchie ganz oben und hatte stets Zutritt zu Hitler. Damit zählte auch Baldur von Schirach zum engsten »Hofstaat« und wurde mit Henny auf den Obersalzberg geladen. Der einflussreiche Schwiegervater diente als Horchposten in der Tafelrunde des »Führers« und war zu jeder Intervention bereit. Für den ehrgeizigen Schirach, der innerhalb der Partei keinen Rückhalt besaß und ständig um die Gunst des »Führers« ringen musste, war die Stellung des Schwiegervaters lebensnotwendig.

Schon am 30. Oktober 1931 war Schirach zum »Reichsjugendführer der NSDAP« ernannt worden. Im Juni 1932 gab er die Führung des NS-Studentenbundes ab, um sich ausschließlich der Hitlerjugend zu widmen. Im Oktober 1932 organisierte er den so genannten Reichsjugendtag in Potsdam, an dem 70000 Jugendliche teilnahmen. Dafür wurde er am 17. Juni 1933 zum »Jugendführer des Deutschen Reichs« ernannt. Die Hitlerjugend wuchs lawinenartig an. Im September 1935 war die Mitgliederzahl der HJ auf 1,9 Millionen Jungen und 1,26 Millionen Mädchen angewachsen.[27]

Bald nach ihrer Heirat wurde Henriette im Alter von 19 Jahren Mitglied der NSDAP. Eine Funktion im Parteiapparat übte sie nicht aus, sie identifizierte sich jedoch – von kleinen Ausnahmen abgesehen – voll und ganz mit den Zielen ihres Mannes, der nichts weniger als die Alleinherrschaft über das Erziehungswesen im Deutschen Reich anstrebte.[28] Die »geistige Schulung« der Jugend war auch Henriette von Schirach ein großes Anliegen. Hitlers Definition der Hitlerjugend, »flink wie Windhunde, hart wie Kruppstahl und zäh wie Leder«, schien ihr jedoch nicht ausreichend. Sie war der Ansicht, dass der intellektuelle Anspruch vernachlässigt würde. Ende Januar 1933, als die Partei die Machtübernahme Hitlers feierte, brachte Henriette von Schirach in einer Münchner Klinik ihr erstes Kind zur Welt. Hitler gratulierte persönlich mit einem Strauß Rosen. Einer Tradition der Familie Schirach entsprechend, wurde das Mädchen Angelika Benedikta getauft. Insgesamt bekam das Ehepaar Schirach vier Kinder – es folgten die drei Jungen Klaus, Robert und Richard.

Im Frühjahr 1933 zog die Familie Schirach nach Berlin – der Reichsjugendführer war seit August 1932 auch

Abgeordneter des Reichstags. Sie mieteten in der Bismarckstraße 28 am Kleinen Wannsee eine Villa. Die Gegend war vornehm und der gepflegte Park des Nachbargrundstücks, in dem Flamingos herumspazierten, diente als Kulisse für Filmszenen aus dem Millionärsmilieu. Schirachs eigenes Grundstück grenzte an das Seeufer und das Haus mit seiner schönen Eingangshalle und den zahlreichen Räumen befriedigte auch den verwöhntesten Geschmack. Hinter diesem Luxus steckten die devoten Huldigungsverse des Reichsjugendführers an Hitler. Sie leiteten, wie man schrieb, »das Jahr 1 der nationalsozialistischen Literatur ein«, wurden nach der Machtübernahme geschätzt, eifrig gekauft und in allen Zeitungen gedruckt.

Das Leben in Berlin entsprach nicht Hennys Vorstellungen. Sie kehrte schon 1934 nach Bayern zurück und lebte in dem als Wochenenddomizil gedachten Forsthaus in Urfeld. Baldur nahm sich ein Appartement im Hotel Kaiserhof in Berlin und führte das Leben eines Pendlers. Das schöne Haus am Wannsee wurde aufgegeben.

Wenig später wurde Henriette von Schirach auf das leer stehende Haus »Aspenstein« aufmerksam. Dieses am Fuße der Kesselbergstraße, etwas tiefer als Urfeld gelegene Barockschlösschen in Kochel am Walchensee, mit elf Zimmern und Kapellentürmchen, hatte ursprünglich den Äbten des nahen Benediktinerstiftes Benediktbeuern »als luftiger Ort, um den Sommer zu genießen«, gedient. Die Schirachs erwarben das heruntergekommene Gebäude, restaurierten es sorgfältig und verbrachten dort einen Großteil ihrer Zeit.

Zu den vielen Gästen, die Baldur und Henriette von Schirach im Laufe der Jahre in ihrem kleinen Schloss empfingen, gehörte auch der Reichsführer SS Heinrich Himmler, der an der brutalen Beseitigung ihres Trauzeugen Ernst Röhm mitgewirkt hatte. Die Schirachs trugen ihm dies nicht weiter nach, hüteten sich jedoch, wie einst über Himmlers »Verlobungs- und Heiratsbefehl« zu scherzen. »Er war heiter und gelöst«, berichtete der Jugendführer von dem unheimlichen Gast. »Unsere Kinder spielten auf der Wiese vor dem Haus. Himmler war von ihnen begeistert: ›Da sieht man gleich die germanische Rasse, das Nordische.‹ Beim Abschied sagte er: ›Es wird mir eine Freude sein, Ihnen für Ihr schönes Haus einen Julleuchter zu schenken.‹«[29]

Die Schirachs haben den selbst in NS-Kreisen gemiedenen und wenig geselligen Himmler und seine Frau in ihrem Haus »Lindenfycht« bei Gmund an der Nordspitze des Tegernsees besucht. Sie taten einen Blick in das Privatleben des gefürchteten Reichsführers der SS, des Herrschers über alle Konzentrationslager. »Wir setzten uns zur Kaffeetafel. Frau Himmler, eine ernste, abweisende Frau, behandelte ihren Mann schlecht. Ich habe nie einen Mann erlebt, der so unter dem Pantoffel stand wie Heinrich Himmler. Er floss über von Liebenswürdigkeit, doch je liebenswürdiger er war, umso schlechter wurde er behandelt. Der Chef der SS war zu Hause eine Null, musste immer nachgeben. Frau Himmler sprach ihren Mann immer mit ›Heinrich‹ an, in sehr strengem Ton. Beim Abendessen schenkte er sich selbst den gewohnten schwachen Kamillentee ein ... ermunterte seine Frau, hier oder da zuzugreifen und sie sagte immer: ›Nein, ich will davon nichts.‹«[30]

Henriette, die Goebbels in seinen Tagebüchern als sehr

witzig beschrieben hatte, war imstande, eine ganze Tischrunde zu unterhalten. Auch an diesem Abend ließ sie sich immer wieder etwas einfallen, um die Gesellschaft in Schwung zu bringen. Aber Frau Himmler erstickte mit schweigender Missbilligung jede Unterhaltung. Später erfuhren die Schirachs, dass Himmler eine Geliebte hatte. Sie erinnerten sich an seine martialische Ehefrau und wunderten sich, dass er dafür den Mut aufgebracht hatte. Der Kontakt der Schirachs mit Himmler hatte jedoch weniger einen privaten, sondern vielmehr einen handfesten politischen Hintergrund. Der Reichsführer SS rekrutierte nämlich seinen Nachwuchs für die SS aus den Kreisen der Hitlerjugend.

Am 10. November 1938, als am vorhergehenden Abend, in der so genannten »Reichskristallnacht«, der braune Mob auch in München gewütet hatte, rief Henriette von Schirach ihren Mann in Berlin an und berichtete, dass viele von Juden bewohnte Villen im Stadtteil Bogenhausen geplündert worden seien und dass eine jüdische Familie bei ihr, im Haus ihres Vaters, Zuflucht gefunden hätte. Die Verbrecher hatten ihre Opfer mit zielsicherer Genauigkeit zu finden gewusst. Dies beruhte darauf, dass es in München bereits seit Februar 1938 ein vom Gewerbeamt erstelltes, gedrucktes Verzeichnis aller jüdischen Gewerbetreibenden samt privater Adresse gab. Als Abgeordneter des Reichstags hatte Schirach 1935 für die Einführung der »Rassengesetze« gestimmt und dazu später geschrieben: »Ich war Antisemit und ich glaubte, dass man auf anständige Art Antisemit sein könnte.« Diese Einstellung teilte er mit seiner Frau. Trotzdem hat Schirach nach der »Reichskristallnacht« seine Gebietsführer verständigt und der Hitlerjugend jede Teilnahme an diesen »verbrecherischen Aktionen« verboten.[31]

Der Kriegsbeginn setzte Schirachs Ambitionen zur Erlangung der Erziehungshoheit im Dritten Reich ein vorläufiges Ende. Im Winter 1939 rückte er als Freiwilliger bei der Deutschen Wehrmacht ein und seine Frau sah den »Schützen Schirach« während seiner Ausbildungszeit nur mehr gelegentlich an freien Samstagen im Hotel Kaiserhof. Damals entschied sich Hitler zur Ablöse des Reichsjugendführers, dem die Kontrolle über die Jugend zu entgleiten drohte. Er warf ihm Unfähigkeit in der Leitung der Hitlerjugend vor. Henriette von Schirach teilte er im Mai 1940 mit, dass er für ihren Mann, »falls er den Frankreichfeldzug überlebe«, neue Aufgaben bereithielte.[32] Henriette hoffte dann, dass ihr Mann auf Grund seiner amerikanischen Wurzeln als Botschafter nach Washington geschickt würde. Stattdessen verfügte Hitler mit Handschreiben vom 10. August 1940: »... übernehmen Sie nunmehr heute Ihr neues Amt. Ihr Name wird mit diesem Werk für alle Zeiten verbunden sein...«[33]

Die neue Aufgabe hieß Wien und Hitler nahm sich ganze zwanzig Minuten Zeit, um Schirach die Agenden eines Gauleiters, Reichsstatthalters und Oberbürgermeisters von Wien zu erläutern. Henriette von Schirach erinnerte sich, dass ihr Mann bei dem Treffen nur zwei Sätze notierte: »Arbeiterschaft und Künstler gleichermaßen wichtig nehmen« und: »Wien ist eine Perle, ich werde ihr die Fassung geben, die ihrer würdig ist.« Auf kulturellem Gebiet seien »Schwierigkeiten entstanden«, meinte Hitler. Tatsächlich herrschte in Wien ein Kulturvakuum, das durch Auswanderung und Vertreibung von jüdischen Künstlern und Systemkritikern nach 1938 entstanden war. Schirach sollte die Wiener durch kulturelle Aktivitäten von den sozialen Problemen ablenken und sie über die politische Bedeutungslosigkeit der zur Provinzstadt degradierten ehemaligen Haupt- und Residenzstadt hinwegtäuschen. Außerdem sollte der Gauleiter von Wien die Evakuierung der zugewanderten Tschechen und die Deportation der in Wien noch verbliebenen ca. 60 000 Juden veranlassen und unterstützen.[34]

Die Berufung nach Wien sah ganz nach ehrenhafter Beförderung aus – nur die Gauleiter von Berlin und München lagen in der Rangordnung noch höher –, war aber eine Abschiebung, die kaschieren sollte, dass Schirachs Einfluss in der Jugenderziehung stark eingeschränkt wurde.

Der kulturbeflissenen Henriette jedoch hat die Aussicht, mit ihren Kindern – es waren inzwischen drei – nach Wien zu übersiedeln, sehr gefallen. »Ich gestehe, dass ich den ganzen Krieg vergaß bei der Vorstellung, in Wien leben zu dürfen«, schrieb sie in ihren Erinnerungen.[35] Die Qual der Wahl eines geeigneten Wohnsitzes bereitete eher Vergnügen, denn die Zahl der für den Gauleiter zur Disposition stehenden Objekte war riesengroß. So bot die Gemeinde Wien eilfertig die Hofburg an, die ehemals kaiserliche Residenz im Zentrum der Stadt. Hitler wiederum schlug Schloss Belvedere vor, den einstigen Sommersitz des Prinzen Eugen. Schirachs entschieden sich dann für jene Villa in Döbling auf der Hohen Warte 52–54 (heute Sitz der ägyptischen Botschaft), die bereits Schirachs Vorgänger, der Gauleiter Bürckel, arisiert und bewohnt hatte. Zum Anwesen gehörte ein großer Garten. Er grenzte an den botanischen Garten Rothschilds, der damals bereits verwaist war, da sein Besitzer unter Zurücklassung seines Vermögens emigriert war.

Die Wiener Ausgabe des »Völkischen Beobachters« vom 28. August 1940 begrüßte freudig die Ankunft des neuen Gauleiters.[36] In der Bevölkerung jedoch stießen die Schirachs auf kaum verhüllte feindselige Ablehnung. »Es kam uns ja gar nicht in den Sinn, dass wir als Vertreter des verhassten Hitler auftraten, als Usurpatoren, als Eindringlinge ...«, wunderte sich Henriette naiv.[37] Dabei hatte die erste Amtshandlung ihres Mannes am 15. August 1940 darin bestanden, das »frühere Parlament, das einer missverstandenen Volksvertretung« gedient hatte, seiner »wahren und echten Bestimmung als Gauhaus zu übergeben.«[38]

1940 herrschte bei den Wienern bereits große Unzufriedenheit. Die erste Euphorie über die Angliederung an das Reich war verflogen. »Während in den ersten Tagen nach dem Anschluss der bayrische Hilfszug sein ungenießbares Gullasch [sic] als Almosen an die Bevölkerung spendete, gingen gleichzeitig Tausende von Rindern aus den Alpenländern ins Altreich«, schreibt ein Anonymus an den Reichsstatthalter und ein anderer bemerkte: »Wenn jetzt durch den Krieg die Arbeitslosigkeit verschwunden ist, so muss bemerkt werden, dass diese Lösung der Frage nicht nach jedermanns Geschmack ist.«[39] Die Lebensverhältnisse hatten sich nicht verbessert, sondern verschlechtert. Die Schaltstellen in Partei, Verwaltung und Wirtschaft waren mit reichsdeutschen Funktionären besetzt worden und das Gefühl, zu einer Provinzstadt des Preußenreichs degradiert worden zu sein, machte sich breit.[40]

Gemäß dem Führerauftrag widmete sich Schirach aber auch der Aufgabe, Wien zur »judenfreien Stadt« zu machen. Schon seit dem Anschluss wurde die jüdische Bevölkerung durch ausgeklügelte Schikanen und Terror zur Auswanderung gedrängt. Ziel war es, die Juden auszuplündern und dann mittellos aus dem Land zu jagen. Verzweifelt reiste der Präsident der Kultusgemeinde, Dr. Löwenherz, gedrängt von Obersturmbannführer Adolf Eichmann, dem Leiter des Judenreferats, durch die Welt und bat um die Aufnahme österreichischer Juden. Eichmann ermächtigte Dr. Löwenherz, dem American Joint Distribution Committee mitzuteilen, dass keine Deportationen nach Polen stattfinden würden, wenn das Komitee Devisen zur Verfügung stelle und die »Entjudung Wiens« bis Ende 1940 erfolgt sei.[41] Löwenherz nahm auch an der Konferenz in Evian teil, wo 32 Staaten über das Los der Flüchtlinge diskutierten und eine Aufnahme dann unter fadenscheinigen Gründen ablehnten.[42] Hatten vor dem Anschluss 200 000 Juden in Wien gelebt, so waren es bei Schirachs Amtsantritt nur mehr 60 000. Als mit dem Kriegseintritt Englands der Exodus der Juden aus Wien stockte, nahm die schon lange angedrohte Deportation im Jahre 1940 Gestalt an.[43]

Der Gauleiter bestürmte den Generalgouverneur von Polen, Hans Frank, mit der Forderung, »ihm die Juden abzunehmen«.[44] Die Versuche des Präsidenten Dr. Löwenherz, alten und kranken Personen die Deportationen zu ersparen, hat er in öffentlichen Reden verhöhnt.

Im Januar 1941 erstellte Eichmanns Referat die ersten Transportlisten und bis Juni wurden 10 000 Juden nach Polen deportiert. Laut Schreiben Schirachs vom 7. Februar 1941 an die Gestapo reservierte er sich bei »Judenaktionen bzw. Aufschub des Abtransportes den Entscheidungsvorbehalt«.[45] Als im Herbst 1942 die Zahl der jüdischen Bewohner auf 7000 gesunken war, brüstete sich der Gauleiter, mit den Deportationen seinen »aktiven Beitrag zur europäischen Kultur« geleistet zu haben.[46] Später hat Schirach seine Schuld teilweise eingestanden, aber seine aktive Rolle geleugnet und die Verantwortung auf Himmler abgewälzt. Auch hätte er geglaubt, dass die umgesiedelten Juden in Polen als Handwerker in der Textilindustrie eingesetzt würden und ein angenehmes Leben führen könnten. »Ich vertraute Dr. Frank«, gab er zu Protokoll.

Henriette von Schirach aber bemerkte – wie sie später immer wieder betonte – überhaupt nichts von den allgemeinen Zuständen und der Atmosphäre in Wien, obwohl ein Zeitzeuge berichtete: »Das Abtransportieren von Juden nach Polen geschah in aller Öffentlichkeit. Die Wägen standen vor den Häusern, während die dazu bestimmten Leute den Abtransport durchführten. Es sah dies jeder Vorübergehende.«[47]

Die Frau des Gauleiters wusste angeblich auch nicht, dass ihr Mann die »ausnahmslose Kennzeichnung aller Juden sowie ihrer Wohnungen« mittels Davidsterns schon kurz nach seinem Amtsantritt eingemahnt hatte.[48] Es entging ihr auch, dass Baldur von Schirach den Juden das Betreten des Wienerwaldes, der Freudenau, aller öffentlichen Gartenanlagen und Bäder verboten hatte, sie weder Straßenbahn noch Stadtbahn benutzen durften, nicht von öffentlichen Fernsprechstellen aus telefonieren und keine Post abschicken konnten. Über Anordnung des Reichsstatthalters fällten Juden an Sonntagen ohne Bezahlung Holz im Wienerwald und reinigten die Straßen der Stadt. Ebenso wenig merkte Henriette, die sich ihrer guten Beobachtungsgabe rühmte, dass Juden nur in bestimmten Geschäften kaufen durften. Und dass ihr Mann jedes persönliche Gespräch mit Juden auf das Schärfste ablehnte, ist ihr in der langen Zeit ihres Zusammenlebens auch entgangen.[49]

Mehr als für das Schicksal ihrer Mitmenschen hat sich Henriette von Schirach für die ebenfalls vom Führerhauptquartier angeordnete Kulturoffensive interessiert. Wiens Kunst- und Kulturleben steckte damals in einer tiefen, nicht mehr zu übersehenden Krise. Begonnen hatte der Niedergang schon zur Zeit des Ständestaats, als die »österreichische Kunststelle« als Zensur- und Propagandainstitution waltete. Trotzdem hatte nach 1933 ein Zustrom regimefeindlicher und »nichtarischer« Künstler aus Deutschland eingesetzt, obwohl Österreich vom Dritten Reich stark unter Druck gesetzt wurde. Die Okkupation, der »Anschluss« an das Deutsche Reich, löste dann den Exodus der jüdischen Künstler aus. Wer nicht freiwillig das Land verließ, hatte Berufsverbot und rechnete mit Deportation. Lebensbedrohliche Verhältnisse erstickten jede Kreativität. Die NS-Reichskulturkammer mit ihren Untergliederungen für bildende Kunst, Musik, Theater, Film, Rundfunk, Schrifttum und Presse sorgte für lückenlose Überwachung der zur Berufsausübung Zugelassenen. Die Ausrichtung nach Deutschland wiederum ließ renommierte Künstler in die pulsierende Metropole Berlin ziehen. Vor allem das Burgtheater und die Staatsoper litten unter der Abwerbung ihrer besten Kräfte. Auf jeden Fall aber verödete der österreichische Kulturbetrieb.

Trotz der kriegsbedingten Einschränkungen – die Offensive gegen England war in vollem Gang – versuchten die Schirachs die alte Tradition wiederherzustellen und konnten Erfolge verbuchen. Sie trotzten dem Verbot Goebbels' und ließen die moderne Oper »Johanna Balk« des Komponisten Wagner-Régeny aufführen. Bedeutende Künstler wie Furtwängler, Knappertsbusch, Clemens Krauss und

Karl Böhm erhielten langfristige Verträge. Ehrenringe der Stadt Wien wurden verliehen und berühmte Kulturschaffende geehrt. So feierten die Schirachs 1942 in ihrem Haus den 80. Geburtstag von Gerhart Hauptmann und zwei Jahre später den ebenfalls 80-jährigen Richard Strauss.

Bald schien Wien kulturell wieder Berlin zu überstrahlen. Gleichzeitig jedoch ließ der um das kulturelle Erbe Österreichs besorgte Baldur von Schirach das altehrwürdige Chorherrenstift Klosterneuburg unter fadenscheinigen Vorwänden aufheben.[50] Auslöser dieser Tat war ein streng geheimes Gutachten des Leiters der Reichskanzlei Martin Bormann, mit dem Inhalt, dass die Bevölkerung der Beseitigung von Klöstern keinen Widerstand entgegensetzen würde. Die Umwandlung in eine Adolf-Hitler-Schule war bereits beschlossene Sache, kam aber durch den Kriegsverlauf nicht zur Ausführung. Henriette von Schirach versuchte später die Verantwortung auf Bormann abzuwälzen und gab an, bei Hitler für die Erhaltung der österreichischen Klöster interveniert zu haben.

Repräsentiert hat das Gauleiterehepaar gerne. Um dabei gesellschaftliche Fauxpas zu vermeiden, griff es dabei auf das Hofprotokoll aus der Zeit Kaiser Franz Josephs zurück und veranstaltete Feste im Stil der Kaiserzeit. Die Diener servierten in habsburgischen Livreen, Porzellan und Besteck stammte aus der kaiserlichen Silberkammer. Bei seinen Tischreden erwähnte der Gauleiter gerne, dass die Kaiserin Maria Theresia seine Vorfahren geadelt hatte. Wie Kaiser Franz Joseph, so lud auch Baldur von Schirach jährlich zur Jagd auf Schwarz- und Damwild in den Lainzer Tiergarten, das ehemalige kaiserliche Jagdrevier.[51] Die feudale Hofhaltung der Schirachs erregte Kritik. So schrieb ein Diplomat, dass »Schirach mit der Tochter des Reichstrunkenbolds Hoffmann als Souverän auftritt, während sein schnürbedeckter Adjutant die Namen der Gäste flüstert ... die Falschheit steht ihm auf dem Gesicht. Er benimmt sich gewandt und liebenswürdig, um dann wieder den großspurigen Parteibonzen hervorzukehren ...«[52]

»In Wien führten Henriette und ich ein sehr gastfreies Haus. In meiner Dienstvilla auf der Hohen Warte 52 waren fast jeden Abend Diplomaten und Künstler zu Gast. Hitler hatte mich nicht zuletzt auch deshalb nach Wien geschickt, weil mein Vorgänger Bürckel sich zu wenig um die Wünsche der Donaustadt gekümmert hatte. Nach dem Anschluss war Wien mehr und mehr in den Schatten der Theatermetropole Berlin geraten. Ich bemühte mich, das zu ändern«, schilderte Baldur von Schirach das Leben in Wien.[53] Aus Anlass der Aufnahme Bulgariens in den Dreimächtepakt kam Hitler am 28. Februar 1941 nach Wien. Im Anschluss an den Festakt lud Hitler den bulgarischen Außenminister, Graf Ciano, Botschafter Oshima und Ribbentrop zum Frühstück in das Belvedere, das einstige Prunkschloss des Prinzen Eugen, an dem auch die Gauleitersgattin teilnahm.[54] Den Abend verbrachte er bei den Schirachs auf der Hohen Warte im kleinen Kreis. Schon am 25. März kam Hitler wieder, um den Beitritt Jugoslawiens zum Dreierpakt zu feiern.[55] Der Gauleiter gab ein Diner, zu dem Henriette von Schirach junge Wiener Künstlerprominenz lud. Hitler befand sich in aufgeräumter Stimmung. Als er jedoch auf die Stadt an der Donau, in der er von 1907 bis 1913 gelebt hatte, zu sprechen kam, verdüsterte sich seine gute Laune. Er brach in vehemente Kritik aus und schloss mit den Worten: »In Wien ist alles schlampig.« Trotzdem unternahm er dann nach Mitternacht in Begleitung seiner Gastgeber eine nostalgische Tour durch die schlafende Stadt. Voll Begeisterung wies er auf die Karlskirche, das Parlament, Maria am Gestade und andere Sehenswürdigkeiten hin, die er in seiner Jugend gezeichnet hatte.[56] Bei seinen Monologen im Führerhauptquartier »Werwolf« in der Ukraine kam Hitler auf diesen Wienbesuch zu sprechen. Nachdem er erwähnte, dass die Schirachs »vollständig von der Atmosphäre dieser Stadt« eingefangen seien, meinte er: »Jetzt bin ich wieder in Wien gewesen, das Dreckzeug [jüdische Bevölkerung] ist weg, aber es ist eine arme Stadt geworden ...«[57]

Im Frühling 1943 reiste Henriette von Schirach in das besetzte Holland, wo sie die Umstände einer Deportation jüdischer Frauen und Kinder aus nächster Nähe miterlebte: »In der Nacht erwachte ich durch lautes Schreien und Rufen. Ich stürzte ans Fenster ... unter mir, auf der Straße standen, offenbar hastig zusammengetrieben, ein paar hundert Frauen mit Bündeln, bewacht von Männern in Uniform, man hörte Weinen und dann eine helle Kommandostimme: ›Arier zurückbleiben!‹ Daraufhin setzte sich der Zug langsam in Bewegung und verschwand über die Brücke hinweg in der Dunkelheit. Am nächsten Morgen wollte mir niemand über den geheimnisvollen Aufmarsch Auskunft geben ... Aber mein Freund Miedl, der mich abholen kam, wusste Bescheid: ›Das ist ein Abtransport von Jüdinnen!‹ – ›Tun das die Deutschen?‹ – ›Wer sonst?‹ – ›Weiß Hitler das?‹«[58] Die ironische Antwort, sie möge Hitler, falls er davon wirklich nichts wisse, doch Bericht erstatten, nahm Henriette von Schirach als bare Münze.

Laut ihrer oft wiederholten Darstellung saß ihr Mann

am Abend des Karfreitags 1943 in der Kantine des Berghofs, während sie selbst Hitler mit diesem Erlebnis konfrontierte. Dieser schrie: »Sie sind sentimental! Was gehen Sie die Jüdinnen in Holland an!« Dann bildete er mit seinen Händen zwei Schalen. »Verstehen Sie, jeden Tag fallen zehntausend meiner kostbarsten Männer ... die Besten. Die Balance stimmt dann nicht mehr, das Gleichgewicht in Europa stimmt nicht mehr. Denn die anderen fallen nicht. Sie leben, die in den Lagern, die Minderwertigen leben, und wie schaut es dann in Europa in hundert Jahren aus? In tausend? ... Ich bin nur meinem Volk verpflichtet, sonst niemand ...«

Hitler hätte sich dann in einen seiner Zornausbrüche hineingesteigert, während die anderen um den Kamin der großen Halle sitzenden Gäste schwiegen und krampfhaft zu Boden blickten. Niemand hätte sie unterstützt, schrieb die Frau des Gauleiters anklagend, und schließlich habe sie mit ihrem Mann fluchtartig den Obersalzberg verlassen müssen, um nie mehr zurückzukehren. Noch lange hätten sie vor Repressalien gezittert. Der Gauleiter von Wien wäre nach der Kontroverse auf dem Berghof »ein politisch toter Mann« gewesen.[59]

Der ebenfalls anwesende Goebbels schrieb in sein Tagebuch, dass sich Henny wie eine dumme Pute benommen hätte, und vermerkt zynisch, dass die Schirachs ihr Mitgefühl erst entdeckt hätten, »nachdem fast 60 000 Juden gleichsam vor ihrer Haustür deportiert worden sind«.[60]

Eine weitere Darstellung hat die Vorgänge des Abends genau recherchiert[61]: Eine Lagebesprechung mit der Planung einer neuen Offensive im Russlandfeldzug mit dem Ziel der Einnahme von Kursk hatte Hitler ermüdet und in schlechte Laune versetzt. Trotzdem machte Schirach einen zaghaften Vorschlag zur humaneren Behandlung der russischen Zivilbevölkerung und wurde rüde gestoppt. Auch ein Versuch, Wien und die Wiener dem »Führer« im rosigen Licht zu schildern, scheiterte kläglich. »Ich kenne dieses Volk«, meinte Hitler. »Sie haben mir beim Anschluss zugejubelt. Das sagt nichts. Sie sind wankelmütig und haben in der Vergangenheit häufig auch den schlechtesten Charakteren zugejubelt, weil sie rassisch minderwertig, ein Mischmasch aus vielen Völkerschaften und Rassen sind.« Daraufhin bat Henriette von Schirach, ihren Mann doch nach München zu versetzen. Die Stimmung war schon recht gereizt, als sie dann über die holländischen Jüdinnen zu reden begann. Hitler reagierte kühl, blieb aber ruhig.

Im Zuge eines Interviews, das Jochen von Lang mit den Schirachs führte, wies er die Schirachs auf ihre zwischen 1940 und 1943 durchgeführten Maßnahmen zur Schaffung eines »judenfreien« Wiens hin. Dabei stellte sich heraus, dass sie die Deportationen von Juden an sich nicht gestört hatten. Nur die Form des Abtransports hatte sie empört, das Treibergeschrei der Polizisten, ihre Fußtritte für die Langsamen, das Jammern der Gequälten. Der Vorgang widersprach ihrer Überzeugung, dass die Deutschen zwar streng, aber immer gerecht mit den Juden verfuhren.«[62]

Auch die dramatische Verbannung aus Hitlers Nähe entsprach nicht den Tatsachen. Schon Ende Juni 1943 speiste Baldur von Schirach wieder auf dem Obersalzberg und vermittelte ein Treffen zwischen Hitler und dem norwegischen Dichter Knut Hamsun.

Am 10. September 1944 fand der erste schwere amerikanische Luftangriff auf Wien statt. Er galt vor allem dem

Nordwestteil der Inneren Stadt. Am 4. November schlug eine Bombe in der unmittelbaren Nachbarschaft der schirachschen Villa auf der Hohen Warte ein. »Türen und Fenster unseres Hauses waren herausgerissen, Möbel und Bücher lagen in wüstem Durcheinander ... unsere Küche war ein durcheinander geschmissener Haufen von Geschirr und Scherben, der elektrische Strom war unterbrochen ...«, schilderte Henriette von Schirach.[63]

Der Gauleiter beobachtete von dem am Gallitzinberg errichteten »Schirach-Bunker« aus die Verwüstungen. Als sein Versuch, Wien zur offenen Stadt erklären zu lassen, vom Führerhauptquartier abgelehnt wurde, schickte er Henriette mit den Kindern in ihr Landhaus »Aspenstein« in Bayern.

Anfang April 1945 vertauschte der Gauleiter sein Domizil auf der Hohen Warte gegen den Bunker unter der Hofburg. Wenig später setzte er sich vor den herannahenden Sowjettruppen in den Westen Österreichs ab. Er konnte nur wenig mitnehmen und packte seine größten Schätze in einen schwarzen Autokoffer. Der Inhalt des »Goldkoffers«, der in der Nachkriegszeit noch eine Rolle spielen sollte, wurde auf 500 000 DM (Wert 1958) geschätzt und umfasste ein Gemälde von Rubens, eines von Renoir, einige Inkunabeln sowie Originalbriefe von Goethe an seinen Sohn August. Das meiste stammte aus dem Besitz von Schirachs amerikanischer Mutter, die aus einer reichen Familie stammte.

Nach der Flucht des Statthalters drangen österreichische Freiheitskämpfer Ende April 1945 in die Landvilla der Schirachs im Helenental bei Baden ein, wo sie nicht nur Lebensmittelvorräte ungeheuren Ausmaßes fanden, sondern auch eine große Anzahl von Gobelins und Kunstgegenständen, die sich das Gauleiterpaar aus Schloss Schönbrunn, dem Stift Klosterneuburg sowie diversen Wiener Museen angeeignet hatte.[64]

Bevor Schirach den Namen Dr. Falk annahm und sich, mit Brille und Bart verkleidet, in Schwaz in Tirol den Amerikanern als Dolmetscher zur Verfügung stellte, deponierte sein Adjutant Höpke den »Goldkoffer« bei einem Einödbauern im Pinzgau. Nur die Gattin Schirachs und Höpke wussten das vereinbarte Passwort »Dr. Faust«, bei dessen Nennung der Bauer den Schatz einem Boten aushändigen sollte.[65]

Am 21. Juni 1945 kam es zu einem Wiedersehen des Ehepaares. Allerdings nicht an dem noch in Wien besprochenen Treffpunkt, einem kleinen, entlegenen Hotel in den Bergen nahe Kufstein in Tirol, sondern im Internierungslager Rum bei Innsbruck. Baldur von Schirach hatte nämlich plötzlich dem Nationalsozialismus abgeschworen und sich freiwillig den Amerikanern gestellt.

Henriette von Schirach begriff den Sinneswandel ihres Mannes nicht. »Warum bist du nicht geflohen? Du hättest verschwinden können«, fragte sie ihn bei dem kurzen Treffen im Gefangenenlager. Niemand hätte den harmlosen Schriftsteller Dr. Richard Falk verdächtigt – die gefälschten Papiere waren erstklassig. Außerdem galt Schirach als tot, als erschlagen von einer aufgebrachten Wiener Bevölkerung.

Henriette war zutiefst enttäuscht, dass ihr Mann für die eigene Familie keine Loyalität aufbrachte. Mit vier kleinen Kindern stand sie plötzlich alleine da und die Hoffnung auf eine Flucht ins Ausland, die kurz davor noch zum Greifen nahe schien, musste begraben werden.

Baldur von Schirach wurde am 10. September 1945 nach

»Der Preis der Herrlichkeit« – Henriette von Schirach
auf dem Weg ins Internierungslager (Göggingen bei Augsburg), Juni 1947

Nürnberg geflogen. Henriette und die Kinder bekamen damals »Den Preis der Herrlichkeit«, wie später das Erinnerungsbuch der Gauleitersgattin heißen sollte, voll zu spüren. Auf der Straße wurden sie als Nazis beschimpft und alte Bekannte gingen ihnen aus dem Weg. Vor allem gegen Henriette, die Frau eines NS-Bonzen und Kriegsverbrechers, richtete sich der Zorn der Bevölkerung.

Am 1. November 1945 schrieb die Wiener »Arbeiter-Zeitung«: »So viel Ehre, so viel Pech! Er selber [Heinrich Hoffmann] sitzt, der Schwiegersohn sitzt …« Tatsächlich befanden sich damals sowohl Henriettes Vater als auch ihr Mann im Gefängnis des Internationalen Militärgerichtshofes in Nürnberg. Sie selbst musste Aspenstein verlassen und kehrte in das Försterhäuschen in Urfeld zurück, das sie einst mit ihrer Mitgift erworben hatte. In Aspenstein wüteten Plünderer, bis es schließlich dem Kommandanten der 10. amerikanischen Panzerdivision als Hauptquartier diente.

Am 24. Dezember 1945 wurde Henriette von Schirach in das Frauenlager von Tölz eingeliefert. Die vier minderjährigen Kinder kamen auf Pflegeplätze. Nach dreimonatiger Internierung wurde sie im Frühjahr 1946 ohne Angabe von Gründen entlassen.

Der Prozess des alliierten Militärgerichtshofes, bei dem sich Baldur von Schirach als einer der Hauptangeklagten zu verantworten hatte, war damals bereits im Gange. Henriette suchte für ihren Mann Entlastungszeugen und -material aufzutreiben und kam häufig nach Nürnberg. Dort traf sie auch ihren Vater, der, schlank und abstinent, für die Amerikaner sein großes Bildarchiv in Ordnung brachte. Nach Hitler befragt, gab er an, diesen nur flüchtig gekannt zu haben. Er hätte ihn im Auftrag einer amerikanischen Bildagentur aus rein beruflichen Gründen aufgesucht. Im Herbst 1946 glaubte Henriette von Schirach, dass es an der Zeit wäre, den noch immer im Pinzgau getreulich verwahrten »Goldkoffer« holen zu lassen. Sie schickte eine Botin, die dem Bauern das Losungswort nannte und auch den Koffer ausgehändigt bekam. Allerdings enthielt er nur sechs wertlose Klassikerbände.

Vierzehn Tage vor der Urteilsverkündung im Nürnberger Prozess durfte Henriette ihren Mann sprechen: »Dann befinden wir uns in kleinen Sprechzellen, eine neben der anderen. Zwischen den Angeklagten und uns ist ein engmaschiges Gitter gezogen; als ich versuche, eine Zigarette durchzuschieben, bleibt sie stecken. Darf man sich die Hand geben? Nein, das ist verboten«, schildert Henriette die Begegnung.[66]

Kurz nach der Verurteilung des ehemaligen Gauleiters zu 20 Jahren Haft in Berlin-Spandau wird Henriette neuerlich verhaftet und im Frauenlager Göggingen bei Augsburg interniert. Während sie auf ein Spruchkammerverfahren wartet, droht den nunmehr elternlosen Schirach-Kindern die Einweisung in ein Fürsorgeheim.

Am 11. Dezember 1947 erhob der Generalankläger schließlich Anklage gegen Henriette von Schirach und stufte sie als »Altparteigenossin« in die Gruppe II (politisch belastet) ein. In der anschließenden Verhandlung traten prominente Entlastungszeugen wie Hans Carossa, Kasimir Edschmid und Waldemar Bonsels auf. Am 16. Dezember 1947 erging das Urteil der Spruchkammer Bad Tölz: Henriette von Schirach wurde als »Minderbelastete des NS-

Regimes« angesehen, da ihr außer ihrer Parteimitgliedschaft seit 1932 und der Tatsache ihrer Ehe mit Baldur von Schirach nichts Belastendes nachgewiesen werden konnte. Sie wurde zu einer Sühnestrafe von 2000 Mark verurteilt und erhielt eine einjährige Bewährungsfrist eingeräumt.[67]

Wieder in Freiheit, protestierte Henriette von Schirach vehement gegen die Enteignung von Aspenstein, das von der US-Militärregierung der SPD als Schulungsheim übergeben worden war. Sie trommelte an die Tür ihres früheren Besitzes und verlangte den Schlüssel. Als man ihr Gewalt androhte, erstattete sie Anzeige wegen Nötigung. Doch Aspenstein blieb für sie trotz aller Anstrengungen verloren. Zurückbekommen hat sie jedoch ihr kleines Försterhaus, da sie nachweisen konnte, dass es nicht mit dem Geld ihres Ehemanns angeschafft worden war.

In der Folgezeit schlug sich die Frau des Exgauleiters in den verschiedensten Berufen durch. Als Werbeberaterin für den Film- und Theaterregisseur Erik Charell legte sie den kompromittierenden Namen Schirach ab. »In der folgenden Zeit wechselte ich nun meine Namen, benutzte die Vornamen meiner Jungen und hieß Roberts oder Richards. Manchmal verwechselte ich sie. Als ich einmal für Erik Charell arbeitete und Bilder seiner Inszenierungen für »Das weiße Rössl« brauchte, stellte ich mich mit Richards vor, später wechselte ich versehentlich zu Roberts über. Charell wurde misstrauisch, nun wollte er herausbekommen, wer ich eigentlich war, und ich wusste doch, dass er keinesfalls mit Nazis etwas zu tun haben wollte. So konnte ich mich nur freiwillig zurückziehen ...«, schrieb Henriette von Schirach.[68] Sie gründete in München unter dem

Namen »Paris-Film« einen kleinen Filmverleih. Ihre Idee, einen Film über das Hitler-Attentat vom 20. Juli 1944 drehen zu wollen, stieß in der Presse auf entrüstete Ablehnung.[69] 1949 machte Henriette von Schirach Schlagzeilen, als sie sich mit dem in eine Spielbankaffäre verwickelten Filmkaufmann Peter Jacob liierte und die Scheidung von ihrem inhaftierten Mann beantragte.

Die Presse meinte damals, dass es für sie unzumutbar sei, mit einem Kriegsverbrecher verheiratet zu sein. Henriette dementierte dies umgehend in der »Süddeutschen Zeitung« vom 10. Oktober 1950: »... er ist kein Kriegsverbrecher, sondern ein Idealist und viel zu gut für die Politik.« Albert Speer, ein Mithäftling Schirachs im Gefängnis von Spandau, notierte sich damals: »Heute ... erfahren, dass Frau von Schirach sich seit über einem Jahr von ihrem Mann gelöst habe und eine neue Verbindung eingegangen sei. Aber schließlich handelte es sich um eine Ehe, in der sie teilweise seine Macht und er teilweise ihr Geld gemeint hatte. Die Kinder sollen die Partei des Vaters ergriffen haben ...«[70] Baldur von Schirach willigte in die Scheidung ein und die Ehe wurde Anfang November 1950 geschieden. Seine Mithäftlinge bekamen den Eindruck, dass ihm die Sache nicht sehr nahe ginge. Auf jeden Fall wollte er verhindern, dass Henriette unter dem Namen Schirach Memoiren veröffentlichte. Das plante der Exgauleiter nämlich nach seiner Entlassung selbst zu tun.

Peter Jacob machte mit dubiosen Filmgeschäften Pleite, die er mit Henriettes letztem Geld finanziert hatte. Diese erinnerte sich wieder an den »Goldkoffer« und wurde im Januar 1956, mehr als zehn Jahre nach Kriegsende und ein halbes Jahr nach dem Abschluss des österreichischen Staatsvertrages, aktiv. Sie erschien am 3. Januar bei der Polizeidirektion Innsbruck, gab zur Verblüffung der Beamten zu Protokoll, dass ihr in den Nachkriegswirren wertvolles Gepäck gestohlen worden sei, und erstattete Anzeige gegen unbekannt. »Haben sich die Soldaten mit Goethes Briefen ihr Brot eingewickelt oder die Souvenirs, deren Wert sie nicht erkannten, für eine Stange Zigaretten an die Besatzungsmacht verkauft?«, spekulierte die »Frankfurter Allgemeine«.

Henriette von Schirach sagte unter Eid aus, erst 1955 von dem Koffer gehört zu haben, und wurde von Zeugen widerlegt. Man zitierte sie wegen falscher eidesstattlicher Aussage vor ein Schöffengericht, wo sie zu 300 DM Geldstrafe verurteilt wurde.[71] Der Inhalt des Koffers blieb verschwunden.

Der Prozess verursachte Aufsehen und wirkte als Reklame für Henriette von Schirachs erstes Buch, das sie auf Anregung eines amerikanischen Verlages verfasst hat. Schon der unzweideutige Titel der Memoiren, »Der Preis der Herrlichkeit«, ließ keine Zweifel an der politischen Gesinnung der Autorin aufkommen, die – wie es ihr Exmann später auch tun sollte – in die Rolle des unschuldigen, verführten jungen Menschen schlüpfte, der von den NS-Verbrechen zu spät erfuhr. Mit ihrem »Nachkriegsschaffen«, wie die Zeitungen ihre literarische Produktion nannten, konnte Henriette von Schirach dann einen bescheidenen Lebenswandel finanzieren. Sie selbst gab 1958 ihr Einkommen mit 500 bis 700 Mark im Monat an.

1956 war die Diskussion um die drei Häftlinge von Spandau – Heß, Speer und Schirach – erneut aufgeflammt. In Anbetracht der langen Haftzeit und der hohen Kosten wurden in der internationalen und vor allem in der englischen Presse Stimmen laut, die für eine vorzeitige Entlassung der Kriegsverbrecher plädierten. Damals reiste Henriette Hoffmann-von Schirach nach London, um dem britischen Außenminister ein Gesuch auf Reduktion der 20-jährigen Haftstrafe ihres Exmannes zu überbringen. Sie blieb erfolglos.

Anlässlich der Neuauflage ihres Buches »Der Preis der Herrlichkeit« hat das österreichische Fernsehen Henriette Hoffmann-von Schirach, wie sie sich nannte, am 28. Oktober 1976 zur Teilnahme an einer Diskussionsrunde im »Club 2« geladen. Es war eine hoffnungslose Angelegenheit. Gespräche kamen keine zustande. Die einstige Frau des Gauleiters von Wien forderte ihre Gesprächspartner auf, doch auf ihren Landsmann, den »Österreicher Hitler«, stolz zu sein. Sie setzte auch die amerikanischen Internierungslager den Konzentrationslagern der Nazis gleich. Die Journalisten wiederum versuchten sie der Mitwisserschaft an NS-Verbrechen zu überführen. Noch lange nach der Sendung gab es hitzige Debatten. »Das war doch Demaskierung, wie man sie sich dramatischer nicht hätte wünschen können«, schrieb die »Arbeiter-Zeitung« am 31. Oktober 1976, während die »Wiener Zeitung« tags zuvor dafür eingetreten war, dem »Spuk ein Ende zu bereiten ... die großen [Nazis] sollten nicht immer wieder eine Agitationsplattform erhalten«.

Henriette von Schirach setzte ihre Buchproduktion unverdrossen fort. 1980 erschienen »Anekdoten um Hitler« und 1983 »Frauen um Hitler« nach Materialien von Henriette von Schirach. Außerdem gab Henriette Hoffmann-von Schirach bereitwillig Interviews. Mit zunehmendem Alter ließ ihr Erinnerungsvermögen nach. Die Angaben wurden vage, Zahlen und Fakten traten zurück und sie vermengte Dichtung und Wahrheit. Nur ihre positive Einstellung dem NS-Regime gegenüber blieb immer gleich.

Am 27. Januar 1992 ist Henriette Hoffmann-von Schirach verstorben.

Anmerkungen und Quellenhinweise

Hitler und die »deutsche Frau«

1 Sabine Weiberg, Der Hitler-Putsch. In: München – Hauptstadt der Bewegung. Katalog der gleichnamigen Ausstellung. München 1993, S. 114 f.

2 Albert Speer, Spandauer Erinnerungen. Frankfurt/Main – Berlin – Wien 1975, S. 122 f.

3 Alfred Maleta, Bewältigte Vergangenheit. Österreich 1932–1945. Graz 1981, S. 52.

4 Briefkarte von Elsa Bruckmann, München, 2. 6. 1925, The Azimuth Museum, Independance, Missouri, USA.

5 Werner Maser, Die Frühgeschichte der NSDAP. Hitlers Weg bis 1924. Frankfurt/Main – Bonn 1965, S. 409.

6 Adolf Hitler, Monologe im Führerhauptquartier 1941–1944. Die Aufzeichnungen Heinrich Heims. Hrsg. von Werner Jochmann. Hamburg 1980, S. 259.

7 Der Hitler-Putsch. Bayerische Dokumente zum 8./9. November 1923. Hrsg. von Ernst Deuerlein. Stuttgart 1962, S. 561.

8 Ausspruch von Gottfried Feder laut Ernst Hanfstaengl, 15 Jahre mit Hitler. Zwischen Weißem und Braunem Haus. München 1980, S. 57.

9 Hitler, Monologe, S. 174.

10 Alfred Rosenberg, Der Mythos des XX. Jahrhunderts. München 1930, S. 512.

11 Engelbert Huber, Das ist Nationalsozialismus. Stuttgart 1933, S. 121 f.

12 Hitler, Monologe, S. 235.

13 Mathilde Ludendorff, Die Volksseele und ihre Machtgestalter. München 1936.

14 David Pryce-Jones, Die Mitfords. Ein Familienroman aus der englischen Aristokratie. Frankfurt/Main 1990.

15 Diese und die folgenden Eintragungen von Goebbels in sein Tagebuch sind entnommen aus: Die Tagebücher von Joseph Goebbels. Hrsg. von Elke Fröhlich. Teil 1. Aufzeichnungen 1924–1941. Sämtliche Fragmente. 4 Bände, München 1987 ff. Eintragung vom 19. 1. 1931.
16 Joseph Goebbels, Deutsches Frauentum. In: Signale der neuen Zeit. 25 ausgewählte Reden von Dr. Joseph Goebbels. München 1934, S. 118.
17 Joseph Goebbels, Michael – Ein deutsches Schicksal in Tagebuchblättern. München 1929, S. 41.
18 Hitler am 23. 11. 1937. In: Max Domarus, Hitler. Reden und Proklamationen 1932–1945. I. Bd., Triumph (1932–1938), Würzburg 1962, S. 452.
19 Hitler im Führerhauptquartier vom 19. auf den 20. 8. 1941.
20 C. Rosen, Das ABC des Nationalsozialismus. Berlin 1933, S. 199.
21 Münchner Neueste Nachrichten, Nr. 169. Zit. bei Joachim Fest, Das Gesicht des Dritten Reiches. Profile einer totalitären Herrschaft. München 1980, S. 356.
22 Carlo Schultheis, Frauen trugen das Eiserne Kreuz. In: Das militärische Archiv Nr. 3/1994, S. 12.
23 Hanna Reitsch, Das Unzerstörbare in meinem Leben. Autobiographie. München 1975.
24 Hitler, Monologe, S. 201.
25 Hitler aus nächster Nähe. Aufzeichnungen eines Vertrauten 1929–1932, Hrsg. von H. A. Turner, Berlin 1978. Kapitel 12 – Hitlers Privatleben.
26 Hitler, Monologe, S. 308.
27 Brief vom 24. 1. 1944. In: H. Trevor-Roper (Hrsg.), The Bormann Letters. The private correspondence between Martin Bormann and his Wife from January 1943 to April 1945. London 1954, S. 42 ff.
28 Adolf Hitler an Fritz Lauböck, NS 26/14. Bundesarchiv Koblenz.
29 Brief vom 28. 5. 1928. In: Werner Maser, Hitlers Briefe und Notizen. Sein Weltbild in handschriftlichen Dokumenten. Düsseldorf 1973, S. 123 ff.
30 Hitler, Monologe, S. 109.
31 Felix Kersten, Totenkopf und Treue. Aus den Tagebuchblättern des finnischen Medizinalrats Felix Kersten. Hamburg o. J., S. 229 ff.
32 Hitler auf dem Reichsparteitag 1934. Zit. bei Domarus, Hitler, S. 450.

33 Albert Speer, Spandauer Tagebücher. Frankfurt/Main – Berlin – Wien, S. 90.
34 Hitler, Monologe, am 1. 3. 1942, S. 309 f.
35 Trevor-Roper, The Bormann Letters, S. 45.
36 Aussagen von Ernst Kaltenbrunner vor dem IMT Nürnberg. Zit. bei Joachim C. Fest, Das Gesicht des Dritten Reiches. Profile einer totalitären Herrschaft. München 1963, S. 369.

Carin Göring – Nordisches Idol und Kultfigur

1 Fanny Gräfin Wilamowitz-Moellendorf, geb. Freiin Fock, die Schwester der Carin Göring, begleitete den Leichenzug. Beschreibung in ihrem Buch: Carin Göring. Berlin 1942, S. 156 ff.
2 Wilamowitz, Carin Göring, S. 57.
3 Björn Fontander, Göring och Sverige. Stockholm 1984, S. 18 f. nach einer Übersetzung, Kommentaren und Schilderungen von Agneta Newton-Silfverskiöld, der dafür herzlichster Dank gilt. Ihr Vater, Dr. Nils Silfverskiöld, gehörte während seiner Ehe mit Mary von Rosen zur Verwandtschaft der Carin Göring.
4 Alfred Kube, Pour le Mérite und Hakenkreuz. Quellen und Darstellungen zur Zeitgeschichte, Bd. 24. München 1986, S. 6 ff.
5 Information nach Curt Riess. Käthe Dorsch hat Göring nach dreijähriger Bekanntschaft 1920 verlassen, um den Schauspieler Harry Liedtke zu heiraten. Sie blieb mit Göring jedoch zeitlebens befreundet.
6 Bericht nach Erzählungen von Mary von Rosen, die am 20. 2. 1920 Zeugin der ersten Begegnung zwischen Göring und Carin von Kantzow gewesen ist. Wiedergegeben laut mündlicher Mitteilung von Agneta Newton-Silfverskiöld.
7 Göring, Brief vom 22. 2. 1924 an seine Schwiegermutter. Zit. bei Wilamowitz, Carin Göring, S. 92.
8 Eheschließung mit Nils von Kantzow am 7. 7. 1910, der Sohn Thomas wurde am 1. 3. 1913 geboren.
9 Fontander, Göring, S. 27 f.
10 Biographisches nach Wilamowitz-Moellendorf, Erinnerungen und Begegnungen. Berlin 1936, S. 9 ff.
11 Zit. bei David Irving, Göring. München und Hamburg 1986, S. 56.

12 Leonard Mosley, Göring. Eine Biographie. München 1975, S. 40.
13 Fontander, Göring, S. 27.
14 Carins Schriftverkehr wurde später zusammen mit Görings Tagebüchern und Aufzeichnungen in Carinhall aufbewahrt. 1945, beim Näherrücken der Front, transferierte man alles nach Berchtesgaden, wo es Plünderungen zum Opfer fiel. Ein Großteil des Schriftguts wurde an private Sammler verkauft. Manches fand den Weg in die USA. Abschriften von 101 Briefen Carins befinden sich im US Army Military History Institute in Carlisle, Pennsylvania. Zahlreiche Briefe Carins befanden sich in Familienbesitz und wurden von ihrer Schwester Fanny Wilamowitz in »Carin Göring« veröffentlicht.
15 Brief vom 5. 5. 1922. Zitiert bei Fontander.
16 Alfred Kube, Hermann Göring – Zweiter Mann im »Dritten Reich«. In: Die braune Elite I. Darmstadt 189, S. 71. Werner Maser, Hermann Göring. Hitlers janusköpfiger Paladin, München 2000, S. 49 f.
17 Niederschriften von Verhandlungsprotokollen – Der Prozess gegen die Hauptkriegsverbrecher vor dem Internationalen Militärgerichtshof. Nürnberg 1947. IX, S. 489.
18 Adolf Hitler am 3./4. 1. 1942 in der Wolfsschanze. Adolf Hitler, Monologe im Führerhauptquartier 1941–1944. Die Aufzeichnungen von Heinrich Heims. Hrsg. von Werner Jochmann. Hamburg 1980, S. 172.
19 Bescheinigung der Eheschließung des Standesamtes Obermenzing vom 3. 2. 1923. Institut für Zeitgeschichte, München. Persönliche Papiere Görings. ED 180/1.
20 Fontander, Göring, S. 45.
21 Ebenda, S. 44.
22 Brief von Carin Göring an ihre Mutter. Januar 1923. Zit. bei Wilamowitz, Carin Göring.
23 Wilamowitz, Carin Göring, S. 20.
24 Brief Carin Görings nach dem 15. 3. 1923. Zit. bei Wilamowitz, Carin Göring.
25 Bericht der 95-jährigen Witwe des Offiziers Fevrel. Wiedergegeben bei Fontander, Göring, S. 44.
26 Brief. Zit. bei Irving, Göring, S. 67.
27 E. Deuerlein (Hrsg.), Der Hitler-Putsch: Bayerische Dokumente zum 8./9. November 1923.
28 Zur Situation: Gerhard Jagschitz, Die Nationalsozialisten in Österreich, Graz 1976.

29 Wilamowitz, Carin Göring, S. 68 f.

30 Ebenda, S. 92 ff.

31 Otto Gritschneder, Bewährungsfrist für den Terroristen Adolf H. Der Hitler-Putsch und die Bayerische Justiz. München 1990.

32 Laut mündlicher Mitteilung von Agneta Newton-Silfverskiöld.

33 Aussage der Krankenschwester Anna Törnquist. Sammlung Hermann Göring ED 180 im Institut für Zeitgeschichte, München.

34 Fontander, Göring, S. 101 f.

35 Zertifikat von Professor Olof Kirnberg. Sammlung Göring ED 180/1 im Institut für Zeitgeschichte, München.

36 Brief vom 26. 1. 1927. Zit. bei Irving, Göring, S. 124.

37 Brief vom 18. 5. 1928. Zit. bei Wilamowitz, Carin Göring, S. 117.

38 Ebenda. S. 119.

39 Henriette von Schirach, Der Preis der Herrlichkeit. Wiesbaden 1956, S. 181.

40 Brief vom 28. 2. 1930. Zit. bei Wilamowitz, Carin Göring, S. 126 ff.

41 Ellen Rydelius, Leva randigt. Stockholm 1951, S. 197 ff.

42 Sammlung Göring. ED 180/1 im Institut für Zeitgeschichte München.

43 Die Tagebücher von Joseph Goebbels. Sämtliche Fragmente. Hrsg. von Elke Fröhlich, Teil 1, Band 2. München 1987. Eintragung vom 4. 1. 1931.

44 Goebbels, Tagebücher. Eintragung vom 29. 1. 1933.

45 Laut mündlicher Mitteilung von Agneta Newton-Silfverskiöld war ihr Vater der Einzige, der dabei demonstrativ sitzen blieb.

46 Erich Gritzbach, Hermann Göring. Werk und Mensch. München 1938.

47 Hans Schwab, Das Hohelied der Liebe: Deutsches Werden. Köln 1933.

48 Zit. bei Wilamowitz, Carin Göring, S. 141.

49 Zit. nach Fontander, Göring. S. 171.

50 Die Familie Fock belohnte Pastor Jansson nach Vorlage der Quittung der Einäscherung mit einer Achatschale aus dem Besitz der Carin Göring. Die Umstände der Überführung der Urne bei Fontander, Göring, S. 264 ff.

Emmy Göring – Die »Hohe« Frau

1 Akten des Ministeriums für Sonderangelegenheiten (MSO) Fasz. 1089, Zeugenaussage vom 24. 10. 1948. Bayerisches Hauptstaatsarchiv München.

2 Entnazifizierungsverfahren Emmy Göring. Anklageschrift des Staatsanwaltes Julius Herf. MSO Fasz. 1089.

3 Laut mündlicher Mitteilung von Mag. Barbara Ganzinger, geb. Rigele, die »Tante Emmy«, eine angeheiratete Großtante, persönlich kannte.

4 Emmy Göring, An der Seite meines Mannes – Begebenheiten und Bekenntnisse. Göttingen 1967, S. 97.

5 Ebenda, S. 100.

6 Henriette Schirach, Frauen um Hitler. München 1983, S. 118.

7 Emmy Göring, An der Seite meines Mannes. Göttingen 1967, S. 31.

8 Baldur von Schirach, Ich glaubte an Hitler. Hamburg 1967, S. 145 f.

9 Görings Jagdtagebuch vom 26. 9. 1936 – 6. 10. 1937. Library of Congress Ac. 9342.

10 David Irving, Göring. München – Hamburg 1986, S. 150.

11 Hitler bewohnte im »Kaiserhof« ein ganzes Appartement: Schlafzimmer mit Bad, Adjutantenzimmer und Salon. Der Salon war ein Eckzimmer. Aus dem westlichen Fenster blickte man über den Wilhelmsplatz direkt auf die Reichskanzlei.

12 Fritz Tobias, Der Reichstagsbrand. Legende und Wirklichkeit. Rastatt/Baden, 1962.

13 Vollmacht vom 12. 9. 1933.

14 Brief von Phipps am 22. 3. 1935 – FO 371/18879. Abschrift im Institut für Zeitgeschichte, München.

15 Irving, Göring. S. 232.

16 E. Göring, An der Seite, S. 65 f.

17 Die Braune Elite I. Hrsg. Ronald Smelser, Rainer Zitelmann. Darmstadt 1994, S. 73.

18 Am 10. 3. 1933 in einer Aussendung der schwedischen TT – Tidningarnas Telegram Byrö.

19 Louis Lochner. Brief vom 20. 4. 1935. Zit. bei Irving, Göring, S. 230.

20 Brief von Phipps am 15. 4. 1935. FO 371/18879. Foreign Office, London.

21 »Pariser Tageblatt« vom 21. 4. 1935. Klaus Mann, Briefe und Antworten 1922–1949. Reinbek 1991, S. 706.
22 Die Tagebücher von Joseph Goebbels. Sämtliche Fragmente. Hrsg. von Elke Fröhlich, Teil I, Band 2. München 1987. Eintragung vom 9. 11. 1935.
23 Rundverfügung des Reichsministeriums der Justiz an Oberlandesgerichtspräsidenten und Generalstaatsanwälte vom 25. 9. 1935. R 22/845 und 995. Bundesarchiv Koblenz.
24 Klaus Mann, Briefe und Antworten 1922–1949. S. 707.
25 Schreiben des Strafanwaltes Kempner. RG 153, National Archives, Washington.
26 Irving, Göring, S. 235. Maser, Göring, S. 272 ff.
27 Madonna ohne Makel. In: Spiegel 1962/8, S. 39 ff.
28 Dokumentation Adolph Hitler 1944–1953. Zusammengestellt nach CIC-Akten. F135/4 Vernehmungsprotokoll von Hitlers Zahnarzt Blaschke. Institut für Zeitgeschichte, München.
29 Irving, Göring, S. 245.
30 E. Göring, An der Seite, S. 130 f.
31 Hermann Göring, Persönliche Dokumente ED 188/4. Institut für Zeitgeschichte, München.
32 Bella Fromm, Tagebucheintragung vom 12. 4. 1935, Als Hitler mir die Hand küsste. Berlin 1993, S. 224.
33 Laut mündlicher Mitteilung von Mag. Barbara Ganzinger im Mai 1998.
34 Robert M. W. Kempner, Das Dritte Reich im Kreuzverhör. Aus den unveröffentlichten Vernehmungsprotokollen des Anklägers. München und Esslingen 1969, S. 172.
35 Genehmigung der Mitgliedschaft durch Hitler – MA 743. Institut für Zeitgeschichte, München.
36 Niedere Mitgliedsnummern waren begehrt, da sie hohen Prestigewert besaßen und eine frühe Verbundenheit zur NSDAP bezeugten.
37 Exzerpt aus der Anklageschrift vor der Spruchkammer des Arbeitslagers Garmisch-Partenkirchen. Gen. Reg. 204/46 vom 20. Juli 1948, MSO 1048, Bayerisches Hauptstaatsarchiv, München.
38 E. Göring, An der Seite, S. 72.
39 Die genauen Vorgänge bei Irving, Göring, S. 26.
40 Brief an den Staatsminister für Sonderaufgaben, Hagenauer vom 31. 10. 1947.

41 Ebenda.
42 Rekapitulierendes sechsseitiges Schreiben vom 4. 11. 1947, MSO, 1244 und 1084. Bayerisches Hauptstaatsarchiv, München.
43 Irving, Göring, S. 761.
44 Henriette von Schirach, Der Preis der Herrlichkeit. Wiesbaden 1956, S. 99.
45 E. Göring, An der Seite, S. 305 ff.
46 Jack Wheelis, der 1954 starb. Vgl. Irving, Göring, S. 767.
47 Kempner, Das Dritte Reich, S. 172.
48 H. Schirach, Der Preis, S. 149.
49 Brief von Emmy Göring vom 31. 10. 1947. MSO 1048. Bayerisches Hauptstaatsarchiv München.
50 Emmy Göring selbst erklärte, keine Erhöhung der Gage erhalten zu haben.
51 Anklageschrift im Spruchkammerverfahren vom 20. 7. 1948, MSO 1048. Bayerisches Hauptstaatsarchiv, München. Siehe auch: Klaus Mann, Mephisto (1936), über Gustaf Gründgens' Theaterkarriere in der NS-Zeit.
52 Zit. in »Frankenpost« vom 21. 7. 1948.
53 MSO 1048. Bayerisches Hauptstaatsarchiv, München.
54 Am 11. 7. 1949 hat Emmy Göring ein Verfahren nach dem Befreiungsgesetz beantragt. M/St. 6205 – 57 MSO 1048 und 1089. Bayerisches Hauptstaatsarchiv München.
55 Schreiben von Dr. Auerbach vom Bayerischen Landesamt für Wiedergutmachung am 30. 6. 1949. MSO 1048. Bayerisches Hauptstaatsarchiv, München.
56 »Spiegel«, 1962/8, S. 39 ff.
57 Wer schrieb Emmy Görings Memoiren? Z 18. Institut für Zeitgeschichte, München.
58 »Spiegel«, 1968/5, S. 45 ff.
59 »Die Zeit«, Bericht vom 30. 3. 1973.

Magda Goebbels – Die Erste Dame des Dritten Reichs

1 Biografisches nach Erich Ebermayer/Hans Roos, Gefährtin des Teufels. Leben und Tod der Magda Goebbels. Hamburg 1952. Satirische Auseinandersetzung mit Ebermayers Werk in Robert Neumann,

»Magda Goebbels« in: »Mit fremden Federn. Der Parodien zweiter Band«. Frankfurt/Main 1955, S. 133 ff.

2 Bella Fromm, Als Hitler mir die Hand küsste. Berlin 1993, S. 130.

3 Volker Ellis Pilgrim, Du kannst mich ruhig Frau Hitler nennen. Frauen als Schmuck und Tarnung der NS-Herrschaft. Hamburg 1994, S. 36.

4 Curt Riess, Das war ein Leben. Erinnerungen. München 1986, S. 326.

5 Chaim Arlosoroff: Leben und Werk. Ausgewählte Schriften, Reden, Tagebücher und Briefe. Berlin 1936.

6 Bella Fromm, Als Hitler, S. 79 f.

7 Shlomo Avineri, Arlosoroff. London 1989.

8 Joachim C. Fest, Das Gesicht des Dritten Reiches. Profile einer totalitären Herrschaft. München 1980, S. 128.

9 Guido Knopp, Hitlers Helfer. München 1996, S. 30.

10 Diese und die folgenden Aufzeichnungen von Joseph Goebbels stammen aus: Joseph Goebbels, Die Tagebücher. Sämtliche Fragmente. Hrsg. von Elke Fröhlich. München – New York – London – Paris 1987, Teil I, Band 1. Eintragung vom 7. 11. 1930.

11 Elke Fröhlich, Joseph Goebbels – Der Propagandist. In: Die Braune Elite 1. Hrsg. von Ronald Smelser und Rainer Zitelmann. 1989 Darmstadt, S. 52 ff. Helmut Ruck, Der junge Goebbels 1897–1926. Werdegang und Weltanschauung eines politischen Propagandisten aus ideologiekritischer Perspektive. Diplomarbeit Universität Wien, 1993.

12 Goebbels, Tagebücher. Eintragung zum 15. 2. 1931.

13 Dr. Otto Wagener, Das Erleben einer Zeitenwende. HS. Manuskript. ED 60.2103/57. Institut für Zeitgeschichte, München. Henry Ashby Turner, Otto Wagener – Der vergessene Vertraute Hitlers. In: Die Braune Elite II. Hrsg. von Ronald Smelser, Enrico Syring, Rainer Zitelmann. Darmstadt 1993, S. 243 ff. Wagener fiel bereits 1933 in Ungnade und wurde vergessen.

14 Hitler aus nächster Nähe. Aufzeichnungen eines Vertrauten, 1929–1932. Hrsg. von H. A. Turner. Berlin 1978, S. 376 ff.

15 Adolf Hitler, Monologe im Führerhauptquartier 1941–1944. Die Aufzeichnungen Heinrich Heims. Hrsg. von Werner Jochmann. Hamburg 1980, S. 108.

16 Leni Riefenstahl, Memoiren. München – Hamburg 1987, S. 201.

17 Ernst Hanfstaengl, 15 Jahre mit Hitler. Zwischen Weißem und Braunem Haus. München 1970, S. 284.
18 Elke Fröhlich, Braune Elite I, S. 62.
19 Leonie Wagner, Nationalsozialistische Frauenansichten. Diss. Univ. Kassel 1996, S. 91.
20 Bericht dazu: »Vossische Zeitung« vom 6. 7. 1933.
21 Ernst Hanfstaengl, Zwischen Weißem und Braunem Haus, München 1970, S. 319.
22 Guido Knopp, Hitlers Helfer. München 1996, S. 51.
23 Ebenda, S. 54 ff.
24 Interview mit den »Salzburger Nachrichten« vom 23. 8. 1997.
25 Lida Baarova, Útěky [Flucht], Toronto 1983; Interview mit den »Salzburger Nachrichten« vom 25. 8. 1997. Lida Baarova starb am 31. 10. 2000.
26 Nach Notizen von Eleonore Quandt. Zit. bei Ebermayer/Roos, S. 176.
27 Ebenda, S. 325 f.
28 Flugblatt-Zeitung »Der Panzerbär«, 22. 4. 1945.
29 Aussage der Rotkreuzschwester Erna Flegel. Dokumentation Adolph Hitler 1944–1953. Zusammengestellt aus CIC-Akten. F 135/2. Institut für Zeitgeschichte, München.
30 Gerhard Boldt, Die letzten Tage in der Reichskanzlei. Hamburg 1947, S. 61.
31 Joseph Goebbels, Tagebücher 1945. Die letzten Aufzeichnungen. Berlin 1977, S. 457.
32 Ebenda, S. 456.
33 Albert Speer, Erinnerungen. Berlin 1969, S. 484 ff.

Leni Riefenstahl – Die Amazonenkönigin

1 Siegfried Kracauer, From Caligari to Hitler. A psychological history of the German film. Princeton 1970, S. 110 ff.
2 Leni Riefenstahl, Kampf in Schnee und Eis. Leipzig 1933, S. 13 ff.
3 Ebenda, S. 18 f.
4 Vorwort von Paul Ickes zu: Riefenstahl, Kampf, S. 6.
5 Eine Chronologie aller Filme und Projekte Riefenstahls im Anhang der französischen Ausgabe ihrer Memoiren. L. Riefenstahl, Memoires. Paris 1997, S. 853 ff.

6 Leni Riefenstahl, Memoiren. München und Hamburg 1987, S. 154.

7 Riefenstahl, Kampf, S. 109.

8 Joseph Goebbels, Die Tagebücher. Sämtliche Fragmente. Hrsg. von Elke Fröhlich. München – New York – London – Paris 1987, Teil I, Band 2. Eintragung vom 11. 12. 1932.

9 Georg Strasser verließ damals die Partei.

10 Riefenstahl, Memoiren, S. 186.

11 Goebbels, Tagebücher. Eintragung vom 8. 12. 1932.

12 Riefenstahl, Memoiren, S. 158 u. 291.

13 Luis Trenker wurde im August 1933 von Hitler empfangen. Dieser schätzte den Schriftsteller, Regisseur und Schauspieler sehr und hat seinen Film »Der Rebell«, ein historisches Drama aus den Tiroler Freiheitskämpfen, viermal gesehen. Adolf Hitler, Monologe im Führerhauptquartier 1941–1944. Die Aufzeichnungen Heinrich Heims. Hrsg. von Werner Jochmann. Hamburg 1988, S. 467.

14 Hitler am 13. 3. 1944 auf dem Obersalzberg. Hitler, Monologe, S. 406.

15 Der Film galt lange als verschollen. Erst in den 90er Jahren ist wieder eine Kopie aufgetaucht. Ausschnitte in: Leni Riefenstahl. Die Macht der Bilder. Ein Ray-Müller-Film.

16 Leni Riefenstahl, Hinter den Kulissen des Reichsparteitagfilms. München 1935, Geleit.

17 Riefenstahl, Hinter den Kulissen, S. 13.

18 Ebenda.

19 Goebbels, Tagebücher, Teil I, Band 3. Eintragung vom 24. 11. 1937.

20 Ebenda. Eintragung vom 26. 11. 1937.

21 Riefenstahl, Memoiren, S. 304 f. Im März 1938 fuhr Hitler nicht nach Tirol. Die geschilderte Episode fand im April statt.

22 Originaltelegramm, gezeigt in Ray Müllers Film »Leni Riefenstahl. Die Macht der Bilder«.

23 Protokoll der Vernehmung durch Hans Wallenberg und Ernst Langendorf vom 30. 5. 1945. HQ 7th Army, German Intelligence Section. F 135/2. Institut für Zeitgeschichte, München.

24 Rudolf Herz, Hoffmann & Hitler. Katalog der gleichnamigen Ausstellung im Münchner Stadtmuseum. München 1994, S. 64 ff.

25 Luis Trenker, Das Tagebuch der Eva Braun. Die Fälschung wurde 1948 durch Gerichtsbeschluss verboten.

26 Leni Riefenstahl, Die Nuba. Menschen wie von einem anderen Stern. München 1973.

27 Leni Riefenstahl, Korallengärten. München 1978.
28 Ray Müller erhielt dafür den Emmy Award 1993.

Gertrud Scholtz-Klink – Die Genossin

1 Biografische Angaben: Personalakte Gertrud Scholtz-Klink in BDC, Bundesarchiv, Berlin. Leonie Wagner, Nationalsozialistische Frauenansichten. Vorstellungen von Weiblichkeit und Politik führender Frauen im Nationalsozialismus. Frankfurt/Main 1996, S. 192 f.
2 Gertrud Scholtz-Klink, Die Frau im Dritten Reich. Tübingen 1978, S. 28.
3 Jill Stephenson, Gertrud Scholtz-Klink – Die NS-Musterfrau. In: Die Braune Elite II. Hrsg. von Ronald Smeler, Enrico Syring, Rainer Zitelmann. Darmstadt 1993, S. 4 ff.
4 Ebenda, S. 221.
5 Aufbau des deutschen Arbeitsdienstes. Hrsg. von Gertrud Scholtz-Klink. Leipzig 1934, S. 117.
6 Scholtz-Klink. 1978, S. 416.
7 Scholtz-Klink, Verpflichtung und Aufgabe der Frau im nationalsozialistischen Staat. Berlin 1936, S. 23 f.
8 Lydia Gottschewski, Männerbund und Frauenfrage. Die Frau im neuen Staat. München 1934, S. 37.
9 Scholtz-Klink, Vortrag auf dem Delegiertentag sämtlicher badischer Frauenverbände 1933. S. 488.
10 Scholtz-Klink, Die Frau in der deutschen Volkswirtschaft. In: »Niedersachsen Stürmer« vom 25. 8. 1934.
11 »NS-Frauenwarte«, 1. Jahrgang 1933, Heft 20.
12 Adolf Hitler, NS-Frauenbuch. München 1934.
13 Aus Hitlers Rede an die NS-Frauenschaft. In: »Völkischer Beobachter« vom 13. 9. 1936.
14 Scholtz-Klink, Verpflichtung und Aufgabe der Frau im nationalsozialistischen Staat. Berlin 1936, S. 12 f.
15 Hitler in der Wolfsschanze in Ostpreußen. Monologe im Führerhauptquartier 1941–1944. Die Aufzeichnungen Heinrich Heims. Hrsg. von Werner Jochmann. Hamburg 1988, S. 235.
16 Elke Fröhlich, Braune Elite, S. 227.
17 Werkverzeichnis Scholtz-Klink. In: Wagner, Nationalsozialistische Frauenansichten, S. 217 ff.

18 Völkische Frauenbewegung. S. 208. Originalzitat!
19 Scholtz-Klink, »NS-Frauenwarte«. Heft 16, S. 489.
20 Scholtz-Klink, Vortrag in Bad Schachen. September 1943. ED 34, Nr. 277/52, S. 1. Institut für Zeitgeschichte, München.
21 Die Reichsfrauenführerin im Kreuzverhör. In: Dokumentation: Das Dritte Reich. Ein Volk, ein Reich, ein Führer. Hrsg. von C. Zentner. Hamburg 1975, S. 262 f.
22 Scholtz-Klink, Die Frau im Dritten Reich. Tübingen 1978, S. 28.
23 Lexikon Nationalsozialismus. Begriffe, Organisationen und Institutionen. Hrsg. von Hilde Kammer und Elisabeth Bartsch 1999, S. 346.

Geli Raubal – Onkel Adolfs Nichte

1 Adolf Hitler – Angelika Raubal – Emil Maurice. Nr. 5187/1993 im Versteigerungskatalog 1993 des Auktionshauses HERMANN HISTORICA.
2 Angela Hitler wurde am 28. 7. 1883 in Wien geboren. Adolf Hitler, Monologe im Führerhauptquartier 1941–1944. Die Aufzeichnungen Heinrich Heims. Hrsg. von Werner Jochmann. Hamburg 1980, S. 187.
3 Leo, geb. 2. 10. 1906; Angela, geb. 4. 6. 1908; Elfriede, geb. 10. 1. 1910. Biografische Angaben laut Auskunft des Meldearchivs im Archiv der Stadt Linz. Die Familie Raubal ist auch in der Linzer Heimatmatrik eingetragen – Hs. 2026, 73333. Archiv der Stadt Linz.
4 Johann Baumgartner, Adolf Hitler – seine große Liebe in Peilstein. In: Oberösterreichische Heimatblätter, 48. Jg., Nr. 3, 1994, 281 ff.
5 Ebenda.
6 M-1986/98 MA 8. Wiener Stadt- und Landesarchiv.
7 Abgangszeugnis des BG Amerlingstraße vom 31. 3. 1922. Selbst in Religion hatte Geli nur »genügend«.
8 Am 10. 4. 1922 trat Angela Raubal in die 3A ein. Hauptkatalog. Archiv des Akademischen Gymnasiums Linz. Willibald Katzinger – Monika Klepp – Gerhart Marckhgott – Erika Sokolicek, Die Geschichte des Akademischen Gymnasiums Linz. Linz 1998, S. 183 ff.
9 Mitschüler Alfred Klimesch, später RAVAG-Direktor. Schulzeugnisse der Angela Raubal 1922–1927. Hauptkatalog. Archiv des Akademischen Gymnasiums Linz.

10 Ernst Hanfstaengl, 15 Jahre mit Hitler. Zwischen Weißem und Braunem Haus. München 1970, S. 152 f., 231 ff. Hanfstaengl, der schon in seiner Dissertation zur Geschichte Bayerns im 18. Jahrhundert durch einseitige und ungerechte Urteile auffiel, ließ in seinen Memoiren der Fantasie freien Lauf.

11 Wien 4, Schönburgstraße 52/1/9. Laut MA 8 – M 1986/98.

12 Wien 4, Schönburgstraße 52/4/15.

13 Aussage des Mitschülers und späteren katholischen Pfarrers in Linz, Hermann Pfeifer. Zit. bei Werner Maser, Adolf Hitler. Legende – Mythos – Wirklichkeit. München 1971, S. 62.

14 Alfred Maleta, Bewältigte Vergangenheit. Österreich 1932–1945. Graz 1981, S. 47.

15 Ebenda, S. 49.

16 Am 17. 6. 1924 mit der Mutter und Bruder Leo.

17 BMfU – Min. Erlass vom 29. 11. 1924 – Z. 27602/5.

18 Maleta, Bewältigte Vergangenheit. S. 48 f.

19 Antrag im Februar 1921 auf Abhaltung einer Volksabstimmung zum Anschluss an Deutschland. Dazu: Friedrich Walter, Österreichische Verfassungs- und Verwaltungsgeschichte von 1500–1955. Wien 1972, S. 281 ff.

20 Hitler bekam am 30. 4. 1925 die Auswanderungserlaubnis der oberösterreichischen Landesregierung. Er war bis 25. 2. 1932 staatenlos.

21 Maleta, Bewältigte Vergangenheit. S. 50.

22 »Im Ganzen hat die Partei keine großen Fortschritte gemacht ... nicht gelungen ihre Anhängerschaft ... auf den Stand von 1923 zu bringen.« – Bericht des Reichskommissars für öffentliche Ordnung am 28. 3. 1927. Bundesarchiv Koblenz, R 134/32.

23 Die Geschichte des Akademischen Gymnasiums Linz, S. 187.

24 Angela Raubal links außen. Abb. in Geschichte, S. 185.

25 Am 7. 11. 1927. Anmeldenr. 1947. Universitätsarchiv der Ludwig-Maximilians-Universität München.

26 1928 wurde Angela Raubal wegen Nichtbezahlung der Studiengebühren exmatrikuliert. A-L-98, Universitätsarchiv, München.

27 Die Tagebücher von Joseph Goebbels. Hrsg. von Elke Fröhlich. Teil I. Sämtliche Fragmente. 4 Bände. München 1987 ff. Eintragung vom 24. 9. 1926.

28 Laut Interview mit Dr. Hedwig Maurice, der Witwe von Emil Maurice.

29 München – »Hauptstadt der Bewegung«. Katalog der gleichnamigen Ausstellung im Münchner Stadtmuseum. München 1993, S. 233 f.

30 Henriette von Schirach im Interview mit David Irving am 27. 11. 1970. Akz. 4770/72 Best. ZS 2238H. Institut für Zeitgeschichte, München. Ähnlich in: Henriette Schirach, Frauen um Hitler. München 1983, S. 57 f.

31 Im Gespräch mit Nerin Gun 1967. Zit. in Nerin E. Gun, Eva Braun-Hitler, Leben und Schicksal. Velbert und Kettwig 1968, S. 17 und S. 23.

32 Emil Maurice im Gespräch mit Nerin Gun, 1963. Zit. bei N. Gun, Eva Braun-Hitler, S. 17.

33 Ebenda, S. 24.

34 Von den zwei folgenden Seiten, endend mit »geheim sein«, ist nur der summarische Text des Ausstellungskataloges erhalten.

35 Ilse Heß. Frau von Hitlers damaligem Privatsekretär.

36 Angela Raubal an Emil Maurice. Brief vom 24. 12. 1927. Brief aus dem Besitz der Familie Maurice. Zitat nach dem Faksimile des Versteigerungskataloges 1993 des Auktionshauses HERMANN HISTORICA, München. Für die freundliche Hilfe danke ich Herrn Ernst-Ludwig Wagner ganz besonders.

37 Heinrich Hoffmann, Hitler, wie ich ihn sah. Berlin 1974, S. 124.

38 H. Schirach, Frauen um Hitler, S. 51.

39 Eintragung vom 13. 7. 1928.

40 Ebenda. Eintragung vom 19. 10. 1928.

41 »Spiegel« Nr. 24/1987, S. 94.

42 Heinrich Hoffmann, Hitler, wie ich ihn sah. Berlin 1974, S. 126.

43 Emil Maurice im Interview mit Nerin Gun. Gun, Eva Braun-Hitler, S. 24.

44 2001 wurde ein Teil des Nachlasses von Emil Maurice der Autorin zur Auswertung überlassen. Die Ergebnisse dieser Arbeit erschienen unter Anna Maria Sigmund, Des Führers bester Freund. München 2003. Sie werfen ein neues, klärendes Licht auf die Beziehung Hitler–Raubal–Maurice.

45 Hitler selbst erwähnt die Existenz eines Tresors zur Bewahrung kompromittierender Dokumente. In: Adolf Hitler, Monologe im Führerhauptquartier 1941–1944. Die Aufzeichnungen Heinrich Heims. Hrsg. von Werner Jochmann. Hamburg 1980, S. 160 f.

46 Hitler aus nächster Nähe. Aufzeichnungen eines Vertrauten 1929–1932. Hrsg. H. A. Turner, Frankfurt/Main 1978, S. 98.
47 München – Hauptstadt der Bewegung. 1993, S. 125 ff. u. 169 f.
48 Beschreibung der Zimmereinrichtung nach Angaben der Haushälterin Anni Winter im Jahre 1967. Gun, Eva Braun-Hitler, S. 20.
49 Goebbels, Tagebücher. Eintragung vom 22. 11. 1928.
50 Hitler, Monologe, S. 207.
51 Albert Speer, Erinnerungen. Frankfurt/Main – Berlin 1969, S. 59.
52 Heinrich Hoffmann, Hitler. S. 126.
53 Albert Speer, Spandauer Tagebücher, Frankfurt/Main – Berlin – Wien, S. 198.
54 Goebbels, Tagebücher. Eintragung vom 21. 7. 1930.
55 Ebenda. Eintragung vom 15. 1. 1931.
56 »Münchner Neueste Nachrichten« – Wetter vom 18. 9. 1931.
57 Hitler, Monologe, S. 226.
58 Übertretung in Bezug auf den Verkehr mit Kraftfahrzeugen Nr. 1562 der Bayer. Gendarmeriestation Reichertshofen vom 20. 9. 1931. Faksimile im »Spiegel« 1987/24, S. 85.
59 In der bisherigen Literatur wurde dies der Taubheit der »halbblinden alten Reichert« zugeschrieben. Tatsächlich stand diese jedoch im 45. Lebensjahr.
60 Abschlussbericht der Polizei.
61 Eintragung im Selbstmörderbuch der Polizeidirektion München – Pol.Dir. 7856, Eintrag Nr. 193. Staatsarchiv München.
62 Auskunft Prof. Dr. W. Eisenmenger, Institut für Rechtsmedizin der Universität München vom 13. 5. 1998.
63 Stempel der Staatsanwaltschaft München I, Geschäftsstelle XVI auf dem polizeilichen Leichenschau-Schein vom 21. 9. 1931.
64 Anhang zum Polizeischlussbericht.
65 Aussagen von Maria Fischbauer und Rosina Zweckl im Polizeischlussbericht.
66 Hitlers Stellungnahme erschien in der »Münchner Post« und im »Volksboten« am 23. 9. 1931. Text auch: Hitler, Reden, Anordnungen, Schriften IV/2 (Februar 1925 bis Januar 1933), München 1994.
67 »Spiegel« Nr. 24/1987.
68 Auskunft vom 13. 5. 1998 durch Prof. Eisenmenger, Institut für Rechtsmedizin der Universität München.

69 Lenkererhebung der Münchner Polizeidirektion bezüglich der Geschwindigkeitsübertretung des Fahrzeuges II A-19357 (Hitlers Mercedes) am 19. 9. 1931 um 13.37.
70 Aktenzahl XVI 2304/31, auch auf der Todesanzeige TA 716. Staatsarchiv München.
71 Franz Gürtner, bayerischer Justizminister 1922–1932, Reichsjustizminister bis zu seinem Tod 1941. Lothar Gruchmann, Franz Gürtner – Justizminister unter Hitler. In: Elke Fröhlich, Die Braune Elite II, S. 128 ff.
72 Untersuchung wegen des Verdachts auf Meineid. Clemens Vollnhals, Der Aufstieg der NSDAP in München 1925 bis 1933: Förderer und Gegner. In: München – Hauptstadt der Bewegung, S. 157 ff.
73 Verrechnungsakt Nr. 22936/31-MA 43 – Städtische Friedhöfe.
74 Aussage von Leo Raubal im Jahre 1967 gegenüber Werner Maser.
75 Hitler, Monologe, S. 218.
76 Karl-Wilhelm Krause, Zehn Jahre Tag und Nacht, o. J., S. 35.
77 Hitler, Monologe, S. 227.
78 Originalbrief im Besitz von Leo Raubal (1906–1977). Zit. bei Werner Maser, Adolf Hitler. Legende – Mythos – Wirklichkeit. München 1975, S. 316.
79 Interview mit Dr. Hedwig Maurice in Starnberg im August 1998.
80 Laut Auskunft der MA 43 wurde das »kurzfristige bezahlbare Benützungsrecht« letztmals am 23. 1. 1938 bezahlt.
81 Im Interview mit Werner Maser im März 1967.
82 Goebbels, Tagebücher. Eintragung vom 15. 11. 1935.
83 Begräbnis von Hitlers Tante Theresia Schmidt im August 1938. Andrej Iwanowski, Michael Siegert, Drei Goldkronen von Adolf. In: »Profil« vom 27. 7. 1998, Nr. 31, S. 62 f.
84 Swetlana Allilujewa, 20 Briefe an einen Freund. Wien 1967, S. 232.
85 München – Hauptstadt der Bewegung, Foto S. 470.
86 Laut MA 43 – Gruppe 23E, Reihe 2, Nr. 73.
87 Nerin Gun, Eva Braun-Hitler, S. 27.
88 Rolf Rietzler, Das Grab von Onkel Adolfs Nichte. In: »Spiegel« 1987/24, 84 ff.

Eva Braun – Die verborgene Geliebte

1 Isabellastraße 45.
2 Geburtsanzeige im Besitz der Familie Braun.
3 Die Amateurfilme der Eva Braun. Vom ORF gezeigt am 23. 7. 1997.
4 Speer, Spandauer Tagebücher. Frankfurt/Main – Berlin – Wien 1975, S. 523.
5 Heinrich Hoffmann, Hitler, wie ich ihn sah. Berlin 1974, S. 132 ff.
6 Rudolf Herz, Hoffmann & Hitler. Fotografie als Medium des Führer-Mythos, München 1994, S. 48.
7 Aussage ihrer Schwester Ilse im Gespräch mit Nerin Gun. Zit. bei Nerin E. Gun, Eva Braun-Hitler. Leben und Schicksal. Velbert und Kettwig 1968.
8 Bericht nach einem Interview mit Ilse Braun. Wiedergegeben bei Gun, Eva Braun, S. 46.
9 München – Hauptstadt der Bewegung. Katalog der gleichnamigen Ausstellung im Münchner Stadtmuseum. München 1993, Fotos S. 128 u. S. 174.
10 Heinrich Hoffmann, Hitler, wie ich ihn sah. Berlin 1974, S. 135 f.
11 Das ursprüngliche Foto hat sich in einem Album von Eva Braun erhalten. Abgebildet bei N. Gun, Eva Braun, nach S. 80.
12 »Völkischer Beobachter«, Münchener Ausgabe, Nr. 259, 8. 11. 1929.
13 Baldur von Schirach, Ich glaubte an Hitler. Hamburg 1967, S. 118.
14 Aussage Ilse Braun im Gespräch mit N. Gun. Zit. bei N. Gun, Eva Braun. 1968.
15 Foto bei N. Gun, Eva Braun, nach S. 32.
16 Heinrich Hoffmann, Hitler, S. 136.
17 Speer, Spandauer Tagebücher, S. 140.
18 Fritz Wiedemann, Der Mann, der Feldherr werden wollte. Erlebnisse und Erfahrungen des Vorgesetzten Hitlers im Ersten Weltkrieg und seines späteren persönlichen Adjutanten. Velbert und Kettwig 1964, S. 112 f.
19 Albert Speer, Erinnerungen. Frankfurt/Main und Berlin 1969, S. 60.
20 Die Schilderung der Ereignisse nach Nerin Gun, der dazu Gespräche mit der Familie Braun geführt hat. Derselbe Wortlaut findet sich in zahlreichen Memoiren. Als Beispiel Baldur von Schirach, der als Datum des Selbstmordversuches allerdings den Sommer 1932 nennt – Schirach, Ich glaubte an Hitler. Hamburg 1967, S. 137 ff.

21 Sofie Spork. Hoffmanns erste Frau war 1928 gestorben.
22 David G. Marwell, Ernst Hanfstaengl – Des »Führers« Klavierspieler. In: Die Braune Elite II. Hrsg. von Ronald Smelser, Enrico Syring, Rainer Zitelmann. Darmstadt 1993, S. 137 ff.
23 Ernst Hanfstaengl, 15 Jahre mit Hitler. Zwischen Weißem und Braunem Haus. München 1970, S. 287.
24 Rudolf Herz, Hoffmann & Hitler, S. 52 ff.
25 Tagebuch Eva Braun. Eintragung vom 29. 4. 1935. Original: National Archives, Washington. Abschrift unter MA 672 – Tagebuch Eva Braun im Institut für Zeitgeschichte, München.
26 Werner Maser, Adolf Hitler. Legende – Mythos – Wirklichkeit. München 1975, S. 341.
27 Tagebucheintragung Eva Brauns vom 10. 5. 1935.
28 Maser, Hitler, S. 320.
29 Das Original des Briefes befindet sich im Besitz der Familie Braun. Abdruck im »Spiegel« 1973/17, S. 130 f.
30 E. Hanfstaengl, 15 Jahre, S. 359.
31 P. L. Toost starb 1934. Seine Frau Gerdy führte das Architekturbüro weiter und besorgte die komplette Ausstattung des Berghofs.
32 Abb. in: Rudolf Herz, Hoffmann & Hitler, S. 124. Eva Braun hat es in ihrem Testament ihrer Mutter vererbt, die das Bild sehr bewunderte.
33 Heimtückegesetz vom 20. 12. 1934.
34 Akten des Sondergerichts, Mül Nr. 8395. Bayerisches Staatsarchiv, München.
35 Rund um den deutschen Volkswagen. In: »Allgemeine Automobilzeitung« Nr. 6, Juni 1938, S. 8.
36 Alter Parteigenosse, dann bayerischer Staatsminister. Tatsächlich ging Eva Braun nie mit Anni Esser zur Schule. Mitteilung von Frau Anna Esser, Juli 2000.
37 E. Hanfstaengl, 15 Jahre, S. 359.
38 Die Freizeitorganisation »Kraft durch Freude« der Deutschen Arbeitsfront entwickelte erstmals ein System des subventionierten Tourismus. Schon 1935 wurde der Bau zweier Linienschiffe in Angriff genommen. Die Schiffe hatten nur eine Klasse.
39 Henriette von Schirach, Frauen um Hitler. München – Berlin 1983, S. 230.
40 Speer, Erinnerungen, S. 113.

41 Maser, Hitler, S. 305, sowie Maser, Hitlers Briefe und Notizen; Faksimile S. 157 ff.

42 Das entsprach dem Einkommen eines Gauleiters. Zum Vergleich: 1938 kostete das »Cabriolet« von Steyr-Daimler-Puch 4900 RM, der Volkswagen sollte 990 RM kosten und für eine Nordlandreise bezahlte man 450 RM. – »Allgemeine Automobilzeitung« Nr. 6, Juni 1938.

43 Mit der Verwendung der alten Landesbezeichnung hat Hitler selbst ein strenges Verbot verletzt, da die Heimat seiner Ahnen seit der Okkupation Österreichs zum Gau Niederdonau geworden war.

44 Die fast unzerstörbare Anlage existiert noch heute als profaner Weinkeller.

45 Dies gelang nur teilweise, denn manchmal erschienen verzweifelte Menschen an der Gartentür, die um Hilfe baten.

46 Speer, Spandauer Tagebücher, S. 140.

47 Speer, Erinnerungen, S. 59.

48 Beschreibung des Obersalzbergs. In: München – Hauptstadt der Bewegung, S. 394 ff. Florian M. Beierl, Hitlers Berg. Licht ins Dunkel der Geschichte. Berchtesgaden 2004.

49 Christa Schröder, Er war mein Chef. Aus dem Nachlass der Sekretärin Adolf Hitlers. Hrsg. von Anton Joachimsthaler. München–Wien 1985, S. 160.

50 Ebenda, S. 165 ff.

51 H. Schirach, Frauen, S. 234.

52 Speer, Spandauer Tagebücher, S. 204.

53 Tagesprotokolle auf dem Obersalzberg, geführt von Heinz Linge. Abschrift im Institut für Zeitgeschichte, München.

54 Speer, Erinnerungen, S. 114, sowie »Spiegel« 1973/21, S. 135.

55 Aufzeichnungen der Therese Link. ZS 3135 Bd. 1. Institut für Zeitgeschichte, München.

56 Speer, Erinnerungen, S. 269.

57 Henriette von Schirach, Frauen um Hitler. München 1983, S. 220.

58 Aussage von Ilse Braun im Gespräch mit Nerin Gun. Zit. bei N. Gun, Eva Braun.

59 Handschriftlicher Bericht von Dr. Bloch. Bundesarchiv Koblenz, NS 26/65.

60 Maser, Hitler, S. 372.

61 K. Krause, Zehn Jahre Tag und Nacht. Kammerdiener bei Hitler. Hamburg 1949, S. 58. Vgl. dazu Maser, Hitler, Kapitel 8: Der kran-

ke Führer, S. 370. Die nach dem Krieg erfolgte Auflistung aller von Hitler regelmäßig genommenen Medikamente war vier Seiten lang.

62 K. Krause, Zehn Jahre, S. 45.

63 Ebenda, S. 45.

64 John Toland, Adolf Hitler. New York 1977. S. 1089 ff.

65 Der Brief Hitlers und Eva Brauns Antwortschreiben sind im Besitz eines anonymen Sammlers. Zit. bei Nerin E. Gun, Eva Braun, S. 164.

66 Wir hörten des geliebten Führers Stimme – Die Vorsehung bestätigt von neuem Adolf Hitlers Sendung, das deutsche Volk vor Schmach und Not zu retten – »Völkischer Beobachter«, Sonderausgabe vom 21. Juli 1944.

67 Hitlers Uniform nach dem Anschlag. Foto des Bundesarchivs Koblenz bei John Tolland, Adolf Hitler. New York 1976, Bildteil.

68 Laut Interview Guns mit Herta Ostermeier im Sommer 1968.

69 N. Gun, Eva Braun, S. 164.

70 Im Wortlaut wiedergegeben ebenda, S. 175 ff.

71 Percy Ernst Schramm, Hitler als militärischer Führer. Erkenntnisse und Erfahrungen aus dem Kriegstagebuch des Oberkommandos der Wehrmacht. Frankfurt/Main 1962, S. 154.

72 Ein genauer Bericht über das Leben im Bunker. H. R. Trevor-Roper, Hitlers letzte Tage. Frankfurt/Main 1965.

73 Brief vom 19. 4. 1945 an Herta Ostermeier. Englische Übersetzung. Institut für Zeitgeschichte, München.

74 Brief vom 18. 4. 1945 an ihre Schwester Gretl.

75 Gerhard Boldt, Die letzten Tage der Reichskanzlei. Reinbek bei Hamburg 1964.

76 Hitlers politisches Testament vom 29. 4. 1945. Bundesarchiv Koblenz, NS 20/129 Faksimile in Maser, Hitlers Briefe, S. 213.

77 Interrogation Kempkas on special brief by Major Trevor-Roper am 12. 1. 1946. Dokumentation Adolph Hitler 1944–1953. F135/2. Institut für Zeitgeschichte, München.

78 Zitat in: Leni Riefenstahl, Memoiren. München – Hamburg 1987, S. 461.

79 Prozess vom 10. September 1948 im Bayerischen Landgericht, München. Dr. Otto Gritschneder vertrat die Familie Braun.

80 »Münchner Illustrierte«, Oktober 1953.

81 »Die Weltwoche«, Zürich, am 13. 2. 1948.

82 »Wiener Samstag« am 11. 9. 1954. Ebenso: »Spiegel«, 1954/44.
83 4. 2. 1946, Intelligence Organisation, Allied Commission for Austria – F135/2. Institut für Zeitgeschichte, München.
84 Report of Conversation among Gretl Braun-Fegelein ... 25. September 1945. F 135/3, S. 366. Institut für Zeitgeschichte, München.
85 Aussage von Obersturmbannführer Franz Konrad am 6., 7., 8. und 16. 1. 1946. F 135/2, S. 227 ff. sowie 306 W. Institut für Zeitgeschichte, München.
86 Schreiben vom 31. 12. 1947. Aktenbestand 1257. Bayerisches Hauptstaatsarchiv, München. Ende 1948 wurde die Einziehung des Vermögens der Eva Braun verfügt.

Henriette von Schirach – Schülerin des »Führers«

1 Henriette von Schirach, Anekdoten um Hitler. Starnberg 1980.
2 NS-Kuriosa – Trunkene Sehnsucht. »Spiegel«, 1980/25, S. 180.
3 Reinhard Spitzy, So haben wir das Reich verspielt. Wien – München 1986, 2. Auflage 1987, S. 211.
4 Die Wohnadressen waren Georgenstraße 39, dann Schnorrstraße 9.
5 Henriette von Schirach, Der Preis der Herrlichkeit. Wiesbaden 1956, S. 34.
6 Laut Angabe des Fotografen Bert Garai verkehrte Hitler bereits 1921 im vertrauten Kreis um Hoffmann. Bert Garai, The man from Keystone. London 1965, S. 88 ff.
7 Spitzy, So verspielten wir, S. 211.
8 Henriette von Schirach, Frauen um Hitler. München 1983, S. 240.
9 Rudolf Herz, Hoffmann & Hitler, Fotografie als Medium des Führer-Mythos. Katalog der gleichnamigen Ausstellung. München 1994, S. 26.
10 Hitler am 3. 4. 1942 in der Wolfsschanze. Tischgespräche im Führerhauptquartier 1941 bis 1942. Hrsg. von Henry Picker. Bonn 1965, S. 243.
11 Baldur von Schirach, Ich glaubte an Hitler. Hamburg 1967, S. 122 f.
12 Interview von David Irving mit Henriette Hoffmann-von Schirach am 27. 11. 1970. Akz. 4770-72, ZS 2238. Institut für Zeitgeschichte, München.
13 H. Schirach, Frauen, S. 242.

14 Lorenz Tiedemann. In: Photographische Chronik, Nr. 40, 1937, S. 299.
15 Spitzy, So verspielten wir, S. 211.
16 H. Schirach, Der Preis, S. 225.
17 München – Hauptstadt der Bewegung, Foto S. 168.
18 Tagebuch von Erhard Milch. MTb, 13. 10. 1930.
19 H. Schirach, Der Preis, S. 85.
20 Baldur von Schirach, Die Feier der neuen Front. Berlin 1929.
21 Aussage von Henriette von Schirach, Club 2. ORF vom 28. 10. 1976.
22 Gudrun Schwarz, Eine Frau an seiner Seite. Hamburg 1997, S. 24 ff.
23 B. Schirach, Ich glaubte, S. 212.
24 Conan Fischer, Ernst Julius Röhm – Stabschef der SA und unentbehrlicher Außenseiter. In: Die Braune Elite I. Hrsg. von Ronald Smelser und Rainer Zitelmann. Darmstadt 1989, S. 213.
25 Königinstraße 31.
26 Herz, Hoffmann & Hitler. Unternehmensgeschichte, S. 53 f.
27 NS26/395. Bundesarchiv Koblenz.
28 Ministerium für Sonderangelegenheiten, MSO-Akt 1742. Bayerisches Hauptstaatsarchiv, München.
29 B. Schirach, Ich glaubte, S. 214.
30 Ebenda.
31 Aussage Schirachs vor dem Internationalen Militärgerichtshof in Nürnberg. In: IMT Bd. XV, S. 466.
32 Aussage Henriette von Schirach, Club 2. ORF vom 28. 10. 1976.
33 Jochen von Lang, Hitler-Junge. Baldur von Schirach. Der Mann, der Deutschlands Jugend erzog. München 1987, S. 270.
34 Ebenda.
35 H. Schirach, Der Preis, S. 203.
36 »Völkischer Beobachter«. Wiener Ausgabe vom 15. 8. 1940, S. 3.
37 H. Schirach, Der Preis, S. 203 f.
38 »Völkischer Beobachter« vom 15. 8. 1940.
39 Anonyme Briefe aus der österreichischen Bevölkerung. 19400/130. Dokumentationsarchiv des österreichischen Widerstands (DÖW).
40 Michael Wortmann, Baldur von Schirach – Studentenführer, Hitlerjugendführer, Gauleiter in Wien, S. 254. In: Die Braune Elite I. Hrsg. von Ronald Smelser und Rainer Zitelmann. Darmstadt 1989, S. 254.
41 DÖW. Akt 8919/a, S. 11 ff.

42 »Schuld und Verstrickung«. In: »Neue Zürcher Zeitung« vom 5. 5. 1998, S. 37.

43 Ebenda. Am 27. 12. 1939 überwies Eichmann der Israelitischen Kultusgemeinde 300 000 RM zur Organisation eines Palästina-Transports. Im Januar 1940 wurde die Unterstützung der Auswanderung verboten.

44 Vermerk Bormanns am 2. 10. 1940. IMT, Bd. XXXIX, S. 425.

45 DÖW. Akt 19400/65.

46 Rede Baldur von Schirachs am 14. 9. 1942. Österreichisches Staatsarchiv – Allgemeines Verwaltungsarchiv. Reichsstatthalterei. Ordn. 1406.

47 Zeugenaussage von Wilhelm Bienenfeld, dem stellvertretenden Leiter der Wiener Kultusgemeinde vom 8. 4. 1946. DÖW. Akt 919/a.

48 DÖW. Akt 15858. Rundschreiben des Reichsstatthalters vom 17. 11. 1940.

49 Aussage Bienenfeld, ebenda.

50 Dem Prälat des Stiftes wurde mangels anderer Delikte zum Vorwurf gemacht, seinen Kammerdiener zu beschimpfen und das Führerbild nur aufzuhängen, wenn Besuch erwartet wurde. DÖW. Akt 2840 – Dokument 3927. Meldung über die Beschlagnahmung des Stiftes Klosterneuburg.

51 DÖW. Akt 18869. Die letzte Jagd fand 11. bis 13. Dezember 1943 statt.

52 Ulrich von Hassel, Vom anderen Deutschland. Aus den nachgelassenen Tagebüchern 1938–1944. Frankfurt/Main 1964, S. 293.

53 B. Schirach, Ich glaubte, S. 271.

54 Nicolaus von Below, Als Hitlers Adjutant 1937–45. Mainz 1980. S. 264.

55 Ebenda, S. 265.

56 Aussage Henriette von Schirach. Club 2, ORF vom 28. 10. 1976.

57 Monologe im Führerhauptquartier 1941–1944. Hrsg. von Heinrich Heims. Hamburg 1980, S. 380.

58 H. Schirach, Der Preis, S. 220 f.

59 Aussage Henriette von Schirach im Club 2. ORF am 28. 10. 1976. Auch zitiert bei: Joachim C. Fest, Das Gesicht des Dritten Reiches. München 1970, S. 317. Ein Bericht der Vorfälle auch bei Nicolaus von Below, Als Hitlers Adjutant, S. 340.

60 Goebbels, Tagebücher. Eintragung vom 24. 6. 1943.

61 J. von Lang, Der Hitler-Junge, S. 338 ff.

62 Lang, Der Hitler-Junge. S. 341.
63 Ebenda, S. 124.
64 Niederschrift Ende April 1945. DÖW. Akt 16659.
65 Eigenbericht der Zeitung »Die Presse« vom 4. 1. 1956.
66 H. Schirach, Der Preis, S. 97.
67 Ministerium für Sonderangelegenheiten, MSO – 1742. Bayerisches Hauptstaatsarchiv, München. Auch Bericht der »Süddeutschen Zeitung« vom 20. 12. 1947.
68 H. Schirach, Der Preis, S. 71 ff.
69 Internationales Biographisches Archiv – Munzinger-Archiv, 31/1956.
70 Albert Speer, Spandauer Tagebücher. Frankfurt/Main – Berlin – Wien 1975, S. 224.
71 »Frankfurter Allgemeine« vom 17. 1. 1958.

Danksagung

Während meiner Arbeit haben mir zahlreiche Personen in großzügiger Weise durch Auskünfte, Hinweise und Recherchen Unterstützung gewährt. Für ihre große Mühe möchte ich mich besonders herzlich bedanken bei:

Dr. M. A. Bachmann, Staatsarchiv München; Johann Baumgartner, Peilstein, Oberösterreich; HR Dr. Friedrich Berg, Wien; Sylvia Breuer, BG und BRG 2, Zirkusgasse, Wien; Dr. Gerhard Bruner, Wien; Dr. Ingela Bruner, Präsidium der Donau-Universität, Krems; Univ.-Prof. Dr. W. Eisenmenger, Vorstand des Instituts für Rechtsmedizin der Universität München; Mag. Barbara Ganzinger, Wien; Christa Hirschvogl, BG 6. Rahlgasse, Wien; Mag. Inge Janda, Wien – München; Rudolf John, Wien; Univ.-Prof. Dr. Walter Koch, Institut für Historische Hilfswissenschaften, Ludwig-Maximilians-Universität, München; AR Herbert Koch, Wiener Stadt- und Landesarchiv; Sonja Lantzberg, BG 6, Amerlinggasse, Wien; Roland Leitgeweger, Archiv der Stadt Linz; Ursula Lochner, Universitätsarchiv München, Ludwig-Maximilians-Universität, München; Dr. Hedwig Maurice, Starnberg, Bayern; Dr. Franz Mayr, Direktor d. Akademischen Gymnasiums, Linz; Dr. Naasner, Bundesarchiv Berlin (ehem. Berlin Document Center); Agneta Newton-Silfverskiöld, Wien; Maria Neubacher, Linz; Mag. Eva Reichl, Direktorin des BG und BRG 19, Gymnasiumstraße, Wien; Dr. Hermann Rumschöttel, Generaldirektor der Staatlichen Archive Bayerns, München; Dr. Doris Schmitzberger-Natzmer, Wien; P. Mag. Rainer Schraml, Stift Wilhering, Oberösterreich; Dr. Walter Schuster, Archiv der Stadt Linz; Werner Steindl, Österreichische Nationalbibliothek, Wien; OAR Leopold Tichatcek, Magistrat der Stadt Wien, MA 43, Wien; Edwin Tobias, Österreichische Nationalbibliothek, Wien; Mag. Katharina Voigt, Wien; Ernst-Ludwig Wagner, HERMANNN HISTORICA, München; Dr. Heinrich Walter, Wien; den Mitarbeitern des Instituts für Zeitgeschichte, München; den Mitarbeitern des Instituts für Zeitgeschichte der Universität Wien; den Mitarbeitern des Dokumentationsarchivs des österreichischen Widerstands, Wien.

Die Frauen der Nazis

BAND 2

Katharina Voigt
zur Erinnerung herzlich gewidmet.

Inhalt

GERDA BORMANN
Polygamie statt Monogamie 357

LINA HEYDRICH
»An der Seite eines Kriegsverbrechers« 411

UNITY VALKYRIE MITFORD
Hitlers englische Walküre 469

HANNA REITSCH
Sie flog für das Dritte Reich 531

WINIFRED WAGNER
Wolf und Winni 579

KAROLINE RASCHER
Kinder für den »Führer« 621

Anmerkungen und Quellenhinweise 639

Danksagung 667

Gerda Bormann

Polygamie statt Monogamie

23. Oktober 1909 – 23. März 1946

Als das Verhältnis von Martin Bormann, dem mächtigen Leiter der Parteikanzlei und Sekretär des »Führers«, mit der attraktiven Schauspielerin Manja Behrens in die intime Phase trat, hat der neunfache Familienvater seiner Frau mitgeteilt: »... Du weißt, lange war nichts zwischen mir und M. Ich fand sie nur attraktiv ... als ich sie im letzten Oktober wieder getroffen habe, freute ich mich sehr. Du kannst dir nicht vorstellen, wie ich vor Freude außer mir war. Sie hat mich ungeheuer angezogen. Und trotz ihres Sträubens küsste ich sie ... ich habe mich wahnsinnig in sie verliebt, es dann eingerichtet, sie oft zu treffen, und habe sie trotz ihres Widerstands verführt ... Du kennst die Stärke meines Willens, dagegen konnte sie nicht lange ankämpfen. Nun gehört sie mir und – ich froher Geselle – fühle mich doppelt und unglaublich glücklich verheiratet. Was sagst du, Liebes, zu deinem verrückten Mann? O, meine Süße, du kannst dir nicht vorstellen, wie glücklich ich mit euch beiden bin. Wirklich, der Himmel meint es gut mit mir.«[1]

Gerda Bormann gratulierte ihrem willensstarken Mann herzlich, zeigte größtes Verständnis und empfand keine Eifersucht. Sie hat dann, angeregt durch die Amouren des »Führer-Sekretärs«, ein praktisches Konzept für eine »Volksnotehe« ausgearbeitet und gleich die ihres Erachtens dafür unbedingt notwendigen Formulare entworfen. Als es die Visionen des NS-Staates von der Auflösung der Monogamie in die Praxis umsetzte, glaubte das NS-Musterehepaar eine wichtige, von der engstirnigen Allgemeinheit missverstandene Vorreiterposition einzunehmen. Gerda Bormann spielte dabei eine treibende Rolle.

Geboren wurde sie am 23. Oktober 1909 in Konstanz am Bodensee, wo ihr Vater bei dem Infanterieregiment 114 der kaiserlichen Armee diente. Beide Eltern entstammten dem gutbürgerlichen Milieu: Walter Buch kam aus einer alteingesessenen Apothekerfamilie, seine Frau Else aus Offizierskreisen. Gerdas Vater stieg während des Ersten Weltkriegs zum Hauptmann und Bataillonskommandanten auf. Außerdem lehrte er zwei Jahre an einer Unteroffiziersschule. Nach Kriegsende fand der um die Gründung eines Instituts für Knabenerziehung bemühte Buch Kontakt zu nationalsozialistischen Kreisen.[2] Richard Darré, der spätere NS-Reichsminister für Ernährung und Landwirtschaft, schrieb dazu in seinen Memoiren: »... Völkisch ist er eigentlich von zu Hause aus. Sehr früh kommt er mit den geistig sehr lebendigen völkischen Kreisen Münchens in Beziehung und dadurch auch mit Hitler zusammen, der sich bald sehr gerne in dem einfachen, aber traulichen Landhaus Buchs zu einer Plauderstunde einfindet.«[3]

Gerda erinnerte sich noch in den Kriegsjahren an Hitlers Besuche und seine Reden, die sie als Kind und Jugendliche so gern gehört hatte. »... jedes Wort des Führers aus der Kampfzeit geht mir jetzt wieder im Kopf herum: Sähe ich schwarz in die Zukunft, würde ich nicht weiterkämpfen, sagte er 1924 an unserem Kachelofen.«[4]

Außenstehende gewannen den Eindruck, dass Walter Buch, der hagere, korrekt wirkende Exoffizier, mit seiner Frau und den vier Kindern – Gerda, Lore, Hermann und Walter – in seinem kleinen Haus in Solln bei München eine sehr glückliche Ehe führe. Dabei gebärdete sich der im Kreis der NS-Genossen stets höfliche, wohlerzogene Buch daheim als Haustyrann und Gerda schrieb den Fortbestand der elterlichen Ehe ausschließlich der Duldsamkeit ihrer Mutter zu: »... sie ist so gut und selbstlos, wäre sie es nicht, hätte sie es kaum beim Vater ausgehalten. Immer nur hat sie verzichtet und nachgegeben und in der schwersten Zeit blieb sie ganz auf sich allein angewiesen. Dabei hat sie stets nur Liebes und nur Gutes vom Vater erzählt und immer verziehen, wenn er böse zu ihr war ...«[5]

Gerdas Elternhaus wurde von zwei konträren Elementen geprägt. Einerseits zählten sich die Buchs voll Stolz zur NS-Elite, anderseits waren sie praktizierende, streng gläubige Protestanten. Das bedeutete für sie weder einen Gewissenskonflikt noch einen Widerspruch. Ihr Kirchenaustritt von 1933[6], nach dem Beispiel zahlreicher Parteigenossen, war lediglich eine Konzession an den Zeitgeist. Sie galten dann im nationalsozialistischen Sinn als »gottgläubig«. Auf jeden Fall aber wollten die Buchs – wie sie es selbst ausdrückten – »anständige Nazis« sein. Diese eigenartige und signifikante Selbsteinschätzung teilte das Ehepaar mit vielen Zeitgenossen, die im Nationalsozialismus ihre Religion und in Hitler ihren Held sahen und sich zwar mit den NS-Zielen, aber nicht mit den NS-Methoden identifizieren wollten. Ihre Blindheit bezeichneten sie als Idealismus. Ihre Kinder erzogen sie sorgfältig und nach herkömmlichen Moralbegriffen. Auch die Buchs schätzten die traditionellen Werte, trichterten ihren Nachkommen Fleiß, Ordnung und Ehrlichkeit ein, bestraften sie für kleinste Vergehen und übersahen dabei geflissentlich das radikal Böse des Nationalsozialismus. Vater Buch duldete in seinem Haus kein schlechtes Benehmen und legte auf korrekten Umgang mit seinen Mitmenschen größten Wert. Gleichzeitig aber wurde er nicht müde, seinen Kindern zu predigen: »Der Jude ist kein Mensch. Er ist eine Fäulniserscheinung. Wie sich der Spaltpilz erst im faulenden Holz einnistet und sein Gewebe zerstört, so konnte sich der Jude erst im deutschen Volk einschleichen und Unheil anrichten, als es geschwächt durch den Blutverlust des 30-jährigen Krieges innerlich zu faulen begann ...«[7]

Beide Töchter interessierten sich für Sozialberufe. Der Vater ermöglichte Gerda eine Ausbildung als Kindergärtnerin und Hortnerin, ihre Schwester Lore wurde Krankenschwester.

1927 avancierte Gerdas Vater zum Vorsitzenden der USCHLA (Untersuchungs- und Schlichtungsausschuss der Reichsleitung der NSDAP). Buchs Freund Darré schrieb darüber: »... Hitler hat entsetzliche Schwierigkeiten mit dem ewigen Stunk in der Partei. Der Hass der Kleinen spült unendlich viel schmutzige Wäsche nach oben ans Tageslicht. Außerdem greift die feindliche Parteipresse voll Vergnügen in diese Kämpfe ein. Kein Mensch will den USCHLA-

Laden übernehmen. Hitler weiß keinen Rat mehr und bittet Buch. Buch lehnt entsetzt ab. Aber Hitler gibt nicht nach. Schließlich erklärt sich Buch auf Zeit bereit. Hitler geht auf alle Bedingungen ein und hält später keine einzige ...«[8] Mit seiner ungeliebten Tätigkeit – es waren Streitigkeiten innerhalb der Partei mittels Schiedssprüchen zu schlichten – schuf sich Buch dann viele Gegner und, wie sich noch zeigen sollte, in der Person seines späteren Schwiegersohns einen Todfeind.

Zur Jahreswende 1928/29 besuchte die Familie Buch eine Parteiversammlung im Zirkus Krone, um den »Führer« sprechen zu hören. Dabei entdeckte die 19-jährige Gerda unter den SA-Funktionären einen einfachen Parteigenossen, der ihr sehr gefiel: Martin Bormann. Er bekleidete das bescheidene Amt eines Leiters der braunen Hilfskasse, die sich der in Schlägereien verletzten SA-Kämpfer annahm. Wie stets in Hitlers Anwesenheit gab sich Bormann beflissen und sympathisch und sein treuherziger Blick aus braunen Hundeaugen machte auf Gerda großen Eindruck. Sie selbst war groß, schlank, attraktiv und entsprach mit der modischen Gretchenfrisur ganz dem NS-Frauenideal, während der Mann ihrer Wahl mit seinem Rundschädel und dickfleischigen Korpus schon rein optisch, gemäß der NS-Rassenbibel von Professor Hans Günther, einer »minderwertigen Rasse« hätte zugerechnet werden müssen.[9] Dies störte Gerda jedoch ebenso wenig wie die Tatsache, dass der junge Mann fast einen Kopf kleiner war als sie. Schwerer wog, dass Bormann die scheue Zuneigung der Tochter aus höheren Parteikreisen zunächst gar nicht wahrnahm. Darauf bat diese den Vater, doch den strebsamen Mitkämpfer nach Hause einzuladen.[10] Der strenge

Protestant Buch zögerte, denn Bormanns parteiinterner Ruf war nicht der beste. Allgemein sprach man über seine groben Manieren, seine Skrupellosigkeit sowie die vielen dubiosen Frauengeschichten. Trotzdem kam es zur Begegnung der stillen, schüchternen Gerda, die verträumt auf ihrer Gitarre spielte und viel las, und dem lauten, polternden Apparatschik. Bald gehörten die Besuche Bormanns, der in seinem eigenen Opel vorfuhr, zur sonntäglichen Routine im Hause Buch und der Vater sorgte sich um den Ruf seiner Tochter. Seine diskreten Nachforschungen brachten Einzelheiten aus dem Leben des jungen Bormann zutage, die nicht dazu angetan waren, die düsteren väterlichen Ahnungen zu zerstreuen.

Der am 17. Juni 1900 geborene Martin Bormann war Sohn eines Militärmusikers und Postbeamten aus Halberstadt, hatte seinen Vater schon im Alter von drei Jahren verloren und wurde von einem Stiefvater großgezogen. Dieser, ein Bankdirektor, zog 1909 nach Weimar, wo Martin in das Realgymnasium eintrat. Martin Bormann brachte es bis zur Obersekunda (vorletzte Klasse) und verließ die Schule ohne Abschluss – nach eigenen Angaben, um sich freiwillig zum Waffendienst zu melden. Tatsächlich ist er ganz regulär – im Juni 1918 – bei einem Feldartillerie-Regiment eingerückt. Er sei »Putzer«, also Bursche eines Offiziers, gewesen, munkelte man später, als Bormann bereits zum mächtigen Reichsleiter aufgestiegen war.

Schwerer als das Fehlen von Schulbildung und militärischen Ehren wogen für den Schwiegervater in spe allerdings Martins Aktivitäten nach dem Ende des Ersten Weltkriegs. Damals arbeitete Bormann in der Landwirtschaft, hatte einen Posten auf dem adeligen mecklenburgischen Gut

Herzberg nahe Parchim und stieg auf Grund seines Fleißes bald zum unentbehrlichen »Inspektor« auf. Er managte auch das vom Besitzer einquartierte illegale und rechtsnationale »Freikorps Roßbach«, einen wüsten Haufen demobilisierter Soldaten, denen der Gutsherr, ein Herr von Treuenfels, Unterschlupf geboten hatte.[11] Es sollte die offene Grenze zu Polen schützen und Bolschewisten abwehren.

Die Zugehörigkeit zu einem der vielen Freikorps galt später in der NSDAP als große Empfehlung. Für einen künftigen Schwiegersohn hätte es in NS-Kreisen gar keine bessere Empfehlung geben können – wenn da nicht der Fall Kadow gewesen wäre. Am 31. Mai 1923 hatten nämlich Angehörige des Freikorps, darunter Rudolf Höß, der spätere Kommandant des Lagers Auschwitz[12], Walter Kadow, einen vermeintlichen Verräter in ihren Reihen, in einen Hinterhalt gelockt und brutal erschlagen. Obwohl Bormann an der Gewalttat nicht unmittelbar beteiligt war, galt er als der Drahtzieher und Organisator des Verbrechens. Er wurde dafür am 17. März 1924 wegen »Beihilfe zu schwerer Körperverletzung mit vollendetem Totschlag« zu einem Jahr Gefängnis verurteilt. Der 24-Jährige verbrachte die Zeit tütenklebend im Zuchthaus.[13]

Diesen Fememord konnte der »aufrechte Nationalsozialist« und Parteirichter Buch nicht gutheißen. Als Bormann daher im April 1929 formell um Gerdas Hand anhielt, gab ihr Vater nur widerwillig seine Zustimmung. Seine Frau hingegen – eine große Verehrerin von Martin Luther – freute sich darüber, dass nun »ein Martin« zur Familie gehörte. Die Verlobung schien auch der geeignete Zeitpunkt, Gerda in die NSDAP aufzunehmen. Die stolze Braut erhielt die Mitgliedsnummer 120 112.[14]

Im September 1929 feierten Gerda und Martin in Solln ihre Hochzeit, bei der sich evangelische Tradition mit nationalsozialistischer Adjustierung mischte. So erschien die weiß gekleidete Braut mit Schleier und Myrtenkranz, die anwesenden Damen – darunter Bormanns Mutter Antonie – hatten ihren Sonntagsstaat angelegt und die »Kranzljungfern« trugen duftige Kleider und Blüten im Haar. Die Männer hingegen waren alle in Braunhemd, Breeches, Rohrstiefeln und Hakenkreuzbinde erschienen. Hitler und sein Sekretär Rudolf Heß waren die Trauzeugen. Als besonderes Zeichen der Huld stellte der »Führer« seinen großen Mercedes für die Fahrt zur Kirche zur Verfügung. Auf dem offiziellen Hochzeitsfoto sind noch weitere NS-Größen zu sehen: Münchens SA-Führer Schneidhuber, der 1934 während des Röhm-Putsches liquidiert werden sollte, der Oberste SA-Führer Pfeffer von Salomon, dazu Gerdas Vater als Parteirichter der NSDAP und Bormanns Bruder Albert, der später die »Privatkanzlei des Führers« leiten sollte.

Die Parteiclique quittierte die Hakenkreuzhochzeit mit hämischen Bemerkungen. Die allgemeine Meinung war, dass dieser Niemand aus Weimar aus reiner Karrieresucht in eine »gestandene nationalsozialistische Familie« eingeheiratet hätte. Der Verdacht war nicht unbegründet, denn 1929 zeichnete Hitler den Parteigenossen Buch nicht nur durch erhöhte Aufmerksamkeit, sondern auch mit einem Mandat zum Reichstag aus. Wer zur Familie gehörte, hatte automatisch einen direkten Draht zum Vorsitzenden der NSDAP, der oft beim Parteirichter verkehrte.

Die Hausstandsgründung des jungen Paares fiel in die denkbar schlechteste Zeit. Der als »Schwarzer Freitag« berüchtigt gewordene 13. November 1929 mit dem New Yorker Börsenkrach brachte eine internationale Weltwirtschaftskrise größten Ausmaßes und verschonte Deutschland nicht. Bormann war heilfroh, als Hilfskassenleiter der NSDAP nicht zum Heer der über drei Millionen Arbeitslosen zu zählen. Die Partei, vertreten durch den für Finanzen zuständigen Schatzmeister Schwartz, war allerdings knausrig und zahlte nur ein geringes Gehalt. Gerdas Eltern hatten ihrer Tochter an Stelle einer Mitgift eine gediegene Berufsausbildung ermöglicht und sahen damit ihre Verpflichtungen als erledigt an. Bormann selbst war mittellos, sodass die ersten Jahre des Zusammenlebens von drückenden Geldsorgen geprägt waren.

Eine Wohnung im Zentrum von München, »der Stadt der Bewegung«, blieb unerschwinglich. So bezog das Paar ein kleine Wohnung in Grünwald südlich von München.

Eine Hakenkreuzhochzeit – Gerda Buch heiratet im September 1929 Martin Bormann. Der Trauzeuge Adolf Hitler im Hintergrund

Am 14. April 1930 brachte Gerda ihr erstes Kind »Krönzi« zur Welt – neun weitere, von denen eines starb, sollten folgen. Man nannte den Jungen zu Ehren des »Führers«, der auch sein Taufpate war, Adolf Martin. Da aber die protestantische Zeremonie auch einen Taufpaten evangelischen Bekenntnisses erforderte, hielt Ilse Heß, die Frau des »Führer-Sekretärs«, den Neugeborenen über das Taufbecken.[15] Dass »Krönzi« schon sieben Monate nach der Eheschließung geboren wurde, bestärkte die einander stets belauernden Parteigenossen in ihrem Verdacht, dass Bormann die naive Tochter des Parteirichters verführt und geschwängert hätte, um »hinaufzuheiraten«. Bormann selbst sprach von einer Frühgeburt, die alle überrascht hätte. »Der Vater hielt es [die Wehen] für einen ›Blinddarm‹«, berichtete der Sohn selbst viele Jahrzehnte später.[16] Als sich wiederum Nachwuchs ankündigte, zog die Familie in eine kleine Mietwohnung in Icking im Isartal. Während Gerda den Haushalt führte, pendelte ihr Mann zwischen der Parteizentrale in der Münchner Schellingstraße und seinem Wohnsitz. Dabei quälte ihn die Angst, wichtige Chancen zu verpassen. Musste er doch notgedrungen bei den spätabendlichen Runden im Café Heck fehlen, wo sich die Getreuen um den »Führer« scharten, Trost und Ansporn aus seinen Reden bezogen, Posten erhielten und wichtige Entscheidungen beeinflussten. Der Versuch, Parteifreunde nach Icking einzuladen, war kein Erfolg. Die Besucher empörten sich über die rüde Art, mit der Bormann seine Frau behandelte. Ein Gast im Hause Bormann notierte sich: »Die Tochter, in Erscheinung und Wesen ganz die feine, zurückhaltende, vornehme Natur ihres Vaters, wurde an einen der brutalsten Männer gekoppelt, der sich noch ein

Vergnügen daraus machte, seine Frau wie ein Stück untergeordnetes Wesen vor Fremden zu demütigen. Ich kann das nicht mit ansehen und verbiete meiner Frau ab 1931 das Haus Bormann ...«[17]

Gerdas hausfrauliche Fähigkeiten waren anfangs eher gering. Sie kochte nicht gern und überließ diese Tätigkeit ihrer Schwiegermutter Antonie, die häufig aus Weimar kam, sich monatelang einquartierte und mit Ratschlägen nicht sparte. Gerdas Domäne blieb die Erziehung ihrer Kinder, der sie sich mit Feuereifer widmete. Sie las Märchen vor, sang zur Gitarre Volkslieder, nähte ihre Kleidung selbst und verfertigte Bastelarbeiten. Schon am 9. Juli 1931 gab es wieder Nachwuchs: die Zwillingsmädchen Ehrengard und Ilse.

1932 war Gerdas Vater, der sich gern als integrer Parteirichter gab und die kriminelle Vergangenheit seines Schwiegersohns häufig anprangerte, selbst der Initiator eines Mordanschlags. Auf seine Weisung hin sollten der SA-Chef Röhm und mehrere SA-Führer im »Braunen Haus« in München am 14. März 1932 ermordet werden. Den dafür ausgewählten Attentäter – Buch versuchte ihn später zu beseitigen – packte jedoch die Reue, er warnte Röhm.

Ende 1932 dirigierte Martin Bormann als Hauptabteilungsleiter bereits über 100 Funktionäre und Angestellte. Am bescheidenen Lebensstil der Familie änderte sich jedoch nichts. Immerhin stellte die Partei das Haus Sonnenweg 11 in der Parteisiedlung von Pullach zu Verfügung. Im Jahr 1933, als Hitler Reichskanzler wurde und die NSDAP mit einer Reihe von Notverordnungen die Macht an sich riss, war Gerda Bormann erneut schwanger. Knapp vor der Geburt ihres vierten Kindes ließ die Haushaltshilfe sie im

Stich. »Mein Hausmädchen hat mir ausgerechnet auf den 1. Juli gekündigt. Sie muss heim, da ihre Eltern, die einen Hof im Gebirge mit Sommerfremden haben, in Folge der österreichischen Grenzsperre das ganze Haus voll Leute haben und die Tochter zu Hause brauchen ...«[18] Gerda suchte daher dringend eine Hilfe für Kinder und Haushalt. Sie schrieb einer Bewerberin: »Liebes Fräulein Annelies! Für Ihre Nachricht aus Ottenhöfen danke ich Ihnen recht schön, nur wäre es mir lieber, wenn an Stelle Ihrer Zeugnisse Sie selber am 1. Juli zu mir kämen. Ist Ihnen als Bezahlung 15 RM Taschengeld recht? Wenn es meinem Mann späterhin möglich ist, Ihnen mehr zu geben, wird er es tun, aber augenblicklich und auch in der nächsten Zeit geht es nicht ...«[19] Zu diesem absoluten Mindestlohn kamen dann noch freie Unterkunft und Verpflegung.

Gewissenhaft hat Gerda Bormann der neuen Haushaltsgehilfin die Kinder beschrieben, die anfallende Arbeit erklärt und sich auch gleich die Sorgen des vergangenen Jahres, in dem eines ihrer Zwillingsmädchen verstorben war, von der Seele geredet. Das herzliche Wesen Gerdas wurde allgemein gelobt. Selbst mit der Schwiegermutter, der verwitweten Antonie Vollborn, einer herrischen Frau, die stets unverblümt ihre Meinung sagte und vor der sich die Kinder fürchteten, kam sie gut aus. Wie es jedoch Martin Bormann mit der von den Nazis hochgehaltenen Mutterverehrung hielt, zeigt sein Brief an die »liebste Oma«: »Ich habe dir schon erklärt, du sollst dich nicht um Dinge unseres Haushalts, unserer Kindererziehung kümmern ... Haushaltsführung und Mädchenbehandlung und Kindererziehung verlaufen nach meinen Weisungen, nach denen Gerda sich zu richten hat. Du neigst leicht zur Kritik! Wie abfällig hast du – zu meinem Entsetzen – in früheren Jahren von Sauckel [Generalbevollmächtigter für den Arbeitseinsatz] oder Goebbels gesprochen oder geschrieben! Ich bitte dich dringend, gerade in dieser Zeit mit derartiger Kritik zurückhaltend zu sein! Auch über mich und meine Weisungen, über mein Haus und meine Haushaltsführung.«[20]

Als im Krieg dann die Parole »Erst siegen, dann reisen!« ausgegeben wurde – und sich die Bormanns zahlreiche Dienstmädchen leisten konnten – forderte der Sohn seine Mutter rüde auf, zu Hause zu bleiben. Sie fügte sich, ließ ihm jedoch durch die Schwiegertochter ausrichten, »dass sie die Langeweile und der Stumpfsinn in Pullach sowieso krank gemacht hätten«. Auch der Parteirichter und Major a. D. Walter Buch litt unter seinem dominanten Schwiegersohn. Gerda hat sich in den jahrelang schwelenden Streitereien ohne Zögern auf die Seite ihres Mannes gestellt. Sie zeigte sich »betroffen, dass mein Vater dir dienstlich Schwierigkeiten macht und du so immer aufs Neue Ärger durch ihn hast«. Sie glaubte, sich für den Vater entschuldigen zu müssen, und beteuerte: »Dass mein Verhältnis zu Vater, seit 1932 schon, nur noch ein sehr gezwungenes ist, obwohl er mir manchmal Leid tut, liegt auch an eurem Verhältnis. Wenn ich [im Elternhaus] anrief, suchte ich immer die Stunden aus, in denen ich die Mutter allein anzutreffen hoffte. Denn an meiner Mutter hänge ich doch sehr, das ist ganz selbstverständlich ...«[21]

Buch und Bormann wurden 1935 Todfeinde, als der Parteirichter – in naiver Verkennung der Alibifunktion seines Amtes – den Gauleiter von Ostpreußen, Erich Koch, wegen persönlicher Bereicherung und Terror anklagte.[22] Damit kam er jedoch Hitler in die Quere, der die Machenschaften seiner Paladine gerne duldete, solange sie auch der Partei nutzten. Bormann bekam den Auftrag, seinen Schwiegervater einzubremsen. »Hätte dein Vater schon 1935/36 die ersten Weisungen befolgt, die ich ihm im Auftrag des Führers übermittelte, hätte er sich selbst und anderen viel Ärger erspart. Aber ausgerechnet er bezweifelte, dass der Führer diese Weisungen gegeben hatte. Ausgerechnet dein Vater unterstellte mir Schwindel!«, schrieb Bormann, der sich zu rächen wusste, an seine Frau.

»Um Buch zu treffen, holt Bormann zu einem besonders teuflischen Schlag aus. Auch Gerdas Mutter darf nicht mehr mit ihrer Tochter und ihren Enkelkindern verkehren. Das alles trifft die Buchs wirklich. Buch versteht weder die Welt noch Hitler noch die Partei. Er zieht sich immer mehr zurück, fängt an, wunderlich zu werden ...«, schrieb Darré in seinen Erinnerungen.[23] Gerda Bormann hat ihr Elternhaus nie mehr betreten und beschränkte die Kontakte auf gelegentliche Telefonate mit der Mutter. Frau Buch litt sehr, als man sie von ihren zahlreichen Enkeln fern hielt. 1936 waren dies bereits »Krönzi« (Adolf Martin), Ilse, Irmgard, Rudolf Gerhard sowie der neugeborene Heinrich Hugo, der in »Onkel Heinrich« – dem Reichsführer SS Heinrich Himmler – einen prominenten NS-Paten bekommen hatte.

Damals ließen die Bormanns ihr kleines Haus im Pullacher »Sonnenwinkel« abreißen und durch einen stattlichen Neubau ersetzen, der den Wohnbedürfnissen der großen Familie entsprach und gleichzeitig Parteizwecken dienen konnte.[24] Gerda überwachte das Personal und wusste als Hausherrin die große Ehre zu schätzen, wenn der »Führer« seine treuen Helfer mit einem privaten Besuch auszeichnete.

Gerda Bormann mit ihren Kindern vor ihrem Haus auf dem Obersalzberg (ca. 1940)

Vorbereitungen für ein Foto mit dem »Führer«

Zum Schauplatz der großen Politik wurde das Bormann-Haus, als Hitler mit Ribbentrop im September 1938 in Pullach das Treffen mit dem englischen Premierminister Chamberlain vorbereitete und auch die Richtlinien für die Viererkonferenz (Mussolini, Daladier, Chamberlain und Hitler) festlegte.[25] Die damals gefassten Beschlüsse gingen als »Münchner Abkommen« in die Geschichte ein. Sie waren der vergebliche Versuch, den Frieden – »Peace in our time« – durch Konzessionen an Hitler zu retten.

Als am 9. November 1938 in der so genannten »Reichskristallnacht« jüdisches Eigentum zerstört und geraubt wurde, hätte Gerdas Vater seinen parteiintern angeschlagenen Ruf rehabilitieren können. Man beabsichtigte nämlich – als Reaktion auf die Proteste der Bevölkerung – einige der Plünderer vor Parteigerichte zu stellen.[26] »Aber Buch weigert sich zu urteilen, wenn der Führer nicht vorher Goebbels anfasst und einige Gauleiter. Buch weigert sich einfach, die Kleinen zu hängen und die Großen laufen zu lassen. Ganz großer Krach!«, weiß Darré zu berichten.[27] Gerdas Vater fiel endgültig in Ungnade. Ironischerweise verschonte ihn jedoch die Stellung seines ihm verhassten Schwiegersohns vor ärgeren Repressalien. Auf Betreiben Bormanns wurde er bloß kaltgestellt. Schließlich verfügte Hitler, dass der Parteirichter vor jedem Prozess die Genehmigung seines Schwiegersohns einholen müsse.[28] Buch sprach dann öffentlich von dem »Lump Bormann«.[29] Als der oberste Parteirichter auch noch in der Öffentlichkeit erklärte, dass ehebrecherisches Verhalten mit der NS-Weltanschauung unvereinbar sei, erreichte das interne Familiendrama seinen Höhepunkt.[30]

1940 übersiedelte die Familie Bormann auf den Obersalzberg bei Berchtesgaden, wo sie schon bisher die Sommer verbracht hatte. Damit konnte Bormann, unter dessen Leitung dort eine riesige NS-Kolonie entstand, die Arbeiten bequem an Ort und Stelle überwachen. Das idyllische Hochtal hatte sich seit den Zwanzigerjahren, als Hitler dort sein kleines Landhaus »Wachenfeld« erwarb, radikal verändert. Die Zahl der Bewohner war von 200 auf 5000 angewachsen. Beim Anblick der großen Dauerbaustelle fiel die Erinnerung an den einstigen stillen Luftkurort schwer. Jahrelang wurde Tag und Nacht mit größter Intensität und ohne Rücksicht auf Kosten gearbeitet. Erst das Kriegsgeschehen setzte dem Treiben ein Ende.[31] Nach der Umgestaltung von Hitlers Haus zum repräsentativen Berghof, die im Juni 1936 fertig gestellt war, entstanden Villen der NS-Prominenz, eine Parteikanzlei, SS-Kasernen, Mannschaftsunterkünfte, Exerzierplätze, Gästehäuser, Wirtschaftsgebäude, Gewächshäuser, Dienstwagenhallen, Theater und Kino sowie ein Gutshof mit Pferdezucht. »Der Gott vom Obersalzberg«, wie die Bevölkerung Bormann bald spöttisch nannte, bezog zuerst das »Haus Hudler«. Später beanspruchte er das ehemalige Kindersanatorium Seitz für seine immer größer werdende Familie. Das mächtige, zweistöckige Landhaus wurde mit großem Aufwand adaptiert, wobei die schlichte holzverschalte Außenfassade über den großen Luxus im Inneren hinwegtäuschte. So gab es ein eigenes Kinderbadezimmer mit einem Becken von 2 mal 3,5 Metern. »Die kostbaren Teppiche waren alle Sonderanfertigungen. Man kann mit gutem Gewissen behaupten, dass sich kein Neureicher dort Gleichwertiges geleistet hat«, berichtete ein Angestellter.[32]

Während Gerda Bormann mit den Kindern auf dem

Obersalzberg eine ständige Bleibe fand, war ihr Mann dauernd unterwegs. Er wich Hitler seit Kriegsbeginn nicht mehr von der Seite und begleitete ihn von einem Führerhauptquartier zum nächsten. Kam er jedoch im Gefolge seines Chefs nach Hause, dann beobachteten die Nachbarn, wie der jähzornige Bormann seine Kinder anschrie und sie bei den kleinsten Vergehen mit Fußtritten traktierte.[33] Martin Bormann jun. hat diese Vorwürfe abgeschwächt: »Vater war kein Prügler, aber cholerisch und neigte zu Wutanfällen.«[34] Bormann bestrafte seine Kinder, die er vom Religionsunterricht ihrer Volksschule abgemeldet hatte, wenn sich bei ihnen religiöse Tendenzen zeigten. Er selbst hatte schon 1934 mitsamt seiner Gattin dem protestantischen Glauben abgeschworen[35] und führte einen geradezu fanatischen Privatkampf gegen Katholiken und Protestanten.[36]

Im Oktober 1940 gab Gerda in einem Brief an eine ehemalige Hausangestellte eine – für Außenstehende gedachte – Version ihrer Lebenssituation: »... drum will ich Ihnen auch ein bissel von allen erzählen. Krönzi [Adolf Martin] ist ein großer Bursch geworden und geht schon auf die Reichsschule der NSDAP in Feldafing. Ilse geht in die 3. Volksschulklasse in Berchtesgaden und kann mir schon sehr schön helfen, wenn sie will. Nach ihr kommt Irmgard, sie geht in die 2. Klasse ... ist den Geschwistern gegenüber immer hilfsbereit und lieb. Rudolf-Gerhard ist Nr. 4. Er kommt Ostern zur Schule und ist ein vergnügter Lausbub ... Nach ihm kommt Heiner [Heinrich Hugo] ... nie verlegen und ein wortkräftiger Bursch für seine 4 Jahre. 1938 ist unsere kleine Eva geboren ... ein liebes lebhaftes Kind. Immer freundlich und zutraulich zu jedem, alle mögen sie gern. Und dann ist jetzt noch das kleine Gerda-Schwesterlein da.

Das ist, wenn mein Mann nicht da ist, der Mittelpunkt des Hauses ... ein lieber kleiner Kerl ...«[37]

Am 10. Mai 1941 flog Rudolf Heß, der Stellvertreter des »Führers« und unmittelbare Vorgesetzte Martin Bormanns, heimlich und allein nach Schottland, um mit den Engländern auf eigene Faust über einen Friedensschluss und die Beendigung des Krieges zu verhandeln. Am nächsten Tag traf die Nachricht auf dem Obersalzberg ein. Hitler tobte und rief Bormann wutentbrannt zu sich. Bald stellte sich die heikle und gefährliche Frage, ob dieser als Stabsleiter von Heß etwa ein »Mitschuldiger dieser Wahnsinnstat« sei. Doch Gerdas Mann konnte alle Verdachtsmomente entkräften und schlug vor, der Öffentlichkeit das plötzliche Verschwinden des Exchefs mit dem Ausbruch einer Geisteskrankheit zu erklären. Auch im Hause Bormann herrschte Aufregung und Empörung.[38] Rudolf Heß war nämlich zugleich Chef, Freund und – zusammen mit seiner Frau – Pate zweier Bormann-Kinder. Nun trugen diese die Vornamen des verabscheuungswürdigen Verräters und seiner in Ungnade gefallenen Gattin. Die Bormanns demonstrierten ihre tiefe Verachtung und benannten die Kinder sofort um: Aus Rudolf wurde ein Helmut Gerhard und aus Ilse eine Eike. Zu Ilse Heß brach man jeglichen Kontakt ab. Hitler wusste so viel Treue zu belohnen. Schon am 12. Mai konnte das Ehepaar Bormann einen Führererlass feiern, in dem es hieß: »Die bisherige Dienststelle des Stellvertreters führt von jetzt ab die Bezeichnung Partei-Kanzlei. Sie ist mir persönlich unterstellt. Ihr Leiter ist wie bisher, Pg. Reichsleiter Martin Bormann.«

Damit war Gerdas Mann zu einem der einflussreichsten Männer des NS-Regimes aufgestiegen. Als Leiter der Parteikanzlei und später als Sekretär des »Führers« agierte er vorzugsweise im Hintergrund. Er hielt keine Reden, trat nicht öffentlich auf und prahlte damit, dass ihn nur wenige kannten. »... Orden sind ebenso wenig ein Gradmesser wirklicher Leistung wie Popularität. Ley [Dr. Robert Ley, der Leiter der Deutschen Arbeitsfront] zum Beispiel ist der Masse bekannt, ich habe dieses Bekanntwerden unterbunden ...«, schrieb er Gerda, als sie ihm einmal ein Buch über Orden und Ehrenzeichen schickte.[39] Es genügte Bormann vollkommen, als »braune Eminenz« den bürokratischen Machtapparat zu dirigieren sowie leise und gefährlich im Verborgenen zu intrigieren. Dabei wurde er immer mächtiger und beherrschte am Ende Hitler selbst. Am Höhepunkt seiner Karriere schob sich Bormann dann wie eine Wand zwischen den »Führer« und dessen Umgebung. Er manipulierte das »Recht auf Vortrag beim Führer« und entschied, wer bei Hitler Zutritt bekam. Außerdem wählte er die dem Diktator vorzulegenden Akten aus.

Wie ihr Mann, so drängte sich auch Gerda Bormann nicht in den Vordergrund. Sie beschränkte sich – dem Anschein nach – auf Herd, Heim und Kindererziehung. Ihrem Mann hat sie sich von Anfang an in jeder Beziehung widerspruchslos untergeordnet. Hitler selbst hat die schöne und problemlose Frau seines treuen Helfers, die in so idealer Weise alle NS-Kriterien erfüllte, sehr geschätzt. Oft lud man sie zur abendlichen Tafelrunde auf den Berghof. Sie und ihr Gatte nahmen stets dieselben Stammplätze – dem Hausherrn gegenüber – ein.[40] Auf die übrigen Gäste machte Gerda den Eindruck »einer bescheidenen, etwas verschüchterten Hausfrau«. Auch Baldur von Schirach, der NS-Jugendführer, notierte sich: »Nur auf dem Obersalzberg sah man sie, und da war sie häufig abends am Kamin unter den Frauen der engsten Mitarbeiter Hitlers und sagte den ganzen Abend hindurch kein Wort. Ganz Mutti, und als solche wurde sie auch von Hitler mit besonderer Achtung behandelt.«[41] Man sah sie nie anders als in ländlicher Trachtenkleidung. Augenzeugen bekamen den Eindruck, dass ihr Mann es nicht gern sah, wenn sie sich an der Konversation mit Gästen beteiligte.[42]

Während Gerda daher stumm den Führermonologen lauschte, die sie danach bewundernd mit ihrem Mann besprach, entlockte Bormann durch kurze Zwischenfragen und klug platzierte Anekdoten Hitler jene Äußerungen, die er dann in »Führer-Weisungen« umfunktionierte. In regelmäßigen Abständen – zu »Führers Geburtstag« und zum Neujahrsempfang – durfte Gerda ihren Nachwuchs auf den Berghof bringen, wo die braven und hübschen Kinder mit Kakao und Kuchen bewirtet wurden. Sie dienten auch als ideale Staffage für Fotoreportagen mit dem Thema »Der Führer als Freund der deutschen Jugend«.

Zu großen NS-Einladungen, wie der 10-Jahres-Feier des 1. Parteitages mit Empfang und »Tannhäuser«, kam Reichsleiter Bormann meist allein. Es ist unklar, ob er seine Frau bewusst ausschloss oder ob sie keine Gesellschaften mochte. An ihrem Aussehen lag es jedenfalls nicht. Mit ihren regelmäßigen Gesichtszügen, der kleinen, geraden Nase und den prächtigen Haaren galt Gerda Bormann als klassische Schönheit. Ihr Porträt im naturalistischen, gefälligen Stil – wie ihn das Regime vorschrieb – von Professor Pithan wurde sogar auf einer GDK (Große Deutsche Kunstausstellung) gezeigt und von den Liebhabern nationalsozialistischer Kunst gelobt. Das Bild hing dann im Bormann-Haus am Schluchsee und befindet sich noch im Familienbesitz. Hitlers Wunsch zufolge war das Gemälde sogar für jene »Galerie des Führers« bestimmt, die er in Linz zu errichten gedachte.[43]

Das Ehepaar Bormann selbst gab kaum Gesellschaften, denn der Leiter der Parteikanzlei amüsierte sich lieber allein und organisierte in dem als Gästehaus und gelegentlicher Absteige des »Führers« geführten Pullacher Haus feuchtfröhliche Feste. Er lud sich dazu Filmstars wie Hilde Krahl, Marika Rökk und Hansi Knotek ein. Man tanzte, trank und spielte Schallplattenmusik.[44] Gerda hingegen lebte, umgeben von Kindern und Dienstboten, ziemlich isoliert. Zwar ließ man sie die Unbeliebtheit ihres Ehegatten nicht direkt spüren, vielen schien es aber ratsamer, der Frau jenes Mannes, der auf dem »Berg« unumschränkte Macht besaß und rücksichtslose Grundstücksenteignungen durchführte, aus dem Weg zu gehen. Mit den auf dem Obersalzberg ansässigen NS-Größen – allen voran Göring – hatte sich der Leiter der Parteikanzlei schon längst verfeindet. Daher durfte Frau Bormann auch nicht mit Emmy Göring, ihrer nächsten Nachbarin, verkehren. Der erbitterte Kleinkrieg wiederum, den der Rüstungsminister Speer gegen Bormann führte – es ging um die Rekrutierung von Stollenarbeitern für die Rüstungsindustrie – schloss naturgemäß auch hier eine Freundschaft zwischen den Ehegattinnen aus. Für Eva Braun hat Gerda Bormann als engagierte und überzeugte Nationalsozialistin keinerlei Sympathie empfunden, denn die Geliebte des »Führers« machte aus ihrem Desinteresse für NS-Politik und -Ziele kein Hehl. Mehr nach Gerdas Geschmack waren die Architektin Gerdy Troost, und Mimina, die Gattin des NS-Architekten und Bildhauers Arno Breker. Auch »Häschen« (Hedwig Potthast), Heinrich Himmlers Nebenfrau, hat Gerda samt Kindern aufgesucht. Während sich die

Kinder mit dem schönen, von KZ-Häftlingen gebastelten Spielzeug beschäftigten, führte »Häschen« ihr neues Haus vor. Gerda äußerte sich lobend: »... gestern Nachmittag war es sehr gemütlich im Schneewinkel-Lehen (in der Nähe von Berchtesgaden). Es ist sehr schön und praktisch geworden ...«[45] Zu der praktischen Einrichtung gehörten allerdings auch Menschenhautschirme und aus menschlichen Oberschenkelknochen geschnitzte Sessel. Beim Abschied überreichte man Gerda ein besonderes Erinnerungsgeschenk: das Buch »Mein Kampf«, geschrieben auf menschlichem Pergament. Martin Bormann jun. erinnerte sich, dass seine Mutter mit Entsetzen darauf reagierte.[46]

Wie schon die Ickinger und Pullacher, so beobachteten auch die Frauen der NS-Prominenz mit scheelem Blick, wie übel der Parteileiter Bormann seine Gattin behandelte. Bormann genierte sich nämlich nicht, junge Filmschauspielerinnen fast unter den Augen seiner Frau zu verführen. Seine Hauptgeliebte wurde jedoch die attraktive Manja Behrens, die als Schauspielerin am Dresdener Staatstheater wirkte. Man sah sie auch als Hauptdarstellerin in den Filmen »Susanne im Bade« und in »Stärker als Paragraphen«. Die Affäre mit dem Filmstar währte jahrelang. Bormann lud seine Geliebte nach Pullach und auf den »Berg«, ließ von ihr eine Bronzebüste anfertigen und seiner Gattin zur Aufstellung übergeben.[47]

Jeder sympathisierte mit der betrogenen Ehefrau und nahm an, dass sie sich als stille Dulderin in ihr Schicksal füge, aber sehr leide. Das Gegenteil war der Fall, die biederen Damen der NS-Society hätte der wahre Sachverhalt vermutlich schockiert. Gerda hat nämlich die Seitensprünge ihres Mannes nicht nur gutgeheißen, sondern noch gefördert. Die private, nie zur Veröffentlichung bestimmte Korrespondenz des Ehepaares Bormann enthüllt Szenen einer ungewöhnlichen Ehe im nationalsozialistischen Milieu. Bormann hat die Eroberung von Manja seiner Frau detailliert geschildert. Gerda lobte und gab gute Ratschläge. Sie gönnte ihm dieses – und andere – Abenteuer von ganzem Herzen und zweifelte nie an der Liebe ihres Mannes. »Mir ist M. so sympathisch, dass ich dir nie böse sein könnte, und alle Kin-

Manja Behrens, Schauspielerin und Geliebte Martin Bormanns (1936)

der mögen sie sehr. Auch ist sie eine viel bessere Hausfrau als ich. Als sie letztes Mal in Pullach war, hat sie mir beim Einpacken des ganzen weißen Porzellan-Services geholfen. Kein Stück ist dann auf dem Transport gebrochen!«[48]

Das Trio Martin, Gerda und Manja war einander geradezu innig verbunden. So heißt es in einem Bormann-Brief: »Mein Mädel! Eben sprach ich mit M.[anja]. Sie fragte, ob du gut angekommen, und betonte, dass sie ganz schrecklich Zeitlang hätte. Ich sagte ihr, sie sei ein lieber, geliebter Schnuck und sie solle bald wieder zum Berg fahren. Bliebe sie lange genug, käme ich auch einmal!«[49]

Als die Schauspielerin dann rüstungsverpflichtet wurde und sehr darüber klagte, hat sie die Frau ihres Geliebten getröstet: »Gestern habe ich wieder mit M. telefoniert. Mir scheint, der Einsatz tut ihr recht gut. Sie hat nur die eine Sorge, dass sie dadurch zu sehr verbraucht wird und dass sie dann beim Theater nicht mehr genommen wird ... Ich habe mir aber Mühe gegeben, M. beizubringen, dass sie durch den Einsatz rein menschlich nur gewinnt ...«[50]

Gerda Bormann empfand ihre ungewöhnliche Toleranz als selbstverständliche Pflichterfüllung einer »anständigen« Nationalsozialistin. Lange schon quälten sie Sorgen um die großen kriegsbedingten Verluste und den Weiterbestand des NS-Regimes. Unablässig kreisten ihre Gedanken um die Zukunft des deutschen Volkes. Sie war überzeugt, dass nur eine radikale neue Gesellschaftsordnung die Existenz der Deutschen sichern könne, und war dafür zu jedem persönlichen Opfer bereit. »Es ist ein tausendfaches Unglück, dass diese wunderbaren Mädchen [zwei von Bormanns Geliebten] keine Kinder haben werden. Im Fall von M.[anja] wirst du dies ja ändern. Du musst nur darauf achten, dass M. in einem Jahr ein Kind bekommt und ich im darauffolgenden, dass du immer eine bewegliche Frau an deiner Seite hast. Dann geben wir alle Kinder zusammen in das Haus am See [Schluchsee] und leben zusammen, und die Frau, die gerade kein Kind hat, wird immer bei dir am Obersalzberg oder in Berlin sein können ...«

Martin Bormann konnte sich an die revolutionären Ideen seiner Frau nur schwer gewöhnen und hätte unkomplizierten, illegalen Beziehungen gerne den Vorzug gegeben. Vor allem am friedlichen Zusammenleben seiner Frau mit seiner Geliebten kamen ihm Zweifel. Gerda jedoch suchte bereits nach legalen Möglichkeiten zur Abschaffung der Monogamie und der Einführung der »Volksnotehe«. Ausgangspunkt ihrer Überlegungen war, dass nach dem Krieg jedem »wertvollen« Mann per Gesetz mehrere Frauen zur Verfügung stehen sollten. Sie übersandte ihrem Mann Entwürfe entsprechender Formulare, die das Verhältnis Manja – Gerda – Martin auf eine neue – legale – Basis stellen sollten. Einer davon lautet: »Ich Gerda Bormann, geb. Buch, stimme der Entscheidung meines Ehemanns Martin Bormann, mit M. eine Volksnotehe einzugehen, zu und nehme zur Kenntnis, dass dieser Verbindung die gleiche Rechtskraft wie unserer eigenen Ehe zukommt.« Zusätzlich hieß es: »In Fällen, wo die Ehefrau die Zustimmung verweigert, hätte sie das Recht, den Ehemann des Ehebruchs anzuklagen und die Scheidung einzureichen – wie es auch das derzeitige Recht vorsieht –, um dann alle Rechte einer geschiedenen Frau in Anspruch zu nehmen. Der schuldige Teil könnte dann die andere Frau heiraten. Wie gefällt dir das? Deine Mutti.«[51]

Als Bormann seine Denkschrift zur »Sicherung der Zukunft des deutschen Volkes«[52] vorbereitete, schickte er den

Rohentwurf seiner Frau zur Stellungnahme, die auch prompt reagierte. Am 10. Februar 1944 plädierte Gerda Bormann im Interesse des Staates für die Schaffung mehrerer gleichzeitiger Eheverhältnisse. Jedes gesunde, männliche und »würdige« Mitglied der Gesellschaft sollte Anspruch auf eine oder mehrere Ehen haben. Der Staat würde dies anerkennen und dafür Sorge tragen, dass die Nebenfrauen unter gleichen Bedingungen wie die Hauptfrau leben könnten. Sie bekämen einen eigenen Haushalt und der Mann würde sie alle zwei Wochen besuchen. Gerda gab jedoch zu bedenken, dass die neuen Freiheiten – unter dem Vorwand der Zeugung von Nachkommen – nicht zum ungezügelten Geschlechtsverkehr genutzt werden dürften. »Das würde nur Unglück bringen, und unter diesen Umständen geborene Kinder hätten für die Gemeinschaft keinen Wert!« Ihre Ideen bezog sie teilweise aus dem Islam. »Vati, ich denke neulich viel an Mohammed als Gesetzgeber. Er war wirklich ein sehr gescheiter Mann und ich überlege, ob man nicht einiges von ihm in modernisierter Form übernehmen könnte ... die Polygamie war eine absolute Notwendigkeit. Wie sonst hätte er genug Soldaten zur Verfügung gehabt? Es ist ein weiterer Beweis für die Engstirnigkeit der beiden christlichen Kirchen [Protestanten und Katholiken], dass dies immer als rückständig und barbarisch eingestuft wurde.«[53]

Frau Bormann plädierte auch für die rechtliche Gleichstellung von außerehelichen Kindern und sprach sich strikt gegen jede Diskriminierung unehelicher Mütter aus.[54] Sie selbst war gerne bereit, mit den Freundinnen ihres Mannes eine Kommune zu gründen.[55] Zum Ausgleich der Kriegsverluste schien Gerda mehr Urlaub für die Frontsoldaten ein probates, bevölkerungssteigerndes Mittel zu sein. Das

Wort »Ehebruch« wollte sie aus Literatur und Film verbannen. Heimschulen sollten die NS-Erziehung der Kinder garantieren und das – in dieser Hinsicht oft laxe – Elternhaus ablösen.[56]

Das Ehepaar Bormann hat nicht daran gedacht, dass seine Korrespondenz jemals in die Öffentlichkeit gelangen würde. Als dies nach Kriegsende geschah[57], enthüllte sich nicht nur die NS-Politik aus dem Blickwinkel von Eingeweihten, sondern auch das Privatleben der Bormanns. Er schrieb an die »Mutti« und das »Prachtmädl«, sie antwortete dem »Vati«. Aus den Briefen geht auch deutlich hervor, wie sehr der kleine, gedrungene Reichsleiter seine große, schöne Frau geliebt hat und dass die Ehe, was niemand vermutet hatte, glücklich und harmonisch verlief.

»Mein Frauli, wie reich machtest du mich – nicht an Geld und Gut – das vertrüge sich nicht mit meiner nationalsozialistischen Auffassung –, aber an lebendigen Werten – deinen Kindern und deiner großen Liebe! Ich beuge mich vor dir, wie ein Japaner vor seiner Tenno! Ich liebe dich! Ich liebe dich! Ich liebe dich!«, schrieb Martin Bormann am 1. September 1944. Vor Außenstehenden behandelte der Reichsleiter seine Frau geringschätzig und seine brutale Art wirkte selbst auf die Parteigenossen peinlich. So pfiff er durch die Finger und seine Gattin musste »beeilt«, wie eines seiner Lieblingsworte lautete, herbeilaufen.[58] Im Privaten war alles anders und er schrieb sentimental: »Wer ist unser Ein und Alles? Wer ist unser höchstes Glück? Wer ist unser größter Reichtum? Wer ist unser schönster Schatz? Vati und alle Kinder: Die Mutti!«[59]

Zur Feier des 15. Hochzeitstages pries sich der Reichsleiter als »der größte Glückspilz« dieser Erde: »Zum einen darf ich dem Führer dienen, zum anderen habe ich dich!« Und da es »gegenwärtig [September 1944] gar arg aussieht«, wünschte er den August 1945 herbei. Zum Trost für seine Frau fiel dem überzeugten Atheisten nur »Wenn die Not am größten, ist Gottes Hilfe am nächsten« ein. Als sich die ansonsten meist gesunde Gerda einmal mit einer fiebrigen Erkältung zu Bett legte, reagierte Bormann fast hysterisch. Täglich schrieb er die zärtlichsten Briefe. »Was gäbe ich drum, wenn ich bei dir sein und dich liebkosen und päppeln und pflegen dürfte! Ich weiß, ja wirklich, was ich an dir habe, aber wenn du krank bist, mein Liebstes, spür ich es nur noch deutlicher! Wenn ich dich weniger liebte, würde ich weniger Angst um dich haben. Wenn ich wenigstens bei dir sein und dich pflegen könnte – dir zu

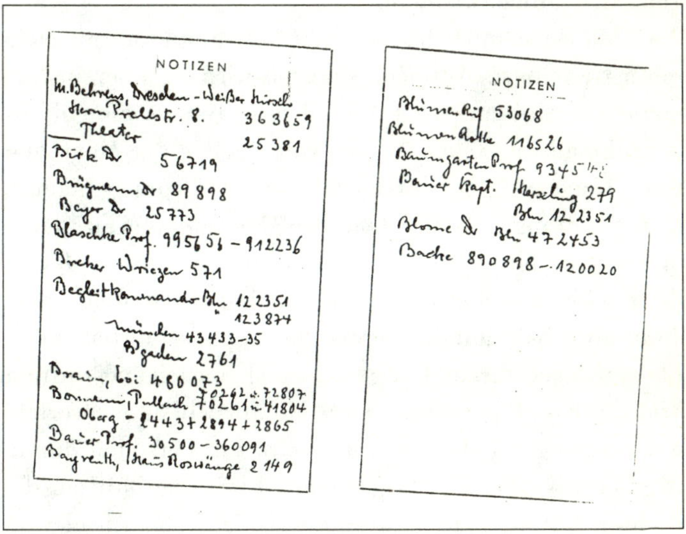
NOTIZEN
M. Behrens, Dresden - Weißer Hirsch
Herm. Prellstr. 8. 363659
Theater 25381
Bürk Dr 56719
Brügmann Dr 89898
Bayer Dr 25773
Blaschke Prof. 995656 - 912236
Breker Wriezen 571
Begleitkommando Bln 122351
" 123874
München 43433-35
B'gaden 2761
Braun, bei 480073
Bormann, Pullach 70262 u. 72807
70261 u. 41804
Oberg. - 2443 + 2894 + 2865
Bauer Prof. 30500 - 360091
Bayreuth, Haus Roswänge 2149

NOTIZEN
Blumen Rief 53068
Blumen Rothe 116526
Baumgarten Prof. 93451
Bauer Kapt. Herrsching 279
Bln 122351
Blome Dr Bln 472453
Bache 890898 - 120020

Wichtige Telefonnummern – das private Notizbuch Martin Bormanns trinken bringen, dir rechtzeitig den Hausmantel umhängen, damit du dich nicht erkältest, dir Umschläge machen, dich derart in Liebe einpacken, dass du allein davon wieder gesund wirst!«[60] – »Du, weißt du, was du bist«, schwärmte Bormann ein anderes Mal. »Das wunderschönste, herrlichste Mütti-Mädel, bildschön, bildsauber, einfach herrlich!«

Die Diskrepanz zwischen dem zärtlichen Ehemann und dem brutalen Politiker, der seine Sekretärinnen mit Fußtritten malträtierte und – zur Verhinderung milder Urteile – Beobachter zum »Volksgerichtshof« entsandte, war groß. So schreckte der in so rührender Weise um seine Frau besorgte Bormann nicht davor zurück, die von Hitler verfügte Begnadigung der Ordensfrau Restituta (Helene von Kafka) – wegen »landesverräterischer Umtriebe« – in ein Todesurteil umzuwandeln.[61]

Gerda Bormann selbst erscheint als eine Frau mit mehreren Gesichtern. Von Zeitgenossen wird sie übereinstimmend als sehr sanft und höflich beschrieben. Sie galt als feinfühlend und taktvoll. Das Wohlergehen der Menschen ihrer Umgebung lag ihr am Herzen. Sie sprach niemals laut. Sie drängte niemandem ihre Meinung auf. Freunden und Bekannten gegenüber ließ sie zwar keine Zweifel an ihrer nationalsozialistischen Gesinnung aufkommen, ging dann aber bald auf Kindererziehung und Haushalt über. Als man nach ihrem Tod gegen sie als Parteigenossin und Ehefrau des »Führer-Sekretärs« ein Spruchkammerverfahren anstrengte, haben sich die befragten Personen durchwegs positiv über Gerda geäußert. Einige verblüfften die Richter, als sie Gerda Bormann schlicht als »Engel vom Obersalzberg« bezeichneten.[62]

Nur in den Briefen an ihren Mann legte Gerda Bormann ihre Zurückhaltung ab – dem kongenialen Partner enthüllte sie ihre wahren Interessen. Für ihn entwirft die politisch gebildete, fanatische Parteigenossin atemberaubende NS-Zukunftsszenarien, diskutiert die aktuelle NS-Literatur und beschäftigt sich mit grundsätzlichen Fragen des Nationalsozialismus. Wie Bormann ist auch ihr die gewaltsame Lösung der Judenfrage ein persönliches Anliegen. Sie besucht gerne politische Vorträge wie jene des Kreisleiters Stredele und notiert sich hingerissen die einfache Botschaft: »Er teilte die ganzen Menschen in drei Gruppen ein, in die bäuerlich, bodenverwurzelten, in die steppenbewohnenden Nomaden und in die händlerischen Schmarotzer. Die Repräsentanten der bäuerlich, bodenverwurzelten Menschen sind wir, die Japaner und Chinesen. Nur der bodenverwurzelte Mensch hat wirkliche Kultur, er weiß, dass er Ahnenerbe zu hüten hat und dass seine Arbeit Früchte trägt für Kinder und Enkel. Sein ganzes Sein bewegt sich um die Begriffe Saat und Ernte ... die zweite Menschgruppe der Nomaden ist an den weiten Raum gebunden. Sie kennen kein Privateigentum, sie nutzen den Boden aus, dann ziehen sie weiter; drum haben sie keine Städte. Für den Mann ist das kostbarste Gut sein Pferd. Er schweift in die Weite, überfällt andere Völker, raubt ihnen alles und zieht von hinnen ... die dritte Gruppe sind die Händler, sie sitzen ursprünglich um das Mittelmeer. Gefährlich sind die Juden, weil sie besessen sind von dem Glauben an ihre Weltherrschaft ... für den Händler gibt es nur Geld und Geldeswert. Für ihn ist die Arbeit ein Fluch, er beutet die anderen aus ... nun haben sich die Händler mit den Steppenbewohnern verbunden, um die bäuerlichen Menschen zu unterwerfen und zur Weltherrschaft zu kommen ... und wir müssen stehen und die Flut aufhalten, wie ein starker Deich ...« Dieses primitive Geschwätz hat auf Gerda größten Eindruck gemacht: »Von diesem Gesichtspunkt betrachtet wird einem urplötzlich die ganze Geschichte klar. Sie ist zu allen Zeiten das Ringen dieser drei Mächte.«

Der ansonsten wortkarge Leiter der Parteikanzlei hatte vor seiner Frau keine Geheimnisse. Vielmehr teilte er ihr brühwarm und mit bemerkenswerter Offenherzigkeit alle brisanten politischen Neuigkeiten aus dem Führerhauptquartier telefonisch oder brieflich mit. Kam er nicht zum Schreiben, dann kündigte er genaue mündliche Berichte an. Er schickte ihr während des ganzen Krieges mittels Sonderkurier Bücher und Durchschläge seiner Fernschreiben. Hitler ahnte nichts von der fast zwanghaften Mitteilsamkeit seines treuen Adlaten. »Mein Herzensmädel! Innerhalb von 24 Stunden ist dies nun der dritte Brief! Am Telefon müssen wir sehr vorsichtig sein! Wir stellten fest, dass der feindliche Soldatensender Calais Dinge brachte, die vor 24 Stunden telefonisch von hier nach Berlin gegeben waren ...«[63]

Dank Bormann zählte die unauffällige Hausfrau Gerda zu den bestinformierten Geheimnisträgern des Dritten Reichs. Manches erfuhr sie noch vor Hitler. »Dr. Goebbels unterbreitete heute den Vorschlag – behalt es für dich – zunächst sämtliche Theater zu schließen und die Künstler im Rüstungssektor mit geeigneten, das heißt leichten Arbeiten einzusetzen. Diesen Vorschlag werde ich heute oder morgen an den Führer zur Entscheidung geben!«[64] – »Niemand dürfe mehr als unbedingt notwendig wissen«, lautete eine der wichtigsten Anweisungen des »Führers«. Bormann missachtete dies täglich und begab sich dabei auf gefährliches Terrain, wenn er Gerda die geheimen Reisepläne Hitlers verriet: »... morgen wird er mit einer kleinen Gruppe Vertrauter nach Winniza [Führerhauptquartier »Werwolf« in der Ukraine] fliegen – behalt es für dich ...«[65]

Der Reichsleiter ging ein großes Risiko ein, als er seiner Frau mitteilte, dass er dem »lieben Onkel Heinrich« (Reichsführer SS Himmler), der über Hitler klagte, am liebsten gleich »den Rock ausgezogen hätte«, ihn also gerne hätte verhaften lassen. Selbst der Gesundheitszustand des »Führers« wurde genau erörtert: »Leider geht es – behalt es für dich – dem Führer nicht gut. Er bekam vor Ärger wieder seine Spasmen – unerhört schmerzhafte Magenkrämpfe. Er sagte nur, diese Schmerzen seien fast nicht zu ertragen ... wie viel hängt von seiner Gesunderhaltung ab!«[66] Ein ständiges Thema waren die Intrigen der führenden Männer des Dritten Reichs. »Der Reichsmarschall [Göring] kocht zur Zeit Gift und Galle ... auf mich wird er deshalb so böse sein, weil die Gauleiter in ihren Fliegermeldungen bittere Feststellungen treffen. Diese unangenehmen Berichte kriegt ... der Führer ...«

Selbstverständlich hat Bormann seiner Frau detailliert von dem Attentat auf Hitler in der »Wolfsschanze«, dem Führerhauptquartier in Ostpreußen, am 20. Juli 1944 berichtet. »Denk dir nur, das Attentat auf den Führer und die natsoz. Führung war bereits 1939 geplant von Gördeler, Canaris ... In einem Panzerschrank, dessen Schlüssel bisher fehlte, fand man die einwandfreien Unterlagen ... die ganzen Pläne für den Angriff im Westen wurden bereits verraten, nachweislich dem Gegner überbracht.« Gerda antwortete: »Vati, mir wird ganz schwindlig, wenn ich daran denke, dass die Verräter schon seit 1939 am Werk waren ... wie war es nur möglich, dass der Kerl [Graf Stauffenberg] die Aktentasche mit der Bombe da hinlegen konnte ... hoffentlich ist euch keiner entkommen, der im Verborgenen weiterarbeitet ... Ach Vati, es ist nicht auszudenken, wenn Heinrich [Himmler] und du nicht hinter allem her wären.«[67]

Gerda, die von der Sinnhaftigkeit des Krieges überzeugt war, wusste ihren Mann stets aufzurichten: »Wenn du sagst, dem Führer geht's gut, ist das besser wie jede andere wichtige Meldung, die Nachrichten sind immer bedrückender, da gibt es so viel Zuversicht, wenn es dem Führer gut geht. Wie es jetzt noch Leute geben kann, die nicht mit heißem Herzen und viel sorgenden Wünschen das große Ringen unserer Soldaten begleiten ... kann ich nicht verstehen, aber leider gibt es das ...«[68] Gerda Bormann hat das Kriegsgeschehen und alle wichtigen politischen Ereignisse genau verfolgt: »Geht es bei der Marine vorwärts? Kann sich Posen halten? Die Bestien [Alliierten] hindern uns auch noch im Kampf gegen die Bolschewiken, die sind ihre eigenen Totengräber!« Nach dem plötzlichen Tod des Gauleiters Josef Bürckel fragte sie ihren Mann: »Ist das mit rechten Dingen zugegangen?« Sie vermutete nämlich, dass man den ehemaligen saarländischen Gauleiter mit Bakterien umgebracht hätte.[69]

Nur einmal ist Martin Bormann auf die Äußerungen seiner Frau nicht näher eingegangen. In diesem speziellen Fall beschränkte sich der Parteikanzleileiter darauf, die antisemitische Gesinnung seiner Frau nur kurz zu loben. Auf ihre Fragen hätte er, der Himmlers Berichte an Hitler weitergab und bei diesem als Experte in der Judenfrage und als Verfechter härtester Maßnahmen galt, sehr wohl fundierte Kommentare abgeben können. Um die damals schon weit fortgeschrittene Vernichtung der Juden geheim zu halten, unterließ er dies aber. »Krankheit und Dreck kann dem Ungeziefer auch nichts schaden«, hatte die ansonsten so sanfte Gerda Bormann im Mai 1944 geschrieben, um ihre Gedanken dann weiterzuführen: »Wie sollen sie nur weniger werden?«

Sie lag damit ganz auf der Parteilinie. Auch Hitler hatte sich in der »Wolfsschanze« ähnlich geäußert: »Sag mir keiner: wir können sie doch nicht in den Morast schicken!«[70] Die damit gemeinten Juden würden »nie in Schlachten verbluten, sondern von sicheren Schlupfwinkeln aus das Geschehen dirigieren«. Gerda fürchtete, dass »das Leben unseres ganzen Volkes verloren ist, wenn wir nicht wachsam sind und aufhören gegen sie zu kämpfen.«

Ihre paranoide Angst vor einer internationalen Judenverschwörung ging auf das Konto von Vater Buch, der nicht müde geworden war, seine Kinder zu radikalen Antisemiten zu erziehen. Die Lektüre einschlägiger NS-Literatur und ein Judenhasser als Mann haben dann den Antisemitismus der Gerda Bormann gefestigt. Sie glaubte ständig vor der Macht des »Weltjudentums« warnen zu müssen: »Diese Gefahr muss immer von Neuem aufgezeigt und in allen Verkleidungen entlarvt werden. Vor allem muss es als wesentliches Element in den Geschichtsunterricht eingebaut werden. In der Erziehung unseres Volkes muss es an erster Stelle kommen ...« Darüber hinaus vergaß Gerda nicht, auf einen weiteren Aspekt hinzuweisen. »Da es in Deutschland [1944] praktisch keine Juden mehr gibt, könnte die Judenfrage in Zukunft in den Hintergrund treten und sogar in Vergessenheit geraten. Dabei lauert der ewige Jude aber nur, germanische Menschen, die fleißig, sauber, treu und arbeitsam nach ihren Gesetzen leben wollen, zu vernichten.« Man müsse daher, »wenn das Schicksal uns den Sieg schenkt, hart bleiben und wach, sonst sind unsere Kinder und Enkel verloren«.[71]

In diesem Sinn hat Gerda – da entsprechende, »mit unseren Augen gesehene« Schulbücher nicht vorlagen und »der Idiot von Lehrer« nicht im nationalsozialistischen Sinn unterrichtete – selbst die Kinder über den »Sachsenschlächter« Karl den Großen belehrt. »Mit Eike habe ich heute Geschichte über Karl den Großen gelernt. Was könnte man nicht alles aus der Zeit Karls des Großen lernen. Wir spüren doch heute noch die Folgen seiner Politik. Durch ihn hat das Christentum und damit das Judentum in unserer Landschaft Fuß fassen können ...«[72]

Ab 1941 ließ Bormann jene privaten Äußerungen Hitlers, die er mittags und abends im kleinsten Kreis von sich gab, von seinem Adjutanten, dem Juristen Heinrich Heim, aufschreiben. Diese Sammlung der »Führergespräche« versah Bormann dann mit dem Vermerk »Geheim« und schickte sie seiner Frau mit dem Ersuchen: »Bitte diese – später äußerst wertvollen – Aufzeichnungen sehr gut aufheben.« Gerda Bormann verwahrte die Manuskripte, die große Einblicke in die Mentalität und den Lebensstil Hitlers gewähren, transportierte sie 1945 in ihrem Fluchtgepäck nach Südtirol und hat sie dadurch vor der Vernichtung bewahrt. Nach dem Krieg wurden die Aufzeichnungen als »Monologe im Führerhauptquartier« veröffentlicht.[73]

Im fünften Kriegsjahr forderte Bormann die Bevölkerung auf, jeden Fingerbreit deutschen Bodens zu verteidigen, und erließ dazu fanatische Durchhalteparolen. Für seine Familie, um die er sich ernstlich sorgte, wälzte er hingegen Evakuierungspläne und überlegte, wie und wo sie den Krieg gefahrlos überdauern könnte. Er betraute dann Dr. Helmut von Hummel, seinen Verwalter auf dem Obersalzberg, mit der Suche nach einem passenden Ausweichquartier. An Gerda schrieb er: »Da ich mit Angriffen auf den Obersalzberg rechne, bin ich erst wieder ruhig, wenn ihr aus dieser Gefahrenzone erster Ordnung heraus seid.«[74] Er versorgte Gerda mit zahllosen Ratschlägen und weihte sie in seine rasch wechselnden Pläne ein. »Im Schwarzwald säßet ihr natürlich in jeder Beziehung viel sicherer als auf dem Berg, auf dem wir jetzt täglich mit Bomber-Besuch rechnen müssen. Ich mache mir rechte Sorgen um euch, denn bombensicher ist unser Haus selbstredend nicht; kriegt es Brandbomben oder gar Phosphor, müsst ihr so rasch als möglich hinaus, denn dann wird das ganze Holzhaus im Augenblick eine Riesenfackel sein ...«[75]

Im Schwarzwald besaßen die Bormanns am Schluchsee eine aus konfisziertem jüdischem Besitz stammende Landvilla, in der sie zahlreiche evakuierte Kinder aufgenommen hatten und die sie nun eilends zum Dauerwohnsitz adaptierten.[76] »Kartoffeln, Obst etc. müssen wir sobald wie möglich nach Schluchsee bringen und dort einlagern. Es wird von den Obersalzberger Vorräten abgezweigt!« Als Gerda gegen den ständigen Aufenthalt in der einsamen Gegend protestierte, drängte ihr Mann: »Ich verleugne keineswegs, dass euer Umzug gewisse Nachteile hat ... trotz allem sollten wir mit Eile den Umzug vornehmen ...«[77]

Der Ausbau unterirdischer Luftschutzbunker auf dem Obersalzberg war 1943 schon in vollem Gange und Bormann trieb die Arbeitskolonnen zu höchster Eile an. Tief im Fels, geschützt von 50 Metern gewachsenem Gestein, entstand für Hitler und sein Gefolge ein weitläufiges System von Gängen und Kammern. Die Familien Bormann und Göring sollten in unmittelbarer Nähe dazu eine kleinere Anlage bekommen. Mit der Fertigstellung des riesigen Stollensystems rechnete Bormann Ende 1943. Gegen die aufwändigen Projekte mit zahlreichen Fehlplanungen und kostspieligen Korrekturen regnete es parteiintern heftige Proteste, die Bormann mit dem Hinweis auf die »Sicherheit des Führers« abschmetterte. Doch es sollte Weihnachten 1944 werden, bis der »Herrgott vom Obersalzberg« das vollendete Werk begutachten konnte.

Dann jedoch stand den Bormanns eine eigene 275 Quadratmeter große luxuriöse unterirdische Suite mit Klimaanlage, Küche, marmorverkleideten Bädern und Parkettfußböden zur Verfügung. Damals litt die Bevölkerung bereits spürbar unter der kriegsbedingten Verknappung der Versorgungslage und Anfang April 1943 wurden mit der 35. Zuteilungsperiode neuerdings die Lebensmittelrationen gekürzt. Die große Bormann-Familie war davon nicht betroffen, denn wie ein erster Lokalaugenschein nach Kriegsende zeigte, lagerten im Bunker des Reichsleiters Lebensmittel, die, einer groben Schätzung zufolge, eine größere Personenzahl 200 Jahre lang versorgt hätten.

Trotzdem hielt Bormann die gesunde Zahnentwicklung seiner Kinder für gefährdet. Er hat daher im jeweiligen Führerhauptquartier emsig die übrig gebliebenen Brotrinden eingesammelt und sie im so genannten »Kantenkoffer« per Sonderkurier auf den Obersalzberg schaffen lassen. Dort mussten sie von den Opfern der väterlichen Marotte zur Stärkung der Gebisse gekaut werden.

Ende Oktober 1944 verlor Gerda Bormann ihre geliebte Mutter, zu der sie aufgrund des Verbotes ihres Ehemanns nur mehr telefonische Kontakte haben durfte. Ihrem Brief, in dem sie Martin Bormann den Todesfall mitteilt, fehlt jede nationalsozialistische Verbrämung. Der Kummer lässt sie auf den sonst unterwürfigen Tonfall verzichten. Ein leiser, aber unmissverständlicher Vorwurf hat sich eingeschlichen. Sie schreibt auch nicht dem »lieben Vati«, sondern es heißt: »Mein liebster Mann! ... es ist so schnell und überraschend gekommen mit Mutter, dass ich es noch gar nicht fassen kann ... wir werden es erst in den nächsten Wochen und Monaten richtig merken, was es heißt, keine Mutter mehr zu haben ... Du willst es nicht wahrhaben, aber sie war eine ganz fabelhafte Frau ... mein liebster Mann, wenn ich dir zeitlebens das sein kann, was meine Mutter meinem Vater war, dann kannst du ganz zufrieden sein. Wenn meine Kinder mir so viel Vertrauen schenken wie wir der Mutter, und wenn sie mich so lieben wie wir die Mutter, bin ich glücklich. ... Denke, was hätte sie mir das Leben schwer machen können, wenn sie mir ständig vorgejammert hätte, weil sie die Kinder nicht sehen konnte und weil ich nicht zu ihr kommen konnte. So hat sie nicht ein Wort darüber gesagt ... sie hat sich gefügt, weil's halt nicht anders sein konnte.«[78]

In Anerkennung ihrer Verdienste als vorbildliche Mutter brachte der Zentralverlag der NSDAP in seinem jährlichen NS-Kalender 1944 ein Bild von Gerda Bormann im Kreis ihrer Kinderschar mit dem dazu passenden Ausspruch des »Führers«: »Der nationalsozialistische Staat ist unter keinen Umständen gewillt, seine Kinderzahl zu beschränken, sondern im Gegenteil entschlossen, diese natürlichste Fruchtbarkeit der Nation zu steigern.«[79]

Das Ehepaar Bormann hatte damals, nachdem am 18. September 1943 Volker zur Welt gekommen war, neun Kinder und gehörte als Mitglied zum »Reichsbund der Kinderreichen«.[80] Nach zehn Geburten und mindestens einer Fehlgeburt, die durch einen Blutsturz während eines Aufenthalts im Teehaus auf dem Kehlstein ausgelöst worden war[81], dachte die stolze Mutter und Trägerin des Mutter-Ehrenkreuzes keineswegs daran, ihre Familienplanung abzuschließen. Sie war jedoch bereit, bessere Zeiten abzuwarten. »Ich freue mich schon so auf mein nächstes [Kind] und möchte es mir wünschen, sobald die Lage im Westen wieder gesichert ist«, meinte Gerda im September 1944, als bereits die ersten amerikanischen Soldaten die Grenze des Deutschen Reichs überschritten und die Alliierten Pläne für die Verwaltung Deutschlands nach dem Krieg schmiedeten. Aus Sorge um die Gesundheit ihrer künftigen Nachkommenschaft wurde Gerda Bormann nicht müde, ihren Mann vor den Gefahren von Alkohol und Nikotin zu warnen. Der Reichsleiter, ein Trinker und Kettenraucher, der nur in Gegenwart des »Führers« auf seine Laster verzichtete, erfand dann für seine Gattin die Ausrede, »dass mir schon ein einziges Glas Steinhäger scheußliche Kopfschmerzen verursacht«.

Die Stellung Bormanns hatte zur Folge, dass man über seine Frau Einfluss nehmen wollte, und oft klagte Gerda, dass ihr Telefon den ganzen Tag läute. So legte ihr Gerdy Troost Umbaupläne für den Ausbau und die Renovierung des Berghofs vor. Als Goebbels nach der Kriegserklärung an die USA amerikanische Filme verbot, wandte sich selbst Eva Braun an Gerda Bormann. »Evi hat angerufen. Es dürfen keine amerikanischen Filme mehr ausgegeben werden ohne persönliche Erlaubnis von Doktor Goebbels. Du möchtest ihn doch bitte in Berlin anrufen und ihm sagen, er möchte dem Berghof weiterhin noch amerikanische Filme schicken.«

Einmal intervenierte Gerda selbst bei ihrem Mann für eine Bekannte, die aufgrund einer Denunzierung von der Gestapo verhaftet worden war.[82] Der Politiker Bormann war in Deutschland verhasst und wusste dies. Im Fall seines Todes rechnete er mit Repressalien gegen Gerda und die Kinder. Der Gedanke, sie könnten Opfer der von ihm selbst mit Vorliebe praktizierten Sippenhaftung werden, ließ ihn nicht los und nahm absurde Formen an. So glaubte er, Eva Braun würde ihnen die Gemüselieferungen aus dem obersalzbergischen Gutshof sperren. Tatsächlich hatte Gerda zur Geliebten des »Führers« ein gutes, wenn auch distanziertes Verhältnis und die Bormann-Kinder schätzten die lustige, sportliche Geliebte Hitlers. »Gestern kamen die Kinder ganz erfüllt vom Baden heim«, notierte sich ihre Mutter. »Sie haben Evi mit all ihren Bekannten getroffen und sind mit Evis Boot über den See gerudert worden. Evi sei sehr lieb zu ihnen gewesen und habe zu ihnen gesagt, es ginge nicht, dass sie Frl. Braun zu ihr sagten, sie sollten alle Eva und du sagen ...«[83] Die Kinder nannten sie dann »Tante Eva«.

Im September 1944 hatte Parteileiter Bormann die Aufstellung eines »Volkssturms zur Verteidigung des Heimatbodens« durchgesetzt. Er war damit auch für die Rekrutierung zuständig, während dem Reichsführer SS Himmler die militärische Führung unterstand. Kinder, Greise und Kranke wurden eingezogen. Die Bevölkerung quittierte dies mit bitteren Spottversen: »So wollen wir den Feind er-

Gerda Bormann mit ihrer Kinderschar, in Erwartung des zehnten Kindes (Volker, 1943)

warten, des Führers letztes Aufgebot ... mit Maus und Mann und Kind und Kegel, ins Massengrab, ins Massengrab.« Gerda Bormann jedoch gratulierte ihrem Mann begeistert zur »Geburtsanzeige des Volkssturms«. Als sich aber 1945 ihr noch nicht 15-jähriger »Krönzi« freiwillig einem Volkssturm-Bataillon anschließen wollte, änderte sich ihre Meinung radikal: »Krönzi ist sehr geknickt, dass er nicht im Volkssturm mitkämpfen darf, sondern jetzt noch Latein lernen muss. Aber wo kämen wir hin, wenn die Jungens von 15 Jahren alle nicht mehr lernen wollten. Sie werden schon zur rechten Zeit geholt und eingesetzt werden ... Die Buben leisten schon sehr viel ... Aber es sind auch eigentlich keine Buben mehr, sondern junge Männer, die genau wissen, worauf es ankommt ...«[84] In diesem Sinn hat Gerda ihrem Sohn »klarzumachen versucht, wie wichtig es ist, dass er lernt und dass uns kein militärischer Sieg etwas nützt, wenn wir nicht auf wissenschaftlichem und technischem Gebiet die Ersten sind ...«

Vom 9. bis zum 26. Januar 1945 verbrachte das Ehepaar Bormann in der so genannten »Güterverwaltung Nord« den letzten gemeinsamen Urlaub. Auf dem riesigen, ca. 100 km von Berlin entfernten Areal mit mehr als 100 Bauernhöfen, dem Schloss Stolpe und dem Gutshaus Möllenbeck plante Bormann für Hitler ein neues »Sanssouci«.[85] Der Reichsleiter und seine Frau hofften sehr, dass ihnen der »Führer« dafür als kleine Anerkennung das Nachbargut Krumbeck als »Familienerbe« schenken würde.

Am 18. März 1945 kam Martin Bormann das letzte Mal zu seiner Familie nach Bayern, beherrscht von einer düsteren Untergangsstimmung, die sich später in einem Brief an seine Frau niederschlug: »Wir werden unsere Pflicht bis zum Ende tun; und wenn wir, wie weiland die ollen Nibelungen in Etzels Saal, untergehen, wollen wir es stolz und ungebeugt tun!«[86] Auch die Sicherheit der mit so großer Mühe angelegten Stollen schien ihm nicht ausreichend: »Tritt eine ernstliche Bedrohung des Salzkammergutes und damit auch des Obersalzberges ein, dann müssen Frauen und Kinder beschleunigt nach Tirol ausweichen! Bitte besprich vorsorglich, aber streng vertraulich diese Angelegenheit mit Hummel, damit der alle gedanklichen und sonstigen Vorbereitungen trifft!«[87]

Die »Alpenfestung des Führers« war lange von Angriffen verschont geblieben, sodass Gerda Bormann noch am 5. April 1945 schreiben konnte: »Uns geht es hier oben noch immer gut und verhältnismäßig ruhig. Wir warten seit Monaten auf unseren schweren Angriff, der uns immer wieder von der Feindseite angekündigt wird. Unsere Stollen sind aber so weit fertig, dass wir zwar sehr eng, aber absolut sicher drin hausen können und mir tut's nur Leid, dass diese Sicherheit nicht für alle mir lieben standfesten Menschen sein kann ...«

Am 25. April 1945 kündigte sich auf dem Obersalzberg der erste schöne Frühlingstag an. Zwar lag noch Schnee bis in eine Höhe von 900 Meter, doch die winterliche Kälte schien gebrochen. Über der herrlichen Gebirgslandschaft spannte sich ein wolkenloser und strahlend blauer Himmel, der den Bewohnern des Hochtales Anlass zu größter Sorge gab.[88] Um 9.30 Uhr wurde Voralarm gegeben, wenige Augenblicke später Vollalarm. Kurz darauf setzte der durch den Londoner Rundfunk angekündigte Großangriff ein. 318 riesige britische Flugzeuge vom Typ »Lancaster« warfen schwere Bomben im Gesamtgewicht von 1000 Tonnen auf das Gebiet des Obersalzbergs ab. Binnen einer Stunde verwandelten sie die idyllische Gebirgssiedlung in eine rauchende, mit schwefelgelben Abgasen gefüllte Mondlandschaft. Bormann, der »Herrgott vom Obersalzberg«, sah die Zerstörung seines Lebenswerkes nicht. Während das Bormann-Haus ebenso vernichtet wird wie der Berghof des »Führers«, geht er Hitler im Bunker der Berliner Reichskanzlei beim Abfassen seines Testaments zur Hand. Das Schicksal seiner Familie berührt der Reichsleiter mit keinem Wort, als er am Mittwoch, dem 25. April 1945, in seinen Kalender einträgt: »Göring aus Partei ausgestoßen. Erster Großangriff auf den Obersalzberg.« Am 28. April fungiert Bormann dann noch als Trauzeuge bei der Hochzeit des »Führers« mit Eva Braun.

Dr. Helmut von Hummel gab nach dem Krieg an, Ende April von seinem Chef aus dem Führerbunker einen ominösen Funkspruch empfangen zu haben. Nähere Angaben machte er nicht, ließ aber durchblicken, dass er den »ungeheuerlichen Inhalt« nicht an Frau Bormann weitergeben wollte. Hummel löste damit Spekulationen aus, dass der Leiter der Parteikanzlei seiner Familie nach dem Vorbild von Goebbels Selbstmord befohlen hätte.[89]

Auf jeden Fall sind Gerda Bormann und acht ihrer Kinder, nachdem sie das Bombardement unversehrt überstanden hatten, am nächsten Tag in Begleitung von Hummels, ihrer Schwägerin, Frau Hanke (Frau des Staatssekretärs Karl Hanke), Frau Himmler sowie zahlreicher Flüchtlingskinder nach Südtirol aufgebrochen. In Innsbruck, wo man einen Zwischenstopp einlegte, verstaute man Gerdas Fluchtgepäck aus Sicherheitsgründen im Keller der Gauleitung. Die fünf Kisten enthielten den kostbarsten Besitz des Ehepaares: Schmuck, den privaten Briefwechsel, Fotoalben der Kinder sowie einen versiegelten Kurierkoffer mit den Aufzeichnungen von Hitlers »Tischgesprächen«, dazu Hitleraquarelle, geheime Dokumente und vielleicht eine Kassette mit Original-Wagnerpartituren.[90] Am nächsten Tag trat man die Weiterreise an. Das Gepäck Gerda Bormanns war jedoch in dem Durcheinander des Aufbruchs zurückgeblieben.

Die Kisten mit dem wertvollen Inhalt blieben nach dem Krieg lange verschwunden – bis plötzlich die Korrespondenz des Ehepaars Bormann und die Hitlermonologe auftauchten und veröffentlicht wurden.[91] Viel mehr als der Verlust ihrer Habe schmerzte Gerda jedoch die Ungewissheit über das Schicksal ihres ältesten Sohnes. Von Martin fehlte nämlich jede Nachricht. Niemand ahnte, dass der 15-jährige »Krönzi« nach Auflösung seiner Feldafinger Parteischule in den letzten Kriegstagen einer für den Einsatz in Tirol bestimmten Volkssturmeinheit zugeteilt worden war. Die Wege von Mutter und Sohn kreuzten sich sogar. Der Bus mit Gerda Bergmann – wie sich Frau Bormann nun nannte – passierte nämlich jenes »Hotel Post« in Steinach am Brenner, wo ihr Sohn nach der Kapitulation der Südfront gestrandet war. Er lag dort mit einer Darminfektion zu Bett. Martin tröstete sich mit dem Gedanken, dass er Mutter und Geschwistern bald nachreisen würde. Die Wirren nach Kriegsende haben dies jedoch verhindert.[92]

Vier Tage dauerte Gerdas Reise nach St. Christina im Grödnertal. Dort stellte sich heraus, dass ihr Ausweichquartier von einer Wehrmachtsdienststelle besetzt worden war. Für Frau Bergmann und die Kinderschar fand man jedoch ein schönes Haus in Wolkenstein und bewahrte im Übrigen Stillschweigen. Kurz nach der Ankunft machte sich bei der Frau des »Führer-Sekretärs« eine Unterleibserkrankung mit starken Blutungen bemerkbar, die einen mehrwöchigen Aufenthalt im Bozener Krankenhaus erforderte. Nach ihrer Entlassung gab Gerda Bergmann dem amerikanischen Befehlshaber in Bozen ihre wahre Identität preis und wurde kurz von Beamten des amerikanischen Sicherheitsdienstes befragt. Am 10. Oktober 1945 ließen die Engländer – sie lösten damals die Amerikaner in Südtirol ab – die Schwerkranke unter größter Geheimhaltung in das Meraner Kriegslazarett bringen. Die Kinder blieben in der Obhut von Paula Pallhuber zurück, einem ehemaligen in Südtirol ansässigen Dienstmädchen. Im Krankenhaus diagnostizierte man Unterleibskrebs.

»Hier muss ich immer im Bett liegen, komme jeden Tag ins Behandlungszimmer, werde mit Argentum [Quecksilber] oder Chrom ausgeätzt und komme wieder in mein

Bett. Die Bluterei hört einfach nicht auf und die ewigen Temperaturschwankungen auch nicht. Die Ärzte sagen alle, ohne Bestrahlung wird es nicht wieder gut. Die Bewilligung dazu muss der Engländer geben. Seit Ende Oktober läuft die Sache, aber endgültiger Bescheid ist noch keiner da. Und so muss ich halt liegen und warten.«[93]

Während des langen Aufenthalts im Krankenhaus mit dem erzwungenen Müßiggang gingen Gerda allerlei Gedanken durch den Kopf. An ihrer festen nationalsozialistischen Überzeugung änderte sich nichts, obwohl sie allmählich zu dem Schluss kam: »... aber eins hab ich hier auch gelernt, dass lang nicht alle anständigen Menschen Nazis sind und dass lange, lange nicht alle Nazis anständige Menschen sind. Was es da so an Schiebung und Drückebergerei und schmutzigsten Machenschaften gab, darüber muss ich mich immer wieder von neuem schämen. Ich bin nur froh, dass Vatis Dienststelle sauber war davon und dass er selbst sich wirklich bis zum Letzten eingesetzt hat ...«[94]

Mit »bis zum Letzten« meinte Gerda das Ende des Dritten Reichs, denn vom Schicksal ihres Mannes wusste sie nichts. »Ausbruchversuch« lautet die letzte Eintragung, die Bormann am 1. Mai 1945 im Berliner Führerbunker in sein Notizbuch schrieb, dann verlor sich seine Spur.[95] Die Behörden glaubten, dass er wie viele andere untergetaucht sei, schrieben ihn zur Fahndung aus und luden Bormann mittels Medien zur Verhandlung des Internationalen Gerichtshofs am 20. November 1945 – der »böse Erzengel an der Seite des Teufels Hitlers« möge sich dann selbst oder durch Anwalt verteidigen.[96] Zu dieser Zeit lag Gerda Bormann inkognito in dem 1400 Betten umfassenden Meraner Kriegslazarett. Ihr Zimmer mit der Aufschrift »Eintritt ver-

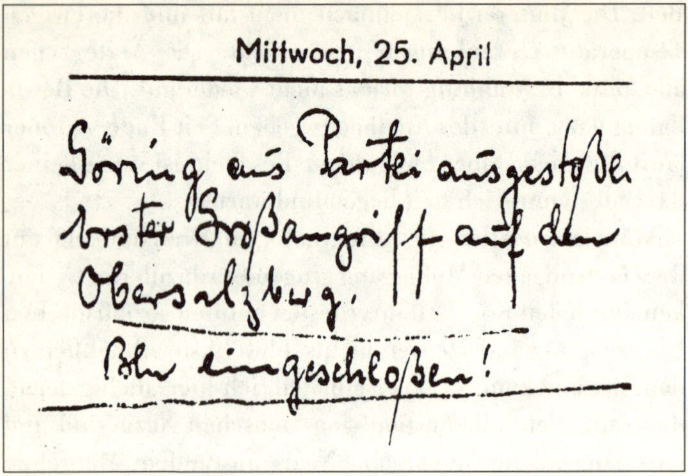

Mittwoch, 25. April

Göring aus Partei ausgestoßen
erster Großangriff auf den
Obersalzberg.
Bln eingeschloßen!

Letzte Eintragung von Hitlers Sekretär –
Auszug von Martin Bormanns Vormerkbuch (1945)

boten!« blieb selbst den beiden Anstaltspriestern lange verwehrt.

Einer, der katholische Priester Theodor Schmitz, hat Martin Bormann jun. später die erste Begegnung mit seiner Mutter geschildert: »Als ich dann am Heiligen Abend 1945 durch das ganze Haus ging, zusammen mit dem evangelischen Kollegen, um allen Patienten kleine Weihnachtsgaben zu überreichen ... kamen wir auch auf die Frauenstation ... Diese erste, in Anbetracht der Umstände verhältnismäßig kurze Begegnung mit deiner Mutter am Heiligen Abend 1945 hat mich tief beeindruckt, ich werde sie nie vergessen können. Deiner Mutter ging es damals recht gut, sie sah frisch aus, mit den lang herabhängenden Zöpfen fast mädchenhaft, und war sehr rege in der Unterhaltung ... Dabei hörte ich dann bald von ihren vielen Kindern in Wolkenstein und vor allem von ihrer Sorge um dich, lieber Krönzi! ...«[97]

Gerda Bormann schätzte die priesterliche Fürsorge: »Mein Trost sind jetzt die beiden Pfarrer, die sich rührend um mich und die Kinder angenommen haben, obwohl sie ganz genau wissen, wer wir sind und dass wir gottgläubig sind. ... hier sind alle lieb und gut zu mir. Vor allem die beiden Herrn Pfarrer helfen mir jetzt, Krönzi zu suchen ...«[98] Zum allgemeinen Erstaunen hat Gerda Bormann den katholischen Priester dem evangelischen vorgezogen.[99] So führte die bald von entsetzlichen Schmerzen gepeinigte Frau lange Gespräche mit dem 29-jährigen Theodor Schmitz, einem kultivierten, sympathischen und überaus tatkräftigen jungen Mann. Er erinnert sich: »Sie war sehr angenehm und erzählte viel von sich und ihrer Familie. Über ihren Mann sagte sie kein schlechtes Wort.«[100]

Schon am 5. Januar 1946 fuhr Schmitz nach Wolkenstein und Percha, um nach den Bormann-Kindern zu sehen. Wenig später versteckte der Priester Eike und Gerhard in seinem Wagen und schmuggelte sie durch die Kontrolle beim Eingang des Lazaretts. Er transportierte auch mit Bleistift geschriebene Nachrichten hin und her. In einer davon hieß es: »Liebes Paulinchen! Sie können sich gar nicht vorstellen, wie groß der Stein war, der mir vom Herzen fiel, als der Brief gestern kam, dass Sie bei den Kindern sind. Nun weiß ich, es ist jemand bei ihnen, der sie beinahe so lieb hat wie ich, den die Kinder auch sehr lieb haben, und nun habe ich keine Sorge mehr um meine kleine Gesellschaft ... Ich soll nach Padua oder Mailand, auch das entscheidet sich erst. Wenn's nur nicht gar so weit von den Kindern weg wäre. Wenn ich so weit weg bin, schauen sie

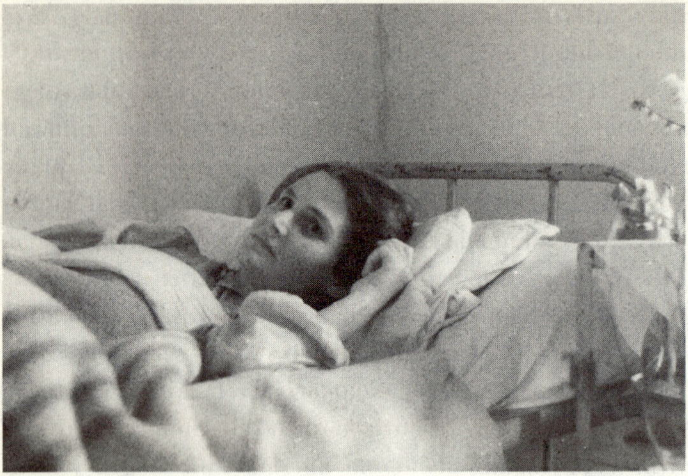

Gerda Bormann kurz vor ihrem Tod im Militärlazarett von Meran (1945)

[die Seelsorger] sicher auch mal bei euch vorbei, und wenn ihr irgendeinen Kummer habt oder mit was nicht weiter wisst, sagt's ihnen, sie können am ersten helfen. Ihnen geht's um die deutschen Menschen. Was hier an ordentlichen deutschen Menschen ist, hilft sich selbstverständlich untereinander. Ganz gleich, ob sie aus Ostpreußen, Böhmen, Wien oder vom Rhein sind. Das Zusammengehörigkeitsgefühl können sie uns nicht rauben, auch wenn sie Deutschland in noch so kleine Stücke reißen.«[101]

Bald darauf verschlechterte sich Gerda Bormanns Zustand jedoch rapide. Sie konnte nicht mehr aufstehen und erhielt Morphium zur Schmerzlinderung. Schließlich informierte der behandelnde Gynäkologe Theodor Schmitz von dem bevorstehenden Ende der Patientin. Dabei kam auch das ungewisse Schicksal der Kinder zur Sprache und man war sich einig, dass schleunigst Maßnahmen getroffen werden müssten.

Am 5. Februar 1946 hat die »endesunterzeichnete Ehefrau« Gerda Bormann, da »nach Presseberichten und nach meiner festen persönlichen Überzeugung mein Ehemann nicht mehr am Leben ist«, ihren Bruder Hans Walter Buch – pro forma – zum Vormund ihrer minderjährigen Kinder bestimmt. Zum interimistischen – de facto jedoch tatsächlichen – Vormund bestellte sie zum Erstaunen aller den treuen Helfer ihrer letzten Tage und Freund ihrer Kinder, den katholischen Geistlichen Theodor Schmitz. Sie bat ihn, für das »persönliche und wirtschaftliche Wohl meiner Kinder zu sorgen«.[102]

Für ihre Nachkommen hat sich Gerda Bormann damals über alle NS-Vorstellungen hinweggesetzt und ihnen den Weg in eine unproblematische Zukunft bei katholischen Südtiroler Pflegeeltern geebnet. Der junge Theologe Schmitz aber, der von einem Tag auf den anderen acht Kinder zu versorgen hatte, wandte sich in dieser für einen Geistlichen höchst ungewöhnlichen Situation Hilfe suchend an seinen Vorgesetzten, den Bischof von Brixen. Dieser genehmigte die Adoption und hat überdies – aus seinen persönlichen Ersparnissen – das Haushaltsgeld für die »Kinderrepublik« bereitgestellt.[103]

Kurz vor ihrem Tod wandte sich Gerda Bormann noch einmal an Paula Pallhuber: »Mein liebes Paulinchen! Wie geht es Ihnen? Sind Sie immer noch vergnügt mit den Kindern oder wird's Ihnen zu anstrengend? ... Jetzt fängt die schlimme Zeit der Frühjahrsschnupfen an. Seien Sie doch ja recht streng mit den Kindern, dass sie nicht beim ersten Sonnenstrahl ohne Mütze, Mantel und Strümpf [Lücke]... Alle drei Buben neigen zu Ohrenentzündung; ... und dann hab ich noch eine große Bitte: Passt auf, dass Volker keinen Sonnenstich bekommt, die erste Frühlingssonne ist so stark, die ist schwer zu ertragen. Ich habe Fieber und Erbrechen gekriegt, wie sie mein Bett ans Fenster in die pralle Sonne gestellt haben. Und in den kleinen Kabuffchens ist es an manchen Stunden so heiß und an andern wieder so kalt ...«[104]

In den letzten Wochen vor ihrem Tod beschäftigte sich Gerda Bormann zunehmend mit religiösen Fragen. Als Theodor Schmitz später mit Gerdas Tochter Eike in Wolkenstein den Nachlass der Mutter durchsah, stieß er auf ihre letzte handschriftliche Aufzeichnung: Nietzsches Gedicht »Dem unbekannten Gott«. Der Theologe deutete dies als Indiz, dass die Gattin Bormanns zu ihrem alten protestantischen Glauben zurückgefunden hätte.

Gerda Bormann ist am Abend des 23. März 1946 im 37. Lebensjahr verstorben.[105] Bei der Obduktion stellte sich dann heraus, dass nicht Unterleibskrebs, sondern eine durch die Behandlung hervorgerufene Quecksilbervergiftung die Todesursache war.[106] Im offiziellen Sterberegister vermerkte man jedoch: Carcinom Cerv. III.[107] Die Bestattung erfolgte auf dem Soldatenfriedhof von Meran.[108] Ein posthum durchgeführtes Spruchkammerverfahren stellte fest, dass sie Parteimitglied gewesen war und das goldene Parteiabzeichen besaß[109], sie jedoch nicht in die Gruppe der vom NS-Regime Belasteten einzureihen wäre.[110] Während Vormund »Onkel Theo« seine Schützlinge bei Südtiroler Pflegeeltern unterbrachte[111], wurde der Vater der Kinder weltweit gesucht.

Martin Bormann war am 1. Oktober 1946 in Abwesenheit zum Tode verurteilt worden, sein Vermögen galt als

Hartmut Bormann mit dem Vormund der Bormann-Kinder, dem katholischen Priester Theodor Schmitz

verfallen. Bezüglich des Besitzes am Schluchsee kam es 1953 in einem Restitutionskammerverfahren zwischen den Vorbesitzern und den Bormann-Kindern zu einem Vergleich. Die Fahndung nach dem Leiter der Parteikanzlei dauerte mehrere Jahrzehnte und wurde von einer ungeheuren Medienkampagne begleitet. »Bormann in Mexiko?« – »Bormann doch in Südamerika?« – »Bormanns Aufenthaltsort bekannt«, hießen einige der periodisch wiederkehrenden Schlagzeilen.[112] Zahlreiche Journalisten wollten Bormann, für dessen Ergreifung eine Prämie von

100 000 DM ausgesetzt war, auf eigene Faust aufspüren. Manche wähnten sich ihrem Ziel ganz nahe. Doch der ehemalige Leiter der Parteikanzlei ließ– nach Angaben der Fahnder – alle Termine immer »in letzter Minute« platzen. Simon Wiesenthal, der Leiter des Jüdischen Dokumentationszentrums in Wien, erklärte 1967, dass Bormann in Brasilien an der Grenze zu Paraguay in großem Wohlstand lebe. Nach anderer Darstellung wurde Bormann in Russland als Agent und in Brasilien in Gesellschaft des KZ-Arztes Mengele gesichtet.[113]

Im Dezember 1972 entdeckte man die Leiche Bormanns in Berlin. Die Recherchen der Frankfurter Staatsanwaltschaft und des Historikers Jochen von Lang sowie der Zahnbefund ließen vermuten, dass Bormann schon am 2. Mai 1945 in der Nähe des Bunkers der Berliner Reichskanzlei Selbstmord begangen hatte.[114] Eine zu einem späteren Zeitpunkt durchgeführte DNA-Analyse der Knochen identifizierte das Skelett zweifelsfrei als das von Martin Bormann.

1974 wurde auch jenes Tagebuch veröffentlicht, das Bormann bei seinem Tod bei sich getragen hatte. Es war 1945 über Umwege in die Sowjetunion gekommen.[115]

Lina Heydrich

»An der Seite eines Kriegsverbrechers«

14. Juni 1911 – 14. August 1985

Im September 1940 konnte die Royal Air Force in der zweiten Phase der »Luftschlacht um England« den Angriff der deutschen Luftwaffe erfolgreich abwehren und damit eine Wende in dem bis dahin siegreichen Angriffskrieg Hitlers einleiten. Die hohen Verluste ließen außerdem erkennen, dass die für eine Landung von Invasionstruppen notwendige deutsche Luftherrschaft über die Britischen Inseln in absehbarer Zeit nicht erreicht werden könnte. Churchill meinte rückblickend, dass die geglückte Abwehr damals zwar nicht der Anfang vom Ende, aber das Ende vom Anfang gewesen sei. In Deutschland wurde der Rückschlag als vorübergehende Phase im Kampf eines an allen Fronten siegreichen Heeres gesehen.

Lina Heydrich gehörte zu den wenigen, die die Zeichen der Zeit richtig deuteten. Sie stellte ihren Haushalt auf eine längere Kriegsdauer und zu erwartende Engpässe um und nahm die Fleischversorgung ihrer Familie in die eigenen

Hände. Zuerst kaufte sie Hunderte Hähnchen und viele Gänse. Dann erwarb sie eine Dosenverschlussmaschine. Schließlich begann sie mit dem Schlachten, Rupfen und Entbeinen, um das Endprodukt ihres Fleißes schließlich fachgerecht – nach französischen Rezepten – einzudosen. Außerdem liebte sie es, auf ihrer norddeutschen Heimatinsel Fehmarn mit dem eigenen Motorrad von Dorf zu Dorf zu brausen, Vorräte einzukaufen und dann selbst Kartoffeln, Steckrüben und Früchte per Lastwagen nach Berlin zu transportieren.

Der Dank für den dynamischen Einsatz blieb aus. Linas Ehemann reagierte mit Verwunderung und Missbehagen. In Anbetracht der hohen und sensiblen Stellung, die er im Dritten Reich bekleidete, waren ihm die Aktivitäten seiner Frau höchst peinlich. Reinhard Heydrich verfügte seit 1939 als Leiter des Reichssicherheitshauptamtes (RSHA), in dem Gestapo, Kripo und Sicherheitsdienst (SD) zusammengefasst wurden, über eine ungeheure Macht. Gefürchtet als »oberster Bluthund des Reiches«, stand er an der Spitze einer gigantischen Polizeiorganisation, die sowohl in Deutschland als auch in den besetzten Gebieten ein Regime beispiellosen Terrors führte.

Bei der energischen Frau an seiner Seite versagte jedoch der Einfluss des Gestapo-Chefs, der angeblich im Beisein seiner Gattin, die »nie den Mund halten konnte« und alles besser wusste, merkwürdig farblos wirkte. Nachdem Lina seine zaghaften Bitten nach standesgemäßem Verhalten und Änderung der Lebensgewohnheiten einfach ignorierte, kapitulierte Heydrich und führte die Eskapaden seiner Frau auf die Erziehung zur Unabhängigkeit durch ihr Elternhaus zurück.

Lina Heydrich wurde am 14. Juni 1911 in Avendorf auf der Ostseeinsel Fehmarn geboren.[1] Ihr Mädchenname lautete Lina von Osten. Sie entstammte einer verarmten adeligen Familie von norddeutschen Grundbesitzern.[2] Ihr Vater – der zweite Sohn einer achtköpfigen Kinderschar – war gezwungen gewesen, den elterlichen Hof zu verlassen und einen Brotberuf zu ergreifen. Jürgen von Osten wurde Lehrer. Die Sehnsucht nach eigenem Grund und Boden, die ihn sein Leben lang nicht verließ, gab er seinen beiden Kindern mit. Auch Lina von Osten fühlte sich ganz als Adelige. Im Gegensatz zu ihrem Vater konnte sie jedoch den Traum vom adeligen Landleben verwirklichen – wenn auch nur für einige Jahre.

Linas Mutter, eine geborene Hiss, kam aus einer wohlhabenden Familie von Seefahrern und Kaufleuten, die seit Jahrhunderten auf Fehmarn ansässig war. Jürgen von Osten erzog seine zwei Kinder Lina und Jürgen zu schleswigholsteinischen Patrioten und nach deutsch-nationalen Grundsätzen. In der NSDAP sah er die Rettung Deutschlands. 1927 legte das Mädchen die mittlere Reife ab und verließ zur Erleichterung vieler Lehrer die Schule, in der Lina mit ihrer außergewöhnlichen Schlagfertigkeit unter den wohlgesitteten Mitschülerinnen beträchtliche Unruhe gestiftet hatte. Auf ausdrücklichen Wunsch der Eltern kehrte sie für ein Jahr nach Hause zurück und lernte unter mütterlicher Aufsicht »richtige« Haushaltsführung sowie die fachkundige Zubereitung »Fehmarnscher Klöße«. Lina tat dies nur widerstrebend, musste aber rückblickend feststellen, damit die einzige wertbeständige Ausbildung für ihr Leben erhalten zu haben. 1928 aber setzte das wortgewandte Mädchen den Eltern gegenüber seinen Willen durch und ließ sich in der Berufsschule von Kiel einschreiben. Lina wollte »aus eigener Kraft etwas werden«, das Abitur ablegen und sich zur Gewerbelehrerin ausbilden lassen. Als Hitler 1928 nach Norddeutschland kam und auch in Eckernförde sprach, befand sich unter den begeisterten Zuhörern Jürgen von Osten, der dann seiner Schwester von dem Redner und dessen »wunderbaren Zielen« vorschwärmte. 1929 ging Lina zu ihrer ersten »Führerversammlung«, fand das Urteil ihres Bruders bestätigt und meldete sich später voll Tatkraft bei der örtlichen NS-Frauenschaft zur Mitarbeit. Ihre Lieblingslektüre zu dieser Zeit war kein Mädchenroman, sondern ein voluminöses geschichtsphilosophisches Werk: »Die Grundlagen des 19. Jahrhunderts«[3] von Houston Stewart Chamberlain. Eine Generation davor hatte der junge Adolf Hitler das Buch von Chamberlain eifrig gelesen und sein Weltbild danach geformt. Es ist »eine Weltgeschichte der germanischen Kultur auf rassischer Grundlage«[4] mit Thesen über das Völkerchaos, die Weltherrschaft der Juden und die germanische Herrenrasse, die der »Führer« im Kreis seiner Getreuen auswendig zu rezitieren pflegte: »Alle schöpferischen Kräfte kommen aus nordischem Blut. Unsere gesamte heutige Zivilisation und Kultur ist das Werk einer bestimmten Menschenart: des Germanen.« Auch Lina Heydrich hat das Buch, aus dem der Nationalsozialismus viele seiner Ideen schöpfte, ihr Leben lang geschätzt und studiert.

Am 6. Dezember 1930 besuchte die 18-jährige Lehrerstochter zusammen mit Kolleginnen aus dem Pensionat in Kiel den Ball der Schleswig-Holsteinischen Rudervereinigung und traf dort, wie sie später schrieb, in der Gestalt eines großen blonden Seeoffiziers »das Schicksal«. Der junge, etwas hölzerne Sachse, der sich ihr soldatisch knapp, aber formvollendet vorstellte, hieß Reinhard Heydrich.[5] Für den gut aussehenden Oberleutnant Heydrich war es Liebe auf den ersten Blick, er ließ die Schülerin nicht mehr aus den Augen, tanzte nur mehr mit ihr und brachte sie nach Hause. Auch das Mädchen blieb nicht gleichgültig: »Als ich nach Hause komme, bin ich nicht mehr der gleiche Mensch. Mir ist etwas Wundersames begegnet ...«[6] Es folgt eine nordisch unterkühlte Romanze. »Da ist nichts von Flirt, von Gefallenwollen, von Begehr oder Begierde«, charakterisierte Lina die seltsame Begegnung mit dem jungen Heydrich, die auf einen Spaziergang im Kieler Park, einen Theaterabend und den Besuch einer Weinstube hinauslief. »Wir schwiegen eigentlich nur miteinander« und »ich empfand Sympathie für den zielstrebigen und doch zurückhaltenden Mann«, heißt es in Linas Memoiren.[7] Nach einer Bekanntschaft von nur vier Tagen fragte der wortkarge 26-Jährige in »Wicks Weinkeller«: »Fräulein von Osten, wollen Sie meine Frau werden?« Nach der positiven Antwort stand einer heimlichen Verlobung am 18. Dezember 1930 nichts und – für kurze Zeit – auch niemand im Weg, denn Reinhard Heydrich hielt es für unnötig, seine bisherige Freundin von dem plötzlichen Wechsel seiner Gefühle in Kenntnis zu setzen. Er beendete das Verhältnis mit der Tochter eines Marine-Oberbaurates in der Weise, dass er einfach ihre Gesellschaft mied.

Auf die freudige Mitteilung seiner Tochter Lina, dass sie sich verlobt habe, lud Jürgen von Osten den Marineoffizier ein, Weihnachten in seinem Haus zu verbringen. Heydrich als Schwiegersohn werde ihm willkommen sein, wenn er nur »keine Läuse im Pelz« habe.

Lina hat den neugierigen Eltern Einblick in die Biografie des zukünftigen Familienmitglieds gewährt: Reinhard Heydrich, am 7. März 1904 in Halle an der Saale geboren, stammte aus einem künstlerischen, hochmusikalischen Haus. Der Großvater hatte das weltberühmte Dresdener Konservatorium gegründet und sein Vater wirkte als Komponist und Direktor am Haller Konservatorium. Auf Wunsch der Eltern besuchte Reinhard neben dem Gymnasium die Konservatoriumsklassen für Klavier, Cello und Komposition. Schon im Alter von fünf Jahren lernte er Geige spielen, dass es einem – nach positiv gemeinten Aussagen von Zeitzeugen – »die Tränen in die Augen trieb«. Obwohl der 18-Jährige ein ausgezeichnetes Abitur machte und auch das Konservatorium mit gutem Erfolg abschloss, brach er mit der Familientradition und verließ das »ewig musizierende und frömmelnde Elternhaus«.[8] Mit seiner Geige im Gepäck ging er zur See. Er wurde Kadett in der ersten Nachkriegscrew der Kriegsmarine der Weimarer Republik. Nach bestandener Seeoffiziershauptprüfung beförderte man ihn 1926 zum Leutnant und 1928 zum Oberleutnant. Er diente auf der »Braunschweig« unter jenem Kapitän Wilhelm Canaris, der später als Chef der deutschen militärischen Abwehr zu seinem Rivalen werden sollte. Als Leutnant absolvierte Heydrich auch eine Spezialausbildung zum Nachrichtenoffizier.

Lina klärte ihre Eltern darüber auf, dass ihr Verlobter keine Reichtümer in die Ehe mitbringen würde. Sie schilderte ihn – was Wohlgefallen hervorrief – als völkisch, national und soldatisch. Die Klagen ihres Freundes, welch schwere Zeit er als sensibler Künstler anfangs bei der Kriegsmarine durchgemacht hätte, behielt das Mädchen für sich. Wie abstoßend er den rauen Umgangston empfunden habe und wie man ihn, den schüchternen Seekadetten, gezwungen hatte, bei den nächtlichen Trinkgelagen der Mannschaft die Toselli-Serenade aufzuspielen.

Auf das bevorstehende Treffen mit Linas Eltern hatte sich Reinhard Heydrich sehr gewissenhaft vorbereitet. Sein Brief am Tag der heimlichen Verlobung enthüllt jedoch nicht nur das trockene Wesen des Bräutigams, sondern auch seine Lebenseinstellung: »... Jetzt sind es nur noch wenige Tage bis Heiligabend. Je näher er kommt, umso zuversichtlicher sehe ich ihm entgegen. Denn gerade und aufrichtig sein ist stets die Hauptforderung gewesen, die ich immer an mich gestellt habe. Da wird es mir nicht schwer fallen, deinem Vater ins Auge zu sehen. Merkst du, Mädel, es gibt für mich bei Menschen, die ich lieb habe, nichts Schlimmeres als Umwege und Unaufrichtigkeit. Gemeinen Kerls gegenüber scheue ich mich nicht, mit gleichen Mitteln zu entgegnen ... ich kann den Sonnabend kaum erwarten. Bis dahin viel, viel Liebes dein Reinhard.«[9]

Nur selten rang sich der kühle Seeoffizier eine Liebeserklärung ab: »Mitten im Arbeitstrubel und in aller Eile vor der Abreise sollst du dieses Lebenszeichen von mir haben. Bei uns ist dienstlich viel zu tun. Aber wenn ich mal eine kleine Atempause habe, sind meine Gedanken bei dir. Und ich merke, wie sehr ich dich lieb habe. Du! Ich kann mir gar nicht denken, dass es jemals anders war. Und weiß doch nur zu gut, dass ich sehr viel abgestreift habe. Umso mehr freue ich mich auf das Leben, das vor uns liegt. Du! ...«

Zu Weihnachten 1930 wurde offiziell Verlobung gefeiert. Dabei bemühte man sich, das zukünftige Familienmitglied zum Nationalsozialismus zu bekehren. »Er war zu dieser Zeit politisch ganz ahnungslos«, meinte Lina Heydrich später.[10]

Im Januar 1931 ersuchte Heydrich die Eltern seiner Braut flehentlich um einen Hochzeitstermin: »... bitte, bitte erlaubt doch, dass wir im September (17.!) heiraten. Im Oktober, November sind bei uns die ganzen Umkommandierungen, Manöver, Dienstwechsel und noch später ist kein gesunder Zustand für Brautleute. Es gibt nichts Schlimmeres als die Ungewissheit. Ich wäre euch sehr, sehr dankbar, wenn ihr euch für den September entschließen würdet ...«[11]

Wenig später wurde die Hochzeit jedoch auf unbestimmte Zeit verschoben, denn der Oberleutnant zur See hatte im April 1931 von seiner Dienststelle den schlichten »Abschied wegen Unwürdigkeit« zugestellt bekommen.[12]

Die Affäre war durch jene lapidare Verlobungsanzeige ins Rollen gekommen, die Heydrich seiner ahnungslosen Exfreundin sandte. Das geschockte Mädchen erlitt beim Erhalt der kommentarlosen Nachricht einen Nervenzusammenbruch und sein Vater wandte sich an den ihm gut bekannten Chef der Marineleitung, Admiral Raeder. Der strenge Ehrenkodex der Kriegsmarine wertete die Lösung der harmlosen Bekanntschaft als gebrochenes Heiratsversprechen, als Verletzung der »Ehrenpflicht zur Ehe«. Noch lange kursierten die wildesten Gerüchte. Der Fall wurde maßlos aufgebauscht und man munkelte, dass Heydrich eine Schwangere kurz vor der Entbindung sitzen gelassen habe. Die ebenfalls betroffene Lina Heydrich hat sich zu dem Vorfall nur vage geäußert, da »sie die Sache nie durchschaut« habe.

Die fristlose Entlassung nach zehnjährigem makellosem Dienst traf den ehrgeizigen Heydrich tief und »wenn er irgendwo eine Marineuniform auftauchen sah, dann musste er wegschauen«.[13] Es entsprach jedoch seiner introvertierten Art, dass er kaum darüber sprach, aber sein weiteres Leben der Tilgung dieses Schandflecks auf seiner Offiziersehre widmete.

Lina hingegen überwand den ersten Schock sehr schnell, trug die Situation gefasst und arrangierte sich mit den neuen Verhältnissen. Als eine Intervention bei Staatspräsident Paul von Hindenburg erfolglos blieb, machte sie eine Bestandsaufnahme. Welche Fähigkeiten und Interessen besaß ihr Verlobter?

1928 war Reinhard Heydrich als hervorragender Sportler deutscher Nordseemeister im Segeln geworden, er besaß Preise im Degenfechten, ritt und schwamm ausgezeichnet. Darüber hinaus brillierte er als glänzender Violinspieler und Klaviervirtuose. Politisch war er rechtskonservativ und hatte sich im Freikorps »Märker« und im »Freikorps Halle« engagiert. Mit diesen Vorgaben – eine Rückkehr ins elterliche Konservatorium lehnte Heydrich ab – unterstützte Lina den Bräutigam bei der damals wenig aussichtsreichen Suche nach einer neuen Anstellung. Sie verschickte für den von Depressionen Geplagten Briefe und Bewerbungen. Die vereinte Opposition der Familien gegen ihre Verbindung schmiedete das Brautpaar zusammen. Lina wies den mütterlichen Rat, dem jungen Mann, der »anscheinend überall Mädchen sitzen hat«, den Laufpass zu geben, zurück und Reinhard verbat sich Kommentare seiner Mutter über die wenig feine, derbe Art der künftigen Schwiegertochter.

In den folgenden ereignisreichen Jahren stellte sich Lina häufig die Frage, wie ihr Leben ohne Heydrichs Abschied von der Kriegsmarine verlaufen wäre. Diese Spekulationen müssen unbeantwortet bleiben. Fest steht hingegen, dass Lina den Grundstein zu Heydrichs neuer Karriere gelegt hat. Sie tat ihr Bestes, um Heydrich eine »standesgemäße« Stelle bei der SS (Schutzstaffel) eines gewissen Heinrich Himmler zu verschaffen, den Hitler 1929 zum »Reichsführer SS« ernannt hatte. »Wirklich die Elite, absolut militärisch«, meinte sie noch Jahrzehnte später anerkennend über die SS.[14]

1931, auf dem Höhepunkt der Weltwirtschaftskrise, gab es für Heydrich zwei Optionen: einen Posten als gut bezahlter Segellehrer in der Hanseatischen Jagdschule anzunehmen oder eine Anstellung bei der SS. »Segeldomestik« für »Geldkinder« reicher Leute schien Heydrich – und auch Lina – zu minder. Beide hielten den Dienst bei der SS, einer militärischen Organisation der NSDAP, die sich rasch vergrößerte, viel erstrebenswerter.[15] Sie baten daher den prominenten Nationalsozialisten und Sohn von Reinhards Taufpatin, Karl von Eberstein, um Intervention bei Himmler.[16]

Heydrichs Reise zum Vorstellungsgespräch nach München war bereits festgelegt, als ein Telegramm Ebersteins eintraf: »Nicht kommen, Himmler krank!« Es war Lina von Osten, die ihren zögernden Verlobten bewog, den grippekranken Reichsführer SS und nebenberuflichen Hühnerzüchter trotzdem in dessen kleinem Giebelhaus in Waldtrudering (bei München) aufzusuchen. Himmler empfing den unangemeldeten Gast im Schlafrock und erklärte ihm, dass er einen »Nachrichtenmann« suche. Dann zog er sich in einen Nebenraum zurück und ließ dem Besucher eine halbe Stunde Zeit für die Erstellung eines Konzepts. Damals wurde dem zum technischen Nachrichtenoffizier ausgebildeten Heydrich zwar schlagartig klar, dass ein geheimer Nachrichtendienst geplant war, aber Himmler den Unterschied der beiden Gattungen nicht kannte. Trotzdem ging er an die Arbeit. Das nach dem Vorbild von Secret-Service-Abenteuerromanen erstellte laienhafte Exposé, Reinhard Heydrichs »Sachverstand«, aber auch dessen »nordisches« Aussehen gefielen dem Reichsführer SS und Heydrich erhielt an diesem 14. Juni 1931 den definitiven Auftrag, eine neue Parteidienststelle zu schaffen – den Nachrichten- und Sicherheitsdienst (SD) der SS.[17]

Bei der Bewerbung um dieses Ressort ist Linas Verlobter – wie sich später herausstellte – einem zweiten Bewerber nur knapp zuvorgekommen.[18] Lina bezeichnete daher diesen Tag, der gleichzeitig ihr Geburtstag war, als »die Sternstunde meines, unseren Lebens«.

Am 14. Juli 1931 trat Reinhard Heydrich in die allgemeine SS als Sturmmann ein.[19] Er trug die schwarze SS-Uniform und zu besonderen Anlässen die »Traditionsuniform«: Braunhemd, schwarze Stiefelhosen, schwarz umrandete Hakenkreuzbinde, Marschstiefel und schwarze Mütze mit Totenkopf und Hoheitszeichen.[20] In Himmlers elitärer nationalsozialistischer Kampftruppe, dem germanischen Totenkopforden mit seinem arroganten Rassismus, der Todessymbolik und der Anbetung des Krieges hatte der 27-Jährige seine geistige Heimat gefunden.[21]

Am 1. August trat Heydrich voll Begeisterung seinen Dienst an. Nach Lütjenbrode schreibt er: »Liebe Schwiegereltern! ... Ich bin gestern durch offizielle Verfügung des Reichsführers [Himmler] mit der Leitung meines Ressorts beauftragt worden, bin sofort zum Sturmführer ernannt worden und erhalte ab 1. September Gehalt [180 RM].

Meine Position und meine Arbeit machen mir große Freude ... und vor allem ermöglicht mir diese Stellung, ganz gleich in welcher politischen Lage wir uns befinden, einen Hausstand zu gründen, ein Ziel, dem ja meine ganze Arbeit galt und gilt ...«[22]

Nach Beseitigung aller Hindernisse konnte Lina ihre Aussteuer zusammenstellen, während ihr Verlobter die Nachrichtendienste in der NSDAP vereinheitlichte. Der Künstlersohn löste diese Aufgabe, indem er alle rivalisierenden Konkurrenzunternehmen radikal beseitigte. Damit erwarb er sich die Wertschätzung seines Chefs und begann seinen kometenhaften Aufstieg innerhalb der SS.

An Linas Mutter schrieb er: »... Ich baue nach meinen Entwürfen eine große Organisation auf, die meine volle Arbeitskraft beansprucht ... eine große Freude wurde mir

Hochzeit Reinhard Heydrichs mit Lina von Osten am 26. Dezember 1931

heute: Herr Himmler, der Reichsführer SS, hat mir zugesichert, dass ich mit der Verheiratung monatlich 290 RM erhalte ...«[23]

Am 26. Dezember 1931 findet die Hochzeit der 20-jährigen Lina von Osten, der »Adeligen aus dem Dorf«, wie sie sich selbst nennt, mit dem 27-jährigen Chef des Sicherheitsdienstes statt. Reinhard Heydrich, der Zivilkleidung hasste, erschien zu diesem Anlass in Frack und Zylinder, denn für SA und SS galt damals Uniformverbot.[24] Zum Ausgleich prangte über dem Altar der evangelischen Kirche in Großenbrode ein Hakenkreuz aus Tannen. Als Trauspruch hat das Paar Lutherworte gewählt: »Und wenn die Welt voll Teufel wär, es muss uns doch gelingen!« Heydrichs Schwester singt das »Ave Maria«, Vater Heydrich beendet den Gottesdienst mit einer eigenen Komposition. Im Gang der Kirche stehen Männer in einer Art Ersatzuniform, die aus weißen Hemden, schwarzen Hosen und Reitstiefeln besteht. Sie heben die Hände zum deutschen Gruß, die Orgel intoniert das Horst-Wessel-Lied. Der Pastor, den diese nationalsozialistische Demonstration überrumpelte, wurde kurz darauf strafversetzt. »Mein Bräutigam war damals noch praktisch unbekannt, aber ich war in der Partei schon ein bisschen was. Auch mein Bruder war als einer der ersten Hunderttausend nach Hitlers Eckenförder Rede bekannt. Die NS-Frauenschaft von Heilighafen, die SA von Großenbrode, von den umliegenden Dörfern, das war unsere Hochzeitsgemeinde«, erinnerte sich Lina Heydrich.[25]

Anfang Januar 1932 mietete Heydrich in Lochhausen bei München eine Wohnung, die von seiner Gattin geringschätzig als »Bruchbude mit fingerbreiten Rissen im Fußboden« bezeichnet wurde.[26] Für die junge Ehefrau war der Umzug von Nord- nach Süddeutschland nicht nur die erste größere Reise ihres Lebens, sondern auch der Eintritt in eine fremde Welt. Als man ihr auf einer Versammlung zurief: »Halten Sie den Mund, Sie Preußin!«, wurden ihr alle Bayern unsympathisch. Die sinnesfreudige Art der Münchner berührte Lina unangenehm und den bayrischen Humor in bairischer Mundart verstand sie nicht. Auch der legere Lebensstil ihrer neuen Umgebung unterschied sich von ihrer norddeutschen Heimat beträchtlich. Die zwanglose Art der Menschen, ihr Herumsitzen in der »Kuchl« genannten Wohnküche irritierten die kühle Norddeutsche anfangs beträchtlich, wurden aber dann als gemütlich und praktisch akzeptiert. Allmählich gewöhnte sich die junge Frau daran, dass man Freunde in »irgendeinem Bräu« traf, anstatt – wie sie es von zu Hause her kannte – große Vorbereitungen für komplizierte und steife Einladungen zu treffen.

Zu diesem Zeitpunkt war Lina Heydrich bereits eine etablierte Nationalsozialistin. Sie fühlte sich in Bayern fremd, glaubte aber, gemeinsam mit ihrem Mann eine Mission erfüllen zu müssen. »Wir waren der Überzeugung, nicht zum eigenen Wohlgefallen zu leben, sondern dafür, die hochgestellten Hoffnungen aller derer zu erfüllen, die um ihr Dasein und ihren Glauben kämpfen.« Zu ihrer Information bestellte sie den »Illustrierten Beobachter«, die Bilderzeitung der NSDAP, die vom Vormarsch der Bewegung mit einer wöchentlichen Auflage von 250 000 berichtete und die »Nat. Soz. Landpost«, das Wochenblatt des deutschen Landvolkes. Lina wurde am 24. 6. 1932, kurz nach Erreichung des 21. Lebensjahres, in München Parteimitglied.[27]

Der Familienclan von Osten hat das junge Paar im fernen Bayern nicht im Stich gelassen, sodass Lina – versehen

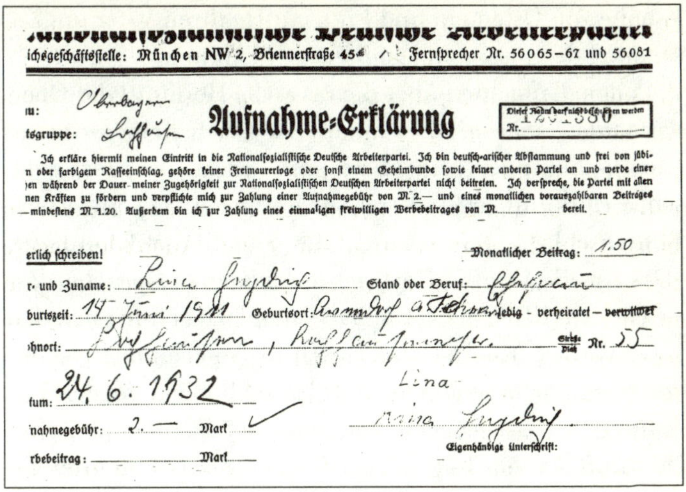

ichsgeschäftsstelle: München NW 2, Briennerstraße 45 / Fernsprecher Nr. 56065–67 und 56081

Aufnahme-Erklärung

au: Oberbayern

tsgruppe: Lochhausen

Dieser Raum darf nicht beschrieben werden
Nr. 1201380

Ich erkläre hiermit meinen Eintritt in die Nationalsozialistische Deutsche Arbeiterpartei. Ich bin deutsch-arischer Abstammung und frei von jüdischen oder farbigem Rasseeinschlag, gehöre keiner Freimaurerloge oder sonst einem Geheimbunde sowie keiner anderen Partei an und werde einer solchen während der Dauer meiner Zugehörigkeit zur Nationalsozialistischen Deutschen Arbeiterpartei nicht beitreten. Ich verspreche, die Partei mit allen meinen Kräften zu fördern und verpflichte mich zur Zahlung einer Aufnahmegebühr von M. 2.— und eines monatlichen vorauszahlbaren Beitrages von mindestens M. 1.20. Außerdem bin ich zur Zahlung eines einmaligen freiwilligen Werbebeitrages von M. .... bereit.

erlich schreiben!

Monatlicher Beitrag: 1.50

r- und Zuname: Lina Heydrich

Stand oder Beruf: Ehefrau

burtszeit: 14. Juni 1911

Geburtsort: Avendorf a. Fehmarn

ledig – verheiratet – verwitwet

hnort: Lochhausen, Kaufleutestr.

Nr. 55

tum: 24. 6. 1932

nahmegebühr: 2.— Mark

rbebeitrag: .... Mark

Lina
Lina Heydrich

Eigenhändige Unterschrift:

Lina Heydrich wird am 24. Juni 1932 Parteimitglied der NSDAP

mit einer stattlichen Mitgift – bei der Einrichtung der ehelichen Wohnung nicht zu sparen brauchte. Die Lieferung der letzten Möbel stand noch aus, als im Februar 1932 der neuen, viel versprechenden Karriere Heydrichs schon wieder ein jähes Ende drohte. In Riemanns Musiker-Lexikon[28] blätternde aufmerksame Parteigenossen entdeckten dort nämlich die Eintragung: »Bruno Heydrich, eigentlich Süss«. Sie schlossen daraus, dass Linas Mann mit einem »untilgbaren Makel«, nämlich jüdischen Vorfahren, behaftet wäre.[29] Man meldete dies auch unverzüglich dem Gauleiter von Halle-Merseburg, denn die Statuten der SS erlaubten nur Mitglieder, die den Nachweis arischer Vorfahren bis zum Jahr 1750, den so genannten »Großen Ahnenpass«, erbringen konnten. Eine strenge Untersuchung der heydrichschen Genealogie schloss auch die Ahnen der

Familie von Osten ein und Lina musste ihren Vater um Zusendung des gesamten Familienarchivs bitten.

In dem Gutachten über die rassische Herkunft des Oberleutnants z. See a. D. Reinhard Heydrich heißt es dann: »Aus beiliegender Ahnenliste geht hervor, dass [er] deutscher Herkunft ist und frei von farbigem und jüdischem Bluteinschlag.« Dann wurde die Situation rekapituliert: »Das für die Familie Heydrich beleidigende Gerücht, dass sie ehemals SÜSS geheißen habe, das dazu geführt hat, den Vater von Oberleutnant Heydrich im Volksmunde als »Isidor Süss« zu bezeichnen und das schließlich zu der Vermutung Anlass gegeben hat, dass die Familie jüdischer Herkunft sei, hat folgenden Hintergrund: Großmutter Ernestine Wilhelmine Heydrich geborene Lindner (in der Ahnenliste unter Nr. 5) war in zweiter Ehe mit dem Schlossergehilfen Gustav Robert Süss verheiratet. Als Mutter einer großen Kinderschar aus erster Ehe hätte sie dann nichts dabei gefunden, sich Süss-Heydrich zu nennen. Im Übrigen sei auch der Schlossergehilfe kein Jude gewesen und die Familie Heydrich wäre um Löschung der diskriminierenden Eintragung in weiteren Auflagen des Künstler-Lexikons bemüht.«[30]

Die Gerüchte um die jüdische Großmutter waren jedoch nicht mehr aus der Welt zu schaffen. Selbst in Parteikreisen kolportierte man, dass Heydrich das Grab der Großeltern geschändet und bei Nacht und Nebel einen Grabstein mit der Aufschrift »Sarah Süß« entfernt hätte. Man flüsterte, dass der Chef des Geheimdienstes seine Familienurkunden habe verschwinden lassen. Lina Heydrich jedoch wurde von guten Parteifreunden während ihrer Schwangerschaft – am 17. Juni 1933 kam als erstes von vier Kindern Sohn Klaus zur Welt – bemitleidet: würde ihre Nachkommenschaft doch zu einem Achtel oder Sechzehntel mit jüdischem Blut behaftet sein! Als Mutter ist Lina Heydrich dann aufgefallen, dass man die Kinder in NS-Kreisen oft scheel ansah.

Acht Jahre später erhielt die Gerüchtebörse neue Nahrung. 1940 drehte die Terra-Film auf Geheiß von Minister Joseph Goebbels den Film »Jud Süß« mit Veit Harlan als Regisseur und authentischen jüdischen Statisten aus dem Warschauer Ghetto.[31] Der zur Aufhetzung breiter Bevölkerungskreise gedachte Streifen schilderte »die unheimliche Methodik des zersetzenden jüdischen Geistes« anhand des Steuereintreibers Süß Oppenheimer und forderte unverblümt zur Lynchjustiz auf. Bei der Biennale in Venedig wurde der Film ein großer Erfolg, erzeugte allerdings auch unerwünschte Nebeneffekte, da er die Diskussion um die jüdischen Ahnen von Reinhard Heydrich wieder in Gang brachte. Man sprach von dem verhassten Leiter der Gestapo – wie schon Jahre davor – als »Isidor Süß«.

Die Mär von Heydrichs jüdischen Ahnen überlebte selbst das Dritte Reich. So basiert das Heydrich-Bild von Joachim Fest auf der Vorstellung, dass der Gestapo-Chef auf Grund seiner Herkunft nicht nur schwermütig, sondern auch erpressbar gewesen sei.[32] Und der Historiker Reitlinger erklärte Heydrichs Judenverfolgung mit dem »pathologischen Hass gegen das eigene Blut«.[33]

Heydrichs Sicherheitsdienst expandierte rasch. Bald wurden die zur Verfügung stehenden kleinen Räume in der Münchner Türkenstraße zu eng und schon im Sommer 1932 dachte man an Übersiedlung. Aus Gründen der Tarnung beschloss der Chef der verbotenen Organisation damals, Büro und Wohnsitz zu verbinden. Eine Villa in einer ruhigen

Der Chef des Sicherheitsdienstes mit Gattin Lina und Sohn Klaus

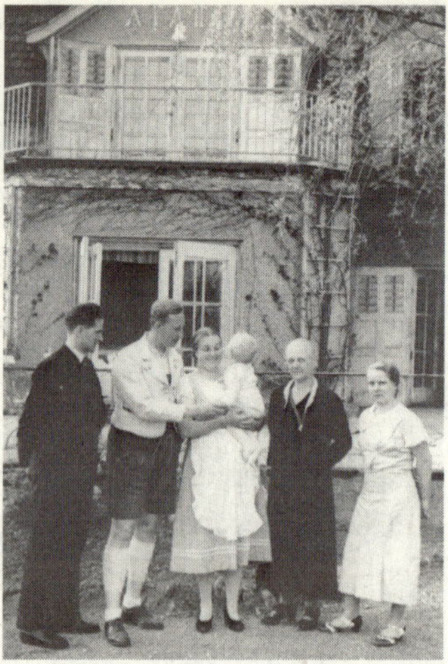

Familie Heydrich im Garten ihres Münchner Hauses, das gleichzeitig als SD-Zentrale diente (1933)

Sackgasse[34], die parallel zur Mauer des Nymphenburger Schlossparks verläuft, wurde gemietet. Lina half eifrig mit, das Haus zur Geheimdienstzentrale umzubauen. »Alles wird auf privat frisiert. Das Haus, ein wenig in den Garten gerückt, gibt uns bei unerwarteten Besuchern die Möglichkeit, alles Belastende rechtzeitig verschwinden zu lassen. Unser Hund warnt uns rechtzeitig. Alles wird auf Sicherheit abgestellt, mein Bett zu einer Art ›Festung‹ umfunktioniert ...[35] Wir waren gezwungenermaßen in die Illegalität gegangen. Nach Aufhebung des Verbots [von SS und SA] nennt Reinhard seine Organisation PI-Dienst. Das heißt Presseinformation und ich werde die PI-Frau ...«[36] Voll Interesse hat Lina damals das Fälschen von Stempeln und Urkunden gelernt.

Ihre Kenntnisse kamen ihr dann nach Kriegsende überaus gelegen, um sich selbst und SS-Angehörige mittels falscher Ausweise der Justiz zu entziehen. Darüber hinaus betätigte sich Lina 1932 auch als Mädchen für alles, da die Einstellung von Hilfskräften ein zu großes Risiko dargestellt hätte. Es mangelte an Geld und die Frau des Geheimdienstchefs kochte selbst für die illegalen Mitarbeiter Suppen aus Dörrgemüse und Heringssalat ohne Heringe.

Mit Hitlers Ernennung zum Reichskanzler am 30. Januar 1933 änderten sich die Zustände schlagartig. Schon am 9. März 1933 konnte Lina ihren Eltern mit Begeisterung von der nationalsozialistischen Machtübernahme in München berichten. Nach Kriegsende hat sie angegeben, dass es ihr als 22-Jähriger nicht möglich gewesen sei, die Tragweite der Ereignisse zu begreifen.

»Liebe Eltern! Ist das ein Leben! Von unserer kleinen Revolution habt ihr sicherlich schon aus der Zeitung erfahren. Aus Reinhards Erzählungen denk ich, muss es köstlich gewesen sein. Nun will ich euch mal erzählen, wie ich die Sache miterlebt habe. Also am Mittwoch kommt Reinhard früh mit der Nachricht nach Hause, ... die bayrische Regierung wolle sich nicht fügen. Um 11 Uhr ruft Reinhard mich an, ich möchte sofort seine Pistole ins Braune Haus schicken ...«

Im Zug der Machtübernahme in Bayern durch SA und SS wurde Himmler Polizeipräsident. »Nun lacht aber nicht«, schrieb Lina ihren Eltern, »Reinhard wurde Kommissar der politischen Polizei!«[37] Heydrich wurde Leiter der Bayerischen Politischen Polizei (BPP), die ihren Sitz im Wittelsbacher Palais hatte und sich der Kontrolle der Justiz entzog. Das gefürchtete Instrument der BPP war die unbefristete »Schutzhaft«, gegen die es kein Rechtsmittel gab und die im Konzentrationslager vollstreckt wurde. Die damals stattfindende Verhaftung des bayrischen Innenministers Stützel hat die Frau des nunmehrigen Polizeikommissars besonders ergötzt. »... die Gaudi könnt ihr euch nicht vorstellen. In Socken und Nachthemd steht der Herr Innenminister in der Halle, umgeben von einer Menge SA und SS, die vor Lachen nicht wissen wohin. Dann kommen sie und treten dem weinenden Innenminister mit ihren schweren Stiefeln auf die große Zehe, dass er zwischen ihnen hopst von einem Bein aufs andere. Ihr könnt euch das Bild wohl vorstellen. Als Nächster wird der Jude Lewy [Vorstand der Münchner jüdischen Gemeinde] eingeführt. Mit dem machen sie kurzen Prozess. Sie hauen ihn mit Hundepeitschen durch, ziehen ihm Schuh und Strümpfe aus und so muss er barfuß in Begleitung von SS seiner häuslichen Behausung zuwandern. Sein Haus war unterdessen gut ausgeräuchert ...«[38]

Nach der Machtergreifung begann Heydrich mit der systematischen Verfolgung aller wirklichen oder bloß verdächtigen Regimegegner. Vom Dienstmädchen bis zum Minister reichte seine Datenkartei, die zu diesem Zeitpunkt schon parat lag. Er ging dabei mit luziferischer Kälte ans Werk, denn seine Gefühle reservierte er für die Musik. Abends war derselbe Mensch, der tagsüber mit seiner Unterschrift Tausende in die Konzentrationslager brachte, dann liebevoller Ehemann, besorgter Familienvater und passionierter Musikliebhaber. Im kleinen häuslichen Kreis lud er zu gepflegten Hauskonzerten, wobei er klassischer Musik von Haydn und Mozart den Vorzug gab und auch hervorragend zu interpretieren wusste.

Reinhard Heydrich hat seine Frau über Art und Ausmaß seiner beruflichen Tätigkeit nie im Unklaren gelassen. Er erzählte ihr, dass er »der oberste Müllkipper des Deutschen Reiches« sei und sie fand daran nichts Abstoßendes. »Es ist merkwürdig«, meinte sie in einem Interview nach Kriegsende, »dass er sich seiner Henkersarbeit völlig bewusst war und für sie sogar eine positive Rechtfertigung zur Hand hatte.«[39] Die Diskrepanzen in Heydrichs Wesen, der einmal als empfindsamer, kultivierter Musiker auftrat, dann wieder als eiskalter Technokrat sein grausiges Handwerk betrieb, um kurz darauf als Spitzensportler zu brillieren, empfanden viele als unheimlich. Hitler, der sein Image als idealistischer »Führer des deutschen Volkes« pflegte, hielt den nützlichen Schergen auf Distanz. Lina Heydrich störte das Metier ihres Mannes in keiner Weise und sie lebte mit ihm – solange er sie von seiner Tätigkeit nicht ausschloss – in harmonischer Gemeinschaft. Sie fürchtete ihn nicht und der Schrecken, den er allgemein verbreitete, ließ sie kalt. Sie war nur enttäuscht, dass der in seinem Amt, wie sie es formulierte, »zielstrebige und zähe« Ehemann kläglich versagte, sobald es sich um die Familie und die Wahrung persönlicher Vorteile handelte.

1934 überkam Lina die Sehnsucht nach ihren Eltern und Fehmarn und sie fuhr mit dem Söhnchen Klaus auf die Ostseeinsel. Geplant war ein langer Urlaub, doch bald fühlte sich die junge Frau in ihrer Heimat eingesperrt und deplatziert. Schon nach kurzer Zeit vermisste sie das Leben an der Seite Reinhards, das ihren »Horizont geweitet« hat.

Ein Sommerhaus auf Fehmarn für sich und ihre Familie wollte Lina dennoch besitzen und sie ging sofort an die Realisierung ihrer Pläne. Ihr großes Organisationstalent, ihre praktische Veranlagung und auch ihr Talent, mit Geld gut umzugehen, halfen ihr dabei. Lina trieb Kreditgeber auf – die Tilgung der Schulden war für 1952 vorgesehen –, kaufte Grund in der Nähe der Stadt Burg (Burg-Tiefe) und zeichnete Entwürfe für ihr Inselrefugium. Auch Heinrich Himmler borgte 10 000 RM und bereits im Frühjahr 1935 konnte das Richtfest gefeiert werden. Die Bauherrin plante, ihren Mann im Sommerurlaub 1935 mit dem fertigen Haus zu überraschen. Es wurde jedoch Spätherbst, da Heydrich zuerst verhindert und dann vom Nürnberger Parteitag, auf dem die »Rassegesetze« beschlossen wurden, unabkömmlich war. Auch der Reichsführer SS, der die persönliche Schirmherrschaft über das Haus übernommen hatte, kündigte seinen Besuch zur Besichtigung auf Fehmarn an. Da Lina von seiner pedantischen Gartenbegeisterung wusste, jätete sie tagelang und achtete darauf, selbst kleinste Unkräuter zu entfernen. Himmler hat die Hausherrin trotzdem in schulmeisterlicher Art zurechtgewiesen: »Das muss aber noch raus!«[40]

Lina Heydrich hat den Reichsführer SS – zu Lebzeiten ihres Mannes – nicht geschätzt. Ihrer Meinung nach stellte der unmittelbare Vorgesetzte Heydrichs nur ein Hindernis für den Tatendrang ihres Ehegatten dar. »Er [Heydrich] hat den Himmler vor sich her geschubst. Das ging ja nun mal nicht anders. Denn bei den alten Parteigenossen und auch bei Hitler hatte ja Himmler das Renommee ... deswegen musste er den Himmler wie einen Schild vor sich hertragen, ob er er ihn leiden konnte oder nicht ...«[41]

Die Karriere ihres Mannes als Leiter der Bayrischen Politischen Polizei und des Geheimen Staatspolizeiamtes (Gestapa) bedingte einen häufigen Wechsel der Wohnsitze.

Lina bewerkstelligte die Übersiedlungen zwischen München und Berlin jedes Mal allein – Heydrich war ihr dabei »nur im Weg«. Sieben Mal zog das Ehepaar um, bis es schließlich 1937 in Berlin-Schlachtensee eine längere Bleibe fand.[42]

Da keine Repräsentationspflichten zu erfüllen waren, genügte den Heydrichs ein kleines Haus. Es verfügte im Erdgeschoss über drei Zimmer mit anschließender Freiterrasse, Küche und Keller. Im Obergeschoss lagen Schlafräume und Gästezimmer. Im Dachboden fanden zwei Hausangestellte Unterkunft. Zu Heydrichs Geburtstag überraschte Lina ihren Mann mit einem Klavier aus dem in Auflösung befindlichen Konservatorium seines Vaters. In dem kleinen Hausgarten konnte Lina zum ersten Mal, wenn auch in bescheidenem Ausmaß, ihre landwirtschaftlichen Neigungen befriedigen: Sie setzte Obstbäume, pflanzte Hecken und richtete ein als Protest gegen das Stadtleben gedachtes Hühnerhaus ein. Die Kinder – am 28. Dezember 1934 kam der zweite Sohn Heider zur Welt – sollten auch in der Großstadt mit Tieren aufwachsen.

In Berlin-Schlachtensee hatten Heydrich und seine Frau zwar kaum Freunde, aber in Wilhelm Canaris, dem zwielichtigen Leiter der deutschen militärischen Abwehr, einen eigenartigen Nachbarn.[43] Die beiden Chefs rivalisierender Geheimdienste kannten einander schon lange und arbeiteten – im Gegensatz zu herrschenden Spekulationen – gut und eng zusammen.[44] Trotzdem suchten die beiden Meister ihres Faches, nachdem sie mit Verblüffung zur Kenntnis genommen hatten, dass ihre Grundstücke aneinander grenzten, den Zufall zu nützen. Zwischen Heydrich, dem kalten und gewissenlosen Techniker der Macht, und dem schrulligen, sensiblen, der Anthroposophie zugeneigten Canaris entspann sich als Resultat ihrer beidseitigen Überlegungen eine Freundschaft, die auch die Familien einschloss. Die zwei Canaris-Töchter spielten mit den viel jüngeren Heydrich-Söhnen. Gemeinsame Spaziergänge, Höflichkeitsbesuche und Essen in entspannter Atmosphäre förderten die amikalen Beziehungen, wirkten sich auf das Verhältnis von Abwehr, Gestapo und SD positiv aus und resultierten schließlich in einem 10-Punkte-Vertrag zur Kompetenzabgrenzung. Es störte niemanden, dass sich der kleinwüchsige und für seine Marotten bekannte Canaris oft tagelang mit seinen Dackeln einschloss. Er tat dies, um mit ihnen zu spielen und zu plaudern. Von dem einseitigen Diskurs machte er sich Notizen, die er dann zu psychologischen Essays über die Tiere verarbeitete.[45] Lina Heydrich erinnerte sich an die nachbarlichen Kontakte: »Musikabende werden vereinbart: Erika Canaris und Reinhard Heydrich spielen zweite und erste Geige. Ein musikalischer Winter, eine Art bürgerlicher Besuch mit Instrumenten, folgt dem Beginn. Es ist eine schöne, friedliche Zeit. Die Männer treffen sich zum Ausritt im Grunewald ...«[46] Vor allem jedoch hatten Heydrich und Canaris ständig Gelegenheit, um unauffällig die Ansichten und Meinungen des Rivalen zu erforschen und auszuloten. Manchmal jedoch griff man allerdings auch zu drastischeren Mitteln – so ertappte Heydrich die Canaris-Tochter Eva einmal beim Durchwühlen seines Schreibtisches.[47]

Im März 1938 konnte Lina ihren Gatten in voller Aktion bewundern. Die Gelegenheit dazu bot sich beim Einmarsch deutscher Truppen in Österreich. Als Chef des Sicherheitsdienstes war Heydrich nach Wien geeilt, denn es gehörte zu den Aufgaben des SD, »der einmarschierenden Truppe unmittelbar zu folgen und analog zur Aufgabe im Reich die Sicherung des politischen Lebens zu übernehmen.«[48] Der dafür bestens gerüstete Heydrich veranlasste dann sofort nach dem »Anschluss« die Verhaftung zahlreicher österreichischer Regimegegner. Lina Heydrich machte die Dienstreise ihres Mannes mit, wohnte im Hotel Regina und berichtete aus dem besetzten Wien: »Wir beschließen ... ins Theater zu gehen. Es wird so etwas wie ›Tirol, du mein lieb Heimatland‹ gespielt. Die Schauspieler agieren in Trachten. Einige jodeln. Alles ist irgendwie traurig. Tränen fließen sogar. Zum Schluss wird eine Hakenkreuzfahne auf die Bühne getragen ...«[49] Als sich Heydrichs Mission hinzog – am 1. April 1938 ging der erste Häftlingstransport mit Funktionären des Schuschnigg-Regimes sowie mit Sozialisten, Kommunisten und Juden nach Dachau ab – wurde Lina ungeduldig.[50]

In der festen Überzeugung, dass ihr Mann zum Wohl der Österreicher wirke, schrieb sie: »Ich finde, dass es nun Zeit ist, Reinhard zu überreden, nach Berlin zurückzukehren. Sollen die Ostmärker doch mit ihrem Anschluss alleine fertig werden ... sie sind damit fertig geworden, und ich habe prächtige Menschen aus Graz und Umgebung kennen gelernt.«[51]

Im Lauf des Jahres 1938 ermöglichte Linas Finanzgeschick die Pachtung von Parlow, einem kleinen Jagdbesitz, der unmittelbar an den Forst Schorfheide des Reichsjägermeisters Hermann Göring grenzte. Nun war Lina Heydrich in ihrem Element. Sie widmete sich mit Unterstützung eines Försters der Hege des Wildbestandes, ließ Wege und Hochsitze anlegen und wurde nach bestandener Jagdprüfung eine leidenschaftliche Jägerin. Die Idylle Parlow währte allerdings nicht lange, da sich Reichsmarschall Göring von seinen Nachbarn gestört fühlte. In dem darauf folgenden Streit gab Heydrich, zum Ärger seiner Gattin, klein bei und räumte das Revier. Er »riss den Besitz Göring nicht aus den Zähnen«, wie es seine Gattin von ihm erwartete, sondern zeigte sich peinlich berührt, als Lina unflätig über den zweiten Mann im NS-Staat schimpfte: »Göring, dieser Schuft, dieser Fettwanst, das vollgefressene Stück Mensch kann nicht genug erraffen, kann einfach seinen Rachen nicht voll bekommen. Er ist doch nichts als ein schießwütiger Hund.«[52] Mit dem Ende von Parlow begann jedoch für Lina ein neuer Lebensabschnitt. Sie fand und kaufte Stolpshof bei Nauen, ein Jagdrevier mit einem verlassenen Bauerngehöft. Die dazugehörenden 20 Hektar Landwirtschaft durften allerdings laut nationalsozialistischem Erbhofgesetz nur von Bauern bewirtschaftet werden. Heydrich, der tausendfach alle moralischen Gesetze brach, achtete im Privatleben peinlichst genau auf die Einhaltung aller Vorschriften. Die Frau des Geheimdienstchefs schaffte auch diese Hürde. Sie fühlte sich in ihren agrarischen Ambitionen herausgefordert und absolvierte voll Eifer eine landwirtschaftliche Lehre, die sie mit einer Prüfung vor der Landesbauernkammer Brandenburg erfolgreich abschloss. Sie durfte danach den Titel »Neubäuerin« führen.

Lina war stolz auf die Berufskarriere ihres Mannes und verfolgte sie genau. 1937 konnte dieser – auf einem Fragebogen der Führerkartei[53] – schon zahlreiche Funktionen eintragen. Er war Chef des Sicherheitshauptamtes der SS, Chef der Sicherheitspolizei, Leiter des Reichskriminalpolizeiamtes[54] sowie Leiter der Geheimen Staatspolizei. Das Wort »Gestapo« erzeugte nicht nur in der Allgemeinheit, sondern auch bei etablierten Parteigenossen Angst. Sie fürchteten mit Recht, dass in den Panzerschränken des SD nicht nur die Umtriebe der Staatsfeinde, sondern auch ihre eigenen Sünden genau registriert würden. Außerdem wusste man, dass Heydrich in seinem tödlichen Eifer durch keinerlei persönliche Erwägungen zu stoppen war. So hatte er nichts unternommen, den SA-Führer Ernst Röhm, seinen einzigen guten Freund, den er kurz vorher zum Taufpaten seines ältesten Sohnes gewählt hatte, zu retten, als dieser auf Hitlers Befehl hin der Staatsräson geopfert und kaltblütig ermordet wurde.[55]

Der ohnehin kleine Freundeskreis um den Polizeichef zog seine Konsequenzen – Lina und Reinhard Heydrich wurden im NS-Gesellschaftsleben zu ängstlich gemiedenen Parias. Sie erörterten ihre Situation in langen Diskussionen: »... auch ich habe von meiner Vereinsamung gesprochen. Einmal hat er [Heydrich] meinen Kopf in seine Hände genommen, mich angesehen und gesagt: Brauchen wir überhaupt Freunde? Du bist doch mein bester Freund! Wir brauchen nicht zu teilen, mit niemandem. Machen wir weiter wie bisher!«[56] Das Ehepaar tröstete sich damit, dass es »in so einem negativen Beruf« eben keine Freundschaften gebe und man aufeinander angewiesen sei. Selbst bei offiziellen Einladungen studierte Heydrich misstrauisch die Liste der Anwesenden, um seine Frau dann vor einem Gespräch mit so genannten »schrägen Fürsten«, ihm verdächtigen Subjekten, zu warnen. Lina arrangierte sich dann mit ihrer Situation auf besondere Weise: »Das Alleinsein hat einen besonderen Sinn und Inhalt bekommen. Von da an lebte ich mein Leben mit den Gedanken, Wünschen und Träumen meines Mannes.«[57]

Ihre Identifikation mit dem Chef der Gestapo war eine gründliche. Die loyale Ehefrau verbrachte ihr weiteres Leben damit, die Taten ihres Mannes verharmlosend zu entschuldigen, plausibel zu erklären oder – wenn dies absolut nicht möglich war – rigoros zu verdrehen. In der Röhm-Affäre hätte Heydrich gar keine Wahl gehabt, als ihn und acht weitere SA-Führer nach einem dienstlichen Führerbefehl hinrichten zu lassen. Die Reichspogromnacht 1938 hätte ihren ahnungslosen Reinhard überrascht.

»Eines Abends, wir waren früh schlafen gegangen, wurde ich durch ein Klopfen an unserer Schlafzimmertür wach. Auf meine Frage, was denn los sei, erklärte Schmidt [Sturmführer Schmidt, der das Haus bewachte] ... ›Die Synagogen brennen!‹ ... ich weckte Reinhard ... nur notdürftig bekleidet fuhr er ins Amt ... erst nach Stunden kam er wieder ...« Bei seiner Rückkehr hätte Heydrich gesagt: »Goebbels hat es getan! Warum hat Goebbels das nur getan?«

Goebbels war tatsächlich der Initiator der so genannten »Kristallnacht«. Heydrich jedoch erließ in einem Fernschreiben an alle Staatspolizeileit- und Staatspolizeistellen Weisungen, denen zufolge die »Maßnahmen zweckmäßig anzupassen wären«. Demnach durften Synagogen nur in Brand gesteckt werden, wenn keine Brandgefahr für die Umgebung bestehe, jüdische Wohnungen nur geplündert und nicht zerstört werden sowie nur so viele – gesunde, männliche und wohlhabende – Juden festgenommen werden, als Hafträume vorhanden seien.[58]

Im Gegensatz zu vielen Frauen der NS-Elite war Lina an dem Beruf ihres Mannes nicht nur interessiert, sondern sie wollte in der Politik auch mitwirken. Das brachte sie oft in Konflikt zu der herrschenden NS-Ideologie von der zurückgezogen lebenden Gattin und Mutter. Als Heydrich 1939 in seiner Eigenschaft als Chef der Kriminalpolizei eine Tagung der internationalen Kriminalkommission plante, sah Lina endlich eine Chance zur Betätigung. Sie forderte – ein Novum im Dritten Reich – die Rolle der Gastgeberin und konnte alle Kritiker mit gewichtigen Argumenten überzeugen. Linas raffinierten Plänen zufolge sollte die weibliche Begleitung der Kongressteilnehmer im Rahmen eines harmlosen Damenprogramms in vertraulichen Gesprächen von Frau zu Frau bespitzelt und über die Arbeit ihrer Männer ausgehorcht werden. Der Kongress kam nicht zustande – der Zweite Weltkrieg brach aus –, aber Linas Idee lebte weiter und wurde schließlich im »Salon Kitty« verwirklicht.[59]

Der deutsche Geheimdienst schuf dieses elegante Berliner Etablissement, um Staatsgäste, Diplomaten, aber auch Parteibonzen von attraktiven, eigens geschulten Prostituierten bequem ausfragen zu lassen. Im Keller saßen Heydrichs Techniker, die alle Gespräche mitschnitten.

Das Jahr 1939 sah den einstigen verschmähten Seeoffizier als Leiter des Reichssicherheitshauptamtes in voller Aktion. Er schuf eine Vorsorgepolizei, die überall »Volksschädlinge« witterte – kriminelle und politische –, sie listenreich aufspürte und ausmerzte. Für Lina Heydrich, die eifrige und begabte Mitarbeiterin der ersten Stunde, war in dieser hoch technisierten Männerbehörde selbstverständlich kein Posten vorgesehen. Sie fühlte sich übergangen und klagte, dass sie immer mehr den Kontakt zum »Amt« und den interessanten Geschehnissen verliere.

Der Lebensstil der Heydrichs war damals bereits luxuriös. Bei einem Jahresgehalt von über 20 000 RM gehörten finanzielle Sorgen der Vergangenheit an.[60] Man besaß die Häuser in Berlin und Fehmarn samt Personal, ein Landgut sowie einen Privatwagen mit Chauffeur. Dafür kämpfte Lina mit dem Problem der einsamen und vernachlässigten Frau, die ihren schweigsamen Mann nur mehr sporadisch an den Wochenenden sah. Sein geliebtes Hobby, die Fliegerei, konnte sie nicht mit ihm teilen, da ihr schon beim ersten Flug übel wurde. Der Gestapo-Chef erwarb einen Flugschein nach dem anderen und bestand schließlich die Prüfung als Jagdflieger. »Von einem Familienleben kann keine Rede mehr sein. Die Erziehung der Kinder, die Verbindung zu Eltern und Geschwistern ... all das muss ich allein bewältigen und verantworten. Und dann beginne ich Reinhard Vorwürfe zu machen ...«[61]

Eine Ehekrise bahnte sich an, als Heydrich zu Hause wie in seinem Amt auftrat: »... die eng stehenden blauen Augen blickten meist kalt, forschend und misstrauisch und irritierten oft durch flackernde Unruhe ... die Sprechweise war abgehackt, hastig, begleitet von herrischen Gesten ...«[62] In dieser Situation kam Lina Heydrich die Idee zur Gründung eines Sportvereins für »Gestapo-Frauen«. Ein Sportlehrer wird engagiert und bald folgt eine Anzahl von Frauen, die sich der Aufforderung der Gattin ihres Chefs nicht zu entziehen wagen, dem Freizeitangebot. »Nach der Stunde gehe ich zum Duschraum und fordere die Frauen auf, es ebenfalls zu tun. Keine rührt sich. So, als täte ich es täglich vor aller Augen, streifte ich meine Turnkleidung ab, ging nackt auf eine Dusche zu und zog die Schnur ... niemand wagte zunächst mir zu folgen ...«, berichtet Frau Heydrich.[63] Allmählich verloren die Teilnehmerinnen dann ihre Scheu, die Turnabende wurden ein großer Erfolg und manche der ambitionierten Damen legten sogar Prüfungen ab. Für sie hat Lina das silberne und goldene »Sportabzeichen der Gestapo-Frauen« gestiftet. Es wird geturnt und auch getanzt, nachdem sich eine ehemalige Tänzerin erbötig gemacht hat, die Damen in ihre Kunst einzuweihen. Schließlich veranstaltet der Verein einen »Kameradschaftsabend« in der Berliner Oper. Die Frauen, Bräute und Freundinnen der Männer der Geheimen Staatspolizei spielen dabei auf Linas Geheiß flotte Revuegirls und tanzen Cancan. Sie selbst jedoch produzierte sich, angetan mit schwarzen Strümpfen und hohen Lackstiefeln, als »Froufrou«.

Der Mann, dem diese Inszenierung galt, blieb jedoch weiter mit Ausreden aller Art dem ehelichen Heim fern. Die Vorwürfe seiner Frau schien er nicht zu verstehen. »Liebe Lina«, heißt es in einem Brief. »Ich glaube, dass so unendlich schwer für uns beide die letzten Wochen waren – besonders das Versinken deines Glaubens an mich hat mich in seiner unklaren Grundlage aufs Tiefste verletzt ...«[64]

Lina Heydrich gab die Versuche zur Rettung ihrer Ehe keineswegs auf, sondern beschritt nur andere Wege. Sie kümmerte sich intensiv um SS-Brigadeführer Walter Schellenberg, einen smarten, jungen Mitarbeiter mit gepflegten Manieren, der zu Heydrichs Amt gehörte und dem der Ruf eines Frauenhelden vorausging. Sie tröstete den unglücklich Verheirateten, ging mit ihm aus und begann mit ihm einen heftigen Flirt.[65] Als Schellenberg einmal spätabends von einem Treffen mit Lina Heydrich in seine Wohnung zurückkehrte, wurde er bereits von seiner Frau Irene erwartet, die ihm Salzsäure ins Gesicht schüttete. Die Ehe wurde

1941 geschieden. Dieser Szene folgte – nach Schellenbergs Erzählung – eine ebenso gespenstische mit seinem Chef. Heydrich lud seinen Untergebenen zusammen mit dem berüchtigten Gestapo-Schergen Müller[66] in ein Restaurant und verhörte ihn streng über den privaten Umgang mit seiner Frau. Dabei träufelte er ihm Gift in sein Glas, dessen Wirkung er – nach einem Geständnis Schellenbergs – durch ein Gegengift aufhob.[67]

Lina Heydrich jedoch verbuchte mit der von ihr als »Schellenberg-Theater« bezeichneten Affäre einen vollen Erfolg, denn der eifersüchtige Gestapo-Chef kehrte wieder in den Schoß seiner Familie zurück. Die Ehe sollte sich dann noch weiter festigen und wurde schließlich ausgesprochen glücklich, als am 9. April 1939 Silke, die erste Tochter des Paares, geboren wird. Walter Schellenberg ging später in Paris ein in seinen Memoiren unerwähntes, ansonsten jedoch viel beachtetes Verhältnis mit der Modeschöpferin Coco Chanel ein.[68]

Im August 1939 inszenierte Reinhard Heydrich den fingierten Überfall auf den oberschlesischen Radiosender Gleiwitz, wobei als Polen verkleidete SD-Männer den Senderaum stürmten, ein Aufruf zum Kampf gegen Deutschland in polnischer Sprache verlesen und Gefechtslärm simuliert wurden.[69] Diese unglaubwürdige Aktion sollte den Einmarsch deutscher Truppen in Polen rechtfertigen. »Er hielt dies für eine treffliche Kriegslist. Da hatte er keine Bedenken. Es scheint ihm sogar höllischen Spaß gemacht zu haben«, erinnerte sich Lina Heydrich.[70] Hitler jedenfalls hat seinem Helfer dafür am Abend des 1. September 1939 persönlich gedankt. Während »der Händedruck des verehrten Führers noch in der Hand brennt« – wie sich

Heydrich ausdrückte –, verfasste er für den Ernstfall sein Testament:

»Meine geliebte Lina! Meine geliebten Kinder! Als Soldat des Führers und als guter Mann und Vater muss ich alles bedenken ... Morgen früh 4.45 Uhr beginnt der Vormarsch der deutschen Armee, um 10 Uhr ist Reichstag. Ich glaube nicht, dass mir etwas zustößt. Sollte es das Schicksal doch wollen, so soll all mein Eigen dir gehören, Lina, du wirst es gut und gerecht für dich und die Kinder hüten ... erziehe unsere Kinder im Glauben an den Führer und Deutschland, in der Treue zur Idee der Bewegung, zur Härte in der Einhaltung der Grundgesetze der Schutzstaffel [SS], zur Härte gegen sich selbst, zur Güte, zur Großzügigkeit gegen die Menschen des eigenen Volkes, zur Härte gegen alle Feinde in Inland und Ausland, zur Verpflichtung den Ahnen und Enkeln gegenüber. Liebste Lina, ich mag Fehler haben. Ich habe Fehler gemacht, dienstlich, menschlich, gedanklich und in der Tat, ich habe dich unendlich lieb und ebenso übersehr liebe ich meine Kinder ...«[71]

Im Kreis der Frauen der NS-Elite genoss Lina Heydrich nur wenig Sympathie. Sie galt als herrisch, unhöflich und kalt. Man machte ihr den Vorwurf, aus Rechthaberei kleinliche Streitereien vom Zaun zu brechen sowie die ungeschriebene NS-Hofrangordnung zu missachten. Sie beging auch häufig das Sakrileg, Heinrich Himmler – mit dem sie später eine Seelengemeinschaft verband – nicht als »Mein Reichsführer« anzusprechen, und wies einmal ihren Chauffeur an, den Wagen von Frau Himmler zu überholen. Emmy Göring, die »First Lady« des Dritten Reichs, hat Lina Heydrich trotzdem lange zu ihren vorweihnachtlichen Einladungen nach Carinhall gebeten, bis der Streit um Heydrichs Jagdrevier dem ein Ende setzte.

Als Chef der Sicherheitspolizei und der Geheimen Staatspolizei bekleidete Heydrich den Rang eines Staatssekretärs. Vortragsrecht bei seinem »Führer«, der ihn allem Anschein nach mied, hatte er trotzdem keines. Der Dienstweg sah vor, dass alle Anliegen nur über den unmittelbaren Vorgesetzten, den Reichsführer SS, an Hitler herangetragen werden durften. Da die Heydrichs auch nicht zur Hautevolee des Regimes zählten, wurden sie nur zu den alljährlichen offiziellen Massenempfängen in der Berliner Reichskanzlei eingeladen. Dann aber begrüßte Hitler sie herzlich und mit ausgestreckten Armen, wobei er ausrief: »Welch ein schönes Paar. Ich bin beeindruckt!« Zu den Festspielen in Bayreuth, die Hitler jedes Jahr mit dem Diplomatischen Corps und einem kleinen Kreis von Auserwählten besuchte, hat man die Heydrichs auch nie gebeten. Dabei war der Geheimdienstchef sicherlich der beste Musikkenner unter den NS-Granden. Er hätte – im Gegensatz zu vielen Gästen, die sich langweilten – die Ehre zu schätzen gewusst und wäre noch dazu durch sein Aussehen positiv aufgefallen. Der Gestapo-Chef galt nämlich als die Inkarnation des idealen NS-Typs, als der »Siegfried-Typ« des SS-Mannes, wie er im Hofstaat Hitlers kaum zu finden war. Blond, hochgewachsen und langschädlig verkörperte er jene Art Mensch, die das NS-Regime durch »Verdrängungskreuzungen« züchten wollte. Und auch die norddeutsche Lina entsprach ganz dem NS-Frauenideal. Gerne hätten sich die Nazis einen Spiegel vorgehalten und darin nur Gesichter vom Schlag der Heydrichs erblickt! Der von vielen Parteigenossen empfundenen persönlichen Faszination des »Führers« ist jedoch weder Heydrich noch seine Frau erlegen. Bezeichnend dafür ist eine von Lina Heydrich wiedergegebene emotionslose Äußerung ihres Mannes: »Wenn der Alte Schwachsinn macht, bringe ich ihn um!«[72]

Ende September 1941, nach dem Versagen – offiziell war von Erkrankung die Rede – des bisherigen Reichsprotektors von Böhmen und Mähren Constantin von Neurath ernannte Hitler seinen General der Polizei zum Stellvertretenden Reichsprotektor – zum »Herzog Alba«, wie er angesichts der großen Schwierigkeiten mit den Tschechen meinte. Noch am selben Abend teilte Heydrich seiner Frau voll Freude mit, dass er »vom Führer nach Prag berufen werde, um dort Ordnung zu schaffen«. Lina reagierte verbittert: »Das war für mich furchtbar. Er war ja nie, nie zu Hause oder besser immer nur zu Besuch. Ich bin zehn Jahre mit Reinhard Heydrich verheiratet gewesen, aber ich glaube, davon war er sieben Jahre nicht daheim. Außer seiner Amtstätigkeit war er ja im Urlaub als Flieger im Krieg.[73] Dazu kamen die vielen Übungsflüge und dann das Fechten: jeden Tag vor Dienstantritt mindestens eine Stunde. Und am Wochenende die Turniere und Ausscheidungskämpfe ...«[74]

Als Lina eine Trennung in Aussicht stellte, beschwor ihr Mann sie, doch das Positive an der Situation zu sehen. Den Tschechen stellte sich Heydrich mit den Worten vor: »Ich habe der tschechischen Bevölkerung die Erkenntnis zu bringen, dass sie an den Realitäten ihrer Zugehörigkeit und ihres Gehorsams gegenüber dem Reich nicht vorübergehen kann.«[75] Schon bald nach Heydrichs Amtsantritt (27. September 1941) trafen Lina Heydrich und die Kinder im eleganten Salonwagen in Prag ein und fuhren unter starkem

Polizeischutz auf den Hradschin, wo sie den linken Flügel der einstigen Habsburgerresidenz als prunkvolles Domizil bezogen. Die Lehrertochter aus Fehmarn und diplomierte »Neubäuerin« hatte einen Gesinnungswandel durchlaufen. »Erhabene Gefühle« beherrschten sie und sie war mit Exzellenz anzusprechen. Ihr Mann jedoch ging mit der Verhängung von Ausnahmezustand, Standrecht und abendlicher Ausgangssperre an die »Lösung der Tschechenfrage«.

Auf der Suche nach einem standesgemäßen Wohnsitz in der Nähe von Prag will Lina Heydrich von dem idyllischen Schloss Jungfern-Breschan (Panenské Břženany) gehört haben. »Ich bat Reinhard dieser Sache nachzugehen ... vor Ostern [1942] fuhren wir nach dort und sahen ein herrliches Landschloss inmitten eines Parks, umgeben von Land und Wald, ein Traumschloss. Ein wenig Angst beschlich mich, als ich die vielen Räume besichtigte. Was macht man überhaupt mit 30 Zimmern, mit 7 Hektar Park-Garten? Ostern waren wir Herren des Schlosses ...«, erinnerte sich Lina Heydrich.

Tatsächlich war die aus dem Besitz des jüdischen Zuckermillionärs Ferdinand Bloch-Bauer stammende »Herrschaft Jungfern-Breschan« schon 1939 arisiert und auf Grund der guten Lage und des erstklassigen Zustands der Gebäude zum Dienstsitz des Reichsprotektors gewählt worden. Die Liegenschaft umfasste zwei Schlösser – eines aus dem Barock und ein historistisches[76] –, ausgedehnten Grundbesitz mit 125 Hektar Wald und eine große Gärtnerei. Die Heydrichs wählten das schöne weiße Herrenhaus aus dem 19. Jahrhundert und führten, erstmals nach 10-jähriger Ehe, ein intensives Familienleben. Zahlreiche tschechische Dienstboten erledigten die Hausarbeit. »Jeder Diener hatte noch einen

Diener. Das war eben noch sehr österreichisch« und »es war wunderbar«, schwärmte Lina Heydrich Jahrzehnte später in der Erinnerung.[77] Neben der Bewirtschaftung ihrer Domäne pflegte die Frau des Reichsprotektors ihr Hobby – das Sammeln von altem Porzellan. Als daher Himmler seinen Chefadjutanten Wolff mit der Suche nach einem passenden Geburtstagsgeschenk für Lina Heydrich betraute, teilte man ihm mit: »Frau Heydrich kann erfreut werden durch Alt-Wiener Porzellan, Marke blauer Bienenkorb aus klassizistischer Zeit. Heil Hitler.«[78] Der SS-Obergruppenführer Wolff beschränkte sich bei der Erfüllung seines schwierigen Auftrags nicht allein auf den Kunstmarkt, vielmehr durchforstete er auch die Bestände zahlreicher Museen. Die Direktion des Kunsthistorischen Museums in Wien bedauerte, kein Exemplar des gewünschten Porzellans zu besitzen. »Der Kunstmarkt in Wien ist derzeit vollständig erschöpft«, teilte die Geheime Staatspolizei mit.[79] »Im freien Verkauf sind derartige Gegenstände derzeit kaum mehr erhältlich. Unter den beschlagnahmten Sachwerten befindet sich ebenfalls ... kein Alt-Wiener Porzellan«[80]

Frau Heydrich bekam ihr Geschenk dann aus den reichen Sammlungen des ehemaligen Habsburgerschlosses Konopischt bei Prag, wo sich die großen Sammlungen des österreichischen Thronfolgers Franz Ferdinand befanden. Das Ehepaar Heydrich hat sich in Böhmen allerdings nicht derart schamlos bereichert, wie es zum Beispiel der Generalgouverneur von Polen, Hans Frank, tat. Ihm ging der Ruf voraus, Gemälde, Schmuck und Wertgegenstände von ungeheurem Wert an sich zu raffen. Wenn es jedoch um ihre Sammlung und die Einrichtung von Jungfern-Breschan ging, zeigte Lina Heydrich keine Skrupel. Während ihr Mann das Land befriedete, durchstreifte sie die böhmischen Schlösser und »entlehnte« Porzellan, Antiquitäten und antike Möbel.[81]

In ihrer Einstellung zur so genannten »Judenfrage« bezog das Ehepaar Heydrich divergierende Positionen, war sich jedoch in Bezug auf die zu setzenden Maßnahmen völlig einig. Lina deklarierte sich offen als Antisemitin und führte ihre Gründe an: »Für uns waren die vielen polnischen Juden, die ins Land kamen – anders als die polnischen Erntehelfer – Eindringlinge und ungebetene Gäste. Während die polnischen Schnitter sich in Baracken kasernieren ließen und nach getaner Arbeit wieder verschwanden, blieben die Juden im Land. Sie sprachen eine Art Deutsch, aber sie waren keine Deutschen, und sie nahmen Besitz ohne zu fragen ... das Zusammenleben mit ihnen verglichen wir mit einer erzwungenen Ehe, in der die Partner einander buchstäblich nicht riechen konnten. Merkwürdigerweise begriffen die Juden dies und ihr Fremdsein in unserem Land nicht, auch wenn ihnen der blanke Hass entgegenschlug. Hätte es damals Psychotherapeuten gegeben, hätten sie den Juden nur zum Auszug aus Deutschland raten können ...«

Heydrichs Vater hatte keine Vorurteile gekannt. Er verkehrte in Halle mit alteingesessenen, kultivierten jüdischen Familien und nahm schmunzelnd zur Kenntnis, dass er selbst als Jude galt. Auch sein Sohn Reinhard konnte lange Zeit zwischen den jüdischen und christlichen Honoratioren der Stadt keinen Unterschied erkennen. Er bewunderte die Juden als ältestes Kulturvolk der Welt, bis er dem Rassegedanken des Nationalsozialismus verfiel. Er glaubte dann, dass »nur im germanisch-deutschen Menschen biologisch

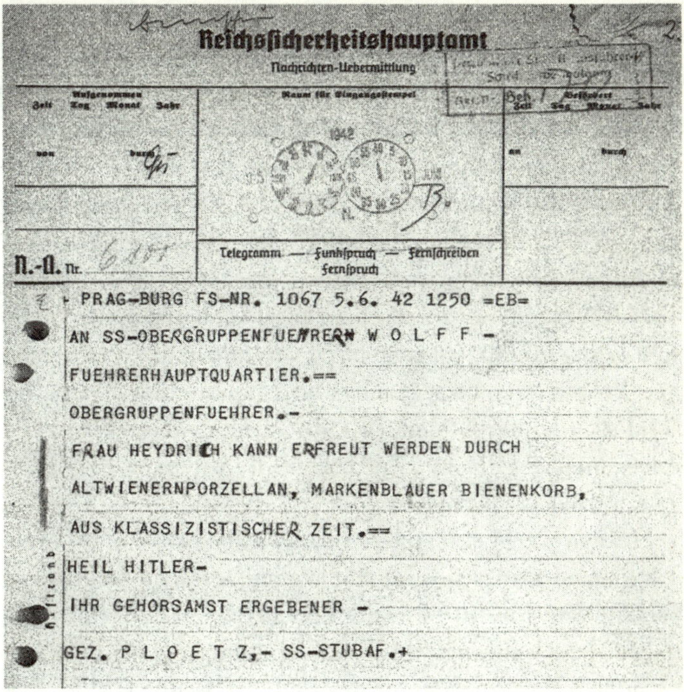
Reichssicherheitshauptamt

Nachrichten-Uebermittlung

Telegramm — Funkspruch — Fernschreiben
Fernspruch

N.-Ü. Nr.

+ PRAG-BURG FS-NR. 1067 5.6. 42 1250 =EB=

AN SS-OBERGRUPPENFUEHRER W O L F F -

FUEHRERHAUPTQUARTIER.==

OBERGRUPPENFUEHRER.-

FRAU HEYDRICH KANN ERFREUT WERDEN DURCH

ALTWIENERNPORZELLAN, MARKENBLAUER BIENENKORB,

AUS KLASSIZISTISCHER ZEIT.==

HEIL HITLER-

IHR GEHORSAMST ERGEBENER -

GEZ. P L O E T Z,- SS-STUBAF.+

Geburtstagsvorbereitungen – Adjutant Wolff sondiert im Auftrag Heinrich Himmlers Lina Heydrichs Wünsche (1942)

höchste Grundwerte zu finden seien und die Juden wie Blutsauger am deutschen Volkskörper klebten«.[82]

Am 31. Juli 1941 bekam Heydrich jenen Auftrag, der sich, wie seine Frau meinte, als »größte Anschuldigung und Belastung herausstellen sollte.«[83] Es handelte sich dabei um die »Gesamtlösung der Judenfrage«[84], die er von der Auswanderung bis zur Ausrottung organisierte. Unter der Leitung Heydrichs (als Beauftragter für die Vorbereitung der Endlösung der europäischen Judenfrage) fand die berüchtigte Wannsee-Konferenz statt, auf der man am 20. Januar 1942 die erforderlichen Maßnahmen beschloss.[85] Lina gab die zynischen Aussagen ihres Mannes wieder: »Es handelt sich um die Organisation der Auswanderung aller europäischen Juden nach Zentralrussland ... Sibirien ist nicht das Land des Schreckens ... Dort gibt es alles: fruchtbares Land, Erze, Mineralien. Sie [die Juden] sind intelligent und sie brauchen einen neuen Anfang. Wir wollen das Problem ein für alle Mal aus der Welt schaffen. Jetzt im Krieg bietet sich eine einmalige Gelegenheit ... natürlich wird ein großer Prozentsatz diese Umsiedlung nicht überstehen, besonders die alten Juden. Mit einem natürlichen Schwund müsse man rechnen ... die Juden, die wir nach dort bringen, werden sich einleben ...«[86]

Heydrich erblickte, nach Aussagen seiner Frau, in seiner Tätigkeit so etwas wie eine mit großen persönlichen Opfern verbundene Tat, die er um der Sache willen zu vollbringen hatte: »Und wenn ich ihn in Stunden der Verzweiflung bat, doch aufzugeben, sagte er, dass er dies weder wollte noch könnte. ›Ich fühle mich frei von aller Schuld. Ich kann mich zur Verfügung stellen; andere könnten egoistische Ziele verfolgen.‹«[87]

In Böhmen ging der neue Reichsprotektor nach einer kurz bemessenen Phase des offenen Terrors zur Konsolidierung der tschechischen Verhältnisse über. Er verbesserte die sozialen Bedingungen, ließ die Luxushotels für die arbeitende Bevölkerung räumen und zeigte der Arbeiter- und Bauernschaft Entgegenkommen.[88] Hitler lobte seinen Adlatus, dessen Amtsführung sich positiv von der seines Vorgängers unterschied. Besorgt registrierten die alliierten Geheimdienste einen Zustand von politischer Apathie[89], in dem Ansätze zu wirksamen Widerstandshandlungen untergingen. Heydrich ließ auch das Prager »Rudolfinum« renovieren und als musikalisches Zentrum wieder erstehen. Im Mai 1942 veranstaltete er zu Ehren seines Vaters im Rahmen der Prager Musikwochen ein Konzert, bei dem ein Quartett Kompositionen von Bruno Heydrich spielte. Die Aufführung fand am Donnerstag, dem 26. Mai 1942, im Prager Palais Waldstein statt. Bei der Ankunft des Reichsprotektors erhob sich das Publikum von den Plätzen und entbot den deutschen Gruß. Reinhard Heydrich und seine Gattin wirkten zufrieden und strahlten ruhige Gelassenheit aus.

Am Morgen des 27. Mai 1942 verabschiedete sich Lina Heydrich beim Portal ihres Schlosses von ihrem Mann, der zu seiner turnusmäßigen Berlin-Reise aufbrach, um dem »Führer« Bericht zu erstatten. Die Fahrt von seinem Wohnsitz nach Prag legte der Reichsprotektor und Chef der Geheimen Staatspolizei wie gewöhnlich im offenen Wagen zurück. Auch auf eine bewaffnete Eskorte hatte er verzichtet. Drei junge Männer erwarteten den Wagen in der Nähe der Stadtgrenze. Sie waren erst kurz davor in der Nähe von Prag mit Fallschirmen gelandet. Als Heydrichs Fahrzeug in einer engen Kurve bremste, warf einer von ihnen, Jan Kubis, eine Bombe, die unter dem Wagen explodierte. Heydrich wurde schwer verletzt, konnte aber noch aufspringen und mit seiner Pistole auf die Flüchtenden schießen.

Das Attentat, dem der Reichsprotektor zum Opfer fiel, war von tschechischen Exilkreisen unter der Leitung von Eduard Beneš in London geplant worden, wo man Heydrichs geschickte Pazifizierung mit wachsender Unruhe verfolgt hatte. Der Anschlag sollte aller Welt den entschlossenen Kampf der Tschechen gegen Hitler vor Augen führen. Lina besuchte ihren tödlich verwundeten Mann täglich im Prager Lubowka-Krankenhaus und brachte ihm selbst gekochte Bouillons. Nach mehreren Operationen schien es Heydrich allmählich besser zu gehen, als sein Zustand plötzlich in eine kritische Phase trat. Mit den Worten »Geh zurück nach Fehmarn!« verabschiedete sich der Sterbende von seiner Frau. Am 4. Juni 1942 um 10 Uhr meldete der Rundfunk: »Der Obergruppenführer und General der Polizei[90], Chef der Geheimen Staatspolizei und des Reichssicherheitsdienstes, der Stellvertretende Reichsprotektor von Böhmen und Mähren, Reinhard Heydrich, ist heute seinen Verletzungen erlegen.«[91]

Hitler nahm am selben Abend in der Wolfschanze, seinem Hauptquartier in Ostpreußen, zum Tod Heydrichs emotionslos Stellung: »Männer vom politischen Format Heydrichs müssen sich klar darüber sein, dass ihnen wie einem Wild aufgelauert werde«, und sie müssen wissen, dass »unzählige Leute den Gedanken haben, wie sie sie umbringen können«. Die Unvorsichtigkeit, im offenen, ungepanzerten Wagen zu fahren, »sei ein Blödsinn gewesen, der der Nation nichts nützte«. Auf jeden Fall könne dies nur als »Dummheit oder reiner Stumpfsinn« bezeichnet werden.[92] In seiner offiziellen Gedenkrede würdigte Hitler seinen Geheimdienstchef dann als »Mann mit dem eisernen Herzen«.

Lina Heydrich, die kurz vor der Geburt ihres vierten Kindes stand, blieb den meisten Trauerfeierlichkeiten fern. Sie wurde bei dem mit großem Pomp nach einem Minutenprotokoll abgewickelten Staatsbegräbnis von ihrem Vater, ihrem Bruder und der Schwiegermutter vertreten. Heinrich Himmler führte die Heydrich-Kinder während der Zeremonie in der Prager Burg an der Hand. Man spielte die Trauermusik aus Richard Wagners »Götterdämmerung«, der »Führer« legte einen Kranz nieder, militärische Ehrenbezeugungen folgten. Für die Ergreifung der Attentäter wurde eine Prämie in der Höhe von einer Million Reichsmark ausgeschrieben.[93]

Die folgenden ungeheuer grausamen Racheakte des NS-Regimes, das die Ergreifung der Attentäter nicht abwartete, verstärkten den Hass auf die deutsche Besatzungsmacht und brachten damit die von den Organisatoren des Attentats erhofften Resultate. Ohnmächtige Wut erfasste die Bevölkerung, als das Standgericht Prag 936 und das Standgericht Brünn 395 Menschen zum Tod verurteilte. Aufgrund eines bloßen Verdachts, den man zu einem »unwiderlegbaren Beweis, dass die Bewohner dem in Betracht kommenden Täterkreis Hilfe angedeihen ließen« umfunktionierte, wurde das Dorf Lidice bei Kladno am 10. Juni 1942 dem Erdboden gleichgemacht, die männlichen Bewohner ermordet, Frauen und Kinder in Konzentrationslager verschleppt.

In der NSDAP herrschte die Auffassung, dass Reinhard Heydrich als Märtyrer im Dienst des Vaterlands gestorben sei. Lina Heydrich jedoch galt als »die Witwe des Reichs«. Heinrich Himmler, der Reichsführer SS und Herr aller Konzentrationslager, hatte in seiner Gedenkrede am Sarg des Verstorbenen versprochen: »Seiner Frau und den Kindern aber gehört unsere ganze Zuneigung und liebevolle Sorge. Wohlgeborgen sollen sie sein in der großen Familie der Schutzstaffel [SS]...«[94] Er selbst wurde der gewissenhafte Vormund der Heydrich-Kinder und Lina, die in der Nacht vom 22. zum 23. Juli 1942 als viertes Kind die Tochter Marte zur Welt brachte, nahm im NS-Staat einen bevorzugten Status ein. Neben einer hohen Pension (ca. 1900 RM) erhielt sie 200 000 RM aus Heydrichs Lebensversicherung. Nach dem Verkauf des Berliner Hauses und der Abgabe des Jagdreviers Stolpshof verfügte die reiche Witwe bei der Deutschen Reichsbank über Konten in der Höhe von über 600 000 RM.[95] Das Schloss Jungfern-Breschan stand ihr zur mietfreien Benützung zur Verfügung und die Schenkung des Besitzes als »Erbhof« an die Hinterbliebenen des Reichsprotektors war im Gang, verzögerte sich jedoch durch immer neue Forderungen vonseiten Linas.[96] Man kam ihr in allem bereitwilligst entgegen und sie nutzte ihren Status – eine »politisierende Witwe« war das Regime jedoch nicht bereit zu dulden. Als Lina nach Dänemark, Frankreich und Norwegen reiste, Politiker traf und Vorträge hielt, schritt Himmler ein. »Sehr geehrte Frau Heydrich! Ich höre, dass Sie außer Ihrer Reise nach Dänemark noch größere Reisepläne haben. Ich darf Ihnen in aller Offenheit sagen, dass ich dies nicht für richtig halte ... Ich glaube, dass Sie innerlich zu dem großen Schluss kommen und sich durchringen müssen, aus dem reichen politischen Leben, in dem Sie mit Ihrem Mann gelebt haben, als mitwirkende Frau auszuscheiden ... Ich bitte Sie herzlich, haben Sie die Klugheit der Selbstbescheidung, seien Sie Bäuerin und nicht herumreisende und politisierende Witwe! Heil Hitler!«[97]

Der Rückzug aus dem öffentlichen Leben, wie er nach den NS-Vorstellungen für Frauen vorgesehen war, fiel Lina Heydrich allerdings schwer. Sie tröstete sich dann im Frühjahr 1944 mit einer Erholungsreise nach Südtirol. Himmlers persönlicher Stab organisierte die Fahrt im luxuriösen Stil,

Die Witwe des Deutschen Reichs – Lina Heydrich bei der Trauerfeier für ihren ermordeten Gatten in der Prager Burg (1942)

verschaffte Devisen und mietete für die Witwe, ihre Kinder und eine Freundin Zimmer im Parkhotel in Meran.[98]

Anfang 1944 hatte die Witwe des Reichsprotektors einen anonymen Brief mit Drohungen gegen ihre Person erhalten. Sofort eingeleitete Nachforschungen der SS brachten zwar keine Resultate, hatten aber die Abstellung eines SS-Einsatzkommandos mit Polizeihunden nach Jungfern-Breschan zur Folge.[99] Im darauf folgenden Sommer hat Lina Heydrich – was niemand sonst gewagt hätte – ihrem Sohn Heider die Teilnahme an der Hitlerjugend aus Sicherheitsgründen verboten. Der örtlichen HJ-Stelle schrieb sie: »... sehe ich mich veranlasst, die Teilnahme am Dienst während der Kriegsdauer nicht mehr zu gestatten ... wenn der

Reichsführer SS es für richtig hält, dass meine Kinder von einer Wache umgeben sind, kann mein Junge im Dienst der HJ nicht mutterseelenallein in Prag auf der Straße sein ... Sie werden es verstehen, dass ich selber einer solchen Nervenprobe, wie man es von mir am Sonnabend verlangte, nicht gewachsen bin.«[100]

Freund und Gönner Heinrich Himmler half, wo er konnte. Zu Weihnachten schickte er eine »Julkerze« und oft kamen Rosen. Für die Forst-, Garten- und Feldarbeit sowie für die im Schloss anfallenden Reparaturen stellte er Häftlingskommandos bereit.[101]

Die Verleihung von KZ-Häftlingen an förderungswürdige NS-treue Betriebe stellte damals keine Seltenheit dar. Die Firmen litten kriegsbedingt unter einem akuten Arbeitskräftemangel und profitierten davon, dass für die KZ-Insassen weder geregelte Arbeitszeiten noch lästige Schutzbestimmungen galten. Einsatz und Behandlung der zu Untermenschen deklarierten Häftlinge lagen ganz im moralischen Ermessen der Dienstgeber. Grausame Ausbeutung und Quälereien, selbst wenn diese Todesfälle zur Folge hatten, blieben ohne Konsequenzen.

Im Juli 1942 kamen 80 jüdische Insassen des Konzentrationslagers Theresienstadt nach Jungfern-Breschan. Sie wurden isoliert untergebracht und schärfstens bewacht. Der Einsatz von KZ-Häftlingen auf ihrem Besitz war für Lina Heydrich – wie sie in ihren Memoiren in unglaublicher Verdrehung der Tatsachen schreibt – eine große Überraschung, von der sie nichts geahnt hatte. Als sie mit ihren Kindern nach längerer Abwesenheit auf das Schloss zurückkehrte, stellte sie nämlich erstaunt fest: »... als wir dort eintrafen, tummelten sich im Schloss und davor zahlreiche Männer in Sträflingskleidung. Was war passiert? ... hatte man ein Kommando Juden aus Theresienstadt nach Breschan gebracht. Sie waren im Pferdestall untergebracht, der weiß gekachelt, sehr geräumig und mit fließendem Wasser versehen war ... anfangs habe ich mir keine besonderen Gedanken gemacht. Erst als ein Jahr verging und die Leute noch immer da waren, befasste ich mich mit ihrem Dasein.«

Lina Heydrich
Jungfern-Breschan
Post Odolenawasser

Jungfern-Breschan, den 20.7.44

25. JUL 1944

An das
Konzentrationslager
Flossenbürg. bei Weiden/Oberpfalz.

Sie haben mir vor einigen Tagen ein Forderungsnachweis in Höhe von 900.-RM übersandt. Jch mache Sie darauf aufmerksam, dass bei Überstellung der 15 Häftlinge nach hier eine Vereinbarung getroffen wurde, wonach die Häftlinge von mir unterhalten werden sollten. Von einer zusätzlichen Bezahlung ist nicht die Rede gewesen. Da ich diese Häftlinge schon seit geraumer Zeit beschäftige, von Jhnen aber nur im Juni ein Forderungsnachweis ausgestellt wurde, nehme ich an, dass der Verwaltung ein Jrrtum unterlaufen ist. Jch schicke Jhnen deshalb den Forderungs-

Eine strittige Kostenfrage – der Einsatz von KZ-Häftlingen auf Lina Heydrichs böhmischem Gut

Der Führer des Kommandos hätte sie dann aufgeklärt, dass diese Leute von der SS verpflegt und vom Bürgermeister des Ortes bezahlt würden. »... eines Morgens sah ich, wie einer dieser Arbeiter mit einer Peitsche geprügelt wurde. Ich habe es vom Fenster aus beobachtet – und bin sofort hinuntergelaufen.« Frau Heydrich will sofort eingeschritten sein und erfuhr, dass der Prügler ein Mithäftling, ein »Kapo« gewesen wäre. »Ich bat den SS-Führer diesen Einsatz zu beenden.«[102]

Die Korrespondenz der Witwe mit den Konzentrationslagern Theresienstadt und Flossenbürg ergibt ein anderes Bild.[103] Demnach hat Lina Heydrich – mit wohlwollender Unterstützung Himmlers – die Zwangsarbeiter selbst angefordert. Als die Theresienstädter Häftlinge – zeitweise bis zu 120 – vor Beendigung der Herbstarbeiten im September 1943 abgezogen werden sollten, protestierte sie energisch gegen den Verlust der billigen Arbeitskräfte und erreichte schließlich die Zuteilung von 15 Juden sowie einer größeren Anzahl von Bibelforschern und -forscherinnen aus dem KZ Flossenbürg. Diese wurden, wie auch die Theresienstädter, auf Schloss Breschan verköstigt. Darüber hinaus wäre eine tägliche Gebühr in der Höhe von 3 RM pro Häftling an das zuständige Konzentrationslager zu entrichten gewesen. Im eigenen Interesse achteten die meisten Arbeitgeber sehr darauf, im Geschäftsverkehr mit den SS-Totenkopfverbänden, denen die Führung und Bewachung der Konzentrationslager oblag, ihren Verpflichtungen gewissenhaft und pünktlich nachzukommen. Als jedoch Frau Heydrich zur Bezahlung der vorgeschriebenen Gebühr aufgefordert wurde, reagierte sie empört: »... Ich mache Sie darauf aufmerksam, dass bei Überstellung der 15 Häftlinge nach hier eine Vereinbarung getroffen wurde, wonach die Häftlinge von mir unterhalten werden sollten. Von einer zusätzlichen Bezahlung ist nicht die Rede gewesen ... nehme ich an, dass der Verwaltung ein Irrtum unterlaufen ist ...«[104]

In der Folge kam es zu einem langen Schriftverkehr und heftigen Streitereien. Frau Heydrich beharrte auf ihrem Standpunkt, die Häftlinge lediglich um den Betrag von 0,60 RM täglich verpflegen zu wollen.[105] Schließlich resignierte der Chef des SS-Wirtschafts-Verwaltungshauptamtes, der SS-Obergruppenführer und General der Waffen-SS, Pohl: »... ich werde jetzt auf jegliche Bezahlung verzichten ... dies zur Information, falls Frau Heydrich beim Reichsführer SS interveniert ... die Kosten werde ich aus irgendeinem Fonds decken ...«[106]

Die Verwaltung Persönlicher Stab Reichsführer SS richtete schließlich das Sonderkonto »R« ein und übernahm die laufende Bezahlung. Frau Heydrich konnte auch noch die Entsendung von zehn weiteren Bibelforschern erreichen. Als nach dem Krieg die Frage der Behandlung der Zwangsarbeiter aufgerollt wurde, beschuldigte die tschechische Militärmission in West-Berlin – gestützt auf Dokumente und Bildmaterial – Lina Heydrich, Misshandlungen von Häftlingen auf Schloss Jungfern-Breschan angeordnet zu haben.[107]

Ein Jahr nach dem Tod ihres Mannes traf Lina Heydrich ein neuer Schicksalsschlag. Am 24. Oktober 1943 radelte ihr ältester Sohn, der damals 10-jährige Klaus, allein durch das Portal von Jungfern-Breschan. Er fuhr »Onkel Hildebrand«, einem zum Tee angesagten Gast, entgegen. Er hatte dazu die Erlaubnis der Mutter, da die wenig frequentierte Straße vor dem Schloss keine Gefahren zu bergen schien. Doch nach wenigen Metern wurde das Kind von einem

Lastwagen erfasst, niedergestoßen und überfahren. Klaus starb eine halbe Stunde später. In dem Telegramm an Himmler heißt es: »blitz-dringend, sofort auf den tisch – klaus heydrich verunglückte heute 17.15 uhr in jungfernbreschan tödlich.«[108] In der SS-Zeitung »Das Schwarze Korps« erschien eine kleine Todesanzeige.[109] »Meinen Sohn ließ ich im Park von Breschan beisetzen. Zu Allerseelen habe ich auf seinem Grab Kerzen angezündet und Weihnachten hat er einen Tannenbaum für sich bekommen. Ich war auf dem Wege, buchstäblich verrückt zu werden«, schrieb Lina dazu in ihren Memoiren.[110]

Ende 1944 wollte Lina Heydrich den Einsatz der KZ-Insassen auf ihrem Gut zur Dauereinrichtung machen. Sie dachte an eine Art von »Sklavenkolonie« und unterbreitete ihre Idee dem Reichsführer SS anlässlich seines Besuches. Himmler war begeistert: »Ihre Absichten sind eine psychologische Meisterleistung!«[111] Damit öffneten sich der fast euphorischen Witwe »ungeheure Perspektiven«: »Die Häftlingsangelegenheit hat bei mir eine riesengroße Aufregung und Neuplanung ausgelöst ... Wenn der Bescheid der Haftentlassung eintrifft, werde ich sie antreten lassen in ihrer jetzigen Kleidung, ihnen den Haftentlassungsbefehl vorlesen und dann eine Rede halten, wonach sie es nur der übergroßen Güte des Reichsführers zu verdanken haben ... Dann werde ich einige Statuten ausgearbeitet haben, wonach sie sich verpflichten, der Herrschaft Jungfern-Breschan treu zu dienen, treu und arbeitsam zu sein. Dieses werden sie alle unterschreiben. Dann werden sie ihre Kleidung wechseln dürfen und so in Zivilkleidung ein Festessen einnehmen ... Im Lauf der Zeit werde ich um die Genehmigung bitten, dass die Angehörigen nachkommen dürfen.

Das wird meines Erachtens etwas schwierig sein, da die meisten auch im Lager sitzen. Die Arbeitsaufteilung macht mir noch sehr viel Kopfzerbrechen, weil ich mir aus diesen Männern einen Stamm verlässlicher Menschen heranziehen will, die ich dann nach Ablauf der Pacht auch für die anderen Betriebe verwenden kann ... Ach Reichsführer, ich weiß gar nicht, wo mir der Kopf steht ... deshalb möchte ich Ihnen noch einmal von Herzen danken. Mit meinen Kühen scheint es jetzt auch voranzugehen ...«[112]

Die auf dem Heydrich-Besitz arbeitenden KZ-Häftlinge fürchteten nichts mehr als eine Rückkehr in die von der Devise »Vernichtung durch Arbeit« beherrschten Konzentrationslager und gaben dies auch zu verstehen. Lina Heydrich fühlte sich als Wohltäterin. Der Gedanke, dass die erpressten Dienstverträge der Exhäftlinge moralisch verwerflich und rechtlich ungültig sein könnten, ist ihr dabei nie gekommen. Im Januar 1945 demonstrierte die Gutsherrin als linientreue Nationalsozialistin in einem Brief an Himmler noch ungebrochene Zuversicht: »Unsere Arbeit geht weiter, die Gärtnerei wird in diesem Jahr um 6 ha vergrößert für Gemüseanbau ... Gleichzeitig wird eine Baumschule, insbesondere für Obst vorbereitet ... Mein Viehhandel mit Vorarlberg hat sich auf Grund der veränderten Bahnverhältnisse zerschlagen, ich bin deswegen gezwungen, irgendwelche Kühe aufzukaufen im hiesigen Raum, um im kommenden Wirtschaftsjahr hofeigenen Dünger zu haben. Heute geht mit gleicher Post ein Antrag auf gewerbemäßigen Vertrieb von Süßmost an die Wirtschaftsgruppe für Obst- und Weinbau ab ...«[113]

Nachdem die Witwe damit ihren Glauben an die Zukunft des Dritten Reichs bewiesen hatte, kam sie zur Sache:

»... Reichsführer, Sie wissen, dass ich nicht bange bin ... Sie werden es deshalb verstehen, wenn ich Sie heute bitte, mir, falls der Krieg ein Hiersein nicht mehr erlaubt, rechtzeitig den richtigen Weg zu sagen. Mit mir bewohnen dieses Haus noch mehr deutsche Menschen und ich würde mir wie ein Feigling vorkommen, würde ich nur allein an meine eigene und meiner Kinder Sicherheit denken ...«[114]

In ihren Memoiren hat Lina Heydrich diesen Brief an Himmler aus ihrer Erinnerung wiedergegeben. Er lautet dann: »Ich habe gehört, im Führerhauptquartier herrscht Ostgotenuntergangsstimmung. Es sollen alle Führer Giftampullen mit Zyankali erhalten haben. Sie wollen sich durch den Tod allem entziehen. Ich hätte gerne gewusst, Reichsführer, was wir, die Frauen, tun sollen. Ich habe vor, wenn uns kein Schutz mehr gegeben werden kann, über den Böhmerwald und Bayerischen Wald nach Westen zu ziehen, und werde versuchen, meine Heimatinsel zu erreichen ...«[115]

Auf jeden Fall ist der Reichsführer SS auf die Sorgen Linas eingegangen. Auch ihm schien – am 7. Februar 1945 – eine Niederlage undenkbar: »... Ich habe die feste Zuversicht, dass es uns gelingen wird, erstens den Vormarsch der Russen abzustoppen, zweitens zurückzuschlagen und das verlorene Land wieder zu holen. Wir werden damit, so unwahrscheinlich das im jetzigen Augenblick erscheinen mag, im Lauf dieses Jahres, das ein Fortissimo des Krieges darstellt, diesen Kampf, weil wir nicht besiegt werden konnten, siegreich beenden ...«[116] Nach diesen Floskeln geht er auf das Hauptanliegen der Heydrich-Witwe ein: »... mit Ihren Gedanken und Maßnahmen für den Fall der äußersten Not bin ich absolut einverstanden.«

Mitte April 1945 überreichte Lina Heydrich ihrem Sohn Heider eine Kiste Zigarren. Mit diesem damals allgemein akzeptierten Zahlungsmittel sollte das Kind seine Kosten für Transport, Essen und Unterkunft nach Fehmarn finanzieren. Nachdem die Mutter ihren Sohn mit genauen Instruktionen und guten Ratschlägen versorgt hatte, schickte sie den noch nicht 12-Jährigen allein auf den Weg von Prag nach Fehmarn. Vier Monate später ist Heider, den die Besatzungsmächte etappenweise mitnahmen und mitleidige Menschen verpflegten, tatsächlich bei seinen Großeltern in Schleswig-Holstein angelangt. Das traumatische Erlebnis dieser schrecklichen Odyssee hat ihn durch sein weiteres Leben begleitet.[117]

Nach der Trennung von ihrem Sohn ist Lina Heydrich in einem von ihren »Häftlingen« zum komfortablen Wohnwagen umgebauten Lastwagenanhänger mit ihrer Tochter, deren Lehrerin und einem Fahrer nach dem Westen aufgebrochen. Vorläufiges Ziel war der Tegernsee, wo die Flüchtlinge in Rottach-Egern bei Frieda Wolff, der geschiedenen Ehefrau des SS-Obergruppenführers Karl Wolff, Unterschlupf fanden. Dort übergab Lina ihre Tochter einem vertrauenswürdigen Ex-Hitlerjugendführer, der sie zu ihren Großeltern auf Fehmarn brachte. Durch Zufall hatte die Witwe eine junge, soeben aus dem Lager Aibling entlassene Frau namens Lisa Hunger getroffen und pflegte die Bekanntschaft – im Hinblick auf die gleichen Initialen. Lina nutzte ohne Zögern die Gelegenheit, fälschte sich – mittels hartgekochtem Ei als Stempelträger – ein Entlassungsdokument des Internierungslagers Aibling und entzog sich damit der Verhaftung. Dann brach sie per Fahrrad, Anhalter und Zug gegen Norden auf. Ein halbes Jahr nach dem Aufbruch in Breschan endet auch Linas Odyssee im heimatlichen Fehmarn. Ihre Erleichterung ist allerdings kurz, denn sie muss bald feststellen, dass alte Bekannte ihr auf der Straße ausweichen, den gegenüberliegenden Gehsteig benutzen und von Reinhard Heydrich nur als Massenmörder gesprochen wird. Lina reagiert empört. »Wie Papiere gefälscht werden, weiß ich nicht erst seit gestern. Ich mache das nach meiner Ankunft auf Fehmarn natürlich weiterhin. Da ist zum Beispiel ein Mann, der aus dem Elsass kommt, wo er in Abwesenheit zum Tod verurteilt worden ist. Die Suchkommandos haben ihn nicht gefunden. Ich mache aus ihm kurzerhand einen anderen Mann. Er bleibt frei und überlebt. Mir hat das schließlich sogar Spaß gemacht. Es war für mich eine Reaktion auf all das, was uns nach unserer Meinung völlig zu Unrecht widerfahren ist.«[118]

Das »Unrecht« reißt jedoch nicht ab und Lina kann nicht, wie geplant, ein neues Leben als unbekannte Privatperson beginnen. Entnazifizierungsverfahren werden eingeleitet und auch gegen sie beginnt »eine systematische Räuberei«: »Den Leuten wurde ihre Habe genommen. Ich gehöre zu denen, die alles verloren«, beschwerte sich die als Nutznießerin des nationalsozialistischen Regimes eingestufte Witwe Reinhard Heydrichs. Sie fühlte sich als Kriegerwitwe und Heimatvertriebene, reichte unermüdlich Gesuche um Unterstützung ein, wurde regelmäßig abgewiesen und klagte über die Feindseligkeit der Behörden: »So war das Gesetz 131, das die Versorgung der ehemaligen Soldaten regelte, kein Gesetz, das die deutsche Staatsbürgerin Lina Heydrich, die Witwe eines während des Krieges infolge eines Attentats verstorbenen Generals der Polizei, für sich in Anspruch nehmen durfte ... ich rutschte immer zwischen den Paragrafen hindurch ...« Ihren Lebensunterhalt verdiente sie durch Schwarzhandel und – kurzfristig – als Magd in Österreich, wohin sie sich in der Hoffnung auf eine neue Ehe begeben hatte. Als die Tschechoslowakei die Witwe beschuldigte, nach Heydrichs Tod den Mord an Tschechen veranlasst zu haben, und die Auslieferung verlangte, zog Linas Verlobter Leopold von Zanetti im April 1946 sein Heiratsversprechen zurück. 1947 wurde Lina Heydrich in Prag in Abwesenheit zu lebenslangem Zuchthaus verurteilt.[119]

1953 erhielt Lina Heydrich ihr Ferienhaus auf Fehmarn zurück und gewann auch – in erster Instanz – einen Prozess um eine Witwenrente, nachdem das Oberversicherungsamt annahm, dass Heydrich in Prag »als Soldat gefal-

Lina Heydrich mit ihrer Tochter Marte als Zeugin
vor der Berliner Spruchkammer (1960)

len« sei. Das Bundesarbeitsministerium legte sofort Berufung ein und der von zahlreichen Gutachten unterstützte Streit zog sich Jahre hin.[120] Schließlich gewann Frau Heydrich in der Kanzlei des Rechtsanwaltes Dr. Robert Kempner, des ehemaligen Chefanklägers beim Nürnberger Kriegsverbrecherprozess, einen kompetenten Rechtsbeistand. Er erreichte, dass die – inzwischen mit dem finnischen Theaterdirektor Mauno Manninen verheiratete – Lina als Witwe eines Oberleutnants der Marine eine kleine Rente nach dem Versorgungsgesetz bekam.[121]

1960, 15 Jahre nach Kriegsende und 18 Jahre nach Heydrichs Tod, eröffnete die Spruchkammer Berlin-Wilmersdorf ein Sühneverfahren zur Regelung des Heydrich-Nachlasses und verfügte die Einziehung des Vermögens auf den Konten der Deutschen Reichsbank.[122] 1964 stellte auch die Lübecker Oberstaatsanwaltschaft das Ermittlungsverfahren wegen Anstiftung oder Beihilfe zum Mord ein und entkräftete damit die Vorwürfe des »Zentralkomitees des Verbandes der antifaschistischen Widerstandskämpfer« in Prag, dass Frau Heydrich nach dem Anschlag auf ihren Mann den Mord vieler tschechischer Personen veranlasst hätte.[123]

1965 hat Lina Heydrich, nunmehr Inhaberin der Pension »Imbria Parva« in Burg auf Fehmarn, ihr Haus ausgebaut und mit einer finnischen Gemäldeausstellung eröffnet. Als Gast begrüßte sie damals Winifred Wagner. 1976 ging die nunmehr 65-Jährige daran, die Geschichte ihres Lebens mit Heydrich aufzuschreiben. Dem Verlag, der sich dafür interessierte, schien es allerdings ratsam, der – von nationalsozialistischer Überzeugung strotzenden – Autorin den renommierten Historiker Werner Maser zur Seite zu stellen.

Man vereinbarte auch, dass Maser Linas Werk durch erläuternde Kommentare ergänzen würde. Die Memoiren erschienen unter dem Titel »Leben mit einem Kriegsverbrecher«, nachdem Lina Heydrich vergeblich versucht hatte, Masers kritische Anmerkungen zu unterdrücken. Sie löste dann das Problem, indem sie in den Exemplaren, die sie für Freunde und Bekannte bestimmt hatte, den ungewünschten Anhang herausschnitt.[124]

Am 14. August 1985 ist Lina Heydrich-Manninen im 75. Lebensjahr verstorben.[125]

Unity Valkyrie Mitford

Hitlers englische Walküre

8. August 1914 – 28. Mai 1948

Wie mir Frau Hoffmann liebevoll und ebenso taktlos mitteilte, hat er jetzt einen Ersatz für mich. Er heißt Walküre und sieht so aus, die Beine mit eingeschlossen. Aber diese Dimensionen hat er ja gerne, d.h., wenn das stimmt, wird er sie bald mager geärgert haben, wenn sie nicht das Talent hat, durch Kummer dick zu werden ...«, notierte sich Eva Braun am 10. Mai 1935 verbittert in ihr Tagebuch.[1]

Die Furcht der Geliebten Hitlers war nur allzu berechtigt. Tatsächlich stellte die 21-jährige blonde, schöne und üppige Unity Valkyrie Mitford, die Tochter von Lord Redesdale, eine höchst gefährliche Rivalin in dem Ringen um die Gunst des »Führers« dar. Zwischen Eva Braun, dem »Hascherl«, die damals noch als Verkäuferin bei Foto Hoffmann arbeitete, und der englischen Aristokratin, entbrannte ein stiller und zäher Kampf. Zu einer persönlichen Begegnung ist es nur ein einziges Mal gekommen.[2] Auch die Chancen waren ungleich verteilt. Während Lady Unity in den höchsten englischen und deutschen Gesellschaftskreisen verkehrte, musste Eva Braun im Hintergrund agieren und ertragen, dass man in Parteikreisen die Engländerin schon als »First Lady« an der Seite Hitlers sah.[3] Es war erst der Tod, der zwischen den Kontrahentinnen ein gemeinsames Band schuf – beide Mädchen begingen Selbstmord.

Unity Valkyrie wurde am 8. August 1914 als viertes von insgesamt sieben Kindern – sechs davon waren Mädchen – des David Bertram Freeman-Mitford, Lord Redesdale (1878–1958), und seiner Gattin Sidney, geb. Bowles, geboren. Den kurz nach Ausbruch des Ersten Weltkriegs unpopulären Namen Valkyrie verdankte sie dem Großvater, Algernon Bertram Freeman-Mitford, erster Baron von Redesdale (1837–1916), der ein besonderer Verehrer der Musik Richard Wagners und Freund der Wagnerdynastie gewesen war. Die Familie lebte nach Unitys Geburt auf dem ererbten Besitz in Batsford, Gloucestershire, einem Tudorschloss mit Ländereien im Ausmaß von 9000 Hektar. Als Batsford Park auf Grund unglücklicher Finanzspekulationen verkauft werden musste, zog man nach Asthall Manor und übersiedelte schließlich 1926 in das nach den ausgefallenen Plänen von Unitys Vater errichtete Swinbrook House in Northcumberland. »Man vermutet eine Kaserne, ein Internat oder ein Irrenhaus ...«, schrieb Jessica Mitford über ihr Elternhaus[4], in dem spartanische Bräuche herrschten. So blieben die weiß getünchten Kinderzimmer auch im kältesten Winter ungeheizt und das Wasser fror in den altmodischen Waschschüsseln zu Eis.

Lady Redesdale hat ihre Sprösslinge bis zum achten Lebensjahr selbst unterrichtet. Dann wurden die Mädchen –

Nancy (geb. 1904), Pamela (geb. 1907), Diana (geb. 1910), Unity Valkyrie (geb. 1914), Jessica Lucy (geb. 1917) und Deborah Vivien (geb. 1920) – Gouvernanten überlassen. Keines der Mädchen besuchte längere Zeit hindurch eine Schule. Dies blieb Thomas, dem einzigen Sohn des Ehepaares, vorbehalten. Die Erziehung der Töchter durfte nach dem Willen der Mutter nicht mehr kosten als die von ihr persönlich betreute Hühnerfarm. Bei Unity wären die Eltern allerdings gern von ihren Grundsätzen abgewichen. Sie brachten ihre wildeste Tochter in den verschiedensten Instituten unter, man behielt sie jedoch nirgends. Doch wurde Unity – wie ihre loyale Mutter stets betonte – nicht hinausgeworfen, sondern stets nach kürzester Zeit gebeten, die Schule zu verlassen. Lady Redesdale wurde von Kindern und erwachsenen Zeitgenossen gleichermaßen als kalt, streng und unnahbar empfunden. Sie sprach stets mit beißender Ironie und ihr Sarkasmus war ebenso gefürchtet wie die rasch wechselnden Launen ihres Mannes. Lord Mitfords tobende, brüllende und zähneknischende Wutausbrüche waren legendär und kosteten ihn – nach Aussage der Töchter – pro Jahr zwei zermalmte Gebissprothesen. Das gut aussehende Ehepaar – die Kinder nannten den Vater Farve und die Mutter Muve – galt selbst für englische Adelige als extrem exzentrisch. So überquerten Lord und Lady Redesdale bis zum Ausbruch des Ersten Weltkriegs alle zwei Jahre den Atlantik, um in der kanadischen Provinz Ontario auf einem zu diesem Zweck erworbenen Grundstück monatelang nach Gold zu schürfen. Außer Geröll gab die »Swastika Gold Mine« nichts her und das Projekt wurde – wie eine Reihe anderer Unternehmungen – ein Misserfolg. Im Winter 1913/14, dem letzten Aufenthalt der Redesdale in Kanada, wurde Unity in der Goldgräbersiedlung mit dem – für die Zukunft des Kindes beziehungsvollen – Namen »Swastika« [Hakenkreuz] gezeugt.

Im heimatlichen England liebte Lord Redesdale strenge Abgeschiedenheit. Er verachtete alle so genannten Außenseiter, zu denen er »Hunnen« (Deutsche), »Frogs« (Franzosen), Amerikaner, Schwarze, Katholiken und Juden zählte. Nur den amerikanischen Schriftsteller Jack London hat der leicht erregbare Adelige aufrichtig bewundert. Londons Buch »Wolfsblut« war für Lord Redesdale nicht nur Lieblings-, sondern sogar Lebenslektüre. Er brüstete sich, niemals etwas anderes gelesen zu haben. Redesdale vertrat extrem rechtsradikale Ansichten, war Mitglied einer antisemitischen Organisation und der Anglo-German Fellowship »The link«. Auf seinem Landsitz verkehrte der Lord im Allgemeinen nur mit einigen wenigen »rotgesichtigen« und tweedverpackten Nachbarn. Manchmal sah man Verwandte, darunter die Churchills, denn Lord Redesdale war ein Cousin von Clementine Hozier, die 1908 Winston Churchill geheiratet hatte. Ungebetene Gäste oder solche, die seinen Jähzorn herausforderten, wozu vor allem die Freunde der Töchter gehörten, bedrohte Lord Redesdale mit der Reitpeitsche und jagte sie aus dem Haus. Der starrsinnige Peer meinte auch, dass der eigene Besitz für die Bedürfnisse seiner Familie vollkommen ausreiche. »Swinbrook hatte viel von einer mittelalterlichen Festung, die aus der Sicht ihrer Bewohner insofern eine selbstgenügsame Unabhängigkeit besaß, als es weder nötig noch im Allgemeinen möglich war, ihr Gelände zu verlassen; alles, was den Alltag ausmachte, fand innerhalb von Swinbrook statt. Für Bildungszwecke gab es ein Schulzimmer mit Hauslehrerin, es gab Reitställe und einen Tennisplatz. Wir sieben Kinder sorgten selbst für gegenseitige menschliche Beziehungen, unsere Schlafzimmer dienten im Notfall als Krankenstation, wo sogar Operationen stattfanden und die Dorfkirche bot geistliche Tröstung – es war für alles gesorgt, entweder im Hause selbst oder ein paar Schritte entfernt«, erinnert sich Jessica Mitford.[5] Manchmal vergnügte sich die Familie zum Erstaunen der Dorfbewohner mit »child hunt« (Kinderjagd), wobei die Töchter Fährten legten und dann vom Vater mit Bluthunden über die Äcker gejagt wurden.[6] Viele Familienfotos – mit einem gereizten Lord Redesdale, einer grimmigen Mutter und Kindern, von denen keines lächelte – geben einen realistischen Eindruck von der häuslichen Atmosphäre bei den Mitfords.

Die Kinder lebten von den Eltern getrennt und von Personal betreut im Obergeschoss von Swinbrook, wo sie einen eigenen Clan mit einer grausamen Hackordnung bildeten. »To tease and to annoy« war das Motto der lebhaften Mitford-Mädchen, die überzeugt waren, dass viele Schwestern den besten Schutz vor den Widrigkeiten des Lebens abgaben.[7] Unity, genannt »Boud«, die schon als Zwölfjährige sehr groß war und als Erwachsene ein Gardemaß erreichte, terrorisierte zusammen mit der älteren Nancy die anderen Geschwister. »Mit ihren großen, blauen Augen, dem starren Blick, den langen unbeholfenen Gliedmaßen, ihrem völlig glatten, flachsfarbenen Haar ... sah sie aus wie eine zottelige Wikingerin. Sie war der Albtraum der Hauslehrerinnen, von denen nur wenige ihrem erbarmungslos schlimmen Betragen gewachsen waren, sodass keine von ihnen es längere Zeit bei uns aushielt ...«, erinnerte sich Nancy Mitford.

Die Erzählungen der – literarisch sehr begabten – Mitford-Schwestern, in denen sie voll Eloquenz ihre Kinder- und Jugendjahre schildern, variieren beträchtlich. Was Nancy und Jessica als Martyrium empfanden, hat Diana romantisch verklärt. Die Wahrheit dürfte nach der Darstellung eines Außenstehenden in der Mitte zu suchen sein: »... zugegebenermaßen war Lord Redesdale eine gespaltene Persönlichkeit. Ich glaube aber nicht, dass sich seine Kinder beklagen müssen. Ihnen gegenüber spielte er den Dr. Jekyll, war nachsichtig und sogar gefügig. Er erlaubte ihnen zu sagen, was immer sie wollten ... für Fremde hingegen war er Mr. Hyde ...«[8] Auf jeden Fall konnten die schrulligen Erziehungsmethoden die willensstarken Mitford-Sisters weder dämpfen noch entmutigen. Manchmal litten sie, meist aber genossen sie das Ungewöhnliche der friktionsreichen Beziehung zu Muve und Farve. Sehr früh traten die Teenager aus gutem Haus in die Fußstapfen ihrer Eltern. Diese stöhnten bald

Kein Lächeln auf den Zügen – Unity Mitford (vorne links) mit ihren Eltern Lord und Lady Redesdale und Geschwistern (1921)

unter den wilden Töchtern, deren Skandalchroniken die Zeitungen füllten. »Wenn ich lese ›gewisse Töchter eines Lords‹, genügt mir das«, meinte die Mutter. »Es seid immer ihr.«

Am 30. Januar 1929 war die 15-jährige Unity zusammen mit elf anderen Mädchen – darunter Winston Churchills Tochter – Brautjungfer bei der englischen »Hochzeit des Jahres« in St. Margaret's, nahe der Westminster Abbey. Ihre schöne Schwester Diana heiratete damals Bryan Guinness aus dem Bier- und Whiskyimperium, dessen Großvater die ungeheure Erbschaft von 13,5 Millionen Pfund hinterlassen hatte. Der 24-jährige gut aussehende Bryan, Absolvent von Eton und Oxford, ein Jurist mit literarischen Neigungen, galt in den Adelskreisen Englands als die beste Partie auf dem Heiratsmarkt. Sein Vater, Walter Guinness, der erste Lord Moyne, war Landwirtschaftsminister und behielt gleichzeitig die Interessen seines Konzerns im Auge. In der Zeit der großen Wirtschaftsdepression war es ihm möglich, das junge Paar – abgesehen von einer großzügigen Apanage – mit einem Stadthaus im Londoner Westend, einem schlossartigen, kostbar dekorierten Landsitz mit Swimmingpool sowie einem cremefarbigen Bentley auszustatten.[9] Lord Redesdale mit seiner grundsätzlichen Abneigung jungen Männern gegenüber war von der Heirat seiner Tochter nicht angetan. Ihm missfiel auch, wie Diana und Bryan Guinness in der mondänen Londoner Highsociety den Ton angaben, auch dass die Boulevardpresse über Dianas Maskenfeste, viktorianische, griechische, römische und Wildwestpartys, Zirkuspartys, fast nackte Feste und Schatzsuchen berichtete. Angewidert musste er hören, dass die Gäste zu Dianas frivolen Babypartys in Strampelanzügen und in Kinderwagen erschienen.[10] Im April 1932 übersiedelte das elegante Paar nach Chelsea, in ein großes

Haus an der Themse, mit einem riesigen Park, der sich bis zur Themse erstreckte. Dort gab das Ehepaar im Juli 1932 einen Ball zur Einführung der knapp 18-jährigen Unity in die Londoner Gesellschaft.

»Es war eine warme Nacht und der Park mit den von unten angestrahlten Bäumen wirkte riesengroß. Ich weiß noch, wie Winston Churchill ein großes Gemälde von Stanley Spencer schmähte ... ich trug ein hellgraues Kleid aus Chiffon und Tüll und sämtliche Diamanten, die ich hatte. Wir tanzten, bis ein rosa- und orangefarbener Sonnenaufgang den Fluss vergoldete ...«, notierte sich Diana.[11]

Unity war damals zu einer Debütantin von alarmierenden Maßen herangewachsen. Über 1 Meter 80 groß und mit einer üppigen blonden Haarmähne ausgestattet, überragte sie auf Dianas Ball und auch auf den diversen Veranstaltungen für Debütantinnen ihre Altersgefährtinnen »wie ein gewaltiger Weihnachtsmann die Spielzeugpuppen«. – »Ihrer Körpergröße entsprach eine übermächtige Persönlichkeit. Von uns Schwestern hielt sie mühelos den Rekord als jene, die am schwersten zu bändigen und kaum zu kontrollieren war ... wie ein riesiger Pfau glänzte sie in üppigen Brokat-Abendkleidern und falschen Juwelen. Zur Bestürzung meiner Mutter kaufte sie bei einem Theaterausstatter eine Tiara, besetzt mit unechten Perlen und falschen Diamanten. Sie war grundsätzlich darauf aus, zu schockieren ... sie stahl [bei ihrer Präsentation] im Buckingham-Palast Briefpapier und benutzte es, um ihren Freunden zu schreiben ... sie nahm eine zahme Ratte zu Tanzabenden mit ...«, schrieb Jessica voll Bewunderung über ihre Schwester.[12] Trotz aller Eskapaden wurde Unity von den vornehmsten Familien eingeladen, tanzte auf Bällen der Lords Rothschild, Salisbury und Waldorf Astor, nahm an Diners bei »Cousin« Winston Churchill teil und wurde oft in den Gesellschaftsspalten der Zeitungen erwähnt.

Im Sommer 1932 gaben Diana und Bryan auf ihrem Landgut Biddesden einen Maskenball. Unter den zahlreichen Gästen befand sich der Millionär Sir Oswald Mosley, ein Politprofi, der damals schon auf eine wechselvolle politische Laufbahn zurückblicken konnte.[13] Nachdem er konservative und liberale Interessen vertreten hatte, war der reiche Playboy Sozialist geworden und schließlich 1929 Minister einer Labour-Regierung. 1931 kehrte Mosley – nach der Ablehnung seines Wirtschaftsprogramms, des so genannten »Mosley Memorandums« – auch der Labour Party den Rücken und gründete eine eigene Partei. Mit der nach dem Vorbild der deutschen NSDAP organisierten »New Party« und einer dazugehörenden Schlägertruppe »Active Force« trat er zu den Unterhauswahlen an. Er bekam nur 0,2 Prozent der Stimmen und löste die Partei noch am Wahltag auf. Mosleys Leitbilder waren Julius Cäsar, Adolf Hitler und Benito Mussolini. Letzteren konnte er in Rom besuchen, wobei er den Rat erhielt, sich zum Faschismus zu bekehren. Das tat Mosley auch. Seine schöne Frau Cynthia, die Tochter von Lord Curzon, dem ehemaligen Vizekönig von Indien, bestärkte ihn dabei. Sie war ihrem Mann in allen Stadien seiner politischen Karriere loyal zur Seite gestanden – bis er sie schließlich verließ. Auf dem Kostümfest der Guinness im Stil des 18. Jahrhunderts in Biddesden traf Mosley – schon ganz in faschistisches Schwarz gekleidet – Diana Guinness.

»Er hatte alles«, schwärmte Diana noch 44 Jahre später in ihrer Autobiografie mit dem passenden Titel »A Life of Con-

Lady Unity Mitford
in britischer
Faschistenuniform

trasts« (Ein Leben voller Kontraste). »Er war gut aussehend, generös, intelligent und voll Lebensfreude. Natürlich verliebte ich mich in ihn und ich beschloss mein Leben mit ihm zu teilen.«[14] Sie verließ den Ehemann und bezog mit ihren zwei Kindern ein elegantes kleines Haus auf dem Londoner

Eaton Square. Sie schmiedete auch Pläne für ihr künftiges Leben als Freundin Mosleys und allein stehende Frau, denn für den englischen Faschistenführer kam Scheidung nicht in Betracht. Diana nahm daran keinen Anstoß. An den neuen Verhältnissen irritierte sie nur, dass ihr Esszimmer im Haus am Eaton Square für die gewohnten großen Feste wenig Raum bot. Die rechtsradikalen Eltern Redesdale schätzten zwar Mosley als Politiker, reagierten jedoch mit Entsetzen, als sie hörten, dass ihre Tochter die Geliebte eines verheirateten, um 15 Jahre älteren Mannes geworden war. Ein von Lord Redesdale und Bryans Vater gemeinsam unternommener Bittgang blieb wirkungslos. Das Liebespaar war zu keiner Diskussion bereit und fürchtete auch den von der Boulevardpresse gierig aufgegriffenen Skandal nicht.

Im Juni 1933 wurde Unity Mitford mit dem Freund ihrer Schwester bekannt gemacht, dessen Gruß »Hail the Fascist!« ihr sofortiges Interesse weckte. Wie Diana, so schloss sich auch Unity begeistert der neu gegründeten (1. 10. 1932) British Union of Fascists (BUF) an. Die von sämtlichen Zeitungen des Medienzaren Lord Rothermere[15] unterstützte BUF war in allem und jedem ein Plagiat. Die Schwarzhemden kamen von der »Partito Nazionale Fascista«, die Fahne – mit kurzerhand halbiertem Emblem – von der deutschen SS. Das »Hail Mosley« der Blackshirts war eine exakte Kopie des »deutschen Grußes«. Mosley selbst ließ sich nach dem Vorbild Hitlers mit »Leader« anreden. Das Parteiprogramm erschöpfte sich in Mosleys Forderung nach absolutem Gehorsam. In der Parteizentrale, dem »Black House«, verzichtete man daher auf die Erstellung von Programmen und Statuten, orientierte sich ganz nach dem deutschen NS-Regime und hielt sich die »Fascist Defense Force« als Schlägertruppe. Die BUF-

Führung war von einer baldigen faschistischen Machtübernahme überzeugt und dachte dabei optimistisch an den Sommer 1934: »Wir britische Faschisten glauben, dass unser Führer Sir Oswald Mosley genug Charakter, Intelligenz und Entschlossenheit besitzt, um unser Land aus dem Sumpf ... herauszuholen, in welchem es sich zu lange gewälzt hat. Bald werden die Straßen unter dem Tritt der schwarzen Bataillone hallen, bald werden wir der Welt zeigen, dass der Geist unserer Vorfahren noch in uns lebendig ist ...«[16]

Zum Bedauern von Lord Redesdale zählten die »Blackshirts« jedoch nie mehr als ca. 30 000 Mitglieder und blieben ebenso bedeutungslos wie die »Blueshirts«, ihre faschistischen Gesinnungsgenossen in Irland. Als Lord Rothermere merkte, dass die BUF nicht, wie er es erwartet hatte, mit den Konservativen gegen die Sozialisten agierte, distanzierte er sich bereits 1934 von Mosley und seiner radikalen Anhängerschaft. Mit dem Argument, dass Großbritannien nicht mit Deutschland zu vergleichen sei, zog er seine Unterstützung zurück – Hitler sah dahinter jüdischen Einfluss. Die Begeisterung von Unity Mitford und ihren Eltern für den Faschismus britischer Prägung blieb jedoch ungebrochen. So verkaufte die junge Aristokratin, die ansonsten jegliche Tätigkeit gelangweilt zurückwies, auf der Straße das BUF-Blatt »The Blackshirt« und nahm begierig alles auf, was Mosley von sich gab. Mit einer Freundin ging sie in das Londoner Kaufhaus »Selfridges« und ließ von ihrer Stimme eine Tonbandaufnahme machen. Sie schrie darauf den Slogan der BUF: »The Yids, the Yids, we gotta get rid of the Yids.« (Die Juden, die Juden, wir müssen die Juden loswerden.)

Im schwarzen Kampfanzug nahm Unity – unter Anleitung von Sir Oswalds 60-jähriger Mutter, der Leiterin des Blackshirt-Frauenverbandes – an den Propagandamärschen der BUF im Londoner Eastend teil. Dort, in den Slums, erhoffte sich der »Leader« durch seine Angriffe auf Juden Unterstützung durch die Bevölkerung. Auch im ländlichen Swinbrook trat Unity im Blackshirt samt Gummiknüppel und Faschistenabzeichen auf. Ihr Zimmer dekorierte sie mit Hakenkreuzfahnen, Bildern von Hitler, Mussolini und Mosley. Bei jeder Gelegenheit entbot sie den »deutschen Gruß« und verkündete lautstark ihre faschistischen Parolen. Jessica Mitford wiederum, die ganz plötzlich ihre Liebe zum Kommunismus entdeckt hatte und das »rote Schaf« der Familie werden sollte, stellte zu Hause Leninbüsten auf.

Bei den BUF-Demonstrationen war Gewalt an der Tagesordnung. So mietete Mosley am 7. Juni 1934 die Olympia-Hall, die 13 000 Plätze fasste. Dort trat der von blonden Jünglingen flankierte Führer auf, gefolgt von Fahnen schwenkenden Blackshirts. Den Daumen der linken Hand in seinen Ledergürtel gehakt, das Kinn hochgereckt und den rechten Arm ausgestreckt, imitierte er bis ins kleinste Detail sein großes Vorbild Adolf Hitler. Auch die Ausschreitungen erinnerten an die gewalttätige Atmosphäre der frühen NSDAP in München, denn Zwischenrufer wurden niedergeschlagen und malträtiert.

Im Gegensatz zu ihrem Vater interessierten Unity die Theorien von Faschismus und Nationalsozialismus nicht. Hingegen gefiel ihr die dröhnende Marschmusik, faszinierten sie die lärmenden Umzüge mit Standarten, Totenköpfen, Heil- und Kampfrufen und der gemeinsame Gesang. Dies alles gab ihr das Gefühl, den prosaischen langweiligen

Alltag durch turbulente Aktionen dramatisch zu beleben und das Establishment zu provozieren. Sie liebte auch ihre maßgeschneiderte Parteiadjustierung und litt sehr, als die britische Regierung 1936 ein Uniformverbot für politische Parteien erließ. Sehr bald wurde der englischen Aristokratin jedoch bewusst, dass die BUF nur einen schwachen Abklatsch der NSDAP darstellte und dass Mosley niemals an Hitler heranreichen würde. Frustriert wandte sie ihr Augenmerk Deutschland zu. Bei dem unter den Mitford-Schwestern beliebten Fragespiel »Was werden wir einmal tun?« hat sich Unity dann folgerichtig geäußert: »Ich gehe nach München, um Hitler kennen zu lernen!«[17], worauf Jessica konterte: »Ich laufe weg und werde Kommunistin!«, und Deborah verkündete: »Ich werde einen Herzog heiraten!«[18]

1933, kurz vor dem Parteitag der NSDAP im »Jahr der Machtergreifung«, fuhr die 19-jährige Unity in Begleitung ihrer Schwester Diana zum ersten Mal nach Deutschland und versuchte über den Auslandschef der NSDAP, Ernst »Putzi« Hanfstaengl, Kontakt zu Hitler aufzunehmen. Der hünenhafte »Putzi« war für die Schwestern kein Unbekannter. Sie hatten ihn als begabten Hobbypianisten auf einer Londoner Gesellschaft kennen gelernt: »Er stand vom Piano auf und schwärmte in fehlerfreiem Englisch von seinem Idol – für uns war kein Zweifel, dass ihm Hitler einfach alles bedeutete – als Freund und als Führer.«[19]

Hanfstaengl schreibt über das Wiedersehen mit den Mitford-Schwestern: »... jetzt kamen sie mit einem Empfehlungsschreiben des jungen Otto von Bismarck[20] nach Nürnberg, und zwar zu mir. Sie waren sehr hübsch, aber bis über die Augenbrauen derart zurechtgemacht, dass sie zu den neuerdings verkündeten Idealen deutschen Frauentums in krassem Widerspruch standen. Sie hatten die feste Absicht, bis zu Hitler vorzudringen. Auf dem Weg zu seinem Hotel ›Deutscher Hof‹ gab es so viele Kommentare von Vorübergehenden, dass ich mit den beiden Schwestern hinter einer Wurstbude in Deckung ging. Ich zog mein großes Taschentuch heraus und sagte: ›Meine Lieben, so geht es auf keinen Fall. Sie haben nicht die geringste Aussicht, ihn zu sprechen, wenn Sie sich nicht das Zeug vom Gesicht wischen.‹ ... Als ich die beiden angemeldet hatte ... wurden wir von Heß [Sekretär und Stellvertreter Hitlers] abgespeist ...«[21] Unity und Diana bedauerten sehr, dass sie Hitler zwar dreimal bei öffentlichen Auftritten bewundern, ihn aber nicht persönlich sprechen konnten.

Als Mitglieder der offiziellen BUF-Delegation wohnten

Unitys Schwester Diana mit dem Auslandspressechef der NSDAP Ernst Hanfstaengl beim Nürnberger Parteitag 1934

die Schwestern jedoch im September 1933 dem »Ersten Parteitag der NSDAP im Jahr des Sieges« (31. August bis 3. September 1933) bei.[22] Ein Foto zeigt sie in Blackshirts neben William Joyce.[23] Die perfekte Inszenierung der endlos vorbeiziehenden Kolonnen, vor allem der Arbeitsdienst mit den »glänzenden Spaten«, berauschte die beiden Mädchen: »Als jedoch Hitler erschien, ging es wie ein Schlag durch die Menge!«, schrieb Diana und Unity sagte zu einem Reporter des »Evening Standard«: »Als ich Adolf Hitler zum ersten Mal sah, wusste ich sofort, dass ich niemanden anderen lieber treffen würde!«[24]

Den Winter 1933/34 verbrachte Unity in Swinbrook unter anderem damit, ihre vielen Hitlerfotos zu sortieren sowie in endloser Wiederholung und in dröhnender Lautstärke eine Schallplatte mit dem Horst-Wessel-Lied abzuspielen. Daneben verwandte sie große Energie darauf, die Eltern von den Vorteilen eines Sprachstudiums in Deutschland zu überzeugen. In der irrigen Annahme, dass ihre wilde und faule Tochter ehrliches Interesse an Weiterbildung bekunde, willigten Lord und Lady Redesdale schließlich zögernd ein und so reiste Unity in Begleitung von Rebell, ihrer großen schwarzen Dogge, sowie einer Menge weißer Mäuse im Frühjahr 1934 abermals nach München.[25] Dort trat sie in das vornehme Mädchenpensionat für höhere Töchter der Baronin Laroche in der Königinstraße ein. Das Institut war eine Kombination aus Sprachschule und Internat. Wie sich der Zeitzeuge Philipp Thurn-Valsassina erinnert, der Unity mehrmals ausführte, herrschten dort strenge Sitten. Das Mädchen ist daher bald in das Heim in der Kaulbachstraße übersiedelt. An der Universität konnte Unity nicht inskribieren, da ihr die schulischen Voraussetzungen fehlten. Sie belegte jedoch Deutschkurse, die sie kaum besuchte. Sofort nach der Ankunft schrieb sie an Hitler, bekam jedoch keine Antwort. Sie machte unter großen Mühen seine Privatnummer ausfindig, aber er war nie zu sprechen. Schließlich erfuhr Unity von ihrem Friseur[26], dass Hitler samt Gefolge mittags in der »Osteria Bavaria« zu speisen pflege. Das an der Pforte Schwabings, Ecke Schelling- und Schraudolphstraße gelegene Münchner Traditionslokal erfreute sich vor allem in der Künstlerwelt großer Beliebtheit. Hitler kam, weil dort eine österreichische Köchin ihre beachtlichen Fähigkeiten entfaltete. Unity brauchte sich jedoch nicht unter die hysterische Anhängerschaft des »Führes« zu mischen, die oft stundenlang vor dem Restaurant wartete, um ihr Idol sehen zu können. Eine großzügige väterliche Apanage – 100 Pfund im Jahr – erlaubte ihr nämlich, dort zweimal täglich ihre Mahlzeiten einzunehmen.[27]

Henriette von Schirach erinnerte sich: »Ich habe sie so in Erinnerung: groß, hellblond, hellblauer Pullover, weißer Faltenrock. Sie nahm an einem der Tische im Gärtchen der Osteria Platz, aber genau so, dass Hitler sie sehen musste.« David Pryce-Jones, der Unitys Leben genau recherchierte, hat es drastischer ausgedrückt: »Hitler war das einzige Ziel ihres Lebens ... mit der Dreistigkeit der englischen Oberschicht schaffte sie es schließlich. Sie ließ sich nicht abbringen, wo andere Hemmungen empfunden hätten ... sie war die Lady-Version einer Hure, die darauf wartet, angesprochen zu werden ...«[28] Auf jeden Fall saß Unity, neben sich die Deutschlehrbücher[29], so lange in der Nähe von Hitlers Stammtisch, bis sich dieser schließlich am 9. Februar 1935 erkundigte: »Wer ist denn dieses Urbild einer Germanin?« Schließlich bat Hitler das Mädchen an seinen Tisch.

Unity hat die folgende Szene ihrer Schwester Diana geschildert: »... Ich stand auf und ging zu seinem Tisch. Er stand auf, schüttelte mir die Hand, grüßte ... wir sprachen mindestens eine halbe Stunde miteinander. Mona, die Kellnerin, beugte sich zu mir und flüsterte: ›Soll ich Ihnen eine Fotopostkarte bringen?‹ ... Er ließ mich meinen Namen auf einen Zettel schreiben, was ich, wie du mir glauben kannst, mit zitternder Hand tat, und schrieb dann selber ›Fräulein Unity Mitford, zur freundlichen Erinnerung an Deutschland und Adolf Hitler‹. Ich kann dir nicht alles schreiben, worüber wir sprachen ... er habe das Gefühl, London durch seine Architekturstudien gut zu kennen, und aus dem, was er gehört und gelesen habe ... sei London die beste Stadt der Welt ... nie wieder dürfe es dem internationalen Judentum erlaubt werden, zwei nordische Rassen gegeneinander zu hetzen ... schließlich musste er gehen. Den Zettel mit meiner Adresse steckte er ein ... meinen Lunch ließ er auf seine Rechnung setzen. Du kannst dir vorstellen, wie ich mich fühle. Ich bin so glücklich, dass ich am liebsten sterben möchte. Ich glaube, dass ich das glücklichste Mädchen der Welt bin. Und ich habe nichts geleistet, wodurch ich diese Ehre verdient hätte.«[30]

Auch Hitler fühlte sich geschmeichelt, dass eine Angehörige der von ihm bewunderten britischen Oberschicht nur seinetwegen nach Deutschland gereist war.[31] Sein Interesse an der jungen und schönen Engländerin mit dem bezeichnenden Namen vertiefte sich, als er überrascht feststellte, dass Unity Valkyrie Mitford nicht nur Faschistin war, sondern auch seine Lieblingsidee, ein Bündnis der englisch-deutschen Herrenvölker, vertrat. Nach Hitlers Auffassung lebte in England eine »wunderbare Menschenauslese, jedoch nur in den oberen, aristokratischen Schichten«.[32] Großbritannien selbst spielte in Hitlers politischen Plänen eine große, schon in »Mein Kampf« genau definierte Rolle.[33] Bis in die Mitte der Dreißigerjahre schwebte ihm eine Allianz vor, bei der in einer strengen Interessenaufteilung dem Deutschen Reich das europäische Festland und dem Empire die Weltmeere als Machtsphären zugewiesen werden sollten.[34]

Anfang April 1935 erhielt Unity zusammen mit zwei weiteren Damen mit englischem Hintergrund – der Herzogin von Brunswick, der einzigen Tochter von Kaiser Wilhelm II., und Winifred Wagner, der Herrin von Bayreuth – eine Einladung zum Essen in Hitlers Privatwohnung am Münchner Prinzregentenplatz. Auch Sir Mosley wurde damals zum ersten Mal vom »Führer«, der ihn Unity gegenüber »als ganzen Kerl« lobte, empfangen.[35] Und bereits am 10. April sah man Unity an der Seite Hitlers bei dem großen gesellschaftlichen NS-Ereignis des Jahres: der Hochzeit von Hermann Göring mit der Schauspielerin Emmy Sonnemann.

Nach dieser Approbation durch den »Führer« öffneten sich die Häuser der besten Münchner und Berliner Gesellschaft für die englische Lady ganz automatisch. Unity wurde ein geschätzter Gast, in dem sich die ersehnte Anerkennung NS-Deutschlands im Ausland zu verkörpern schien. Sie verkehrte im prunkvollen, antiquitätengeschmückten Palais des reichen Verlegers Bruckmann und zählte Winifred Wagner und Helene Hanfstaengl, die Frau des NS-Auslandssprechers, zu ihren Freundinnen. Kam sie nach Berlin, dann wohnte sie in der goebbelschen Privatresidenz auf der Halbinsel Schwanenwerder und segelte mit

Magda Goebbels auf dem Wannsee. Meist jedoch wartete Unity wie auch ihre Rivalin Eva Braun in München auf einen Anruf von Hitlers Adjutanten, der sie in die Osteria rufen würde. Im Fall Evas sind die Telefonate damals ausgeblieben und das verzweifelte Mädchen nahm am 28. Mai 1935 eine Überdosis Schlaftabletten. Es war bereits ihr zweiter Selbstmordversuch.[36] Gut informierte, sensationslüsterne Parteifreunde haben Unity im Hinblick auf Hitlers Geliebte nicht lange im Unklaren gelassen. Dass ihr verehrter »Führer« mit einer Verkäuferin liiert sein sollte, schien der Adeligen jedoch vollkommen absurd. Von Zweifel und Neugier geplagt hat sie schließlich einen Film zum Entwickeln in das Fotogeschäft Hoffmann gebracht, um die Konkurrentin in Augenschein nehmen zu können. Der Anblick des schüchternen und einfach gekleideten Mädchens hatte Unity schon vollkommen beruhigt, als ihr Blick das Schuhwerk der Eva Braun streifte. Die sündteuren, in Deutschland nicht erhältlichen Kreationen von Ferragamo aus Florenz haben die luxusgewöhnte Engländerin jedoch sofort vom Wahrheitsgehalt aller Gerüchte überzeugt.[37]

Zur Festigung ihrer Position im NS-Staat schrieb Lady Unity jenen Brief an die ultraradikale Zeitschrift »Der Stürmer«, der internationales Aufsehen erregen sollte. »Lieber Stürmer!«, heißt es darin. »Ich spreche Ihnen als englische Faschistin meine Bewunderung aus. Seit einem Jahr lebe ich in München und lese den Stürmer jede Woche. Wenn wir doch solche Zeitungen auch in England hätten. Dort haben die meisten Leute keine Ahnung von der jüdischen Gefahr ... Da sie [die Juden] sich nicht herauswagen, können wir sie dem englischen Volk nicht in ihrer ganzen Entsetzlichkeit zeigen ... Wir sehen dem Tag entgegen, an dem wir mächtig genug sind, um zu erklären: England den Engländern! Weg mit den Juden! Mit deutschem Gruß! Heil Hitler! Unity Mitford!«

Der Brief erschien in der Juliausgabe 1935. Im Postskriptum stand, dass die Verfasserin keinen Wert auf Anonymität lege. Man möge ihren Namen vollständig zitieren, denn »alle sollen wissen, dass ich eine Judenhasserin bin«.[38] Es war ein Leserbrief ganz nach dem Wunsch des Herausgebers, des Gauleiters von Franken, Julius Streicher. Das von Unity geschätzte und in einer Auflage von bis zu 2 Millionen Exemplaren gedruckte Wochenblatt[39] enthielt Geschichten über jüdische Sexualverbrechen und Ritualmorde, verquickte Antisemitismus mit rassistischer Pornografie und war selbst linientreuen Genossen zuwider. In einflussreichen Parteikreisen forderte man die Einstellung des Machwerks.[40]

Erfreut über so viel Anerkennung vonseiten der englischen Aristokratin eilte Gauleiter Julius Streicher nach München, traf Unity Mitford und erkannte, dass die schöne Engländerin Hitler und der nationalsozialistischen Sache genauso willfährig dienen wollte wie viele ihrer deutschen Geschlechtsgenossinnen. Er lud die britische Faschistin daher zu der jährlich von ihm veranstalteten Sonnwendfeier auf dem Hesselberg, dem »heiligen Berg der Franken«[41], ein. Auf diesem nationalsozialistischen Brauchtumsfest feierte das »wiedererwachte Deutschland« sein Bauerntum, seine reichen Ernten, die Dörfer und die Unberührtheit von Gottes ureigenem Land. Dann hielt Unity vor über 25 000 – die NS-Presse machte daraus 250 000 – Menschen eine Rede zur englisch-deutschen Solidarität.

Mit Julius Streicher, dem glühendsten Antisemiten in der nationalsozialistischen Hierarchie, verband Unity Mitford bald eine enge und herzliche Freundschaft.[42] »Sie gehörte zu unserer Familie«, berichtete Elmar Streicher. »Sie konnte meinen Vater über eine direkte Telefonleitung anrufen ... in meinen Ferien traf ich Unity meist bei uns zu Hause ... übrigens war sie sehr groß, zwei Köpfe größer als mein Vater. Sexy war sie nicht. In der Redaktion des ›Stürmers‹ kannte Unity jeden, auch Fips [den Pornografiezeichner des Blattes]. Manchmal gingen mein Vater und Unity gemeinsam aus ... und einmal nahm er sie zur Inspizierung des Arbeitsdienstlagers in Ebermannstadt mit.«[43] In England erzählte Unity, dass der sadistische Antisemit eigentlich »lieb, wie ein Kätzchen sei«.

Es wirft ein bezeichnendes Licht auf den von skurrilen Subjekten geprägten Hofstaat Hitlers, dass man Unity mit offenen Armen aufnahm und sie sich dort innerhalb kurzer Zeit – als einzige Ausländerin – einen prominenten Platz in der NS-Gesellschaft erobern konnte. Mit ihrem forschen Auftreten erregte die junge Engländerin großes Aufsehen und überall verkündete sie unverdrossen ihre These von der englisch-deutschen Verbrüderung. In maßloser Selbstüberschätzung glaubte sie, dass der 1935 zwischen Deutschland und England geschlossene Flottenvertrag bereits ein Resultat ihrer Bemühungen zur Völkerverständigung sei. Das von dem späteren Botschafter in London Joachim von Ribbentrop ausgehandelte Abkommen gestattete Deutschland den Aufbau einer Kriegsmarine. Ihre Stärke durfte 35 Prozent der britischen Flotte ausmachen.[44] Der Vertrag wurde von Hitler sehr begrüßt. Er meinte, dass der »Beginn einer neuen Zeit« angebrochen sei mit »weiterer Zusammenarbeit«.[45]

Im August 1935 konnte Unity Mitford ihren 20. Geburtstag bereits mit vielen nationalsozialistischen Freunden feiern. Auch Diana Mitford war nach München gezogen, nachdem ihre Ehe im Sommer 1935 wegen erwiesenen Ehebruchs – »begangen von Mr. Bryan Guinness mit Miss Isolde Field im März 1935 in einem Hotel in Brighton« – rechtskräftig geschieden worden war. Der Ehemann hatte – ganz Gentleman – nicht nur alle Schuld auf sich genommen, sondern seine Exfrau mit der Bezahlung einer riesigen Abfindungssumme zur Millionärin gemacht. Sie konnte daher standesgemäß in einer schönen Münchner Biedermeierwohnung residieren, Besuche von Mosley empfangen und mit Unity – eher halbherzig – an der Universität einen Deutschkurs für ausländische Studenten belegen.

Ihren ersten Eindruck von Hitler hat Diana – an Stelle von Unity, wie sie sich ausdrückte – später beschrieben: »Hitler war zu dieser Zeit 45 Jahre alt, ca. 1 m 75 groß, weder dick noch dünn. Er hatte dunkelblaue Augen, eine helle Haut und feine, braune – stets gut gebürstete – Haare ... Er bot einen derart sauberen und ordentlichen Anblick, dass fast jeder neben ihm ungepflegt wirkte ... In der Osteria war er in Zivilkleidung, trug einen grauen Anzug und einen weichen Hut, den er ›meinen Tschako‹[46] nannte. ... In dem kleinen Gasthaus konnte er sich entspannen ... Neben seinem Adjutanten, meist Brückner oder Schaub, waren oft ein paar alte Freunde, meist Männer, aber auch einige Frauen anwesend ... häufig Hoffmann, der Fotograf, und Herr Werlin von Mercedes-Benz. Es ging uns auf die Nerven, wenn sich die Konversation Autos zuwandte. Der Führer war höchst interessiert an Motoren und besaß augenscheinlich profunde Kenntnisse, wir aber langweilten uns. Wie viele Politiker liebte er es über Politik zu reden ... eines seiner Hauptinteressen galt der Architektur ... Albert

Speer war oft an Hitlers Tisch ... Sein [Hitlers] Essen war karg. Als Vegetarier aß er Eier und Mayonnaise, Gemüse und Nudeln und trank Fachinger-Wasser. In der Osteria wussten sie genau, was er wollte. Zu Frauen war er außergewöhnlich höflich. Er verbeugte sich und küsste die Hand, wie das in Deutschland und Frankreich üblich ist. Solche Trivialitäten wären weiter nicht erwähnenswert, wenn es nicht die Menge von Publikationen gäbe, die Hitlers Unhöflichkeit und schlechte Manieren herausstreichen ... dass er die Konversation an sich riss, niemanden zu Wort kommen ließ, keinen Humor hatte und Torten verschlang ... es ist wert, diese kleinen Dinge zu korrigieren, soweit ich sie aus eigener Beobachtung her kenne.«[47]

1935 reisten Lord und Lady Redesdale nach Deutschland, um sich selbst ein Bild von den bewunderten Nazis und vom Treiben ihrer Tochter zu machen. Lady Phipps, die Gattin des britischen Botschafters, erinnerte sich: »Sie waren verzweifelt und konnten die Vorstellung nicht ertragen, dass ihnen Unity ganz entglitt ...«[48] Die Verzweiflung schwand bald, denn Unitys Eltern kamen, sahen und – wurden besiegt. Hitler bat sie in seiner Münchner Privatwohnung zum Tee. Den rechtsradikalen und antisemitischen Lord Redesdale gewann er mit dem Lob der von ihm als paramilitärische Institutionen aufgefassten »Public Schools«, der »wundervollen Ausbildung« der englischen Söldnerheere, der Tapferkeit der britischen Soldaten und der englischen Rechtsauffassung.[49] Lady Redesdale fand in dem Vegetarier einen Gesinnungsfreund und erläuterte ihm genau, wie sie ihren Weizen mahlte und ihr Brot backte. Hitler lauschte aufmerksam. Sein großes Interesse schmeichelte der sonst so kühlen und unnahbaren Lady Redesdale. Sie fand ihn »nett und sehr gut erzogen«, wurde eine glühende Verehrerin des »Führers«, und da sie von einer einmal gefassten Meinung nie mehr abging, blieb sie es bis zu ihrem Tod. Die Gäste bekamen einen Mercedes zur Verfügung gestellt, man hofierte und umwarb sie. Den Nürnberger Parteitag erlebten sie auf der Ehrentribüne.

»Papa fühlt sich herrlich wohl unter den SS-Sturmführern«, schrieb Unity ihrer Schwester Diana. Als Unity Mitford auf dem »Reichsparteitag der Freiheit« (10. bis 16. September 1935) neben Hitler stand, war sie den deutschen Illustriertenlesern und den Kinogängern aus den Wochenschauen bereits ein Begriff, während man von Eva Braun – auch nach ihrem Selbstmordversuch – nichts hörte.

Am 24. Oktober 1935 notierte sich der Propagandaminister Goebbels: »Bei ihm [Hitler] zum Tee. Mutter Mitford und Tochter, dann Magda, Maria und Helga [Frau Goebbels mit zwei Töchtern]. Der Führer spricht über das deutsch-englische Verhältnis. Seine Gedanken fassen innerlich Fuß.«[50]

Ins heimatliche England zurückgekehrt, wurde Redesdale Mitglied des Vereins »The right Club«, der es sich zur Aufgabe machte, die Aktivitäten des organisierten Judentums bloßzustellen und zu bekämpfen. Lord Redesdale hielt auch Reden im Oberhaus, in denen er von Hitlers Friedensliebe, seinen großen Erfolgen bei der Bekämpfung der Arbeitslosigkeit und dem sozialen Fortschritt im Dritten Reich berichtete. Damals konnte Unity ihren Vater überzeugen, dass sie für ihre Arbeit im Sinn der englisch-deutschen Freundschaft ein Auto brauche. Lord Redesdale schenkte ihr daraufhin einen MG-Sportwagen, den Unity mit dem Union Jack und einer von Hitler zur Verfügung gestellten Hakenkreuzfahne schmückte. Damit tourte sie als NS-Agitatorin im Kampfanzug der BUF durch Deutschland.

Bereits Ende 1935 bekam Lady Unity Mitford von Hitler persönlich ein spezielles Parteiabzeichen mit seinem eingravierten Namenszug auf der Rückseite überreicht. Der »Führer« schenkte der englischen Mitarbeiterin auch sein Porträt mit persönlicher Widmung im Silberrahmen, das Unity wie einen Schatz hütete.[51]

In den folgenden Jahren diente Unity Mitford, die häufig zwischen England und Deutschland pendelte, dem »Führer« als kleine, jedoch nützliche Schachfigur seiner Politik und als persönliches Sprachrohr. Die willige Helferin konnte jederzeit eingesetzt werden. Ihr großes Engagement für das NS-Regime war nicht nur selbst-, sondern auch kostenlos. Bei Partei- und Propagandaveranstaltungen diente sie als Staffage und Aufputz. Über die Lady konnte man aber auch gezielte Indiskretionen in Englands höchste und einflussreiche Gesellschaftsschicht einschleusen, denn das Mädchen hatte Verwandte in allen großen Adelshäusern. Mit der Aufnahme Unitys in seinen innersten Kreis wusste Hitler den Wert seiner Informantin und die Wirkung seiner – zur Weiterleitung bestimmten – Äußerungen noch zu erhöhen. Militärische Geheimnisse erfuhr Unity allerdings nicht. Sie wurde vom »Anschluss« Österreichs ebenso überrascht wie von der Besetzung der Tschechoslowakei.

Das naive und hochmütige Mädchen hat die ihr zugedachte Rolle – als Täterin und Opfer zugleich – nie begriffen. Unity fühlte sich nämlich als bedeutende, gewiefte NS-Politikerin und sonnte sich im Scheinwerferlicht der internationalen Presse, die alle ihre Meldungen vom Hof Hitlers in großer Aufmachung publizierte. Hitler betonte gern, dass ihm »politisierende Frauenzimmer« ein Gräuel seien. Im Fall der Unity Mitford schloss er jedoch einen Kompromiss mit seiner Vorstellung von der idealen NS-Frau. So konnte die Engländerin im März 1936 im offenen Mercedes des Generalfeldmarschalls von Blomberg den Einmarsch der deutschen Truppen in das entmilitarisierte Rheinland erleben. Danach verbreitete die Augenzeugin – wie erwartet – ihre positiven Eindrücke vom Jubel der Zivilbevölkerung in Großbritannien.

Als Mitglied der englischen »Highsociety« pflegte Unity ihr Klassenbewusstsein auch in Deutschland. Die im Umgang mit Parteigenossen notwendigen gesellschaftlichen Konzessionen machte sie in ihrem Privatleben nicht. Den Kontakt mit den »Lower classes« mied sie tunlichst. Standesgemäßen Umgang suchte und fand sie dann bei einem Freund ihres Bruders, den sie in München kennen lernte. Der damals 42-jährige Janos von Almasy stammte aus österreichisch-ungarischem Adel. Als großer Liebhaber der Astrologie, des Okkulten und Obskuren sowie der NSDAP war er ein Mann ganz nach Unitys Geschmack.[52] Almasy wiederum – ein großer Frauenheld – war erfreut, der jungen Engländerin das »imperiale« Österreich zeigen zu können und sie mit seinen vielen adeligen Freunden bekannt zu machen. Auf dem romantischen Landsitz der Almasys, Schloss Bernstein im Burgenland, wurde Unity bald Stammgast. Dort lernte sie auch Almasys gelähmte Frau Maria, eine geborene Prinzessin Esterházy, kennen. Nächtelang saß sie in dem skurril dekorierten Rittersaal – über dem offenen Kamin prangte die Aufschrift »Dracula« –, diskutierte mit dem Hausherrn über die Vorzüge des Nationalsozialismus und erzählte wichtigtuerisch NS-Anekdoten.

In Bernstein machte Unity auch die Bekanntschaft von Laszlo, Janos' weit gereistem jüngerem Bruder, einem Mitglied der Royal Geographic Society, der sich als Flug- und Autopionier, Abenteurer und Saharaforscher internationalen Ruf erworben hatte. Seine Expeditionen hatten ihn unter anderem in die Libysche Wüste geführt, wo er die verschollene Oase Zarzura und eine Höhle mit prähistorischen Zeichnungen schwimmender Menschen entdeckte.[53] Im Sommer 1936 führte Laszlo, genannt »Teddy«, der englischen Besucherin seine Segelflugkünste in Gödöllö vor. Mit ihm und einer fröhlichen Aristokratenrunde, darunter Esterházys, Auerspergs und Erdödys, lernte Unity Budapest kennen, speiste im Kis Royale, lauschte im Café Ostende der Zigeunermusik und trank Whisky in der Arizona Bar. Nicht alle fanden die Engländerin sympathisch. »Sie war einfach und nett, solange man nicht mit ihr über die Nazis sprach«, erinnerte sich Tima Auersperg noch Jahre später, während ihre Schwester Hannah Mikes meinte: »Wir nannten sie die dänische Kuh, weil sie groß, stark und dumm war.«[54]

Laszlo von Almasy gehörte wie sein Bruder zu den überzeugten Anhängern des NS-Regimes. 1941 trat er Rommels Afrikakorps bei, wo er seine ausgezeichneten topographischen Kenntnisse dazu verwendete, Spione durch die Wüste nach Ägypten einzuschleusen. 1949 stellte er mit einem einmotorigen Flugzeug einen Weltrekord auf. 1951 starb der Abenteurer an einer nicht ausgeheilten Amöbenruhr in Salzburg. 50 Jahre nach seinem Tod sollte Laszlo von Almasy als Vorbild für den »Grafen Almasy« in dem Film »The English Patient« dienen und Weltruhm erlangen.

Von 1935 bis 1939 ist es zwischen Hitler und Lady Unity

Mitford zu insgesamt 140 Begegnungen gekommen, die das Mädchen gewissenhaft mit roter Tinte in sein Tagebuch eingetragen hat. Jede einzelne gab Anlass zu Spekulationen privater Natur. Am Liebesleben des »Führers« herrschte nicht nur in NS-Kreisen Deutschlands, sondern auch in Großbritannien großes Interesse. Bald zirkulierten heftige Gerüchte über ein intimes Verhältnis zwischen dem »Führer« und seiner englischen Freundin. Man fragte: »Is Unity in love with Hitler?«, und sprach von ihr als der zukünftigen Mrs Adolf Hitler. Periodisch auftauchende Heiratsgerüchte wurden zwar von Lord Redesdale – wie es der Presse schien, eher halbherzig – dementiert: »Von einer Verlobung meiner Tochter Unity mit Herrn Hitler kann keine Rede sein« – um dann in NS-Manier die Schlagworte Goebbels' zu gebrauchen: »Der Führer lebt nur für sein Volk und hat für eine Ehe keine Zeit.«[55]

Doch selbst von den Mitford-Schwestern glaubten einige, dass Unity beabsichtige, den »Führer« zu heiraten.[56] Albert Speer, Hitlers Architekt und Rüstungsminister, äußerte dazu: »... Man konnte leicht erkennen, dass sie in Hitler total verliebt war. Sie strahlte ihn an, hemmungslos und ununterbrochen. Heldenverehrung. Absolut phänomenal. Und wahrscheinlich liebte es Hitler, von einer jungen Frau bewundert zu werden, denn sie war ziemlich attraktiv ... für Hitlers Umgebung war sie ein Ärgernis. Schaub wütete, weil er sie immer einladen musste. Und alle waren maßlos erstaunt, weil eine Ausländerin neben Hitler saß und Details über die Partei und die Außenpolitik erfuhr. Hitler kalkulierte seine Aussagen genau ... natürlich wäre sie mit ihm ein Verhältnis eingegangen, sie war mehr als bereit dazu ... aber ich zweifle, ob er mehr tat als ihre Hand halten.«[57]

Hitlers Heeresadjutant Gerhard Engel meinte hingegen: »Sie war niemals Hitlers Geliebte. Ich wüsste nicht, dass sie je mit ihm allein war.«[58] Unity selbst hat sich zu den Heiratsgerüchten nie geäußert. Ihrem schwärmerischen Verhalten nach zu schließen, hätte sie eine ernsthafte Werbung Hitlers – schon im Interesse der gemeinsamen Sache – kaum zurückgewiesen. Unitys Schwester Diana trat zur Ehrenrettung der Schwester an: »Meiner Meinung nach – und niemand kannte sie besser – war sie nicht in Hitler verliebt. Ihre Bewunderung und Zuneigung waren grenzenlos, aber sie war nicht verliebt. Was ihn betrifft, hatte er sie gern und sie amüsierte ihn. Die meisten Frauen waren in seiner Gegenwart überwältigt und schüchtern ... keine sprach mehr als ›Ja, mein Führer‹ oder ›Selbstverständlich, mein Führer‹ ... Unity war ihr ganzes Leben nie schüchtern. Sie sagte, was ihr in den Sinn kam ...«[59] Diana erwähnt außerdem, dass ihre Schwester einen ständigen Freund namens Erich bei der SS gehabt hätte und viele andere Männerbekanntschaften – alle in SS-Kreisen ... Das Verhältnis zu Hitler sei jedoch rein platonisch gewesen und Unity hätte auch Eva Brauns Rolle gekannt. Elmar Streicher vertrat die Ansicht, dass die Engländerin nicht mit Eva Braun zu vergleichen wäre, da sie »mit Hitler als Frau nichts zu tun hatte«.

Auf jeden Fall lud Hitler, unberührt von allen Gerüchten, seine englische Freundin für ein Wochenende[60] in sein privates Domizil auf dem Obersalzberg, wo Eva Braun als geheime Hausherrin galt, und machte die voneinander gut unterrichteten Damen auch persönlich bekannt. Beim abendlichen Berghof-Diner nahmen die beiden ihren »Führer« in die Mitte. Laut Tischordnung saß Eva, wie gewohnt, an seiner linken Seite, während »Ehrengast« Unity der Platz zu seiner Rechten angewiesen wurde.[61]

Mit ihren großen Sympathien für NS-Deutschland bildete die Familie von Lord Redesdale keinen Ausnahmefall, denn die überwiegende Mehrzahl der ausländischen Besucher Hitlers stammte aus Großbritannien.[62] Die so genannten »Pilgerreisen« der Engländer nach Berlin und auf den Obersalzberg setzten 1934 ein, wurden Jahr für Jahr mehr und erreichten 1937/38 den Höhepunkt. In Gesprächen mit britischen Politikern, Adeligen, Journalisten und Industriellen warb Hitler unermüdlich um die Gunst Englands und seine Bündnisidee, wobei er bei seinen Gesprächspartnern einen höchst positiven Eindruck hinterließ.[63] Die Liste der britischen Gäste umfasste unter anderen den Pressezaren Lord Rothermere, den Historiker Toynbee, den Luftfahrtminister Lord Londonderry, den Unterstaatssekretär Sir Vansittart, den ehemaligen Premier Lloyd George und den späteren Außenminister Eden. Sie alle fanden den Weg nach Deutschland, um zu sondieren, aber auch, um Hitler zu ermutigen. Viele dachten wie jener konservative Unterhausabgeordnete, der in einem Leserbrief schrieb: »Warum dieses Misstrauen gegen Hitler? Warum diese Anstrengung, um irgendein finsteres Motiv in seinen Worten zu entdecken? ... Jede Hilfe, die Großbritannien geben kann, wird eine lebendige und dauernde Wirkung auf den Frieden haben und deshalb sage ich: Gebt Hitler eine Chance!«[64]

David Lloyd George, der ehemalige englische Premierminister, besuchte Hitler 1936 auf dem Obersalzberg und teilte danach Reportern mit: »Wir Fremde werden überwältigt, wenn wir dort hinkommen und uns umsehen. Nein, ich habe niemals gedacht, so etwas in irgendeinem Land Europas zu sehen ... in früheren Tagen sprach man von Amerika als dem Land der Wunderwerke – nun ist es Deutschland. Auch ich sage jetzt ›Heil Hitler!‹«[65]

Lord Londonderry, der britische Luftfahrtminister von 1931 bis 1935, reiste mit Gattin im Privatflugzeug allein 1936 viermal nach Deutschland. Er feierte Görings Geburtstag ebenso wie – an der Seite Hitlers – den Jahrestag der nationalsozialistischen Machtergreifung.[66] Schließlich erregte der Prince of Wales, der kurzfristige König Edward VIII., Unmut, als er die Engländer aufforderte, den Deutschen doch die Hand zur Versöhnung zu reichen. Für Ribbentrop war er »ein aufrichtiger und echter Freund Deutschlands«.[67] In England hofften damals viele, das NS-Regime könnte als Wellenbrecher gegen die kommunistische Bedrohung wirken, und außerdem fragte man sich: »Who after Hitler?« (Wer kommt nach Hitler?). Auf jeden Fall gab es – außer dem erfolgreichen Abschluss des Flottenabkommens – die vielfältigsten Ermunterungen von englischer Seite. Sie waren geeignet, die kühnsten Erwartungen Hitlers zu rechtfertigen, der in einem Brief an Lord Rothermere eindringlich die Vorteile eines deutsch-englischen Zusammenwirkens pries.[68]

Obwohl Lady Cynthia Mosley, die Gattin des Faschistenführers Sir Oswald Mosley, 1933 ganz plötzlich verstorben war, verzichteten Diana und ihr Liebhaber lange auf die Legalisierung ihrer Verbindung. Vor einer Heirat in England schreckte selbst das unkonventionelle Paar zurück, da die prunkvolle Hochzeit Mosleys mit Lady Cynthia in Beisein von König Georg V. und Queen Mary, dem belgischen Königspaar und dem Premierminister in Carlton House

Terrace noch in allgemeiner Erinnerung haftete. Dr. Joseph Goebbels, Propagandaminister des Dritten Reichs und Meister im Arrangieren von Festen und Feiern, hatte auch in diesem Fall eine Lösung parat. Am 6. Oktober 1936 schrieb er in sein Tagebuch: »Lady Mitford da. Ihre Schwester heiratet heute bei uns zu Hause Sir Oswald Mosley. Das ist eine Sache, die ganz geheim bleiben muss.«[69]

Hitler setzte für diesen Fall die Vorschrift des öffentlichen Aufgebots außer Kraft und die Trauung des englischen Faschistenführers mit Lady Diana, geschiedene Guinness, fand unter strengster Geheimhaltung in einem Salon des Propagandaministeriums statt. Diana erinnerte sich an den Tag: »Ich trug eine goldfarbene Tunika, die Sonne schien und die Bäume färbten sich gelb ... Das Ganze war kurz. Der Standesbeamte sagte ein paar Worte, wir tauschten Ringe und alles war vorüber. Hitlers Geschenk war sein Foto im Silberrahmen ...«[70] Unity fungierte als Trauzeugin. Danach beschwor Mosley die Anwesenden in pathetischer Weise, bis zum Tod Stillschweigen zu bewahren. Tatsächlich erfuhr auch die Presse nichts von der Geheimtrauung, obwohl Reporter das Paar meist auf Schritt und Tritt bedrängten.[71] Nach den Aussagen von Diana soll dabei niemand hartnäckiger gewesen sein als Randolph Churchill, der journalistisch tätige Sohn von »Cousin« Winston Churchill.[72] Zwei Jahre später hat Mosley selbst das Geheimnis enthüllt.

Nach der Trauung fuhr die kleine Gesellschaft zum goebbelschen Besitz auf der Halbinsel Schwanenwerder, wo die Kinder des Ministers Blumen überreichten und die Hochzeitstafel arrangiert war. Im Anschluss an das Festmahl zogen sich Hitler und Mosley, nur von einem Dolmetscher begleitet, zu einer Aussprache zurück. Der »Führer« gab sich reserviert, denn er wollte den Anschein wahren, dass die nationalsozialistische Staatsform auf das Deutsche Reich beschränkt bleiben sollte.[73] Tags darauf speiste das Ehepaar Mosley in der Reichskanzlei und anschließend begab sich die Gesellschaft in den Berliner Sportpalast, um den Ansichten ihres Gastgebers über die verrotteten westlichen Demokratien zu lauschen. Die dabei anwesenden Korrespondenten des »Daily Telegraph« konnten beobachten, wie das Ehepaar Mosley sowie Unity Mitford zu wiederholten Malen aufsprangen, den deutschen Gruß entboten und »Heil!« riefen.

Damals gehörte Unity schon längst zur Highsociety des NS-Regimes und wurde zu allen großen öffentlichen Ereignissen geladen. Auf mehreren »Führer-Reisen« war sie sogar ein Teil der Eskorte, sodass Hitlers Adjutanten sie statt Mitford nur die »Mitfahrt« nannten.

Hitler schmückte sich gerne mit der jungen, hünenhaften, etwas maskulinen Walküre, in der er den weiblichen Idealtypus der deutsch-englischen Herrenrasse verkörpert sah. Das einzigartig Skurrile an Unity Mitford ist ihm nicht entgangen. Er schätzte sie als ein nützliches, unterhaltsames Unikum und wies ihr in seinem Hofstaat die ihr gemäße Rolle zu, die eines Hofnarren. Wie dieser einst im Umkreis mittelalterlicher Herrscher, so genoss auch Unity – geschützt durch ihre englische Staatsbürgerschaft – Redefreiheit und konnte sich wie niemand sonst in Hitlers Gegenwart ungehemmt äußern. So berichtete Goebbels verwundert: »Beim Mittagessen ist die Mitford da. Sie schimpft ganz ungeniert auf Mussolini ... ich kann nicht verstehen, dass der Führer sich das gefallen lässt ...«[74] Hitler jedoch ließ sie reden, lächelte freundlich und erzählte Unity dann von den sagenhaften Angelsachsen Hengist und Hossa, die sich Germanien und Großbritannien teilten.

Die Erinnerungen der Fürstin zu Solms-Braunsfeld, die Unity in Bayreuth kennen lernte, werfen ein gutes Licht auf die Beziehung Hitlers zu der englischen Adeligen: »Unitys ›Heil Hitler!‹ klang sehr anmutig. Sie war gelassen und selbstsicher. Sie kannte offenbar ihren Wert. Später traf ich sie in Berlin auf offiziellen Empfängen oder im Adlon und Kaiserhof, aber auch oft im Münchner Hotel Vier Jahreszeiten. In dessen Weinkeller saßen wir eines Tages, als eine große Rede Hitlers aus dem Hofbräuhaus übertragen wurde. ›Schnell, kommt mit‹, rief Unity, ›wir können ihn an der Straße gegenüber sehen.‹ Sie raste nach oben. Wir folgten ihr und sahen die Autokolonne näher kommen. Unity schrie gellend: ›Mein Führer!‹ Er ließ direkt neben ihr halten und fragte: ›Unity, wie geht es Ihnen?‹ Sie antwortete: ›Ich fahre nach Berlin.‹ Und er: ›Melden Sie sich doch bitte gleich.‹ Und sie nahm sofort den Nachtschnellzug.«[75]

Unitys »Cousin« Winston Churchill, der in den frühen Dreißigerjahren in seinem Buch »The great contemporaries« Hitler unter die großen Politiker seiner Zeit gereiht und seine Tatkraft beim Wiederaufbau Deutschlands bewundert hatte[76], gehörte 1937 schon längst zu den Befürwortern einer antideutschen Bündnispolitik. Die Familie Redesdale jedoch bestand, nachdem sich auch Thomas Mitford zum NSDAP-Sympathisanten bekannte, überwiegend aus Nationalsozialisten und BUF-Anhängern.[77]

Nur das »rote Schaf« der Familie, die Kommunistin Jessica Mitford, war eine Ausnahme. Sie las »The brown book of Hitler terror«, verachtete Unity und Diana, die bei ihren heimatlichen Besuchen die allmählich durchsickernden NS-Verbrechen als kommunistische Propaganda abtaten, und hegte Mordgedanken: »Eine Möglichkeit kam mir immer wieder in den Sinn: Ich könnte meine plötzliche Bekehrung zum Faschismus vortäuschen, Unity nach Deutschland begleiten und dem Führer von Angesicht zu Angesicht gegenübertreten. In diesem Augenblick würde ich eine Pistole ziehen und ihn erschießen. Natürlich wäre ich sofort von seiner Leibwache niedergestreckt worden, aber hätte sich das nicht gelohnt? Schlimm wäre nur gewesen, wenn ich ihn verfehlen und dennoch sterben würde. Unglücklicherweise liebte ich das Leben zu sehr, um diesen Plan auszuführen, der völlig vernünftig war und den Gang der Geschichte hätte ändern können. Als Jahre später die entsetzliche Wahrheit über Hitler und sein Regime vor aller Welt offenbar wurde und Europa halb vernichtet war, habe ich meinen Mangel an Mut oft bereut ...«[78]

Jessicas Pläne bezüglich eines Attentats auf Hitler hätten größere Erfolgschancen gehabt als viele andere Versuche, den Diktator zu beseitigen. Tatsächlich zählte »die Unity« zu Hitlers engsten Freunden, wurde zwar beschattet, konnte aber – wie auch Diana – unkontrolliert zwischen Deutschland und England hin- und herreisen. Als Adelige und Schwester von »Hitlers englischer Freundin« hätte man wohl auch Jessica in NS-Kreisen einen herzlichen, von jedem Protokoll ungestörten Empfang bereitet.

Jessica jedoch blieb dem Kommunismus treu, verlobte sich heimlich mit Esmond Romilly, einem adeligen Gesinnungsgenossen und Verwandten Churchills, und brach mit ihm nach Spanien auf, um im Spanischen Bürgerkrieg auf der Seite der Republikaner gegen Franco zu kämpfen.

Unity Mitford (links außen) auf dem Nürnberger Parteitag 1937

»Jüngste Tochter Lord Redesdales mit Churchills rotem Neffen nach Spanien durchgebrannt! Eltern untröstlich! Befürchten kommunistische Verschwörung!«, konnte man am 1. März 1937 im »Daily Express« lesen. Unity schrieb damals in ihr Tagebuch: »Decca ist mit Esmond in Spanien. Ich weine und weine.«[79] Dann suchte sie Hitler auf und der Diktator versprach, im Notfall – zu dem es jedoch nicht kam – für Jessica Mitford zu intervenieren.

Seit ihrer ersten Begegnung mit dem Deutschen Reichskanzler und »Führer« in der Osteria Bavaria stand Unity Mitford im Visier der Geheimdienste ihrer beiden »Vaterländer«. Die Bayrische Politische Polizei lud sie vor, befragte sie genau und legte einen Sonderakt an. Darin heißt es: »Sie (Unity Mitford) äußerte, dass sie sehr viel in nationalsozialistischen Kreisen verkehre, Verkehrsgast des SS-R-Sturmes 2 und 3, förderndes Mitglied des SS-R-Sturmes 3 sei und die vergangenen acht Tage in Begleitung des ›Führers‹ verbracht habe.« Auch die deutsche Abwehr unter Admiral Canaris[80] überlegte ebenso wie der britische Secret Service, ob die Hitlerverehrung von Miss Mitford vielleicht tiefere politische Hintergründe hätte. Hitlers Heeresadjutant Gerhard Engel meinte dazu: »Was wollte Miss Mitford? Hatte sie einen Auftrag des britischen Geheimdienstes? Oder von Winston Churchill, mit dem sie verwandt war? Wir waren uns sicher, dass sie als Agentin arbeitete, und blieben auf ihrer Spur ...«[81]

Tatsächlich hatte Unity nicht das Format zur Spionin und erfuhr auch keine militärischen Geheimnisse. Ihr Metier war der persönliche Bereich: Hitler ließ sich von ihr über ihren »Cousin« Winston Churchill berichten, der seinerseits von Hitler hören wollte.[82] Als Unity kurz nach der Besetzung Österreichs Churchill bei einem privaten Treffen in Chartwell vorschwärmte, wie erfreut die Bevölkerung über den »Anschluss« sei, zog sie sich den Zorn des späteren Premierministers zu, der die Eingliederung Österreichs an NS-Deutschland schärfstens verurteilte.[83]

Auch die Parteispitze des Dritten Reichs stellte sich die Frage, ob Unity Mitford Hitlers Politik beeinflusse und in welchem Ausmaß sie seine Englandpolitik bestimme. Als unberechenbarer Störfaktor nahm die Engländerin in den Köpfen der obersten Parteiführung derart breiten Raum ein, dass Rudolf Heß, der Stellvertreter des »Führers«, noch Jahrzehnte später im Gefängnis von Spandau mit Albert Speer das Thema »Unity« erörterte.[84] Der Adjutant des »Führers« Fritz Wiedemann weist in seinen Erinnerungen darauf hin, dass Unity durch ständige abfällige Bemerkungen über ihre Landsleute Hitlers Englandbild verfälschte, während sie gleichzeitig für ein deutsch-englisches Bündnis eintrat.[85] Ernst Hanfstaengl, der Auslandspressechef der NSDAP, kam in seinen Memoiren sogar zu dem Schluss, dass seine langjährige Bekannte eine skrupellose Agentin mit großem politischen Einfluss und Mordabsichten gewesen sei. Als Beweis für diese kühne Vermutung führt Hanfstaengl eine gemeinsame Segelpartie auf dem Starnberger See an. Damals hätte er, als vollkommen Ahnungsloser, über die NSDAP geschimpft. Unity soll erzürnt gesagt haben: »Wenn das Ihre Auffassung ist, haben Sie kein Recht weiter Auslandspressechef zu sein ...« Als Hanfstaengl später hastig Deutschland verließ, weil er einen Anschlag auf sein Leben befürchtete, glaubte er an Unitys Rache.[86]

Der »Klavierspieler des Führers« hat dabei die Möglichkeiten der Engländerin überschätzt. Tatsächlich handelte es sich bei dem »Mordkomplott« um einen von den NS-Granden ausgeheckten üblen Scherz, mit dem die Tapferkeit des Pressechefs auf die Probe gestellt werden sollte.[87] Hitler selbst hat Aussprüche Unitys noch Jahre nach ihrer Abreise aus Deutschland zitiert: »Churchill und Genossen haben in ein paar Schlössern einige Jahre vor 1939 den Krieg gegen uns beschlossen! Meine Quelle: die Lady Mitford. Sie und die Schwestern wussten vieles aufgrund ihrer Verwandtschaft mit maßgebenden Leuten ...«[88]

Ab der Mitte der Dreißigerjahre begann sich Hitlers Englandpolitik langsam zu ändern. Das britisch-deutsche Flottenabkommen, die Untätigkeit der Briten im Abessinienkrieg und beim Einmarsch deutscher Truppen ins Rheinland, vielleicht aber auch die Aussagen der Lady Mitford, verliehen Hitler neues Selbstbewusstsein. Bestärkt von seinem Außenminister Joachim von Ribbentrop glaubte er, die Stärke Großbritanniens überschätzt zu haben[89], und äußerte sich dementsprechend: »... die englischen Gouvernanten müssen sich daran gewöhnen, mit uns nur auf gleichberechtigtem Fuß zu verhandeln ...«[90] In einer außenpolitischen Grundsatzrede vom 5. November 1937 bezeichnete er England als »Hassgegner« und wollte seine politischen Zielvorstellungen nicht mehr mit England, wie er es seit den Zwanzigerjahren immer wieder propagiert hatte, verwirklichen. Hitler stellte sich unter dem Einfluss seines englandfeindlichen Botschafters Ribbentrop darauf ein, ohne, aber nicht gegen die Briten zu agieren.[91]

Als Hitler das Unternehmen »Otto«, die Besetzung Österreichs, im März 1938 durchführte, hielt sich Unity Mitford, wie so oft, bei den Almasys auf Schloss Bernstein auf. Als sie die Nachricht vom Einmarsch der deutschen Truppen erreichte, eilte Unity nach Wien. Der gut informierte englische »Evening Standard« schrieb darüber: »Wenn Hitler heute Abend in Wien eintrifft, wird seine glühendste Bewunderin da sein, ihn zu begrüßen: Miss Unity Mitford.«[92] Diese gab eine Woche später in London ein Interview, in dem es heißt: »Es hat mir das Herz gebrochen, dass ich ihn nicht sah, wie er seinen Geburtsort bei Linz besuchte. Aber ich sah seinen Einzug in Wien ... und dann sah ich ihn für ein paar Minuten in seinem Hotel ... es war wunderbar.«[93]

Am 10. April 1938 veranstaltete die Labour Party im Londoner Hydepark unter dem Motto »Save Peace! Save Spain!« eine Demonstration gegen Franco und den Spanischen Bürgerkrieg. Unity Mitford war unter jenen Faschisten, die sich Fahnen schwenkend in der Nähe der Rednertribüne postiert hatten, um die Versammlung zu stören. Von der anschließenden Schlägerei berichtete sie: »... plötzlich riss mir jemand mein Hakenkreuzzeichen herunter ... ein Mann beschimpfte mich. Ich schlug ihm ins Gesicht und war sofort von einer wütenden Masse umgeben, die mich bedrohte ... Eine Frau beleidigte Hitler. Dafür bekam sie auch einen Schlag. Es flogen Steine ... Ein Mann half mir und die Polizei machte Platz, dass ich zum Autobus gehen konnte. Hinter mir riefen sie: ›Geh zurück nach Deutschland.‹«[94] Über diesen Vorfall berichteten zahlreiche Zeitungen, manche wie der »Daily Express« versehen mit einer Karikatur der Fanatikerin. Dort las man auch, dass die Honourable Unity Mitford daran denke, sich um die deutsche Staatsbürgerschaft zu bewerben. Aus Deutschland signalisierte der SA-Chef Franz von Pfeffer, ein Kenner von Massenkrawallen, Zustimmung: »Ich hörte von Ihrem Kampf im Hydepark, und da ich sehe, dass Sie sich, wie zu erwarten, tapfer geschlagen haben, wünsche ich Ihnen alles Gute. Heil Hitler!«[95]

Auch in ihrem »zweiten Vaterland« erregte Unity den Unmut der Bevölkerung, aber aus ganz anderen Gründen. »Wir wohnten im Kaiserhof [Berliner Nobelhotel]«, erinnerte sich Diana. »Unity trug ihr – ganz spezielles – Parteiabzeichen. In unserer Nähe standen ein paar lästige, sauber geschrubbte, fanatische Frauen. Sie zeigten auf meine Schwester und schrien: ›Dazu haben Sie kein Recht!‹ Und: ›Schämen Sie sich nicht, so geschminkt vor dem Haus des Führers zu stehen!‹«[96]

Nachdem Hitler »vor der Geschichte die Heimkehr Österreichs ins Reich« vermelden konnte, ging er an die Realisierung seiner weiteren Expansionspläne. In seiner Rede am 28. Mai 1938 erhob er Anspruch auf die Sudetengebiete, in denen 3,5 Millionen Deutsche lebten, die 1918/19 gegen ihren Willen in den tschechoslowakischen Staat einbezogen worden waren.[97] Die emsige Politagitatorin Mitford nahm dies als Startsignal. Sie fuhr in ihrem NS-dekorierten Wagen, nur von einem englischen Faschisten begleitet, provozierend durch das geängstigte Land, zeigte sich demonstrativ mit Sudetendeutschen und trug stolz ihr von Himmler geliehenes SS-Abzeichen zur Schau. Auf dem Weg nach Prag stoppten tschechoslowakische Sicherheitskräfte ihre Weiterfahrt und nahmen Hitlers englische Walküre in Haft. Unter ihrem konfiszierten Gepäck fanden sich Nazi-Embleme, ein SS-Dolch, Hitlers Porträt, ein Fotoapparat und NS-Werbematerial.[98] »Unity Mitford ist in der Tschechei insultiert und bis auf die Haut ausgezogen worden. Na, das gibt einen Lärm. Der Führer begrüßt das. Die Unity wird sich vollgesogen haben mit Hass«, notierte sich Minister Goebbels zufrieden im Tagebuch.[99]

Die NS-Propaganda heuchelte Mitleid für die Engländerin: Die tschechischen Untermenschen quälten offensichtlich harmlose Touristinnen genauso wie die unter dem tschechischen Joch stehenden armen Sudetendeutschen. Unity selbst gab Interviews, in denen sie von ihrem grauenvollen Erlebnis detailliert berichtete.[100] Trotzdem kritisierte Hitler die deutsche Presse scharf. »Der Führer hat Dr. Dietrich [Dr. Otto Dietrich, Pressechef der Reichsregierung] eine Zigarre verpasst, weil die Zustände in der Tschechei nicht groß aufgemacht sind ... dieser Dreckstaat muss weg«, schrieb Goebbels.[101]

Unity Mitford aber stieg in Hitlers Gunst und er belohnte seine treue Anhängerin mit einer neuen Leica-Kamera und erhöhter Zuwendung. Im Sommer 1938 sah man sie als offizielle ständige Begleiterin an der Seite des »Führers«. In den Jahren 1937 bis 1939 veranstaltete München als »Hauptstadt der Deutschen Kunst« jährlich Festzüge.[102] Im Juli 1938 lud Hitler die Engländerin zu den dreitägigen Feiern zum »Tag der Deutschen Kunst«. »Zu Walzermusik wurde auf dem Marienplatz getanzt, bei Freibier und Gulaschsuppe. Im Nymphenburger Park ritten die Tänzerinnen des Staatsopernballetts fast nackt durch den mit Fackeln erhellten Park, es war die Nacht der Amazonen ...«, berichtete Henriette von Schirach über den Festzug.[103]

Am 15. Juli speisten Adolf Hitler und Unity Mitford gemeinsam in der Osteria Bavaria und am 19. Juli trug Martin Bormann, der Leiter der Parteikanzlei, in seinen Terminkalender ein: »Lady Mitford zum Tee 16.30 Uhr.[104] An diesem Nachmittag unternahmen der »Führer« und Unity einen langen gemeinsamen Spaziergang auf dem Obersalzberg, der sie vom Berghof zum Plattnerhof führte. Am 23. Juli traf Unity mit Hitler zu den Wagnerfestspielen in Bayreuth ein, hörte »Tristan«, »Parsifal«, »Rheingold« und »Walküre« und wurde am Abend des 25. Juli zu einem großen Diner geladen. Am Abend des 29. Juli reiste sie dann im »Führerzug« nach Schlesien und erlebte an der Seite Hitlers das Deutsche Turnfest. Anschließend flog sie im Gefolge des »Führers« nach Nürnberg und kehrte nach Bayreuth zurück. Dort wurde ihr eine spezielle Auszeichnung zuteil: Winifred Wagner lud sie – allerdings nur widerstrebend – in ihr Haus Wahnfried.

Als Unity wenig später an Lungenentzündung erkrankte, übernahm Hitler die Kosten des Krankenhausaufenthalts in der Luxusklasse und rief seinen persönlichen Leibarzt

Dr. Morell nach Bayreuth. Als die Fiebernde den voluminösen Mann an ihrem Krankenbett erblickte, verwechselte sie ihn mit dem Aga Khan, denn der Auftritt des Oberhauptes der Ismaeliten am 20. Oktober 1937 auf dem Obersalzberg war ihr noch in lebhafter Erinnerung. »Sie denkt eben weltweit!«, amüsierte sich Hitler. Ende August 1938 erschienen Lord und Lady Redesdale in Bayreuth zu einem Krankenbesuch, vor allem aber, um Hitler neuerlich ihre Aufwartung zu machen. Hitler lud die willigen und kostenlosen Werbeträger des NS-Regimes dann zum Reichsparteitag (5. bis 12. September 1938) in Nürnberg, wo er die Lösung der Sudetenfrage »so oder so« ankündigte. Lord Redesdale registrierte jedoch voll Freude, welche Wertschätzung Unity in der Gesellschaft von Göring, Himmler und Heydrich genoss. Er traute kaum seinen Ohren, als der prominente Reporter G. Ward Price über seine Tochter, die er als Vater oft der Unfähigkeit bezichtigt hatte, meinte: »In ihren Händen liegt jetzt das Schicksal Europas!«[105] Auf die Frage, ob es nun Krieg geben werde, reagierte Unity damals mit einem überlegenen Lächeln und den naiven Worten: »Ich glaube nicht. Der Führer will nicht, dass seine neuen Bauten zerbombt werden.«

Hitlers aggressive Parteitagsrede löste im Sudetengebiet Unruhen aus, die Prager Regierung sah sich zur Mobilmachung gezwungen und der Ausbruch des Krieges schien unvermeidlich. Seiner Politagitatorin Mitford riet der Diktator zur Abreise aus Deutschland. Sie berichtete davon sofort dem Britischen Generalkonsul in München und verlieh dadurch Hitlers Drohungen zusätzliches Gewicht. In dieser Situation ergriff der britische Premier Chamberlain die Initiative und reiste zu Hitler, der verärgert zur Kenntnis nahm, dass man seinen Konfrontationskurs vorübergehend stoppte.[106] Während die Regierungschefs von Deutschland, Italien, Großbritannien und Frankreich unter Ausschluss der Tschechoslowakei verhandelten, kam es zu Menschenansammlungen, die in banger Erwartung der Entscheidung über Krieg oder Frieden harrten. In den Kirchen Münchens fanden Bittgottesdienste statt.

In Großbritannien hingegen wurde 1938 die Produktion von Gasmasken aufgenommen und viele Hausbesitzer errichteten in ihren Gärten private Luftschutzkeller. Der Diktator jedoch brachte seine Geringschätzung der internationalen Bemühungen dadurch zum Ausdruck, dass er sich am 15. September 1938 – mitten in den Beratungen – damit vergnügte, auf dem Obersalzberg sein neues »Teehaus« auf dem Kehlstein zu besichtigen. Am 30. September 1938 unterzeichneten Chamberlain, Daladier, Hitler und Mussolini das Münchner Abkommen. Es erlaubte Hitler die Besetzung des Sudetengebietes (Sudetengau) und garantierte den Bestand der restlichen Tschechoslowakei.

Den ganzen Herbst über setzte der »Führer« die Besichtigungstouren auf dem Kehlstein fort. Am 23. Oktober 1938 waren dabei Magda Goebbels, Unity Mitford und ihr Bruder Tom seine Gäste. Die 30 Millionen RM teure Attraktion in 1700 Meter Höhe konnte nur auf einer sieben Kilometer langen Zufahrt mit mehreren Felstunnels und einer Haarnadelkurve erreicht werden. Dann stand man vor einem in die Felswand eingelassenen Bronzetor und betrat einen langen, hell erleuchteten Stollen, der vor einem Lift endete. Dieser trug die Gäste zu dem 130 Meter höher gelegenen Teehaus, eine kreisrunde Kaminhalle mit einem großartigen Blick auf die Bergwelt.[107]

Den Winter verbrachte Unity Mitford zurückgezogen in London. Angesichts des Umschwungs der Volksmeinung kam sie ihrem »Führer« am 18. März 1939 – drei Tage nach Hitlers Einmarsch in der Tschechoslowakei – mit einem flammenden Appell an ihre Landsleute zu Hilfe. Der »Daily Mirror« druckte ihr Plädoyer für eine deutsch-englische Freundschaft und ihre angesichts der Realität absurden Beteuerungen von Hitlers Friedensliebe. Die Zeitung brachte ein Bild des Diktators, worunter stand: »Sie will, dass wir Freunde dieses Mannes sind, der gerade ein unschuldiges Land überfallen hat.«[108] 1200 Leser äußerten sich zu Unitys Artikel, nur 96 teilten ihre Meinung.

Chamberlains Politik war gescheitert und ein Krieg schien unabwendbar. Ende April 1939 wurde in Großbritannien die allgemeine Wehrpflicht erlassen.

Als Unity Mitford einsehen musste, dass es keine deutsch-englische Verbrüderung geben würde, brach eine Welt für sie zusammen. Bei einem Treffen Ende Mai spielte sich Hitler als einfühlsamer Tröster auf und gewährte der Überglücklichen das Privileg, ihn mit »Wolf« zu titulieren, einer Anrede, die nur wenigen auserwählten Verehrerinnen zustand. Die höchste Stufe in der Skala der Gunstbezeugung des »Führers«, das Du-Wort, blieb der Engländerin allerdings auch weiterhin versagt. »Die meiste Zeit hielt er meine Hand, sah mich liebevoll an und sagte: ›Kind!‹ Er war so traurig, dass England und Deutschland nun Feinde sind ... Ich habe mit Wolf am Donnerstag und Freitag gegessen und bin glücklich ...«[109] Wenige Tage später schrieb Unity an ihre Schwester Diana: »Wolf nahm meine Hand und sagte mit seiner wunderbaren Stimme: ›Das arme Kind ist unglücklich.‹ Dann wandte er sich zu mir, mit dem süßesten

Blick seiner Augen. Mein Kummer war verschwunden und zählte nicht mehr; ich empfand nur mehr Mordlust gegen Chamberlain.«[110]

Geschmeichelt durch Hitlers außergewöhnliche Gunstbezeugungen und verärgert über die schon im Juni 1938 eingeführte britische Visumspflicht für Deutschland beschloss Unity, England für immer den Rücken zu kehren und ganz nach München zu ziehen. Hitlers Privatkanzlei beauftragte die Münchner Gauleitung, der englischen Parteigenossin bei der Suche nach einer geeigneten Wohnung behilflich zu sein. Man bot Unity vier sehr unterschiedliche Objekte an, denen eines gemeinsam war: Alle waren erst kürzlich arisiert worden. Unitys Wahl fiel auf eine schöne Dreizimmerwohnung in Schwabing[111], in der die verängstigten jüdischen Besitzer noch nicht ausgezogen waren. Vor den Augen des älteren Ehepaares hat die Lady mithilfe einer Freundin die Räume ausgemessen und Pläne für die Einrichtung entworfen. Die Möbel, ein Geschenk Hitlers, kamen aus den renommierten Deutschen Werkstätten.

Ende Juli 1939 besuchten Unity und Diana, verehelichte Mosley, wie jedes Jahr die Wagnerfestspiele in Bayreuth. Am letzten Tag wurden sie von Hitler in das Haus Wahnfried gebeten, wo er zu wohnen pflegte. Dort teilte er ihnen – nach Angaben Dianas – am 2. August mit, dass »England zum Krieg entschlossen sei und dieser daher unausweichlich«. Am selben Abend gab Unity während der Aufführung von Wagners »Götterdämmerung« ihrer Schwester zu verstehen, dass sie die heraufziehende Tragödie nicht erleben wolle.[112]

In der Osteria Bavaria, dort, wo sie ihn kennen gelernt hatte, traf Unity Mitford am 5. August 1939 den nun »Wolf«

genannten Hitler das letzte Mal vor Kriegsbeginn. Bis zuletzt hoffte sie, dass ein Konflikt ihrer beiden Vaterländer vermieden werden könnte. »Ich habe Wolf drei Wochen nicht gesehen und wünschte, er würde kommen«, heißt es in ihrem letzten Brief an Diana.

Mitte August reiste Unity ein letztes Mal nach London, wo sie Joseph Kennedy jr., den Bruder von John F. Kennedy, traf. Dieser schreibt: »Unity ist die ungewöhnlichste Frau, die ich getroffen habe. Sie ist überhaupt nicht hübsch, hat schlechte Zähne und ist schrecklich dick. Sie scheint in großer nervöser Erregung, interessiert sich für nichts als den Führer und sein Werk. Sie spricht von ihm niemals als Hitler, sondern immer nur als Führer. Sie sagt, die internationale Situation ist das Resultat eines kompletten Missverständnisses. Sie sagt, Hitler hätte eine ungeheure Bewunderung und Zuneigung für die Briten und würde ihnen kein Leid antun, würden sie ihn nicht dazu zwingen. Ich fragte warum, und sie sagte, aus rassischen Gründen. Sie glaubt, dass Hitler mehr als ein Genie ist. Jene, die ihn kennen, betrachten ihn als Gott. Er kann keine Fehler machen und hat auch keine gemacht. Sie ist die glühendste Nazifrau, die man sich vorstellen kann, und möglicherweise in Hitler verliebt.« (Veröffentlicht am 21. August 1939 in »Daily Life«.)

Am 3. September 1939, zwei Tage nach dem Einfall deutscher Truppen in Polen, überreichte der Botschafter Großbritanniens Neville Henderson dem deutschen Reichsaußenminister Joachim von Ribbentrop die britische Kriegserklärung.[113] Zur Wirkung der Note auf Hitler schrieb der Chefdolmetscher Paul Schmidt: »... ich blieb in einiger Entfernung vor Hitlers Tisch stehen und übersetzte ihm dann langsam das Ultimatum der britischen Regierung. Als ich geendet hatte, herrschte völlige Stille ... wie versteinert saß Hitler da und blickte vor sich hin ... nach einer Weile, die mir wie eine Ewigkeit vorkam, wandte er sich Ribbentrop zu, der wie erstarrt am Fenster stehen geblieben war: ›Was nun?‹«[114] Später, als monatelang kein Angriff folgte, spekulierte der »Führer« darauf, dass die Westmächte den Übergang von formaler Kriegsbereitschaft zu aktiver Kampfführung nicht vollziehen würden.

Diana Mosley erlebte den Ausbruch des Zweiten Weltkriegs in London: »... wir hörten die Rede Chamberlains im Radio, dass England und Deutschland im Kriegszustand wären ... eine Minute später heulten die Luftschutzsirenen ... ich konnte nur an Unity denken, aber als keine Nachricht eintraf, begann ich zu hoffen. Todesmeldungen werden rasch verbreitet und es gab neutrale Journalisten in Deutschland ... es schien möglich, dass sie nichts unternommen hatte ...«[115]

Wie sich später herausstellte, hatte Unity Mitford am Nachmittag des 3. September 1939 den Gauleiter von München-Oberbayern, Adolf Wagner, aufgesucht und ihm einen dicken Umschlag überreicht. Dieser glaubte, dass sie als englische Staatsbürgerin um ihre Zukunft besorgt sei und ihre wichtigsten Unterlagen bei ihm deponieren wolle. Er tröstete sie mit dem Hinweis, dass er persönlich für ihre Sicherheit in München bürge. Ihr Päckchen öffnete er erst Stunden später. Es enthielt ein signiertes Hitlerporträt, Unitys Parteiabzeichen und einen Abschiedsbrief: Sie könne einen Krieg zwischen England und Deutschland nicht ertragen und werde sich das Leben nehmen. Wagner alarmierte den Sicherheitsdienst. Zu diesem Zeitpunkt hatte sich Unity bereits im

Englischen Garten in die Schläfe geschossen. Ein Wachposten wurde Augenzeuge.

Er berichtete später: »Ich stand als Posten vor dem Anwesen Königinstraße 15 und habe die Verletzte ... gehen sehen. ... Mir gegenüber ging sie auf einen einzelnen Baum zu, und als sie etwa zwei Meter davon entfernt war, fielen zwei Schüsse. Ich bin ziemlich erschrocken, habe aber gesehen, wie die Verletzte die Pistole vor sich in Höhe des Magens hielt und gegen den Kopf zielte und zweimal abfeuerte.« Man brachte die Bewusstlose in die chirurgische Abteilung der Münchner Universitätsklinik. Von dem Oberarzt Dr. Jaeger unter der Aufsicht von Professor Magnus durchgeführte Untersuchungen ergaben, dass die durch die rechte Schläfe eingedrungene Kugel noch immer im Hinterkopf steckte. Als Unity nach tagelanger Bewusstlosigkeit zu sich kam, war ihr Gesicht stark angeschwollen und ihr Sprachzentrum gestört. Sie litt auch unter Gleichgewichtsstörungen und einer vollständigen Lähmung der Gliedmaßen. Sie musste gefüttert werden und schien geistesgestört.

Hitler überwachte den Polenfeldzug, besichtigte Warschau und kam erst am 8. November 1939 anlässlich der großen Feiern zum Gedenken an den NS-Putschversuch des Jahres 1923 nach München. »11 Uhr Ankunft in München. Der Führer besucht Frl. Mitford in der Klinik«, schrieb der Leiter der Parteikanzlei in sein Tagebuch.[116] Professor Magnus erwartete den »Führer« am Eingang des Krankenhauses und teilte ihm mit, dass der Zustand der Patientin kritisch sei. Sie hätte auch die Sprache verloren. Von einer Operation zur Entfernung des Geschosses riet er im Hinblick auf das damit verbundene enorme Risiko dringend ab. Hitler überreichte Blumen, brachte Unity ihr Parteiabzeichen zurück und blieb nur kurz. Beim Anblick des verehrten »Führers« sprach Unity das erste Mal seit ihrem Selbstmordversuch und äußerte dabei den Wunsch auf Rückkehr nach England. Dann verschluckte sie vor den Augen ihres Besuchers das Parteiabzeichen.

Der schreckliche Anblick und das traurige Schicksal der Parteigenossin und Mitstreiterin stimmten Hitler zwar nachdenklich, entlockten ihm aber keine Äußerung des Mitleids. Durch diese Tat hätte Unity wohl alle Gerüchte entkräftet, meinte er zufrieden. Er hätte immer gewusst, dass sie nicht die Spionin sei, als die sie verdächtigt worden sei. Wenig später sagte er zu seinem Fotografen: »Hoffmann, ich beginne mich zu fürchten! Wenn ich einmal nur etwas persönlich werde – schon wird es mir falsch ausgelegt. Ich bringe den Frauen kein Glück. Das war in meinem ganzen Leben so!«[117]

Der 8. November wurde als einer der großen Gedenktage im NS-Jahresablauf feierlich begangen, denn der nationalsozialistische Putschversuch des Jahres 1923 galt als Meilenstein in der Geschichte der Bewegung.[118] Zur Erinnerung an die in eine heroische Tat umgedeutete Niederlage zelebrierte man Kulthandlungen wie den »Marsch des 9. November« mit vorangetragener Blutfahne, Ehrungen der zu »Märtyrern« stilisierten Opfer des Putsches und eine Kranzniederlegung beim »Mahnmal« an der Feldherrenhalle. Den Höhepunkt des Tages bildete jedoch die abendliche Versammlung im Bürgerbräukeller, bei der Hitler zu den »alten Kämpfern« sprach.

Der Krankenbesuch bei Lady Mitford an dem mit Terminen vollen Festtag störte den geplanten Programmablauf. Erst am Nachmittag fand der durch den Zeitdruck bereits irritierte Hitler endlich Gelegenheit, sich für den Auftritt am Abend vorzubereiten. Er schien auch nervös, als sich der Beginn seiner für 20 Uhr geplanten Rede im Bürgerbräukeller durch die stürmischen Ovationen seiner Anhänger um volle zehn Minuten verzögerte. Um 21.07 Uhr beendete Hitler abrupt seine – hauptsächlich gegen England gerichteten – Tiraden. Er verzichtete dann im Gegensatz zu dem langjährigen Brauch auf das gesellige Beisammensein im Kreise der »Alten Kämpfer«. Acht Minuten, nachdem Hitler hastig das Lokal verlassen hatte, detonierte die bei einem Pfeiler angebrachte Zeitbombe des Georg Elser. Bei dem missglückten Attentat gab es sieben Tote und 63 Verletzte.

In der Münchner Universitätsklinik führte man auch später keine Operation an der prominenten Patientin durch, da man – bei einem etwaigen tödlichen Ausgang – nicht den Vorwurf riskieren wollte, die Angehörige einer Nation, mit der sich Deutschland im Kriegszustand befand, hinterhältig ermordet zu haben. Unitys Verehrer und guter Freund Janos von Almasy, der durch eine gemeinsame Bekannte von der Tragödie erfahren hatte, eilte nach München. Er war es auch, der die bis dahin ahnungslosen Eltern des Mädchens informierte und ihre sämtlichen Papiere sicherstellte.[119]

Als das Bayrische Innenministerium die Vorbereitungen für die Überstellung von Unity Mitford in ihre Heimat traf, stellte sich Almasy als Begleiter zur Verfügung. »Die Fahrt begann auf dem Münchner Hauptbahnhof, wohin Unity liegend befördert wurde«, schrieb Dr. Jaeger, der den Krankentransport beaufsichtigte. »Wir hatten einen ganzen D-Zug-Wagen nur für uns. Er enthielt ein speziell konstruiertes Bett für Unity ... daneben saß die Krankenschwester ... der Graf und ich gingen in den Speisewagen ... für seine und meine Ausgaben führte ich die Kassa ... am Bahnhof von Bern wartete ein Krankenwagen und brachte uns in die Klinik von Professor Matti, wo ich die englischen Kollegen treffen sollte. Aber die kamen nicht ... ich wartete in Bern bis am 24. Dezember 1939 ... schließlich reiste ich ab ... die Rechnung der Münchner Universitätsklinik allein betrug über 4000 Reichsmark. Bezahlt wurde sie von der Adjutantur des Führers ...«[120]

In der Berner Klinik besserte sich Unitys Zustand so weit, dass sie NS-Gesänge und Lobpreisungen auf den »Führer« von sich geben konnte. Zwischen Weihnachten und Neujahr trafen Unitys Mutter und ihre Schwester Deborah ein, die der Anblick der Schwerverletzten entsetzte: »... ihr Gesicht war eingesunken und fast unkenntlich. Sie konnte es nicht ertragen, wenn man ihren Kopf berührte ... ihre eingefallenen Wangen ließen ihre Zähne groß und gelb erscheinen, auch ihre Haut war trocken und gelb. Sie hatte ein eigenartiges, leeres Lächeln. Sie freute sich uns zu sehen, aber der Schock, eine vollkommen andere Person vorzufinden, war groß – es war wie ein Wiedersehen mit einem Kind, das man lange nicht gesehen hatte.«[121]

Lady Redesdale mietete für den Weitertransport um die horrende Summe von 1600 Pfund einen Salonwagen mit Ambulanzausstattung von der Schweizer Bundesbahn. Unterdessen verhandelte Lord Redesdale in London mit dem Kriegsminister Oliver Stanley und erreichte die Zusage, dass seine kranke Tochter vom englischen Geheimdienst nicht zu ihren »Feindkontakten« verhört werden würde. In Deutschland hatte Propagandaminister Goebbels über den »Fall Mitford« eine totale Nachrichtensperre verhängt, sodass die deutsche Presse nicht berichten durfte.

Nach England gelangten nur vage Gerüchte, genug aber, um zu bewirken, dass viele zudringliche Reporter den kleinen Konvoi bereits in Calais erwarteten. Sie waren auch dabei, als man die fast Bewusstlose auf einer Tragbahre zur Fähre brachte, und vermerkten höhnisch, dass die Faschistin diesmal nicht – wie üblich – ihr NSDAP-Abzeichen trug. Als das Schiff am 3. Januar 1940, begleitet von Jagdflugzeugen der Royal Air Force und einem Hubschrauber, in Folkestone einlief, lauerte eine weitere Schar von Presse- und Rundfunkvertretern am Kai. Man bereitete der jungen Faschistin in England einen Empfang, wie er im Allgemeinen nur Staatsoberhäuptern zuteil wird. Die enormen Sicherheitsmaßnahmen glichen Manöverübungen, dienten jedoch nur als Ventil zur Entladung der im »Sitzkrieg« zwischen England und Deutschland aufgestauten Nervosiät. Hitler hatte völlig ungestört seinen Polenfeldzug führen können, denn eine gleichzeitige kriegerische Auseinandersetzung mit dem Westen fand nicht statt – Anfang Januar 1940 war es noch zu keiner einzigen Kampfhandlung zwischen dem Deutschen Reich und den westlichen Alliierten gekommen.[122]

Die Zeitung »Daily Mail« berichtete am 4. Januar 1940: »... Militärposten mit aufgepflanztem Bajonett bewachten alle Zugänge zum Hafen, bildeten einen Kordon und patrouillierten sogar am Strand. Zivilbeamte von Scotland Yard mischten sich unter die Zuschauer. Es erging die strenge Anweisung, dass sich niemand Miss Mitford nähern dürfe. Für die Einhaltung dieses Befehls sorgten Militärstreifen sowie die Feld- und Bahnpolizei ...« Die für die englische Wochenschau kommentarlos[123] gefilmte Ankunft der Unity Mitford in England wurde zum großen Medienereignis. Zahlreiche Reporter verfolgten den Krankentransport auf

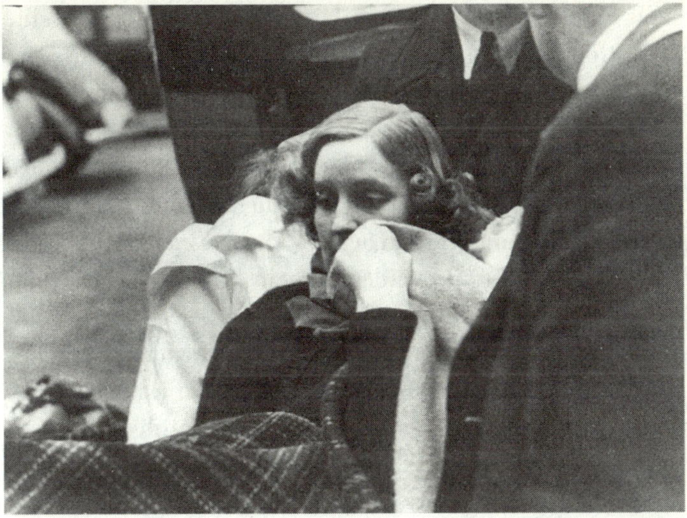

Nach dem Selbstmordversuch – Unity Mitford mit der Kugel im Kopf auf dem Transport nach England

dem Weg nach High Wycombe in der Nähe Londons, wo die Redesdales ein kleines Haus, »Old Mill Cottage«, gemietet hatten. Schaulustige Dorfbewohner empfingen die Gelähmte mit »Heil Hitler!« und die »Daily Mail« bot für ein kurzes Exklusivinterview mit der Freundin des »Führers« die enorme Summe von 5000 Pfund. Unitys Vater, der damals vor dem finanziellen Ruin stand und bereits Swinbrook House und das Londoner Stadthaus, Rutland Gate, Kensington, hatte verkaufen müssen, lehnte ab und forderte Polizeischutz an.[124] Schließlich brachte man Unity in das Oxforder Nuffield Hospital, wo der berühmte Gehirnchirurg Professor Sir Hugh Cairns nach einer Reihe von Untersuchungen die Diagnose seiner deutschen Kollegen bestätigte: Auch er, stellte er fest, könne die Kugel nicht entfernen.

Wenige Stunden nachdem Hitler am 10. Mai 1940 seine Westoffensive begann, entzog das britische Unterhaus dem amtierenden Premierminister Arthur Neville Chamberlain das Vertrauen. Chef der neuen Regierung wurde Winston Churchill, der Erste Lord der Admiralität und Mitglied der konservativen Partei. Als vehementer Gegner der von Chamberlain lange praktizierten Appeasement-Politik (Beschwichtigungspolitik) bildete er ein Kriegskabinett aller Parteien, kündigte ein Ende des »Sitzkrieges« an und forderte die Briten in seiner berühmt gewordenen Antrittsrede auf, dem Großmachtstreben Hitlers ein Ende zu bereiten: »Ich habe nichts zu bieten als Blut, Mühsal, Tränen und Schweiß. Uns steht eine Prüfung von allerschwerster Art bevor ...«[125]

Am 22. Mai 1940 erließ die Regierung die Notstandsverordnung 18 B. Sie erlaubte die Inhaftierung aller Nazi-Kollaborateure ohne Verfahren und Gerichtsurteil. Am darauf folgenden Tag wurde Sir Oswald Mosley arretiert und in das Gefängnis von Brixton eingeliefert. Wenig später beschlagnahmte das Kriegsministerium seine Wohnsitze. Am 30. Juni wurde auch Diana Mosley – damals Mutter eines elf Wochen alten Kindes – verhaftet und in das Frauengefängnis von Holloway gebracht. Der »Sunday Express« schrieb dazu in großer Aufmachung: »Lady Mosley endlich verhaftet!«[126] Ihre Schwester Nancy, die ihr eigenes Engagement bei den »Blackshirts« gern vergaß, meinte dazu: »Wie wird es in Holloway sein? Wahrscheinlich sitzt sie auf ihrer Pritsche, wenn um 17.30 Uhr das Licht ausgeschaltet wird, und denkt an Adolf.«[127] Das Ehepaar Mosley blieb bis 1943 inhaftiert – obwohl Lady Redesdale bei ihrer Verwandten Clementine Churchill vorsprach. Von 1943 bis 1945 standen die Mosleys unter Hausarrest, der Aufenthalt in London wurde ihnen ebenso verboten wie jede politische Betätigung.[128]

Unity lernte im Lauf des Jahres 1940 unter Anleitung der Mutter, die ganz in der Pflege für ihre Tochter aufging, allmählich gehen, blieb jedoch geistig und körperlich schwer behindert. Sie litt unter Gedächtnisstörungen, erinnerte sich nur vage an Hitler und wusste nichts vom Ausbruch des Zweiten Weltkriegs. Sie benötigte ständige Aufsicht und Betreuung. Hitler jedoch erinnerte sich an seine englische Helferin auf seine Weise. So meinte er zu seinem Wehrmachtsadjutanten Major Gerhard Engel: »Sie habe die Nerven verloren, in einem Moment, wo er sie das erste Mal habe richtig gebrauchen können. Früher sei sie ihm oft lästig gefallen, und er habe harte Worte aus seiner Umgebung gehört, jetzt könnte ihm ihre Verwandtschaft nützlich sein.«

Im Sommer 1940 konnte Hitler mit der Kapitulation von Belgien, Luxemburg, den Niederlanden und Frankreich den deutschen Westfeldzug in kurzer Zeit siegreich beenden. Die Niederlage eines britisch-französischen Expeditionsheeres mit der anschließenden, allerdings um ein Haar gescheiterten Evakuierung der britischen Soldaten aus dem Kessel von Dünkirchen führte der englischen Bevölkerung drastisch vor Augen, wie nahe der Krieg gerückt war. Truppen der deutschen Wehrmacht besetzten die britischen Kanalinseln und Hitler erklärte: »Da England trotz seiner hoffnungslosen militärischen Lage noch immer keine Zeichen dafür erkennen lässt, dass es bereit ist, mit uns zu verhandeln, habe ich befohlen, mit den Vorbereitungen für eine Landungsoperation zu beginnen ...« Die Operation »Seelöwe« lief an.

Lady Redesdale hat dies enthusiastisch begrüßt. Sie nannte Winston Churchill einen niederträchtigen Schuft, machte aus ihrer ungebrochenen Zuneigung zu Hitler kein Hehl und versicherte jedem, der es hören wollte, dass der »Führer« ein Freund Großbritanniens sei und die Engländer sicher besser als die Polen behandeln werde. Lord Redesdale, der sich damals bereits von NS-Deutschland distanziert hatte, widersprach. Bei der rein hypothetischen Erörterung, ob Adolf Hitler ein guter Schwiegersohn geworden wäre, zerstritt sich das Paar endgültig und trennte sich nach 35 Ehejahren. Auch um Inch Kenneth – den letzten Grundbesitz – entbrannte eine heftige Kontroverse. Dieses kleine, schwer zu erreichende Inselchen der Inneren Hebriden an der schottischen Atlantikküste mit einem Durchmesser von bloß zwei Kilometern – man umrundet es zu Fuß in einer knappen Stunde – wird von keinem regulären Fährschiff angelaufen. Lord Redesdale hatte Inch Kenneth erst 1936, einer romantischen Laune folgend, erworben. 1940 verschlechterte sich die Finanzlage der Mitfords in drastischer Weise, sodass sie außer dem Inselchen mit dem darauf befindlichen uralten Gemäuer, einem ehemaligen Kloster, alles verkaufen mussten. Lord Redesdale entschied die strittige Besitzfrage, indem er sich auf Inch Kenneth niederließ.

Das einsame Dasein in mütterlicher Obhut behagte Unity nicht, die sich, obwohl zeitweise verwirrt und vergesslich, doch vage erinnerte, dass ihr Leben einmal aufregender gewesen war. Sie begrüßte die Hochzeit ihrer Schwester Deborah daher als willkommene Unterbrechung des monotonen Alltags. Mit einem strahlenden, aber leeren Lächeln und in ungewohntem Zivil sah man Unity am 19. April

Ein unheimlicher Gast – Unity Mitford bei der Hochzeit ihrer Schwester Deborah (1941)

1941 als einen etwas unheimlichen Gast bei der Aufsehen erregenden »Kriegshochzeit des Jahres«. Die 21-jährige Deborah Mitford heiratete damals den gleichaltrigen Lord Andrew Cavendish. Als dessen älterer Bruder im Krieg fiel, bewahrheitete sich Deborahs Prognose: Sie stieg zur Herzogin von Devonshire auf und residierte dann als Herrin auf Chatsworth, einem gewaltigen, 111 Zimmer umfassenden Schloss aus dem 16. Jahrhundert mit Orangerien und einer weltberühmten Gemäldegalerie inmitten eines riesigen Landschaftsparks. Durch ihre Heirat wurde Deborah mit Harold Macmillan, dem späteren Premierminister, ebenso verwandt wie mit den amerikanischen Kennedys.

Zwei ihrer Schwestern versäumten die Hochzeit: Diana, weil sie im Gefängnis saß, und die Kommunistin Jessica, weil sie in Washington lebte, der U-Boot-Krieg die Überquerung des Atlantiks verhinderte und sie außerdem alle Familienbande abgebrochen hatte. Jessica verkehrte als Mitglied der Kommunistischen Partei in linksradikalen Zirkeln und hielt ihre Herkunft lange geheim. Erst als ihre kleine Tochter (aus der Ehe mit Esmond Romilly) erkrankte und man sie routinemäßig über Besonderheiten in ihrer Familie befragte, gab sie zögernd Auskunft. Missbilligend hörte die Ärztin dann für sie unglaubwürdige Geschichten von Unitys Freundschaft mit Hitler und ihrem Selbstmord, von Dianas Erkrankung in der Haft und von der robusten Gesundheit der Herzogin von Devonshire. Dann brach sie die Behandlung ab, da »die Mutter nicht willens und imstande ist, einfache Fragen wahrheitsgemäß zu beantworten«.[129]

Auf die Nachricht von der Landung der Alliierten in der Normandie im Juni 1944 reagierten die Mitfords in unterschiedlicher Weise. Die Kommunistin Jessica freute sich, die Faschistin Diana sorgte sich um das Schicksal ihrer guten Freundin Magda Goebbels. Der NS-Sympathisant Tom Mitford entschied, dass er nicht am bevorstehenden Angriff auf Deutschland teilnehmen wolle, und meldete sich freiwillig in den Fernen Osten.[130] Nur die offiziell als »Sicherheitsrisiko« eingestufte Unity zeigte keine Emotionen, da sie die dramatischen Ereignisse nicht mehr begriff. Lady Redesdale jedoch entschloss sich, mit ihrer kranken Tochter nach Inch Kenneth zu übersiedeln, da die bisher für Unity verbotene Insel damals aufhörte, militärisches Sperrgebiet zu sein. Bei der Nachricht vom Herannahen von Lady Redesdale samt Unity hat Lord Redesdale freiwillig und fluchtartig sein selbst gewähltes Exil geräumt.

1945 hatte sich Unitys Zustand so weit gebessert, dass sie wieder Auto fahren konnte. Kino- und Kirchenbesuche machten ihr große Freude. Das Bewusstsein ihrer schrecklichen Lage – die Kugel steckte weiterhin im Hinterkopf – weckte in ihr einen Hang zur Frömmigkeit. Sie suchte bei verschiedenen Sekten Trost und stellte überall ihren Beitritt in Aussicht.

Im Frühjahr 1948 häuften sich Unitys Kopfschmerzen und am 28. Mai 1948 starb die Honourable Unity Mitford im 34. Lebensjahr an den Spätfolgen ihres Selbstmordversuches. Ihre Schwester Nancy schrieb: »... Wir sind alle niedergeschlagen und traurig. Zuletzt schien es ihr viel besser zu gehen. Sie hatte abgenommen, sah schlank und hübsch aus und genoss das Leben. Aber ihr wirkliches Lebensglück war schon lange vorüber – sie war ein Opfer des Krieges, wie so viele andere auch.«[131]

Hanna Reitsch

Sie flog für das Dritte Reich

29. März 1912 – 24. August 1979

»Ich melde mich hiermit zum Selbstopfer-Einsatz als Führer der bemannten Gleitbombe. Ich bin mir bewusst, dass dieser Einsatz mit dem Tod endet«, lautete jene Erklärung, die Hanna Reitsch zusammen mit 70 weiteren Freiwilligen unterschrieb.

Die berühmte Fliegerin zählte zu den glühenden Befürwortern des so genannten SO(Selbstopfer)-Plans, der Deutschland 1944 mittels bemannter V1-Flugkörper erretten sollte. Sie flog mit der V1 haarsträubend gefährliche Testeinsätze und schulte die 17-jährigen Segelflieger gewissenhaft für den Opfertod. Die Landung der Alliierten am 6. Juni 1944 in Frankreich stoppte das Wahnsinnsprojekt. »Es war zu spät!«, bedauerte Flugkapitän Reitsch. Von der Sinnhaftigkeit des Kamikaze-Einsatzes jedoch blieb die Pilotin, die dem Dritten Reich als fanatische Patriotin diente, bis an ihr Lebensende fest überzeugt. Noch 1972 meinte sie: »Eines jedoch muss festgestellt werden: die Männer des SO-Einsatzes lebten während der ganzen Zeit nur dem einen hohen Ziel.«[1]

Hanna Reitsch wurde am 29. März 1912 in der idyllischen schlesischen Kleinstadt Hirschberg (Jelenia Gora) am Fuß des Riesengebirges geboren. Ihr Vater stammte aus Preußen und die Mutter kam aus Tirol. Kennen gelernt hatte sich das Paar in Innsbruck, wo Dr. Wilhelm Reitsch sein Praktikum an der Universitäts-Augenklinik absolvierte. Als begeisterter Cellospieler suchte der Arzt Anschluss an musikalische Kreise und wurde mit Frau Helf-Hibler von Alpenheim bekannt gemacht, die als Witwe mit ihren drei Töchtern auf Schloss Rainegg lebte. Emy, die Älteste, verliebte sich in den Besucher aus dem Norden. 1908 wurde im Tiroler Stift Wilten geheiratet. Als man Dr. Reitsch die Leitung der Hirschberger Augenklinik anbot, zog Emy mit ihm nach Niederschlesien. Sie brach dabei alle ihre Vorsätze, die sie als junges Mädchen gefasst hatte: niemals das schöne Tirol zu verlassen, nie einen Protestanten und schon gar nicht einen Preußen zu heiraten. Die Ehe wurde sehr glücklich und die Kinder aus der harmonischen Verbindung – Kurt, Hanna und Heidi – behaupteten oft scherzhaft, dass sie »preußischen Charme und Tiroler Gründlichkeit« geerbt hätten.

»In meinem Leben gab es sehr früh ein Problem«, berichtete Hanna Reitsch in ihren Memoiren. »Die Sehnsucht meiner Tiroler Mutter, auf Berge zu steigen, schien sich bei mir in Flugsehnsucht verwandelt zu haben. Sonst wäre es für niemanden verständlich, warum ich, noch ehe ich wusste, was Fliegen heißt, mit weit ausgebreiteten Armen von jedem Fensterbrett und dem Balkongeländer hinunterfliegen wollte.«[2] Ermahnungen nutzten bei der erst Dreijährigen nichts und man durfte sie keinen Moment aus den Augen lassen. Die Eltern lebten in ständiger Sorge, die sie auch später nicht verließ, denn das tollkühne Mädchen entwickelte sich zur Symbolfigur »mannhafter Waghalsigkeit«, zur berühmtesten Testpilotin Deutschlands.[3]

Die Familie lebte in bürgerlich-komfortablen Verhältnissen, die – unterbrochen vom Ersten Weltkrieg, in dem Dr. Reitsch als Oberstabsarzt bei der Marine diente – auch in den Wirren der Nachkriegszeit aufrechterhalten werden konnten. Laut Hannas frühesten Erinnerungen war im Korridor der elterlichen 10-Zimmer-Wohnung Platz genug, um Rad zu fahren, es gab Turngeräte und ein großer Garten ließ keinen Kinderwunsch offen. Sehr früh wurden den Kindern Begriffe wie Ehre, Treue und Vaterlandsliebe nahe gebracht. Sie sollten im Leben der Hanna Reitsch eine außergewöhnliche Rolle spielen. Wie die meisten deutschsprachigen Bewohner Schlesiens fühlten sich auch die Reitschs als preußisch-nationale Patrioten, eine Haltung, die sich unter dem Eindruck der Friedensverträge von Versailles noch verstärkte. Die willkürliche Grenzziehung hatte keine Rücksicht auf die Interessen der polnischen, tschechischen und deutschen Volksgruppen genommen und den Konflikt verschärft. Posen wurde dem neu geschaffenen polnischen Staat angegliedert, der mittels Weichselkorridor einen Zugang zur Ostsee erhielt. Dabei trennte man Ostpreußen vom restlichen Deutschland. In Oberschlesien gab es zwischen polnischen Aufständischen und deutschen Freikorpsverbänden blutige, von hasserfüllter Propaganda begleitete Kämpfe. Schließlich teilte man, ohne das Ergebnis einer Volksabstimmung zu berücksichtigen, das Gebiet zwischen Polen und Deutschland.[4] Die Reitschs entrüsteten sich über die neue Ostgrenze, beklagten die Ohnmacht der Weimarer Republik und wandten sich bald der nationalsozialistischen Partei zu. Hitlers aggressive revanchistische Reden sowie seine Parolen vom »Volk ohne Raum« haben sie zutiefst beeinflusst.[5]

Hannas Mutter war nach ihrer Verehelichung zum protestantischen Glauben übergetreten, suchte aber trotzdem täglich die katholische Kirche auf, um für ihre Familie zu beten. Hanna begleitete sie ab dem fünften Lebensjahr – ihre Gebete drehten sich allerdings meist um die Verwirklichung ihrer Flugpläne. »Es war ein Verlangen, eine Sehnsucht und schließlich ein tiefes Heimweh, das in mir saß und mich nicht mehr losließ«, schilderte Hanna Reitsch diese Gefühle.[6]

Die Familie lebte nach festen Regeln. So wanderte man in der schönen Jahreszeit jeden Sonntag nach Mitternacht ins Riesengebirge, um dort bei Morgengrauen den Sonnenaufgang beobachten zu können. Auf eine ausgiebige Rast folgte ein privater Gottesdienst, bei dem die Kinder mehrstimmige Choräle sangen und die Mutter Bibeltexte vorlas. Mit dem fünften Lebensjahr setzte eine regelmäßige Musikerziehung ein. Kurt lernte Geige, die beiden Mädchen spielten Klavier. Griffen die Kinder zu häufig daneben, erschien plötzlich der Vater in seinem weißen Arztkittel und gab ihnen Zusatzaufgaben: »Das wird jetzt zwanzigmal gespielt, ganz langsam.« Ab dem sechsten Lebensjahr hielt die Mutter ihre Sprösslinge zu regelmäßigen selbst erdachten Konzentrationsübungen an, von denen Hanna – wie sie später angab – als Fliegerin sehr profitierte. Hanna Reitsch hat ihre späteren Erfolge auf die Geborgenheit in ihrer Kindheit, den starken Rückhalt in der Familie und das enge Verhältnis zur gebildeten, liebevollen Mutter zurückgeführt: »Die tiefste Wurzel dieses Glücks liegt in meinem Elternhaus …«

Schon als Kind beobachtete Hanna mit großer Freude und brennendem Interesse die Aktivitäten der Segelflieger auf dem Flugplatz Hartau bei Hirschberg. Es war ein Sport mit patriotischem Symbolcharakter, der nach dem Ersten Weltkrieg großen Zulauf hatte. Für flugbegeisterte Deutsche gab es keine Alternativen, denn aufgrund der Friedensverträge von Versailles musste Deutschland, das Land des Flugpioniers Otto von Lilienthal, alle Militärflugzeuge abliefern, 1920 seine Fliegertruppen auflösen und auch die Erzeugung von Flugzeugen einstellen.[7] Erst 1922 wurde der Bau von Zivilflugzeugen unter strengen Auflagen erlaubt. Militärflugzeuge blieben weiterhin verboten. Segelflugzeuge hatten die alliierten Politiker aber vergessen. Die Segelflieger fühlten sich als Bewahrer der Tradition und als verschworene Kämpfer, in denen »der unbeugsame, trutzige Geist der alten Fliegertruppe fortlebte, während ringsum alles verhasst war, was an große Zeiten erinnerte«.[8] Nur beim Segelflugsport konnten die in andere Berufe abgedrängten Piloten und Techniker ihre Fachkenntnisse verwenden und erweitern. Slogans wie »Die deutsche Jugend segelt durch Wind und Wolken« beflügelten die Bastler, die in monatelanger Kleinarbeit ihr zerbrechliches Fluggerät selbst fabrizierten. Es war eine verschworene Gemeinschaft, die im August 1920, am Todestag Lilienthals, auf dem »Heiligen Berg«, der Wasserkuppe auf der Röhn, den ersten Segelflugwettbewerb abhielt.

»Papa, ich möchte Fliegerin werden«, bat die kaum zehnjährige Hanna und erntete ein nachsichtiges Lächeln. Als sie den Wunsch jedoch täglich äußerte, griffen die Eltern zu einer List, mit der sie dieser vermeintlichen Laune ein Ende setzen wollten. Sie schlossen mit ihrer Tochter einen Pakt: »Hannerl, wenn es dir gelingt, bis zum Abitur kein einziges Wort mehr über das Fliegen zu reden, darfst du anschließend einen Segelflugkursus machen.« Das überschwänglich mitteilsame Mädchen hielt sich akribisch an die Abmachung, studierte zum Training ihrer Willenskraft das Buch »Geistliche Übungen« des Ignatius von Loyola (Begründer des Jesuitenordens) und schwieg eisern zu dem sensiblen Thema – nicht kurze Zeit, sondern viele Jahre lang.

In der Schule zählte Hanna Reitsch durch ihre Kameradschaftlichkeit, ihr übersprühendes Temperament und ihre Heiterkeit zu den beliebtesten Schülerinnen. 1931 bestand sie mit gutem Erfolg die Matura. Die »Flugepisode« war im Familienkreis schon längst vergessen und der Vater wollte seiner Tochter eine alte goldene Armbanduhr schenken. Als ihn Hanna an sein Versprechen erinnerte, wurde er blass.

Fliegen galt 1930 als ein faszinierend-riskantes Wagnis, bei dem der Nimbus von Pioniergeist, Glamour und Abenteuer nicht fehlte. Die Überquerung des Atlantiks im 33-stündigen Alleinflug durch Charles Lindbergh lag erst drei Jahre zurück und beinahe täglich wurden Abstürze waghalsiger Piloten gemeldet. Das Wettrennen der nationalen Fluglinien um die Erschließung der Luftwege erforderte trotz aller Vorsichtsmaßnahmen viele Opfer. Ebenso galt der Segelflugsport – wie auch heute noch – als extrem gefährlich. Das fragile Fluggerät wurde mittels Gummiseil in die Höhe gezogen. In den einsitzigen Maschinen gab es keinen Platz für den Fluglehrer und der Schüler blieb von Anfang an sich selbst überlassen. Es waren vor allem waghalsige junge Männer, die in ihren »fliegenden Kisten« die Lüfte beherrschten. Segelflug war eine männliche Domäne.

Die Eltern Reitsch standen trotzdem zu ihrem Versprechen. Enthusiastisch meldete sich Hanna – als einzige weibliche Teilnehmerin – zu einem Grundlehrgang der Segelflugschule im benachbarten Grunau. Die Kollegen scherzten über das nur 1 Meter 50 große, zart gebaute Mädchen, rieten ihm, kochen zu lernen, und fühlten sich in ihren Vorurteilen bestätigt, als Hannas erster Flugversuch fehlschlug. Voll Ungeduld hatte sie den Steuerknüppel angezogen, obwohl sie nur »rutschen« sollte, war aus der Maschine geschleudert worden und bekam drei Tage lang Startverbot. Intern beschlossen die Lehrer: »Das Mädchen tun wir raus. Wir wollen keine Leich'!« Doch die von den praktischen Übungen ausgeschlossene Hanna entwickelte ihre eigene Methode, probte nächtelang »mentales Fliegen« und glänzte bei der A-Prüfung als Kursbeste. Sie erregte dadurch die Aufmerksamkeit von Wolfram Hirth, dem berühmten Leiter der Grunauer Segelflugschule. Er sollte zu ihrem verehrten »Flugvater« und Mentor werden. Hanna plauderte auch gern mit einem gleichaltrigen Flugschüler. Während der Instruktionspausen lauschte sie hingerissen seinen außergewöhnlichen Zukunftsplänen. Raketen bauen und sie dann bemannt zum Mond schicken wollte der junge Mann, mit dem Hanna eine lebenslange Freundschaft verbinden sollte. Sein Name war Wernher von Braun.

Hannas eigene unmittelbare Zukunft gestaltete sich profaner. Der Vater sah die Fliegerei als Marotte und Freizeitbeschäftigung seiner Tochter und hoffte, dass Hanna als Medizinerin in seine Fußstapfen treten würde. Er brachte Schweinsaugen nach Hause und führte sie in die Grundbegriffe der Operationstechnik ein. In der – unausgesprochenen – Überzeugung, dass der Arztberuf in Afrika nur mittels Flugzeug auszuüben sei, äußerte Hanna ihren Berufswunsch: Missionsärztin auf dem Schwarzen Kontinent.

Die Eltern nahmen diesen Zukunftsplan ernst und schickten das Mädchen auf die Koloniale Frauenschule in Rendsburg, wo man sie ein Jahr lang für das harte Leben in Afrikas ehemaligen deutschen Kolonien trainierte. Der Lehrplan umfasste Kochen und Waschen ebenso wie Schustern, Glasern und das Schlachten von Vieh. Das alles ging an Hanna spurlos vorbei. Lieber nutzte sie ihr beachtliches Rednertalent und hielt den Freundinnen packende Vorträge über die Fliegerei, die sie nicht mehr aufzugeben gedachte und bei erster Gelegenheit in den Ferien fortsetzte.

Sie brillierte auch im C-Kurs der Grunauer Segelflugschule und erhielt die Erlaubnis, das neue Schulflugzeug zu benutzen und so lange in der Luft zu bleiben, wie es die Thermik gestattete. Hanna war flügge geworden: »Zum ersten Mal flog ich nun, ohne an eine Einschränkung gebunden zu sein. Zum ersten Mal war ich frei wie der Vogel. Mit einem wahren Hochgefühl startete ich und segelte nun, solange der Wind blies, machte mein musikalisches Schatzkästlein auf und holte die schönsten Lieder hervor. Ich sang sie in den Himmel hinein, dem ich entgegenflog, und merkte kaum, dass es kalt wurde, teils regnete, teils schneite und es dort oben eigentlich höchst ungemütlich war. Nach mehr als fünf Stunden Flugzeit ließ der Wind nach und ich war zum Landen gezwungen ...«[9]

Hanna Reitsch wurde begeistert empfangen, denn ihr war auf Anhieb ein Weltrekord im Nonstop-Segelfliegen für Frauen gelungen. In den Ferien arbeitete die 20-jährige Fliegerin von früh bis spät und unentgeltlich in der Grunauer Segelwerkstätte, lernte dabei den Segelflugbau von der Pike auf und durfte sich bei geeignetem Wetter gratis in die Lüfte erheben. »Mal wurde daraus ein Frauenweltrekord von sechs Stunden, mal von elf Stunden«, berichtete sie darüber.

Ihr Medizinstudium begann Hanna Reitsch zu Ostern 1932 mit einem Motorflugkurs. Anstatt sich für das Knochenkolloquium vorzubereiten, lernte sie von Flugzeugmechanikern das Zerlegen von Motoren. »Ich sehe noch das Bild vor mir«, schrieb ein Fliegerkamerad, »wie sie zum ersten Mal am Startplatz auftauchte, ein kleines Persönchen mit sehr hellen Haaren, sehr hellen Augen und einer hellen Stimme, immer in Begeisterung. Sie trug ein großes, viereckiges Lederkissen, halb so hoch wie sie selber, das brauchte sie, um im Flugzeug darauf zu sitzen, sonst hätte sie nicht hinausschauen können. Es dauerte bloß ein paar Tage, dann hatte sie alle überholt und flog allein ... das waren harte Schläge für unseren männlichen Stolz ...«[10]

Erfolge im Medizinstudium blieben aus und die Eltern stellten bange Fragen nach der Zukunft ihrer Tochter. Deutschland steckte tief in der Wirtschaftskrise. Aufgrund der Deutschland auferlegten Restriktionen im Flugwesen herrschte ein Überangebot an arbeitslosen Piloten und die wenigen Pilotinnen galten als exzentrische Hobbyfliegerinnen, die es nicht nötig hatten, ihren Lebensunterhalt zu verdienen. Ihr Eintritt in die Berufslaufbahn war weder erwünscht noch gestattet, denn die Fluggesellschaften stellten – wenn überhaupt – nur Männer an. Es war die Zeit, in der die Lufthansa viele Piloten entließ und das Werkstättenpersonal auf die Hälfte reduzierte.

Die elterlichen Sorgen stürzten Hanna in einen Gewissenskonflikt. Nach der Flugzeugführerprüfung brachte sie ihre Überlegungen, die tiefe Einblicke in die Psyche des jungen Mädchens geben, zu Papier: »Vom Gedanken des Fliegens muss ich mich jetzt innerlich freimachen und das ist unsagbar schwer. Seit der Prüfung ist in mir ein harter Kampf zwischen Pflichtgefühl und durchgehender Leidenschaft. Ersteres muss siegen. Alles, was ich im Leben empfing, was ich an Fähigkeiten habe, gehört nicht mir, sondern ich muss es so verarbeiten, dass ich den anderen Menschen helfen und etwas geben kann. Mein Fliegen wäre nur egoistisch, ein Austoben, Genießen! Anders wäre es, wenn ich als verkappte Militärfliegerin mich fürs Vaterland einsetzen könnte. In der heutigen Zeit ein undurchführbarer, romantischer Gedanke.«[11]

Hannas Vorbild waren die Fliegerasse des Ersten Weltkriegs. Allen voran der legendäre »Rote Baron« Manfred von Richthofen, der wie Hanna aus Schlesien stammte und als der berühmteste deutsche Jagdflieger des Ersten Weltkriegs galt. Die junge Fliegerin wusste, dass ein ehemaliger Kommandant des Jagdgeschwaders Baron von Richthofen, der Pour-lé-Mérite-Träger Hermann Göring, nach Kriegsende seinen Lebensunterhalt als Schauflieger und Fallschirmverkäufer in Schweden hatte verdienen müssen, und empfand dies als Schande. 1932 war Göring allerdings bereits zum Präsidenten des Deutschen Reichstags aufgestiegen und die junge Fliegerin registrierte mit Freude, dass die NSDAP, der Göring angehörte, für die Entwicklung des deutschen Flugwesens größtes Interesse zeigte. Hitler selbst charterte ab April 1932 für jeden Wahlkampf eine Rohrbach Roland oder Ju 52 und sein Propagandachef Goebbels setzte die »Deutschlandflüge« in ein heroisches Licht. Für konkrete Politik interessierte sich das Mädchen wenig, Hanna glaubte aber, dass Adolf Hitler der einzige Mann sei, der die Ehre ihrer Heimat retten könne.

Schon 1932 bot sich für Hanna ein unerwarteter Ausweg aus dem Dilemma zwischen Berufserwartung und Möglichkeiten. Wolf Hirth eröffnete eine neue Segelflugschule auf dem Hornberg bei Schwäbisch Gmünd, engagierte seine Starschülerin als Lehrerin und entschied damit ihr weiteres Schicksal.

Die von Hanna Reitsch und ihrer Familie freudig begrüßte Ernennung Hitlers zum Reichskanzler am 30. Januar 1933 wurde in Schlesien wie auch in Ostpreußen von antipolnischen Terrorakten der SA begleitet, welche die antideutsche Stimmung der Polen weiter anstachelten. Hermann Göring wurde zum Reichskommissar für die Luftfahrt ernannt. Wenig später übernahm er das neu gegründete Luftfahrtministerium. Die Antrittsrede des berühmten Fliegerkollegen erfüllte Hanna Reitsch mit Zuversicht: »Es geht um die Gleichberechtigung Deutschlands in der Luft. Ich werde diesen Kampf mit der Leidenschaftlichkeit und Zähigkeit führen, die man der NSDAP nachsagt.«[12]

In seiner Reichstagsrede vom 17. Mai 1933 forderte Hitler das Recht auf »qualitative Aufrüstung«. Obwohl die Siegermächte in Genf diesen Wunsch zurückwiesen, begann wenig später mit der Erstellung eines großen Wiederaufrüstungsprogramms der geheime Aufbau der Luftwaffe. Ab 1934 setzte die forcierte Entwicklung einer Flotte von Großbombern, Jagdfliegern und Sturzkampfbombern ein. Für die »Amateurflieger« war zwar weiterhin der Deutsche Luftverband zuständig, die Sportflieger erhielten jedoch eine neue Uniform – Fliegerblau mit einer Achselschnur, die sich in symbolhafter Weise kaum von jener der Militärflieger unterschied.

Der Rhön-Wettbewerb des Sommers 1933, bei dem Hanna Reitsch das moderne »Grunau-Baby« flog, brachte ihr Erfolg und Misserfolg zugleich. Sie landete auf dem letzten Platz und bekam unter dem schadenfrohen Gelächter der männlichen Mitbewerber eine Küchenwaage und einen Fleischwolf überreicht, simple Geschenke, die mehr ausdrückten als viele Worte. Im Anschluss daran lud sie jedoch der berühmte »Segelflugprofessor« Georgii, der Hannas vergebliche, aber unverdrossene Bemühungen eine Woche lang beobachtet hatte, zu einer aufregenden Forschungsexpedition nach Brasilien und Argentinien ein. Nach der Rückkehr wurde Hanna Reitsch an die Deutsche Forschungsanstalt für Segelflug (DFS) in Darmstadt-Griesheim berufen, wo man sich mit der Entwicklung und Konstruktion neuer Segelflugtypen beschäftigte. Daneben wurden flugtechnische Untersuchungen wie Funk-, Fernlenkungs- und Windkanalversuche durchgeführt. Hanna Reitsch gehörte der DFS, die zur Gänze der Deutschen Arbeitsfront (DAF) eingegliedert wurde, bis zum Ende des Dritten Reichs an. Mit der Aufstellung eines Frauen-

Flugpause – Hanna Reitsch bei der Einführung des Segelflugs in Finnland (1934)

weltrekords im Streckenflug (über 160 km) führte sie sich nicht nur an ihrer neuen Dienststelle bestens ein, sondern wurde auch in der Öffentlichkeit bekannt. Nach einer geglückten Finnlandexpedition machte die Fliegerin – ihrem eigenen Wunsch entsprechend und anstelle einer Auszeichnung – eine Ausbildung an der Verkehrsfliegerschule von Stettin mit.

Dort kam die an freundschaftlichen, höflichen Umgang mit Flugenthusiasten gewöhnte junge Frau zum ersten Mal mit rauem militärischem Drill und Jargon sowie offener Feindseligkeit in Berührung. Als störendes weibliches Element trat sie mit 150 männlichen Kollegen täglich zum morgendlichen Appell an. »Der Oberst erschien ... und erteilte Befehle ... Wie ich mich schnell, und wie ich glaubte ungesehen, umschaute, brüllte es mich auch schon von der Front an: ›Brust herein!‹ ... Hieß es: ›Augen rechts‹ oder ›Richt euch‹, wusste ich nicht, wohin mit Augen und Kopf.«[13] Hanna musste zur Strafe nachexerzieren. »Jeder kann sich vorstellen, was das vor dem Forum hieß.«

Gekleidet in eine viel zu große Fliegerkombination, erregte die kleine Person anfangs die Heiterkeit der ganzen Schule, bis sie aufgrund ihres fliegerischen Talents und enormen Einsatzes beim Training – es umfasste auch Kunstfliegen mit Loopings, Turns und Rollen – uneingeschränkte Anerkennung fand. Doch die Fliegerin bekam die frauenfeindliche Atmosphäre des Dritten Reichs zu spüren. Obwohl sie zur deutschen Segelflugmannschaft gehörte und bei der Olympiade mit akrobatischen Kunstflügen brillierte, wies man sie beim Rhön-Flugwettbewerb 1936 zurück. »Frauen ist die Teilnahme am Wettbewerb nicht gestattet«, lautete die neue Vorschrift. Eine Ausnahmegenehmigung gab es erst nach einer Intervention von Göring.

Schon 1935 hatte Hanna Reitsch die gefährliche Tätigkeit des Einfliegens übernommen, bei der sie fabrikneue Flugzeuge auf Fehler aller Art zu untersuchen hatte. Ihre Testarbeit begann mit dem »Kranich«, bei dem sich bald eine Änderung der Bremsklappen als notwendig erwies. »Ich setze meine täglichen Erprobungsflüge fort. Stets lasse ich mich dabei auf viertausend, fünftausend Meter schleppen.

Langsam taste ich mich mit meinen Versuchen immer weiter vor, bis endlich die letzte Phase – der senkrechte Sturz – vor mir liegt ... und so setze ich angespannt bis zum letzten Nerv an zum Sturz in die Tiefe. Tausend, zweitausend, dreitausend Meter geht es senkrecht nach unten ... die Erde kommt näher und näher ... etwa zweihundert Meter über dem Boden fange ich die Maschine ab ...«[14]

Für die todesmutigen Testversuche ernannte man sie 1937 ehrenhalber zum ersten weiblichen Flugkapitän der

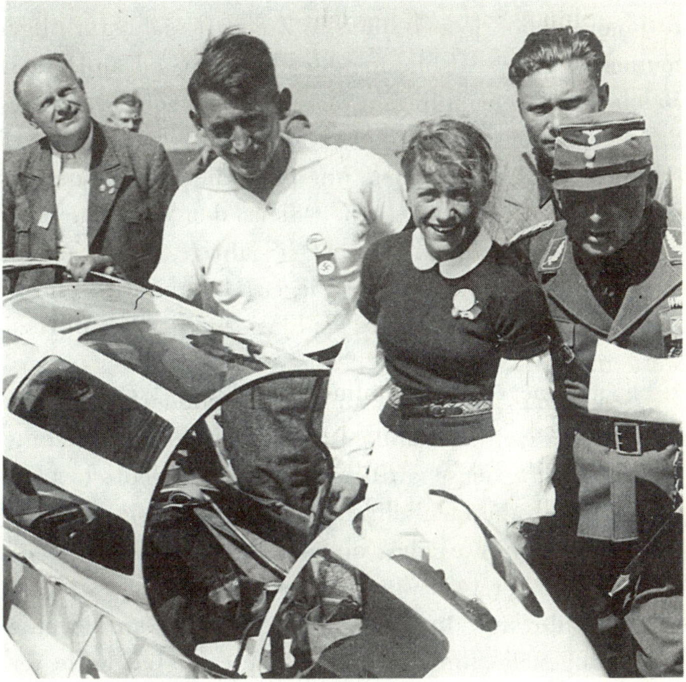

Ein neuer Weltrekord – Hanna Reitsch vor dem Segelflugwettbewerb für Frauen auf der »Wasserkuppe« (1937)

Welt. Mit dieser Verlegenheitslösung verstieß man gegen alle Regeln, denn abgesehen vom Mutterkreuz hielt das Dritte Reich für Frauen keine Auszeichnungen bereit. Flugkapitäne wurden nur jene Lufthansa-Piloten, die eine sechsjährige Berufstätigkeit in der zivilen Luftfahrt und mindestens 2000 Motorflugstunden aufweisen konnten. Hanna Reitsch war ungeheuer stolz auf den Titel. Er brachte ihr Anerkennung im Kollegenkreis und schlug gleichzeitig eine Bresche in die Frauenfeindlichkeit des NS-Regimes. Die Aufnahme in das NS-Fliegerkorps schaffte die Starpilotin, deren Karriere abseits aller NS-Institutionen verlief, jedoch auch in Zukunft nicht. Im Allgemeinen ging die Ausbildung der Fliegerjugend im Dritten Reich nach strengen Regeln vor sich: »In enger Zusammenarbeit mit dem Reichsjugendführer wird die Flieger-HJ [Hitlerjugend] vorgebildet, um über die Ausbildung im NS-Fliegerkorps und den Arbeitsdienst den Weg in die Fliegertruppe zu nehmen. Die 14–17-jährige Fliegerjugend steht in diesen Einheiten der Flieger-HJ, um mit 18 Jahren in die aktiven Einheiten des NS-Fliegerkorps überführt zu werden.«[15]

Die begabte Hanna Reitsch blieb ein Sonderfall, für den das Dritte Reich Ausnahmen zuließ. Die Fliegerin lehnte eine Ehrenmitgliedschaft beim BdM (Bund deutscher Mädel) ab. In Anbetracht ihrer großen Verdienste sah man auch darüber hinweg, dass sie nicht der NSDAP beitrat.

Im September 1937 wurde Hanna Reitsch als Testpilotin nach Rechlin am Müritzsee in Mecklenburg an die Flugerprobungsstelle für Militärmaschinen der Luftwaffe versetzt, wo sie den Einsatz neuer Sturzflugbremsen erproben sollte. Militärische Karrieren für Frauen waren im Dritten

Reich nicht vorgesehen. Als erste Testpilotin der neuen deutschen Luftwaffe kam Hanna Reitsch jedoch ihrer Wunschvorstellung, als »verkappte Militärfliegerin dem Vaterland zu dienen«, recht nahe. Beim Anblick der Stukas, Bomber und Jagdmaschinen, die bei den großen Manövern im September 1937 vorgeführt wurden[16], machte sie sich ihre Gedanken: »Deutschland rüstete auf. Wir sahen es. Die Welt sah es. Doch wir sahen es mit anderen Augen als die Welt. Krieg? Wir jungen Menschen wollten den Frieden. Den Frieden, aber den gerechten, der uns leben ließ ... ein Volk, das in der Mitte zwischen anderen Völkern einen engen Wohnraum hat und jetzt, nach den Jahren der Armut und Unsicherheit, wieder Brot sah und den Aufstieg erlebte, wusste, dass in der Welt stets der Schwache bedroht sein wird ... welches andere Volk in der Welt hätte dabei nicht berechtigten Stolz empfunden?«[17]

Hanna Reitsch erlebte die großen Anstrengungen zum Aufbau einer schlagkräftigen Luftwaffe aus nächster Nähe. Da sich bei ihr technisch-wissenschaftliche Intelligenz mit naiver Gläubigkeit mischte, vertraute sie jedoch dem römischen Sprichwort »Wenn du den Frieden willst, rüste für den Krieg.« Sie setzte auch auf die unablässigen Friedensbeteuerungen des »Führers« und glaubte an eine völkerverbindende Freundschaft der internationalen Fliegergemeinschaft, die sie bei Segelflugexpeditionen und Aufenthalten in Brasilien, Argentinien, Finnland, Ungarn, Libyen, den USA und Großbritannien kennen gelernt hatte. Als man 1937 – dem ausdrücklichen Wunsch Hitlers zufolge – der britischen R.A.F. Deutschlands modernste Flugzeuge (He 111, Ju 86 und 87 sowie die Do 17) vorführte, fand sie ihre Auffassung bestätigt.[18]

Erster Hallenflug der Welt – die Pilotin Reitsch mit dem Focke-Hubschrauber (EW 61) in der Deutschlandhalle Berlin (1938)

Zu den wenigen weiblichen Fliegerinnen ihrer Zeit hielt Hanna Reitsch stets Distanz. Elly Beinhorn, die als 24-Jährige im Alleinflug die Welt umrundete, war ihr von einem gemeinsamen Motorflugkurs her flüchtig bekannt.[19] Melitta Schiller, verh. Stauffenberg, jedoch, die wie Hanna Reitsch auch in Hirschberg zur Schule gegangen war und kurze Zeit nach ihr ebenfalls zum Flugkapitän ernannt wurde, empfand sie als Rivalin.[20]

Im Berufsleben hatte der junge weibliche, respektvoll »Frau Hanna« genannte Flugkapitän Reitsch fast nur mit Männern zu tun. Vielen hat das hübsche, immer fröhliche

Mädchen gefallen. Hanna Reitsch zeigte sich als freundliche, hilfsbereite Kollegin, widerstand aber allen Avancen und hatte – wie es scheint – keine intimen Verhältnisse. Auf jeden Fall blieb sie unverheiratet. Die fehlenden Kontakte zu jungen Männern ersetzte Hanna Reitsch durch eine überaus starke Mutterbindung, die auch im zunehmenden Alter keine Änderung erfuhr. Die durch tägliche Briefe bestens informierte Emy Reitsch sah die gefährlichen Fliegeraktivitäten der Tochter als selbstverständliche Pflicht am Vaterland. Sie wusste auch vom streng geheimen Selbstopfereinsatz und hieß ihn gut. Manchmal telefonierte Hanna Reitsch vor Vortragsreisen mit ihrer Mutter: »Denk dir aus, was ich heut abends reden soll.« Die Mutter verfasste und lieferte dann umgehend eine zündende Rede.

Als der Flugzeugkonstrukteur Heinrich Focke mit dem Bau eines senkrecht startenden Flugzeugs eine Idee Leonardo da Vincis verwirklichte, war es Hanna Reitsch, die als Pilotin des ersten Hubschraubers fliegerisches Neuland betrat: »Langsam und zügig gab ich mehr und mehr Gas. Und erlebte wirklich das Wunder! Die Maschine hob sich ganz senkrecht vom Boden, als würde sie an einem unsichtbaren Seil hinaufgezogen.«[21] Charles Lindbergh, dem der Hubschrauber bei seinem Deutschlandbesuch gezeigt wurde, war beeindruckt. Viele Zuschauer jedoch, denen Hanna Reitsch das Wunderding anlässlich der internationalen Automobilausstellung des Jahres 1938 in der Berliner Deutschlandhalle vorführte, vermuteten einen üblen Trick. Drei Wochen lang stieg die Fliegerin täglich in dem Focke-Hubschrauber EW 61 »Deutschland« in der geschlossenen Halle hoch über die Köpfe Tausender Zuschauer. Ihr Flug war der krönende Schlusspunkt eines Programms mit Clowns, Trapezkünstlern und Revuegirls. Die Fliegerkollegen wandten sich schaudernd ab, Hanna aber sah ihre Darbietung als hohen Dienst am Vaterland und erlangte damit weltweite Berühmtheit.

Am 3. Juli 1939 kam Hitler in Begleitung von Göring, Bormann sowie ranghoher Militärs nach Rechlin, wo man ihnen unter Mitwirkung von Flugkapitän Reitsch die modernsten Errungenschaften der Luftwaffe vorführte. Knapp vor Kriegsausbruch meinte Hitler: »Unsere Luftwaffe wird den Gegner zermürben, unsere technische Überlegenheit wird die Nerven der Polen zerreißen.«[22] Die eindrucksvollen Demonstrationen hatten allerdings – wie sich bei der Luftschlacht um England zeigen sollte – ein übertriebenes Bild von der Stärke der Luftstreitkräfte vermittelt.[23]

Als die deutsche Luftwaffe im Morgengrauen des 1. September 1939 Polen angriff, bedauerte Hanna Reitsch den Kriegsausbruch, begrüßte jedoch die als »Wiedergutmachung« empfundene Vereinigung aller schlesischen Gebiete zu einem »Hort des Deutschtums im Rahmen Großdeutschlands«. Der Führererlass vom 8. Oktober 1939 gliederte Danzig, Westpreußen, Posen und Oberschlesien, aber auch ein ebenso umfangreiches Gebiet, das vor 1914 nicht zu Preußen gehört hatte, dem Deutschen Reich an.[24] Die Pilotin sah jedoch keinen Grund, dem untrennbar mit Hitler verbundenen Vaterland den Dienst aufzukündigen. Sie stellte sich dem Regime weiterhin für hochgefährliche Tests zur Verfügung, ja drängte sich geradezu auf und bedauerte sehr, dass sie nicht als Jagdfliegerin Verwendung fand.

»Eine mir besonders wertvolle Aufgabe waren die Ballonkappversuche. Es wird sich noch mancher daran erinnern, dass der Einsatz der Luftwaffe gegen England eine unvorhergesehene Störung durch die Ballonsperren vor allem über London erfuhr ... da die Seile, an denen die Ballone befestigt waren, beim Anfliegen die Flächen der Maschinen durchsägten ...«[25] Hanna Reitsch testete zuerst mit dem Bomber »Do 17« die zum Schutz der Flugzeuge entwickelten so genannten Abweiser, dann führte sie Ballonanflüge zum Kappen der Stahlseile durch. Es kam zu einem Unfall. »Das Seil hatte den unteren Teil zweier Propellerblätter abrasiert. Ich stellte den Motor ab und ... versuchte die Blätter des Propellers zum Stillstehen ... zu bringen. Würde ich das erreichen, bevor der Motor durch die Unwucht herausgerissen würde ... und abstürzte? Es war ein Wettlauf mit dem Tod.«[26] Hanna gewann den Wettlauf und erhielt dafür das Eiserne Kreuz II. Klasse.

Der »Völkische Beobachter« berichtete dazu: »Der Führer und Oberste Befehlshaber der Wehrmacht hat der bekannten Fliegerin, Flugkapitän Hanna Reitsch, die sich unter fortwährendem Einsatz ihres Lebens besondere Verdienste um die Entwicklung von Luftwaffengerät erworben hat, das EK II. Klasse verliehen.«[27] Drei Tage davor hatte Reichsminister Göring einen Empfang gegeben, bei dem der Fliegerin das von ihm geschaffene Flugzeugführer- und Beobachterabzeichen in Gold mit Brillanten verliehen werden sollte.[28] Hanna wartete inmitten einiger Generäle, als der Reichsmarschall im Empfangsraum erschien. Sie spürte, wie sein Blick suchend über sie hinwegglitt. Schließlich bemerkte er die Fliegerin und gab seinem Erstaunen dröhnend Ausdruck: »Wie? Das soll unser berühmter Flugkapitän sein? Wie können Sie kleine Person überhaupt fliegen?« Die im Hinblick auf ihre geringe Größe empfindliche Hanna deutete in einer ausholenden Bewegung Görings enormen Leibesumfang an und meinte: »Ja, muss man denn dazu so aussehen?«

Die Verleihung des EK II fand in der Reichskanzlei in Berlin statt. Hanna Reitsch berichtete: »Hitler begrüßte mich freundlich und mit Wärme, während ihm zur Seite Göring stand, strahlend wie ein Vater, der sein wohlgeratenes Kind vorführen darf ... mich beeindruckte, dass Hitler auf diesem rein fliegerisch-technischen Gebiet über Kenntnisse verfügte, wie sie normalerweise nur derjenige haben kann, der sich speziell damit beschäftigt. Erstaunlich war die Klarheit der Fragestellung, die stets das Wesentliche und den Kern der Sache traf ... Seine ungezwungene und einfache Art strömte eine Zuversicht aus, die sich jedem, der in seine Nähe kam, mitteilte ...«[29]

Am 4. April 1941 ehrte die Stadt Hirschberg ihre berühmte Bürgerin. Der Oberbürgermeister kam persönlich nach Berlin, um die Fliegerin nach Hause zu geleiten. Schon die Anreise wurde zu einer Triumphfahrt. Die Dörfer Niederschlesiens waren beflaggt, Menschen säumten die Straßen und warfen Hanna Blumen zu. In Hirschberg bildete die Jugend ein Spalier, Schüler der Segelfliegerschule Grunau hatten Aufstellung genommen und die Musik spielte, während die Heldin der Lüfte zum Rathaus fuhr. Dort überreichte man ihr den Ehrenbürgerbrief ihrer Heimatstadt und schenkte ihr außerdem ein Segelflugzeug vom Typ »Grunau-Baby«.

Hanna Reitsch war zum Idol geworden und das Regime nutzte die Popularität der Fliegerin. Wenn sie nicht im Einsatz stand, arrangierte man für sie Vortragsreisen. Anfang 1942 sprach eine vor Begeisterung überströmende Hanna vor 2000 Hitlerjugend-Führern und BdM-Führerinnen, die sie auf fesselnde Art zum Einsatz für das Vaterland motivierte. Bei späteren Vorträgen berichtete die Fliegerin auch von ihrem heroischen Abenteuer als Testpilotin mit dem von der Firma Messerschmitt erzeugten Raketenflugzeug Me 163 (A und B), das in eineinhalb Minuten eine Höhe von 10 000 Metern erreichen konnte. Dann war der gesamte Treibstoff verbraucht und das Flugzeug segelte mit ungeheurer Geschwindigkeit zu Boden. Bei diesem rasanten Sturzflug sollte es feindliche Bomberformationen zerstreuen. Die Konstruktion der Me 163 B sah einen Abwurf des Fahrwerks kurz nach dem Start vor. Einmal verklemmte es sich jedoch. Hanna Reitsch berichtete: »Mit harten Abfangbewegungen versuchte ich das Fahrwerk abzuschütteln ... bald merkte ich, dass es nicht gelang ... der Steuerteil war durch das am Rumpf hängen gebliebene Fahrwerk gestört.« Ein Absprung mit dem Fallschirm kam für Hanna nicht in Frage, denn »kein Pilot lässt ein so kostbares Flugzeug, das ihm zur Erprobung anvertraut ist, im Stich, solange noch die geringste Aussicht besteht, es heil zu landen.« Sie spürte dann plötzlich, dass das Flugzeug durchsackte und auf kein Steuer mehr reagierte. »Ich krümmte mich so stark als möglich zusammen. Die Maschine schlug auf und überschlug sich krachend ... ich fühlte keinen Schmerz ...«[30] Obwohl ihr das Blut über das Gesicht rann, anstelle der Nase ein Loch gähnte und ihr bei jeder Bewegung schlecht wurde, notierte und skizzierte die Fliegerin noch Ursache und Verlauf des Sturzes. Um die Bergungsmannschaft nicht durch ihren Anblick zu erschrecken, band sie in zartfühlender Weise ein Taschentuch vor das Gesicht. Dann wurde sie ohnmächtig. Sie hatte einen vierfachen Schädelbasisbruch, zwei Gesichtsschädelbrüche, eine Gehirnquetschung und eine Nasenzertrümmerung erlitten. Nach einer monatelangen Rekonvaleszenz ehrte man Hanna Reitsch im März 1943 mit dem EK I, einer militärischen Auszeichnung, die im Allgemeinen für heldenhafte Fronteinsätze verliehen wurde. Sie wurde dadurch zur NS-Volksheldin.[31]

Hanna Reitsch teilte den Antisemitismus der Nationalsozialisten nicht. Sie verurteilte energisch die Ausschreitungen der so genannten »Reichskristallnacht« und weigerte sich, in der DFA (Deutsche Forschungsanstalt) die Zusammenarbeit mit ihrem halbjüdischen Kollegen Dr. Joachim Küttner aufzugeben.[32] Als die Polizeiverordnung des Reichsministeriums des Inneren vom 1. September 1941 den Juden vorschrieb[33], sich »in der Öffentlichkeit nur mit sichtbar auf der linken Brustseite des äußersten Kleidungsstückes angebrachtem Judenstern zu zeigen«, meinten die Fliegerin und ihre Familie, dass »die Absonderung der Nichtarier gegen die christliche Nächstenliebe sei«, und unterstützten die auflehnende Haltung des evangelischen Konsistoriums der Kirchenprovinz Schlesien.[34]

Nach der Mitteilung des im Ausland tätigen Fliegerkollegen Peter Riedel, der an der deutschen Botschaft in Stockholm beschäftigt war, dass es in Deutschland Vernichtungslager gebe, suchte Hanna Reitsch ein Gespräch mit dem Reichsführer SS Heinrich Himmler. Dieser wusste alle Gerüchte als bösartige Verleumdungen abzutun und die oft als naiv beschriebene »Frau Hanna« glaubte ihm allzu gern. Als die Bewohner von Jamlitz einem Truppenübungsgelände (Dondangen) weichen sollten, setzte sich Hanna

Hohe Auszeichnung – der »Führer« verleiht Flugkapitän Reitsch in Anwesenheit von Hermann Göring in der Berliner Reichskanzlei das Eiserne Kreuz II. Klasse (1941)

Reitsch mittels Rechtsanwalt für die Interessen der Betroffenen ein, bis ein Schreiben Himmlers sie zum Rückzug zwang.[35]

»Jetzt, nachdem ein endgültiger Befehl über die Unabänderlichkeit der Umsiedlung vom Reichsführer gegeben wurde, bleibt selbstverständlich nichts anderes als ... zu überzeugen, dass sie dieses persönliche große Opfer für das Wohl des Vaterlandes dem Führer zu bringen haben ...«[36] Mitte 1944 gehörte dann Hanna Reitschs Bewunderung nicht nur dem »Führer«, sondern auch Heinrich Himmler. Er beeindruckte sie dermaßen, dass sie ihm schrieb: »Lieber Reichsführer! Bevor ich weiterfliege, einen festen, dankbaren Gruß. Von Ihrer Rede am 26. Juli 44 bin ich begeistert und tief beeindruckt und hab die unbescheidene Bitte um ein weiteres Exemplar, welches ich meinem Bruder, der Marineoffizier ist, zum Geburtstag schenken möchte ... Gott schütze Sie! In Treue herzlichst Ihre Hanna Reitsch«.[37]

Geschmeichelt ließ ihr Himmler zwei Exemplare senden.[38]

Die Popularität der Fliegerin war so groß, dass Generaloberst von Greim sie bat, der russischen Ostfront einen Besuch abzustatten, denn eine Frau, die – wie Hanna Reitsch sich ausdrückte – das »Ehrenzeichen des Soldaten« trug, könne die Moral der kämpfenden Truppen erhöhen. Die Frau Flugkapitän entsprach diesem Wunsch im Spätherbst 1943. Dabei verstärkte sich jedoch in ihr der Eindruck, den sie schon nach der Niederlage von Stalingrad gewonnen hatte: dass der Krieg verloren sei und sich bereits »Schatten über Deutschland senkten«. Als die Luftstreitkräfte der Alliierten dann eine Stadt nach der anderen in

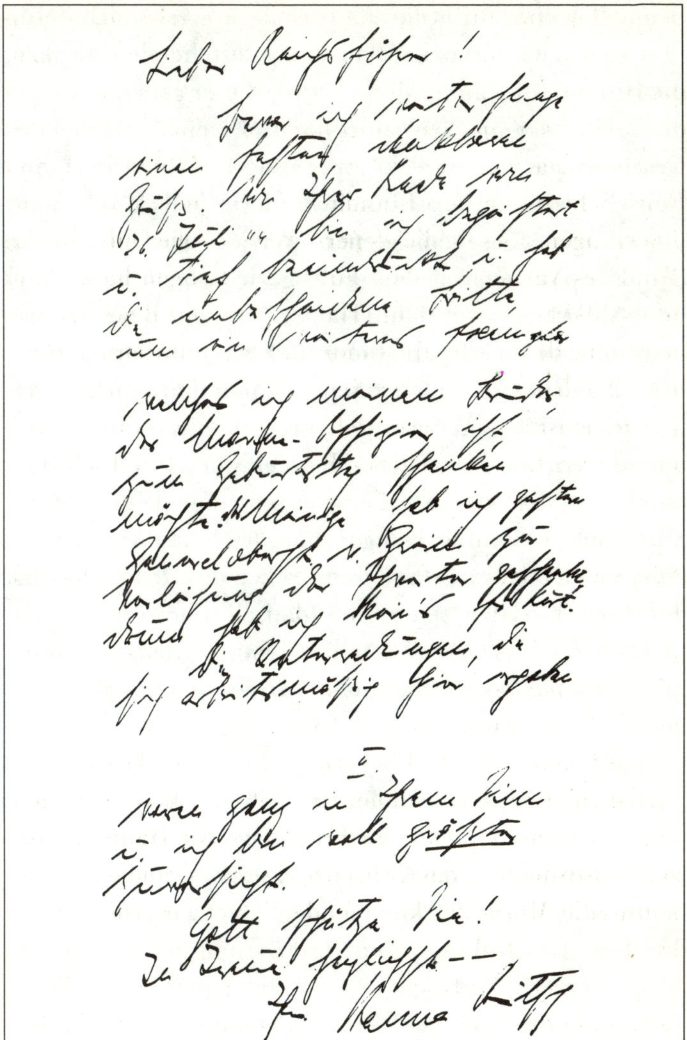
Lieber Reichsführer!

Gott schütze Sie!

Hanna Reitsch

Hanna Reitsch an Heinrich Himmler: »Lieber Reichsführer! Bevor ich weiterfliege, einen festen, dankbaren Gruß …« (27. Oktober 1943)

Schutt legten, hoffte die Fliegerin – wie zahlreiche Militärs – auf jene »unbekannten, einzig dastehenden Waffen«, die Hitler häufig ankündigte.[39] Eine dieser geheimen Wunderwaffen war die V(ergeltungswaffe)1, ein ferngelenktes Geschoss, das ca. 1000 kg Sprengstoff enthielt.[40] Hanna Reitsch begrüßte den Einsatz, forderte jedoch vehement eine durch Menschen gelenkte Version der V1, um die Schlüsselpositionen des Gegners gezielt zerstören zu können. Als Hitler sie am 28. Februar 1944 auf dem Berghof empfing und ihr nachträglich zum EK I gratulierte, brachte sie ihre Kamikaze-Idee, die sie schon mit Fliegerkollegen diskutiert hatte, zur Sprache. Vorgesehen war ein »Selbstopfereinsatz von Menschen, die bereit waren, sich selbst zu opfern in der klaren Überzeugung, dass kein anderes Mittel mehr Rettung bringen konnte«.[41] Hitler reagierte ablehnend, ebenso die anderen Größen des Dritten Reichs: derartige Einsätze seien unsoldatisch und entsprächen nicht der deutschen Mentalität. Hanna Reitsch jedoch blieb hartnäckig und erlangte mit Hilfe von Otto Skorzeny, dem Befreier Mussolinis, die Genehmigung zu einer Testserie.[42]

Die Operation lief unter dem Decknamen »Reichenberg« und innerhalb von vierzehn Tagen standen vier Versionen der bemannten V1 zur Verfügung: Testmaschinen, deren Kufen eine Landung ermöglichten, und solche für den Ernstfall – ohne Kufen. Trotz strengster Geheimhaltung sickerten Nachrichten über die geplante Kamikaze-Aktion an die Öffentlichkeit. Man glaubte allerdings, dass 1000 japanische Flieger daran teilnehmen würden.[43] Tatsächlich jedoch hatten sich 70 deutsche Todeskandidaten freiwillig gemeldet. Hanna Reitsch selbst flog Probeeinsätze und bereitete die durchschnittlich 17-Jährigen für ihre Opferung vor. Zu ihrem großen Ärger gab es dauernd Verzögerungen. Goebbels bestand auf einer Ehrung der »deutschen Kamikazes« und außerdem wurden die jungen Burschen – ganz unnötig, wie Hanna Reitsch meinte – in Körperertüchtigung und Pistolenschießen unterwiesen. Im Übrigen hielten die Ausbilder zwar patriotische Reden, meldeten sich jedoch – genau wie es bei den Japanern geschah – nicht selbst für den Kamikaze-Einsatz. Hanna Reitsch, die bereit war, ihr eigenes Leben zu opfern, verachtete dies zutiefst. In ihrer fanatischen Begeisterung für die Sache übertraf sie sogar den Reichsführer SS Heinrich Himmler. Seinen Vorschlag, nur »Lebensmüde, Kranke oder Verbrecher« zu verwenden, wies sie empört und beleidigt zurück: Himmler hätte die ehrenvolle vaterländische Mission nicht begriffen. Ihre eigene Überzeugung war, dass nur gesunde Männer, möglichst Familienväter, würdig wären, die »Reichenberg-Waffen« zu lenken. Die bemannte V1 gelangte nie zum Einsatz. Nach der alliierten Invasion in der Normandie verfügte Hitler ab Mitte Juni 1944 die Beschießung Englands mit unbemannten V-Waffen.[44]

Am 25. April 1945 erreichte Hanna Reitsch, die für die Verlegung eines Luftwaffenlazaretts Notlandeplätze im Raum Kitzbühel erkundete, ein dringender Appell. Generaloberst von Greim war von Hitler ohne Angabe von Gründen per Funkspruch nach Berlin befohlen worden. Die Rote Armee hatte damals Berlin bereits völlig eingekesselt, russische Truppen stießen gegen das Zentrum vor. Der Fall der Stadt war eine Frage von Stunden und die Chancen, bis zum obersten Kriegsherrn vordringen zu können, betrugen fast null – seit Tagen konnten deutsche Maschinen nicht mehr in Berlin einfliegen! Selbst in diesem Endstadium des Krieges zögerte der in der Nähe Münchens stationierte Generaloberst keinen Augenblick, Hitlers sinnlosem Befehl zu gehorchen. Er glaubte, dass er den belagerten Bunker der Reichskanzlei – wenn überhaupt – nur mehr mit einem Hubschrauber erreichen könne. Er bat daher Hanna Reitsch um Unterstützung bei dem gefährlichen »Sonderauftrag«. Die legendäre Fliegerin band kein militärischer Eid. Aus »selbstverständlicher Kameradschaft und Pflichtgefühl« stellte sie sich jedoch sofort zur Verfügung. Sie fragte nicht nach Sinn und Zweck der lebensgefährlichen Mission.

Am 26. April flogen Greim und Reitsch mit einer Ju 188 nach Rechlin. Von dort wurden sie mit einer FW 190 weiter nach Gatow, dem einzigen noch in deutscher Hand befindlichen Berliner Flughafen, gebracht. Da für Hanna Reitsch kein Platz in der zweisitzigen Maschine war, ließ sie sich durch eine Luke des hinteren Rumpfes einfädeln. »Zusammengekrümmt mit dem Kopf voran, lag ich in völliger Dunkelheit auf den scharfen Metallspanten ... ich wusste, dass ich ohne Hilfe nie mehr herauskommen würde.«[45] Zirka 30 Jagdflugzeuge gaben das Geleit. Kurz vor Berlin konnte der Pilot nur mittels Sturzflug den russischen Angreifern entkommen. In Gatow fiel der zum Weiterflug bereitstehende »Fieseler Storch« durch Artilleriebeschuss aus. Erst gegen Abend des 26. April konnte eine Ersatzmaschine, die letzte verfügbare, herangeschafft werden. Von einem Hubschraubereinsatz war keine Rede mehr, doch Hanna Reitsch harrte trotzdem bei Greim aus. Dieser steuerte den »Storch« dann in die Stadt, die das

Kampfgeschehen schon längst in eine brennende, gespenstische Ruinenlandschaft verwandelt hatte. Um feindlichen Jägern zu entgehen, flog er dabei möglichst tief, sodass die Gesichter der Russen an den Maschinenpistolen und Panzerwaffen klar zu erkennen waren. Das Flugzeug stand unter ständigem Beschuss. Als den Piloten eine Flakgranate traf und er bewusstlos zusammensackte, ergriff die hinter ihm stehende Hanna Reitsch Gashebel und Steuerknüppel. Sie setzte die Maschine dicht vor dem Brandenburger Tor sicher auf, wobei ihr die in zahllosen Übungsflügen erworbenen Ortskenntnisse zu Hilfe kamen. Hanna Reitsch berichtete darüber: »Ich zerrte Herrn v. Greim heraus, rings um uns war es wie ausgestorben und menschenleer ... es pfiffen und krachten die Einschläge, aber zu sehen war niemand. Auf der Straße kam Herr v. Greim zu sich. Ich hatte einen Ärmel meiner Bluse abgerissen und oberhalb seiner Fußverwundung fest ums Bein gebunden ... wir warteten eine Zeit ... Minuten wurden zu einer Ewigkeit ... da kam ein Militärauto, das uns aufnahm ...«[46] Gegen 19 Uhr trafen Greim und Reitsch im Luftschutzbunker der Reichskanzlei ein.

Ein Augenzeuge schrieb darüber: »... Der Generaloberst war verwundet und lag auf einer Tragbahre. In seiner Begleitung befand sich die Fliegerin Hanna Reitsch ... die Reitsch und Hitler kannten sich, die Begrüßung zwischen beiden war herzlich. Bescheiden hielt sie sich stets bei allen Besprechungen im Hintergrund. In ihrer frischen, lebensbejahenden Art verlangte diese zierliche Frau den hier im Bunker Versammelten uneingeschränkte Achtung ab ...« Auch der stark gealterte Hitler mit gläsernem Blick und unentwegt zitternden Armen sprach ein Lob aus: »Sie tapfere Frau! Es gibt doch Treue und Mut auf der Welt.«[47]

Noch während Greim auf dem Operationstisch lag, erklärte ihm Hitler wortreich und wutentbrannt, dass Göring Verrat begangen hätte: »Es bleibt mir nichts auf der Welt erspart, keine Enttäuschung, kein Treubruch ... Ich habe Göring sofort verhaften lassen, ihn aller Ämter enthoben und aus allen Organisationen ausgestoßen.«[48] Dann ernannte er Greim als Nachfolger Görings zum obersten Befehlshaber der Luftwaffe. Gleichzeitig beförderte er ihn zum Generalfeldmarschall. Hanna Reitsch übernahm die Pflege des Verwundeten und beide bezogen das im untersten Teil des Bunkers gelegene Arztzimmer.

Kontakte mit dem letzten Hofstaat Hitlers, der sich tief unter der Erde um den »Führer« scharte, beschränkten sich auf einen kleinen Personenkreis. In ihren Erinnerungen erwähnt Reitsch, dass sie in der unterirdischen, mehrgeschossigen Anlage vor allem Martin Bormann, Botschafter Hewel, General Krebs, den Piloten Baur, Eva Braun, Hitlers Sekretärinnen, den SS-Gruppenführer Fegelein sowie das Ehepaar Goebbels getroffen habe. Soweit es der Krankendienst zuließ, hat sich die Fliegerin eng an Magda Goebbels und ihre sechs Kinder angeschlossen. »Als ich den Raum betrat, schaute ich in sechs schöne Kindergesichter im Alter von vier bis zwölf Jahren, die mir ... mit lebhafter Neugier entgegensahen. Dass ich fliegen konnte, schloss sofort das Tor ihrer Kinderfantasie weit auf ... sie plapperten und fragten in einem fort ... Ich lehrte sie mehrstimmige Lieder singen und auch echte Tiroler Jodler, die sie rasch lernten. Das Donnern und Krachen der Einschläge beunruhigte sie nicht; denn sie glaubten kindlich, wie man es ihnen vorgesagt hatte, dass der ›Onkel Führer‹ damit die Feinde besiege, und wenn einmal das Jüngste ängstlich wurde, ließ es sich von den älteren Geschwistern mit dieser Vorstellung schnell trösten ...«[49] Zum Einschlafen sang sie den Kindern, deren Tod damals schon beschlossene Sache war, vor: »Morgen früh, wenn Gott will, wirst du wieder geweckt.« Hanna Reitsch hat selbst im Bunker ihre Fröhlichkeit nicht abgelegt, während die Stimmung der übrigen schon lange unter der Erde auf engstem Raum Lebenden gedrückt, aber ruhig war.

Die Reichskanzlei stand unter pausenlosem Beschuss. Das Getöse berstender Granaten mengte sich mit den dumpfen Detonationen von Fliegerbomben, ließ niemanden zur Ruhe kommen und rief außer Angst physische und psychische Erschöpfungszustände hervor. Die Wucht des sich von Stunde zu Stunde steigernden Beschusses durchschlug die obersten Betondecken. Selbst in den tiefsten Bunkerräumen rieselte der Mörtel von den Wänden. Setzten die Frischluftventilatoren aus, dann litten die Bunkerbewohner unter qualvoller Atemnot und Kopfschmerzen. Als sich herumsprach, dass keine entscheidende Hilfe mehr zu erwarten sei und Hitler einen Ausbruchsversuch ablehnte, brüteten die einen dumpf ergeben vor sich hin, während sich die anderen mit Alkohol betäubten. Die Telefonverbindung zur Außenwelt riss immer häufiger ab. Einzelne Melder kämpften sich zum Kommandanten von Berlin durch und kehrten mit immer schrecklicheren Nachrichten zurück. Weltuntergangsstimmung breitete sich aus. Hitler hielt jedoch weiterhin Lagebesprechungen ab. Auch als die russischen Panzer nur mehr 1000 Meter entfernt waren, diskutierte er noch über einen möglichen Entsatz durch die Armee von General Wenck. Gegen ein rasches Vordringen der Russen befahl Hitler, die Berliner U-Bahnschächte, in die sich Tausende Menschen geflüchtet hatten, zu fluten.

Am 28. April überreichte Hitler der Fliegerin – auf eine Bitte Greims hin – zwei Ampullen mit Gift, damit sie, wie er sich ausdrückte, nicht benachteiligt sei.[50] Den von Hanna Reitsch vorgeschlagenen Rettungsflug lehnte er als indiskutabel ab. Vielmehr kündigte er an, dass er beim Scheitern von Wencks Durchbruchversuch gemeinsam mit Eva Braun aus dem Leben scheiden würde. Er wolle den Russen nicht in die Hände fallen.

Wie Greim, so schloss auch Hanna Reitsch damals mit ihrem Leben ab. Sie war überzeugt, den Bunker nicht mehr lebend verlassen zu können, und hatte beschlossen – in Pflichterfüllung bis zuletzt – mit dem »Führer« zu sterben. Später hat sie ihre damalige Haltung zusammengefasst: »Die deutschen Flieger haben in tapferster, ehrenhaftester und todesmutigster Weise ihr Leben eingesetzt in der Hoffnung, ihr Vaterland zu retten, im Glauben an den Führer, im Stolz auf ihre Luftwaffe und sein Oberhaupt. Es mag eine Führung richtig oder falsch gewesen sein – das zu beurteilen ist nicht an mir. Wenn man aber zu dieser Führung hauptverantwortlich gehört, muss man bereit sein, mit ihr unterzugehen.«[51]

Am Abend des 28. April traf die Nachricht ein[52], dass der Reichsführer SS Heinrich Himmler den westlichen Alliierten die bedingungslose Kapitulation sämtlicher gegen sie kämpfender Truppen angeboten hatte.[53] Hitler verfiel in einen Wutanfall und bezeichnete dies als den schamlosesten Verrat in der Geschichte Deutschlands. In den Nachtstunden des 28. April erschien er unvermutet in Greims Krankenzimmer und befahl dem Verwundeten, unverzüglich die Reichskanzlei und Berlin zu verlassen, Himmler aufzuspüren und – wenn möglich – sofort verhaften zu lassen. Die Bitten des Generalfeldmarschalls und der Fliegerin, doch beim »Führer« bleiben zu dürfen, ignorierte er. Hastig wurde Abschied genommen. Magda Goebbels zog einen Brillantring vom Finger und schenkte ihn ihrer neu gewonnenen Freundin als Andenken. Dann gab sie ihr zwei Abschiedsbriefe für ihren ältesten Sohn (Harald Quandt) mit. Eva Braun überreichte einen Brief zur Weiterleitung an ihre Schwester Gretl, deren Mann Hermann Fegelein kurz davor als Deserteur hingerichtet worden war. Greim bekam von Martin Bormann

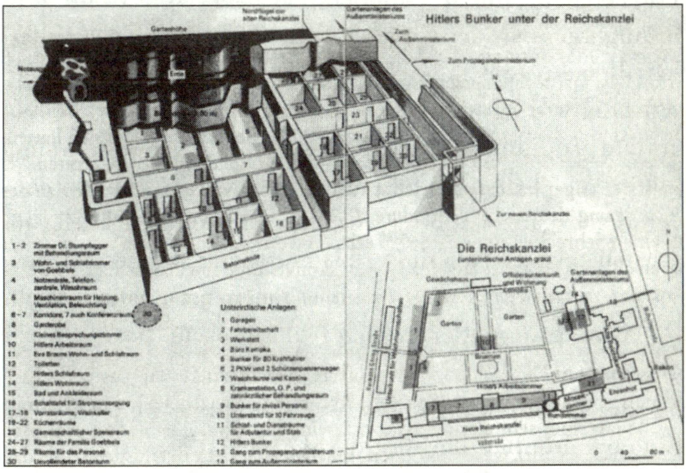

Die letzten Tage des Dritten Reichs – Hanna Reitsch verbrachte die Zeit vom 26. bis zum 28. April 1945 im Berliner Führerbunker

Schriftstücke für die Parteikanzlei in Berchtesgaden. Dann stieg man in die von Brand- und Schwefelgeruch erfüllte Oberwelt auf.

In einer unheimlichen Fahrt begab sich der invalide Greim, gestützt von seiner treuen Helferin, zum Brandenburger Tor. Dort wartete in einer so genannten Splitterbox ein Schulflugzeug vom Typ »Arado«, dem – entgegen jeder Wahrscheinlichkeit – trotz dichtem russischem Flakbeschuss die Landung geglückt war. Während feindliche Scheinwerfer unablässig die Ost-West-Achse absuchten, gelang der risikoreiche Start. Um Mitternacht befanden sich Greim und Reitsch in der Luft und auf dem Weg nach Rechlin. Beide versäumten dadurch eine zu dieser Zeit im Führerbunker stattfindende Zeremonie, zu der man sie wohl geladen hätte: die Vermählung von Adolf Hitler mit Eva Braun, eine richtige Hochzeit mit Standesbeamten und Trauzeugen, lautem und deutlichem Ja von Braut und Bräutigam sowie der vorgeschriebenen Leistung von Unterschriften auf dem Trauschein. Für die anschließende Hochzeitstafel wurde mit weißem Tischtuch, das Hitlers Monogramm trug, und Silberleuchtern festlich gedeckt. Weine, Liköre und Lebensmittel kamen aus den großen Vorräten der Reichskanzlei. Nur Eva Hitler war überglücklich, ansonsten verdüsterten die Selbstmordgedanken des Ehepaares die Stimmung, die der eines Leichenschmauses glich. Der Bräutigam entfernte sich früh, um sein Testament zu diktieren.

Nach der Landung in Rechlin übernahm von Greim das Kommando über den Rest der deutschen Luftstreitkräfte, um dann in Begleitung von Hanna Reitsch, die gleichzeitig als Pilotin der Bücker 181 und als Krankenschwester fungierte, per Flugzeug und Auto eine hektische Odyssee durch Deutschland und Österreich anzutreten. Besprechungen mit den Spitzen von Marine und Heer standen auf dem Programm. »Ich vermied es, über Straßen und Bahngleise zu fliegen, die das ständige Ziel von Tieffliegern waren, schlich mehr, als ich flog, in niedrigster Höhe von Wald zu Wald, immer am Rand entlang, wo die Schatten uns schützend aufnehmen konnten, und sprang über Hecken und Zäune ... streckenweise mussten wir die Maschine mit einem Auto vertauschen ...«, erinnerte sich die Fliegerin.[54]

In Wismar hielt Greim auf Krücken und notdürftig verbunden, seine letzte Rede an die Luftwaffe. Hanna Reitsch hielt sich bescheiden im Hintergrund, gab jedoch ihren Fliegerkollegen einen Bericht von dem abenteuerlichen Flug zu Hitler.[55] Als am 1. Mai 1945 der Tod des »Führers« verlautbart wurde, brachte Reitsch den hoch fiebernden Greim unverzüglich nach Plön, wo Admiral Dönitz, Hitlers designierter Nachfolger, eine neue deutsche Regierung bildete. Dort wurde sie Zeugin, wie sich von Greim sieben Tage vor Ende des Dritten Reichs in seinem Amt als Chef der nicht mehr manövrierfähigen deutschen Luftwaffe bestätigen ließ. In der Admiralsbaracke in Plön traf sie auch den »Verräter« Himmler, der mit großem Gefolge von seinem letzten Hauptquartier (nahe Lübeck) angereist war, um Dönitz zu beglückwünschen und seine Dienste anzubieten. Von einer Verhaftung Himmlers war keine Rede mehr. Eigenen Angaben zufolge[56] hat Hanna Reitsch jedoch dem Reichsführer SS bitter vorgeworfen, Hochverrat an Hitler begangen zu haben, und das zu einer Zeit, wo sein Platz an der Seite des »Führers« im Bunker gewesen wäre.

Himmler tat dies mit der Bemerkung ab, dass die Geschichte anders urteilen werde und er zum Wohle Deutschlands gehandelt habe.

Wenig später verschlechterte sich Greims Zustand. Die Fliegerin pflegte ihn vier Tage lang, bis sich erste Anzeichen von Besserung einstellten. Dann brachen die beiden erneut auf. In Deutschland herrschte unbeschreibliches Chaos. Millionen vertriebene und ausgebombte Menschen zogen durchs Land. Stündlich erwartete man die Kapitulation, doch Greim und Reitsch suchten unbeirrt nach Generalfeldmarschall Kesselring. Mit diesem sollte eine Strategie erörtert werden, die den Vormarsch der Roten Armee im Osten stoppen würde, um den riesigen Flüchtlingsströmen die Flucht zu den westlichen Alliierten zu ermöglichen. Die Suche blieb ergebnislos und die Zeitereignisse setzten ihr schließlich ein Ende.

Die Odyssee endete, wo sie sie vor weniger als zwei Wochen begonnen hatte. »Ein wunderbarer Flug ... trug uns über die Alpen. Als wir am 8. Mai in Zell am See landeten, erfuhren wir, dass bereits die bedingungslose Kapitulation unterzeichnet worden war«, erinnerte sich Hanna Reitsch.[57]

Die Fliegerin freute sich auf ein Wiedersehen mit ihrer Familie, die sie in Schloss Leopoldskron zurückgelassen hatte. Im Februar 1945 war Dr. Reitsch vor dem Einmarsch der Russen aus Schlesien nach Westen geflüchtet, hatte sich bis Salzburg durchgeschlagen und schließlich durch die Vermittlung von Freunden in Leopoldskron Unterkunft gefunden.

Als Hanna Reitsch mit dem kranken Oberkommandierenden der deutschen Luftstreitkräfte im Kitzbüheler Luftwaffennotlazarett erschien, wurden beide von amerikanischen Offizieren verhaftet. Es war eine milde Form der Internierung. Die Amerikaner machten sich sogar erbötig, Dr. Reitsch von der wohlbehaltenen Rückkehr seiner Tochter zu unterrichten. Umso größer war für Hanna der Schock, als wenige Tage später eine schreckliche Nachricht eintraf: Vater, Mutter und die jüngere Schwester Heidi mit ihren vier Kindern waren nicht mehr am Leben. Auf das Gerücht hin, dass der Oberkommandierende der amerikanischen Streitkräfte, General Eisenhower, beabsichtige, die aus dem Osten geflüchteten Frauen und Kinder in die von den Russen besetzte schlesische Heimat zurückzuschicken, hatten sie einen Tag vor dem Einmarsch der Amerikaner alle Selbstmord begangen. Hanna beschloss damals, mit Hilfe von Hitlers Zyankalikapsel ebenfalls aus dem Leben zu scheiden. Diesen Ausweg hat auch Generalfeldmarschall von Greim gewählt, als er erfuhr, dass er – wie die übrigen Spitzen der Luftwaffe – nach England zum Verhör gebracht werden sollte.[58] Vor ihrem Tod wollte die Fliegerin jedoch noch die Gräber ihrer Angehörigen besuchen und überredete drei ihrer amerikanischen Bewacher zu einer Fahrt nach Salzburg. Im Jeep fragten sie die jungen Männer, wie es denn möglich gewesen sei, dass sie diesem Verbrecherregime hätte dienen können. Man zeigte ihr schreckliche Fotos von Leichenbergen aus dem eben befreiten Konzentrationslager Dachau und erzählte von Gaskammern. Hanna Reitsch tat dies als Lügenmärchen und Gräuelpropaganda ab. An den Gräbern ihrer Familie beschloss sie weiterzuleben, denn sie wollte sich, wie sie es ausdrückte, »vor Millionen anständige Deutsche stellen und versuchen die Wahrheit ergründen zu helfen«.[59]

Als Kitzbühel französisches Besatzungsgebiet wurde, verlagerten die Amerikaner die gesamte Belegschaft und das Inventar des Lazaretts nach Deutschland. Im Trubel der Übersiedlung gelang Hanna Reitsch die Flucht nach Innsbruck, wo sie bei Verwandten Unterschlupf fand. Man hätte sie vermutlich lange nicht entdeckt, wenn sie nicht schon eine Woche danach zu einem neuerlichen Friedhofsbesuch nach Salzburg aufgebrochen wäre. Zwei Männer in amerikanischen Uniformen holten sie aus dem Zug. Einer der beiden, Colonel Work, erklärte ihr in gutem Deutsch, dass er sie vor dem Zugriff der Russen, die an ihren Ergebnissen als Testpilotin höchst interessiert wären, schützen wolle. Work stellte sich als Fliegerkollege der American United Force und als Chef der USA Air Corps Intelligence, einer Sektion des amerikanischen Geheimdienstes, vor.[60] Er brachte die Testpilotin zuerst in Schloss Leopoldskron und später in der Villa Glanzenbichl in Traunkirchen unter. Er behandelte sie, wie auch ihren ebenfalls internierten langjährigen Chef, Professor Georgii, sehr freundlich als hoch geschätzte Gäste. Die naive Hanna Reitsch glaubte sich bei einem Flieger geborgen und in Sicherheit. Die Verpflegung war ausgezeichnet, zum Essen kamen Works angebliche Freunde und führten interessante Tischgespräche. Die Wissbegierigkeit der Amerikaner schmeichelte der Fliegerin sehr. Sie hatte viel zu erzählen und gab bereitwilligst Auskunft: über ihre Arbeit als Testpilotin, den Kamikaze-Plan, die Tage bei Hitler im Bunker. Oft entschuldigte sich Work bei Tisch. Er eilte weg, um sich Hannas Aussagen auf dem WC zu notieren.[61]

Ihre Angaben waren unschätzbar wertvoll zu einer Zeit, in der über Hitlers Tod noch keine Gewissheit herrschte.

Robert Work erinnerte sich Jahrzehnte später: »Wir hatten für gewöhnlich eine kleine Gruppe hochrangiger Militär- und Zivilpersonen als ›Gäste‹, die uns Antworten auf die Fragen, die zu Kriegsende unbeantwortet blieben, lieferten. Dies geschah in der Form, dass die ›Gäste‹ Berichte schrieben oder bei Mahlzeiten erzählten. Sie wurden auch von meinen Leuten oder mir selbst einzeln befragt. In dieser Weise ging das Verhör der Hanna Reitsch vor sich ... Vielleicht der wichtigste Bericht, den wir von Hanna erhielten, war der, den ich ›Die letzten Tage in Hitlers Luftschutzbunker‹ nannte. Dieser Bericht erlangte, zusammen mit anderen, im Nürnberger Prozess gegen die Kriegsverbrecher dadurch Bedeutung, dass er das Gericht vom Tod Hitlers überzeugte ... Obwohl Hanna [später] mehrere Passagen in meinem Bericht leugnete, ist darinnen nichts enthalten, das ich nicht mit ihr diskutiert hätte und dessen Wahrheitsgehalt ich sie nicht bestätigen ließ. Mit eingeschlossen ihre Meinung, dass der Mann, der als der Retter Deutschlands begonnen hat, sein Leben mit der kriminellen Schuld von Millionen Toten beendete, besonders der bewussten Ermordung der Juden. Einmal in einem besonders dunklen Moment erzählte sie mir, dass sie froh wäre, nie Parteimitglied geworden zu sein ...«[62]

Works streng geheimer Bericht gelangte ohne sein Wissen an die Öffentlichkeit und wurde in »Stars and Stripes« gedruckt.[63] Man stellte ihn auch dem englischen Major Trevor-Roper zur Verfügung, der zahlreiche Zeugen aus Hitlers letzten Bunkertagen verhört hatte.

Gestützt auf diese lückenhaften Protokolle sowie auf die 1945 zugängliche dubiose Hitlerliteratur[64] verfasste Trevor-Roper sein Buch »Hitlers letzte Tage«.[65] Dieser erste Rekonstruktionsversuch von Hitlers Ende gab zwar in groben Zügen die tatsächlichen Ereignisse wieder, enthielt jedoch viele kolportagehafte Kuriositäten, mit denen der Autor den damaligen kargen Wissensstand aufbesserte und die Lücken füllte. So glaubte Trevor-Roper jenen Zeugen, die ihm erzählten, dass »Hitler sich von seinem bescheidenen Mahl – Gemüseschnitzeln und destilliertem Wasser – erhob, um auf dem Tisch herumzutanzen«.[66] Auch Bormann habe getanzt. Weiters nahm Trevor-Roper auch die »widerwillige« Aussage Speers, dass er die gesamte politische Führung im Bunker durch Meuchelmord habe beseitigen wollen, für bare Münze.[67] Der karge Bericht über Hanna Reitsch jedoch schwoll in seiner Bearbeitung zu einer wahren Saga an. Von Hanna Reitsch selbst, die er nie sah, lieferte Trevor-Roper eine lange psychologische Studie: »Zuneigung wird zu religiöser Anbetung, Loslösung zu theologischem Hass.«[68] Er legt Hanna Reitsch bösartige Tiraden gegen Eva Braun in den Mund, erzählt von ihrem »Phrasengedresch« und ihrem »unreifen teutonischen Geist« sowie einer Konferenz im Bunker: »In diesem makabren Konklave probten alle ihre Selbstmordpläne ... mit sentimentalen Einzelheiten: Sie [Greim und Reitsch] hatten verabredet, das Gift zu schlucken ... die Dübel der schweren Handgranaten, die sie um den Körper geschnallt hatten ... zu ziehen. Nicht nur Hitler und Eva Braun wollten mit einem Knalleffekt aus der Welt scheiden.«[69] Auf den schwer verwundeten Greim habe laut Trevor-Roper die Atmosphäre wie ein »Jungbrunnen« gewirkt und die anderen Bewohner »drängten sich hysterisch um den Führer und bettelten am Sakrament seines Todes teilnehmen zu dürfen«.[70]

Als erste Schilderung der letzten Bunkertage – seriösere folgten erst später[71] – wurde Trevor-Ropers sensationsträchtiges Buch begierig von Zeitungen, Büchern und Filmen aufgegriffen. Hanna Reitsch jedoch klagte, dass man ihr Leben ruiniere: »Ich wurde und werde dadurch immer von neuem auf eine politische Bühne geholt, auf die ich niemals gehörte. Es werden bis zum heutigen Tag noch immer gefälschte, so genannte ›Augenzeugenberichte über die letzten Tage im Hitlerbunker‹ unter meinem Namen in der in- und ausländischen Presse sowie in Büchern angeführt wie etwa in Trevor-Ropers Buch ... Ich betone hier ausdrücklich, dass ich diese ›Augenzeugenberichte‹, die in Ichform verfasst sind, nie geschrieben, nie gesehen und nie unterzeichnet habe. Sie entsprechen zum größten Teil nicht der Wahrheit ...«[72] Besonders ärgerte die Fliegerin – die Hitler, außer im Bunker, nur dreimal begegnet war –, dass man sie als Freundin des »Führers« und Rivalin von Eva Braun bezeichnete. Hanna Reitsch, der Zeitzeugen ein »tadelloses, korrektes, fast aristokratisches« Benehmen attestieren[73], verwehrte sich auch gegen die Anschuldigung, das Briefgeheimnis missachtet, den ihr von Eva Braun anvertrauten Brief geöffnet, als »obszönes Gewäsch« abgetan und vernichtet zu haben.

Die Proteste von Hanna Reitsch bewirkten – abgesehen von minimalen Änderungen in späteren Auflagen von Trevor-Ropers Buch – nichts. Dem Wunsch der Fliegerin nach einer persönlichen Aussprache kam der Autor nicht nach. Als Professor in Oxford und Cambridge hat sich Trevor-Roper dann jahrelang mit der Geschichte des Dritten Reichs beschäftigt.[74] Nach dem sensationellen Auftauchen von Hitler-Tagebüchern im Jahre 1981 wurde er als Experte

Hanna Reitsch mit ihrem langjährigen Freund und Kollegen Wernher von Braun in Huntsville, Alabama (1961)

auf diesem Gebiet konsultiert. Nach genauer Prüfung bestätigte Professor Trevor-Roper die unzweifelhafte Echtheit des Manuskripts. Wenig später wurde es vom Berliner Bundesarchiv als plumpe Fälschung entlarvt. Konrad Kujau, ein Händler von NS-Devotionalien, hatte die 60 Tagebücher fabriziert und musste sich dafür im größten Fälschungsprozess der deutschen Geschichte verantworten.[75]

Hanna Reitsch verbrachte nach Kriegsende insgesamt 18 Monate in Internierungslagern (Salzburg, Freising und Oberursel). Das Angebot, zusammen mit Wernher von Braun und seinem Team in amerikanische Dienste zu treten, lehnte sie ab.[76] Die Gefangennahme der Dönitz-Regierung empfand die Fliegerin als ebensolche »Schändlichkeit« wie auch das Verbot, sich in der Öffentlichkeit mit dem Eisernen Kreuz mit Hakenkreuz zu zeigen, das sie jahrelang stolz getragen hatte. Am 15. Dezember 1947 erging ein Spruchkammerbescheid, der Hanna Reitsch nach dem Gesetz zur Befreiung von Nationalsozialismus und Militarismus unter die »Nichtbetroffenen« reihte, da sie selbst weder der NSDAP noch einer anderen NS-Organisation angehört hatte. Es war ein Urteil, dessen sich Hanna Reitsch vor allen »unschuldig belasteten Freunden« fast schämte: »... denn ich hatte wie sie alle und Millionen Deutsche nur auf meinem Platz meine Pflicht getan.«[77]

Im August 1949 berichtete der amerikanische Geheimdienst, dass die wohl bekannte Fliegerin Hanna Reitsch mit anderen Enthusiasten auf der Wasserkuppe den Geburtstag des Segelflugpioniers Lilienthal feiere, obwohl die Militärregierung derartige Zusammenkünfte verboten hatte. 1951 wurden die Restriktionen aufgehoben und Hanna Reitsch setzte ihre Karriere fort. Im selben Jahr schrieb sie »Fliegen – mein Leben«, in dem sie stolz ihr großes Engagement für den »Selbstopfereinsatz« enthüllte.[78] 1952 gewann sie als Mitglied der deutschen Segelflugmannschaft in Spanien die Bronzemedaille. 1955 wurde sie deutsche Segelflugmeisterin. 1957 stellte sie einen Höhenrekord auf. 1958 kam es zu einer Kontroverse, als ihr Polen ohne Angabe von Gründen die Teilnahme an einem internationalen Wettbewerb verweigerte. Die deutsche Mannschaft reiste ohne sie und spaltete dadurch den Aero-Club in zwei feindliche Lager. Die Anhänger von Hanna Reitsch warfen dem Club-Präsidenten Harald Quandt grobe Undankbarkeit vor: Lasse er doch jene Fliegerin im Stich, die ihm unter Einsatz ihres Lebens die letzten Briefe seiner Mutter gebracht hatte.

Die Diskussion um Hanna Reitsch und ihren Aufenthalt im Führerbunker ging jahrelang weiter und nahm skurrile Dimensionen an. Die Fliegerin reagierte mit hilfloser Gereiztheit und brachte zahlreiche Klagen ein. Auch einem Scherzbold, der behauptete, Hanna hätte damals einen Mischlingshund, eine Kreuzung von Hitlers Schäfer und Bormanns Boxer, ausgeflogen, schrieb sie eine Gegendarstellung. Ihre offensichtliche Naivität wurde belächelt und verspottet. Mit Empörung registrierte man jedoch jene Passagen in den Büchern der Fliegerin, in denen sie immer wieder gläubige Treuebekenntnisse zum Dritten Reich ablegte.

Während man in Deutschland zwischen der NS-Enthusiastin und der berühmten Pilotin nicht unterschied, wurde die Fliegerin Hanna Reitsch im Ausland geehrt. Als Zeichen der Wertschätzung unternahm der indische Premierminister Pandit Nehru mit ihr einen Segelflug und lauschte ihrer Version der Ereignisse vom April 1945. Er und seine Familie befreundeten sich herzlich mit der Fliegerin. 1961 lud sie ihr alter Freund Wernher von Braun in das amerikanische Raketenforschungszentrum nach Huntsville/Alabama. Sie erlebte dort nicht nur den Startversuch einer Saturn-Rakete, sondern feierte auch ein Wiedersehen mit vielen Fliegerkollegen – darunter Jochen Küttner, der als rechte Hand Wernher von Brauns das Mercury-Redstone-Projekt leitete. Von 1962 bis 1966 führte Hanna Reitsch eine Segelfliegerschule in Ghana, wo sie das Vertrauen des Premiers errang. Nach ihrer Vertreibung durch einen Militärputsch schrieb sie ihre Erlebnisse nieder: »Ich flog für Kwame Nkrumah«. 1972 wurde sie in den USA zum »Piloten des Jahres« ernannt, die »Society of

Experimental Test Pilots« (SETP) machte sie zum Ehrenmitglied. 1975 sprach sie in Los Angeles vor 1200 Astronauten und Testpiloten und erhielt minutenlangen Applaus.

Der große Kontrast zu ihrer Heimat, wo man ihr Glorifizierung des NS-Regimes vorwarf, bewog Hanna Reitsch schon 1974, die deutsche Staatsbürgerschaft zugunsten der österreichischen aufzugeben. Noch 1979, als 67-Jährige, verteidigte und verbesserte sie den von ihr gehaltenen Segelflug-Weltrekord im Zielflug mit Rückkehr zum Startort.

Am 24. August 1979 ist Hanna Reitsch, die erste Hubschrauber-, Düsenflugzeug- und Raketenflugzeugpilotin der Welt, an einem Herzinfarkt verstorben.[79]

Winifred Wagner

Wolf und Winni

23. Juni 1897 – 5. März 1980

Die Musik von Richard Wagner leistete der Weltgeschichte Patendienste, denn sie hat sowohl Theodor Herzl als auch Adolf Hitler entscheidend geprägt. Es waren die betörenden Klänge von »Tannhäuser«, bei denen der Wiener Journalist Herzl die Vision eines »Gelobten Landes« als Heimstätte für die in aller Welt verstreuten Juden hatte.[1] »Rienzi« hingegen wurde für Adolf Hitler zum Wendepunkt seines Lebens. »Damals hat alles begonnen«, gestand er einem Jugendfreund. »Bei dieser gottbegnadeten Musik hatte ich als junger Mensch im Linzer Theater die Eingebung, dass es auch mir gelingen müsse, das deutsche Volk zu einen.«[2]

Hitlers schwärmerische Begeisterung blieb nicht ohne Auswirkungen auf das Dritte Reich. Richard Wagner wurde als »erhabener deutscher Meister« vereinnahmt und ideologisch genutzt: zur Eröffnung der Parteitage, bei Staatsbegräbnissen und beim jährlichen Ritual der Bayreuther

Festspiele unter dem Patronat des »Führers«.[3] Der junge Staat Israel aber teilte den Enthusiasmus seines Gründervaters nicht. Im Hinblick auf die schmerzlichen Assoziationen zum NS-Regime hat man lange Zeit hindurch Richard Wagners gesamtes Werk geächtet.

In Bayreuth, dem Ort des Wagnerkultes, ist Hitler erstmals am 30. September 1923 erschienen. Er kam, um am »Deutschen Tag« zu sprechen. Die NSDAP-Sympathisantin Winifred Wagner ergriff die Gelegenheit, den bewunderten Politiker kennen zu lernen: »Es wurde angefragt, ob wir eventuell nach der Versammlung bereit wären, ihn [Hitler] kennen zu lernen. Mein Mann ging nicht hin, ich bin hingegangen [in das Hotel Anker], ich habe ihn durch Herrn und Frau Bechstein kennen gelernt ... und ich muss gestehen, dass ich sofort einen sehr großen und tiefen Eindruck von dem Mann hatte. Als Persönlichkeit, das Auge war von allen Dingen ungeheuer anziehend, ganz blau und ein großes, ausdrucksvolles Auge, und ich forderte ihn auf, nach Wahnfried zu kommen, weil er sich natürlich ungeheuer dafür interessierte, für Wagners Wohnhaus [Wahnfried], für Wagners Ruhestätte, er wollte das sehen ...«[4]

Die junge Frau stellte den aufstrebenden Politiker dann dem Wagnerclan vor. An diesem Abend begann zwischen Adolf Hitler und Winifred Wagner, die sich später als »Wolf« und »Winni« ansprachen, eine lebenslange Freundschaft.[5] Der »Führer« hat dies später oft lobend erwähnt: »Frau Wagner hat Bayreuth – das ist ihr großes historisches Verdienst – mit dem Nationalsozialismus zusammengebracht.«[6]

Winifred Wagner wurde am 23. Juni 1897 in Hastings an der englischen Kanalküste als Tochter des Journalisten John Williams und der Schauspielerin Emily Florence geboren. Von ihrer tristen frühen Kindheit, zu der auch ein Aufenthalt in einem Waisenhaus »à la Dickens« gehörte[7], hat Winifred selbst berichtet: »Leider habe ich meine beiden Eltern schon mit zwei Jahren verloren. Meinen Vater, wie ich ein Jahr alt war, die Mutter, wie ich zwei Jahre alt war. Ich war also Vollwaise, hatte keine Geschwister und sehr wenig Verwandte, die sich zwar bemühten ... aber immer wieder absprangen, sodass ich als Kind von einer Hand in die andere gereicht wurde, bis ich ... plötzlich nach Deutschland geschickt wurde, weil da entfernte Verwandte meines Großvaters väterlicherseits wohnten ...«[8]

Sie kam nach Berlin zu Karl Klindworth, einem Pianisten, Dirigenten, Lisztschüler und Wagnerianer von deutschnationaler, stark antisemitischer Prägung. Der bereits 78-jährige Klindworth und seine fast gleichaltrige Frau nahmen sich in rührender Weise um das Waisenkind an: »Nun haben wir in unserem hohen Alter auch noch eine Sorge übernommen – die Erziehung und Versorgung eines kleinen, lieblichen Mädchens von zehn Jahren, das gänzlich ohne Mittel, allein in der Welt steht ...«[9] Das Haus Klindworth war ein Hort der Musikpflege und man erzog Winifred »im Sinn Wagners und Bayreuths«. Jedes Jahr wurde ihr Pflegevater von Cosima Wagner, der Witwe Richard Wagners, zu den Generalproben der Bayreuther Festspiele geladen, die im kleinen exklusiven Kreis stattfanden. Er schätzte dies als hohe Ehre und weigerte sich lange, seinen jungen Schützling mitzunehmen. Erst mit 17 Jahren besaß Winifred in den Augen Klindworths dafür die nötige Reife. Es waren die letzten Festspiele vor dem Ausbruch des Ersten Weltkriegs. Die Aufführung des »Fliegenden Holländers«, inszeniert und geleitet von Siegfried Wagner, Richard

Wagners einzigem Sohn, fand am 22. Juli 1914 vor stark gelichteten Zuschauerreihen statt. Als die Kriegszustands-Erklärung des bayrischen Königs verlesen wurde, reisten die meisten Besucher überstürzt ab.

Die sich ausbreitende düstere Stimmung merkte Winifred kaum, denn sie hatte sich in Siegfried verliebt. Sie spazierte mit der Mutter des Angebeteten durch den Hofgarten von Bayreuth und durfte von sich selbst erzählen. Diskret sondierte die das Erbe ihres Mannes mit eiserner Hand verwaltende Cosima, ob die politischen Ansichten des jungen Mädchens mit ihren eigenen deutsch-nationalen und antisemitischen konform gingen. Dann ermunterte sie die scheue Werbung des jungen Mädchens um ihren Sohn, in der Hoffnung, dass der 45-Jährige endlich heiraten möge. Abgesehen von der politischen Einstellung waren die durch das lange Warten zermürbten mütterlichen Wünsche an eine Schwiegertochter denkbar bescheiden: »... und ich habe ihm erklärt, mir würde jede willkommen sein, aus welchem Stand, von welcher Nation, von welchen Eigentümlichkeiten sie sei, mein einziger Wunsch wäre Freundlichkeit.«[10]

Als Winifred mit ihrem Adoptivvater nach Berlin zurückkehrte, blieben – wie sie es selbst ausdrückte – »Herz und Hirn« in Bayreuth zurück. Sie besuchte weiterhin die Schule, meldete sich regelmäßig bei der Polizei – trotz Adoption galt sie als »feindliche Ausländerin« – und betrachtete in ihrem Zimmer sehnsüchtig ein sehr schmeichelndes Jugendbildnis von Siegfried Wagner aus dem Jahr 1892, das mit dem untersetzten Mitvierziger nur entfernte Ähnlichkeiten aufwies.[11] »Ja, der tiefste Eindruck meines ersten Bayreuth-Besuches war mein späterer Mann. Ich habe mich damals Hals über Kopf in Siegfried verliebt und merkwürdigerweise war es seine Stimme, die mich restlos einnahm«, bekannte sie später.[12]

Der 1869 geborene Siegfried Wagner war ein begehrter Dirigent und vielseitiger Komponist, den seine Konzerttourneen in alle europäischen Metropolen führten. Schon als 25-Jähriger hatte er mit großem Erfolg in der Londoner Queen's Hall dirigiert. 1899 wurde seine Oper »Der Bärenhäuter«[13] uraufgeführt. Mit unermüdlichem Fleiß schuf er von 1898 bis 1914 elf Opern und zwischen 1915 und 1930 weitere sieben (darunter drei vollendete). Der erwartete Erfolg stellte sich jedoch nicht ein. Siegfried Wagner blieb stets im Schatten seines Vaters und führte die negativen Kritiken – man hielt seine »Märchenopern« für nicht zeitgemäß – auf die bösartige Verschwörung einer feindlichen »Judenpresse« zurück.[14] An seinem Lebensende sollte der »Meistersohn« dann zu dem resignierenden Schluss kommen: »Seit 25 Jahren weiß ich, dass ich in Neu-Deutschland zu der Kategorie der Tot-zu-Schweigenden gehöre.«[15] Im Privatleben hatte sich Siegfried lange dem Diktat seiner Mutter zu beugen, die ihren Sohn auf Konzertreisen überwachen ließ: »... würden Sie bitte dafür Sorge tragen, dass er nach Tisch ausruht.« 1901 führte man in Bayreuth seine erste eigenständige Inszenierung auf. Nach dem gesundheitlichen Zusammenbruch der Mutter übernahm Siegfried 1908 die Gesamtleitung der Bayreuther Festspiele. Die Berufung war überaus ehrend, wirkte sich jedoch auf die eigene künstlerische Entfaltung lähmend aus.

Allen mütterlichen Heiratswünschen hatte sich der ansonsten eher gefügige Siegfried bisher widersetzt. Cosima befürchtete das Ende des wagnerschen Einflusses in Bayreuth, denn weibliche Intendantinnen – ihre eigenen Töchter aus zwei Ehen – zog die Festspielchefin nicht im Entferntesten in Betracht und legte dies auch testamentarisch fest.[16] Auch der 1901 geborene uneheliche Stammhalter, den Siegfried mit der Frau des Bayreuther Pfarrers zeugte, löste das Problem der Nachfolge nicht.[17] Dabei hatte Illegitimität in den verworrenen Familienverhältnissen des Hauses Wahnfried große Tradition: Cosima selbst war unehelich (aus der Beziehung von Franz Liszt mit Gräfin Maria d'Agoult) geboren. Und auch Cosimas Nachkommen Isolde, Eva und Siegfried – aus der Verbindung zu Richard Wagner – waren »Kinder der Liebe«. Ungerührt von mütterlichen Ermahnungen pflegte Siegfried »Fidi« weiterhin seine weiblichen, mehr jedoch noch seine männlichen Liaisonen. Erpressern, die seinen intimen Umgang mit jungen Männern beobachtet hatten, zahlte er häufig und anstandslos große Summen.[18]

Nachdem Siegfried 1913 auch von seiner Schwester Eva mit »... bringe junges Leben in unser teures Wahnfried!« massiv zur Eheschließung gedrängt wurde, warb er um die 17-jährige Winifred, die überglücklich schrieb: »Verehrtester, teuerster Meister, wie darf ich Ihre beglückenden Zeilen auffassen? Darf ich sie ganz so verstehen, wie ich möchte, dann bin ich die glücklichste Seele unter Gottes herrlichem Himmelszelt! Meister, ich bin halt noch ein rechter Kindskopf, aber behalten Sie mich, so wie ich bin, ein bisschen lieb – Ihre Wünsche sind doch längst erfüllt, gelt? Und wenn's nach mir geht, sollen sie alle, alle erfüllt werden! Gute Nacht!«

Zwei Tage später, am 7. Juli 1915, hatte sich alles entschieden: »Siegfried, Geliebter, Wie glücklich ich bin, vermögen Worte nicht zu sagen! ... Mit Leib und Seele vertraue ich mich dir an, leite du mich durchs Leben – forme mich so, wie du mich haben möchtest! ... tausend selige Grüße ...«[19]

Cosima Wagner pries Winifreds Vorzüge in den höchsten Tönen und schwärmte von der »strengen Sitte und Abgeschiedenheit« der Erziehung ihrer zukünftigen Schwiegertochter sowie der Schönheit und Anmut des 18-jährigen »Kindes«.[20] Unausgesprochen blieb, dass Winifred in idealer Weise alle Wünsche erfüllte: Sie war arm und konnte deshalb auch keine besonderen Ansprüche stellen. Sie hatte keinen einflussreichen Anhang, der in Bayreuth mitmischen wollte, und ihre Jugend ließ Unterordnung erwarten. Dazu kam, dass Siegfrieds Auserwählte eine »geradezu töchterliche Ähnlichkeit mit der Frau Meister«, nämlich Cosima, hatte. Siegfried Wagner, dessen Leben sich in seinem musikalischen Werk spiegelt, nahm vorübergehend Abschied von seiner Homosexualität und trat am 22. September 1915 mit dem Bewusstsein, Wahnfried und der Dynastie zu dienen, in die Ehe ein. Seine gemischten Gefühle brachte er in seinem Opus 12 mit dem bezeichnenden Titel »Das Liebesopfer« zum Ausdruck.[21]

So heiratete Winifred in Deutschlands berühmteste Künstlerdynastie ein, um die sich ein internationaler Kreis devoter Verehrer scharte. Die Art, in der die Wagners seit Jahrzehnten das Erbe des »Meisters« gleichsam als Monopol hüteten, rief allerdings auch strenge Kritik hervor: »Bayreuth ist das Wagnertheater der reichen Leute geworden ... hat nie nach dem Ruhm gelangt, die Werke anderer deutscher Meister ... zu zeigen ... keinen Musikerhort gestiftet ... keine Freivorstellung ... aus dem Werk, zu dem sie nicht im Geringsten mitwirken konnten, hatten die Erben Einkünfte, wie niemals und nirgends eines Künstlers Lebensleistung erbrachte ... freut euch des ansehnlichen Familienunternehmens ... lasset endlich aber von dem Versuch ... es in die Hochburg, das himmelan ragende Heiligtum deutscher Volkheit umzufälschen, von dessen Zinne der Wille des Meisters spricht ...«[22] Tatsächlich waren die Gewinne aus der Verwertung des Erbes von Richard Wagner enorm. So betrugen allein die Einnahmen aus Tantiemen in den Jahren 1883 bis 1914 um die sechs Millionen Mark.[23] Das Barvermögen der Familie betrug 1914 sieben Millionen Mark.

Winifreds erste Ehejahre verliefen recht glücklich. Die junge Frau fügte sich problemlos in die wahnfriedsche Hierarchie, erledigte voll Beflissenheit Cosimas Korrespondenz und übte sich als Vorleserin französischer Literatur, da »Schwiegermama den Standpunkt einnahm, dass ich beschäftigt werden müsse«.[24] Ihre politische Prägung erfuhr Winifred jedoch durch den Ehemann ihrer Schwägerin Eva, den erblindeten Geschichtsphilosophen und Schriftsteller Houston Stewart Chamberlain, dessen Werk »Die Grundlagen des 19. Jahrhunderts« man später in nationalsozialistischen Kreisen als Bibel verehren sollte. Siegfrieds junge Frau erwies sich als gelehrige, begeisterte Schülerin. Bald stieß auch sie zu dem reaktionären, alldeutschen und extrem rechts stehenden »Bayreuther Kreis«, dem sowohl Cosima als auch Chamberlain angehörten.

Am 5. Januar 1917 feierte man in Wahnfried die glückliche Geburt von Adolf Wieland Gottfried, dem lang ersehnten Stammhalter. »Das Winnilein hat mir der Himmel geschenkt«, jubelte der glückliche Vater[25] und arrangierte, dass Frau und Kind zu Hause mit musikalischen Darbietungen empfangen wurden. Drei weitere Kinder folgten im Jahresrhythmus: Friedelind (1918), Wolfgang (1919) sowie Verena (1920). Jedes stärkte Winifreds Position.

Von kriegsbedingten Engpässen blieb Deutschlands bekannteste Musikdynastie weitgehend verschont. Man baute zwar in Wahnfrieds Vorgarten Kartoffeln und Gemüse an, lebte aufgrund des Kohlenmangels zu neunt in Siegfrieds kleinem Junggesellenhäuschen und das Festspielhaus blieb geschlossen. Der Festspielfonds, die Kriegsanleihen und das Barvermögen entwerteten sich sukzessive, wirkliche Not litt man jedoch nicht.[26]

Am 6. Dezember 1917 begleitete Winifred ihren Mann zur Uraufführung seiner Oper »An allem war Hütchen schuld«. Sie fand im Beisein der Königin von Württemberg statt, die das Ehepaar anschließend zu einem üppigen Festessen lud. Trotz dieses Erfolgs wurde Siegfried damals von Depressionen geplagt, sodass er zeitweise an Auswanderung dachte.[27] Für die seiner Meinung nach ungenügende künstlerische Anerkennung seiner Werke, aber auch für die drohende militärische Niederlage Deutschlands machte er die Juden verantwortlich. »Ich komme doch auf keinen grünen Zweig. Dafür sorgt der Juden Hass!«, heißt es in einem Brief. »Der deutsche Michel liegt am Boden. Jud und Pfaff teilen die Beute!« in einem anderen.[28] Winifred jedoch, die zusehends an Selbstvertrauen gewann, trat allmählich aus dem Schatten ihres Mannes. Sie galt – auch nach dem Verlust ihrer schlanken Silhouette – als attraktive Schönheit und sonnte sich im Kreis zahlreicher Verehrer.

Nach Kriegsende sah sich der Familienvater zu einer intensiven, ungeliebten Dirigententätigkeit gezwungen. Siegfrieds triste Gemütslage verbesserte sich dadurch nicht: »Dass ich zehn Monate des Jahres mich mit Konzerten herumrackere, um Geld zu verdienen, in den beschissenen Städten herumdirigiere ...«, schrieb er in sein Tagebuch.[29] Winifred blieb in Wahnfried, widmete sich der Erziehung ihrer Kinder und gab sich politischen Betrachtungen hin: »Nach dem unglückseligen Kriegsausgang 1918, der Deutschland nach außen hin zerschlagen hatte und im Innern eine Revolutionswelle nach der anderen brachte ... empfand jeder deutschfühlende Mensch mit blutendem Herzen die Schmach und Schande ... und es bestand nur eine Sehnsucht, dass ... aus dem Chaos ein neues Reich entstehe ...«[30] Sie setzte ihre Hoffnung auf die »Deutsche Arbeiterpartei«, die Vorläuferin der NSDAP, die ihr von dem völkischen Musikkritiker Josef Cerny (Stolzing-Cerny) als Partei mit nationaler und sozialer Grundlage geschildert wurde und in der ein begabter Redner namens Adolf Hitler als Propagandaobmann wirkte.[31]

Im November 1922 pflegten Winifred, aber auch Siegfried Wagner bereits enge Kontakte zur neu gegründeten Bayreuther Ortsgruppe der NSDAP[32] und nach dem ersten Münchner Reichsparteitag der NSDAP, dem 28. Januar 1923, gehörten die Wagners bereits zu den aktiven Förderern der jungen Partei. Am 30. September 1923 brachte der »Deutsche Tag«, eine Versammlung völkisch-nationaler Kampfverbände, Tausende von Nazis in die Wagnerstadt und am Vormittag des 1. Oktober 1923 erschien Hitler dann selbst in Wahnfried. Er sah sich das auf dem Grünen Hügel gelegene Festspielhaus an, ging überwältigt durch die Räume und lauschte sichtlich ergriffen den Erklärungen eines Führers: Die Neueröffnung des Hauses sei geplant, allein es mangle an Geld![33] Lange stand Hitler vor dem Grab Richard Wagners, um sich dann den lebenden Wagners zuzuwenden. Er versprach theatralisch, sobald er an die Macht käme, würde er »Parsifal«, wie es Richard Wagner gewünscht hatte, ausschließlich in Bayreuth aufführen lassen (ein Versprechen, das nicht eingehalten wurde). Die Nachkommen des Musikgenies hörten dies mit Freuden. Hitler beeindruckte auch den greisen Chamberlain zutiefst. Dieser meinte nach der Begegnung, dass er nach Jahren der Schlaflosigkeit zum ersten Mal wieder beruhigt hätte einschlafen können: Deutschlands Schicksal ruhe nun in guten Händen.

»Als ich dann Wahnfried zum ersten Mal betreten habe, ich war so bewegt!«, meinte Hitler selbst.[34] Ein anderes Mal sagte er: »Das Haus Wahnfried strahlt Licht aus und wirkt wie ein Magnet für Bayreuth.«[35] Er fühlte sich dort umso wohler, als sämtliche weibliche Mitglieder der Wagnerfamilie seinem Charme verfielen. »In Bayreuth, wo insbesondere die weiblichen Mitglieder des Hauses Wahnfried einen ausgesprochenen Hitler-Kultus treiben ...«, heißt es z. B. in dem zeitgenössischen polizeilichen Observationsbericht.[36]

Hitler blieb das große Propagandapotenzial von Bayreuth nicht verborgen. Er gedachte es zu nutzen und führte sich mit einer viel erprobten Methode in Wahnfried ein. Wie bei den renommierten Familien Bechstein, Bruckmann, Hanfstaengl, Hoffmann und Buch spielte er auch bei den Wagners das einsame, aufstrebende mittellose Genie ohne Familie, mit Sehnsucht nach menschlicher Wärme und einem kultivierten Hort zur Entspannung von der rauen Politik. Er ließ sich verwöhnen und konsultierte die Gastgeber in Kleidungs- und Etikettefragen.[37] Er schmeichelte der Doyenne des Hauses: »Dabei hat die Cosima doch auch das Frauliche besessen, sie hat mit ihrem Charme jeden bezaubert, der nach Wahnfried kam, auch noch dann, wie sie Witwe war ...«[38] Er umwarb Winifred. Am 8. November 1923 reiste das Ehepaar Wagner zu einem Konzert in der Münchner Tonhalle. Kurz bevor Siegfried Hitlers gescheiterten Griff nach der Macht erlebte, schrieb er einem Freund zuversichtlich: »Er [Hitler] muss es fertig bringen!«[39] Der Münchner Putschversuch der NSDAP vom 8./9. November 1923 schlug jedoch fehl und Hitler wurde verhaftet.

Viele Parteianhänger glaubten, dass die Schüsse auf dem Münchner Odeonsplatz die »Bewegung zu Boden geworfen« hätten, hielten die nationalsozialistische Sache für verloren und resignierten. Nicht so die 26-jährige Winifred Wagner. Nach ihrer Heimkehr stieg sie am 11. November 1923 in dem Bayreuther Restaurant Lieb auf einen Tisch und gab den Gesinnungsgenossen einen leidenschaftlichen Bericht von den Münchner Ereignissen. »Der Zufall wollte es, dass wir am 8. und 9. November 1923 in München waren ... wurde uns mitgeteilt, dass im Bürgerbräukeller soeben die nationale Revolution ausgerufen worden sei ... als wir uns am 9. November auf die Straße begaben ... merkwürdige Erregung ... Hitler und seine Anhänger seien als Hochverräter zu betrachten ...« Schon am 14. November 1923 meldete sie sich erneut zu Wort: »Ganz Bayreuth weiß, dass wir in freundschaftlichen Beziehungen zu Adolf Hitler stehen ... seit Jahren verfolgen wir mit größter innerer Teilnahme und Zustimmung die aufbauende Arbeit Adolf Hitlers, dieses deutschen Mannes, der, von heißer Liebe zu seinem Vaterland erfüllt, sein Leben seiner Idee eines geläuterten, einigen, nationalen Großdeutschlands zum Opfer bringt ... seine Persönlichkeit hat wie auf jeden ... auch auf uns einen tiefen, ergreifenden Eindruck gemacht und wir haben begriffen, wie ein solch schlichter, körperlich zarter Mann eine solche Macht auszuüben fähig ist. ... Ich gebe unumwunden zu, dass auch wir unter dem Bann dieser Persönlichkeit stehen, dass auch wir in den Tagen des Glücks zu ihm standen, nun auch in den Tagen der Not ihm die Treue halten.«[40]

Am 1. Dezember 1923 unterzeichnete Winifred Wagner ein Schreiben[41], das vehement die Freilassung Hitlers forderte und zu Weihnachten 1923 bekräftigte Siegfried Wagner die Haltung seiner Frau: »... Die Zustände in Bayern sind ja unerhört ... Meineid und Verrat wird heilig gesprochen und Jude und Jesuit gehen Arm in Arm, um das Deutschtum auszurotten! – Aber vielleicht verrechnet sich der Satan diesmal. Sollte die deutsche Sache wirklich erliegen, dann glaube ich an Jehova, den Gott der Rache und des Hasses. Meine Frau kämpft wie eine Löwin für Hitler! Großartig ...«[42] Die von Winifred Wagner mitunterzeichnete Petition sollte vom öffentlichen Ankläger während des Hitlerprozesses verlesen werden.

Hitler hat dies nie vergessen. »Nicht nur die anderen, auch Siegfried Wagner ist zu mir gestanden in der Zeit, wo es mir am schlechtesten gegangen ist. Chamberlains Brief kam während meiner Haft! Ich war auf du und du mit ihnen«.[43] Winifreds Lehrer und Mentor hatte dem Häftling in das Gefängnis von Landsberg einen Huldigungsbrief geschrieben, in dem es unter anderem hieß: »... dass Deutschland in seiner tiefsten Not einen Hitler gebiert, bezeugt seine Lebendigkeit.«[44] Wenig später gab Chamberlain die in Wahnfried herrschende Meinung wieder: »... dieser Mann hat gewirkt wie ein Gottessegen ... wir haben ihn bitter notwendig: Gott, der ihn uns geschenkt hat, möge ihn uns noch viele Jahre bewahren zum Segen für das deutsche Vaterland!«[45]

Die unerschütterliche Treue des Wagnerclans war umso bemerkenswerter, als das Volksgericht München I Hitler zu einer fünfjährigen Festungshaft verurteilt hatte, die NSDAP schon am 23. November 1923 aufgelöst worden war und eine Rückkehr des Agitators auf die politische Bühne in weiter Ferne zu liegen schien.

Anfang Januar 1924 brach das Ehepaar Wagner nach Amerika auf. Zweck der Reise war die Beschaffung von Geld für die Wiedereröffnung der Bayreuther Festspiele – sechs bis zehn Millionen waren aufzubringen. Unter dem Motto »Bayreuth und Wahnfried muss geholfen werden!« reisten Winifred und Siegfried auf der Suche nach großzügigen Mäzenen durch die USA. Winifred hielt Vorträge über Bayreuth und Siegfried dirigierte eine Reihe sehr gut besuchter Konzerte, die den Amerikanern vor Augen führen sollten, welch hehre Kunst es zu fördern galt. Die im Hintergrund tobende Presseschlacht machte die Reise allerdings zu einem Fiasko. Die sentimentale Übertreibung der Bedürftigkeit der Wagners vonseiten der Bayreuth-Lobby rief den vehementen Widerspruch der liberalen Presse hervor. Das »Berliner Tagblatt« druckte antisemitische Äußerungen Siegfrieds ab und andere Zeitungen enthüllten das politische Engagement der Wagners – sie hatten 100 Dollar für die Angehörigen inhaftierter Nazis gespendet – für die NSDAP. Die Nachricht fand den Weg über den Atlantik. Viele amerikanische Kunstbegeisterte haben daraufhin von einer Unterstützung der

Freunde Hitlers abgesehen und der Reinerlös der anstrengenden Tour blieb mit 8000 Dollar weit hinter den Erwartungen von 200 000 Dollar zurück. Die Heimreise im März 1924 erfolgte über Rom, wo das Ehepaar Mussolini kennen lernte und ihn mit Hitler verglich: »Alles Wille, Kraft, fast Brutalität. Fanatisches Auge, aber keine Liebeskraft wie bei Hitler und Ludendorff. Romane und Germane!«[46]

Nach Bayreuth zurückgekehrt, wurden die Proben für den Neubeginn der Festspiele in Angriff genommen. Siegfried Wagner übernahm die komplette Inszenierung von 1911 und beschränkte sich darauf, den Bühnenapparat dem neuesten technischen Stand anzupassen.[47] Winifred arbeitete tatkräftigst mit, fand jedoch in der Liste der Mitarbeiter des Festspielführers keine Erwähnung. »Für die Öffentlichkeit habe ich während der 15-jährigen Ehe ... ganz im Hintergrund gestanden, nach außen hin war ich in erster Linie Hausfrau, Gattin und Mutter. Intern war ich jedoch ... Sekretärin ... er [Siegfried] übertrug mir die gesamte organisatorische und propagandistische Arbeit ... ich nahm an allen Reisen teil und war bei jeder Stimmprüfung zugegen ... und sämtlichen Proben im Festspielhaus ...«, erklärte sie später die Situation.[48]

Nach zehnjähriger Pause wurden die Festspiele am 22. Juli 1924 mit den Vorkriegsinszenierungen der »Meistersinger«, der vier »Ringwerke« und »Parsifal« eröffnet. Siegfried Wagner persönlich gab die Devise von den »Erlösungsfestspielen des deutschen Geistes« aus und ließ die schwarz-weiß-rote Reichsfahne aufziehen. Der zum völkischen Flügel der deutschen Rechten zählende General Ludendorff befand sich unter den Festgästen und die vorherrschende deutsch-nationale Gesinnung wurde von einer ebensolchen Pressekampagne begleitet. Die Demonstration gegen die »Judenrepublik« leitete in Bayreuth eine kulturpolitisch offensive Periode ein, die nahtlos in das Dritte Reich übergehen sollte.[49] Die liberale Presse empörte sich, dass die Festspiele der illegalen NSDAP dienten. Siegfried Wagner sah jedoch keinen Grund einzuschreiten. Erst als die rechtsradikalen Kundgebungen den Spielbetrieb störten und am Schluss der Meistersinger das »Deutschlandlied« erklang, ließ er die Mitteilung »Hier gilt's der Kunst« an den Türen anschlagen.

Der in Landsberg inhaftierte Hitler nahm mit »großem Schmerz« zur Kenntnis, dass ein Besuch der Festspiele ein »unerfüllbarer verträumter Wunsch« bleiben müsse.[50] Winifred pilgerte zwar nicht, wie viele Sympathisantinnen, zum »Führer« nach Landsberg, unterstützte aber die Familien der inhaftierten Parteigenossen, spendete Kleidung und Nahrung. Hitler jedoch versorgte sie mit jenem Schreibpapier, auf dem dann »Mein Kampf« entstehen sollte.

In Bayreuth, das zur Hochburg der illegalen NSDAP geworden war, freute man sich besonders, dass Hitler schon am 20. Dezember 1924 aus der Haft entlassen wurde.[51] Im Februar 1925 eilte Winifred nach München, um an der Gründungsversammlung der neuen NSDAP teilzunehmen. Der Politiker gab sich damals als gemäßigter Demokrat, umwarb mit ständigen Legalitätsbeteuerungen das bürgerliche Lager und erreichte damit in kürzester Zeit die Wiedergründung der NSDAP. Parteifreunden gegenüber erklärte er: »Kampf der Teufelsmacht, die Deutschland in dieses Elend gestürzt hat, Kampf dem Marxismus sowie dem geistigen Träger dieser Weltpest und Seuche, dem Juden!«

Auf Einladung der Fabrikantenfamilie Bechstein kam

Hitler dann zu den – nur mäßig erfolgreichen – Bayreuther Festspielen des Jahres 1925. Bei dieser Gelegenheit verkündete er den Genossen – öffentliche Reden waren ihm verboten –, dass »Wagners Werk alles in sich schlösse, was der Nationalsozialismus erstrebe«.[52]

Noch während des Krieges erinnerte er sich voll Nostalgie: »Ich kam in Bayreuth um elf Uhr abends an ... Am nächsten Tag früh kam die Frau Wagner und brachte mir ein paar Blumen! ... Ich war sechsunddreißig Jahre alt, kannte noch keine Sorgen und der Himmel hing voller Geigen! ...«[53]

Hitlers erster Festspielbesuch sollte für viele Jahre sein letzter sein. Nach Kriegsende gab Winifred Wagner den Grund dafür an: Jedes öffentliche Auftreten Hitlers wäre von großen, manchmal gewalttätigen Kundgebungen seiner Anhänger begleitet worden. Darum hätte sie ihn ersucht, Bayreuth fernzubleiben.[54] In Hitlers Version klingt es anders: »Dann habe ich den Ring gehört [1925] und die Meistersinger. Dass dieser Jude Schorr den Wotan gesungen hat, das hat mich so geärgert, für mich war das Rassenschande! ... Ich bin dann jahrelang nicht mehr hin, was mir an sich sehr Leid getan hat. Frau Wagner war ganz unglücklich, hat zwölfmal geschrieben, fünfundzwanzigmal telefoniert!«[55] Am 26. Januar 1926 ist Winifred Wagner der NSDAP beigetreten. Sie erhielt die Mitgliedsnummer 29 349.

Tatsächlich blieb Hitler von 1925 bis zur Machtergreifung im Jahr 1933 den Festspielen fern, nicht jedoch Wahnfried und seinen Bewohnern.[56] Der Politiker und die junge Hausherrin boten einander das Du-Wort an. Hitler nahm am Familienleben der Wagners großen Anteil, spielte als »Onkel Wolf« mit den Kindern, brachte sie zu Bett und erzählte ihnen Geschichten. Es war die Zeit, in der Winifred mittels selbst erstelltem Dienstplan ein großes Arbeitspensum bewältigte und immer größeren Einfluss auf Planung und Organisation der Festspiele nahm. Als erste Frau in Bayreuth erwarb sie den Führerschein und kutschierte ihren Mann als seine »belle chauffeuse« zu Verhandlungen mit Künstlern und Konzertterminen. Sie unterstützte den »Bayreuther Bund der Deutschen Jugend« und bereitete die für 1926 angesetzte »Siegfried-Wagner-Festspielwoche« in Dresden vor.[57]

Winifred Wagners Loyalität gegenüber der Familie war beträchtlich, obwohl sie sich im Hinblick auf ihre Ehe keinen Illusionen mehr hingab. Schon längst hatte sie von dem unehelichen Sohn ihres Mannes erfahren und auch zur Kenntnis genommen, dass Siegfried weiterhin intime Männerfreundschaften hatte. Die greise Schwiegermutter brauchte aufopfernde Pflege und die Schwägerinnen Eva und Isolde ergriffen jede Gelegenheit, um Winifreds vier lebhafte – nach deren Meinung zu liberal erzogene – Kinder zu kritisieren. In dieser Situation bewährte sich »Wolf« als verständnisvoller Hausfreund, Tröster und »Winnis« Verbündeter, dessen Stimme im Haus Wahnfried Gewicht zukam. »Ich habe einmal eine Szene miterlebt ... einfach verrückt! Die junge Frau – Winifred Wagner – war den Schwestern recht, [für alles] da zu sein ... Dass die Frau ihrem Mann vier Kinder geboren hat, das hat man ihr gar nicht angerechnet, und wie hat sie dem Mann die Treue gehalten, das wollte schon etwas besagen! Man sieht es den Kindern an; wenn irgendwo Kinder ein Gesicht haben, dann ist es hier der Fall!«, gab Hitler einmal von sich.[58]

In ihrem großen Einsatz für das Werk Richard Wagners stimmten Siegfried und Winifred vollkommen überein. In der Politik jedoch gingen sie getrennte Wege, da Siegfried trotz aller Sympathie für Hitler und die NSDAP zu keinem aktiven Einsatz für die Sache bereit war. Er war nie Mitglied der NSDAP und blieb auch der »NS-Gesellschaft für Deutsche Kultur« fern. Dieser Mangel an Enthusiasmus kränkte Winifred. Sie selbst war mit ihrer Mitgliedsnummer 29 349 eine geschätzte Altparteigenossin, die auch den Gründungsaufruf des von Alfred Rosenberg geleiteten »Kampfbundes für deutsche Kultur« unterzeichnete.[59] Hitler hat in Winifred eine treue und verlässliche Verbündete gefunden. Über ihren Mann jedoch sagte er: »Siegfried – persönlich war er mit mir befreundet, politisch war er passiv!«[60]

Winifreds unermüdlicher Einsatz machte Wahnfried bereits 1926 zu einem Hort, in dem nicht nur Hitler, sondern auch viele hohe NS-Politiker freundliche Aufnahme fanden. So notierte Goebbels nach einem Besuch im Mai 1926: »Frau Wagner holt mich zum Essen herein ... so sollten sie alle sein. Und fanatisch auf unserer Seite. Herzige Kinder ... Sie klagt mir ihr Leid. Siegfried ist so schlapp. Pfui! Soll sich vor dem Meister schämen ... Seine Frau gefällt mir. Ich möchte sie als Freundin haben ... eine junge Frau weint, weil der Sohn nicht ist, wie der Meister war ...«[61] Später ergänzte er seine Beobachtungen: »Siegfried ist ein feiger Hund. Kriecht vor den Juden!«[62]

Anlass dafür war Siegfrieds beharrliche Weigerung, die für Bayreuth verpflichteten jüdischen Künstler zu entlassen. In diesem Sinn hatte der Festspielintendant auch dem Präsidenten des Alldeutschen Verbandes August Püringer, einem deutsch-nationalen Wagnerianer, geschrieben: »Sie wollen, dass wir all diesen Menschen unsere Türen verschließen, sie nur aus dem Grund zurückweisen, dass sie Juden sind. Ist das menschlich? Ist das christlich? Ist das deutsch? ... Wenn die Juden gewillt sind, uns zu helfen, so ist das doppelt verdienstlich, weil mein Vater sie in seinen Schriften angegriffen und beleidigt hat ...«[63] Siegfrieds nobler Brief steht allerdings in krassem Widerspruch zu seinen vielen antisemitischen Äußerungen. Möglicherweise nahm er diese zwiespältige Haltung nur aus Rücksicht auf das zahlreiche jüdische Publikum von Bayreuth ein.[64]

In der engen, jedoch platonischen Freundschaft zu Hitler fand Winifred Entschädigung für die als persönliche Beleidigung empfundenen homosexuellen Neigungen ihres Mannes. Siegfried Wagner wiederum sah den politisierenden Hausgast, dem seine Frau eine ständige Bleibe in Wahnfried angeboten hatte und den sie fanatisch verehrte[65], mit Unbehagen. Es scheint sogar, dass er seine Bedenken in Musik umgesetzt hat. Gibt es doch in seinem Opus 17 »Walamund« die Episode vom zahmen Wolf, der eines Tages seine wahre Natur zeigt und ein Lamm reißt.[66]

1926 war das Ehepaar zur Erschließung neuer Geldquellen rastlos in ganz Deutschland unterwegs. Man fuhr im eigenen Presto-Kraftwagen und Siegfrieds Tagebuch füllte sich mit Klagen über Unfälle, Abschleppen und Reifenplatzer. Chauffeuse Winifred behob nicht nur kleinere Pannen, sondern war schon längst die treibende Kraft des Unternehmens. 1927 konnten sich die Wagners mit der Neuinszenierung von »Tristan und Isolde« einen lang gehegten Wunsch erfüllen.[67] Die Neubearbeitung des »Tannhäuser« blieb jedoch weiter ein Traum. Freund »Wolf«, dessen Partei auch 1927 noch verschwindend klein war, konnte nicht helfen, tröstete seine Freundin aber mit dem Hinweis auf die Zukunft: »... ich weiß nun wieder, dass mich das Schicksal dorthin führen wird, wohin ich schon vor vier Jahren zu kommen hoffte. Dann wird die Zeit kommen, in der der Stolz auf deinen Freund Dank sein soll für vieles, was ich dir heute gar nicht vergelten kann ...«[68]

Winifred glaubte weiter an den »Führer«. Als sie mit Siegfried nach Oberösterreich kam, besuchte sie nicht nur das Grab Anton Bruckners in St. Florian bei Linz, sondern machte auch einen Abstecher nach Braunau zu dem bereits 1928 zur NS-Kultstätte gewordenen Geburtshaus des »Führers«. Als Siegfried 1930 in Mailand den »Ring des Nibelungen« dirigierte, starb seine 92-jährige Mutter Cosima, die »Meisterin von Bayreuth«. Winifred und Siegfried wohnten dem Begräbnis bei, das dem einer regierenden Monarchin glich. Anschließend fuhren sie zur Erholung nach Meran. Bei der Durchreise in München ließ es sich Winifred trotz großer Erschöpfung nicht nehmen, Freund »Wolf« in seiner neuen, von Gönnern finanzierten Wohnung am Prinzregentenplatz aufzusuchen. Hitler ist damals bereits ein ständiges Reizthema im Hause Wagner und Siegfried machte seinem Ärger Luft, indem er an seiner Frau herumnörgelte. »Winni, friss nicht so viel«, ermahnte er die Korpulente auf sehr unfeine Art.[69]

Bald darauf erlitt Siegfried Wagner während der aufreibenden Regie-, Chor- und Orchesterproben in Bayreuth einen Herzanfall. Er verstarb am 4. August 1930, knapp 61-jährig. Siegfrieds Testament aus dem Jahr 1929 machte Winifred zur unbestrittenen Hüterin des Grals und zum Oberhaupt der Dynastie: »Winifred Wagner wird Vorerbin des gesamten Nachlasses ... als Nacherben werden bestimmt die gemeinsamen Abkömmlinge ...« Eine Ehe seiner Witwe mit Hitler hatte Siegfried im Bereich des Möglichen gese-

Bayreuth im Sommer 1931. Von links: Alexander Spring, Wilhelm Furtwängler, Heinz Tietjen, Winifred Wagner und Arturo Toscanini

hen und daher verfügt: »... die Nachfolge tritt ein mit dem Tode oder der Wiederverheiratung der Frau Wagner.«[70]

Damit wurde die englische Winifred, nach Cosima, die zweite starke Frau auf dem Thron des Meisters. Die 32-jährige Intendantin ließ die Werke ihres Mannes der Vergessenheit anheim fallen, gestaltete sein Zimmer zu einer Richard-Wagner-Gedächtnisstätte um und widmete ihre ganze beträchtliche Energie den Bayreuther Festspielen. Ihr Motto war von lapidarer Kürze: »Es liegt mir einzig daran, dass man sie [die Opern] gibt, wie ich's meine!«

Winifreds Alleinherrschaft brachte große Umwälzungen. Ein kluger Schachzug war die Bestellung von Heinz Tietjen, Generalintendant der Preußischen Staatstheater (Berlin, Kassel, Wiesbaden) zum künstlerischen Leiter.[71] Von Tietjens

Beziehungen – er war ein Protegé Görings – und seinen Ressourcen konnte der Saisonbetrieb in Bayreuth nur profitieren. Der sensible Dirigent Arturo Toscanini jedoch, der 1930 triumphale Erfolge gefeiert hatte, verließ 1931 aus »künstlerischer Desillusion« Bayreuth. Er wurde durch den Dirigenten Wilhelm Furtwängler ersetzt, der ebenfalls bald den Taktstock niederlegte, weil es ihm schwer fiel, die Autorität der Festspielchefin anzuerkennen – erst nach Winifred Wagners intensiver Werbung konnte er zur Rückkehr überredet werden.[72] Der Bühnenbildner Emil Preetorius erwies sich als erstklassiger und problemloser Fachmann. Die Witwe schuf auch eine heftig kritisierte Propagandaabteilung und entmachtete ihre beiden Schwägerinnen, die Beschwerde führten, dass »wir auf das Schnödeste von einer materiellen Anteilnahme ... ausgeschlossen wurden«. Sie kündigte überdies dem unehelichen Sohn des Verstorbenen, der als Mitarbeiter beschäftigt war.

Die turbulenten Vorgänge in Bayreuth minderten das Ansehen der Festspiele, sodass sich der Kartenverkauf für 1933 schlecht anließ. Lieselotte Schmidt, Winifreds Privatsekretärin und Erzieherin ihrer vier Kinder, klagte damals: »... Hetze gegen Bayreuth – die letzten Endes nur jüdischen Ursprungs ist – scheut vor keiner Lüge und Gemeinheit zurück ... wir stehen in eisiger Einsamkeit ...«[73]. In dieser Situation wandte sich »Winni« an »Wolf« und bald konnte Lieselotte Schmidt jubelnd berichten: »... er rief Frau Wagner nach Berlin, sie flog und innerhalb einer Viertelstunde war uns geholfen – und wie!«[74] Einem Wink des »Führers« gehorchend, kauften die oberste SA-Führung, die NS-Frauenschaft, der NS-Lehrerbund und andere blockweise Eintrittskarten und gaben sie an verdiente Genossen weiter. Für die

Saison 1934 erwarb das Propagandaministerium allein Karten im Wert von 364 000 RM, das heißt ein Drittel des Gesamtetats.[75] Zusätzlich förderte Hitler das während des NS-Regimes von jeglicher Steuer befreite Unternehmen aus seiner Privatschatulle mit jährlichen 50 000 RM.[76]

Fünfzig Jahre später räsonierte Winifred Wagner über diese Zeit: »Ja Gott, in den Dreißigerjahren hat ja kein Mensch geahnt, wohin die ganze Sache führen könnte, und ich meine, vor allem wenn der Krieg nicht ausgebrochen wäre und die Sache sich so ganz allmählich beruhigt hätte, dann bin ich fest überzeugt, dass man sich schon dem Nationalsozialismus hätte im Allgemeinen anschließen können ...«[77]

Freund »Wolf« blieb dem Hause Wahnfried treu und galt bald als Ersatzvater der Wagnerkinder. Diese wurden dazu angehalten, dem »Onkel« regelmäßig zu schreiben. Tochter Friedelind klagte, dass die Mutter ihre Briefe, oft unter großem Gelächter der Zuhörenden, vorgelesen hätte. Wieland durfte den Onkel fotografieren und besserte mit dem Verkauf der signierten »Führerbilder« sein Taschengeld auf. Wolfgang hielt fest, dass der Onkel seiner Mutter sich verneigend die Hand küsste, jedes unbeherrschte Aufbrausen vermied und auch »keine Teppiche durch Bisse entstellte«.[78] Seine Schwester Friedelind sah dies ganz anders. Nach dem Krieg erinnerte sie sich an Hitler »in einem seiner blauen Dorfschullehreranzüge ... Die Fingernägel ... noch immer zu weit mit Haut bewachsen, und beim Reden kaute er dauernd daran; zuweilen unterbrach er diese Beschäftigung und betrachtete den einen oder anderen kritisch.«[79]

In Bayreuth jedoch sprach man bereits über eine bevorstehende Heirat der berühmten Witwe mit dem »Führer« und Friedelind, das »Enfant terrible« der Familie, bemerkte mit entwaffnender Ehrlichkeit: »Mei Mudder mecht scho, aber der Onkel Wolf mecht halt net.«[80] Wilhelm Schneider, Hitlers Diener, beobachtete, wie das Paar Hand in Hand im Garten von Wahnfried spazieren ging. Wie viele Parteigenossen schien ihm Winifred Wagner die ideale Gefährtin für den »Führer« zu sein. Winifred selbst tat in einem Verhör nach Kriegsende die Heiratsgerüchte als »leeres Zeitungsgeschwätz« ab.[81] Das Verhältnis Wolf – Winni blieb weiterhin platonisch und die »Herrin von Bayreuth« ging mit ihrem ersten Mitarbeiter Heinz Tietjen ein intimes Verhältnis ein. Dieser war eine schillernde Persönlichkeit, mochte Hitler nicht, wusste sich mit ihm aber gut zu arrangieren. Mit Tietjen, der zwischen Berlin und Bayreuth pendelte, kehrte in Wahnfried wieder eine Art Familienleben zurück, wobei die auf Harmonie bedachte Winifred zwischen dem Lebensgefährten und ihren Kindern als Vermittlerin auftrat.

1933 zog der »Führer« und Reichskanzler triumphierend bei den Festspielen ein. Danach kam er Jahr für Jahr wieder. Ihm folgte wie ein Kometenschweif die gesamte Parteiprominenz und das Diplomatische Corps. Seine Fahrten wurden als Triumphzug inszeniert. Tausende Menschen säumten seinen Weg und jubelten ihm zu. Winifred und ihr ältester Sohn Wieland empfingen und begrüßten ihn beim Königsportal des Festspielhauses. Im Theater musste man Kärtchen verteilen mit der Aufschrift: »Politische Ovationen gehören nicht ins Theater!« Als dies nichts nutzte, wurde man deutlicher: »Im Auftrag des Kanzlers! Der Führer bittet, am Schluss der Vorstellungen von dem Gesang des Deutschland- oder Horst-Wessel-Liedes und politischen Kundgebungen absehen zu wollen. Es gibt keine deutlichere Äußerung des deutschen Geistes als die unsterblichen Werke des Meisters selbst. Gruppenführer Brückner, Adjutant des Führers.«

Hitler bewohnte dann zehn Tage lang einen Nebentrakt von Wahnfried mit eigener Küche, die seine vegetarische Kost für ihn zubereitete.[82] Täglich speiste er mit einem oder mehreren Mitgliedern der Familie Wagner.

Heinrich Hoffmann, Fotograf, enger Freund des »Führers« und regelmäßiger Besucher Bayreuths, berichtete: »Für Hitler waren die Festspiele Erholung – so glaubte er auch, seinem Gefolge etwas Gutes zu tun, wenn er sie für eine Woche oder länger nach Bayreuth einlud. Die Eintrittskarten zahlte er aus eigener Tasche. Aber nicht jedem bedeutete Hitlers Einladung ungetrübte Freude. Viele wären lieber in die Berge oder ans Meer gefahren, als täglich in der Backofenhitze des Zuschauerraums Wagner zu genießen. So kam es, dass Hitlers Gäste, die keine Wagnerfanatiker waren, einen spielfreien Tag wesentlich erholsamer fanden als ›Parsifal‹ oder die ›Götterdämmerung‹. Wer pflichtschuldig mit Hitler – in Uniform oder Smoking – in der Wagnerschen Loge saß, dem konnte man es nicht verargen, wenn er bei der oft unerträglichen Hitze ein Nickerchen machte. Vorsichtshalber passte einer auf den anderen auf, um durch Rippenstöße die ersten Schnarchtöne zu ersticken. Gewiss, die Eröffnungsvorstellungen waren feierlich und glanzvoll. Doch schon nach wenigen Tagen warteten ›Wagnermüde‹ darauf, gelegentlich einen oder zwei Tage eine Oper zu schwänzen ... Immer waren wir vor Schluss der Vorstellung wieder im Theater. Unsere Abwesenheit fiel nie auf. Nur abends im Künstlerlokal ›Die Eule‹ kamen wir manchmal in Verlegenheit. Als ich einmal einem der Sänger versicherte, wie sehr mich seine Leistung beeindruckt habe, wehrte er bescheiden ab – er hatte an diesem Tag gar nicht gesungen!«[83]

Im Dritten Reich nahm Wagners Musik eine dominierende Stellung ein, da sie sich hervorragend zur Einstimmung und Untermalung der Nazi-Mythologien eignete. Die Festspiele erfüllten die Funktion eines Rituals zur Selbstdarstellung der völkischen Schöpferkraft und der Visionen von deutscher Größe. Trotzdem hegten prominente Parteigenossen den Wunsch nach zeitgenössischer, »nationalsozialistischer« Musik. So versuchte Robert Ley (Leiter der Arbeitsfront, Organisationschef der Partei), Hitler im Sommer 1938 davon zu überzeugen, dass zur feierlichen Einleitung der

Festspiele in Bayreuth 1936 – Winifred Wagner mit Heinz Tietjen, Marie Müller sowie Max Lorenz und Gattin

Reichsparteitage die Musik eines lebenden Komponisten verwendet werden sollte. Die NS-Weltanschauung müsse auch musikalisch zum Ausdruck gebracht werden, meinte Ley und vergab auf eigene Faust Kompositionsaufträge. Hitler, der das ästhetische Dekor seiner Veranstaltungen sehr ernst nahm, fuhr nach Nürnberg und ließ sich in der Luitpoldhalle zwei Stunden lang von einem Symphonieorchester die neuen Kompositionen vorspielen. Dann meinte er: »Ich habe den Wunsch, auch bei dieser Gelegenheit [Eröffnung der Parteitage] die Rienzi-Ouvertüre zu hören.«[84]

Bayreuth war »Chefsache« und fiel aus diesem Grund nicht in die Kompetenz der Reichskulturkammer. Wichtige künstlerische und organisatorische Entscheidungen traf, wie die erhaltenen Festspieldokumente zeigen, nur der »Führer« selbst. 1937 wirkte Wieland, den Hitler zum Erben von Bayreuth bestimmte, zum großen Stolz seiner Mutter, erstmals an der Gestaltung der Bühnenbilder (»Parsifal«) mit. Hitlers Begeisterung für Wagner ging so weit, dass er, auch als er bereits Reichskanzler war, in nächtelanger Arbeit kolorierte Bühnenentwürfe für alle Akte von »Tristan und Isolde« sowie für alle Szenen des »Rings des Nibelungen« zeichnete. Er verfügte über erstaunliche Bühnenkenntnisse, wusste den Durchmesser von Drehbühnen, Versenkungsmechanismen, kannte die Beleuchtungstechniken im Detail und fachsimpelte mit dem »Reichsbühnenbildner« Benno von Arent. Gerne hätte der »Führer« Emil Preetorius, den Ausstatter der Bayreuther Festspiele, entlassen und durch den pathetischen, auf Effekte bedachten Arent ersetzt. Winifred Wagner jedoch war dagegen und tat, als bemerke sie die Wünsche des »Führers« nicht.[85] Im Allgemeinen stimmten die Festspielchefin und Hitler jedoch in ihren Ansichten überein. Beide waren in Bezug auf Bühnenideen konservativ, hielten sich genau an Richard Wagners Anweisungen und sahen schon in kaum sichtbaren Modernisierungen gefährliche Eingriffe. Es ist daher kein Zufall, dass Hitler seine Bayreuther Mitarbeiterin stets lobend erwähnte: »Vier Paradefrauen habe ich gehabt: Frau Troost [Architektin], Frau Wagner [Festspielleiterin], Frau Scholtz-Klink [NS-Politikerin] und Leni Riefenstahl [Regisseurin]«.[86]

Unangenehme Anordnungen übermittelte Hitler seiner »Paradefrau« nicht persönlich. So notierte sich Goebbels am 27. Juli 1937: »... über Paragraf 175 [Homosexualität] palavert. Führer ganz unerbittlich. Wir müssen auch die Theater davon säubern. Und zwar gründlich.« Schon am nächsten Tag redete der Propagandaminister mit Winifred Wagner: »Kammersänger Janssen in Paragraf 175 verwickelt. Vorläufig noch aufgeschoben. Aber Bayreuth hat schweres Pech. Hier muss man mit dem Staubsauger heran. Ich spreche mit Frau Wagner. Sie ist darüber sehr bestürzt. Aber sie sieht ein, dass das so nicht weitergeht!«, notierte sich Goebbels im Tagebuch.[87]

Im März 1938 plante Winifred ein Deutsches Institut zur Erforschung der Werke Richard Wagners. Im Vertrauen auf ihre ausgezeichneten politischen Beziehungen wandte sie sich dabei direkt an Reichsleiter Martin Bormann, Hitlers rechte Hand.[88] Schon am 22. Mai 1938, pünktlich zum 125. Geburtstag des »Meisters«, lag die Genehmigung des »Führers« vor und das Institut wurde mit seiner ersten wissenschaftlichen Aufgabe betraut. Sie bestand in dem Nachweis der rein arischen Abstammung Richard Wagners und nahm Jahre in Anspruch.[89] Mit der Errichtung der For-

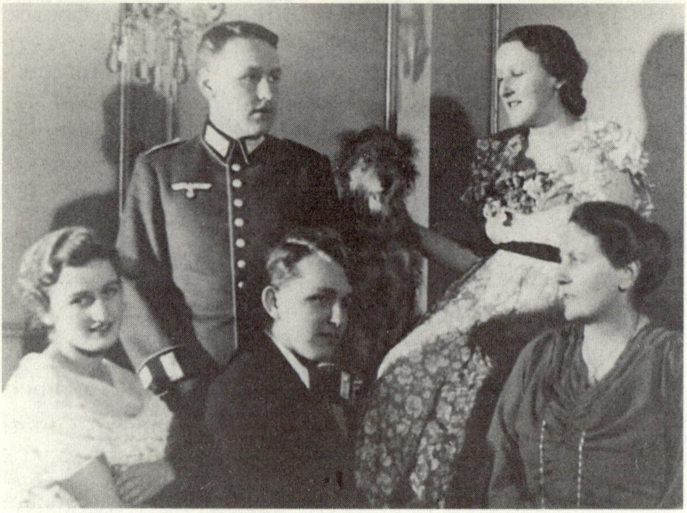

Familienbild 1938: Winifred Wagner mit ihren Kindern Wieland (in Uniform), Wolfgang, Friedelind (rechts) und Verena

Die Herrin von Bayreuth empfängt in Begleitung ihrer Söhne Wieland und Wolfgang den »Führer« (Festspiele 1938)

schungsstelle hat Winifred das kostbare Wagnerarchiv vor Zerstreuung bewahrt. Ihren Vorschlag, dem Institut das Zensurrecht über alle in Deutschland gedruckten Wagnerpublikationen einzuräumen, lehnte Propagandaminister Goebbels allerdings als kleinlich und radikal ab.[90]

1939 wurde Hitlers 50. Geburtstag in Deutschland mit großem Pomp gefeiert. In Bayreuth schmückte man zu diesem Zweck die Front des Festspielhauses mit einem überlebensgroßen, von Reisig umrahmten Hitlerporträt.[91] Führende Industrielle gratulierten dem Wagnerianer und überreichten eine große Kassette mit Originalpartituren des Bayreuther Meisters. Sie enthielt unter anderem die vierbändige »Rienzi«-Handschrift, die Partituren von »Rheingold« und »Walküre« sowie die Orchesterskizze zur »Götterdämmerung« und repräsentierte einen Wert von 1 Million RM.[92]

Gegen Kriegsende bemühte sich Winifred Wagner um die Verlagerung der wertvollen Manuskripte nach Bayreuth. Hitler erklärte ihr jedoch, dass er sie weit sicherer aufheben könne.[93] Wahrscheinlich wurden die Manuskripte wie auch sonst alle privaten oder Hitler betreffenden Gegenstände gegen Kriegsende von Berlin auf den Obersalzberg gebracht. Laut Henriette von Schirach dürften sie sich in jenen 24 Kisten befunden haben, die Gerda Bormann, die Frau des Leiters der Parteikanzlei, am 25. Mai 1945 auf ihrer Flucht nach Südtirol mit sich führte und die seither verschollen sind.[94]

Als Hitler mit dem Überfall auf Polen den Zweiten Weltkrieg auslöste, glaubten Winifred Wagner und Heinz Tietjen, dass der Festspielbetrieb auf unbestimmte Zeit eingestellt werden müsse. Doch Hitler verordnete so genannte »Kriegsfestspiele« und ab 1942, im Glauben an den baldigen Endsieg, »Friedensfestspiele«. In der Bevölkerung kursierten Berichte, wonach Hitler Frau Wagner das nahe Kriegsende angekündigt hätte.[95] Euphorisch meinte er: »Und jetzt, während des Krieges, habe ich das verwirklichen können, was Wagner sich gewünscht hat: Ausgesuchten Menschen aus dem Volk, Soldaten und Arbeitern den Besuch der Festspiele unentgeltlich zu ermöglichen!« Der allgemeine Kartenverkauf wurde eingestellt und die NS-Organisation »Kraft durch Freude« (KdF)[96] übernahm den Betrieb. KdF zahlte von 1940 bis 1944 1 Million RM, wovon 17 Prozent[97] als Reingewinn dem Hause Wagner zuflossen. Mangel an Künstlern herrschte auch im Krieg nicht. Gestützt auf einen Erlass des Oberkommandos der Wehrmacht konnte Winifred Wagner das benötigte Personal entweder UK (unabkömmlich) stellen oder, wenn gewünscht, auch von entlegenen Kriegsschauplätzen einfliegen lassen.[98] Auch die Kontrolle über das Familienunternehmen ging der Festspielchefin und ihrem Gefährten Tietjen nicht verloren. Sie behielten die künstlerische Leitung, obwohl sich Winifreds herangewachsene Söhne in immer größerem Ausmaß zu beteiligen suchten. Wieland war im Hinblick auf seine zukünftige Rolle vom Militärdienst freigestellt worden. Wolfgang machte den Polenfeldzug mit, wurde nach einer schweren Verwundung entlassen und lernte dann bei Tietjen an der Berliner Oper. Die Mitarbeit der Wagnerenkel ging nicht ohne Reibereien vonstatten. Häufig erbaten Wieland und Wolfgang die Intervention von »Onkel Wolf« und Tietjen drohte wiederholt mit dem Rücktritt. In dieser Situation erwies sich von Vorteil, dass Winifreds schöne Tochter Verena den für die Veranstaltung der Festspiele zuständigen KdF-Oberreichsleiter Bodo Lafferentz geheiratet hatte.[99] Winifreds älteste Tochter Friedelind hingegen brach mit der Familie und emigrierte 1940, wobei sie die Juwelen der Mutter ihres Exverlobten (Gottfried von Einem) mitnahm. In ihrem Buch »Heritage of Fire« (»Nacht über Bayreuth«) rechnete sie schonungslos mit der Mutter, Hitler und dem Dritten Reich ab.

Als der »Führer« 1940 vom Frankreichfeldzug zurückkehrte, ließ er seinen Sonderzug überraschend halten und

Parteiprominenz in Bayreuth: Winifred Wagner im Gespräch mit dem Stellvertreter des »Führers« Rudolf Heß (Festspiele 1939)

wohnte einer Aufführung der »Götterdämmerung« bei. Dies war sein letzter Besuch in Bayreuth. Im weiteren Verlauf des Krieges hat er weder Theater noch Opernhäuser besucht und auch die Wagnerfestspiele gemieden.[100] Doch wenn Goebbels in das Führerhauptquartier kam, musste er stets Bericht über das Befinden von Hitlers Lieblingssängern erstatten. Hitler wartete begierig auf Klatschgeschichten aus dem Theatermilieu und die Zerstörung eines Opernhauses schmerzte ihn mehr als die Zerbombung ganzer Wohnviertel.[101] So nahmen Hitler und die Familie Wagner nur ungern zur Kenntnis, dass der geplante riesige Ausbau des Bayreuther Festspielhauses nach dem Vorbild der Tempelanlage von Pergamon auf die Zeit nach dem Endsieg warten musste.[102]

Die Kontrolle über Bayreuth hat Hitler, wie ein Brief Winifred Wagners vom 12. Februar 1942 zeigt, nicht aufgegeben: »Mein hochverehrter, lieber Freund und Führer! Die Tatsache, dass auch in diesem Sommer das Festspielhaus auf deinen Befehl hin seine Pforten wieder öffnen darf, erfüllt uns mit Stolz und Dankbarkeit und wir hoffen, wiederum auf unsere Weise unsere Pflicht erfüllen zu können! Bei den Erwägungen über die Auswahl des aufzuführenden Werkes ... sind uns allerlei Vorschläge gekommen und wir möchten die endgültige Entscheidung in deine Hände legen ... Unserem jetzigen Publikum käme ein Werk wie die Meistersinger am Allermeisten entgegen ... wollten wir um dein Einverständnis bitten, dass wir in diesem Sommer die Meistersinger neu machen ... den Tristan könnten wir besetzungsmäßig auch wieder aufnehmen ... Dürfen wir bald auf deine Entscheidung hoffen, damit wir unsere Dispositionen treffen können? Mit den herzlichsten Grüßen von Wieland, Gertrud, Wolfgang, Verena und mir verbunden mit den innigsten Wünschen für dein Wohlergehen immer deine dankbar-getreue W. W.«[103]

Nach dem Ende des Dritten Reichs hat Winifred Wagner beteuert, dass sie sich kaum für nationalsozialistische Politik interessiert hätte. Als jedoch der Reichsführer SS Heinrich Himmler am 24. August 1943 zum Innenminister des Deutschen Reichs ernannt wurde, schickte ihm die Herrin von Bayreuth ein Glückwunschtelegramm:

Bayreuth, 30. 8. 1943

Verehrter, lieber Herr Reichsminister!

Auch ich darf Ihnen und uns von Herzen gratulieren! »Eine gewonnene Schlacht« heißt Ihre Ernennung bei uns.

Heil Ihnen und Ihrer Arbeit! Heil unserem Führer!

Herzlichst grüßend

Ihre Winifred Wagner

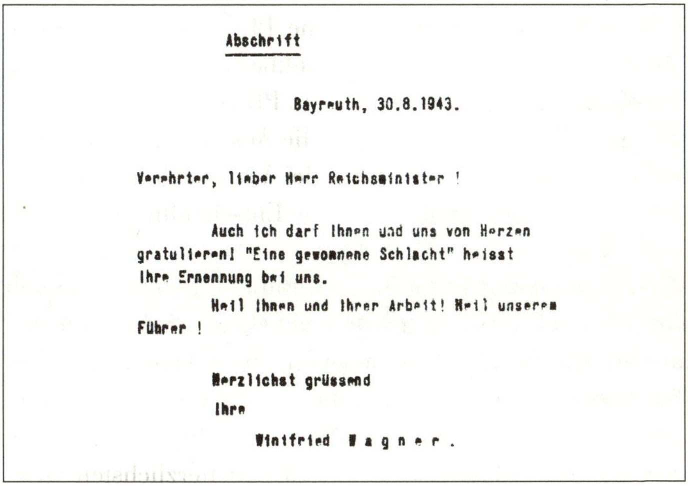

Abschrift

Bayreuth, 30.8.1943.

Verehrter, lieber Herr Reichsminister !

Auch ich darf Ihnen und uns von Herzen gratulieren! "Eine gewonnene Schlacht" heisst Ihre Ernennung bei uns.

Heil Ihnen und Ihrer Arbeit! Heil unserem Führer !

Herzlichst grüssend

Ihre

Winifried W a g n e r .

Vision für die Zukunft – der großartige Ausbau des Bayreuther Festspielhauses nach dem Endsieg. Plan von Emil Mewes

Die letzten Spiele des Dritten Reichs fanden in Bayreuth am 9. August 1944 statt. Dann schloss das Haus am Grünen Hügel seine Pforten, obwohl Heinz Tietjen, unberührt vom Zeitgeschehen, Pläne für 1945 wälzte: »Es wären dazu nicht mehr Führerbefehle nötig als bisher.«[104]

Bayreuth blieb lange von Angriffen verschont. Am 5. April 1945 jedoch ließ ein Bombentreffer den Gartentrakt von Wahnfried, in dem sich die Bibliothek und das Wohnzimmer Richard Wagners befanden, als Ruine zurück. Winifred Wagner hielt ihrem Freund »Wolf« auch in den letzten Kriegstagen die Treue und schickte ihm noch am 20. April 1945 herzliche Geburtstagswünsche in den Bunker der Berliner Reichskanzlei. Heinz Tietjen, Winifred Wagners langjähriger Intendant und Liebhaber hingegen, verfasste mit Blick in die Zukunft ein Schriftstück, das er die »Wahrheit über Bayreuth« nannte. Darin betonte er, dass »niemand es je wagte, mir in irgendetwas hineinzureden«. Hitler hätte nie Wünsche geäußert: »Wir standen uns mehr als skeptisch gegenüber, ein ›Hitlerbayreuth‹ existierte nicht.« Abschließend stellte Winifreds Lebensgefährte seine Dienste dem neuen demokratischen Deutschland zur Verfügung.[105]

Als sich die 50-jährige »Herrin von Bayreuth« 1947 vor einem Spruchkammergericht verantworten musste, nahm sie in ihrer 64-seitigen Denkschrift eine ähnliche Haltung ein: »... man kann zwar behaupten, dass ich persönliche Beziehungen zu Hitler durch gelegentliche Treffen und einige Briefe ... aufrechterhalten habe ... keinesfalls kann man mir vorwerfen, eine aktive Anhängerin der Partei gewesen zu sein.«[106] Viele Zeugen und umfangreiches Dokumentenmaterial entlasteten die von der Spruchkammer II-Bayreuth als »Hauptschuldige und Nutznießerin des Dritten Reichs« angeklagte Winifred Wagner.[107] Sie habe zahlreichen Verfolgten des Regimes geholfen, jüdische Künstler beschäftigt, kirchliche Trauungen in Wahnfried erlaubt und in jüdischen Geschäften gekauft. Ihrer Intervention habe man es verdankt, dass auf der geschichtsträchtigen Wartburg statt der Hakenkreuzflagge ein Kreuz angebracht wurde.

Die Anklage hingegen beschuldigte Winifred Wagner, als Altparteigenossin dem Dritten Rreich fanatisch und treu gedient zu haben. Ab 1933 seien keine jüdischen Künstler, sondern höchstens »jüdisch versippte«, linientreue Sänger und Dirigenten beschäftigt worden.[108] Überdies habe damals jede Bühne einen so genannten »Renommierjuden« gehabt und jeder Bonze seinen Schützling. Winifred Wagners Hilfeleistung für Bedrohte sei erst nach reiflicher Überlegung über Zweck und Nutzen erfolgt. Die Anklage stützte sich dabei auch auf Friedelind Wagners Buch »Heritage of Fire«. Friedelinds Telegramm, das die Verwendung diskriminierender Passagen untersagte, fand keine Beachtung.

Am 2. Juli 1947 erging das Urteil: Winifred Wagner wurde in die Gruppe II der vom Regime Belasteten eingestuft, die Einziehung ihres Vermögens angeordnet, Berufsverbot verfügt und sie selbst zu Sühnearbeit (450 Tage) verurteilt. Sowohl der Ankläger als auch der Verteidiger (Dr. Fritz Mayer) beriefen. Am 5. Dezember 1948 schrieb Winifred: »Inzwischen habe ich nun am 1. und 2. Dezember die Spruchkammer über mich ergehen lassen müssen, die Anklage hat wieder auf Hauptschuldige plädiert (mir völlig unbegreiflich) ... Irgendwie wird auch das mit Würde und Anstand getragen werden müssen.«[109]

Entnazifizierung: Winifred Wagner als Angeklagte
vor der Spruchkammer II in Bayreuth am 24. Juni 1947

Die Spruchkammer Ansbach revidierte das Urteil am 8. Dezember 1948 und stufte die Angeklagte als »minderbelastet« ein, beließ jedoch das Berufsverbot. Winifred Wagners Bayreuther Anhängerschaft hat diese Entscheidung freudig begrüßt, während die Opfer des NS-Regimes ihre Bestürzung über diese rasche Entlassung aus der historischen Verantwortung nicht verhehlten. Im Januar 1949 leistete Winifred Wagner Verzicht auf jegliche Mitarbeit an den zukünftigen Festspielen. »... einer schon lange gehegten Absicht entsprechend werde ich meine Söhne Wolfgang und Wieland mit den bezeichneten Aufgaben betreuen ...«[110] Sie zog sich offiziell ins Privatleben zurück, verblieb jedoch im Besitz der Villa Wahnfried, des Festspielhauses und des Richard-Wagner-Archivs. Die sofort einsetzenden Kämpfe und Intrigen um die Ausschaltung der Wagnerenkel sowie um Fortführung und Kontrolle der Festspiele zog sich jahrelang hin, bis am 29. Juli 1951 in Bayreuth eine neue Ära anbrach. Wie bei der Grundsteinlegung des Festspielhauses im Jahre 1872 spielte man Beethovens 9. Symphonie. Dass, ganz wie zu Hitlers Zeiten, Wilhelm Furtwängler am Dirigentenpult stand, wurde teils mit Freude, teils mit Verbitterung registriert.

Inmitten treuer Verehrer hat die »Herrin von Bayreuth« die folgenden Jahre in ihrem Haus in Oberwarmensteinach, in Wahnfried oder bei ihrer Tochter Verena in Nußdorf am Bodensee verbracht. Als vielfache Großmutter betreute sie unermüdlich ihre zahlreichen Enkel. Den Kontakt zur Vergangenheit ließ sie jedoch nicht abreißen. So besuchte sie 1965 Lina Heydrich in Norddeutschland, machte mit Hanna Reitsch einen Helikopterflug[111] und empfing auch in Wahnfried liebe Freunde aus früheren Zeiten. Dem NS-Künstler

Arno Breker saß sie Modell für eine Bronzebüste. Großmütig hat sie ihrer Tochter Friedelind verziehen, deren fantasievolles Buch in seltener Einstimmigkeit von Sympathisanten und Gegnern des Nationalsozialismus abgelehnt wurde. Für das Kunstempfinden ihrer Söhne fehlte der alternden Winifred oft das Verständnis. Sie begutachtete misstrauisch deren zunehmend asketischere Inszenierungen, enthielt sich jedoch aller öffentlichen Kommentare und warb nach Kräften für Bayreuth.

Erst für den Film von Hans-Jürgen Syberberg[112] fragte sich die fast 80-jährige Winifred Wagner: »Warum eigentlich nicht?« – und brach ihr 30-jähriges Schweigen.

Dann betrieb sie eine höchst individuelle Art der Vergangenheitsbewältigung. Sie spaltete Adolf Hitler, ganz in der Art von Stevensons Dr. Jekyll und Mr. Hyde, fein säuberlich in zwei Persönlichkeiten: den Hausfreund und den Politiker. Unter diesem Blickwinkel konnte sie die angenehme Freundschaft mit dem glühenden »Wagnerianer« als reine Freude empfinden und ihm über den Tod hinaus die Treue halten. »Mr. Hyde«, Hitlers sinistre Hälfte, wies die Altparteigenossin von sich – diese Seite des Diktators wäre ihr fremd geblieben. Über die Politik und die Judenfrage hätte sie als völlig unpolitischer Mensch nie mit Hitler diskutiert.[113]

Nachdem Winifred Wagner sich für diese Art einer Lösung entschieden hatte, stand sie auch 1976 treu zu Dr. Jekyll: »... verleugnen werde ich die Freundschaft zu ihm nie, das kann ich nicht ... ich bin imstande, ich meine, vielleicht versteht man das nicht, ich bin imstande, den ›Hitler‹, den ich kenne, vollkommen zu trennen von dem, was man heutzutage ihm alles zur Last legt ... ich meine, alles andere bedauere ich, aufs Tiefste, ich bedauere das. Aber für mich in meiner persönlichen Beziehung macht das keinen Unterschied. Der Teil von ihm, sagen wir mal, den ich kenne, den schätze ich auch heute noch, genauso wie früher. Und dieser ganze abzulehnende Hitler, der existiert innerlich eigentlich nicht, weil ich ihn so nicht kenne, ich meine, alles in meiner Beziehung zu ihm beruht absolut auf Persönlichem ...«[114] Enttäuscht stellte sie fest, dass sich »das große Interesse der Allgemeinheit immer auf unser Verhältnis zu Hitler konzentriert«. Sie erinnerte aber auch an die Verdienste des Dritten Reichs: »Also man hat die Wehrmacht wieder aufgebaut, die Selbstständigkeit den anderen Staaten gegenüber wieder bewahrt, und man hat doch immerhin die Verträge von Versailles im Großen abgebessert, man hat der Jugend wieder Ziele gegeben, man hat für die Gesundheit gesorgt. Also es waren doch auch eine ganze Reihe von positiven Dingen.«[115]

Am 5. März 1980 ist Winifred Wagner, die Leiterin der Bayreuther Festspiele von 1930 bis 1945, als Ehrenbürgerin der Stadt Bayreuth im Alter von 82 Jahren gestorben.[116]

Winifred Wagners Filmdebüt aber wirkte noch lange nach, rief verdrängte Erinnerungen wach und machte die jahrzehntelangen Bemühungen der Wagnernachkommen, die Festspiele aus dem Schatten des Dritten Reichs zu lösen, zunichte.[117] Wolfgang Wagner hatte seiner greisen Mutter sogar das Betreten des Festspielhauses verboten, als diese meinte: »Wenn Hitler plötzlich heute hier zur Tür reinkäme, ich wäre genauso fröhlich, so glücklich, ihn hier zu haben, wie damals!«[118]

Karoline Rascher[1]

Kinder für den »Führer«

21. September 1893 – April 1945

Wer kennt die Täterin?«, lautete ein dringlicher Aufruf in allen Münchner Zeitungen.[2] »Am 20. 3. 1944 wurde am Münchner Hauptbahnhof ein Kind entführt ... die Frau konnte bisher nicht ergriffen werden ...« Ihre Personenbeschreibung: »Ca. 40–45 Jahre alt, ca. 1,60 cm groß, untersetzt, längliches Gesicht, hellblond gefärbte Haare. Sie sprach Schriftdeutsch und trug einen tigerartig gefärbten braunen Ledermantel, braunen Hut ... und Hornbrille ... zur Tarnung trug sie einen bis zur Brust reichenden Trauerschleier. Sachdienliche Mitteilungen ... sind erbeten an die Krim. Pol. Leitstelle München 1.«

Die Suche nach der Kindesentführerin erregte großes Aufsehen. Sie interessierte auch Dr. Sigmund Rascher, einen Arzt, der wegen seiner Versuche an Dachauer Häftlingen in höchsten SS-Kreisen große Protektion genoss.[3] Der vierfache Familienvater zeigte den Artikel seiner Frau, die daheim ein neugeborenes Baby betreute, und meinte dazu nachdenklich: »Die Beschreibung der Täterin trifft wie die Faust aufs Auge auf dich zu.«[4]

Die verblüffende Ähnlichkeit der Gattin des Dr. Sigmund Rascher mit der wegen Kindsentführung gesuchten Frau blieb nicht lange verborgen und bald ordnete der General der Polizei SS-Obergruppenführer von Eberstein persönlich die Befragung von Karoline Rascher an. Die vorbildliche Mutter von vier Kleinkindern reagierte empört, wies auf die einflussreiche Position ihres Mannes hin und drohte mit einer Beschwerde beim Reichsführer SS Heinrich Himmler, einem alten Freund und Gönner der Familie. Karoline Rascher konnte dadurch die kriminalpolizeilichen Ermittlungen hinauszögern, jedoch nicht unterbinden. Bald enthüllte sich ein erschütterndes Drama, dessen Wurzeln sowohl in der Psyche der Frau wie auch in der Ideologie des NS-Staates begründet waren.

Karoline »Nini« Rascher wurde am 21. September 1893 in München geboren und stammte aus wohl geordneten kleinbürgerlichen Verhältnissen – ihre Eltern betrieben ein gut gehendes Geschäft für Drogeriewaren. Schon als 16-Jährige heiratete sie den Regisseur und Schriftsteller Ottokar Diehl, der sie zur Konzertsängerin ausbilden ließ. Die Ehe blieb kinderlos. Nach dem Tod ihres Mannes im Jahr 1929 beschäftigte sich Nini Diehl in München mit Hausverwaltung, stand aber auch häufig im Engagement und reiste sehr viel. Dabei wirkte die überzeugte und selbstbewusste Anhängerin der NSDAP gelegentlich als Spionin für Heinrich Himmler, dem sie – eigenen Aussagen nach – in der »Kampfzeit der Bewegung« Obdach geboten hatte und mit dessen Frau Margarete sie befreundet war.[5]

Im Auftrag des Reichsführers SS bespitzelte sie auf ihren Konzerttourneen Würdenträger der katholischen Kirche, wobei sie die von ihrem verstorbenen Mann herrührenden, guten Kontakte zum Vatikan weidlich zu nutzen verstand.[6] In München führte die Witwe ein unauffälliges, zurückgezogenes Leben, bis sie 1936 im Alter von 43 Jahren die Bekanntschaft des 27-jährigen Dr. Rascher machte. Dieser hatte erst kurz davor nach Ablegung des medizinischen Staatsexamens promoviert und übte als unbezahlter Assistent an der Münchner Universitätsklinik eine Tätigkeit aus, die ihn wenig befriedigte und seinen Forschungsambitionen in keiner Weise entsprach.[7]

Nach den Schilderungen von Kollegen war der brennend ehrgeizige Jungarzt ein höchst unangenehmer Zeitgenosse.[8] Gehemmt und schüchtern, aber geltungsbedürftig behandelte er Untergebene voll prahlerischer Arroganz, während er zu Vorgesetzten unterwürfig und servil war. Man kannte ihn als Querulanten und Denunzianten. Allgemein wurde ihm damals geringe Intelligenz, mangelndes Urteilsvermögen und wucherische Gesinnung bescheinigt. Wesentlich negativere Charaktereigenschaften sollten erst im Laufe seiner Karriere zutage treten.[9]

Für Karoline Diehl jedoch war der junge Arzt der Mann ihrer Träume, den sie um jeden Preis gewinnen wollte. Sie verschwieg ihm daher auch ihr wahres Alter, um sich dann sukzessive zu verjüngen – anfangs um zehn, später sogar um fünfzehn Jahre. Ein gemeinsamer Motorradausflug zum Chiemsee festigte die Freundschaft, in der Karoline die dominierende Rolle spielen sollte. »Dabei kam es zum ersten Verkehr«, erinnerte sich der Arzt, »und ich wusste damals, dass ich nicht mehr von dieser Frau loskommen werde.[10] Ich habe eine sehr harte Jugend gehabt. Meine Studienzeit habe ich unter Entbehrungen durchhalten müssen. Ich habe teilweise mein Geld durch Koffertragen verdient. Ich lernte dann später meine jetzige Frau kennen, mit der ich sowohl körperlich als auch seelisch ausgezeichnet harmonierte. Ich hatte dadurch das Gefühl der Geborgenheit und ihr Wort gilt für mich wie das Evangelium.«[11] Rascher wurde der charakterstarken älteren Frau, die er anbetete, aber auch wegen ihres herrischen Wesens fürchtete, hörig. Bedingungslos gehorchte er all ihren Anweisungen und trat – Parteimitglied war er bereits[12] – auch ohne Zögern der SA bei, als sie dies zur Förderung seiner Karriere wünschte.

Am 24. April 1939 wurde Dr. Rascher auf Betreiben seiner Geliebten dem Reichsführer SS vorgestellt, wobei er den Wunsch nach einer Tätigkeit in der medizinischen Forschung äußerte. Himmler, der über einen beträchtlichen Missionseifer auf pseudowissenschaftlichen Gebieten verfügte, war stets geneigt, Rassenbiologie, Okkultismus und Volksmedizin zu fördern, und nahm Dr. Rascher in seine »Lehr- und Forschungsgemeinschaft Ahnenerbe« auf. Der Arzt erhielt kleine Aufträge zur Frühdiagnose von Krebserkrankungen, die er auf dilettantische Weise in der Wohnung seiner Freundin ausführte. Nini sowie ihre stets hilfsbereite Cousine Julie »Lulu« Muschler unterstützten ihn dabei und holten täglich das benötigte Blut von Häftlingen aus dem Konzentrationslager Dachau.

Schon im Mai 1939 wandte sich Dr. Rascher, wieder auf Ninis Geheiß, erneut an Himmler, um die Aufnahme in die SS, den elitären nationalsozialistischen Totenkopforden, zu erbitten. Bei dieser Gelegenheit kam der Reichsführer SS auch auf die private Situation des Paares zu sprechen. Er drückte seine Wertschätzung für Frau Diehl aus, hatte aber schwere Bedenken, ob die Verbindung mit der älteren Frau dem »Geiste des Nationalsozialismus« gerecht werden könne. Kinder werde es wohl keine mehr geben!

Als Angehöriger der SS brauchte Dr. Sigmund Rascher, wie es der Verlobungs- und Heiratsbefehl der SS vorsah[13], Himmlers Erlaubnis für eine Eheschließung. Jahre danach gab er an: »Es ist richtig, dass mir der Reichsführer SS von einer Heirat wegen des Altersunterschiedes abgeraten hat ... und dabei zum Ausdruck brachte, dass ich mit einer so viel älteren Frau wohl keine Kinder bekommen könne. Ich erklärte dem Reichsführer, dass ich das beweisen würde ...«[14]

Himmlers negative Einstellung löste ungeahnte Reaktionen aus. Schon davor hatte die Geliebte des Arztes angesichts des NS-Mutterkults unter dem Makel gelitten, dem »Führer« keine Kinder schenken zu können. Dazu kam nun die Furcht, dass sich der junge und ehrgeizige Rascher im Interesse seiner Karriere von ihr trennen würde. Karoline Diehl suchte und fand eine kurzfristige Lösung aus diesem Dilemma: Sie erklärte, schwanger zu sein. Dr. Rascher war stolz und erleichtert. In einer späteren Version gab Karoline an, das Kind verloren zu haben: »Da nun der Reichsführer bereits Kenntnis hatte, dass wir ein Kind erwarteten, kam mir erstmals der teuflische Gedanke, ihm den Abgang zu verheimlichen und zu trachten, ein fremdes Kind zu erhalten, auf das niemand Anspruch erhebt, und dieses Kind als ein von mir geborenes auszugeben. Ich teilte meiner Kusine [Lulu Muschler] mein Unglück brieflich mit ... Sie versprach mir zu helfen, da sie die besseren Nerven hätte und auch ohne Anhang wäre, wenn die Sache wirklich schief ginge. Wir kamen also überein, ein fremdes Kind zu besorgen.«[15]

Zwei Versuche schlugen fehl. In Villach benahm sich Karoline Diehl derart auffällig, dass die Freundin einer als Opfer ausersehenen Mutter Verdacht schöpfte und die Polizei rief. In Prag wiederum übernahm Nini unter falschem Namen einen Säugling zur Pflege, gab ihn aber hastig wieder zurück, da er ihr »rassisch minderwertig« zu sein schien. Verzweifelt verständigte sie daraufhin ihre Cousine, dass sie ohne Kind nach München zurückkommen würde. »Lulu« Muschler nahm darauf die Sache in die Hand, »trieb« – wie sich Karoline ausdrückte – »ein neues, entzückendes Kind auf« und holte mit ihm ihre höchst erfreute Verwandte vom Bahnhof ab. Der Säugling wurde Peter (tatsächlich Helmut Zitzelsberger, geb. 3. April 1941) genannt. Seine uneheliche Mutter glaubte ihn auf einen guten Pflegeplatz gegeben zu haben. Karoline täuschte mit Hilfe einer bestechlichen Hebamme eine Entbindung in Prag vor und ließ das Kind von einer ihr bekannten Ärztin untersuchen, die anstandslos einen Geburtsschein ausstellte. Dann erwartete sie glückstrahlend die Rückkehr ihres Bräutigams, der im Auftrag Himmlers eine längere Dienstreise unternommen hatte. Dr. Rascher war zwar über die angebliche Frühgeburt erstaunt, doch Nini erklärte ihm alles sehr plausibel und »Peter« wurde auf dem Standesamt unter dem Namen »Peter Diehl« als Kind des Paares registriert. Die frisch gebackene Mutter jedoch hegte – wie es die NS-Doktrin vorschrieb – den Wunsch nach vielen Kindern. Insgeheim suchte sie Kontakte zu allein stehenden schwangeren Frauen, die bereit waren, ihr Kind für kürzere oder längere Zeit in Pflege zu geben. Das Angebot kostenloser Kinderbetreuung fand angesichts der schweren Kriegszeiten großes Echo. Karoline führte eine rege Korrespondenz und war im Verein mit ihrer Cousine rastlos tätig. Mitten in der Planung einer neuen Schwangerschaft wären die Machenschaften des Teams Diehl – Muschler beinahe entdeckt worden. »Peters« Mutter, die den Kindesvater heiraten wollte, forderte nämlich die rasche Rückstellung ihres Sohnes. Die Pflegemutter geriet in Panik, »Lulu« Muschler wusste jedoch auch diesmal Rat. Sie fand »Peter II« (vermutlich Johann Schneider, geb. 10. Juni 1939), der »Peter I«, wie sie befriedigt feststellte, »ungeheuer ähnlich« sah, wartete eine Dienstreise Dr. Raschers ab und wechselte dann die Kinder aus. Der Arzt schien nichts zu merken und der Kinderaustausch wurde in der Folge im Hause Rascher zur Routine. Ganz nach Bedarf und Laune wurden Kinder aufgenommen, wieder zurückgegeben und gegen andere ausgewechselt. Selten bekam eine Mutter ihr eigenes Kind zurück.

Am 19. April 1941, einen Tag vor »Führers« Geburtstag, hielt Karoline Diehl den Zeitpunkt für gekommen, ihr zweites Kind in die Welt zu setzen. Sie brauchte dazu keine Hebamme und suchte auch kein Krankenhaus auf. Cousine »Lulu« erklärte, das Kind abgenabelt zu haben. Tatsächlich jedoch war »Volker« (vermutlich Franz Josef Malowetz, geb. 12. März 1941) das Kind einer ledigen Näherin, die für ihren Sohn einen guten Pflegeplatz gesucht hatte. Wie schon zuvor das »Brüderchen«, untersuchte auch diesmal eine befreundete Ärztin das angeblich Neugeborene und gab Bestätigungen für das Standesamt und die Lebensmittelstelle. Sie stellte für »Volker« sogar ein Stillattest aus. Dr. Rascher, der die Entbindung, wie man ihm sagte, knapp verpasst hatte, fotografierte die stillende Mutter und prahlte Himmler gegenüber, dass er noch einen »Halbzug« [sechs Kinder] schaffen würde.

Nach der Geburt von zwei gesunden Söhnen gab der Reichsführer SS nunmehr gerne die Zustimmung zur Eheschließung, wobei Karoline ihr Künstlerpass mit dem Geburtsdatum 1903 zustatten kam. Himmler wohnte der Trauung im Juli 1941 höchstpersönlich bei und erfreute die Musterfamilie Rascher anschließend mit allerlei Liebesgaben wie Kaffee, Spirituosen und Schokolade, die im Lauf des Krieges allmählich rar geworden waren. Nini Rascher dankte mit Fotoalben ihrer – nach der Eheschließung legitimierten – Sprösslinge und benutzte die Gelegenheit, um zugunsten ihres Mannes zu intervenieren. Dieser wandte sich am 15. Mai 1941 an den Chef der SS und Herrn aller Konzentrationslager. In dem Brief des Arztes, der damals beim Luftgaukommando VII diente und einen ärztlichen Auswahlkurs besuchte, heißt es: »... wurde mit großem Bedauern erwähnt, dass leider noch keinerlei Versuche mit Menschenmaterial bei uns [über die Höhenflugforschung] angestellt werden. Ich stelle dazu ernsthaft die Frage: Besteht die Möglichkeit, dass zwei oder drei Berufsverbrecher von Ihnen zur Verfügung gestellt werden können? (es können auch Schwachsinnige Verwendung finden).«[16]

Kurzfristig hatten bereits Tierversuche stattgefunden. Diese verstießen jedoch gegen die strengen NS-Tierschutzgesetze und mussten auf persönliche Intervention von Reichsmarschall Göring, dem »Obersten Reichsjägermeister«, eingestellt werden.[17] Damit war der Weg zu den Menschenversuchen frei und Dr. Rascher erprobte mit seinen Kollegen an

200 Dachauer Häftlingen – überwiegend Geistlichen, Polen und deutschen Juden – im gefürchteten »Himmelfahrtswagen« (Unterdruckkammer) die Lebensfähigkeit von Menschen beim raschen Auf- und Abstieg in und aus großen Höhen. Dabei gab es 70 Tote.[18] Die geheimen Dossiers, die Rascher an Himmler sandte, offenbaren skrupellose und sadistische Mordlust. In einem davon schreibt der Befürworter terminaler Humanversuche: »Es handelte sich um einen Dauerversuch ohne Sauerstoff in 12 km Höhe bei einem

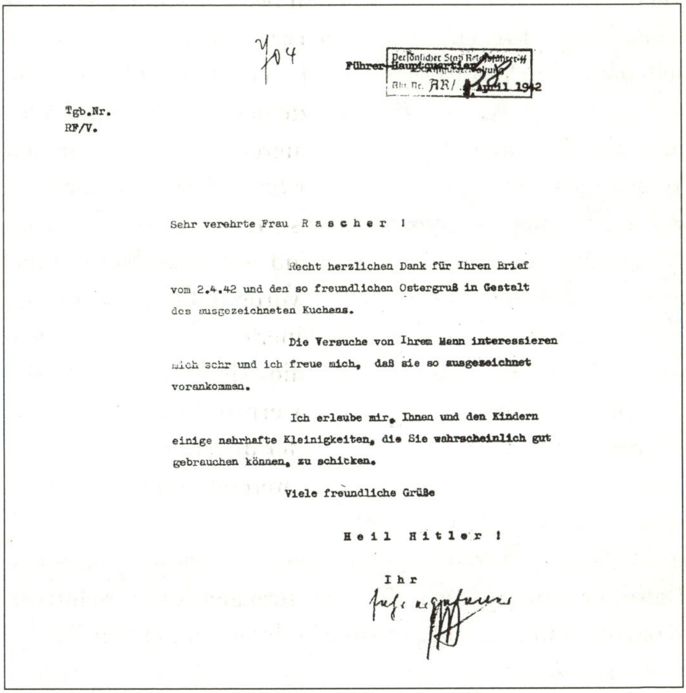

Führer-Hauptquartier, 9. April 1942

Persönlicher Stab Reichsführer-SS
Schriftgutverwaltung
Akt. Nr. AR/

Tgb.Nr.
RF/V.

Sehr verehrte Frau R a s c h e r !

Recht herzlichen Dank für Ihren Brief vom 2.4.42 und den so freundlichen Ostergruß in Gestalt des ausgezeichneten Kuchens.

Die Versuche von Ihrem Mann interessieren mich sehr und ich freue mich, daß sie so ausgezeichnet vorankommen.

Ich erlaube mir, Ihnen und den Kindern einige nahrhafte Kleinigkeiten, die Sie wahrscheinlich gut gebrauchen können, zu schicken.

Viele freundliche Grüße

H e i l H i t l e r !

I h r

Schreiben des Reichsführers SS Heinrich Himmler an Karoline Rascher (9. April 1942)

37-jährigen Juden in gutem Allgemeinzustand. Bei 4 Minuten begann VP zu schwitzen, bei 5 Minuten traten Krämpfe auf ... bei 30 Minuten hörte die Atmung auf. In 5-minütlichen Abständen wurde EKG geschrieben. Anschließend, etwa eine halbe Stunde nach Aussetzen der Atmung, Beginn der Obduktion.«[19] Detailliert beschrieb Rascher die Obduktion, wobei ihn die noch lange anhaltende Herztätigkeit besonders faszinierte.

Himmler dankte für den Bericht, ließ die »liebe Frau Doktor« grüßen und fragte an, ob es nicht möglich sei, einige der Versuchspersonen zu reanimieren. Diese seien natürlich zu lebenslanger KZ-Haft zu begnadigen. Solche beinahe menschenfreundliche Regungen kamen Dr. Rascher ungelegen: »Die letzte VP, Wagner, ließ ich nach Atemstillstand wieder ins Leben kommen. Da die VP jedoch für einen terminalen Versuch bestimmt war ... setzte ich einen neuen Versuch an, den die VP nicht überstand ...«[20]

Karoline Rascher verfolgte die Arbeit ihres Mannes mit großem Interesse und erwirkte die Zuteilung von teuren Farbfilmen, damit dieser »seine Frischpräparate« (Frischsezierte) optimal dokumentieren könne.[21] Sie achtete darauf, dass Rascher sich auf Kosten der Häftlinge bereicherte. So unterschlug das Ehepaar jene Lebensmittel, die Himmler den – wider Erwarten – überlebenden Versuchsopfern gestiftet hatte. Rascher führte auch die Kältetestserie »Seenot« durch.[22] Es ging dabei um die »Wirkung der Unterkühlung auf den Warmblüter« sowie die Belebung Erstarrter, wobei der Arzt Dutzende Menschen langsam zu Tode quälte. Zu manchen Versuchen wurde der Reichsführer SS persönlich gebeten und Nini gestaltete die Einladungen dazu. Besonders gern kam Himmler, wenn Häftlinge durch die Körperwärme und den Coitus mit nackten Frauen (aus dem KZ Ravensbrück) wiederbelebt werden sollten. Diese grausamen Erfrierungsexperimente mit nachfolgenden animalischen Erwärmungsversuchen waren eine spezielle Erfindung Raschers und boten Voyeurismus unter den widerlichsten Umständen.[23] Das Interesse und die Anwesenheit seines Chefs schmeichelten dem eitlen Arzt sehr. Sie trösteten ihn jedoch nicht über die Enttäuschung hinweg, dass diese »medizinischen Leckerbissen« geheim blieben, in keiner Fachzeitschrift veröffentlicht wurden und ihm daher nicht die ersehnte Professur einbrachten.

Auch eine Übersiedlung nach Auschwitz blieb Dr. Rascher lange verwehrt, obwohl er an Himmler schrieb: »Auschwitz ist für einen derartigen Reihenversuch (Unterkühlung in Eiswasser) in jeder Beziehung besser geeignet als Dachau, da es dort kälter ist und durch die Größe des Geländes im Lager selbst weniger Aufsehen erregt wird (die Versuchspersonen brüllen, wenn sie sehr frieren).«

Als pflichtbewusste Gattin eines prominenten SS-Hauptsturmführers unternahm Karoline Rascher buchstäblich alles, um zu der vom NS-Regime geforderten großen Kinderschar zu kommen. Bereits 1942 täuschte sie eine neuerliche Schwangerschaft vor, während der sie – mit Hilfe der Cousine – nach geeigneten werdenden Müttern suchte. Sie entschied sich dann für den am 6. Oktober 1942 geborenen Sohn einer allein stehenden Näherin – Mädchen waren unerwünscht. Am 25. November arrangierte sie dann eine Entbindung und überraschte ihren Mann mit dem Kind, das den Behörden als Dieter Rascher (tatsächlich Uto Lamparsky) gemeldet wurde. Die mysteriösen Begleitumstände der wiederum in seiner Abwesenheit erfolgten Hausgeburt

Gestohlene Idylle – drei der von Karoline Rascher entführten Kinder

sowie das Aussehen des Neugeborenen – das Baby war schon acht Wochen alt – weckten in dem Arzt düstere Ahnungen bezüglich der Gebärfreudigkeit seiner Gattin. Er fühlte auch unheimliches Grauen, weil seine Kinder – manchmal innerhalb kurzer Zeit – ihr Aussehen rapide veränderten. »Ich fand nicht den Mut, meine Zweifel in ernsthafter Weise auszuräumen, und ich kann nur sagen, ich hatte Angst, mein Glück zu zerstören«, erläuterte der SS-Hauptsturmführer.[24] Mehr als eine sanfte Rüge wegen des Fehlens einer Hebamme wagte er nicht zu äußern.

Das Jahr 1944 begann für die Familie Rascher Erfolg versprechend. Der engagierte Arzt wurde für sein Wirken im KZ Dachau mit dem Kriegsverdienstkreuz mit zwei Schwertern ausgezeichnet, genoss die Gunst Himmlers und arbeitete eifrig an der Wirkung blutstillender Medikamente – wofür er Häftlingen Schussverletzungen zufügte. Und Karoline Rascher gab an, erneut Mutterfreuden entgegenzusehen. Am 20. März 1944 übernahm sie als dicht verschleierte »Frau Wörthmüller« den Knaben einer ausgebombten Mutter mit dem Versprechen, ihn auf dem Land sicher unterzubringen. Zu Hause angelangt, ließ sie ihrem Mann in Dachau ausrichten, dass bei ihr überraschend Wehen eingesetzt hätten. Mit dem Kind »Rainer« (Raimund Theiß, geb. 13. Februar 1944, dann Wilhelm Baranjai) inszenierte sie dann eine dramatische Entbindung, die jeden Zweifel ausschloss. Als Dr. Rascher eintraf, fand er seine Frau in erschöpftem Zustand vor. Eine vermeintliche Blutspur (tatsächlich eine eisenhaltige, rot färbende Flüssigkeit) zog sich durch die Wohnung und die Wöchnerin lag mit einem blutbeschmierten Säugling im Bett.[25] Die Planung und Durchführung dieser spektakulären Aktion war von Karoline Rascher in Alleinregie erfolgt, da ihr die treue Helferin Cousine Muschler nicht mehr zur Verfügung stand. Nach der Erklärung, dass sie »den Schwindel nicht länger mitmache«, war »Lulu« nämlich eines Tages spurlos verschwunden.[26] Wie sich Monate später herausstellte, hatte sie sich von der 70 Meter hohen Nordwand des Vorderen Kirchsteins (Benediktinerwand) gestürzt. Moralische Bedenken, Erschöpfung durch den enormen Arbeitsaufwand, das ohnmächtige Gefühl, bei all den komplizierten Machenschaften den Überblick zu verlieren, vor allem aber der sich rapide verwirrende Geisteszustand der Frau Rascher hatten die Komplizin dazu getrieben. Tatsächlich verhandelte Karoline Rascher vor der »Geburt« ihres vierten Kindes mit fünf Kindesmüttern und zwei Hebammen gleichzeitig. Ihr verrücktes Gehabe bei der Kindesübernahme auf dem Münchner Hauptbahnhof führte schließlich zur Anzeige und löste eine groß angelegte Fahndung aus, die Karoline in Panik versetzte. Sie gab »Rainer I« beim Pförtner eines Krankenhauses ab und besorgte sich »Rainer II«.

Nach ihrer Verhaftung leugnete die Frau des SS-Führers kurz, dann war sie geständig. Im Gespräch mit den Kriminalbeamten bedauerte sie nur, ihr Ziel – nämlich sechs Kinder – verfehlt zu haben. Der Fall schien geklärt, als Karoline Rascher die »Aneignung« der vier in ihrem Haushalt lebenden, gut gepflegten und genährten Knaben zugab. Es meldeten sich jedoch täglich weitere Mütter, die ihre Kinder – kurz- oder langfristig – der unter verschiedenen Namen agierenden Frau Rascher überlassen hatten. Als sich überdies noch herausstellte, dass die Eintragungen im Geburtsregister nicht auf die vier Rascherkinder passten, standen die Ermittler vor einem Rätsel, das nie mehr eindeutig geklärt werden konnte. So gab es mindestens Peter I und II, Volker I und II, Dieter I, II und III sowie Rainer I und II. »Es konnte festgestellt werden, dass außer den vier Kindern weitere fünf vorübergehend in Pflege genommen und alle oftmals untereinander ausgetauscht wurden«, steht im Bericht der Polizeileitstelle. »Frau Rascher übergab ihr [einer Mutter] aber nicht ihr eigenes, sondern ein fremdes Kind. Zu diesem Zweck übernahm sie von der Frau Bamberg deren Kind und händigte es der Lamparski aus. Ein anderes Mal erhielt Lamparski das Kind der Frau Mayr ...«, heißt es in einem Versuch, die Vorgänge zu entwirren. Karoline Rascher selbst konnte sich längst nicht mehr an alles erinnern, wusste aber, dass sie sich stets von den hässlichen Säuglingen trennte. Sämtliche Mütter und Kinder unterzogen sich einer Blutgruppenbestimmung.

Dadurch konnten zwar manche Verwandtschaften ausgeschlossen, aber letztlich doch keine eindeutigen Identifikationen erzielt werden.

Ein Prozess gegen das von Himmler protegierte Ehepaar Rascher fand nicht statt. Auch die Presse berichtete nach dem ersten Aufruf nichts mehr über die Affäre. Nach

23

Kriminalpolizeileitstelle.
I.K.

München, 14.4.1944.

Betr.: R a s c h e r , geb.Wiedenmann, verw.Diehl, Karoline, geb.21.9.93 München, Ehefrau des SS-Hauptsturmführers Dr.Sigmund R a s c h e r , wohnhaft in München, Trogerstr.56/4,

wegen vierfacher Kindesunterschiebung u.a.

Kurze Zusammenfassung.

Eheschliessung am 16.Juli 1941 vor dem Standesamte Steinhöring.
Kinder als ehelich angemeldet und standesamtlich beurkundet:
1) P e t e r, geb.25.11.39 Prag.
2) V o l k e r , geb.19.4.41 München.
3) D i e t e r , geb.25.11.42 München.
4) R a i n e r , geb.20.3.44 München.

Das Kind Peter ist in Wirklichkeit das Kind Johann S c h n e i d e r , geb.10.6.39 München, Mutter: Viktoria Schneider, verw. Schmid, nun verehelichte Dietl in München, Baaderstr.52.
Das Kind Volker ist das Kind Franz Josef Malovetz, geb.12.3.41 München, Mutter: Felicita Malovetz, München, St.Paulstr.10.
Das Kind Dieter ist das Kind Uto Lamparski, geb.6.10.42 München Mutter: Hertha Lamparski, München, Max-Weber-Pl.4/3.
Das Kind Rainer ist das Kind Wilhelm Baranjai, geb.13.2.44 München, Mutter: Rosa Baranjai, München, Bayerstr.33/I.

Die vier Kinder wurden auftragsgemäss aus der Unterkunft in Untermberg weggenommen und zunächst in München untergebracht Das Kind der Baranjai befindet sich bereits im Lebensbornheim in Steinhöring. Die Unterbringung der übrigen drei Kinder in diesem Heim verzögerte sich durch die Erkrankung des Kindes Volker (Malovetz) an Diphterie. Dieses Kind wurde aus dem Krankenhaus Schwabing in die Ausweichstelle Feldkirchen bei Westerham verlegt. Die beiden Kinder Peter (Schneider) und Dieter

Täglich neue Enthüllungen –
Protokoll der Münchner Kriminalpolizei zum Fall Rascher (April 1944)

einem Fluchtversuch aus dem Münchner Polizeigefängnis, bei dem Karoline Rascher eine Wärterin überfallen hatte, wurde sie am 29. November 1944 in das Konzentrationslager Ravensbrück überstellt und in einer Einzelzelle untergebracht. Der Reichsführer SS persönlich ordnete die korrekte Behandlung der Frau Rascher samt der Gewährung von Sonderrechten an: Sie bekam das Haar nicht geschoren, brauchte keine Häftlingskleidung zu tragen, durfte lesen und sollte mit Näharbeiten beschäftigt werden. Vorsicht sei allerdings geboten: Der weibliche Häftling kenne von der Tätigkeit des Ehemannes her den Betrieb eines KZs genau, sei schlau und sehr gerissen.

KrimKommissar Schmid gegenüber: "Jch bitte, mich nicht mit meiner Frau allein zu lassen, denn ich fürchte mich vor dieser Frau."

Durch die gestrige Vernehmung des Dr.Rascher erfuhr auch der Verdacht, dass Frau Rascher auch die Kinder untereinander ausgetauscht hat, ein Verschärfung. Es ist anzunehmen, dass mindestens Frau Zitzeelsberger, deren Kind sich ebenfalls 1 1/2 Jahre lang in der Fam.Rascher befand, ein anderes Kind zurückbekam. Die Blutgruppenuntersuchung mit dem konkurrierenden Kind der Malovetz kann z.Zt. nicht durchgeführt werden, da dieses Kind (zweites Kind Volker) z.Zt. an Diphterie erkrankt ist.

Vom KZ.Dachau wurde mitgeteilt, dass der Jude Feix gestern von Schlachters aus in das Lager zurückgeführt wurde.

Die Vernehmung mit Dr.Rascher dürfte heute zu Ende kommen, wir werden morgen Freitag die notwendigen Vernehmungen im Lager Dachau durchführen.

Kriminalkommissar.

»Ich fürchte mich« – die Vernehmung des KZ-Arztes Dr. Sigmund Rascher. Auszug aus dem Verhörprotokoll (14. April 1944)

Karoline Rascher im Alter von ca. 35 Jahren

Aus der Zelle schrieb Karoline ihrem Mann: »Geliebter Sigmund! Nun ist das Ende da. Du musst weiterleben! Bitte, hebe dir alles gut auf von den Sachen, lass nichts verkommen, es ist ja fast alles mit deinem verdienten Geld angeschafft. Ins Zimmer muss noch Mottenpulver und Mäusegift, sonst wird alles zerfressen. Ich gehe sehr schwer aus dem Leben, aus dem Leben mit dir, dem herrlichen. Kümmere dich um Peter und Volki.« In flehentlichen Briefen an Himmler und seinen Adjutanten Brandt leugnete sie die Mitwisserschaft ihres Mannes.

Bei einer Gegenüberstellung erklärte Dr. Sigmund Rascher weinerlich, der »Belogene und Betrogene« zu sein, gab dann aber zu, schon nach dem ersten Kind den Verdacht der Kindesentführung gehegt zu haben. Er fürchtete sich vor Karoline und bat, mit ihr nicht allein gelassen zu werden. Nach seinem Ausschluss aus der SS wurde der Arzt in das KZ Buchenwald eingewiesen. Als »Sonderhäftling«

kehrte er letzten Endes an die Stätte seines Wirkens, das KZ Dachau, zurück. Am 26. April 1945, drei Tage vor dem Eintreffen der Alliierten, wurde der Geheimnisträger durch einen Genickschuss getötet.

Auch Karoline Rascher erlebte das Ende der NS-Herrschaft nicht. Nach einer Attacke auf eine KZ-Wärterin wurde sie in Ravensbrück gehenkt.

Anmerkungen und Quellenhinweise

Gerda Bormann

1 Martin Bormann an Gerda am 21. 1. 1944 aus dem Führerhauptquartier. The Bormann letters. The private correspondence between Martin Bormann and his wife from January 1943 to April 1945. Ed. with an introduction and notes by H. R. Trevor-Roper. London 1954. Sowie Bormann Martin, Briefe an seine Frau, Bd. 1: 16. 1. 1943 – 31. 7. 1944. Bd. 2: 2. 8. 1944 – 2. 4. 1945. F 189/1. Institut f. Zeitgeschichte, München.

2 Biografisches zu Gerda Bormann: Martin Bormann, Leben gegen Schatten. Paderborn 1996, S. 12, sowie Jochen von Lang, Der Sekretär. Martin Bormann: Der Mann, der Hitler beherrschte. München 1987, S. 55 ff.

3 Aufzeichnungen Walter Darré 1945–48. ED 110/3, f. 204 ff. Institut f. Zeitgeschichte, München.

4 Gerda Bormann, Brief am 29. 8. 1944.

5 Ebenda.

6 Mitteilung von Martin Bormann jun.

7 Artikel von Walter Buch über die deutsche Ehre. In: »Deutsche Justiz« vom 21. 10. 1938.

8 Darré, Aufzeichnungen, S. 207.

9 Hans F. K. Günther, Kleine Rassenkunde des deutschen Volkes. München 1933.

10 Jochen von Lang, Der Sekretär, S. 55 f.

11 Das Freikorps Roßbach. In einem Fragebogen der NSDAP nannte sich Bormann später »Bereichsleiter der Org. Roßbach«.

12 Rudolf Höß, der Mann aus der Menge. In: Joachim C. Fest, Das Gesicht des Dritten Reiches. München 1980, S. 372 ff.

13 Roßbach und die Feme. In: Lang, Der Sekretär, S. 32 ff.

14 Mitglied der NSDAP seit 1. 4. 1929. Spruchkammerakten Gerda Bormann. Karton 176. AZ H/6731/50. Bayerisches Staatsarchiv, München.

15 »Die Kirschen blühen« – Porträt Martin Bormanns von Elisabeth Welzig. »Salzburger Nachrichten« vom 20. 3. 1999.
16 Martin Bormann, Leben gegen Schatten, S. 12.
17 Darré, Aufzeichnungen, S. 209f.
18 Brief Gerda Bormanns vom 20. 6. 1933. Privatbesitz Martin Bormann jun.
19 Ebenda.
20 Brief Bormanns an seine Mutter vom 19. 2. 1943.
21 Brief Gerda Bormanns vom 28. 11. 1943.
22 Am 23. 11. 1935 flog Bormann mit Buch in der Angelegenheit Koch nach Nürnberg. Auszüge aus dem Notizbuch Bormanns. F 19/13. Institut f. Zeitgeschichte, München.
23 Darré, Erinnerungen, S. 211ff.
24 Richtfest am 19. Juni 1936. Das Haus ist derzeit Sitz des Bundesnachrichtendienstes.
25 Eintragung im Notizbuch Bormanns zum 14. 9. 1938.
26 Verfahren gegen Ausschreitungen gegen Juden. NS 36/13. Bundesarchiv Berlin.
27 Darré, Erinnerungen, S. 211.
28 Ab Ende 1942 bedurfte jede Anklageerhebung der Unterschrift des Leiters der Parteikanzlei. Ebenso musste jedes Urteil von Bormann gegengezeichnet werden.
29 Lang, Der Sekretär, S. 252.
30 Erklärung Buchs vom 10. 12. 1935. NS 36/21. Bundesarchiv Berlin.
31 Geiß, Obersalzberg. Berchtesgaden 1951.
32 Laut Josef Geiß, der damals bei der Verwaltung am Obersalzberg dienstverpflichtet war.
33 Ebenda.
34 Martin Bormann jun. im Gespräch. Oktober 1999.
35 Ebenda.
36 Vorschläge Bormanns an Rosenberg vom 20. 3. 1939 bezüglich kirchlicher Befugnisse: Einschränkung des Religionsunterrichts und Verbot der Schulgebete. MA 54–1. 395–1399. Institut f. Zeitgeschichte, München.
37 Brief Gerda Bormanns an eine ehemalige Hausangestellte. Obersalzberg, 26. 10. 1940. Privatbesitz Martin Bormann jun.
38 Auskunft von Frau Irmgard Münchow, einer ehemaligen Bewohnerin des Obersalzbergs und Spielgefährtin der Bormann-Kinder.

39 Martin Bormann an seine Frau. September 1943. Orden und Ehrenabzeichen im deutschen Reich von Heirich Doelke (1939).
40 Mitteilung von Wilhelm Schneider, August 1999. Unterscharführer Schneider war Hitlers langjährige Ordonnanz und Mitglied des Führerbegleitkommandos.
41 Baldur von Schirach, Ich glaubte an Hitler. Hamburg 1967, S. 273.
42 Mitteilung von Wilhelm Schneider.
43 Mitteilung vonWilhelm Schneider. Juli 1999.
44 Ebenda.
45 Gerda Bormann, Obersalzberg am 21. 9. 1944.
46 Martin Bormann jun. am 25. 9. 1999.
47 Mitteilung von Prälat Theodor Schmitz. Oktober 1999.
48 Brief Gerda Bormanns vom 24. Januar 1944 auf dem Obersalzberg.
49 Martin Bormann am 18. 8. 1944.
50 Gerda Bormann am 24. 9. 1944.
51 Gerda Bormann am 10. 2. 1944.
52 Vom 29. 2. bis 10. 3. 1944. MA 340. Institut f. Zeitgeschichte, München.
53 Gerda Bormann am 2. 2. 1944.
54 W. Lange, Der erbbiologische Wert der unehelichen Mütter mit drei und mehr unehelichen Kindern. In: Volk und Rasse, X (1937), S. 376. Sowie: Dorothee Schmitz-Köster, Deutsche Mutter, bist du bereit ..., Alltag im Lebensborn. Berlin 1997.
55 Brief Gerda Bormanns vom 24. 1. 1944.
56 Lisa Pina, Nazi family policy 1933–1945. Oxford/New York 1997, S. 132 ff.
57 The Bormann letters, London 1954.
58 Auskunft von Wilhelm Schneider, dem die Haushälterin des Berghofes davon berichtete. Juli 1999.
59 Brief Bormanns aus Berlin am 11. 8. 1944.
60 Brief Bormanns vom 15. 9. 1944 aus dem Führerhauptquartier.
61 Auskunft von Jochen von Lang. Schwester Restituta wurde 1998 von Papst Johannes Paul II. anlässlich seines Wien-Besuches selig gesprochen.
62 Spruchkammerakten Gerda Bormann, MSo, Durchführung des Verfahrens gegen Verstorbene. Akt 1346. Bayerisches Hauptstaatsarchiv, München.
63 Brief Bormanns vom 13. 8. 1944.

64 Ebenda.
65 Lang, Der Sekretär, S. 232.
66 Bormann am 30. 9. 1944.
67 Gerda Bormann, Obersalzberg, am 29. 9. 1944.
68 Brief Gerda Bormanns vom 29. 8. 1944.
69 Jochen von Lang, Der Sekretär, S. 260.
70 Hitler am 25. 10. 1941. Adolf Hitler, Monologe im Führerhauptquartier 1941–1944. Die Aufzeichnungen Heinrich Heims, hrsg. von Werner Jochmann. Hamburg 1980, S. 106.
71 Brief Gerda Bormanns am 8. 5. 1944.
72 Gerda Bormann am 12. 9. 1944.
73 Vgl. 70. Hitler, Monologe, Aufzeichnungen Heims. Hitlers Tischgespräche im Führerhauptquartier 1941–1942, hrsg. von Percy Ernst Schramm. Stuttgart 1963.
74 Brief Bormanns vom 9. 9. 1943.
75 Brief Bormanns vom 26. 7. 1943.
76 Der jüdische Eigentümer hatte den Besitz 1939 an die Stadt Recklinghausen verkauft, die es 1943 an Frau Bormann weiterverkaufte. Bayerisches Landesamt f. Vermögensverwaltung G. IV-B1/7370/53. Erhebung vom 14. 9. 1953.
77 Brief vom 16. 9. 1943.
78 Brief Gerda Bormanns vom 30. 10. 1944.
79 Kalender »Neues Volk« 1944. Hrsg. vom Zentralverlag der NSDAP, Franz Eher Nachf., München.
80 Verzeichnis der Geburtstage der Bormann-Kinder in Martin Bormanns Notizkalender. Abschrift (F 105) im Institut f. Zeitgeschichte, München. Fa 21, »Satzung des Reichsbundes der Kinderreichen Deutschlands«.
81 Mitteilung von Wilhelm Schneider. Juli 1999.
82 Brief Gerda Bormanns vom 4. 2. 1944.
83 Gerda Bormann am 28. 8. 1944.
84 Brief Gerda Bormanns vom 8. 2. 1945.
85 Lang, Der Sekretär, S. 286.
86 Brief Bormanns vom 2. 4. 1945.
87 Ebenda.
88 Joseph Geiß, Obersalzberg, S. 57f. Florian M. Beierl, Hitlers Berg. Licht ins Dunkel der Geschichte. Geschichte des Obersalzbergs und seiner geheimen Bunkeranlagen. Berchtesgaden 2004.

89 Von Hummel weigerte sich auch in einem Gespräch mit Martin Bormann jun., den Inhalt des Funkspruchs zu enthüllen. Mitteilung von Martin Bormann jun. im Oktober 1999.

90 Auskunft von Martin Bormann jr. und Prälat Theodor Schmitz. Oktober 1999, sowie Interview Henriette von Schirach 1986 ZS 2238. Institut f. Zeitgeschichte, München.

91 Angeblich beauftragte Gerda Bormann den Gauleiter von Tirol mit der Übergabe ihres Eigentums an Karl Wolff, den Chef des persönlichen Stabs von Heinrich Himmler. Über einen italienischen Zwischenhändler kam die Korrespondenz des Ehepaares Bormann an den Schweizer Francois Genoud, der sie 1953 veröffentlichte. Er erwarb das Copyright über Prälat Theodor Schmitz, den Vormund der Bormann-Kinder, der nur eine englische Ausgabe erlaubte.

92 Martin Bormann, Leben gegen Schatten, S. 45.

93 Undatierter Brief Gerda Bormanns. Privatbesitz Martin Bormann jun.

94 Undatierter Brief Gerda Bormanns. Privatbesitz Martin Bormann jun.

95 Martin Bormanns Notizkalender für das Jahr 1945. F 105. Institut f. Zeitgeschichte, München.

96 Lang, Der Sekretär, S. 11.

97 Brief von Prälat Theodor Schmitz vom 6. 3. 1948. Privatbesitz Martin Bormann jun., Abschrift (F 189/2) im Institut f. Zeitgeschichte, München.

98 Undatierter Brief an Paula Pallhuber, vermutlich Anfang 1946. Privatbesitz Martin Bormann jun.

99 Auskunft von Prälat Theodor Schmitz. Berlin, Oktober 1999.

100 Theodor Schmitz stammt aus einer großbürgerlichen Familie. Er studierte 1935–1942 in Rom katholische Theologie. Nach der Priesterweihe widmete er sich als Geistlicher im Offiziersrang der Seelsorge.

101 Undatierter Brief Gerda Bormanns. Privatbesitz Martin Bormann jun.

102 Vom bischöflichen Ordinariat Berlin beglaubigte Abschrift der am 5. 2. 1946 im Ortslazarett von Meran abgegebene Erklärung.

103 Mitteilung von Prälat Theodor Schmitz. Oktober 1999.

104 Undatierter Brief Gerda Bormanns. Privatbesitz von Martin Bormann jun.

105 Laut Sterbeurkunde des Standesamtes I in Berlin.

106 Laut Auskunft von Prälat Theodor Schmitz, der Einsicht in das Obduktionsprotokoll bekam.
107 Schreiben des Municipio di Merano vom 5. 6. 1950. Spruchkammerakten Gerda Bormann, f. 23. Bayerisches Staatsarchiv, München.
108 Einzelgrab Nr. 610.
109 Laut Hitlers Sonderanordnung vom 30. 1. 1943.
110 Am 20. 3. 1951. Spruchkammerakten Gerda Bormann.
111 Am 11. 1. 1950 wurde Theodor Schmitz offizieller Vormund der Bormann-Kinder. Laut G. VII, 442/49. Bayerisches Landesamt f. Vermögensverwaltung.
112 »Die Welt« am 24. 11. 1964. »Süddeutsche Zeitung« vom 4. 10. 1965.
113 »Die Welt« am 15. 9. 1971.
114 Jochen von Lang, Wie ich Martin Bormann fand. In: Der Sekretär, S. 343 ff.
115 Lew Besymenski, Die letzten Notizen von Martin Bormann. Ein Dokument und sein Verfasser. Stuttgart 1974.

Lina Heydrich

1 Biografisches aus: Lina Heydrich, Leben mit einem Kriegsverbrecher. Mit Kommentaren von Werner Maser. Pfaffenhofen 1976 f. sowie Günther Deschner, Reinhard Heydrich, Statthalter der totalen Macht. Esslingen am Neckar, 1977, S. 36 ff.
2 L. Heydrich, Leben, S. 12. Laut Deschner, Heydrich, S. 36, stammte Lina Heydrich aus dänischem Beamtenadel.
3 Houston Stewart Chamberlain, Die Grundlagen des neunzehnten Jahrhunderts. München 1932. Die 1. Auflage erschien bereits 1899.
4 Meyers Konversationslexikon, 2. Bd. 1937.
5 Charakteristik Heydrichs bei: Walter Schellenberg, Aufzeichnungen. Die Memoiren des letzten Geheimdienstchefs unter Hitler. London 1956, S. 35 ff.
6 Lina Heydrich, Leben, S. 9.
7 Ebenda, S. 10.
8 Deschner, R. Heydrich, S. 17 ff. Ders.: Reinhard Heydrich – Technokrat der Sicherheit. In: Die Braune Elite I. Hrsg. von Ronald Smelser und Rainer Zitelmann. Darmstadt 1994, S. 98 ff.
9 Brief Heydrichs aus Kiel am 18. 12. 1930.

10 Gespräch mit Günther Deschner im März 1973. Deschner, R. Heydrich, S. 38.
11 Reinhard Heydrich am 3. 1. 1931.
12 Dienstleistungszeugnis. Ausgestellt am 30. 4. 1931 vom Kommando der Marinestation der Ostsee.
13 Lina Heydrich. Interview Deschner, R. Heydrich, S. 48.
14 Interview mit G. Deschner, R. Heydrich, S. 43.
15 Die SS umfasste 1929 nur 300 Mitglieder, 1932 bereits 50000.
16 Friedrich Karl Freiherr von Eberstein war damals SS-»Gausturmführer«. Später wurde er Leiter des SS-Oberabschnitts Süd. »München – Hauptstadt der Bewegung«. Katalog der Ausstellung im Münchner Stadtmuseum. München 1993, S. 218.
17 Shlomo Aronsen, Reinhard Heydrich und die Frühgeschichte von Gestapo und SD. In: Studien zur Zeitgeschichte 2. Stuttgart 1971.
18 Polizeihauptmann a.D. Horninger, der als Spitzel für die Münchner Polizei arbeitete.
19 SS-Sturmmann, Nr. 10. 120 laut Fragebogen vom 20. 8. 1937. Personalakte Heydrich. Bundesarchiv Berlin.
20 Die SS. In: München, Hauptstadt, S. 171.
21 Heinz Höhne, Der Orden unter dem Totenkopf. Die Geschichte der SS. Gütersloh 1967.
22 Brief Reinhard Heydrichs. München, 11. 8. 1931.
23 Brief Reinhard Heydrichs am 22. 8. 1931.
24 Wegen wiederholter Gewaltausschreitungen uniformierter Verbände wurde am 8. Dezember 1931 reichsweit ein Uniformverbot erlassen.
25 Lina Heydrich im Interview mit G. Deschner, R. Heydrich, S. 47.
26 Laut Meldezettel Lochhausen, Lochhausner Straße 55.
27 Mit der Mitgliedsnummer 1201380. Aufnahmeformular Lina Heydrich. Bundesarchiv Berlin.
28 Riemanns Musiker-Lexikon, Ausgabe 1916. Nachkriegsausgaben vermeiden den Zusatz »Süß«.
29 Braune Elite I, S. 100.
30 N.S. Auskunft. München, 22. 6. 1932. Personalakte Hei[y]drich Reinhard. Bundesarchiv Berlin.
31 »Wiener Illustrierte« am 25. 9. 1940.
32 Joachim C. Fest, Das Gesicht des Dritten Reichs. München 1980, S. 139ff.
33 Gerald Reitlinger, Die SS. Wien/München 1957, S. 15.

34 Laut Meldezettel, München, Zuccalistraße 31.
35 Am 13. 4. 1932 wurden SS und SA verboten.
36 Lina Heydrich, Leben, S. 34.
37 Helmut Hanko, Die nationalsozialistische Machtübernahme im Münchner Rathaus. In: München – Hauptstadt der Bewegung. Katalog der Ausstellung. München 1993, S. 196 ff.
38 Brief Lina Heydrichs vom 13. März 1933.
39 Lina Heydrich im Interview. Deschner, Die Braune Elite I, S. 111.
40 Lina Heydrich im Interview. Deschner, R. Heydrich, S. 88. Ebenso Auskunft von Prof. Maser, April 2000.
41 Ebenda.
42 Laut Meldezettel Berlin-Schlachtensee, Augustenstraße 14.
43 Vgl. Heinz Höhne, Canaris. Patriot im Zwielicht. München 1978.
44 Andre Brissaud, Canaris. Frankfurt/Main 1976, S. 43.
45 Heinz Höhne, Geheimauftrag für Guillermo. In: Der Spiegel, Nr. 34/1976, S. 100.
46 Lina Heydrich, Leben, S. 63 f.
47 Höhne, Geheimauftrag, S. 101.
48 Hans Buchheim, Die SS – Das Herrschaftsinstrument. In: Anatomie des SS-Staates, Bd. 1. München 1967, S. 71 f.
49 Lina Heydrich, Leben, S. 82.
50 Friedrich Weissensteiner, Der ungeliebte Staat. Österreich zwischen 1918 und 1938. Wien 1990. S. 300 ff. (Finis Austriae).
51 Lina Heydrich, Leben, S. 82.
52 Ebenda, S. 90.
53 Akte Heydrich, O. 978, f. 174. Bundesarchiv Berlin.
54 Laut dem 1936 ergangenen Führererlass.
55 Ernst Röhm wurde im Zuge des Röhm-Putsches erschossen.
56 Lina Heydrich, Leben, S. 69.
57 Ebenda.
58 IMT, Bd. XXXI, Dok. 3051-PS.
59 Berlin, Gisebrechtstraße 11. Peter Norden, Salon Kitty. In: »Der Spiegel«, Nr. 14/1976, S. 200 f.
60 1940 bezog Heydrich monatlich 1800 RM plus Aufwandsentschädigung. Bescheinigung des Chefs der Sicherheitspolizei und des SD vom 13. 2. 1941. Zeichen: I-HB. Nr. 5206/40. Bundesarchiv Berlin. Zum Vergleich: Ein Auto der Marke »Opel Kapitän« kostete 3000 RM, ein Herrenanzug zwischen 50 und 100 RM.

61 Lina Heydrich, Leben, S. 75.

62 Der Jurist Best schildert seinen Chef. Werner Best, Aufzeichnung über Reinhard Heydrich vom 1. 9. 1949. Kopenhagen.

63 Lina Heydrich, Leben, S. 78.

64 Brief Heydrichs vom 1. 9. 1939.

65 Der SS-Brigadeführer Walter Schellenberg war Chef des Amtes VI im Reichssicherheitshauptamt. Walter Schellenberg, Memoiren. Braunschweig 1956.

66 Heinrich Müller, Leiter des Amtes IV der Geheimen Staatspolizei.

67 Harpprecht. In: Schellenberg, Aufzeichnungen, S. 14.

68 Edmonde Charles-Roux, Coco Chanel. Frankfurt/Main 2000, S. 404 und S. 418ff.

69 Jürgen Runzheimer, Der Überfall im Jahre 1939. In: VJZG 1962, S. 408ff.

70 Deschner, R. Heydrich, S. 149.

71 Brief Reinhard Heydrichs. Berlin, 1. 9. 1939.

72 Lina Heydrich im Gespräch mit Werner Maser, 1975. Mitteilung von Prof. Maser im März 2000.

73 1940 erhielt Heydrich als Jagdflieger die Bronzene Frontflugspange und das Eiserne Kreuz II. Klasse. Im Russlandfeldzug erhielt er die Silberne Frontflugspange (50 Einsätze) und das Eiserne Kreuz I. Klasse.

74 Lina Heydrich im Interview mit Deschner. Deschner, R. Heydrich, S. 209.

75 Karl Hermann Frank, Reinhard Heydrichs Werk für Böhmen und Mähren, Prag 1944, S. 26.

76 Das »obere« Schloss aus dem 18. Jahrhundert und das »untere« 1840 erbaute Schloss.

77 Deschner, R. Heydrich, S. 238.

78 Telegramm aus dem Reichssicherheitshauptamt. Prag, 5. 6. 1942. Akte Heydrich O. 978, f. 233. Bundesarchiv Berlin.

79 Zur Situation der Wiener Sammlungen: Wilhelm Deutschmann, Die Städtischen Sammlungen in der Zeit der nationalsozialistischen Sammlungen. In: Studien zur Wiener Geschichte. Jahrbuch des Vereins für Geschichte der Stadt Wien, Band 55. Wien 1999, S. 31ff.

80 Schreiben der Staatspolizeileitstelle Wien vom 25. Juli 1942. Akte Heydrich O. 978, f. 243. Bundesarchiv Berlin.

81 Schreiben der Kommandatur SS-Tr. b. Pl. Beneschau vom 26. 6. 1942.

82 Lina Heydrich, Leben, S. 97. Reinhard Heydrich, Wandlungen unseres Kampfes. Berlin 1936, S. 5 ff.

83 Lina Heydrich, Leben, S. 107.

84 Schreiben Heydrichs vom 25. 1. 1942. Bundesarchiv Berlin.

85 Das von Adolf Eichmann angefertigte Protokoll über die Konferenz wurde 1947 in den Akten des Auswärtigen Amtes gefunden. Katalog der Gedenkstätte Haus der Wannsee-Konferenz. 2. Auflage Berlin 1998.

86 Lina Heydrich, Leben, S. 107.

87 Braune Elite I, S. 111.

88 D. Brandes, Die Tschechen unter deutschem Protektorat, Teil 1: Besatzungspolitik, Kollaboration und Widerstand im Protektorat Böhmen und Mähren bis Heydrichs Tod. 1939–1942. Oldenburg 1969.

89 Fest, Das Gesicht des Dritten Reichs, S. 152.

90 Laut Hitlers Dekret vom 24. 9. 1941.

91 Abschlussbericht: Attentat auf den SS-Obergruppenführer Heydrich am 27. 5. 1942 in Prag, Anl. D. Nr. 1982/57. Institut f. Zeitgeschichte, München.

92 Henry Picker, Hitlers Tischgespräche im Führerhauptquartier 1941–1942. Bonn 1951, S. 386.

93 Deutsches Kriminalpolizeiblatt-Sonderausgabe vom 28. Mai 1942.

94 Die Gedenkrede des Reichsführers SS. In Reinhard Heydrich, Ein Leben der Tat. Prag 1944, S 69.

95 Kontenfeststellung durch die Spruchkammer Berlin-Wilmersdorf. Lina Heydrich, Leben, Anhang Nr. 30.

96 Brief Lina Heydrichs vom 26. 2. 1943. Akte Heydrich, O. 978, f. 254. Schreiben Himmlers vom 23. 5. 1943. Persönlicher Stab Reichsführer SS, Schriftgutverwaltung Nr. 70. Bundesarchiv Berlin.

97 Schreiben Heinrich Himmlers vom 7. 8. 1943. Bundesarchiv Berlin.

98 Schriftverkehr in: Akte Heydrich, O. 978, f. 286–88; 293–96. Bundesarchiv Berlin.

99 Geheimes Schreiben Himmlers vom 30. 1. 1944. Bundesarchiv Berlin.

100 Schreiben Lina Heydrichs vom 11. 7. 1944. Akte Heydrich, O. 978 f. 303 f.

101 Telegramm vom 2. 1. 1945. Akte Heydrich, O. 978, f. 329.

102 Lina Heydrich, Leben, S. 124 f.

103 NS 18/19. Bundesarchiv Berlin.

104 Schreiben von Lina Heydrich am 25. Juli 1944 an das KZ Flossenbürg bei Weiden/Oberpfalz. NS 19/18. Bundesarchiv Berlin.

105 Zum Vergleich: Im Berliner Lokal Aschinger kostete damals eine Erbsensuppe mit Brot 0,50 RM.

106 Schreiben betreffend die Abstellung von Bibelforschern nach Jungfern-Breschan vom 26. 8. 1944 und 1. 9. 1944. NS 19/18. Bundesarchiv Berlin.

107 Lina Heydrich, Leben. Kommentar Werner Maser. Anhang Nr. 25.

108 Telegramm gez. Frank. Akte Heydrich, O. 978f. 270. Bundesarchiv Berlin.

109 Schwarze Korps vom 4. 11. 1943. Faksimile-Querschnitt durch das Schwarze Korps. Hrsg. von Helmut Heiber und Hildegard von Kotze. München 1968.

110 Lina Heydrich, Leben, S. 126.

111 Brief Heinrich Himmlers am 22. 1. 1945. Personalakte Lina Heydrich. Bundesarchiv Berlin.

112 Brief Lina Heydrichs vom 9. 1. 1945. Akte Heydrich, O. 987, f. 330–31. Bundesarchiv Berlin.

113 Brief Lina Heydrichs am 27. 1. 1945 aus Jungfern-Breschan. Personalakte Lina Heydrich. Bundesarchiv Berlin.

114 Ebenda, f. 336 a.

115 Lina Heydrich, Leben, S. 135.

116 Brief Heinrich Himmlers. Feld-Kommandostelle 7. 2. 1945. Personalakte Lina Heydrich, f. 335. Bundesarchiv Berlin.

117 Mitteilung von Prof. Werner Maser aufgrund eines Gesprächs mit Lina Heydrich.

118 Lina Heydrich, Leben, S. 144f.

119 Die britische Militärverwaltung hat den Antrag noch 1947 mit dem Hinweis, dass kein Mordverdacht vorliege, abgelehnt. Lina Heydrich, Leben, Maser, Dokumente, Nr. 28.

120 »Der Spiegel«, Nr. 16/April 1956.

121 Auskunft von Prof. Werner Maser, März 2000. Ihre De-facto-Gleichstellung mit Kriegerwitwen sorgte noch lange für große Empörung (»Der Spiegel« Nr. 21/1979).

122 Lina Heydrich, Leben. Kommentar Werner Maser Nr. 30.

123 »Der Spiegel«, Nr. 5/Januar 1964.

124 Auskunft von Prof. Werner Maser, März 2000.

125 Auskunft des Meldearchivs in Burg/Fehmarn.

Unity Valkyrie Mitford

1 Frau Hoffmann war Erna Hoffmann, die zweite Frau von Heinrich Hoffmann, dem »Führerfotografen«. Eintragung vom 10. 5. 1935. Das Tagebuch der Eva Braun. In: Werner Maser, Adolf Hitler. Legende – Mythos – Wirklichkeit. München 1975, S. 357.

2 6/7. 5. 1939. Auszüge aus dem Notizbuch von Martin Bormann. F 19/13. Abschrift im Institut f. Zeitgeschichte, München.

3 Ernst Hanfstaengl, Zwischen Weißem und Braunem Haus. München 1970, S. 370.

4 Jessica Mitford, Hons and Rebels. London 1996, S. 10.

5 Jessica Mitford, Hons, S. 10f.

6 Nancy Mitford porträtierte ihren Vater als »Uncle Matthew« in: Englische Liebschaften. Nördlingen 1988, S. 7ff. Über die »child hunt« S. 16f.

7 Necken und Ärgern. Harold Acton, Nancy Mitford; A Memoir. London 1975, S. 7ff.

8 Jim Lees-Milne, ein Freund von Thomas Mitford. Acton, Nancy Mitford, S. 9.

9 »Daily Telegraph« vom 20. 1. 1932.

10 Jessica Mitford, Hons, S. 46.

11 Diana Mosley, A life of contrasts. London 1977, S. 55.

12 Jessica Mitford, Hons, S. 58.

13 Von seinem Vater hatte er 1928 den Titel »Baronet« sowie ein Barvermögen in der Höhe von 250000 Pfund geerbt.

14 Das Originalzitat lautet: Of course I fell in love with him and decided to throw in my lot with him. In: Diana Mosley, A life, S. 98.

15 Lord Rothermere hatte 1922 sieben Zeitungen, darunter die »Times« und das Massenblatt »Daily Mail« geerbt.

16 »Vanguard«, Ausgabe vom Juli 1934.

17 Jessica Mitford, Hons, S. 61. Baldur von Schirach, Ich glaubte an Hitler. Hamburg 1967, S. 218.

18 Die Honourable Deborah Mitford heiratete am 19. 4. 1941 Andrew Cavendish. 1950 wurde er Duke of Devonshire.

19 Diana Mosley, A life, S. 106.

20 Fürst Otto von Bismarck, seit 1933 deutscher Botschaftsrat in London.

21 Ernst Hanfstaengl, Zwischen, S. 308.

22 David Pryce-Jones, Unity Mitford. A Quest. London 1977, S. 77.

23 William Joyce ging bei Kriegsausbruch nach Deutschland und wirkte von 1940 bis 1945 als Chefkommentator des englischen Dienstes der Reichsrundfunkgesellschaft. Er wurde 1946 in London als Hochverräter gehenkt.

24 »Evening Standard« vom 10. 9. 1933.

25 Pryce Jones, Unity, S. 104.

26 Friseursalon Prillinger in der Ismaninger Straße.

27 Wechselkurs 1935: 1 englisches Pfund = 20 RM.

28 Pryce-Jones, Unity, S. 92 ff.

29 Henriette von Schirach, Frauen um Hitler. München 1983, S. 84.

30 Brief Unity Mitfords an Diana Guinness vom 10. 2. 1935. Zit. nach Karlheinz Schädlich, Die Mitford-Sisters. Düsseldorf 1990, S. 132 f.

31 Schirach, Ich glaubte, S. 219.

32 Henry Picker, Hitlers Tischgespräche im Führerhauptquartier. Stuttgart 1965, S. 242, 244.

33 Adolf Hitler, Mein Kampf. München 1938, S. 696.

34 Josef Henke, England in Hitlers politischem Kalkül 1935–1939. Schriften des Bundesarchivs 20. Boppard a. Rhein 1973, S. 303.

35 Oswald Mosley, My Life. London 1968, S. 364.

36 Eva Braun hatte schon am 1. 11. 1932 versucht, sich zu erschießen.

37 Pryce-Jones, Unity, S. 105.

38 Ebenda.

39 »Der Stürmer«, Ritualmord-Nummer vom Mai 1943.

40 Goebbels: »Dieser bloße Antisemitismus ist zu primitiv.« Jay W. Baird, Julius Streicher – Der Berufsantisemit. In: Die Braune Elite II, S. 237.

41 Veranstaltung vom 22. Juni 1935 auf dem Hesselberg bei Dinkelsbühl.

42 Jay W. Baird, Julius Streicher – Der Berufsantisemit. In: Die Braune Elite II, S. 231 ff.

43 Elmar Streicher im Interview mit David Pryce-Jones. Zit. in Unity, S. 122 f.

44 Wolfgang Malanowski, Das deutsch-englische Flottenabkommen vom 18. Juni 1935 als Ausgangspunkt für Hitlers doktrinäre Bündnispolitik. In: Wehrwissenschaftliche Rundschau 5 (1955), S. 408–420.

45 Erich Kordt, Nicht aus den Akten ... Die Wilhelmstraße in Frieden und Krieg. Erlebnisse, Begegnungen und Eindrücke 1928–1945. Stuttgart 1950, S. 109.

46 Österreichischer Dialektausdruck. Bei Diana Mosley als »mein Schako« wiedergegeben.
47 Diana Mosley, A life, S. 123 ff.
48 Sir Eric Phipps war bis 1937 britischer Botschafter in Berlin.
49 Josef Henke, England, S. 23. Ebenso: Anthony Eden, Angesichts der Diktatoren. Memoiren 1923–1938. Köln/Berlin 1962, S. 175. Die Public Schools dienten den Nationalsozialistischen Erziehungsanstalten (NAPOLA) als Vorbild.
50 Tagebücher von Joseph Goebbels. Eintragung vom 24. 10. 1935.
51 Diana Mosley, A life, S. 153.
52 Janos von Almasy (1894–1968). Auskunft der genealogisch heraldischen Gesellschaft »Adler«, Wien.
53 Laszlo E. Almasy, Unbekannte Sahara. Budapest 1939. Neuauflage als: Schwimmer in der Wüste. Innsbruck 1997.
54 Pryce-Jones, Unity, S. 143.
55 »Sunday Pictorial« vom 24. 4. 1938.
56 Acton, Nancy Mitford, S. 78.
57 Albert Speer im Interview mit Pryce-Jones. Pryce-Jones, Unity, S. 96. ff.
58 Gerhard Engel im Interview mit Pryce-Jones. Zit. nach Schädlich, Die Mitford-Sisters, S. 139.
59 Diana Mosley, A life, S. 153 f.
60 Vom 6. zum 7. Mai 1939.
61 Wie es der Tischordnung entsprach. Fritz Wiedemann, Der Mann, der Feldherr werden wollte. Erlebnisse und Erfahrungen des Vorgesetzten Hitlers im Ersten Weltkrieg und seines späteren persönlichen Adjutanten. 1964, S. 79.
62 Hans Adolf Jacobsen, Nationalsozialistische Außenpolitik 1933–1938. Frankfurt a. Main, S. 365.
63 W. O. Jacobsen, Außenpolitik, S. 369 u. 373 f.
64 Exoberst Thomas C. Moore am 18. 2. 1934. Zit. nach Schädlich, Mitford-Sisters, S. 117.
65 Meldung des Deutschen Nachrichtenbüros (DNB) vom 21. 9. 1936. Bundesarchiv Koblenz R 43 II, England.
66 Marquess of Londonderry, England blickt auf Deutschland. Essen 1938, S. 101 ff.
67 Walter Schellenberg, Die Memoiren des letzten Geheimdienstchefs unter Hitler. London 1956, S. 109.

68 Viscount Rothermere, My fight to rearm Britain. London 1939, S. 80 ff. Winston Churchill, The Second World War. The gathering storm. London 1969, S. 62.
69 Goebbels, Tagebücher, Bd. 2, S. 694.
70 Diana Mosley, Life, S. 142.
71 Bericht von Sefton Delmer im »Sunday Express« vom 11. 10. 1936.
72 Diana Mosley, Life, S. 142.
73 Hans-Adolf Jacobsen, Nationalsozialistische Außenpolitik 1933–1938. Frankfurt a. Main 1968, S. 336 f.
74 Goebbels, Tagebücher. Eintragung vom 25. 9. 1937.
75 Bericht von Carmencita Fürstin zu Solms-Braunsfeld. Pryce-Jones, Unity, S. 227 f.
76 Sebastian Haffner, Winston Churchill in Selbstzeugnissen und Bilddokumenten. Reinbek b. Hamburg 1967, S. 96.
77 Auch Nancy Mitford nahm an BUF-Kundgebungen teil. Schädlich, Mitford-Sisters, S. 99 f.
78 Jessica Mitford, Hons, S. 81.
79 Tagebuch von Unity Mitford. Eintragung vom 24. 2. 1937.
80 Abteilung III: Leitung Major Rudolf Bamler. Aufgaben: Bekämpfung von Spionage; Infiltration gegnerischer Nachrichtendienste.
81 Schädlich, Mitford-Sisters, S. 139.
82 Diana Mosley, A Life, S. 140.
83 Martin Gilbert, Winston Churchill. The Wilderness Years. London 1981, S. 217.
84 Albert Speer, Spandauer Tagebücher. Frankfurt a. M. – Berlin – Wien 1975, S. 503.
85 Fritz Wiedemann, Der Mann, S. 152. Speer, Erinnerungen, S. 53.
86 Hanfstaengl, Zwischen, S. 370 ff.
87 David G. Marwell, Ernst Hanfstaengl – Des »Führers« Klavierspieler. In: Die braune Elite II, S. 137 ff.
88 Hitler am 16. 8. 1942. Hitler, Monologe, Die Aufzeichnungen Heims, S. 342.
89 Henke, England, S. 109 ff.
90 Alfred Rosenberg, Das politisches Tagebuch Alfred Rosenbergs aus den Jahren 1934/35 und 1932/44. Stuttgart 1956, S. 59.
91 Im so genannten »Hoßbach-Protokoll. Dazu auch Wolfgang Michalka, Joachim von Ribbentrop. Vom Spirituosenhändler zum Außenminister. In: Die Braune Elite I, S. 205 f.

92 »Evening Standard« vom 14. 3. 1938.
93 »Daily Express« vom 21. 3. 1938.
94 Interview von Unity Mitford. Wiedergegeben nach Schädlich, Mitford-Sisters, S. 244.
95 Ebenda, S. 245.
96 Diana Mosley, Life, S. 152.
97 Christoph Walther/Karl-Ulrich Gelberg, Nationalsozialistische Außenpolitik in München und das Münchener Abkommen. In: München, Hauptstadt, S. 378ff.
98 Bericht der »Narodni Politika« vom 3. 6. 1938.
99 Goebbels, Tagebücher. Eintragung vom 3. 6. 1938.
100 Unter anderem in: »Fränkische Tageszeitung« vom 3. 6. 1938.
101 Goebbels, Tagebücher. Eintragung vom 3. 6. 1938.
102 Hans Günther Hockerts, Mythos, Kult und Feste. München im nationalsozialistischen Feierjahr. In: München – Hauptstadt, S. 331.
103 Schirach, Frauen, S. 87.
104 Martin Bormann, Auszüge aus seinem Terminkalender. F 18/19. Institut f. Zeitgeschichte, München.
105 Schädlich, Die Mitford-Sisters, S. 251.
106 Walther/Gelberg, Nationalsozialistische Außenpolitik, S. 382f.
107 Martin Bormann, Auszüge aus seinem Terminkalender, S. 31.
108 »Daily Mirror« vom 18. 3. 1939.
109 Vor dem 23. 5. 1939. Briefdokument aus dem Besitz von Jonathan Guinness.
110 Brief von Unity Mitford. Zitiert nach Schädlich, Mitford-Sisters, S. 262.
111 Laut Meldearchiv der Stadt München: Agnesstraße 26/4.
112 Diana Mosley, A life, S. 160.
113 Um 12.20 Uhr folgte eine entsprechende französische Note.
114 Paul Schmidt, Statist auf diplomatischer Bühne. Bonn 1949.
115 Diana Mosley, Life, S. 160f.
116 Auszug aus dem Terminkalender Martin Bormanns. F 18/19. Abschrift im Institut f. Zeitgeschichte, München.
117 Heinrich Hoffmann, Hitler, wie ich ihn sah. Berlin 1974, S. 142.
118 Parteikult. In: München – Hauptstadt der Bewegung, S. 349.
119 Darunter ihre Tagebücher. Sechs dicke Hefte mit genauen Eintragungen ihrer Treffen mit Hitler befinden sich nun im Besitz von Unitys Familie. Pryce-Jones, Unity, S. 242.

120 Bericht von Oberarzt Dr. Jaeger nach einem Interview von Pryce-Jones. Zit. nach Schädlich, Mitford-Sisters, S. 280f.
121 Ebenda, S. 165.
122 Kimche, Kriegsende 1939? Der versäumte Angriff aus dem Westen. Stuttgart 1969.
123 Titel: Somewhere in England. We present this picture without comment.
124 Diana Mosley, Life, S. 164f.
125 Rede Churchills vom 13. Mai 1940.
126 Der englische Wortlaut: Lady Mosley arrested at last.
127 Brief Nancy Mitfords. Zitiert nach Schädlich, Mitford-Sisters, S. 289.
128 Diana Mosley, Life, S. 171ff. sowie S. 197f.
129 Jessica Mitford, A fine old conflict. London 1978. Zit. nach Schädlich, Mitford-Sisters, S. 307f.
130 Tom Mitford wurde am 30. 3. 1945 von japanischen Scharfschützen in Burma getötet.
131 Nancy Mitford am 8. 6. 1948. Acton, Nancy Mitford, S. 78.

Hanna Reitsch

1 Hanna Reitsch, Fliegen – mein Leben. München 1972, S. 323.
2 Hanna Reitsch, Das Unzerstörbare in meinem Leben. München/Berlin 1979, S. 49.
3 Robert Wistrich, Wer war wer im Dritten Reich. München 1983, S. 215.
4 Martin Broszat, 200 Jahre deutsche Polenpolitik. Frankfurt a. Main 1972, S. 154ff.
5 U. a. in Hitler, Monologe, S. 242.
6 Hanna Reitsch, Fliegen. München 1972, S. 31.
7 David Irving, Die Tragödie der Deutschen Luftwaffe. Frankfurt a. Main 1970, S. 27ff.
8 Paul Karlson, Segelflug durch Wind und Wolken. Berlin 1933, S. 6ff.
9 Reitsch, Fliegen, S. 62f.
10 Der Schauspieler Mathias Wiemann im März 1942 in der Berliner Zeitung »Am Mittag«.
11 Brief vom 19. Juni 1932 an Mathias Wiemann.
12 Irving, Luftwaffe, S. 64.

13 Reitsch, Fliegen, S. 143.

14 Ebenda, S. 183f.

15 Kunz, Der Segelflug im NS-Fliegerkorps. In: Der Segelflug im Wettbewerb der Völker. Hrsg. von Hubert Zuerl. Berlin 1941, S. 10ff.

16 Karl-Heinz Völker, Die deutsche Luftwaffe 1933–1939. Stuttgart 1967, S. 158.

17 Reitsch, Fliegen, S. 200.

18 Irving, Tragödie, S. 99.

19 Elly Beinhorn und Hanna Reitsch hatten denselben Fluglehrer in Staaken. Elly Beinhorn startete 1932 zu einem Alleinflug um die Welt. Elly Beinhorn, Premieren am Himmel. München 1991.

20 Das Militärhistorische Archiv 3, S. 15.

21 Reitsch, Fliegen, S. 209.

22 Besprechung am 22. 8. 1939. Wiedergegeben in: Vierteljahreshefte f. Zeitgeschichte 2/1968, S. 148f.

23 Produktion und Stärke der deutschen Luftwaffe. In: Lusar, Die deutschen Waffen. München 1956, S. 79f.

24 System der Entpolonisierung in den eingegliederten Ostgebieten. In: Brozat, 200 Jahre, S. 223.

25 Reitsch, Fliegen, S. 268.

26 Ebenda, S. 273.

27 »Der Völkische Beobachter« am 30. 3. 1941.

28 Verleihung am 27. 3. 1941. Das militärische Archiv 3, S. 17.

29 Reitsch, Fliegen, S. 281.

30 Ebenda, S. 289.

31 Mädel eure Welt. Jahrbuch der deutschen Mädel, 5. Jahrgang. München 1944, S. 75ff.

32 Lomax, Flying, S. 41, sowie Zeugenaussagen bei der Spruchkammerverhandlung 1947.

33 Reichsgesetzblatt I, S. 547.

34 Meldungen aus dem Reich. Auswahl aus den geheimen Lageberichten des Sicherheitsdienstes der SS 1939–1944, hrsg. von Heinz Boberach. München 1968, S. 181.

35 Schriftgutverwaltung Persönlicher Stab Reichsführer SS. Geh./309. Bundesarchiv Berlin.

36 Brief Hanna Reitschs am 27. 10. 1943. Personalakte Hanna Reitsch. Bundesarchiv Berlin.

37 Personalakt Hanna Reitsch. Bundesarchiv Berlin.

38 Akte Hanna Reitsch. Feld-Kommandostelle. Persönlicher Stab, Reichsführer SS. Akt. Nr. Geh./362. Bundesarchiv Berlin.

39 U. a. Proklamation Hitlers an die Heeresgruppe Süd am 19. 2. 1943. Domarus, Reden, Bd. 2, S. 1989.

40 Rudolf Lusar, Die deutschen Waffen und Geheimwaffen des 2. Weltkriegs und ihre Weiterentwicklung. München 1962, S. 89f.

41 Reitsch, Fliegen, S. 312.

42 Judy Lomax, Flying for the Fatherland. London 1991, S. 104ff.

43 Bericht vom 1. 7. 1943. In: Meldungen aus dem Reich, S. 330.

44 Domarus, Hitler, Bd. 2, S. 2101. In 80 Tagen wurden 9300 V1 verschossen. Lusar, Waffen, S. 148ff.

45 Reitsch, Fliegen, S. 331.

46 Brief Hanna Reitschs an ihren Bruder Kurt, Juni 1946.

47 Gerhardt Boldt, Hitler – Die letzten zehn Tage. Darmstadt 1973, S. 165f.

48 Hanna Reitsch in einem Brief an ihren Bruder Kurt.

49 Hanna Reitsch, Fliegen, S. 338.

50 Hanna Reitsch im Interview mit Jochen von Lang am 20. 2. 1973.

51 Hanna Reitsch, Höhen und Tiefen 1945–1977. München 1977, S. 75.

52 Durch Abhören einer Reuter-Meldung von BBC, London.

53 Heinrich Himmler führte am 23. 4. 1945 Gespräche mit dem schwedischen Grafen Bernadotte.

54 Reitsch, Fliegen, S. 343.

55 Bericht von Kommerzialrat Heinz Schachermayer, ehemals Stuka-Pilot, am 2. 5. 2000.

56 Interrogation Summary: The last days in Hitler's air raid shelter, 8. 10. 1945. F 135/2. Institut f. Zeitgeschichte, München.

57 Reitsch, Fliegen, S. 344.

58 Nach Latimer bei London in ein Combined Services Detailed Interrogation Centre (CSDIC).

59 Reitsch, Höhen, S. 32.

60 Mitteilung von Col. Robert Work am 25. 5. 2000.

61 »She had no idea, that I was composing a formal report.« (Sie wusste nicht, dass ich einen offiziellen Bericht verfasste.) Col. Work, w. o.

62 Auskunft von Col. Robert Work am 19. 2. 1999.

63 Ebenso »News Chronicle« vom 28., 29. und 30. 12. 1945.

64 Die Erinnerungen des ehemaligen Präsidenten der Danziger Senatsregierung Rauschning. Hermann Rauschning, Gespräche mit Hitler. Zürich 1940.
65 H. R. Trevor-Roper, The last days of Hitler. London 1946.
66 Ebenda, S. 53.
67 Ebenda, S. 81 f.
68 Ebenda, S 139.
69 Trevor-Roper, Hitler, S. 143, 150.
70 Ebenda, S. 148.
71 Hitler – Die letzten zehn Tage. Erna Flegel, F 35/2 S. 278 ff. Institut f. Zeitgeschichte.
72 Reitsch, Fliegen, S. 8.
73 Angabe von Heinz Schachermayer.
74 Hitler's secret conversations, 1941–44. The Bormann letters. Blitzkrieg to defeat: Hitler's war directives, 1939–1945.
75 »Stern«: Das ist eine ungeheure Geschichte. In: »Der Spiegel«, Heft 20/1983.
76 Lomax, Flying, S. 144.
77 Reitsch, Höhen und Tiefen, S. 106.
78 Ich fliege die V 1. In: Reitsch, Fliegen, S. 306 ff.
79 Nachruf »Der Spiegel«, Heft 36/1979.

Winifred Wagner

1 Theodor Herzl, Tagebücher 1895–1904. Bd. 1 – Der Judensache erstes Buch. Berlin 1922, S. 3, Eintragung vom 5. 6. 1885.
2 Gespräch mit August Kubizek. In: Albert Speer, Spandauer Tagebücher. Frankfurt a. Main – Berlin – Wien 1975, S. 136.
3 Auch am »Tag von Potsdam« (22. 3. 1933) gab man in der Berliner Oper Unter den Linden die »Meistersinger«.
4 Spruchkammerakten Winifred Wagner. Karton 1894, Denkschrift Winifred Wagner 1947. Bayerisches Staatsarchiv, München.
5 Winfried Schüler, Der Bayreuther Kreis von seiner Entstehung bis zum Ausgang der Wilhelminischen Ära. Münster 1971, S. 85.
6 Hitler in der Nacht vom 28. 2. zum 1. 3. 1942 im Führerhauptquartier. Adolf Hitler, Monologe im Führerhauptquartier 1941–1944.

Die Aufzeichnungen Heinrich Heims, hrsg. von Werner Jochmann. Hamburg 1980, S. 308.

7 Nike Wagner, Wagner Theater. Frankfurt a. Main 1998, S. 291.

8 Winifred Wagner im Interview mit Hans-Jürgen Syberberg, April 1975. »Zeitmagazin« Heft 18/1975, S. 22.

9 Brief von Karl Klindworth an Eva Chamberlain. 1907. Zitiert nach Schertz-Parey, Winifred Wagner. Ein Leben für Bayreuth. Graz/Stuttgart 1999, S. 18.

10 Cosima Wagner an Malwida von Meysenburg. Zit. bei Peter P. Pachl, Siegfried Wagner. Genie im Schatten. München 1988, S. 169.

11 Ein Aquarell von R. Gilbert (Clement).

12 Winifred Wagner im Interview April 1975, »Zeitmagazin« Heft 18, S. 24.

13 »Der Bärenhäuter« in drei Akten, op. 1.

14 Diesbezügliche Klagen finden sich kontinuierlich in Briefen und auch in Siegfried Wagners Tagebuch.

15 Pachl, Siegfried, S. 389.

16 »An ... Wahnfried ... und am Bühnenfestspielhaus ... haben seine (Siegfrieds) Geschwister keinen Anteil.« Cosima Wagner, »Letzter Wille« vom 13. 8. 1913. In: Michael Karbaum, Studien zur Geschichte der Bayreuther Festspiele (1867–1976), Dokumente und Anmerkungen. Regensburg 1976. Dokument IX, 1, S. 59.

17 Walter Aign, geb. 9. 6. 1901, arbeitete 1924–1931, dann wieder 1951–1957 als musikalischer Assistent in Bayreuth. Er starb 1977. Pachl, Siegfried, S. 164, sowie Nike Wagner, Wagner Theater, S. 290.

18 Pachl, Wagner, S. 266, 281 und 417.

19 Zit. nach Schertz-Parey, Winifred, S. 23.

20 Cosima Wagner in einem Brief an Ernst Fürst Hohenlohe-Langenburg vom Juli 1915.

21 »Das Liebesopfer« in vier Akten, op. 12.

22 Maximilian Harden am 27. 6. 1914 in: »Die Zukunft«, Berlin.

23 J. M. Jurinek, Über die Tantiemen-Einnahmen Wahnfrieds bis 1913. Dok. 25. In: Michael Karbaum, Studien, Dokumente VIII/25.

24 Winifred Wagner im Interview. April 1975. »Zeitmagazin« Heft 18, S. 26.

25 Brief an Franz Stassen vom 10. 1. 1917.

26 Stand von 1920. Karbaum, Festspielabrechnungen. Anhang, S. 151.

27 Pachl, Siegfried, S. 285.
28 Briefe an Franz Stassen. Oktober 1916 und Januar 1917.
29 Tagebucheintragung Siegfried Wagners. Pachl, S. 313.
30 Schertz-Parey, S. 39.
31 Spruchkammerakten Winifred Wagner. Denkschrift Winifred Wagners. Protokoll Winifred Wagner. Band 4, S. 30. Bayerisches Staatsarchiv München.
32 Herbert Conrad, Hans Grad, Bayreuth – Festliche Stadt. Bayreuth 1939.
33 Bericht bei Ernst Hanfstaengl, Zwischen Weißem und Braunem Haus. München 1970, S. 77f. 1921 wurde die »Deutsche Festspielstiftung Bayreuth« gegründet.
34 Hitler, Monologe, S. 224.
35 Hitler, Monologe, S. 281. Persönliche Beziehungen der Familie Wagner zu Hitler und Kontakte zur nationalsozialistischen Bewegung. In: Annette Hein, Es ist viel »Hitler« in Wagner. Tübingen 1996, S. 175ff.
36 Halbmonatsbericht des Regierungspräsidiums von Oberfranken für die Zeit vom 16. bis 31. 12. 1923. In: Der Hitler-Putsch. Bayerische Dokumente zum 8./9. November 1923. Hrsg. von Ernst Deuerlein. Stuttgart 1962, S. 561.
37 Schon Hitlers erster Quartiergeber in München, der in Garderobenfragen versierte Herrenschneider Josef Popp, attestierte ihm 1919 eine tadellose Garderobe und ebensolche Manieren. Werner Maser, Adolf Hitler. Legende – Mythos – Wirklichkeit. München 1975, S. 120.
38 Hitler, Monologe, S. 224.
39 Brief an Alexander Spring. Zit. Karbaum, S. 68.
40 Winifred Wagner, Offener Brief. Veröffentlicht am 14. 11. 1923. In: Sonderbeilage der Bayerischen Ostmark, Nr. 172.
41 Spruchkammerakten Winifred Wagner. Protokoll der öffentlichen Sitzungen der Spruchkammer II. Juni und Juli 1947. Bayerisches Staatsarchiv München.
42 Siegfried Wagner an Rosa Eidam. Weihnachten 1923. Zit. nach Karbaum, XI, Dok. 2.
43 Hitler, Monologe, S. 225.
44 Brief vom 7. 10. 1923. Monologe, S. 443.
45 Flugblatt der »Großdeutschen Zeitung« vom 1. 1. 1924.

46 Zdenko von Kraft, Der Sohn. Graz/Stuttgart 1969, S. 247.
47 Kurt Söhnlein, Erinnerungen an Siegfried Wagner und Bayreuth. Schriftenreihe der internationalen Siegfried-Wagner-Gesellschaft, Band 1. Bayreuth 1980. S. 18: Erneuerungen 1924.
48 Denkschrift Winifred Wagners vor der Spruchkammer, 1946.
49 Franz W. Beidler am 20. 8. 1951. In: Das literarische Deutschland, Nr. 16.
50 Hitlers Brief an Siegfried Wagner vom 5. 5. 1924. Karbaum, Dokumente XI, 3, S. 65.
51 Hans Conrad, Der Führer und Bayreuth. Die Jahre 1923–1925. In: Bayerische Ostmark, 25. 7. 1936.
52 H. Conrad, Der Führer und Bayreuth. Sonderbeilage der bayerischen Ostmark, Nr. 172 vom 25./26. 7. 1936. Zit. nach Karbaum, S. 70.
53 Hitler, Monologe, S. 259 und S. 307.
54 Denkschrift Winifred Wagners vor der Spruchkammer, 1946.
55 Hitler, Monologe, S. 307.
56 CIC-Akten; F 135/4, Eberstein: Women around Hitler, S. 695. Institut f. Zeitgeschichte, München.
57 Pachl, Siegfried, S. 362.
58 Hitler, Monologe, S. 315.
59 Im Januar 1929 zusammen mit Eva Chamberlain. Clemens Vollnhals, Der Aufstieg der NSDAP in München 1925 bis 1933: Förderer und Gegner.
60 Hitler, Monologe, S. 308.
61 Die Tagebücher von Joseph Goebbels. Sämtliche Fragmente. Hrsg. von Elke Fröhlich, Teil I, Aufzeichnungen 1924–1941, München – New York – London – Paris 1987. Eintragung vom 9. 5. 1926.
62 Tagebucheintragung vom 28. 5. 1928.
63 Richard Wagners Schrift »Das Judentum in der Musik.« Über Wagner. Von Musikern, Dichtern und Liebhabern. Hrsg. von Nike Wagner. Stuttgart 1995, S. 265.
64 Gutachten des Bayerischen Staatsministers für Unterricht und Kultus vom 16. 3. 1947. Spruchkammern, Karton 1894. Bayerisches Staatsarchiv, München.
65 Hans Conrad, Der Führer und Bayreuth. Die Jahre 1923–25. In: Bayerische Ostmark, Sonderbeilage, 25./26. 7. 1936.
66 »Walamund« in drei Akten, op. 17, 1928. Pachl, Siegfried Wagner, S. 396f.

67 Söhnlein, Erinnerungen, S. 30f.
68 Brief Hitlers an Winifred Wagner vom 30. 12. 1927. Wagner-Archiv, Bayreuth. Zit. Karbaum, Bayreuth, Dokumente XI, 5, S. 67.
69 Nike Wagner, Wagner Theater, S. 297.
70 Der vollständige Wortlaut des Testaments bei Karbaum, Dokumente IX, 3.
71 Karbaum, Studien, Dokumente XIV, 6.
72 Wilhelm Furtwängler, Um die Zukunft von Bayreuth. »Hannoverscher Kurier« vom 29. 6. 1932.
73 Karbaum, Dokumente XIII, 3 und 4.
74 Karbaum, Dokumente XIII, 6.
75 Festspielabrechnungen, Richard-Wagner-Archiv. Zit. nach Karbaum, Studien, S. 152ff.
76 Zitat von Minister Lammers. Spruchkammerakten Wagner, f. 91. Bayerisches Staatsarchiv, München. Hitlers Vermögen stammte aus seinen Einnahmen als Schriftsteller (»Mein Kampf«), den Tantiemen aus den »Hitler-Briefmarken« sowie den Beträgen aus der »Adolf-Hitler-Spende der Industrie«.
77 »Zeitmagazin« Heft 18/1976, S. 52.
78 Wolfgang Wagner, Lebensakte. München 1994, S. 74.
79 Friedelind Wagner, Nacht über Bayreuth. Berlin 1999, S. 121f.
80 Friedelind Wagner, Nacht über Bayreuth (Originaltitel »Heritage of fire«). Köln 1997.
81 Bericht über die Vernehmung. CIC Detachment 970/65 vom 14. 9. 1946. Bayerisches Staatsarchiv, München.
82 Auskunft seiner Ordonnanz Wilhelm Schneider. Februar 2000.
83 Heinrich Hoffmann, Hitler, wie ich ihn sah. Berlin 1974, S. 139ff.
84 Speer, Spandauer Tagebücher, S. 136.
85 Ebenda, S. 154f.
86 Hitler, Monologe, S. 235.
87 Goebbels, Tagebücher. Eintragung zum 28. Juli 1937.
88 Bundesarchiv Berlin. Personalakte Bormann. Brief Winifred Wagners am 7. 3. 1938.
89 Karbaum, Studien, Dokumente XX-2, S. 90.
90 Schreiben von Goebbels am 19. 11. 1943.
91 Abbildung bei Nike Wagner, Wagner Theater, Abbildung 48.
92 Die vollständige Liste umfasste die Originalpartituren der »Feen«, des »Liebesverbots«, »Rienzi« (4 Bde), »Rheingold«, »Walküre«, die

Originalzweitschrift von »Siegfried III«, die Abschrift der Orchesterskizze der »Götterdämmerung« und die Orchesterskizze des »Fliegenden Holländers«.

93 Laut einem Gespräch Albert Speers mit Winifred Wagner am 17. 9. 1973.

94 Henriette von Schirach im Interview am 28. 7. 1986. Sammlung Irving. Institut f. Zeitgeschichte, München. Speer, Spandauer Tagebücher, S. 157f.

95 SD-Bericht zu Inlandsfragen vom 15. 1. 1940. In: Meldungen aus dem Reich. Hrsg. von Heinz Boberach. München 1968, S. 60.

96 Hitler, Monologe, S. 225. Bernd Wessling, Bayreuth im 3. Reich. Richard Wagners politische Erben. Basel 1983, S. 276.

97 5 Prozent nach Angaben der Verteidigung im Spruchkammerprozess.

98 Akten der Spruchkammer II, Bayreuth-Stadt, f. 89. Bayerisches Staatsarchiv, München.

99 Leiter des KdF-Bereichs »Reisen und Wandern«. Organisationsbuch der NSDAP, S. 214.

100 Speer, Spandauer Tagebuch, S. 156.

101 Ebenda.

102 Abbildung des Modells in: Über Wagner. Hrsg. Nike Wagner, S. 273.

103 Winifred Wagner an Adolf Hitler am 12. 2. 1942. Nike Wagner, Über Wagner, S. 278.

104 Brief Heinz Tietjens an Winifred Wagner vom 17. 12. 1944.

105 Heinz Tietjen. Manuskript mit dem Vermerk »unmittelbar nach dem Zusammenbruch«. Karbaum, Studien, S. 112.

106 Denkschrift Winifred Wagners, 1946.

107 Verhandlung 25. 6. – 2. 7. 1947.

108 Spruchkammerakten Winifred Wagner; Liste der jüdischen und jüdisch versippten Mitwirkenden der Festspiele, f. 80. Bayerisches Staatsarchiv, München.

109 Parey, Winifred Wagner, S. 192.

110 W. Seifert, Die Stunde Null von Neubayreuth. In: Neue Zeitschrift f. Musik. Heft 1, S. 11.

111 Judy Lomax, Flying for the Fatherland. London 1991, S. 202.

112 Winifred Wagner und die Geschichte des Hauses Wahnfried. Hans-Jürgen Syberberg: Syberbergs Filmbuch. München 1976.

113 Winifred Wagner im Interview mit Jürgen Syberberg. »Zeitmagazin« Heft 19/1976, S. 32.
114 Ebenda, S. 28f.
115 Winifred Wagner im Interview mit Syberberg. »Zeitmagazin« Heft 18/1976, S. 52f.
116 Abdruck der Parte im Amtsblatt der Stadt Bayreuth Nr. 7/1980.
117 Richard Wagner und das neue Bayreuth. Hrsg. von Wieland Wagner. München 1962.
118 »Zeitmagazin« Heft 19/1976, S. 18.

Karoline Rascher

1 Die Anregung, Karoline Rascher in dieses Buch aufzunehmen, stammt von Archivrat Dr. M. Bachmann, Staatsarchiv München. Ebenso der Hinweis auf die Personalakte Nr. 17969 – Karoline Rascher – SS-Offiziersgattin. Pol. Präsid. München im Staatsarchiv München, der die Grundlage dieses Artikels bildet.
2 U. a. im »Völkischen Beobachter« vom 22. 3. 1944.
3 Daniela Claudia Angetter, Medizinische Versorgung und medizinische Verbrechen im KZ Dachau (Arbeitstitel) V. III Die Experimente des Dr. Sigmund Rascher. Habilitationsschrift am Institut f. Geschichte der Medizin, Wien. Für den Einblick in ihre im Entstehen begriffene Arbeit schulde ich Frau Dr. Angetter großen Dank.
4 Er wollte damit das Gegenteil ausdrücken, nämlich dass die Beschreibung sehr wohl passte.
5 Archiv der KZ-Gedenkstätte Dachau Nr. 30887. Zitiert nach Angetter, Medizinische Versorgung. Sowie: Sigmund Rascher und die Luftfahrtmedizin. In: Michael H. Kater, »Das Ahnenerbe« der SS 1935–1945. Ein Beitrag zur Kulturpolitik des Dritten Reiches. Stuttgart 1974, S. 101.
6 Nini Rascher an Himmler am 9. 4. 1940. Archiv der KZ-Gedenkstätte Dachau. Sie erhielt dafür 165 RM monatlich aus dem Sonderkonto R des Reichsführers SS. Personalakte Rascher, f. 66.
7 Personalakte Sigmund Rascher. Institut f. Zeitgeschichte, München.
8 Kater, Ahnenerbe, S. 231ff.

9 Erlebnisbericht Walter Neff, Recht oder Unrecht. 1945. In: Wolfgang Benz, Dr. med. Sigmund Rascher. Eine Karriere. In: Dachauer Hefte 4 (1993). Benz, Rascher, S. 200.

10 Zeugenaussage Dr. Rascher am 18. 5. 1944.

11 Sigmund Rascher bei der Einvernahme am 2. 4. 1944.

12 Mitgliedsnummer 3092414. Beitritt im Frühjahr 1933.

13 SS-Befehl-A-Nr. 65 vom 31. 12. 1931. Film 3331. Bundesarchiv Berlin.

14 Einvernahme Dr. Rascher. München, 17. 5. 1944. Polizeiakt Rascher, f. 177.

15 Personalakte Rascher. Vernehmungsprotokoll vom 6. 4. 1944, f. 85.

16 Benz, Rascher, S. 190. Alexander Mitscherlich, Fred Mielke, Wissenschaft ohne Menschlichkeit. Medizinische und eugenische Irrwege unter Diktatur, Bürokratie und Krieg. Heidelberg 1949, S. 11 ff.

17 Archiv Dachau, Nr. 11683.

18 Eugen Kogon, Der SS-Staat. Das System der deutschen Konzentrationslager. München 1988, S. 199 ff.

19 Erster Zwischenbericht Raschers über die Unterdruckkammerversuche im KZ Dachau vom 5. 4. 1942.

20 Ebenda.

21 Brief von Karoline Rascher an Himmler vom 13. 4. 1942. Zitiert nach Angetter, Medizinische Versorgung.

22 Angetter, Kapitel »Unterkühlversuche«. In: Medizinische Versorgung.

23 Im November 1942 inspizierte Himmler Erfrierungsversuche. Eidesstattliche Erklärungen bei Benz, Dr. med. Sigmund Rascher, S. 207, Anm. 40. Kogon, Der SS-Staat, S. 202.

24 Vernehmung Dr. Rascher. München, 18. 5. 1944. f. 13a. Polizeiakt Rascher. Benz, Dr. med. Rascher, S. 211.

25 Abschlussbericht der Kriminalpolizeileitstelle München vom 25. 6. 1944. Personalakt Rascher f. 261.

26 Dr. Rascher erstattete am 20. 12. 1943 beim Gend. Posten Lenggries Vermisstenanzeige. Abschlussbericht vom 25. 6. 1944, Personalakt Rascher, f. 74.

Danksagung

Während meiner Arbeit haben mich zahlreiche Personen mit Rat und Tat unterstützt. Dafür möchte ich mich herzlich bedanken bei:
Mag. Dr. Claudia Angetter, Wien; Dr. M. A. Bachmann, Bayerisches Staatsarchiv, München; HR Dr. Friedrich Berg, Wien; Martin Bormann, Heidecke, BRD; Dr. Joseph Freudenthaler, Wien; Kom.-Rat E. Harrant, Wien; Rosalinde Idinger, Traunkirchen, Österreich; Monika Jagos, Österreichische Nationalbibliothek, Wien; Mag. Inge Janda, Wien/München; Rudolf John, Wien; Uni.-Prof. Dr. Walter Koch, Institut für historische Hilfswissenschaften, Ludwig-Maximilians-Universität München; Michael Kloft, Spiegel-TV, Hamburg; Jochen von Lang, Hamburg; Heidi Markl, Perchtoldsdorf, Österreich, Univ.-Prof. Dr. Werner Maser, Speyer, BRD; Dr. Anton Mayer, ORF, Wien; Dkfm. Walter Mika, Wien; Irmgard Münchow, Berchtesgaden, BRD; Dr. Hermann Rumschöttel, Generaldirektor der Staatlichen Archive Bayerns, München; Kom.-Rat Heinz Schachermayer, Linz; Wilhelm Schneider, Villach, Österreich; Prälat Theodor Schmitz, Berlin; Dr. Walter Schuster, Archiv der Stadt Linz; Werner Steindl, Edwin Tobias, Österreichische Nationalbibliothek, Wien; Dkfm. Katharina und Dr. Alfred Voigt, Wien; Col. Robert Work, Saragota, Kalifornien, USA; den Mitarbeitern des Instituts für Zeitgeschichte, München; den Mitarbeitern des Instituts für Zeitgeschichte der Universität Wien; den Mitarbeitern des Dokumentationsarchivs des österreichischen Widerstandes sowie den Mitarbeitern des Bundesarchivs Berlin, insbesondere Frau Gresens, Herrn Dr. Naasner und Herrn Möser.

Die Frauen der Nazis

BAND 3

Gefördert von der Gruppe Wissenschaft
der Abteilung für Stadtentwicklung und Stadtplanung
(MA 18) der Stadt Wien.

Inhalt

Maria Reiter
Hitlers »Mizzi« – die unbekannte Geliebte 673

Ilse Hess
Die Frau des »Führer-Stellvertreters« 731

Annelies von Ribbentrop
Die »Lady Macbeth« des Dritten Reichs 797

Thea von Harbou
Die Königin der NS-Drehbücher 865

Zarah Leander
Die Diva des Dritten Reichs 925

Eleonore Baur
»Schwester Pia« –
Blutordensträgerin des Dritten Reichs 995

Anmerkungen 1021
Quellen 1049
Danksagung 1057

Maria Reiter

Hitlers »Mizzi« – die unbekannte Geliebte

23. Dezember 1909 – 28. Juli 1992

»Er war ein ganzer Mann«, meinte Maria Zierahn, geschiedene Woldrich, verwitwete Kubisch, geborene Reiter, als sie sich erstmals in den Medien über ihre große Jugendliebe Adolf Hitler äußerte. Ihr jahrzehntelang gehütetes Geheimnis gab sie preis, weil »man nach so langer Zeit ruhig darüber reden kann«[1]. Vor allem jedoch wollte sie mit ihrer 1959 öffentlich gegebenen Erklärung für den einstigen Geliebten eintreten, dessen sexuelles Verhalten Gegenstand wildester Spekulationen war. Ganz ist ihr dies nicht gelungen. Bis zum heutigen Tag gibt es zahlreiche Publikationen, die Hitler Homosexualität, perverse Sexpraktiken oder Impotenz zuschreiben. Maria Reiter jedoch starb in der Überzeugung, Hitlers große Liebe gewesen zu sein.

Maria Josepha Reiter – im Familienkreis »Mimi« genannt – wurde am 23. Dezember 1909 in Berchtesgaden geboren.[2] Sie war nach den Brüdern Karl und Richard und der

Schwester Anna das jüngste der Geschwister und stammte aus einfachen kleinbürgerlichen Verhältnissen. Vater Karl – von Beruf Schneider – betätigte sich in der Freizeit als Lokalpolitiker. Als überzeugter Anhänger der Sozialdemokraten war er Mitbegründer der Berchtesgadener Ortsgruppe der SPD. Die Mutter Anna Reiter, geborene Wenger, war Modistin und betrieb in der Maximilianstraße im Erdgeschoss des Hotels »Deutsches Haus«[3] ein kleines Geschäft für Textilwaren und Trachtenmoden unter dem Namen »Modewaren Reiter«[4].

Wie ihre Geschwister besuchte Maria in ihrem Heimatort die damals siebenjährige Volksschule, wo die Lehrer sie als brave und vollkommen problemlose Schülerin mit rascher Auffassungsgabe schätzten.[5] Die Eltern bemühten sich daraufhin, ihrem intelligenten Kind eine weiterführende Schullaufbahn zu ermöglichen. Sie zogen Erkundigungen ein und wählten schließlich das renommierte Mädchenlyzeum der Englischen Fräulein in Altötting, Deutschlands berühmtestem Marien-Wallfahrtsort, etwa 60 Kilometer nördlich von Berchtesgaden.

Während Maria Reiter in der Obhut geistlicher Schwestern französische Konversation, Klavierspielen und erstklassiges Benehmen lernte, erschien Adolf Hitler, der Führer der NSDAP, im April 1923[6] erstmals im Berchtesgadener Land. Im Gegensatz zu später vermied er jegliches Aufsehen. Zur Irreführung der Polizei, die ihn als Angehörigen einer staatsfeindlichen Partei observierte, täuschte er sogar mithilfe seiner – arg- und ahnungslosen – Schwester Paula einen harmlosen Ausflug vor. Galt sein Besuch doch dem steckbrieflich gesuchten Freund und Parteigenossen Dietrich Eckart.[7] Dieser hatte in seinem antisemitischen Blatt »Auf gut deutsch«

in beispielloser Weise gegen Reichspräsident[8] und Reichskanzler[9] gehetzt und sich der drohenden Verhaftung durch den Leipziger Staatsgerichtshof zum Schutz der Republik mittels Flucht in die bayrischen Berge entzogen. Unter falschem Namen war er mithilfe von NSDAP-Sympathisanten in der Pension »Moritz«, oberhalb von Berchtesgaden, einquartiert worden.[10]

Hitler selbst hat den ersten Aufenthalt in Berchtesgaden, das zu seinem bevorzugten Refugium werden sollte, genau geschildert: »Eigentlich bin ich durch Dietrich Eckart hingekommen. Wir wollten ihn unterbringen. Es lief ein Haftbefehl gegen ihn, er musste fliehen. ... An einem Apriltag habe ich meine jüngere Schwester [Paula] mitgenommen ... Ich habe ihnen gesagt, ich hätte eine Besprechung mit ein paar Herren dort und habe sie unten abgesetzt in Berchtesgaden, um mit Weber [dem Kaufmann und Parteigenossen Christian Weber][11] zu Fuß hinaufzugehen. Nun ging das steil bergauf und wollte gar kein Ende nehmen! Ein schmaler Weg, im Schnee. ›Du‹, sag' ich, ›bist du verrückt? Hört der Weg nicht gleich auf jetzt? Glaubst du, ich steig' auf den Himalaya hinauf, bin ich jetzt plötzlich eine Gemse geworden?‹ ... Und plötzlich sah ich ein Haus vor mir: die Pension Moritz.«[12] Hitler klopfte und kündigte sich mit »Diedi [Dietrich], der Wolf ist da!« an, denn auch er legte damals – wie viele der führenden Nationalsozialisten aus Angst vor Verrätern – größten Wert auf Anonymität und ließ sich »Herr Wolf« titulieren. »Kein Mensch hatte [dort] eine Ahnung, dass ich identisch war mit dem berüchtigten Adolf Hitler«, erzählte er noch Jahre später.

Am Tag nach dem anstrengenden Aufstieg bekam Hitler Gelegenheit, das herrliche Panorama zu bewundern. »Nächsten Morgen werde ich wach, es ist ganz hell. Ich gehe zur Veranda und schau hinaus: Ist das wunderbar! Ein Blick auf den Untersberg, unbeschreiblich! ... Wie es Mittag war, sagte mir Eckart: Du musst jetzt mitkommen zum Türkenwirt! Da kriegst du als Österreicher ein richtiges Goulasch.«[13]

Bald darauf ist Hitler wieder nach München zurückgekehrt. »Aber wenn ich ein bissel Zeit hatte, bin ich herausgerutscht. Wir haben dann Ausflüge gemacht ... Für mich war der Obersalzberg etwas ganz Herrliches geworden. Ich habe mich ganz verliebt in die Landschaft.«[14] Die Gründe für seine außergewöhnliche Vorliebe für das Berchtesgadener Land hat Hitler selbst analysiert: »Aber dann war mir doch der Blick nach Salzburg wichtig, vielleicht, dass da der Zug nach der Heimat mitgespielt hat.«[15]

Bereits am 1. Juli 1923 sprach Hitler, wie der »Berchtesgadener Anzeiger« ankündigte (30. 6. 1923), im Hotel Watzmann über das Thema »Über die Zukunft unseres Volkes«.

Maria Reiter verbrachte die Jahre 1923 bis 1925 in Altötting und genoss den Internatsbetrieb sehr, bis eine Tragödie im Elternhaus ihre Schullaufbahn abrupt beendete. Ihre Mutter erkrankte an einem bösartigen Kehlkopftumor, benötigte ständige Pflege und war außer Stande, ihr Geschäft zu führen. In dieser Situation holte der Vater seine Jüngste Ende 1925 nach Hause. Das sechzehnjährige Mädchen fand sich mit der geänderten Situation ab, half im Haushalt und pflegte die todkranke Mutter, deren Zustand sich rapide verschlechterte. Zusätzlich begann sie eine Modistinnenlehre und besuchte mehrmals wöchentlich eine Berchtesgadener Haushaltungsschule.[16] Marias ältere, mit dem Justizangestellten Gottfried Hehl verheiratete

Schwester Anna übernahm das kleine Textilgeschäft. Am 11. September 1926 erlag die Mutter ihrem Krebsleiden.[17] Zum Begräbnis versammelte sich die ganze Familie.

Richard Reiter, Marias zweitältester Bruder, der in München als Angestellter lebte (Schleißheimerstraße 65), nahm Urlaub und blieb auch nach den Trauerfeierlichkeiten noch eine Zeit lang zur Unterstützung seines Vaters im Elternhaus. Am 25. September saß er bei seinen Schwestern im Geschäft und vertrieb ihnen die Zeit mit detaillierten Schilderungen der chaotischen und gewalttätigen Münchner politischen Szene, in der Straßenkämpfe, Freikorpsaufmärsche, Saalschlachten und Demonstrationen mit Mord und Totschlag den Alltag der Weimarer Republik prägten. Zum Ärger seines Vaters sympathisierte Richard Reiter mit Hitler und der NSDAP, über deren Aktivitäten er genau Bescheid wusste. So berichtete er seinen nur mäßig interessierten Zuhörerinnen, wie erstaunlich rasch die Nazis sich von der Niederschlagung des Putsches im November 1923 erholt hätten, dass die Zahl der NS-Anhänger stetig zunehme und die Haft in Landsberg dem Führer der NSDAP nicht geschadet, sondern ihm vielmehr den Nimbus eines verfolgten Märtyrers verliehen habe.

Tatsächlich hatte Hitler durch den Hochverratsprozess, in dem er alle Schuld auf sich nahm, in Deutschland größte Bekanntheit erlangt. Die Erfolge der neu gegründeten NSDAP ließen allerdings auf sich warten. Obwohl der von seiner politischen Mission besessene »Führer« unter seinen Anhängern eine zuversichtliche Stimmung verbreitete, errang seine Partei in den Jahren 1925 bis 1928 im Reichsdurchschnitt nur 2,6 Prozent der Wählerstimmen.[18] Am Schluss seiner engagierten Ausführungen teilte Richard

Reiter den Schwestern noch ein in München kolportiertes Gerücht mit: Besagter Hitler würde sich öfter in Berchtesgaden aufhalten!

Damals hat die sechzehnjährige Maria Reiter, eigenen Angaben zufolge, erstmals von dem Mann gehört, der ihr Leben verändern sollte. »Richard erzählte meiner Schwester und mir«, erinnerte sie sich, »dass hier der Hitler sein sollte, der in Landsberg eingesperrt war. Wir hatten natürlich keine Ahnung, was es mit dem Mann auf sich hatte.« Obwohl Maria nur gelangweilt zugehört hatte, musste sie sich doch eingestehen, dass »dieser Mann nach den Worten meines Bruders eine interessante Persönlichkeit zu sein schien«. Während des Gesprächs mit seinen Schwestern sah Richard aus dem Fenster. Plötzlich schrie er aufgeregt: »Da schaut doch, da draußen geht er ja – das ist er, der Hitler!« Mit diesen Worten stellte ihr der Bruder, wie Maria später verbittert bemerken sollte, »mein Verhängnis« vor. Anna und Maria liefen zum Fenster und betrachteten neugierig den Mann, der – von einem schönen großen Schäferhund begleitet – den Platz vor ihrem Geschäft überquerte. Seine Kleidung, die aus Breecheshosen, Windjacke mit Ledergürtel und hellem Veloursbut bestand, fiel in dem damals noch von Trachten geprägten Ort aus dem Rahmen. Noch auffälliger war jedoch die Reitpeitsche, die der Mann in der Hand trug. Sie war – wie Maria bald erfuhr – ein Geschenk des Berchtesgadener Wirts vom Plattnerhof[19] und durchaus nicht Ausdruck einer exzentrischen Marotte. Vielmehr diente das Requisit – der Plattnerwirt hatte es aus Afrika mitgebracht – in der von politischer Gewalt erfüllten Zeit durchaus praktischen Zwecken. Sollte es einem seiner vielen Gegner einfallen, ihn persönlich zu attackieren, so wolle er gerüstet sein, erklärte Hitler, der auch ständig eine Pistole bei sich trug.

Als Adolf Hitler im September 1926 die junge Maria Reiter kennen lernte, war er schon jahrelang Stammgast im Berchtesgadener Land. Als Herr »Wolf« hatte der aufstrebende Politiker viele Wochenenden in der Pension Moritz verbracht, sich mit den Besitzern, der Familie Büchner, angefreundet und ihnen sogar seine wahre Identität enthüllt, die er ansonsten in seinem Freizeitdomizil geheim zu halten trachtete. Für die Öffentlichkeit lüftete Hitler sein Inkognito erst, als die Nationalsozialisten in Berchtesgaden eine große Parteiveranstaltung abhielten. »Nun sollte ich ja immer schon in Berchtesgaden sprechen. Endlich ließ es sich nicht mehr umgehen. Deutscher Tag in Berchtesgaden: Pg. Adolf Hitler kommt! Da gab es in der Pension [Moritz] eine Aufregung. Die ganze Pension, 40, 50 Leutchen sind hinuntergewandert, um diesen Menschen kennen zu lernen. Das Essen war eigens früher angesetzt worden. Ich bin mit dem Motorrad hinunter, kam in der Krone [Hotel Krone][20] an und – das war das Tollste – vor mir saß meine ganze Pension! ... Ich ging zum Podium hinauf. Die schauten mich an, wie wenn ich wahnsinnig wäre. ... Aber wie ich wieder angekommen bin oben, da war das Leben in der Pension für mich zerstört, denn alle, die vorher über mich geschimpft hatten, haben sich geniert.«[21]

Bei den Büchners hatte Hitler auch nach seiner Entlassung aus Landsberg freundliche Aufnahme und fast ein zweites Zuhause gefunden. Selbst die Neuorganisation seiner verbotenen und zersplitterten Partei[22] hat Hitler von seinem Ferienort aus in Angriff genommen. »1925 – eine meiner ersten Fahrten – bin ich wieder hinauf zu Büchners. Ich sagte: Ich muss diktieren, ich muss ganz Ruhe haben, und bin dann in das ganz kleine Häusl rein und habe da gearbeitet.«[23]

Viele Wochenenden, aber auch längere Zeitperioden verbrachte Hitler damit, seine Gedanken und politischen Wunschvorstellungen zu Papier zu bringen. Teil 1 von »Mein Kampf«, den er in den langen Mußestunden der Landsberger Haft niedergeschrieben hatte, erschien am 18. Juli 1925 und hatte großen Erfolg. Im Laufe des Jahres 1926 entstand dann in Berchtesgaden, wo Hitler, wie er selbst berichtete, das zurückgezogene Leben eines Schriftstellers führte, die Fortsetzung des Bestsellers: »Jeden Tag bin ich zum Obersalzberg hinauf, zur Scharitzkehl und wieder herunter, zweieinhalb Stunden. Da unten habe ich den zweiten Band [Teil 2] geschrieben.«[24]

Während sich der erste Band[25] ausführlich mit der Tilgung der »Schandverträge von Versailles« beschäftigte, schmiedete Hitler in dem Folgeband bereits darüber weit hinausgehende Zukunftspläne. Im spärlich besiedelten Berchtesgadener Land fantasierte er vom »Volk ohne Raum«[26], das er mittels Osterweiterung zur Weltherrschaft zu führen gedachte.[27]

Kurz nachdem Maria Reiter den Führer der Nationalsozialisten zum ersten Mal gesehen hatte, lernte sie ihn auch persönlich kennen. Die erste Begegnung fand in der Nähe des Kurparks von Berchtesgaden, nahe dem Textilgeschäft Reiter statt, wo die Marktgemeinde einige Bänke aufgestellt hatte. Hier pflegten die Schwestern nach dem Mittagessen zu sitzen, da man von dieser Stelle aus den Eingang des Geschäfts bequem im Auge behalten und potenzielle Kunden leicht erspähen konnte. Maria spielte, wie sie es gern tat, mit dem Schäferhund Marko ihres Schwagers. Plötzlich trat Hitler, der – wie sich später herausstellte – das blonde, blauäugige Mädchen schon längere Zeit beobachtet hatte, aus seinem Hotel. In der dann folgenden Szene deutet nichts auf Verklemmtheit oder Schüchternheit hin, wie sie Hitler im Umgang mit Frauen nachträglich zugeschrieben wurde. Vielmehr weist sie den siebenunddreißigjährigen Politiker, der sich nicht sogleich an das Objekt seiner Begierde, sondern an die Schwester wandte, als Routinier aus, der altbewährten Mustern folgte: Hitler ging auf Marias Schwester zu, verbeugte sich, stellte sich vor und fragte artig, ob er Platz nehmen dürfe. Maria Reiter hat den Bericht ihrer von dieser städtischen Höflichkeit beeindruckten Schwester genau wiedergegeben:

»Könnten Sie mir sagen, gnädige Frau, wer dieses blonde Mädel dort ist? Ich habe sie schon gestern beobachtet, wie sie unbekümmert mit ihrem Hund im Park herumspringt.« Maria beobachtete die Szene aus den Augenwinkeln. »Ich hab' natürlich hingesehen, wer dort neben meiner Schwester sitzt. Aber ich muss ehrlich sagen, der Herr hat mit seinen zwei schwarzen Fliegen, die auf seiner Oberlippe unter der Nase klebten, zuerst alles andere als Sympathien in mir erweckt.«[28] Dies sollte sich jedoch rasch ändern. Als Maria zu ihrer Schwester zurückkam, stand Hitler auf und lächelte das Mädchen freundlich an. Dann gab er ihm die Hand, schaute es mit durchdringendem Blick an und meinte: »Der Hund ist ja wunderschön, der ist ja ausgezeichnet dressiert.« Schüchtern meinte Maria, dass der Schäferhund eigentlich ihrem Schwager gehöre.

Wie immer im Umgang mit Menschen, hat Hitler auch bei Maria Reiter sofort den richtigen charmant-herzlichen

Ton und das richtige Thema gefunden. Er verstand es, stets den Eindruck zu vermitteln, am Wohlergehen seiner Gesprächspartner höchst interessiert zu sein. Bei einem ausführlichen Diskurs über die Vor- und Nachteile verschiedener Hunderassen – »Ich könnte mir ein Leben ohne diesen Hund nicht mehr vorstellen. Geht es Ihnen nicht auch so?« – legte das Mädchen rasch seine anfängliche Scheu ab. Die Unterhaltung dauerte etwa eine Stunde. Als das Gespräch stockte, erinnerten sich die Schwestern an die Erzählungen des Bruders und fragten nach der Landsberger Haft. Hitler wehrte lachend ab und schlug einen Spaziergang vor. Dies gab der Schwester Anna, die sich für ihre jüngere Schwester verantwortlich fühlte, Gelegenheit, den Tod der Mutter zu erwähnen. So kurz nach einem Trauerfall sei es nicht schicklich, meinte sie entschuldigend, wenn Maria mit einem fremden – noch dazu beträchtlich älteren – Mann durch Berchtesgaden spaziere. Die Leute würden doch alles beobachten und nachteilig kommentieren. In einem so kleinen Ort, wo jeder jeden kenne, gebe es schnell Gerede, und Marias guter Ruf stehe auf dem Spiel.

Nach dem Austausch einiger Höflichkeitsfloskeln trennte man sich, und Hitler kehrte in das Hotel »Deutsches Haus« zurück, wo er seit Anfang 1926 ein Zimmer gemietet hatte. Gern war er nicht vom Berg ins Tal gezogen, doch eines Tages hatte die Pension Moritz den Besitzer gewechselt. »Es kam darauf – 1926 oder 1927 – [tatsächlich 1926] ein Sachse Dressel. Das war entsetzlich. Der Kerl war stinkfaul, hat nicht bedient, es gab miserables Essen und oft furchtbare Auftritte; ein Schwager hatte Riesenräusche ... Es war so toll, dass wir nicht länger bleiben konnten.«[29] Hitler jedenfalls suchte sich für seine Landaufenthalte ein neues Domizil. Er versuchte es eine Zeit lang in dem vornehmen Marineheim, wo auch seine Freunde und Gönner, die Fabrikantenfamilie Bechstein, logierten, fühlte sich dort jedoch nicht wohl. »Aber es war unerträglich. Bechsteins sagten es selbst, und sie waren doch wirkliche Weltleute. So etwas Gespreiztes und Unnatürliches, der Extrakt einer Auffassung die uns [den Nationalsozialisten] konträr ist«, entsetzte sich Hitler noch in der Erinnerung. »Eineinhalb bis zwei Jahre habe ich darauf – immer mit Unterbrechungen – im Deutschen Haus in Berchtesgaden gewohnt, erst nach vorn und dann immer im gleichen Zimmer [Nummer Nr. 28][30] hinten heraus. Da bin ich richtig verwöhnt worden.«[31]

Der Personenkreis, der sich damals um Hitler scharte, bestand aus wenigen treu ergebenen Gesinnungsgenossen, von denen die meisten nach der »Machtergreifung« wichtige Posten erhalten sollten. Zu den Hitlergefährten der »Kampfzeit der Bewegung«, die Maria Reiter in Berchtesgaden kennen lernte, gehörten der Sekretär und spätere »Stellvertreter des Führers«, Rudolf Hess, der Leiter des »Zentral-Parteiverlags Eher«, Max Amann, der »Reichspropagandaleiter« der neuen NSDAP, Hermann Esser, der Parteiideologe und Schriftleiter des »Völkischen Beobachters«, Alfred Rosenberg, der Fotograf Heinrich Hoffmann und Emil Maurice, Hitlers Chauffeur, der ihm wie ein Schatten folgte. Dietrich Eckart, der Chefredakteur des »Völkischen Beobachters« und »Parteidichter«, durch dessen Unterstützung der »Völkische Beobachter« zum Parteiorgan wurde[32], war 1926 nicht mehr am Leben.[33] Und mit seiner großen Gönnerin, der Baronin Cäcilie von Abegg, hat Hitler das Mädchen nicht bekannt gemacht. Die Baronin war jene

Dame, von der die Presse zu berichten wusste, dass sie der Partei Geld und Wertgegenstände überließ. Sie stellte auch ihr »Göllhäusl« in Berchtesgaden justizflüchtigen Parteigenossen zur Verfügung.[34]

Zwei Tage nachdem er den ersten Kontakt zu der schönen Maria Reiter hergestellt hatte, unternahm Hitler einen weiteren Vorstoß und erschien vormittags im Modegeschäft Reiter. In seiner Begleitung befand sich der derb wirkende Parteigenosse Max Amann. Die beiden Herren wollten mit Maria zum »Hochlenzer« (ein noch bestehendes Ausflugslokal) wandern. Diesen etwa einstündigen Marsch hat Hitler damals fast täglich gemacht. In der aus dem 17. Jahrhundert stammenden, auf dem Weg zur Scharitz-Kehlalm gelegenen romantischen Bauernwirtschaft konnte man im Freien an einfachen Holztischen ein Glas Milch oder auch ein Bier trinken. Der zünftig in Lederhosen gekleidete Städter war den einheimischen Bauern schon längst ein Begriff. Etliche von ihnen haben Hitlers Erscheinen stets voll Neugier abgewartet, brachte doch der »Herr Wolf«, der ein geborener Redner zu sein schien, mit seinen interessanten Berichten aus der großen Welt willkommene Abwechslung in das abgeschiedene, damals noch radio- und fernsehlose Landleben.[35]

Die wohlerzogene junge Maria Reiter lehnte den vorgeschlagenen kleinen Ausflug jedoch mit dem Hinweis ab, dass sie zwar mit Freundinnen, nicht aber mit fremden Männern zu wandern pflege. Hitler gab jedoch nicht auf, änderte daraufhin seine Strategie und kehrte den welterfahrenen Politiker heraus. Das Mädchen sollte ihn im Kreis von Anhängern und Bewunderern erleben!

Schon am Nachmittag desselben Tages überbrachte Max

Amann eine förmliche Einladung zu einer illegalen Versammlung der NSDAP. »Er sagte«, berichtete Maria Reiter, »dass heute Abend im Hotel ›Deutsches Haus‹ eine geschlossene Versammlung stattfinden sollte«. Geschlossen musste die Parteiversammlung deswegen sein, weil Hitler damals nicht öffentlich auftreten durfte. Schon am 9. März 1925 hatte die bayrische Regierung Hitler ein zweijähriges Redeverbot auferlegt, nachdem am 27. Februar 1925 unter den 4000 Zuhörern seiner Rede im Münchner Bürgerbräukeller eine Massenhysterie ausgebrochen war. Frauen hatten kreischend die Tische erklommen und Sprechchöre den »Führer« der tags davor neu gegründeten NSDAP als »Geschenk Gottes« gepriesen. Dieser hatte, nachdem er den bayrischen Ministerpräsidenten kurz davor von seinen überaus friedfertigen Absichten überzeugt hatte[36], schon bei seinem ersten Wiederauftreten jede Zurückhaltung abgelegt. Der Aufschrei »Es ist mein einziger Wunsch, dass das Hakenkreuzbanner, wenn mich der Kampf das nächste Mal niederstreckt, mein Leichentuch werden soll«, gefolgt von »In unserem Kampf gibt es nur zwei Möglichkeiten. Entweder der Feind geht über unsere Leichen, oder wir über die seinen!« kostete ihn seine Redefreiheit und nahm der NSDAP in Bayern für zwei Jahre ihre stärkste Waffe.[37]

Auch bei der Versammlung in Berchtesgaden, an der die Schwestern Reiter – trotz des vehementen Protestes ihres sozialdemokratischen Vaters – teilnahmen, herrschte eine gespannte Atmosphäre. Die Zuhörer hatten sich in der prickelnden Erwartung eines neuen Eklats oder zumindest einer Saalschlacht versammelt. Alles verlief jedoch in vollkommener Ruhe, und die treuen Anhänger der bereits im

Februar 1922 gegründeten Ortsgruppe der NSDAP Berchtesgaden blieben unter sich.[38] Maria Reiter berichtete von ihrer Warte aus: »Als wir am Abend in das Lokal eintraten ... gab es natürlich Staunen ... da jedermann wusste, dass der Vater alles andere als ein Nationalsozialist war ... an den Tischen saßen etwa 40 Nationalsozialisten.« Hitler empfand sichtlich Genugtuung, die Töchter eines politischen Gegners bei seiner Veranstaltung begrüßen zu können. Sozialdemokraten und Kommunisten betrachtete er zwar schon seit seiner Wiener Zeit als politische Todfeinde, war aber zu dem Schluss gelangt, dass man die Opfer – zu denen er den einfachen Berchtesgadener Schneidermeister zählte – nicht verdammen dürfe. Denn: »... nur ein Narr vermag bei Kenntnis der ungeheuren Vergiftungsarbeit auch noch das Opfer zu verdammen.«[39]

Diese unterschwelligen Nuancen entgingen jedoch der Sechzehnjährigen, die für diesen Abend die Trauerkleidung abgelegt und sich herausgeputzt hatte. »Ich hatte damals ein dunkelgrünes Jägerkostüm an und trug lediglich am Arm eine Trauerschleife, ... mein Haar war geknotet ... wie ich mich daheim vor dem Spiegel zurechtmachte, dachte ich natürlich an den Abend und an die Begegnung mit Herrn Hitler ... ich kam mir bedeutungsvoller vor als je zuvor. Irgendwie, so dachte ich mir damals, wird er mich geistig für voll nehmen; denn ansonsten hätte er mich ja nicht zu seiner Versammlung eingeladen, wo nur politische Reden gehalten werden. Irgendetwas«, dachte sich das schöne Mädchen, »musste an mir dran sein, denn nicht umsonst kann ein erwachsener, erfahrener Mann wie Hitler von mir fasziniert sein ...«

Die Versammlung begann um 20 Uhr. Zu Marias großem

Ärger wurde sie mit ihrer Schwester zu einem Tisch geführt, an dem bereits die Töchter des Hotelbesitzers Ernst Metke saßen, die aus ihrer glühenden Verehrung für Hitler kein Hehl machten und daher offensichtlich als Rivalinnen zu betrachten waren. Hitler, der über ein phänomenales Gedächtnis verfügte, hat sich noch viele Jahre später an die drei Metke-Töchter erinnert: »Ich bin gern drin gewesen, in dem ›Dreimäderlhaus‹ [Hotel Deutsches Haus], immer gab es da schöne Frauen, für mich war das wunderbar; die eine war eine ausgesprochene Schönheit, die anderen waren sehr nett.«[40]

Die unverfängliche Rede des Parteivorsitzenden, der in seinem Urlaubsort jeden Ärger vermeiden wollte, behandelte ein trockenes Thema: den Aufbau und die Organisation der NSDAP. Der jungen Maria blieb vieles unverständlich. Trotzdem lauschte sie hingerissen, denn die Rede war für sie nicht ohne Reiz. Spürte sie doch, wie der Vortragende sie immer wieder mit viel sagenden Blicken fixierte. Dem offiziellen Teil der Veranstaltung folgte ein privater im kleinen Kreis. Im Extrazimmer des Hotels saßen die Bekannten des Redners noch eine Zeit lang beisammen, wobei Maria neben Hitler zu sitzen kam. Dieser zog alle Register seines Charmes, nannte die Sechzehnjährige abwechselnd Sie, dann bereits vertraulich Du und »Mizzi« oder »Mitzerl«. Mitfühlend erkundigte er sich nach Marias Mutter. Er erzählte, wie er selbst beim Tod seiner über alles geliebten Mutter, die in noch jungen Jahren an Brustkrebs gestorben sei, unendlich gelitten habe. Es sei ihm unmöglich, diesen Verlust zu überwinden. Sie hätte die gleichen schönen Augen wie Maria gehabt. Überhaupt erinnere ihn das Mädchen in vielem an die Verstorbene. Dann schlug er

Hitlers Waldfee:
Maria Reiter im Alter von 17 Jahren

einen gemeinsamen Friedhofsgang zum Grab der Anna Reiter vor.

Das intensive Interesse des Politikers für das junge Mädchen rief bei einer der Töchter des Hotelbesitzers Eifersucht hervor. Sie mischte sich in das Gespräch und erkundigte sich anzüglich bei Hitler, warum er denn nicht heirate. »Hitler wandte sich ihr sofort zu und erklärte, er werde nur eine Frau heiraten, die er wirklich liebe. Aber zunächst müsse er das deutsche Volk retten, das daniederliege«, erinnerte sich Maria Reiter noch Jahrzehnte später. Sie erinnerte sich auch daran, dass Hitler sie dabei bedeutungsvoll anblickte, mit seinem Knie ihr Bein berührte und ihr auf den Fuß trat. Anschließend brachten Hitler und

Max Amann Maria und ihre Schwester nach Hause. »Wir sind dann – zwei Pärchen – hintereinander auf die nächtliche Straße hinausgegangen. Amann ging mit meiner Schwester etwa 30 Meter vor uns ... Hitler legte seinen Arm um meine Schultern und wollte mich drücken. Da sind die beiden Hunde [Wolf und Marko] aufeinander losgesprungen, ... dass die Haare nur so geflogen sind.« Beim Anblick der raufenden Schäferhunde ging in Hitler eine eigenartige Wandlung vor. Sein Gesicht verzerrte sich vor Wut, und er schlug mit unerhörter Brutalität auf seinen »Wolf« ein. Maria beobachtete entsetzt, auf welch rohe Art Hitler seinen Hund behandelte, den er gerne als seinen besten Freund bezeichnete. Kurz darauf war der Politiker wieder ganz Charmeur. Im Hause von Marias Schwester, dem so genannten Berchtesgadener Kavaliershäusel, wurde dann noch ein mitternächtlicher Tee eingenommen. Beim Abschied versuchte Hitler Maria zu küssen.

Wenige Tage später lud er das Mädchen mit seiner Schwester zu einem Ausflug samt Picknick zum Starnberger See ein. Picknicks mit oder ohne Damenbegleitung waren Hitlers Leidenschaft. Die Gelegenheit dazu ließ er sich nie entgehen, auch später nicht, als ihn bereits jedermann in Deutschland kannte, und selbst auf Wahlreisen nicht. »Auf solchen Fahrten habe ich immer gern ein Picknick veranstaltet. Das war nicht immer einfach; oft wurde unsere Wagenkolonne von Kraftfahrern stundenlang gejagt, die es sich nicht entgehen lassen wollten, mich auf irgendeiner Rast im Freien aus der Nähe sehen zu können. Wir mussten tatsächlich manchmal zu allen möglichen Mitteln greifen, um diese Verfolger loszuwerden«, erinnerte sich der »Führer« und Reichskanzler.[41] Seine Chauffeure wählte Hitler in der »Kampfzeit der Bewegung« mit großem Bedacht. Sie dienten ihm gleichzeitig als Organisatoren, Leibwächter und Schläger. »Ich habe so Fahrer gehabt ...! Der Göring fuhr grundsätzlich links ... Wenn Gefahrenmomente da waren, hat er schnell Gas gegeben ... Bastian ist einmal ausgestiegen, hat ein paar zusammengeschlagen, ... ist wieder eingestiegen und weggesaust! ... Es gab aber auch oft sehr unangenehme Szenen. Damals war das nicht zum Lachen, wenn man durch eine Meute durchfahren musste. ... Das sind keine Fahrer, das sind Parteigenossen und Kameraden, die mich gefahren haben!«[42]

Beim Ausflug mit den Schwestern Reiter chauffierte Emil Maurice – von Beruf eigentlich Uhrmacher –, der den Saalschutz der NSDAP organisierte, Hitler treu ergeben war und zu seinen wenigen Duzfreunden zählte.[43] Das elegant dahinbrausende Gefährt – ein Geschenk einer Hitlerverehrerin – und die im Fond mit Hitler ausgetauschten heimlichen Zärtlichkeiten ließen die Fahrt für Maria zum unvergesslichen Erlebnis werden. »Ich glaube, dass damals mein dünnes Eis gebrochen ist!«, meinte Maria Reiter.

Kurz danach erschien ihr Verehrer in dem kleinen Geschäft der Reiters, saß hinter der Theke und sah seiner neuen Freundin beim Bedienen der Kunden zu. Er kaufte sich auch jene weißen Kniestrümpfe, die dann als »Hitler-Strümpfe« prompt unter den Parteigenossen Mode wurden.[44] Wenig später begleitete er Maria – wie er versprochen hatte – zum Grab ihrer Mutter, wo er sie tröstete, ihr das Duwort anbot und sie bat, ihn doch »Wolf« zu nennen. Adolf, so meinte er, hätte im Altgermanischen die Bedeutung »Edelwolf« besessen. Der Gebrauch des Namens

»Wolf« hat sich bei Hitler im Laufe der Zeit zu einer wahren Manie entwickelt. Anfangs nur als Pseudonym gedacht, ließ er sich später von ihm nahe stehenden Damen, die diese Ehre zu schätzen wussten, so titulieren. Im Krieg wurden Führerhauptquartiere »Wolfsschanze« und »Wolfsschlucht« bezeichnet, womit sich der Anwendungsbereich des »Wölfischen« jedoch keineswegs erschöpfte. Als Hitlers Lieblingsprojekt, die Erzeugung des Volkswagens, realisiert wurde, gründete man zur Produktion die »Stadt des KdF-Wagens« und nannte sie »Wolfsburg«.[45] Zu Kriegsende kamen die »Werwölfe« zum Einsatz. Und da niemand aus der Verwandtschaft zum »Führer« und Reichskanzler Profit ziehen sollte, musste Hitlers Schwester Paula als »Frau Wolf« jahrelang ein kärgliches Dasein fristen.[46]

Bei dem emotionsgeladenen Friedhofsbesuch will Maria auch gehört haben, dass ihr Freund Wolf »Ich bin noch nicht so weit« vor sich hinmurmelte. Die Erklärung dafür lieferte Hitler selbst – viele Jahre später, als er während des Russlandfeldzugs einen seiner nächtlichen Monologe hielt: »Warum aber sollte ich heiraten, um dann [im Falle einer neuerlichen Verhaftung] eine Frau zurückzulassen? ... So stand eines fest: Heirat kommt überhaupt nicht in Frage. Das hat mich in jener Zeit dazu geführt, dass ich einige Chancen nicht wahrgenommen habe. Ich habe mich zurückgerissen.«[47]

Die Kenntnis von Hitlers Privatleben im Berchtesgaden der Zwanzigerjahre beruht auf den Erinnerungen einiger Zeitzeugen, vor allem jedoch auf seinen eigenen Äußerungen im Winter 1941/42. Während des Russlandfeldzugs hat sich Hitler nach den abendlichen militärischen Lagebesprechungen in seinem ukrainischen Führerhauptquartier nicht zum Schlafen zurückgezogen. Vielmehr lud er einige wenige Vertraute – auf die Anwesenheit seiner Sekretärinnen legte er besonderen Wert – zum nächtlichen Tee in seinen Bunker, um dann in stundenlangen Monologen Entspannung zu suchen. Da dem »Führer« jede Anstrengung erspart werden sollte, hüteten sich die unfreiwilligen Gäste, ein Thema aufzugreifen, durch Einwände zu vertiefen oder fortzuführen. Bis in den Morgen saßen sie stumm und zustimmend nickend da, hielten sich krampfhaft wach und hörten sich Hitlers sprunghafte Reminiszenzen an. Der Oberbefehlshaber des Deutschen Heeres erörterte nämlich weder die aktuelle Tagespolitik noch die schwere Krise an der Ostfront, auch nicht den härter werdenden Luftkrieg oder das offensichtliche Versagen des italienischen Bündnispartners. Vielmehr schwelgte er in der Erinnerung an vergangene friedliche Zeiten, als er noch jung, gesund und im Aufstieg begriffen war. So gab er Anekdoten aus der »Frühzeit der Bewegung«, von seinen Aufenthalten in Berchtesgaden und auf dem Obersalzberg zum Besten.

»Ja, mit diesem Berg bin ich eng verbunden. Vieles hat sich dort getan, ist entstanden und vergangen, es sind mit die schönsten Zeiten meines Lebens ... Meine großen Pläne sind alle dort entstanden ... Wie viel Zeit konnte ich mir noch freimachen! Jetzt ist man wie ein Viech dauernd angehängt ...«, meinte er nostalgisch in der »Wolfsschanze« in der Nacht vom 16. auf den 17. Januar 1942.[48] Da sich der »Führer« häufig in dieser oder ähnlicher Weise zu äußern pflegte, war es für Martin Bormann, den mächtigen Leiter der Parteikanzlei und Hitlers rechte Hand, bald vollkommen klar, dass – wie er in einem Brief schrieb – »Berchtesgaden und der Obersalzberg in Zukunft die Wallfahrtsstätten des deutschen Volkes sein werden ...«[49].

Bald nach »Wolfs« und »Mizzis« gemeinsamem Friedhofsbesuch teilte Hitler dem jungen Mädchen mit, dass es für ihn leider wieder an der Zeit sei, nach München zurückzukehren – dringende Parteiangelegenheiten harrten seiner. Auch längere Reisen nach Norddeutschland und Berlin stünden auf seinem Programm. Auf Hitlers Vorschlag nahm das Paar – diesmal bereits ohne Marias Schwester – dann bei einer kurzen Fahrt in die freie Natur Abschied. »Hinter Bischofswiesen [bei Berchtesgaden], dort wo die wunderschönen Waldhänge beginnen, ließ Hitler seinen Wagen anhalten. Er half mir aus dem Auto. Er wollte mit mir ein Stück durch den Wald laufen ...«, erinnerte sich Maria Reiter an diese Episode, die mit dem ersten Kuss ihres Lebens endete. Hitler nannte das junge Mädchen seine »Waldfee«, dann jedoch »riss er mich an sich und sagte: ›Mimilein, liebes – holdes Mädel‹ und küsste mich. Ich wollte aufhören zu leben. So glücklich war ich.« Das Glück der unerfahrenen Mimi-Mizzi erhöhte sich noch, als ihr Freund andeutete, dass es sein Ideal wäre, eine Frau zu haben und mit ihr eine Familie zu gründen. Die Abschwächung dieser optimistisch als Heiratsantrag aufgefassten Erklärung durch »im Moment habe ich aber nicht einmal die Zeit, daran zu denken« fasste die verliebte Maria jedoch nur als nebensächliche Floskel auf, und die anschließende Erörterung seiner politischen Visionen drang ihr nur oberflächlich ins Bewusstsein. Hitler selbst hat dann die Idylle abrupt beendet und das Paar kehrte zum Wagen zurück, wo er seinem Fahrer Maurice trocken mitteilte: »So, Moritzl! Auf geht's! Zurück nach Berchtesgaden.«[50] Zum Abschluss des Ausflugs jedoch meinte der Politiker: »Ich möchte am liebsten immer so mit dir weiterfahren, irgendwohin, überhaupt nicht stehen bleiben ...«[51]

Die im Zeitraffertempo begonnene Affäre wurde brieflich weitergeführt. »Mizzi«, die auf Wunsch des Vaters zeitweise bei Verwandten in Innsbruck lebte[52], schrieb lange Briefe. Der viel beschäftigte »Wolf« schickte zärtliche Antworten, beschränkte sich aber vorwiegend auf Postkarten, die das Mädchen regelmäßig aus ganz Deutschland erhielt. Versehen waren sie mit der erratischen Adresse: Frl. Maria Reiter, Berchtesgaden Maximilianstraße (Modewarengeschäft) – Bayern. So schrieb Hitler am 25. November 1926 aus Paderborn, wo er vor Vertretern der Industrie[53] sprach: »Mein liebes Kind! Nimm meine herzlichsten Grüße entgegen. Ich denke wie immer an dich! Dein Wolf.«[54] Er grüßte auch aus Bad Homburg.[55] Und einem unfrankierten Schreiben ließ er umgehend eine Entschuldigung folgen: »... habe in der Eile vergessen den Brief zu frankieren. Bitte verzeih.«[56]

Während Hitler Anfang November 1926 eine oberste SA-Führung einsetzte, in Norddeutschland die einflussreichen Ruhr-Kreise umwarb, auf zahlreichen, meist »geschlossenen Parteiversammlungen« sprach und Dr. Joseph Goebbels in seinem Kampf um das »rote Berlin« unterstützte, träumte Maria Reiter von einer gemeinsamen Zukunft mit dem Politiker, dessen »ehrliche Absichten« zu bezweifeln sie keinen Grund hatte.

Der später bis ins Groteske gesteigerte Kult, den die NS-Gefolgschaft um die Person Hitlers betrieb, bestärkte Maria in dem Gefühl, die Liebe eines bedeutenden Mannes gewonnen zu haben. Nicht ohne Grund galt ihrem »Wolf« die devote Anrede »Mein Führer«! Diese eigenartige Titulierung war damals in Parteikreisen schon obligat, denn 1926 hatte Hitler das Führerprinzip fest in der NSDAP verankert. Getreu dem geflügelten Wort »Der Führer hat immer Recht!« betrachteten es die Anhänger des Nationalsozialismus als ihr Ziel, »die Bewegung zu einem tadellos arbeitenden Werkzeug in der Hand des Führers zu gestalten«.[57] Und am Weimarer Parteitag der NSDAP leisteten die Standartenträger bereits folgenden Eid: »Ich schwöre dir, unserem Führer Adolf Hitler, bis zum letzten Tropfen Blut bei meiner Fahne auszuharren.«[58]

Der exzessive Kult um Hitler trübte der jungen Maria Reiter den Blick dafür, dass ihr um 20 Jahre älterer Verehrer der Chef einer obskuren, dabei höchst gewalttätigen Splitterpartei war, die sich überdies in einer Periode der Stagnation befand (Anteil bei der Landtagswahl in Hessen: 1,6 Prozent). Vielmehr dankte Maria ihrem Schicksal, dass der umschwärmte »Führer« gerade sie als Gefährtin ausersehen hatte und ihr immer wieder Zeichen seiner Zuneigung sandte. So schrieb Hitler aus Weimar: »Mein liebes Kind! Nimm von mir die herzlichsten Grüße entgegen. Mit der Versicherung meines treuen Gedenkens Dein Wolf.«[59] Die Freundschaft des Mädchens mit dem NS-Politiker spaltete die Familie Reiter in zwei konträre Lager: Der Vater und sein gleichnamiger ältester Sohn waren und blieben überzeugte Sozialdemokraten – Karl Reiter jun. wurde von den Amerikanern 1945 zum ersten kommissarischen Nachkriegsbürgermeister von Berchtesgaden ernannt. Richard, Marias zweiter Bruder, ihre Schwester Anna, verheiratete Hehl, und ihr Mann Gottfried deklarierten sich 1926/27 als Nationalsozialisten. Dies geschah zu einem Zeitpunkt, als »einer in der Partei nur alles verlieren, nichts gewinnen« konnte, wie Hitler im Rückblick über diese Phase der NSDAP berichtete.[60]

Maria litt unter dem Familienzwist und den Vorwürfen des Vaters. An den hitzigen Debatten im Familienkreis nahm sie kaum teil. Stumm und obstinat demonstrierte sie ihre Loyalität zu »Wolf«, indem sie den ganzen Spätherbst über Stickereien mit Hakenkreuzemblemen verfertigte. Zu dieser symbolbeladenen Handarbeit hatte sich Maria entschlossen, als Hitler, der bei ihren gemeinsamen Spaziergängen häufig das Berchtesgadener Land pries, ankündigte, für immer hier bleiben zu wollen. Tatsächlich wurde Hitler nicht müde, die Berchtesgadener Idylle zu preisen. »Ein Regentag war in Berchtesgaden etwas Wunderbares: Erstens hörten alle gewalttätigen Exkursionen auf, zweitens: ich brauchte mich nicht hinauszustellen in der Sonnenglut! Ach ja, die Berge sind ... das Schönste, was es überhaupt gibt. Es gab bei mir eine Zeit, wo mir immer, wenn ich von Berchtesgaden weg bin, zum Weinen war.«[61] Maria jedoch hielt die Schwärmerei »Wolfs« für einen echten Heiratsantrag. Und während der Vater gegen den unpassenden Freund wetterte, träumte »Mizzi« von einem gemeinsamen Heim, machte sich Gedanken über die Ausstattung und sorgte in bescheiden-praktischer Weise bereits vor: »Ja, und da habe ich mir natürlich Gedanken gemacht, womit ein Mann, der seinen eigenen Hausstand gründen möchte, die meiste Freude haben könnte. Eine bessere Idee, als die mit den Kissen, ist mir leider nicht eingefallen.«[62]

Einen Tag vor ihrem 17. Geburtstag meldete sich »Mizzis« Verehrer nach längerer Pause mit einem zärtlichen Liebesbrief aus München, nachdem ein geplanter Besuch in

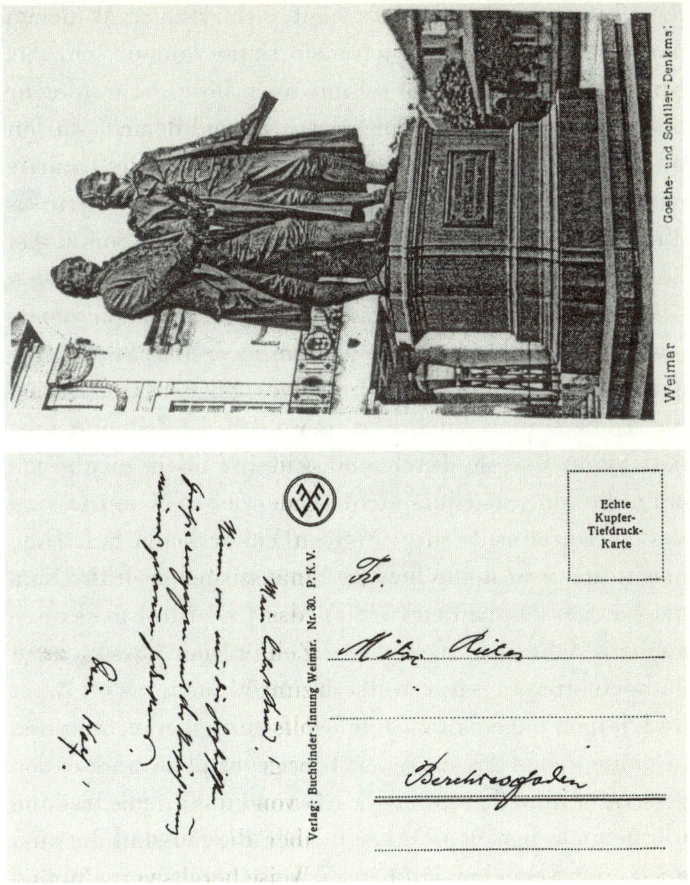

Undatierte Postkarte Hitlers aus Weimar: »Mein liebes Kind ...«

Berchtesgaden auf Grund von starken Schneefällen unmöglich schien. So schrieb Hitler am 22. Dezember 1926: »Mein liebes Kind! Vorerst nimm mein liebstes Kind meinen Dank für deine letzten zwei Briefe entgegen und verzeih mir dass dies erst so spät geschieht. Wie du weißt war ich wochenlang fort und da häuft sich dann in München die Arbeit so, dass wenn ich nach Hause komme sehr viel getan werden muss. Also sei mir nicht böse ... Umso mehr bin ich mit den Gedanken bei dir. Du weißt nicht was du mir geworden bist! Ich hätte so gerne dein holdes Gesichtchen vor mir gehabt, um dir mündlich das zu sagen was dir dein treuester Freund nun nur schreiben kann ... Am 23. Dez. hast du deinen Geburtstag. ... nimm unter all den Glückwünschen ... auch meinen aus dem Herzen kommenden Gruß entgegen. Nimm meinen innigsten Wunsch für deine Gesundheit, Kind und für dein sonstiges Glück! Und nimm die beiden Bücher ... und wenn du Zeit und Lust hast, dann lese sie durch und du wirst mich, glaube ich dann besser verstehen können als vielleicht heute und jetzt ... Du ahnst nicht wie glücklich mich ein Briefchen macht aus dem deine liebe Stimme zu mir spricht. Denn die hör ich dann immer im Stillen. Und dann fasst mich auch die Sehnsucht nach dir stets von neuem. Denkst auch du noch öfter an mich? Weißt du Mizerl wenn ich oft Ärger und Sorgen habe dann wollte ich so gerne bei dir sein und in deine lieben Augen sehen können und das andere vergessen. Ja Kind du weißt wirklich nicht was du mir bist und wie lieb ich dich habe. Aber lies die Bücher und du wirst mich dann verstehen können. Nun nochmals meine innigsten Glückwünsche zu deinem Geburtstag und ebensolche zum Weihnachtsfest von deinem Wolf.

Grüße mir bitte auch deine verehrte Schwester und richte auch dort meine Glückwünsche für Weihnachten aus!«[63]

Kurz nachdem Hitler den Brief abgeschickt hatte, besserte sich das Wetter in Oberbayern.[64] Der heftige Schneesturm legte sich, und zu »Mizzis« übergroßer Freude erschien Hitler plötzlich am Abend des 23. Dezember im winterlichen Berchtesgaden. Wie stets in dieser Zeit begleitete ihn sein treu ergebener Parteigenosse und Chauffeur Emil Maurice, der später angab, dies sei die abenteuerlichste Fahrt seines Lebens gewesen.[65] Adolf Hitler gratulierte seiner jungen Freundin nochmals persönlich zum Geburtstag. Er schenkte ihr großzügig eine goldene Armbanduhr, die Maria Reiter als Andenken hüten und bis an ihr Lebensende tragen sollte. Am Heiligen Abend wurden Maurice und der fast schon als Familienmitglied betrachtete Hitler zur stimmungsvollen Weihnachtsfeier in das Haus von

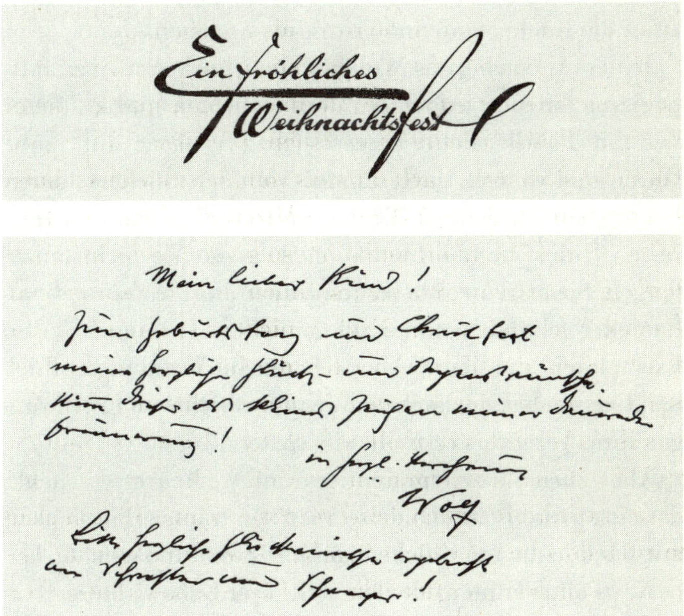
Ein fröhliches Weihnachtsfest

Mein liebes Kind!
Zum Geburtstag und Christfest
meine herzlichsten Glück- und Segenswünsche.
Hüte dies als kleines Zeichen meiner Freundschaft
Erinnerung!
in herzl. Verehrung
Wolf
Viele herzliche Glückwünsche ergebenst
an Schwester und Schwager!

Weihnachtspostkarte von »Wolf«

»Mizzis« Schwester geladen. Die Geschenke, die der siebenunddreißigjährige, von seiner Mission erfüllte Politiker und seine nunmehr siebzehnjährige Freundin vom Land dabei austauschten, gewähren interessante Einblicke in die vollkommen unterschiedliche Gedanken- und Gefühlswelt des Paares. Hitler überreichte dem Mädchen nämlich zwei Bände seines Werks »Mein Kampf« – der zweite Band war erst am 11. Dezember 1926[66] erschienen – und legte ihr die Lektüre sehr ans Herz. Dabei ging es ihm weniger um die politische Bildung der Freundin, er wollte sie vielmehr über seine Zukunftspläne und seine große Sendung aufklären, in der Heirat nicht vorgesehen war. Auf jeden Fall wiederholte er die schon brieflich ausgesprochene Bitte: »Lies die Bücher und du wirst mich verstehen.«

Hitlers Versuche, das Mädchen für seine Visionen zu interessieren, stießen jedoch bei dem verliebten und zu dieser Zeit an Politik nicht interessierten Teenager auf taube Ohren und völliges Unverständnis. Mit den Büchern, deren Lektüre ihr tatsächlich die Augen über die Ziele und Interessen Hitlers hätte öffnen können, wusste sie nichts anzufangen. Sie erfreute sich jedoch an den in schönes rotes Saffianleder gebundenen und mit der Ziffer 111 nummerierten Exemplaren, die überdies eine herzliche Widmung enthielten. Gelesen hat sie die ihr schwer verständlichen Erörterungen ihres Verehrers erst sehr viel später.

Aber auch »Mizzi« präsentierte ihr Weihnachtsgeschenk, das eine pathetische Demonstration von trauter Häuslichkeit mit Blick in die erhoffte gemeinsame Zukunft darstellte, keineswegs ohne Hintergedanken. Mit ihrer Gabe wollte sie Hitler von ihrer Zuneigung überzeugen und an sich fesseln. Gleichzeitig wollte sie, ganz wie man es ihr in Schule und Elternhaus beigebracht hatte, ausdrücken, dass sie den politischen Aktivitäten ihres künftigen Ehemannes – die ihm viel zu bedeuten schienen – verständnisvoll gegenüberstand. Monatelang hatte sie der Stickerei von Hakenkreuzen jede freie Minute geopfert. Sie selbst erinnerte sich noch Jahrzehnte später an jedes Detail: »Ich nähte und stickte für Wolf zwei Sofakissen. Eines war in runder Form, das andere in rechteckiger Form gehalten. Das runde bestickte ich mit den Farben und dem Abzeichen seiner Partei. Der Außenrand war mit roten Schleifen dicht aneinander gereiht bestickt. Dann kam nach der Mitte hin ein ruhiges weißes Feld und den Innenteil hatte ich ebenfalls mit schwarzen Schleifen versehen.«[67] Die Hakenkreuzkissen nahm Hitler in sein Untermietzimmer nach München mit. »Ich habe nichts in der Wohnung, was mich mehr freut!«, ließ er seine Freundin wissen.[68] Später transferierte er sie zusammen mit anderem von Hitlerverehrerinnen hergestellten Zierrat in das Haus »Wachenfeld« auf den Obersalzberg, wo sie den Spott von Hitlers Architekten Albert Speer erregten: »Die Möbel [des Hauses Wachenfeld] jedoch entstammten der Vertiko-Periode altdeutscher Heimattümelei und gaben der Wohnung das Gepräge behaglicher Kleinbürgerlichkeit. Ein vergoldeter Käfig mit Kanarienvogel, ein Kaktus und ein Gummibaum verstärkten diesen Eindruck noch. Hakenkreuze fanden sich auf Nippessachen und von Anhängerinnen gestickten Kissen, kombiniert etwa mit einer aufgehenden Sonne oder dem Gelöbnis ›Ewige Treue‹. Hitler meinte verlegen zu mir: ›Ich weiß, das sind keine schönen Sachen, und vieles davon ist auch ein Geschenk. Ich möchte mich nicht davon trennen‹ ...«[69]

Zwei Tage hat Hitler zu Weihnachten 1926 in Berchtesgaden verbracht. Dann unternahm er eine dreiwöchige Vortragsreise, von der die stets »Kind« titulierte Freundin nur spärliche Lebenszeichen bekam: »Mein liebes Kind! Aus Bayreuth wo ich soeben durchfahre die herzlichsten Grüße mit dem Wunsche nach der Möglichkeit eines baldigen Wiedersehens Dein Wolf. Herzl. Grüße auch an die verehrte Fr. Schwester!«[70] Erst nach seiner Ankunft in München fand Hitler Zeit, auf die Briefe seiner Freundin ausführlich zu antworten: »Mein liebes, liebes Kind! Aus deinen schmerzlich lieben Zeilen erfahre ich erst wie unrecht es war, dass ich dir nicht gleich nach meiner Rückkunft schrieb. Du musst mir aber doch verzeihen, denn ich hoffte dich plötzlich persönlich überraschen zu können. Jeden Tag rechnete ich auf den nächsten – und konnte dann doch wieder nicht. Du ahnst ja nicht wie viel Arbeit ich immer finde, wenn ich von einer solchen, fast 3 Wochen lang dauernden Reise, zurückkehre. Dinge die dann erledigt werden müssen. (Gerade bin ich wieder eine Stunde unterbrochen worden!) ... Ich muss ... immer an dein holdes Köpfchen und deine Augen denken. Was du nun selbst für Wünsche hast habe ich ja auch erst nach meiner Rückkehr erfahren, da mir diese Briefe nicht nachgeschickt werden konnten ... Ich bin bis Sonntag noch in München und fahre dann wieder fort ... Was nun deine persönlichen Schmerzen betrifft, so darfst du mir ernstlich glauben, dass ich sie dir nachfühle. Aber du sollst dein Köpfchen deshalb nicht traurig hängen lassen und musst vor allem eines glauben: wenn auch die Väter ihre Kinder selbst manchesmal nicht mehr verstehen, da sie älter geworden sind, nicht nur an Jahren sondern auch im Empfinden, so meinen sie es doch nur zumeist herzlich gut mit ihnen. So glücklich mich deine Liebe macht so innig bitte ich dich sie nach wie vor auch deinem Vater zu schenken! ... liebes holdes Kind nimm die herzlichsten Grüße von deinem immer an dich denkenden Wolf.«[71]

Zu diesem Zeitpunkt hatte Maria vor ihrem Freund keine Geheimnisse mehr. Sie klagte freimütig über ihren Vater, der ihrem Glück im Wege zu stehen schien, und nahm Hitlers Antwort als diplomatische Äußerungen eines Mannes, der mit seinem künftigen Schwiegervater in Frieden zu leben gedachte. Außerdem bat sie ihren Politiker-Freund, ihrem Schwager, der Berchtesgaden verlassen wollte, in München einen Posten zu verschaffen.

Im Februar 1927 wurde Hitlers Redeverbot in Bayern und Sachsen aufgehoben, und der Vorsitzende der NSDAP nützte dies umgehend zu erhöhter Vortragstätigkeit. Von einem kurzen Zwischenaufenthalt in München erhielt seine Freundin Anfang März einen gehetzt wirkenden Brief: »Mein Liebes Kind! ... verzeih mir ... ich habe zur Zeit sehr viel zu tun, und ich bin außer jeder Stimmung zum Schreiben. Denke aber deshalb ja nicht, dass ich nicht bei dir bin! ... Dank für die beiden kleinen Bildchen ... Von mir lege ich dir auch ein paar Aufnahmen bei die ebenfalls von Hoffmann stammen ...«[72] Hitler bezog sich damit auf Fotos, die sein Freund, der Fotograf und spätere Reichsbildberichterstatter Heinrich Hoffmann, von dem Paar in Berchtesgaden gemacht hatte.

Dann war der Politiker wieder unterwegs. »Wolf« grüßte seine Freundin – unter anderem – von der Wartburg. Wie immer vergaß er nicht höfliche Empfehlungen an die »Frau Schwester«[73], die seine Verbündete geworden war. Anna Hehl sah sich schon als stolze Schwägerin des bewunderten NS-Politikers und förderte die Beziehung ihrer Schwester mit allen Kräften. Sie war es auch, die Hitler Ende März 1927 von der Münchenfahrt des »Berchtesgadener Eislaufvereins«, dem Maria als begeisterte Sportlerin angehörte, heimlich unterrichtete. Die Überraschung gelang, denn als das Mädchen auf der Kunsteisbahn in der Galeriestraße elegante Runden zog, entdeckte sie zu ihrer großen Freude Hitler auf den leeren Zuschauerrängen. Er war gekommen, um sie auszuführen. In Gesellschaft von Emil Maurice und dem als Hitlers Adjutanten fungierenden Julius Schaub verzehrte das Mädchen anschließend im »Café Heck« am Münchner Hofgarten, wo sich NS-Kampfgefährten zu treffen pflegten, vor den Augen ihres Verehrers ein großes Schnitzel. Der damals bereits zum Vegetarier gewordene »Führer« beobachtete den Appetit des jungen Mädchens voll Entsetzen und erging sich in düsteren Anspielungen über diesen »Leichenfraß«. Dann nahm er »Mitzerl« in sein kleines, ärmliches Untermietzimmer in der Thierschstraße mit, das in seltsamem Kontrast zu Hitlers luxuriösem Auto und seinem Auftreten mit Adjutanten, Sekretär und Chauffeur stand. Der Parteivorsitzende, der in der »Kampfzeit der Bewegung« ein unstetes Leben führte, legte jedoch weder auf Wohnkomfort noch auf ein behagliches Heim gesteigerten Wert. Hielt er sich in München auf, dann gehörte es zu seinem genau berechneten Kalkül, dass er täglich viele Stunden als – überaus geschätzter – Hausgast bei mehreren Münchner NS-Familien verbrachte. Dabei kontrollierte und überwachte er unauffällig seine engsten Mitarbeiter, gewann die Sympathien ihrer Ehefrauen und sicherte sich jene geduldige Zuhörerschaft, vor der er rezitierend seine Ideen ausformen konnte. 1927 fanden letztlich devote Anhänger – allen voran das reiche Fabrikantenehepaar Bechstein –, dass der »Führer« zu bescheiden sei und ihm eine standesgemäße Bleibe gemietet und selbstverständlich auch finanziert werden solle. Von der geplanten neuen gro-

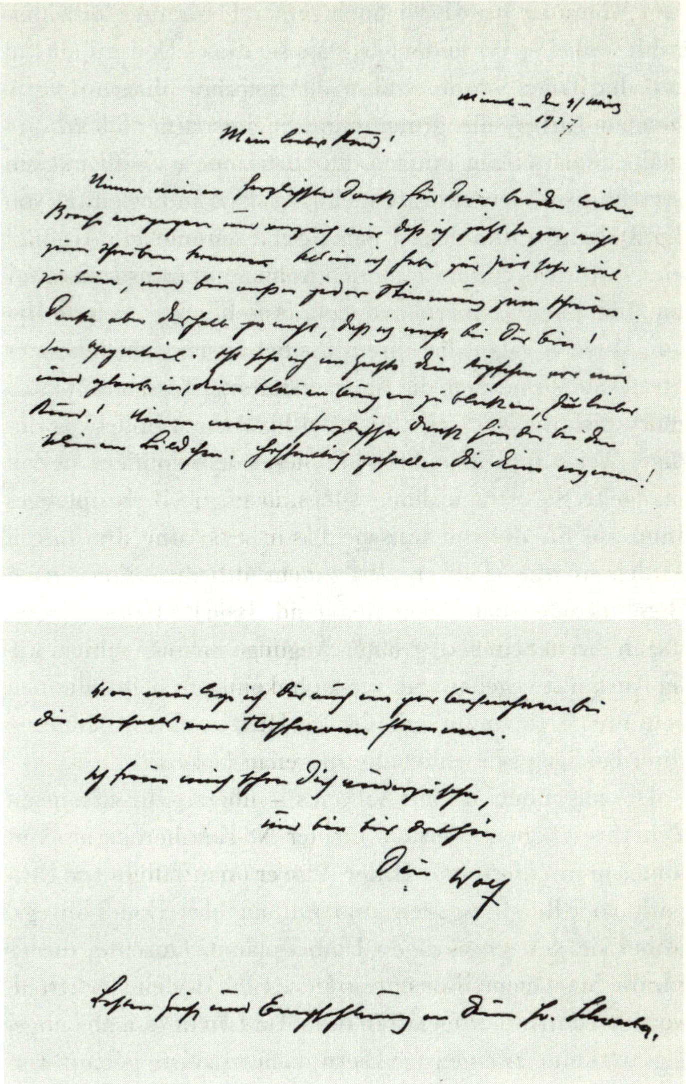
München, den 4. März 1927

Mein liebes Kind!

Dein Wolf

Hitlers Brief vom 4. März 1927: »Mein liebes Kind!«

ßen Wohnung hat Hitler auch seiner Freundin »Mizzi« erzählt, wobei er ihr andeutete, dass sie dieses Domizil einmal mit ihm teilen würde, und er der Siebzehnjährigen in glühenden Farben die gemeinsame Suche nach Möbeln ausmalte. Nach einem innigen, durch harmlose Zärtlichkeiten verschönten Nachmittag besuchte das Paar in Begleitung von Emil Maurice und dessen damaliger Freundin Ida Arnold[74] eine Aufführung von Emmerich Kálmáns »Zirkusprinzessin« im Münchner Gärtnerplatztheater. Anschließend lieferte Hitler »Mitzerl« galant bei ihrem Bruder in der Schleißheimer Straße ab, wo sie auch die Nacht zubrachte. Tags darauf kümmerte sich die NS-Sympathisantin Ida Arnold in liebenswürdiger Weise um Hitlers Freundin, da es dem Politiker an Zeit mangelte. Sie erfragte deren Alter und zeigte überhaupt reges Interesse für die romantische Liebesbeziehung des jungen Mädchens zum »Führer«. Bis zur Abfahrt ihres Zuges nach Berchtesgaden hat Maria Reiter der sympathischen Dame, die an ihrem Schicksal größten Anteil zu nehmen schien, willig Auskunft gegeben. Sie versäumte es auch nicht, die neu gewonnene Freundin mit der geheimnisvollen Andeutung ihrer baldigen Eheschließung zu beeindrucken.

Die folgenden Monate sollten für »Mizzi« zur schönsten Zeit ihres Lebens werden. Sie fühlte sich bereits als Verlobte, promenierte mit Hitler Arm in Arm durch den Kurpark von Berchtesgaden und entlang des Friedhofwegs, wobei sie den großartigen Umbauplänen lauschte, die er für die Marktgemeinde entwarf. So sollte der alte Ortsfriedhof im Zentrum aufgelassen, eine Umfahrungsstraße angelegt und eine zweigleisige Bahn nach Salzburg gebaut werden.[75] Die weitere Erschließung der Bergwelt wollte Hitler unterbinden. »Solange wir es noch verhindern können, dass da ein Netz von Hochspannungsleitungen und Berg- und Talbahnen durchziehen, ist es doch etwas Herrliches!«[76]

Die Idylle dauerte bis zum Sommer 1927. Dann trug man Maria Reiter eines Tages zu, dass sich ihr Freund ohne ihr Wissen in Berchtesgaden aufhalte. Als Hitler es dann vermied, seine Freundin zu sehen, ihr absichtlich aus dem Weg ging und sie bei zufälligen Begegnungen nicht zu kennen schien, brach für die Siebzehnjährige eine Welt zusammen. Maria Reiter hat dieses unerklärliche Verhalten vergebens zu ergründen gesucht. Schließlich vermutete sie, dass Hitler sich aus dem großen Kreis seiner Verehrerinnen eine neue Freundin gewählt habe. Verzweifelt und viel zu schüchtern, um eine Aussprache herbeizuführen, beschloss das Mädchen, aus dem Leben zu scheiden. Eigenen Angaben zufolge versuchte sie, sich mit einem Wäschestrick an einem Fensterkreuz ihres Wohnhauses zu erhängen. Sie wurde zufällig von ihrem Schwager entdeckt, im letzten Moment gerettet und anschließend von ihrem Hausarzt behandelt.

Die Ursachen für Hitlers kühle Distanz war das Resultat eines – angeblich – bei der Münchner NS-Parteizentrale eingelangten anonymen Schreibens, hinter dem Frau Arnold zu stecken schien. Darin wurde der Vorsitzende der NSDAP der »Unzucht mit Minderjährigen« beschuldigt. Gedroht wurde auch mit einer polizeilichen Anzeige des Sittenstrolchs, der allem Anschein nach in Berchtesgaden ein neues Opfer gefunden habe. Hitler fürchtete eine Schädigung seines Rufs, den Verlust seiner Glaubwürdigkeit und möglicherweise das Ende seiner politischen Karriere. Aus der Landsberger Festungshaft war er nur auf Bewährung entlassen worden. Er wusste daher, dass ihm als Ausländer bei einer neuerlichen Verurteilung eine langjährige Gefängnisstrafe mit anschließender Ausweisung drohte[77], vor der ihn – bei diesem heiklen Delikt – selbst seine mächtigen Gönner innerhalb der bayrischen Justiz nicht schützen könnten. »Eine Unvorsichtigkeit, und ich musste sechs Jahre ins Gefängnis!«[78]

Tatsächlich nahm Hitler immer wieder auftauchende Gerüchte, die ihn der Verführung Minderjähriger beschuldigten oder über seine Verlobung berichteten, sehr ernst: »Die ›Leipziger Nachrichten‹ bringen die Meldung meiner angeblichen Verlobung. Die Nachricht ist ... purste Dichtung. Ich bin mit der Politik dermaßen verheiratet, dass ich nicht daran denken kann, mich auch noch zu verloben.«

Hitler reagierte demnach sofort und brutal. Er verzichtete auf die Freundin, der er einen knappen Abschiedsbrief zukommen ließ,[78a] und wandte sich mit dem dramatischen Appell »Das Schicksal Deutschlands steht auf dem Spiel!« an den ihm treu ergebenen Parteigenossen und Schwager Marias. Der Parteigenosse Gottfried Hehl übernahm die Aufgabe, Maria drastisch aufzuklären und ihr im Namen Hitlers beizubringen, dass es nun gelte, ein Opfer zu bringen. Vorläufig »sei alles zu Ende«. Damit schwand nicht nur Marias Zukunftstraum, sondern auch ihr guter Ruf. Sie litt unter dem Gerede der Leute, denn wie der Stand der Dinge schien, glaubte niemand an eine platonische Freundschaft. Vor allem die Berchtesgadener NSDAP-Angehörigen besprachen die angebliche Liebesaffäre der Tochter eines Parteifeindes ausführlich und kamen zu dem Schluss, dass der »Führer«, wie immer, weise gehandelt habe.[79] Maria fügte sich in ihr Schicksal. Sie opferte sich, wie sie glaubte, für die höheren Interessen von »Führer« und Partei und wurde zu einer überzeugten, später sogar fanatischen Nationalsozialistin.

Von der Romanze, die größte Auswirkungen auf ihr Leben

haben sollte, blieben nur noch Ansichtskarten, die ihr der Politiker von seinen Reisen auch weiterhin schickte. Maria Reiter fasste dies nicht als Kränkung auf. Sie blieb Hitler gut gesinnt und treu ergeben. Sie blieb dies auch dann noch, als im darauf folgenden Jahr ein merkwürdiger Brief ihres Schwagers Gottfried Hehl eintraf, dem ein ebenso merkwürdiges, vor allem jedoch freches Ansinnen Hitlers zu Grunde lag. Gefordert wurde von Maria Reiter eine eidesstattliche Erklärung mit dem Inhalt, dass ihr der NS-Politiker als Kunde des mütterlichen Geschäfts zwar bekannt sei, ihre Beziehung zu ihm jedoch niemals die Grenzen harmloser Freundschaft überschritten habe. Der ersten Empörung folgten Erleichterung und Verständnis für den sichtlich in Gefahr schwebenden Exfreund, entkräftete sich damit doch der für Maria Reiter nahe liegende Verdacht, dass die »Staatsräson« nur vorgetäuscht war, um sie auf bequeme und überzeugende Weise loszuwerden.[80] Als man dem Mädchen klar machte, dass es am Untergang Deutschlands mitschuldig sei, sollte es die geforderte Erklärung nicht unterschreiben, hat es sich gefügt und unterschrieben – zur Herausgabe der ihr teuren Liebesbriefe war Maria Reiter jedoch nicht zu bewegen.[81] Hitler belohnte den Verzicht »Mizzis« zu Weihnachten 1928 mit einem edlen Geschenk: Er schickte ihr ein kostbares silbernes Teeservice mit der eingravierten Widmung »herzlichst, Dein Wolf«.

Hitlers Geschenk (Dezember 1928)

Dass Hitler, dem nur an seiner Karriere lag, mehr als oberflächliche Zuneigung zu seiner Berchtesgadener Freundin empfunden oder gar unter der Trennung gelitten hat, scheint auf Grund seiner Äußerungen unwahrscheinlich. »Die Miezel«, meinte er Jahre später, »war ein bildschönes Mädel gewesen. Ich habe damals sehr viele Frauen gekannt. Manche hat mich auch sehr gern gehabt ...«[82] Maria Reiter spielte in Hitlers Leben demnach nur eine kleine, unbedeutende Rolle, die jedoch Rückschlüsse auf den Geschmack des »Führers« in Bezug auf Frauen zulässt. Auch später fühlte sich der Politiker von sehr jungen, blonden und unerfahrenen Mädchen angezogen, die äußerlich seiner Mutter glichen. Schon seine nächste Freundin glich Maria Reiter bis aufs Haar. Diese jedoch ging im September 1927 nach Innsbruck, wo sie bei Verwandten lebte und eine Hotelfachschule besuchte.

Zu Hitlers großer Erleichterung lernte »Mizzi« in Innsbruck den jungen Hotelier Ferdinand Woldrich kennen und verlobte sich mit ihm.[83] Um ihren zukünftigen Mann in seinem Betrieb unterstützen zu können, besuchte Maria Reiter ab Juli 1928 eine Haushaltsschule in Linz.[84] Während sie dort für das Hotelgewerbe lernte, erfuhr sie von ihrer Schwester, dass Hitler auf dem Obersalzberg ein Haus mit Vorkaufsrecht gemietet und nun einen ständigen Wohnsitz in der Gegend hatte. Hitler selbst berichtete davon: »Auf einmal höre ich von jemandem, das Haus Wachenfeld sei zu vermieten, das war 1928. Etwas Schöneres, sagte ich mir, kann es nicht geben. Ich bin gleich herauf, traf aber niemand an ... Ich warte, auf einmal kommen zwei herauf.« Laut Hitler entspann sich dann folgender Dialog: »›Sie entschuldigen, sind Sie Besitzer dieses Hauses? Ich hab' gehört, dass Sie vermieten wollen.‹ ›Sind Sie Herr Hitler? Wir gehören auch zu Ihnen. Wir sind Parteigenossen.‹ ›Das ist wunderbar!‹«[85]

Um 100 Reichsmark im Monat mietete Adolf Hitler das leer stehende Anwesen, die Keimzelle des späteren »Berghofs« – und Maria Reiter musste schmerzlich zur Kenntnis nehmen, dass nicht sie es war, die dort als Hausherrin einzog, sondern die verwitwete Halbschwester des Politikers, Angela Raubal, die er zu diesem Zweck aus Wien geholt hatte. »Gleich habe ich meiner Schwester nach Wien telefoniert: Ich hab' ein Haus gemietet, magst du mir die Wirtschaft führen? Sie ist gekommen, und wir sind sofort eingezogen. Es war so wunderbar! Das erste Weihnachten war herrlich da oben! Ich hab' ihr, da sie ganz allein war, gleich zwei Hunde angeschafft, ein Mädl [Dienstmädchen] hatte sie auch ...«[86] Spenden von ergebenen Münchner Gönnerinnen haben Hitlers Landhaus finanziert, in dem er – nach dem Bruch mit seiner Halbschwester – mit Eva Braun, einem Adjutanten und einem Diener wohnen sollte.[87]

Maria Reiter hat am 10. Mai 1930 in Stams in Tirol Ferdinand Woldrich geheiratet, verlor dadurch die deutsche Staatsbürgerschaft und wurde Österreicherin.[88] Das Paar zog nach Seefeld in Tirol und erbaute mit dem Geld der Familie Woldrich eine Hotel-Pension – dass diese, wie später Hitlers Haus auf dem Obersalzberg, »Berghof« hieß, war reiner Zufall. Man lebte – wie ein Bild Marias vor dem Steyr-Wagen ihres Mannes zeigt – in sehr komfortablen Verhältnissen.

Hitler bewahrte seinem privaten Freundeskreis – zu dem er »Mizzi« nach wie vor zählte – jahrelang die Treue. Im Fall Reiter war er noch dazu froh über den guten Ausgang einer Affäre, die möglicherweise ein übles Nachspiel gezeitigt hätte, wenn es zu einer Anzeige gekommen wäre. Als

Maria heiratete, retournierte er gewissenhaft ihre Fotos[89] und versäumte auch nicht, dem jungen Ehepaar ein Hochzeitsgeschenk zu machen. Zu den Festtagen schickte er Billetts: »Frohes Weihnachtsfest wünscht dir liebes und verehrtes Kind sowie deinem Manne aus aufrichtigstem Herzen Wolf.«[90] Diese und ähnliche Karten ließen Ferdinand Woldrich irrtümlich annehmen, dass seine Frau »ein Mündel Hitlers sei«.[91] Maria Reiter hat ihn nicht korrigiert.

Die Ehe, in der Hitler als unsichtbarer Dritter stets präsent war, verlief sehr unglücklich. Alle Vergleiche, die Maria zwischen dem einfachen Hotelier und dem schillernden, gewandten Politiker anstellte, mussten zu Ungunsten des Ehemannes ausfallen. Dazu kamen noch bedrückende wirtschaftliche Verhältnisse. Die Arbeitslosenzahlen in Tirol hatten im Februar 1928 einen Nachkriegsrekord erreicht, das Gastgewerbe, in dem die Woldrichs tätig waren, lag darnieder.[92] Auch die Tatsache, dass Maria sich in Seefeld als glühende Nationalsozialistin gebärdete – am 18. Mai 1933 trat sie der Partei bei –, verbesserte die Stimmung im Hotel »Berghof« nicht. Sie besuchte NS-Versammlungen im Seefelder Gasthof »Bergland« und hat sich, wie sie später angab, »jederzeit und bei aller Gelegenheit als Nationalsozialistin bekannt«.[93] Als eines Tages der Sekretär des »Führers« im Zuge der Betreuung der österreichischen Nationalsozialisten nach Seefeld kam, wurde er von Maria Woldrich gleichsam als Emissär aus einer anderen Welt freudig begrüßt. Und als sich Rudolf Hess[94] im Namen seines Herrn eingehend nach »Frau Marias« Wohlergehen erkundigte, war es um Hitlers Exfreundin geschehen. Nach einem heftigen Streit mit ihrem Mann schützte sie im Sommer 1931 eine Reise zu Verwandten vor, fuhr jedoch nach München und meldete sich bei Hitlers Adjutanten. Dann suchte sie den Exfreund in seiner Privatwohnung auf und legte ihr Schicksal, wie sie angab, in seine Hände. Hitler empfing die einundzwanzigjährige und nunmehr großjährige junge Frau freundlich, unternahm mit ihr einen Ausflug zum Tegernsee und hörte sich dabei mitfühlend und geduldig die Misere ihres Ehelebens an. Maria Woldrich sprach von Scheidung und einer angesichts der herrschenden Wirtschaftskrise aussichtslosen Arbeitssuche in München. Vermutlich hoffte sie dabei auf eine Wiederaufnahme ihrer Beziehung zu dem mittlerweile im rasanten Aufstieg begriffenen Politiker. Der Tag endete in Hitlers Wohnung: »Wolf fasste mich immer fester. Ich ließ alles mit mir geschehen. Ich bin noch nie so glücklich gewesen wie in jener Nacht, als wir allein in seiner Wohnung waren.«[95] Tags darauf unterbreitete Hitler seiner Geliebten konkrete Vorschläge für die Zukunft: Als sein diskretes Verhältnis könne sie bei ihm in München wohnen, er würde ihr alles bieten. Heirat sei für ihn jedoch völlig ausgeschlossen. Für die in bürgerlichen Vorstellungen verhaftete Maria Woldrich, geborene Reiter, die trotz ihrer unglücklichen Ehe dem Ehestand großen Wert beimaß und sich Kinder wünschte, war dies unakzeptabel. Enttäuscht lehnte sie ab. Mangels Alternative kehrte sie schließlich zu ihrem verachteten Hotelier nach Seefeld zurück, wo sie notgedrungen noch zwei weitere Jahre unter schwierigen Bedingungen ausharrte.[96]

Als Deutschland Ende Mai 1933 die 1000-Mark-Sperre für Österreich verhängte, musste jeder deutsche Urlauber an der Grenze ein Visum beantragen und dafür die enorme Summe von 1000 Reichsmark hinterlegen. In Seefeld, wo der Tourismus schon damals ein bedeutender Wirtschaftsfaktor war, sank die Zahl der deutschen Gäste von 12 000 im Jahr 1932 auf 24 Gäste im folgenden Jahr. Kurz danach, am 19. Juni 1933, wurde die NSDAP von der österreichischen Regierung verboten. Maria Woldrich zählte nunmehr zu den »Illegalen«, die sich im Seefelder Turnverein trafen, der »nichts anderes als die NSDAP unter dem Decknamen Turnverein war – eine Bastion der Illegalen«, wie die Polizei feststellte.[97] Wurde die häusliche Situation unerträglich, dann flüchtete Maria Woldrich aus Seefeld, meist um ihre Schwester zu besuchen, manchmal jedoch, um sich mit Adolf Hitler in seiner schönen Wohnung am Münchner Prinzregentenplatz oder auf dem Obersalzberg zu treffen. Nicht alle der geplanten amourösen Reisen nahmen den gewünschten Verlauf. Manche endeten bereits an der Grenze, wo die österreichischen Zollorgane im Bestreben, den Kontakt der Tiroler Nazis zu ihren deutschen Gesinnungsgenossen zu unterbinden, der behördlich bekannten Nationalsozialistin die Ausreise untersagten.

In solchen Fällen musste sich »Mizzi« mit Berichten über Hitlers bejubelte Auftritte in ihrer Heimatstadt begnügen, die meist nach dem von Albert Speer geschilderten Muster abliefen. »Auf seinem [Hitlers] Ausflug zum Königssee bildete sich vor der Gastwirtschaft ›Schiffsmeister‹ eine Welle von Begeisterten, denen nachträglich bewusst wurde, wem sie soeben begegnet waren ... Erregt folgten sie unserer Gruppe. Mit knapper Not erreichten wir, Hitler im Eilschritt voran, die Tür, bevor wir von der schnell anwachsenden Menge eingekeilt wurden. Da saßen wir nun bei Kaffee und Kuchen und draußen füllte sich der große Platz. Erst wenn eine Verstärkung des Schutzkommandos eingetroffen war, bestieg Hitler den offenen Wagen. Ste-

Maria Reiter besucht »Wolf« auf dem Berghof

hend, neben dem Fahrer auf dem hochgeklappten Vordersitz, die linke Hand an der Windschutzscheibe, konnten ihn auch die Entferntesten sehen. In solchen Momenten wurde die Begeisterung frenetisch, das stundenlange Warten wurde endlich belohnt ... wo Hitler auch hinkam, wo immer sein Auto für kurze Zeit anhalten musste, überall wiederholten sich in diesen ersten Jahren [nach der »Machtergreifung«] diese Szenen. Sie waren nicht durch rhetorische oder suggestive Behandlung der Massen hervorgerufen, sondern ausschließlich durch die Gegenwart Hitlers zu Huldigungsstürmen hingerissen ...«[98]

Der »Führer« und Reichskanzler, mit dem Maria sporadisch ein intimes Verhältnis unterhielt, war damals schon mit einem anderen, sehr jungen Mädchen liiert, von dem »Mizzi« durch die Andeutungen Frau Winters, Hitlers Münchner Haushälterin, wusste. Auch die Berchtesgadener Verwandten gaben Hinweise auf Hitlers neue Freundin, deren Existenz man geheim zu halten trachtete. Über Eva

Brauns Besuche auf dem Obersalzberg berichtete ein Augenzeuge: »Nach einigen Stunden [Hitler fuhr voraus] folgte ein geschlossener Mercedes mit den beiden Sekretärinnen; in deren Begleitung befand sich ein einfaches Münchner Mädchen [Eva Braun] ... dieses geschlossene Auto durfte niemals in der offiziellen Wagenkolonne fahren ...«[99] Die neugierigen Ortsbewohner ließen sich jedoch nicht lange täuschen, und so wusste man in Berchtesgaden bald über Hitlers Verhältnis Bescheid. Im Laufe der Jahre lockerten sich auch die Vorsichtsmaßnahmen, und Eva Braun galt schließlich als inoffizielle Hausherrin des Berghofs.

Zwischen Hitlers »Mizzi« und seiner langjährigen Geliebten Eva Braun gab es auffällige Parallelen. Beide stammten aus einfachen Verhältnissen. War Maria Reiters Vater Schneider, so war Eva Brauns Mutter Schneiderin. Beide Mädchen waren blond, blauäugig und sehr hübsch. Beide legten auf ein adrettes, gepflegtes Aussehen größten Wert. Sie hatten ungefähr die gleiche Größe, waren schlank und überaus sportlich – Eislaufen war beider Lieblingssport. Wie Maria hatte auch Eva eine Klosterschule besucht und als Verkäuferin gearbeitet. Den Angaben von Zeitzeugen zufolge verfügten beide über praktischen Hausverstand und durchschnittliche Intelligenz. Auch die Lebensauffassungen der jungen Frauen stimmten überein. Sie wollten heiraten und liebten Kinder. Maria Reiter, die resolutere von beiden, war nicht bereit, diese Vorstellungen zu opfern und als verborgene Geliebte Hitlers im Hintergrund zu existieren. Sie suchte dann ihr Glück in insgesamt drei Ehen – auf den Hotelier Woldrich folgten ein SS-Hauptsturmführer, im Zivilberuf Schlosser, und ein Obersturmbannführer der Waffen-SS, im Zivilberuf Elektriker. Doch die ersehnten Kinder bekam sie nicht. Eva Braun sprang über ihren Schatten, trotzte der Kritik ihrer Familie und fügte sich den Wünschen des »Führers«. Jahrelang existierte sie im Hintergrund und erlebte erst am Tag vor ihrem Freitod die ersehnte Eheschließung mit Hitler.

Am 2. Oktober 1933 wurde Maria Woldrichs zerrüttete Ehe geschieden.[100] Hitler ließ seine Freundin dabei nicht im Stich, vermittelte der nunmehrigen österreichischen Staatsbürgerin die Hilfe des NS-Parteijuristen und späteren Generalgouverneurs von Polen, Dr. Hans Frank, der auch Hitler erfolgreich vertreten hatte, und übernahm die Kosten der Scheidung.[101] Danach wäre die frisch Geschiedene gerne nach München gefahren, doch hätte ihr, wie sie später angab[102], die Bezirkshauptmannschaft Innsbruck in boshafter Weise »für Monate die Ausreise in das Altreich verboten, da man wusste, dass ich der NSDAP angehörte«[103]. Erst im Frühjahr 1934 wurde der ehemaligen Deutschen die Erlaubnis zur Rückkehr in ihre Heimat erteilt, wo sie einen Antrag auf Wiedereinbürgerung stellte.[104]

Das weitere Schicksal der nun in Münchner NS-Kreisen verkehrenden attraktiven geschiedenen Frau wurde dann wieder von Hitler bestimmt, dem in Hinblick auf seine karge Freizeit, seine politische Stellung, aber auch Eva Brauns wegen an einer Versorgung der Exfreundin gelegen war. Bereits im Sommer 1934 lernte die Fünfundzwanzigjährige auf Grund einer persönlichen Initiative Hitlers[105] einen jungen Berliner Nationalsozialisten kennen, einen SS-Mann, der – wie er in seinem Lebenslauf stolz vermerkte –, »in den Jahren 1932 und 1933 zur ständigen persönlichen Betreuung des Führers bei dessen Berlin-Aufenthalten abkommandiert« worden und ihm positiv aufgefallen war.[106] Auch Joseph Goebbels konnte über den Parteigenossen Kubisch, der ihm jahrelang als Kraftwagenfahrer und Begleiter zur Seite gestanden war, nur Gutes berichten und auf dessen vorbildhafte NS-Laufbahn hinweisen.

Georg Kubisch, als Sohn eines Gastwirts aus Berlin-Spandau[107] am 19. November 1907 geboren[108] und von Beruf Maschinenschlosser, zählte zu den Berliner Nationalsozialisten der »ersten Stunde«. Schon als Zwanzigjähriger war er der NSDAP beigetreten.[109] Von 1927 bis 1930 war er SA-Mann und Standartenträger. 1930 wurde er in die SS aufgenommen.[110] Als persönlicher Adjutant von Goebbels, dem Gauleiter von Berlin, hatte der große, gut aussehende Draufgänger den brutalen Kampf der Nationalsozialisten um die Reichshauptstadt von 1930 bis 1933 an vorderster Front mitgemacht.[111] Auf Befehl des Reichsführers SS Heinrich Himmler wurde Kubisch im Frühsommer 1934 zur Polizei-Bereitschaft der SS nach München versetzt, wo er Maria Reiter unter nicht näher bekannten Umständen kennen lernte. Die Bekanntschaft mit der – noch dazu sehr schönen –

Als Ersatz für »Wolf«:
Georg Kubisch,
Maria Reiters 2. Ehemann

Frau, die den verehrten »Führer« und seine engsten Mitarbeiter persönlich kannte, erfüllte den SS-Hauptsturmführer, der in der Wachtruppe des Konzentrationslagers Dachau diente, mit großem Stolz. Schon im November 1934 erbat Kubisch vom Rasse- und Siedlungshauptamt Berlin dringendst die für die Erlangung der Heiratsgenehmigung nötigen Formulare, da »ich mich bereits zu Weihnachten zu verloben gedenke«.[112] Maria Reiter besorgte sich den für die Heirat mit einem Angehörigen der SS erforderlichen »Großen Ariernachweis«, und der Reichsführer SS Himmler forderte vom unmittelbaren Vorgesetzten eine ausführliche Beurteilung Kubischs, und zwar in »militärischer wie in menschlicher Hinsicht«. In dieser heißt es: »... seit einigen Wochen musste ich einen Mangel an strenger soldatischer Pflichtauffassung feststellen. Kubisch macht in letzter Zeit einen etwas verträumten Eindruck. Der Grund scheint mir in Familienverhältnissen zu liegen ...«[113]

Kurz danach dürfte der Vorgesetzte über die allerhöchsten Beziehungen Kubischs informiert worden sein, nahm die Beanstandung – mit der Bitte um Weiterleitung an Himmler – zurück und lobte Marias Verlobten als »pflichteifrig, gewissenhaft, pünktlich und strebsam«[114]. Alle weiteren Beurteilungen attestierten dem SS-Hauptsturmführer Kubisch nicht nur eine »große, kräftige, gute, allen körperlichen Anforderungen gewachsene Erscheinung«, sondern auch »straffes, soldatisches Auftreten« sowie eine »feste, reife nationalsozialistische Anschauung«[115].

Im Februar 1936 hat Maria Reiter Georg Kubisch geheiratet.[116] Wenig später, am 9. November 1936, dem Gedenktag der Niederschlagung des November-Putschs, wurde der junge Ehemann vor der Münchner Feldherrnhalle als SS-

Führer angelobt. Er schwoll vor Stolz, als ihn Hitler bei dieser Gelegenheit mit einer persönlichen Anrede auszeichnete. Kubisch wurde aufgerufen, und Hitler sagte zu ihm: »Sie sind also der Glückspilz. Ich gratuliere! Passen Sie mir gut auf diese Frau auf!«[117]

Kubisch diente Maria als Hitlerersatz. Die Verehrung des »Führers« und die schrankenlose Begeisterung für das Dritte Reich bildeten das solide Fundament einer harmonischen Verbindung, in der Maria das lang ersehnte Glück fand. Das Münchner Heim des Paares zierten – wie Kubisch in einem Brief schrieb – signierte »Führer«-Porträts. Aber auch die Fotos von NS-Parteigrößen fehlten nicht. 1937 kamen Joseph und Magda Goebbels zu Besuch. Im selben Jahr fassten Georg und Maria Kubisch den einmütigen Beschluss, aus der katholischen Kirche auszutreten.[118]

Anfang 1938 hat Maria Kubisch – ihren Angaben zufolge – mit dem »Führer« noch einmal persönlich gesprochen. Im Allgemeinen gab sich Hitler damals alten Bekannten aus der Zeit seines Aufstiegs gegenüber schon sehr reserviert, denn diese zeigten sich oft unangemessen vertraulich und fanden nicht den Ton der Distanz, den der Politiker trotz aller äußerlich aufrechterhaltenen Leutseligkeit geziemend fand. Deren vermeintliches Recht auf Intimität passte nicht mehr zu der geschichtlichen Rolle, die sich der »Führer« inzwischen zumaß.[119] Bei seiner Exgeliebten machte Hitler jedoch eine Ausnahme. Auf seine Frage, ob sie glücklich sei, bejahte Frau Kubisch. Die entsprechende Gegenfrage beantwortete Hitler mit: »Wenn du die Eva meinst. Ich sage ihr immer, sie soll sich einen Jüngeren suchen. Ich bin schon zu alt dafür!« Die derart erwähnte Person war später – wie ein undatiertes Foto zeigt –

bei einer fröhlichen Begegnung auf dem Obersalzberg als Dritte zugegen.

Nach dem »Anschluss« Österreichs im März 1938 wurde Georg Kubisch – einer Intervention Hitlers zufolge – zur SS-Standarte »Der Führer« nach Wien versetzt, wo entfernte Verwandte seiner Frau lebten. Die Fahrt durch Österreich benutzte Maria zu einem nostalgischen Abstecher nach Leonding, wo sie das einstige Wohnhaus Hitlers aufsuchte.

Noch oft kreisten ihre Gedanken um die große Liebe ihres Lebens, deren Anfänge damals bereits ein Dutzend Jahre zurücklagen. Vergessen konnte und wollte »Mizzi« nicht. Täglich las und hörte sie von Adolf Hitler, den sie als sechzehnjähriges Mädchen in Berchtesgaden kennen und lieben gelernt hatte. Sie verfolgte seine atemberaubend steile politische Karriere, nahm befriedigt zur Kenntnis, dass er unverheiratet blieb, und erging sich in Spekulationen über etwaige verpasste Gelegenheiten. Sie gab sich der Illusion hin, die einzige Frau zu sein, die Hitler je geliebt hatte. 1938 bestand nur mehr wenig Kontakt zu ihrem Idol – umso mehr interessierte sie sich für die Orte, an denen der einstige Geliebte seine Kindheit verbracht hatte. Wie viele Verehrer des »Führers« fand auch sie sich mehrmals in dem zu einer Gedenkstätte für Hitlerpilger umgestalteten Haus der Familie Hitler im oberösterreichischen Leonding ein. In das dort aufliegende Gedenkbuch schrieb sie: »In ewiger Treue! Maria Reiter.«[120]

In der Stadt an der Donau bezog das Ehepaar Kubisch zuerst eine Wohnung in Grünlage im 13. Bezirk[121], bis in der SS-Siedlung Am Fasangarten[122] eine standesgemäße Dienstwohnung zur Verfügung stand. In Wien suchte und pflegte Maria Kubisch auch die Bekanntschaft mit Hitlers Schwester Paula, die während der NS-Zeit unverheiratet als schlichte Büroangestellte in bescheidenen Verhältnissen in Währing[123] lebte. Im November 1938 hielt es Maria – als Gattin eines SS-Führers – für angebracht, sich neuerlich um die Aufnahme bei der NSDAP zu bewerben. Man holte Gutachten über ihre frühere Mitgliedschaft sowie ihre NS-Tätigkeit als Illegale in Seefeld ein und gewährte ihr schließlich »auf Grund des zwischenzeitlichen Verhaltens der Antragstellerin« die – für sie erschreckend hohe – Nummer 6 383 469.

Mit Ausbruch des Zweiten Weltkriegs wurde Georg Kubisch zum Militärdienst eingezogen. Als Chef einer Panzerjäger-Abwehr-Kompanie fiel er im Juni 1940 in Frankreich.[124] Seine Witwe empfand seinen Tod als Opfer für ihren Exfreund und ließ auf die Todesanzeige den Text drucken: »Einer seiner tapfersten und treuesten Alten Kämpfer gab in tiefster Liebe und Treue zu Adolf Hitler sein Leben ... in stolzester Trauer Maria Kubisch.« Hitler ließ als Zeichen seiner Anteilnahme hundert rote Rosen schicken, Himmler übermittelte Fotos von Kubischs Grab.

Nach dem Tod ihres Mannes verbrachte Maria Reiter-Kubisch die Kriegsjahre teils bei Freunden in Seefeld in Tirol, teils in Bischofswiesen bei Berchtesgaden[125] und in München[126]. Zeitweise arbeitete sie als Köchin in einer Gaststätte auf dem Obersalzberg. 1942 lernte die zweiunddreißigjährige Witwe den zweiundzwanzigjährigen kriegsversehrten Walter Zierahn kennen, der als Angehöriger der Waffen-SS in Polen und Russland gekämpft hatte und schwer verwundet worden war. Mit einer Hirnverletzung und halbseitig gelähmt war er 1942 aus dem Wehrdienst entlassen worden.[127] Zierahn, der eine kleine Versehrtenrente bezog, hielt sich in Berchtesgaden zur Erholung auf, wo sich Maria Reiter des jungen pflegebedürftigen Mannes annahm, dessen Kopf eine entstellende Metallplatte bedeckte. Es dauerte nicht lange, bis sich die Samariterin in ihren Schützling verliebte und die Kriegerwitwe und der Kriegsversehrte Verlobung feierten. Die Heiratspläne des ungleichen Paares stießen jedoch auf im Dritten Reich unüberwindbare Widerstände. Zuerst suchten die in Hamburg lebenden Eltern des jungen Mannes die Verbindung ihres Sohnes mit der um zehn Jahre älteren Maria Kubisch-Reiter zu verhindern. Da sie wussten, wie penibel die Ahnen von heiratswilligen Angehörigen der Waffen-SS überprüft wurden, verweigerten sie hartnäckig alle Auskünfte mit dem Hinweis, »dass eine glückliche Ehe für unsern Sohn bei dem großen Altersunterschied kaum gewährleistet sein wird«[128]. Der Chef des Heiratsamtes im Rasse- und Siedlungshauptamt-SS wandte sich daraufhin mit der Aufforderung an Zierahn, Bürgen namhaft zu machen, die »mit Ihnen und Ihrer Braut weder verwandt noch verschwägert sein dürfen, und deren Familie genau und möglichst schon mehrere Jahre kennen müssen ...«

Maria Kubisch-Reiter, die sich zu dieser Zeit bereits von der ehemals zarten »Waldfee« zur resoluten Walküre gewandelt hatte, antwortete auf dieses Schreiben erbost: »... da ich mit dem SS-Hauptsturmführer Kubisch verheiratet war, ... möchte ich die Frage stellen, ob ich ein zweites Mal sämtliche Fragebögen auszufüllen habe? Nachdem Sie die Frage stellen, dass auch meine Geschwister möglichst mehrere Jahre von den Bürgen gekannt sein müssen, teile ich Ihnen gerne mit, dass Sie sich dann am besten an unse-

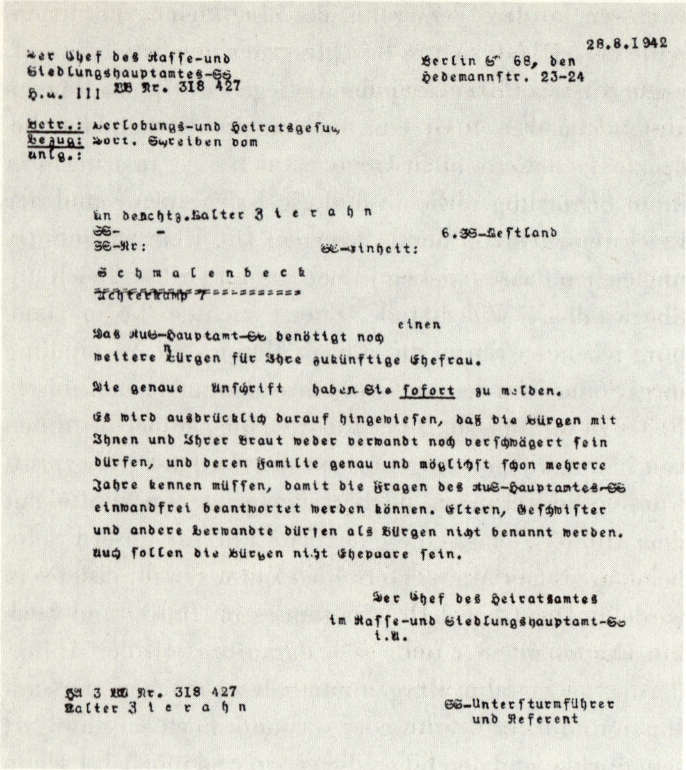
28.8.1942

Der Chef des Rasse-und
Siedlungshauptamtes-SS
H.u. III LB Nr. 318 427

Berlin SW 68, den
Hedemannstr. 23-24

Betr.: Verlobungs-und Heiratsgesuch
Bezug: Vorl. Schreiben vom
Anlg.:

An den Schtz.Walter Z i e r a h n
SS-
SS-Nr: SS-Einheit: 6.SS-Westland

S c h m a l e n b e c k
~~Achterkamp 7~~

Das RuS-Hauptamt-SS benötigt noch einen weiteren Bürgen für Ihre zukünftige Ehefrau.

Die genaue Anschrift haben Sie sofort zu melden.

Es wird ausdrücklich darauf hingewiesen, daß die Bürgen mit Ihnen und Ihrer Braut weder verwandt noch verschwägert sein dürfen, und deren Familie genau und möglichst schon mehrere Jahre kennen müssen, damit die Fragen des RuS-Hauptamtes-SS einwandfrei beantwortet werden können. Eltern, Geschwister und andere Verwandte dürfen als Bürgen nicht benannt werden. Auch sollen die Bürgen nicht Ehepaare sein.

Der Chef des Heiratsamtes
im Rasse-und Siedlungshauptamt-SS
i.A.

HA 3 LB Nr. 318 427
Walter Z i e r a h n

SS-Untersturmführer
und Referent

Maria Reiters neue Ehepläne und die SS-Bürokratie im Jahre 1942

ren Führer und Reichskanzler Adolf Hitler um nähere Auskünfte über meine Person wenden können.«[129] Der Chef des Heiratsamtes SS blieb unbeeindruckt, teilte kurz mit, dass die Akte Kubisch veraltet sei und sich lediglich die Einsendung von Lichtbildern erübrige. Auf den von Maria Kubisch-Reiter erwähnten »Führer« ging er nicht ein.

Während Deutschland in Schutt und Asche versank, arbeitete die NS-Bürokratie trotz aller Beschränkungen unbeirrt weiter. Auch das Rasse- und Siedlungshauptamt-SS funktionierte bis zuletzt. Unbeirrt von den Kriegswirren fragte man das Brautpaar bis April 1945 in periodischen Abständen, ob sein Gesuch noch aufrecht sei, und teilte mit, dass »Bürgen mit Feldpostnummern« nicht anzugeben seien. Immer dringlicher verlangte man immer detailliertere Unterlagen zur Bearbeitung des Falls. Die schließlich einen ganzen Akt umfassende Korrespondenz zog sich bis zum Ende des Zweiten Weltkriegs hin. Heiratsgenehmigung gab es keine. Erst nach dem Ende des Tausendjährigen Reichs konnte die nunmehr sechsunddreißigjährige Witwe ihrem Verlobten das Jawort geben und Walter Zierahn[130] am 10. November 1945 in Berchtesgaden heiraten. Bei der standesamtlichen Zeremonie gab er als Beruf Elektriker an.[131]

Nach Kriegsende widmete sich Maria Zierahn, die den Zusammenbruch des Dritten Reichs nur schwer verkraftete, in aufopfernder Weise der Pflege ihres Mannes, dessen Zustand sich stetig verschlechterte und der unter spastischen Anfällen mit Schreikrämpfen litt. Für sie war er ein Kriegsheld, der dem »Führer« gedient hatte.

1959 lebte Maria Zierahn unter ärmlichen Verhältnissen – sie bezog eine kleine Rente, ihr Mann eine Invalidenpension – in einem Münchner Vorort.[132] Zu jener Zeit war die Aufarbeitung der Hitlerära kein Tabu mehr und bereits in vollem Gang. Archive wurden durchforstet, eine Flut von Memoirenliteratur erschien. Die Frage »Wie konnte dies geschehen?« wurde zu einem zentralen Anliegen von Forschung und Öffentlichkeit. Bald stand fest, dass es ohne die Person Hitler keine erfolgreiche NSDAP und daher auch kein Drittes Reich gegeben hätte. Dies führte zu der Beschäftigung mit dem nicht erfassbaren Phänomen Hitler und der von ihm ausgehenden suggestiven Faszination, der ein Großteil des deutschen Volkes und fast alle jene erlegen waren, die mit ihm persönlichen Kontakt hatten. Eine Durchleuchtung der Psyche des »Führers« begann. Sie umfasste sein Privatleben sowie die »Frauen um Hitler« und machte vor seinem Sexualleben, das Gegenstand wilder Spekulationen wurde, nicht Halt.

Maria Zierahn jedoch blieb unbekannt und unbehelligt, denn die wenigen Eingeweihten aus der »Frühzeit der Bewegung« schwiegen eisern. So bestätigten Julius Schaub und Emil Maurice das enge Verhältnis Hitlers zu »Mizzi« erst, als sie selbst an die Öffentlichkeit getreten war. Des »Führers« einstige Geliebte hatte sich zu diesem Schritt entschlossen, nachdem ihre gute Freundin Paula Hitler mit einer unbeabsichtigten Äußerung das lang gehütete Geheimnis enthüllt hatte. Dies geschah im Anschluss an ein anstrengendes Fernsehinterview, für das sich Hitlers Schwester im Herbst 1959 zur Verfügung gestellt hatte. Danach brachte sie der Journalist Günther Peis in seinem Volkswagen nach Hause. Während der Fahrt auf der Autobahn machte Paula Hitler, von der allmählich die Spannung abfiel, höflich Konversation. Das nahe liegende Thema war Hitler, unter dem sie zeitlebens litt, und sie meinte: »Die Autobahn und der Volkswagen sind vielleicht noch das Gescheiteste, was mein Bruder hinterlassen hat!« Dann erzählte sie Peis von einer Frau, »... vielleicht der Einzigen, die er je geliebt hat. Wer weiß, wenn er die geheiratet hätte, vielleicht wäre alles ganz anders geworden!«. Der Reporter schaltete schnell, fragte vorsichtig nach, spürte Hitlers bislang unbekannte Geliebte auf und befragte sie.

Nach anfänglichem Zögern kam die neunundvierzigjährige Maria Zierahn zu dem Schluss, dass man nach so langer Zeit eigentlich ruhig über die Angelegenheit reden könne. Sie gab dann bereitwillig Auskunft und stellte dem Journalisten auch jene Briefe und Postkarten Hitlers, die den Krieg überdauert hatten, zur Überprüfung ihrer Echtheit zur Verfügung.

Von Hitlers Korrespondenz wurde – ohne Enthüllung der Identität des Verfassers – ein graphologisches Gutachten erstellt, das interessante Ergebnisse brachte: Dem Schreiber wird eine »musische Ader« attestiert, die »ihn wahrscheinlich zu schriftstellerischer Tätigkeit verlockt«. Bezüglich seines Charakters aber heißt es: »Seine unruhige Phantasie, seine Einbildungskraft in Bezug auf seine Person, die leidenschaftliche Identifizierung mit seinen Interessen bergen die Gefahr in sich, dass er von seinen Interessen geradezu besessen ist. In diesem Zustand könnte er eine hysterische Steigerung seiner Kräfte erfahren, welche die eigene Substanz allmählich untergräbt. Diese Besessenheit kann zu hysterischen Übertreibungen im Denken, Fühlen und Handeln führen, in der er seine eigene geistige Freiheit verliert und auch die des anderen Menschen nicht mehr respektiert.«[133]

Am Ende der Untersuchungen forderte Maria Reiter ihre Korrespondenz zurück. Peis verweigerte jedoch die Herausgabe der Hitleroriginale mit dem Argument, dass er sie nicht als Leihgabe, sondern als Geschenk erhalten habe. Maria Reiter wandte sich daraufhin an den Berchtesgadener Rechtsanwalt Dr. Oscar Steuer. Dieser erinnert sich noch heute an seine resolut wirkende Klientin: »Sie war eine gut aussehende Frau. Kein Wunder, dass sie Hitler gefallen hat.«[134] Bei den Besprechungen trug seine Klientin eine aus Ring, Armband und Halskette bestehende Schmuckgarnitur, deren Farbe genau zu ihren Augen passte. Darauf angesprochen, erzählte sie dem Anwalt, dass die mit hellblauen Halbedelsteinen besetzten Preziosen ein Geschenk Hitlers gewesen seien. Dr. Steuer hat schließlich – nach längerem Schriftverkehr und Androhung einer Klage – die Rückgabe der Hitlerbriefe erreicht. Peis behielt eine Hitlerkarte als Souvenir, alles andere nahm die Eigentümerin wieder in Empfang.

Die Reaktionen auf Maria Reiters Enthüllungen waren unterschiedlich und reichten von ungläubigem Staunen bis zur Beschimpfung. Der renommierte Historiker Eugen Kogon jedoch, überzeugt davon, dass sich Hitlers unmenschliches Wesen und seine Politik in jeder seiner Lebensäußerungen zeigte, schrieb: »... die Geschichte der Mimi Reiter, die Geschichte Adolf Hitlers mit ihr«, sei zwar eine »lächerliche, traurige, miserable Ganghofer-Episode«, aber deswegen von großer Bedeutung, »weil sie diesen Diktator charakterisiert«. Reiters Aussagen über Hitlers Liebesleben kollidierten mit jener Memoirenliteratur, die Hitler perverse Sexualpraktiken zuschrieb, und dem daraus gezogenen Schluss, dass Hitlers mörderische Politik auf seiner Unfähigkeit zu normalem Geschlechtsverkehr beruht habe. Diese Anschuldigungen gegen ihren Jugendgeliebten wollte Maria Reiter nicht unwidersprochen hinnehmen. Sie trat zur Rettung der männlichen Ehre des toten Diktators an, suchte aus freien Stücken einen Notar auf und gab eine eidesstattliche, bis ins Detail gehende Erklärung ab, deren Kernaussage das Bekenntnis war, dass »Hitler – wie sie aus eigener Erfahrung wisse – ein ganzer Mann gewesen sei«[135].

Diese Aussage der einstigen Freundin des »Führers« blieb jedoch weitgehend unbeachtet, fand keinen Eingang in die große Zahl von Hitlerbiografien und änderte nichts am gängigen Hitlerklischee.

Maria Reiter selbst stand nur kurz im Rampenlicht der Öffentlichkeit. Während mit zunehmendem Alter ihre Erinnerung an Hitler immer stärker wurde, sie mit der Vergangenheit einen Kult betrieb und die Gegenwart nur schlecht bewältigte, fiel ihr Schicksal der Vergessenheit anheim. Zerstritten mit ihren Angehörigen und dem Alkohol zugeneigt, litt sie unter fortschreitender zerebraler Sklerose und an Depressionen. Ihre letzten Lebensjahre verbrachte sie in einem Pflegeheim. Am 28. Juli 1992 verstarb Hitlers unbekannte Geliebte in München. Ihre Hinterlassenschaft bestand aus einer Barschaft von 11 Mark und 20 Pfennig und dem Rest der Hitlerkorrespondenz, die sie ihrem behandelnden Arzt hinterließ.[136]

Ilse Hess[1]

Die Frau des »Führer-Stellvertreters«

22. Juni 1900 – 7. September 1995

»Habe ich Ihnen schon gesagt, was Hitlers letzte Worte zu mir waren, zwei Tage vor meinem Abflug?«, fragte der ehemalige »Stellvertreter des Führers« beim Rundgang im Spandauer Gefängnis und gab den Mithäftlingen auch gleich die Antwort: »Fliegen Sie aber vorsichtig, Hess!«[2]

Die Rede war von dem berühmt-berüchtigten Englandflug, den Hess am 10. Mai 1941 antrat, nachdem ein Astrologe die Sterne für günstig hielt. Rudolf Hess flog nämlich nicht – wie sein »Führer« angenommen hatte – routinemäßig von München nach Berlin, sondern trat als selbst ernannter Emissär Deutschlands mit einer ME-Bf 110 einen waghalsigen, seit Monaten insgeheim vorbereiteten Flug nach Schottland an. Dort unterbreitete der »Stellvertreters des Führers« den völlig überraschten Engländern ein Friedensangebot.

Seine Frau erfuhr die Nachricht vom Abflug ihres Mannes aus dem Radio. Sie öffnete daraufhin den von ihrem

Mann hinterlassenen Brief, in dem es hieß: »Meine Lieben, ich glaube fest daran, dass ich von dem Flug, den ich nächster Tage antrete, zurückkehre, und dass der Flug von Erfolg gekrönt sein wird. Wenn aber nicht, so war das Ziel, das ich mir stellte, des vollen Einsatzes Wert. Ich weiß, dass ihr mich kennt: Ihr wisst, ich konnte nicht anders handeln. Euer Rudolf.«[3]

Bald danach durchwühlte die Gestapo das Wohnhaus des »Führer-Stellvertreters« in München-Harlaching, verhörte Adjutanten und Hauspersonal als mutmaßliche Konspiranten und transportierte sie anschließend in Konzentrationslager. Ilse Hess, die Gattin des dritten Manns im NS-Staat, der nunmehr offiziell für geistesgestört erklärt wurde, fiel in Ungnade und wurde aus Hitlers Umgebung verbannt. Die NS-Elite mied sie und ergriff überdies jede Gelegenheit zur Schikane. Es gab keine Solidarität mit der Frau des »Verräters«. Galten doch sie und ihr »entflogener« Mann als versponnene, unbequeme Sonderlinge, die sich stets als das Gewissen der Partei gebärdet hatten.

Ilse Hess wurde am 22. Juni 1900 als älteste Tochter des begüterten preußischen Arztes Dr. Friedrich Pröhl in Hannover geboren. Auch die Mutter Elsa, geborene Meineke, stammte aus einer reichen Unternehmerdynastie, und Ilse wuchs, wie sie selbst meinte, als »Kind eines bürgerlichen, gesättigten Deutschlands« in Berlin auf. Sie galt als begabt, lebhaft und überaus eigenwillig. Kulturelle Interessen wurden in der Familie Pröhl eifrig gepflegt, und so führte man die kaum Zwölfjährige in die Konzerte der Berliner Philharmoniker, nahm sie mit ins Theater und weckte ihre Liebe für die Oper. Mit Freude las das Mädchen, das in Berlin die Grundschule und anschließend das Lyzeum besuchte, die bedeutenden Werke der Literatur, wobei ihre besondere Begeisterung dem »Hochwald« von Adalbert Stifter, Goethes »Egmont« und Lessings »Minna von Barnhelm« galt. Schon früh zeigten sich Ilse Pröhls ausgeprägte Naturliebe, ihr sportlicher Ehrgeiz und ein Hang zur Geselligkeit. Sie entwickelte sich zu einer rasanten Schifahrerin, unternahm anstrengende Bergtouren und wurde in ihrem großen Freundeskreis wegen ihrer Kameradschaftlichkeit, Zähigkeit und Ausdauer sehr geschätzt.

Ilses Elternhaus und später auch ihre Freunde waren stark deutsch-national gesinnt und von patriotischer Stimmung beherrscht. Das »Reich« als Glaube, Hoffnung und immer wieder enttäuschter Traum spielte demnach auch in der Gedankenwelt der Heranwachsenden eine zentrale und romantische Rolle. In ihrem schwärmerischen Gemüt hinterließen die Gestalten der deutschen Sagenwelt, allen voran die Helden aus dem Nibelungenepos, einen nachhaltigen Eindruck. Anhand patriotisch gefärbter Lektüre historischer Werke studierte sie die Geschichte des deutschen Imperiums, vertiefte sich in Aufstieg und Fall der Hohenstaufen, deren Reich ihr als die höchste Verbindung von »Humanitas« und staatsmännischer Weisheit dünkte. Sie identifizierte sich mit dem Kampf und dem Untergang der deutschen Ordensritter, zog in Gedanken mit Prinz Eugen gegen die Türken und durchlitt mit Friedrich dem Großen die Schlacht von Kolin. Ein prägendes Erlebnis für die Vierzehnjährige war der Ausbruch des Ersten Weltkriegs, der die europäische Jugend in einen Taumel patriotischer Kriegsbegeisterung versetzte. Den als Schmach und Schande empfundenen Ausgang des Krieges, die Selbstversenkung der deutschen Flotte bei Scapa Flow und die für

Deutschland demütigenden Friedensverhandlungen von Compiègne und Versailles konnte das Mädchen zeitlebens nicht vergessen.

Im November 1918 hielt sich Ilse Pröhl, deren Vater im Ersten Weltkrieg gefallen war, mit ihrer Mutter in München auf und wurde Augenzeugin der Ausrufung der kurzlebigen bayrischen Räterepublik. Persönlich betroffen hat sie auch den »Kapp-Putsch« erlebt, einen Umsturzversuch rechtsgerichteter Kreise, dessen Zeugin sie bei ihrer Rückkehr nach Berlin im März 1920 wurde. Dabei kamen zwei ihrer Freunde aus der Wandervogelbewegung ums Leben. »Gescheite Jungen, Frontoffiziere des ersten Kriegs, Freikorps-Soldaten«, schrieb sie in ihrer Erinnerung, »die ein verhetzter Mob in Berlin wie böse Tiere erschlug.«[4] Zu diesem Zeitpunkt gehörten die politischen Sympathien der zwanzigjährigen Ilse Pröhl schon längst dem rechtsgerichteten konservativen Lager. Sie sollten es bleiben, bis die Begegnung mit Adolf Hitler ihren politischen Anschauungen eine Wende gab.

Zu Ostern 1920 erkrankte das Mädchen und versäumte dadurch sein Abiturexamen. Eine Übersiedlung nach München, wo derartige Prüfungen erst im Juni abgehalten wurden, bot eine Lösung des Problems. Ilses in zweiter Ehe verheiratete Mutter, die am bayrischen Ammersee wohnte, meldete ihre Tochter in einer kleinen, aber vornehmen Pension in München-Schwabing an. »Ich war mit dem Nachtzug angekommen und hatte mich bei Frl. v. Sch., einer betagten Dame alten bayrischen Adels vorgestellt«, erinnerte sich Ilse Hess.[5]

In der »Pension von Schildberg«, die Sprösslinge betuchter Familien aus verschiedenen Ländern beherbergte, herrschte reges geselliges Leben. Man lernte und studierte, wanderte, stieg auf Berge, fuhr mit dem Rad, besuchte aber auch Konzerte und Theater. Es gab kein neues Buch, über das nicht leidenschaftlich diskutiert worden wäre.

Unmittelbar neben Ilse logierten drei sympathische Geschwister – ein Mädchen und seine beiden Brüder –, Auslandsdeutsche, deren Eltern im ägyptischen Alexandrien lebten. Im April 1920, kurz nach ihrer Ankunft in der Pension, hat Ilse Pröhl einen der Brüder zum ersten Mal gesehen. »Plötzlich sprang, durch einen äußeren Zugang in den Garten gelangt, ein junger Mann in feldgrauer Uniform, am Arm den bronzenen Löwen des Freikorps Epp[6], drei Stufen auf einmal nehmend. Ein Ruck bei meinem unerwarteten Anblick, ein höchst finsterer und abweisender Blick, ... ein knappstes, aber höfliches, hackenklappendes Verbeugen – weg war er! Das war Rudolf Hess – und mit einer bis heute unvergessenen Hellsichtigkeit wusste ich, dass der große unbekannte Gott den Pfeil meines Lebens auf die Sehne gelegt hatte, dass er fliegen würde, unbeirrbar!«, schrieb Ilse Hess 35 Jahre später.[7]

Das Aussehen des jungen Mannes, der Ilse Pröhl so magisch anzog, war ebenso bemerkenswert wie sein Gehabe. Er hatte ungewöhnlich tief liegende Augen. Sein eckiges Gesicht, dessen Kiefer stets zu mahlen schienen, überschatteten buschig-schwarze Brauen.[8] Im Kreis der fröhlichen und unbeschwerten Pensionäre stach er als düstere, griesgrämige Gestalt hervor. Der hagere Asket mied Alkohol und rauchte nicht. Er redete wenig und brüstete sich, seit dem verlorenen Krieg nie mehr gelacht zu haben. Menschen, die angesichts der Not Deutschlands Freude an Tanz und Unterhaltung zeigten, verachtete er. Das fanatische Interesse des Studenten Rudolf Hess galt der Politik. Als Wahlen bevorstanden, drängte er die jugendlichen Pensionsbewohner zum Besuch diverser Parteiversammlungen – als Kinder einer besiegten Nation hätten sie die Pflicht, sich eine eigene politische Meinung zu bilden! Aktivitäten dieser oder ähnlicher Art stempelten Hess zum gemiedenen Außenseiter, schreckten jedoch Ilse Pröhl nicht ab – für sie sollte der verklemmte Einzelgänger die große und einzige Liebe ihres Lebens werden. Um dem jungen Mann nahe zu sein, besuchte sie trotz des bevorstehenden Abiturs nicht nur politische Versammlungen, sondern auch Vorlesungen an der Universität, in denen sie Hess zu treffen hoffte.

Eines Tages überraschte der sonst so zurückhaltende junge Mann seine Mitbewohner mit einem heftigen, an keine bestimmte Person gerichteten Gefühlsausbruch: »Übermorgen müssen Sie mitkommen! In einen Sprechabend der nationalsozialistischen Arbeiterpartei! Ich war heute ... dort. Es sprach ein Unbekannter, den Namen weiß ich nicht mehr. Aber wenn jemand uns von Versailles befreien wird, dann ist es dieser Mann – dieser Unbekannte wird unsere Ehre wiederherstellen!«[9] Zwei Tage später hatten sich alle Pensionsbewohner mit fadenscheinigen Argumenten entschuldigt. Nur die nach eigener Aussage »spitzbübisch glückliche« Ilse Pröhl machte sich mit dem Studenten auf den Weg ins Münchner »Tal«. »Außer dem Erlebnis dieses unbekannten Redners stand jedenfalls fest: Ich würde Rudolf Hess einen langen Abend für mich allein haben, es würde unter diesen Umständen zu hoffen sein, dass er nicht nur schweigen, sondern ... einer kleinen Unterhaltung geneigt sein würde.«[10]

Im Münchner Sterneckerbräu begaben sich der Student

und das Mädchen in ein winziges Hinterzimmer. Für die Schülerin war alles »sehr einfach, sehr seltsam, sehr ungewohnt«, aber schon von den wenigen Anwesenden ging eine merkwürdige Spannung aus. Dann eröffnete Anton Drexler, der Vorsitzende der Deutschen Arbeiterpartei (DAP), den Sprechabend und erteilte einem gewissen Hitler das Wort, dessen Ausführungen die beiden jungen Leute wie auch das übrige Publikum schon nach wenigen Worten fasziniert lauschten. Denn dieser Adolf Hitler fand, wie das Mädchen sofort bemerkte, genau die Worte, nach denen Rudolf Hess seit dem Zusammenbruch Deutschlands förmlich zu dürsten schien. Aber auch Ilse gelangte an diesem Abend in den Bannkreis Hitlers, aus dem sie sich nie mehr lösen sollte. »Es riss mich«, berichtete sie viel später, 1947, freimütig, »in den Strudel des Nationalsozialismus. Auch für mich sprach dieser gewisse Hitler eine Sprache, nach der ich verlangte. Hatte er doch den Mut seit 1918 erstmals von Deutschland zu reden. Mit einer Stimme voll eindringlichem Klang, unterstrichen von merkwürdigen Gesten seiner schmalen, lebendigen Hände sprach er vom ›Reich‹, für das mein Vater gefallen war.«[11]

Für Rudolf Hess gab es nach diesem Abend keinen Zweifel mehr. Hitler schien ihm nicht nur der von den rechtsradikalen Kreisen ersehnte zukünftige Diktator zu sein, sondern ein Messias, dem er sich bedingungslos unterwarf. Ohne Zögern trat Hess im Januar 1920 als Mitglied Nummer 16 der von DAP in NSDAP umbenannten Splitterpartei bei. Noch im Frühsommer desselben Jahres gab Adolf Hitler seinem neuen Jünger den Auftrag zur Gründung einer NS-Studentengruppe an der Münchner Universität.

Trotz aller Begeisterung für Hitler zögerte Ilse Pröhl

ihren eigenen Beitritt zur NSDAP hinaus. Der Grund dafür lag allerdings nicht etwa in der schon früh deklarierten krassen Frauenfeindlichkeit der Partei, deren erste Mitgliederversammlung einstimmig festlegte, dass »eine Frau ... nie in die Führung der Partei und in den leitenden Ausschuss aufgenommen werden soll«, sondern daran, dass sich die junge Gymnasiastin inmitten Hitlers oft derben und primitiven Anhängern als Außenseiterin fühlte. Die Überwindung der sozialen Barrieren fiel ihr schwer. Im Interesse der Sache kämpfte die Bürgerstochter jedoch tapfer gegen diese Haltung an, die sie bald als geistigen Hochmut verurteilte, und im Laufe des Jahres 1921 wurde auch sie Mitglied der NSDAP.[12] Bei der Neugründung der Partei im Jahre 1925 hat die Studentin Ilse Pröhl ihre Mitgliedschaft erneuert und bekam die Nummer 25 071 zugeteilt, um die sie später glühend beneidet wurde, da eine niedrige Parteinummer die Verleihung des Goldenen Parteiabzeichens zur Folge hatte. Hitlers spätere ironische Bemerkung, dass die junge Preußin ohne den Einfluss von Hess wahrscheinlich niemals Nationalsozialistin geworden wäre, hat die »Altparteigenossin« scharf zurückgewiesen. »Es war nicht nur der Hess«, meinte sie voll Überzeugung.

Bereits im Sommer 1920 wurde dem Mädchen klar, dass die Zuneigung des introvertierten Studenten nur über den Umweg fleißiger Mitarbeit in der Partei zu erringen war. Tatsächlich nahm Hess die Handlangerdienste seiner hübschen blonden Verehrerin gerne entgegen und setzte sie beim Austeilen von NS-Propagandamaterial, zum Aufkleben von Versammlungsplakaten und als Sekretärin ein. Dabei nahm er eine – erst später ausformulierte – NSDAP-Doktrin vorweg, die Frauen als »Helferinnen des Mannes«

begrüßte, jedoch nicht als selbstständige politische Wesen akzeptierte. Hess nutzte die Dienstfertigkeit des jungen Mädchens weidlich aus, erteilte bald nur mehr kurze präzise Anweisungen und verzichtete dabei auf Höflichkeitsfloskeln, die ihm überflüssig schienen.

»Liebes Fräulein Pröhl!«, schrieb er im August 1920. »Der Vortrag [›Warum sind wir Antisemiten?‹] ist endgültig festgesetzt für Freitag ½ 8 Uhr im Hofbräuhaus. Das Plakat [zum Verteilen] kann ich diesmal noch nicht senden. R. Hess.«[13]

Ilse Pröhl besuchte an der Seite des fanatischen Aktivisten unzählige Hitlervorträge, sei es im Hofbräukeller, im Schlössel oder im Eisernen Kreuz. Viele davon begannen verdächtig ruhig und endeten nach Störversuchen rivalisierender Parteien oft in wilden Schlägereien. Das Mädchen hat dann ihren als Saalschutz eingesetzten Freund entweder gleich selbst verarztet oder in die Münchner Poliklinik gebracht – einmal war eine klaffende Kopfwunde mit sechs Stichen zu nähen. Erlebnisse dieser Art aber schmiedeten die beiden aneinander. Und allmählich legte der puritanische junge Mann seine Steifheit ab, ging aus sich heraus und erzählte von sich.

Rudolf Richard Hess kam am 26. April 1894 im ägyptischen Alexandrien zur Welt, wo sein Vater als Repräsentant verschiedener deutscher Firmen zu großem Wohlstand gelangt war.[14] Die Familie lebte in einer prächtigen Villa am Meer, deren Garten in dem später so wortkargen Hess schwärmerische Kindheitserinnerungen wachrufen sollte: »... ein Paradies, aufgeschossen innerhalb eines halben Jahrzehnts aus fast vegetationslosem Wüstenboden zu tropischer Üppigkeit ... Sommers und Winters voller Blumen in unvorstellbarer Pracht; und voller Düfte. Aus dem Bambus schnitten wir Lanzen, das Zuckerrohr kauten wir ...«[15] Ebenso aber schätzten Rudolf und seine Geschwister die Reise in die deutsche Heimat, die alle eineinhalb Jahre auf dem Programm stand: »... eine herrlicher als die andere – übers Meer und durch halb Europa.«[16] Ziel der langen Fahrt war die idyllische, einsam gelegene zweistöckige Jugendstilvilla Reicholdsgrün, der Wohnsitz der Hess'schen Ahnen, nordwestlich der oberfränkischen Stadt Wunsiedel im Fichtelgebirge. 1908 kam Rudolf Hess in ein Internat nach Bad Godesberg, musste es jedoch auf Drängen des autoritären Vaters ohne Abitur verlassen, um sich trotz seiner naturwissenschaftlichen Neigungen an einer Handelsschule in Neuchâtel für den Kaufmannsberuf vorzubereiten. Mit Ausbruch des Ersten Weltkriegs setzte der glühend patriotisch gesinnte junge Mann der ungeliebten Berufsausbildung ein Ende, meldete sich als Freiwilliger und war, wie sein späterer Chef Adolf Hitler, ein begeisterter und tapferer Infanterist. Im Frühjahr 1918 ließ sich Leutnant Hess, dem die großen Fliegerasse um Baron von Richthofen imponierten, zur Luftwaffe versetzen. Als Deutschland den Krieg verlor, empfand er dies als persönliche Schmach. Was die Niederlage betraf, glaubte der Frontsoldat an die später von Hitler gerne benutzte Dolchstoßlegende, wonach Deutschlands siegreiche Truppen von den volkszersetzenden Machenschaften der jüdischen Hochfinanz zur Kapitulation gezwungen worden waren.

Zu Kriegsende war der ehemalige Soldat wie tausende seiner Kameraden ohne Stellung und Zukunft. Wohl mehr aus Verlegenheit denn aus Neigung begann er an der Universität München Staatswissenschaften, Geschichte, Geopolitik und

Rechtswissenschaften zu studieren. Bald nach seiner Ankunft in München fand Hess Zugang zu rechtsradikalen, vehement antisemitischen Vereinigungen. Er wurde aktives Mitglied des Freikorps Epp, trat auch der Thule-Gesellschaft bei, deren Mitglieder sich vor dem Hintergrund »tiefster Erniedrigung« mit Ideen der menschlichen Auslese, mit germanischem Okkultismus und mit Rassenhygiene beschäftigten. Größten Einfluss auf den entwurzelten Studenten sollte jedoch der ehemalige Brigadekommandant Dr. Karl Haushofer[17] ausüben, der als Professor an der Münchner Universität Geopolitik lehrte. Die Wechselbeziehungen von Geographie und Politik – »weiter Raum wirkt lebenserhaltend« – faszinierten den jungen Mann. Und die von Haushofer propagierten »Gesetze des Erdraums als Lehre für die deutsche Zukunft«, für das »Volk ohne Raum«[18] nahmen Hess, der unter dem Verlust der deutschen Kolonien litt, voll gefangen. Später hat Hitler diese geopolitischen Gedankengänge in andere Bahnen gelenkt, nämlich in die weiten Räume des Ostens, nach Russland.

Nachdem Ilse Pröhl ihr Abitur als »Externe« infolge der politisch motivierten Ablenkungen mit großer Mühe bestanden hatte, wollte sie an der Universität München Germanistik studieren. Die hochgespannten Erwartungen des Mädchens zerschlugen sich indes rasch, als ihr die Mutter deutlich machte, dass sie ihr gesamtes Vermögen im Zuge der Inflation verloren habe, die Finanzierung eines Studiums leider nicht mehr im Bereich ihrer Möglichkeiten sei. Dies entsprach – wie sich später herausstellte – nicht ganz der Wahrheit. Ilse musste die behagliche »Pension von Schildberg« trotzdem verlassen. Mit der Aussicht, in naher Zukunft ihr eigenes Geld zu verdienen, zog sie zu Mutter und Stiefvater an den Ammersee. Den Aufenthalt dort empfand sie jedoch als Katastrophe. Die Distanz zu München erschwerte den Kontakt zu dem Mann ihrer Träume, und Ilse fürchtete, den eigenbrötlerischen Freund ganz aus den Augen zu verlieren. Dem war jedoch nicht so. Hess zählte bereits fest auf die Mitarbeit seiner Verehrerin und dachte nicht daran, auf ihre Dienste zu verzichten. Er brachte ihr die Arbeit an den Ammersee nach: Unmengen von NS-Propagandamaterial, Flugblätter, Zeitschriften sowie Postkarten, die der Schriftsteller und Mentor Hitlers Dietrich Eckart mit Hetzpropaganda illustriert hatte. All dies verteilte die Tochter aus gutem Haus dann von Tür zu Tür. Sie vervielfältigte auch Handzettel und verschickte massenweise Postkarten. Das Porto bezahlte sie selbst. Häufig fuhr sie nach München, wo sie von NS-Versammlungen zu Hitlervorträgen eilte, von Stabstreffen zu Organisationsbesprechungen und anderen einschlägigen Aktivitäten. Zu Hause las sie die Broschüren, die ihr Hess zur Weiterbildung empfahl, darunter das Manifest zur Brechung der Zinsherrschaft des Geldes.[19] Ilses Mutter beobachtete das Treiben ihrer Tochter mit zunehmendem Argwohn. Sie lehnte die NSDAP auf das Entschiedenste ab und dachte nicht daran, deren unerwünschte politische Aktivitäten durch finanzielle Unterstützung noch zu fördern. Das unverstandene Mädchen beklagte dies bitter: »Daheim war man niemals geneigt, für solche Fahrten Geld zu opfern, nie fand ich ein Echo dessen, was mich bewegte.«[20]

Das NS-feindliche Klima im Hause der Mutter wurde der Tochter schließlich unerträglich. Ilse zog aus, fand vorübergehend bei einer Tante in München Unterkunft und verdingte sich als Dienstmädchen in einer Fremdenpension in Icking im Isartal. Einquartiert in einem Verschlag auf dem Dachboden, durch den der Wind pfiff, ausgestattet mit einem wackeligen Bett, einer Waschschüssel und ein paar in die Dachbalken geschlagenen Nägeln zur Versorgung der Garderobe, verdiente sie sich ihren Unterhalt mit Putzen, Waschen und Aufräumen. Ihren Plan, später in München zu studieren, gab Ilse Pröhl jedoch nicht auf. An ihren freien Tagen fuhr sie nach München zu Konzerten und NS-Parteiversammlungen. Sie suchte die Nähe von Rudolf Hess und sah sich am Ziel, als er im Spätherbst 1920 geruhte, sie nach einem gemeinsam besuchten NS-Treffen ein Stück in Richtung Isartal zu begleiten. »Damals begannen die Gemeinsamkeiten«, freute sich Ilse Hess noch in der Erinnerung.

Fast ein halbes Jahr hatte es gedauert, ehe der junge Mann in seiner Helferin jene verwandte Seele erkannte, die wie er selbst in der NSDAP eine Religion und in Hitler den kommenden »Führer« sah. Adolf Hitler war auch die Hauptperson eines Artikels, mit dem Hess den ersten Preis eines Preisausschreibens gewonnen hatte und den er seiner jungen Freundin stolz vorlas: »Wie wird der Mann beschaffen sein, der Deutschland wieder zur Höhe führt?«[21], fragte Hess und präsentierte eine Vision von Hitler als Diktator: »Er selbst hat mit der Masse nichts gemein ... sein Ziel zu erreichen, stampft er dabei über seine nächsten Freunde hinweg ... wenn die Not es gebietet, scheut er nicht davor zurück, Blut zu vergießen. Große Fragen werden immer mit Blut und Eisen entschieden ...«[22] Die Dimension der Verehrung und Erwartung, die der Student und die Abiturientin Hitler entgegenbrachten, kam auch in dem nach altrömischem Vorbild gewählten Ehrentitel zum Ausdruck, den die beiden ihrem Idol gaben: »Tribun«. Für sie war Hitler der »Anwalt und Sprecher eines durch den Vertrag von Versailles zum Plebejer unter den Völkern herabgewürdigten deutschen Volkes«.

Ilse Pröhl teilte mit ihrem etwas hypochondrisch veranlagten Freund auch das Interesse für alternative Ernährung und eine ebensolche Lebensweise, glaubte wie dieser an Über- und Außerirdisches. Wie Hess war sie vom geheimnisvollen, jedoch unverständlichen Walten dunkler Mächte überzeugt. Gemeinsame Wanderungen in den Bergen, Tennis und Schifahren bildeten ein starkes Band zwischen den beiden jungen Menschen, und als Hess der Gefährtin vorschlug, doch – wie er sich ausdrückte – die Hälfte seines Berufslebens zu übernehmen, wähnte Ilse sich im siebenten Himmel. Beide arbeiteten daraufhin für ein kleines Wohnatelier, die »Münchner Raumkunst«[23]: er als Vertreter, sie als Schreibkraft und Mädchen für alles.

Die von Partei, »Raumkunst« und Universität bestimmte Idylle endete im Sommer 1921, als sich eine in der Schweiz lebende wohlhabende Tante Rudolfs entschloss, dem Not leidenden Werkstudenten ein ungestörtes Studium zu ermöglichen. Die bereitgestellten 20 Goldfranken monatlich waren zu dieser Zeit ein kleines Vermögen, hatten doch kurz davor die Siegermächte des Ersten Weltkriegs durch ihre Reparationsforderungen in der Höhe von 132 Milliarden Goldmark ein sich immer schneller drehendes Inflationskarussell in Gang gesetzt. Gehälter mussten innerhalb von Stunden ausgegeben werden, denn schon am darauf folgenden Tag waren sie beinahe wertlos. Die Konten der kleinen Sparer zerflossen in Nichts.[24] Nur Devisen waren stabil. Rudolf Hess überlegte daher nicht lange, nahm die

Gabe seiner Tante dankbar an und zog sich erleichtert aus der »Münchner Raumkunst« zurück. Großmütig empfahl er seine Freundin dem Chef als tüchtige Nachfolgerin.

Die auf den Lebensunterhalt angewiesene Ilse Pröhl konnte nicht kündigen und sah sich mit einer ungeliebten Beschäftigung, die ihr nur Mittel zum Zweck gewesen war, allein gelassen. Diese Wendung hatte sie nicht einkalkuliert. Wie schon zuvor stand sie vor dem Problem, dass ihr der menschenscheue Einzelgänger zu entgleiten drohte.

Ilse Pröhl gab nicht auf. Und bald fand sie Gelegenheit, sich unentbehrlich zu machen: Sie versorgte als Vermittlerin den bei seinen Eltern urlaubenden Hess mit den neuesten NS-Nachrichten. So berichtete sie ihm nach Reicholdsgrün, dass Hitler am 29. Juli 1921 den Vorsitz der NSDAP mit diktatorischen Vollmachten übernommen habe, und erzählte ausführlich von der am 3. August 1921 gegründeten Sportabteilung (später Sturmabteilung SA). Rudolf Hess antwortete wohlwollend, etwas herablassend und sprach eine Einladung aus: »Liebes Frl. Pröhl! Das war mal nett von Ihnen! Solch einen ausführlichen Bericht hätte ich mir nicht träumen lassen. Bekam geradezu Heimweh nach den Versammlungen. Dank auch für das Tippen der Erwiderung [für eine Zeitung]. Ihre Fleißarbeit hat meinen vollen Beifall gefunden! ... Eigentlich wollte Ihnen meine Mutter selbst schreiben ... meine Eltern würden sich nämlich riesig freuen, wenn Sie uns hier besuchen würden, so lang Sie können, also wohl bis zum 1. September ... ein Gast wird immer sehr geschätzt, denn einsam ist die Gegend ... wenn Sie nicht ohnehin unerreichbar auf irgendeinem Gipfel kleben und wenn Sie Lust haben, setzen Sie sich in den nächsten Zug und kommen ...« Rudolfs Mutter fügte dem

Brief hinzu: »... wir sehnen uns nach Jugend ... und da Rudi hier, würden Sie sicher nicht unter Einsamkeit leiden. Also packen Sie zusammen, und reisen Sie baldmöglichst ab. Sie brauchen nur einfachstes Land- und Sportkostüm ... Ihre Klara Hess.«[25]

Ilse Pröhl packte, reiste und verbrachte in Reicholdsgrün schöne Ferien. Als sie dann nach München zurückgekehrt war, diente sie als Zwischenträgerin. »Anbei Brief an H [itler], den ich nicht direkt schicken möchte«[26], schrieb ihr Freund, der weiter das Leben auf dem Lande genoss. Ilse Pröhl lieferte gewissenhafte, seitenlange Berichte zur verworrenen politischen Lage und drängte ihren Freund zur Rückkehr. »Freilich möchte ich nach München«, antwortete er, »aber wenn wirklich Not am Mann ist, komme ich auch, darauf können Sie sich verlassen. Vorläufig kommt es auf mich nicht so an ...« Während sich die innen- und außenpolitische Lage verschärfte, Deutschland die oberschlesischen Industriereviere verlor und in Berlin eine Regierungskrise ausbrach, beschäftigte sich Rudolf Hess in Reicholdsgrün mit nationalsozialistischer Ideologie, um sich, wie er meinte, »die Grundlagen für später« anzueignen.

Im Oktober 1921 glaubte die verliebte Ilse, dass die Zeit für Vertraulichkeiten endlich reif sei. Hess jedoch lehnte entsetzt ab, ihr »Klein-Mucki« zu sein: »Verbitte mir die Anrede ›Klein-Mucki‹ ganz energisch! Wieder abgewöhnen! Sonst bleibt mir dieser Schauertitel noch.«[27] Im Frühjahr 1922 gelangte Hess dann zu der Überzeugung, dass die Freundschaft zu der Seelenfreundin und kostenlosen Privatsekretärin auf unerwünscht intimes Terrain abzugleiten drohte. Seiner Art gemäß hat er Ilse ein überspanntes Gedicht geschickt, in dem er sich skurrilerweise einer altertümlichen, in das frühe 19. Jahrhundert passenden Anrede bediente. In seinem Bestreben, die Dinge wieder ins rechte Lot zu bringen, heißt es: »... seht, neulich sagt ich Euch, warum ich es vermieden, das heißt, es vermeiden wollte, Euch fest ins Aug zu schauen. Die hohe, reine Freundschaft soll nicht zum ›Andern‹ führen, so groß auch die Gefahr, da wir mal beide jung und voller heißen Bluts. Doch beide sind auch stark und ragen aus der Menge. So müssen wir denn meistern, was wenige vermögen ... mit zugepressten Zähnen ... nun könnt Ihr wohl begreifen, woher die raue Schale Euch gegenüber kam ... Denn seht, ich fühl' es sicher, das Andere wär' ein Rausch, gar wunder-wunderschön ... doch wär' es auch der Anfang vom Schicksals schweren Ende der edlen großen Freundschaft, die mich mit Euch verbindet ...«[28]

Ilse Pröhl hat daraufhin den Briefverkehr eingeschränkt, sich in Zurückhaltung geübt und damit bald den gewünschten Erfolg erzielt. »Dann aber kommt Ihre Antwort ... später, am Montag liegt nicht der Brief mit den lieben stolzen Zügen auf dem Frühstückstisch ... und schon schmeckt das Essen nicht ... und die gute Tante findet, ich sähe schlecht aus ...«, klagte der Freund schon zwei Wochen später, am 2. April 1922.[29] Bald darauf hatte er nach heftigen inneren Kämpfen einen Entschluss gefasst, den er ebenfalls in Verse kleidete: »In Eure Hände, Eure lieben Hände, möchte ich die roten Rosen legen. Ich möchte still auf Eurem Bettrand rasten und fest, ganz fest die Hände an mich pressen. Ich möchte Eure Stirne leis' berühren und lang und tief in Eure Augen schauen, bis unsre Pulse ineinander pochen ... in meinen Armen aber solltet Ihr ganz langsam ruhig und ruhiger werden, dieweil viel Schönes, gar unsagbar Schönes sacht durch die Sinne einend zöge ...«[30] Von da an betrachten sich die beiden jungen Nationalsozialisten als heimliche Verlobte.

Im September 1922, kurz bevor das Mädchen sein lang ersehntes Studium der Germanistik begann – sie schrieb sich am 15. November 1922 an der Philosophischen Fakultät der Ludwig-Maximilians-Universität ein –, fand das Paar Zeit für einen gemeinsamen Kurzurlaub in Reicholdsgrün. »Mädele, mein liebes, kleines Mädele! Wenn ich nur schon wüsste, wann Ihr kommt! ... dabei liegt eigentlich eine Ewigkeit nicht zwischen Heut' und dem Morgen, da eine kleine Hand den Mund berührte u. einen letzten Gruß mir zuwarf. Da ein Lockenkopf, eine liebe Gestalt kleiner u. kleiner werdend, in der Ferne schwand ...«, schrieb der Verlobte, der vorausgefahren war. »... weißt du, zwei, drei schöne Wanderungen wollen wir machen! ... Du hast ja Recht! Jung sind wir äußerlich u. Jugend haben wir auch in uns. Nutzen wir die Zeit!«[31]

Ihre Verliebtheit hat das junge Paar jedoch nicht am unermüdlichen Einsatz für die Partei gehindert. Die NSDAP erhielt 1923 großen Zulauf, nachdem französisch-belgische Truppen zur Erzwingung von Reparationszahlungen das Ruhrgebiet besetzt hatten, die galoppierende Inflation einen Höhepunkt erreicht hatte und die Währung zusammengebrochen war. Ilse Pröhl wirkte als geschätzte Mitarbeiterin im Hintergrund. Sie besorgte dem Verlobten das Material für seine zahlreichen propagandistischen Denkschriften, darunter auch die nötigen Unterlagen, als Hess für den »Völkischen Beobachter« einen Artikel über Henry Ford plante, den amerikanischen Industriellen und Anführer der antisemitischen Bewegung in den USA. Das Mädchen recher-

Ilse Hess als Studentin im Alter von 22 Jahren

chierte über Fords Leben und Werk, übersetzte sein Werk »The International Jew« (»Der internationale Jude«), beschäftigte sich mit den Lebensbedingungen der amerikanischen Arbeiter und trieb sogar Exemplare des Provinzblattes »The Dearborn Independent« auf, in dem Ford seine antisemitischen Thesen verbreitete.

Manchmal versuchten Hess und seine Verlobte die von dem »Tribunen« ausgehende Faszination, der sie beide verfallen waren, zu ergründen. Sie untersuchten das »Phänomen Hitler«, analysierten seine rednerischen Erfolge und kamen schließlich zu dem Resümee: »Das findet sich nicht so schnell ein zweites Mal, dass EIN Mann in einer Massenversammlung den linkesten Eisendreher ebenso fortreißt wie den Regierungsrat von rechts, dass dieser Mann 1000 Kommunisten, die kamen, um [die Versammlung] zu sprengen, innerhalb von zwei Stunden dazu bringt, am Schluss stehend das Deutschlandlied mitzusingen. Während er in einem Sondervortrag vor einigen hundert Industriellen, die mehr oder weniger als Gegner kamen, nach drei Stunden, deren volle Zustimmung oder sprachloses Staunen erreicht, ohne dass sich einer zu Wort meldet ... der es [in Landshut] fertig bringt, dass die Gegner von der USP [Unabhängige Sozialdemokratische Partei] am Schluss seiner Rede ihren eigenen Führer aus dem Saal hinausfeuern, ... der im ›Nationalen Club‹ in Berlin so spricht, dass nach dem Ende der Rede der alte Admiral Schröder ... und andere schweigend den Saal verlassen und ihm am nächsten Tag einen Besuch abstatten, um ihm zu sagen, sie wären so ergriffen gewesen.«[32]

Als der Vorsitzende der NSDAP im November 1923 – analog zu Mussolinis Marsch auf Rom im Jahr zuvor – Umsturzpläne hegte, bildete Ilse Pröhl das Verbindungsglied zwischen Hitler und Hess. Fast täglich erstattete sie dem in der Villa Reicholdsgrün auf Anweisungen des Parteivorsitzenden wartenden Verlobten Bericht. »Für Näheres über die Stimmung in München bin ich immer dankbar«, schrieb dieser am 10. Oktober und fügte ahnungslos hinzu. »Ob ich noch vor Semesterbeginn geholt werde?«

Hitler jedoch hatte in dieser entscheidenden Zeit keine Verwendung für seinen ihm bedingungslos ergebenen Adlaten, der zwar über militärische Erfahrung verfügte – neben seinem Studium trainierte er ein Bataillon (die 11. Hundertschaft) der SA –, der aber im Kreis der Parteigenossen als versponnener Sonderling galt. Während Hitler mit dem ehemaligen Kampfflieger Hermann Göring, mit General Erich Ludendorff und dem Reichswehrhauptmann Ernst Röhm ausführlich konferierte und konspirierte, ließ er »Hesserl« nur spärlich Informationen zukommen, erteilte ihm jedoch einen wichtigen Auftrag. Seine Aufgabe war es, die Mitglieder der bayrischen Staatsregierung ohne Gewaltanwendung zu verhaften und an einen sicheren Ort in Gewahrsam zu bringen. Beim Putsch selbst blieb Rudolf Hess eine Randfigur. Als der Staatsstreich scheiterte, stürzte er in eine tiefe Krise, die seine Gefährtin rückblickend in die

Worte fasste: »... in jenen ... Novembertagen riss ihn [Hess] sein nie schwankendes Gefühl für Sie [Hitler] in eine bis zu mir reichende Erschütterung.«[33] Er flüchtete vor der bayrischen Polizei in die Berge, wo er sich über ein halbes Jahr aufhielt. Seine Freundin hat ihn dort oft besucht. Erst im Mai 1924 stellte sich Hess den Behörden und wurde in einem Anschlussverfahren zum großen Hitlerprozess mit 40 weiteren Teilnehmern des Novemberputsches wegen Hochverrats verurteilt. In der Festungshaft in Landsberg am Lech kam er Hitler sehr nahe. »Kann ich täglich Zusammensein mit dem prachtvollen Menschen, mit Hitler, den du ja ebenso hochhältst, wie ich«, schrieb er am 16. Mai 1924 seiner Mutter. Anhand der Briefe,[34] die Hess seiner Verlobten schickte, lassen sich die eigenartigen Haftbedingungen in der Feste Landsberg nachvollziehen. Hitler konnte sich dort körperlich und geistig erholen, sein Buch »Mein Kampf« schreiben und Kräfte für einen Neubeginn sammeln. Für Ilse Pröhl hat Hess Skizzen des luxuriösen Gefängnisses angefertigt, von dem er ihr schwärmend berichtete: »... die Festung ... modern und geschmackvoll, ganz von Gärten umgeben ... die Beobachtungsposten sitzen bei uns, diskret verdeckt, herrlich ist die Einrichtung des uns immer zur Verfügung stehenden heißen Bades im modernen, nur für uns bestimmten Badezimmer ... in den Garten kann man sechs Stunden täglich ... Bücher habe ich genug ...« Er bat dann die Verlobte, ihm doch einige Bilder mitzubringen, denn »mein luftiges, helles Zimmer wartet noch darauf, um ganz heimisch zu sein«. Er informierte sie auch regelmäßig über Hitlers Wohlergehen – der »Tribun« turne, bade, schlafe und zeichne emsig. Es entstünden Pläne für Theater, Bibliotheken und Universitäten sowie

Federzeichnungen für Bühnenbilder. Das um Hitlers Wohlergehen besorgte Fabrikantenehepaar Bechstein schickte ein Grammofon zur musikalischen Unterhaltung und Hess konnte seiner Verlobten von der Freude der prominenten Sträflinge berichten. Sie hörten »Militärmärsche, dass es einen zerreißt! Walzer, die durch und durch gehen, Lieder von Schubert und Opern von Richard Wagner«. Der ebenfalls inhaftierte Gründer der SA und enge Hitlerfreund Emil Maurice spielte auf seiner Mandoline und die Insassen des Gefängnisses sangen: »Ein Landsknecht sei ich von Natur«.

Während die Häftlinge das Gefängnis fast als Kuranstalt auf Staatskosten benutzten, betrieben die bayrischen Justizbehörden die Abschiebung Hitlers in seine Heimat. Österreich aber quittierte diese Bemühungen mit einem raffinierten Schachzug und entzog dem Exführer der verbotenen NSDAP die Staatsbürgerschaft. Wie Ilse Pröhl in dem Brief vom 14. Oktober 1924 erfuhr, hat man dies in Landsberg begrüßt. »Wir haben eine Riesenfreude! Damit muss er über einem Jahr etwa bayrischer Staatsbürger werden, als Staatenloser, der im bayrischen Heer gedient hat ... wir werden den Staatenlosen heute mit einem Glas Wein feiern ...«

Auch den angenehmen Landsberger Tagesablauf hat Häftling Hess – in der Diktion des Nationalsozialismus – seiner Verlobten geschildert: »Ich stehe um fünf Uhr auf, koche eine Tasse Tee für Hitler [der an seinem Buch schreibt], bis ½ 8 arbeite ich als ›Arbeiter der Stirn‹. Nach dem Frühstück von 8–11 ›Arbeiter der Faust‹ und hacke Holz. Eine sehr gesunde Betätigung ... Hitler hat diese Tätigkeit in Aussicht genommen, wenn er mit seinem Buch fertig ist. Mittagessen, Mittagsschlaf, Tee, ... gemeinsame Spiele oder ich unterhalte mich mit Hitler spazierengehenderweise ... dann sitzen wir bei Tee und Kuchen, der von allen Seiten reichlich eintrifft, noch ein Stück zusammen ...«

Ilse Pröhl kam regelmäßig vorbei, meist am Sonntag, um Aufträge entgegenzunehmen und auszuführen. Als Hitler seine Architekturgeschichte benötigte, gab er ihr ein Schreiben an seine Zimmerwirtin mit. »Liebe Frau Reichert! Bitte geben Sie Fräulein Pröhl meine 4-bändige Architekturgeschichte in den blauen Einbänden. Viele herzliche Grüße an die Eltern, den Herrn Gemahl und Tonerl. Ihr Adolf Hitler. Festung Landsberg am 11. 6. 1924.«

Ihrem Verlobten schrieb Ilse Briefe »überströmend von Liebe zu ihrem Muck« – wie dieser vermerkte. Muck ließ sie dafür brieflich am Gefängnisleben teilnehmen, zeichnete auf ihren Wunsch hin seine Gespräche mit dem »Tribunen« auf und hat ihr dabei Hitlers Ansichten zu Frauenfragen nicht vorenthalten. »Er ist nach wie vor der Meinung, dass die Frau in der politischen Volksvertretung nichts zu suchen habe. Politik ist Männersache, besonders die Politik, die bis zu den letzten Folgerungen gehe, d. h. die unter Umständen dazu führe, dass die Männerwelt ihr Blut hingebe. Er verbitte sich, dass Frauen, die selbst nicht die Folgen ihrer Politik am eigenen Leibe, mit dem eigenen Blut zu tragen hätten, bestimmten, wann er sich einzusetzen habe!«

Ilse Pröhl akzeptierte diese auch von ihrem Verlobten begrüßte Haltung und diente der NSDAP im eng abgesteckten Rahmen ihrer Möglichkeiten. Taktvoll vermied sie in Hitlers Anwesenheit die unerwünschte Erörterung politischer Themen, womit sie das Wohlwollen des »Tribunen« errang, der sie bei ihren Landsberger Besuchen mit Vorträgen über Kunst und Kultur auszeichnete. »Er [Hitler] war ganz geknickt, dass ich ihn am Montag nicht herausgerufen habe, um der Besucherin ›Grüß Gott‹ zu sagen. Er hatte drinnen darauf gewartet ... einen einstündigen Vortrag über Gotik ... zu halten.«[35]

Rudolf Hess fungierte bereits in Landsberg als Hitlers privater Sekretär. Dass er auch an Hitlers »Mein Kampf« als Diskussionspartner, Stichwortgeber und Testleser[36] beteiligt war, hat seine spätere Gattin stets dementiert. Dabei wurde sie über den Fortgang des Buches fast täglich auf dem Laufenden gehalten: »... vorhin kam der Tribun und fragte mich, ob ich ein Stündchen Zeit habe, er wolle mir das zuletzt geschriebene Kapitel vorlesen ... er liest mir jetzt regelmäßig vor ... er erläutert mir, und wir sprechen über den einen oder anderen Punkt ...«[37] Am 29. Juni 1924 erreichte die Zusammenarbeit der beiden Gefängnisinsassen einen emotional-dramatischen Höhepunkt: »... der Tribun hatte zuletzt immer langsamer, stockender gelesen, mit unbeweglichem Gesicht ... dann ließ er plötzlich das Blatt sinken, stützte seinen Kopf in seine Hand und – schluchzte. Dass es da auch mit meiner Fassung zu Ende war, brauch ich Ihr das zu sagen?«[38] Chef und Sekretär weinten ein Weilchen gemeinsam, dann reichten sie einander die Hände. Nach diesem »faustischen Pakt«, der ihn bis an sein Lebensende an Hitler kettete, schickte Rudolf Hess seiner Ilse einen Brief mit einer Liebeserklärung. Diese betraf jedoch keineswegs die Freundin – vielmehr handelte es sich um Adolf Hitler, über den sein Mithäftling schrieb: »Ich bin ihm ergeben mehr denn je! Ich liebe ihn!«

Am 20. Dezember 1924 wurde Hitler frühzeitig aus der Strafanstalt entlassen – Ilse Pröhl holte ihn in einem Mietwagen ab. Neun Tage später endete auch für Hess die Haft, und das Mädchen brachte ihren Verlobten ebenfalls nach München, wo Hitler in der Osteria Bavaria, seinem Schwabinger Stammlokal, ein kleines Fest arrangierte. Man isst Ravioli, die Spezialität des Hauses, und der Exführer der Nationalsozialisten macht Hess ein Angebot, das dieser nicht ausschlagen will oder kann: Mit dem Vorschuss für sein Buch »Mein Kampf« und der wohlwollenden Finanzhilfe treuer Sympathisanten heuert Adolf Hitler Rudolf Hess als seinen Privatsekretär an.

»Habe ich den wiederholten Bitten des Tribunen nachgegeben, und eine Vertrauensstelle an seiner Seite angenommen, die nebenbei noch sehr viel besser bezahlt ist als in der Akademie [Institut des Professors Haushofer]«, berichtete Hess seinen Eltern.[39] Das vorliegende Angebot Professor Karl Haushofers, das dem nunmehr einundreißigjährigen Studenten eine Assistentenstelle am Institut für Geopolitik verschafft hätte, lehnte Hess ab. Ilse Pröhl reagierte zwiespältig. Mit Blick in die Zukunft hätte sie – trotz aller Sympathie für Hitler und seine Politik – ihren künftigen Mann gerne in einer gesicherten Position im Rahmen einer wissenschaftlichen Karriere mit Aussicht auf eine Professur gesehen. Die Stellung bei Haushofer schien ihr im Gegensatz zu dem hektischen und auch gefährlichen Leben an Hitlers Seite ein ruhiges, geregeltes Dasein mit guten Aufstiegschancen zu garantieren. Sie irrte sich nicht. Tatsächlich wurden an diesem Abend in der Osteria Bavaria die Weichen für das Schicksal und die Zukunft von Rudolf Hess und Ilse Pröhl gestellt. Für 500 Reichsmark im Monat trat Hess in Hitlers persönlichen Dienst, wobei der versponnene Sonderling die Hoffnung nährte, »nach vielen Richtungen hin Gutes bewirken zu können«. Auf Ilses weitere Mitarbeit konnte er jetzt verzichten, denn nun verfügte er über ein »Schreibfräulein, dem er die Sachen herunterdiktiert«, wie er stolz angab.

Als Verlobte von Rudolf Hess zählte Ilse Pröhl, die im Sommersemester 1926 ihr Studium der Germanistik beendete[40], automatisch zum inneren Kreis des »Führers« und durfte an privaten Vergnügungen teilhaben. Von einem Ausflug im September 1926 berichtete Joseph Goebbels: »Der Chef will, dass ich mit zum Königssee fahre. Schnell bin ich fertig. Draußen steht das Auto. Hitler, Hess, Maurice, Hoffmann, Frl. Pröhl. Hinein in den strahlenden Sonntagmorgen. Immer näher rückt der Watzmann in leuchtender Klarheit. Hitler erzählt und schwärmt. Er ist ein lieber, reiner Mensch – ein Kind. Da, ... der Königssee ... Wir frühstückten eine halbe Stunde ... im Malerwinkel sitzen wir lange ...«[41]

Vergnügungen der geschilderten Art waren jedoch selten, denn meist jagte Hess an der Seite Hitlers in dessen neuem Mercedes-Kompressor von Termin zu Termin durch Deutschland. Seine in einem Münchner Antiquariat beschäftigte Verlobte kämpfte inzwischen mit finanziellen Schwierigkeiten und fühlte sich ausgebootet. Ohne viel Freude hörte sie, wie sich Hitlers Privatsekretär Hess mit seinem Chef und dessen Chauffeur nach getaner Arbeit im Berliner Lunapark amüsierte, wie die Familie Bechstein den Vorsitzenden der NSDAP samt Gefolge umsorgte und verwöhnte. »... wurden wir angeklingelt ... Frau Bechstein hatte mit Bädern usw. auf uns gewartet; wir sollten bei ihr wohnen; so zogen wir in das wundervolle alte Haus ... mitten im Zentrum ... doch so ruhig, dass man meinen könnte, auf dem Land zu sein ... innen riesige, repräsentative Räume, kostbare Teppiche, alte Originale ... Ihr [Ilse] würde es auch gefallen.«[42] Ilse Pröhl dürfte ihrem Verlobten geharnischte Vorwürfe gemacht haben, denn dieser antwortete: »Ist dir allmählich die Zornesader geschwollen, ob des langen Schweigens? ... das schlechte Gewissen hat mich plötzlich gepackt wegen der Finanzen. Schließlich sitzt du blank da ... ich lege also für alle Fälle 10 Mark bei, die wohl bis zu meiner Rückkehr fürs Nötigste reichen.«[43]

Manchmal aber gab es doch noch Aufgaben für Ilse. So übertrug ihr Hess die Verhandlungen für sein ambitioniertes Flugprojekt, das er als Antwort Deutschlands auf den Pionierflug von Charles Lindbergh plante. Der Amerikaner hatte im Mai 1927 als Erster den Atlantik von Westen nach Osten überquert – Hess wollte es ihm in der Gegenrichtung gleichtun. Als Finanzier des Unternehmens schien ihm der Mentor und Sympathisant der NSDAP, der US-Millionär Henry Ford, geeignet. Hess instruierte daher seine Verlobte: »Hier ist alles [für den Atlantikflug] klar, bis auf die Geldquelle ... bitte drahtet an Ford, Deutsch oder Englisch, je nachdem was kürzer ist, wie folgt: nur einmotoriger Aeroplan brauchbar – Gesamtkosten des Fluges einschließlich Versicherung 200 000 Mark. Start Mitte August ...« Das ehrgeizige Projekt scheiterte jedoch an Fords Desinteresse.[44]

Auf dem 3. Reichsparteitag der NSDAP in Nürnberg vom 19. bis zum 21. August 1927 hatte Ilse Pröhl zwar keine offizielle Aufgabe inne, durfte jedoch Hitlers Nichte Geli Raubal betreuen, mit der sie bald eine herzliche Freundschaft verband. Rudolf Hess wiederum spielte für die Verwandte des »Tribunen« den Reiseführer durch Deutschland. »Seit dem Ende des Parteitages ziehe ich nunmehr durch die deutschen Lande«, schrieb er seinen Eltern. »Erst nur für ein paar Tage, um dem Tribunen einen Gefallen zu tun, der mich um Begleitung bat, damit er mit dem ›Weibervolk‹ nicht allein ist – er zeigt seiner Wiener Schwester [Angela Raubal], seinem Nichtchen und deren Freundin Deutschland ...«[45]

Gegen Ende 1927, nach einer Bekanntschaft von über sieben Jahren, riss der Langzeitverlobten Ilse Pröhl allmählich die Geduld mit dem stets abwesenden und noch dazu schreibfaulen Hess. Eines Abends brachte sie in der Osteria Bavaria die Sache ins Rollen, indem sie demonstrativ neue Berufspläne erörterte. Sie denke daran, erzählte sie, eine Stelle in Italien anzunehmen, und stellte eine Trennung in Aussicht. Ihren Verlobten ließ dies kalt. Hitler jedoch legte, wie Ilse Hess später berichtete, ihre Hand in die von Rudolf Hess und meinte diplomatisch: »Liebes Fräulein Pröhl, ist es Ihnen denn noch nie in den Sinn gekommen, diesen Mann zu heiraten?«

Für den Gefolgsmann Hess war dies ein unmissverständlicher Befehl. Dem Wink seines Herrn gehorchte er. Seinen Eltern teilte er die freudige Nachricht folgendermaßen mit: »Mit der Erfüllung eines Traums des Tribuns, erfüllt sich auch für mich ein Traum, über den ich euch nicht eher schreiben wollte, als bis meine Existenz wirklich gesichert ist, denn es ist in meinen Augen ein ungesundes Verhältnis in einer Ehe, ... wenn die Frau begütert[46] ist ... Bei der von mir beabsichtigten Heirat verfügt nun die Mutter der künftigen Frau über ein für heutige Verhältnisse beträchtliches Vermögen: Da Vater als Kaufmann gerne Zahlen hört: ihr Vermögen in der Fa. König & Eppart, Hannover wurde auf 800 000 RM aufgewertet ...«[47] Rudolf Hess schließt dann sein wenig emotionelles Schreiben mit einem sonderbaren Vergleich, der viele Rückschlüsse zulässt. Er ist nämlich, wie er den Eltern versichert, überzeugt, »aus einem Sack voller Schlangen den möglicherweise darin befindlichen Aal [Ilse Pröhl] herauszufischen«.[48]

Die Hochzeit fand am 20. Dezember 1927 in München statt. Die Braut spielte dabei nur eine Nebenrolle, denn alles drehte sich den Schilderungen des Bräutigams zufolge nur um Hitler. »... also morgens ½ 12 fuhr des Tribunen Mercedes mit Maurice am Steuer und den beiden Trauzeugen – Adolf Hitler und Professor Haushofer – bei der Ainmillerstraße[49] vor ... dann ging's zum Standesamt[50] im alten Rathaus. Ein Diener empfing uns ... er strahlte, als er den Tribunen sah ... dem Standesbeamten verschlug es offensichtlich die Sprache – angesichts des Tribuns unterließ er die gewohnte Ansprache, stellte nur die Personalien fest, forderte und erhielt die ›Ja‹ ... der Tribun zitternd und blass vor Aufregung ... es war ein herrlicher, sonniger Wintertag, ... dann fuhren wir den Tribunen in seine Wohnung, wo wir sein von Bruckmanns [dem Verlegerehepaar] als Überraschung eingerichtetes Schlafzimmer bewunderten. Dann endlich landeten wir in der Ainmillerstraße in Ilses Zimmer, das die Schwägerinnen inzwischen reizend hergerichtet hatten ... die Lichter spiegelten sich in der großen Silberschale vom Tribunen, am Fuß eine Widmung in seiner Handschrift eingraviert. Mit den Schwestern stießen wir auf euch an ... da wir uns über den Tafelaufsatz des Tribunen so gefreut hatten, riefen wir ihn an und baten ihn doch, auf einen Sprung zu kommen, was er auch tat. Er aß sogar ein paar Brötchen ... ein furchtbares Vergehen vor Frau Bruckmann, die nur unter der Bedingung die Feier auf den Abend gelegt hatte, dass wir nicht zusammenkämen und äßen. Sie hatte nämlich Angst, dass der Tribun dann zu viel im Vorhinein zu sich nähme und abends nicht genügend das Festessen [Forelle, gebackene

Schwarzwurzeln auf Spinat, Lende, Fürst-Pückler-Eis] genieße. Der gute Tribun hat dann abends vor lauter Aufregung aber doch nichts oder nur wenig gegessen, sodass er nach beendeter Feier mit Freund Maurice noch etwas aß. Aber das darf Frau Bruckmann um des Himmels willen nicht erfahren ...«[51]

Dem »Tribunen« zuliebe haben die Neuvermählten auch ihre Hochzeitsreise verschoben, denn Ilse Hess wurde als Vermittlerin im Konflikt zwischen Adolf Hitler und seiner Nichte Geli Raubal benötigt. Das Mädchen war erst im Herbst 1927 nach München gekommen und hatte an der Münchner Universität Medizin inskribiert. Rudolf Hess schilderte die lebenslustige Geli: »Das ›Nichtchen‹ des Tribunen ist ein hochgeschossener, hübscher 19-jähriger Backfisch, immer lustig und so wenig auf den Mund gefallen wie der Onkel: Im Gegenteil. Kaum, dass dieser gegen das schlagfertige Mundwerk aufkommt. Nachdem das Nichtchen das Abitur in einer Knabenschule[52] gemacht hat, will es der Onkel in Deutschland studieren lassen. Er ist freilich überzeugt, dass es kaum über das zweite Semester hinauskommt, sondern vorher heiratet. Andere, einschließlich des Nichtchens sind der gleichen Meinung ...«[53]

Hitler ahnte jedoch nicht, dass seine Nichte bereits ihre Wahl getroffen und Emil Maurice, Begründer der SA und Hitlers Chauffeur, als künftigen Ehemann im Auge hatte. Als Maurice förmlich um die Hand Gelis anhielt, kam es zum Eklat. Hitler entließ seinen langjährigen Gefolgsmann und drohte, das Mädchen zu ihrer in Wien lebenden Mutter zu schicken. Dann vertraute man Geli der Obhut von Ilse Hess an, die das Mädchen beruhigte und seine Partei ergriff. »... ich hätte nie von dir auf lange Zeit fortkönnen«, schrieb

Hitlers Nichte an Emil Maurice am Heiligen Abend des Jahres 1927. »... Du wärst ja hier in München geblieben. Und das verdanke ich hauptsächlich Frau Hess. Anfangs habe ich mich gesträubt, dass sie zu mir kommen soll. Aber als sie bei mir war, war sie so lieb, sie war der einzige Mensch, der glaubte, dass du mich wirklich liebst und aus diesem Grund habe ich sie lieb gewonnen ...«[54] Ilse Hess konnte jedoch nicht verhindern, dass Hitler das Liebespaar brutal trennte.

Erst nachdem sich die Aufregung um Geli Raubal und Emil Maurice etwas gelegt hatte, reiste das Ehepaar Hess zum Schifahren in die Schweizer Berge. Als Lektüre nahmen sie ein Buch mit, das sie einander zur Hochzeit geschenkt hatten: »Volk ohne Raum«[55].

Nach der Rückkehr stellte sich die Frage eines passenden Domizils, wobei man zwischen dem Bau eines kleinen Hauses im Isartal oder einer Stadtwohnung in München schwankte. Die Wahl fiel schließlich auf eine Dreizimmerwohnung in einem Neubau in der Nähe des Schwabinger Krankenhauses, zwischen Leopoldstraße und Luitpold-Park. Die Wohnung verfügte über modernen Komfort: »... im Badezimmer, wie in der Küche über dem Spültisch, Sommers und Winters kaltes und heißes Wasser – in drei Minuten hat man ein heißes Bad«, schwärmte der Gatte, der betonte, dass das Geschirrspülen in der neuen Wohnung für die Hausfrau geradezu ein Vergnügen sei. Diese habe auch, wie Hess meinte, »während meiner langen Abwesenheit von München Zeit, sich mit der Umzieherei und der Einrichtung des Heims zu befassen«[56].

Mitte November 1928 reiste Ilse Hess nach Berlin, um ihren Mann zu besuchen. In ihrer Gesellschaft befand sich auch Geli Raubal. Zu diesem Zeitpunkt war die Affäre Geli Raubal – Emil Maurice schon lange kein Thema mehr. Adolf Hitler hatte sich durchgesetzt, seinen Chauffeur fristlos entlassen und die Nichte von der Unsinnigkeit ihrer Wahl überzeugt. Zwischen Onkel und Nichte herrschte wieder vollkommene Harmonie. »Der Chef ist da«, schrieb Goebbels am 15. November 1928. »Mit seiner schönen Nichte, in die man sich fast verlieben möchte. Mit Hess, seiner Frau, Geli und Amann ... viel gelacht.«[57] Tags darauf lauschten Ilse Hess und Geli einer Hitlerrede, die sie tief beeindruckte. 16 000 Menschen hatten sich in den Berliner Sportpalast gedrängt, bis die Polizei wegen Überfüllung eine Sperre verhängte. »8.20 kommt Hitler. Unendlicher Jubel. Musik. Die Fahnen marschieren ein. Dann spricht Hitler. 1 ½ Stunden ... immer wieder von Beifallsstürmen unterbrochen. Zum Schluss ein Orkan ... großer Tag«, notierte Goebbels, der die Veranstaltung inszeniert hatte, voll Befriedigung.[58] Auch beim anschließenden geselligen Beisammensein, zu dem Hitler angeregt hat, ist Ilse Hess dabei. »Wir sitzen bis tief in die Nacht noch alle zusammen, der Chef, ... Hess, seine Frau, die Geli und ich. Der Chef ist ganz glücklich ...«[59]

Um diese Zeit zog Ilse Hess die Bilanz ihrer einjährigen Ehe und stellte dabei fest, dass die Heirat nur wenig Veränderungen in ihr Leben gebracht hatte und dass es – wie sie einer Freundin diskret andeutete – in fataler Weise dem einer Klosterschülerin glich. Grund, an der Treue des zurückhaltenden Gatten zu zweifeln, gab es jedoch nicht – tatsächlich dürfte Hess niemals intime Beziehungen zu einer anderen Frau unterhalten haben. Vielmehr ging die Energie des Ehemanns ganz im Dienste des »Tribunen« auf. Als überzeugte und begeisterte Nationalsozialistin fand Ilse

Hess es selbstverständlich, Hitler und die Partei weit vor ihrem häuslichen Glück rangieren zu lassen, und respektierte auch den Wunsch ihres Mannes, den politischen vom privaten Bereich strikt zu trennen. So hat Rudolf Hess seinem zeitweiligen Ärger über Hitler – dem er nie zu widersprechen wagte – nicht einmal im privaten Heim, sondern nur in einsamen Selbstgesprächen auf dem Weg nach Hause Luft gemacht[60] –, verachtete er doch Männer in öffentlicher Stellung, die »zu Hause nicht den Mund halten können«.

Die Ehe war trotz allem glücklich. Ilse Hess liebte ihren seltsamen Mann ein Leben lang. Treu ergeben stand sie ihm mit unbedingter Loyalität zur Seite.[61] Abgesehen von der NS-Begeisterung und dem Traum von einem gewaltigen, herrlichen Reich aller Deutschen, teilte das Paar viele, oft schrullige Ideen, las dieselben Bücher und hatte niemals Meinungsverschiedenheiten. Man trat als Förderer der Waldorfschulen auf. Auch in der Hinwendung zum Okkulten, Mystischen und Obskuren war man sich einig. Es kränkte Ilse Hess, wenn ihr »Muck« missverstanden oder belächelt wurde, wie es zum Beispiel der Fall war, als Hess 1937, auf dem Parteitag in Nürnberg, die politischen Leiter der NSDAP öffentlich beschwor, das Rauchen und den Alkohol aufzugeben – »ihre Gesundheit gehöre dem Führer«. Auch die Auswüchse des Kults, den Hess um Hitler trieb, einschließlich solcher Äußerungen wie »Der Führer hat immer Recht und wird immer Recht haben« kamen der Ehegattin keineswegs übertrieben vor.

In seiner knappen Freizeit widmete sich Hess jedoch nicht so sehr seiner Frau als vielmehr der Fliegerei. Die NSDAP unterstützte dies, erwarb zu Werbezwecken ein Flugzeug, Modell Messerschmitt 25, versah es mit der Auf-

Ilse Hess gratuliert ihrem Mann, dem Sieger im Sportflug-Wettbewerb »Rund um die Zugspitze« (1934)

schrift »Völkischer Beobachter« und stellte sie dem »Führer«-Sekretär zur Verfügung. Hess nutzte die Parteimaschine auch zu waghalsigen Flugmanövern. So sprengte er einmal im dicht verbauten Gebiet eine sozialdemokratische Wahlversammlung mittels Tiefflug.[62] Ein andermal wollte er seiner Frau und deren Schwester das Abfangen eines Flugzeugs bei Motorschaden vorführen. Der abgestellte Motor ließ sich jedoch nicht mehr starten und die Maschine musste notlanden. Auf weitere Flüge mit ihrem Mann hat Ilse Hess dann verzichtet.[63]

Ab 1930 erlebte das Ehepaar Hess voll Genugtuung den rasanten Aufstieg Hitlers und der NSDAP, der durch die Notverordnungen des Kabinetts Heinrich Brüning beschleunigt wurde. Mitte 1931 wurden die Beamtengehälter dreimal gekürzt, die Renten herabgesetzt, die Arbeitslosenunterstützung wurde reduziert oder gestrichen und eine allgemeine Krisensteuer eingehoben. »Wir sind plötzlich hoffähig geworden«, schrieb Rudolf Hess seinen Eltern. »Leute, die früher einen großen Bogen um Hitler machten, MÜSSEN ihn plötzlich sprechen. In- und ausländische Pressevertreter laufen [ihm] die Türen ein ... prominenteste Wirtschaftsführer bitten leise und heimlich um eine Zusammenkunft ... und Mitglieder treten bei ...«[64]

Als Hitler am 30. Januar 1933 zum deutschen Reichskanzler ernannt wurde, durfte Rudolf Hess als Erster gratulieren. Unter dem Eindruck der Ereignisse schrieb er am nächsten Tag an seine Frau: »Mein liebes, kleines Mädele! Träum ich oder wach ich – das ist hier die Frage! Ich sitze im Arbeitszimmer des Kanzlers in der Reichskanzlei am Wilhelmsplatz. Ministerialbeamte nähern sich auf weichen Teppichen geräuschlos, um Akten für den Herrn Reichskanzler zu bringen ... und dann durchschüttelt es mich wieder, und ich muss die Zähne aufeinander beißen – wie gestern, als der ›Führer als Reichskanzler‹ vom Reichspräsidenten wiederkehrte und mich zu sich in sein Schlafzimmer im [Berliner Hotel] Kaiserhof holte, aus der Menge der wartenden Führer im Empfangszimmer heraus ... und der Chef [Hitler] gestand mir auch, dass es ... ein paarmal auf des Messers Schneide stand ... am Abend der Fackelzug, vor dem einfach glücklichen alten Herrn [Reichspräsident Hindenburg] vorbei, der aushielt, bis der letzte SS-Mann um 12 Uhr vorüber war, ... dann der Jubel zum Führer herauf ... das stundenlange Vorbeischieben von alten Männern, Frauen, die ihre Kinder dem Führer entgegenstreckten, von Mädchen und Buben, das Aufstrahlen der Gesichter, wenn sie ›ihn‹ am Fenster erkannten – wie Leid hat es mir getan, dass du nicht dabei warst!«[65]

Warum Ilse Hess nicht wie die Frauen anderer NS-Größen an dem großen Triumph der NSDAP teilnahm, ist nicht überliefert. Auf jeden Fall verbrachte sie damals zusammen mit ihrer Schwester Inge einen Schiurlaub auf der Bichelalm bei Kitzbühel. Nach ihrer Rückkehr erreichte sie der Appell ihres Mannes. »Die zweite schwere Kampfperiode hat begonnen! Hilf mit in deiner Art wie bei der ersten! Sehr herzlich Dein M [uck].«[66]

Mit der »Machtergreifung« der NSDAP und der Ernennung ihres Mannes zum »Stellvertreter des Führers« am 21. April 1933 und wenig später zum »Minister ohne eigenen Geschäftsbereich« änderten sich die Lebensumstände des Ehepaares Hess. Der bisherige einfache Wohnsitz in München-Borstei[67] in der Löfftzstraße 8 wurde aufgegeben und ein repräsentatives Haus mit parkähnlichem Garten in München-Harlaching, Harthauserstraße 41, zuerst gemietet, dann angekauft und umgebaut. Die Villa verfügte über fünf Räume im Erdgeschoss, einer davon ein prächtiger Salon mit über 70 Quadratmetern. Neun Zimmer lagen im ersten Stock. Weitere fünf Räume enthielt das ausgebaute Dachgeschoss.

Ein Nebengebäude diente der Unterbringung von Personal, denn der gesamte Haushalt mit Köchin, Stubenmädchen, Chauffeur, Gärtner und Gärtnergehilfen umfasste 23 Personen.[68] In Berlin stand ab 1934 eine Dienstwohnung in der Wilhelmstraße zur Verfügung, und in Oberndorf bei Bad Hindelang im Allgäu schuf sich das Ehepaar Hess ein Feriendomizil.

Frau Hess empfand die Folgezeit als »arbeitsreiche, dem Ziel deutscher Volkswerdung und dem deutschen Reichsgedanken« gewidmete Jahre. Sie selbst nahm daran allerdings nur mehr am Rande teil. Ausgelastet mit der Betreuung eines großen Haushalts und von jeglicher Parteitätigkeit ausgeschlossen, sehnte sie sich nach vergangenen Zeiten: »Oft habe ich, ... als Sekretärinnen, Adjutanten und Stäbe an diesem politischen Teil seines [Hess'] Lebens weit größeren Anteil hatten als ich, deren selbstverständliche Aufgabe ›Haus und Hof und Herd‹ war, traurig an jene ferne, glückliche Zeit gedacht, als ich Sekretärin, Adjutant und Stab in einer meiner Person war.« Ihr schien, als habe Rudolf Hess diese Zeit, »wie Männer sind, vergessen«.[69]

Im Juli 1933 freute sich Ilse Hess, dass ihr mit Arbeit überlasteter Gatte in Martin Bormann, dem »Chef der Hilfskasse der NSDAP«, einen zuverlässigen Helfer gefunden hatte. Wenig später nannte sie den kleinen gedrungenen Parteigenossen, der dem »Stellvertreter des Führers« so bereitwillig allen Papierkram abnahm, schon liebevoll »Bormännle«. Zwischen den Familien Hess und Bormann entstand ein überaus freundschaftliches Verhältnis. Dankbar für den großen Einsatz des effizienten Stableiters, übernahmen Rudolf und Ilse Hess gerne die Patenschaft für zwei der neun Bormann-Kinder (Rudolf und Ilse Bormann). Dass der verschlagene, machthungrige Technokrat allmählich seinen Chef ersetzte, merkte weder Hess noch seine Frau. So wirkte Rudolf Hess als feierlicher NS-Hohepriester, hielt abstruse Ansprachen[70], predigte »Hitler ist Deutschland und Deutschland ist Hitler«, entwarf markige Eidesformeln für nächtliche Massenangelobungen und ließ Bormann nach eigenem Gutdünken agieren. Hitler selbst ging zu seinem Stellvertreter, der in seinem Haus Astrologen, Wünschelrutengänger, Traumdeuter und Hellseher um sich scharte, zunehmend auf Distanz. »Allmählich geht mir Hess mit seinem feierlichen Gehabe auf die Nerven«, bemerkte er zu seinem Freund und Fotografen Heinrich Hoffmann. Und zu Hermann Göring meinte er düster: »Ich hoffe nur, dass Hess mich niemals ersetzen muss. Ich wüsste nicht, wer mir mehr Leid täte, Hess oder die Partei.«

Als linientreuer, NS-begeisterter Gattin des »Führer-Stellvertreters« und stolzen Inhaberin des Goldenen Parteiabzeichens seit 1934[71] hätte Ilse Hess in Anbetracht der Ehelosigkeit Hitlers laut Protokoll die Stellung der »Ersten Dame des Dritten Reichs« gebührt. Doch weder modisch interessiert noch gesellschaftlich ambitioniert, erhob sie keinen Anspruch darauf. Ohne Neid überließ sie diese Rolle der Exschauspielerin Emmy Göring und der eleganten Magda Goebbels. Abgesehen vom regelmäßigen Besuch der Parteitage, von der gelegentlichen Betreuung englischsprachiger Gäste und einigen offiziellen Empfängen in der Berliner Reichskanzlei, trat Ilse Hess nur privat in Erscheinung. »Ihre Interessen lagen auf den Gebieten der Literatur, der Musik, der Malerei und der bildenden Kunst; auch Fragen der Pädagogik, ... der Gartenarchitektur, vor allem der landwirtschaftlichen und gärtnerischen Düngung interessierten sie ... das kulturelle Niveau ihres Heimes ... schloss regelmäßige große Empfänge und Gesellschaften von selbst aus ...«, meinte Alfred Leitgen, der Pressereferent von Rudolf Hess, nach Kriegsende.[72] Sie gehorchte dem Wunsch ihres Gatten und hielt sich diskret im Hintergrund. Auch in den NS-Illustrierten tauchte sie nicht auf, weil ihr Mann dergleichen strikt ablehnte.[73]

Der private Haushalt des Ehepaares wirkte im Vergleich zu dem anderer NS-Größen bescheiden. Hitler und Goebbels, die nach 1933 das Altdeutsch-Bombastische in der Möblierung ihrer Räumlichkeiten bevorzugten, mokierten sich über den Mangel an »großem Geschmack« in der modern und sachlich möblierten Hess-Villa. Nach dem Vorbild Hitlers und gemäß eigener Überzeugung wurde nur vegetarisch gekocht. »Das Essen ganz schlecht!«, notierte sich Goebbels nach einem Besuch.[74] In der Öffentlichkeit galt der »Stellvertreter des Führers« als Saubermann unter den NS-Granden: integer, zuverlässig und anständig. In Lebensstil und Moral unterschieden sich Herr und Frau Hess bewusst von den Gauleitern und hohen Parteifunktionären des Dritten Reichs. Sie sahen sich als das »Gewissen der Partei«, als Hüter des reinen, unverfälschten, aber auch kompromisslosen Nationalsozialismus.[75] In dieses Bild passte, dass man mit der jüdischen Ehefrau Professor Karl Haushofers freundschaftlich verkehrte und sie zu schützen wusste, gleichzeitig aber fest an den volkszersetzenden Einfluss der Juden in Deutschland glaubte. Ihrer gespaltenen Haltung gemäß votierten die Hess für ein Berufsverbot jüdischer Ärzte und Rechtsanwälte, begrüßten die von Hess unterschriebenen Nürnberger Rassengesetze und sahen in der Liquidierung der SA-Führung, bei der Hess anlässlich des »Röhm-Putsches«[76] eine führende Rolle spielte, eine unvermeidliche Maßnahme im Überlebenskampf des Dritten Reichs.[77]

18 Jahre nach ihrer ersten Begegnung und fast zehn Jahre nach ihrer Eheschließung kam am 18. November 1937 Wolf-Rüdiger, das einzige Kind des Paares, zur Welt. Wolf hieß er nach dem Pseudonym Hitlers aus der »Kampfzeit«. Rüdiger wiederum sollte an den legendären Helden der Nibelungensage erinnern. Später hat Vater Hess in seinen Briefen den Sohn mit »Jung-Wolf« tituliert, um ihn von dem »Alt-Wolf« genannten Hitler zu unterscheiden. Zum

Am Tag der »Reichskristallnacht« (9. 11. 1938) findet im Hause Hess die Namensweihe von Wolf-Rüdiger statt. Hitler ist der Pate

Fest der Namensweihe – eine Taufe zog weder der »Führer-Stellvertreter« noch seine Frau in Betracht – versammelten sich am 9. November 1938 Verwandte und Bekannte im Hause Hess. Der »Tribun« fungierte als Namenspate – und der Tag ging in die Geschichte ein.

Während Erfrischungen gereicht wurden und Hitler über die »Kampfzeit der Bewegung« räsonierte, läutete nämlich das Telefon und der Hausherr erfuhr, dass die von Goebbels in-

Ilse Hess mit ihrem Sohn Wolf-Rüdiger (1938/39)

szenierte so genannte »Reichskristallnacht« in vollem Gange war. Wieder hatte man es nicht für notwendig erachtet, den »Stellvertreter des Führers« rechtzeitig zu informieren! Dieser merkte allmählich, dass man ihn – im Gegensatz zu seinem Stabschef Bormann – bei wichtigen Besprechungen nicht zuzog und er auf dem Abstellgleis gelandet war – für Repräsentationspflichten. Als er jedoch beim Angriff auf Polen, im naiven Glauben, dem »Führer« einen Gefallen zu erweisen,

Adolf Hitler mit Patenkind Wolf-Rüdiger und den stolzen Eltern Rudolf und Ilse Hess (1940/41)

vorschlug, selbst als Kampfflieger an die Front zu ziehen, erteilte ein erboster Hitler seinem Stellvertreter für ein Jahr Flugverbot. Hess gab sein Ehrenwort.

Im darauf folgenden Jahr bemerkte Ilse Hess, dass ihr Mann Ungewöhnliches plante. »Meine Art war es jedoch nicht zu fragen, wo er schwieg«, meinte sie im Rückblick auf diese Zeit, in der ihr Gatte Koffer packte und wieder auspackte, Englisch lernte und – wie er angab – zu seiner »Erholung« bei der Firma Messerschmitt in Augsburg eine ME-Bf 110 flog. Als Frau Hess irrtümlich einen für ihren Mann bestimmten Anruf entgegennahm, gab eine Stimme Wettermeldungen für die geheimnisvollen Orte X und Y durch. Die Ehefrau enthielt sich jeden Kommentars, machte sich jedoch Gedanken. In den Wintertagen 1940/41 erkundigte sie sich zufällig bei ihrem Mann nach Sinn und

Bedeutung des Maria-Theresien-Ordens[78] und war erstaunt über das bewegte Pathos seiner Stimme, als er erklärte, dass dieser Militärorden an jene verliehen wurde, die aus eigener Verantwortung und in Zuwiderhandlung eines klaren Befehls gehandelt hatten. Ilse Hess fiel auch auf, wie viel Zeit ihr Mann plötzlich für seinen Sohn aufbrachte. Stundenlang spielte er mit dem jungen Wolf, ging mit ihm in den Isarauen und im Zoo spazieren.

Auch am 10. Mai 1941 beschäftigte sich Hess lange mit seinem dreijährigen Sohn. Ilse Hess fühlte sich an diesem Tag nicht wohl. Sie blieb im Bett. Gegen Mittag erschien ihr Mann in Fliegeruniform, um sich zu verabschieden. Auf die Frage, wann er wiederkomme, antwortete Hess mit: »Morgen!« In Erinnerung an seine geheimnisvollen Aktivitäten während der letzten Monate antwortete seine Frau: »Morgen schon? Das glaube ich nicht! Du kommst nicht so rasch zurück!«[79] In ihren Überlegungen war sie nämlich zu dem Schluss gekommen, dass Rudolf Hess einen Flug zu Marschall Petain nach Frankreich plane, um diesem ein Friedensangebot zu unterbreiten. Hess jedoch flog in den frühen Abendstunden – Astrologen hatten ihm diese als günstig bezeichnet – in einer eigens für ihn umgebauten ME-Bf 110 von einem Flugfeld nahe Augsburg mit Kurs auf England ab. Das Ziel seiner geheimen Reise war der Landsitz des Herzogs von Hamilton. Diesen hatte er auf einem Empfang aus Anlass der Olympischen Spiele im August 1936 im Hause des Botschafters und späteren Außenministers Joachim von Ribbentrop kennen gelernt und vermutete in ihm den Führer einer englischen »Friedenspartei«. Rudolf Hess wollte mit Großbritannien Frieden schließen. Den Ausschlag für die lebensgefährliche Reise hatten Hitlers günstiges Urteil über England und die wesensverwandten Engländer, aber auch Hess' eigene Pläne für den deutschen Kolonialbesitz gegeben.

Die Nachricht von der Hess'schen Mission schlug auf dem Obersalzberg wie eine Bombe ein – Hitler bekam einen Tobsuchtsanfall. Goebbels fasste die Lage zusammen: »... Hess ist in Schottland mit dem Fallschirm gelandet. Hat seine Maschine zerschellen lassen und sich den Fuß verstaucht ... ich lese die Briefe, die Hess an den Führer hinterlassen hat: ein wirres Durcheinander, primanerhafter Dilettantismus, er wolle nach England, ihm seine aussichtslose Lage klar machen, durch Lord Hamilton in Schottland die Regierung Churchill stürzen und dann Frieden machen, bei dem London das Gesicht wahren könnte. Dass Churchill ihn gleich verhaften lassen würde, hat er dabei leider übersehen. Es ist zu blödsinnig. So ein Narr war der nächste Mann nach dem Führer. Es ist kaum auszudenken. Seine Briefe strotzen von einem unausgegorenen Okkultismus. Prof. Haushofer und seine Frau [Ilse Hess], die alte Hess [die Mutter von Hess] sind dabei die bösen Geister gewesen. Sie haben ihren ›Großen‹ künstlich in diese Rolle hineingesteigert. Er hat auch Gesichte gehabt, sich Horoskope stellen lassen u. ä. Schwindel. Sowas regiert Deutschland ... Eine pathologische Angelegenheit.«[80] Wie die übrige NS-Spitze war auch Goebbels von der Mitschuld der Ilse Hess überzeugt: »Man möchte seine Frau ... windelweich prügeln ... Dass das eine tolle Extratour von Hess ist, glaubt uns ja kein Mensch ... beim Führer ist er erledigt ... der ist ganz erschüttert ... es bleibt ihm auch nichts erspart.«

Ilse Hess erfuhr aus dem Rundfunk die widersprüchlichsten Meldungen.[81] Zuerst hieß es, dass ihr Mann über der Nordsee tödlich abgestürzt sei, dann, dass er doch lebe, und schließlich, dass er verrückt geworden sei.[82] Verstört meldete die verlassene Gattin ein Blitz-Staatsgespräch auf den Obersalzberg an. Hitler war für sie jedoch nicht zu sprechen und sollte es auch niemals mehr sein. Stattdessen kam die Gestapo, um die Rolle der Frau des Verräters zu klären. Man drohte Repressalien an, durchsuchte das Hess'sche Haus nach belastendem Informationsmaterial und verhaftete schließlich alle sechs Adjutanten des »Führer-Stellvertreters«, seine Ordonnanzen und Sekretärinnen, selbst den Chauffeur. Einige verschwanden für Jahre in Konzentrationslagern. Auch der Astrologe Ernst Schulte-Strathaus, der Hess beraten hatte, kam ins Gefängnis.

Der sensationelle Flug des »Führer-Stellvertreters« beschäftigt Historiker und Zeitgenossen noch heute, wobei das Interesse einerseits den Hess'schen Motiven und andererseits der Rolle Hitlers gilt. Hess selbst hat – den britischen Vernehmungsprotokollen nach – die Engländer sehr überheblich auf ihre hoffnungslose militärische Lage hingewiesen, den Rücktritt Churchills gefordert, die englandfreundliche und friedensbereite Haltung des »Führers« betont und Vorschläge für die Aufteilung der Machtsphären zwischen dem Dritten Reich und dem Empire unterbreitet. Stets gab er an, zwar nach Hitlers Intentionen, jedoch ohne dessen konkreten Auftrag zu handeln.[83] Für die zurückgebliebene Ehefrau war es klar, dass Hess »klaren Sinnes, freien Willens und ohne Auftrag oder auch nur Kenntnis Adolf Hitlers ein persönliches Opfer bringen wollte, dass sein bewegender Gedanke nichts anderes als der Friede gewesen war«[84].

Ebenso klar war es, dass Rudolf Hess seine Frau und seinen kleinen Sohn ohne Bedenken seiner Mission geopfert und der im NS-Regime üblichen Sippenhaftung ausgeliefert hatte. Ilse Hess wurde verhört und überwacht. Martin Bormann trat in die Fußstapfen seines Chefs. Darüber hinaus beschlagnahmte er die persönlichen Wertgegenstände im Panzerschrank der Berliner Wohnung des Ehepaars Hess und konfiszierte auch das Auto – ein Geschenk Hitlers. Da Bormann selbst vor seiner Gattin keine Geheimnisse kannte, schenkte er den an Eides statt geleisteten Beteuerungen von Ilse Hess, nichts zu wissen, keinen Glauben. Zuerst verhängte er über sie Hausarrest, dann wollte er sie zum Verlassen ihres Hauses zwingen und drohte ihr mit Gefängnis.[85] Theatralisch entzog Bormann seinen Ilse und Rudolf genannten Kindern die Namen ihrer Paten und fand für sie andere Vornamen. Nur die Intervention des »Tribunen« bewahrte die Ehefrau seines entflogenen Stellvertreters vor gröberen Repressalien. Zu den Sorgen der zur Unperson gewordenen Ehefrau gesellten sich finanzielle Probleme, denn der »Führer-Stellvertreter« hat seiner Familie außer einem eher kühlen Abschiedsbrief, der unter einer Matratze im Kinderzimmer versteckt war, sowie einer Lebensversicherungspolice nichts zurückgelassen. »Nach dem Abflug meines Mannes stand ich umfangreichen Verpflichtungen gegenüber, die ich mit dem vorhandenen Barvermögen ... nicht einlösen konnte. Ich wollte zuerst das Haus verkaufen ... aber die Partei untersagte mir dies«, gab Ilse Hess an.[86] Ihre Lage entschärfte sich, als Direktor Kroneis, ein Vorstandsmitglied der Messerschmitt-Werke und Freund ihres Mannes, einen Kredit in der Höhe von 100 000 Reichsmark zur Verfügung stellte.

Andere Sympathisanten richteten ein Hilfskonto ein, auf das insgesamt 145 000 Reichsmark gelangten.[87] Damit konnte Ilse Hess das Personal bezahlen und Schulden begleichen. Dann schloss sie ihre Villa ab und zog ins Pförtnerhaus. Als man ihr – einer Weisung Hitlers zufolge – eine monatliche Rente von 1100 Reichsmark zusprach und diese rückwirkend ab 1. Juni 1941 ausbezahlte, war ihre finanzielle Zukunft bis zum Ende des Dritten Reichs gesichert. Die für diesen speziellen Fall konstruierte juristische Lösung lautete, dass Hess als deutscher Offizier in englische Kriegsgefangenschaft geraten sei und seiner Frau daher der anteilsmäßige Bezug seines Reichsministergehaltes zustehe.[88]

In England musste Rudolf Hess bald erkennen, dass seine Friedensinitiative unerwünscht, seine Einschätzung der britischen Politik falsch und seine Mission demnach gescheitert war. Niemals würde er als umjubelter Friedensheld vor seinem »Führer« stehen, niemals würde das Dritte Reich mit Billigung Englands neben dem Britischen Empire eine gleichberechtigte Rolle spielen! Als Kriegsgefangener simulierte Hess Gedächtnislücken, um Verhören zu entgehen. Er unternahm auch einen Selbstmordversuch. In Deutschland litt seine Frau unter den Besorgnis erregenden Nachrichten und der Brüskierung durch die Parteigenossen. »Es war ein bitterer Trank, den wir nun Tag um Tag, Woche um Woche, Jahr um Jahr zu leeren hatten«, meinte sie im Rückblick. »Der bittere Trank« ließ Ilse Hess jedoch keinen Augenblick an Rudolf Hess, an Adolf Hitler oder am Dritten Reich zweifeln. Ihr Mann, den die Erfolge der »Blitzkriege« begeistert und den die Unterwerfung Polens, Dänemarks, Norwegens, Hollands, Belgiens und Frankreichs nicht gestört hatte, gewann für sie nach dem Englandflug als unverstandener Friedensheld, ja als Märtyrer des Friedens eine neue Dimension: »Wir kannten ihn ja, kannten seine Haltung, sein Denken, seine unerschütterlichen Begriffe von Ehre und Treue, von Pflicht und Mut.«

Hitler allerdings stellte seinem Stellvertreter im Fall einer etwaigen Rückkehr Exekution oder Irrenanstalt in Aussicht – Drohungen, die Ilse Hess als belanglose Äußerungen der Staatsräson wertete. Hatte doch der »Führer« zum Tod ihres Schwiegervaters im Herbst 1941 freundlich sein Beileid ausgesprochen![89] Und auch die Diktion, mit der Hitler Frau Bechstein zum Tod ihres Mannes kondolierte, bestärkte sie in dieser Meinung: »Wir alle haben unsere Gräber und werden immer einsamer«, hatte Hitler salbungsvoll von sich gegeben. »Aber wir müssen überwinden und weiterleben, meine liebe gnädige Frau! Auch mir fehlen die beiden einzigen Menschen meiner Umgebung, an denen ich wirklich innerlich gehangen habe: Dr. Todt ist tot und Hess ist mir davongeflogen.«[90]

Während des Krieges führte Ilse Hess, die Anfang 1942 erstmals Post von ihrem Mann aus England erhielt, ein zurückgezogenes Leben, widmete sich der Korrespondenz mit ihrem Gatten, der Erziehung ihres Sohnes und der Pflege des Gartens. 1943 wurde ihr Anwesen in München-Harlaching durch Brandbomben zerstört. Für die Wiederherstellung des Gartens nahm sie gerne die Hilfe des Reichsführers SS Heinrich Himmler in Anspruch, der ihr zu diesem Zweck Bibelforscher aus Konzentrationslagern zuteilte. Als Frau Hess nach Bad Oberndorf im Allgäu übersiedelte, nahm sie wiederum von dem großzügigen Angebot Himmlers Gebrauch, hatte sie doch mit den Häftlingen gute Er-

Der Chef
des ϟϟ-Wirtschafts-Verwaltungshauptamtes
D II/1 Az.: 16a/15
Ma./F.

Berlin, den 22. 11. 1943

Betrifft: Bibelforscher zur Verwendung als Gärtner.
Bezug : ~~Dortg. Schreiben vom 7.11.43 Tgb.Nr.11/145/43 Bra/V.~~
Anlagen : - 1 -

An
Reichsführer-ϟϟ
Berlin SW 11
Prinz-Albrechtstr. 8

Reichsführer!

Ich überreiche hierbei eine Liste über die in den Konzentrationslagern Sachsenhausen und Ravensbrück einsitzenden männlichen und weiblichen Bibelforscher, die von Beruf Gärtner sind.

Ich bitte um Weisung, welcher dieser Häftlinge Frau Hess zur Verfügung gestellt werden soll.

Heil Hitler!

Pohl

ϟϟ-Obergruppenführer und
General der Waffen-ϟϟ

Eingang 8. DEZ. 1943
Tgb. Nr. 11/145/43
RF

KZ-Häftlinge bearbeiten den Garten von Ilse Hess

fahrungen gemacht. »Ich habe mich ihnen gegenüber nicht anders verhalten, als ich es gegenüber für mich Arbeitenden als Mensch, Frau und Nationalsozialistin gewohnt war ...«, schrieb sie in ihren Erinnerungen. Im Februar 1945 jedoch klang es etwas anders: »... diese – Buz [Kosename von Wolf-Rüdiger] nennt sie ›Giebelfresser‹ [Bibelforscher] – sollen übrigens prächtige Leute sein, behauptet sogar die sie eingesperrt haltende SS ... na, wir wollen mal sehen ...«[91] Der mithilfe von KZ-Häftlingen aufrechterhaltene Gartenbetrieb der Frau des ehemaligen »Führer-Stellvertreters« hat – lange nach dem Ende des Dritten Reichs – Milton F. Marcus zu dem Bühnenstück »The Garden of Frau Hess« inspiriert, das im Mai 2001 uraufgeführt wurde.

Die Loyalität der Ilse Hess zu »Führer und Reich« konnten auch ihre späteren Erfahrungen mit dem NS-Regime nicht trüben. Schon einen Tag nach dem Attentat auf Hitler vom 20. Juli 1944 sandte die Frau des »Verräters« ein unterwürfiges Schreiben an das Führerhauptquartier: »Mein Führer, jeder Deutsche hat in diesen Tagen das Recht, Ihnen zu sagen, wie glücklich wir alle sind, dass Sie gerettet wurden. ... Sie werden nicht böse sein, wenn wir Ihnen in diesen Tagen auch sagen, dass wir mit all unseren Gedanken und heissen Wünschen bei Ihnen sind. Wir sind bei Ihnen, mein Führer – denn was ich in dieser Intensität nur einmal bisher, am 9. November 1923 [Hitlerputsch] erlebte, empfand ich am 20. ... Auch seine Wünsche [nämlich die von Rudolf Hess] sind bei Ihnen, mein Führer! Das MUSSTE ich Ihnen sagen und Sie werden mir nicht bös sein drum. Mög das Schicksal Ihnen weiterhin die gütige und erhaltende Hand reichen, Ihren Weg für das deutsche Volk und Reich zum Ende zu gehen – und jeder von uns will

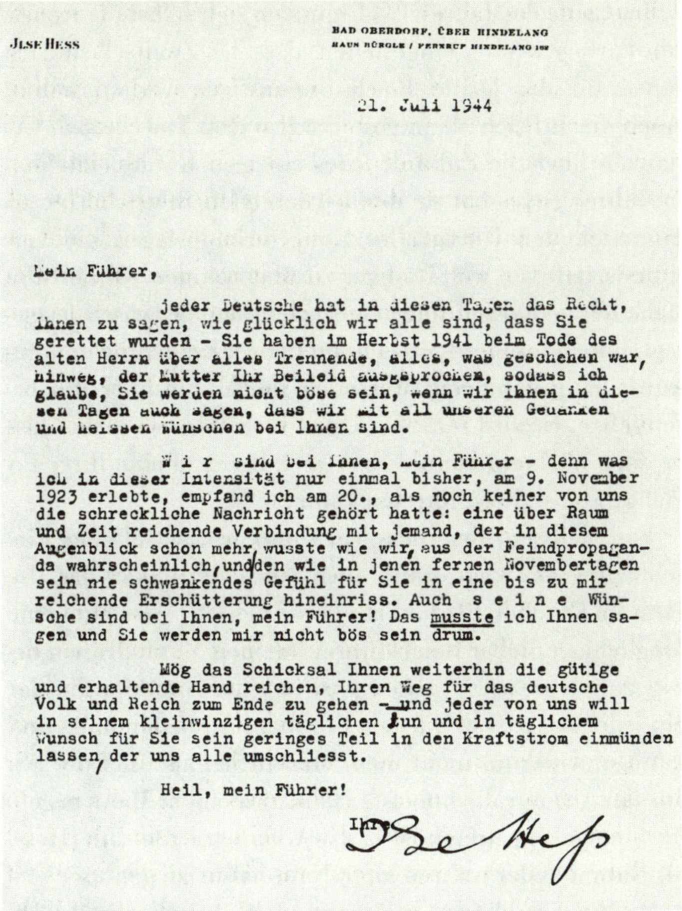

JLSE HESS

BAD OBERDORF, ÜBER HINDELANG
HAUS BÜRGLE / FERNRUF HINDELANG 102

21. Juli 1944

Mein Führer,

jeder Deutsche hat in diesen Tagen das Recht, Ihnen zu sagen, wie glücklich wir alle sind, dass Sie gerettet wurden – Sie haben im Herbst 1941 beim Tode des alten Herrn über alles Trennende, alles, was geschehen war, hinweg, der Mutter Ihr Beileid ausgesprochen, sodass ich glaube, Sie werden nicht böse sein, wenn wir Ihnen in diesen Tagen auch sagen, dass wir mit all unseren Gedanken und heissen Wünschen bei Ihnen sind.

W i r sind bei Ihnen, mein Führer – denn was ich in dieser Intensität nur einmal bisher, am 9. November 1923 erlebte, empfand ich am 20., als noch keiner von uns die schreckliche Nachricht gehört hatte: eine über Raum und Zeit reichende Verbindung mit jemand, der in diesem Augenblick schon mehr, wusste wie wir, aus der Feindpropaganda wahrscheinlich, und den wie in jenen fernen Novembertagen sein nie schwankendes Gefühl für Sie in eine bis zu mir reichende Erschütterung hineinriss. Auch s e i n e Wünsche sind bei Ihnen, mein Führer! Das musste ich Ihnen sagen und Sie werden mir nicht bös sein drum.

Mög das Schicksal Ihnen weiterhin die gütige und erhaltende Hand reichen, Ihren Weg für das deutsche Volk und Reich zum Ende zu gehen – und jeder von uns will in seinem kleinwinzigen täglichen Tun und in täglichem Wunsch für Sie sein geringes Teil in den Kraftstrom einmünden lassen, der uns alle umschliesst.

Heil, mein Führer!

Ihre
Ilse Hess

Ilse Hess schreibt dem »Führer« einen glühenden Brief (1944)

in seinem kleinwinzigen täglichen Tun und im täglichen Wunsch für Sie sein geringes Teil in den Kraftstrom einmünden lassen, der uns alle umschliesst. Heil, mein Führer!«[92]

Im Laufe des Jahres 1944 mussten sich selbst die treuesten Parteigenossen eingestehen, dass der Zweite Weltkrieg einen für das Dritte Reich ungünstigen Verlauf nahm. Auch die auf sich allein gestellte Ilse Hess machte sich Gedanken über die Zukunft ihres einzigen Kindes. Für den Fall ihres Todes bat sie den berüchtigten Reichsführer SS Himmler, den Herrn aller Konzentrationslager, die Vormundschaft für Wolf-Rüdiger zu übernehmen. »Eine Bitte habe ich – und ich habe sie sogar testamentarisch festgelegt: bitte, kümmern Sie sich um Leben, Erziehung und Zukunft meines Jungen! Was auch immer Sie über ihn beschließen, es wird recht sein, nur vergessen Sie nicht, dass er doch noch ein kleiner Kerl ist ... bis er in eine Ihrer Erziehungsanstalten eintreten kann ...«[93]

Von gleichem Realitätsverlust und grotesk falscher Einschätzung der Lage zeugt auch jenes Schreiben, das Ilse Hess im Oktober 1944 an Himmler richtete: »Besteht keine Möglichkeit, lieber Reichsführer, meinen Mann drüben herauszuholen? ... wir stehen jetzt in einer Situation, in der ein jeder der treu und festen Glaubens ist, helfen muss und kann und warum nicht mein Mann? Sie, als Chef der SS, aus der mir nur die nobelste Haltung meinem Mann gegenüber entgegengetreten ist ... das Volk betrachtet ihn [Hess] als Garanten der wahren alten Nationalsozialisten ...«[94]

Da Hitler zu diesem Zeitpunkt nur mehr selten in der Öffentlichkeit auftrat, glaubte sie, dass ihr Mann nach seiner Rückkehr wiederum als »Stellvertreter des Führers« fungieren solle. »Ich möchte, dass seine [Hess] ruhige, etwas stockende, gehemmte Stimme einmal wieder aus dem Radio käme und dem Volk vom Reich, vom Führer, von unserem Schicksalskampf spräche ...« Damit ihre Vorschläge jedoch nicht als Kritik am »Führer« missverstanden würden, gab sie ihnen eine verschlüsselte Form: »Der Führer ist überdimensional geworden, daher unbegreiflich ... es sind die wenigen, sind wir, die wir die Liebe zum Führer seit bald 25 Jahren in uns tragen, denen diese Verhüllung zum Führer nichts anhaben kann ...« Dann spann die Parteigenossin ihre realitätsfernen Überlegungen weiter fort: »Sehen Sie, lieber Reichsführer, und als den Garanten dieser Treue möchte ich meinen Mann zurückhaben – stellen Sie es sich doch einmal so ganz lebhaft vor, dass er wieder da wäre, neben Ihnen stände, neben dem Führer stünde – in diesen Tagen und Wochen, wo es um alles geht: empfinden Sie denn nicht genau wie ich dies ganz heiße Gefühl eines großen Glücks, dass er diesen Endkampf mitmachen kann als ein Helfender, dass er nicht mehr fern sein muss?« Dann aber begab sich Frau Hess auf gefährliches Terrain, indem sie den gefürchteten Reichsführer SS unverblümt wissen ließ, dass sie ihn auf Grund seines Rufs nicht für geeignet halte, die von ihrem Mann zurückgelassene Lücke zu füllen. »... da [der Name] Himmler vor dem Volk mit einer etwas grauslich ausgeschmückten Mär von der bösen Gestapo belastet [ist]. Man muss Sie schon näher kennen, Ihnen und Ihrer SS überhaupt näher kommen, um Sie als den Garanten neben dem Führer zu erkennen ...«

Anschließend führte sie zahlreiche Beispiele für die Beliebtheit ihres Mannes an, um dann wieder auf das Befreiungsprojekt zurückzukommen. »Natürlich werden Sie am Ende sagen: ›Ja, das ist ja alles ganz gut und schön, aber wie denkt sich die Frau Hess das eigentlich?‹ Ich hab ein Gefühl, als ob es gehen müsste. Und der liebe, gute Pappi Gerl [der Hausarzt Dr. Gerl], der hat gesagt: ›Wenn der Führer und der Reichsführer SS helfen, dann muss es gehen.‹«

In der Befürchtung, dass alle ihre Argumente Himmler nicht überzeugen würden, brachte Ilse Hess zum Abschluss, gleichsam als letzten Trumpf, die Prophezeiungen des Nostradamus ins Spiel. »Sie als Chef der deutschen Polizei haben zwar seit langem Zauberei, Wahrsagerei usw. verboten und ich steh ja Gott sei Dank eher in dem Ruf, überirdische Dinge in DIESEM Zusammenhang abzulehnen – aber hat Ihnen nicht auch vor Jahren schon jemand von jener berühmten Nostradamusprophezeiung erzählt, nach der der ›Russe an den Toren des Reichs stehen würde, im Rhein Blut fließen müsse, bis urplötzlich 1944 der Umschwung kommen würde‹. Nur dürfe der Feind seinen Fuß ›niemals auf die Lüneburger Heide setzen‹. Sonst wäre das Reich verloren. Würde dies aber vermieden und käme vorher noch ›der Mann aus dem Westen zurück, dann würde man den Bären (also den Russen) zuerst vernichten, dann den Löwen (also England) und das Reich der Mitte würde einer langen und großen Zukunft entgegensehen‹.«[95]

Der Reichsführer SS ließ das wirre Schreiben der Gattin des ehemaligen »Stellvertreters des Führers« unbeantwortet, obwohl ihn Ilse Hess im Postskriptum mit großem Lob bedachte. »Wissen Sie eigentlich«, heißt es, »dass die Truppen den ›pfundigen Ersatz‹ [neue Offensive an der Ostfront] an den niemand mehr geglaubt hat, der jetzt dauernd an den Fronten anrollt, die ›Himmlerischen Heerscharen‹ nennt? Ich finde das ssooo pfundig, dass ich es Ihnen, wenn Sie es vielleicht nicht wissen, schreiben muss. Das zeigt uns wieder, wie sicher die Menschen DEN erkennen, der hilft und der weiß, wo der Schuh drückt! Unser aller täglichen Wünsche sind beim Führer, bei Ihnen und allen, die um ihn herum jetzt am Entscheidenden planen –

und mög ein gütiges Schicksal Sie uns allen, d. h. dem Reich erhalten. Heil Hitler!«[96]

Nach dem Ende des Dritten Reichs wurde Rudolf Hess im Oktober 1945 an das Internationale Militärtribunal in Nürnberg überstellt, wo sich der ehemalige Reichsminister und »Stellvertreter des Führers« zusammen mit 22 weiteren ranghohen Vertretern des NS-Regimes wegen Verschwörung und Verbrechen gegen den Frieden, Kriegsverbrechen und Verbrechen gegen die Menschlichkeit zu verantworten hatte.

Hess sprach dem Gericht jede Kompetenz ab.[97] Er war überzeugt, dass man ihn entweder zum Tode verurteilen oder aber ihm die politische Führung der drei Westzonen anvertrauen würde.[98] Wenn er nicht Gedächtnisverlust mimte, entwarf er daher emsig Pläne für die große Wende, die ihn rehabilitieren und ihm Amt und Würden zurückbringen würde. Vor der Urteilsverkündung am 31. August 1946 hielt er seine Schlussrede, deren Inhalt Ilse Hess voll billigte und als ein Zeichen unverbrüchlicher Treue und Charakterfestigkeit würdigte. Ihrer Aussage zufolge hat ihr Mann Worte gefunden, denen »ich nichts Gleichwertiges an die Seite zu stellen habe«. In seiner Rede, der seine Gattin so viel Lob zollte, sagte Hess unter anderem: »Ich verteidige mich nicht gegen Ankläger, denen ich das Recht abspreche, gegen mich und meine Volksgenossen Anklage zu erheben. Ich setze mich nicht mit Vorwürfen auseinander, ... die innerdeutsche Angelegenheiten sind und daher Ausländer nichts angehen ... Es war mir vergönnt, viele Jahre meines Lebens unter dem größten Sohne zu wirken, den mein Volk in seiner tausendjährigen Geschichte hervorgebracht hat. Selbst wenn ich es könnte, wollte ich diese Zeit nicht auslöschen aus meinem Dasein; ... Ich bereue nichts.«[99]

Der weitere Teil der Rede, in dem sich Hess an die Erklärung Hitlers vor dem Volksgerichtshof in München am 1. April 1924 anlehnte, beeindruckte Ilse Hess besonders auf Grund der darin enthaltenen fundamentalistischen, religiös-fanatischen Züge. Hess vergleicht sich mit Märtyrern, die für eine gerechte Sache freudig den Tod wählen. »Stünde ich wieder am Anfang, würde ich wieder handeln, wie ich handelte, auch wenn ich wüsste, dass am Ende der Scheiterhaufen für meinen Flammentod brennt. Gleichgültig, was Menschen tun, dereinst stehe ich vor dem Richterstuhl des Ewigen; ihm werde ich mich verantworten und ich weiß, er spricht mich frei.« Wenig später schrieb Hess seiner Frau: »Zu rechnen ist natürlich mit allem: mit Tod, Zucht- oder Irrenhaus.«

Am 1. Oktober 1946 wurde Rudolf Hess im Sinne von zweien der vier Anklagepunkte – Verbrechen gegen den Frieden sowie Kriegsverbrechen und Verbrechen gegen die Menschlichkeit – schuldig gesprochen und zu lebenslanger Haft verurteilt. Rudolf Hess amüsierte sich darüber und fügte der Mitteilung an seine Frau nach dem Wort »lebenslänglich« die Buchstabenfolge »vvvvv« an, jene lustige Lachlinie, mit der das Ehepaar heitere Passagen in seiner Korrespondenz zu markieren pflegte. Gegen Ende des Prozesses durften die Angeklagten Verwandtenbesuche empfangen. Alle machten davon gerne Gebrauch, nur Rudolf Hess nicht. Obwohl die ihm treu ergebene Gattin und der in Liebe zu seinem Vater erzogene, damals fast neunjährige Sohn sich nach einem Wiedersehen sehnten, lehnte der Gefangene dies kategorisch ab. »Auf euren Besuch bitte ich ... zu verzichten«, schrieb er am 5. Oktober 1946.

Ilse Hess hatte auch dafür Verständnis. »Mein geliebter

großer Junge, mir war natürlich wie einem Rennpferd zumute, das jahrelang für den Start trainiert worden ist und dem man im letzten Moment das Ziel weggenommen hat – aber du kannst beruhigt sein. Ich mache dir nicht die geringsten Vorwürfe ... Du wirst verstehen, dass ich ... die Ablehnung des Wiedersehens ... bedauere, auch wenn sie unwiderruflich ist ... wegen des Jungen, weil er so bitter enttäuscht worden ist ...«[100] Hess lobte seine Frau für das »Opfer für die deutsche Ehre«, und seine brüske Zurückweisung war bald verziehen. Frau und Sohn korrespondierten weiterhin mit dem schwierigen Mann und absonderlichen Vater, erhoben keine Vorwürfe, erteilten vielmehr zaghaft Ratschläge, gaben Buchempfehlungen und erinnerten an vergangene Zeiten.

Am 3. Juni 1947, kurz bevor man Rudolf Hess mit sechs weiteren Gefangenen am 18. Juli in das alliierte Militärgefängnis in Berlin-Spandau überstellte, wurde seine Gattin verhaftet. Als Grund führte das bayrische Staatsministerium für Sonderangelegenheiten »Fluchtgefahr« an. Ilse Hess hatte damit gerechnet, bestritt jedoch Fluchtabsichten: »... möchte ich festhalten, dass ich als Frau von Rudolf Hess und langjähriges Parteimitglied nie darüber im Zweifel gewesen bin, welche Sühnemaßnahmen mich erwarten ...«[101] Die Trennung von ihrem Kind fiel schwer. »... ich musste ja auch sehen, wie groß und jammervoll seine Augen bei aller schweigenden Tapferkeit wurden ...«, schrieb Ilse Hess am 13. Juli 1947[102] nach ihrer Einlieferung in das Arbeits- und Internierungslager Göggingen bei Augsburg, wo sie die Älteste der inhaftierten prominenten Parteigenossinnen war. »Ach könnte ich doch meinen Mann nur für eine kurze Stunde sprechen – er würde mir das Rechte raten!«[103], meinte sie, bevor sie sich gemeinsam mit ihrem Rechtsbeistand eine Strategie für das bevorstehende Spruchkammerverfahren überlegte.

Dr. Alfred Seidl vertrat Rudolf Hess und Hans Frank, den berüchtigten Gouverneur von Polen. Später verteidigte er die ebenso berüchtigte Ilse Koch, die Gattin des Kommandanten des KZ Buchenwald. Bei Ilse Hess zeigte der Jurist, der 1934 der SA als Rottenführer angehört hatte, plötzlich Gedächtnislücken und Skrupel. »Es ist nicht allein meine Arbeitsüberlastung«, schrieb er seiner Mandantin. »Es ist mein Zweifel, ob ich diese Verteidigung mit der genügenden Unvoreingenommenheit durchführen kann. War doch mein Verhältnis zur NSDAP, der Ihr Gatte und Sie an so weit sichtbarer Stelle angehörten, immer ablehnender Natur ... was mich über das rein Juristische an Ihrem Fall zu interessieren beginnt, ist die Frage, wie Sie, eine intelligente, und wie mir scheint, auch groß- und gutgesinnte Frau, überhaupt zu einer Bewegung stoßen konnten, die von Anbeginn Gewalt und Ungeistigkeit auf ihre Fahnen geschrieben hatte. Wollen Sie sich darüber bitte äußern?«[104]

Ilse Hess hat die rhetorischen Floskeln ihres Verteidigers, von dem sie wusste, dass er 1937 die Mitgliedschaft in die NSDAP beantragt hatte, nicht weiter übel genommen und antwortete: »... jedwede meiner Handlungen hat versucht, den Grundforderungen menschlicher, fraulicher und der [NS-]politischen Haltung zu entsprechen, vor allem aber auch der vornehmen Persönlichkeit meines Mannes, der seine Familie und Umgebung fast unmerklich formte.«[105]

Am 27. Januar 1948 begann das Spruchkammerverfahren gegen Ilse Hess, und der Ankläger führte die belastenden Punkte an: Die Gattin des »Stellvertreters des Führers« war Altparteigenossin und Trägerin des Goldenen Parteiabzeichens gewesen. Sie hatte für das Regime repräsentiert. Der Bezug einer Rente – noch zu Lebzeiten ihres Mannes – wies sie nach Ansicht des Klägers als Nutznießerin des Dritten Reichs aus. Der Ankläger plädierte auf »Hauptschuldig« und das Ersturteil lautete »Hauptbelastet nach Gruppe I«. Dr. Seidl berief, und ein weiteres Urteil stufte Ilse Hess als »Minderbelastet nach Gruppe III« ein. Eine Bewährungsfrist von sechs Monaten wurde verhängt sowie eine Geldbuße in der Höhe von 2000 Reichsmark, zahlbar an den Wiedergutmachungsfonds.[106]

Am 24. März 1948 wurde Ilse Hess aus dem Lager Göggingen entlassen. Sie zog nach Gailenberg Nr. 12 über Hindelang im Allgäu, wo ihr eine Zweizimmerwohnung in einem Mehrfamilienhaus zugewiesen wurde. Ihren Lebensunterhalt bestritt sie mit Gemüseanbau. Beharrlich trachtete sie danach, ihren in Spandau inhaftierten Mann wiederzusehen, doch Hess wies dieses Ansinnen stets zurück: »Dass ich es nicht vergesse – die Antwort wegen des vorgeschlagenen Besuches vorweg: So lieb es gedacht ist, aber ich möchte keinen Besuch haben, weder ›belanglosen‹, noch anderen. Die Gründe dafür kann ich euch nicht auseinander setzen ...«[107] Tatsächlich glaubte Hess, der Empfang seiner Familie würde einer Anerkennung des Urteilsspruches der Siegermächte gleichkommen.

Wieder blieb nur die Korrespondenz. So berichtete die Ehefrau tröstend, dass ein lieber Besuch, Hess' ehemaliger Chauffeur Rudolf Lippert, erzählt habe, mit welch unendlicher Zuneigung Hitler von Hess als »einem Idealisten reinsten Wassers« gesprochen habe.[108] Sie dankte dem Ehemann, den sie vor Jahrzehnten zum letzten Mal gesehen hatte, unbeirrt für das »schwere Glück eines ... Lebens an seiner Seite« und versuchte mit der Herausgabe ihres Briefwechsels den Gefangenen zu rehabilitieren. Als erster Band erschien 1952 »England – Nürnberg – Spandau«[109], denen gewidmet, »die am Schicksal von Rudolf Hess menschlich Anteil nehmen«. Bedingt durch die strenge Briefzensur durfte Ilse Hess ihren Mann weder über dieses noch über die weiteren Buchprojekte – »Gefangener des Friedens« und »Antwort aus Zelle sieben« mit einer Einleitung von Wolf-Rüdiger Heß[110] – informieren. Rudolf Hess erfuhr trotzdem davon – durch seinen cleveren Mithäftling Albert Speer, für den die Briefzensur kein Problem darstellte, der Kassiber schickte und bereits 350 Schreibmaschinenseiten mit Erinnerungen hinausgeschmuggelt hatte. »Ich unterrichte ihn«, gab Speer an, »dass seine Frau seine Briefe als Buch herausgegeben habe ... Hess ist über diese Nachricht ganz aus dem Häuschen. Als er zu erkennen gibt, dass es doch ganz in Ordnung sei, wenn er uns auch als Autor voraus sei, gebe ich ihm einen Dämpfer: Sie sollten dem Zensor dankbar sein, dass er so beharrlich Ihre verrückten Ansichten über Politik herausschneidet.«[111]

1955 eröffnete Ilse Hess zur Bestreitung ihres Unterhalts eine Fremdenpension. Der Prospekt warb für »Die Bergherberg. 1000 m. ü. M. Gailenberg 4 über Hindelang/Allg. Tee- und Weinstube – Übernachtungen. Geführt von Frau Rudolf Hess.« In dem von einem befreundeten Ingenieur günstig gemieteten schönen Haus veranstaltete die Frau des Häftlings von Spandau Konzerte und Dichterlesungen. 1959 schickte der ehemalige HJ-Obergebietsführer Karl Cerff ein Rundschreiben an Freunde mit der Bitte um

Die Bergherberg von Ilse Hess (Werbeprospekt)

Unterstützung: »Es scheint mir unerträglich, dass wir in Freiheit und Wohlstand oft tatenlos zusehen, wie diese Männer [die Häftlinge von Spandau] in grausamer Weise unter einer politischen Verstrickung leiden müssen, über die die Geschichte erst noch ein objektives Urteil zu sprechen haben wird ... diese Aktion soll zunächst dem tragischsten der Fälle dienen und der tapferen Frau Ilse Hess ... Sorgen abnehmen ... da diese Bergherberg nicht zuletzt ihrem Mann nach seiner Rückkehr aus der 18-jährigen Haft ein neues und sorgenfreies Zuhause bieten soll, ist es für uns alle eine unbedingte Pflicht, ja für viele sicher eine Herzenssache, nach besten Kräften zu helfen ...«[112]

Ilse Hess in ihrer Bergherberg (1967)

Obwohl ein Ende der Haft von Rudolf Hess nicht in Aussicht stand, hat seine Frau, zuerst allein, dann mit ihrem erwachsenen Sohn als kongenialem Partner um die Freilassung des Inhaftierten gekämpft. Sie war bestrebt, ihrem Mann auch den ihm ihrer Meinung nach gebührenden Platz in der Geschichte zu sichern, arbeitete an seiner Legendenbildung und stellte Rudolf Hess als einen vom NS-Regime abgekoppelten Friedensapostel dar.[113] Unerwähnt blieb die Tatsache, dass Hess die Verständigung mit England nur zu Gunsten einer europäischen Vorherrschaft des Dritten Reichs gesucht hatte.

Der Gefangene selbst hat die Bemühungen seiner Familie um seine Freilassung und Rehabilitierung in keiner Weise unterstützt. Gnadengesuche lehnte er striktest ab. Als sich im September 1966 die Tore des Spandauer Gefängnisses für Albert Speer und Baldur von Schirach öffneten, wandte sich Ilse Hess im Oktober 1966 an Papst Paul VI., den Weltkirchenrat, die Menschenrechtskommission der UNO und an die Staatsoberhäupter der vier Gewahrsamsmächte. Rudolf Hess reagierte ungehalten. »Ich las die Meldung, ihr hättet einen Appell ... gerichtet. ... Wollt ihr aber, dass ich mit einem Flecken auf meinem Charakterbild dermaleinst in die Geschichte eingehe? Nein, das wollt ihr nicht! Und so begreift: Meine Ehre steht mir höher als die Freiheit!«[114]

Erst als Hess lebensgefährlich erkrankte und den Tod vor Augen hatte, gab er den Überredungskünsten von Colonel Eugene Bird, dem US-Kommandanten des Spandauer Gefängnisses, nach und ließ am 24. April 1969, knapp vor seinem 76. Geburtstag, einen Familienbesuch zu.[115] Colonel Bird berichtete über dieses Wiedersehen nach 28 Jah-

Ilse und Wolf-Rüdiger Hess bei einem Besuch im Gefängnis von Spandau (1970)

ren: »... zum ersten Mal sollen Hess' Frau und Sohn ihn im Gefängnis besuchen, und der Augenblick ihres Eintreffens steht kurz bevor. Um 10 Uhr 50 fahren sie in einem gemieteten Opel Rekord vor ... Frau Hess hält einen großen Blumenstrauß in der Hand, und auf die Rufe der Fernsehkameraleute und der Fotoreporter drehen sie sich kurz zu diesen um. ... Da öffnet sich die Tür jenseits des Besuchertisches, und hinter dem Wachoffizier tritt Hess ein. ... Glücklich winkt er seiner Frau mit der Hand ... ›Grüß dich, Ilse.‹ Sie setzen sich und beginnen sofort eine Unterhaltung über ihre Briefe, ... dann kommt das Gespräch ... auf die Zeitungen. ›Sie bringen die deutsche Sprache um‹, sagt er. ›Ja‹, bestätigt Frau Hess. ›Sogar mein Chauffeur sagt okay, okay.‹ ... Sie sieht ihren Mann scharf an: ›Du bist dünner geworden‹ ... nach einem Gespräch über private Angelegenheiten bittet Hess sie, ihm ein bestimmtes Buch zu kaufen. ›Aber das ist eins über den Zweiten Weltkrieg, Rudolf, das darfst du doch gar nicht lesen.‹ Er stimmt zu: ›Ich weiß. Kauf es trotzdem. Dann kann ich es lesen, wenn ich heimkomme.‹ Die halbe Stunde ist vorbei, und es ist Zeit zu gehen ... Da dreht sich Frau Hess um und ergreift die Türklinke. Ein letzter Blick auf ihren starr aufgerichteten Mann. Er verbeugt sich, und sie öffnet die Tür und geht hinaus. Sie ist den Tränen nahe.«[116]

In den folgenden Jahren gab es dann insgesamt 232 Besuchstermine. Rudolf Hess verbrachte 41 Jahre seines Lebens im Militärgefängnis Spandau, die letzten 21 Jahre als einziger Insasse des riesigen, für 600 Häftlinge geeigneten Gebäudekomplexes, bewacht von einem monatlich wechselnden Kommando der vier Alliierten. Er wurde zum teuersten Häftling der Welt.

Für Ilse Hess war und blieb ihr Mann ein »Märtyrer des Friedens«, und sie rechnete lange Zeit mit seiner Begnadigung. Zeitweise schien diese auch nahe, zumal die westlichen Alliierten dafür plädierten und internationale Hilfsgemeinschaften »Freiheit für Rudolf Hess« forderten. Alle Bemühungen zur Begnadigung des alten Mannes scheiterten jedoch am unerschütterlichen Veto der Sowjets, für die Hess jener Mann war, der Hitler den Rücken beim Kampf gegen die Sowjetunion freihalten wollte. Um 1970 hat Ilse Hess resigniert. Als sie hörte, dass sich ihr Mann in der Hoffnung auf seine Freilassung einen neuen Anzug bestellte, meinte sie zum Gefängnisdirektor: »Ich glaube, darauf können wir nicht mehr hoffen. Wir müssen uns mit der Situation abfinden, wie sie ist: Mein Mann wird in diesem Gefängnis sterben.«

Die Frau des einstigen »Führer-Stellvertreters« hat in geistiger und körperlicher Frische ein hohes Alter erreicht. So meinte die alte Dame, als ihr der Engländer Hugh Thomas, ein Chirurg am Berliner Britischen Militärspital, 1979 sein Buch »The Murder of Rudolf Hess«[117] mit spektakulärem Inhalt vorstellte, resolut: »Der hat nicht alle Tassen im Schrank!« Laut Thomas' These habe man den Stellvertreter Hitlers schon längst ermordet, in Spandau jedoch sitze ein Doppelgänger.

Rudolf Hess sollte sein Gefängnis nicht lebend verlassen. Am 17. August 1987, wenige Monate nach seinem 93. Geburtstag, erdrosselte er sich mit dem Kabel eines Heizkörpers, wie seine Bewacher angaben. Seine Frau und sein Sohn glaubten jedoch auf Grund des unklaren Tathergangs an vorsätzlichen Mord.[118] Sie stützten sich dabei auf Widersprüche im Autopsiebericht, auf Angaben des Gefängnisgeistlichen, aber auch auf Dr. Thomas. Dieser war überzeugt davon, dass man nun auch den Doppelgänger von Hess ermordet habe, und schrieb ein neues Buch: »A Tale of Two Murders« (Eine Geschichte zweier Morde).[119]

Ilse Hess hat ihren Mann lange überlebt. Sie ist am 7. September 1995 im 96. Lebensjahr in Lilienthal im Allgäu verstorben.[120] Bis zuletzt blieb sie – wie auch ihr Sohn Wolf-Rüdiger – überzeugt, dass Rudolf Hess hinter den Gefängnismauern von Spandau einem heimtückischen Mordanschlag zum Opfer gefallen sei.

Annelies von Ribbentrop

Die »Lady Macbeth« des Dritten Reichs

12. Januar 1896 – 5. Oktober 1973

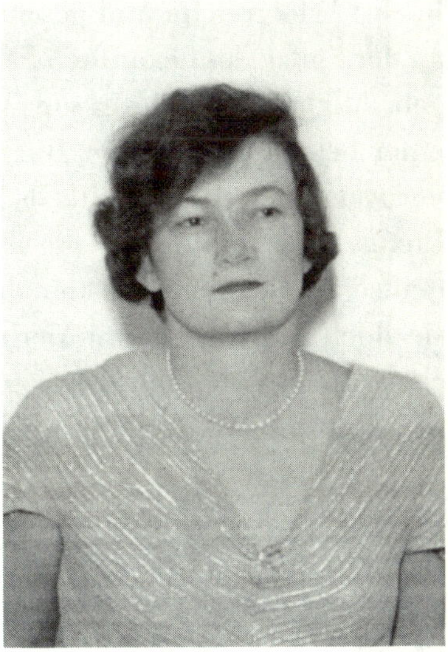

»Meine Herren, der Eiserne, der ist SIE«, meinte Hitler, als er den Außenminister des Dritten Reichs, Joachim von Ribbentrop, aus Anlass seines 50. Geburtstags im Mai 1943 auf Schloss Fuschl im Salzkammergut besucht und sich längere Zeit mit seiner Gattin unterhalten hatte.[1] In diplomatischen Kreisen war dies längst bekannt. Man wusste sehr wohl Bescheid um Ehrgeiz und Einfluss der Annelies von Ribbentrop, die als eine Art politische Einpeitscherin ihres Mannes galt, und gab jungen Diplomaten den guten Rat: »Nicht vergessen, dass Frau von Ribbentrop die entscheidende Persönlichkeit ist! Bei allen Dingen immer überlegen, ob sie im Sinne von Frau von Ribbentrop erledigt würden!«[2] Von dem Ehemann der selbstbewussten und durchschlagskräftigen Dame meinte der NS-Minister für Propaganda, Dr. Joseph Goebbels, jedoch abfällig: »Seinen Namen hat er gekauft, sein Geld hat er geheiratet, sein Amt hat er sich erschwindelt!«[3] Im Rückblick kann noch hinzugefügt werden: »Und seine Politik hat er von seiner Frau!« Ribbentrops Karriere ist unvorstellbar ohne die lenkende Hand seiner Gattin, die wie keine andere Frau im Dritten Reich politisch aktiv wurde.

Annelies von Ribbentrop, geborene Henkell, war die Tochter des Sektfabrikanten Otto Henkell. Der witzige, höchst erfolgreiche und geschätzte Großindustrielle stand an der Spitze des bekannten Sektimperiums. Mutter Käthe, geb. Michel, die häufig ein Monokel trug, stammte aus einer bekannten Mainzer Bürgerfamilie. Um die Jahrhundertwende waren die Henkells Inbegriff von Reichtum und Luxus. Stolz zählte sich die Familie zu den bekanntesten deutschen Gründerdynastien des 19. Jahrhunderts. Konnte sie doch auf eine kontinuierliche Erfolgsstory zurückblicken, die innerhalb dreier Generationen von einer schlichten Mainzer Weinkellerei zu einem internationalen Riesenkonzern geführt hatte. Es war Vorfahre Adam, der bei seiner Gesellenwanderung in Frankreich die »Champagnisierung« des Weins kennen gelernt und nach seiner Heimkehr 1856 in Mainz mithilfe einer zweiten Gärung Sekt aus Wein hergestellt hatte. Seinem Enkel Otto, Annelies' Vater, war 1894 mit der Idee, immer gleichen Sekt in immer gleicher Aufmachung herzustellen, der Durchbruch auf dem internationalen Markt gelungen. Bald fehlte sein »Henkell-Trocken« auf keinem Fest. 1906 verkaufte man von der Renommiermarke bereits drei Millionen Flaschen.

Annelies Henkell kam in Mainz, dem Stammort des Unternehmens, am 12. Januar 1896 zur Welt und ging dort auch zur Volksschule. 1907 übersiedelte die Familie im Gefolge der expandierenden Firma nach Wiesbaden-Biebrich, wo der bekannte Architekt Beat Wieland in der Beethovenstraße für die aufstrebenden Henkells eine prachtvolle Villa im englischen Landhausstil erbaute, die in zeitgenössischen Architekturblättern großes Lob fand. Darüber hinaus ließ sich Otto Henkell zwischen 1907 und 1909 von dem Architekten Paul Bonatz ein schlossartiges Bauwerk im klassizistischen Stil errichten, das in idealer Weise modernste Technik mit den Erfordernissen von Repräsentation und Selbstdarstellung verband. Mit Freitreppe, Säulengalerie und viel Stuck trug es wesentlich zur Imageförderung des edlen Schaumweins bei. Dank der florierenden Firma Henkell nahm Biebrich einen gewaltigen wirtschaftlichen Aufschwung – es entstand ein eigener Stadtteil – und wurde sogar zur Fremdenverkehrsattraktion. 40 000 Gäste ließen sich pro Jahr durch die Muster-Sektkellereien führen und belebten die Gastronomie der Umgebung. Das großzügige Mäzenatentum der Familie auf sozialem, künstlerischem und sportlichem Gebiet machte die Henkells bald zu geschätzten Wohltätern der Stadt. Annelies wuchs in dem Bewusstsein heran, einer ungekrönten Herrscherfamilie anzugehören, obwohl ihre Eltern einen persönlich anspruchslosen, fast spartanischen Lebensstil pflegten, keine unnötigen Ausgaben duldeten und auch die Kinder zu Bescheidenheit und Sparsamkeit anhielten. Zeitzeugen fanden das mittelgroße, zarte Mädchen zwar nicht besonders hübsch, jedoch apart, lebhaft und kapriziös. Man attestierte ihm Intelligenz und Schlagfertigkeit, gepaart mit etwas Bosheit. Mit der Gesundheit der Heranwachsenden war es jedoch schlecht bestellt. Seit der Kindheit litt sie unter chronischen Entzündungen und Vereiterungen der Stirnhöhlen, ein Leiden, das trotz mehrerer Operationen nicht zu beheben war und ihr lebenslang schwere Kopfschmerzen verursachte.[4] In Wiesbaden besuchte Annelies ein Privatlyzeum, wo sie sich, mitgerissen vom Elan ihrer verehrten Lehrerin (Frl. Guttmann), für die Fächer Deutsch, Geschichte und Religion begeisterte und hervorragende Leistungen erbrachte. Ihr großes Interesse gehörte allerdings der Malerei, und so studierte das Mädchen nach dem Abitur einige Jahre lang Kunstgeschichte in München.[5] Schon früh entwickelte die Industriellentochter großes Selbstbewusstsein, Durchsetzungsvermögen und den Ehrgeiz, den hohen sozialen Status des Elternhauses in einer eigenen Familie beizubehalten, wenn nicht gar noch zu übertreffen.

Während des Ersten Weltkriegs war Annelies Henkell mit Hermann Hommel, einem Onkel des späteren NS-Rüstungsministers Albert Speer, verlobt.[6] Hommel war jedoch vergessen, als Annelies im Sommer 1919 in Bad Homburg während eines Tennisturniers den großen blonden Joachim Ribbentrop kennen lernte. Der gut aussehende Exoberstleutnant mit den wässrig blauen Augen bestach als blendender Tänzer und Gesellschafter, kleidete sich elegant und gab sich als Dandy. Sein Auftreten als »Mann von Welt« und »englischer Gentleman« gefiel den in bürgerlich-soliden Wertvorstellungen verhafteten Eltern Henkell nicht, faszinierte jedoch die Tochter umso mehr.

»Als ich mit siebzehn Jahren einmal von meinen Eltern nach Wiesbaden mitgenommen wurde«, erinnerte sich Albert Speer an das Jahr 1922, »beeindruckte mich Ribbentrop, weil er bei wolkenlosem Himmel über den Arm einen Regenschirm und in der Hand eine so genannte Melone trug. Der große blonde Mann, der den Kopf stets hocherhoben hielt, machte einen arroganten und unzugänglichen

Eindruck. Nur in Witzzeitungen hatte ich bis dahin solch eine ans Lächerliche reichende Kopie des englischen Gentleman gesehen.«[7]

Als Joachim Ribbentrop um die Hand von Annelies anhielt, zog Otto Henkell Erkundigungen über den Bewerber mit dem pompösen Gehabe ein und bekam die vage Auskunft, dass dieser mit Spirituosen handle, über großen Ehrgeiz sowie beste Manieren verfüge.[8] Dem Vater schien dies für die Zukunft seiner Tochter zu wenig, und Mutter Henkell tat – wie sie später angab – »ihr Bestes, um diese Ehe zu verhindern«[9]. Auch die jüngere Henkell-Generation fand den Freund von Annelies unsympathisch, ja unerträglich. Doch schließlich beugten sich die Eltern dem energischen Wunsch ihrer Tochter, und die Hochzeit fand am 20. Juli 1920 statt. Der Schwiegersohn hatte zum Zeitpunkt seiner Eheschließung bereits ein abenteuerlich-bewegtes Leben hinter sich.

Der am 30. April 1893 in Wesel im Rheinland geborene Joachim Ribbentrop entstammte einer alten, teilweise nobilitierten Familie, die fünf Generationen lang Offiziere hervorgebracht hatte.[10] Joachims Vater war ein preußischer Oberstleutnant, korrekt, anspruchslos und ein großer Bewunderer der Politik des Reichskanzlers Bismarck. Nach dem frühen Tod seiner Gattin Sophie im Jahre 1902 entschloss sich Richard Ribbentrop seiner drei Kinder wegen zu einer zweiten Ehe. Mit Olga von Prittwitz und Gaffron erhielten Joachim und seine Geschwister Ingeborg und Lothar eine fürsorgliche Stiefmutter. 1908 quittierte Richard Ribbentrop den Armeedienst, zog von Metz nach Arosa in der Schweiz und widmete sich fortan seinem Hobby, dem Studium der Geschichte und der Kultur Japans. Wie seine

Geschwister ging Joachim in Metz zur Schule, wo er den Mitschülern – im Gegensatz zu den Lehrern – durch Faulheit, Frechheit und Ungehorsam imponierte und bereits in der Untersekunda vorzeitig die Schule verlassen musste. Auf Drängen von Stiefmutter und Gertrude von Ribbentrop, einer im gemeinsamen Haushalt lebenden wohlmeinenden Tante, besuchte Joachim Internate in Frankreich, in der Schweiz und in London, wo er zwar ausgezeichnete Sprachkenntnisse erwarb, aber weder das Abitur noch einen positiven Schulabschluss schaffte. 1910 brach der Siebzehnjährige nach Kanada auf, wo sich das Kontaktgenie mit gewandtem Auftreten auf verschiedenste Weisen durchs Leben schlug. Der junge Mann verdiente seinen Unterhalt als Holzfäller, arbeitete in einer Tauchglocke beim Brückenbau, verdingte sich als Violinspieler, war Angestellter einer Bank und ging mit einer Eistanzgruppe auf Tour.[11] Daneben entwickelte er ein erstaunliches gesellschaftliches Talent, verkehrte bald im Haus des Herzogs von Connaught, des Generalgouverneurs von Kanada, und fand als erstklassiger Tänzer, Bridge- und Tennisspieler Eingang in die vornehmsten Kreise.[12]

Ribbentrop hat die hauptsächlich mit Gelegenheitsarbeiten verbrachten Jahre in Vancouver, Montreal und Ottawa später oft großzügig mit »vierjährige Geschäftstätigkeit als selbständiger Unternehmer« umschrieben. Tatsächlich hatte er 1914, im Jahr seiner Abreise, eine kleine Agentur für den Import deutscher Weine besessen. Beim Ausbruch des Ersten Weltkriegs kehrte der Einundzwanzigjährige Anfang August 1914 unter abenteuerlichen Umständen in seine Heimat zurück. In seinen Memoiren gibt er an, »ein junges Mädchen, mit dem ich mich verloben wollte, die geschäftlichen Möglichkeiten und mein Vermögen« zurückgelassen zu haben.[13] Er schmuggelte sich, in der Kohlenkammer eines neutralen Schiffs versteckt, durch alle britischen Blockaden und meldete sich in Deutschland als Kriegsfreiwilliger zu den 12. Torgauer Husaren. Bei Kämpfen an der Ost- und Westfront erlitt er schwere Verwundungen, wurde mit dem Eisernen Kreuz ausgezeichnet und schließlich im Frühjahr 1918 als Adjutant des Bevollmächtigten des preußischen Kriegsministeriums nach Konstantinopel geschickt. Damals lernte er den späteren deutschen Reichskanzler Franz von Papen kennen. Er gewann auch erstmals Einblicke in die Welt der Diplomatie, die er sofort als die ihm gemäße zu erkennen glaubte.

Nachdem er 1919 als Oberstleutnant seinen Abschied nehmen musste, besann sich Ribbentrop auf seine guten Auslandskontakte sowie sein kaufmännisches Talent und verdingte sich als Vertreter für französische Weine und Liköre. Im Sommer 1919 traf er Otto Henkell und kurz darauf auch dessen emanzipierte Tochter Annelies, womit der ehrgeizige junge Mann an einem Wendepunkt seines Lebens angelangt war. Er ergriff die Chance, löste eine bestehende Liaison und pflegte die viel versprechende Bekanntschaft mit der Industriellentochter. Es war ein Schritt, den er nie bereut hat, denn aus der kühlen Berechnung wurde eine große Liebe. Bald stand Ribbentrop ganz unter dem Einfluss seiner klugen Gefährtin, die ihn liebte und beherrschte und seine rasch wechselnden Launen meisterhaft auszugleichen verstand. Annelies lenkte, förderte und überwachte jeden Schritt ihres Joachim, der auf ihr Urteil zählte und sich schon nach kurzer Zeit ein Leben ohne seine Beraterin gar nicht mehr vorstellen konnte. Später hat Ribbentrop seinem Sekretär, der im Begriff war, eine unpassende Verbindung einzugehen, im vertraulichen Gespräch von Mann zu Mann gestanden: »Auch ich habe einmal geglaubt, nur eine einzige Frau lieben zu können und habe dann – nicht ohne Vernunft – meine jetzige Frau geheiratet und bin mit ihr, sehr, ja sehr, glücklich geworden.«[14]

Die Eltern Henkell wussten 1920 nichts von dem großen Opfer des im Bekanntenkreis nur »Ribbensnob« Genannten[15], errieten aber mühelos seine anfangs rein pekuniären Motive und sträubten sich gegen die Heirat ihrer Tochter. Dabei spielte weniger die Mittellosigkeit des künftigen Schwiegersohns als seine Arroganz eine Rolle.

Für Ribbentrop jedoch hatte sich mit dem plötzlichen Tod des deutschen Vertreters der Whiskyfirma Johnny Walker eine unerwartete berufliche Chance ergeben. Er wollte die Nachfolge übernehmen, erfuhr aber, dass sich zwei Mitbewerber bereits per Eisenbahn auf den Weg nach Schottland gemacht hatten. Kurz entschlossen lieh er sich Geld, kaufte ein altes abgerüstetes Kriegsflugzeug und ließ sich direkt nach Kilmarnock zu Sir Alexander Walker fliegen, wo er genau auf dem Rasen direkt vor dem Schloss des Whiskymagnaten landete. Der verblüffte Walker meinte nur schlicht: »You are my man!« Zu diesem Anfangserfolg gesellten sich weitere. Überwältigt von so viel Unternehmergeist stimmte Otto Henkell der Hochzeit seiner Tochter zu und beteiligte den Schwiegersohn auch an seiner Berliner Firmenvertretung. Am 11. Mai 1921 kam in Wiesbaden Rudolf, der älteste Sohn des Paares, zur Welt. Seine am 20. Juli 1922 geborene Schwester Bettina – drei weitere Kinder (Adolf, Ursula und Barthold) sollten noch folgen –

wurde bereits in Berlin geboren, wohin die Ribbentrops 1922/23 übersiedelt waren.

Eine stattliche Mitgift und eine großzügige väterliche Apanage erlaubten Annelies den Ankauf eines Grundstücks im Berliner Nobelbezirk Dahlem in der Lentzeallee 7–9, später 7–11. Für die Errichtung einer eleganten Villa gewann sie den Architekten ihres Vaters, Paul Bonatz, der für das junge Ehepaar ein beachtenswertes Werk moderner Architektur schuf. Mitte der Zwanzigerjahre war das Ribbentrop'sche Import- und Exportgeschäft eines der größten seiner Art in Deutschland. »Mein Mann legte 1924 die Henkell-Vertretung nieder und widmete sich ausschließlich seiner von ihm selbst aufgebauten Firma«, schrieb Annelies Ribbentrop über diese Zeit.[16]

Das Ehepaar Ribbentrop wurde sehr rasch sehr reich und lebte in großbürgerlichem Stil. An der Villa ließ es mehrere An- und Umbauten durchführen, durch Zukäufe vergrößerte es den Garten zum Park mit Tennisplatz und Swimmingpool.[17] »Die Einrichtung des Hauses war ausgesprochen kostspielig«, berichtete ein Besucher.[18] Wie aus dem sorgfältig geführten Katalog ihrer Wertgegenstände hervorgeht, betätigten sich die Ribbentrops bald als engagierte Sammler.[19] Die kunstverständige Annelies spezialisierte sich auf den Erwerb von Gemälden, wobei sie moderne französische Künstler wie Gustave Courbet, Claude Monet und André Derain bevorzugte. Das Prunkstück der schließlich über 110 bedeutende Gemälde umfassenden Sammlung bildete ein Madonnenporträt von Fra Angelico, das sie von einem Onkel geerbt hatte. Auch ihre im Laufe der Zeit erworbenen Landschaften von Maurice de Vlaminck fanden den Beifall von Kunstexperten.[20] Joachim

Annelies von Ribbentrop vor einem Bild von André Derain

Ribbentrop wiederum trug alte Tapisserien und kostbarste Teppiche zusammen, die Hitler später sehr bewunderte.

In dem schönen, gastfreundlichen Haus des Großkaufmanns traf man Adelige, Finanziers und Industrielle. Eingeführt in die erste Berliner Gesellschaft wurden die Ribbentrops von dem Gesandten Freddy Horstmann und seiner Gattin Lally, die aus der angesehenen jüdischen Familie Schwabach stammte. Bald umgab den Vertreter edler Weine und seine Gattin – in krassem Gegensatz zu späteren Jahren – ein großer, vorwiegend jüdischer Freundeskreis, zu dem auch die Journalistin Bella Fromm gehörte. Sie attestierte den Ribbentrops »ausgezeichnete Manieren« sowie »eine vorzügliche Küche«.[21] Auf jeden Fall hat die Zusammensetzung der Gesellschaft einen Gast (Graf Oscar von Platen und Hallermund) einmal zu der Frage veranlasst: »Bin ich eigentlich der einzige Christ hier?«[22]

Es dauerte nicht lange, bis Politiker und ausländische Diplomaten den Ribbentrop-Kreis entdeckten und nutzten. »Ein Attaché kann dort interessante Kontakte schließen«, hieß es in den Berliner Botschaften, »obwohl Ribbentrop nur einlädt, wen er für nützlich erachtet. Der Mann ist ein ehrgeiziger Narr mit gutem Auftreten.«[23] Am liebsten umgab sich das Ehepaar mit Baronen, Grafen und Prinzen – einer blaublütigen Gesellschaft, die Joachim Ribbentrop seinen Mangel an Ebenbürtigkeit schmerzlich vor Augen führte. Seine Familie gehörte nämlich nicht dem Adel an, während andere Verwandte auf jenen Friedrich Wilhelm Ribbentrop zurückgingen, der am 6. Februar 1823 das begehrte »von« erhalten hatte. Die Nobilitierung beruhte auf verdienstvollen Lieferungen an die preußische Armee, sodass man ihm in sprechendem Anklang an seine Leistungen ein Wappen mit zwei gekreuzten Kanonen und einem Schaf verliehen hatte. Schließlich fanden die Ribbentrops einen Ausweg. Sie besannen sich der alten Tante Gertrude, die »von Ribbentrop« hieß, und überredeten sie zur Adoption ihres Neffen.[24] Dieser erwarb am 15. Mai 1925 Titel und Wappen, entrichtete im Gegenzug eine lebenslängliche Rente von 450 Reichsmark[25] und bekam damit jenen Status, der ihm den Eintritt in den renommierten und politisch einflussreichen Berliner Herrenklub ermöglichte. Die auf ihr erfolgreiches Bürgertum stolzen Schwiegereltern Henkell waren vor den Kopf gestoßen, und Annelies' Mutter klagte einem Bekannten: »Sein letzter Trick, sich von einer der adeligen Ribbentrops adoptieren zu lassen, hat nicht nur ihn, sondern auch uns lächerlich gemacht. Unsere Verwandten schauen uns schief an ... meine Tochter liebt das alles, weil sie weiß, dass es mich ärgert. Was kommt als Nächstes? Was für Überraschungen hat er noch auf Lager? ...«[26]

Bis 1932 hielt sich das Interesse der Ribbentrops für Politik in Grenzen. Man empfand das Vertragswerk von Versailles als ungerecht und bedauerte die Mühsale der parlamentarischen Demokratie. Profund hingegen waren die Abscheu und die Angst des Ehepaares vor dem Kommunismus. Keine Cocktailparty verstrich, ohne dass die Ribbentrop'schen Gäste nicht vor der »Bolschewistenpest« gewarnt wurden. Den steten Aufstieg des Nationalsozialismus nahm man jedoch nur am Rande wahr. Erst im Zuge der Weltwirtschaftskrise, als die Weimarer Republik erneut in eine tiefe Rezession schlitterte, begrüßten Annelies und Joachim von Ribbentrop die NSDAP als letzten Retter in der Not und im Kampf gegen die Gefahr aus dem Osten. Und als Hitlers Erfolge unübersehbar waren, ließ sich Ribbentrop im Sommer 1932 von dem SA-Gruppenführer und späteren Polizeipräsidenten von Berlin, Graf von Helldorf, eine Audienz beim »Führer« der Nationalsozialisten auf dem bayrischen Obersalzberg vermitteln.[27] Hitler unterhielt sich lange mit dem »Mann von Welt«, der mit erstklassigen Auslandskontakten prahlte und sich als profunder Kenner Englands ausgab. Ribbentrop wiederum kehrte fasziniert nach Hause zurück und erzählte seiner Frau: »Ich hatte den Eindruck, hier einem Mann gegenüber zu sein, der weiß, was er will, der einen unerschütterlichen Willen besitzt und eine starke Persönlichkeit ist.«[28]

Annelies von Ribbentrop bewunderte ihren Gatten, der, wie sie meinte, »seinen eigenwilligen Charakter, der keinen Zwang vertragen konnte, der genialen Persönlichkeit Hitlers unterstellte«. In ihren Erinnerungen notierte sie den Schritt, zu dem sie ihrem Mann nach eingehender Beratung riet. »Nach diesem persönlichen Zusammentreffen mit Adolf Hitler trat mein Mann der NSDAP als Mitglied bei.« Ihren eigenen NSDAP-Beitritt vom 1. Dezember 1932 erwähnte die Parteigenossin mit der Mitgliedsnummer 1 411 594 nicht.[29]

Ab Mitte 1932 verhandelte Hitler über eine Regierungsbeteiligung der NSDAP. Im Hinblick auf die großen Wahlerfolge seiner Partei (Reichstagswahlen Juli 1932: 37,3 Prozent, November 1932: 31,1 Prozent) forderte er das Amt des Reichskanzlers. Reichspräsident Paul Hindenburg bot dem »böhmischen Gefreiten«, wie er Hitler verächtlich nannte, jedoch nur den Posten des Vizekanzlers. Die Verhandlungen scheiterten, und Hitler zog sich wütend auf den Obersalzberg zurück. In dieser heiklen und verfahrenen Situation bat man den mit Reichskanzler von Papen gut bekannten politischen Außenseiter Ribbentrop um seine Vermittlung. »Hitler sendet den mir ... bekannten Herrn von Ribbentrop zu mir mit der Bitte um eine Unterredung in dessen Haus«, schrieb von Papen in seinen Erinnerungen.[30]

Damals schlug für den Großhändler die Stunde seines

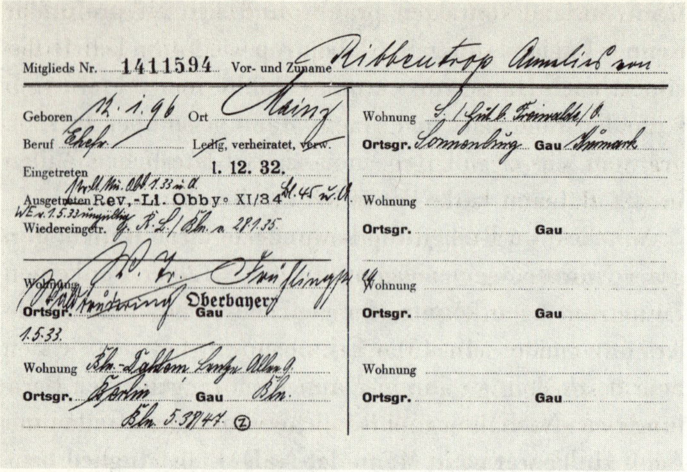
Mitglieds Nr. 1411594 Vor- und Zuname Ribbentrop Annelies von

Geboren 12. 1. 96 Ort Mainz

Beruf Ehefr. Ledig, verheiratet, verw.

Eingetreten 1. 12. 32.

Ausgetreten Rev.-Li. Obby. XI/34

Wiedereingetr. 28.1.35

Wohnung

Ortsgr. Gau Oberbayern

1.5.33.

Wohnung Bln.-Dahlem

Ortsgr. Berlin Gau Bln.

Bln. 5.38/47.

Wohnung

Ortsgr. Gau

Wohnung

Ortsgr. Gau

Wohnung

Ortsgr. Gau

Wohnung

Ortsgr. Gau

Die Parteigenossin: Annelies von Ribbentrop tritt der NSDAP bei

Debüts in der großen Politik. Er wirkte als Vermittler zwischen den Konservativen und den Nationalsozialisten. Für Beratungen stellte er seine Villa in Berlin-Dahlem zur Verfügung. Auch Annelies von Ribbentrop interessierte sich lebhaft für die politischen Machenschaften, die Hitler letztendlich – über eine Koalitionsregierung – an die Macht bringen sollten. Über die weltgeschichtlich bedeutenden Ereignisse des Januars 1933 berichtete sie: »Die Zusammenkünfte in unserem Haus blieben streng geheim, was für das Gelingen der Regierungsbildung nicht unwichtig war. Zu den Besprechungen wurde Herr von Papen von unserem langjährigen Fahrer abgeholt und zurückgebracht. Hitler dagegen pflegte auf unserem Garagengrundstück aus- und einzusteigen, um unser Haus durch den Garten zu erreichen.«[31] Über Aufforderung seiner Chefin hat sich der Ribbentrop'sche Chauffeur damals Notizen gemacht.

Darin heißt es: »Dienstag, 10. Januar 1933: ... gegen 21 Uhr holte ich Herrn von Papen ab ... gegen 22 Uhr traf Hitler ein ... im Haus selbst waren alle ab 21 Uhr nach oben geschickt worden bzw. hatten Ausgang. Nur der Diener Landgraf und ich waren zugegen. Landgraf, der die Bedienung in den Räumen hatte – und ich die Bewachung des Hauses.«[32] Auch Frau von Ribbentrop behielt den 10. Januar in guter Erinnerung: »... weil ich an diesem Abend mit Adolf Hitler zum ersten Male zusammentraf. Ich begrüßte ihn im Arbeitszimmer meines Mannes, wo er mit Herrn von Papen eine Besprechung unter vier Augen führte. Am 12. Januar erwarteten wir Hitler und Papen zum Mittagessen ... Hitler sagte ab; Papen kam allein und äußerte sich besorgt hinsichtlich der Lippe-Wahlen.«[33]

Annelies von Ribbentrop hat die Koalitionsverhandlungen nicht nur als Gastgeberin und passive Zeitzeugin miterlebt, sondern – über den Ehemann – an den Verhandlungen, die den Lauf der Weltgeschichte bestimmen sollten, mitgewirkt. Täglich ließ sie sich von ihrem Mann über den Stand der Besprechungen berichten. Danach suchte das Ehepaar gemeinsam nach Ideen und Lösungen, um den drohenden Abbruch der häufig stockenden Gespräche zu verhindern. Ribbentrop hat die Vorschläge des ehelichen Konzils dann getreulich umgesetzt. So wurde das Gesprächsklima durch die Zuziehung Oskar von Hindenburgs, des Sohns des Reichspräsidenten, verbessert und der greise Hindenburg milde gestimmt. Auch die Idee einer nationalen Front, die schließlich den Durchbruch bringen sollte, stammte von dem Geschäftsmann und seiner Gattin. Annelies von Ribbentrop hat als Erste die eminente historische Bedeutung der geheimen Treffen in ihrem Haus erkannt und im Hinblick auf nachfolgende Generationen eine schriftliche Zusammenfassung der Geschehnisse veranlasst. Da kein Fremder eingeweiht werden sollte, diktierte sie die Tagesereignisse ihrer Cousine. In dieser wertvollen lückenlosen Chronik – der einzigen schriftlichen Quelle zu den Verhandlungen, die zur »Machtergreifung« Hitlers führten – heißt es unter anderem: »Dienstag 10. 1. 33. Unterredung mit Hitler und Papen. Hitler will keine weitere Zusammenkunft mit Papen vor der Lippeschen Wahl ... Mittwoch 18. 1. 12 Uhr in Dahlem: Hitler, Röhm, Himmler, Papen. Hitler besteht auf Kanzlerschaft ... Joachim macht versuchsweise den Vorschlag den Sohn Hindenburg mit Hitler zusammenzubringen. Donnerstag 19. 1. Lange Verhandlungen Joachim und Papen allein ... Dienstag 24. 1. Tee in Dahlem: Frick, Göring, Papen, Joachim. Beschlussfassung über eine nationale Front [mit den Deutschnationalen] zur Unterstützung Papens beim alten Hindenburg. Freitag 27. 1.: ... Joachim schlägt Hitler vor, nationale Front schnellstmöglich herzustellen ... Krach mit Deutschnationalen ... Hitler will sofort abreisen ... Situation sehr bedenklich ... Sonntag 29. 1.: Um 11 Uhr lange Aussprache Hitler–Papen. Hitler erklärt, dass im großen Ganzen alles im Klaren sei. Es müssten aber Neuwahlen angesetzt werden und ein Ermächtigungsgesetz müsse kommen ... Da Hindenburg nicht wählen lassen will, bittet er [Hitler] Hindenburg zu sagen, dass dies die letzten Wahlen seien. ... Montag 30. 1.: Hitler ist zum Kanzler ernannt.«[34]

Nach dem Eintritt der NSDAP in die Regierung fanden am 5. März 1933 Reichstagswahlen statt, bei denen die Nationalsozialisten mit 43,9 Prozent der Stimmen ihr bestes Ergebnis erzielten. Danach durften die Deutschen – ganz wie Hitler angekündigt hatte – nicht mehr frei wählen.[35] Und mit dem Ermächtigungsgesetz vom 23. März schaffte sich der Reichstag faktisch selbst ab. »Der Reichstag übergibt Adolf Hitler die Macht«, berichtete der »Völkische Beobachter« triumphierend am 24. März 1933.

Anfang April 1933 erschien der neue NS-Reichskanzler bei den Ribbentrops, um ihnen für die engagierte Hilfe zu danken. Nach dem Abendessen im familiären Kreis saß man gemütlich im Bibliothekszimmer, und Hitler gewährte Einblicke in seine großartigen Pläne für das deutsche Volk. Er kam auch auf die Außenpolitik zu sprechen. »Frieden ist notwendig«, meinte er, »aber so ein großes Volk wie das deutsche kann nicht dauernd in Diskriminierung leben.« Sein Hauptziel sei es, mit England klare Verhältnisse herzustellen. Auf diesem Gebiet fühlte sich der weit gereiste Ribbentrop als Experte, und er tat seine langjährigen Erfahrungen kund. »Hitler konnte nicht genug hören. Alles interessierte ihn: die englische Lebensart, die parlamentarischen Einrichtungen, die City mit ihrem Handel und die Empire-Politik ...«, schrieb Joachim von Ribbentrop in seinen Erinnerungen.[36] Bei dem Thema Sowjetrussland wurde Hitlers Gesichtsausdruck hart: Es gelte, den Kommunismus restlos zu beseitigen.

Das Ehepaar stimmte Hitler in allen Punkten begeistert zu. Aber auch Ribbentrops alten Vater, einen bis dahin überzeugten Monarchisten, überwältigten an diesem Abend sowohl Hitlers Persönlichkeit als auch seine Visionen für die Zukunft. Er wurde zu einem begeisterten Anhänger der NSDAP und blieb es bis zu seinem Tod 1941. Nur die Henkells standen, zum Leidwesen des Ehepaares von Ribbentrop, der aufstrebenden Partei fern. Das änderte sich auch nicht, als die Nazis unmittelbar nach ihrer »Machtergreifung« die hohe Sektsteuer strichen und damit Ribbentrops Geschäfte wie auch die seines Schwiegervaters ungemein förderten.[37]

Hitler war weiterhin häufig in der Villa Ribbentrop zu Gast, wo er sich zu Hause fühlte, den Ton angab, die Unterhaltung in Monologen führte und die gesamte Aufmerksamkeit der Gastgeber beanspruchte. »Wir können niemanden zugleich mit ihm einladen«, verlautete Annelies von Ribbentrop im Freundeskreis. »Weil er eigenartig ist. Er isst nur vegetarisch und redet stundenlang. Aber er hört gern Joachims Schilderungen, weil er selbst noch nie im Ausland war.«[38] Die Ribbentrops haben sich jedoch schnell und ganz auf den erfolgreichen Politiker eingestellt. Kündigte er sein Kommen an, wurden alle Gäste ausgeladen, man verzichtete auf die geliebten Bridgerunden, und die Hausfrau kochte selbst. Nur bestes Obst und Gemüse kamen auf den Tisch, und sogar die Blumenarrangements waren nach den Wünschen des ungewöhnlichen Gastes arrangiert, den man im Hinblick auf seine große Karriere hofierte. Stolz erzählte Annelies, dass sie als Einzige anwesend sein durfte, wenn ihr Mann mit Hitler über Politik diskutierte. »Er kam, um sein Wissen über Außenpolitik zu vergrößern«, meinte die Gattin des Geschäftsmannes. Hitler ließ sie in dem irrigen Glauben, dass ihr Mann der Lehrer, er selbst jedoch der Schüler sei. Und das Ehepaar gratulierte sich zu der Erfolg versprechenden Bekanntschaft mit dem Politiker.

Nach der »Machtergreifung« der Nationalsozialisten gab es für Joachim von Ribbentrop nur zwei Bezugspersonen, deren Gunst und Zuneigung er unablässig zu erringen und

Die Ribbentrops und der »Führer«

zu erhalten trachtete und als deren Trabant er durch sein weiteres Leben gehen sollte: In der Öffentlichkeit war es Adolf Hitler, im Privaten seine Gattin – beide konnten den eitlen Bluffer ganz nach Belieben steuern. Annelies von Ribbentrop benutzte ihren Ehemann als Werkzeug zur Verwirklichung ihrer eigenen Wünsche und politischen Vorstellungen – stets mischte sie im Hintergrund mit. Auch Hitler hat in Ribbentrop einen bedingungslos treuen, fast hörigen Helfer gefunden. »Unter den Jasagern in Hitlers Umgebung war er nicht zu überbieten, seine Modulation der Zustimmung, der treudeutsche Augenaufschlag, die Beifallsseufzer und lauten Exklamationen waren bühnenreif«, bemerkte ein Zeitgenosse sarkastisch.[39]

Bevor er sich zu einem Thema äußerte, wusste Ribbentrop Hitlers Ansichten listig auszuloten. Meisterlich erkundete er dessen Gedankenwelt, um ihm effizient schmeicheln zu können. So bemerkte er, dass der »Erste Weltkrieg unter des Führers genialer Führung niemals verloren gegangen wäre«[40]. Der Menschenkenner Hitler hingegen benutzte den willigen Vasallen nach Gutdünken, machte aber aus seiner Verachtung für dessen kriecherische Unterwürfigkeit kein Hehl und bemerkte in aller Öffentlichkeit: »Ribbentrop ist ein unangenehmer Zeitgenosse.«[41] Der dermaßen Eingeschätzte beklagte, dass er trotz großen Bemühens seinem Idol »menschlich« nicht näher komme. Manchmal entzog der »Führer« dem treuen Bewunderer sein Wohlwollen, ließ ihn monatelang auf eine Audienz warten oder tadelte ihn harsch: »So gehttt dasss nichttt Herrr von Ribbbentroppp! Dasss verbittte ich mirrr!«[42] Dann stürzte die Welt des sonst so überheblichen Ribbentrop zusammen. Er verfiel in Trübsinn und Weltschmerz, legte sich zu Bett und stand tagelang nicht auf. Nur seine Frau konnte ihm in diesem – später von seinen Mitarbeitern heimlich als »Tango nocturno« bezeichneten Zustand – helfen. Sie richtete den Geknickten auf, sprach ihm Mut zu und glich seine düstere Stimmung wieder aus. »Nicht aus persönlichem Ehrgeiz, nicht aus Eitelkeit quälte sich Ribbentrop, wenn er durch Intrigen oft wochenlang vom Führer fern gehalten wurde ... er wusste, dass seine Politik durchquert wurde«, erklärte Annelies von Ribbentrop später häufig.[43]

In den Augen seiner Gattin war Ribbentrop honorig, untadelig und sympathisch. Die meisten Zeitgenossen erlebten ihn anders: launisch, intrigant, nicht besonders intelligent, aber von großer sozialer Raffinesse. Stets schien er eine Rolle zu spielen. Man gewann auch den Eindruck, dass sich hinter seiner bombastischen Fassade ein verklemmter, unsicherer Mensch verbarg, der nur im Schatten starker Persönlichkeiten existieren konnte.[44] Seine emanzipierte Gefährtin hingegen galt als intelligente, überaus dominierende Frau, die Widerspruch nur schlecht vertrug. »Sie hat regiert! Es war erstaunlich, mit welcher Energie und Zielstrebigkeit diese Frau ihren Mann zu steuern schien. Sie erinnerte mich an Lady Macbeth, wenn auch ihr Joachim nicht das Format vom alten Macbeth zeigte«, erinnerte sich ein enger Mitarbeiter Ribbentrops.[45]

Annelies von Ribbentrop sah sich selbst ganz anders. »Jeder, der unser gemeinsames Leben kannte, weiß, dass ich mich ihm voll und ganz unterstellt habe, dass das ganze Haus sich nur nach seiner Persönlichkeit richtete«, behauptete sie häufig Außenstehenden gegenüber. Die, ihrer eigenen Einschätzung nach, sanfte Frau wehrte sich daher auch empört gegen jene »krassen, schmutzigen, niederen Unwahrheiten ... die mich als den bösen Geist hinstellen, der den schwachen Mann dirigiert!« Die Ehe der beiden ungleichen Partner gestaltete sich nämlich – nach übereinstimmenden Aussagen von Zeitzeugen – als sehr glücklich. Hatte man den jungen Ribbentrop in Kanada als »Ladies' man«, als Schürzenjäger, eingestuft[46], so entpuppte er sich, nachdem er im Hafen der Ehe gelandet war, als musterhafter Gatte. Die zahlreichen Gelegenheiten zu Seitensprüngen ließ der oftmals Reisende ungenutzt. War er von seiner Frau getrennt, telefonierte er mit ihr täglich und stundenlang. Zu Hause führten der Großhändler und seine Gattin ein harmonisches Familienleben, an dem sich auch durch den gewaltigen Aufstieg Ribbentrops in der NS-Hierarchie nichts änderte. Annelies nannte ihren Mann stets liebvoll »Nick«, während sie für ihn die »Mam« war. Ihren fünf Kindern brachten die Ribbentrops große Zuneigung entgegen. Zum Kummer der Eltern waren diese oft krank. Trotzdem sorgten die Ribbentrops als begeisterte Anhänger des Regimes für eine NS-konforme Erziehung der Kinder, wobei sie deren empfindliche Gesundheit stets im Auge behielten. So lud Annelies von Ribbentrop nach dem Eintritt ihres Sohnes in die Hitlerjugend Rudolfs Fähnleinführer Heinz Thorner oft zu sich nach Hause und erklärte ihm die gesundheitlichen Probleme ihres Erstgeborenen. Der Mann zeigte Verständnis und wurde dafür belohnt. Er zog mit den Ribbentrops nach London und wurde später sogar in den diplomatischen Dienst gehievt. Die Ribbentrops stritten selten. Traten dennoch Meinungsverschiedenheiten auf, dann ging der gekränkte Ehemann mit einem seiner Mitarbeiter essen. Die derart Ausgezeichneten hielten es jedoch stets für ratsam, vorher das heimliche »Placet« der Gattin einzuholen.

Ihre wertvollen Dienste für die NSDAP hatten die Ribbentrops mitten in die höchste NS-Society katapultiert, wo die »alten Kämpfer« die neuen Parteigenossen voll Misstrauen beäugten. Gehörte man doch zu einer Partei, in der niedrige Mitgliedsnummern Adelsprädikaten glichen und ein Eintritt knapp vor der »Machtergreifung« als opportunistischer Makel verurteilt wurde. So zierten manche NS-Fanatiker ihr Heim mit einem an die Adresse der vielen Spätberufenen gerichteten sinnigen Spruch, der endete: »... das sind Praktiker dieser Welt, man könnte sie auch Lumpen nennen«.[47] Die Ribbentrops besaßen in den neuen Kreisen weder Rückhalt noch Hausmacht, konnten mit dem volksnahen Element des Nationalsozialismus nichts anfangen und blieben sich ihrer prekären Stellung bewusst, die nur auf der Gunst des »Führers« beruhte. Annelies von Ribbentrop hat sich daher über das – falsche – Gerücht, sie sei erst im Mai 1933 (tatsächlich 1. Dezember 1932) zur NSDAP gestoßen, sehr erregt. Sie verwies auf ihren früheren Parteieintritt und protestierte bei der Gauleitung von Groß-Berlin so lange gegen die irrtümliche Mitgliedsnummer – 2 637 987 –, bis man ihr die alte Nummer – 1 411 594 – zurückgab.[48]

Die neuen Parteigenossen wechselten auch hastig ihren Bekanntenkreis, nachdem alte Parteikämpfer mit lautem Unmut auf die großzügige Bewirtung jüdischer Freunde im Berliner Nobelhotel Adlon am 1. April 1933[49] reagiert hatten.[50] Das Ehepaar verlegte nun sein Gesellschaftsleben in den Dunstkreis um Hitler. Im Mai 1933 trat Joachim von Ribbentrop in die SS ein, und bald fanden sich der ebenfalls in Berlin-Dahlem wohnende Reichsführer SS Heinrich Himmler samt seiner unnahbaren Gattin Margarethe sowie der vierschrötige, derbe SA-Führer Ernst Röhm in der Villa Ribbentrop als Gäste ein. »Sehr harmonisch u. schön«, kritzelte Heinrich Himmler nach einem Abend mit Prinz »Auwi« (August Wilhelm von Hohenzollern), Max Beckmann und Gustav Gründgens auf seine Menükarte.[51] Die immer häufiger eintreffenden, flehentlichen Appelle von nichtarischen Bekannten beantworteten die Ribbentrops nur in seltenen Fällen und wenn, dann höflich negativ. Später ließ man Sekretäre bedauern, dass es ganz unmöglich sei, beim »Führer« etwas für Juden durchzusetzen.[52] Die moderne Gemäldesammlung behielt das Ehepaar, obwohl viele dieser Bilder seit 1933 als »entartet« galten. Man führte jedoch eine säuberliche Teilung der Bestände durch. De Chirico, Derain und Monet verschwanden diskret in den

Privatzimmern, während man von Hitler geschätzten Meisterwerken von Waldmüller, Thoma und Defregger Ehrenplätze einräumte.

Auf einen Posten in der Regierung hoffte Ribbentrop lange Zeit vergeblich. Immerhin durfte er – nach Deutschlands Austritt aus dem Völkerbund – als Hitlers privater Sonderemissär in England und Frankreich um Sympathie für den »Führer« werben. So weilten Annelies und Joachim von Ribbentrop im November 1933 in London, wo Letzterer im Rahmen seiner »private diplomacy« vom englischen Premierminister Stanley Baldwin in Downing Street No. 10 empfangen wurde.

Mit der Ernennung zum Bevollmächtigten für Abrüstungsfragen am 18. April 1934[53] ging Joachim von Ribbentrops Wunsch nach einer offiziellen Position in der NS-Politik in Erfüllung. Es war ein Schachzug, wie ihn der »Führer« liebte und Reichspräsident Hindenburg ablehnte. »Was, der junge Mann aus dem Weinhandel?«, hatte der alte Mann entsetzt ausgerufen, bevor ihn Hitlers Argumente überzeugen konnten.

Annelies von Ribbentrop stand ihrem Ehemann, wie sie stets meinte, »unbestechlich und beratend« von Anfang an zur Seite. Von den 16 Reisen, die Ribbentrop im Jahre 1934 in Hitlers Auftrag nach Frankreich und England unternahm, machte sie 10 mit. Sie begleitete ihren Mann, der Gespräche mit Premierminister Edouard Daladier und Außenminister Louis Barthou führte, Direktkontakte zwischen Hitler und Frankreich vermitteln wollte und ein französisches Bündnis mit Sowjetrussland zu verhindern suchte. Bei seinen hektischen Aktivitäten in London, Paris und Rom brüskierte Ribbentrop das Außenamt. Er umging auch sämtliche deutsche Auslandsvertretungen. So empfand es der deutsche Botschafter in Paris Roland Köster als Zumutung, als das – ihm unbekannte – Ehepaar Ribbentrop bei ihm auftauchte und forsch auf einer Einladung zu einem Botschaftsdiner bestand. Erfolge erzielte der Sonderbeauftragte – abgesehen von einem Hitler-Interview in »Le Matin«[54] – keine, und das deutsche Außenamt wütete gegen die »ideenlose und undifferenzierte Reisediplomatie des hergelaufenen Sekthändlers«.[55] Proteste kamen auch aus England, wo die englische Regierung nicht recht einsehen konnte, welche Vorteile »derartige halboffizielle Besuche« haben sollten. Hitler setzte trotzdem weiter auf seine »Mann-zu-Mann«-Politik in Gestalt des treu-eifrigen Joachim von Ribbentrop. Er hasste und misstraute den alteingesessenen Diplomaten und deren zögerlicher Politik, die den Siegermächten des Ersten Weltkriegs vor dem Machtantritt der NSDAP nur wenige Zugeständnisse für Deutschland hatten abringen können. Die Schaffung miteinander konkurrierender Ämter gehörte zu Hitlers Strategie, und so tobte – während das Dritte Reich nach außen hin den Eindruck eines monolithisch geschlossenen Gebildes machte – hinter den Kulissen ein von Hitler geschürter Machtkampf.[56]

Der »Röhm-Putsch«, bei dem die gesamte SA-Führung liquidiert wurde, überraschte und unterbrach – den Schilderungen seiner Frau zufolge – die diplomatische Tätigkeit Ribbentrops: »Den innenpolitischen Ereignissen stand mein Mann damals so ferne, dass er noch am Vorabend des 30. Juni 1934 [Tag der Liquidierung] nichts von der heraufziehenden Krise wusste. Es war ihm nur aufgefallen, dass Röhm, der uns früher oft in Dahlem besucht hatte, seit einiger Zeit jede Aussprache vermied. Am 29. Juni 1934 war abends Himmler bei uns und mein Mann fragte, warum sich Röhm wohl so sehr zurückgezogen habe. Himmler antwortete nur, Röhm sei ein toter Mann.«[57] Ribbentrop verfiel in Depressionen. Auf die Frage seiner Frau, wann mit der nächsten Auslandsreise zu rechnen sei, antwortete er düster: »Lange nicht.«

In der breiten Öffentlichkeit wurde Joachim von Ribbentrop bekannt, als er am 18. Juni 1935 – als Hitlers kompromissloser Sonderbotschafter – ein vom Auswärtigen Amt als nicht realisierbar eingestuftes deutsch-britisches Flottenabkommen schaffte. Diese Vereinbarung gestattete dem Deutschen Reich den Aufbau einer Flotte im Ausmaß von 35 Prozent der britischen.[58] Hitler begrüßte das Bündnis, in dem er einen Wendepunkt der deutsch-englischen Beziehungen sah, mit dem Ausruf: »Das ist der glücklichste Tag in meinem Leben.« Von nun an galt ihm sein »Reisediplomat« als der größte Experte in Englandfragen. Besuchern gegenüber bezeichnete er ihn stolz als »meinen besten Mann«.[59] Hitlers Wohlwollen galt auch der Familie des Emissärs, worauf die Ribbentrops ihrem am 2. September 1935 geborenen dritten Kind mit Zustimmung des »Führers« den Namen Adolf gaben.[60] Die Taufe von Klein Adolf ging jedoch nicht ohne Komplikationen vor sich. Der Pastor des Pfarrsprengels von Dahlem, Martin Niemöller, war nämlich der Gründer des Pfarrernotbundes und ein entschiedener Gegner der NS-Kirchenpolitik. Die Taufe des jüngsten Ribbentrop verweigerte er mit dem Hinweis auf den Kirchenaustritt des Kindesvaters – vor der gewünschten Zeremonie müsste Herr von Ribbentrop in den Schoß der Kirche zurückkehren! Annelies von Ribbentrop fand einen willigeren Pastor, klagte jedoch ihr Leid dem »Führer« und gab an, dass Niemöller »der Mittelpunkt aller NS-feindlichen Elemente in Dahlem« sei und auf die Pfarrgemeinde einen überaus schädlichen Einfluss ausübe.[61] Als der Pastor dann noch öffentlich die Verfolgung der Kirchen durch die Nationalsozialisten anprangerte, verschwand er in einem Konzentrationslager.

Zu dieser Zeit wurde deutlich, wie sehr der von seiner Gattin unterstützte Ribbentrop Hitlers aggressive, waghalsige Kriegspolitik befürwortete und förderte. Er begrüßte auch Hitlers eigenmächtige Wiederaufrüstung: »Eines stand sowohl für Adolf Hitler als auch für mich fest: Wenn die Wehrhoheit wiederhergestellt werden musste, ... dann war sie auf dem Weg der Verhandlungen nicht zu erreichen.«[62] Auch zu dem gefährlichen Vabanquespiel Hitlers, der mit dem Einmarsch deutscher Truppen in das entmilitarisierte Rheinland am 13. März 1936 die Bestimmungen des Friedensvertrages von Versailles brach, hatte Ribbentrop dringend geraten. »Jeder würde die Nerven verloren haben«, brüstete sich Hitler später.[63] »Ich musste lügen: Wenn bis nächsten Tag nicht eine Entspannung eintritt, lasse ich weitere sechs Divisionen einmarschieren! Dabei hatte ich nur vier Regimenter! ... Ich muss ja sagen, Ribbentrop ist ein unangenehmer Zeitgenosse, aber: stur und hart ist er ...« – Ribbentrop hatte Hitler vorausgesagt, dass seine Militäraktion keinen Krieg auslösen würde.[64]

Nach dem erfolgreichen Rheinlandfeldzug durften die Ribbentrops mit dem »Führer« eine Dampferfahrt auf dem Rhein unternehmen, die von Bad Godesberg flussaufwärts nach Biebrich führte. An Hitlers Seite genoss das Ehepaar den Jubel der Menge. »Von Godesberg ab Triumphfahrt.

Die Ribbentrops mit Tochter Ursula auf dem Weg zum Wahllokal in Berlin

Unbeschreiblich ... ein einziges Fahnen- und Jubelmeer ... das ist das befreite Rheinland ...«, notierte sich der ebenfalls mitfahrende Propagandaminister Goebbels am 28. März 1936.[65] Bei der Ankunft im Heimatort der Annelies von Ribbentrop war das Gedränge der Menschen, die den Besetzer des Rheinlands enthusiastisch feierten, so groß, dass

Hitler kaum sein Auto erreichen konnte. Die Familie Henkell jedoch ließ sich von der Begeisterung der Massen nicht anstecken. Für sie hatte der ungeliebte Schwiegersohn einen »NS-Vogel«. Und Frau Henkell erzählte jedem, der es hören wollte: »Seltsam, dass mein dümmster Schwiegersohn den größten Erfolg hat!«[66] Diese und ähnliche Äußerungen haben Annelies von Ribbentrop, die sich stets schützend vor ihren »Nick« stellte, schwer gekränkt.

Zu ihrer großen Enttäuschung blieb die ehrgeizige Frau von Ribbentrop vom intimen Kreis des »Führers« auf dem Obersalzberg ausgeschlossen; stets wurde ihr Mann aufgefordert, allein zu erscheinen. Es war bekannt, dass der »Künstler« Hitler und die kunstsinnige Annelies von Ribbentrop trotz vieler gemeinsamer Interessen nicht miteinander harmonierten. Ribbentrop selbst kam dies nicht ungelegen, da er dadurch einem Loyalitätskonflikt entging. War es ihm doch unmöglich, seinem Herrn und seiner Herrin gleichzeitig zu dienen. Auf dem Berghof gebärdete sich Ribbentrop – nach Angaben von Zeitzeugen – als unerträglich arroganter Herrenmensch, der seinen Mantel einfach zu Boden gleiten ließ, wenn ihn die Diener nicht schnell genug abnahmen.[67] Zu Hause hat er seiner Gattin prompt und detailgetreu die Äußerungen des »Führers« erzählt, der seine Kriegsbegeisterung nicht verhehlte. »Wer die Initiative ergreift, hat im Krieg mehr als eine Schlacht gewonnen! Es ist immer Krieg. Der Kaiser [Wilhelm II. im Ersten Weltkrieg] hat zu lange gezaudert!«, dozierte Hitler.[68] Wie der Ehemann von Annelies darauf reagierte, hat Albert Speer beschrieben: »Solche lapidaren Maximen pflegten Ribbentrop in eine geradezu schwärmerische Erregung zu versetzen, und man sah ihm in solchen Augenblicken deutlich an, wie er sich als Einziger von uns mit Hitler den innersten Geheimnissen politischen Handelns auf der Spur wusste. Auch diesmal pflichtete er Hitler bei, mit jener charakteristischen Mischung von Liebesdienerei und Hochmut, die auf Hitler Eindruck machte. ›Das haben eben weder der Kaiser noch die kaiserlichen Politiker je wirklich verstanden!‹, rief Ribbentrop in die Runde. ›Es ist immer Krieg. Der Unterschied ist nur, ob geschossen wird. Auch im Frieden ist Krieg. Wer das nicht begriffen hat, hat nichts begriffen.‹ ›Ja‹, meinte Hitler. ›Ja.‹ Er war sichtlich bewegt, dass er hier einen hatte, der ihn wirklich verstand.«[69]

Anfang April 1936 verstarb in London der deutsche Botschafter Leopold von Hoesch, ein geachteter Diplomat der alten Schule. In der Hoffnung auf eine Verständigung mit England bestimmte Hitler seinen »Englandexperten« und »Mann von Welt« zu dessen Nachfolger am Hof von St. James. Die Entscheidung wurde nach einigem Hin und Her während der Bayreuther Festspiele getroffen.[70] Ribbentrop, der mit noch Höherem gerechnet hatte, reagierte, wie viele Zeitzeugen berichten, enttäuscht.[71] Seine Frau, die mit ihrem ältesten Sohn zu den Festspielen gekommen war, schilderte die Dinge anders: »Sehr genau erinnere ich mich dieses für uns so entscheidenden Tages. Wir wohnten am Stadtrand, privat untergebracht, wie es in Bayreuth üblich war. Mein Mann war in die Villa Wahnfried zu Hitler gegangen; ich hatte meinem Sohn die Eremitage ... gezeigt. Auf dem Rückweg trafen wir meinen Mann, der uns mit den Worten begrüßte: ›Ich bin zum Staatssekretär ernannt worden, habe aber den Führer gebeten, mich nach London zu schicken.‹«[72] Tatsächlich ist jedoch der Staatssekretärsposten am vehementen Einspruch des Außenministers gescheitert.[73] Auf jeden Fall machte Ribbentrop einen Karrieresprung, an dem seine ehrgeizige Frau großen Anteil hatte. Im Bekanntenkreis schätzte man dies richtig ein, erinnerte sich an den ersten Verlobten der Henkell-Tochter und stellte die hypothetische Frage: »Wenn der Onkel die energische Annelies geheiratet hätte, wäre dann ihr späterer Mann, Joachim von Ribbentrop, auch Botschafter ... geworden?«[74]

Kurz darauf hat Hitler, den die oft dubiosen finanziellen Transaktionen seiner Mitarbeiter nicht interessierten, gestattet, dass Ribbentrop seine Firma »Impregroma« auch als Botschafter – und später als Außenminister – behalten durfte. Die Verquickung von Politik und Alkohol entpuppte sich als zwar ungewöhnliche, jedoch einkommensträchtige Konstellation zur Vermehrung des Ribbentrop'schen Vermögens. Ihren Spirituosenhandel hängten Annelies und Joachim von Ribbentrop nicht an die große Glocke. Er wurde aber auch nicht geheim gehalten.[75]

Die Veröffentlichung des Botschafter-Dekrets erfolgte am 1. August 1936, dem Tag, an dem die Ribbentrops in ihrem Haus zur Eröffnung der Olympischen Spiele in Berlin ein großes Fest gaben. 600 illustre Gäste waren geladen, darunter Graf Baillet-Latour, der Präsident des Olympischen Komitees, das gesamte diplomatische Corps sowie die englischen Lords Rothermere und Beaverbrook. Für den NS-Staat repräsentierten der preußische Ministerpräsident Hermann Göring und der »Stellvertreter des Führers«, Rudolf Hess.[76] Letzterer hat an diesem Abend den schottischen Duke of Hamilton kennen gelernt. Beim Smalltalk entpuppte sich der Schotte als deutschfreundlich und friedliebend. Das kurze, unverbindliche Geplauder hinterließ bei Hess einen tiefen Eindruck. Es hatte auch weltpoliti-

Die Gastgeberin Annelies von Ribbentrop und Hermann Göring auf einem Empfang anlässlich der Olympischen Spiele in Berlin (1936)

sche Folgen, denn 1941 wurde der Landsitz des Dukes of Hamilton das geheime Flugziel des »Führer-Stellvertreters«, der zwischen Deutschland und Großbritannien Frieden stiften wollte. Für das Fest, das für Hess einen Wendepunkt in seinem Leben bedeuten sollte, hatte Annelies von Ribbentrop den Garten ihres Hauses in eine Festwiese verwandelt und über dem Rasen und dem Tennisplatz ein großes Zelt errichtet, in dem man zu den einschmeichelnden Klängen des ungarischen Geigers Barnabas von Géczy und seines Orchesters tanzte. Das mit Wasserrosen bedeckte Schwimmbassin, die herrlichen Rhododendronbüsche und die festlich gedeckten Tische boten einen zauberhaften Anblick. »Meine Frau hat sich selbst übertroffen«, meinte der stolze Hausherr.

Mit dem Antritt seines Postens in London ließ sich der neue Botschafter Zeit, da er während seiner Abwesenheit Konspirationen aller Art befürchtete. Er hatte Goebbels, Göring, Rosenberg, aber auch den britischen Intelligence Service im Verdacht, ihm nach dem Leben trachten zu wollen. Tatsächlich hatte von Ribbentrop nur wenige Freunde und viele Feinde: Die Berufsdiplomaten hielten ihn für einen gefährlichen Scharlatan und opponierten gegen ihn, die alten Parteikämpfer verachteten ihn als Parvenü. So schob das Ehepaar im Herbst 1936 die Abreise lange vor sich her, bis Hitler ein Machtwort sprach. »›Ribbentrop, bringen Sie mir das englische Bündnis!‹ Das waren die Abschiedsworte, die Adolf Hitler meinem Mann mit auf den Weg gab, als er ihn 1936 als Botschafter nach London schickte, um noch einmal alle Möglichkeiten zu sondieren, die zu einer Verständigung mit England führen konnten«, erinnerte sich Annelies von Ribbentrop.[77] Nach den bereits in

Die Ribbentrops bei ihrer Abreise nach London (1936)

»Mein Kampf« formulierten Vorstellungen Hitlers sollte Großbritannien die Meere, Deutschland hingegen das europäische Festland beherrschen. Vor allem jedoch wollte der »Führer« seinen lang gehegten Plan, den »Germanenzug gegen Osten« – die Eroberung der Sowjetunion – ungehindert und ohne Einmischung Englands durchführen.

Am 26. Oktober 1936 traf Joachim von Ribbentrop in Begleitung seiner Gattin und den drei Kindern in London ein, wo er noch am Victoria-Bahnhof das Empire vor dem Kommunismus warnte und die Briten zum Kreuzzug gegen Moskau aufforderte. Dort waren Stalins politische Schauprozesse, die mit der vollständigen Liquidierung der leninistischen »Alten Garden« endeten, bereits voll im Gang. Man reagierte mit Befremden auf die unerwünschten Ratschläge des neuen deutschen Botschafters. Als er seine scharfe Brandrede kurz darauf wiederholte, formierte sich die Meinung, dass der diplomatische Neuling an einer »antibolschewistischen Obsession« leide.[78]

Ribbentrop arbeitete damals am Zustandekommen eines Bündnisses gegen den Kommunismus, dem Antikominternpakt. Dieser sollte die Antwort auf den Komintern sein, der

1935 zu einem Bündnis aller bürgerlichen Demokratien gegen den Faschismus aufgerufen hatte. Hitler hatte auf dem NS-Parteitag von 1936, der unter dem Motto »Ehre und Freiheit« stand, ebenfalls zum Kampf gegen den Weltbolschewismus aufgerufen.

In London gebärdeten sich die Ribbentrops dann englischer als die Engländer. Sie kleideten sich britisch, imitierten die Lebensgewohnheiten des Gastlandes bis ins Detail und legten sich einen englischen Rassehund zu.[79] Annelies von Ribbentrop war als Botschaftersgattin in ihrem Element. Bevor sie jedoch ihre beachtlichen Aktivitäten entfalten konnte, galt es, für die beiden ältesten Kinder geeignete Schulen zu finden. Die vierzehnjährige Bettina kam in ein Internat nach Cornwall, während der fünfzehnjährige Rudolf dem Wunsch der Eltern zufolge das noble Eton besuchen sollte. Die Eliteschule verweigerte jedoch seine Aufnahme ohne Angabe von Gründen, sodass er schließlich – nach sanftem Druck der britischen Regierung – die renommierte Westminster-School besuchte. Der ehemalige Mitschüler Peter Ustinov erinnerte sich: »... so schnaufte allmorgendlich ein riesiger, weißer Mercedes ... zum Dean's Yard ... und spuckte den Jungen aus, gekleidet wie wir alle, aber mit Hitlerjugendabzeichen, Hakenkreuz, Adler etc. deutlich an seinem Revers. Einen Moment lang flüsterten er und der Botschaftschauffeur ... dann nahmen beide Habtachtstellung ein, reckten ihre rechten Arme in die Höhe ... riefen: ›Heil Hitler!‹«[80] Rudolf von Ribbentrop erregte, wie Ustinov sich erinnerte, auch beim Malwettbewerb der Schule mit einem Tryptichon Aufsehen. Es zeigte Germanen und Germaninnen vor einem grellen Sonnenuntergang und hieß »Bewaffnete Stärke«.[81]

Annelies von Ribbentrop hat von Anfang an über Aufnahme oder Entlassung von Botschaftsangehörigen entschieden – niemand wurde ohne ihre Zustimmung eingestellt. »Bald erschien auch Madame Ribbentrop«, erinnerte sich ein junger Diplomat, der sich um den Posten eines Sekretärs beworben hatte. »Sie war keine Schönheit, doch elegant, damenhaft und energisch; eine selbstbewusste Frau, das sah man gleich. Ihr Gesicht verriet Intelligenz, auch etwas Bosheit ... eine interessante Dame also, von der ich beeindruckt war.« Der gut aussehende Bewerber berichtete weiter: »Man ging zu Tisch. Bald merkte ich, dass mich Frau von Ribbentrop wohlwollend ansah, sie lächelte mich an, und ich hatte schon vorher gemerkt, dass sich das Ehepaar heimlich zugenickt hatte ...«[82]

Der junge Diplomat wurde in Gnaden aufgenommen, merkte bald, wer der Herr im Hause war, und richtete sich danach. »Frau von Ribbentrop traf ich täglich ... Vorsichtig beschloss ich, mich mit ihr gut zu stellen. Mit Eifer, Humor und guten Manieren war sie zu gewinnen. Gab es eine brenzlige Sache, so fragte ich sie um ›mütterlichen Rat‹. Ich bat sie um Hilfe, wenn ihr Mann Dokumente nicht bearbeitete. ›Geben Sie her‹, meinte sie und sorgte für prompte Erledigung. Pünktlich informierte ich sie über alle mir bekannten Neuigkeiten, um ihr die Überzeugung zu vermitteln, dass ich ihr Gefolgsmann sei und dazu da wäre, auch den Interessen ihrer Familie zu dienen. Wenn uns ›der Chef‹ bei Tag herumjagte und wir deshalb verbittert waren, so bügelte sie über Nacht alles wieder aus. Nun, ich fühlte jedenfalls, dass ich mit ›Madame‹ gut auskommen musste, wenn ich meinen Weg machen wollte.«[83]

Während sich Frau von Ribbentrop als gefürchtete Herrscherin der Frauen der Botschaftsmitglieder gebärdete, bemühte sich ihr Mann mit Feuereifer um die von Hitler gewünschte deutsch-britische Verständigung. Da Hitler für einen Staatsbesuch in England nicht zu gewinnen war, brachte Ribbentrop im Rahmen seiner »nationalsozialistischen Besucherdiplomatie« bedeutende englische Politiker wie Lloyd George, Lord Castlereagh, Lord Rennel u. a. dazu, den »Führer« in Berlin oder auf dem Obersalzberg aufzusuchen.[84] Sie sollten vom Friedenswillen des »Führers« überzeugt und über die Ziele des Nationalsozialismus informiert werden.

In London gab es allerdings vieles, das den Unwillen der anfangs durchaus anglophilen Botschaftersgattin erregte. An erster Stelle stand die Londoner Gesellschaft, von der sich Annelies von Ribbentrop nicht genügend gewürdigt fühlte. Gleich danach kam die freie englische Presse, die vor taktlosen Angriffen auf das Privatleben keinesfalls zurückschreckte. Derartiges gab es im nationalsozialistischen Deutschland nicht! Der Botschafter reagierte gekränkt, wenn man über ihn Witze machte. Noch mehr kränkte sich seine Frau, deren teure Garderobe von den Journalisten aufs Korn genommen wurde. Man gab sich auch demonstrativ verwundert, dass der Botschafter eines betont antisemitischen Regimes seine Tochter Bettina, die in Amsterdam einen Autounfall erlitten hatte, von einem jüdischen Spezialisten operieren ließ.[85] Damals bangten die Ribbentrops nicht nur um die Gesundheit der Tochter, sie fürchteten auch um ihre Reputation in deutschen Parteikreisen. Ein geringeres Ärgernis war, dass die englische Regenbogenpresse ausführlich berichtete, wie der Ribbentrop-Hund unter Missachtung aller Quarantänebestimmungen öfters von Deutschland nach England geschmuggelt wurde. Im Gegensatz zu ihrem bescheidenen Vorgänger führten die Ribbentrops einen riesigen Haushalt. Man residierte am Eaton Square inmitten von Adjutanten, Ordonnanzen, Sekretärinnen, Dienern, Haushofmeistern, Gesellschaftsdamen, Gouvernanten, Krankenschwestern, Näherinnen, Köchen und Hunden, dazu ewig wartenden Schustern, Schneidern und Hemdenmachern. Das bevorzugte Auto des Botschafters war eine ebenso repräsentative wie unpraktische Mercedes-Kompressor-Limousine mit 7 ½ Liter Hubraum, einem Tank, der 70 Liter fasste und pro hundert Kilometer 45 Liter Benzin verbrauchte. Die Angestellten der Botschaft wurden angehalten, wegen jeder Kleinigkeit mittels dringendem Staatsgespräch nach Berlin zu telefonieren. Dies galt selbst für die Hemden des Botschafters, die auf Kosten der deutschen Steuerzahler dutzendweise und ebenfalls »dringend staatstelefonisch« bestellt wurden. Das Dienstflugzeug, eine dreimotorige Junkers AMY, war ständig startbereit. Die Maschine transportierte Bekannte, Verwandte, Schulkollegen und Möbel und war meist überladen. Traten die Ribbentrops eine ihrer häufigen Reisen nach Deutschland an, dann umfasste der Tross an die 30 Personen und hunderte Gepäckstücke.

Das Geldgebaren der Ribbentrops – sie verfügten über einen aus der Hitler-Spende[86] dotierten unerschöpflichen Devisen-Geheimfonds – war sehr ungewöhnlich. Das Geld bewahrten sie in zwei Vulkanfiberkoffern auf. Alle zwei bis drei Monate wurden die Bestände von Ribbentrops Sekretären hinter verschlossenen Türen gezählt. »Es machte uns jungen Leuten unglaublichen Spaß, mit diesen Pfund- und Dollarnoten ein Schneetreiben à la Frau Holle zu veranstalten, uns die Hunderttausende buchstäblich an den Kopf zu werfen, unter ihnen zu duschen«, berichtete der Diplomat Reinhard Spitzy in seinen Erinnerungen.[87]

Um den enormen Ansprüchen des Botschafterpaares gerecht zu werden, wurde die über der Pall Mall auf der Carlton House Terrace Nummer 8 gelegene deutsche Botschaft im Stil der neuen Berliner Reichskanzlei umgestaltet. Die Bauentwürfe stammten von Albert Speer, dem bevorzugten Architekten des »Führers«, den Annelies von Ribbentrop im Zuge der Bauarbeiten in den Hintergrund drängte. Sie beauftragte einen Innenarchitekten der berühmten »Münchner Vereinigten Werkstätten« und geriet, wie Speer klagte, »so sehr in architektonische Schwelgereien, dass ich mich für überflüssig hielt«.[88] Geld spielte bei dieser Demonstration der Macht des Dritten Reichs keine Rolle; an die hundert Arbeiter deutscher und englischer Nationalität ließen fast keinen Stein auf dem anderen – nur die Außenfassade blieb erhalten. Das Dienstflugzeug war pausenlos im Einsatz und brachte immer neue Schätze aus Berlin: Gemälde aus den Museen, Porzellan aus Nymphenburg, die Möbel von den Münchner Werkstätten. Annelies von Ribbentrop übernahm neben der Bauaufsicht auch die laufende Berichterstattung an den »Führer«, dem sie mitteilte, welch gewaltigen Eindruck das vollendete Kunstwerk auf die Briten machen werde. Dank des unermüdlichen Einsatzes der Gattin des Botschafters wurde alles termingerecht fertig. Diese strahlte vor Stolz, als sie ihr Werk vielen kleinen und großen Parteibonzen vorführte, die extra aus Deutschland eingeflogen worden waren, um dem »Führer« ein Bild ihrer kulturellen Leistung zu vermitteln. Zu den Prunkstücken des Hauses gehörten kostbarste Gemälde aus deutschen Museen wie das Bild der Lucretia Borgia von Lukas Cranach und Werke Angelika Kaufmanns, der vom »Führer« sehr geschätzten Malerin. Das Zimmer des Botschafters zierte ein großes Bild des Staatskanzlers Bismarck, an dessen diplomatischem Geschick sich Joachim von Ribbentrop gerne maß – wie es auch seine Frau tat, die nach dem Krieg interessante Parallelen zog: »Das Genie Adolf Hitler und der Praktiker Ribbentrop wären für Deutschland ähnlich wie Wilhelm I. und Bismarck gewesen, wenn Hitler dauernde Erfolge gehabt und 80 Jahre alt geworden wäre.«

In seinen Bemühungen um die Verständigung mit Großbritannien setzte Ribbentrop große Hoffnungen auf den deutschfreundlichen Monarchen Edward VIII., der öffentlich erklärte: »Es ist höchste Zeit, Deutschland die Hand zur Versöhnung zu reichen.« Annelies und Joachim von Ribbentrop kannten Edward VIII. noch als Kronprinzen. Sie wussten auch Bescheid über sein Verhältnis zu Wallis Simpson, der zweimal geschiedenen Amerikanerin. Um Hitler und den NS-Paladinen einen Eindruck von dem für Deutschland so wichtigen Monarchen zu geben, hatten die Ribbentrops einen kurzen Amateurfilm erworben, der festhielt, wie Edward beim Begräbnis seines Vaters ungeniert mit seiner amerikanischen Freundin flirtete. Sie kauften auch einen Streifen, der das Paar bei einem Tete-a-Tete während eines Badeurlaubs auf einer Yacht im Mittelmeer beobachtete. Ribbentrop zeigte die Filme Hitler, während seine Frau spezielle Vorführungen für die Damen der NS-Elite organisierte.[89]

Im Dezember 1936 kam es zur »Königskrise«, denn König Edward VIII. hatte sich entschlossen, die geschiedene Wallis Simpson zu heiraten. Die Ankündigung des Königs, der das Haupt der anglikanischen Kirche war, löste unter seinen Landsleuten heftige Pro- und Kontrareaktionen aus und spaltete auch die britische Regierung in zwei feindliche Lager. Empörte Einigkeit herrschte nur in der gemeinsamen Verurteilung des deutschen Botschafters, der, im Gegensatz zu den diplomatischen Vertretungen anderer Länder, belehrend in den Disput eingriff und sich gemeinsam mit seiner Gattin öffentlich für eine Verbindung Edwards VIII. mit Mrs Simpson aussprach. Die Presse nannte den undiplomatischen Diplomaten dann nur mehr »Brickendrop«[90], während englische Politiker zu dem Schluss kamen, der deutsche Botschafter sei »a pompous, dangerous and tactless fool« (ein überheblicher, gefährlicher und taktloser Narr).

Als der deutschfreundliche König am 12. Dezember emotional bewegt seine Abdankung erklärte, empfanden Joachim und Annelies Ribbentrop dies als persönliche Niederlage. Die anschließende gegen das Botschafterpaar gerichtete Medienkampagne, welche die Einmischung in innerenglische Angelegenheiten verurteilte, empörte das Ehepaar, das nicht zögerte, seine Interpretation der Ereignisse Hitler zu melden: Juden, Reaktionäre und Freimaurer hätten Edward VIII. zum Rücktritt gezwungen! Premier Stanley Baldwin und die Erzreaktionäre der englischen Oberschicht hätten den König mit Alkohol und Nikotin unter Druck gesetzt, um seine Abdankung zu erreichen. Der bösartige Schlag sei direkt gegen den »Führer« und seinen Stellvertreter gerichtet: Edward VIII. sei ein Opfer seiner Deutschfreundlichkeit geworden.

In der deutschen Botschaft in London wimmelte es von SS-Angehörigen. Sie verstanden nichts von Diplomatie und ersetzten ihre fehlenden Sprachkenntnisse durch derbe Manieren. Einer von ihnen war der Alkoholiker Likus, der auf Geheiß des Botschafters im Rahmen einer Blitzkarriere

Annelies von Ribbentrop (rechts) auf dem Krönungsempfang der deutschen Botschaft mit der Herzogin von Kent und der Erb-Großherzogin von Hessen (1937)

innerhalb weniger Wochen vom gewöhnlichen SS-Mann zum Standartenführer avanciert war. Frau von Ribbentrop reagierte nur anfangs ungehalten, wenn derartige Mitarbeiter das vornehme Ambiente der Londoner Botschaft empfindlich störten. Bald machte sie sich die Auffassung ihres Mannes zu Eigen und wies Kritiker mit der offenherzigen Feststellung in die Schranken: »Nicht-Gentlemen sind letzten Endes verlässlicher und auf die Dauer die sichersten Werkzeuge, denn für sie gibt es nur restlose Treue oder Sturz und Konzentrationslager.«[91] Nach diesem Prinzip beschäftigte man Mitarbeiter und Personal, solange sie widerspruchslos Gehorsam zeigten und der Karriere des Botschafterehepaars nützlich waren. Auch Frau von Ribbentrop agierte nach diesem Schema. »Sie war eine grundgescheite Person, voller Ehrgeiz und geradezu diabolisch, wenn sie ein Opfer erledigen wollte«, beschrieb ein Mitarbeiter der Botschaft die Gattin seines Vorgesetzten. Eine dieser Gelegenheiten bot sich, als Frau von Ribbentrop bei einem Erholungsaufenthalt in Torquay irrtümlich in einem für ihre Zofe bestimmten Zimmer mit Blick in den Lichthof untergebracht wurde. Das kostete den Protokollchef der Botschaft, Herrn von Oswald, die Stellung. Der wahre Grund dafür aber war, dass Frau von Ribbentrop Frau von Oswald, eine geborene Prinzessin Lippe, die es an Reverenz ihr gegenüber hatte fehlen lassen, nicht ausstehen konnte. Treue Mitarbeiter wurden belohnt. So avancierte Baron Adolf von Steengracht, der sich als Hundeschmuggler bewährt hatte, auf Grund der Intervention seiner Chefin später zum Staatssekretär.

Trotz großer Auslastung durch den künstlich aufgeblähten Haushalt der Botschaft, der Betreuung der drei Kinder, der häufigen Repräsentationspflichten und oftmaliger Krankheit nahm Annelies von Ribbentrop so oft wie möglich das Mittagessen gemeinsam mit ihrem Gatten ein. Den Bedürfnissen des Botschafters entsprechend, wurde es meist erst um 15 Uhr angesetzt. Man aß an einem von den Münchner Werkstätten entworfenen prachtvollen Speisetisch, und zur Demonstration der Weltanschauung servierten nur braun livrierte Lakaien. Außer der Familie Ribbentrop waren stets Adjutanten und die Sekretärin der Frau des Botschafters, manchmal auch Gäste anwesend. Die Konversation dirigierten der Botschafter und seine Frau. Spätestens beim Nachtisch kam Frau von Ribbentrop auf ihre Lieblingsthemen zu sprechen. Sie dozierte, inspiriert durch den von ihr überwachten – und, wie sie dachte –

Epoche machenden Botschaftsumbau, über die »neue«, hundertprozentig deutsche Kunst, ferner über die Lächerlichkeit der englischen Gesellschaft und die Notwendigkeit, sämtliche Botschaften im Stil der Reichskanzlei umgestalten zu lassen. Sie beschwor die Gefährlichkeit der dummen Diplomaten alter Schule, die, wie sie sich ausdrückte, »stets in ihren Hosen schlotterten«, und forderte die Heranziehung einer neuen, nationalsozialistischen Diplomatengeneration. Deren wichtigste Qualifikation sollte Gehorsam sein. Fremdsprachen seien unwichtig – bald würde jedermann Deutsch lernen.

Zu den Gästen, die Annelies und Joachim von Ribbentrop in der deutschen Botschaft offiziell bewirteten, zählten der englische Premierminister Stanley Baldwin, Außenminister Anthony Eden, der Erzbischof von Canterbury und auch der damalige Privatmann Winston Churchill. Letzterer hatte bereits 1935 eine scharfsinnige und bemerkenswerte Studie über Hitler verfasst, in der er die Verdienste des Diktators beim Aufbau Deutschlands würdigte, aber auch die Einrichtung von Konzentrationslagern und die Judenverfolgung anprangerte. Darüber hinaus meinte er, dass Hitlers Kurs – zum Krieg oder zum Frieden – noch nicht absehbar wäre. Zur Person des »Führers«, dessen großer Gegenspieler er bald werden sollte, schrieb er: »Jene, die Herrn Hitler bei offiziellen oder gesellschaftlichen Anlässen persönlich getroffen haben, fanden in ihm einen höchst kompetenten, kühlen und gut informierten Politiker mit angenehmen Manieren und einem gewinnenden Lächeln. Nur wenige sind von seinem persönlichen Charme unberührt geblieben.«[92] Dem deutschen Botschafterehepaar bekundete Winston Churchill großes Verständnis dafür, dass sich Deutschland aus den Fesseln des Friedensvertrages von Versailles befreit hatte. Und noch im September 1937 meinte er: »Hitler ist ein großer Mann, der Großartiges leistet ... sollte unser Land einmal geschlagen werden, so würde ich hoffen, einen solchen bewunderungswürdigen Kämpen zu finden, der unseren Mut wieder aufrichtet und uns zurückführt zu unserem Platz unter den Nationen.«[93] Mit Außenminister Eden jedoch gab es einen kleinen Zwischenfall, als er das in der Botschaft hängende kostbare Bild von Fra Angelico unabsichtlich berührte. Frau von Ribbentrop hatte nämlich für die Sicherheit ihres wertvollen Besitzes Vorsorge getroffen. Nicht nur im Haus, sondern auch auf der Straße schrillten sämtliche Alarmanlagen und waren lange nicht abzuschalten.

Als offizielle Repräsentanten des Dritten Reichs hatten Herr und Frau von Ribbentrop ein großes Pensum an gesellschaftlichen Pflichten zu erledigen. Es kam jedoch häufig vor, dass der Botschafter lästige Einladungen unter fadenscheinigen Entschuldigungen in letzter Minute absagte und seine Frau allein repräsentieren ließ. Einmal entschuldigte er sich wegen Krankheit bei einem Diner, zu dem die Crème de la crème der englischen Gesellschaft geladen war, setzte sich eine schwarze Brille auf und ging ins Kino. Just bei seinem Erscheinen ging das Licht der ersten Pause an und ein hochrangiger Engländer begrüßte »Brickendrop« mit maliziöser Jovialität. Bald wusste ganz London, dass der deutsche Botschafter einen Kinobesuch dem Diner, bei dem auch die Königin anwesend war, vorgezogen hatte. Diese und ähnliche Verstöße ärgerten Annelies von Ribbentrop, und sie sparte ihrem Gatten gegenüber nicht mit harscher Kritik.

Trotz mancher Sympathiekundgebungen für Hitler und das Dritte Reich kristallisierte sich Anfang 1937 deutlich heraus, dass Großbritannien seine alte Politik der »Balance of Power« (Gleichgewicht der Kräfte) beibehalten würde. Es war nicht beabsichtigt, dem deutsch-britischen Flottenabkommen von 1935 ein weiteres bilaterales Abkommen folgen zu lassen. Damit unterblieb die von Hitler gewünschte Abgrenzung deutsch-britischer Interessen, und die Pläne des »Führers« bezüglich der Eroberung Russlands wurden empfindlich gestört. Der erfolgsgewohnte Ribbentrop litt unter dem Makel, trotz größter Bemühungen Hitlers klaren Auftrag nicht erfüllen zu können und in den Augen seines Idols als Versager zu gelten. Unterstützt von seiner Gattin sann er auf Abhilfe. Auf ihren Rat hin versuchte er seinen politischen Misserfolg zu kaschieren, indem er über England nur mehr negativ berichtete. Alle anders lautenden Mitteilungen des Auswärtigen Amtes machte er lächerlich, und die deutschfeindlichen Artikel der englischen Boulevardpresse wurden herausgestrichen. Mit vereinten Kräften suggerierte das Ehepaar dem »Führer«, dass die von ihm bewunderte englische Oberschicht gänzlich jüdisch versippt und degeneriert sei. Die guten, zähen alten Engländer, von denen Hitler so schwärme, gebe es leider nicht mehr. Unablässig dozierten der Botschafter und seine Frau, dass man die Hochachtung der Engländer nur erwerben könne, wenn man ihnen »Kontra« gebe. Sie müssten zur Kenntnis nehmen, dass »Deutschland auch da sei!«. Mit harter Taktik würde man sie noch am ehesten zur Einsicht bringen, und eines Tages würden sie dann selbst zu Kreuze kriechen. Ihnen nachzulaufen wäre falsch. Die historisch einmaligen, großzügigen Angebote des »Führers« hätten sie nie gewürdigt!

Bald kursierte in hohen NS-Kreisen die Ansicht, dass die Ribbentrops unter einem »antienglischen Tick« litten – aus den Anglophilen waren erbitterte Englandhasser geworden. Seinen letzten Schliff sollte das negative Englandbild der Annelies von Ribbentrop in einer peinlichen Affäre erhalten: Anlässlich der Überreichung seines Beglaubigungsschreibens an König George VI., den Nachfolger Edwards VIII. auf den Thron Englands, lieferte der deutsche Botschafter nämlich einen Fauxpas, der ihn zur Witzfigur machte. Selbst Frau von Ribbentrop hatte nicht ahnen können, was ihr Mann, der sie ansonsten jeder Kleinigkeit wegen konsultierte, eigenmächtig im Schilde führte. Ahnungslos sah sie den ob der bei diesem Anlass vorgeschriebenen verhassten englischen Hoftracht mürrischen Gemahl in Begleitung eines braun livrierten Chauffeurs im schwarzen Staatsmercedes in Richtung Buckingham-Palast entschwinden. Die Idee des treuen Paladins, dem geliebten »Führer« in der Höhle der Reaktion eine Manifestation des Nationalsozialismus zu liefern, dürfte während der kurzen Fahrt eine Eingebung des Augenblicks gewesen sein. Auf jeden Fall beehrte Ribbentrop den König mit den üblichen drei Verbeugungen, entbot jedoch gleichzeitig mit elegant abgewinkeltem Arm einen zackigen Hitlergruß. Durch die erstarrte Hofgesellschaft ging ein Raunen, das bald einer unverhohlenen Indignation wich. Der König lächelte gequält, und der Skandal ließ nicht lange auf sich warten. Bereits die Abendpresse berichtete über »Brickendrop« und seine »Hitlergrüße«. Es war eine Sensation, die um die Welt ging. Nicht nur Frau von Ribbentrop, der ihr Mann im abgeschiedenen Turmzimmer seiner Privatwohnung Rede und Antwort stehen musste, war verärgert. Auch Hitler missbilligte das Verhalten seines Botschafters. Er entschied, dass Ribbentrop beim einmal gewählten »deutschen Gruß« bleiben sollte – die anderen deutschen Diplomaten hätten davon jedoch Abstand zu nehmen. Annelies von Ribbentrop erwies sich als loyale Gattin. Anfangs weigerte sie sich, am britischen Königshof den vorgeschriebenen Hofknicks zu machen, und hob nach leisem Kopfnicken die Hand in »deutscher« Art. Da dies im ärmellosen Abendkleid nicht eben elegant wirkte, entschloss sie sich zu einer damenhaft abgewinkelten Version, die nach Berichten von Zeitzeugen hilflos wirkte. Schließlich unterließ sie das Bekenntnis zum Nationalsozialismus ganz.[94]

Allmählich sah das Botschafterehepaar ein, dass es in England keine Lorbeeren mehr zu gewinnen gab. Sie schrieben England ab, wie auch England den »part-time« (Teilzeit)-Botschafter abschrieb, der, gejagt von der Angst, im politischen Abseits zu verschwinden, mehr Zeit in Deutschland als an seinem Londoner Amtssitz verbrachte. So eilte Joachim von Ribbentrop auch beim Besuch Benito Mussolinis, der im September 1937 in Deutschland weilte, dem »Führer« per Sonderzug oder in der Mercedes-Kolonne hinterdrein – stets gefolgt von seiner energischen Gattin. Dieser passierte allerdings das Malheur, die große Veranstaltung auf dem Nürnberger Maifeld, dem ehemaligen Reichssportfeld der Olympischen Spiele, zu versäumen – ihr Auto wurde auf dem Parkplatz eingekeilt und konnte weder vor- noch rückwärts.

Die politisch versierte Annelies von Ribbentrop hätte gerne ihren Beitrag am Hofe Hitlers geleistet, doch politisierende Frauen waren dort unerwünscht. »Ich habe mich oft mit ihm unterhalten, nachdem ich durch die Rangord-

Die Familie Ribbentrop (1937): Sohn Rudolf und Tochter Bettina (hinten), Sohn Adolf und Tochter Ursula (vorne)

nung bei offiziellen Angelegenheiten neben ihm saß. Aber leider hatte ich nur selten Kontakt zu seiner Aufnahmewilligkeit«, klagte sie Freunden gegenüber. Auch dürfte sich die Sympathie des »Führers« für die Botschaftersgattin in Grenzen gehalten haben. Dies fiel selbst in Diplomatenkreisen auf, und man bemerkte, dass Annelies von Ribbentrop in der Gunst des »Führers« nicht hoch rangierte, obwohl sie ihn aus den Tagen der »Machtergreifung« her bestens kannte: »In Frau von Ribbentrop schien er Unheil zu wittern. Alle ihre Versuche, bei Hitler [privat] eingeladen zu werden oder in der Reichskanzlei zu Ansehen zu kommen, schlugen fehl. Aber sie war klug genug, nichts zu erzwingen, und sie vermied es, Hitler mit ihrer Gegenwart zu belästigen. So musste sie sich mit indirekter Einflussnahme über ihren Mann begnügen«, beobachtete ein Adjutant Ribbentrops.[95] Dies tat sie jedoch intensiv!

So konnte das Dienstpersonal der deutschen Botschaft in London zur Jahreswende 1937/38 staunend beobachten, wie seine Exzellenz und Gattin auf allen vieren im Turmzimmer ihrer Wohnung umherkrochen. Sie waren dabei, ihre auf dem Fußboden ausgebreiteten Papiere und Entwürfe zu ordnen, um daraus einen für Hitler bestimmten Geheimbericht zur politischen Situation in Großbritannien zu verfassen. Die Quintessenz des am 2. Januar 1938 fertig gestellten Memorandums war die »Notiz für den Führer«, in der es hieß: »Nach außen hin weiter Verständigung mit England ... Herstellung in aller Stille, aber mit ganzer Zähigkeit, einer Bündniskonstellation gegen England ... Nur auf diese Weise können wir England begegnen, sei es eines Tages noch zum Ausgleich, oder zum Konflikt.«[96]

Die Opposition gegen die unheilvolle Politik Ribbentrops war groß. Neben dem deutschen Außenminister Konstantin von Neurath und den führenden Beamten des Außenamtes stimmten selbst heftig verfeindete Parteiprotagonisten wie Göring, Rosenberg, Goebbels und Bormann in ihrem ablehnenden Urteil über den deutschen Botschafter in England überein: Er sei hochnäsig, dumm, ein gefährlicher, kriegstreibender Narr.

Anfang 1938 stellte sich heraus, dass der Reichskriegsminister Werner von Blomberg eine Prostituierte geheiratet hatte. »Blomberg heiratet eine Nutte, bleibt bei ihr und lässt den Staat fahren!«, notierte der Reichspropagandaminister in sein Tagebuch.[97] Hitler nahm die Affäre als willkommenen Anlass zur Durchführung einer schon längst geplanten umfangreichen Säuberungsaktion. Im Diplomatischen Dienst kam es zur Ablöse einiger Botschafter[98] und zur Neubesetzung des Außenministeriums. Konstantin von Neurath, der Hitlers Kriegsbegeisterung nicht teilte, wurde abgesetzt.

Am 4. Februar 1938 ernannte der »Führer« seinen Erfüllungsgehilfen und Jasager Joachim von Ribbentrop, der ihm für seine kriegslüsterne Außenpolitik unverzichtbar schien, zum Reichsaußenminister. Annelies von Ribbentrop, wie immer die Einflüsterin ihres Mannes, nutzte ihren Einfluss und bewog ihn, den hünenhaften Sandro von Dörnberg, der mit einer ehemaligen Schulfreundin (Gisela-Maria Hackeleer-Köbbinghoff) verheiratet war, als Protokollchef zu bestellen.[99] Er sollte sich dafür noch als dankbar erweisen.

Im März 1938 stand die Invasion Österreichs bevor. Wie beim Einmarsch in das Rheinland hat Hitler auch in diesem Fall die Meinung seines Englandexperten eingeholt. Dieser gab nach gründlicher Beratung mit seiner Gattin dem »Führer« grünes Licht für die »Heimführung Österreichs ins Reich« – Großbritannien werde abermals neutral bleiben. Von den genauen Besetzungsplänen erfuhren die NS-Propheten nichts, auch nicht das Datum des Einmarschs, den 12. März 1938. Die Nachricht davon überraschte das ahnungsvolle, jedoch ahnungslose Ehepaar im Londoner Haus des Premierministers Arthur Neville Chamberlain. Annelies von Ribbentrop berichtete: »Mir ist dieses Frühstück noch gut in Erinnerung. Im Laufe des Essens entstand eine allgemeine Unruhe ... es entwickelte sich ein lebhaftes Hin und Her ... Mr Chamberlain trat mit sorgenvoller Miene auf mich zu und sagte: ›Ich bedaure, Herrn von Ribbentrop noch zurückhalten zu müssen, es sind ernste Dinge vorgefallen.‹«[100] Frau von Ribbentrop hat sich dann allein auf den Heimweg gemacht. Bei der Verabschiedung wandte sich Churchill, der sich auch unter den Gästen befand, an sie: »Ich hoffe, dass England und Deutschland ihre Freundschaft bewahren.« Annelies von Ribbentrop antwortete ihm: »Geben Sie Acht, dass Sie sie nicht verderben.«[101] Kurz darauf kehrten Joachim und Annelies von Ribbentrop nach Deutschland zurück. Ihren Hass auf England nahmen sie mit.

In Berlin bot Hitler dem neuen Außenminister den bisherigen Sitz des Reichspräsidenten an. Ribbentrop ließ das ehemalige Palais ohne kleinliche Rücksicht auf Kosten höchst luxuriös adaptieren. Auch privat lebte man fürstlich. So diente den Ribbentrops ihre schöne Villa in Berlin-Dahlem als stilvolle Privatresidenz. Zusätzlich stand ihnen im Berliner Luxushotel »Kaiserhof« ein ganzer Trakt ständig zur uneingeschränkten Verfügung. Für Landaufenthalte besaß man in der Nähe des Kurortes Freienwalde das 750 Hektar umfassende Gut Sonnenburg mit Schloss und eigenem Golfplatz, das als Stammsitz derer von Ribbentrop ausersehen war. In Tanneck bei Duren in der Nähe von Aachen betrieb man im eigenen Gestüt Pferdezucht. Eine große Wohnung in London wurde bis zum Kriegsausbruch beibehalten. Später erwarb der NS-Außenminister zu günstigen Bedingungen Schlösser und Jagden im Protektorat Böhmen und Mähren und in der Slowakei sowie ein Haus nahe Kitzbühel in Tirol, um Gämsen zu jagen.

Nach der Besetzung Österreichs stach dem NS-Außenminister und seiner Gattin Schloss Fuschl im Salzkammergut ins Auge. Der Besitz am gleichnamigen See gefiel ihnen nicht nur auf Grund seiner außergewöhnlich schönen

Joachim von Ribbentrop auf Gut Sonnenburg (1938)

Lage, sondern auch wegen der geringen Entfernung zum Berghof des »Führers« auf dem Obersalzberg bei Berchtesgaden. Da der Außenminister, vor allem jedoch seine Gattin, dort nicht die Rolle spielen konnten, die ihnen in ihren Augen zukam, planten sie, in dem einstigen Jagdschloss der Salzburger Erzbischöfe eine offizielle Dienststelle des Außenministeriums zu errichten, gleichsam als Konkurrenz zum Landsitz des »Führers«.[102] Nur die Zustimmung der Besitzer von Schloss Fuschl fehlte. Der Außenminister machte daher dem Eigentümer, Baron Gustav von Remitz, ein großzügiges Angebot, das dieser mit den Worten »Wir wollen nicht verkaufen!« höflich, aber bestimmt ablehnte. Die darauf folgenden Vorgänge hat Frau von Remitz beschrieben: »Wenig später wurde mein Mann ohne Angabe von Gründen verhaftet und in das Konzentrationslager Dachau eingeliefert. Dort starb er kurz darauf. Ich erhielt seine Asche.«[103] Herr und Frau von Ribbentrop zogen als neue Hausherren in Schloss Fuschl ein, wo sie bis zum Ende des Dritten Reichs offizielle und private Gäste empfingen, NS-Politik betrieben und nebenbei, ganz nach dem kaiserlichen Vorbild der Habsburger, die Vorteile einer Sommerfrische im Salzkammergut genossen.

Im April 1938 liefen die Vorbereitungen für Hitlers Staatsbesuch in Italien auf Hochtouren, wobei ein erbittertes Ringen um die Teilnahme an der ersten Auslandsreise Hitlers stattfand. Jeder, der im NS-Staat Rang oder Namen hatte, wollte mit dem »Führer« zu Mussolini nach Rom fahren. Es standen bereits 350 Namen auf der Protokollliste, als Frau von Ribbentrop energisch ihren – im frauenfeindlichen NS-Staat bis dahin unerhörten – Wunsch nach einem Damenprogramm äußerte. Die Frauen der NS-Elite griffen die Idee einer Luxusreise in den Süden mit Begeisterung auf. Nicht begeistert war Protokollchef von Dörnberg, dem, abgesehen von prinzipiellen Überlegungen, vor

Augen stand, dass die italienische Delegation beim Staatsbesuch des »Duce« im vorangegangenen Jahr nur 60 Personen umfasst hatte. Im Hinblick darauf, dass er Annelies von Ribbentrop seinen Posten verdankte, lehnte er ihren Vorschlag jedoch nicht ab, sondern reichte ihn an Hitler weiter. Dieser stimmte der ungewohnten Damenbegleitung widerwillig zu, und am 3. Mai 1938 brach eine auf 600 Personen angeschwollene NS-Delegation vom Berliner Lehrter Bahnhof in Richtung Italien auf. Dieser einzige Staatsbesuch Hitlers vor dem Ausbruch des Zweiten Weltkriegs war eine für alle Teilnehmer und Teilnehmerinnen vergnügliche Reise, die nur durch die Rangstreitigkeiten der NS-Damenwelt getrübt wurde. Annelies von Ribbentrop konnte jedoch alle Querelen mühelos zu ihren Gunsten entscheiden. Auch in Rom blieb die Frau des Außenministers nicht – wie es die NS-Ideologie gebot – bescheiden im Hintergrund. Annelies von Ribbentrop erreichte, dass sie mit selbstbewusstem Gehabe unmittelbar hinter Hitler, Goebbels und dem Duce neben dem italienischen Königspaar auf der Ehrentribüne stand und den vorbeimarschierenden italienischen Truppen den »deutschen Gruß« entbot.

Annelies von Ribbentrop war die wichtigste Beraterin des deutschen Außenministers. Sie stand ihrem Mann auch zur Seite, als kurz nach der Rückkehr aus Italien die schwelende Sudetenkrise in ein gefährliches Stadium trat. Als Reaktion auf eine Falschmeldung der Tschechen über deutsche Truppenkonzentrationen beschloss Hitler, die – lange geplante[104] – Zerschlagung der Tschechoslowakei sofort in Angriff zu nehmen. Herr und Frau von Ribbentrop, die Hitlers Pläne voll und ganz teilten, begrüßten dies und bekämpften die vom englischen Premierminister initiierte

Friedensinitiative – sie gipfelte im Münchner Abkommen vom 29. September 1938 – mit allen Mitteln. Ribbentrop erklärte, dass die Engländer nur blufften. Seine Frau ging noch weiter und behauptete, Chamberlain wäre nur im Auftrag des Intelligence Service erschienen, um Zeit zu gewinnen und einen Krieg zu verhindern, von dem die Engländer genau wüssten, dass sie ihn vorläufig nicht gewinnen könnten. Sie seien noch nicht ausreichend dafür gerüstet. Alle salbungsvollen Aussprüche englischer Politiker seien nichts anderes als Tarnungsmaßnahmen, um Deutschland so lange hinzuhalten, bis das englische Weltreich aufgerüstet sei und gemeinsam mit deutschfeindlichen Mächten über das Dritte Reich herfallen könne, um es zu vernichten. Jetzt wäre die letzte Gelegenheit, um England diplomatisch oder – viel besser – militärisch in die Knie zu zwingen. Denn je länger man warte, umso schlechter stünden die Chancen des Reichs. Die Hoffnung, eine Auseinandersetzung auf Dauer verhindern zu können, sei geradezu lächerlich.[105]

Das Zustandekommen des Münchner Abkommens, bei dem die Tschechoslowakei die sudetendeutschen Gebiete abtrat, rettete – zur großen Freude der Bevölkerung – den Frieden. Hitler und die Ribbentrops waren darüber verärgert. Ersterem hatte man den »Einzug in Prag verdorben«,[106] und Letztere beklagten die verpasste Gelegenheit einer Abrechnung mit England. Als Joachim von Ribbentrop daher seiner Enttäuschung Luft machte, meinte der »Führer« tröstend: »Ach, das brauchen Sie nicht alles so ernst zu nehmen. Dieses Papier hat doch weiter keinerlei Bedeutung.«[107] Ein halbes Jahr später, am 15. März 1939, besetzte Hitler die Tschechoslowakei, und – wie sein

Außenminister wiederum richtig prophezeit hatte – behinderte niemand den Überfall. Frau von Ribbentrop bedauerte es. Im Hinblick auf den Stand der englischen Rüstung hätte sie eine Intervention Großbritanniens zu diesem Zeitpunkt sehr begrüßt.

Angesichts seiner großen Erfolge und im steigenden Bewusstsein seiner Unfehlbarkeit wandte sich Hitler schon bald der polnischen Frage zu, um sie, wie er unmissverständlich drohte, »so oder so« zu lösen. Mit der Überreichung der deutschen Forderungen – Korridor zur Freien Stadt Danzig, Minderheitenregelung – beauftragte er seinen Reichsaußenminister. Dieser wollte die heikle Mission nicht ohne seine wichtige Beraterin antreten und fuhr daher – zum Entsetzen seines Protokollchefs und in Verletzung der ungeschriebenen, aber allgemein beachteten NS-Verhaltensregeln – in Begleitung seiner Ehefrau nach Warschau. Annelies von Ribbentrop berichtete: »Auf dieser Reise [am 25. Januar 1939] ... begleitete ich meinen Mann ... die beiden Außenminister tauschten gleich nach unserer Ankunft ihre Reden aus ... am zweiten Tag unseres Staatsbesuches entschuldigte sich Außenminister Beck, dass er ›wegen einer Erkältung‹ nur kurz reden könne. In höflicher, aber verkühlter Stimmung verlief das Staatsessen, und die Reise meines Mannes wurde ein Misserfolg ...«[108]

Polen wies Hitlers Forderungen zurück, und der Ausbruch eines Krieges zeichnete sich ab. Dem Ehepaar war klar, dass der Erzfeind England nicht länger neutral bleiben würde. Ebenso klar war, dass Deutschland bei seinem Angriff auf Polen einen Zweifrontenkrieg riskierte. Unklar bleibt, wer von den beiden Ribbentrops – in Anlehnung an den Bismark'schen Rückversicherungsvertrag – erstmals einen Pakt mit der verabscheuten bolschewistischen Sowjetunion ins Auge fasste. Angesichts ihrer überlegenen Intelligenz darf Annelies von Ribbentrop als Urheberin dieser Idee vermutet werden. Auf jeden Fall formulierte ihr Mann bereits auf der Heimfahrt von Warschau die Lösung: »Jetzt bleibt uns nur der Ausweg, uns mit Russland zu einigen, wenn wir nicht völlig eingekreist werden wollen.«[109] Was niemand erwartet hatte, gelang: Joachim von Ribbentrop gewann Hitlers Zustimmung, und der Außenminister und seine Frau trafen den ganzen Sommer über auf Schloss Fuschl Vorbereitungen für die Moskaureise.[110]

Dann flog Joachim von Ribbentrop – wie einst zu Alexander Walker – zur großen Überraschung der Konkurrenz zu Josef Stalin nach Moskau. Im Rennen um die Gunst des Herrn im Kreml schlug er die Mitbewerber England und Frankreich um Nasenlänge: Am 23. August 1939 wurde der deutsch-sowjetische Nichtangriffspakt geschlossen. In den Geheimklauseln war Stalin das gesamte Baltikum und ein großer Teil Polens zugesichert worden. Triumphierend kehrte Ribbentrop am 24. August nach Deutschland zurück. Seine Frau nahm den Nachtzug, um ihn mit den Kindern auf dem Berliner Flugplatz zu erwarten und ihrem Mann zu gratulieren, noch bevor es der »Führer« tat. Ohne Störung aus dem Osten konnte Hitler am 1. September 1939 den Angriff auf Polen beginnen. Am 3. September erklärten England und Frankreich dem Deutschen Reich den Krieg. Bei Ausbruch des Zweiten Weltkriegs hielt sich Annelies von Ribbentrop in Berlin auf, wo die stolze Nationalsozialistin erlebte, wie ihr ältester, kaum achtzehnjähriger Sohn Rudolf in den Krieg gegen Polen zog, um dann sechs Jahre lang, bis zum Ende des Dritten Reichs, für »Führer« und Vaterland zu kämpfen.

Nach dem für NS-Deutschland erfolgreichen Krieg gegen Frankreich besuchte Annelies von Ribbentrop im Gefolge ihres Mannes Paris. Den Sommer 1940 verbrachte die Familie Ribbentrop auf Schloss Fuschl, wo der Außenminister zahlreiche Politiker empfing. Er fuhr auch häufig auf den nahen Obersalzberg, um Hitler Bericht zu erstatten. Bei der Erörterung des schnellen Sieges über Frankreich verglich sich der Stratege Hitler mit den Staatsmännern des Römischen Reichs und enthüllte seine militärischen Zukunftsvisionen: »Meinem Nachfolger müssen unbedingt Anlässe bleiben, neue Kriege anzufangen! Man darf nie in Verlegenheit sein, wo ein Konflikt herkommen soll. In den kommenden Friedensverträgen müssen wir daher immer einige Fragen offen lassen. Denken Sie doch mal an Rom und Karthago! In jeden Friedensvertrag immer gleich einen neuen Krieg eingebaut! Das ist Rom! Das ist Staatskunst!«

Ribbentrop jedoch schwoll vor Stolz, als ihn sein Herr wieder einmal mit Bismarck verglich.[111] Zu seinem 48. Geburtstag am 30. April 1941 sollte er von Hitler in Anerkennung seiner diplomatischen Erfolge das Bismarck-Porträt von Franz von Lenbach erhalten.[112]

Dass die Gattin des NS-Außenministers einen großen Beitrag zum Stalin-Ribbentrop-Pakt (Deutsch-sowjetischer Nichtangriffspakt) geleistet hat, ist sehr wahrscheinlich. Sicher ist, dass sie die geistige Kraft hinter dem Drei-Mächte-Pakt war, den das Dritte Reich mit Italien und Japan einging. Dem Abschluss des Bündnisses war eine jahrelange häusliche Indoktrination des Außenministers vorangegangen. In ihren Bemühungen zur Absicherung des Dritten Reichs gegen England wurde Annelies von Ribbentrop auch von ihrem Japan verehrenden Schwiegervater unter-

Adolf Hitler als Gast bei Ribbentrops. Links Annelies von Ribbentrop mit den Kindern Ursula und Adolf

stützt – bis sich der von Vater und Gattin getriebene Minister schließlich an die gewaltige Aufgabe machte. »Wir aufrechte Nationalsozialisten sollten in Ihrem [Hitlers] Sinn Seite an Seite mit den jungen Völkern Italien und Japan über das degenerierte Establishment der Angelsachsen hinwegschreiten«, suggerierte er dem »Führer«. Am 27. September 1940 schloss Ribbentrop für NS-Deutschland den Drei-Mächte-Pakt zwischen Deutschland, Italien und Japan, ein »welthistorisches Dreieck« – wie er es nannte. Hitler lobte ihn: »Das muss man dem Außenminister lassen: Er hat die Bedeutung des Paktes mit Japan immer richtig ermessen und diese Linie mit Entschiedenheit vertreten.«[113] Für die Dame im Hintergrund war es ein großer Triumph. Doch der Pakt erfüllte die Erwartungen der Nationalsozialisten nicht. Letztlich führte er dazu, dass Hitler den USA den Krieg erklärte. Japan hingegen fiel nicht – wie man im Dritten Reich erhofft hatte – Russland in den Rücken.

Zu Weihnachten 1940 gab es im Hause Ribbentrop wieder Nachwuchs. Der am 27. Dezember 1940 geborene und nach einem Vorfahren Barthold genannte dritte Sohn war nach Rudolf, Bettina, Adolf und Ursula das fünfte Kind des Ehepaares. Im Verlauf des Zweiten Weltkriegs hielt sich Joachim von Ribbentrop nur selten bei seiner Familie auf. In dem Bestreben, den Kontakt mit dem »Führer« nicht zu verlieren, folgte er dessen Sonderzug in der eigenen – »Westfalen« genannten – Zugsgarnitur, hatte jedoch seinen Einfluss auf die Außenpolitik bereits verloren. 1944 bekam das Ehepaar in zunehmendem Ausmaß Verachtung und Hass seiner Mitmenschen zu spüren. So schrieb eine ehemalige Mitschülerin an die Frau des Außenministers: »Weißt du noch, als Frl. Guttmann uns sagte, dass ihre drei liebsten und EHRLICHSTEN Schülerinnen, die sie in ihrer ganzen Laufbahn gehabt habe, Erika Dietrich, DU und ich gewesen sind!« Die Verfasserin solch harmloser Zeilen konnte man nicht der Gestapo melden. Verstanden wurde die Botschaft trotzdem. Sie hinterließ auch einen bleibenden Eindruck, denn noch viele Jahre später erinnerte sich Annelies von Ribbentrop: »Ich werde nie vergessen, wie bös und doch unfassbar, ein Hass uns umfasste, als wir diese Karte lasen.«

Den April 1945 verbrachten Annelies und Joachim von Ribbentrop auf ihrem Landsitz Sonnenburg. Als die Nachricht eintraf, dass die Rote Armee bereits die Oder überschritten habe, entleerten sie ihren Weinkeller und schickten die Bestände an die nahe Front. Dann machte man sich zur Abreise bereit. »Am 18. April sind sie nach Berlin gefahren«, erinnerte sich eine Gutsarbeiterin.[114] Dort trennte sich das Ehepaar. Während sich Frau von Ribbentrop mit den Kindern bis ins Rheinland durchschlug, blieb ihr Mann in der Reichshauptstadt. Ende April 1945 wollte Annelies von Ribbentrop zu ihrem Mann nach Berlin fliegen, was der »Führer« jedoch untersagte.[115] Das nächste Treffen des Paares sollte erst im Militärgefängnis von Nürnberg stattfinden.

Anfang Mai war Berlin ständig Bombenangriffen der Alliierten ausgesetzt. Am 3. Mai erhielt auch das Gebäude der Reichsbank mehrere Volltreffer. Für die Währungshüter des Tausendjährigen Reichs war dies das Zeichen, ihre Evakuierungspläne in die Tat umzusetzen. Als kurz darauf ein Sonderzug mit den Währungsreserven die Hauptstadt in Richtung Westen verließ[116], begann sich auch der Außenminister des Deutschen Reichs um das Schicksal seines Spezialfonds zu sorgen. Immerhin hatte er beachtliche 15 Tonnen Gold gehortet, über die er die alleinige Verfügungsgewalt besaß. Die bis dahin von Bombenangriffen verschonte Gegend um seinen Amts- und Landsitz Schloss Fuschl schien ihm der richtige Aufbewahrungsort zu sein. Ribbentrop ließ daher knapp die Hälfte des Schatzes in Hintersee, nahe Fuschl, verstecken. Nach Auskunft von Augenzeugen war das Gold wenig später noch vorhanden. Als die amerikanischen Militärbehörden kurz nach Kriegsende im Salzkammergut eintrafen, konnten sie nur mehr einen kleinen Teil sicherstellen. Der Rest war und blieb verschwunden.[117] Während Annelies von Ribbentrop mit ihren jüngeren Kindern im Rheinland Zuflucht fand, schlug sich ihr Mann nach Hitlers Tod nach Flensburg durch, um dem Nachfolger des »Führers« seine Dienste anzubieten. Karl Dönitz aber wies ihn ab. Nach Kriegsende verbarg sich der Exaußenminister unter dem Namen »Reiser« bei einem ihm gut bekannten Weinhändler in Hamburg, wo ihn ein alliiertes Kommando am 14. Juni 1945 festnahm. Im Militärgefängnis von Nürnberg litt Joachim von Ribbentrop unter der Missachtung seiner prominenten NS-Mithäftlinge. Selbst die amerikanischen Wächter erfuhren, dass der Kriegsverbrecher Nr. 3 im NS-Staat nur Erfolg hatte, »weil er die Erbtochter von Henkell heiratete«. Die ablehnende Haltung der gesamten inhaftierten NS-Prominenz ließ Ribbentrop, der mit dem Todesurteil rechnete, nichts Gutes für seinen Nachruf erwarten. Er übertrug daher seiner Frau schriftlich die Vollmacht, ihn zu vertreten, falls »von Seiten meiner Mitverhafteten Diffamierungen veröffentlicht würden«. Er bat sie auch, die Kinder über sein »wahres Leben« aufzuklären.

Annelies von Ribbentrop stand ihrem Mann während des Prozesses nach Kräften bei, indem sie entlastendes Material zusammentrug. Vieles davon, wie der angebliche Ausspruch Churchills »Wenn Deutschland zu stark wird, werden wir es zerschlagen«, hat man im Prozess nicht zugelassen. Joachim von Ribbentrop wurde in allen Anklagepunkten für schuldig befunden und zum Tode verurteilt. In der kurzen Zeit bis zur Vollstreckung des Urteils schrieb er unablässig an seinen Memoiren. Er ließ sein Leben Revue passieren und gedachte des »friedliebenden«, von bösen Mächten zum Krieg gezwungenen »Führers«. Zentrales Thema seiner Erinnerungen ist die gescheiterte Englandmission. »Ich bin überzeugt, Adolf Hitler würde sich für den Rest seines Lebens dem friedliebenden Aufbau eines Sozialstaates gewidmet haben, wenn damals die deutsch-englische Verständigung gelungen wäre. Wie oft hat er im Krieg davon gesprochen, dass er das Kriegsende nicht erwarten könne ...«, schrieb er voll Naivität. Hitlers häufig geäußerten Satz »Keine Generation ohne Krieg« erwähnte er nicht.[118] Kurz vor seinem Tod hat Joachim von Ribbentrop auch seine harmonische Ehe gewürdigt: »... unermessliches Glück und unsere ›Fünf‹, unsere drei Söhne und zwei Töchter, hat mir meine Frau geschenkt. Ob es jemals so viel Liebe, Freude und inniges Verbundensein zwischen zwei Menschen, auch im Leide gegeben hat, wie wir es gemeinsam erlebt haben? Ist das nicht schon mehr, als ein Sterblicher vom Schicksal Gutes verlangen darf?«[119]

Ribbentrop arbeitete bis zum letzten Augenblick. Seiner Familie hinterließ er Abschiedsbriefe. Am Tag vor seiner Hinrichtung wandte er sich ein allerletztes Mal an seine Frau: »... Du, meine geliebte Frau, musst dein tapferes Herz und all die Liebe, die du für mich hattest, jetzt ganz den Kindern schenken. Ich weiß, dass ich mich ganz auf dich verlassen kann. Du musst wissen, dass dies mein letzter Trost ist, den ich mit mir nehme. Stolz und ungebrochen und im festen Glauben an ein ewiges Leben werde ich meinen Weg gehen ... Ich nehme nochmals deinen lieben Kopf in meine Hände und sehe dir noch einmal tief in deine Augen mit all der unendlichen Liebe, deren ein Mensch für einen anderen fähig ist. Leb wohl – ich sage dir auf Wiedersehen in einer anderen Welt. Gott helfe dir.«[120]

Im Morgengrauen des 16. Oktober 1946 hörte der ebenfalls im Gefängnis von Nürnberg inhaftierte Albert Speer Geräusche und Schritte im Trakt der zum Tod durch den

Strang Verurteilten, dann die Aufrufung eines Namens: Ribbentrop. Der einstige Außenminister des Deutschen Reichs wurde als Erster zur Hinrichtung geführt. Laut Aussage des Henkers starb er einen qualvoll-langsamen Tod.[121]

Mit dem Ende des Zweiten Weltkriegs und dem Tod Joachim von Ribbentrops war das Engagement der Witwe des NS-Reichsaußenministers für die Werte und Ziele des Dritten Reichs nicht zu Ende, und sie meinte: »Die Verantwortung meinem Mann und unserem Nationalsozialismus gegenüber ist riesengroß.« Noch während ihrer Haft in dem zu einem Internierungslager umfunktionierten ehemaligen KZ Dachau begann sie mit ersten Aufzeichnungen ihrer geplanten Erinnerungen, die den »Verrat«, den man an ihrem Mann, aber auch an der deutschen Außenpolitik begangen habe, aufzeigen sollten. Nach ihrer Entlassung ließ sich Frau von Ribbentrop im Rheinland nieder.[122] Im Gegensatz zu den meisten Frauen der NS-Elite wurde sie nicht entnazifiziert. Auch ihr beschlagnahmtes Vermögen – nicht jedoch das Erbe ihres Mannes und das Haus in Berlin-Dahlem[123] – wurde bald nach 1945 mit dem Vorbehalt des jederzeitigen Widerrufs freigegeben. Im Dezember 1950 zog Annelies von Ribbentrop in ein von ihrem Schwager zur Verfügung gestelltes Haus in Wuppertal-Elberfeld[124], wo sie die bereits begonnene Sichtung des Ribbentrop'schen Nachlasses fortsetzte. Sie wollte das Werk ihres Mannes, das durch die Hinrichtung abgebrochen war, mit dem Ziel seiner Rehabilitierung weiterführen und alle gegen ihn erhobenen Anklagen entkräften. Sie fühlte sich als seine Verteidigerin, wobei sie bei ihren Bemühungen Rückhalt und moralische Unterstützung durch ihre erwachsenen Kinder Rudolf, Bettina und Ursula sowie durch ihre

Schwester (verheiratete Schniewind) und deren Mann erhielt. Vor allem Rudolf erwies sich in dem Kampf gegen »Schmutz und Lügen, die aufgedeckt werden müssen«, als wertvolle Stütze der Mutter, während die schwer zu bändigenden jüngeren Söhne Adolf und Barthold von der Alleinerzieherin in einem Internat in Wyk (Insel Föhr) untergebracht wurden. Als Seelenfreund, kundiger Ratgeber und unermüdlicher Brieffreund stand der Witwe des NS-Außenministers Hans Grimm, der Autor des NS-Kultwerkes »Volk ohne Raum«, zur Verfügung.

Annelies von Ribbentrop war trotz häufiger Bronchitis und schwerer Operationen sowie schulischer Probleme der Kinder – »Adolf, der furchtbare Bub, ist sitzen geblieben« – rastlos tätig. Voll Energie kämpfte sie jahrelang erbittert gegen die Familie Henkell, die sie mittels Kapitalabfindung aus dem Sektkonzern – an dem sie Anteile besaß – drängen wollte und auch die vertraglich zugesicherte Mitarbeit ihres Sohnes Rudolfs rückgängig zu machen suchte. Vor allem jedoch widmete sich Annelies von Ribbentrop der Bearbeitung der Dokumente aus der Hinterlassenschaft ihres Mannes. Sie hat auch Zeitungsartikel, die über Ribbentrop erschienen, Wort für Wort mit den Originalzitaten verglichen und bei falschen Angaben Widerrufe gefordert.[125] Ebenso wurden Verfälschungen und Verzerrungen von ihr eingeklagt. Sie beschäftigte mehrere Rechtsanwälte gleichzeitig und führte Prozesse in Berlin, München, London und Paris. Sie kämpfte auch um ihren Berliner Besitz, der dem Deutschen Gewerkschaftsbund (DGB) als »Wilhelm-Leuschner-Haus« jahrelang als Ausbildungsstätte zur Verfügung stand.[126]

Zu ihrem Ärger wurde Annelies von Ribbentrop mit einer Flut an Erinnerungsliteratur konfrontiert, in der Politiker und Diplomaten über die politische Tätigkeit Joachim von Ribbentrops vernichtende Urteile fällten. Die häufig wiederkehrende Aussage, dass der unfähige ehemalige NS-Außenminister durch Verharmlosung der politischen Lage Hitler zum Krieg ermutigt hätte, trieb seine Witwe zur Eile an. Sie wollte nicht hinnehmen, dass sich das »negative Urteil über Ribbentrop erhärte!«. Ihre Antwort erschien Ende 1953 unter dem Titel »Zwischen London und Moskau«.[127] Das Werk enthält zahlreiche unveröffentlichte Dokumente und leistet dadurch einen wichtigen Beitrag zur Erforschung der Geschichte des Dritten Reichs. Die Autorin widerlegt (mit dem Dokument TC 75) die Annahme, dass Ribbentrop und durch ihn Hitler die Reaktion Englands falsch eingeschätzt hätten. Dadurch wird jedoch umso klarer, dass der Ausbruch des Zweiten Weltkriegs provoziert worden war. Die kritische Aufnahme des Buchs spornte Frau von Ribbentrop weiter an: »... Sinn meiner Dokumententätigkeit ist es, die augenblicklichen Entstellungen der geschichtlichen Wahrheit auf die Dauer unmöglich zu machen.« 1963 erschien die kommentierte Quellensammlung »Verschwörung gegen den Frieden«[128], die den »Hydras im Augiasstall«[129], nämlich jenen Beamten des Außenamtes, die Hitlers und Ribbentrops Politik zu verhindern suchten, Mitschuld am Ausbruch des Zweiten Weltkriegs geben. 1967 veröffentlichte sie »Deutsch-englische Geheimverbindungen«.[130] Mit ihrem letzten Buch, »Die Kriegsschuld des Widerstandes«, verfolgte Frau von Ribbentrop das Thema »Verräter im Außenamt« weiter bis zu ihrem Tod.[131] Am 5. Oktober 1973 ist Annelies von Ribbentrop in Wuppertal-Elberfeld verstorben.[132]

Thea von Harbou

Die Königin der NS-Drehbücher

27. Dezember 1888 – 2. Juli 1954

Am 20. Dezember 1924 wurde Adolf Hitler aus seiner Festungshaft entlassen. Bereits am nächsten Tag ging er ins Kino und sah »Die Nibelungen«[1]. Seine lang gehegten Erwartungen wurden mehr als übertroffen. Noch oft sollte er sich an den monumentalen Szenen aus dem Nationalepos der Deutschen berauschen.[2] Der Film stammte von Fritz Lang und Thea von Harbou. Er war der Regisseur, sie war die Drehbuchautorin, und während der wilden Zwanzigerjahre gab es in Berlin kein prominenteres Ehepaar.

Der erste von den Nazis verbotene Film – »Das Testament des Dr. Mabuse« – stammte ebenfalls von dem Erfolgsduo. Die Reaktion auf das Verbot war sonderbar: Fritz Lang ging ins Exil und wurde einer der bedeutendsten Regisseure Hollywoods. Thea von Harbou blieb in Berlin, trat der Partei bei und arbeitete als »Königin der Drehbücher« an den fanatischsten Durchhaltefilmen von Goebbels.

Kennen gelernt hatten sich die »sensible Dichterin« und der »Praktiker« – wie die Bezeichnungen der zeitgenössischen Presse für die beiden Filmpioniere lauteten –, als sie den Harbou-Roman »Das indische Grabmal« in ein Filmskript umarbeiteten.

Am Beginn der einzigartigen Zusammenarbeit des berühmtesten Paares der deutschen Filmgeschichte stand ein tragischer, mysteriöser Todesfall im September 1920. Damals überraschte Lisa Lang, die aus Russland stammende Ehefrau des jungen Regisseurs, die beiden Filmschaffenden auf dem Sofa des Lang'schen Wohnzimmers. Nicht bei der Arbeit an einem Manuskript, sondern in einer kompromittierenden, höchst eindeutigen Situation. Kurz darauf war Lisa tot, gestorben an den Folgen eines Schusses in die Brust, der aus Langs Pistole stammte. Was sich an diesem Unglückstag in der Wohnung auf dem Berliner Hohenzollerndamm tatsächlich abgespielt hat, blieb bis heute ein Rätsel. Hat die junge Frau Selbstmord begangen, weil sie ihren Mann in flagranti ertappte? Kam es zu einem fatalen Handgemenge, als die Ehefrau die Rivalin mit der Waffe bedrohte? Oder war gar Lang selbst der Schütze? Vor Gericht beharrten Lang und Harbou darauf, dass die Unglückliche sich in der Badewanne erschossen habe, der Polizeiarzt attestierte einen Unfall, und in Filmkreisen vermutete man einen Mord. »Es hieß, er hätte sie erschossen«, gab eine gute Bekannte des Paares die vorherrschende Meinung wieder.[3] Spätere Recherchen kamen zu dem Schluss, dass zwischen den Beteiligten mit großer Wahrscheinlichkeit ein Handgemenge stattgefunden hat, in dessen Verlauf »eine Person eine andere, die im Begriff war, aus Emotion eine Tat zu begehen, vom Schießen abhalten wollte und sich dann aus der Waffe ein tödlicher Schuss gelöst hat«[4]. Obwohl Lang und Harbou schließlich von jeder Schuld freigesprochen wurden, sind die Gerüchte nie verstummt, und das Problem von Schuld bei allem Anschein von Unschuld zieht sich als roter Faden durch Fritz Langs Filme.[5] 1921 drehten er und seine Geliebte den ergreifenden Stummfilm »Der müde Tod«, der aufzeigt, dass der Mensch seinem vorausbestimmten Schicksal nicht entrinnen kann.

Thea von Harbou ließ sich von ihrem Ehemann scheiden und heiratete Lang am 26. August 1922 in Berlin. Der aus Wien stammende Regisseur fand in der deutschen Adeligen – wie er in seinen Memoiren schreibt – »jenen unschätzbaren Mitarbeiter und Kameraden, der mit tiefem Verständnis für mein Wollen mir die Manuskripte schafft, die die Grundlage meiner Arbeit bilden«.[6] Tatsächlich entwickelte sich die Ehe, während der Thea alle Drehbücher für Langs Filme schrieb, zu einer der produktivsten Arbeitsbeziehungen der deutschen Filmgeschichte.

Thea von Harbou wurde am 27. Dezember 1888 auf einem kleinen Rittergut in Tauperlitz bei Hof in Bayern geboren. Sie stammte aus einer alten Adelsfamilie, deren Vorfahren bis 1440 zurückverfolgt werden können und die neben Staatsministern und hohen Würdenträgern auch einen Strafanstaltsleiter hervorgebracht hat.[7] Theas Mutter, eine geborene d'Alinge, war die Tochter des Erziehers der Prinzen von Sachsen-Weimar. Theas Vater, Theodor Baron von Harbou, hat lange Zeit die Forste des Herzogs von Altenburg bei Posen betreut, bis er auf Anraten eines wohlmeinenden Freundes den Sprung in die Selbstständigkeit wagte. Er machte dann in rascher Folge mit einem Landgut in Bayern, einem in der sächsischen Schweiz (genannt »Vogelsang«) und einem Gut bei Dresden (in Niederlössnitz) Pleite. Nachdem die dilettantischen Versuche der Harbous, eine Landwirtschaft Gewinn bringend zu führen, gescheitert waren, nahm die Familie zahlende Pensionäre – bevorzugt anspruchslose Engländer – bei sich auf und lebte trotz permanenter Geldschwierigkeiten weiterhin standesgemäß. Selbst von ausgedehnten Fernreisen wie nach Deutsch-Ostafrika ließ man sich nicht abhalten. Auch an Dienstpersonal bestand kein Mangel. Thea hatte eine Gouvernante, ihr Bruder Horst einen Erzieher. Später gelang es, die Gebühren für erstklassige Schulen aufzubringen. Die finanziellen Engpässe des Elternhauses haben Thea – die später ebenfalls keinerlei Geschick im Umgang mit Geld zeigen sollte – nicht weiter berührt. Sie verlebte in ländlicher Abgeschiedenheit eine glückliche Kindheit, hielt sich viele Tiere, las Karl May und bewunderte den technischen Fortschritt – vor allem Eisenbahnen. Das »Beseelte der Maschine, das Lebendige in den Werken der Technik« habe sie von klein an fasziniert, schrieb sie als Erwachsene.[8] Den so genannten Ernst des Lebens lernte das Mädchen mit dem Eintritt in das »wie die Pest gehasste« Luisenstift in Dresden kennen, das sie von 1895 bis 1902 besuchte. Der streng reglementierte Schulalltag war ein bitterer Wechsel für das eigenbrötlerische Kind, dem lediglich die zwischen Schulbüchern versteckten Karl-May-Bände Trost boten. Als erfolgreiche Schriftstellerin gab Thea von Harbou später an, dass ihre Liebe zu Winnetou – er beeinflusste übrigens auch Fritz Lang und Adolf Hitler – weit bestimmender für die Entwicklung ihres Charakters gewesen sei als alle anderen Lehren. Ihre lebenslange Sehnsucht sei es gewesen, gütig, tapfer, ritterlich und schweigsam wie ihr indianisches Vorbild zu sein.[9]

Der Tod ihres geliebten Bernhardiners gab den Anstoß zu Theas erstem literarischem Werk: »Ich schloss mich ein ... immer waren in meiner Einsamkeit meine Gedanken bei den Tieren, und ich nahm mir ein Stück Papier und schrieb darauf eine Geschichte, in deren Mittelpunkt eine Katze stand.« Die Neunjährige schickte ihr Erstlingswerk an eine Zeitung, wobei sie in weiser Zurückhaltung ihr Alter verschwieg. Der Beitrag wurde gedruckt, und die kindliche Autorin konnte stolz das Honorar in Höhe von 25 Mark kassieren.

Der Erfolg beflügelte Thea. Emsig schrieb sie weiter. Ihre Mutter bestärkte sie und ließ die Werke der Tochter zu deren 13. Geburtstag in einem kleinen Büchlein zusammenfassen und im Selbstverlag drucken. 1904 verfasste die junge Schriftstellerin während eines Urlaubs am Gardasee ihren ersten Roman, der – eigenen Aussagen zufolge – noch »von fremden Vorbildern abhängig war«. Die »Deutsche Roman Zeitung« druckte ihn trotzdem und interessierte sich für weitere Werke der kaum Sechzehnjährigen, von der eine Beschreibung aus dem Jahre 1905 vorliegt. »Als wir uns kennen lernten«, schrieb ihre Cousine Anne-Marie Durand-Wever nach einem Familientreffen, »war sie bereits eine junge Dame ... sie spielte Geige, und was mir besonders imponierte, sie dichtete, und zwar nicht etwa Liebesgedichte, wie das ihrem Entwicklungsstadium entsprochen hätte, sondern solche, die sogar kunstverständigen Erwachsenen Eindruck machten ... sie imponierte mir maßlos.«[10] Die sehr hübsche Thea wollte jedoch ihre viel versprechende literarische Karriere nicht fortsetzen. Zum Entsetzen ihrer adeligen Verwandten entschloss sie sich, Schauspielerin zu werden und ihre literarischen Neigungen nur mehr als Hobby zu betreiben. Der hastig einberufene Familienrat drohte zur Abwehr dieser Schande mit dem Entzug des altehrwürdigen Namens derer von Harbou. Schließlich einigte man sich darauf, dass Theas Mutter, unterstützt von einer Tante, das Mädchen begleiten würde, um es in der gefahrvollen, als Sündenbabel empfundenen Theaterwelt vor dem Schlimmsten zu bewahren.

Die drei Damen reisten dann nach Düsseldorf, wo Thea 1906 als Volontärin im Schauspielhaus debütierte. Eintragungen in einem Verzeichnis der Hochschule für darstellende Kunst des Düsseldorfer Schauspielhauses zufolge war Thea von Harbou klug, gebildet und nicht unbegabt – Kritik vertrage sie allerdings keine.[11] Sie wurde als Sentimentale in Nebenrollen eingesetzt, bis sie 1908 ans Hoftheater in Weimar wechselte, wo sie als Naive, Salondame und erste Liebhaberin auftrat. In ihrer Freizeit und in den langen Sommerpausen schrieb Thea Märchen, und 1910 veröffentlichte sie einen kitschig-sentimentalen Heimatroman.

Nach Gastspielen an diversen Provinztheatern spielte sie 1913 am Aachener Stadttheater, als sie den Schauspieler und Regisseur Rudolf Klein-Rogge[12] kennen lernte. Sie verliebte sich sofort in ihn. Am 28. September 1914, kurz nach dem Ausbruch des Ersten Weltkriegs, wurde geheiratet. Die Situation des jungen Paares gestaltete sich schwierig, denn der Tod von Theas Vater im vorangegangenen Jahr hatte die adelige Familie in eine finanzielle Zwangslage gebracht. In dieser Situation appellierten die mittellosen Verwandten an die einzige Berufstätige im adeligen Familienkreis, und die junge Schauspielerin sah es als selbstverständliche Pflicht an, mit den kargen Einkünften aus ihrem verachteten Metier Mutter, Großmutter sowie mehrere Verwandte zu erhalten.

Als das Aachener Stadttheater kriegsbedingt seine Pforten schloss, hängte auch Thea von Harbou kurz entschlossen ihren Beruf an den Nagel und widmete sich ganz ihrer Lieblingstätigkeit – dem Schreiben. Während ihr Mann nach kurzem Militärdienst ein Engagement am Stadttheater von Nürnberg bekam, produzierte Thea in rascher Folge einen Roman nach dem anderen, wobei sie die allgemeine, fast hysterische Kriegsbegeisterung, die auch ihrer eigenen Stimmung entsprach, geschickt nutzte. »Der Krieg und die Frauen« wurde ein großer Erfolg und brachte allerhöchstes Lob. »Sie sind eine Prophetin!«, begeisterte sich Kaiser Wilhelm II. für die schwülstige Novellensammlung, in der die junge Patriotin schilderte, mit »welch schöner, ernster Gelassenheit das deutsche Volk in den Krieg hineinging«[13]. Kurz danach entstanden Kriegsromane. »Deutsche Frauen. Stilles Heldentum« diente zur Erbauung der Frauen an der »Heimatfront« und warnte gleichzeitig eindringlich vor den Gefahren der – bereits hitzig diskutierten – Emanzipation. Thea von Harbou zitierte damals gerne den Bismarck-Ausspruch »Das deutsche Volk ist ein männliches«[14] und war als Anhängerin des »Alldeutschen Verbandes« eine vehemente Gegnerin »jener Strömung, die den Frauen Gebiete erschließt, in die sie nicht gehören, und ihnen Gebiete verschließt, in denen sie Königinnen sein könnten«[15]. Sie lobte wie in dem Roman »Die Frau ohne Vaterland« »die Frau in der Größe ihrer natürlichen Begabung« und pries die Vorzüge einer stillen, aufopfernden und duldenden Weiblichkeit.

Das konservative Gedankengut der Adeligen fand beim breiten Publikum große Zustimmung. Die Literaturkritik hingegen sparte nicht mit Häme. Ihre der Trivialliteratur

Nr. 16 Berliner Illustrirte Zeitung. 377

DIE FLUCHT DER BEATE HOYERMANN

Roman von Thea von Harbou

Mit 26 Jahren berühmt: Im Ersten Weltkrieg schrieb Thea von Harbou Serienromane

zugeordneten Werke überdauerten jedoch den Ersten Weltkrieg, erlebten in rechtsgerichteten deutsch-nationalen Kreisen und Parteien eine neue Blüte und trugen entscheidend zur Ausformung des nationalsozialistischen Frauenbilds bei. Die aufstrebende NSDAP sah in der Dichterin eine geschätzte Gesinnungsgenossin, die NS-konforme Ansichten nicht nur wirksam formulieren, sondern auch unter die Leute bringen konnte. Die »Soldatenmütter«, die »stillen Mitkämpferinnen«, aber auch die »wehrhaften Germaninnen« aus den Prosawerken Thea von Harbous boten vielfache Anregungen für jenes anachronistische Programm, das Hitler und seine Partei für den weiblichen Teil der Bevölkerung entwickelten und nach der »Machtergreifung« auch verwirklichten.

Zwischen der Autorin selbst und den Heldinnen ihrer spannenden Romane, die als Vorabdrucke in Zeitungen –

hauptsächlich in der »Berliner Illustrirten Zeitung« – Millionen Leserinnen und Leser fanden, bestand ein enormer Gegensatz. Die höchst emanzipierte Schriftstellerin hielt öffentliche Vorträge, feilschte schon als Sechsundzwanzigjährige höflich, aber beinhart um Tantiemen, bestimmte die Auflagenhöhe ihrer Bücher und diktierte ihre Bedingungen: »Ich möchte gegen Sie ganz offen sein, meine sehr verehrten Herren«, schrieb sie dem Verlag Cotta, »... es handelt sich für mich lediglich um eine Geldfrage ... ich bitte Sie unseren Vertrag dahin neu aufzustellen ... dass Sie mir die Summe für die ganze Auflage am Tag des Erscheinens des Buchs anweisen ...«[16] Den krassen Widerspruch zwischen der eigenen Lebensweise und den Idealen, die sie anderen zudachte, wollte Thea von Harbou nicht wahrhaben. Sie ärgerte sich maßlos, als sie 1917 von einer Journalistin als »moderne Amazone« charakterisiert wurde, die »sich in blutrünstigen Phantasien erhitzend, am Schreibtisch sitzt« und »statt des Schwertes die Feder zückt«.[17]

Animiert durch den großen Erfolg – die Bücher erreichten innerhalb kurzer Zeit 20 bis 30 Auflagen –, produzierte die junge Schriftstellerin am laufenden Band für Jung und Alt. Es erschienen das

Porträt der jungen Schriftstellerin (1916)

Kriegsbuch für die deutsche Jugend »Du junge Wacht am Rhein«, »Heiliger, deutscher Krieg«, das Drama »Oluf, der König«, das orientalische Märchenspiel »Das indische Grabmal« und vieles andere. Harbous Arbeitsweise verblüffte die Augenzeugen. »Sie war sehr tierlieb, wenn sie strickend vor ihrer Schreibmaschine saß, so hockte ein großer Angorakater auf ihrer Schulter, und ein Bernhardiner lag zu ihren Füßen. Sie brauchte das Stricken zur Konzentration. Hatte sie einen Gedankengang im Kopf erarbeitet, so flog das Strickzeug in die Ecke und sie hämmerte im Blitztempo auf die Tasten.«[18]

Daneben führte sie scheinbar mühelos einen großen, geselligen Haushalt mit vielen Gästen, der ganz auf den Rhythmus des schauspielernden Gatten abgestimmt war: »... das Leben begann erst, wenn er [Rudolf Klein-Rogge] aus dem Theater heimkam. Es waren immer Leute da. Vor allem der Schauspieler Emil Jannings und der Theateragent Eugen Frankfurter und immer jemand, den Thea gerade unterstützte. Kam ein Buchhonorar, ging Thea einkaufen und brachte jedem Hausgenossen Unmengen von Blumen. Dann gab es Wein und Gänse und es wurde bis in den nächsten Morgen gefeiert«, erinnerte sich ihre Cousine.[19]

Als Thea 1918 mit ihrem Mann, der ein Engagement am Lessing-Theater angenommen hatte, nach Berlin übersiedelte, war sie bereits eine Berühmtheit.

1919 erfuhr die Autorin aus der Zeitung, dass eines ihrer Werke – »Heiligengeschichten« – ohne ihre Zustimmung verfilmt werden sollte. Wutentbrannt suchte sie die verantwortliche May-Film-Gesellschaft auf, stellte den Produzenten zur Rede und beruhigte sich erst, als ihr dieser die Ausarbeitung des Drehbuchs übertrug. Joe May, einer der bedeutendsten Regisseure und Produzenten der damaligen Zeit, hatte nachgegeben, weil er angenommen hatte, dass die Autorin der schwierigen »Darstellung des Optischen« nicht gewachsen sein würde. Doch Thea von Harbou erwies sich in dem neuen Metier, das fortan ihr Leben beherrschen sollte, als außerordentliches Talent. Sie schrieb ideale Stummfilm-Drehbücher: reich an Fantasie, starken Gefühlen und pathetischen Gesten. Sie erkannte sofort die eminente Bedeutung des Films, der sich eben anschickte, die Welt zu erobern, wurde Filmautorin und blieb es ihr Leben lang.

Der neue Berufszweig hatte sich erst im Laufe des Ersten Weltkriegs entwickelt. Davor war die Ausarbeitung eines detaillierten Drehbuchs unbekannt gewesen. Alles ruhte auf dem Regisseur und seinen zufälligen Ideen. Nicht, was sich bewegte, sondern allein schon, dass sich etwas bewegte, faszinierte das Publikum. Als Thea von Harbou zum Film kam, war dieses Stadium bereits überwunden. Drehbuchautoren galten nicht mehr als lästige Störenfriede, sondern als Filmkünstler. Sie hatten ein Standesbewusstsein entwickelt, sich im Verband »Deutscher Filmautoren« zusammengefunden und pochten auf die Nennung ihres Namens im Vorspann. Aber auch die Anforderungen waren gestiegen, denn nun wurden Manuskripte mit genauen Regieanweisungen, Kameraeinstellungen und Angaben zu Beleuchtung und Dekor verlangt. Thea von Harbou verbrachte, während sie für Joe May Drehbücher zu romantischen »Balladenfilmen«, u. a. »Die Heilige Simplicia«, schrieb, viel Zeit in den Filmstudios, machte überall mit und lernte so die Filmtechnik von Grund auf.[20] Sie entpuppte sich dabei als gelehrige Schülerin, und die Zeitungen lobten schon ihr erstes Drehbuch als »mittelalterlich-legendenhaft und mystisch, voll großer plastischer Kraft«. Bald galten ihre Filmmanuskripte als Kunstwerke mit eigener künstlerisch geformter Sprache.

1920 plante Joe May aus Thea von Harbous Roman »Das indische Grabmal« einen monumentalen Großfilm zu drehen. Als Regisseur war jener viel versprechende Mann vorgesehen, der soeben mit dem Abenteuerzyklus »Die Spinnen« Aufsehen erregt hatte. Der dreißigjährige Fritz Lang, selbstbewusst, arrogant, stets ein Monokel im Auge, blickte damals bereits auf ein bewegtes Leben zurück. Er stammte aus Wien, wo er als verwöhnter Sohn eines angesehenen Baumeisters aufgewachsen war. Nach dem Willen des Vaters hätte er Architekt werden sollen, zog jedoch die Malerei vor. Nach dem daraus resultierenden Bruch verließ er Wien, machte ausgedehnte Reisen und studierte an Pariser Malerschulen, bis er 1909 in Brügge erstmals einer Filmvorführung beiwohnte: »Wieder in Paris, bin ich schon ganz im Banne des Films«, gab er später an. Bei Kriegsausbruch kehrte Lang nach Österreich zurück, meldete sich freiwillig zum Militär, wurde als Aufklärungsoffizier mehrmals schwer verwundet und schließlich als kriegsuntauglich entlassen. Über das Theater kam er dann zum Film. Ab 1918 lebte Fritz Lang in Berlin, wo er für die Produzenten Erich Pommer und Joe May arbeitete und zu den viel versprechenden Nachwuchstalenten zählte.

Als May im Sommer 1920 die selbstbewussten Jungstars Thea von Harbou und Fritz Lang einander vorstellte, war es für beide -- wie sie später angaben – »Aversion auf den ersten Blick«. »Hochmütiger, arroganter Affe«, dachte sich Harbou, während Lang in ihr eine »unsympathische Oberlehrerin« sah.[21] Bald entdeckten sie jedoch Gemeinsamkeiten. Beide waren deutsch-national, liebten Tiere und lasen Karl May. Sie verachteten die Schwächen der Demokratie und schwärmten für Kraftnaturen, Willens- und Übermenschen, die später in ihren Filmen eine große Rolle spielen sollten. Vor allem jedoch ergänzten sie einander hervorragend. Von Fritz Lang kamen Spannung, Dramatik sowie formale und technische Perfektion, Thea von Harbou fügte Stimmung, Sinnlichkeit und Romantik dazu – die Resultate waren Meisterwerke.

Für ihre erste gemeinsame Arbeit, »Das indische Grabmal«[22], gab es allerdings kein uneingeschränktes Lob. Das Drehbuch, nach dem sich die Fürstin von Eschnapur in einen Engländer verliebt und dafür samt Geliebten vom Gatten lebend eingemauert werden soll, galt selbst Freunden exotischer Abenteuer als an den Haaren herbeigezogen. Kritisiert wurde, dass Indien zu europäisch wirke[23], dass sich der Fürst voll Schwatzhaftigkeit einem Fremden offenbare und dass alle Europäer tugendhaft erschienen, während die indische Fürstin einen Offizier betöre und ihren Gatten hintergehe. Verärgerte Inder schrieben an die »Deutsche Allgemeine Zeitung«: »Jeder Kenner der Sitten des Orients weiß, dass eine Annäherung zwischen einem Mann und einer verheirateten Frau, zumal der Gattin eines so hochstehenden Fürsten, zu den Unmöglichkeiten gehört oder über Haufen von Leichen und durch Ströme von Blut führt.«[24] Schwerer als diese negativen Stimmen wog für die Autoren aber, dass sich der Produzent entschloss, bei dem Erfolg versprechenden Sujet selbst Regie zu führen. Der als »größter Film der Welt« angekündigte Streifen wurde tatsächlich ein enormer Publikumserfolg. Lang wechselte jedoch nach einem großen Krach zu einer anderen Filmgesellschaft. Die loyale Thea von Harbou ging mit ihm, denn beide waren damals schon ein Paar.

Auf den mysteriösen Tod von Langs Ehefrau im Herbst des Jahres 1920 bezog sich ein Film, der Thea von Harbou großen internationalen Ruhm einbrachte und Lang unter die Starregisseure reihte. »Der müde Tod – Ein deutsches Volksstück in 6 Versen« erzählt von der gnadenlosen Unwiderruflichkeit des Schicksals.[25] Die Szene, in der die junge Frau vor dem Tod auf die Knie fällt, um den ihr entrissenen Bräutigam zurückzuverlangen, berührte alle jene zutiefst, die im Krieg Angehörige verloren hatten.[26] Aufsehen erregten auch Langs raffiniert belichtete Bilder aus dem Totenreich sowie die spannenden orientalischen Parabeln mit einem – später viel kopierten – fliegenden Teppich. Für die teilweise in einer deutschen mittelalterlichen Kleinstadt angesiedelte Handlung hatte Harbou auf deutsche Legenden zurückgegriffen, denn sie hoffte, mit etwas »typisch Deutschem« den internationalen Filmmarkt zu erobern. In Frankreich wurde »Der müde Tod« auch prompt als Paradestück deutscher Filmkunst gefeiert. Zwölf Jahre später griff Dr. Joseph Goebbels als Reichspropagandaminister die Idee Thea von Harbous wieder auf, als er Filme mit ausgeprägter »völkischer Kontur« forderte, um im Ausland die NS-Ideologie zu propagieren.

1922 wandte sich das Ehepaar – im August 1922 war die Beziehung legalisiert worden – einem vollkommen konträren Thema zu. Man verfilmte den in der »Berliner Illustrirten Zeitung« erschienenen Kriminalroman »Dr. Mabuse, der Spieler« von Norbert Jacques und gestaltete ihn zu einem atemberaubenden Zeitdokument.[27] Schon die – nicht mehr erhaltene – Eingangssequenz von Thea von Harbous genialem Drehbuch enthielt eine kurze, beklemmende Reportage aller gewalttätigen Ereignisse im damaligen von Unruhen bewegten Deutschland: den Mord am deutschen Außenminister Walther Rathenau durch Rechtsextremisten, den »Spartakus-Aufstand«, eine von Kommunisten organisierte Massendemonstration der Berliner Arbeiter im Januar 1919, und den Kapp-Putsch, einen rechtsradikalen Umsturzversuch im März 1920. Harbous Exmann, Rudolf Klein-Rogge, mimte den Dr. Mabuse, einen Spieler, Hypnotiseur und Scharlatan, der in vielerlei Masken auftritt, eine große Verbrecherorganisation leitet und wie ein Übermensch von Nietzsche »durch das Chaos zur Macht strebt«. Mit Chaos jedoch war, überspitzt formuliert und expressionistisch überhöht, die von politischen Unruhen erschütterte Nachkriegszeit gemeint. Der Film zeigt eine aus den Fugen geratene Welt voll hemmungsloser Spekulanten und Kriegsgewinnler.

Ihre Denkanstöße bezogen Harbou und Lang aus dem Berlin der Zwanzigerjahre. Dort existierte neben erschreckender Arbeitslosigkeit und galoppierender, Werte vernichtender Inflation ein blühendes, eng mit hektischem Gesellschaftstreiben verzahntes Kulturleben, in dem Thea von Harbou und Fritz Lang eine bestimmende Rolle spielten. Man sah die beiden häufig im Luxushotel Adlon, bei den Premieren von Max Reinhardt, bei den Sechstagerennen und den Boxkämpfen. Die berühmte Schauspielerin Lil Dagover erinnerte sich: »Für mich war Fritz Lang eine der elegantesten Figuren der damaligen Szene. Wenn er – groß, sportlich, immer das Monokel im Auge – neben der schönen, gescheiten und witzigen Thea einen Ballsaal betrat, dann standen beide sofort im Mittelpunkt: Sie waren ein Paar, das man einfach nicht übersehen konnte.«[28]

Auch im Salon des exzentrischen Millionärs Karl Vollmoeller, einer der schillerndsten Gestalten im damaligen Berlin, verkehrte das Paar. Nacht für Nacht öffnete der reiche, vielseitig interessierte Dilettant – er war Rennfahrer, Kunstfreund und Drehbuchautor von Marlene Dietrichs Film »Der blaue Engel« – sein Haus am Pariser Platz in der Nähe des Brandenburger Tors. Viele Gäste schienen direkt aus dem »Mabuse«-Film zu stammen. »Die Gesellschaft war ziemlich gemischt, wenn auch nicht unbedingt miteinander vermischt«, schrieb der Regisseur Geza von Cziffra. »Man konnte in einem Raum Hugo von Hofmannsthal und Max Reinhardt diskutierend antreffen, während sich zwei Zimmer weiter nackte junge Mädchen mit Männern auf Sofas und Teppichen wälzten ...«[29] Bei Vollmoeller trafen Lang und Harbou den Avantgarde-Architekten Gropius, den kommunistischen Verleger Herzfelde, den Maler Kokoschka, die schriftstellernde Fürstin Mechthilde Lichnowsky, den bei den Nazis später verhassten Polizeipräsidenten Weiss, aber auch die Tänzerin Josephine Baker, wenn sie in Berlin gastierte.

Der Regisseur und die Autorin logierten in einem riesigen, eleganten, von Zeitzeugen als »Sammlerparadies« bestaunten Appartement mit europäischen Designermöbeln und asiatischem Dekor. Japanische Masken, siamesische Tempelfahnen und chinesische Sakralgefäße ergaben im Verein mit konventionellen Sitzgarnituren, dem Konzertflügel, wuchtigen Bücherschränken im Art-déco-Stil sowie einer Sammlung moderner Avantgarde-Kunst eine exzentrische Mischung. Hier fand das unkonventionelle Paar sein

Refugium, wenn es nicht ausschweifende Künstlerfeste gab, die dazu angetan waren, den Ruf Berlins als wilde Metropole der »Goldenen Zwanzigerjahre« zu prägen. Illustre Gäste kamen in Scharen, denn neben anregender Gesellschaft bot man an kulinarischen Köstlichkeiten alles, was erlesen, ausgefallen und sündteuer war.

»Fritz Lang hat immer nur die Fassade betont, Harbou war auch privat großzügig«, äußerte sich ein befreundeter Journalist über das Künstlerpaar. »Sie hat nicht so viel Wert auf Äußerlichkeiten gelegt; sie war zwar immer sorgfältig angezogen, aber sie konnte und wollte nicht mit den Filmstars konkurrieren – sie war zu klug dazu! Fritz Lang war zwar künstlerisch sehr groß, aber menschlich ist mir die Harbou lieber, selbst wenn sie später ein Nazi geworden ist ...«[30]

1923 zeigte weder Harbou noch Lang gesteigertes Interesse an Politik. Beide waren jedoch stark deutsch-national gesinnt und hegten rechtsgerichtete Sympathien. Wie die meisten Deutschen litten sie unter den Folgen der Niederlage Deutschlands im Ersten Weltkrieg, den beklemmenden Zuständen der Weimarer Republik und den Auswirkungen der Friedensverträge von Versailles. In dieser tristen politischen Situation besannen sich Thea von Harbou und Fritz Lang auf das Nibelungenlied, das Nationalepos der Deutschen. Die germanischen Recken aus ferner Zeit sollten ein erhellendes Licht auf die düstere Gegenwart werfen, denn Lang wollte – wie er später angab – mit diesem Film den Deutschen ihren Nationalstolz zurückgeben.[31] Harbou studierte an die zwanzig verschiedene Fassungen der Sage und entschied sich dann für ein Konglomerat, das einem »großen, müden Volk seine Sehnsucht nach heldischen Abenteuern erfüllen sollte«[32]. Sie erarbei-

»Die Nibelungen« (1923) – Hitlers Lieblingsfilm, Drehbuch: Thea von Harbou

tete ein genaues Drehbuch und fixierte jede Kameraeinstellung. Sie zergliederte ihr Buch in Bilder, legte Einzel-, Gesamt- und Großaufnahmen fest und beschrieb die Einstellungen in epischer Breite.[33] In den Studios von Babelsberg wurde hektisch gebaut. Es entstanden die mittelalterlichen Gassen von Worms, eine Landschaft am Rhein, ein dunkler deutscher Märchenwald, ein mystischer Dom, die Burg Attilas, aber auch ein riesiger – von 24 Männern zum Leben erweckter – Drache. Lang forderte rigorose Stilisierung und Typisierung und nahm mit den monumentalen, streng symmetrischen Bauten die Architektur der NS-Zeit vorweg. Er führte akribisch und diktatorisch Regie und stellte vier unterschiedliche Welten dar: die verfeinerte, kultivierte von Worms, die geheimnisvolle des jungen Siegfried, die nordische der Brünhild und – aus Requisiten des

Hamburger Völkerkundemuseums – die primitive, fremdasiatische der Hunnen.[34] Siegfried als »norddeutscher Charaktertyp« erscheint edel und strahlend, während der krummbeinige Attila animalische Züge trägt. Zwei Jahre dauerten die Arbeiten an dem sündteuren Kolossalwerk (Teil 1: Siegfried; Teil 2: Kriemhilds Rache), denn der Regisseur war schwer zufrieden zu stellen. Bis die von ihm gewünschten, oft höchst eindrucksvollen Resultate vorlagen, ließ er etliche Szenen an die hundert Mal wiederholen. Schließlich jedoch konnte Thea von Harbou dem vollendeten Film die Widmung: »Dem deutschen Volk zu eigen« voranstellen, und im Februar 1924 fand die glanzvolle Premiere statt. In grandiosen Bildern sahen die Zuschauer Siegfrieds Werben um Kriemhild, seinen Kampf mit dem Drachen und seinen Tod durch Hagen von Tronje. Sie erlebten auch den Zug der stolzen Nibelungen nach Osten und schließlich deren Vernichtung durch die als Untermenschen geschilderten Hunnen. Vor allem die Jugend war von dem Heldengemälde beeindruckt, und viele Besucher erinnerten sich noch Jahrzehnte später daran: »Nicht gesehen – aufgesogen! Der Film, seine Musik – bis zum heutigen Tag kann ich die Motive der Begleitmusik singen – alles, was damit zusammenhing, versetzte uns in Begeisterung«, schrieb die Schauspielerin Lilli Palmer in ihren Memoiren.[35] Die zeitgenössische Presse lobte zwar Langs Technik und Fotografie überschwänglich, kritisierte aber gleichzeitig Harbous Drehbuch als »Verfälschung eines Edelsteins des deutschen Geistesschatzes«.

Uneingeschränktes Lob zollten die Anhänger der seit dem misslungenen Putsch vom November 1923 verbotenen NSDAP. Besonders Adolf Hitler interessierte sich für das Thema, begeisterte sich an Langs Regieeinfällen und würdigte auch Thea von Harbou. Die Gelegenheit, der Autorin persönlich zu gratulieren, sollte sich allerdings erst elf Jahre später ergeben.[36] Für den Mann, der seine politischen Ideen auch aus dem Sagenreich schöpfte und einen »germanischen Staat deutscher Nation« plante[37], stellte der symbolträchtige Film mehr dar als eine Interpretation der Geschichte. Wenn die Akteure, langsam und unbeirrt wie Schlafwandler, folgenschwere militärische Bündnisse schlossen, Kampf und Tod verherrlichten und ihren eigenen Todeskult zelebrierten, so schien ihm dies wie ein Fingerzeig des Schicksals.[38] Kurz davor hatte Hitler in der Muße der Landsberger Haft seinem treuen Adlaten und Sekretär Rudolf Hess[39] seine Pläne für die Zukunft des deutschen Volkes diktiert. »Mein Kampf« erschien 1925 und enthüllte Hitlers wichtigste Anliegen: die Vernichtung der Juden und – zur Sicherung des Lebensraums der Deutschen – den Germanenzug nach Osten. »Damit ziehen wir Nationalsozialisten bewusst einen Strich unter die außenpolitische Richtung unserer Vorkriegszeit«, heißt es darin. »Wir setzen dort an, wo man vor sechs Jahrhunderten endete. Wir stoppen den ewigen Germanenzug nach dem Süden und Westen Europas und weisen den Blick nach dem Land im Osten ... Wir ... gehen über zur Bodenpolitik der Zukunft. Wenn wir aber heute in Europa von neuem Grund und Boden reden, können wir in erster Linie nur an Russland und die ihm untertanen Randstaaten denken.«[40]

Hitler plante eine triumphale Eroberung der Sowjetunion und die Unterjochung seiner »minderwertigen« Bevölkerung, denn: »Wir sind vom Schicksal dazu ausersehen,

Thea von Harbou und Fritz Lang in ihrer Berliner Wohnung (1924)

Zeugen einer Katastrophe zu werden, die die gewaltigste Bestätigung für die Richtigkeit der völkischen Rassentheorie sein wird ...«[41] Und später hat er eine zynische Rechnung angestellt: »Wenn uns dieser Krieg eine Viertelmillion Tote und hunderttausend Verkrüppelte kostet ... sie werden uns in vielfacher Zahl wiedererstehen in den Siedlungen, welche ich dem deutschen Blut im Osten schaffe.«[42]

Wer in den Zwanzigerjahren aufmerksam den Bestseller »Mein Kampf« las, bekam detaillierte Auskunft über Hitlers Pläne für Deutschland und die Deutschen.[43] Niemand jedoch ahnte damals, dass der Film von Thea von Harbou und Fritz Lang, der den Untergang der Nibelungen im Herzen des Hunnenreichs thematisierte, fast visionär den Germanenzug Hitlers in den Osten vorwegnahm, der in der

Schlacht von Stalingrad vernichtet wurde. Im Russlandfeldzug erinnerte man sich dann freilich an das deutsche Nationalepos. So zog Martin Bormann, der mächtige Leiter der Parteikanzlei, aus dem Kriegsverlauf pessimistische Parallelen zu den Nibelungen, als er seiner Frau schrieb: »... werden wir zugrunde gehen wie weiland die ollen Nibelungen in Etzels Saal.«[44]

1924 unternahm Fritz Lang mit seinem Freund, dem Produzenten Erich Pommer, eine Reise in die USA, um seine Berufschancen in der Neuen Welt auszuloten.[45] Der ungewohnte Anblick der New Yorker Wolkenkratzer und das Gewühl der Millionenstadt, »in der die meisten Menschen wie Sklaven leben«, inspirierte den Regisseur zu einem neuen Monumentalfilm. Die Berliner UFA (Universum Film AG) zeigte sich von dem Projekt angetan, und Thea von Harbou schrieb nach eigenen und den Ideen ihres Mannes das Drehbuch zu »Metropolis«[46].

In Metropolis, dieser unheimlichen Stadt der Zukunft und der Technik, schuften »Hände« genannte Arbeiter mühselig an einer »Herzmaschine«, und nur der Zuspruch eines Mädchens, das ihnen einen »Mittler zwischen Herz und Hirn« verspricht, kann sie von offener Rebellion gegen das »Hirn«, den Herrn von Metropolis, abhalten. Dem »Mittler« gelingt es schließlich, den Konflikt beizulegen – die dumpfe Masse selbst ist unfähig zu eigenen Handlungen, sie bedarf des »Führers«. Diese Anschauung bildete die Kernaussage des Films und verlieh dem zwischen technischem Albtraum und kitschiger Gartenlaube schwankenden Streifen brennende Aktualität. Denn damals glaubten viele Menschen, dass nur mehr ein starker »Mittler« den Parteienhader beenden, die Wirtschaftsmisere beseitigen

»Metropolis« (1926) – Triumph des Stummfilms. Drehbuch: Thea von Harbou

und Deutschland neues Ansehen in der Welt verschaffen könne.

Metropolis zählt heute zu den unbestrittenen Meisterwerken der Filmgeschichte.[47] Uneinigkeit herrscht nur bei der Deutung der gespenstischen Massenszenen, in denen sich kahl geschorene, einheitlich gekleidete Arbeiter in geometrischen Formationen und nach strengem Drill wie Automaten bewegen. Die Meinungen klaffen weit auseinander. Nahmen Lang und Harbou in prophetischer Weise die Zwangsmaßnahmen des Dritten Reichs vorweg? Kündigte sich das Dritte Reich bereits an? Oder scheint dies nur aus der Sicht und mit dem Wissensstand nachfolgender Generationen so?[48] Bei der Premiere des Films im Jahre 1927 überwogen die negativen Stimmen. »Für die Anspruchsvol-

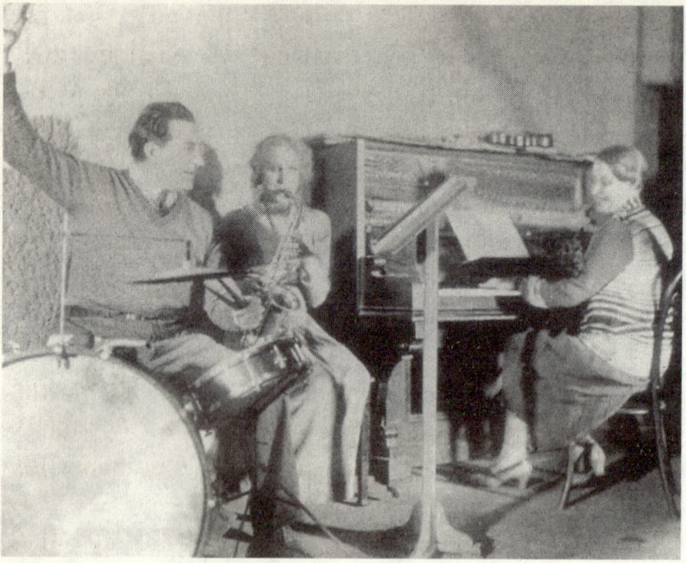

Thea von Harbou (am Klavier) in einer Drehpause zu »Metropolis« mit Fritz Lang und Brigitte Helm

len zu primitiv, für die Primitiven zu anspruchsvoll«[49], lautete ein zeitgenössisches Urteil. Die UFA wiederum überschüttete den Regisseur wegen des finanziellen Desasters des sündteuren Films mit Vorwürfen, bis Lang drohte, zu einer russischen Filmgesellschaft zu wechseln.

Der nächste Film jedoch, »Die Frau im Mond«, ein auf dem Roman und der blühenden Fantasie der Thea von Harbou basierender utopischer Unterhaltungsstreifen, wurde nach einer Statistik der Jahre 1929/30 zum größten Kassenschlager der deutschen Stummfilmzeit. Nur der nationalsozialistische »Angriff« sah in dem Film »Herrenmenschen, die das Leben auf ihre Art zu zwingen wissen«[50]. Die meisten Zeitungen bezeichneten Harbous Drehbuch zwar als Hintertreppenliteratur, das Kinopublikum ließ sich davon aber nicht abschrecken. Gern verließ man für zwei Stunden die Welt der Wirtschaftskrise, um auf den Mond zu fliegen. Auch die romantische Liebesgeschichte zwischen dem männlichen Astronauten und der attraktiven Astronautin wurde wohlwollend aufgenommen. Niemand Geringerer als Professor Hermann Oberth, ein Pionier auf dem Gebiet der Weltraumforschung, verlieh dem Streifen, der zum Wegbereiter des Science-Fiction-Films wurde, wissenschaftliches Flair – baute man doch das Film-Raumschiff nach seinen technischen Angaben. Für sich reklamieren konnten Harbou und Lang jedoch ein nützliches Requisit aller späteren Raketenstarts: den »Countdown«[51]. »Als ich das Abheben der Rakete drehte, sagte ich mir: ›Wenn ich eins, zwei, drei, vier, zehn, hundert zähle, weiß das Publikum nicht, wann die losgeht. Aber wenn ich rückwärts zähle: zehn, neun, zwei, eins, null – dann verstehen sie‹«, berichtete Lang darüber.[52]

1929 gab es in Deutschland an die 400 Autoren, die der Filmindustrie regelmäßig ihre Werke anboten. Leben konnten sie davon trotz größter Emsigkeit nicht, da nur wenige Drehbücher Gnade in den Augen der Filmbosse fanden. So las, prüfte und verwarf allein die spätere Wien-Film pro Jahr 2900 Manuskripte. Den meisten Filmautoren gelang im besten Fall der Verkauf eines einzigen Drehbuchs. Thea von Harbou bildete in dieser harten Branche die Ausnahme. Ihre Werke fanden reißenden Absatz, und sie avancierte zum Star. Sie errang derartigen Ruhm, dass ihr die Kollegen je nach Mentalität – spöttisch, neidisch oder resignierend – den Titel »Königin der Drehbücher« verliehen. Mit jährlich drei bis vier Drehbüchern – insgesamt sollten es 70 werden – war ihre Produktivität enorm. Dazu kamen noch Romane und Zeitungsartikel. Auch Krankheit hinderte sie nicht an der Arbeit. Sie schrieb dann im Bett, ihren Zwergdackel zu Füßen und den Angorakater auf der Schulter. Und immer noch fand sie Entspannung beim Stricken. Bis 1933 hat sie nicht nur für ihren Ehemann Fritz Lang, sondern auch für zahlreiche andere Regisseure, darunter F. W. Murnau, Carl Dreyer und Fritz Wendhausen, erfolgreiche Drehbücher verfasst.

Ab 1928 engagierte sich Thea von Harbou überraschend und ganz gegen ihre bisherige Überzeugung für die Emanzipation ihrer Geschlechtsgenossinnen. Sie trat dem überparteilichen »Frauenbund zur Reform der Sexualgesetzgebung« bei und referierte anlässlich der Gründungsversammlung über den Abtreibungsparagraphen § 218, der als absolutes Tabuthema galt.[53] Sie forderte das Selbstbestimmungsrecht für werdende Mütter, Maßnahmen gegen das Pfuschertum bei den illegalen Abtreibungen und verlangte ärztlichen Beistand bei Schwangerschaftsabbruch. Diese revolutionären Ansichten wurden von den Kirchen, aber auch von den meisten Parteien, allen voran den Nationalsozialisten, scharf kritisiert. Die kinderlose Thea von Harbou predigte trotzdem in der Öffentlichkeit: »Wir stehen auf gegen die Misshandlung unserer Körper und unserer Seelen durch Pfuscherhände und bitten: Gebt uns den Rat und die Hilfe der Ärzte! Wir stehen auf gegen die Tötung des Kindes im Mutterleibe, wenn sie nicht ein gewissenhafter Arzt nach sorglicher Prüfung vollzieht!«[54] Sie schrieb das Drehbuch für den Film »Das erste Recht des Kindes«, in dem eine schwangere Frau einen missglückten Selbstmordversuch unternimmt. »Das erste Recht des Kindes ist es, willkommen zu sein«, lautete

Die Tierfreundin Thea von Harbou (1926)

die Botschaft. Sie wurde dem Publikum durch Schauspieler, die direkt in die Kamera sprachen, eindringlichst vermittelt, bis die NS-Behörden den Streifen verboten – Abtreibung galt im Dritten Reich als Verbrechen.

Aus der Beschäftigung mit sozialen Problemen sollte schließlich »M – Mörder unter uns«[55] entstehen, der als Langs bester Film gilt. Die Handlung basiert auf einem aktuellen Fall, dem des Düsseldorfer Serienmörders Kürten, und ist im Stil einer Zeitungsreportage gestaltet: »Acht Kinder ermordet. Berlin sucht den Mörder. Der neueste Fall ist zu sehen – der Mörder, das Kind. Die Stadt ist nervös. Razzien. Die Ringvereinleute [eine Verbrecherorganisation] werden aktiv, denn die Polizei versagt. Der Mörder wird gefangen, kommt vor das Tribunal des Ringvereins.

Die Polizei greift ein.«[56] Für diesen ersten Tonfilm des Paares Harbou – Lang galt die Devise: »Fort vom Atelier, hinaus in die Wirklichkeit!«

Thea von Harbou hat aufwändige Milieustudien betrieben und auch im Berliner Polizeipräsidium recherchiert. Dann verfasste sie auf ihrer eigens für die Erfordernisse des Tonfilms konstruierten überbreiten Schreibmaschine ein schon von Zeitgenossen gepriesenes »Wunderwerk von einem Drehbuch«. Der Film behandelt die Problematik abnormer Sexualverbrecher. Er enthält auch ein leidenschaftliches Plädoyer für die Todesstrafe, das Dr. Joseph Goebbels, den Gauleiter von Berlin und Propagandaleiter der Nationalsozialisten, zum Lang-Fan machte. »›M‹ von Fritz Lang gesehen. Fabelhaft gegen die Humanitätsduselei. Für Todesstrafe. Gut gemacht«, schrieb er am 21. Mai 1931 in sein Tagebuch. Für die Zukunft nahm er sich vor: »Lang wird einmal unser Regisseur.«[57]

1931 fuhren von Harbou und Lang in Begleitung von Norbert Jacques, dem Schöpfer des Dr. Mabuse, zu Studienzwecken nach Istanbul. Während der Reise hatte man viel Zeit zum Fachsimpeln und erinnerte sich voll Nostalgie daran, dass der große finanzielle Erfolg des Films »Dr. Mabuse, der Spieler« bereits zehn Jahre zurücklag. Bis zu der Erkenntnis, dass der Schluss des Films – die Erstürmung der Zentrale des Verbrechers – eine Fortsetzung recht gut vertrüge, war es nur ein Gedankensprung. Animiert beschloss man die Auferstehung des dämonischen und Gewinn bringenden Mabuse. So entstand 1932 der Thriller »Das Testament des Dr. Mabuse«.

Am 12. Januar 1933 besuchte Thea von Harbou das Atelier Conrad von Molos, eines Freundes, der die Schneidearbeiten an dem Film durchführte. Dort traf sie eigenen Angaben zufolge[58] den gut aussehenden und sympathischen Inder Ayi Tendulkar und verwickelte ihn in ein lebhaftes Gespräch. Der junge Mann, ein Anhänger Ghandis, hielt sich zum Studium in Deutschland auf und gehörte als Sachverständiger für Indienfragen zu den Mitarbeitern der Zeitschrift »Weltbühne«. Man plauderte über die Faszination des Orients sowie den Freiheitskampf der Inder gegen die Engländer und schloss Freundschaft, die rasch in eine Liebesbeziehung überging.

Das intime Verhältnis zwischen der Zweiundvierzigjährigen und dem Fünfundzwanzigjährigen war gegen jegliche Konvention und erregte selbst in den freizügigen Berliner Filmkreisen Aufsehen. Als die wohlhabende und freigiebige Autorin ihrem jungen Liebhaber ein Auto kaufte und ihn mit Geschenken überhäufte, reagierte man mit Spott. »Es war wohl eine echte Liebe«, charakterisierte ein Eingeweihter die Situation. »Ich persönlich war aber – als Freund von Lang – voller Abscheu für diese für mich widernatürliche Geschichte, denn Ayi war wesentlich jünger als die Harbou.«[59]

Die Ehe Lang – Harbou bestand damals allerdings seit vielen Jahren nur mehr auf dem Papier. Bereits nach dem ersten gemeinsamen Jahr hatten sich unüberwindbare Gegensätze herausgestellt, sodass die Autorin später kühl schrieb: »Wir waren elf Jahre verheiratet, weil wir zehn Jahre keine Zeit hatten, uns scheiden zu lassen.«[60] Trotzdem war es Thea nicht gleichgültig gewesen, als Fritz Lang 1928 mit Gerda Maurus, der Hauptdarstellerin der Filme »Spione« und »Die Frau im Mond«, ein sadomasochistisches Verhältnis eingegangen war. Die Autorin litt unter

Herzkrämpfen, schwieg aber, und das Trio lebte in einer Wohngemeinschaft.[61] Ein Freund des Ehepaares beschrieb die Situation: »Thea war damals im mittleren Alter. Sie war kultiviert und belesen und wusste mehr, als sie zeigte. Sie hat Fritz Lang angeregt, war ihm wohl auch geistig überlegen, ist aber nicht besonders gut von ihm behandelt worden ... Sie konnte Menschen behandeln, mit Ausnahme von Fritz Lang, denn der war nicht zu bändigen. Durch die Geschichte von Fritz Lang mit Gerda Maurus fingen sie dann an sich auseinander zu leben. Was aber bei den beiden großartig war, das war ihre Zusammenarbeit – sie haben quasi Tag und Nacht in Babelsberg gelebt ...«[62]

Tatsächlich blieb die in künstlerischer Hinsicht ideale Zusammenarbeit des Ehepaares von den zahlreichen Liebesaffären und Temperamentsausbrüchen des als schwierig bekannten Starregisseurs unbeeinträchtigt. Zur Vorstellung seiner Filme nach England, Wien und Istanbul reiste das Ehepaar in vollkommener Harmonie.

Mit dem Eintritt von Ayi Tendulkar in Theas Leben änderte sich jedoch alles. 1933 war Fritz Lang mit Lili Latté liiert. Seiner Frau aber billigte er derartige Freiheiten nicht zu. Vielmehr empfand er ihr Verhältnis mit dem jungen Inder als Beleidigung seiner männlichen Ehre. Als sich Thea von Harbou im Frühjahr 1933 endgültig von ihm trennte, reagierte er voll Empörung und gekränktem Stolz. »Er war außer sich darüber, dass Thea ihn verlassen hatte«, schrieb der gemeinsame Freund Conrad von Molo.[63] Es war ein Bruch, nach dem es keine Zusammenarbeit mehr gab. Mit dem Streifen »Das Testament des Dr. Mabuse« beendeten die beiden ihre Ehe, ihre gemeinsame Karriere und zogen damit – nach neun großen Gemeinschaftsprojekten – einen irreversiblen Schlussstrich unter ein wichtiges Kapitel der Filmgeschichte.

Unterschiedliche politische Anschauungen am Vorabend der »Machtergreifung« der Nationalsozialisten haben bei der Trennung der Eheleute keine Rolle gespielt. Thea von Harbou fühlte trotz einiger Vorbehalte große Sympathien für die Nazis, und Lang nahm eine diffuse Haltung ein – »... er war da hin- und hergezogen, hin- und hergerissen, und ich habe gesehen, er hätte gern gepackelt mit der Naziseite«, bemerkte Langs Freund und Assistent Conrad von Molo.[64] Der Regisseur gebärdete sich, wie Freunde aussagten, deutsch-nationaler als »ein preußischer Junker« und glaubte sich dadurch vor dem rabiaten Antisemitismus der Nationalsozialisten – Lang hatte eine jüdische Mutter – geschützt. Auf jeden Fall unterzeichneten Harbou und Lang am 16. März 1933 das nationalsozialistische »Communique des Autorenverbands deutscher Zunge«[65], und Fritz Lang war einer von jenen 26 Regisseuren, die als Befürworter des neuen Regimes am 27. März 1933 die »Nationalsozialistische Betriebszellen Organisation der deutschstämmigen Filmregisseure« (NSBO) gründeten.[66] Nach Angabe von Zeitzeugen waren es NSBO-Funktionäre, die in den Filmfabriken Sozialisten und Kommunisten terrorisierten und als Stoßtrupps für die Verbreitung der NS-Ideologie sorgten. Der seit der Regierungsbeteiligung der Nazis hinter den Kulissen tobende interne Kampf um die Postenvergabe auf dem Mediensektor war damals allerdings schon entschieden. Dr. Joseph Goebbels hatte sich gegen harte Konkurrenz durchgesetzt und war am 14. März 1933 mit der Leitung des neuen Ministeriums für Volksaufklärung und Propaganda betraut worden. Seine Pläne für die deutsche

Filmindustrie präsentierte er schon am 28. März 1933 im Festsaal eines Berliner Hotels. »Ich rede abends im Kaiserhof zum ersten Mal vor den Filmschaffenden und entwickle mit großem Erfolg ein neues Programm für die Filmkunst. Ich habe die Überzeugung, dass alle Beteiligten ehrlich bestrebt sind, mitzuarbeiten. Der Film kann nur gesund werden, wenn er sich wieder auf sein Deutschtum besinnt und im deutschen Wesen die Wurzeln seiner Kraft sucht ...«, schrieb er in sein Tagebuch.[67]

Zu denen, die der Einladung des Ministers gerne Folge geleistet und Ehrenplätze eingenommen hatten, gehörten Thea von Harbou und Fritz Lang. Sie kamen und gingen jedoch getrennt, und es sollte ihre letzte persönliche Begegnung sein. Den Ausführungen von Goebbels lauschten beide einmütig. Geschmeichelt hörten sie, wie er ihren Erfolgsfilm »Nibelungen« als ein Beispiel lobte, das Tendenz und Kunst in vorbildlicher Weise vereine. »Können doch«, meinte Goebbels, »auch Stoffe aus fernster Vergangenheit modern sein und selbst Kämpfer der nationalsozialistischen Bewegung erschüttern.« Dann wurde der Minister deutlich: »Wir denken nicht daran, auch im Entferntesten zu dulden, dass jene Ideen, die im neuen Deutschland mit Stumpf und Stingel ausgerottet werden, irgendwie getarnt oder offen im Film wieder ihren Einzug halten.« Die richtige Gesinnung allein, das Nachäffen äußerer Symbole sowie plumpe Versuche, das Parteiprogramm zu dialogisieren, seien freilich nicht ausreichend: Handwerkliche Fähigkeiten und Qualität dürften nie fehlen!

Nach dem großen Lob, das der Reichspropagandaminister Thea von Harbou und Fritz Lang gezollt hatte, folgte am nächsten Tag der Schock: »Das Testament des Dr. Mabuse« wurde verboten. Der Thriller, dessen Premiere die Zeitungen groß angekündigt hatten, war der erste Film, dessen Aufführung von der neu geschaffenen NS-Filmprüfstelle am 29. März 1933 wegen Gefährdung der öffentlichen Ordnung untersagt wurde.[68] Intern ließ Goebbels verlauten, dass der Schluss des Films – Dr. Mabuse verfällt dem Wahnsinn – nicht den Vorstellungen des Regimes von gerechter Strafe entspreche.

Was dann folgte, ist als Legende zu einem festen Bestandteil der Fritz-Lang-Biografie geworden. Ein leichtgläubiger amerikanischer Autor schrieb sogar in schwärmerischer Unbefangenheit über die letzten Berliner Tage des Regisseurs einen Roman[69], und Lang selbst hat von seiner »Flucht« etliche Versionen zum Besten gegeben, die alle mit den Jahren an Dramatik zunahmen.[70]

Demnach hätte Goebbels den Regisseur Ende März 1933 zu einem Gespräch in das Propagandaministerium gebeten. »Ich fühlte mich nicht wohl«, berichtete Lang und schilderte ein einschüchterndes Zeremoniell: den beängstigenden Gang durch lange, kahle Korridore, vorbei an »Heil Hitler« schreienden, bewaffneten SA-Männern. Schließlich wurde der Regisseur vom Reichsminister empfangen. »Ich wurde zu Goebbels gerufen, nicht, wie ich fürchtete, um Rechenschaft abzulegen, sondern zu meinem Erstaunen, um mir erzählen zu lassen, Hitler habe ihn beauftragt, mir die Leitungsposition der deutschen Filmindustrie anzubieten. ›Der Führer hat Ihren Film Metropolis gesehen, und gesagt: das ist der Mann, der uns den nationalsozialistischen Film schenken wird.‹ Ich verließ Deutschland am selben Abend. Das Gespräch mit Goebbels hatte bis halb drei nachmittags gedauert; währenddessen hatten die Banken bereits geschlossen, und ich konnte kein Geld mitnehmen. Ich hatte zu Hause gerade genug, um mir eine Fahrkarte nach Paris zu kaufen, und kam praktisch ohne einen Pfennig am Gare du Nord an.«[71]

In einer Zeit voll tragischer Schicksale wurde Langs medienwirksame Erzählung nicht angezweifelt und ging als »jenes Gespräch, das aus Deutschlands berühmtestem Regisseur einen lebenslangen Emigranten machen sollte«, in die Geschichte ein. Thea von Harbou, die es besser wusste, hat die Erzählungen ihres Exmannes nie widerlegt. Der Grund dafür lag, wie ihre Sekretärin Elfriede Nagel meinte, in Theas von Harbous Charakter: »Frau Harbou konnte sich für einen Menschen bedingungslos einsetzen. Wenn daraus eine tiefe Enttäuschung wurde, hat sie diesen Menschen für sich gestrichen und nicht mehr darüber gesprochen.«[72]

Nach dem Zweiten Weltkrieg, als die Forschungen zur Geschichte des Dritten Reichs einsetzten, wurden auch die Goebbel'schen Tagebücher publiziert, in denen der Propagandaminister jedes Detail seines Tagesablaufs akribisch vermerkt hatte. Das für die deutsche Filmindustrie wichtige Gespräch mit dem Regisseur kommt darin nicht vor. Auch das für Lang angeblich vorgesehene und von ihm so genannte Amt der »Leitung der Filmindustrie« hat in dieser Form nie existiert, da die neuen Machthaber wichtige Stellen der Filmindustrie prinzipiell mit Politikern besetzten.[73] Wie die Lang'sche Emigration tatsächlich verlief, klärte sich erst auf, als der Nachlass des Regisseurs in den Besitz der Berliner Stiftung Deutsche Kinemathek gelangte.[74]

Die Eintragungen in Langs Reisepass zeigen nämlich, dass der Regisseur Deutschland im März 1933 keineswegs

»überstürzt« verlassen hat. Vielmehr reichte er die Scheidung ein, reiste nach England, Belgien und Österreich und kehrte jedes Mal nach Berlin zurück. Am 31. Juli 1933 fuhr Lang zu Erich Pommer nach Paris, um an einem »Liliom«-Film mitzuwirken. Entgegen seinen Angaben war er dort nicht mittellos. Er hatte die strengen Devisengesetze umgangen, indem er sich von einem Bekannten, dem er eine Beschäftigung versprochen hatte, »die Post« aus Berlin nachbringen ließ. In Paris stellte sich dann heraus, dass der ahnungslose Überbringer die enorme Summe von 100 000 Reichsmark über die Grenze geschmuggelt hatte, es jedoch keine Arbeit für ihn gab.[75]

Ob Lang damals bereits seine Emigration plante, ist ungeklärt. Niemand ahnte etwas davon. Nicht der als Geldbote missbrauchte Freund, auch nicht der deutsche Propagandaminister. Ahnungslos ließ sich Goebbels zu seinem 36. Geburtstag am 29. Oktober 1933 im privaten Kreis »Das Testament des Dr. Mabuse« vorführen. Er genoss den verbotenen Film seines mit großen Erwartungen behafteten Lieblingsregisseurs und schmiedete Pläne für die Zukunft des nationalsozialistischen Films.[76]

Am 28. November 1933 hielt sich Fritz Lang zum letzten Mal kurz in Deutschland auf, um seine Vermögensangelegenheiten zu regeln. Er kam auch, um den seit April 1933 laufenden Scheidungsprozess[77] abzuschließen, der in eingeweihten Filmkreisen größtes Aufsehen erregte. Vor Gericht hatte Lang nämlich angegeben, dass sich seine Frau in den letzten eineinhalb Jahren trotz wiederholter Ermahnungen beharrlich und ohne Angabe von Gründen geweigert habe, ihre ehelichen Pflichten zu erfüllen. Thea von Harbou bestätigte dies kommentarlos, worauf der Richter

Thea von Harbou und ihr indischer Lebensgefährte Ayi Tendulkar

eine strenge Rüge aussprach und die Ehe aus dem alleinigen Verschulden der Ehegattin schied. Lili Latté, die Geliebte Langs, und Ayi Tendulkar, der Geliebte Harbous, fanden keine Erwähnung. Sämtliche bewegliche Habe wurde Lang als dem schuldlosen Teil zugesprochen. Dazu gehörte die wertvolle Kunstsammlung und zahlreiche zeitgenössische Gemälde, darunter acht Bilder von Egon Schiele. Das gemeinsame Barvermögen bezifferte das Ehepaar bloß auf 40 000 Reichsmark.

Die Feindschaft, in der Thea von Harbou und Fritz Lang schieden, sollte Jahrzehnte überdauern. Auch nach dem Zweiten Weltkrieg, als es um so wichtige Probleme wie die Verwertung gemeinsamer Filmrechte ging, unterblieb jeder persönliche Kontakt.

Im Juni 1934 reiste der seit November 1933 in Paris ansässige Fritz Lang mit Erich Pommer, dem neuen Europa-Direktor der Twentieth Century Fox, nach Hollywood, fand dort eine neue Heimat und startete eine internationale Karriere. Erst 1956 kehrte er vorübergehend nach Deutschland zurück. Die falschen Angaben des Regisseurs über seine »Flucht« ändern nichts an der Tatsache, dass Lang dem Dritten Reich bewusst den Rücken gekehrt hatte, lassen jedoch die Frage nach den Ursachen des Schwenks vom NS-Sympathisanten zum Emigranten offen. Tatsächlich dürften die ständigen Schwierigkeiten mit der UFA und die Rassengesetze der Nazis, die den Halbjuden Lang bedrohten, den Ausschlag gegeben haben. Dazu kamen noch die gekränkte Ehre des verlassenen Ehemanns, aber auch das Beispiel vieler Emigranten und die verlockenden Möglichkeiten einer Hollywood-Karriere.

Noch während des Scheidungsprozesses reiste Thea von Harbou nach Holland, um ihren in Deutschland seit Mai 1933 verbotenen Film »Das erste Recht des Kindes« vorzustellen. Die neuerlichen negativen Erfahrungen mit der NS-Zensurbehörde konnten die Schriftstellerin allerdings nicht davon abhalten, am 12. Oktober 1933 der NS-Reichsfachschaft Film beizutreten, wobei die Exgattin eines von den Nazis als Halbjuden eingestuften Mannes auch den obligatorischen Passus: »Weder ich selbst noch meine Eltern sind jüdischer oder sonstiger fremdrassiger Abstammung« unterzeichnete.[78] Anschließend versuchte sich Thea von Harbou im Metier Fritz Langs und führte in dem Film »Elisabeth und der Narr« (ursprünglich »Elisabeth, die weiße Schwester von St. Veith«) erstmals Regie. Sie erfüllte sich damit einen Wunsch, den sie als Ratgeberin und Assistentin bei der Verfilmung ihrer Drehbücher oft verspürt

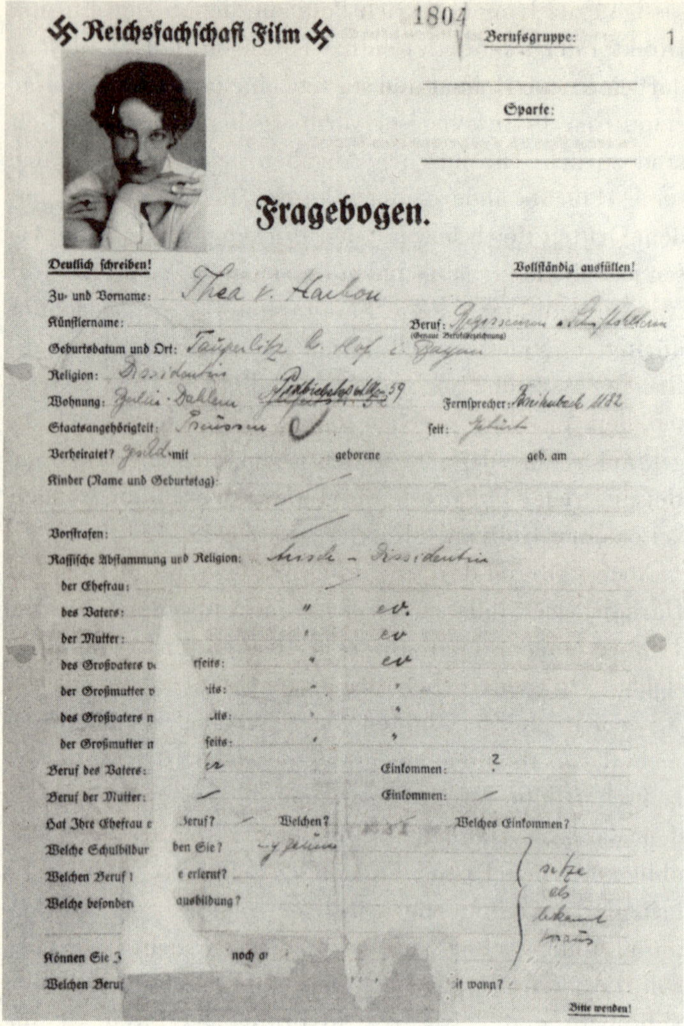

Reichsfachschaft Film

1804

Berufsgruppe: 1

Sparte:

Fragebogen.

Deutlich schreiben! Vollständig ausfüllen!

Zu- und Vorname: Thea v. Harbou

Künstlername:

Beruf: Regisseurin u. Schriftstellerin (Genaue Berufsbezeichnung)

Geburtsdatum und Ort: Tauperlitz b. Hof i. Bayern

Religion: Dissidentin

Wohnung: Berlin-Dahlem ... 59

Fernsprecher: Breitenbach 1182

Staatsangehörigkeit: Preussen

seit: Geburt

Verheiratet? geschieden mit ... geborene ... geb. am

Kinder (Name und Geburtstag):

Vorstrafen:

Rassische Abstammung und Religion: Arisch – Dissidentin

der Ehefrau:

des Vaters: " ev.

der Mutter: " ev

des Großvaters v... seits: " ev

der Großmutter v... seits: " "

des Großvaters m... seits: " "

der Großmutter m... seits: " "

Beruf des Vaters: Einkommen: ?

Beruf der Mutter: – Einkommen: –

Hat Ihre Ehefrau e... Beruf? – Welchen? Welches Einkommen?

Welche Schulbildu... ben Sie?

Welchen Beruf ... erlernt?

Welche besonder... ausbildung?

setze als bekannt voraus

Können Sie ... noch ...

Welchen Beruf ... seit wann?

Bitte wenden!

Thea von Harbous Beitritt zur NS-Reichsfachschaft Film

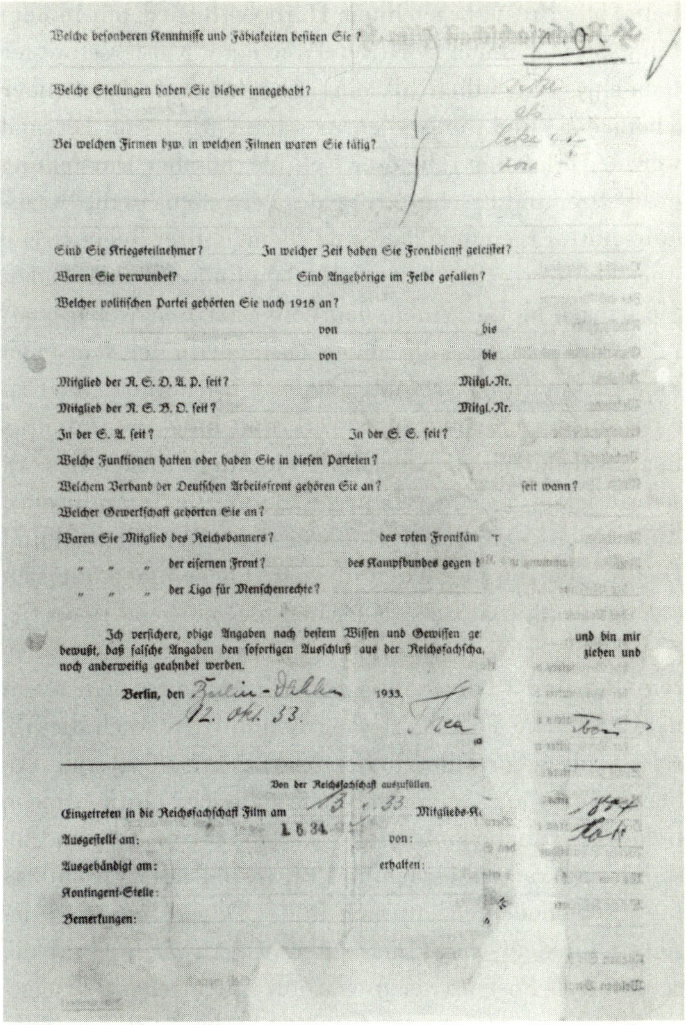

Welche besonderen Kenntnisse und Fähigkeiten besitzen Sie?

Welche Stellungen haben Sie bisher innegehabt?

Bei welchen Firmen bzw. in welchen Filmen waren Sie tätig?

Sind Sie Kriegsteilnehmer? In welcher Zeit haben Sie Frontdienst geleistet?

Waren Sie verwundet? Sind Angehörige im Felde gefallen?

Welcher politischen Partei gehörten Sie nach 1918 an?

von bis

von bis

Mitglied der N. S. D. A. P. seit? Mitgl.-Nr.

Mitglied der N. S. B. O. seit? Mitgl.-Nr.

In der S. A. seit? In der S. S. seit?

Welche Funktionen hatten oder haben Sie in diesen Parteien?

Welchem Verband der Deutschen Arbeitsfront gehören Sie an? seit wann?

Welcher Gewerkschaft gehörten Sie an?

Waren Sie Mitglied des Reichsbanners? des roten Frontkäm[…]

" " " der eisernen Front? des Kampfbundes gegen […]

" " " der Liga für Menschenrechte?

Ich versichere, obige Angaben nach bestem Wissen und Gewissen ge[…] und bin mir bewußt, daß falsche Angaben den sofortigen Ausschluß aus der Reichsfachscha[…] ziehen und noch anderweitig geahndet werden.

Berlin, den Berlin-Dahlem 1933.
12. Okt. 33.

Thea […]

Von der Reichsfachschaft auszufüllen.

Eingetreten in die Reichsfachschaft Film am 13. 1. 33 Mitglieds-N[…]

Ausgestellt am: 1. 6. 34. von:

Ausgehändigt am: erhalten:

Kontingent-Stelle:

Bemerkungen:

hatte. Die Presse bezeichnete Harbous Regiedebüt in dem Film, der von einem Dorftrottel und einer Klosterschwester handelte, verächtlich als ein »Konglomerat abstoßender Themen«,[79] und die NS-Zensur schlug erneut zu. Diesmal wegen »Verletzung religiöser Gefühle, falscher Darstellung der Polizei und Erschütterung des Vertrauens in die Staatsautorität«. Ergrimmt, aber trotz allem in ihrer Regimetreue unerschüttert, griff Thea von Harbou Ende 1933 zur Feder. Sie schrieb an Carl Auen, den Leiter der Reichsfachschaft Film, und prangerte die neuen Zustände in der deutschen Filmwirtschaft an: »Die allgemeine Unsicherheit führt zu einer niederschmetternden Verkrüppelung der Filmthemen. Auf der einen Seite führt die Furcht, jeder Zensurschwierigkeit auszuweichen, geradezu zum Infantilismus. Andererseits werden die schönsten deutschen Themen und Dichtungen von Menschen in Angriff genommen, die sich von der Konjunktur der deutschen Idee ein gefahrloses Geschäft versprechen, ohne auch nur einen Funken der inneren Glut und Überzeugung zu besitzen, mit denen allein man an solche Themen herangehen dürfte.« Auch die Abreise zahlreicher Filmschaffender spricht sie in verklausulierter Form an: »... ausländische und sehr einflussreiche Geldgeber ... haben mir erklärt, dass sie es unter diesen Umständen vorziehen werden, in Prag resp. Paris zu produzieren ... das bedeutet natürlich in der Folgerung: Arbeitslosigkeit für deutsche Filmarbeiter.« In Anspielung auf die zahlreichen Postenbesetzungen mit linientreuen Parteigenossen, die oft chaotische Zustände herbeiführten, meinte Harbou, dass »kein Mensch in der Filmindustrie« mehr wisse, »wer nun eigentlich das ausschlaggebende Wort zu sprechen hat, das den Aufbau der Filmindustrie garantiert«. Dann geht die Autorin zu ihrem persönlichen Anliegen über: »... es ist völlig untragbar, wenn durch ungeschickte Maßnahmen ... das Vertrauen ... zum deutschen Film ... vernichtet wird. Ungeschickte Maßnahmen nenne ich Missgriffe der Filmzensur, wie sie bei ›Elisabeth‹ ... vorgekommen sind. Dieser Film, von dessen Harmlosigkeit sich die Filmkammer selbst überzeugen möge, ist auf Grund von Bedenken, die der Polizeisachverständige erhob, zunächst verboten worden, während er von einem anderen Polizeisachverständigen zur öffentlichen Vorführung ... freigegeben wurde.«[80] – »Leider«, notierte der NS-Funktionär Auen dazu am Aktenrand. Zum Abschluss zitierte Thea von Harbou sarkastisch Goethe: »Vernunft wird Unsinn, Wohltat Plage!« Der Leiter der Fachschaft Film blieb auch davon unbeeindruckt. Lapidar notierte er die Titel »Mabuse! Das erste Recht des Kindes!« auf den Brief, um die Kollegen an Harbous bereits verbotene Filme zu erinnern, und leitete das Schreiben an die Filmoberprüfstelle weiter.

Propagandaminister Goebbels jedoch war dankbar, dass dem NS-Film zumindest eine Hälfte des berühmten Ehepaares erhalten geblieben war. Er intervenierte. Harbous Film wurde zur Aufführung freigegeben, und der Konflikt war damit aus der Welt geschafft.[81] Thea von Harbou versuchte noch einmal Regie zu führen, und zwar in dem Film »Traumspiel« nach Gerhart Hauptmanns Drama »Hanneles Himmelfahrt«, konnte jedoch wiederum nicht überzeugen und kehrte daraufhin zu ihren Drehbüchern zurück.

Mit dem NS-Regime hat sich Thea von Harbou bald arrangiert, fand doch die deutsch-nationale, patriotisch gesinnte Schriftstellerin im Nationalsozialismus vieles, das mit ihrem eigenen Gedankengut übereinstimmte. Sie reihte sich daher unter jene Filmschaffenden, die dem Dritten Reich treu und zuverlässig dienten und dafür mit Aufträgen belohnt wurden. Die Schattenseiten der NS-Diktatur nahm Harbou als Übergangsstadium eines jungen Systems in Kauf, hütete sich vor Kritik und vermied jede Konfrontation mit den Machthabern. Umgeben von jüdischen Freunden und Mitarbeitern lehnte sie zwar die immer rigoroser gehandhabten Rassengesetze ab, intervenierte sogar fallweise für Bekannte und suchte auch manchmal – wie im Fall ihrer jüdischen Sekretärin – die Vorschriften zu umgehen.

»Ich habe meine jüdische Sekretärin [Hilde Guttmann] ... trotz Einspruchs des Propagandaministeriums noch lange Zeit nach der Machtübernahme offiziell behalten; später übernahm ich als Tarnung für Fräulein Guttmann den früheren Sekretär von Fritz Lang ... arbeitete aber nur mit Fräulein Guttmann, die mich auf meinen Reisen zu Emil Jannings begleitete. Fräulein Guttmann löste ... unser sehr harmonisches Arbeitsverhältnis, indem sie nach London ging, wo sie eine Stellung bei zwei Rechtsanwälten angenommen hat, von denen ich nur weiß, dass es Neger waren. Unvergesslich sind mir die Worte, mit denen sie sich zur Lösung unserer Freundschaft entschloss: ›Wir wollen uns trennen, mein geliebtes Frauchen, bevor man Sie dazu zwingt‹«, schrieb Thea von Harbou nach 1945.[82]

Ihre ab 1934 geschaffenen Werke entsprachen in allem dem Geiste nationalsozialistischer Weltanschauung. Die Autorin lieferte – ganz nach Wunsch – routinierte leichte Unterhaltungsware wie »Ein idealer Gatte«, »Turandot« oder »Mutterland«, aber auch eminent politische Filme.[83]

Ende 1934 wurde Thea von Harbou zur Mitarbeit am ersten großen Propagandafilm des Dritten Reichs, »Der alte und der junge Herrscher«, aufgefordert, der den Konflikt zwischen König Friedrich Wilhelm I. und seinem Sohn Friedrich II. behandelt. Darin stellt der von Emil Jannings sympathisch porträtierte Vater besorgt fest, dass sich der Kronprinz nur für französische Literatur und Musik interessiert und seine soldatischen Pflichten als Offizier aufs Gröbste vernachlässigt. Nach heftigen Auseinandersetzungen misslingt der von seinem Freund Kattc unterstützte Fluchtversuch Friedrichs, und der treue Gefährte wird vor den Augen des Kronprinzen hingerichtet. Erst am Totenbett kommt es zur Versöhnung zwischen Vater und Sohn.

Goebbels war der persönliche Auftraggeber des Streifens, die Reichsregierung finanzierte ihn, und die ständige Überwachung der Dreharbeiten durch einen Beamten des Propagandaministeriums (Erich Kröhnke) garantierte die ideologisch korrekte Ausrichtung des »Staatsfilms«. Thea von Harbous linientreues Drehbuch stellte geschickt Parallelen zu Zeitereignissen her. Sie vergleicht darin den preußischen Staat mit dem »neuen« Deutschland und suggeriert dem Publikum, dass allein Militarismus, nicht aber Schöngeisterei die Zukunft eines Volkes bestimme. Sie lässt den König die Lektüre seines Sohns mit den Worten »Ins Feuer mit dem Dreck!« vernichten und macht damit die NS-Bücherverbrennung vom Mai 1933 plausibel. Adolf Hitler wird zum Ebenbild des Königs: Jeder Preuße gehorcht dem Führer. Sein Wille ist Gesetz, und was sich ihm nicht beugt, muss er vernichten! Womit die blutige Ausrottung der SA-Spitze im so genannten »Röhm-Putsch« eine nachträgliche Rechtfertigung erfuhr. Im Übrigen klingt an, dass des

Königs bzw. des »Führers« Taten einfach »zu groß sind, um von kleinen Geistern verstanden zu werden«.[84]

Thea von Harbous Drehbuch, die Regiekünste von Hans Steinhoff – er hatte sich schon mit »Hitlerjunge Quex« profiliert – sowie die Darstellungskunst von Emil Jannings, der bald zum Staatsschauspieler avancierte, riefen in NS-Kreisen größte Bewunderung hervor. Die damals schon fast zur Gänze gleichgeschaltete Presse jubelte: »Dieser Film ist ein politischer! Aber das Thema wurde so behandelt, dass auch der einfachste deutsche Volksgenosse ... die Wahrheit, die diesem Film zugrunde liegt, zu erkennen vermag.«[85] Zu der als großes Medienspektakel inszenierten Berliner Premiere am 5. Februar 1935 im UFA-Palast erschienen neben Propagandaminister Dr. Goebbels und dem Reichsführer SS Heinrich Himmler alle, die in der NS-Kultur Rang und Namen hatten.

Am 8. Februar 1935 weilten, wie die Zeitungen in großer Aufmachung berichteten, der »Führer und Dr. Goebbels bei den Filmschaffenden«.[86] Den Anlass dazu bot die Eröffnung des größten Filmarchivs der Welt in Berlin-Dahlem. Zuerst wurden zum Gaudium der geladenen Gäste alte Filme mit Szenen aus dem Straßenverkehr rückwärts vorgeführt, wobei Berichten zufolge das Publikum hemmungslos lachte. Den krönenden Höhepunkt des Abends sollte der neue Film »Der alte und der junge König« darstellen. Als Hitler unerwartet erschien, brach man die Vorführung sofort ab, da der »Führer« und Reichskanzler den Streifen bereits kannte. Hitler plauderte animiert mit der zahlreich vertretenen Filmprominenz. Damals erfuhr Thea von Harbou, wie sie selbst angab, durch die Worte des »Führers« eine verspätete Würdigung. Hitler erzählte ihr nämlich, wie sehr er die »Nibelungen« schätze und dass dieser Film zum ständigen Repertoire auf dem Berghof gehöre. Dann lauschte die Autorin voll Freude seinen Plänen zur modernen Adaptierung des Stummfilms. Es schmeichelte ihr sehr, dass sie von Hitler persönlich in äußerst höflicher Form um ihre Mitarbeit gebeten wurde. Goebbels hat sich später Hitlers Wünsche notiert: »Der Führer hat die Absicht, einen neuen Nibelungen-Tonfilm drehen zu lassen. Der soll ganz monumental werden. Lehrstoff für Schulen. Ein Standardwerk. Womöglich schon in Farbe. Er hat den alten Stummfilm gesehen und ist davon tief beeindruckt.«[87] Im März 1935 stellte sich heraus, dass der beim Künstlerempfang anwesende und von Hitler in ein langes Ge-

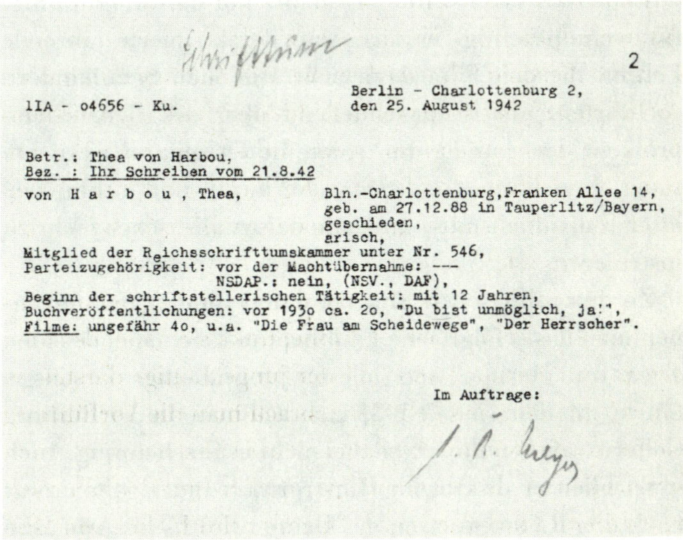

2

1IA - o4656 - Ku. Berlin - Charlottenburg 2,
den 25. August 1942

Betr.: Thea von Harbou,
<u>Bez. : Ihr Schreiben vom 21.8.42</u>

von H a r b o u , Thea, Bln.-Charlottenburg,Franken Allee 14,
geb. am 27.12.88 in Tauperlitz/Bayern,
geschieden,
arisch,
Mitglied der Reichsschrifttumskammer unter Nr. 546,
Parteizugehörigkeit: vor der Machtübernahme: ---
NSDAP.: nein, (NSV., DAF),
Beginn der schriftstellerischen Tätigkeit: mit 12 Jahren,
Buchveröffentlichungen: vor 193o ca. 2o, "Du bist unmöglich, ja!",
<u>Filme:</u> ungefähr 4o, u.a. "Die Frau am Scheidewege", "Der Herrscher".

Im Auftrage:

Die Parteigenossin: Thea von Harbou in den Akten des Propagandaministeriums spräch verwickelte beliebte Schauspieler Alfred Abel Jude war.[88] Sofort bekam er Berufsverbot. Thea von Harbou berichtete darüber: »Er [Abel] rief mich damals völlig verzweifelt an und fragte mich um Rat; unmittelbar danach erbat und erhielt ich eine Audienz bei Goebbels. Auf meine Bitte für Abel fragte er mich: ›Sie wissen, in was für merkwürdiges Licht Sie selber kommen, wenn Sie sich für Juden einsetzen?‹ Ich antwortete: ›Bei einem Künstler und Menschen, wie Alfred Abel es ist, dürfte die Rassenfrage keine Rolle spielen.‹ Acht Tage später ließ mich Goebbels wieder kommen und sagte: ›Ich kann Ihnen die Freude machen, Frau von Harbou, dass ich den Fall Abel positiv entschieden habe. Rufen Sie ihn an und teilen Sie es ihm selber mit‹«, berichtete Thea von Harbou über diese Unterredung.[89]

Ende Mai 1935 wurde »Der alte und der junge König« für »schulpflichtig« erklärt. Man indoktrinierte tausende Lehrer, die den Film dann acht Millionen Schulkindern vorführten, um sie anschließend über das Generationsproblem »Vater und Sohn« sowie die Themen »die Früchte rauer Erziehung« und »Staatsvernunft und schrankenloser Individualismus« aus nationalsozialistischer Sicht zu instruieren.

Zu den zahlreichen Ehrungen und Empfängen, mit denen man das erfolgreiche Filmteam auszeichnete, erschien Thea von Harbou stets allein. Ihr indischer Lebensgefährte, mit dem sie seit 1933 eine Wohnung in der Berliner Gelfertstraße[90] teilte, trat dabei nicht in Erscheinung. Auch sonst blieb er diskret im Hintergrund. Inder galten zwar nach den Rassengesetzen des Dritten Reichs als Arier, die Liaison mit Dr. Tendulkar wurde in NS-Kreisen trotzdem nicht geschätzt. Die Schriftstellerin trug dem Rechnung und lebte mit ihrem Liebhaber zurückgezogen. »Man konnte sie in der Gesellschaft nicht viel treffen«, bemerkte ein Bekannter, »weil sie zu Hause blieb und hier der Mittelpunkt von einem Kreis war.«[91]

Zu dem engeren Bekanntenkreis der Autorin zählten der Schauspieler Emil Jannings, den sie schon seit 1915 kannte, der Regisseur Veit Harlan und seine Gattin, aber auch Theas erster Mann, Rudolf Klein-Rogge, mit dem sie ihr Leben lang befreundet blieb. Emil Jannings galt nach seinem Erfolg in dem Streifen »Der alte und der junge König« als Star des nationalsozialistischen Films. Als ihm Goebbels die künstlerische Oberleitung eines weiteren »Staatsfilms« mit dem Titel »Der Herrscher« anbot, stimmte Jannings begeistert zu.[92] Anfang Juli 1936 hat der zum Produktionsleiter avancierte Schauspieler Thea von Harbou für das Drehbuch und Veit Harlan für die Regie gewonnen und sie mit einigen anderen Mitarbeitern in sein Haus am Wolfgangsee gebeten. In der idyllischen Atmosphäre des österreichischen Salzkammerguts fanden intensive Vorbesprechungen für den Film »Der Herrscher« statt, der auf dem Drama »Vor Sonnenuntergang« von Gerhart Hauptmann basierte.[93] »Damals wohnte ich in seinem Haus am Wolfgangsee«, berichtete Veit Harlan. »Auch Thea von Harbou, die den Film nach dem Theaterstück Hauptmanns schrieb, wohnte bei Jannings. Sie strickte die ganze Zeit an Pullovern ... und diktierte dabei ihrer Sekretärin die Szenen, die dann abends vorgelesen und kritisiert wurden ... Jannings hatte nicht die Begabung, selbst Filme zu schreiben. Aber er wusste einzelne Szenen so plastisch zu erzählen, dass man nur gut zuzuhören brauchte. Thea von Harbou stenographierte viel von dem mit, was Jannings sagte, sodass schließlich manche Szene original so niedergeschrieben wurde, wie Jannings sie improvisiert hatte.«[94]

»Der Herrscher« schildert das Schicksal von Matthias Clausen [Emil Jannings], einem älteren, verwitweten Großindustriellen, der beabsichtigt, seine junge Sekretärin zu heiraten. Seine Familie leistet Widerstand, die Kinder drohen, den Vater entmündigen zu lassen. Clausen verzichtet zwar auf seine Geliebte, vermacht aber seine riesigen Stahlwerke dem Staat, der sein Lebenswerk weiterführt.[95]

Die Art, wie Thea von Harbou das unpolitische Werk Hauptmanns zu einer Ode an die kriegswichtige Stahlindustrie pervertierte und es überdies noch mit brisantem politischem Inhalt versah, erstaunte selbst Experten der NS-Propaganda. Sie verhehlten ihre Begeisterung nicht: »›Der Herrscher‹ ist ein Kunstwerk! Der Film machte aus dem bürgerlichen Verleger einen nationalsozialistischen Wirtschaftsführer! Aus einem Mann, dem – bei Hauptmann – nur persönlicher Genuss wichtig ist, wird ein sozialistisch denkender, für die Gemeinschaft handelnder Mensch. Der Verleger geht bei Hauptmann an der Welt zu Grunde, der ›Herrscher‹ aber besiegt sie. Dabei folgt der Film stellenweise wortwörtlich dem Drama – ähnliche Mutationen hätte man davor nicht für möglich gehalten.«[96] Harbous Filmdialoge strotzten von NS-Slogans, lösten in Parteikreisen aber vor allem deswegen Freude aus, weil sie Auszüge aus Hitler-Reden enthielten. So hieß es unverblümt: »Ein Führer – ein Vorbild« und analog zu Hitler, »dem ersten Arbeiter des Staates«, wird der Industrielle zum »ersten Arbeiter des Werks«. Wenn Clausen rezitierte: »Nein, meine Herren! Wir sind dazu da, für Millionen – und Abermillionen – Arbeit und Brot zu schaffen. Wir sind dazu da, für die Volksgemeinschaft zu arbeiten ... dem hat sich alles zu fügen! Ohne Widerspruch! ... Auch wenn ich damit ... den ganzen Betrieb in den Abgrund steuere ...«, dann erkannten die Volksgenossen mühelos die Diktion ihres »Führers«.

Am 4. März 1937 nahm die in NS-Kreisen nunmehr hoch angesehene Thea von Harbou an einem Diner in der französischen Botschaft teil, das auch Dr. Joseph Goebbels, ihr oberster Chef, mit seiner Anwesenheit beehrte. Dieser notierte sich: »... auch sonst eine ganze Reihe interessanter Leute da. Ich fahre Thea von Harbou nach Hause. Sie erzählt mir von ihren neuen Filmplänen. Eine sehr kluge Frau.«[97] Tatsächlich konnte die berühmte Autorin dem Minister eine Menge erzählen, denn die Premiere des »Herrschers« stand bevor. Zu den Klängen von Beethovens Egmont-Ouvertüre und in Anwesenheit zahlreicher Parteiprominenz fand am 17. März 1937 die Uraufführung gleichzeitig in Berlin, Hamburg und Düsseldorf statt. Im selben Jahr wurde der Streifen mit dem nationalen Filmpreis 1937 ausgezeichnet.

1937 war Thea von Harbous produktivstes Jahr der gesamten NS-Ära. Während Fritz Lang in den USA zum vehementen Gegner des Dritten Reichs wurde, seine alten Filme nachträglich als Kritik am NS-Regime interpretierte und eine »Anti-Nazi-Liga« gründete, produzierte seine Exfrau in rascher Folge Drehbücher für die bedeutendsten Regisseure Hitler-Deutschlands. Nach ihren Vorlagen entstanden »Versprich mir nichts« (Regie Wolfgang Liebeneiner), »Der zerbrochene Krug« (Regie Gustav Ucicky) sowie »Mutterliebe«, die deutsch-italienische Koproduktion mit dem berühmten Tenor Benjamino Gigli und der Sopranistin Maria Cebotari.

Thea von Harbou wirkte überdies auch als Vortragende an der am 1. November 1938 in Berlin-Babelsberg gegründeten Deutschen Filmakademie, deren Leitlinien Goebbels – um alle Zweifel auszuschließen – schon bei der Grundsteinlegung umrissen hatte. Die Themen hatten demnach »Das Ringen des nordischen Menschen um sein Weltbild; der Rassengedanke des Nationalsozialismus; der Schatten Judas über der Welt sowie der Aufstieg Deutschlands zur Weltmacht« zu sein.[98]

Als »Spielleiterin«, wie Thea von Harbous Berufsbezeichnung im Dritten Reich lautete, wurde sie auf Grund ihrer linientreuen Drehbücher zur unangefochtenen Autorität. Man zog sie immer dann zu Rate, wenn es galt, von der Zensur verbotenen Texten eine regimekonforme Fassung zu geben. In Fällen, in denen ein Kompromiss möglich schien, legte die Stelle für Filmzensur selbst den Filmproduzenten nahe, doch Frau von Harbou beizuziehen. Ihre Mitarbeit war nicht unangenehm. »Sie schlug Schnitte und Umstellungen vor. Sie half, etwas von dem Geist und Wesen dieses Filmes zu erhalten ... sie war keine schulmeisterliche Polizistin ...«, gab ein Betroffener später an.[99]

Einer, der Thea von Harbou aus eigenen Stücken häufig konsultierte, war ihr guter Freund Emil Jannings, dem sie unter anderem bei dem antibritischen Hetzfilm »Ohm Krüger« half. Die Autorin gehörte daher oft zu jener geselligen Künstlerrunde, die sich auf Jannings' feudalem Sommersitz versammelte. Im Sommer 1938 hat sogar Dr. Goebbels seine treuen Filmschaffenden am Wolfgangsee besucht. Der Propagandaminister reiste zu diesem Zweck in das bereits »ins deutsche Reich heimgekehrte« Salzkammergut, besuchte Linz und Leonding, wo er der Jugendzeit seines

»Führers« gedachte, mit Hitlers Schulfreunden sprach und am Grab der »Führereltern« verharrte. In St. Wolfgang wurde er von dem Staatsschauspieler und Kultursenator Emil Jannings erwartet. »Mit Jannings Pacher-Altar [in der Pfarrkirche von St. Wolfgang] besucht. Zu Jannings' Besitzung, die ein wahres Paradies ist. Wie ein Fürst wohnt er hier. Lange Debatte über den Film. Mit Jannings, Krause[100], Frau Harbou. Wir debattieren heiß. Alle bequemen sich doch zu meiner Ansicht. Fahrt nach Salzburg im strömenden Regen ...«, berichtete Goebbels in seinem Tagebuch.[101]

Die meisten Größen der NS-Filmbranche haben regelmäßig bei Thea von Harbou um Rat und Hilfe gebeten: »Wenn Veit Harlan einen Stoff anfing, war Thea von Harbou auf jeden Fall beteiligt, auch wenn sie später nicht das Drehbuch schrieb; sie war so eine Art Gütesiegel für ihn und er hörte sich ihre Erfahrung an und berücksichtigte ihre Ratschläge«, berichtete der Autor Felix Lützkendorf.[102] Sie half gern und stand Harlan auch mit guten Ratschlägen für »Jud Süß«, den größten antisemitischen Hetzfilm des Dritten Reichs, zur Verfügung.

Der Beginn des Zweiten Weltkriegs stellte die deutsche Filmindustrie vor neue schwierige Aufgaben. Schon ein halbes Jahr nach dem Ausbruch war man sich im Propagandaministerium darüber einig, dass nur mehr politisch zuverlässige Autoren für die vom totalitären Staat gewünschten Drehbücher in Betracht kämen. »Der Film braucht Dichter!«, schrieb die NS-Presse anlässlich einer Arbeitstagung im Januar 1940, als man die Filmautoren für die neuen kriegsbedingten Aufgaben schulte. Auf der Liste jener, die man als »geeignet für die künstlerisch einwandfreie Film-Gestaltung« einstufte, stand Thea von Harbou an führender Stelle. Darüber hinaus quittierte man mit Befriedigung, dass sich die Autorin Ende 1940 endlich entschloss, der NSDAP beizutreten.[103]

Nach Kriegsende erklärte von Harbou diesen Schritt: »Ich war zwar ab 1941 Mitglied der NSDAP, habe aber nie irgendwelche Arbeit darin geleistet und offen gestanden, bis zuletzt nicht gewusst, zu welcher Ortsgruppe ich eigentlich gehörte. Mein Beitrag wurde abgeholt und damit war die Sache für mich erledigt.«[104] Nur um anderen helfen zu können, sei sie der Partei beigetreten: »Ich verwendete mich im Jahre 1940 für die in Deutschland verbliebenen Inder und für indische Kriegsgefangene beim Auswärtigen Amt. Dort erklärte man mir, mit einem Achselzucken, das Bände sprach: ›Wie können Sie glauben, hier etwas zu erreichen? Sie gehören ja nicht einmal zur Partei.‹ Ich habe dann um Aufnahme in die Partei nachgesucht.«[105]

Am 1. November 1941 erlebte Thea von Harbou, die ohne jegliche moralische Hemmung die Vorarbeiten des antisemitischen Propagandafilms »Jud Süß« unterstützt hatte, eine Tragödie, die sie tief erschütterte. Sie betraf den Filmstar Joachim Gottschalk, der in den Filmen »Ein Leben lang« und »Du und ich« gespielt hatte, und war die Konsequenz der unerbittlichen Rassengesetze des braunen Regimes. Durch seine jüdische Frau galt Gottschalk als »jüdisch-versippt«, wurde angefeindet, bekam immer weniger Angebote und verzweifelte angesichts seiner Situation. Schließlich fand er ein Engagement an der Berliner Volksbühne, deren Direktor ihn protegierte. Man ließ ihn sogar in Filmen auftreten. Im Oktober 1941 kam es zu einem verhängnisvollen Zwischenfall. Der auf Grund seiner Bescheidenheit populäre Schauspieler besuchte in Begleitung seiner Frau Meta ein Lokal, um seinen Film »Die schwedische Nachtigall« zu feiern. Auch Goebbels kam zur Feier, gratulierte und küsste – in Unkenntnis der Lage und seiner Gewohnheit entsprechend – Frau Gottschalk die Hand. Neider aus Filmkreisen und aufrechte Parteigenossen ließen diese Gelegenheit nicht ungenützt und verbreiteten das Gerücht, der Minister hätte sich durch die »Nichtarierin« kompromittiert gefühlt. Obwohl Goebbels selbst dementierte, wurde der Schauspieler von Beamten der Reichsfilmkammer ultimativ aufgefordert, sich scheiden zu lassen. Gottschalk sah keinen Ausweg. Zusammen mit seiner Frau und dem kurz zuvor in die Hitlerjugend aufgenommenen Sohn Michael wählte er am 1. November 1941 den Freitod. Die Familie vergiftete sich mit einer Überdosis Schlaftabletten. Die Affäre blieb geheim, und die Teilnahme an dem von der Gestapo observierten Begräbnis wurde ausdrücklich untersagt. Thea von Harbou bewies Zivilcourage und gehörte zu den wenigen, die dem Verbot trotzten.[106]

Mit ihren zwischen 1933 und 1945 entstandenen Filmmanuskripten hat Thea von Harbou keine Filmgeschichte mehr geschrieben – die Zeit der »Großmeisterin der deutschen Filmdichtung« war endgültig vorbei. Vielmehr spiegeln ihre Werke den Standard des deutschen Films während der Nazi-Herrschaft wider, der sich – abgesehen von einigen anspruchsvollen propagandistischen Großfilmen – gehemmt durch Überwachung, Indoktrinierung und Zensur sowohl inhaltlich als auch künstlerisch auf einem niedrigen Niveau bewegte. Es gab keinen Regisseur Fritz Lang mehr, der es verstanden hätte, die Visionen Thea von Harbous umzusetzen. Finanziell hat sich die Arbeit von Har-

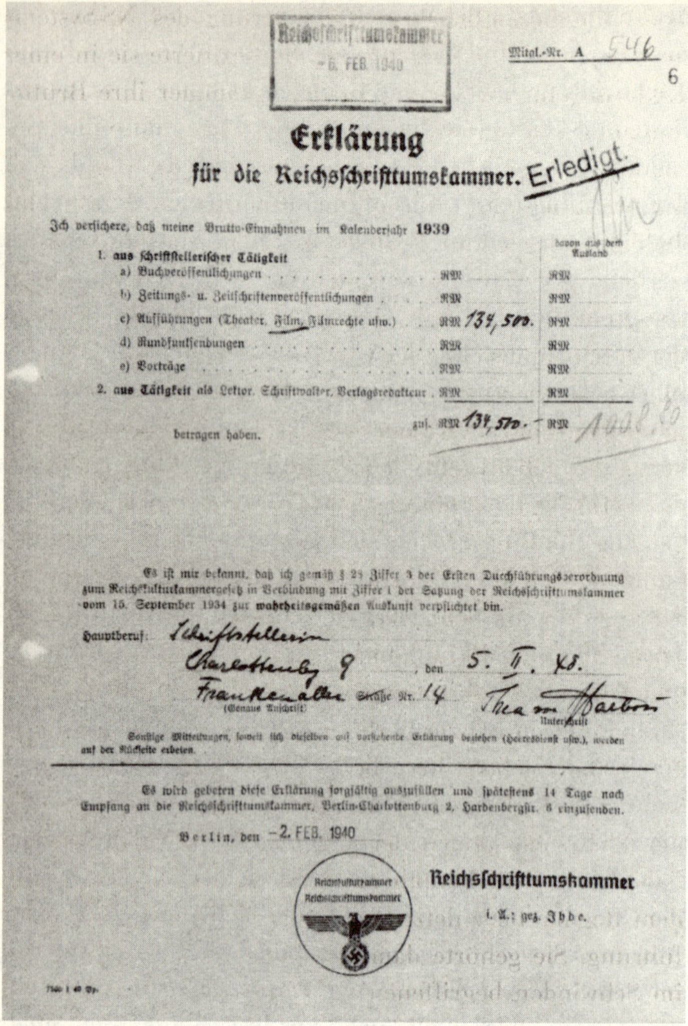

Reichsschrifttumskammer
- 6. FEB. 1940

Mitgl.-Nr. A 546

6

Erklärung
für die Reichsschrifttumskammer. Erledigt.

Ich versichere, daß meine Brutto-Einnahmen im Kalenderjahr 1939

		davon aus dem Ausland
1. aus schriftstellerischer Tätigkeit		
a) Buchveröffentlichungen	RM	RM
b) Zeitungs- u. Zeitschriftenveröffentlichungen	RM	RM
c) Aufführungen (Theater, Film, Filmrechte usw.)	RM 134,500.–	RM
d) Rundfunksendungen	RM	RM
e) Vorträge	RM	RM
2. aus Tätigkeit als Lektor, Schriftwalter, Verlagsredakteur	RM	RM
zus.	RM 134,500.–	RM

betragen haben.

Es ist mir bekannt, daß ich gemäß § 23 Ziffer 3 der Ersten Durchführungsverordnung zum Reichskulturkammergesetz in Verbindung mit Ziffer 1 der Satzung der Reichsschrifttumskammer vom 15. September 1934 zur **wahrheitsgemäßen** Auskunft verpflichtet bin.

Hauptberuf: Schriftstellerin

Charlottenburg 9, den 5. II. 40.

Frankenallee Straße Nr. 14
(Genaue Anschrift)

Thea von Harbou
Unterschrift

Sonstige Mitteilungen, soweit sich dieselben auf vorstehende Erklärung beziehen (Heeresdienst usw.), werden auf der Rückseite erbeten.

Es wird gebeten diese Erklärung sorgfältig auszufüllen und spätestens 14 Tage nach Empfang an die Reichsschrifttumskammer, Berlin-Charlottenburg 2, Hardenbergstr. 6 einzusenden.

Berlin, den – 2. FEB. 1940

Reichskulturkammer
Reichsschrifttumskammer

Reichsschrifttumskammer
i. A.: gez. Ihde.

Im Dienst des Dritten Reichs: Thea von Harbou als Spitzenverdienerin bous, die wesentlich zur Stabilisierung des NS-Systems beigetragen hat, jedoch gelohnt. So bezifferte sie in einer Erklärung für die Reichsschrifttumskammer ihre Bruttoeinnahmen für das Kalenderjahr 1939 mit 134 500 Reichsmark.[107] Als die Schriftstellerin nach dem Ende des Zweiten Weltkriegs ihre Vermögensverhältnisse von 1931 bis 1945 offen legen musste, stellte sich heraus, dass sie für Artikel, Bücher und Filmmanuskripte im Jahresdurchschnitt an die 100 000 Reichsmark kassiert hatte.[108] Während sich die Durchschnittslöhne der Volksgenossen um die 100 Reichsmark monatlich bewegten, zählte Thea von Harbou zu den absoluten Spitzenverdienern. Vollkommen unentgeltlich stand die Schriftstellerin jedoch der Deutschen Arbeitsfront (DAF) zur Verfügung, der sie seit 1936 angehörte: im Frieden für Büroarbeiten, im Krieg für Schwerarbeit. So betätigte sich die Autorin 1942 sechs Monate lang als Schweißerin von Schneeketten, montierte ab 1943 für die Firma Siemens Mikrophone und half nach Bombardierungen in Katastropheneinsätzen. Im Gegensatz zu vielen ihrer Kollegen hat sie Berlin nicht verlassen und bis zum Kriegsende neben ihrer beruflichen Arbeit schwer Verwundete im Berliner Westend-Lazarett gepflegt. Zweifel am NS-System kamen der selbst zweimal Ausgebombten dabei nicht, denn hauptberuflich lieferte Thea von Harbou dem Regime bis zuletzt Drehbücher zur geistigen Kriegsführung. Sie gehörte damit zu jener – allerdings bereits im Schwinden begriffenen – Gruppe offizieller, dennoch streng kontrollierter Filmautoren, die der Leiter der Filmabteilung im Propagandaministerium noch Ende 1944 glaubte, ermahnen zu müssen: »Nicht lockerlassen, sondern unermüdlich auf die geringe Zahl geeigneter Autoren und Dramaturgen einwirken und diese Kreise schärfstens sieben!«[109]

Thea von Harbou hat noch an dem letzten großen »Durchhaltefilm« des Dritten Reichs, »Kolberg«, mitgewirkt, den Goebbels mit bombastischen Worten bei Veit Harlan in Auftrag gegeben hatte: »Hiermit beauftrage ich Sie, einen Großfilm herzustellen. Aufgabe soll es sein, am Beispiel einer Stadt, die dem Film den Namen gibt, zu zeigen, dass eine in Heimat und Front gemeinsame Politik jeden Gegner überwindet ... ich ermächtige Sie alle Dienststellen von Wehrmacht, Stadt und Partei ... um ihre Hilfe zu bitten ...«[110] Die Uraufführung erlebte »Kolberg« in symbolträchtiger Weise am 30. Januar 1945 in der französischen Stadt La Rochelle, einer von den Alliierten umzingelten Garnison, deren Kommandant Vizeadmiral Scherwitz die Ehre zu schätzen wusste: »... die Aufführung hat heute im Theater von La Rochelle vor Soldaten des Verteidigungswalls stattgefunden ... ich verbinde mit dem Dank das Gelöbnis, es der heldenhaft kämpfenden Heimat gleichzutun ...«[111] – Die Atlantikfestung La Rochelle wurde von den Deutschen am 17. März 1945 geräumt.

Thea von Harbou hat ihren Arbeitgebern bis zum totalen Zusammenbruch treu gedient. Für ihre letzte Auftragsarbeit mit dem sinnigen Titel »Das Leben geht weiter« unter der Regie von Rolf Liebeneiner kassierte sie noch Ende April 1945 ihr Honorar.[112] Erst zehn Tage vor dem Ende des Zweiten Weltkriegs hat sie ihre Karriere im Dritten Reich beendet.

Im Juli 1945 verhängte die britische Militärbehörde über die Autorin als prominentes NSDAP-Mitglied ein Aufenthaltsverbot für Berlin. Anschließend wurde sie im Lager

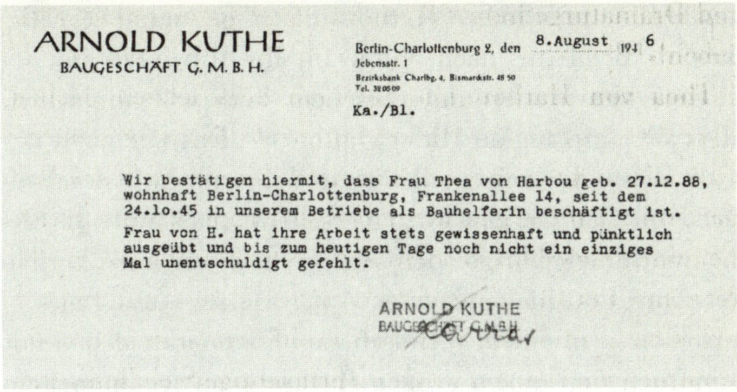

ARNOLD KUTHE
BAUGESCHÄFT G. M. B. H.

Berlin-Charlottenburg 2, den 8. August 1946
Jebensstr. 1
Bezirksbank Charlbg. 4, Bismarckstr. 48 50
Tel. 32 05 09

Ka./Bl.

Wir bestätigen hiermit, dass Frau Thea von Harbou geb. 27.12.88, wohnhaft Berlin-Charlottenburg, Frankenallee 14, seit dem 24.10.45 in unserem Betriebe als Bauhelferin beschäftigt ist.

Frau von H. hat ihre Arbeit stets gewissenhaft und pünktlich ausgeübt und bis zum heutigen Tage noch nicht ein einziges Mal unentschuldigt gefehlt.

ARNOLD KUTHE
BAUGESCHÄFT G.M.B.H.

Bestes Zeugnis: Nach 1945 arbeitete die Drehbuchautorin am Bau

Staumühle interniert[113], ihre Rolle im Dritten Reich durchleuchtet. Thea von Harbou empfand die Maßnahme nicht als Folge ihrer Tätigkeit für die NS-Filmwirtschaft im Sinne der Verbreitung nationalsozialistischen Gedankenguts, sondern als reine Schikane der Briten – als Rache für ihre Beziehung zu einem indischen Staatsangehörigen.[114]

Alle Fragen nach ihrer beruflichen Tätigkeit im Dritten Reich hat Thea von Harbou ausführlich und sachlich beantwortet. Sie stand damit im Gegensatz zu vielen Kollegen, die bereits im Mai 1945 von Erinnerungslücken geplagt wurden. So berichtete ihr Freund Emil Jannings, er habe als vehementer Regimekritiker im Dritten Reich ein zurückgezogenes Leben geführt, bis ihn Goebbels unter Androhung einer KZ-Strafe zur Mitarbeit an NS-Propagandafilmen gezwungen habe.[115]

Im Herbst 1945 durfte Thea von Harbou nach Berlin zurückkehren, erhielt jedoch Berufsverbot. Sie arbeitete freiwillig bei einer Baufirma, zunächst als »Trümmerfrau«, später erzeugte sie Dachziegel im Handbetrieb.[116] Wohlwollende Biografen haben Harbous damalige manuelle Tätigkeit als Bedürfnis nach Sühne für ihr Mitwirken am NS-Regime interpretiert und schrieben: »... sie will gutmachen, dass sie jahrelang an Hitler glaubte.«[117] Das war nicht der Fall. »Ich wollte zeigen, dass mein Wille, am Aufbau mitzuarbeiten, sich nicht in Worten erschöpft«, bekannte die Siebenundfünfzigjährige. »Ich sehe sie noch vor mir«, berichtete ihre Cousine von dieser Zeit, »wie sie eines Tages ... erschien ... in einem verwaschenen Sommerkleidchen mit Kopftuch und einem großen Rucksack mit gesammeltem Brennholz ... dabei behauptete sie, diese Arbeit [am Bau] sei das größte Erlebnis und bereite ihr große Befriedigung, und da sie keinen Verlagsvertrag habe, könne sie endlich einmal so schreiben, wie es ihr ums Herz sei.«[118] Den Hilfsarbeiterlohn brauchte Deutschlands berühmteste Filmautorin dringend zum Leben. Hatte sie doch, wie es ihrer Natur entsprach, ihre horrenden Einnahmen – die NS-Filmfirmen zahlten Tantiemen noch bis zum April 1945 – stets restlos verbraucht, verborgt oder verschenkt.

Im Oktober 1946 zog sich die Schriftstellerin eine schmerzhafte Sehnenscheidenentzündung zu und musste ihre anstrengende Tätigkeit aufgeben. Der biedere Inhaber der Baufirma, der erst beim Abschied über die Identität der »Thea Lang« aufgeklärt worden war, bedauerte, seine beste Arbeiterin zu verlieren. Sie »hat ihre Arbeit stets ... pünktlich ausgeübt und bis zum heutigen Tage noch nicht ein einziges Mal unentschuldigt gefehlt«, schrieb er in das Arbeitszeugnis.[119] Harbou arbeitete anschließend als Montiererin bei einem Silberschmied, bis im April 1949 ihr Entnazifizierungsbescheid vorlag, der sie als »vom NS-Regime unbelastet« einstufte und ihre Rehabilitierung vorsah.[120]

Auch das Verbot, in ihrem ursprünglichen Beruf tätig zu sein, wurde aufgehoben, und die einstige »Königin der Drehbücher« versuchte mit der Synchronisierung ausländischer Filme, u. a. des Kultfilms »Der dritte Mann« nach Graham Greene, einen Neubeginn. Bald kamen wieder Aufträge für Drehbücher. Nach dem Abschluss eines Kontrakts mit der »Real-Film« im Jahre 1950 konnte die Autorin auch ihre einstige Sekretärin und Vertraute aus erfolgreicheren Tagen, Elfriede Nagel, wieder einstellen.

Zu den Nachkriegsarbeiten Thea von Harbous gehören die Drehbücher für den tragischen Liebesfilm »Es kommt ein Tag«, den Arztfilm »Dr. Holl«, der ihr größter Erfolg nach 1945 wurde, und den Streifen »Dein Herz ist meine Heimat«, der 1952 folgte. Sie repräsentieren den Typus des seichten deutschen Films ohne künstlerischen Anspruch. Thea von Harbou zehrte vom Ruhm längst vergangener Zeiten.

Dementsprechend bezeichnete man sie in Presseberichten als »Ahnfrau des deutschen Drehbuchs«. Diesen Eindruck erweckte sie auf ihren Vortragsreisen auch optisch, wenn sie in patriotischer Kleidung mit dem selbst gestickten Berliner Bären auf der Brust und den Wappen der verlorenen Ostprovinzen am Rocksaum von ihren früheren Erfolgsfilmen schwärmte. Gleichzeitig prangerte sie die Profitgier zeitgenössischer Produzenten an, die mit ihren niveaulosen Filmen Geld scheffelten. Die Drehbuchautorin pflegte die Erinnerung, verteidigte ihre Arbeit mit den NS-Regisseuren Veit Harlan und Rolf Liebeneiner, lobte die alten UFA-Zeiten und empfahl die Rückkehr zum Stummfilm als einziges Mittel zur Rettung der Filmkunst. Missbilligend nahm von Harbou zur Kenntnis, dass die Harlan-Filme geächtet wurden.[121]

Anlässlich der IV. Berliner Filmfestspiele im Jahre 1954 zeigte man ihren Erfolgsfilm »Der müde Tod« als Retrospektive im »Delphi-Palast«. Thea von Harbou referierte vor einem interessierten Fachpublikum über Thema, Inhalt und Entstehung jenes Films, mit dem sie 1921 erstmals internationalen Ruhm errungen hatte.

Nach vielen Jahren, in denen man einerseits häufig Kritik an ihrem Einsatz für die NS-Filmindustrie geübt und andererseits ihren bedeutenden Anteil am Filmschaffen von Fritz Lang totgeschwiegen oder auf Kitschiges, politisch Fragwürdiges reduziert hatte, empfand die Drehbuchautorin die späte Würdigung ihres Werks als späte Rechtfertigung. Der als große Ehrung gedachte und so auch empfundene Auftritt rief bei der Sechsundsechzigjährigen wehmütige Erinnerungen an ihre einstige mit Fritz Lang untrennbar verbundene Erfolgsära hervor. In sichtlicher Gemütserregung verließ sie das Filmtheater. Dabei kam sie auf der Treppe schwer zu Sturz. Sie erlitt einen Bruch der Hüfte und schwere, zu spät erkannte innere Verletzungen. Einige Tage nach ihrer Einlieferung ins Krankenhaus verstarb Thea von Harbou am 2. Juli 1954 an den Folgen eines Gehirnschlags. In Anlehnung an ihr Meisterwerk schrieb die Presse, dass »der nimmermüde Tod« sie zu sich geholt habe.[122]

Zarah Leander

Die Diva des Dritten Reichs

15. März 1907 – 23. Juni 1981

Am Samstag, dem 20. März 1937, besuchte der Reichspropagandaminister Dr. Joseph Goebbels seinen »Führer«. Man plauderte zwanglos und angeregt in kleiner Gesellschaft und sah einen schwedischen Film mit Zarah Leander[1], der Hitler in besonders gute Laune versetzte. Goebbels teilte diese Begeisterung nicht, schwieg aber und notierte sich zu Hause: »Zarah Leander angeschaut. Keine besondere Leistung. Ich halte diese Frau für sehr überschätzt. Der Film selbst ist Kleinstaatsware.«[2]

Kurze Zeit später hatte die Schwedin auch in Deutschland großen Erfolg, und ihre UFA-Filme[3] wurden zu Kassenschlagern. Goebbels, der oberste Kulturchef des NS-Staates, nahm die ungeheure Wirkung der ausländischen Schauspielerin, die in allem und jedem das genaue Gegenteil des nationalsozialistischen Frauenideals war, verblüfft und ohne Freude zur Kenntnis. Dann jedoch schob er alle ideologischen Bedenken zur Seite und revidierte sein abfälliges

Urteil. Nach dem Vorbild von Greta Garbo, dem »Göttlichen Weib«, und Marlene Dietrich, dem »Blauen Engel«, – beide standen ihm zu seinem Bedauern nicht zur Verfügung – stilisierte er Zarah Leander zur legendären Diva des Dritten Reichs.[4] Bald sahen Millionen Menschen die in rascher Folge produzierten Filme »der Leander«, und Millionen hörten auch ihre Chansons, die Tag für Tag aus den »Volksempfängern« klangen. Sie handelten von Liebe, Leid und Sehnsucht. Der Wirkung von Zarahs tiefer, unverwechselbarer Kontraaltstimme konnte sich kaum jemand entziehen. Selbst aus den Lautsprechern der Konzentrationslager erklang zur Unterhaltung der SS-Offiziere »Yes, Sir!« und »Davon geht die Welt nicht unter!«. Ein unbeabsichtigter Nebeneffekt dabei war, dass sich auch die Häftlinge an diesen Liedern erfreuen konnten. »Durch den Äther, durch die Welt, klingt meine Stimme durch die sternklare Nacht; ich bin eine Stimme, die Glück in das Herz eines Einsamen bringt, ...« gehörte zu jenen Chansons, von denen sich – wie Überlebende berichten – die KZ-Häftlinge getröstet fühlten.[5]

Die stark geschminkte, kettenrauchende, elegante Schauspielerin und Interpretin sündhafter Lieder mit ihrer besonderen Ausstrahlung auf Homosexuelle und Transvestiten passte eigentlich gar nicht in das Konzept der Nazis. Für sie verkörperte Zarah Leander kein Ideal, war vielmehr ein geduldetes Idol. Als Trost für die Machthaber blieben jedoch die enormen finanziellen Erfolge der Leanderfilme sowie der Imagegewinn im Ausland. Gab die Diva doch dem Dritten Reich, dem der notorische Geruch des Hausbackenen anhing, einen mondänen Anstrich und leistete damit einen wertvollen Beitrag in der fein gesponnenen NS-Propagandamaschinerie. Das Publikum wiederum empfand

Zarah als »eine, die von draußen kommt, und solange sie auf der Leinwand steht, die Tür zur Welt draußen offen hält«[6]. Man bewunderte sie als männermordenden Vamp – nach dem Muster ihrer Rolle in »Falska Millionären« (»Der falsche Millionär«) aus dem Jahr 1931 –, als aufopfernde Mutter und als tragische Geliebte. Dass Goebbels sie als »Star, als großen Star, mit vielen Launen« präsentierte, störte die humorvolle, geschäftstüchtige und trinkfeste Schwedin in keiner Weise. Im Gegenteil: Sie fühlte sich geschmeichelt und meinte, dass dieses Image »eine gute Portion Wahrheit« enthalte. Wie sehr sie sich schließlich in der Rolle, die ihr der NS-Minister für Propaganda zudachte, selbst sah, enthüllt ihre Selbstdarstellung:

»Wenn ich einen Menschen einigermaßen gut kenne, dann ist es wohl Zarah Leander. Über sie kann ich mich sachkundig äußern. Ich weiß, dass ihr jegliche Begabung dafür fehlt, ein Schlinggewächs zu sein, ein lebendiges Eichhörnchenfell um den Hals eines Mannes. Sie hatte eine robuste Konstitution und einen eisernen Willen und wollte als ebenbürtig betrachtet werden. Sie hat Mannsleute unter den Tisch getrunken und ihnen beim Pokern das Hemd vom Leib gespielt. Freilich ist sie mit ihnen nie handgreiflich geworden, vor allem deshalb, weil sie Gewalttätigkeiten hasst, aber mehr noch, weil sie so schlecht sieht. Aber sie hat mit harten Männern harte Geschäfte gemacht und ist dabei nur selten übers Ohr gehauen worden. Der Wilde Westen während der Pionierjahre hätte diesem Weibsbild perfekt gepasst ... vielleicht werde ich im nächsten Leben ein männchenfressendes Spinnenweibchen.«[7]

Die wirkliche, am 15. März 1907 im schwedischen Karlstad geborene Zarah hat diesem Bild nur wenig entsprochen.

Tatsächlich war die Tochter des Instrumentenbauers Anders Lorentz Hedberg ein empfindsames, zeitweise von Angstzuständen geplagtes Kind. Sie wuchs gemeinsam mit vier Brüdern auf, keineswegs unter wildwestartigen Bedingungen, sondern in wohlgeordneten bürgerlichen Verhältnissen und sehr behütet von einem deutschen Kindermädchen, das der Mehrsprachigkeit halber engagiert worden war. An seine Kindheit hat sich der Star später gern und nostalgisch erinnert: »Wir wohnten in einer Eckwohnung im ersten Stock mit zehn Zimmern, ein Haushalt von mindestens zehn Personen. Wir hatten ein vornehmes und schönes Heim im Geschmack der Zeit: hohe Ohrensessel mit Sofaschonern im Ecksalon, enorme Esszimmermöbel aus Eiche, Mamas Salon mit ›Damenmeublement‹, Kachelöfen, die jeden Wintermorgen um sechs Uhr geheizt wurden ... ich fand es daheim hübsch und fein ...« Ab dem vierten Lebensjahr erhielt das Mädchen Klavier- und Geigenunterricht und trat bereits 1913, als Sechsjährige, bei einem Chopin-Wettbewerb öffentlich auf.

Zarah musizierte täglich mit ihrem Vater, einem gutmütigen, sensiblen Koloss, der 140 Kilogramm wog und gelegentlich von Wutausbrüchen heimgesucht wurde. Kam einer dieser Anfälle über ihn, dann wollte er mit bloßen Händen Kachelöfen niederreißen. Ansonsten war er Zarahs gütiger Vertrauter, der sich als Schutzschild zwischen das Mädchen und die dominante Mutter schob. »Wenn du nicht willst, brauchst du nicht!«, lautete der Tenor vieler Gespräche zwischen Vater und Tochter, die meist mit »Aber der Mama sagen wir nichts!« endeten.

Mathilda Hedberg, die Mutter, führte ein strenges Regiment. Ordnungsliebend, pedantisch und humorlos herrschte sie nach Aussage ihrer Tochter über die Insassen ihres Zehnzimmerreichs. »Sie ordnete an und wir gehorchten«, erinnerte sich Zarah, die ihre Mutter als »das größte Rätsel meines Lebens empfand«. Niemand durfte sich im Hause Hedberg je zum Abendessen verspäten, obwohl es auf Grund der mütterlichen Vorstellungen vom gesunden Leben abends stets nur karge Mehlsuppe, Kakao und Butterbrot gab. Die Schwäche der Mathilda Hedberg waren schöne Männer – rein platonisch. Oft schlich sie sich ohne Wissen ihres eifersüchtigen Mannes ins Stummfilmkino, um sich in Streifen wie »Die Lieblingsfrau des Maharadschas« geheimen Träumen hinzugeben.

Von Zarah Leanders späterer Schönheit war bis zu ihrer Teenagerzeit nichts zu sehen. Vielmehr litt die Heranwachsende unter ihrer ungewöhnlichen Größe, den flammend roten Haaren und den vielen Sommersprossen. Auf Letztere bezog sich ein taktloser mütterlicher Rat: »Sieh zu, dass du einen Mann im Winter kennen lernst!«[8] Vor allem aber genierte sich Zarah für ihre Stimme, die immer tiefer und männlicher wurde und kaum zu einem jungen Mädchen passte. Trotz aller Schüchternheit hatte sie jedoch schon früh den Wunsch, in der Öffentlichkeit zu stehen. Nachdem sie als kleines Mädchen mit der Großmutter Ibsens »Per Gynt« gesehen hatte, sehnte sie sich nach einer Bühnenkarriere und träumte davon, dass ihr die Menschen zujubelten. Womit sie die Begeisterung eines großen Publikums herbeiführen könnte, blieb ihr vorläufig unklar. Der Vater nahm die vertraulich mitgeteilte Schwärmerei lächelnd zur Kenntnis, die Mutter durfte – wie immer – nichts davon erfahren, und die Brüder reagierten mit Hohn: »Du willst zur Bühne? Du mit deiner Visage, den großen Füßen und den breiten Pranken? Nein, Zarah, du bist zu hässlich für die Bühne!«

Von 1914 bis 1922 besuchte Zarah – als überaus faule Schülerin – ein als »Hölle« empfundenes Gymnasium und daran anschließend verschiedene Haushaltskurse mit traditionell weiblichen Fächern wie Nähen und Kochen auf dem Programm. Nichts hätte sie mehr langweilen können, und sie brütete missmutig über ihrem Dilemma: Von einer Bühnenlaufbahn wagte sie zu Hause nicht zu sprechen – und alles andere interessierte sie nicht. In dieser Situation empfanden es alle Beteiligten als Erleichterung, dass Rut Siolfverhielm, eine Freundin von Zarahs Mutter, das Mädchen für längere Zeit zu sich nach Riga nahm. Der fast zweijährige Aufenthalt in der lettischen Hauptstadt mit ihrem blühenden Kulturleben gefiel der Heranwachsenden und tat ihr gut. Eine angenehme Überraschung war, dass Rut Siolfverhielm die künstlerischen Ambitionen ihres Schützlings ernst nahm und auf bescheidene Weise förderte. Fasziniert von Zarahs dunklem Kontraalt begleitete sie das Mädchen am Klavier. »In ihrer Gegenwart wagte ich zum ersten Mal richtig zu singen, und ich spürte wie die Töne ihr eigenes Leben begannen«, erinnerte sich die Künstlerin.[9] Die amateurhaften Gesangsübungen bei Tante Rut waren der Anfang, aber auch das Ende ihrer künstlerischen Ausbildung – eine weitere Schulung hat das Naturtalent nie erhalten. Auch Schauspielunterricht hat Zarah nie genossen. An der berühmten Schauspielschule von Dramaten, dem Königlichen Dramatischen Theater in Stockholm, schaffte sie nämlich 1926 die Aufnahmeprüfung nicht. Maria Schildknecht, die Direktorin der Schule, verwarf Zarah mit ihrer Darstellung der »Salome« von Oscar Wilde mit dem kurzen und bündigen Urteil: »Total unbegabt, sieht aber blendend aus!« Letzteres nahm das einstige hässliche Entlein mit Genugtuung zur Kenntnis. Ein Vorsingen beim Chef der Königlichen Bühnen in Stockholm scheiterte ebenso kläglich. John Forsell, der später ihr Schwiegervater werden sollte – sie heiratete 1932 in zweiter Ehe den Journalisten Vidar Forsell, den Sohn des Intendanten –, stellte trocken fest: »Apart anzusehen, schreit aber zu laut. Riet ihr, zur Operette zu gehen.«[10] Zarah begrub ihren Traum, eine zweite Greta Garbo zu werden, beschränkte sich auf die Bewunderung ihres Vorbilds und nahm eine Stelle als Schreibkraft im Stockholmer Lindfors Buchverlag an.[11]

Diesen Brotberuf übte Zarah nicht lange aus, denn bei ihrem kurzen Auftritt an der Königlichen Schauspielschule hatte sie den gut aussehenden Schauspielschüler und Pastorensohn Nils Leander getroffen und sich in ihn verliebt. Als sie 1926 schwanger wurde, heiratete man, weniger aus großer Liebe, sondern mehr, um der Konvention zu entsprechen. Da dem Paar jegliche Geldmittel fehlten, quartierte es sich in Nils' Elternhaus ein. 1927 kam Tochter Boel, 1929 Sohn Göran zur Welt. Der Ehemann beendete seine Ausbildung, und seine Frau nahm neiderfüllt wahr, dass er Engagements bekam und auf Tournee ging, während sie selbst meist ans Haus gefesselt blieb. An diese Zeit als Windel waschende junge Mutter ohne Geld im gemeinsamen Haushalt mit den Schwiegereltern erinnerte sich die Künstlerin später mit Schaudern: »Es waren Jahre, in denen ich mich durch Tage und Jahre voller Tränen, Missmut und schwarzer Verzweiflung dahinschleppte.« Der ländliche Pfarrhof, in dem das Klavier nur für Sakralmusik benutzt werden durfte, schien Zarah wie die Portierloge zur Hölle.

Ihren wunderbaren Kontraalt konnte sie, eigenen Angaben zufolge, nur auf dem Plumpsklo üben, das sich außerhalb des Wohnhauses befand. Dorthin zog sie sich auch häufig für lange Zeit zurück, um mit voller Stimme Lieder wie »Wollt ihr einen Star sehen, seht mich an!« zu singen. Während der besorgte Pastor und seine Gattin schon fürchteten, dass die Schwiegertochter an einem chronischen Blasenleiden laboriere, bereitete sich die junge Frau auf ihre Flucht aus dem Pfarrhaus vor. In ihren Künstlermemoiren klingt es sehr dramatisch und klischeehaft, wenn sie erzählt, wie sie als Zweiundzwanzigjährige – verhärmt, abgemagert und fast verkümmert von den Entbehrungen des stumpfen Landlebens – es trotzdem geschafft habe, attraktiv zu bleiben. Wie sie in aller Heimlichkeit für ein Vorsingen trainiert habe, nachdem sie in »Östergötlands Dagblad« gelesen hatte, dass die berühmte Revue von Ernst Rolf in der Nähe gastiere. Wie sie schließlich mit dem letzten Geld eine Fahrkarte – einfach, nicht retour – gekauft habe, nach Norrköpping gefahren sei, dort vorgesungen habe und engagiert worden sei. Ihr Ehemann, von dem sie sich bereits 1931 scheiden ließ, hat den Beginn der Karriere seiner Frau ganz anders und viel prosaischer in Erinnerung. Durch ihn habe Zarah ihre ersten winzigen Rollen beim Theater bekommen. Ja, sie sei sogar mit ihm zusammen auf der Bühne gestanden. Wörtlich meinte er: »Im Hause meines Vaters verkehrten viele Schauspieler. Zarahs Karriereanfänge wurden trotz unserer beiden kleinen Kinder wohlwollend unterstützt. Sie brauchte nicht auf dem Klo heimlich zu üben ... Mit meines Vaters Wagen habe ich Zarah selbst nach Norrköpping gefahren, wo Ernst Rolf mit seiner Revuetruppe gerade gastierte. Durch einen guten

Bekannten von mir versuchte ich für Zarah ein Vorsingen zu erreichen. Und als Rolf mich sah, schrie er: ›Herr Leander, verschwinden Sie!‹ Aber da erblickte er Zarah im Korridor in ihrem schwarzen Kleid mit einem grünen Schal und ihren roten Haaren und fragte: ›Handelt es sich um sie?‹ ... Zarah durfte singen, wurde sofort engagiert, erhielt 100 Kronen Vorschuss und konnte schon am 27. Oktober 1929 mit dem Lied: ›Wollt Ihr einen Star sehen, schaut mich an!‹ (nach der Melodie von: ›Wenn der weiße Flieder wieder blüht!‹) für eine erkrankte Kollegin einspringen.«[12]

Damals zeigte sich Zarah »erstmals für Geld«, wie ihre Mutter vorwurfsvoll bemerkte. Angekündigt wurde die junge Sängerin von Ernst Rolf. Dieser trat vor den Vorhang und meinte, dass er niemals junge, unschuldige Menschen dazu ermutige, die schwere Theaterlaufbahn einzuschlagen. Diesmal aber habe er eine Ausnahme gemacht: »Sie ist so talentiert, dass ich nicht die Kraft hatte, nein zu sagen. Sie heißt Zarah Leander, und diesen Namen muss man sich merken.«[13]

Sicher ist, dass die junge Künstlerin unter dem Eindruck ihres Debüts sofort und radikal mit ihrem bisherigen Leben gebrochen hat. Sie gab ihre beiden Kinder, die zweijährige Boel und den erst einjährigen Göran, in die kompetente Obhut ihrer seit kurzem verwitweten Mutter. Zarahs Vater Anders Hedberg war bereits 1929 im Alter von 57 Jahren gestorben. Dann tauschte sie als jüngstes Mitglied von »Rolfs revy« die monotone Sicherheit des puritanischen Pfarrhauses ihrer Schwiegereltern gegen ein aufregendes und unstetes Vagantendasein. Damit hatte Zarah Leander zu jener Lebensform gefunden, die ihrem Naturell entsprach und die sie – abgesehen von einer einzigen ihr aufgezwungenen Unterbrechung – erst knapp vor ihrem Tod aufgab. Sie genoss den Wechsel ungemein, obwohl sie anfangs mit einer Tagesgage von 15 Kronen in den billigsten Unterkünften logieren musste und nur das zu essen hatte, was sie sich dort trotz strengen Verbots der Vermieterinnen heimlich kochte. Ihre dürftige Garderobe musste sie stets aufs Neue zusammenflicken.

Die Ehe Zarahs fiel der Karriere zum Opfer, nicht jedoch der klangvolle Name des Ehemanns. »Leander« hatte etwas von einem raffinierten, kunstvoll kreierten Künstlernamen. Zarah erkannte dies und nannte sich auch weiterhin so. Das Couplet »Wollt ihr einen Star sehen«, das ihr den Start ermöglicht hatte, strich sie jedoch rigoros aus ihrem späteren Repertoire – es erinnerte sie zu sehr an ihre »Zeit als Sklavin in Östergötland«.

Zarah Leander hatte bald spektakulären Erfolg. Bereits im September 1930 gelang ihr mit der Revue »Stockholm blir Stockholm« (Stockholm bleibt Stockholm) der Sprung in die Landeshauptstadt. Sie nimmt ihre erste Schallplatte auf. Das Vasa-Theater begeht das einjährige Bühnenjubiläum des Jungstars, dem ein Lorbeerkranz verliehen wird, mit einer Festaufführung. Bis 1936 tourt Zarah Leander mit zwölf Revuen – darunter jenen von Karl Gerhard, dem ungekrönten schwedischen Revuekönig – durch Skandinavien. Sie wirkt in drei Filmen mit, wobei sie mit ihrer besonderen Stimme ungemein davon profitiert, dass es ab 1929 Tonfilme gibt. Sie besingt 41 Schallplatten. Sie spielt in einer Komödie (»Die Schule der Kokotten«) und in einem Schauspiel. Und nachdem der anfangs recht skeptische Komponist Franz Lehár erlaubt hat, dass man den Part der Hanna Glawari um zwei Oktaven tiefer setzt, erringt Zarah Leander einen Riesenerfolg in der Operette »Die lustige Witwe«.

Die Künstlerin ist *der* aufgehende Stern der schwedischen Musikszene. Im Dezember 1932 schickt »Vecko-Journalen« eine Mitarbeiterin (Margit Siwertz), um den Jungstar zu interviewen und in häuslicher Umgebung – einer einfachen Zweizimmerwohnung – zu fotografieren. Zarahs Mutter, zuständig für den Haushalt und die Enkelkinder, empfängt die Journalistin und strahlt voll Stolz. Doch die Reporterin merkt zu ihrer Verblüffung bald, dass diese Begeisterung keineswegs der erfolgreichen Tochter gilt. Vielmehr freut sich Mathilda Hedberg über alle Maßen, dass einer ihrer Neffen an diesem Tag an der Stockholmer Universität mit Erfolg über seine Doktorarbeit – eine demographische Studie über die nomadisierende und die sesshafte Bevölkerung Schwedens – disputiert hatte. Seine akademische Laufbahn würde das Ansehen der Familie heben, während Zarahs Tätigkeit doch eher als peinliche Entgleisung betrachtet werden müsse! Weit davon entfernt, ihre Tochter zu loben oder auch nur anzuerkennen, nimmt die Mutter die viel versprechende Karriere der Tochter nur widerwillig zur Kenntnis. Bei allen passenden und unpassenden Gelegenheiten betont sie, dass Zarah in der Familie ein bedauerlicher Sonderfall sei: Unter den Vorfahren seien Gutsbesitzer, Bauern, Kaufleute und Beamte gewesen – für die anrüchige Welt des Theaters habe sich wirklich niemand interessiert.

Gemeinsam war Mutter und Tochter nur die Schwäche für gut aussehende Männer. So eilte die junge aufstrebende und geschiedene Künstlerin, wenn es ihre Zeit zuließ, an Sonntagnachmittagen in Begleitung ihrer Mutter in das

Zarah Leander mit ihrem zweiten Ehemann Vidar Forsell (1938)

Stockholmer Restaurant »Fenix-Kronprinsen«, um dort bei Konzertklängen in anregender Atmosphäre Kaffee zu trinken. In seltenem Einverständnis bewunderten Mutter und Tochter, die ansonsten wenig harmonierten, den attraktiven Kapellmeister, einen erklärten Liebling der Stockholmer Damenwelt. Zarah sollte ihn – den Dirigenten Arne Hülphers – sogar in dritter Ehe heiraten, doch bis dahin mussten noch Jahrzehnte vergehen, auch die 1932 mit dem Journalisten Vidar Forsell geschlossene Ehe.

1936 gelang Zarah Leander, deren Karriere bislang auf Skandinavien beschränkt war, der internationale Durchbruch. Es begann damit, dass der aus Dänemark stammende Operettentenor Max Hansen, der sich in Deutschland als »kleiner Caruso« einen Namen gemacht hatte, wegen seiner frivolen Couplets über Hitlers angebliche Homosexualität in das Visier der Gestapo gelangt war. Überstürzt hatte er Berlin verlassen und war nach Wien gegangen. Dort fand er Zeit, den Text für sein lange geplantes musikalisches Lustspiel niederzuschreiben. »Axel an der Himmelstür« ist eine Parodie auf die pressescheue Greta Garbo. Die Handlung spielt in Hollywood, wo sich ein verzweifelter junger Reporter (Max Hansen) als Greis verkleidet, um den Filmstar interviewen zu können. Nach etlichen Verwicklungen entspinnt sich zwischen dem Star und dem Journalisten eine Romanze samt dem unausweichlichen Happyend. Im Sommer 1936 war das Werk so weit gediehen, dass sich Max Hansen auf die Suche nach einem Komponisten machen konnte. Er begab sich zu diesem Zweck in das böhmische Karlsbad, wo sämtliche Größen der Wiener Theaterwelt in friedvoller Harmonie miteinander kurten.

Zarah Leander mit ihren Kindern Boel und Göran (1937)

Der Operettenkomponist Robert Stolz lehnte ab, seinem Kollegen Ralph Benatzky, der 1930 die Operette »Im weißen Rössl« komponiert hatte, gefiel das Sujet. Und der ebenfalls in Karlsbad anwesende Direktor des renommierten und altehrwürdigen Theaters an der Wien, Arthur Hellmer, wollte damit sogar die Saison eröffnen. Nur ein zugkräftiger Star, der die Garbo überzeugend spielen konnte, fehlte. Max Hansen dachte an Zarah Leander und holte sie zum Vorsingen in den Kurort. »... Zarah kam herein und hat allen sehr imponiert. Ihr Aussehen war grandios. Benatzky setzte sich an den Flügel und fing an zu spielen. Sie hat mitgesungen und er wäre beinahe vom Stuhl gefallen. Er drehte sich zu mir um und sagte: ›Max, ich hab doch diese Rolle für einen hohen Sopran komponiert und du empfiehlst sie mir!‹ Dann schlug er den Deckel des Flügels zu und wandte sich an Zarah: ›Ich werde erst einmal nach Hause gehen und völlig neue Lieder schreiben, ganz speziell für Sie. Sie sind der erste Kontraalt, dem ich in meinem Leben begegnet bin.‹«[14]

Die junge Künstlerin war engagiert. Sie nahm es freudig zur Kenntnis und fragte nicht nach der Gage. Aber sie hatte die Hauptrolle in der Welturaufführung eines Stücks von Ralph Benatzky, mit dem sie jahrzehntelang zusammenarbeiten sollte. Er komponierte für sie zahlreiche Evergreens, darunter »Ich hab' eine tiefe Sehnsucht in mir!«, »Ich steh' im Regen« und »Yes, Sir!«.

Die Premiere von »Axel an der Himmelstür« fand am 1. September 1936 im Theater an der Wien in Anwesenheit des österreichischen Bundeskanzlers Dr. Kurt Schuschnigg statt. Der sensationelle Erfolg Zarah Leanders hatte sich schon bei der Generalprobe angekündigt, als sie mit flammender Mähne und grün geschminkten Augen an die Rampe trat und das Chanson »Ich bin ein Star, ein großer Star mit allen Launen!« schmetterte. Max Hansen, der von den Kulissen aus ängstlich die Reaktion des ausgewählten fachkundigen Publikums beobachtete, hielt später fest: »Sie sang mit einer Stimme, die bis in die hintersten Winkel des Zuschauerraums drang ... Die Menschen horchten auf, setzten sich kerzengerade in ihren Sesseln zurecht. Was war denn das? Eine Primadonna, die kein Sopran war, nicht einmal ein Alt? ... bald hatte Zarah ihr Publikum völlig besiegt – man begriff, dass dies etwas Ungewöhnliches und Wertvolles war ...«[15] Kritiker aus ganz Europa lobten die Schwedin, die in dieser Operette als »Gloria Mills« so unverfroren die berühmte Garbo imitierte. »Zarah erobert die Wiener im Sturm«, schrieb die schwedische Zeitung »Stockholms Tidningen« am 3. September 1936, »eine so wilde Begeisterung hat man seit den Tagen der klassischen Operette nicht mehr erlebt.« Das gewagte Dekolleté der Künstlerin tat ein Übriges und bildete das Tagesgespräch der Wiener. Hansen, meinte das Publikum, reiche der deutlich größeren Zarah wohl nicht bis zur Achsel, aber bis zur Himmelstür.

Auch die verwöhnte Wiener Musik- und Theaterszene zollte ihren Tribut: »In Zarah Leander hat die Filmdiva [Greta Garbo] eine ausgezeichnete Interpretin gefunden.«[16]

Nur Zarahs Mutter blieb von dem fulminanten Auslandsdebüt unbeeindruckt – für sie war und blieb die Tochter ein schwarzes Schaf. Als die beiden einmal die Wiener Kärntnerstraße entlanggingen, winkten die Passanten voll Begeisterung. Bewunderer umringten die Künstlerin und sprachen ihr höchstes Lob aus. Mutter Mathilda jedoch meinte dazu nur streng: »Aber du singst doch nur!«, und

Zarah Leander mit ihrer Mutter (1938)

kränkte damit die vergebens auf mütterliche Anerkennung Wartende. »Nicht als man mich in Wien als Königin der Operette feierte – nicht einmal da begriff Mama, worum es für mich ging. Zeit ihres Lebens hat sie kein Verständnis für das aufgebracht, womit ich mich beschäftigt habe, und was es für mich und was es für andere bedeutet hat«, vermerkte sie bitter in ihren Memoiren.[17]

Zarah Leander kam zugute, dass die MGM-Literaturverfilmung »Die Kameliendame« mit Greta Garbo und Robert Taylor damals in allen Kinos lief, was die bereits herrschende »Garbomanie« noch steigerte. In Berlin hatten sowohl Adolf Hitler als auch Joseph Goebbels den Streifen gesehen. Letzterer vergoss sogar Tränen der Rührung. Zu der hohen Qualität des Films meinte er: »Uns fehlt das Geld ... uns fehlt auch die Sonne Kaliforniens.«

»Axel an der Himmelstür« wurde in Wien täglich vor ausverkauftem Haus gespielt. Das ergab, wie sich die mit ihrem Mann in einer bescheidenen Grinzinger Wohnung einquartierte Hauptdarstellerin ausrechnete, täglich Einnahmen von 12 500 österreichischen Schilling. Ihr eigener

Anteil belief sich auf magere 64 Schilling. 18 Schilling pro Tag kostete die Unterkunft samt Frühstück und Grammophonbenützung. Die restlichen 46 Schilling standen zur Disposition des Ehepaars, das seine finanziellen Probleme auf einfache Weise löste: Vidar Forsell aß zu Mittag nichts, und für Zarah bezahlten die Kollegen. Eine richtige Mahlzeit samt einer Flasche Wein gab es erst abends im Ratskeller. Stand ein Ausflug mit dem eigenen Auto, Marke La Salle, auf dem Programm, wurde Benzin getankt und nicht gegessen.

In dieser Situation war die Einladung zum eleganten Herbstball des Operntenors Richard Tauber keine Freude, sondern eine Verlegenheit. Zarah Leander, die täglich auf der Bühne in den kostbarsten Roben auftrat, musste sich mit dem Hinweis auf eine fehlende Abendtoilette entschuldigen. Die Zeitungen griffen dies begierig auf, und man amüsierte sich über die vermeintlich originelle Ausrede des schwedischen Bühnenstars. Zarah jedoch schwor sich, nie mehr für eine niedrige Gage zu arbeiten. Es war ein Schwur, den sie gewissenhaft gehalten und nur einmal, nämlich 1948, gebrochen hat. Finanzielle Forderungen zu stellen fiel ihr nun umso leichter, als in Wien, wo sie neben ihrer Tätigkeit am Theater auch den Film »Premiere« mit dem Chanson »Merci, mon amour, es war wunderschön« drehte[18], täglich verlockende Angebote aus Paris, London und Hollywood eintrafen. Ein Talentjäger nach dem anderen tauchte auf und begutachtete den neuen Star mit der ungewöhnlichen Stimme, dem der Ruf vorauseilte, »halb Greta Garbo, halb Marlene Dietrich« zu sein.

Für den deutschen Film erschien der Regisseur Carl Froelich[19] und nahm den Eindruck mit nach Hause, dass die Schwedin gerne in Berlin filmen würde. Auf ihn folgte der junge Dr. Johannes Weidemann von der NS-Reichsfilmkammer, ab 1936 stellvertretender Leiter der Abteilung Film im Reichsministerium für Volksaufklärung und Propaganda und ab 1937 Vizepräsident der Reichsfilmkammer. Wie es in Wien so üblich ist, traf man sich im Kaffeehaus. Zarah, die einen würdigen, älteren Herrn erwartete, hätte den Abgesandten von Dr. Goebbels fast übersehen. Sondierende Gespräche überzeugten anschließend Dr. Weidemann von der fachlichen Eignung der Künstlerin und informierten ihn auch über die enormen Gehaltsvorstellungen und die »rassisch einwandfreie« Herkunft der Schwedin. Damit bekam Hugo Corell, der Produktionschef der UFA, grünes Licht, und ein hartes Feilschen setzte ein.

Bereits am 28. Oktober 1936 wurde ein Vertrag abgeschlossen, der den jungen Star unter die Spitzenverdiener der deutschen Filmindustrie reihte. Er verpflichtete Zarah Leander für drei zwischen dem 1. März 1937 und dem 28. Februar 1938 zu drehende Filme. Dafür zahlte man 200 000 Reichsmark, 53 Prozent davon in Schwedenkronen auf ein Konto in Stockholm. Die Künstlerin hatte sich auch ein Mitspracherecht bei der Wahl der Komponisten und Stoffe ausbedungen. Bei einer Vertragsverlängerung sollte die Gage auf 300 000, danach auf 400 000 Reichsmark steigen.[20] Der damaligen deutschen Rechtslage entsprechend, bedurfte die ausgehandelte Vereinbarung der Zustimmung des »Herrn Gemahls«. Die Presse berichtete: »Deutschlands führende Filmgesellschaft, die UFA, hat mit Zarah Leander über ihre Mitwirkung in einer Anzahl von Filmen in Berlin einen Vertrag abgeschlossen. Die hiesigen Zeitungen ... bezeichnen sie als ›die neue Garbo‹.«[21]

Zarah Leanders Engagement war die Reaktion einer verunsicherten, NS-gesteuerten Unterhaltungsbranche, der ihre besten Kräfte durch anhaltende Emigration verloren gingen. Der Ausschluss von Juden und Regimegegnern bewirkte, dass biedere und durch eine strenge Zensur gehemmte Routiniers Filme schufen, die der Konkurrenz aus Hollywood nicht standhielten. Die Deutschen zogen daher die amerikanischen Filme vor, wie die Zeitschrift »Der deutsche Film« im Mai 1937 klagte: »Sehr oft läuft in Berliner Uraufführungskinos ... ein amerikanischer Film vier, acht, zwölf Wochen ... während deutsche Filme längst abgesetzt sind.«

Zu den »Made in Hollywood«-Rennern gehörte der mit fünf Oscars ausgezeichnete Streifen »Es geschah in einer Nacht«, das Musical »Broadway Melodie« und 1937 das Erdbebenmelodram »San Francisco« mit Clark Gable und Jeannette Mac Donald.[22]

Anfang 1937 kam die neue UFA-Schauspielerin, auf der große Hoffnungen ruhten, nach Berlin. Sie bezog zuerst eine kleine Wohnung am Schumacher Platz 9, dann eine möblierte Etage in einer Bankiersvilla Am Wildpfad 24. Später mietete sie ein elegantes Haus in der Max-Eyth-Straße. Alle diese Unterkünfte betrachtete die Künstlerin jedoch nur als vorübergehende Bleibe, als »Wartesaal« bis zu dem Zeitpunkt, an dem es ihr möglich sein würde, mit ihrem rasch wachsenden Vermögen ein Landgut im heimatlichen Schweden zu erwerben.

Am 15. März 1937 erschien die in zahlreichen Werbetexten als »rot gelockte, grünäugige Schönheit« gepriesene Schauspielerin erstmals in den Ateliers der Filmstadt Babelsberg.

Zu diesem Zeitpunkt waren die rassenpolitischen Maßnahmen der NS-Regierung nicht mehr zu übersehen. In Film- und Theaterkreisen herrschten Angst und Unsicherheit, weil Goebbels eine »schwarze Liste« von unerwünschten Kulturschaffenden angelegt und – wie er sich stolz brüstete – 1937 bereits 3000 »Juden und Judengenossen« aus dem deutschen Kulturleben eliminiert hatte.[23] Darüber hinaus erließ der Propagandaminister als Präsident der Reichskulturkammer (RKK), in der die Mitgliedschaft Pflicht und Voraussetzung kultureller Berufsausübung war[24], Richtlinien für die Künstlerschaft: Juden waren grundsätzlich aus der RKK auszuschließen. »Halbjuden« (»Mischlinge ersten Grades«) und ihnen gleichgesetzte »arische« Künstler mit jüdischem Ehepartner durften in der Kammer nur in »ganz besonderen Einzelfällen« und mit Goebbels' persönlicher ausdrücklicher Erlaubnis – der begehrten und berüchtigten »Sondergenehmigung« – verbleiben. »Vierteljuden« (»Mischlinge zweiten Grades«) standen unter Beobachtung. »Vergingen sie sich nicht gegen den Staat und neigten sie nicht dem Judentum zu«, konnten sie »Ariern« gleichgestellt werden.[25]

Zarah Leander ignorierte alle Aufforderungen, der Reichsfilmkammer beizutreten, und die NS-Machthaber nahmen dies, um Aufsehen zu vermeiden, stillschweigend hin. Mit der Praxis der deutschen Rassenpolitik machte der neue Star jedoch schon bei der Uraufführung ihres ersten deutschsprachigen Films, »Premiere«, im Februar 1937 Bekanntschaft. In dem Eifersuchtsdrama spielte der ungemein beliebte Schauspieler Theo Lingen als nervöser Theaterinspizient den komischen Part. Der NS-Ideologe Alfred Rosenberg protestierte dagegen und führte als Argument an:

»Es ist bekannt, dass Theo Lingen ausgesprochen rassefremd, vielleicht sogar jüdisch aussieht ... dass Schauspieler mit solch unglücklichem Aussehen ausgerechnet in Großformat als Reklame von Lichtspielhäusern herunterschauen ... ist dazu angetan, den Rasseinstinkt des deutschen Volkes zu verfälschen und außerdem beim Publikum den Eindruck zu erwecken, als ob in der Entjudung des deutschen Kunstlebens kein Fortschritt erzielt worden sei.«[26]

Zarah Leanders enorme Gage, deren Höhe von der Sensationspresse noch übertrieben wurde, rief den preußischen Ministerpräsidenten Hermann Göring auf den Plan, der sich – in Konkurrenz zu Goebbels – schon bei der »Machtergreifung« mit Zustimmung Hitlers großen Einfluss auf das Kulturleben gesichert hatte.[27] Als Leiter des »Preußischen Theaterausschusses« umgab sich der mit der ehemaligen Staatsschauspielerin Emmy Sonnemann verheiratete Göring gerne mit Künstlern und protegierte sie. Über die Gehälter der Filmbranche wusste er bestens Bescheid. So zum Beispiel, dass Hans Albers 1937 zwar eine halbe Million Reichsmark kassiert hatte[28], das Einkommen anderer Stars aber selten 30 000 Reichsmark pro Film überstieg.[29]

Göring verlangte Aufklärung und erhielt sie: »... Frau Leander hat demnach Bezüge, die geringer sind, als nach einem ihr bei den Vertragsverhandlungen mit der UFA vorliegenden amerikanischen Angebot. Es scheint zu diesen unzutreffenden Pressenachrichten dadurch gekommen zu sein, dass eine gewisse ausländische Hetzpresse phantastische, in Devisen zahlbare Gagenbeträge mit dem Anwurf nannte, dass Deutschland anstatt seine ausländischen Schulden zu bezahlen, so viel Devisen für ausländische Künstler aufwende. In Wirklichkeit sind die Filme mit Zarah Leander devisenschaffend.«[30]

Propagandaminister Goebbels war von dem neuen und teuren Star anfangs nicht begeistert. Ihn ärgerte, dass Weidemann und die UFA eine Ausländerin engagiert hatten, statt in Deutschland eine neue Garbo zu entdecken. Er kritisierte die dafür Verantwortlichen bei jeder Gelegenheit: »Weidemanns Zarah Leander entpuppt sich als Deutschenfeindin«, notierte er sich erregt, als er die ungewöhnliche Vertragsklausel bezüglich der Bezahlung in Schwedenkronen las.[31] Wenig später schreibt der Minister, der auch alle Filmexposés selbst kontrollierte: »Abends Filme geprüft ›Premiere‹ mit Zarah Leander. Nichts Berühmtes. Da kann Weidemann keinen Staat einlegen.«[32]

Zwei Tage später ließ sich Goebbels den Film nochmals vorführen und musste sich widerwillig gestehen: »... doch besser, als ich beim ersten halben Sehen gedacht habe. Mit ganz schmissigen Revueszenen und einer spannenden Handlung. Die Leander kann vielleicht noch etwas werden, wenn sie einen Stoff und einen Regisseur bekommt.«[33]

Als sich Johannes Weidemann kurz darauf um die Leitung der UFA bewarb, fand Goebbels Gelegenheit zur Rache: »Das könnte ihm so passen, dabei hat er im Fall Z. L. so danebengegriffen, dass ich ihn nun an der Kandare gehen lassen muss.«[34] Dem Minister war die Förderung des deutschen Films, den er an amerikanischen Vorbildern maß, ein großes Anliegen. »Wie leicht die Amerikaner das hinlegen«, notierte er einmal, »man kann das nur bewundern.«[35] Unermüdlich predigte er den Filmschaffenden: »Nationalsozialistische Weltanschauung darf keine Entschuldigung für künstlerisches Unvermögen sein.« Das heimische Ange-

Hoher Besuch: Zarah Leander mit Joseph Goebbels und Reichsfilmintendant Fritz Hippler bei den Dreharbeiten für den UFA-Film »Zu neuen Ufern« (1937)

bot konnte mit jenen 264 US-Produktionen, die zwischen 1933 und 1940 in Deutschland liefen, trotzdem nicht mithalten. Zwar war es dreimal so groß, beim Publikum jedoch blieb es zweite Wahl.

Zarah Leander spielte in ihrem ersten UFA-Film »Zu neuen Ufern«, der das Ideal »Gesunde Frau – Gesundes Volk« propagieren sollte, eine Varietésängerin, die den Scheckbetrug ihres Geliebten auf sich nimmt und nach Australien deportiert wird, wo sie ein neues Glück findet. Dabei singt sie die

Lieder »Ich steh' im Regen«, »Yes, Sir!« und »Tiefe Sehnsucht«. Die Uraufführung fand am 31. August 1937 statt. Zwei Monate nach der Premiere notierte sich ein überraschter Propagandaminister: »Die Geschäftserfolge mit ihr sind enorm!«[36]

In »La Habanera«, ihrem zweiten UFA-Film, schmachtet Zarah in unglücklicher Ehe melodramatisch unter Puerto Ricos glühender Sonne, bis ihr Befreier in der Gestalt eines schwedischen Arztes naht. Auf dem langen Weg zur Erkenntnis, dass nordische Menschen doch besser unter sich bleiben, und dem daraus resultierenden Happyend singt sie die wild-traurige Weise der Habanera: »Der Wind hat mir ein Lied erzählt«. Der Film wurde am 18. Dezember 1937 uraufgeführt.

Der letzte Rest von Skepsis des Ministers schlug in wilde Begeisterung um, als sich das 1938 »im Geist der Zeit« verfilmte Bühnenstück »Heimat« nach dem Drama von Hermann Sudermann – einer der ersten deutschen Spielfilme in Farbe – als Kassenschlager entpuppte. Bis zum Ende des Dritten Reichs sahen 28 Millionen den sentimentalen Streifen, in dem Zarah Leander eine Sängerin mimte, die von ihrem Vater (Heinrich George) wegen eines unehelichen Kindes verstoßen wird. Schließlich gelangt der Hartherzige jedoch zu der Erkenntnis, dass Liebe wichtiger ist als bürgerliche Moral. Mit Klängen aus der Matthäuspassion von Johann Sebastian Bach endet der Film. Zarahs Stimme erhebt sich über den Chor, während der Freudentränen weinende Großvater sein Enkelkind in den Armen hält.

Der Regisseur und Pionier des Tonfilms, Carl Froelich, erhielt für den am 25. Juni 1938 uraufgeführten Streifen auf der Biennale in Venedig den Regiepreis. »Heimat« erregte auch in Fachkreisen Aufsehen und entsprach in idealer Weise den Vorstellungen der NS-Machthaber. Bot doch die Geschichte der Sängerin, die nach langen Exiljahren »heim ins Reich kehrte«, Unterhaltung für ein breites Publikum und vergaß dabei nicht, auf ein nationalsozialistisches Anliegen hinzuweisen: die rechtliche Gleichstellung unehelicher Kinder zur Hebung der Geburtenrate des deutschen Volkes.

Entzückt schickte ein zum Fan gewordener Joseph Goebbels der Hauptdarstellerin 40 rote Rosen und bat zu einer persönlichen Aussprache. »Hinter dem großen, großen Tisch in dem großen, großen Zimmer saß das kleine, kleine Männchen«, amüsierte sich Zarah Leander, und Goebbels strahlte. Bei der Verabschiedung bemerkte er etwas verlegen: »Ja, Ihr Name, Frau Leander, kommt mir doch ein wenig jüdisch vor: Zarah?« Trotzdem sollte sich zwischen der groß gewachsenen Diva und dem klein geratenen Propagandaminister im Laufe der Zeit ein fast freundschaftliches Verhältnis entwickeln. Noch lange nach dem Ende des Dritten Reichs hat Zarah Leander in Interviews stets betont, wie sehr sie den obersten Chef der Filmindustrie schätzte. »Man kann mir alles nachsagen, was man will. Aber der Goebbels war ein hochinteressanter Mann und er hatte viel Humor und viel Verständnis ... was er sonst gemacht hat, ist nicht meine Sache ...«[37] Auch im fachlichen Bereich harmonierten der Propagandaminister und die mindestens einmal im Monat bei ihm geladene Diva. »Nachmittag kommen Prof. Frölich [Präsident der Reichsfilmkammer] und Frau Leander. Über Film und 1000 andere Probleme debattiert«, schrieb Goebbels in sein Tagebuch.[38]

Während Hitler und der NS-Chefideologe Alfred Rosenberg, der im Kulturleben gern mitmischte[39], eine klarere nationalsozialistische Ausrichtung der Filmindustrie wünschten, glaubten Joseph Goebbels und Zarah Leander, dass man dem Publikum gerade in Notzeiten harmlose Unterhaltung ohne politischen Zeigefinger bieten sollte. »Wir müssen dort mehr das Leben einfangen. Keine blassen Theorien. Leben! Leben!«, lautete die Ansicht des Propagandaministers,[40] und Zarah Leander assistierte ihm. »Nur psychologische Quacksalber und Fanatiker können behaupten, dass Goebbels in diesem Punkt Unrecht hatte.«[41] Tatsächlich ging der oberste Filmchef, der das Publikum nicht vergraulen wollte, sehr differenziert vor. Von den 1094 im Dritten Reich produzierten Spielfilmen waren 47 Prozent Komödien, 27 Prozent so genannte Problemfilme, 11 Prozent Abenteuerfilme und nur 14 Prozent reine Propagandafilme. Während des Zweiten Weltkriegs forcierte Goebbels die Produktion leichter, entspannender Unterhaltungsfilme, da er zu der Erkenntnis gekommen war, dass »ein Krieg von diesem Ausmaß nur mit guter Laune gewonnen werden kann«.[42] Auch Zarah Leanders Filme sollten unterhalten, ablenken, stärken und aufrichten. Brutale NS-Indoktrination wie in dem antisemitischen Streifen »Jud Süß« oder dem der Euthanasiewerbung dienenden »Ich klage an« gab es keine. Die NS-Propaganda fehlte trotzdem nicht, sie wurde nur diskret verpackt.

In ihren Memoiren hat die Diva die anregenden Diskussionsrunden im Hause Goebbels nur kurz gestreift. Mehr Raum widmet sie dem missglückten Tete-a-Tete mit dem einstigen Kulturgewaltigen, dem der Ruf vorauseilte, seine Stellung in der Filmindustrie zur Verführung junger, karriereorientierter Schauspielerinnen zu missbrauchen. Die

Reize des schönen Stars aus Schweden waren dem Frauenhelden nicht lange verborgen geblieben. »Zarah Leander, eine aparte Erscheinung!«, hatte er sich notiert. Ihren Schilderungen zufolge erhielt sie eine »private Einladung familiären Charakters« in die Villa des Ministers auf Schwanenwerder. Bei ihrem Eintreffen musste sie jedoch feststellen, dass sie der einzige Gast war. Goebbels klimperte auf dem Klavier, Champagner wurde herbeigerollt, und der Zarah nur bis zur Schulter reichende Minister umschrieb seine Absichten damit, dass er sich mit ihr »einen gemütlichen Abend, ein Plauderstündchen« machen wolle. Zarah ging auf die eindeutigen Avancen nicht ein, wie sie schreibt. Der Minister resignierte schließlich, wollte aber den Abend nicht vollständig abschreiben und horchte die Schauspielerin über die politische Einstellung ihrer Kollegen und den Inhalt ihrer Gespräche aus.

Neben der Filmarbeit widmete sich Zarah Leander der Aufzeichnung ihrer erfolgreichen Couplets, Lieder und Schlager. Die Grammophongesellschaft Odeon produzierte Leander-Schallplatten am laufenden Band, die deutschen Reichssender spielten sie in allen »Sendegauen« und sorgten damit für größtmögliche Reklame. So war das von Goebbels ersonnene, erstmals am 1. Oktober 1939 gesendete »Wunschkonzert für die Wehrmacht« ohne Leander-Chansons nicht denkbar. Die beliebte Sendung stellte die Verbindung zwischen Front und Heimat her und brachte fast die gesamte Bevölkerung vor die Lautsprecher. Auch im Repertoire der Soldatensender durften Zarah-Lieder nicht fehlen. Ihre Schlager wurden so häufig gespielt, dass ein mit der Erkundung der Volksmeinung befasster SD-Bericht schließlich eine Übersättigung der Zuhörer feststellte.[43]

Zarah Leander beim 50. Wehrmachts-Wunschkonzert des Deutschen Rundfunks (1940)

Wären in den Dreißiger- und Vierzigerjahren schon »goldene Schallplatten« verliehen worden, dann hätte sich Zarah Leander, wie sie voll Stolz vermerkte, damit alle Räume ihres Hauses tapezieren können. Laut Goebbels war der Rundfunk das »allermodernste, allerwichtigste Massenbeeinflussungsinstrument, das es überhaupt gibt«. Und es war den Nationalsozialisten, wie diese erfreut bemerkten, schon in der Stunde der »Machtergreifung« zur Verfügung gestanden. Dem NS-Regime kam nämlich zugute, dass die Rundfunkreform von 1932 alle deutschen Regionalsender in Staatsbesitz überführt hatte.[44] So konnte man bereits 1933 mühelos das breit gefächerte Angebot gleichschalten und ein einheitliches Reichsprogramm schaffen. Entwicklung und Verbreitung der Rundfunkgeräte wurden stark gefördert, bis fast jeder Haushalt ein Radio besaß, dessen billigste Variante – der »Volksempfänger« – nur 65 Reichsmark kostete.[45] Damit konnten die Rundfunkintendanten »zeit- und volksnahe« Unterhaltung für ein Millionenpublikum bieten, wobei die NS-Gesinnung nicht »auf den Präsentierteller« gelegt werden sollte.

Die parallel dazu bestehenden Möglichkeiten des Films als probates Mittel zur Volksbeeinflussung und -verhetzung hatten Goebbels und Konsorten dabei keinesfalls übersehen. Bei der Übernahme der deutschen Filmindustrie hatten die NS-Behörden jedoch auf Grund der komplizierten Eigentumsverhältnisse Schwierigkeiten. Eine Unzahl von Produzenten und Verleihfirmen (darunter MGM, Paramount und 20th Century Fox) kämpften um den lukrativen Markt, der 1937 aus über 5300 zu beliefernden Lichtspielhäusern und Filmpalästen bestand. Alle florierten glänzend, denn die Nachfrage des Publikums war groß. Häufige Kinobesuche gehörten in der Zeit der Wirtschaftsdepression zum bevorzugten Freizeitvergnügen. Laut Statistik entflohen 10,5 Prozent der deutschen Bevölkerung regelmäßig dem tristen Alltag, um in die Schein- und Traumwelt des Films einzutauchen.[46] Die propagandistischen Möglichkeiten dieser Unterhaltungsbranche waren enorm, und die Nationalsozialisten unternahmen große Anstrengungen, um die deutsche Filmproduktion nicht nur zu kontrollieren, sondern auch zu dirigieren. 1937 war die Verstaatlichung der wichtigsten deutschen Filmgesellschaften schon weit gediehen, und der Propagandaminister drückte seine Genugtuung darüber aus: »Die finanzielle Übernahme der UFA ist nun fast gesichert, die Terra ebenfalls, dann fehlt nur noch die Bavaria in unserem großen Konzern – damit kann ich künstlerisch arbeiten.«[47] Im März wurden die Verhandlungen abgeschlossen und Goebbels triumphierte: »UFA endlich gekauft! Den Aufsichtsrat serviere ich gleich Mitte April ab.«[48] Damit verfügten die Nationalsozialisten über den größten Film-, Presse- sowie Theater- und Rundfunkkonzern der Welt, und der Herr über dieses gigantische Imperium nahm sich vor, er werde »... arbeiten zum Wohl des ganzen Volkes! Welch eine Aufgabe!«.[49]

Als Wermutstropfen blieb, dass amerikanische Filme in den Augen der NS-Größen nationalsozialistisches Gedankengut weit besser umzusetzen schienen als die deutschen. So pries der »Völkische Beobachter« die hart zupackenden Westernhelden: »Es wird nicht lange palavert, es wird gehandelt. Es wird auf frischer Tat ertappt, ebensofort gehenkt.«[50] Auch der Film »Bengali« mit Gary Cooper entzückte die NS-Machthaber. »Eine Hand voll weißer Männer schützt ein Volk von dreihundert Millionen Indern vor dem Chaos«, schwärmte die Zeitung »Der Angriff«.[51] Trotzdem sollten deutsche Filme favorisiert und ausländische zurückgedrängt werden. Um die Zuseher der Letzteren zu vergraulen, genehmigte Goebbels dann nur mehr solche minderer Qualität und ermahnte die Presse, weniger darüber zu schreiben. Hollywood konterte und schickte Anfang November 1938 Gary Cooper zu einem PR-Besuch nach Berlin. Bei einer Führung durch die Ateliers von Babelsberg kam es zu einer Begegnung zwischen dem kalifornischen Leinwandidol und der Diva der Deutschen.

Die UFA überließ bei der »Operation Zarah Leander« nichts dem Zufall und setzte den teuren Star, der nach den ersten spektakulären Erfolgen die fast unglaubliche Gage von einer Million Reichsmark kassierte[52], effizient ein. Nach einem strikten Plan hatte Zarah für jeden Film drei bis vier Monate zur Verfügung zu stehen: Zwei Monate dienten den Kostüm- und Schminkproben sowie der Aufnahme der Lieder, in weiteren zwei Monaten wurden die Dreharbeiten erledigt. Die Tage im Studio begannen um fünf Uhr morgens und dauerten mit kurzen Unterbrechungen bis 19 Uhr. Die Woche hatte sechs Tage harter Arbeit. »So ging das Leben Tag für Tag, Woche für Woche, Jahr für Jahr. Als glanzvolles Dasein lässt es sich nicht bezeichnen«, erinnerte sich die Leander an ihre UFA-Zeit, in der es auch genaue Vorschriften bezüglich des Gesellschaftslebens gab. Sie regelten, wann und wo sich der Star während der Dreharbeiten abends in der Öffentlichkeit zu zeigen hatte.

Jeder Leander-Film wurde mit einer Galapremiere im UFA-Palast präsentiert. Dann säumten lange Polizeiketten die Straßen, Kinder schwenkten Fähnchen, und ein Aufgebot an motorisierter Polizei gab der Staatskarosse der Diva das Ehrengeleit. Riesige Scheinwerfer tauchten den Auftritt der Schauspielerin in das rechte Licht. Einen besonderen Werbegag bildete dabei ihre Garde: Acht Herren in Frackanzügen folgten der Schauspielerin im offenen Wagen. Göran Forsell, Zarah Leanders Sohn, erinnerte sich: »Meine Schwester und ich, wir konnten es kaum glauben. War das unsere Mutter, die prächtig gekleidet, unter Polizeischutz davonfuhr ...?«[53] Für jede Premiere ließ der Werbechef Carl Opitz ein bis auf die Minute genaues Protokoll erstellen. Demnach wusste die Künstlerin schon im Voraus, welche Blumen man ihr bei der Ankunft überreichen würde, sie kannte die Speisenfolge des anschließenden Galadiners und den Inhalt der geplanten Reden. Auch über ihre Tischnachbarn wurde sie aufgeklärt, wobei man auch intime Pikanterien aus deren Lebensgeschichte keineswegs vergaß. Besondere Sorgfalt galt jedoch Zarahs Roben. Kostbar, gewagt und ausgefallen sollten sie die Vorstellungen des Publikums von einem Superstar noch übertreffen. Man schuf exzentrische

Kreationen, achtete auf jedes Detail, und energische Angestellte der UFA-Kostümabteilung füllten ganze Aktenordner mit Kleidervorschriften. Sie bezogen sich auf Pelze, Kleider, Schuhe und Schmuckstücke und umfassten sogar die zu wählenden Strümpfe und das Parfüm. Leger kleiden durfte sich die Leander nur selten, denn für jedes Diner, jede Cocktailparty, jeden Fünfuhrtee und jedes Souper erhielt sie genaue Anweisungen. Ihre Gewichtsprobleme suchte man zu überspielen und ihre extreme Kurzsichtigkeit nach Kräften zu verbergen. Eine makellose Diva durfte keine dicke Brille tragen, sollte aber andererseits auch nicht halbblind und hilflos umhertappen. Die UFA stellte der Künstlerin daher zwei große, elegante Herren zur Verfügung, deren Aufgabe es war, peinliche Pannen bei öffentlichen Auftritten zu vermeiden. Unauffällig, aber hartnäckig dirigierten sie Zarah mittels leisem Geflüster oder kleiner Stöße. »Bitte, langsam jetzt. Niedrige Stufe. Links: älterer Herr zieht den Hut – vielleicht eine liebenswürdige Verbeugung? Nein, mehr nach rechts, das ist ein Briefkasten! Achtung Drehtür! Jetzt: roter Teppich, zehn Meter geradeaus. Am Ende steht der Gastgeber. Schräg rechts nähert sich die Dame des Hauses. Madame, Ihr Lächeln nach links ist überflüssig. Nein, es ist nur eine Marmorsäule. Hat die ganze Zeit dagestanden. Doch, doch! Kellner mit Tablett. Sekt bitte ...«[54] Auch hier standen die Begleiter der Diva hilfreich bei, indem sie das angebotene Getränk diskret, aber effizient mittels Wodka verstärkten.

Bald war Zarah Leander derart populär, dass sie in Berlin nicht mehr einkaufen gehen konnte, ohne einen Menschenauflauf zu verursachen. Die UFA löste das Problem dadurch, dass sie die betreffenden Geschäfte avisierte und die

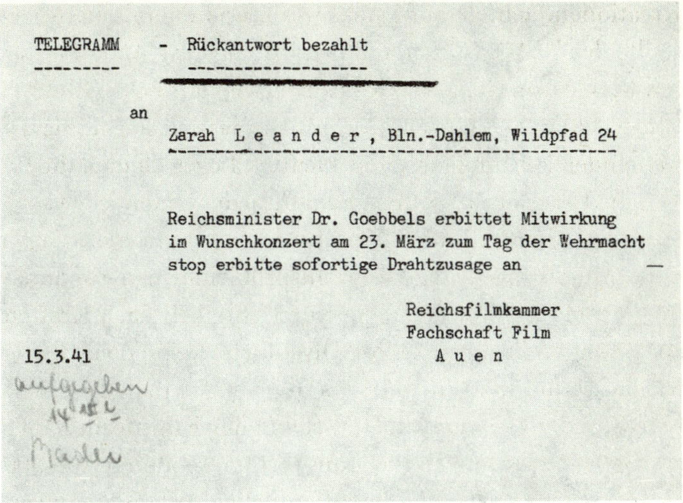

TELEGRAMM - Rückantwort bezahlt

an

Zarah L e a n d e r , Bln.-Dahlem, Wildpfad 24

Reichsminister Dr. Goebbels erbittet Mitwirkung
im Wunschkonzert am 23. März zum Tag der Wehrmacht
stop erbitte sofortige Drahtzusage an —

Reichsfilmkammer
Fachschaft Film
A u e n

15.3.41
aufgegeben

Goebbels lässt dringend bitten

Inhaber bat, zu einer bestimmten Zeit für die übrige Kundschaft zu schließen, damit der Star in Ruhe seine Einkäufe erledigen konnte.

Neben ihren bis ins kleinste Detail ausgehandelten filmischen Verpflichtungen, die entsprechend entlohnt wurden, erfüllte die Diva auch ihr Plansoll an öffentlichen Auftritten im Rahmen der Goebbels'schen Propagandaaktionen. Es waren Aufgaben, die im Ermessen der NS-Behörden lagen, als Selbstverständlichkeit vorausgesetzt wurden und über Aufforderung kurzfristig zu erbringen waren. Vertragliche Basis hatten sie keine. Sie wurden jedoch als unbezahlte »Ehrensache« vom Star als lästige Notwendigkeit akzeptiert. Es war ein Geschäft auf Gegenseitigkeit: Das Dritte Reich benutzte Zarah Leander, und Zarah Leander benutzte das Dritte Reich.

Zarah Leander im besetzten Paris (1941)

Neben vielen anderen Veranstaltungen nahm Zarah im Juni 1938 auch an der »Danziger Gaukulturwoche« teil und verbeugte sich nach der Aufführung ihres Films »Heimat«. Der höchstpersönlich erschienene Propagandaminister schrieb dazu: »... Die ganze Stadt ist auf den Beinen. Vor allem der Film ›Heimat‹ hat gezogen. Von Arent hat die Feststraße wunderbar ausgeschmückt. Wie deutsch ist doch das Gesicht dieser Stadt. Staatstheater-Kulturkundgebung.

Essen im schönen, alten Saal des Rathauses ... Kundgebung der HJ [Hitlerjugend] vor dem Artushof. Riesige Begeisterung ...«[55] In Begleitung von Goebbels kehrte Zarah Leander dann per Flugzeug nach Berlin zurück.

Am 15. März 1941 schickte Goebbels ein Telegramm mit bezahlter Rückantwort, das wie ein Ultimatum klang und auf das eine Absage nicht ratsam schien: »Reichsminister Dr. Goebbels erbittet Mitwirkung im Wunschkonzert am 23. März zum Tag der Wehrmacht. Stop. Erbitte sofortige Drahtzusage.«[56]

Die Künstlerin gab Autogramme im besetzten Paris und fehlte auch bei Staatsempfängen nicht. Als der im Hinblick auf ein deutsches Bündnis mit Jugoslawien von Hitler heftig umworbene Prinzregent Paul von Jugoslawien samt Gattin Olga Berlin einen offiziellen Besuch abstattete, gab Reichsmarschall Göring in Schloss Charlottenburg ein Gartenfest. Man lud zahlreiche prominente Schauspieler, allen voran jedoch die »Diva der Deutschen« ein. Während des Diners in dem von Pechfackeln erleuchteten Park bei stilvollen Musikklängen hatte die kurzsichtige Zarah Leander ein riesengroßes, dickes Gegenüber, das mit ihr eine Unterhaltung auf Schwedisch begann und sich als Hermann Göring entpuppte. »Um uns herum war es totenstill geworden, man verstand unsere Geheimsprache nicht ...«, erinnerte sich Zarah, die mit dem Reichsmarschall, der in erster Ehe mit der Schwedin Carin Focke verheiratet gewesen war, in ihrer Muttersprache über ihre Heimat plauderte. »Und plötzlich erklang mir zur Ehre der uralte schwedische Gassenhauer ›Fünfzehn Öre kostet ein Schnaps‹«, freute sich der Star. Als sich das Prinzregentenpaar früh zurückzog, plauderten Göring und die Leander bei Würstchen,

Schnaps und Bier weiter. Zum Abschied griff Göring in die Handtasche seiner Frau, holte eine Riesenhand voll Konfekt heraus und meinte: »Das ist die beste Schokolade, die es gibt. Sie wird eigens für mich von ein paar Nonnen in Bayern hergestellt. Nehmen Sie dies Ihren Kindern mit.«

Im März 1939 feierten die Nationalsozialisten mit großem Aufwand den »Film-Volks-Tag«. Gegen eine Spende für das »Winterhilfswerk« gab es an diesem Tag freien Eintritt in die Kinos. Die UFA-Wochenschau zeigte die elegante Diva, wie sie mit der Büchse in der Hand in Gesellschaft von NS-Bonzen Spenden sammelt. Zarahs Körpersprache gibt dabei unmissverständlich zu verstehen, dass ihr die ungewohnte Tätigkeit keine Freude bereitet. Man setzte die Künstlerin jedoch ein, weil ihr Bekanntheitsgrad damals bereits so groß war, dass der auf humorvolle Unterhaltung spezialisierte »Tobis-Trichter« – eine Ergänzung der Deutschen Wochenschau – eine von jedermann sofort erkannte Leander-Parodie in sein Programm aufnahm.[57]

Am 15. März 1939 beging Zarah Leander ihren 32. Geburtstag. Aus diesem Anlass arrangierte die UFA für den Superstar einen glanzvollen Empfang und scheute dabei weder Kosten noch Mühen. Zarahs Villa in Dahlem wurde mit eigens aus Italien importiertem Goldregen dekoriert, Oberkellner und Bediente servierten in violetten, aus dem Kostümfundus der Filmgesellschaft entlehnten Livreen. Die Tafel schmückten lila Orchideen, und dem Geburtstagskind selbst hatte man eine lilafarbene Prunkrobe verpasst. Die Kinder des Stars, Boel und Göran, machten die Honneurs in schwedischer Nationaltracht. Zahlreiche Vertreter der Berliner Highsociety mengten sich unter das Filmvolk. Reichsminister Goebbels gratulierte herzlich und hielt eine launige Rede. Er würdigte die Leander als das Zugpferd der deutschen Filmindustrie und ließ ihre bisherigen UFA-Filme, die sich alle zu wahren Publikumsmagneten entwickelt hatten, Revue passieren. Lobend erwähnte er auch »Heimat«, ihren bis dahin erfolgreichsten Streifen, und gab daran anknüpfend seiner Hoffnung Ausdruck, dass die Diva auch im wirklichen Leben für immer in Deutschland ihre Heimat finden möge. In diese frohe und heitere Stimmung platzte ein Ferngespräch aus Schweden. Zarahs Ehemann Vidar Forsell war am Apparat. Aufgeregt teilte er mit, dass er soeben den größten Wunsch seiner Frau erfüllt habe. Es sei ihm gelungen, die lange Suche nach einem schönen und repräsentativen Heim mit dem Kauf des Gutes Lönö, Vikbolandet, in der Gemeinde Östra Husby, südlich von Stockholm, abzuschließen. Er gratulierte der frisch gebackenen Schlossherrin, deren enorme UFA-Gage den Kauf ermöglicht hatte. Zarah verhehlte nicht, welch große Freude ihr der Besitz an der Ostsee bereitete, worauf Joseph Goebbels – wie alle Gäste bemerkten – eine saure Miene zog und sich rasch verabschiedete.

Drei Wochen später, am 6. April 1939, nahm Zarah Leander ihr Eigentum, das sie bis dahin nur von Fotos kannte, in Augenschein. Als sie in der Bucht von Lönö an Land ging und das gelbe Gebäude auf einer Anhöhe sah, wusste sie: »Es war genau das Haus, von dem ich in meiner Jugend geträumt hatte. Nur noch schöner. Schöner als jeder Gedanke, denn es war Wirklichkeit ...«[58]

Gut Lönö umfasst 60 000 Quadratmeter Grund mit wechselndem Schärencharakter, Wald und nutzbarem Boden. Zum Besitz gehören auch 150 Hektar verpachtetes Ackerland und ausgedehnte ertragreiche Fischgewässer mit großen Heringsbeständen. Innerhalb von Lönös Gewässern befinden sich nicht weniger als 22 Inseln, Holme und Schären. Das zweistöckige Herrenhaus mit T-förmigem Grundriss steht in der Mitte des Traumbesitzes. Es war 1910 von dem berühmten Architekten Professor Isak Gustav Clason, dem Erbauer des Nordischen Museums in Stockholm, errichtet worden. Es verfügt über 39 Zimmer, die von der neuen Besitzerin mit kostbaren Antiquitäten und Gemälden ausgestattet wurden. Ihr Lieblingsplatz befand sich in der großen Bibliothek des Erdgeschosses.

Kam die Künstlerin von einem ihrer regelmäßigen und vertraglich garantierten Aufenthalte in Schweden zurück, dann suchte sie stets zuerst den Propagandaminister auf. Sie hielt ihn über die Stimmung in ihrer Heimat auf dem Laufenden und strich dabei die NS-freundliche Gesinnung ihrer Landsleute übermäßig heraus. Sie erzählte Goebbels das, was er gerne hören wollte. »Eine kleine Plauderei mit Frau Leander. Sie kommt eben aus Schweden und berichtet sehr interessant von drüben«, notierte sich der Minister im September 1940, um befriedigt fortzusetzen: »Schweden steht nun viel positiver zu uns als früher. Man hält einen Sieg Englands für ausgeschlossen, für Norwegen [ein unabhängiges Norwegen] keine Sympathien mehr. Eine eigene politische Existenz in der Zukunft wird nicht mehr für möglich gehalten. Interessante Einblicke in die schwedische Mentalität ...«[59] Goebbels schätzte die Gespräche mit der Filmdiva schon deswegen, weil ihm das dabei erworbene Insiderwissen im Ringen um die Gunst des »Führers« zugute kam. Er konnte damit Göring ausstechen, der sich zum großen Ärger des Propagandaministers immer als profunder Schwedenexperte gebärdete.

Zarah Leander empfand den Ausbruch des Zweiten Weltkriegs im September 1939 – wie der Großteil der deutschen Bevölkerung, aber auch die NS-Führungsspitze – als Katastrophe. Die gewaltigen kriegsbedingten Einsparungen in der Filmproduktion beunruhigten sie. So befand sich unter den 26 von der UFA gestrichenen Projekten auch der große Kostümfilm »Mona Lisa«, in dem Zarah Leander die Hauptrolle hätte spielen sollen. Die Diva trug den geänderten Zuständen Rechnung, zog sich vorsichtshalber nach Schweden zurück und wartete ab. Der »Film-Kurier« beeilte sich, seine Leser mit der Mitteilung zu beruhigen, dass der Publikumsliebling »einen schon längst geplanten Heimaturlaub angetreten« habe, aber die »Vorarbeiten für die weiteren Zarah-Leander-Filme bereits in vollem Gang« seien. Erst im November kehrte die Künstlerin nach Berlin zurück. Um diese Zeit verbreitete sich in Deutschland das Gerücht, dass der englische König George VI. und Premierminister Chamberlain zurückgetreten wären, um dem deutschlandfreundlichen, 1936 abgedankten Edward VIII. Platz zu machen. Ein allgemeiner Freudentaumel folgte. Betriebe und Ministerien feierten, und die Leute umarmten einander auf der Straße. Propagandaminister Goebbels ließ umgehend dementieren, und die Hoffnungen auf einen raschen Frieden schwanden.

Zarah Leander jedoch gestand dem Propagandaminister ihre Ängste. »Sie hat ernste Sorgen wegen ihrer Kinder. Sie fürchtet, dass Schweden in den Konflikt hineingezogen werden könnte. Ich beruhige sie etwas. Frauen sind gänzlich unpolitisch«, notierte sich Goebbels.[60]

Als die deutsche Luftwaffe englische Städte bombardierte und die Royal Air Force am 8. Oktober 1940 den bislang schwersten Angriff auf die Reichshauptstadt Berlin flog, drehte Zarah Leander mit dem von ihr als hölzern und unnahbar verachteten Willy Birgel in den Ateliers von Babelsberg. »Das Herz der Königin« war ein historischer Ausstattungsfilm mit NS-Tendenz. Wie der 1941 gedrehte Streifen »Ohm Krüger« diente er zur psychologischen Unterstützung der deutschen Kriegsführung gegen England. »Das Herz der Königin«, ein Film über das Schicksal der schottischen Königin Maria Stuart, erfüllte die Erwartungen von Goebbels jedoch nicht. »Lässt leider etwas kalt. Nur Pracht. Sollte antienglisch und antikirchlich werden und ist beides ›pro‹ geworden. Muss noch sehr geändert werden. Und das wird uns viel Mühe machen. Ich kann nur ewig arbeiten, damit die psychologischen Fehler in meinem Gebiet ausgemerzt werden. Auch keine angenehme Aufgabe ...«, kritisierte er.[61] Trotzdem lud er die Darsteller zu sich nach Hause. »Kleine Teegesellschaft für die Mitwirkenden ... sehr interessant und gut für mich ... Frölich, Leander, Birgel, Mackeben, ... etc. ein bunter Künstlerreigen ... viele Debatten und Anregungen. Kleiner Luftalarm. Wann wird Churchill kapitulieren?«[62] Ein anderes Mal heißt es: »Frau Leander berichtet mir von ihrer Arbeit. Sie hat Spaß daran, bei uns dabei zu sein.«[63]

Der Spaß für Zarah endete jedoch, als ihr Goebbels auf Grund ihrer so offenkundigen Sympathien für Deutschland immer dringender zur Annahme der deutschen Staatsbürgerschaft riet und dabei die Vorteile dieses Schritts betonte: Viele lästige Formalitäten würden entfallen, und auch die Überweisung der Gage in Schwedenkronen erübrige sich. Als Belohnung für wertvolle Dienste im Namen des deutschen Volkes stellte Goebbels eine Villa in Berlin sowie

3.Mai 1941.

Herrn

Friedrich P f l u g h a u p t

Berlin - Schöneberg

Freiherr vom Stein-Str.6

Durchschlag zur gefl.
Kenntnisnahme an:
Fachschaft Film.

GF-T/Br./A. 634

Reichsfilmkammer
Ffm.
Eing: -6.MAI 1941
Abgabe: 1/

2443

Sehr geehrter Herr Pflughaupt!

Auf Ihr Schreiben vom 25.v.Mts. habe ich Schritte unternommen um zu klären, warum Tänzerinnen, die Mitglieder der Reichstheaterkammer sind, anders behandelt werden als Darsteller. Nach erfolgter Klarstellung gebe ich Ihnen noch Bescheid.

Die Frage, warum auch grosse Stars, wie Frau Zarah Leander, noch für jedes einzelne Engagement Sondergenehmigung beantragen müssen, obwohl sie Dauerverträge besitzen, ist einfach zu beantworten. Frau Leander ist nicht Mitglied der Fachschaft Film. Solange sie die Mitgliedschaft, die ihr selbstverständlich zuteil werden würde, nicht nachsucht, muss sie für jeden Film, in dem sie sich betätigt, eine Sondergenehmigung erhalten. Es wäre also wohl das Einfachste, wenn sie einmal die Mitgliedschaft beantragen würde.

Heil Hitler!

Fachgruppe Filmherstellung

gez.: Tackmann

Kein Mitglied der Reichsfilmkammer!

großen Landbesitz – je nach Wunsch in Deutschland oder in den eroberten Gebieten – in Aussicht. Der Herr der Filmindustrie ließ auch anklingen, dass »Ehrengeschenke« aus dem Filmförderungsfonds, wie sie bereits andere verdiente Künstler, zum Beispiel Emil Jannings, Veit Harlan und Heinz Rühmann erhalten hatten, möglich wären.[64] Wohl wissend, an welch prekärem Balanceakt sie teilnahm, wies Zarah Leander die Angebote des Propagandaministers zurück.

Die Schauspielerin ließ sich zwar willig für die NS-Propaganda einspannen, bei der Debatte über ihre Staatsbürgerschaft endete jedoch die Konzessionsbereitschaft der schwedischen Patriotin. Hitler missbilligte diese starre Haltung, die in den höchsten Parteikreisen als Affront gegen Deutschlands Ehre galt. Zarah jedoch äußerte zum Ärger der Machthaber nie den Wunsch nach Aufnahme in die NSDAP, blieb auch weiterhin der Reichsfilmkammer fern, ja lehnte selbst die Aufnahme ihres Fotos in den offiziellen Almanach der Reichsfilmkammer ab.[65] Während andere Künstler betonten, dass sie »froh und stolz waren über die Mitwirkung an dem neuen großdeutschen Werk«, hat Zarah Leander im Gegensatz zu Attila Hörbiger, Wilhelm Furtwängler, Paula Wessely, Herbert von Karajan, Karl Böhm und anderen keinerlei Proklamationen unterschrieben.[66] Die NS-Bürokratie reagierte darauf mit Schikanen und forderte trotz des Bestehens langfristiger Dauerverträge für jeden Leander-Film ein extra Genehmigungsverfahren.

Während sich über ihre berühmten Kollegen eine wahre Auszeichnungs-, Medaillen- und Titelflut ergoss und Benachteiligte – wie zum Beispiel die Wiener Schauspielerin

Rosa Albach-Retty – »unter dem Schweigen der Berliner Zentrale« sehr litten, blieb Zarah Leander ungerührt. Sie hatte kein Interesse, auf der »Führerliste« der »Gottbegnadeten« zu stehen. Die materiellen Vorteile der NS-Kulturpolitik nahm die Künstlerin, die seit 1939 den ersten Platz unter den am besten bezahlten Filmstars einnahm[67], hingegen gerne in Anspruch. Als »wahrer Freund der Kunst« wünschte Hitler, dass 40 Prozent der Einnahmen prominenter Künstler als Werbungskosten zu gelten hätten. In einem geheimen Dokument, das sich nicht einmal zur »Veröffentlichung in Fachblättern« eignete, klärte Goebbels den Begriff »prominent« und reihte die Künstler. Erwartungsgemäß stand Zarah Leander an führender Stelle.[68]

1939 waren die Vorbereitungen der musikalischen Welt für Peter Ilitsch Tschaikowskys 100. Geburtstag (1940) bereits in vollem Gange. Auch das Dritte Reich wollte sich davon nicht ausschließen und – als freundliche Geste – einen Beitrag zum Jubiläum bringen. Die Gründe dafür waren politischer Natur, denn Hitlerdeutschland strebte damals mit den lange als Erzfeind bekämpften Bolschewisten ein Bündnis an. Zu Ehren des russischen Komponisten war ein zarter Liebesfilm mit Zarah Leander in der Hauptrolle geplant. Sechs Drehbuchautoren scheiterten an der fast unlösbaren Aufgabe, bis schließlich Geza von Cziffra[69], dem man eingebläut hatte: »Denken Sie an Zarah, ihre Rolle ist wichtiger als Tschaikowsky!«, Geschichtsfälschung betrieb. Er negierte die homosexuellen Neigungen des Komponisten und machte ihn »zum tragischen Liebhaber, der sich zwischen zwei Frauen zerreißen muss«[70]. Der unter der Regie von Carl Froelich gedrehte und von Tschaikowskys Musik dominierte Film kam unter dem Titel »Es war eine rauschende Ballnacht« auf den Markt. Zarah sang »Nur nicht aus Liebe weinen«, und Tschaikowsky starb in ihren Armen. Zehn Tage vor Abschluss des deutsch-sowjetischen Nichtangriffspakts (25. August 1939) hatte der Film Premiere. Er wurde zum Schlager der Saison – im Deutschen Reich und im Ausland. Nach dem Angriff auf Russland erließ Goebbels ein Aufführungsverbot für die Werke des Komponisten, dem auch der Film zum Opfer fiel.

Nur im Hinblick auf ihre enorme Popularität duldete man die Schwedin als künstlerisches Aushängeschild Deutschlands. 1941 wurde ihre vom Propagandaministerium angeregte Ernennung zur Staatsschauspielerin von Hitler abgelehnt[71], obwohl man den berühmten ausländischen Star an die erste Stelle aller Anträge gereiht hatte. 1942, nach dem Erfolg des Films »Die große Liebe«, versuchte Goebbels noch einmal, ihr die Auszeichnung zu verschaffen. Diese würde »dazu beitragen, sie noch fester mit dem deutschen Filmschaffen zu verbinden«. Die Ernennungsurkunde war schon ausgestellt, doch Hitler, den die Verbundenheit der Leander mit Schweden störte, unterschrieb nicht. Vielmehr erhielt Goebbels die kommentarlose Nachricht, dass »der Führer nicht wünscht, dass Zarah Leander den Titel erhält«.[72]

Zarah Leander hat für die UFA zehn Filme gedreht. Alle fanden sie ihren Weg auf den Berghof, den Landsitz des »Führers« und Reichskanzlers in den bayrischen Bergen. Dort gehörten sie – neben amerikanischen Streifen – zum festen Programm der allabendlichen Filmvorführung. Hitler schätzte die begabte Schwedin und zeichnete sie bei offiziellen Anlässen, unter anderem bei einem Künstlertreffen mit Parteigrößen in München, durch betonte Herzlichkeit aus. Auf den Obersalzberg hat er sie jedoch nie geladen.

Zarah Leander und Paul Hörbiger in dem Film »Die große Liebe« (1942)

Zarah selbst schreibt wenig über Hitler, und die von ihr erzählte Anekdote von einer zufälligen Begegnung in einem Berliner Restaurant, wo die Diva den Abschluss von Dreharbeiten feierte, klingt wenig plausibel: »Ich wurde an Hitlers Tisch gebeten und Hitler erhebt sich höflich. Ich setze mich und frage mich gleichzeitig, worüber man sich mit einem Herrn namens Hitler wohl unterhalten könnte ...« Schließlich will Zarah auf die Haarsträhne des »Führers« zu sprechen gekommen sein: »Sagen Sie, Herr Reichskanzler, haben Sie eigentlich je versucht, etwas mit Ihrem Haar zu machen?« Und Hitler soll geantwortet haben: »Sie ahnen nicht, was ich schon alles versucht habe, ich habe es mit Öl, Pomade, Haarwachs und allen komischen Tinkturen versucht. Doch nichts hilft ...«[73] Die seltsame Audienz ging nach Zarahs Angaben zu Ende, als sie nach ihrem Zigarettenetui griff.

Bereits ab 1937 kritisierten schwedische Journalisten Zarah Leander wegen ihres Engagements in NS-Deutschland. Sie nahm dies indigniert zur Kenntnis und konterte stets mit der gleichen Antwort: Sie habe einen Vertrag mit der UFA, nicht aber mit Goebbels oder gar dem NS-Regime. Außerdem gebe es »beim Film keine Nazis«. Damit wollte sie andeuten, dass die Politik vor den Toren der Filmstadt Halt mache. Tatsächlich gab es unter den prominenten Schauspielern nur wenige fanatische Nationalsozialisten. Viele jedoch haben sich, wie eben die Leander auch, mit der braunen Diktatur arrangiert, um ihren Beruf ausüben zu können. Wie mit Scheuklappen versehen, drehten sie ihre Filme in den schallisolierten Babelsberger Studios in vollkommener Abgeschiedenheit. Von der Außenwelt nahmen sie nur wenig Notiz. Ein Zeitzeuge schilderte die Atmosphäre: »... irgendwie war man auf neutralem Boden, wie auf einer Bühne sah man zu, wie dieser Krieg weiterging, und irgendwie war man getrennt von allem ...«[74]

Die Unbeteiligten kreierten eine irreale Welt und versenkten sich selbst ins Irreale. Während Berlin in Schutt und Asche fiel, entstanden die heitersten Komödien. Glücklich, dem Frontdienst entkommen zu sein, stellte man die Produktion selbst dann nicht ein, als die Rote Armee bereits bis Frankfurt an der Oder vorgedrungen war.[75] Abgesehen von diesen Unentwegten gab es allerdings viele, die der NS-Filmindustrie recht bald den Rücken gekehrt hatten. Zu ihnen zählt Detlef Sierck, der Regisseur der ersten beiden UFA-Filme Zarah Leanders, »Zu neuen Ufern« und »Habanera«. Trotz seiner großen Erfolge und der vom NS-Staat großzügig erteilten »Sondergenehmigung« – er war wegen seiner jüdischen Frau als »Halbjude« eingestuft – war er

Filmplakat zu »Der Blaufuchs«

bereits 1937 nach Amerika emigriert. In Hollywood nannte er sich der Einfachheit halber Douglas Sirk und drehte 1942 »Hitler's Madman«, einen Film über die Ermordung Reinhard Heydrichs. Als man ihn über die politische Einstellung Zarah Leanders befragte, meinte er lapidar: »Sie war weder Nazi, noch Nichtnazi, sie wollte Karriere machen.« Diese Einstellung haben zahlreiche Leander-Biografen und auch ihr Sohn vertreten, der meinte: »Meine Mutter hat sich nie für Politik interessiert. Wenn sie [in Schweden] wählte, dann stimmte sie für die Liberalen. Nach Deutschland ging sie wie viele, viele andere, um ihre Kunst zu verkaufen.«[76]

Doch gerade Zarah Leander hätte – im Gegensatz zu vielen ihrer deutschen Kollegen, die bei einer Emigration vor dem Nichts standen – die braune Filmwelt ohne Schwierigkeiten zurücklassen können. Ihre Filme waren international erfolgreich, selbst in New York kannte man sie. »Zu neuen Ufern« hieß dort »To new shores«, »La Habanera« wurde zu »Home is calling«. Auch der in Europa nur mäßig geschätzte Streifen »Blaufuchs« schaffte es als »Bluefox« in die USA, und der später wegen seiner aufdringlichen Kriegspropaganda verbotene Film »Das Lied der Wüste« wurde als »Desert Song« gebracht.[77] Schon ab 1938 genoss Zarah Leander Weltruhm. Leser einer Schweizer Filmzeitung wählten sie noch im Mai 1940 zum Star Nummer eins. Sie sang ihre Chansons in vielen Sprachen, synchronisierte ihre französischen Filme selbst und sprach gut Englisch. Bis zum Kriegseintritt der USA erhielt sie Angebote aus Hollywood, dem Mekka der Filmwelt. Sie zog es jedoch vor, in Deutschland zu bleiben. Die Gründe, die sie dafür angab, waren nicht politischer, sondern privater und familiärer Natur. Sie selbst formulierte es so: »Das Allerwichtigste war: Meine Arbeit durfte mich nicht allzu weit von Schweden und den Kindern entfernen. Bereits nach vierzehn Tagen ... setzte mir das Heimweh zu, und das ging auch ständig so weiter. Lieber London als Hollywood, lieber Berlin als London.«[78] Um das Familienleben des Stars aufrechtzuerhalten, bezahlte die UFA auf Grund einer entsprechenden Klausel alle zwei Wochen einen Flug nach Stockholm. Die Kinder Boel und Göran besuchten schwedische Schulen, und Vidar Forsell, Zarahs zweiter Ehemann, managte in Abwesenheit der Hausherrin den riesigen Gutsbesitz Lönö. Zarahs Kinder schätzten diese Lösung sehr und erinnerten sich gerne zurück: »Sie hat alles gehabt, was eine Mutter braucht. Und sie hat sich um alles gekümmert ... Schule, Kleidung, alles. Sie hat jeden Tag angerufen. Ja, sie war eine Traummutter und unser Leben eine Mischung zwischen Konservativem und einem Festival in Rio ...«[79]

Der Preis für ein häufiges Zusammensein mit der Familie und die Anhäufung eines großen Vermögens war das Arrangement mit einer mörderischen Diktatur. Die in – zumindest einem Teil – der schwedischen Bevölkerung vorhandene Sympathie für NS-Deutschland und die freundliche Aufnahme ihrer Filme in Schweden bestärkten die Schauspielerin in ihrer Haltung. So wurde zum Beispiel »Es war eine rauschende Ballnacht« am 26. Oktober 1939 in Stockholm im festlichen Rahmen und in Anwesenheit vieler prominenter Persönlichkeiten präsentiert. »Es gab rauschenden Beifall, der sich zu Ovationen steigerte«, berichtete der »Film-Kurier« vom 28. Oktober. Der Film lief vier Monate in Stockholm, während das NS-kritische Kabarett Karl Gerhards, eines Freundes der Leander, verboten wurde.[80] Die Diva hatte auch mit Genugtuung wahrgenommen, dass der schwedische König Gustav V. anlässlich seines Berlinbesuchs am 15. Februar 1939 Hermann Göring den höchsten schwedischen Militärorden, das Großkreuz des Schwertordens mit Kette, verliehen hatte, und sie wusste auch, dass Gustav V. im Juni 1941 Hitler nach dem Überfall auf die Sowjetunion in einem persönlichen Telegramm »großen Erfolg bei der Niederschlagung des Bolschewismus« gewünscht hatte. Zur Premiere ihres Erfolgsfilmes »Heimat« kam Zarah Leander nach Schweden, wo sie mit der gleichen Begeisterung empfangen wurde wie ihre Landsmännin Kristina Söderbaum, die in »Jud Süß« mitgewirkt hatte. Laut Abkommen vom 19. Juni 1942 ließ Schweden die uneingeschränkte Einfuhr deutscher Filme zu, während sich Deutschland verpflichtete, 25 Prozent seiner Einspielergebnisse zum Ankauf schwedischer Filme zu verwenden.[81] Die bilateralen Handelsbeziehungen florierten bis Kriegsende ungetrübt. Schweden lieferte Eisenerz aus den Gruben von Kiruna, und Deutschland revanchierte sich mit Kohle und Koks, auch wenn die eigene Bevölkerung fror.

Ende 1941 hatte sich das Kriegsgeschehen bedrohlich ausgeweitet. Deutschland kämpfte bereits an mehreren Fronten, als Adolf Hitler am 11. Dezember 1941 dem in der Berliner Kroll-Oper versammelten Reichstag die Kriegserklärung Deutschlands an die USA mitteilte. Spätestens jetzt befand man sich in einem Weltkrieg. Als Minister für Propaganda musste Goebbels der neuen Situation Rechnung tragen. Wie er aus den regelmäßig zusammengestellten Berichten des Sicherheitsdienstes zur Erkundung der Volksmeinung wusste, glaubten nur wenige Deutsche den Beteuerungen des »Führers«, der ein siegreiches Ende des Krieges für den folgenden Sommer ankündigte.[82] Hingegen stieg die Zahl jener, die eine Niederlage Deutschlands voraussagten. In dieser Situation gab Goebbels zur Stärkung der Volksmoral einen subtilen Propagandafilm in Auftrag. In »Die große Liebe« spielt Zarah Leander die Varietésängerin Hanna Holberg, die den Piloten Wendland, dargestellt von Viktor Staal, während eines Fliegeralarms kennen lernt. Damit bekommt der Regisseur Gelegenheit zu zeigen, wie sich eine ideale deutsche Volksgemeinschaft im Luftschutzkeller zu verhalten hat: Sie harrt tapfer aus, erträgt Unannehmlichkeiten ohne Murren, strotzt vor Kameradschaft und ist auch noch zu kleinen Scherzen aufgelegt, sodass der Eindruck einer Idylle entsteht. Anschließend bekommt das Publikum Möglichkeiten zur Identifikation. Afrikaeinsatz, Frankreichfeldzug und der Krieg im Osten unterbrechen die Liebesbeziehung des Filmpaares. Die geplante Heirat wird durch einen plötzlichen Einsatzbefehl, der den Fronturlaub abbricht, verhindert. Die anfangs erzürnte Sängerin schmettert jedoch »Ich weiß, es wird einmal ein Wunder geschehen« sowie »Davon geht die

Welt nicht unter« und ringt sich schließlich zur Akzeptanz des Unvermeidlichen durch. Die Handlung des Films endet damit, dass Zarah Leander den Blick zum Himmel richtet und verklärt der gegen Russland fliegenden Jagdstaffel nachsieht.

Dieser Durchhaltestreifen mit der Botschaft, dass privates Glück erst nach der Pflichterfüllung kommt, verschlang über drei Millionen Reichsmark – das Doppelte der kalkulierten Produktionskosten. Die Uraufführung fand am 12. Juni 1942 statt. Zehn Monate danach hatte er fast acht Millionen Reichsmark eingespielt und alle Publikumsrekorde gebrochen. 1943 hatten bereits 27 Millionen Menschen »Die große Liebe« gesehen. Der Schlager »Davon geht die Welt nicht unter« erklang im Rundfunk bis zur Übersättigung.[83]

Im Gegensatz zu hingerissenen Kritikern und treuen Fans konnte Zarah Leander – selbst auf dem Höhepunkt ihrer Laufbahn – nur wenig Begeisterung für ihre Filme aufbringen. Sie war sich jedoch bewusst, welch Glück die Einführung des Tonfilms im Jahre 1929 für ihre Karriere bedeutet hatte. Ihre Schauspielkünste beurteilte sie mit kritischer Distanz. Im Rückblick meinte sie: »Aus mir wurde nie eine Garbo ... und ich habe auch nie danach gestrebt!«

Im Mittelpunkt aller Filme Zarah Leanders steht der Gesang. Die Handlung wirkt wie um die Chansons »herumgeschrieben«. Wenn auch ihr Akzent kaum zu hören war, gab man ihr fast nie typisch deutsche Rollen. Vielmehr tritt sie als internationaler Revuestar, als englische Chansonsängerin, als Ungarin, Russin oder Schottin auf.[84] Sie mimt eine unglückliche, aber singende Königin, eine schwedische Adelige mit Gesangsambitionen in den Tropen, eine

Varietébesitzerin mit Stimme sowie etliche sangesfreudige Mütter. Als leidenschaftliche Sängerin liebte sie den direkten Kontakt mit dem Publikum und faszinierte sie die Zuschauer mit ihrer Bühnenpräsenz. In Operetten, Kabaretts und Musicals glaubte sie ihr Talent am besten entfalten zu können.

Ende 1942 wurde Zarah durch einen »ernsten Zwischenfall« aufgeschreckt – der aber nicht mit dem damals heftig diskutierten Schicksal der 6. Armee bei Stalingrad oder anderen Kriegskatastrophen zusammenhing. Den Filmstar schockierte vielmehr die Tatsache, dass die UFA sich plötzlich weigerte, die vereinbarten 53 Prozent ihrer Gage in Schwedenkronen auf eine Stockholmer Bank zu überweisen. Versuche, diese Überweisungen zu stoppen, hatte es schon mehrere gegeben.[85] Nun aber schien es mit der »reinen Reichsmarkgage« Ernst zu werden. Bei der Diva schrillten die Alarmglocken. Der Gedanke, das Deutsche Reich zu verlassen, mit dem sie schon oft gespielt hatte, nahm konkrete Gestalt an: »Der Film ›Damals‹, an dem ich gerade drehte, sollte, koste es, was es wolle, mein letzter in Deutschland sein.«

Danach handelte Zarah Leander keinesfalls wie »ein Star, ein Star mit allen Launen«, als der sie sich vermarkten ließ, sondern als kühle Geschäftsfrau und besorgte Familienmutter. »Alles sollte ganz normal aussehen – niemand sollte ahnen, dass ich vorhatte, für die Dauer des Krieges in Lönö zu bleiben«, lauteten ihre Überlegungen, nach denen sie ihren Rückzug geradezu generalstabsmäßig inszenierte. Ein wichtiger Punkt betraf ihre kostbaren Antiquitäten, mit deren Erwerb sie, nach eigener Aussage, die schönsten Stunden ihres Lebens verbracht hatte. Nun galt es für die in jahrelanger Sammlertätigkeit erworbenen und in der Berliner Villa gelagerten Kunstgegenstände und Möbel eine Ausfuhrgenehmigung zu erlangen.

Die Rettung ihres Besitzes aus einem Land im Kriegszustand schaffte die Künstlerin auf dem gesellschaftlichen Parkett und mithilfe des Wirtschaftsministers und Reichstagspräsidenten Walther Funk. Erfreut über das offensichtliche Interesse des Stars für einen NS-Politiker, hatte der UFA-Werbechef eine Party mit dem Minister arrangiert. Als dieser ahnungslos sein Glas Champagner auf das Wohl der berühmten Künstlerin erhob, erkundigte sich die Diva erstaunt, ob er dergleichen harmlose Getränke wirklich schätze. »Nur in Damengesellschaft«, antwortete Funk, ansonsten bevorzuge er Stärkeres. Zarah Leander gab sich daraufhin als Gesinnungsgenossin zu erkennen, ließ jedoch durchblicken, dass sie mehr Wodka als jeder Mann vertragen könne – eine Fähigkeit der Schauspielerin, die von Kollegen und Zeitzeugen wie auch von Zarahs Sohn Göran bestätigt wird: »Meine Mutter trank viel, vor allem Schnaps, um sich ›abzustressen‹. Aber sie konnte damit umgehen.«[86] Ein Schauspielerkollege äußerte sich in ähnlicher Weise: »Sie hat viel und gut getrunken«, bestätigte auch Karl Schönböck. Minister Funk jedoch war ahnungslos und nahm die Herausforderung an. Scherzhaft wurde vereinbart, dass dem Sieger ein Wunsch freistehe. Dann begann ein Wetttrinken, auf das sich Zarah durch reichlichen Genuss von Sardinenöl vorbereitet hatte. Der Minister erwies sich zwar als versierter Trinker, sein fast nüchterner Magen bewirkte jedoch, dass er nach einem halben Liter Wodka zum Entsetzen seiner Begleitung unter den Tisch glitt. Schon am nächsten Morgen erschien die Künstlerin am

Amtssitz des Ministers, erinnerte höflich an die Wette und erhielt von dem bleichgesichtigen Funk anstandslos die gewünschten Ausfuhrdokumente. Der zwei Lastwagen umfassende Transport ging noch am selben Tag nach Schweden ab. Zur Irreführung der Behörden, die den Star genau observierten, leitete Zarah dann Verhandlungen zum Ankauf ihrer Berliner Villa ein, in der sie zur Miete lebte. Als weiteres Täuschungsmanöver schloss sie am 13. Oktober 1942 mit der UFA einen neuen Vertrag.[87]

Im Februar 1943 war Zarahs Film abgedreht, und sie reiste zur Erholung nach Hause. Diesmal jedoch – im sechsten Jahr ihrer deutschen Karriere – mit der festen Absicht, ihre Ära bei der UFA zu beenden. Die Gefährlichkeit dieses Unternehmens war ihr, die sich später als »politischer Idiot« bezeichnete, dabei voll bewusst. Sie führte es daher etappenweise aus. So kehrte sie zurück, um der glanzvollen Premiere im Berliner Filmpalast am 5. März 1943 beizuwohnen. Die Nacht davor hatte sie im Luftschutzkeller verbracht und erlebt, wie ihr darüber liegendes Haus von Bomben getroffen wurde. Insgeheim gratulierte sie sich zu ihrem Entschluss.

Der Streifen »Damals« war laut Ankündigung »Einer der schönsten Leanderfilme«. Der Star mimte in dem kitschigen Melodram das traurige Schicksal einer Frau, die – von ihrem eifersüchtigen Ehemann verstoßen – durch die Welt irrt und sogar eines Mordes verdächtigt wird. Dazu singt sie nach der Musik von Ralph Benatzky »Jede Nacht ein neues Glück«, »Einen wie dich könnt' ich lieben« und »Bitte an die Nacht«. Das an die Gefühle appellierende Drama sollte die Deutschen von ihren kriegsbedingten Ängsten und Sorgen ablenken. Es sollte ihnen auch tröstend vor Augen führen, welch schwere Schicksalsschläge das Leben selbst in Friedenszeiten bereithält.

Mitte April zeichnete Zarah Leander in den Babelsberger Tonstudios die Chansons des Films auf, dann kehrte sie Deutschland und dem NS-Regime den Rücken. Vorsichtshalber hat sie sich nicht einmal von ihren besten Freunden, der Schauspielerin Grethe Weiser und dem Komponisten Michael Jary, verabschiedet.

Sie hatte Angst, zurückgehalten zu werden, da ihr UFA-Vertrag noch bis zum 31. August 1943 lief. Eingehüllt in ein großes Kopftuch und versteckt hinter einer Sonnenbrille reiste sie nicht, wie gewohnt, mit dem Flugzeug, sondern per Bahn und Fähre. Ihr schwedischer Pass erwies sich dabei als unschätzbarer Vorteil.

Aus dem sicheren, neutralen Schweden führte Zarah Leander mit der ahnungslosen UFA lange, von unerklärlichen Pannen getrübte Verhandlungen. Briefe und Telegramme gingen verloren, Telefonverbindungen klappten nicht, und falls sie zustande kamen, war die Diva nicht zu sprechen. Die Zeit verging, und die Verantwortlichen der UFA wurden immer nervöser, denn die Schauspielerin verwarf ein Sujet nach dem anderen. In einem Schreiben der UFA an das Propagandaministerium heißt es: »Vorgesehen war der Film ›Metropol‹, späterer Titel ›Ein schönes Paar‹. Frau Leander fand zwar Gefallen an dem Stoff, konnte sich aber mit der Übernahme der weiblichen Hauptrolle nicht befreunden und brachte von sich aus ›Die lustige Witwe‹ ins Gespräch.«[88] Der listige Vorschlag entsprang einem wohlüberlegten Kalkül. Wusste sie doch, dass bei einer Verfilmung von Lehárs Operette mit großen urheberrechtlichen Problemen zu rechnen war. Wie erhofft, scheiterte das Filmprojekt tatsächlich. Auch mit dem eigens für sie geschriebenen Stoff »Die Herrin von Holgersenhof« konnte sich die plötzlich erkrankte Künstlerin nicht anfreunden. Wiederholte Bitten nach einer persönlichen Aussprache in Berlin ignorierte sie. Am 31. August 1943 schickte der Produktionschef Wolfgang Liebeneiner im Namen der UFA ein verzweifeltes Blitztelegramm: »Wir sind auf unseren Brief vom zweiten August und die vorgeschlagenen Filmentwürfe ohne Antwort geblieben – stop – heute letzter Vertragstag bitten um eine Erklärung darüber wie die von uns gewünschte Zusammenarbeit fortgeführt werden kann.«[89] Zarah gab eine Erklärung, allerdings nicht der UFA, vielmehr teilte sie der schwedischen Zeitung »Dagens Nyheter« triumphierend mit, dass ihr Kontrakt mit der deutschen Filmgesellschaft abgelaufen sei.

Unter der NS-Herrschaft war man gewohnt, zwischen den Zeilen der zensurierten Presse zu lesen, und registrierte die Abwesenheit des populären Stars sehr bald. Die Gerüchteküche kochte. In der Zeit nach der Katastrophe von Stalingrad hatte der Abgang der Diva symbolhaften Charakter und beschwor Gefühle und Gedanken vom drohenden Untergang herbei. Die Machthaber des braunen Reichs haben Zarah Leanders Abgang aus Deutschland daher nur schwer verwunden. Ohne es extra zu betonen, hatte sie mit ihrem abrupten Exodus zum Ausdruck gebracht, dass sie nicht mehr an den Endsieg des Tausendjährigen Reichs glaubte und dass ihre Sympathie für den Nationalsozialismus bloß einem durchsichtigen Zweckopportunismus entsprungen war.

Nach dem Auslaufen ihres UFA-Vertrages wäre die Künstlerin für einen Neubeginn in Schweden nur allzu gerne bereit gewesen. Doch die Angebote blieben aus, und die Angriffe auf ihre Person nahmen zu. Eine Pressekampagne folgte der anderen, und alle hatten das Engagement der Künstlerin im Dritten Reich zum Thema. Jene Sommerrevue, die Zarah als Primadonna engagieren wollte, zog ihr Angebot auf Grund öffentlicher Proteste rasch zurück, machte eine Kehrtwendung und brachte stattdessen ein Chanson, das Zarahs UFA-Karriere vehement kritisierte. Daraufhin suchte die nunmehrige Exdiva Hilfe bei Karl Gerhard, einem ihrer ersten Förderer. Dieser schrieb in seinen Memoiren: »Zarah rief mich eines Nachts an, tief gekränkt, weil man ihr die Rolle genommen ... sie sei weiteren Beleidigungen ausgesetzt ... ich schlug ihr vor, sie solle, ohne lange zu zögern, zu mir kommen. Feige bin ich nun mal nicht, redete ich mir ein, und was die Leute reden, ging mich nichts an, und übrigens – wer sonst hatte wohl das Recht, Zarah zu engagieren, wenn nicht ich? War ihre Rückkehr in die Heimat nicht auch eine Niederlage für Hitler? ...«[90]

Am 14. Juli 1944 gab Gerhard für Zarah Leander eine Pressekonferenz, die jedoch zu einem Tribunal wurde. In die Defensive gedrängt, bezeichnete sich die Künstlerin schließlich selbst als »politische Idiotin«, die auch jeder so nennen dürfe, und erklärte sich zum Vortrag antideutscher Chansons bereit. Wenig später berichteten deutsche Zeitungen trotz strengsten Verbots unter dem Titel »Zarah – ein Freund der Juden« über den Presseauftritt der Schwedin: »Der früher in Deutschland bekannte Filmstar Zarah Leander wird im Herbst in einer Revue im Stockholmer Zirkus auftreten, die vom Deutschenhetzer Gerhard geleitet wird. Gerhard ist ein bekannter Salonbolschewist, der seine Wanderrevuen in ganz Schweden zu hemmungsloser politischer

Berlin W 15, den 8. Januar 1945
Schlüterstr. 45
Tel.: 11 00 14 App.2621 u.2644

Leander

SS-Kriegsberichter v. R e i c h m e i s t e r
SS-Panzergrenadierschule Neweklau
Post: Beneschau / Böhmen

20. FBL. XV. Inspektion Lehrg. E

Lieber Parteigenosse v. Reichmeister!

Der mir übersandte Artikel "Zu neuen Ufern" war mir bekannt und ist bereits entsprechend "beachtet" worden. Die Stimme von Frau Leander ist im Inlandsfunk nicht mehr zu hören, und augenblicklich haben wir "immer noch keinen Stoff" für sie.

Ihre Wünsche zum neuen Kampfjahr erwidere ich herzlichst und hoffe, daß Sie der Weg einmal über Berlin W 15, Schlüterstraße 45 führt.

In alter Kameradschaft grüße ich Sie mit

H e i l H i t l e r !

In Ungnade gefallen: vertrauliches Schreiben des NS-Reichsfilmintendanten an den NS-Reichsfilmdramaturgen

Agitation benutzt. Das Stockholmer Kommunistenorgan ›Ny Dag‹ veröffentlicht ein Interview mit Zarah Leander, worin sich diese als Freund der Juden bekennt und die Frage, ob sie antideutsche Couplets singen werde, ›ganz dem Veranstalter überlässt‹.«[91] Der Revueveranstalter jedoch entschloss sich, auf Zarahs Mitwirkung zu verzichten.

Es war für Goebbels nur ein kleiner Trost, dass er über die Medien, die bis dahin gerne aus dem Privatleben der Diva berichtet hatten, absolute Nachrichtensperre befehlen konnte. Nur »Der Politische Dienst für SS und Polizei« wagte es, diesem Verbot zu trotzen, und spielte in einem mit hämischen Anspielungen durchsetzten Beitrag auf die peinliche Situation an: »Wir sahen sie eine Zeit lang nicht, das Überweib Zarah Leander. ›Kann denn Liebe Sünde sein‹, bei ihr war sie es nicht, und wenn sie es wäre – und den Eindruck hatte man bei ihr oft – so war es ihr egal. ›Yes Sir‹ – der Weg zur Dirne war bei ihr nie weit und ein vollendet begangener Schleichpfad zum Glück. ›Mein Leben für die Liebe, jawohl! Eine Frau wird erst schön durch die Liebe‹ – die sich in Ruhm und Geld umsetzen lässt. Ganz echt und ganz zu Hause war sie aber in den Bars, in den Tanzlokalen und in dem Milieu der Chansonsängerin, wo sie sich und ihre Fähigkeiten ungehemmt anpreisen konnte. ›Ich weiß, es wird einmal ein Wunder geschehn‹ und das Wunder geschah: Zarah spielte die brave Ehegattin und die aufopfernde Mutter, und das Publikum war zu Tränen gerührt ob so viel selbstlosen Frauentums. Nur die Gage stieg dabei, und die Skala der Gefühle der Zeitgenossen wurde restlos abgenutzt, und die jungen Mädchen versuchten, die kleine Kokotte zu spielen, solange es zu der großen ihres Schlages nicht reichte ... Zarah schwamm ›Zu neuen Ufern‹ davon. ›Nur nicht aus Liebe weinen‹, wir trauern ihr nicht nach. War es ein Reinfall? ›Davon geht die Welt nicht unter‹ – klingt höhnisch unsere Erkenntnis hintendrein.«[92]

Vielen Verehrern der Künstlerin aus SS-Kreisen blieb die verschlüsselte Botschaft des Hetzartikels verborgen. Sie merkten nur, dass man ihr Idol angriff, und reagierten empört. Der Herausgeber erhielt zahlreiche Briefe, die alle ähnlich klangen wie der jenes SS-Gruppenführers, der schrieb: »... eine Angelegenheit, der sich irgendjemand im SS-Hauptamt angenommen hat, und dem man eine Kritik an Dingen, die im kulturellen Sektor liegen und die Künstlerschaft selbst betreffen, unbedingt untersagen müsste. Es ist für meinen Ehrbegriff jedenfalls unerhört, in einer derartigen Weise über eine Künstlerin zu sprechen, die bestimmt mehr geleistet hat und sich – was auch sonst sei – größere Verdienste erworben hat, als dieser jämmerliche Schreiberling, der noch dazu einer aus unseren Kreisen ist. Es kann nicht sein, dass in einem politischen Blatt, dessen Herausgeber das SS-Hauptamt ist, mit Worten wie Meisterdirne ... u. Ä. von Frauen geredet wird und in diesem Falle nicht nur eine künstlerische Persönlichkeit, sondern unsere gesamte Kulturpolitik angegriffen und heruntergemacht wird! Heil Hitler!«[93] Auch in Fachkreisen herrschte Verunsicherung: »Sie werden sich denken können, dass man mich dauernd fragt, was denn eigentlich mit Zarah los sei«, schrieb der Reichsfilmdramaturg dem Reichsfilmintendanten.[94] Dieser machte ihn mit der offiziellen Version vertraut: Augenblicklich gebe es keinen Stoff für Frau Leander.[95]

Einer persönlichen Anordnung von Goebbels zufolge stand die Künstlerin unter der Beobachtung der deutschen Gesandtschaft in Stockholm.[96] Jede noch so unwichtige Information gab man augenblicklich mittels Kurier an das Auswärtige Amt nach Berlin und anschließend an das Propagandaministerium weiter. Dort verfolgte man mit großem Interesse das weitere Schicksal der Abtrünnigen und hörte voll Genugtuung, wie alle ihre Versuche zur Fortsetzung ihrer Karriere scheiterten.

In Deutschland herrschte Uneinigkeit, wie der Fall Leander zu behandeln sei. Die Reichspropaganda-Ämter Hamburg, Stuttgart, Breslau und Dessau fragten eilfertig bei Goebbels an, ob man die Filme der Verräterin nicht verbieten sollte. Das Propagandaministerium stellte daraufhin Kalkulationen an, wobei der zuständige Referent folgende Stellungnahme abgab: »... ich darf vielleicht schon jetzt darauf hinweisen, dass z. Zt. in den Filmtheatern des Reichs 500 Kopien als Reprisen laufen, die insgesamt 3 ½ Millionen Reichsmark im Jahr einspielen werden. Auf das Geld kann man ohne Zweifel verzichten, es wird aber für den deutschen Filmvertrieb unerhört schwierig sein, 500 Theater mit anderen Filmen zu versorgen und die Filme ›Premiere‹, ›La Habanera‹, ›Heimat‹, ›Blaufuchs‹, ›Das Herz der Königin‹, ›Der Weg ins Freie‹, ›Die große Liebe‹ und ›Damals‹ aus dem Verleih zurückzuziehen. ... im Ausland ist die Situation noch schwieriger ... ich darf dem Herrn Propagandaminister erneut berichten und werde schon von mir aus das von einem RPA ausgesprochene Verbot der Leanderfilme rückgängig machen ...«[97]

Unausgesprochen blieb, dass das von Hitler schon bei der Reichspressekonferenz vom 9. Januar 1939 angekündigte, aber erst 1941 in Kraft getretene Verbot amerikanischer Filme mehr als genug Probleme für die Versorgung der deutschen Kinos gebracht hatte. Goebbels nahm die Situation zähneknirschend zur Kenntnis. Auch er war der Meinung, dass die Öffentlichkeit nicht erfahren dürfe, dass sich die beliebteste Paradekünstlerin des Dritten Reichs listenreich aus Deutschland abgesetzt hatte, in der banalen Erkenntnis, dass von dem Land ihrer Triumphe ein gesichertes Einkommen in Schwedenkronen nicht mehr zu erwarten sei. Die Leander-Filme liefen daher weiter, brachten die dringend benötigten Einnahmen und wahrten gleichzeitig den Schein. Getreulich begleiteten Zarahs Lieder das Regime bis zuletzt, und noch im Endkampf erklang ihre rauchige Stimme: »Davon geht die Welt nicht unter«.[98]

Nachdem Zarah Leanders Einstieg in das schwedische Showgeschäft gescheitert war, versuchte sie es im Herbst 1944 beim schwedischen Rundfunk und löste damit heftige Proteste bei den als Emigranten in Schweden lebenden Norwegern und Dänen aus. Die Presse schrieb dazu: »Am Sonnabend sang z. B. Zarah Leander im Rundfunk. Keine faulen Eier wurden auf sie geworfen. Kein Auspfeifen störte ihren Gesang. Die frühere Propagandadiva von Herrn Goebbels durfte ihre Nummer ungestört durchführen ... Frau Leander hat sich der Goebbels'schen Propaganda zur Verfügung gestellt. Sie hat – soweit ihre Gaben es erlauben – Glanz über das Vergnügungsleben im Dritten Reich verbreitet. Sie hat es nicht ohne Entgelt getan ... wie viel ihr Auftreten ihr eingebracht hat, ist ziemlich gleichgültig. Das Entscheidende ist, dass sie sich dem deutschen Nazismus zur Verfügung gestellt hat ... der schwedischen Allgemeinheit soll ein Dienstbote des deutschen Nazismus aufgezwungen werden ... Frau Leander selbst begreift anscheinend gar nichts. ...«[99]

Danach hat Zarah Leander ihre Versuche, in Schweden wieder Fuß zu fassen, für lange Zeit eingestellt. Es wurde still um sie, und die große Karriere der Siebenunddreißigjährigen schien beendet. »Als ich entdeckte, dass man mich als Künstlerin für tot erklärt hatte, war ich wie gelähmt vor Entsetzen. Ich saß auf meinem Schloss und ließ die Spinnweben aus dunklen Winkeln hervorwachsen. Wenn ich überhaupt das Bett verließ, schlurfte ich im Morgenrock und Hausschuhen umher. Sachte glitt ich in die Willenlosigkeit ab«, schilderte sie ihren damaligen Zustand.[100]

Nach der Überwindung des ersten Schocks stürzte sich die »Herrin von Lönö« in das lokale Gesellschaftsleben. Sie nahm ihrem Mann die Verwaltung ihres Besitzes ab und zerstritt sich dabei mit ihm, der sich in die Rolle eines unnützen Prinzgemahls gedrängt sah. Die Ehe schlitterte in eine Krise, Vidar Forsell zog aus und reichte schließlich 1946 die Scheidung ein. Lange Zeit widmete sich Zarah Leander der Vermarktung der Heringsfänge aus den gutseigenen Fischgewässern, betreute Flüchtlinge, die über die Ostsee den Weg nach Schweden gefunden hatten, und las die Bücher ihrer Bibliothek. Um nicht gänzlich in Vergessenheit zu geraten, reiste sie mehrmals in Begleitung ihrer mittlerweile erwachsenen Kinder nach St. Moritz, wo sie als große Diva im weißen Pelz, mit Zigarrenspitze und riesiger dunkler Brille auftrat. Längst gab es nichts mehr von ihr zu berichten, doch das Medieninteresse an dem Star in Zwangspension blieb aufrecht. An die Stelle von Neuigkeiten setzte man Gerüchte. So war zu lesen, dass Zarah ihre Karriere in einem Wiener Nachtlokal bei einem Wettbewerb zur Ermittlung des schönsten Busens begonnen habe, dass sie ihren Aufenthalt in NS-Deutschland zur Spionage für Stalin nützte und außerdem Hitlers Geliebte gewesen sei.[101]

Schließlich vermittelte Ralph Benatzky im Sommer 1947 dem einstigen Star einen Auftritt im Genfer Rundfunk. Die anschließenden Konzerte in Basel und Bern waren nach fünfjähriger Unterbrechung der Beginn der Nachkriegskarriere der Zarah Leander. Sie sang vor ausverkauften Häusern und beendete ihr Programm jedes Mal mit einem hoffnungsvollen »Sag nicht adieu, sag nur auf Wiedersehen«. Bereits 1948 bereitete sie mit Michael Jary – er war für einige Jahre ihr Lebensgefährte – eine große Tournee durch Deutschland vor. In einem Interview erklärte sie dazu: »Ich freue mich auf Deutschland. Wo sollte ich lieber singen als in dem Land, aus dem meine Lieder kommen, die mich zu dem machten, was ich geworden bin? ... Ich lebe in meinen Liedern, sie bedeuten mir alles. Wenn man mir daraus einen politischen Vorwurf machen will – wie das hie und da geschieht – das verstehe ich nicht. Da ich Deutschland liebte, dort filmte und sang, war Deutschland immer für mich eine zweite Heimat.«[102]

Die große Konzerttournee gestaltete sich zu einem Triumphzug, und die Presse schrieb: »Es ist charmant von ihr, die Deutschen jetzt zu besuchen, wo wir so gar keine Beliebtheit und kein Ansehen genießen ...«[103] Nur in Schweden blieb Zarah Leander weiterhin geächtet, bis sie mit einem genialen Coup auch in ihrer Heimat ein Come-back schaffte. Zu diesem Zweck trat die Künstlerin der schwedischen Musikergewerkschaft (Svenska Musikerförbundet) bei und erreichte, dass diese Organisation bei ihrem Auftritt im Stadttheater von Malmö als Veranstalter fungierte. In dem historisch gewordenen Vertrag vom 20. Mai 1949, mit dem sich die Künstlerin mehrfach abgesichert hatte, heißt es: »Die Veranstalter übernehmen alle Kosten für Reklame, Reisen, ein 35 Mann großes Orchester ... der Veranstalter garantiert, dass für dieses Auftreten von Frau Leander seitens der

Gewerkschaft keinerlei Hindernisse vorliegen. Sowohl der Gewerkschaftsbund als auch die Zentralfachorganisation haben es schriftlich versichert. Der Musikerverband hält Frau Leanders Auftreten für wünschenswert ... die Veranstalter erklären sich nur zu gerne bereit, durch eigene Vertreter vor oder nach der Vorstellung von der Bühne aus Frau Zarah Leander wieder in den schwedischen Theatern ... willkommen zu heißen. Zarah Leander erklärt sich ihrerseits bereit, ohne andere Kosten als die Reisespesen aufzutreten, und erklärt ferner, dass die Nettoeinnahmen ungekürzt der Hilfsaktion des genannten Musikerverbandes zugunsten bedürftiger Musiker und Schauspieler sowie der Hilfsaktion von Svenska Journalistföreningen zugunsten bedürftiger Journalisten zur freien Verfügung gestellt wird.«[104] Damit war alles getan, um die Presse günstig zu stimmen. Zarahs Auftritt begann mit »Yes, Sir« und endete mit »Wunderbar«. 1700 Zuhörer dankten mit tosendem Applaus.

Von da an gab es keine Schwierigkeiten mehr. Zarah Leander gehörte wieder dem Showgeschäft: Die Stimme noch tiefer, die Figur kompakter, die Brillengläser dicker und die Hüte größer – sie war älter geworden und ihr Publikum jünger. Wiederum eroberte sie Deutschland im Sturm.[105] Bald konnte sie zufrieden feststellen, dass eine deutsche Zeitung ihre Konzertauftritte in der Schweiz, in Finnland und Schweden als »Auslandstournee« bezeichnete.

1949 heiratete Zarahs Tochter Boel in der Kirche von Lönö den Gutsbesitzer Jacobsson. Das Interesse der Medien galt jedoch nicht der Braut, sondern der jugendlichen Mama mit dem fotogenen Leinwandlächeln.[106] Im Januar 1950 unterzog sich die zunehmend korpulenter gewordene Zarah einer Fastenkur und übernahm anschließend eine

»gehaltvolle Frauenrolle« in dem Film »Gabriela«.[107] Produziert wurde der Streifen von Walter Koppel und Gyula Trebitsch, die beide – der eine als »Linker«, der andere als Jude – während der NS-Zeit in deutschen Konzentrationslagern inhaftiert waren.[108] Andere aus dem Filmteam waren alte Bekannte. Die Zusammenarbeit mit dem Regisseur Geza von Cziffra ging auf das Jahr 1939 zurück, und Grethe Weiser hatte unter anderem in »Die große Liebe« eine Nebenrolle gespielt.

Dem sentimentalen Melodram, in dem Zarah als Nachtklubstar und allein erziehende Mutter »Wenn der Herrgott will« sang, fehlte zwar jegliche NS-Propaganda, sonst aber schloss es dort an, wo der einstige UFA-Star im Dritten Reich aufgehört hatte. Mit diesem Erfolgsrezept rangierte »Gabriela« in der Jahresbilanz von 1950 nur knapp hinter dem Kultfilm »Der dritte Mann«. 1951 ging »die Leander« auf Welttournee, 1952 und 1953 setzte sie mit »Cuba Cabana« und »Ave Maria« – zwei an die Tränendrüsen rührenden Filmen – ihre Erfolge fort. Im Gegensatz zu ihrer erneut viel versprechenden Karriere gestaltete sich Zarahs Privatleben wenig befriedigend. Nach ihrer Scheidung von Vidar Forsell war sie mit dem Komponisten Michael Jary, anschließend mit ihrem Manager Harry Heidemann liiert. Dass sich beide dann jüngeren Partnerinnen zuwandten, hat die umschwärmte und gefeierte Künstlerin sehr getroffen. Ende 1955 machte Zarah Leander schließlich jenem Pianisten und Kapellmeister einen Heiratsantrag, der ihr schon 1932 gefallen hatte. Mit der schmeichelhaften Äußerung, dass er jahrzehntelang darauf gewartet hätte, nahm Arne Hülphers den Antrag an, und das Paar heiratete im Januar 1956.

Wie Presse und Publikum, so glaubte auch ihr dritter Ehemann, dass sich Zarah nach ihrem 50. Geburtstag aus dem Showgeschäft zurückziehen werde. Die von einem Erfolg zum anderen eilende Diva dachte jedoch keineswegs an Ruhestand, beging ihren Geburtstag mit einer Revue und sang das Lied: »Ich bin viel besser jetzt in meinen alten Tagen«.[109] Die Medien sparten nicht mit Häme und titulierten die Erfolgreiche abfällig mit »dicker Altstar« und »singende Großmutter«. Der frisch gebackene Ehemann, der sich auf ein geruhsames Leben als Gutsherr in Lönö gefreut hatte, resignierte und begleitete seine Gattin getreulich von einem Termin zum nächsten – oft waren es 60 pro Monat. Dann startete Zarah Leander ihre Fernsehkarriere.

Die TV-Anstalten förderten jedoch nicht nur ihren Ruhm, sondern griffen auch ihre Vergangenheit auf. »Zarah, warst du ein Nazi?«, fragte man in Talkshows und erregte damit den Zorn der Diva, die meinte: »Wo steht denn geschrieben, dass ausgerechnet Künstler etwas von Politik verstehen müssen?« Tatsächlich scheint es, dass sie sich nie voll bewusst war, welch symbolhafte, exzeptionelle Rolle sie in der NS-Ära gespielt hatte. Anscheinend begriff sie nicht, dass sie nicht nur für die Nazis, sondern auch für alle jene, die das Dritte Reich erlebt hatten, für immer mit dem NS-Regime verbunden bleiben würde. Somit litt Zarah Leander unter dem Eindruck, sich als Einzige, gleichsam stellvertretend für alle Künstler des Dritten Reichs, verantworten zu müssen. Tatsächlich konnten – abgesehen von wenigen Ausnahmen – die meisten ihrer Kollegen ihre Karrieren nach 1945 nahtlos fortsetzen. Dazu gehörten ihr häufiger Partner Willy Birgel, der »für Deutschland ritt«[110], und ihre Landsmännin Kristina Söderbaum, die in zahlreichen Filmen den Freitod

Zarah Leander an ihrem 60. Geburtstag (15. 3. 1967)

durch Ertrinken gewählt hatte, was ihr den Titel »Reichswasserleiche« einbrachte. Sie hatte sowohl in dem Hetzfilm »Jud Süß« als auch in dem Durchhaltedrama »Kolberg« gespielt. Heidemarie Hatheyer, die in dem Film »Ich klage an« Euthanasiewerbung betrieben hatte, setzte ihre Karriere ebenso fort wie Paula Wessely, die der NS-Propaganda in »Heimkehr« gedient hatte, und viele andere mehr.

Zarah Leander machte weiter, und selbst als kettenrauchende Großmutter fragte sie: »Kann denn Liebe Sünde sein?«, empfahl »Nur nicht aus Liebe weinen!« und prophezeite »Ich weiß, es wird einmal ein Wunder geschehn«. Sieben Monate im Jahr ging der Star auf Tournee. Ihre Schallplattenverkäufe erreichten Rekordhöhen und tauchten dennoch nicht in den Hitlisten auf, »weil ihr Umsatz nicht kurzfristig überragend ist, sondern gleichbleibend gut«.[111] Als Vollblutsängerin, die sich wünschte, bis zum letzten Atemzug auf der Bühne zu stehen, trat Zarah Leander auch dann noch auf, als ihre Altersgebrechen nicht mehr zu übersehen waren und sie zum Gesangspodium geleitet werden musste.

Am 10. Oktober 1978 erlitt sie vor der Vorstellung des Musicals »Das Lächeln einer Sommernacht« in Wien einen Schlaganfall mit Gehirnblutung. Ein halbes Jahr später erklärte sie bei ihrer letzten Pressekonferenz: »Ihr werdet mich nie mehr sehen.« Zwei Jahre später ist sie am 23. Juni 1981 in Stockholm als Pflegefall gestorben.

Nach ihrem Tod lebt die einstige »Diva des Dritten Reichs« als Mythos fort – auf ihren CDs, aber auch in zahllosen Zarah-Leander-Imitationen und Travestieshows. Treue Verehrer aus dem Homosexuellenmilieu ersteigerten ihre Bühnenkleider zum weiteren Gebrauch[112], Fanclubs pflegen ihr Andenken. Paul Seiler, ihr treuer Biograf und Verfasser zahlreicher Publikationen über die Diva, ist Schöpfer eines Leander-Archivs.[113] Ihre im Dritten Reich produzierten Filme haben seit 1945 mehr Menschen gesehen als zur Zeit des Nationalsozialismus.

Eleonore Baur

»Schwester Pia« – Blutordensträgerin des Dritten Reichs

7. September 1885 – 18. Mai 1981

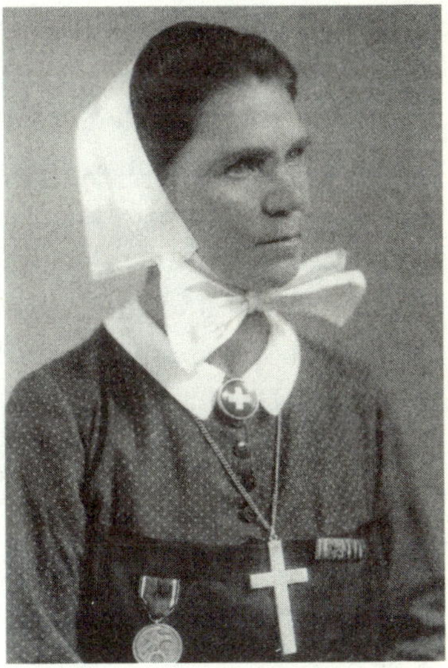

»Die Juden aber müssen krepieren und durch den Kamin gehen«, meinte »Schwester Pia« bei der traditionellen Weihnachtsfeier mit Bescherung, die sie im Dezember 1941 für eine kleine Zahl reichsdeutscher Gefangener im Konzentrationslager Dachau veranstaltete. Als sich daraufhin ein Kapo, das heißt ein mit der Leitung eines Arbeitskommandos betrauter Häftling, brüstete, dass er schon 96 Juden getötet habe und ihm nur noch vier bis zum Hunderter fehlten, küsste ihn Pia und schenkte ihm ein extra Weihnachtspaket.[1]

Die SS-Oberführerin Eleonore Baur, geborene Mayer, alias »Schwester Pia«, war die erste weibliche Trägerin des NS-Blutordens[2] und auch die einzige Frau im Dritten Reich, die jederzeit ungehinderten Zutritt zum Konzentrationslager Dachau hatte. Sie nutzte dieses Privileg, das ihr Hitler persönlich verliehen hatte, zur materiellen Bereicherung und zur Befriedigung perverser Bedürfnisse. Ihre abrupt wechselnden Stimmungen waren im Lager gefürchtet: In schlechter Laune ordnete sie grausame Strafen an. In guter oder sentimentaler Laune tat sie manchmal sogar Gutes. Die Häftlinge behielten sie – je nach ihrer Erfahrung mit »Schwester Pia« – als »Engel« oder »Teufel« von Dachau in Erinnerung.

Eleonore Baur wurde am 7. September 1885 in Kirchdorf bei Bad Aibling in Bayern geboren, wo ihr Vater Anton Mayer mit vier Pferden ein kleines Fuhrunternehmen betrieb.[3] Die Zustände im Elternhaus waren so trist, dass sie als »schlechte häusliche Verhältnisse und mangelhafte Erziehung« in den später gegen »Schwester Pia« geführten Prozessen wegen Beihilfe zum Mord und zu Kriegsverbrechen als mildernde Umstände galten. Die Mutter starb kurz nach der Geburt des Mädchens. Der Vater heiratete erneut, und die Stiefmutter bestand darauf, dass sich das Mädchen, wie sie sich ausdrückte, »ihr Fressen selbst verdient«. Die Achtjährige stand dann täglich vor vier Uhr früh auf, um Milch auszutragen. Ihre Ausbildung beschränkte sich auf das Absolvieren einer siebenjährigen Volksschule, in der sie, wie sie sich später brüstete, »nie sitzen blieb«, in Geografie, Naturkunde und Religion sogar befriedigende Leistungen erbrachte und nebst passablem Fleiß auch gutes Betragen zeigte. Noch am Tag der Schulentlassung wurde das Mädchen – eigenen Angaben zufolge – von der Stiefmutter aus dem Haus gejagt.

Danach schlug sich die kleingewachsene Vierzehnjährige mit dem derben Gesicht und dem primitiven, unberechenbaren Gehabe als Dienstmädchen teils in Privatfamilien, teils in Gasthäusern durchs Leben. Bald verlegte sie sich der größeren Freiheit und des besseren Lohns wegen auf Gelegenheitsarbeiten. Manchmal half sie bei einer Hebamme aus, wobei sie sich Grundkenntnisse im Pflegedienst aneignete. Einen Beruf erlernte sie jedoch nie, obwohl sie dies später als »Schwester Pia« ihren Patienten vorgaukelte. Mit sechzehn kam sie wegen einer Geschlechtskrankheit in ärztliche Behandlung. Als die Siebzehnjährige auf der Münchner Theresienwiese einen Mann zum Geschlechtsverkehr animierte, geriet sie wegen Vagabondage und Prostitution mit den Gesundheitsbehörden und dem Gesetz in Konflikt. Sie kam wegen öffentlicher Unzucht vor ein Jugendgericht und verbrachte acht Tage in Polizeigewahrsam. Man attestierte ihr »mangelnde Selbstzucht und übersteigertes Sexualempfinden«.

1905 begeisterte sich das Mädchen zusammen mit einer befreundeten Krankenschwester für eine Reise nach Ägypten. Dem sofortigen Aufbruch stand allerdings eine Schwangerschaft Eleonores im Wege. Nachdem sie am 17. 4. 1904 einen gesunden Jungen zur Welt gebracht hatte, ließ sie ihn auf den Namen Wilhelm taufen und übergab ihn der Stiefmutter zur weiteren Betreuung. Dann reisten die abenteuerlustigen Mädchen ab. In Ägypten gab sich Eleonore Mayer als Krankenpflegerin aus und fand im Deutschen Hospital in Kairo eine Anstellung. Mit dem damals in Alexandrien ansässigen großbürgerlichen Rudolf Hess[4], dem späteren guten Parteifreund und »Stellvertreter des Führers«, gab es keine Begegnung – man verkehrte noch in getrennten gesellschaftlichen Sphären. 1907 kehrte die unter Heimweh leidende Abenteurerin nach München zurück, wo sie sich der privaten Krankenpflege widmete und im Habit einer Krankenpflegerin als »Schwester Pia« auftrat. Die Organisation »Gelbes Kreuz« habe ihr den Namen verliehen, meinte sie später. 1908 oder 1909 – das genaue Datum der »reinen Versorgungsehe« war ihr entfallen – heiratete sie den Maschineningenieur Ludwig Baur, der ihren Sohn Wilhelm adoptierte. 1913 ließ sie sich scheiden und lebte anschließend wieder von den Einkünften als Krankenpflegerin und der teilweisen Vermietung der Wohnung ihres geschiedenen Mannes in der Landwehrstraße in München.

Nach Ende des Ersten Weltkriegs herrschten in München anarchistische Zustände: Im November 1918 wurden die Wittelsbacher als erste Dynastie Deutschlands vertrieben, revolutionäre Arbeiter- und Soldatenräte forderten eine kommunistische Revolution, radikale Revolutionsgegner schlossen sich zu Verbänden wie der Thule-Gesellschaft zusammen, und in den Kasernen bildeten zehntausende heimgekehrte Soldaten ein explosives Element. Im Februar 1919 wurde Ministerpräsident Kurt Eisner auf offener Straße erschossen. Als im April 1919 in München die kommunistisch-radikale Räterepublik mit drakonischen Maßnahmen wütete, Revolutionstribunale errichtete und die Bevölkerung in Angst und Schrecken versetzte, meldete sich die national gesinnte »Schwester Pia« zum Freikorps Ulm. An den Straßenkämpfen zur Niederwerfung der Räterepublik nahm sie im Rahmen einer fliegenden Sanitätsstation aktiv teil. Sie kämpfte, versorgte aber auch Verwundete, als München am 1./2. Mai 1919 von der »Weißen Garde« mittels Artillerie, Panzerfahrzeugen und Kampfflugzeugen eingenommen wurde. Später berichtete sie davon: »Als es in München zwischen Regierungstruppen und den Spartakisten zu Straßenkämpfen kam, habe ich ... freiwillig daran teilgenommen, indem ich sofort eine improvisierte Rettungsstation errichtete.« Für ihren Einsatz erhielt sie vom Oberkommandierenden der bayrischen Regierungstruppen, Generalmajor Arnold von Möhl, ein Diplom mit Lorbeerkranz.

Anfang 1920 zog »Schwester Pia« mit den »Weißen Garden« zu neuen Kampfplätzen ins Baltikum, nach Oberschlesien und nach Württemberg, wo sie bei der Niederschlagung kommunistischer Aufstände durch ungewöhnliche Einsatzbereitschaft auffiel und mehrfach ausgezeichnet wurde. Sie erhielt den Schlesischen Adlerorden, eine Rotkreuzmedaille und das silberne Kreuz für Tapferkeit. Das Baltikum-Kreuz wurde ihr von Kapitän Hermann Ehrhardt, dem Gründer des republikfeindlichen Freikorps Ehrhardt, persönlich überreicht.[5]

Im Februar 1920 kehrte Eleonore Baur nach München zurück. Einmal fuhr sie in der Straßenbahn »schwarz« und wurde zum Nachzahlen aufgefordert. »Zufällig hatte ich kein Geld bei mir. Einer der Fahrgäste, ein Zivilist, sah meine Verlegenheit und zahlte für mich.« Der Kavalier stellte sich als der Werkzeugschlosser Anton Drexler vor, der Herr in seiner Begleitung war der Kunstmaler und Schriftsteller Adolf Hitler. Bei der anschließenden Plauderei warben die beiden für die von Drexler im Januar 1919 gegründete Deutsche Arbeiterpartei (DAP). Eleonore Baur besuchte bald darauf eine Versammlung im Münchner Sterneckerbräu und fand an der Partei sofort Gefallen. Es freute sie auch, mit dem Auslandsdeutschen Rudolf Hess Erinnerungen an Ägypten austauschen zu können. Bald wurde sie Parteimitglied mit der Nummer 506. »Wobei ich allerdings darauf aufmerksam mache, dass wir mit der Nummer 500 angefangen haben«, erläuterte sie Jahre später ihren Eintritt in die Vorgängerorganisation der NSDAP.

Das frisch gebackene Parteimitglied entpuppte sich als eingefleischte, hemmungslose Antisemitin, Aktivistin und Agitatorin. Mit Eifer klebte sie Plakate und verteilte Flugblätter. Sie nahm an Demonstrationen und Versammlungen teil, hielt Reden und betrieb eine wütende antisemitische Hetze. Mit besonderer Vorliebe störte sie Vorträge jüdischer Dozenten. Auch vor gewalttätigen Auseinandersetzungen schreckte sie nicht zurück. »Mit vorgehaltenem Revolver«, berichtete die »Berliner Illustrierte Nachtausgabe«, habe Eleonore Baur nach einem Sabotageakt gegen einen Lastwagen der SA die Aufnahme von Verwundeten in einer Gastwirtschaft durchgesetzt. Bei Straßenkämpfen sei ihr buchstäblich »die Nase abgeschlagen worden«[6].

Zu der am 11. März 1920 auf der Münchner Theresienwiese stattfindenden Frauen- und Hungerdemonstration stieß Eleonore Baur jedoch rein zufällig, als sie vom Besuch einer Wöchnerin aus dem Westend zurückkehrte und sah, wie Schutzpolizisten eine große erregte Menschenmenge durch Sperre der Zufahrtsstraßen zu zerstreuen suchten. Die Ursache der Proteste war das Gerücht, dass Juden eine extra Weizenmehlzulage genehmigt worden sei. »Schwester Pia«, die an der Ecke Hermann-Lingg-Straße/Bavariaring auf die erregten Frauen traf, ergriff prompt die Gelegenheit und hielt eine Rede, in der sie den Juden die Schuld an der drückenden Lebensmittelknappheit gab. »Acht Pfund Weizenmehl und ein Pfund Zucker kriegen die Juden und wir kriegen einen Dreck!«, stachelte sie die aufgewühlten Demonstranten zur Plünderung an. »Geht zu den Juden auf den Bavariaring, die haben Lebensmittel gespeichert, holt euch von dort zu essen!«

Ein Schutzmann brachte Eleonore Baur daraufhin bei

der Polizeidirektion München zur Anzeige, worauf ein Verfahren vor dem Volksgericht München I eingeleitet wurde. Die Verhandlung am 27. April 1920 ergab einen Freispruch für Baur, deren Rechtsanwalt – laut »Völkischem Beobachter« – den Richter durch eine glänzende Rede davon überzeugte, dass die Beschuldigte zwar »in unverantwortlicher Weise gegen die Juden gehetzt« habe, es ihr jedoch fern gelegen sei, die Menge »zur Begehung von Gewalttätigkeiten gegen die Juden und deren Eigentum« aufzufordern.[7] Unter den Sympathisanten, die aufmerksam den Verlauf des Prozesses verfolgten und den Freispruch mit Befriedigung registrierten, soll auch Parteigenosse Adolf Hitler gewesen sein. Der »Völkische Beobachter« vom 11. Mai 1920 berichtete von dem Ereignis: »Ein Beweis echt jüdischer Schurkerei ... Ein Wachtmeister ... hat den traurigen Mut, dem anklagenden Juden die Hand zu reichen und wider die deutsche Frau zu zeugen ... der Staatsanwalt beantragte 60 Tage Gefängnis ... Aber er hatte sich umsonst bemüht. ...«

Im Mai 1921 nahm Eleonore Baur an den Kämpfen des Freikorps Oberland in Schlesien teil, wo sie beim Sturm auf den Annaberg am Oberschenkel verwundet wurde. Am 21. März 1923 heiratete sie ein zweites Mal. Zur Hochzeit mit dem um zehn Jahre jüngeren Direktor des Hotels »Königshof«, Georg Sponseil, erschien eine Sturmtruppleibwache im Stahlhelm und mit Hakenkreuzfahne vor der Matthäuskirche in München. Die Teilnahme an dem Münchner Putschversuch der NSDAP im November 1923, mit dem die Reichsregierung gestürzt werden sollte, war für die Neuvermählte, deren zweiter Ehe ebenfalls keine Dauer beschieden sein sollte, eine Selbstverständlichkeit. So war sie

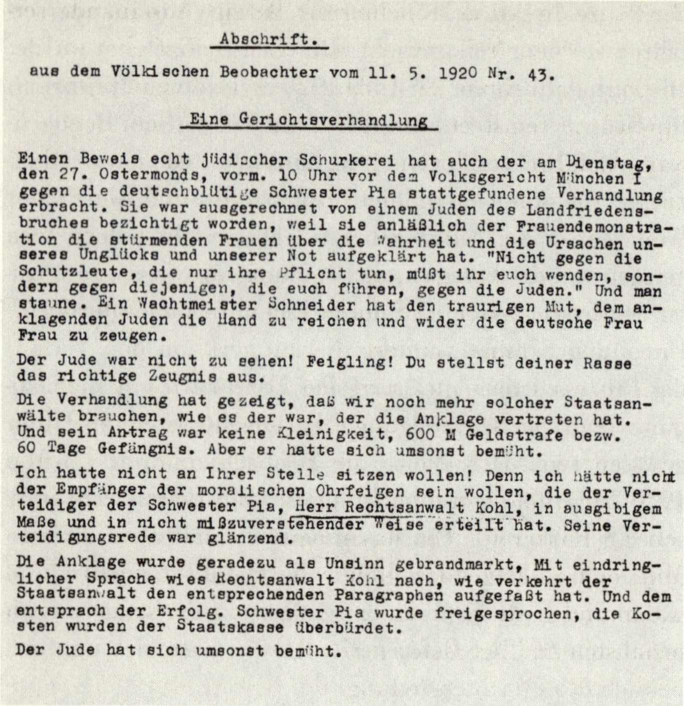

Abschrift.

aus dem Völkischen Beobachter vom 11. 5. 1920 Nr. 43.

Eine Gerichtsverhandlung

Einen Beweis echt jüdischer Schurkerei hat auch der am Dienstag, den 27. Ostermonds, vorm. 10 Uhr vor dem Volksgericht München I gegen die deutschblütige Schwester Pia stattgefundene Verhandlung erbracht. Sie war ausgerechnet von einem Juden des Landfriedensbruches bezichtigt worden, weil sie anläßlich der Frauendemonstration die stürmenden Frauen über die Wahrheit und die Ursachen unseres Unglücks und unserer Not aufgeklärt hat. "Nicht gegen die Schutzleute, die nur ihre Pflicht tun, müßt ihr euch wenden, sondern gegen diejenigen, die euch führen, gegen die Juden." Und man staune. Ein Wachtmeister Schneider hat den traurigen Mut, dem anklagenden Juden die Hand zu reichen und wider die deutsche Frau Frau zu zeugen.

Der Jude war nicht zu sehen! Feigling! Du stellst deiner Rasse das richtige Zeugnis aus.

Die Verhandlung hat gezeigt, daß wir noch mehr solcher Staatsanwälte brauchen, wie es der war, der die Anklage vertreten hat. Und sein Antrag war keine Kleinigkeit, 600 M Geldstrafe bezw. 60 Tage Gefängnis. Aber er hatte sich umsonst bemüht.

Ich hatte nicht an Ihrer Stelle sitzen wollen! Denn ich hätte nicht der Empfänger der moralischen Ohrfeigen sein wollen, die der Verteidiger der Schwester Pia, Herr Rechtsanwalt Kohl, in ausgibigem Maße und in nicht mißzuverstehender Weise erteilt hat. Seine Verteidigungsrede war glänzend.

Die Anklage wurde geradezu als Unsinn gebrandmarkt, Mit eindringlicher Sprache wies Rechtsanwalt Kohl nach, wie verkehrt der Staatsanwalt den entsprechenden Paragraphen aufgefaßt hat. Und dem entsprach der Erfolg. Schwester Pia wurde freigesprochen, die Kosten wurden der Staatskasse überbürdet.

Der Jude hat sich umsonst bemüht.

Anklage wegen »Judenhetze«: Bericht über die Gerichtsverhandlung vom 11. 5. 1920

dabei, als Hitler am Abend des 8. November in den Münchner Bürgerbräukeller stürmte, einen Schuss in die Decke des Saals feuerte und die »Nationale Revolution«, das heißt die Absetzung der bayrischen und deutschen Regierung, verkündete. Am Vormittag des 9. November nahm sie am Zug der Putschisten durch München teil. Hitlers »Stoßtruppe« marschierte links, das »SA-Regiment München« in der Mitte und der »Bund Oberland«, in dem sich »Schwester Pia« befand, rechts. Sie ging in der vierten Reihe hinter

Hitler, als es vor der Feldherrnhalle zur Auseinandersetzung mit den Streitkräften kam. In dem Gefecht starben dreizehn Aufrührer, ein Unbeteiligter und vier Polizisten. Obwohl sie selbst an der Hüfte blutete, eilte die getreue Kampfgefährtin dem verletzten Adolf Hitler zu Hilfe. Dann kümmerte sie sich um die Verwundeten und die Toten. Zwei Tage später folgte sie dem flüchtigen Vorsitzenden der NSDAP in sein Versteck, das Haus Hanfstaengl in Uffing am Staffelsee, um seine Schusswunden zu versorgen – Hitler sollte ihr das nie vergessen.

Auch nach der Auflösung der Partei blieb »Schwester Pia« weiter für die Bewegung aktiv, und als die NSDAP neu gegründet wurde, steigerte sie ihre Aktivitäten. So wurde sie 1928 im Zusammenhang mit einem Sprengstoffattentat von der Polizei gesucht, das sie mit ehemaligen Freikorpssoldaten im Isartal durchgeführt hatte. Und 1932 wurde sie aktenkundig, als sie an einer Schlägerei zwischen Nationalsozialisten und Reichsbannerleuten in München teilnahm.

Nach der »Machtergreifung« der NSDAP wurde Eleonore Baur vom Reichsführer SS Heinrich Himmler als Fürsorgeschwester in der Reichsführung der SS angestellt und zur SS-Oberführerin ernannt. Reichliche Dotationen aus der Parteikasse ermöglichten der mittlerweile auch von ihrem zweiten Mann Geschiedenen den Umzug in eine neue Wohnung in der Voitstraße Nr. 6, ein behagliches Leben und die Führung eines bürgerlichen Haushalts samt Köchin und Dienstmädchen. Sohn Wilhelm wurde auf Parteikosten erzogen und machte später als Leiter des Zentralverlags der NSDAP und Vizepräsident der Reichsschrifttumskammer einschlägige Karriere. Die SS überließ der geschätzten »Heldin aus der Kampfzeit der Bewegung«, die über gute Kontakte zu allen Parteigrößen verfügte, auch einen Mercedes samt Chauffeur zur persönlichen Verfügung. Eleonore Baur hat Himmler, den sie »meine schwarze Perle« titulierte, dafür herzlichst gedankt. Ihr Vermögen betrug damals 10 000 Reichsmark, sodass sie sich einen längeren Erholungsurlaub im schweizerischen Locarno gönnen konnte. Die Verdienste der Altparteigenossin wurden auch von der NS-Presse gebührend herausgestrichen. So widmete ihr die »Berliner Illustrierte Nachtausgabe« am 31. Oktober 1934 einen Beitrag mit dem Titel »Schwester Pia – ein tapferer Soldat«. Den Anlass dazu bot die bevorstehende Verleihung des »Blutordens«, der ihr am 8. November 1934 bei der alljährlichen Putsch-Gedenkfeier von Adolf Hitler persönlich im Bürgerbräukeller überreicht wurde. Damals fragte der »Führer« und Reichskanzler die neu gebackene Blutordensträgerin des Dritten Reichs, ob er ihr einen Wunsch erfüllen könne. Ganz sozial-mitfühlende Krankenhelferin, bat »Schwester Pia«, sich doch der im Konzentrationslager Dachau inhaftierten Gefangenen und ihrer Familien annehmen zu dürfen. Die Bitte wurde huldvoll gewährt. Eleonore Baur hat den Blutorden samt »Oberlandkreuz« bei allen Parteifeiern stolzerfüllt getragen. Sie selbst berichtete: »Ich habe als Blutordensträgerin teilgenommen an den Parteigründungstagen, am 8. November im Bürgerbräukeller und am 9. November an dem Marsch zur Feldherrnhalle, und ich gehörte zur Sterneckergruppe, also zu der Gruppe der Parteigründer. An Reichsparteitagen war ich zweimal, und zwar 1937 und 1938.« Die Vorteile des von Hitler gewährten »Privilegs von Dachau« hat sie schamlos genutzt.

Sie war die einzige Frau, die uneingeschränkten Zugang zum Konzentrationslager Dachau hatte. Obwohl sie dort

Schwester Pia gratuliert dem »Führer« am Vorabend seines 50. Geburtstages

über keinerlei Kompetenzen verfügte, wurde sie mit Ehrenbezeugungen, wie sie sonst nur hohen SS-Offizieren zustanden, empfangen – die Besatzung des Wachturms A hatte Meldung zu erstatten, die Häftlinge mussten devot grüßen. Vergaßen sie es, wurden sie von der Besucherin geohrfeigt. Im Lager selbst spielte »Schwester Pia« bei den jeweiligen Kommandanten ihre Beziehungen zur NS-Spitze aus.

1935 feierte Eleonore Baur ihren 50. Geburtstag inmitten ihrer Bekannten aus dem SS-Milieu, wobei eine SS-Kapelle aufspielte. »Mein Geburtstag war schön! Alle haben an mich gedacht! Der Führer, Hess, mein herzensguter Reichsführer [Himmler]. Den Abend verbrachte ich im Kreis meiner geliebten ›Buam‹ aus Dachau. Auf den Schultern haben sie mich getragen«, schwärmte sie in einem Schreiben an den bayrischen Ministerpräsidenten Ludwig Siebert.[8] Auch sonst gab es viele Anlässe, die mit dem SS-Personal des Konzentrationslagers gefeiert wurden. Im Zuge eines Gelages entstand an der Wand des »Führerkellers« ein Bild der Eleonore Baur mit der Unterschrift: »Schwester Pia, unser bester SS-Mann« – ein kleiner Dank für die Abwechslung, die sie in die Monotonie des Lagerlebens brachte.

So wurden bei ihrer Weihnachtsfeier im Jahre 1938 zwölf Gefangene über den »Bock« gelegt und verprügelt, während die anderen Gefangenen Weihnachtslieder singen mussten. Danach sperrte man die Misshandelten »zur Erhöhung der Festfreude«, wie sich der KZ-Kommandant ausdrückte, zur wochenlangen Dunkelhaft in den Bunker.

Lagerfeste und -feiern gab es auch nach Ausbruch des Zweiten Weltkriegs, und während man in München ab 1939 unter Versorgungsschwierigkeiten litt, schöpfte »Schwester Pia« aus dem Vollen – das KZ war für sie ein bequemer, kostenloser Selbstbedienungsladen. So heißt es in der eidesstattlichen Erklärung eines Langzeithäftlings, der von 1938 bis 1944 inhaftiert war: »Es war bekannt, dass sie ihren gesamten Haushalt aus den Beständen der für die Gefangenen bestimmten Materialien des KZ Dachau aufrecht hielt, sei es, dass sie Lebensmittel aus der Gefangenenküche oder Holz und später wichtiges Baumaterial ... für ihren persönlichen Bedarf verwendet hat ... dass sie bei jedem Erscheinen im Lager kistenweise Lebensmittel für ›ihre‹ Gefangenen mitgeschleppt hat, die diese niemals erhielten. ... dass sie Pfunde von Butter, Wurst, Speck an einem einzigen Tag mitnahm ... Schwester Pia ließ sich Haushaltungs- und Luxusgegenstände aus dem Bestand der Werkstätten des Lagers anfertigen ...«[9] In ihrem Auftrag mussten Gefangene Stoffe und Wäsche aus den Bekleidungskammern des Lagers entwenden. Wurden sie dabei ertappt, gab es 25 Stockhiebe, verrieten sie die Auftraggeberin, gab es die doppelte Anzahl.

Oft kam die unheimliche »Schwester« nur, um sich an den Leiden der KZ-Insassen zu ergötzen. Da sie sich gern die Misshandlung von Häftlingen ansah, fand sie sich häufig bei jenen Pfählen ein, wo Gefangene wegen geringfügiger Verstöße gegen die Lagerordnung angebunden und mit 25 bis 100 Stockhieben bestraft wurden. Eleonore Baur pflegte auch ihre Bekanntschaft mit dem berüchtigten Lagerarzt Dr. Sigmund Rascher, den sie in einem Schwabinger Krankenhaus kennen gelernt hatte. Sie verkehrte gern mit seiner Frau »Nini« (Karoline) und den zahlreichen Kindern des Ehepaares, von denen sich später herausstellte, dass sie alle entführt worden waren.[10] Vor allem jedoch interessierte sie sich brennend für die grausamen Kaltwasserversuche, die Dr. Rascher in Dachau durchführte. Zu diesem Zweck gab es im KZ bei Block 5 ein Bassin im Ausmaß von zwei mal zwei Metern, in das man junge Häftlinge in Wasser von ca. 2 Grad Celsius tauchte. Bis der Tod durch Erfrieren eintrat, nahm Dr. Rascher an den Versuchspersonen genaue Temperaturmessungen vor und trug die Ergebnisse in penibel geführte Tabellen ein, da er die Daten für seine Habilitation zu verwerten gedachte. Die Schreie der unter furchtbaren Qualen Sterbenden störten ihn oft bei der Arbeit. »Schwester Pia« hingegen genoss das Privileg, bei den Experimenten zusehen zu dürfen. Einmal wurde während ihrer Anwesenheit die Frage aufgeworfen, ob man die in Fliegerkombinationen gekleideten Häftlinge bis zu dem Zeitpunkt, an dem sie durch die Kälte das Bewusstsein verloren, nicht betäuben sollte.

A B S C H R I F T .

Ludwig Bussbacher
Dinkelsbühl
Nördlingerstr. 22

Dinkelsbühl, den 21. Februar 1949

An die Berufungskammer für Oberbayern
M ü n c h e n
Prinzregentenstrasse 48

Betr.: Schwester Pia
(Eleonore Baur)

Von 1937 - 1939 war ich als Häftling im KZ-Dachau. Während dieser Zeit war ich abkommandiert in der Sommerwohnung der Schwester Pia zu arbeiten. Um die Arbeiter vorwärts zu treiben, drohte sie mit Bunkerhaft. In dem Nachtkasten im Schlafzimmer bewahrte sie 2 Schnelladepistolen auf, um die Häftlinge nur noch mehr einzuschüchtern. Ganz besonders hervorheben muss ich ihr vollkommen unsittliches Benehmen den Häftlingen gegenüber. Während unserer Arbeit wie Parkettböden abziehen, schritt sie über die am Boden liegenden Arbeiter nur mit einem Kittel bekleidet hinweg, oft blieb sie minutenlang über einem Häftling stehen, also völlig schamlos.

Mein Arbeitsvorgänger, den Namen weiss ich heute nicht mehr, kam auf ihre Veranlassung in den Bunker und wurde nicht mehr gesehen.

Unterschrift: Ludwig Bussbacher

Aussage eines Häftlings des »Sonderkommando Schwester Pia« vor der Spruchkammer

Die »Schwester« trat vehement gegen den Vorschlag auf: »Wenn ein deutscher Flieger ins Meer stürzt, wird er auch nicht bewusstlos«, meinte sie und fügte hinzu, dass primär »dem deutschen Soldaten geholfen werden soll«[11]. Eleonore Baur, deren »weibliche Neugier« erregt worden war – wie sie später angab –, sah sich auch die »Erwärmungsversuche an ausgekühlten Menschen durch animalische Wärme« an.

Dabei wurden durch Kälteeinwirkung bereits ohnmächtige Häftlinge zwischen zwei nackte Prostituierte gelegt und bei Erlangung des Bewusstseins zum Geschlechtsverkehr animiert. Nachdem eine Versuchsperson nicht die gewünschte Reaktion zeigte, forderte »Schwester Pia« die Frauen auf, doch nicht so »g'schamig« zu sein und die Initiative zu ergreifen – schließlich sei dies ihr Geschäft! Als Dr. Sigmund Rascher seine Experimente mit Zustimmung des Reichsführers SS Heinrich Himmler in das KZ Auschwitz verlegte, fühlte sich Eleonore Baur um ein Schauspiel betrogen. Sie begab sich zu Prof. Dr. Klaus Schilling, der in der Malaria-Versuchsstation des KZ Dachau arbeitete, und beobachtete – wie ein Zeuge nach dem Krieg aussagte[12] – mit perverser Neugier, wie russischen Gefangenen Schachteln mit Malariamücken an die Geschlechtsteile gehängt wurden.[13]

Schon ab 1934 veranstaltete Eleonore Baur jährlich in Dachau Weihnachtsfeste für deutsche Häftlinge, bei denen sie zündende Reden für den Nationalsozialismus hielt und kleine Päckchen mit Esswaren verteilte – die von ihr gehassten Juden, Polen und Russen blieben davon ausgeschlossen. Als ein Häftling die milde Gabe ablehnte, erregte dies ihren Zorn. Auf ihren Wink hin zerrte man ihn aus dem Saal, schlug ihm alle Vorderzähne aus und fügte ihm schwere Misshandlungen zu, bevor er in den Dunkelhaftbunker gesperrt wurde. Dort blieb er wochenlang.

Manchmal jedoch überkamen sie menschenfreundliche Regungen. In solchen Phasen betreute sie sterbende katholische Priester, verschaffte sie inhaftierten Geistlichen, über die sie ansonsten lachte, Messgewänder oder sie schmuggelte Briefe an die Angehörigen der Häftlinge. Berührte sie das Schicksal eines »rassisch einwandfreien« Menschen, dann brachte die SS-Oberführerin – wie die Betroffenen später bezeugten – sogar persönliche Opfer, intervenierte bei der Gestapo und spendete Geld.

Stolz erzählte sie später vor Gericht von ihrem selbstlosen Einsatz für Pfarrer Johann Huber aus Landau, den sie ihrer Hilfe für würdig erachtet hatte, weil er im Ersten Weltkrieg mit dem Eisernen Kreuz ausgezeichnet worden war. Sie befreite ihn aus dem KZ und brachte ihn mit dem eigenen Auto in ein Schwabinger Krankenhaus, wo er mit den Worten »Sie rettender Engel von Dachau« starb.

Diese Episoden erlaubten Eleonore Baur nach dem Krieg, ihre Tätigkeit im KZ als ausschließlich uneigennützige, mildtätige und aufopfernde Fürsorge für die Insassen von Dachau hinzustellen. Tatsächlich hatte sie schon wenige Tage, nachdem sie diese Stätte des Grauens im November 1934 erstmals betreten hatte, ein persönliches »Arbeitskommando Pia« gefordert. Es bestand aus drei bis vier Häftlingen, die auf dem Grundstück in Oberhaching, das sie noch aus ihrer ersten Ehe besaß, Zwangsarbeit verrichten mussten. Die Gefangenen statteten Baurs Holzhaus großzügig mit Baumaterial aus Dachau aus, errichteten einen Luftschutzbunker, dann einen Swimmingpool samt Badehaus und bauten eine Garage. Als Vorbereitung für das Kriegsende installierten sie auf Geheiß ihrer Auftraggeberin im Garten »Siegeslampen«, die am Tag des Endsiegs das erste Mal leuchten sollten. Wie aus den zahlreichen Zeugenaussagen nach Ende des Dritten Reichs hervorgeht, wurden die Zwangsarbeiter besser verpflegt als im KZ, mussten jedoch Ekel erregende Arbeiten verrichten, wurden gedemütigt und möglicherweise auch sexuell missbraucht.

So gaben alle Häftlinge des »Arbeitskommandos Pia« an,

Schwester P i a   München, den 12. August 1944
Oberhaching b. München

Frau
Anna G m e h l i n g

N ü r n b e r g
Speyererstr.27

Liebe Frau Gmehling!

Ihren Brief vom 1.8.44 habe ich erhalten. Ich danke Ihnen dafür. Ich werde Ihren Brief an das Reichssicherheitshauptamt schicken und für Sie bitten, dass Sie Ihren Mann besuchen dürfen. Was in meinen Kräften liegt, will ich gern tun, aber ich kann halt auch nur bitten und immer wieder bitten. Ich schicke Ihnen mit dem heutigen Tage einen kleinen Zuschuss, damit Sie sich nicht gar so elend durchbringen müssen. Es ist nicht viel - es sind 300.-- Mark - aber ich werde Ihnen im Laufe dieses Herbstes nochmal etwas schicken.

Liebe Frau Gmehling, haben Sie Vertrauen und verzagen Sie nicht. Sie haben bis jetzt treu und brav durchgehalten, nun wird auch das Ende nicht mehr so lange sein bis Sie mit Ihrem Mann dann wieder zusammen sind. Wenn Sie und Ihr Mann Ihre Pflicht als Deutsche tun und Ihre ganze Kraft und Ihr Herz einsetzen für Deutschland, dann haben Sie mir genug gegeben, mehr will ich nicht. Wir müssen heute alle an einem Strang ziehen und nur eins vor Augen haben - unser Vaterland - und dann wird für uns alle und auch für Sie wieder die Sonne scheinen.

In diesem Sinne wünsche ich Ihnen alles Gute und rufe Ihnen zu: "Verzagen Sie nicht und bleiben Sie weiter so tapfer und anständig!"

Ich grüsse Sie herzlichst mit einem Sieg Heil unserem geliebten Führer

Ihre

»Ich kann halt auch nur bitten und immer wieder bitten«: Brief der Schwester Pia vom 12. August 1944 dass sie die Abortgrube des Hauses in einem rituellen Putzvorgang alle zwei Wochen penibel reinigen mussten. Einer der vielen Berichte lautet: »... nachher musste ich die Wände und den Boden der Grube mit Bürste, Wasser und Lappen so sauber waschen, dass alles wie neu zementiert aussah ...« Eleonore Baur stand leicht bekleidet über der Senkgrube und kontrollierte genau. Dann durfte der Arbeiter baden – sie hat ihm dabei trotz heftigen Widerspruchs zugesehen und den Rücken gewaschen. Ihr Essen bekamen die Häftlinge in dem Kübel, der zuvor zum Reinigen der Senkgrube verwendet worden war.

Bald verbreitete sich in Dachau das Gerücht, dass »Schwester Pia« die durchwegs jungen Männer ihres »Sonderkommandos« nicht nur der Arbeit wegen in ihr Haus holte. Ein Exhäftling schrieb dazu in seinen Erinnerungen: »Wenn sie durch das Lager ging, geschah es häufig, dass die politischen Blocks beim Baden waren. Sie versäumte es dann nicht, das Bad zu betreten ... fand sie einen, der ihr gefiel, dann stellte sie seine Nummer fest und am anderen Tag wurde er dem Kommando Pia zugeteilt ... und wenn er willig war und ihren perversen Gelüsten Erleichterung schaffte, dann konnte es sein, dass er zwei Monate ihr Favorit war ... wehe dem, der sich weigerte.«[14]

Im Laufe der Zeit wurde Eleonore Baur immer selbstherrlicher, bis sie sich schließlich zu dem in SS-Kreisen übel vermerkten Ausspruch hinreißen ließ: »Es gibt nur einen Friedrich den Großen, einen Führer und eine Schwester Pia!« Ihre herrischen Auftritte in Dachau wurden selbst der KZ-Leitung und dem Reichsführer SS Himmler lästig. »Himmler hat dieselbe äußerst freundlich empfangen«, berichtete ihr Chauffeur Rudolf Wirth im Baur-Prozess vor dem Landgericht,

»ihre Wünsche entgegengenommen und sie dann wegen Zeitmangels zur Tür begleitet. Kaum war die Beschuldigte draußen, wandte sich Himmler an seinen Adjutanten und beschimpfte ihn auf das Heftigste, weil er dieses alte hässliche Weib hereingelassen hatte. Dabei drohte er ihm im Falle der Wiederholung mit Strafe ...«[15] Von da an suchte und fand man einen Grund, um die SS-Oberführerin loszuwerden. Bezeichnenderweise benützte man eine ihrer raren menschlichen Gesten als Vorwand – Eleonore Baur wurde ab 1943 das Betreten des KZ Dachau wegen Briefschmuggels für weibliche KZ-Häftlinge verboten.

Danach konzentrierten sich die Aktivitäten »Schwester Pias« auf die Nachbarn ihrer Münchner Wohnung sowie auf die Anrainer ihres Besitzes in Oberhaching, die sie bespitzelte und denen sie bei jeder Gelegenheit mit der Einweisung in ein Konzentrationslager drohte. Eine Bekannte, die eine Hitler-Rede mit den Worten »Heute spricht der Massenmörder!« ankündigte, denunzierte sie bei der Gestapo. Die Blutordensträgerin war derart gefürchtet, dass man ihrem Wunsch nach Entfernung eines am Ortseingang von Oberhaching aufgestellten Kruzifixes sofort und ohne Diskussion nachkam.

Nach Kriegsende wurde Eleonore Baur verhaftet, aber

kurz darauf wieder freigelassen. Am 12. Juli 1945 wurde sie vom amerikanischen Counter Intelligence Corps (CIC) erneut festgenommen und trat anschließend eine jahrelange Odyssee durch diverse Lager Deutschlands an. Sie kam zuerst in das Arbeitslager Eichstätt in Bayern, dann in das Krankenlager nach Garmisch und anschließend in das Internierungslager Ludwigsburg in Baden-Württemberg. Mitte 1947 wurde sie in das Internierungs- und Arbeitslager Göggingen in Bayern überstellt, dann nach Nürnberg-Langwasser gebracht und schließlich im März 1949 in die Nervenklinik München eingeliefert. Eine psychiatrische Untersuchung sollte Aufklärung über den Geisteszustand der einstigen SS-Oberführerin bringen. Nachdem Eleonore Baur zwar äußerst geringe Intelligenz, aber Zurechnungsfähigkeit attestiert worden war, kam sie erneut in das Arbeitslager Eichstätt. Während dieser Zeit lief vor der Spruchkammer München das Entnazifizierungsverfahren, bei dem 44 Zeugen ihre zum Teil sehr widersprüchlichen Aussagen machten. Am 26. August 1949 erging das Urteil: Einstufung als Hauptschuldige, Verurteilung zu zehn Jahren Arbeitslager und Einzug des Vermögens zur Wiedergutmachung. Außerdem verfügte das Gericht Sonderabgaben zum Wiedergutmachungsfonds in der Höhe von 10 Prozent aller zukünftigen Einkommen und sprach eine Wohn- und Aufenthaltsbeschränkung aus. Danach begann die strafrechtliche Verfolgung von »Schwester Pia« durch die Staatsanwaltschaft München. Der Untersuchungsrichter Dr. Nikolaus Naaf führte eine für die damalige Zeit sehr genaue und aufwändige Untersuchung der Verbrechen durch, die der Angeklagten vorgeworfen wurden. Der Prozess dauerte ein Jahr. Über hundert mittels Rundfunkdurchsagen ausfindig gemachte Zeugen – Häftlinge aus Dachau, Hauspersonal, Nachbarn und Bekannte – wurden einvernommen, die zum großen Erstaunen des Gerichts teilweise vollkommen konträre Aussagen machten. Schließlich kristallisierten sich drei Kategorien von Zeugenaussagen heraus: Eine Gruppe warf »Schwester Pia« Beihilfe zum Mord, Vergehen gegen die Menschlichkeit und Perversionen sexueller Art vor, wobei sich allerdings bald herausstellte, dass über ihre angeblich abartigen Sexpraktiken keine eigenen Aussagen, sondern nur solche aus zweiter Hand vorlagen. Baurs ehemaliger Chauffeur äußerte sich zu dem Thema folgendermaßen: »... dass die Beschuldigte mit Häftlingen Geschlechtsverkehr hatte, verneine ich aus dem Grund, weil nie Gelegenheit zum Alleinsein war, nachdem entweder die Köchin oder ich im Hause war ... außerdem haben mir die Häftlinge alles erzählt ...«[16] Eine zweite Gruppe bezeichnete die Angeklagte gar als »Engel von Dachau«. Dazu gehörten ehemals inhaftierte katholische Priester, denen sie manchmal geholfen hatte, obwohl sie 1938 aus der Kirche ausgetreten war. So gab der Benediktinerpater Sales Hess an: »Ich weiß wohl, dass Schwester Pia in die Gedankengänge des Dritten Reichs verstrickt war, dass sie aber die Verbrechen des Systems rundweg ablehnte, dass sie Härten lindern half und den Häftlingen viel Gutes erwies. Ich danke ihr von Herzen, dass sie sich für meine Freilassung eingesetzt und mir dadurch manch hoffnungsfrohe Stunde bereitet hat.«[17] Auch die Schwester von Pfarrer Johann Huber bezeugte, dass sich Eleonore Baur »wahrhaft mütterlich« um ihren Bruder gekümmert hatte. Eine dritte Zeugengruppe – hauptsächlich politische Gefangene aus Österreich, darunter der spätere Innenminister Franz Olah –

Eidesstattliche Erklärung!

Unterzeichneter hat die Frau Eleonore Baur (Schwester Pia) in den Jahren ihres Aufenthaltes in Oberhaching ziemlich gut gekannt.
Meiner Familie war sie jederzeit sehr freundlich und liebevoll gesinnt. Für sie ausgeführte gewerbliche Arbeiten wurden stets mit einem Mehrbetrag der Rechnungen beglichen.
In den Notjahren des Krieges hat sie uns immer wieder geholfen; indem sie persönlich notwendige Lebensmittel stets unverhofft in's Haus brachte und damit grosse Freude bereitete.
Allsdann ist mir bekannt, dass sie auch anderweitig bei verschiedenen Familien Not und Elend zu unterdrücken suchte und viel geholfen hat. Wiederholt habe ich in meinem Beruf als Tapezierer Aufträge erhalten in Matratzen für bedürftige Leute, welche von Schwester Pia bezalt wurden.
Unterstützungen in Bargeld an Arme und Kranke sind mir durch ihre Bankueberweisungen bekannt.
Vom Hörensagen weiss ich auch, dass sie einer Landwirtsfrau, welche viel Unglück mit ihrem Viehbestand hatte, eine grössere Geldsumme als Hilfe sandte.
Endlich sorgte sie sich auch um Haustiere, wie Hunde und dergleichen. Tierquälereien mochte sie nicht leiden.
Wo sie irgend etwas erfuhr, sorgte sie sich persönlich um Abhilfe.
Vorstehendes bestätigt

Oberhaching, den 29. September 1948

Schwester Pia als Wohltäterin

A u s z u g :

Der Untersuchungsrichter
beim Landgericht München II

München, den 9.1.1950

g. Akt Schwester Pia

Az.: Da 12 Js 277/48
Betr.: Steinbrenner Hans
wegen Kriegsverbrechen.

Zeugenvernehmungsprotokoll

aufgenommen in der Voruntersuchung gegen Steinbrenner Hans wegen Kriegsverbrechen am Montag, den 9.1.1950 in den Diensträumen des Untersuchungsrichters München II, Justizpalast

Beginn: 9.00 Uhr.

Gegenwärtig: Landgerichtsrat Dr. Nikolaus Naaff
als Untersuchungsrichter,
Justizangestellter Eser
als Protokollführer.

Der auf Ladung erschienene Zeuge wurde zunächst mit dem Gegenstand seiner Vernehmung vertraut gemacht, zur Wahrheitsangabe erinnert und die Folgen einer falschen oder unvollständigen Zeugenaussage verwiesen.
Der Zeuge wurde sodann vernommen wie folgt:

1. Zur Person: K a l t e n b a c h e r Johann, 46 Jahre alt, kath., verh. Kraftfahrer in München, Heimeranstr. 26/III, mit den Beschuldigten nicht verwandt und nicht verschwägert, nicht vorbestraft.

2. Zur Sache: Ich wurde erstmalig im April 1933 aus politischen Gründen (Angehöriger der KPD) ins KZ. Dachau eingeliefert, wo ich bis Mai 1934 verblieb.
Nach Vorhalt der Namen und Lichtbilder der einzelnen Mitbeschuldigten erklärt der Zeuge:

Schwester Pia: (Eleonore Bauer)
Dieselbe kenne ich von ihren Besuchen im Lager. Sie hat sich als Kommandantin der Häftlinge aufgespielt und habe ich selbst gesehen, dass sie wiederholt Häftlinge ins Gesicht schlug, offensichtlich, wenn er nicht entsprechend vor ihr Haltung angenommen hatte.
Im Jahre 1940 fand im Lager eine Weihnachtsfeier statt, bei der die pol. Häftlinge von der Beschuldigten mit Paketen beschenkt wurden. Hierbei hielt sie eine Ansprache, in der sie ausdrücklich erklärte, dass sie für die pol. Häftlinge immer etwas übrig habe und dass dieselben bald in Freiheit kommen werden. Bezüglich der anderen Häftlinge äusserte sie wortwörtlich: "Die anderen, vor allem die Polen und Juden können ruhig verrecken". Diese Äusserung hat bei uns Häftlingen grösstes Missfallen erregt und haben wir nachher auf der Lagerstrasse den Vorfall besprochen und uns sogar geschämt bei einer solchen Einstellung pol. Häftling zu sein.

»Polen und Juden können ruhig verrecken«:
Zeugenaussage vor der Staatsanwaltschaft München

hatte an »Schwester Pia« weder Positives noch Negatives bemerken können.

Da der Angeklagten die ihr angelasteten Straftaten nicht eindeutig nachgewiesen werden konnten und sie bei den Experimenten des Dr. Sigmund Rascher nur voyeuristische Zeugin und nicht Aktivistin gewesen war, kam die Erste Strafkammer des Landgerichts München zu dem Schluss, dass die Beweise für eine Beihilfe zum Verbrechen des Mordes, der Körperverletzung mit Todesfolge oder der gefährlichen Körperverletzung als ungenügend zu erachten seien. Die unter Eid gemachten Aussagen ehemaliger Häftlinge, die von den auf Baurs Geheiß verhängten Prügelstrafen und der monatelangen Dunkelhaft schwere Dauerschäden erlitten hatten, blieben unberücksichtigt. Straflos blieb auch die Bereicherung durch Zwangsarbeitereinsatz. Das Verfahren wurde eingestellt, die Kosten trug die Staatskasse.

Eleonore Baur verließ den Gerichtssaal als freie Frau und kehrte in ihr Anwesen in Oberhaching zurück. 1957 stellte sie beim Landratsamt München einen Antrag auf Kriegsgefangenenentschädigung – ob diesem stattgegeben wurde, kann aus den Akten nicht ersehen werden. Auf jeden Fall lebte Eleonore Baur, unbehelligt von der Justiz und niemals mehr zur Rechenschaft gezogen, weiterhin in ihrem von Dachauer KZ-Häftlingen komfortabel ausgebauten Haus. Gemieden von den Nachbarn, bewacht von einem deutschen Schäferhund und von den Kindern als »böses, altes Weib« bezeichnet, erreichte sie ein hohes Alter. Ihre ehemaligen Parteigenossen vergaßen sie nicht. Zu ihrem 90. Geburtstag erschien in einer rechtsradikalen Zeitung eine in vorsichtige Worte gekleidete Würdigung der

Jubilarin: »Heute schaut sie in ihrem Heim in Oberhaching bei München auf ein gelebtes und bestandenes Leben zurück. Sie bereut nichts und würde es noch einmal tun.«[18] Am 18. Mai 1981 ist »Schwester Pia« im Alter von 95 Jahren gestorben. Die »Kameradschaft Oberland/Bund Oberland« bestellte für die ehemalige SS-Oberführerin eine Todesanzeige. Sie endet mit dem Spruch: »Ihre Ehre hieß Treue – Ihr Leben galt Deutschland.«[19] Selbst ihre Grabplatte zierte lange die Inschrift »Ein Leben für Deutschland«. Diese Grabplatte wurde in jüngster Zeit entfernt. Damit ruht Schwester Pia in einem anonymen Urnengrab, dessen Standort nur der Friedhofsverwaltung bekannt ist.

Anmerkungen

Maria Reiter

1 Laut »Drittes Reich privat« – Eine Reportage von Spiegel-TV, 24. 1. 1999 mit Bezug auf Reiters Erklärung von 1959.

2 Auskunft des Standesamtes Berchtesgaden vom 17. 7. 2001.

3 Das Hotel existiert nicht mehr. 1934 wurde das Hotel an die NSDAP verkauft. In den frühen Fünfzigerjahren wurde es abgerissen. An seiner Stelle befindet sich heute die »Sparkasse Berchtesgaden«.

4 Modewaren Reiter, Maximilianstraße 64.

5 Angabe von Maria Reiter im Fragebogen zur Aufnahme in die NSDAP, 1938. Bundesarchiv Berlin.

6 Adolf Hitler, Monologe im Führerhauptquartier 1941–1944. Die Aufzeichnungen Heinrich Heims. Hrsg. von Werner Jochmann. Hamburg 1980, S. 203.

7 Dietrich Eckart (1868–1923), Schriftsteller und Mentor Hitlers.

8 Friedrich Ebert.

9 Wilhelm Cuno.

10 Werner Maser, Die Frühgeschichte der NSDAP. Bonn 1965, S. 379 ff.

11 Biografisches in: München – Hauptstadt der Bewegung. Katalog der Ausstellung im Münchener Stadtmuseum 1993, S. 231 f.

12 Hitler, Monologe, a. a. O., S. 202 f.

13 Ebd., S. 203 ff.

14 Ebd.

15 Ebd., S. 204.

16 Maria Woldrich, geb. Reiter. Eigenhändiger Lebenslauf. Beilage zum Heiratsgesuch an das Rasse- und Siedlungsamt Berlin. März 1935. BDC, RS, Bundesarchiv Berlin.

17 Ebd.

18 Heinrich Bennecke, Die Bedeutung des Hitlerputsches für Hitler. In: Politische Studien 13 (1962), S. 685–692.

19 Laut Angabe von Frau Gerdy Troost. Mitteilung von Ulrich Ziegeltrum, Berchtesgaden.

20 Das Hotel wurde abgerissen.

21 Adolf Hitler, Monologe, a. a. O., S. 205.

22 Nach dem Verbot bildeten sich zwei Gruppen: die Großdeutsche Volksgemeinschaft und die Nationalsozialistische Freiheitsbewegung.

23 Adolf Hitler, Monologe, a. a. O., S. 205.

24 Ebd., S. 206.

25 Adolf Hitler, Mein Kampf. Erster Band: Eine Abrechnung. München 1925. Zweiter Band: Die nationalsozialistische Bewegung. München 1927.

26 So der Titel des Romans von Hans Grimm, der zu einem nationalsozialistischen Schlagwort wurde.

27 Martin Broszat, Betrachtungen zu »Hitlers zweitem Buch«. In: VJHZ 9 (1961), S. 417–429.

28 Maria Reiter im Interview mit Günther Peis. In: Stern Nr. 24, 13. 6. 1959.

29 Hitler, Monologe, a. a. O., S. 206.

30 Mitteilung von Ulrich Ziegeltrum, Berchtesgaden.

31 Hitler, Monologe, a. a. O., S. 206 f.

32 Sonja Noller, Die Geschichte des »Völkischen Beobachters« von 1920 bis 1923. Diss. Universität München. 1956, S. 23 ff.

33 Werner Maser, Die Frühgeschichte der NSDAP, a. a. O., S. 238 f.

34 »Münchener Morgenpost«, 3. 4. 1923.

35 Mitteilung Ulrich Ziegeltrum, Berchtesgaden.

36 »Bayerischer Staatsanzeiger«, München, 16. 12. 1925, S. 2 f.

37 Albrecht Tyrell, Führer befiehl ... Selbstzeugnisse aus der »Kampfzeit der NSDAP«. Düsseldorf 1969, S. 97 sowie S. 107.

38 Gründungsanzeige im »Völkischen Beobachter« vom 25. März 1922.

39 Adolf Hitler, Mein Kampf. Die Psyche der Masse. München 1938, S. 44.

40 Hitler, Monologe, a. a. O., S. 206.

41 Ebd., S. 408.

42 Ebd., S. 277 f.

43 Biografisches in: München – Hauptstadt der Bewegung, a. a. O., S. 233 f.

44 Weiße »Stutzen« wurden das Kennzeichen der österreichischen Nationalsozialisten nach dem Verbot der NSDAP.

45 Hans-Jörg Wohlfromm, Deckname Wolf. Hitlers letzter Sieg. Berlin 2001.

46 Von 1945 bis 1952 war sie als Paula Wolf in Berchtesgaden gemeldet. Danach kehrte sie zu ihrem eigenen Namen zurück. Auskunft des Einwohnermeldeamtes Berchtesgaden vom 19. 7. 2001.

47 Hitler in der Nacht vom 16./17. 1. 1942 in der Wolfsschanze. In: Hitler, Monologe, a. a. O., S. 208.

48 Hitler, Monologe, a. a. O., S. 207 f.

49 Schreiben Martin Bormanns an Robert Ley vom 2. 1. 1938. Mitteilung von Ulrich Ziegeltrum, Berchtesgaden.

50 Auskunft von Frau Dr. Hedwig Maurice, der Witwe von Emil Maurice, Starnberg, August 1998.

51 Maria Reiter im Interview mit Günther Peis, a. a. O.

52 Angabe im Lebenslauf Maria Reiters.

53 Henry A. Turner, Hitler's Secret Pamphlet for Industrialists, 1927. In: Journal of Modern History 40, 1968, S. 348–374.

54 Eigenhändige Postkarte Hitlers. Privatbesitz. Der Text aller erhaltenen Postkarten aus der Korrespondenz Hitler–Reiter im Anhang.

55 Eigenhändige, undatierte Bilderpostkarte Hitlers. Privatbesitz.

56 Eigenhändige Postkarte Hitlers in Privatbesitz.

57 Rede von Joseph Goebbels. In: »Völkischer Beobachter«, 3. 7. 1926, S. 1 f.

58 Bericht des Reichskommissars für öffentliche Ordnung. Zitiert nach Tyrell, Führer befiehl, a. a. O., S. 159 f.

59 Eigenhändige Postkarte Hitlers mit einer Abbildung von Goethe und Schiller. Privatbesitz.

60 Hitler, Monologe, a. a. O., S. 173.

61 Hitler am 9. 2. 1942 mittags in der Wolfsschanze. In: Hitler, Monologe, a. a. O., S. 274.

62 Maria Reiter im Interview mit Günther Peis, a. a. O.

63 Eigenhändiger Brief Adolf Hitlers vom 22. 12. 1926. Privatbesitz. Vollständiges Zitat im Anhang.

64 Wetterbericht der »Münchener Neuesten Nachrichten« v. 21. 12. 1926.

65 Auskunft von Ulrich Ziegeltrum, Berchtesgaden, August 2001.

66 Es handelte sich um ein Vorausexemplar. Im Buchhandel war der zweite Band ab 1927 erhältlich.

67 Maria Reiter im Interview mit Günther Peis, a. a. O., S. 34.

68 Hitlers Brief vom 8. 2. 1927.

69 Albert Speer, Erinnerungen, Frankfurt am Main, Berlin 1969, S. 59.

70 Eigenhändige Postkarte Hitlers vom 25. 1. 1927. Privatbesitz.

71 Eigenhändiger Brief Hitlers vom 8. 2. 1927. Privatbesitz. Vollständiger Text im Anhang.

72 Eigenhändiger Brief Hitlers vom 4. 3. 1927. Privatbesitz. Vollständiger Text im Anhang.

73 Eigenhändige Postkarte Adolf Hitlers. Privatbesitz. Vollständiger Text im Anhang.

74 Die Affäre »Arnold« nach Schilderungen von Frau Dr. Hedwig Maurice im August 1998.

75 Das Berchtesgadener Land im Wandel der Zeit. Hrsg. vom Verein für Landeskunde von Berchtesgaden. 1982, S. 389 ff.

76 Hitler am 9. 2. 1942 mittags in der Wolfsschanze. In: Adolf Hitler, Monologe, a. a. O., S. 274.

77 D. C. Watt, Die bayerischen Bemühungen um Ausweisung Hitlers 1924. In: VJHZ 6 (1958), S. 270–280.

78 Hitler, Monologe, a. a. O., S. 208.

78a Der Brief ist im Besitz eines amerikanischen Sammlers. Er konnte von der Autorin nicht eingesehen werden.

79 Auskunft von Anna Esser, München, sowie Ulrich Ziegeltrum, Berchtesgaden, August 2001.

80 Tatsächlich bilden die spärlichen Angaben von Zeitzeugen die einzige Quelle zu dieser Affäre. Schriftliche Unterlagen existieren nicht.

81 Angaben Maria Reiters gegenüber Dr. Oscar Steuer, Berchtesgaden.

82 Hitler, Monologe, a. a. O., S. 208.

83 Vgl. Lebenslauf Maria Woldrich, geb. Reiter.

84 Ebd.

85 Hitler, Monologe, a. a. O., S. 206.

86 Ebd., S. 207.

87 Albert Speer, Erinnerungen. Frankfurt am Main 1969, S. 60.

88 Ferdinand Woldrich (1902–1988) sowie Auskunft des Tiroler Landesarchivs vom 18. 10. 2001.

89 Auskunft von Robert Brandner, Berchtesgaden. August 2001.

90 Eigenhändige undatierte Postkarte Hitlers. Privatbesitz.

91 Angabe von Frau Alt-Woldrich, August 2001.

92 Harald Walser, Die illegale Tätigkeit der NSDAP in Tirol und Vorarlberg (1933–1938). Dargestellt in Dokumenten. Diss. Univ. Innsbruck 1982, S. 17 ff.

93 Personalfragebogen der NSDAP vom 25. November 1938. Bundesarchiv Berlin.

94 Auch Heß, die Schreibung variiert.

95 Maria Reiter im Interview mit Günther Peis, a. a. O.

96 Friedrich Weissensteiner, Der ungeliebte Staat. Wien 1990 V. Der wirtschaftliche Zusammenbruch, S. 206 ff.

97 Sammelakt Nationalsozialismus 1–500; 1933, Präsidial, XII–59, 181. Tiroler Landesarchiv. Ebenso bei: Harald Walser, Die illegale Tätigkeit, a. a. O., S. 119.
98 Speer, Erinnerungen, a. a. O., S. 61.
99 Ebd., S. 59.
100 Auskunft des Tiroler Landesarchivs Innsbruck vom 18. 10. 2001.
101 Angabe von Dr. Hedwig Maurice, Berchtesgaden, August 1998.
102 Lt. Fragebogen der NSDAP v. 25. November 1938. Bundesarchiv Berlin.
103 Angabe im eigenhändigen Lebenslauf Maria Woldrichs, geb. Reiter.
104 Angaben im eigenhändigen Lebenslauf von 1935. Die Aus- bzw. Einbürgerung erfolgte 1935. Akt Zl. 813 (VIII 37 a) ex 1935. Amt der Tiroler Landesregierung: Abteilung II a. Laut Auskunft des Tiroler Landesarchivs vom 18. 10. 2001.
105 Auskunft von Rechtsanwalt Dr. Oscar Steuer, Berchtesgaden, September 2001.
106 Lebenslauf des SS-Hauptsturmführers Georg Kubisch vom 14. 3. 1935. BDC, PK; Bundesarchiv Berlin.
107 Meldekarte des Münchener Stadtarchivs sowie Auskunft vom 24. 7. 2001.
108 Abschrift der Geburtsurkunde Nr. 1833 des Standesamtes Berlin IV vom 5. 2. 1935.
109 Mitgliedsnummer 64 961.
110 Dienstlaufbahn Georg Kubisch. BDC, SSO. Bundesarchiv Berlin.
111 Martin Broszat, Die Anfänge der Berliner NSDAP 1926/27. In: VJHZ 8, 1960, S. 85–118.
112 Schreiben des Georg Kubisch vom 26. 11. 1934 sowie 3. 12. 1934. Bestand BDC, RS, Bundesarchiv Berlin.
113 Beurteilung des SS-Hauptsturmführers Kubisch vom 7. 12. 1934. BDC, SSO, Bundesarchiv Berlin.
114 Verbesserung der Beurteilung. BDC, SSO, Bundesarchiv Berlin.
115 Beurteilung des SS-Hauptsturmführers Kubisch vom 8. 12. 1938. BDC, SSO; Bundesarchiv Berlin.
116 Urkunde Nr. 216 vom 22. 2. 1936. Standesamt Berlin I.
117 Maria Reiter-Kubisch im Interview mit Günther Peis, a. a. O.
118 Georg Kubisch am 15. 3. 1937; Maria Kubisch am 29. 11. 1937. Stadtarchiv München. Mitteilung vom 24. 7. 2001.
119 Speer, Erinnerungen, a. a. O., S. 57.
120 Eintragung vom 23. 6. 1938. Einzige Abschrift des Gedenkbuchs im Besitz von Anna Maria Sigmund. Für die Überlassung des Manuskripts sei Univ.-Prof. Dr. Werner Maser herzlichst bedankt.

121 1130, Wien Schrutkagasse 13, Auskunft des Meldereferats des Wiener Stadt- und Landesarchivs vom 30. 7. 2001.
122 1120 Wien, Am Fasangarten 1, Auskunft wie oben.
123 1180 Wien, Gersthofer Straße 26/2/13, Auskunft wie oben.
124 Kubisch fiel am 8. 6. 1940 in der Somme-Schlacht bei Gerbigny-Montdidier, Frankreich. BDC, PK; Bundesarchiv Berlin.
125 Bischofswiesen, Reichsführungs-Siedlung.
126 München, Maximilianstraße 2/3.
127 Akte Walter Zierahn. Fürsorge- und Versorgungsamt, Abt. I der Waffen-SS. Bundesarchiv Berlin.
128 Schreiben von Frau G. Zierahn an das Rasse- und Siedlungshauptamt-SS. Akte Zierahn. Bundesarchiv, Berlin.
129 Maria Kubisch am 2. 9. 1942 an das Rasse- und Siedlungshauptamt-SS, Berlin. Akt Walter Zierahn. Bundesarchiv Berlin.
130 Geboren am 18. 7. 1920 in Schenefeld, Kreis Rensburg.
131 Auskunft des Standesamtes Berchtesgaden vom 10. September 2001.
132 Seit 15. 6. 1959 laut Auskunft des Einwohnermeldeamtes Markt Berchtesgaden.
133 Auszug aus dem graphologischen Gutachten der Hitler-Briefe an Maria Reiter. In: Stern Nr. 24/1959, S. 65.
134 Angabe von Dr. Steuer, Berchtesgaden, September 2001.
135 Laut »Drittes Reich privat« – Eine Reportage von Spiegel-TV, 24. 1. 1999.
136 Angabe von Dr. Johannes Schmitt, München, September 2001.

Ilse Hess

1 Ilse Hess, auch Ilse Heß. Die Schreibweise variiert in der Literatur, sie selbst verwendet in ihren Briefen hauptsächlich »ss«.
2 Albert Speer, Spandauer Tagebücher. Frankfurt am Main, Berlin, Wien 1975, Bildteil nach S. 288.
3 Eigenhändiges Schreiben von Rudolf Hess, datiert vom 4. 11. 1940. Zwischen der Abfassung des Briefes und dem Abflug lagen zwei verschobene Starttermine.
4 Ilse Hess, Gefangener des Friedens. Neue Briefe aus Spandau. Leoni am Starnberger See 1955, S. 20 ff.
5 Ilse Hess, Gefangener des Friedens, a. a. O. S. 15.

6 Franz Ritter von Epp hatte 1919 das Freikorps Epp aufgestellt, das die Räterepublik in München sowie die kommunistischen Aufstände im Ruhrgebiet und in Hamburg bekämpfte.

7 Ilse Hess, Gefangener des Friedens, a. a. O., S. 18 f.

8 Rudolf Hess, Briefe 1908–1933. Hrsg. von Wolf-Rüdiger Heß. München, Wien 1987, S. 20.

9 Ilse Hess, Gefangener des Friedens, a. a. O., S. 23 ff.

10 Ebd., S. 25.

11 Ebd., S. 33.

12 Spka K 693. Aktenheft 1: Office of Military Government for Security vom 3. 6. 1947. Bayerisches Staatsarchiv München. Ihre erste Parteinummer ist nicht feststellbar.

13 Handschriftliche Postkarte von Rudolf Hess. Rudolf Hess, Briefe, a. a. O., S. 262.

14 Dietrich Orlow, Rudolf Hess, »Stellvertreter des Führers«. In: Die braune Elite I. Hrsg. von Ronald Smelser und Rainer Zitelmann. Darmstadt 1994, S. 84 ff.

15 Ilse Hess, Gefangener des Friedens, a. a. O., S. 68.

16 Rudolf Hess, Brief vom 30. 5. 1954.

17 Haushofers Lehre beruhte auf den Theorien von Friedrich Ratzel (1844–1904) und Rudolf Kjéllen (1864–1922). Ratzel ist der Begründer der Anthropo-Geographie und der politischen Geographie (»Die Erde und das Leben«); Kjéllen prägte den Begriff der Geopolitik. Auf seine »Politische Geographie« hat sich dann die Geopolitik zu Unrecht berufen.

18 »Volk ohne Raum«, der Titel des 1928 erschienenen Buchs von Hans Grimm, wurde zu einem nationalsozialistischen Schlagwort.

19 Gottfried Feder, Das Manifest zur Brechung der Zinsherrschaft des Geldes. München 1919.

20 Ilse Hess, Gefangener des Friedens, a. a. O., S. 39.

21 Februar 1921. Der Preis wurde von einem in Spanien lebenden Auslandsdeutschen gestiftet.

22 Zitiert nach Wulf Schwarzwäller, Rudolf Hess, Der letzte von Spandau. Wien, München 1977, S. 74.

23 Münchner Raumkunst GmbH, Besitzer: Max Hofweber.

24 50 000 Mark der Vorkriegszeit hatten 1922 einen Kaufwert von 0,0005 Pfennig.

25 Hess, Briefe, a. a. O., S. 276.

26 Ebd., Mitteilung aus Reicholdsgrün vom 3. 9. 1921.

27 Ebd., Brief vom 24. 10. 1921. S. 283.
28 Gedicht von Rudolf Hess. Verfasst am 16. 3. 1922 auf einer Bahnfahrt durch das Allgäu.
29 Hess, Briefe, a. a. O., S. 289.
30 Ebd., Gedicht von Rudolf Hess im April 1922, S. 290.
31 Ebd., Brief vom 13. 9. 1922, S. 294.
32 Ebd., Brief vom 27. 11. 1924, S. 355 f.
33 Brief von Ilse Hess an Adolf Hitler vom 21. 7. 1944. Spka K 693. Aktenheft 5. Bayerisches Staatsarchiv München.
34 Hess, Briefe, a. a. O., S. 325 ff.
35 Ebd., Brief aus Landsberg vom 11. 6. 1924, S. 333 f.
36 Guido Knopp, Hitlers Helfer. München 1996, S. 213 f.
37 Hess, Briefe, a. a. O., Brief vom 24. 7. 1924, S. 347.
38 Ebd., Brief an Ilse Pröhl vom 29. 6. 1924, S. 341.
39 Ebd., S. 366.
40 Studentenkarteikarte Ilse Pröhl. Auskunft des Universitätsarchivs der Ludwig-Maximilians-Universität, München vom 19. 11. 2001. Eintragung vom 18. 7. 1926.
41 Joseph Goebbels, Tagebücher. Hrsg. von Ralf G. Reuth, Bd. 1, 1924–1929, S. 263 f.
42 Hess, Briefe, a. a. O., S. 365.
43 Brief von Rudolf Hess aus Weimar vom 23. 1. 1927.
44 Anstelle von Hess überquerten die Deutschen Köhl, von Hünefeld sowie der Ire Fitzmaurice im Frühjahr 1928 den Atlantik.
45 Hess, Briefe, a. a. O., Brief vom 17. 9. 1927, S. 384.
46 Tatsächlich verfügte Ilse Pröhl zu diesem Zeitpunkt über kein Vermögen.
47 Hess, Briefe, a. a. O., Brief vom 20. 11. 1927, S. 386 ff.
48 Ebd.
49 Laut Auskunft des Münchener Meldearchivs, Ainmillerstraße 11.
50 Standesamt I, München.
51 Wolf-Rüdiger Heß, Aus dem Leben meines Vaters. In: Ilse Hess, Antwort aus Zelle sieben. Briefwechsel mit dem Spandauer Gefangenen. Leoni am Starnberger See 1967, S. 27 f. Vgl. dazu Ian Kershaw, Hitler, 1889–1936. London 1998, S. 298 ff.
52 Geli Raubal maturierte am 24. 6. 1927 am Akademischen Gymnasium in Linz, Oberösterreich.
53 Brief von Rudolf Hess am 17. 9. 1927. Biografisches zu Geli Raubal in: Anna Maria Sigmund, Die Frauen der Nazis. Wien 1998, S. 131 ff.

54 Brief von Geli Raubal am 24. 12. 1927, in: Sigmund, Frauen, a. a. O., S. 140 f.

55 Hans Grimm, Volk ohne Raum – Das Schicksal eines deutschen Kolonialisten in Südafrika. Berlin 1928.

56 Rudolf Hess am 20. 11. 1927.

57 Joseph Goebbels, Tagebücher, a. a. O., Eintragung vom 15. 11. 1928, S. 333.

58 Ebd., Eintragung vom 17. 11. 1928, S. 334.

59 Ebd.

60 Aussage von Ilse Hess beim Spruchkammerverfahren am 17. 5. 1946. Spka K 693. Aktenheft 3: Belastungen. Bayerisches Staatsarchiv München.

61 Auskunft von Col. Eugene Bird, März 2002.

62 Im November 1931 wurde aus diesem Anlass ein Strafverfahren gegen Hess eingeleitet.

63 Inge Pröhl zu Col. Eugene Bird. Eugene K. Bird, Hess. Herrsching 1979, S. 302.

64 Hess, Briefe, a. a. O., Rudolf Hess an Fritz Hess vom 24. 10. 1930, S. 405 f.

65 Ebd., Rudolf Hess an Ilse Hess vom 31. 1. 1933, S. 424.

66 Rudolf Hess an Ilse Hess am 1. 2. 1933.

67 Laut Auskunft des Münchner Meldearchivs.

68 Angaben laut Protokoll des Internierungslagers Göggingen vom 23. 3. 1948. Spka K 693. Bayerisches Staatsarchiv München.

69 Ilse Hess, Gefangener des Friedens, a. a. O., S. 44.

70 Rudolf Hess, Reden. München 1938.

71 Angaben von Ilse Hess im Meldebogen auf Grund des Gesetzes zur Befreiung von Nationalsozialismus und Militarismus am 5. 3. 1946.

72 Aussage am 8. 10. 1947. Spka K 693. Bayerisches Staatsarchiv München.

73 Laut Aussage von Hildegard Fath, der Sekretärin von Rudolf Hess. Protokoll vom 23. 3. 1948, aufgenommen im Internierungslager Göggingen. Spka K 693. Bayerisches Staatsarchiv München.

74 Eintragung vom 6. 10. 1936. In: Die Tagebücher von Joseph Goebbels. Teil I: Aufzeichnungen 1924–1941. Hrsg. v. Elke Fröhlich. München 1987, Bd. 2, S. 694.

75 Geburtstagslaudatio in der »Nationalsozialistischen Rheinfront« vom 28. 4. 1939 zum 45. Geburtstag des »Führer-Stellvertreters«.

76 Hitler beschuldigte den Führer der SA, Ernst Röhm, einen landesweiten Putsch geplant zu haben, um die Regierung Hitler zu stürzen. Röhm und sein Anhang wurden 1934 erschossen.

77 Vgl. Ian Kershaw, Hitler 1889–1936. London 1998, S. 511 ff.

78 Gestiftet von Kaiserin Maria Theresia für »besonders herzhafte Thaten, die jeder Offizier von Ehre auch hätte unterlassen können«. Peter Diem, Die Symbole Österreichs. Zeit und Geschichte in Zeichen. Wien 1995, S. 215 f.

79 Ilse Hess, England – Nürnberg – Spandau. Ein Schicksal in Briefen. Leoni am Starnberger See 1952, S. 17 ff.

80 Goebbels am 14. 5. 1941. Joseph Goebbels, Tagebücher. Hrsg. von Ralf G. Reuth, Bd. 4: 1940–1942. München 1999, S. 1572 ff.

81 »Münchner Neueste Nachrichten« vom 12. 5. 1941. »Berliner Börsen-Zeitung« vom 13. 5. 1941.

82 Jochen von Lang, Der Sekretär. München, Berlin 1987, S. 165 ff.

83 Abschrift der 1. Vernehmung von Hess in England. Document D6 14. Office of US. Chief of Counsil. ApKa K 694. Bayerisches Staatsarchiv München.

84 Ilse Hess, England, a. a. O., S. 25.

85 Bormann hielt auch später seine Schikanen aufrecht. Brief von Ilse Hess an Reichsleiter Martin Bormann vom 27. 6. 1943. Spka K 693. Bayerisches Staatsarchiv München.

86 Spka K 693. 1. Hauptakt. Bayerisches Staatsarchiv München.

87 Das Konto bei der Südtreu-Treu München wies bei Kriegsende einen Stand von 100 000 RM auf.

88 Ilse Hess: Einkommensteuererklärungen der Jahre 1941–45. Ilse Hess bezog das Gehalt regelmäßig bis zum 1. 5. 1945.

89 Erwähnung im Brief von Ilse Hess an den Reichsführer SS am 13. 10. 1944. Spka K 693. Bayerisches Staatsarchiv München.

90 Ilse Hess, England, a. a. O., S. 26.

91 Schreiben von Ilse Hess am 26. 2. 1945. Spka K 693. Bayerisches Staatsarchiv München.

92 Brief von Ilse Hess am 21. 7. 1944. Spka K 693. Aktenheft 5: Belastungen. Bayerisches Staatsarchiv München.

93 Ilse Hess an Heinrich Himmler am 19. 7. 1944. Spka K 693. Bayerisches Staatsarchiv München.

94 Ilse Hess an Heinrich Himmler am 13. 10. 1944, a. a. O.

95 Brief von Ilse Hess am 13. 10. 1944. Spka K 693. Aktenheft 3: Belastungen. Bayerisches Staatsarchiv München.

96 Ebd.

97 Alfred Seidl, Der Fall Rudolf Hess. 1941–1987. Dokumentation des Verteidigers. München 1988.

98 Albert Speer, Spandauer Tagebücher, a. a. O., S. 104.

99 Der gesamte Wortlaut u. a. bei Wulf Schwarzwäller, Rudolf Hess. Der Stellvertreter. München 1987, S. 254 ff.
100 Bird, Hess, a. a. O., S. 68 ff.
101 Ilse Hess am 3. 6. 1947. Spka K 693. Bayerisches Staatsarchiv München.
102 Ebd.
103 Am 4. 7. 1947. Ilse Hess, Gefangener des Friedens, a. a. O., S. 13.
104 Alfred Seidl, Die Kontinuität einer Gesinnung. Vom NS-Verteidiger zum Innenminister. Pressedienst Demokratische Initiative, Sonderheft 7. München 1987.
105 Ilse Hess, Gefangener des Friedens, a. a. O., S. 14.
106 Urteil des Spruchkammerverfahrens Ilse Hess sowie Entlassungsschein des Internierungslagers Göggingen vom 24. 3. 1948.
107 Rudolf Hess am 4. 7. 1948 aus Spandau. In: Ilse Hess, England, a. a. O., S. 131.
108 Ilse Hess, Gefangener des Friedens, a. a. O., S. 87.
109 Ilse Hess, England, a. a. O.
110 Ilse Hess, Gefangener des Friedens, a. a. O., dies.: Antwort, a. a. O. Als Herausgeber der Werke von Ilse Hess fungierte der ehemalige stellvertretende NS-Reichspressechef Helmut Sündermann.
111 Albert Speer am 29. 11. 1952. In: Speer, Spandauer Tagebücher, a. a. O., S. 329 ff.
112 Schreiben von Cerff, 1959 o. M., im Besitz der Autorin.
113 »Er spielte wieder mal den Toten«. Spiegel-Gespräch mit Ilse Hess. »Spiegel«, Heft 48/1967, S. 52.
114 Ilse Hess, Antwort, a. a. O., S. 275 ff.
115 Auskunft von Col. Bird. März 2002.
116 Bird, Hess, a. a. O., S. 227 f.
117 Hugh Thomas, The Murder of Rudolf Hess. London 1979.
118 Wolf-Rüdiger Heß, Mord an Rudolf Hess? Der geheimnisvolle Tod meines Vaters in Spandau. Leoni am Starnberger See 1988.
119 Hugh Thomas, A Tale of Two Murders. London 1988.
120 Auskunft des Meldeamts von Hindelang, Allgäu, vom 14. 11. 2001.

Annelies von Ribbentrop

1 Reinhold Spitzy, So haben wir das Reich verspielt. Bekenntnisse eines Illegalen. München. Wien 1987, S. 193.
2 Ebd., S. 84.

3 Joachim C. Fest, Das Gesicht des Dritten Reichs. Profile einer totalitären Herrschaft. München 1963, S. 246.

4 Erich Kordt, Nicht in den Akten ... Die Wilhelmstraße in Frieden und Krieg. Erlebnisse, Begegnungen und Eindrücke 1928–1945. Stuttgart 1950, S. 63.

5 BAK, R 170/1457, Bl. 104. Bundesarchiv Koblenz.

6 Albert Speer am 23. 11. 1949. In: Speer, Spandauer Tagebücher. Frankfurt am Main, Berlin, Wien 1975, S. 219.

7 Speer, Spandauer Tagebücher, a. a. O., S. 119 f.

8 Paul Schwarz, This Man Ribbentrop. His Life And Times. New York 1943, S. 11.

9 Ebd., S. 15 f.

10 Wolfgang Michalka, Ribbentrop und die deutsche Weltpolitik 1933–1940. Außenpolitische Konzeptionen und Entscheidungsprozesse im Dritten Reich. München 1980, S. 24 ff.

11 Schwarz, This Man, a. a. O., S. 44, und Wolfgang Michalka, Joachim von Ribbentrop – Vom Spirituosenhändler zum Außenminister. In: Die braune Elite I. Hrsg. von Ronald Smelser und Rainer Zitelmann. Darmstadt 1989, S. 201 ff.

12 Angaben Ribbentrops vor dem Internationalen Militärtribunal in Nürnberg am 28. 3. 1946.

13 Joachim von Ribbentrop, Zwischen London und Moskau. Hrsg. aus dem Nachlass von Annelies von Ribbentrop. Leoni am Starnberger See 1953, S. 24.

14 Spitzy, So haben wir das Reich verspielt, a. a. O., S. 346.

15 Laut Aussage von Marion Whitehorn, einer Bekannten Ribbentrops.

16 Ribbentrop, Zwischen London und Moskau, a. a. O., S. 32.

17 Michael Engel, Geschichte Dahlems. Berlin 1984, S. 282.

18 Erich Kordt, Nicht in den Akten, a. a. O., S. 62.

19 BAK, R170/1457. Bundesarchiv Koblenz.

20 Jonathan Petropoulos, Kunstraub und Sammelwahn. Kunst und Politik im Dritten Reich. Berlin 1999, S. 257 ff.

21 Bella Fromm, Als Hitler mir die Hand küßte. Berlin 1993, S. 234 und S. 246.

22 Schwarz, This Man, a. a. O., S. 67. In diesem Sinn auch der Zeitzeuge und Diplomat Hans von Herwarth im Interview.

23 Schwarz, ebd., S. 64 f.

24 Ebd., S. 34.

25 Laut Angabe von R. Spitzy im Gespräch mit der Autorin.

26 Schwarz, This man, a. a. O., S. 16.
27 Aussage Joachim von Ribbentrops vor dem Internationalen Militärtribunal in Nürnberg am 28. 3. 1946.
28 IMT, Bd. X. Aussage Ribbentrops am 28. 3. 1946. Zit. nach Werner Maser, Adolf Hitler. Legende – Mythos – Wirklichkeit. München 1971, S. 197.
29 NSDAP-Gaukartei im Bundesarchiv (ehem. Berlin Document Center) Berlin.
30 Franz von Papen, Der Wahrheit eine Gasse. Innsbruck 1952, S. 265.
31 Ribbentrop, Zwischen London und Moskau, a. a. O., S. 38.
32 Bericht von Fritz Bohnhaus 1953. In: »Frankfurter Allgemeine Zeitung«, 26. 3. 1958, S. 9.
33 Die von den Nazis zum Testfall erklärten Landtagswahlen von Lippe, bei denen die NSDAP fast 40 Prozent der Stimmen erhielt (»Wunder von Lippe«). Ribbentrop, Zwischen London und Moskau, a. a. O., S. 38 ff.
34 Der vollständige Text der beim Internationalen Militärtribunal in Nürnberg 1946 vorgelegten Aufzeichnungen in: Ribbentrop, Von London nach Moskau, a. a. O., S. 38 ff. Der englische Botschafter Phipps erwähnt das Treffen bei Ribbentrop, in: Documents on British Foreign Policy. VI, Nr. 406. Deutscher Depeschen Dienst vom 24. 4. 1934. Phipps an Simon. Deutsches Bundesarchiv Berlin.
35 Im Juni 1933 wurden die Parteien aufgelöst. Bei den Reichstagswahlen am 12. 11. 1933 gab es nur mehr die Einheitsliste der NSDAP.
36 Ribbentrop, Zwischen London und Moskau, a. a. O., S. 44.
37 Erst beim Ausbruch des Zweiten Weltkriegs verfügte das Finanzministerium am 4. 9. 1939, dass sich »jeder Volksgenosse die notwendigen Einschränkungen in der Lebensführung auferlegen müsse«, und verhängte eine Steuer von 1 RM pro Flasche.
38 Schwarz, This Man, a. a. O., S. 76.
39 Speer, Spandauer Tagebücher, a. a. O., S. 133.
40 Ebd., S. 226.
41 Hitler am 27. 1. 1942 in der Wolfsschanze. In: Adolf Hitler, Monologe im Führerhauptquartier 1941–1944. Die Aufzeichnungen Heinrich Heims. Hrsg. von Werner Jochmann. Hamburg 1980, S. 240.
42 Spitzy im Gespräch mit der Autorin, Januar 2002.
43 Ebd.
44 Angabe von Marion Whitehorn. In: Dokumentarfilm Guido Knopp: Hitlers Helfer II. Joachim von Ribbentrop.

45 Spitzy, So haben wir das Reich verspielt, a. a. O., S. 87 und im Interview mit der Autorin, Januar 2002.
46 Laut Aussage von Francis Hughson, deren Eltern mit Ribbentrop befreundet waren.
47 Staatsanwaltschaften: 34448; Eleonore Baur, Staatsarchiv München.
48 Schriftverkehr der Gauleitung Groß-Berlin, Abt. Gaukartei vom 11. 1. 1935. Bundesarchiv Berlin.
49 »Tag des Boykotts« jüdischer Einrichtungen und Geschäfte.
50 Schwarz, This Man, a. a. O., S. 67.
51 BAK, NL 126/20. Bundesarchiv Koblenz.
52 Spitzy, So haben wir das Reich verspielt, a. a. O., S. 93.
53 Laut Reichsanzeiger vom 23. 4. 1934.
54 Später arrangierte Ribbentrop für Hitler ein erfolgreiches Interview mit »Paris-Midi« am 21. 2. 1936.
55 Michalka, Ribbentrop, a. a. O., S. 91.
56 Als Beispiel: Reinhard Bollmus, Das Amt Rosenberg und seine Gegner. Zum Machtkampf im nationalsozialistischen Herrschaftssystem. Stuttgart 1970, S. 236.
57 Ribbentrop, Zwischen London und Moskau, a. a. O., S. 52.
58 Dietrich Aigner, Das Ringen um England, Das deutsch-britische Verhältnis, die öffentliche Meinung 1933–1939, Tragödie zweier Völker. München, Eßlingen 1969, S. 293.
59 Gegenüber Lloyd George am 4. 9. 1936. Vgl. Thomas Jones, A Diary With Letters, 1931–1950. London, New York, Toronto 1954, S. 239 ff.
60 Kinder nach dem »Führer« zu benennen galt im Dritten Reich als Privileg der Führungsschicht.
61 Schwarz, This man, a. a. O., S. 37.
62 Ribbentrop, Zwischen London und Moskau, a. a. O., S. 79.
63 Am 27. 1. 1942 in der Wolfsschanze. In: Adolf Hitler, Monologe im Führerhauptquartier. Die Aufzeichnungen Heinrich Heims. Hrsg. von Werner Jochmann. Bindlach 1988, S. 240.
64 Ribbentrop, Zwischen London und Moskau, a. a. O., S. 78.
65 Joseph Goebbels, Tagebücher. Hrsg. von Ralf Georg Reuth, Bd. 3: 1935–1939. Eintragung vom 28. 3. 1936.
66 Im Gespräch mit Staatssekretär Hans Luther, in: Speer, Spandauer Tagebücher, a. a. O., S. 220.
67 Auskunft von Wilhelm Schneider, Ordonnanz Hitlers.
68 Speer, Spandauer Tagebücher, a. a. O., S. 226.
69 Ebd.

70 Krogmann-Tagebücher. Hitler lobte Ribbentrop dem Hamburger Bürgermeister Krogmann gegenüber, hoffte auf die erfolgreiche Vermittlertätigkeit und äußerte sich abfällig über die deutsche Botschaft. Zitiert bei Michalka, Ribbentrop, a. a. O., S. 107.

71 Paul Schmidt, Statist auf diplomatischer Bühne, 1923–45. Erlebnisse des Chefdolmetschers im Auswärtigen Amt mit den Staatsmännern Europas. Bonn 1953, S. 332.

72 Ribbentrop, Zwischen London und Moskau, a. a. O., S. 92.

73 Hans-Adolf Jacobson, Nationalsozialistische Außenpolitik 1933–1938. Frankfurt am Main/Berlin 1968, S. 416.

74 Speer, Spandauer Tagebücher, a. a. O., S. 219.

75 Berliner Telefonbuch im Jahre 1940: »Impregroma, Import & Export großer Marken. Von Ribbentrop & Co.«

76 Auch Heß, die Schreibung variiert.

77 Ribbentrop, Zwischen London und Moskau, a. a. O., S. 93.

78 Anthony Eden, Facing the Dictators. London 1962, S. 504 f.

79 Spitzy im Gespräch mit der Autorin, Januar 2002.

80 Peter Ustinov, Ich und ich. Erinnerungen. Berlin 2000, S. 86.

81 Ebd., S. 87.

82 Spitzy, So haben wir das Reich verspielt, a. a. O., S. 81.

83 Spitzy im Gespräch mit der Autorin, Januar 2002.

84 Eine Liste der Besucher in: Hans-Adolf Jacobsen, Nationalsozialistische Außenpolitik 1933–1938. Frankfurt am Main, Berlin 1968, S. 365 ff.

85 Fritz Hesse, Das Spiel um Deutschland. München 1953, S. 94 f.

86 Nach der »Machtergreifung« richtete Gustav Krupp über Aufforderung Martin Bormanns einen Geheimfonds (Hitler-Spende) zur Unterstützung der neuen Machthaber ein.

87 Spitzy im Interview mit der Autorin, Januar 2002.

88 Speer, Erinnerungen, a. a. O., S. 122.

89 Schwarz, This Man, a. a. O., S. 132 ff.

90 To drop a brick – ins Fettnäpfchen treten.

91 Spitzy, So haben wir das Reich verspielt, a. a. O., S. 123.

92 Winston Churchill, Hitler And His Choice. In: Great Contemporaries. London 1937, S. 261.

93 Zit. nach John Lukacs, The Duel. 10 May–31 July 1940: the eighty-day struggle between Churchill and Hitler. New York 1990, S. 40 ff.

94 Spitzy, So haben wir das Reich verspielt, a. a. O., S. 160.

95 Ebd., S. 129.

96 Als Dokument Nürnberg TC75. Ursprünglich: A5522. Bericht der Deutschen Botschaft London über die künftige Gestaltung der deutsch-englischen Beziehungen. Zit. in: Ribbentrop, Zwischen London und Moskau, a. a. O., S. 116 ff.
97 Goebbels, Tagebücher, Eintragung vom 1. 2. 1938, a. a. O.
98 Alan Bullock, Hitler. Biographie 1889–1945. Neuausgabe. Augsburg 2000, S. 398 ff.
99 Schwarz, This Man, a. a. O., S. 78.
100 Ribbentrop, Zwischen London und Moskau, a. a. O., S. 134.
101 Winston Churchill, Memoiren. London 1949, S. 332. Nach Angabe von Annelies von Ribbentrop lautete die Antwort: »Unserer deutschen Freundschaft können Sie sicher sein.« Ribbentrop, Zwischen London und Moskau, a. a. O., S. 135.
102 BAK, R2/Anhang/25. Bundesarchiv Koblenz.
103 Frau von Remitz. BBC-Interview 1941.
104 Hoßbach-Protokoll vom 5. 11. 1937.
105 Zitiert nach Spitzy, So haben wir das Reich verspielt, a. a. O., S. 308.
106 Max Domarus, Hitler. Reden und Proklamationen, 1932–1945. Bd. I. München 1965, S. 944, Anm. 440.
107 Laut Auskunft von Reinhard Spitzy, Januar 2002.
108 Ribbentrop, Zwischen London und Moskau, a. a. O., S. 160.
109 Ebd.
110 Die letzten Tage vor der Moskauer Reise. Zu Besuch bei Reichsaußenminister v. Ribbentrop auf Schloss Fuschl im Salzkammergut. Sonderberichte für die »Berliner Illustrirte« von Helmut Laux, August 1939.
111 Speer, Spandauer Tagebücher, a. a. O., S. 222.
112 BAK, R 170/1457. Bundesarchiv Koblenz.
113 Hitler am 5. 1. 1942 im Führerhauptquartier Wofsschanze. In: Hitler, Monologe, a. a. O., S. 177.
114 Emma Fuhrmann im Interview, Dokumentarfilm von Guido Knopp: Hitlers Helfer II.
115 Ribbentrop, Zwischen London und Moskau, a. a. O., S. 32.
116 »Neue Zürcher Zeitung«, 6. 11. 2001 und 7. 12. 2001 sowie Ian Sayer und Douglas Botting, Nazi Gold. London 1984.
117 Am 28. 12. 1948 richtete Robert Kempner, der Chefankläger im Nürnberger Prozess, ein Schreiben an die amerikanische Militärregierung in Berlin und gab seiner Sorge um das verschwundene Ribbentrop-Gold Ausdruck.

118 Ribbentrop, Zwischen London und Moskau, a. a. O., S. 99.
119 Ebd., S. 32.
120 Brief vom 16. 10. 1946. In: Ribbentrop, Zwischen London und Moskau, a. a. O., S. 306.
121 Speer, Spandauer Tagebücher, a. a. O., S. 24.
122 Neviges, Untersiebeneick 11.
123 1945 wurde das Haus Lentzeallee 7–11 Sitz der Unabhängigen Gewerkschaftsorganisation UGO, vgl. Engel, Dahlem, a. a. O., S. 282.
124 Westfalenweg 175.
125 Als ein Beispiel von vielen: »Frankfurter Allgemeine Zeitung«, 26. 3. 1958, S. 9.
126 1953 erhielt Annelies von Ribbentrop das Haus zurück und vermietete es weiter dem DGB. Nach dem Ankauf durch den DGB wurde das Bonatz-Haus (Wilhem-Leuschner-Haus) schließlich abgerissen. Auf dem Areal entstanden Eigentumswohnungen.
127 Joachim von Ribbentrop, Zwischen London und Moskau. Erinnerungen und letzte Aufzeichnungen. Aus dem Nachlass hrsg. von Annelies von Ribbentrop. Leoni am Starnberger See 1953.
128 Annelies von Ribbentrop, Verschwörung gegen den Frieden. Studien zur Vorgeschichte des Zweiten Weltkrieges. Leoni am Starnberger See 1963.
129 Zitat A. von Ribbentrops am 5. 10. 1950.
130 Deutsch-englische Geheimverbindungen. Britische Dokumente der Jahre 1938 und 1939 im Lichte der Kriegsschuldlüge. Tübingen 1967.
131 Die Kriegsschuld des Widerstandes. Aus britischen Geheimdokumenten 1938/39. Leoni am Starnberger See 1975.
132 Mitteilung des Meldeamtes der Stadt Wuppertal vom 27. 2. 2002.

Thea von Harbou

1 »Die Nibelungen«, Teil 1 und 2 (1922/24), Regie: Fritz Lang, Drehbuch: Thea von Harbou.
2 Laut Aussage von Thea von Harbou am 10. 2. 1935 bei der Eröffnung des Deutschen Filmarchivs. »Der Führer und Dr. Goebbels bei den Filmschaffenden«. In: »Deutsche Filmzeitung«, München, vom 12. 2. 1935.
3 Lotte H. Eisner im Interview. Dezember 1979, Paris. In: Reinhold Keiner, Thea von Harbou und der deutsche Film bis 1933. Hildesheim, Zürich, New York 1984, S. 184.

4 »Daheim ein fremder Mann.« In: »Die Zeit« vom 8. 2. 2001, S. 35.
5 Patrick Mc Gilligan, Fritz Lang. New York 1997, S. 76 ff.
6 Fritz Lang, »Wir über uns selbst.« Zit. nach Adolf Heinzlmeier, Fritz Lang. Rastatt 1990, S. 25.
7 Gothaisches Genealogisches Taschenbuch der Adeligen Häuser, Teil B, 1940, S. 226 f.
8 Thea von Harbou erzählt. Ein Pressetee der UFA in Frankfurt. In: »Film-Kurier« vom 12. 10. und 1. 11. 1929.
9 Keiner, Thea von Harbou, a. a. O., S. 35.
10 Dr. Anne-Marie Durand-Wever, Meine Cousine Thea. Zit. nach Keiner, Thea von Harbou, a. a. O., S. 271 ff.
11 Verzeichnis sämtlicher Schauspieler, Dramaturgen, ... des Düsseldorfer Schauspielhauses 1905–1932.
12 Rudolf Klein-Rogge (1885–1955).
13 Das gleiche Thema behandelte sie in: »Der unsterbliche Acker«.
14 Thea von Harbou, Die deutsche Frau im Weltkrieg. Einblicke und Ausblicke. Leipzig 1916, S. 81.
15 Brief Thea von Harbous an den Verlag Cotta vom 13. 3. 1914. Cotta-Archiv. Deutsches Literaturarchiv Marbach am Neckar.
16 Briefe Thea von Harbous vom 13. 3. 1914, vom 26. 8. 1915 und vom 17. 12. 1915 an den Verlag Cotta, a. a. O.
17 Karin Bruns, Kinomythen 1920–1945. Die Filmentwürfe der Thea von Harbou. Stuttgart 1995, S. 176, Anm. 8.
18 Durand-Wever, Meine Cousine Thea, a. a. O., S. 273 ff.
19 Ebd., S. 39 f.
20 Walter Steinhauer, Der Weg zum Film-Manuskript. In: »Filmtechnik« vom 5. 2. 1926.
21 »Spandauer Volksblatt – Berlin-West« vom 30. 3. 1951.
22 »Das indische Grabmal«. Teil 1: Die Sendung des Joghi (1921). Teil 2: Der Tiger von Eschnapur (1921).
23 »Der Film«, Berlin, 30. 10. 1921.
24 »Kinematographische Monatshefte«, Berlin, Heft 1, 1922.
25 »Der müde Tod« (1921).
26 Dieter Dürrenmatt, Fritz Lang. Leben und Werk. Basel 1982, S. 54 ff.
27 Positive Kritiken u. a. in: »Berliner Zeitung am Mittag«, Berlin, 28. 4. 1922.
28 Lil Dagover, Ich war die Dame. Rastatt o. J., S. 106 f.
29 Geza von Cziffra, Kauf dir einen bunten Luftballon. Erinnerungen an Götter und Halbgötter. München, Berlin 1975, S. 162 ff.

30 Hans Feld, Film- und Theaterkritiker beim Berliner »Film-Kurier« im Interview, Juli 1980. Zit. nach Keiner, Thea von Harbou, a. a. O., S. 286.

31 Dieter Dürrenmatt, Fritz Lang, a. a. O., S. 105.

32 Thea von Harbou, Vom Epos zum Film. In: »Die Woche«, Berlin, 9. 2. 1924.

33 Thea von Harbou, Vom Nibelungen-Film und seinem Entstehen. In: »Süddeutsche Filmzeitung«, München, Nr. 16, 1924.

34 Fritz Lang, Worauf es ankam beim Nibelungenfilm. Programmbroschüre. Zit. nach Heinz Heller. In: Die Nibelungen. Ein deutscher Wahn, ... Studien und Dokumente zur Rezeption des Nibelungenstoffs im 19. und 20. Jahrhundert. Frankfurt am Main 1991, S. 358.

35 Lilli Palmer, Dicke Lilli – gutes Kind. München 1974, S. 60.

36 Keiner, Thea von Harbou, a. a. O., S. 88.

37 Schlusswort zu Adolf Hitler, Mein Kampf. München 1938, S. 362.

38 Laut einem Gespräch, das Hitler 1935 mit Thea von Harbou führte. Vgl.: Der Führer und Dr. Goebbels bei den Filmschaffenden. In: »Deutsche Filmzeitung«, München, 10. 2. 1935.

39 Auch Heß, die Schreibweise variiert.

40 Hitler, Wiederaufnahme der Ostland-Politik. In: Mein Kampf, a. a. O., S. 742 ff.

41 Ebd., S. 743.

42 Adolf Hitler, Monologe im Führerhauptquartier 1941–1944. Die Aufzeichnungen Heinrich Heims. Hrsg. von Werner Jochman. Hamburg 1980, S. 242.

43 Karl Lange, Hitlers unbeachtete Maximen. »Mein Kampf« und die Öffentlichkeit. Stuttgart 1969, S. 4 ff.

44 Brief Martin Bormanns an seine Frau am 26. 1. 1943.

45 Abbildung in: Patrick Mc Gilligan, Fritz Lang. New York 1997, Bildteil nach S. 180.

46 Das Drehbuch wird in der Stiftung »Deutsche Kinemathek« in Berlin verwahrt.

47 Eine Zusammenfassung der neuesten Literatur in: »Die Zeit« (Artikel »Spannender als ein Film«), 14. 4. 2001.

48 Siegfried Kracauer, Von Caligari bis Hitler. Hamburg 1958.

49 »Vossische Zeitung«, Berlin, 12. 1. 1927.

50 »Der Angriff«, Berlin, 24. 10. 1929.

51 Fritz Lang reklamierte die Erfindung des Countdown später für sich allein.

52 Peter Bogdanovich, Fritz Lang in Amerika. London 1967, S. 20.

53 Durand-Wever, Meine Cousine Thea. Zit nach Keiner, Thea von Harbou, a. a. O., S. 274.

54 Zensurkarte »Das erste Recht des Kindes«. Prüf.-Nr. 32 298, 14. 2. 1932. Kinemathek, Berlin.

55 Späterer Verleihtitel: »M – Eine Stadt sucht einen Mörder.«

56 Leo Hirsch, »M« In: »Berliner Tageblatt«, 12. 5. 1931.

57 Goebbels, Tagebucheintragung vom 21. 5. 1931. In: Die Tagebücher von Joseph Goebbels. Hrsg. von Elke Fröhlich, Teil 1: Aufzeichnungen 1924–1941. Sämtliche Fragmente. 4 Bde. München 1987 ff. Ebenso Felix Moeller, Der Filmminister. Goebbels und der Film im Dritten Reich. Berlin 1998, S. 69 und S. 161.

58 »In eigener Sache.« Statement zum Fragebogen des Military Government of Germany vom 3. 8. 1947. Bestand Thea von Harbou. Bundesarchiv Berlin.

59 Conrad von Molo im Interview. Zit. nach Keiner, Thea von Harbou, a. a. O., S. 291 f.

60 Aussage von Harbous Sekretärin Elfriede Nagel. Zit. nach Keiner, Thea von Harbou, a. a. O., S. 303.

61 Aussage von Hans Feld, 23. 7. 1980. Zit. nach Keiner, Thea von Harbou, a. a. O., S. 286.

62 Ebd.

63 Im Interview, zit. nach Keiner, Thea von Harbou, a. a. O., S. 293.

64 Conrad von Molo war Regieassistent und Cutter bei dem Film »Das Testament des Dr. Mabuse«. Von Molo im Interview. Zit. nach Keiner, Thea von Harbou, a. a. O., S. 116.

65 »Film-Kurier« 15, 16. 3. 1933.

66 Meldung in: »Der Kinematograph«, Berlin, vom 4. 4. 1933.

67 Goebbels, Tagebücher. Eintragung vom 28. 3. 1933, a. a. O. Der Inhalt seiner Rede bei: Gerd Albrecht, Nationalsozialistische Filmpolitik. Eine soziologische Untersuchung über die Spielfilme des Dritten Reichs. Stuttgart 1969, S. 439 ff.

68 Kraft Wetzel, Peter A. Hagemann, Zensur – Verbotene deutsche Filme. 1935–1945. Berlin 1978, S. 161 ff.

69 Howard A. Rodman, Langopolis. Berlin 1988.

70 Einige davon in Mc Gilligan, Fritz Lang, a. a. O., S. 174 ff. Ebenso Curt Riess, Das gab's nur einmal. Hamburg 1956, S. 438.

71 Eisner, Lang, a. a. O., S. 14 f.

72 Elfriede Nagel, geb. Saring, im Interview. Zit. nach Keiner, Thea von Harbou, a. a. O., S. 303 ff.

73 Felix Moeller, Der Filmminister. Goebbels und der Film im Dritten Reich. Berlin 1998, S. 161.

74 Eine Zusammenfassung der neuen Forschungen: »Ein Schlafwandler bei Goebbels.« In: Nachrichtenmagazin »Der Spiegel«, 26. 11. 1990, Heft 48, 1990.

75 Conrad von Molo im Gespräch am 10. 3. 1981. Zit nach Keiner, Thea von Harbou, a. a. O., S. 291 ff.

76 Eintragung vom 30. Oktober 1933. In: Goebbels, Tagebücher, a. a. O.

77 Eine genaue Schilderung des Scheidungsprozesses bei: Mc Gilligan, Fritz Lang, a. a. O., S. 182 f.

78 Beitrittserklärung zur Reichsfachschaft Film am 12. 10. 1933. Thea von Harbou, Personalien. RKK 2600: Harbou; Box 0076, File 13, Bundesarchiv Berlin.

79 »Film-Kurier«, Berlin, 25. 1. 1934.

80 Brief an Carl Auen, den Leiter der Reichsfachschaft Film vom 25. 11. 1933. Bestand Harbou. RKK 2600, Box 0076, File 13; f. 7 ff., Bundesarchiv Berlin.

81 Am 24. 1. 1934 wurde »Elisabeth und der Narr« im Berliner Mozartsaal-Kino uraufgeführt.

82 Thea von Harbou: »In eigener Sache.« Anhang zum Fragebogen des Military Government of Germany vom 3. 8. 1947.

83 Wolf-Ulrich Haentsch, Thea von Harbou und der Film im Dritten Reich. Eine Autorin zwischen Politik und Unterhaltung. Frankfurt am Main 1986, S. 70 ff.

84 Haentsch, Thea von Harbou, a. a. O., S. 83.

85 »Rheinisch-Westfälische Filmzeitung« 7, Nr. 6, 2. 2. 1935.

86 »Deutsche Filmzeitung«, München, 10. 2. 1935.

87 Eintragung vom 31. 12. 1936. In: Goebbels, Tagebücher, a. a. O.

88 Alfred Abel (1879–1937) wirkte zwischen 1933 und 1937 in 20 Filmen mit.

89 Fragebogen, Military Government of Germany, Anhang vom 3. 8. 1947.

90 Später Podbielskiallee sowie Berlin-Charlottenburg, Frankenallee.

91 Felix Lützkendorf im März 1981. Zit. nach Keiner, Thea von Harbou, a. a. O., S. 295 f.

92 »Ein neuer Jannings-Film entsteht.« In: Bild- und Textinformationen der Tobis-Syndicat. Hrsg. vom Pressereferat der deutschen Filmvertriebsgesellschaft. Berlin o. J. und »Der Herrscher«, in: »Frankfurter Zeitung« Nr. 143/144, 19. 3. 1937.

93 »Gerhart Hauptmann in der NS-Propagandamaschinerie.« In: Boguslaw Drewniak, Der deutsche Film 1938–1945. Düsseldorf 1987, S. 506.
94 Haentsch, Thea von Harbou, a. a. O., S. 96.
95 Karin Bruns, Kinomythen, a. a. O., S. 214 und S. 218 ff.
96 Wulf, Theater und Film im Dritten Reich. Berlin, 1964, S. 337.
97 Eintragung vom 5. 3. 1937. In: Goebbels, Tagebücher, a. a. O.
98 Joseph Wulf, Theater und Film, a. a. O., S. 302 ff. und Abbildung 11.
99 Arthur M. Rabenalt. In: Keiner, Thea von Harbou, a. a. O., S. 284.
100 Willi Krause, 1934–1936 Reichsfilmdramaturg, 1935–1938 Filmregisseur.
101 Eintragung vom 22./23. 7. 1938. In: Goebbels, Tagebücher, a. a. O.
102 Interview im März 1981. Zit. nach Keiner, Thea von Harbou, a. a. O., S. 295.
103 Angabe im Fragebogen des Military Government of Germany vom 3. 8. 1947. Personalakte Harbou, Bundesarchiv Berlin.
104 Ebd., Anhang.
105 Ebd., Anhang.
106 Boguslaw Drewniak, Das Theater im NS-Staat. Düsseldorf 1983, S. 166 sowie Cziffra, Kauf dir ..., a. a. O., S. 270 f.
107 Unter der Mitgliedsnummer 546. Angaben vom 5. 2. 1940. Bestand Thea von Harbou. Bundesarchiv Berlin.
108 Fragebogen des Military Government of Germany vom 3. 8. 1947.
109 Drewniak, Der deutsche Film, a. a. O., S. 142.
110 Curt Riess, Das gab's nur einmal. Hamburg 1956, S. 720 f.
111 Ebd., S. 722.
112 R 109 II/53. Bundesarchiv Berlin.
113 British Military Authorities. G.S.I. Berlin. Bestätigung vom 10. 10. 1945. Bestand Thea von Harbou. Bundesarchiv Berlin.
114 Fragebogen des Military Government of Germany vom 3. 8. 1947, Bundesarchiv Berlin.
115 Oliver Rathkolb, Führertreu und gottbegnadet. Künstlereliten im Dritten Reich. Wien 1991, S. 245 ff.
116 Bescheinigung des Baugeschäfts Kuthe vom 18. 6. 1947. Bestand Thea von Harbou, Bundesarchiv Berlin.
117 C. Riess, Das gab's nur einmal, a. a. O., S. 749.
118 Durand-Wever im Interview in: Keiner, Thea von Harbou, a. a. O., S. 275.
119 Bestätigung vom 8. 8. 1946. Thea von Harbou, RKK: 2703, Box 0082, File: 20. Bundesarchiv Berlin.

120 Entnazifizierungsbescheid vom 12. 4. 1949; Nr. 12506. Thea von Harbou. Bundesarchiv Berlin.

121 So beschlossen die Teilnehmer einer SPD-Konferenz in Frankfurt 1953, die Aufführung von Harlan-Filmen mit »allen Mitteln persönlich zu verhindern«, womit innerhalb kurzer Zeit drei Versuche, Werke des bekannten NS-Regisseurs aufzuführen, gescheitert sind. »Abendpost«, 26. 2. 1953.

122 Keiner, Thea, a. a. O., S. 168.

Zarah Leander

1 Wahrscheinlich sah man den 1935 entstandenen Film »Skandal« (»Äktenskapsleken«) mit den Liedern »Liebe ist ein Glück« und »Sag kein Wort mehr«.

2 Joseph Goebbels, Tagebucheintragung vom 21. 3. 1937. In: Die Tagebücher von Joseph Goebbels. Hrsg. von Elke Fröhlich, Teil I: Aufzeichnungen 1924–1941. Sämtliche Fragmente, 4 Bde. München 1987 ff.

3 Die 1917 gegründete Berliner Universum-Film Aktiegesellschaft (UFA) war bis 1945 Europas größte Filmgesellschaft. Ihr Hauptaktionär war ab 1932 der deutsch-nationale Presse- und Industriemagnat Alfred Hugenberg.

4 Marlene Dietrich war bereits 1929 in die USA gegangen. 1934 lehnte sie das Angebot von Goebbels zur Rückkehr nach Deutschland ab. 1937 erwarb sie die amerikanische Staatsbürgerschaft.

5 Dokumentarfilm »Ich sag' nicht ja, ich sag' nicht nein« von Gero von Boehm. Dezember 2000.

6 Curt Riess, Das gab's nur einmal. Hamburg 1956, S. 539.

7 Biografisches nach Zarah Leander, Es war so wunderbar!. Hamburg 1973, S. 91 und S. 199.

8 Zarah Leander im Interview. In: »Stern«, Heft 7, 1963.

9 Leander, Es war ..., a. a. O., S. 31.

10 Ebd., S. 40.

11 Ihre Nachfolgerin wurde die berühmte Kinderbuchautorin Astrid Lindgren. Bericht dazu in: »Aftonbladet« vom 15. 11. 1970.

12 Interview für die schwedische Wochenzeitung »Se« im Juni 1972.

13 Paul Seiler im Interview für »Ich sag' nicht ...«, Dokumentarfilm von Gero v. Boehm.

14 Leander, Es war ..., a. a. O., S. 115.

15 Max Hansen, zit. nach Leander, ebd., S. 123.

16 In: »Tonfilm, Theater, Tanz«, im Oktober 1936.
17 Leander, Es war ..., a. a. O., S. 13.
18 Ein Gloria-Syndikat-Film mit Attila Hörbiger und Theo Lingen. Uraufführung am 25. 2. 1937.
19 Die Schreibweise variiert: auch Fröhlich.
20 Abschrift der Verträge mit Zarah Leander. R 109I, Nr. 2874. Bestand Zarah Leander. Bundesarchiv Berlin.
21 Die schwedische Zeitung »Dagens Nyheter« vom 1. 11. 1936.
22 Markus Spieker, Hollywood unterm Hakenkreuz. Der amerikanische Spielfilm im Dritten Reich. Trier 1999, S. 46 ff.
23 Oliver Rathkolb, Führertreu und gottbegnadet. Künstlereliten im Dritten Reich. Wien 1991, S. 26 ff.
24 Die mit Gesetz vom 22. 9. 1933 geschaffene RKK war die einheitliche berufsständische Organisation aller Kulturschaffenden.
25 Boguslaw Drewniak, Das Theater im NS-Staat. Szenarien deutscher Zeitgeschichte 1933–1945. Düsseldorf 1983, S. 13, S. 19 und S. 165 ff.
26 Schreiben vom 4. 3. 1937. NS 15, Nr. 35. Bundesarchiv Berlin.
27 Gerd Rühle, Das Dritte Reich. Dokumentarische Darstellung des Aufbaues der Nation. Das zweite Jahr. Berlin 1934, S. 169. Gesetz vom 18. 1. 1934.
28 Hans Veigl, Sabine Derman, Alltag im Krieg. Bombenstimmung und Götterdämmerung. 1939–1945. Wien 1998, S. 43.
29 Hilde Krahl in dem Film »Das Leben geht weiter«. Regieassistenten zahlte man 300 RM pro Woche. Akten der Reichskulturkammer R 109II/53-Gehälter bei der UFA. Bundesarchiv Berlin.
30 Schreiben an Göring vom 12. 1. 1938. Bestand Zarah Leander. Bundesarchiv Berlin.
31 Goebbels, Tagebucheintragung vom 15. 1. 1937, a. a. O.
32 Ebd., 6. 2. 1937.
33 Ebd., 8. 2. 1937.
34 Ebd., 1. 4. 1937.
35 Ebd., 12. 5. 1937.
36 Ebd., 6. 10. 1937.
37 Zarah Leander im Interview. Dokumentarfilm von Gero v. Boehm.
38 Goebbels, Tagebucheintragung vom 29. 1. 1940, a. a. O.
39 Rosenberg war 1934 von Hitler, der Ämter oft mehrfach besetzte, zum »Beauftragten des Führers für die Überwachung der gesamten geistigen und weltanschaulichen Schulung und Erziehung der NSDAP« ernannt worden.

40 Goebbels, Tagebucheintragung vom 8. 2. 1937, a. a. O.

41 Leander, Es war ..., a. a. O., S. 131 f.

42 Veigl, Derman, Alltag im Krieg, a. a. O., S. 186.

43 Meldungen aus dem Reich. Auswahl aus den geheimen Lageberichten des Sicherheitsdienstes der SS von 1939–1944. Hrsg. von Heinz Boberach. München 1956, Nr. 257.

44 Winfried B. Lerg, Die Entstehung des Rundfunks in Deutschland. Frankfurt am Main 1970.

45 Der Konstrukteur des Volksempfängers, Otto Griessing, wurde 1939 mit dem Funkpreis ausgezeichnet.

46 Der Kinobesuch im Spiegel der Statistik, in: Josef Wulf, Theater und Film im 3. Reich. Berlin 1964, S. 623.

47 Goebbels, Tagebucheintragung vom 12. 2. 1937, a. a. O.

48 Ebd., 20. 3. 1937.

49 Ebd., 17. 3. 1937.

50 Nach Markus Spieker, Hollywood unterm Hakenkreuz, a. a. O., S. 67.

51 Ebd.

52 Dritte Vertragsverlängerung vom 1. 4. 1940 bis 31. 5. 1942. R 109I. N. 2874 – Vertragsverhandlungen. Bestand Zarah Leander; ebenso R 55, Nr. 949, S. 56 ff; Bericht vom 13. 10. 1939. Bundesarchiv Berlin.

53 Göran Forsell im Interview im Dezember 2000. Dokumentarfilm von Gero v. Boehm.

54 Leander, Es war ..., a. a. O., S. 141.

55 Goebbels, Tagebuch, Eintragung vom 27. 6. 1938, a. a. O.

56 15. 3. 1941. Bestand Zarah Leander. Bundesarchiv Berlin.

57 Wulf, Theater und Film, a. a. O., S. 49.

58 Leander, Es war ..., a. a. O., S. 205 f.

59 Goebbels, Tagebucheintragung vom 4. 9. 1940, a. a. O.

60 Ebd., 11. 1. 1940.

61 Ebd., 21. 8. 1940.

62 Ebd., 24. 11. 1940.

63 Ebd., 7. 12. 1940.

64 Drewniak, Das Theater im NS-Staat, a. a. O., S. 162 f.

65 1938/39. Personalakt Zarah Leander. Bundesarchiv Berlin.

66 Veigl, Derman, Alltag im Krieg, a. a. O., S. 41 f.

67 Gehaltsliste bei: Drewniak, Das Theater im NS-Staat, a. a. O., S. 151.

68 R 55, Nr. 123; Schreiben von Goebbels an Lammers vom 17. 5. 1938. Ausführlich kommentiert in: Drewniak, Das Theater im NS-Staat, a. a. O., S. 135 ff.

69 Geza von Cziffra, Kauf dir einen bunten Luftballon. Erinnerungen an Götter und Halbgötter. München 1975, S. 258.
70 Wulf, Theater und Film, a. a. O., S. 444.
71 Laut Reichsgesetz vom 1. 7. 1937 war die Verleihung des begehrten Titels Hitler persönlich vorbehalten.
72 R 55, Nr. 118, S. 3 und S. 9 sowie S. 118. Bundesarchiv Berlin.
73 Leander, Es war ..., a. a. O., S. 179.
74 Felix Lützkendorf im Interview im März 1981. Zit. in: Reinhold Keiner, Thea von Harbou und der deutsche Film bis 1933. Hildesheim, Zürich, New York 1984, S. 301.
75 Der Schauspieler Karl Schönböck im Interview, Herbst 2000. Dokumentarfilm von Gero v. Boehm.
76 Göran Forsell im Interview Dezember 2000. Dokumentarfilm von Gero v. Boehm.
77 David Stewart Hull, Films in the Third Reich. Berkeley, Los Angeles 1969, S. 248.
78 Leander, Es war ..., a. a. O., S. 129.
79 Göran Forsell im Interview, Dezember 2000. Dokumentarfilm von Gero v. Boehm.
80 In: »Spiegel« 5/1988.
81 Wulf, Theater und Film, a. a. O., S. 750 ff.
82 Meldungen aus dem Reich. Auswahl aus den geheimen Lageberichten des Sicherheitsdienstes der SS 1939–1944. Hrsg. von Heinz Boberach. München 1968, S. 219 ff.
83 Meldungen aus dem Reich, Nr. 257.
84 C. Riess, Das gab's nur einmal, a. a. O., S. 534.
85 Schreiben von Generaldirektor Klitzsch vom 6. 9. 1939. Personalakt Zarah Leander. Bundesarchiv Berlin.
86 Göran Forsell im Interview. Herbst 2000, Dokumentarfilm von Gero von Boehm.
87 UFA-Archiv. Vertragsverhältnisse Zarah Leander, Fachdarstellerin. Bundesarchiv Berlin.
88 Brief an die Abteilung F des Propagandaministeriums vom 8. 5. 1943. Bestand Zarah Leander. Bundesarchiv Berlin.
89 Bestand Zarah Leander. Bundesarchiv Berlin.
90 Zitiert nach Paul Seiler, Ich bin eine Stimme. Berlin 1997, S. 71.
91 »Der Stoßtrupp« (Beiblatt zum »Politischen Dienst« für SS und Polizei) vom 20. 7. 1944. Ebenso im »Hamburger Tageblatt«.
92 »Der Stoßtrupp« vom 20. 7. 1944.

93 Brief vom 6. 11. 1944. Unleserliche Unterschrift. Personalakt Zarah Leander. Bundesarchiv Berlin.

94 Schreiben von Carl von Reichsmeister vom 31. 12. 1944. Bestand Zarah Leander. Bundesarchiv Berlin.

95 Ebd., Schreiben von Hans-Heinrich Hinkel am 8. 1. 1945.

96 Bestand Zarah Leander R 55. Bundesarchiv Berlin.

97 Schreiben des Reichsfilmintendanten vom 18. 7. 1944. Bestand Zarah Leander. Bundesarchiv Berlin.

98 Veigl, Derman, Alltag im Krieg, a. a. O., S. 82.

99 »Goeteborgs Handels-och Sjöfartstiding« vom 23. 10. 1944. Zitiert von der Reichsfilmintendanz am 29. 11. 1944. Zur Information für Dr. Goebbels bestimmt. Bestand Zarah Leander R55. Bundesarchiv Berlin.

100 Leander, Es war ..., a. a. O., S. 213.

101 »Die Welt« am 26. 2. 1947.

102 Interview vom 1. 11. 1948 in Zürich. Zit. nach Seiler, Ich bin eine Stimme, a. a. O., S. 92.

103 »Die Zeit« vom 17. 2. 1949.

104 Vertrag zwischen Zarah Leander und Svenska Musikerförbundet sowie Pressens Rundtur i Skane. Akte Zarah Leander. Bundesarchiv Berlin.

105 »Stern« 7/1963.

106 »Stern« 33/1949.

107 Große Berichte in: »Stern« 6/1950 und »Spiegel« 38/1999.

108 Seiler, Ich bin eine Stimme, a. a. O., S. 96.

109 Am 15. 3. 1957 in dem Stockholmer Variete »Berns«.

110 In dem UFA-Propagandafilm »... reitet für Deutschland«.

111 »Stern« 7/1963.

112 »Spiegel« 50/1981. »Die Zeit« 51/1981.

113 Seiler-Porträt in: »Die Zeit« 30/1991.

Eleonore Baur

1 Aussage von Hans Kaltenbacher im Spruchkammerverfahren gegen Eleonore Baur.

2 Mit der Nummer 61. Der Blutorden war im März 1934 von Adolf Hitler gestiftet worden. Er wurde als Ehrenzeichen an besonders »treue« Parteikämpfer verliehen, die schon vor der »Machtergreifung« Hitlers in nationalsozialistischem Geiste tätig waren.

3 Angaben zum Lebenslauf von Eleonore Baur nach den umfangreichen Angaben der Spruchkammerakten StA: 34448. Staatsarchiv München, sowie nach Dr. A. M. Bachmann, Schuld und Sühne. NS-Verbrechen vor Gericht. Eine Fallstudie zu den NSG Verfahren vor oberbayerischen Justizbehörden. D. 2. Schwester Pia (Eleonore Baur), Manuskript. Staatsarchiv München. Laut richterlicher Vernehmung am 10. 10. 1949 in der Verwahrungshaft im Arbeitslager Eichstätt. In: StA: 34448. f. 23. Staatsarchiv München.

4 Hess, auch Heß, die Schreibweise variiert.

5 Mächtige Verbände. In: München – Hauptstadt der Bewegung. Ausstellungskatalog der gleichnamigen Ausstellung im Münchner Stadtmuseum, 1994, S. 101 ff., »Marinebrigade Ehrhardt« 1919–1920, S. 56.

6 Zit. nach Hans Holzhaider, »Schwester Pia«. Nutznießerin zwischen Opfern und Tätern. In: Dachauer Hefte 10 (1994), S. 101 ff.

7 StAM Staatsanwaltschaften 2313, Bl. 5 ff. Zit. nach Bachmann, Schuld und Sühne, a. a. O., S. 6 f.

8 Zit. nach Holzhaider, »Schwester Pia«, a. a. O., S. 109.

9 Eidesstattliche Erklärung des Langzeithäftlings Hans Schwarz vom 19. 9. 1947.

10 Karoline Rascher. In: Anna Maria Sigmund, Die Frauen der Nazis II. Wien 2000, S. 191 ff.

11 Zeuge Walter Neff. Aussage vom 26. 6. 1950.

12 Zeuge Josef Paintmaier im Spruchkammerverfahren gegen Eleonore Baur.

13 Eugene Ost, Die Malaria-Versuchsstation im Konzentrationslager Dachau. In: Dachauer Hefte 4, 1988, S. 174 ff.

14 Fritz Wandel, Ein Weg durch die Hölle. Reutlingen o. J., S. 26 ff.

15 Rudolf Wirth am 21. 2. 1950 vor dem Untersuchungsrichter.

16 Rudolf Wirth am 21. 2. 1950. Blatt IV der Vernehmungsniederschrift.

17 R. Sales Hess, O.S.B., Dachau – Welt ohne Gott. Nürnberg 1946.

18 Zit. nach Holzhaider, »Schwester Pia«, a. a. O., S. 114.

19 Ebd.

Quellen

»Wolf« an »Mizzi« – Schreiben Adolf Hitlers an Maria Reiter

Postkarte mit Ansicht und Aufschrift: Bad Homburg v. d. H. Molken-anstalt u. Rosengarten
Poststempel Bad Homburg 21. 11. 26

An
Frl.
Mizzi Reiter
Berchtesgaden
Maximilianstr. (Modewaren)
Bayern

Liebes Kind!
Herzlichen Dank für den letzten Brief und innige Grüße von
Deinem Wolf

Grüße auch an die Fr. Schwester

Postkarte mit Ansicht und Aufschrift: Paderborn Marienplatz
Poststempel 25. 11. (unleserlich)

An
Frl.
Mizzi Reiter
Berchtesgaden
(Maximilianstr.)
(Modewarengeschäft)
Bayern

Mein liebes Kind!
Nim (mit Verdoppelungsstrich über dem m) meine herzlichsten Grüße entgegen. Ich denke wie immer an Dich!
Dein Wolf
25 / Nov. 1926

Brief
München den 22 / Dez. 1926

Mein liebes Kind!

Vorerst nimm mein liebstes Kind meinen Dank für Deine letzten zwei Briefe entgegen und verzeih mir daß dies erst so spät geschieht. Wie Du weißt war ich wochenlang fort und da häuft sich dann in München die Arbeit so, daß wenn ich nach Hause komme sehr viel getan werden muß. Also sei mir nicht böse und denke nicht schlimm von mir. Außerdem hoffte ich noch immer persönlich kommen zu können. Daß es nicht geht hängt zum Teil auch mit dem Schnee zusammen der gefallen ist. Um so mehr bin ich mit den Gedanken bei Dir. Du weißt nicht was Du mir geworden bist! Ich hätte so gerne Dein holdes Gesichtchen vor mir gehabt, um Dir mündlich das zu sagen was Dir Dein treuester Freund nun nur schreiben kann.
Am 23. Dez. hast Du Deinen Geburtstag. Ich bitte Dich nun, nimm unter all den Glückwünschen die Du dabei erhältst auch meinen aus dem Herzen kommenden Gruß entgegen. Nimm meinen innigsten Wunsch für Deine Gesundheit, Kind und für Dein sonstiges Glück!
Und nimm die beiden Bücher die ich Dir als mein kleines Geschenk gebe, und wenn Du Zeit und Lust hast, dann lese sie durch und Du wirst mich, glaube ich dann besser verstehen können als vielleicht heute und jetzt.
Ich will diesen Wünschen zu Deinem Geburtstag auch gleich die Weihnachtsgrüße anfügen. Aus dem kleinen Weihnachtsgeschenk sollst Du auch ersehen wie sehr ich mich freue wenn mein holdes Lieb mir schreibt. Du ahnst nicht wie glücklich mich ein Briefchen macht aus dem Deine liebe Stimme zu mir spricht. Denn die hör ich dann immer im Stillen. Und dann faßt mich auch die Sehnsucht nach Dir stets von neuem. Denkst auch Du noch öfter an mich? Weißt Du Mizerl wenn ich oft Ärger und Sorgen habe dann wollte ich so gerne bei Dir sein und in Deine lieben Augen sehen können und das andere vergessen.
Ja Kind Du weißt wirklich nicht was Du mir bist und wie lieb ich Dich habe. Aber lies die Bücher und Du wirst mich dann verstehen können.

Nun nochmals meine innigsten Glückwünsche zu Deinem Geburtstag und ebensolche zum Weihnachtsfest

von Deinem
Wolf

Grüße mir bitte auch Deine verehrte Frau Schwester und richte auch dort meine Glückwünsche für Weihnachten aus!

Postkarte mit Ansicht und Aufschrift: Bayreuth-Regierung

Bayreuth, den 25 / Jan. 1927

Mein liebes Kind!
Aus Bayreuth wo ich soeben durchfahre die herzlichsten Grüße mit dem Wunsche nach der Möglichkeit eines baldigen Wiedersehens

Dein Wolf

herzl. Grüße auch an die verehrte Fr. Schwester!

Postkarte aus Detmold. Mit Ansicht und Aufschrift: Hermannsdenkmal im Teutoburger Wald.
Unleserlicher Poststempel Detmold 25 ...

An
Frl.
Mizzi Reiter
Berchtesgaden
Maximilianstr.
(Modewarengeschäft)
Bayern

Mein liebes Kind!

Bin heute in Detmold und beim Arminiusdenkmal. Trotz dem schlechten Wetter ist der Eindruck ein großer. Ich wollt Du wärst bei mir. So kann ich nur an Dich denken und die paar Zeilen schreiben.

Mit treuestem Gruß
Dein Wolf

Brief

München den 8 / Feb. 1927

Mein liebes, liebes Kind!

Aus Deinen schmerzlich lieben Zeilen erfahre ich erst wie unrecht es war, daß ich Dir nicht gleich nach meiner Rückkunft schrieb. Du mußt mir aber doch verzeihen, denn ich hoffte Dich plötzlich persönlich überraschen zu können. Jeden Tag rechnete ich auf den nächsten – und konnte dann doch wieder nicht. Du ahnst ja nicht wie viel Arbeit ich immer finde, wenn ich von einer solchen, fast 3 Wochen lang dauernden Reise, zurückkehre. Dinge die dann erledigt werden müssen. (Gerade bin ich wieder eine Stunde unterbrochen worden!)
Ehe ich nun zu dem Inhalt Deiner letzten Briefe übergehe will ich Dir erst danken für das liebe Geschenk mit dem Du mich überrascht hast. Ich war wirklich glücklich dieses Zeichen Deiner zärtlichen Freundschaft zu mir zu erhalten. Ich habe nichts in meiner Wohnung dessen Besitz mich mehr freuen würde! Ich muß dabei immer an Dein holdes Köpfchen und Deine Augen denken. Was Du nun selbst für Wünsche hast habe ich ja auch erst nach meiner Rückkehr erfahren, da mir diese Briefe nicht nachgeschickt werden konnten. Dein Schwager will sich also nach München versetzen lassen. Es ist selbstverständlich daß ich gerne dabei behilflich bin. Ob und in welchem Umfang ich dies sein kann, weiß ich allerdings augenblicklich nicht. Erst müßte ich da unbedingt Herrn Hehl persönlich sprechen. Ich bin bis Sonntag noch in München und fahre dann wieder fort. Ich werde Dir aber meine dann folgende Adresse auch noch mitteilen. Ich würde mich also freuen Herrn Hehl kennen zu lernen. Dann kann ich erst sehen was ich zweckmäßig tun kann. Ich habe leider heute nicht jene Beziehungen wie im Jahre 1923, im Gegenteil. Eine plumpe Empfehlung von mir schadet eher mehr als sie vielleicht nützt. Dennoch lässt sich sicher auch hier etwas helfen.
Was nun Deine persönlichen Schmerzen betrifft, so darfst Du mir ernstlich glauben, daß ich sie Dir nachfühle. Aber Du sollst Dein Köpfchen deshalb nicht traurig hängen lassen und mußt vor allem eines glauben: wenn auch die Väter ihre Kinder selbst manchesmal nicht mehr verstehen, da sie älter geworden sind, nicht nur an Jahren sondern auch im Empfinden, so meinen sie es doch nur zumeist herzlich gut mit ihnen. So glücklich mich Deine Liebe macht so innig bitte ich Dich sie nach wie vor auch Deinem Vater zu schenken!

Und nun mein liebes holdes Kind
Nimm die herzlichsten Grüße von Deinem
Immer an Dich denkenden
Wolf
Auf Wiedersehn!

Herzlichen Gruß und besten Dank für das Geschenk auch an Deine verehrte
Frau Schwester und unbekannterweise auch an Deinen
Herrn Schwager mit Empfehlung.

Undatierte Glückwunschpostkarte

Fröhliche Weihnachten
Wünscht Dir aus ganzem Herzen

Dein Wolf

Mein liebes Kind!
Nimm dies als mein kleines Weihnachtsgeschenk entgegen und sei überzeugt daß auch meine Gedanken bei Dir sein werden!

Dein Wolf

Undatierte Postkarte aus Weimar. Mit Ansicht und Aufschrift: Weimar Goethe- und Schiller-Denkmal

Frl.
Mitzi Reiter
Berchtesgaden

Mein liebes Kind!
Nimm von mir die herzlichsten Grüße entgegen mit der Versicherung meines getreuen Gedenkens.

Dein Wolf!

Undatierte Postkarte mit Ansicht und Aufschrift: Wartburgbeleuchtung

Mein liebes Kind!

Viele herzliche Grüße
Von Deinem
Wolf

Gruß auch an die Fr. Schwester

Undatierte Glückwunschkarte

Ein fröhliches Weihnachtsfest

Mein liebes Kind!
Zum Geburtstag und Christfest meine herzlichen Glück- und Segenswünsche. Nimm dies als kleines Zeichen meiner dauernden Erinnerung!

in herzl. Verehrung
Wolf

Bitte herzliche Glückwünsche ergebenst an Schwester und Schwager!

Undatierte Postkarte

Mein liebes Kind ich habe in der Eile vergessen den Brief zu frankieren. Bitte verzeih.

Besten Gruß auch an Deine Fr. Schwester!

Dein Wolf

Undatierte Postkarte

Mein liebes Kind!
Nimm dies als mein kleines Weihnachtsgeschenk entgegen und sei überzeugt dass auch meine Gedanken bei Dir sein werden!

Dein Wolf

Brief

München den 4 / März 1927

Mein liebes Kind!
Nimm meinen herzlichen Dank für Deine beiden lieben Briefe entgegen und verzeih mir daß ich jetzt so gar nicht zum schreiben komme, denn ich habe zur Zeit sehr viel zu tun, und ich bin außer jeder Stimmung zum Schreiben. Denke aber deshalb ja nicht, daß ich nicht bei Dir bin! Im Gegenteil. Oft sehe ich im Geiste Dein Köpfchen vor mir und glaube in Deine blauen Augen zu blicken, Du liebes Kind! Nimm meinen herzlichsten Dank für die beiden kleinen Bildchen. Hoffentlich gefallen Dir Deine eigenen! Von mir lege ich Dir auch ein paar Aufnahmen bei die ebenfalls von Hoffmann stammen.

Ich freue mich schon Dich wiederzusehen,
und bin bis dorthin

Dein Wolf

Besten Gruß und Empfehlung an Deine Fr. Schwester.

Brief datiert: München den 23. Dezember? 1930

Verzeih nur die wenigen Zeilen aber ich will endlich nachholen was ich solange – infolge zu vieler Arbeit – versäumte. Also viel Glück zum Geburtstag und ebenso glückliche Feiertage und allen Segen für Deine Ehe!

Wolf

Undatierte Glückwunschkarte

Frohes Weihnachtsfest
Wünscht Dir liebes und verehrtes Kind sowie Deinem Manne aus
aufrichtigstem
Herzen Wolf

Danksagung

Während meiner Arbeit bin ich von zahlreichen Personen in großzügiger Weise durch Auskünfte, Hinweise und Recherchen unterstützt worden. Für ihre große Mühe und Geduld möchte ich mich daher besonders herzlich bedanken bei:

Dr. M. A. Bachmann, Bayerisches Staatsarchiv München; Dr. Elmar Bechter, Wiesbaden; Florian M. Beierl, Archiv zur Zeitgeschichte des Obersalzbergs, Berchtesgaden; Dr. Wilfried Beimrohr, Tiroler Landesarchiv Innsbruck; Col. Eugene Bird, Berlin; Günther Brandl, Meldeamt Seefeld in Tirol; Robert Brandner, Berchtesgaden; Sabine Brtnik, Deutsches Literaturarchiv Marbach am Neckar; Ernst Deissinger, P. M. History, München; Dr. Joachim von Harbou, Frankfurt am Main; Wolf-Rüdiger Heß, München; Rudolf John, Institut für Film und Fernsehen, Universität für Musik und darstellende Kunst Wien; Petra Kähsmann und Christl Kossack, Altötting; Michael Kloft, Spiegel-TV, Hamburg; Univ.-Prof. Walter Koch, Institut für Historische Hilfswissenschaften, Ludwig-Maximilians-Universität München; A. R. Herbert Koch, Wiener Stadt- und Landesarchiv; Univ.-Prof. Dipl.-Ing. Dieter Knorr, Freie Universität Berlin; Hannelore Knöfler, Geheimes Staatsarchiv, Preußischer Kulturbezirk Berlin; Dr. Hertha Kratzer, Wien; Frau Langer, Bundesarchiv Berlin; Daniela Leopold, Stern-Redaktion, Hamburg; Dipl.-Arch. Ursula Lochner, Universitätsarchiv Ludwig-Maximilians-Universität München; Herrn Löffelmeier, Stadtarchiv München; Heidi Markl, Perchtoldsdorf; Univ.-Prof. Dr. Werner Maser, Speyer; Herrn Mehler, Meldeamt der Stadt Wuppertal; Herrn Dr. Meyer, Deutsches Literaturarchiv Marbach am Neckar; Matthias Meissner, Bundesarchiv Berlin; Herrn Möser, Bundesarchiv Berlin; Herrn Mägerle, Gemeindeamt Berchtesgaden; Christian Patry, Österreichische Nationalbibliothek, Wien; Agneta Silfverskiöld, Wien; Dr. Johannes Schmitt, München; Wilhelm Schneider, Villach; Univ.-Prof. Dr. Karl Sigmund, Institut für Mathematik, Universität Wien; Elisabeth Simbürger, Wien; Reinhard Spitzy, Hinterthal, Salzburg; Dr. Oscar Steurer, Berchtesgaden; Wolf

Symanczyk, Stern-Redaktion, Hamburg; Edwin Tobias, Österreichische Nationalbibliothek, Wien; Ulrike Talay, Institut für Zeitgeschichte München; Veronika Weidenauer, Filmmuseum Berlin; Ulrich Ziegeltrum, Berchtesgaden.
Herzlichen Dank schulde ich auch den hilfreichen und geduldigen Mitarbeitern der Wiener Stadt- und Landesbibliothek, der Wiener Universitätsbibliothek, des Instituts für Zeitgeschichte München; des Instituts für Zeitgeschichte der Universität Wien; des Dokumentationsarchivs des Österreichischen Widerstands, Wien; des Bundesarchivs Berlin, des Bundesarchivs Koblenz, des deutschen Literaturarchivs Marbach am Neckar, des Instituts für Deutsche Adelsforschung, des Filminstituts Wiesbaden.

Ausgewählte Literatur

Weitere Bücher, Aufsätze und Rezensionen u. a. werden in den Fußnoten genannt.

Harold Acton, Nancy Mitford. A memoir. London 1975.

Akten der Reichskanzlei. Die Regierung Hitler, Teil I, 1933/34, 2 Bde. Hrsg. v. K. H. Minuth. Boppard am Rhein 1983.

Shlomo Aronsen, Reinhard Heydrich und die Frühgeschichte von Gestapo und SD. In: Studien zur Zeitgeschichte 2. Stuttgart 1971.

Helmuth Auerbach, Hitlers politische Lehrjahre und die Münchner Gesellschaft 1919–1923. In: VfZ 25 (1977), 1–45.

Der Aufstieg der NSDAP in Augenzeugenberichten. Hrsg. von Ernst Deuerlein. Düsseldorf 1968.

Josef Becker, Zentrum und Ermächtigungsgesetz. In: VfZ 9 (1961), 195–210.

–, Hitlers Machtergreifung. Dokumente vom Machtantritt Hitlers am 30. Jannuar 1933 bis zur Besiegelung des Einparteienstaates am 14. Juli 1933. München 1992.

Florian M. Beierl, Hitlers Berg. Licht ins Dunkel der Geschichte. Geschichte des Obersalzbergs und seiner geheimen Bunkeranlagen. Berchtesgaden 2004.

Lew Besymenski, Die letzten Notizen von Martin Bormann. Ein Dokument und sein Verfasser. Stuttgart 1974.

–, Der Tod des Adolf Hitler. Unbekannte Dokumente aus Moskauer Archiven. Eingeleitet von Karl-Heinz Janßen. Hamburg 1968.

Eugene K. Bird, Hess. Der Stellvertreter des Führers. München, Wien, Basel 1974.

Gerhard Boldt, Hitler – Die letzten zehn Tage. Frankfurt a. Main/Berlin 1973.

Martin Bormann, The Bormann letters. The private correspondance between Martin Bormann and his wife from January 1943 to April 1945. Edited with an introduction and notes by H. R. Trevor-Roper. London 1954.

Karl Dietrich Bracher, Wolfgang Sauer, Gerhard Schulz, Die nationalsozialistische Machtergreifung. Studien zur Errichtung des totalitären Herrschaftssystems in Deutschland 1933/34. Köln 1960.

Detlev Brandes, Die Tschechen unter deutschem Protektorat, Teil 1: Besatzungspolitik, Kollaboration und Widerstand im Protektorat Böhmen und Mähren bis Heydrichs Tod. 1939–1942. Oldenburg 1969.

Max Braubach, Der Einmarsch deutscher Truppen in die entmilitarisierte Zone am Rhein im März 1936. Köln 1956.

Die Braune Elite I und II. Hrsg. von Ronald Smelser, Enrico Syring, Rainer Zitelmann. Darmstadt 1993.

Martin Broszat, Der Nationalsozialismus. Weltanschauung, Programm und Wirklichkeit. Stuttgart 1960.

–, 200 Jahre deutsche Polenpolitik. München 1963.

–, (Hrsg.), Der Weg in die Diktatur. Berlin 1983.

Karin Bruns, Kinomythen 1920–1945. Die Filmentwürfe der Thea von Harbou. Stuttgart 1995.

Alan Bullock, Hitler. Eine Studie über Tyrannei. Düsseldorf 1959.

Houston Stewart Chamberlain, Die Grundlagen des neunzehnten Jahrhunderts, 2 Bde. 19. Auflage. München 1935.

–, Mein Weg nach Bayreuth. München 1919.

Arthur Chesterton, Mosley, Portrait of a leader. Leipzig 1937.

Chronik des Zweiten Weltkriegs. Zusammengestellt und bearbeitet von Brigitte Esser und Michael Venhoff. Augsburg 1997.

Winston Churchill, Great Contemporaries. London 1941.

Walther R. Darré, Neuadel aus Blut und Boden. München 1935.

Jacques Delarue, Geschichte der Gestapo. Düsseldorf 1964.

Günther Deschner, Reinhard Heydrich. Statthalter der totalen Macht. Esslingen am Neckar 1977.

Ernst Deuerlein (Hrsg.), Der Aufstieg der NSDAP in Augenzeugenberichten. Düsseldorf 1968.

Dokumente deutscher Kriegsschäden. Evakuierte, Kriegssachgeschädigte. Hrsg. vom Bundesminister für Vertriebene. Bd. 1. Bonn 1958. Beiheft 1: Aus den Tagen des Luftkrieges. 1960. Beiheft 2: Der Luftkrieg im Spiegel der neutralen Presse. 1962.

Max Domarus, Hitler. Reden und Proklamationen 1932–1935. Kommentiert von einem deutschen Zeitgenossen. I. Band, Triumph (1932–1938). Würzburg 1962.

–, Hitlers Reden und Proklamationen 1932–1945. Kommentiert von einem deutschen Zeitgenossen. München 1965.

Karl Dönitz, Zehn Jahre und hundert Tage. Zürich 1958.

Boguslaw Drewniak, Das Theater im NS-Staat. Szenarium deutscher Zeitgeschichte 1933–1945. Düsseldorf 1983.

Anton Drexler, Mein politisches Erwachen. München 1919.

Dietrich Eckart, Der Bolschewismus von Moses bis Lenin. Zwiegespräch zwischen Hitler und mir. München 1924.

Rosa Eidam, Bayreuther Erinnerungen. Ansbach 1930.

Philipp Walter Fabry, Mutmaßungen über Hitler. Urteile von Zeitgenossen. Düsseldorf 1969.

Facsimile-Querschnitt durch das Schwarze Korps. Hrsg. von Helmut Heiber und Hildegard von Kotze. München 1968.

Joachim C. Fest, Das Gesicht des Dritten Reiches. Profile einer totalitären Herrschaft. München 1964.

–, Das Gesicht des Dritten Reiches. Profile einer totalitären Herrschaft. München, Zürich 1986.

André François-Poncet, Botschafter in Berlin 1931–1938. Berlin – Mainz 1962.

Elke Fröhlich (Hrsg.), Die Tagebücher von Joseph Goebbels. Teil I: Aufzeichnungen 1924–1941. Sämtliche Fragmente. 4 Bde. München 1987 ff.

Josef Geiss, Obersalzberg. Berchtesgaden 1958.

Ursula von Gersdorf, Frauen im Kriegsdienst. Stuttgart 1969.

Joseph Goebbels, Michael. Ein deutsches Schicksal in Tagebuchblättern. München 1933.

–, Die Tagebücher von Joseph Goebbels. Im Auftrag des Instituts für Zeitgeschichte und in Verbindung mit dem Bundesarchiv. Hrsg. von Elke Fröhlich. Teil I: Aufzeichnungen 1924–1941. Sämtliche Fragmente. 4 Bände. München 1987 ff.

–, Signale der neuen Zeit. 25 ausgewählte Reden von Dr. Joseph Goebbels. München 1934.

Emmy Göring, An der Seite meines Mannes. Göttingen 1967.

Otto Gritschneder, Bewährungsfrist für den Terroristen Adolf H. Der Hitler-Putsch und die bayerische Justiz. München 1990.

Nerin E. Gun, Eva Braun-Hitler. Leben und Schicksal. Velbert und Kettwig, 1968.

Wolf-Ulrich Haentsch, Thea von Harbou und der Film im Dritten Reich.

Eine Autorin zwischen Politik und Unterhaltung. Frankfurt am Main 1986.

Franz Halder, Kriegstagebuch. Tägliche Aufzeichnungen des Chefs des Generalstabes des Heeres 1939–1942. 3 Bde. Stuttgart 1962–1964.

Ernst Hanfstaengl, 15 Jahre mit Hitler. Zwischen Weißem und Braunem Haus. München 1970.

Annette Hein, Es ist viel »Hitler« in Wagner. Tübingen 1996.

Adolf Heinzlmeier, Fritz Lang. Rastatt 1990.

Ludolf Herbst, Das nationalsozialistische Deutschland 1933–45. Frankfurt am Main 1996.

Rudolf Herz, Hoffmann & Hitler. Fotografie als Medium des Führer-Mythos. Katalog der gleichnamigen Ausstellung. München 1994.

Theodor Herzl, Tagebücher 1895–1904. Bd. 1. Berlin 1922.

Ilse Hess, England – Nürnberg – Spandau. Ein Schicksal in Bildern. Leoni am Starnberger See 1952.

–, Antwort aus Zelle sieben. Leoni am Starnberger See 1967.

–, Gefangener des Friedens. Neue Briefe aus Spandau. Leoni a. Starnberger See 1955.

Rudolf Hess. Briefe 1908–1933. Hrsg. v. Wolf Rüdiger Heß. München, Wien 1987.

Lina Heydrich, Leben mit einem Kriegsverbrecher. Mit Kommentaren von Werner Maser. Pfaffenhofen 1976.

Reinhard Heydrich, Ein Leben der Tat. Prag 1944.

–, Wandlungen unseres Kampfes. Berlin 1936.

–, Die Bekämpfung der Staatsfeinde. In: Die deutsche Rechtswissenschaft. Bd. 1, Heft 2, 1936.

Adolf Hitler, Mein Kampf. 37. Auflage. München 1933.

–, Monologe im Führerhauptquartier 1941–1944. Die Aufzeichnungen Heinrich Heims. Hrsg. von Werner Jochmann. Hamburg 1980.

–, Sämtliche Aufzeichnungen. 1905–1924. Hrsg. von Eberhard Jäckel. In: Quellen und Darstellungen zur Zeitgeschichte 21. Stuttgart 1980.

–, Reden, Schriften, Anordnungen. Februar 1925 bis Januar 1933. Bd. VI Register, Karten, Nachträge. Bearbeitet von Katja Klee, Christian Hartmann und Klaus Lankheit. München 2003.

Heinrich Hoffmann, Hitler, wie ich ihn sah. Berlin 1974.

Heinz Höhne, Der Orden unter dem Totenkopf. Die Geschichte der SS. Gütersloh 1967.
–, Canaris. Patriot im Zwielicht. Gütersloh 1976.
Illustrierte Geschichte des Zweiten Weltkriegs. München 1963.
David Irving, Die Tragödie der deutschen Luftwaffe. Frankfurt a. Main/ Berlin/Wien 1970.
–, Göring. München 1987.
Hans Adolf Jacobsen, 1939–1945. Der 2. Weltkrieg in Chronik und Dokumenten. Darmstadt 1961.
–, Nationalsozialistische Außenpolitik 1933–1938. Frankfurt am Main 1968.
Emil Jannings, Mein Leben. München 1979.
Micaela Jary, Ich weiß, es wird einmal ein Wunder gescheh'n. Die große Liebe der Zarah Leander. Berlin 1993.
Traudl Junge, Bis zur letzten Stunde. Hitlers Sekretärin erzählt ihr Leben. Unter Mitarbeit von Melissa Müller. München 2002.
Der Kampf um Berlin in Augenzeugenberichten. Hrsg. von Peter Gosztony. Düsseldorf 1970.
Eleonore Kandl, Hitlers Österreichbild (Diss.). Wien 1963.
Michael Karbaum, Studien zur Geschichte Bayreuths. Regensburg 1976.
Reinhold Keiner, Thea von Harbou und der deutsche Film bis 1933. Hildesheim, Zürich, New York 1984.
Erich Kempka, Ich habe Adolf Hitler verbrannt. München 1950.
Robert M. W. Kempner, Das Dritte Reich im Kreuzverhör. Aus den unveröffentlichten Vernehmungsprotokollen des Anklägers. München 1969.
Ian Kershaw, Hitler 1889–1936, Hubris. London 1998.
–, Hitler 1936–1945, Nemesis. London 2000.
Felix Kersten, Totenkopf und Treue. Heinrich Himmler ohne Uniform. Aus den Tagebuchblättern des finnischen Medizinalrats Felix Kersten. Hamburg o. J.
Guido Knopp, Hitlers Helfer. München 1996.
Erich Kordt, Nicht aus den Akten ... Die Wilhelmstraße in Frieden und Krieg. Erlebnisse, Begegnungen, Eindrücke 1928–1945. Stuttgart 1950.
Alfred Kube, Pour le Mérite und Hakenkreuz. Hermann Göring im Dritten Reich. 2. Auflage. München 1987.
August Kubizek, Adolf Hitler – Mein Jugendfreund. Graz/Göttingen 1953.
Jochen v. Lang, Der Sekretär. Martin Bormann: Der Mann, der Hitler beherrschte. München 1987.

–, Der Hitler-Junge. Baldur von Schirach: Der Mann, der Deutschlands Jugend erzog. Hamburg 1988.

Walter Laqueur (Ed.), The Holocaust Encyclopedia. Haven 2001.

Zarah Leander, Es war so wunderbar. Hamburg 1973.

Judy Lomax, Flying for the Fatherland. The century's greatest pilot. London 1988.

Rudolf Lusar, Die deutschen Waffen und Geheimwaffen des 2. Weltkriegs und ihre Weiterentwicklung. München 1956.

Werner Maser, Die Frühgeschichte der NSDAP. Hitlers Weg bis 1924. Frankfurt am Main, Bonn 1965.

–, Hitlers Briefe und Notizen. Sein Weltbild in handschriftlichen Dokumenten. Düsseldorf 1973.

–, Adolf Hitler. Legende – Mythos – Wirklichkeit. München 1975.

–, Tribunal der Sieger. Berlin – Darmstadt – Wien 1979.

–, Sämtliche Aufzeichnungen. 1905–1924. Hrsg. v. Eberhard Jäckel. In: Quellen und Darstellungen zur Zeitgeschichte 21. Stuttgart 1980.

–, Das Regime – Alltag in Deutschland (1933–1945). München 1983.

–, Hermann Göring. Hitlers janusköpfiger Paladin. Die politische Biographie. Berlin 2000.

Patrick McGilligan, Fritz Lang. New York 1997.

Meldungen aus dem Reich. Auswahl aus den geheimen Lageberichten des Sicherheitsdienstes der SS 1939–1944. Hrsg. von Heinz Boberach. München 1968.

Beate Meyer und Hermann Simon, Juden in Berlin 1938–1945. Berlin 2000.

Wolfgang Michalka, Ribbentrop und die deutsche Weltpolitik 1933–1940. Außenpolitische Konzeptionen und Entscheidungsprozesse im Dritten Reich. München 1979.

Karl-Heinz Minuth (Hrsg.), Das Kabinett von Papen. Akten der Reichskanzlei. Boppard am Rhein, 1989.

Nancy Mitford, Englische Liebschaften. Nördlingen 1988.

Jessica Mitford, Hons and Rebels. London 1960.

–, A fine old conflict. London 1978.

Diana Mosley, A life of contrasts. London 1977.

München – Hauptstadt der Bewegung. Katalog der Ausstellung im Münchner Stadtmuseum. München 1993.

Peter P. Pachl, Siegfried Wagner. Genie im Schatten. München 1988.

Günther Peis, Hitlers unbekannte Geliebte. In: Stern (Juli) 1959.

Prozess gegen die Hauptkriegsverbrecher vor dem Internationalen Militärgerichtshof. Sitzungsprotokolle und Beweisurkunden, Bd. I–XLII. Nürnberg 1947–1949.

Der Prozeß gegen die Hauptkriegsverbrecher vor dem Internationalen Militärgerichtshof. Nürnberg 14. 11. 1945 – 1. 10. 1946. Amtlicher Text. Deutsche Ausgabe. Bd. 1–42. Nürnberg 1947–1949. Bd. 1, Bde. 25–42.

David Pryce-Jones, Unity Mitford. A quest. London 1978.

Oliver Rathkolb, Führertreu und gottbegnadet. Künstlereliten im Dritten Reich. Wien 1991.

Hermann Rauschnigg, Gespräche mit Hitler. Zürich/New York 1940.

Hanna Reitsch, Fliegen – mein Leben. München 1972.

–, Höhen und Tiefen. 1945 bis zur Gegenwart. München/Berlin 1978.

–, Das Unzerstörbare in meinem Leben. München/Berlin 1979.

–, Ich flog für Kwame Nkrumah. München 1968.

Annelies von Ribbentrop, Deutsch-englische Geheimverbindungen. Britische Dokumente der Jahre 1938 und 1939 im Lichte der Kriegsschuldlüge. Tübingen 1967.

–, Verschwörung gegen den Frieden. Studien zur Vorgeschichte des Zweiten Weltkriegs. Leoni am Starnberger See 1963.

–, Die Kriegsschuld des Widerstandes. Aus britischen Geheimdokumenten 1938/39. Leoni am Starnberger See 1975.

Joachim von Ribbentrop, Zwischen London und Moskau. Erinnerungen und letzte Aufzeichnungen. Hrsg. v. Annelies von Ribbentrop. Leoni am Starnberger See 1953.

Leni Riefenstahl, Memoiren. München 1987.

Curt Riess, Das gab's nur einmal. Hamburg 1956.

Bryan Mark Rigg, Hitler's Jewish Soldiers. The untold story of nazi Racial laws and men of Jewish descent in the german Military. Lawrence, Kansas 2002.

Alfred Rosenberg, Der Mythos des 20. Jahrhunderts. Eine Wertung der seelisch-geistigen Gestaltungskämpfe unserer Zeit. 12. Auflage. München 1943.

Karlheinz Schädlich, Die Mitford-Sisters. Düsseldorf 1990.

Walter Schellenberg, Memoiren. Braunschweig 1956.

Schertz-Parey, Winifred Wagner. Ein Leben für Bayreuth. Graz/Stuttgart 1999.

Baldur v. Schirach, Die Hitlerjugend. Idee und Gestalt. Berlin 1934.
–, Ich glaubte an Hitler. Hamburg 1967.
Henriette v. Schirach, Der Preis der Herrlichkeit. Wiesbaden 1956.
–, Frauen um Hitler. München 1983.
Paul Schmidt, Statist auf diplomatischer Bühne 1932–45. Erlebnisse des Chefdolmetschers im Auswärtigen Amt mit den Staatsmännern Europas. Bonn 1953.
Walter Schuster – Wolfgang Weber (Hrsg.), Entnazifizierung im regionalen Vergleich. Linz 2004.
Wulf Schwarzwäller, Rudolf Hess. Der letzte von Spandau. Wien, München 1977.
Paul Seiler, Zarah Leander. Ich bin eine Stimme. Berlin 1997.
–, Zarah, Diva. Das Porträt eines Stars. Berlin 1985.
–, Wollt ihr einen Star sehen. Zarah Leander. Ein Kultbuch. Berlin 1982.
Anna Maria Sigmund, Des Führers bester Freund. München 2003.
Ronald Smelser, Enrico Syring, Rainer Zitelmann (Hrsg.), Die Braune Elite I und II. Darmstadt 1993.
Albert Speer, Spandauer Tagebücher. Berlin 1975.
–, Erinnerungen. Frankfurt/Main 1969.
Wilhelm Spengler, Reinhard Heydrich – Werk und Wesen. In: Böhmen und Mähren. 5/6. Prag 1943.
Markus Spieker, Hollywood unterm Hakenkreuz. Der amerikanische Spielfilm im Dritten Reich. Trier 1999.
Reinhold Spitzy, So haben wir das Reich verspielt. Bekenntnisse eines Illegalen. München 1987.
Hugh Rewald Trevor-Roper, Hitlers letzte Tage. Zürich 1948.
–, (Hrsg.), The Bormann Letters. The Private Correspondence between Martin Bormann and his Wife from January 1943 to April 1945. London 1954.
Henry Ashby Turner (Hrsg.), Hitler aus nächster Nähe. Aufzeichnungen eines Vertrauten, 1929–1932. Frankfurt/Main 1978.
Geoffrey T. Waddington, Hitler, Ribbentrop, die NSDAP und der Niedergang des britischen Empire 1935–1938. In: VfZ 40, 1992, S. 273 ff.
Friedelind Wagner, Nacht über Bayreuth. Köln 1999.
Leonie Wagner, Nationalsozialistische Frauenansichten: Vorstellungen von Weiblichkeit und Politik führender Frauen im Nationalsozialismus. Frankfurt/Main 1996.

Nike Wagner, Wagner Theater. Frankfurt a. Main/Leipzig 1998.
Wolf Siegfried Wagner, Die Geschichte unserer Familie in Bildern. Bayreuth 1876–1976. München 1976.
Friedrich Weissensteiner, Der ungeliebte Staat. Österreich zwischen 1918 und 1938. Wien 1990.
Fanny Wilamowitz-Moellendorf, Gräfin v., Carin Göring. Berlin 1942.
Robert Wistrich, Wer war wer im Dritten Reich. München 1983.
Inge Woerner Waetzmann, Vierzig Jahre danach – Tagebuchaufzeichnungen aus dem Schicksalsjahr 1945. Nürnberg 1987.
Joseph Wulf, Theater und Film im Dritten Reich. Berlin 1964.
Rainer Zitelmann u. a. (Hrsg.), Die braune Elite I und II. Darmstadt 1989.
Albert Zoller, Hitler privat. Düsseldorf 1949.

Bildnachweis

akg-images Berlin: 531, 543, 545, 579, 605, 608 oben, 616

Archiv Bernd Mayer, Bayreuth: 28

Archiv der LMU München: 749

Bayerische Staatsbibliothek München: 35, 43, 88, 111, 159, 162, 168, 190, 195, 206, 217, 227, 235, 236, 239, 297, 317, 357, 365, 371 unten, 422, 455, 465, 478, 483, 505, 523, 555 oben und unten, 772, 815, 856, 1005

Staatsarchiv München: 621, 635, 636, 637, 779, 781, 1002, 1008, 1011, 1013, 1016, 1017

Bildarchiv des Österreichischen Instituts für Zeitgeschichte der Universität Wien: 90, 92, 128, 134, 179, 181, 187

Bildarchiv der Österreichischen Nationalbibliothek: 26

British Film Institute London: 888

Bundesarchiv Berlin: 425, 449, 457, 557, 673, 688, 718, 724, 810, 902, 903, 909, 918, 921, 957, 965, 982

Bundesarchiv Koblenz: 797, 806, 849

Deutsches Filminstitut Frankfurt am Main: 865

Filmmuseum Potsdam: 958, 971, 992

London Museum of Jewish Life: 900

Jessica Mitford, Hons and Rebels, London 1989: 474

Nachlass von OSTR Michael Watschinger, zur Verfügung gestellt von Univ.-Prof. Dr. med. Bruno Watschinger: 204

Österreichisches Institut für Zeitgeschichte Wien: 608 unten, 611

Privatarchiv: 40, 197, 209, 371 oben, 385, 398, 404, 406, 409, 613, 709

Privatarchiv Dirk Freiherr von Dörnberg: 838

Privatsammlung, USA: 697, 699, 705

Hanna Reitsch, Fliegen mein Leben, München/Berlin 1979: 548
–, Höhen und Tiefen, Augsburg 1978: 574

Frederic Spotts, Bayreuth, A History of the Wagner Festivals, New Haven/London 1994: 614

Leopold Stocker Verlag Graz: 600

Süddeutscher Verlag Bilderdienst: 731, 764, 770, 771, 791 oben und unten, 793, 995

Ullstein Bilderdienst Berlin: 73, 139, 285, 380, 824, 828, 830, 845, 873, 882, 885, 887, 891, 925, 936, 937, 940, 947, 952, 969